广东统计年鉴

GUANGDONG STATISTICAL YEARBOOK

2004

(总第20期 No. 20)

广 东 省 统 计 局 编
Compiled by
Guangdong Provincial Bureau of Statistics

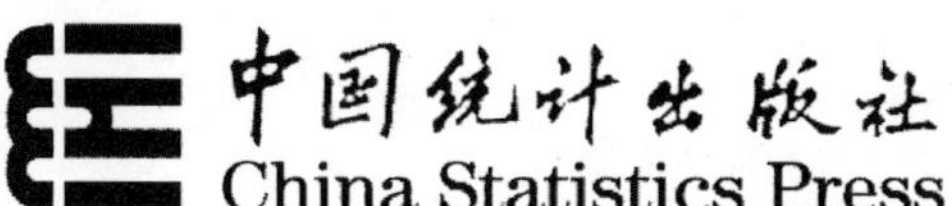

（京）新登字 041 号

图书在版编目（CIP）数据

广东统计年鉴.2004：中英文对照/广东省统计局编
北京：中国统计出版社，2004.6
ISBN 7—5037—4338—7
Ⅰ.广…
Ⅱ.广…
Ⅲ.统计资料 -广东省 -2004 -年鉴 -汉、英
Ⅳ.C832.65-54
中国版本图书馆 CIP 数据核字（2004）第 032176 号

广东统计年鉴 -2004

作　者/广东省统计局
责任编辑/蔡启新
E-mail/yearbook@ stats. gov. cn
责任校对/冯位东
装帧设计/孟贤宝
出版发行/中国统计出版社
通信地址/北京市西城区三里河月坛南街 75 号/中国统计出版社
邮　编/100826
电　话/（010）63262295
印　刷/精一印刷（深圳）有限公司
经　销/新华书店
开　本/890×1240 毫米　1/16
字　数/150 万字
印　张/44.5 印张
印　数/1-4000
版　别/2004 年 8 月第 1 版
版　次/2004 年 8 月第 1 次印刷
书　号/ISBN 7—5037—4338—7/F·1803
定　价/280.00 元

2004 编者说明

《广东统计年鉴2004》(下简称年鉴)是一部反映广东省国民经济和社会发展情况的资料性年刊，书中收录了全省、各市、县 区、乡镇2003年的大量统计数据以及建国以来各个主要时期的一些主要统计数据。

《年鉴》分为两大部分。第一部分，概述；第二部分，统计资料。具体分为行政区划和自然资源，综合，要素市场，人口，从业人员和职工工资，固定资产投资，能源生产与消费，财政、金融和保险，物价，人民生活，农业，工业，建筑业，运输邮电，国内贸易，对外经济与旅游，企业主要指标，教育、科技、文化、体育、卫生、社会福利、环境和其他，经济地带主要指标，城市主要指标，县(市)区主要经济指标等22部分。此外，年鉴附录部分还汇编部份省(市)国民经济主要指标及香港、澳门特别行政区主要统计资料。

本《年鉴》大部份资料来自政府各级统计局的各种定期统计报表及抽样调查资料；部分资料来自中央部属单位和省属各主管部门。附录中的资料是根据国家统计局及有关方面提供的资料整理的。

资料中所使用的度量衡单位，除耕地、播种面积照顾我国使用习惯继续用“亩”为单位外，其余均采用国际统一标准计量单位。

本《年鉴》中计算的平均每年增长速度，均用“水平法”。

本《年鉴》统计表中的符号使用说明:

“…”表示数据不足本表最小单位数;

“#”表示其中主要项;

“空格”表示该项统计指标数据不详或无该项数据;

“①”表示本表下有注解。

本年鉴在整理编辑过程中，得到省直有关部门和单位的大力支持，在此表示感谢!

PREFACE

Guangdong Statistical Yearbook 2004 (abbreviation as the Yearbook below) is an annual statistics publication, which covers mainly statistics in 2003 and some selected major data series in historically important years after the establishment of the People's Republic of China at provincial level and local levels of city, county district and township and village and therefore, reflects various aspects of Guangdong Province's social and economic development.

The Yearbook contains two parts: Part One Outline and Part Two Statistics, including the following 22 chapters, i.e. Administrative Division and Natural Resources, General Survey, Main Indicators on the Factor Market, Population, Employment and Wages, Investment in Fixed Assets, Production and Consumption of Energy, Government Finance, Banking and Insurance, Price Indices, People's Livelihood, Agriculture, Industry, Construction, Transport, Postal and Telecommunication Services, Domestic Trade, Foreign Trade and Tourism, Main Indicators on Enterprises, Education, Science, Technology and Culture, Sports, Public Health, Social Welfare, Environment Protection and Others, Special Economic Regions, Cities, Counties and Districts. Besides these, in the appendices of the Yearbook are main economic indicators of some other provinces (municipality) in the mainland and main statistics of Hong Kong and Macao Special Administrative Regions.

The data in the Yearbook are mainly obtained from regular statistical reports and sample surveys conducted by the statistical bureaus of all levels of government. Some data are collected from the departments of the central government and the provincial government. Data in the appendices are compiled from statistical publications published by the National Bureau of Statistics and other sources.

The units of measurement used in the Yearbook are internationally standard measurement units, except those on cultivated land and sown areas which are used in "mu" in order to give consideration to the habit of using these data.

The method of the calculation of the average annual growth rates in the Yearbook is horizontal method.

Notations used in the Yearbook:

"…"indicates that figure is not large enough to be measured with the smallest unit in the table;

"#"indicates the major items of the total;

"(blank)"indicates that the data not available;

"(1)" indicates "see footnotes".

During the compilation of the Yearbook, we have received the support from some related departments and units of the province. We express our thanks to all of them here.

《广东统计年鉴》编辑委员会

EDITORIAL BOARD AND STAFF

目　　录
CONTENTS

第一部分　　概　述
PART ONE　　OUTLINE

第二部分　　统计资料
PART TWO　　STATISTICS

一、行政区划和自然资源
Administrative Divisions and Natural Resources

二、综　　合
General Survey

三、要素市场主要指标
Main Indicators on the Factor Market

四、人　口
Population

五、从业人员和职工工资
Employment and Wages

六、固定资产投资
Investment in Fixed Assets

七、能源生产和消费
Production and Consumption of Energy

八、财政、金融和保险
Government Finance, Banking and Insurance

九、物价指数
Price Indices

十、人民生活
People's Livelihood

十一、农　业
Agriculture

十二、工　业
Industry

十三、建 筑 业
Construction

十四、运输、邮电
Transport, Postal and Telecommunication Services

十五、国内贸易
Domestic Trade

十六、对外经济与旅游
Foreign Economy and Tourism

十七、企业主要指标
Main Indicators on Enterprises

十八、教育、科技、文化
Education, Science & Technology and Culture

十九、体育、卫生、社会福利、环保和其他
Sports, Public Health, Social Welfare, Environmental Protection and Others

二十、经济地带主要指标
Special Economic Regions

二十一、城市主要指标
Cities

二十二、县（市）区主要经济指标
Counties and Districts

附　　录
Appendix

第一部分　概述

PART ONE　OUTLINE

广东省统计局关于2003年国民经济和社会发展的统计公报

2004年2月26日

2003年是极不平凡的一年。一年来，在省委和省政府的正确领导下，全省人民以邓小平理论和“三个代表”重要思想为指导，深入学习贯彻党的十六大、十六届三中全会和胡锦涛总书记视察广东重要讲话精神，扎实工作、锐意进取、求真务实，有效克服非典疫情等困难，改革开放和现代化建设取得显著成就。国民经济保持良好发展势头，社会各项事业全面进步，人民生活水平继续提高，全面建设小康社会开局良好。

一、综　合

国民经济增长加快，增速创近八年新高。初步核算，2003年全省生产总值13449.93亿元，比上年增长13.6%。其中，第一产业增加值1051.60亿元，增长1.2%；第二产业增加值7048.05亿元，增长18.0%；第三产业增加值5350.28亿元，增长10.8%。

市场价格小幅回升。全年居民消费价格总水平上涨0.6%，其中居住类上升3.1%，食品类上升2.3%，烟酒及用品类上升1.4%，医疗保健和个人用品类上升0.4%。工业品出厂价格下降0.7%，原材料、燃料、动力购进价格上涨4.1%。

城镇就业形势基本稳定。年末全省从业人员4210万人，其中城镇从业人员2400万人。就业和再就业工作成效明显，全年净增就业岗位96.6万个，下岗失业人员实现再就业37.4万人。年末城镇登记失业人员35.4万人，比上年底减少1.1万人，登记失业率2.9%。

经济和社会发展存在的主要问题：区域经济发展不平衡，经济结构调整任务依然艰巨；就业压力仍然较大；农民收入增长缓慢，城乡居民收入差距继续扩大；科技自主创新能力有待增强；公共卫生体系不够完善；部分基础性产业和能源供应趋紧；有的地区生态环境问题较为突出。

二、农　业

农作物结构调整稳步推进。全年粮食作物播种面积2675.20千公顷，比上年下降0.2%；产量1488.00万吨，增长0.3%。糖蔗产量952.87万吨，下降16.2%。油料产量81.93万吨，增长7.3%。蔬菜产量2584.20万吨，增长5.8%。水果产量718.59万吨，增长2.8%；其中荔枝产量74.03万吨，下降24.3%。

林业生产稳定发展。全年完成宜林荒山造林、迹地更新、低产林改造面积159千公顷，义务植树7457万株。森林资源继续保持林木总生长量大于消耗量的良性循环，森林覆盖率57.3%。

畜牧业生产平稳增长。全年肉类产量358.50万吨，比上年增长4.3%。生猪出栏3325.24万头，增长5.7%；家禽出栏102183.02万只，增长0.9%。

渔业生产持续增长。全年水产品产量648.55万吨，增长3.3%。其中海水产品产量379.21万吨，淡水产品产量269.34万吨，分别增长1.3%和6.2%。水产养殖面积559.33千公顷，增长1.6%。其中海水养殖面积216.76千公顷，增长4.1%；淡水养殖面积378.57千公顷，增长0.3%。

全年农业机械动力1788.80万千瓦，比上年增长0.5%；化肥施用量（折纯）199.61万吨，增长1.6%；有效灌溉面积1315.93千公顷，下降7.7%；农村用电量714.25亿千瓦时，增长21.8%。

三、工业和建筑业

工业生产增势强劲。全年全部工业完成增加值 6358.05 亿元，比上年增长 19.8%。规模以上工业完成增加值 5606.28 亿元，增长 21.9%。其中国有及国有控股企业增加值增长 20.8%；股份制企业增加值增长 26.6%；外商及港澳台商投资企业增加值增长 22.2%；集体工业、股份合作制企业增加值分别增长 8.6% 和 14.2%；民营企业增加值增长 25.4%。

工业结构调整取得新成效，支柱产业龙头作用增强。全年九大工业产业完成产值 15846.97 亿元，比上年增长 27.5%，对全省工业产值增长贡献率 84.9%。其中电子信息、电气机械及专用设备、石油及化学三大新兴支柱产业完成产值 10657.11 亿元，增长 30.5%；纺织服装、食品饮料、建筑材料三大传统支柱产业产值 3609.66 亿元，增长 16.2%；森工造纸、医药、汽车三大潜力产业产值 1580.20 亿元，增长 28.6%。高技术制造业完成工业产值 6337.02 亿元，增长 31.7%，对全省工业产值增长贡献率 45.9% 。装备制造业产值增长 32.8%，其中交通运输设备制造业产值增长 46.0%。

工业品内销与出口保持大幅增长。全年规模以上工业完成内销工业品销售产值 11769.28 亿元，比上年增长 22.5%；完成工业品出口产值 8888.50 亿元，增长 27.3%。

工业经济效益明显改善。全年规模以上工业经济效益综合指数 152.1，比上年提高 10.8 点。其中资产贡献率 10.4%，提高 1.0 个百分点；资本保值增值率 111.2%，提高 1.0 个百分点；资产负债率 55.9%，上升 0.1 个百分点；流动资产周转次数 2.2 次，加快 0.1 次；成本费用利润率 5.3%，提高 0.4 个百分点；全员劳动生产率 84214 元/人年，增长 14.2%；产品销售率 97.4%，降低 0.5 个百分点。全年实现利润 1033.68 亿元，增长 32.9%；税金总额 653.38 亿元，增长 13.4%。

建筑业生产稳步增长。全年资质等级以上建筑企业完成增加值 407.29 亿元，比上年增长 12.0%；实现利润总额 38.95 亿元，增长 4.0%；利税总额 95.53 亿元，增长 7.4%。

矿产地质勘察取得新进展。全年共安排地质勘查项目 187 项，提交新发现大中型矿产地 6 处，完成 1：25 万区域调查 18000 平方公里，1：5 万区域调查 930 平方公里，完成机械岩心钻探工作量 97930 米。

四、固定资产投资

固定资产投资快速增长。全年完成全社会固定资产投资 4988.90 亿元，比上年增长 26.5%。其中基本建设投资 1898.92 亿元，增长 40.4%；更新改造投资 634.27 亿元，增长 24.1%；房地产开发投资 1209.92 亿元，增长 8.3%。在基本建设和更新改造投资项目中，全年施工项目 9974 个，增长 5.6%；其中新开工项目 5523 个，增长 5.3%。

投资结构不断调整优化。全年第一产业完成投资 28.89 亿元，增长 20.0%；第二产业完成投资 1676.13 亿元，增长 37.6%；第三产业完成投资 3283.88 亿元，增长 20.3%。在基本建设和更新改造投资中，原材料工业投资 153.52 亿元，增长 95.2%；能源工业投资 318.09 亿元，增长 10.7%；交通运输业投资 437.61 亿元，增长 55.0%；邮电通讯业投资 248.72 亿元，增长 17.9%。非国有经济投资增速较快。全年非国有经济投资 3476.06 亿元，增长 28.8%。其中民营经济完成投资 1633.12 亿元，增长 30.0%。

“十项工程”建设进展顺利。年初确定的 125 个新开工子项目，已开工建设 119 个，累计完成投资 705 亿元；全部建成投产项目 25 个，部分投产项目 6 个。

新增生产能力或工程效益：新建四级以上公路 1689 公里，其中高速公路 562 公里；改建公路 333 公里。新（扩）建港口码头泊位 5 个，年吞吐量 240 万吨。发电机组装机容量 300 万千瓦；11 万伏及以上的输电线路长度 2802.63 公里、变电设备能力 1900 万千伏安。城乡电话交换机 713.31 万门、新增移动电话 543 万户、长途自动电话交换机设备 120213 路端。

五、交通、邮电和旅游

货物运输平稳增长，港口吞吐量和邮电通信业增势良好，旅客运输总量下降。全年运输邮电业完成增加值1250.67亿元，比上年增长9.1%。

全年各种运输方式完成货物周转量3302.54亿吨公里，比上年增长2.3%。其中铁路283.86亿吨公里，增长2.2%；公路553.45亿吨公里，增长0.4%；水运2318.36亿吨公里，增长1.3%；民航11.65亿吨公里，增长17.2%；管道36.20亿吨公里，下降13.7%。

全年完成旅客周转量1442.99亿人公里，下降3.2%。其中铁路267.37亿人公里，下降2.1%；公路987.76亿人公里，下降0.8%；水运7.89亿人公里，下降10.7%；民航243.41亿人公里，下降6.6%。

沿海主要港口货物吞吐量42391.26万吨，增长18.1%；其中外贸货物吞吐量18471.61万吨，增长19.7%。集装箱吞吐量1838.68万TEU，增长30.0%；其中外贸集装箱吞吐量1102.11万TEU，增长36.2%。

邮电通信业完成业务总量1239.03亿元，增长35.0%。其中邮政52.24亿元，增长8.0%；电信1186.79亿元，增长36.5%。年末移动电话用户4054.96万户，增长26.1%。年末本地电话用户2567万户，增长28.6%。其中城市电话1691.08万户，增长32.4%。国际互联网络用户1107.37万户，增长12.3%。

旅游人数与收入下降。全年经广东口岸入境的国际游客7645.19万人次，比上年下降5.1%。旅游住宿设施接待过夜游客8809.33万人次，下降6.9%。其中国际游客1196.96万人次，国内游客7612.37万人次，分别下降14.2%和5.6%。组团国内游615.28万人次，下降8.2%；出境游129.50万人次，增长6.5%。全年旅游总收入1325.00亿元，下降9.7%。其中旅游外汇收入42.67亿美元，下降16.2%。

六、国内贸易

国内市场销售平稳增长。全年实现社会消费品零售总额5587.2亿元，比上年增长11.4%。其中城市消费品零售额3999.71亿元，增长11.9%；农村消费品零售额1587.49亿元，增长10.2%。

分行业看，批发零售贸易业实现零售额4629.10亿元，比上年增长12.6%。其中限额以上贸易企业实现零售额1104.96亿元，增长32.8%。餐饮业逐渐恢复增长，全年实现零售额887.56亿元，增长7.0%。

分类别看，限额以上贸易企业销售的汽车类零售额242.86亿元，比上年增长46.6%；石油及制品类零售额213.16亿元，增长40.6%；食品饮料烟酒类零售额185.34亿元，增长41.9%；服装鞋帽针纺织品类零售额89.45亿元，增长19.2%；家用电器和音像器材类零售额86.92亿元，增长26.7%；中西药品类零售额74.28亿元，增长16.5%；日用品类零售额61.45亿元，增长34.6%。

商品流通规模不断扩大。全年全省贸易业商品销售额11732.14亿元，比上年增长11.6%。其中批发额7103.04亿元，增长10.9%。

商品交易市场品种丰富，成交活跃。全年亿元以上商品交易市场成交额1497.81亿元，占贸易业销售额的12.8%。

七、对外经济贸易

对外贸易成效显著，出口形势好于预期。全年进出口总额2836.46亿美元，比上年增长28.3%。其中出口1529.44亿美元，增长29.1%；进口1307.02亿美元，增长27.3%。实现贸易顺差222.42亿美元，比上年增加64.18亿美元。

在出口中，一般贸易出口 291.93 亿美元，增长 34.5%；加工贸易出口 1182.42 亿美元，增长 26.9%。国有企业出口 406.49 亿美元，增长 1.2%；外商投资企业出口 953.73 亿美元，增长 37.0%；私营企业出口 112.98 亿美元，增长 1.7 倍。机电产品出口 998.10 亿美元，增长 37.3%；高新技术产品出口 481.74 亿美元，增长 55.5%；服装、纺织品出口 165.06 亿美元，增长 15.7%；鞋类、家具、塑料制品、灯具及照明装置类产品出口分别增长 13.7%、31.7%、13.7% 和 16.5%。对香港、美国、日本、欧盟、东盟的出口额 1318.00 亿美元，占出口总额的 86.2%，对五大主要贸易市场的出口分别增长 27.0%、25.2%、25.0%、42.0% 和 18.3%。对中东、非洲以及俄罗斯等新兴市场出口增长较快，增速均超过 40%。

大类商品和资源性产品进口增长较快。其中机电产品进口 740.37 亿美元，增长 34.1%；高新技术产品进口 454.05 亿美元，增长 39.4%；钢材 55.44 亿美元，增长 34.3%；农产品 33.71 亿美元，增长 39.1%；成品油 21.62 亿美元，增长 47.6%；汽车和汽车底盘 7.76 亿美元，增长 22.5%。

与主要贸易伙伴的双边贸易再上新台阶。其中与香港的进出口贸易额 592.56 亿美元、美国 445.41 亿美元、日本 345.98 亿美元、欧盟 306.06 亿美元，比上年分别增长 24.4%、22.8%、29.6% 和 30.6%。进出口贸易额排前十位的国家和地区依次为：香港、美国、日本、台湾、韩国、德国、马来西亚、新加坡、荷兰和泰国。

招商引资成果明显，实际利用外资持续增长。全年新签项目 11472 宗，比上年下降 2.0%；合同外资 244.67 亿美元，增长 29.4%；实际到资 189.41 亿美元，增长 14.2%。其中外商直接投资新签项目 7306 宗，增长 10.5%；合同外资 217.89 亿美元，增长 34.7%；实际到资 155.78 亿美元，增长 18.8%。吸收外资质量提高，外商直接投资项目平均合同外资 298.24 万美元，增加 53.7 万美元；新批总投资和净增资超 1000 万美元的项目 627 宗，合同外资 97.4 亿美元。外资投向第三产业增长迅猛。全年第一、二、三产业实际吸收外商直接投资分别为 1.79 亿美元、111.32 亿美元和 42.67 亿美元，分别增长 12.6%、12.0% 和 41.8%。外资投入较多的行业是电子通信及设备制造业、房地产业和社会服务业，投资额分别为 23.66 亿美元、15.50 亿美元和 8.50 亿美元。

香港仍是外资主要来源地，来自欧盟的直接投资增势迅猛。全年香港对粤新签直接投资合同外资金额 101.78 亿美元，实际到位资金 86.46 亿美元，分别增长 28.8% 和 23.9%。来自欧盟的直接投资合同外资额与实际到位资金分别为 5.0 亿美元和 7.4 亿美元，增长 63.1% 和 114.7%。来自韩国、东盟、加拿大、澳大利亚、新西兰等国家和地区的外商直接投资明显增长，增幅分别为 1.9 倍、12.2%、31.0%、55.8% 和 14.8 倍。外商直接投资实际到位资金居前十位的国家和地区依次为：香港、维尔京群岛、美国、台湾、日本、新加坡、荷兰、澳门、西萨摩亚和开曼群岛。

对外经济合作增势良好。全年新签对外承包工程、劳务合作、设计咨询合同 12335 宗，合同金额 12.03 亿美元，比上年分别增长 46.0% 和 42.9%；完成营业额 10.92 亿美元，增长 43.4%。

八、金融和保险业

金融机构存贷款增长较快。全省金融机构年末本外币存款余额 29640.83 亿元，比上年末增长 16.9%。其中企业存款余额 9684.01 亿元，增长 14.9%；城乡居民储蓄存款余额 15590.68 亿元，增长 16.6%。年末本外币各项贷款余额 20126.24 亿元，比上年末增长 20.0%。其中短期贷款余额 10000.80 亿元，增长 10.0%；中长期贷款余额 8180.54 亿元，增长 27.9%。全年现金净投放 1020.24 亿元，比上年多投放 108.24 亿元。

证券市场不断规范与发展。全年全省（不含深圳，下同）上市公司筹集资金 65.64 亿元，比上年增长 4.5 倍。年末全省境内上市公司 64 家，上市股票 68 只，其中 A 股 62 只，B 股 6 只。总股本 321.18 亿股，比上年增长 25.3%；流通 A 股 105.95 亿股，增长 26.8%。上市公司股票市价总值 2147.53 亿元，流通市值 777.99 亿元。全年证券市场交易金额 8241.75 亿元，增长 55.7%；投资者开户数 496.05 万户，增长4.9%。

保险业务迅速增长。全年保费收入378.22亿元，比上年增长19.9%。其中财产险保费收入123.56亿元，增长12.5%；人身险保费收入254.66亿元，增长23.8%。各类保险赔款、给付（退保）支出96.50亿元，增长18.4%。其中财产险赔款支出61.97亿元，人身险给付（退保）支出34.53亿元，分别增长21.1%和13.7%。

九、教育和科学技术

各级各类教育全面发展。全省招收研究生1.16万人，比上年增长33.0%；在校研究生2.79万人，增长29.6%。全年高等学校共招普通本专科生22.58万人，增长28.2%；在校本专科生58.78万人，增长25.7%。中等职业学校共招生23.33万人，增长7.0%；在校生63.08万人，增长3.1%。普通高中在校生113.72万人，技工学校在校生24万人。全省初中在校生432.18万人，初中学龄人口毛入学率100.0%，初中三年保留率92.9%。小学在校生1025.37万人，小学学龄儿童入学率99.5%，小学五年保留率100.0%。

科技综合实力日益增强。全省国有企事业单位共有科学技术人员105.8万人，比上年增长1.1%。全省县及县以上国有独立研究与开发机构、由科研机构转制的企业、科技情报和文献机构共403个，高等院校办科研机构420个，大中型工业企业办技术开发机构750个；从事科技活动人员29.5万人；科技活动经费使用总额337.3亿元，增长15.8%。全省已建立省级工程研究（技术）中心168个。拥有民营科技企业5920家，从业人员55万人，技工贸收入1920亿元，增长22.3%。

科技研究开发和产业化取得新进展。全年获省级科学技术奖279项，比上年增长17.7%；获省级重大科技成果669项，增长7.6%。其中基础理论成果61项、应用技术成果604项、软科学成果4项。全年申请专利量4.2万件，专利授权量2.8万件，比上年分别增长22.3%和23.0%。高新技术产业迅猛发展，全省累计认定高新技术企业2290家，增长32.3%；高新技术产品产值6100亿元，增长29.8%。火炬、星火、科技攻关等重点项目进展顺利。

技术市场发展势头良好。全省设立技术贸易机构6250家，从业人员15.2万人。全年签订各类技术合同11924份，比上年增长44.3%；合同成交金额80.57亿元，增长17.7%。

综合技术服务水平进一步提高。全省共有产品质量监督检验机构116个，抽查产品50496批次，比上年增长9.1%；产品抽查合格率85.9%，提高0.2个百分点。测绘部门共测绘各种比例尺地图7715幅，增长1.8%；出版商品性地图及图书165种，增长12.2%。全省共有气象观察站86个，新一代天气雷达4部，已建成自动气象观察站500个。全省信息化综合指数58.2，比上年提高7.2个百分点。

十、文化、卫生和体育

文化事业日益繁荣。年末全省有各类专业艺术团体143个，群众艺术馆、文化馆140个，县级及以上公共图书馆130个，博物馆、纪念馆142个。广播电台22座，电视台24座，县级广播电视台78座。广播人口覆盖率96.0%，电视人口覆盖率96.4%。全年共出版图书3.01亿册，报纸40.5亿份，杂志2.3亿册。

卫生事业稳步发展。全省共有卫生机构15409个，医院床位17.30万张。已建立城市社区卫生服务站565个，农村卫生站及村级医疗点2.14万个。各类卫生技术人员27.36万人，其中执业医师10.87万人，比上年分别增长4.2%和5.5%。农村清洁卫生水普及率98.3%，自来水普及率73.5%，农村居民卫生户厕普及率和粪便无害化处理率分别为72.0%和72.3%。碘盐覆盖率99.2%，食品卫生监测合格率90.8%。全年无偿献血71.82万人次。到2003年底，全省共有深圳、珠海、汕头、佛山、中山、惠州、南海、江门、肇庆9个城市被评为国家级卫生城市，29个城市被评为广东省卫生城市。

体育事业再创佳绩。全省体育健儿在国内外重大比赛中，10 人获 10 项 13 个世界冠军，56 人获 50 项 86 个亚洲冠军，8 人破 6 项次全国纪录，229 人获 138 项次全国冠军。《体育法》和《全民健身计划纲要》在全省得到广泛贯彻实施。中、小学校实施《国家体育锻炼标准》施行率、达标率、优秀率分别为 96.5%、95.1% 和 25.9%。

十一、环境保护

环境质量总体稳定。2003 年全省四大水系主要江河水质总体良好，但流经城市江段和水量较小的跨市河流污染仍然严重。106 个省控断面中，62 个断面满足Ⅰ至Ⅲ类水质要求，57 个省控江段中水质达标江段数 33 个。在全省 21 个地级市中，有 19 个市的空气质量良好，达到国家空气质量二级标准，但局部地区空气污染有所加重。

环境保护工作取得新进展。全年完成环境污染限期治理项目 1697 个，总投资 24460.4 万元。关停并转迁污染企业 386 个。全省共建成烟尘控制区 174 个，面积 2912.6 平方公里。建成环境噪音达标区 228 个，面积 1674.8 平方公里。全省城市声环境质量基本稳定，有 76.2% 的城市道路交通声环境质量良好。

生态环境保护力度加大。全省拥有自然保护区 209 个，总面积 305.5 万公顷，其中陆地面积 80.8 万公顷，约占全省陆地面积的 4.5%；生态示范区 117 个，总面积 305.6 万公顷。年内建设项目环境影响评价制度执行率 99.8%，建成项目环保"三同时"制度执行合格率 96.9%。到 2003 年底，深圳、珠海、中山、汕头、惠州被评为国家环境保护模范城市。

十二、人口与人民生活

人口自然增长率略有上升。根据 2003 年人口变动情况抽样调查结果推算，年末全省常住人口 7954.22 万人，比上年增加 95.64 万人。人口出生率 13.66‰，死亡率 5.31‰，自然增长率 8.35‰，分别上升 0.37、0.23 和 0.14 个千分点。

居民生活水平不断提高。全省城镇居民人均可支配收入 12380.43 元，农村居民人均纯收入 4054.58 元，比上年分别增长 11.2% 和 3.6%，扣除价格因素，实际增长 10.4% 和 3.4%。全省在岗职工工资总额 1460.4 亿元，比上年增长 11.8%。在岗职工年平均工资 20100 元，增长 12.6%；扣除物价因素，实际增长 11.8%。

城乡住房条件继续改善。全年城镇竣工住宅面积 4900.10 万平方米，比上年增长 18.3%；农村竣工住宅面积 4012.96 万平方米，下降 2.3%。

深化社会保险制度改革，社会保险覆盖面继续扩大。年末全省参加企业养老、失业、医疗、工伤和生育保险的人数分别为 1145.75 万人、954.09 万人、876.98 万人、1120.01 万人和 330.76 万人，比上年分别增长 5.8%、7.2%、22.2%、6.7% 和 27.9%。全年征收社会保险基金 427.0 亿元，增长 29.2%；年末基金累计节余 669 亿元，增长 34.6%。

社会福利事业持续发展。全省有各类社会福利单位 1968 个，床位 7.61 万张，收养 5.08 万人。城镇各种社区服务设施 6297 个，其中社区服务中心 732 个，"星光老年之家" 1913 个。农村共有 1300 个乡镇建立了社会保障网络设施，社会保障网络覆盖率 98.0%。城乡居民最低生活保障制度日趋完善。全年全省城乡居民最低生活保障已保人数 103.2 万人，比上年增长 15.9%，其中城镇 35.6 万人，农村 67.6 万人。保障资金投入 5.9 亿元，增长 14.8%。

注：1、本公报各项统计数据为初步统计数。

2、公报中生产总值、各产业增加值绝对数和劳动生产率按现价计算，增长速度按可比价格计算。

解读2003年广东统计公报

《2003年广东国民经济和社会发展统计公报》，向世人展现了广东人民在不平凡年度全面建设小康社会取得的新成就。串串数据和张张表格，蕴藏着丰富的经济内涵，可以触摸到广东经济社会发展的脉博。

一、经济增长步入新的扩张期

打开《统计公报》，最先跳入眼帘的一连串数字中应特别引起人们关注的是这句话："初步核算，2003年全省生产总值13449.93亿元，比上年增长13.6%。"

13.6%，是近八年来最高的经济增长速度！它标志着广东经济增长正步入新的扩张期。如果以经济增长率的两个波谷划分为一个周期，建国以来广东宏观经济已经历了9个明显的波动周期，改革开放前5个，改革开放后4个。1989年广东经济增长（7.2%）越过谷底、从1990年的回升（经济增长11.6%）开始，广东进入了改革开放后第四个经济周期：1993年经济增速达到22.3%的峰值；受1993－1996年紧缩性宏观调控政策和1997年亚洲金融危机的影响，1994－1999年连续6年平稳回落，1999年降至谷底（经济增长9.5%）。从2000年开始，经济扭转了下滑势头，出现止落回升趋势，经济增长10.8%，展现了新一轮经济周期——第五个经济周期的转机；但受世界经济衰退的冲击，2001年经济增速（9.6%）再次下降。2002年出现了"九五"以来第一次较大幅度的回升，经济增长11.7%。2003年继续保持稳定回升态势，比1998－2002年平均增速高出3.3个百分点，整体经济已结束了1997年以来的调整恢复期，正处在新一轮景气周期的上升通道。

伴随整体经济增速回升的，是主要经济环节的全面飘红：

（一）投资增幅创近9年新高。2003年广东完成固定资产投资4988.9亿元，比上年增长26.5%，是自1995年以来的最高增幅。在固定资产投资中，基本建设投资的贡献率达到52.2%，是投资高速增长的主动力。其中，2003年初确定的"十项工程"125个子项目中，已经有119项开工，完成投资705亿元，对广东固定资产投资起到很大的推动作用。在投资中，非国有投资占全社会投资的比重由上年的69.2%提高到了69.7%。其中，民营经济完成固定资产投资1633亿元，增长30%。投资既直接产生即期需求，又形成新的供给能力，其高速增长是经济新扩张时期到来的重要标志。而非国有投资的快速增长，说明广东投资的增长虽然有政府牵动的因素，但市场的力量在增强，经济增长渐显内生型、市场驱动型的特点。

（二）消费渐热，物价回升。能支持经济持续扩张的根本性因素是消费需求的持续增长。2003年广东实现社会消费品零售总额5587亿元，比上年增长11.4%，增幅同比提高0.5个百分点。在去年上半年，餐饮业、旅游业等行业曾一度受非典重创的情况下，全年消费需求能保持持续增长的态势，十分可贵。从市场物价看，2001年广东居民消费价格总水平下跌0.7%，2002年在此基础上再下跌1.4%，但2003年止住跌势，全年居民消费价格总水平上涨0.6%。物价小幅回升，说明需求不足的矛盾将有所缓解，是广东经济步入新一轮扩张期的非常重要的标志。

（三）外贸大进大出，利用外资上新的台阶。2003年，广东出口1529亿美元，比上年增长29.1%，增幅同比提高4.9个百分点。高新技术产品出口481.7亿美元，比上年增长55.5%，占出口总额的比重达到31.4%。受入世效应进一步释放、CEPA签订及投资环境进一步改善等因素的影响，2003年广东实际利用外资也取得14.2%的快速增长。外向型经济快速发展，为新的经济扩张增添强大的动力。

（四）工业增速创出新高。2003年，广东完成工业增加值5606亿元，比上年增长21.9%，增幅同比提高6.9个百分点，创出近年来的新高（1998年实行规模以上工业超级汇总以来）。工业对国民经济的主导作用进一步提高。全部工业对GDP增长的贡献率达到67.1%，拉动经济增长9.2个百分点，比上年同期高出2.6个百分点。工业增速持续加快，进入新一轮的高增长平台。

（五）财政金融增势良好，企业家信心指数明显回升。2003年来源于广东的财政总收入按可比口径计算增长16.1%。地方财政一般预算收入增长14.8%。金融存贷款快速增长。截至12月末，全省金融机构（含外资）本外币各项存款余额29640.83亿元，比上年末增加4227.50亿元，其中城乡居民储蓄存款余额15590.68亿元，增加2218.01亿元；金融机构（含外资）本外币各项贷款余额20126.24亿元，比上年末增加3154.10亿元。企业家信心指数明显回升。2003年第四季度广东企业景气指数高达139.25，比上年同期升8.74点；企业家信心指数则高达135.7，是进行景气调查以来的新高，这说明企业家对生产经营环境信心有所增强，市场预期明显改善。

主要经济环节的全面飘红，是对新扩张阶段到来的有力诠释。

二、发展水平跃上新的台阶

读者通过《统计公报》可以看到，2003年广东生产总值13449.93亿元，人均生产总值约1.70万元，按现行汇率折算分别为1626亿美元和2056美元。经济总量超过以色列、希腊、新加坡等人均收入超万美元的国家，相当于世界上中等规模国家（地区）的平均水平；人均GDP与世界2000年中等收入国家的平均水平（1970美元）相当。

从一个发展中国家中相对落后的省份，到人均GDP达到世界中等收入国家的平均水平，广东只用了20余年的时间，这是一个了不起的成就。它充分证明了邓小平理论是正确的，充分证明了“三个代表”重要思想是正确的，充分证明了走中国特色社会主义道路是正确的；也充分证明了改革开放和社会主义市场经济的强大生命力。

伴随经济总量的扩大和人均GDP水平的提升，广东经济社会发展出现了一系列历史性的转变和跨越：生产力水平大大提高，市场空前繁荣，市场供求关系实现了由卖方市场向买方市场的历史性转变。社会主义市场经济体制基本建立，经济发展水平总体上处于工业化中期，珠三角地区正向工业化后期过渡。居民生活总体实现从温饱到小康的历史性跨越，珠三角经济较发达地区正向富裕社会迈进。

仅从2003年情况看，一串串的数字也折射出广东经济社会发展一系列新的、可喜的转变：产业结构进一步改善，供给水平进一步提升；各项改革不断深化，市场经济体制继续完善；粤港澳合作水平提升，“大珠三角”区域加快形成；民营经济迅猛发展，整体实力显著增强……在这一系列的变化中，人民生活的变化最引人注目：

（一）*居民收入水平不断提高*。全省城镇居民人均可支配收入12380.43元，农村居民人均纯收入4054.58元，比上年分别增长11.2%和3.6%，扣除价格因素，实际增长10.4%和3.4%。全省在岗职工工资总额1460.4亿元，比上年增长11.8%。在岗职工年平均工资20100元，增长12.6%；扣除物价因素，实际增长11.8%。

（二）*消费结构加速升级*。2003年，广东城镇居民恩格尔系数为37.2%，农村居民恩格尔系数为47.9%，分别比1990年下降20.0个和9.8个百分点。根据国家小康标准和广东农村小康标准进行综合测度，目前广东城乡居民生活总体上已达到小康水平，居民收入和消费能力均居全国前列。消费结构调整升级进一步加快。在城镇，旅游、教育、健身与娱乐消费方兴未艾，科技含量高的家用电脑和移动电话成为居民的新宠后，人们对汽车、房屋等十万元级耐用消费品产生了巨大需求。至2003年末，每百户居民家庭拥有家用汽车4.37辆，同比增长31.2%。其中，东莞每百户居民家庭拥有家用汽车26辆，顺德20辆、深圳12辆、珠海8辆。

（三）*城乡住房条件继续改善*。2003年城镇居民人均购房与建房支出同比增长57.2%。其中，购房支出增长96.9%。居民居住环境得到改善，城镇居民人均住房使用面积24.6平方米，比上年增加5%。每百户居民家庭拥有第二套住房的占14.0%，比上年增长27.3%。人均居住类支出增长21.3%，住房装潢支出增长33.2%，均呈快速之势。

（四）*就业和社会保障工作取得新成效*。2003年全省新增城镇就业岗位96.6万个，下岗失业人员实现再就业37.4万人。年末城镇登记失业率为2.9%，就业局势保持稳定。社会保险制度进一步完善，社会保险覆盖面继续扩大，全省参加企业养老、失业、医疗和工伤保险的人数分别为1146万、954万、877万和1120万，增长5.8%、7.2%、22.2%和6.7%。

（五）社会福利事业持续发展。全省有各类社会福利单位1968个，床位7.61万张，收养5.08万人。城镇各种社区服务设施6297个，其中社区服务中心732个，“星光老年之家”1913个。农村共有1300个乡镇建立了社会保障网络设施，社会保障网络覆盖率98.0%。城乡居民最低生活保障制度日趋完善。全年全省城乡居民最低生活保障已保人数103.2万人，比上年增长15.9%；保障资金投入5.9亿元，增长14.8%。

……

一串串民生的指标，不但昭示着经济社会发展水平的巨大进步，也凸显出了以人为本这一新的发展理念。

三、协调发展迈开新步

2003年，广东在协调发展方面迈开新的步伐，这些情况在《统计公报》中也得到体现：

（一）经济增长速度和结构、质量、效益同步提高。在经济增长加快，增速创近八年新高的同时，经济结构也得到一定的优化。三次产业增加值比重由上年的8.8：50.4：40.8变为7.8：52.4：39.8。工业内部，装备制造业发展迅速，九大产业支撑作用突出。民营经济发展迅猛，规模以上民营工业完成总产值4248.47亿元，增长29.9%。经济运行质量与效益同步大幅提高。工业经济效益显著改善。工业综合经济效益指数达152.1，提高10.8点。规模以上工业企业盈亏相抵后实现利润总额1034亿元，增长32.9%。

（二）内源型、外源型经济并重发展。所谓内源、外源型经济，我们认为应从市场需求角度考虑，凡是由国外、省外需求拉动的经济属于外源型经济，而由省内需求拉动的称为内源型经济。外源型经济是广东优势所在，发展很快。2003年，广东对外贸易成效显著，实际利用外资持续增长，对外经济合作增势良好。2003年外贸依存度达到174.6%，其中出口依存度94.1%。明显高于全国平均水平的60.3%和31.1%。根据世界银行数据库资料，与2000年世界主要国家和地区比较，广东外贸依存度仅次于新加坡、中国香港、马来西亚。内源型经济也得到长足发展，无论是数量上还是质量上都有很大的增长和提高。根据投入产出模型模拟计算，2003年外源型经济创造的增加值占GDP的比重为45.4%，其中国外27.1%，省外18.3%；内源型经济占54.6%。

（三）“三农”问题和区域协调发展得到重视。农业保持平稳发展，农民收入有所增加。2003年完成农业增加值1052亿元，比上年增长1.2%。种植业结构进一步优化，农业产业化经营迅速发展。农民人均工资性收入首次超过家庭经营收入，成为农民增收的主要因素，全年人均工资性收入已占农民纯收入的48.5%。在珠三角继续加快发展的同时，山区建设和东西两翼发展取得新的进展。初步核算，东翼汕头、汕尾、潮州、揭阳四市地区生产总值比上年增长10.2%，增速提高2.9个百分点；西翼湛江、茂名、阳江三市地区生产总值增长11.1%，增速提高1.3个百分点；地处粤北的韶关市地区生产总值增长12.9%，增速提高3.7个百分点。部分毗邻珠三角的市承接珠三角的辐射，发展步伐大大加快。其中，清远市、河源市完成地区生产总值增长13.7%和16.9%，增速分别提高4.7个和1.7个百分点。

（四）人与自然协调发展取得较大进展。从公报提供资料看，人口数量得到有效控制。2003年人口出生率13.66‰，死亡率5.31‰，自然增长率8.35‰。居民生活水平不断提高，人口质量稳步提升。环境质量总体稳定，环境保护工作取得新进展，生态环境保护力度加大。到2003年底，深圳、珠海、中山、汕头、惠州被评为国家环境保护模范城市。全省森林覆盖率57.3%，比上年提高0.1个百分点。

（五）物质文明、精神文明和政治文明协调发展取得显著成绩。在物质文明建设取得丰硕成果的同时，精神文明建设迈出新步伐。全省兴起了学习贯彻“三个代表”重要思想新高潮，广泛开展“新时期广东人精神”大讨论，充分展现了经过改革开放洗礼的广东人民崭新的精神风貌。文化大省建设全面启动。科技、教育、卫生、体育、人口与计划生育等社会各项事业全面进步。坚持共产党的领导、人民当家作主和依法治省的有机统一，政治文明取得新的进步。

四、贯彻科学发展观任重道远

细读《统计公报》，回顾一年的发展，我们深感树立科学发展观，对于广东经济社会发展来说至关重要。多年来，广东在经济快速发展的同时，也积累了不少矛盾和问题，必须高度重视，逐步解决。另一方面，广东人均国内生产总值已超过2000美元，正处于整个现代化进程中一个非常关键的阶段，也是经济社会结构将发生深刻变化的重要阶段。世界各国正反两个方面的经验教训告诉我们，在这个重要阶段，只有处理好各方面的协调关系，才有可能实现更好、更快的发展。科学发展观为我们解决前进道路上面临的矛盾和问题，顺利推进全面建设小康社会和整个现代化事业，提供了正确的指导思想和根本指针。

贯彻科学发展观，广东仍存在不少“瓶颈”和“短板”。面临的主要挑战和困难：

（一）人口问题较为突出。人口总量庞大，不但造成资源消耗过度，而且劳动就业压力很大。人口总体教育水平和科学文化素质偏低，达不到产业结构优化升级的需要。农村人口数量众多，统筹城乡社会经济发展任务艰巨。外省流入人口规模大，进一步加重广东人口、资源、环境和社会协调发展的负担。

（二）国民经济整体素质和竞争力仍有待进一步提高。人均GDP仍然较低，2003年广东人均GDP仅是2000年发达国家美国的6.0%、日本的5.8%、德国的8.2%，亚洲四小龙香港的8.1%、新加坡的8.3%、韩国的23.0%，与我国全面建设小康社会的人均GDP超过3000美元的目标相比，仍有不小差距。经济体制仍欠完善、产业经济结构欠优、科技进步能力不强，与发达国家比有较大差距。民营经济发展中市场准入门槛高，融资难，法人治理结构不完善，财务管理薄弱等问题仍较突出。产品在国际分工中处于低端，不具有不可代替性，出口极易受到国际经济波动的影响，也面临后发地区激烈的市场竞争压力。全省仍处于工业化中期阶段，全面实现工业化还有较长的路要走。

（三）二元经济结构和区域不平衡仍很突出。引导农业顺利进入社会主义市场经济轨道的问题尚未很好解决。农民增收困难。2003年，广东农村居民人均纯收入绝对额低于浙江的5431元和江苏的4239元，增长速度则低于浙江（9.9%）、山东（6.7%）、江苏（6.1%）和福建（5.5%），也低于全国4.3%的平均水平。城镇居民人均可支配收入与农村居民人均纯收入之比，已由1980年的1.7：1扩大到2003年的3.1：1。按联合国用恩格尔系数划分贫富程度的标准量度，广大农村居民生活总体上刚刚踏进小康门槛，而城镇居民则跨入初步富裕阶段生活。此外，在生活环境、教育、文化、卫生保健、劳动保障方面，农村与城市在许多地方仍差别很大。区域发展不平衡十分突出，珠三角与东西两翼和山区之间经济实力落差太大。2003年珠三角GDP为11453亿元，占全省比重高达85%左右；人均GDP达37235元，是全省平均水平的2.2倍；东翼GDP和人均GDP相当于珠三角的12.6%和24.5%，西翼相当于珠三角12.3%和24.5%。山区五市只及珠三角的9.1%和16.4%。

（四）资源的制约趋紧。耕地保护任重道远。2003年广东耕地面积213.97万公顷，比1990年减少38.9万公顷，人均耕地面积仅为0.027公顷，不及全国平均数的一半，已低于联合国划定的0.053的最低警戒线。自然资源对外依赖程度高。大量原材料和能源依靠进口和外省调入，对经济增长的保障程度下降。2003年全省电力消费量2022.01亿千瓦小时，比上年增长19.8%，电力进口及外省调入量242.99亿千瓦小时，约占消费量的12%，原煤消费量合计7524.00万吨，增长14.6%，原煤进口及外省调入量7161.92万吨。工业生产的强劲增长，使电力、石油、运输等的供应“瓶颈”再度趋紧。由于用电大幅攀升，珠江三角洲和粤东部分地区被迫实施强制性错峰用电，能源制约形势严峻。

（五）文化产业发展滞后，竞争力有待增强。文化资源开发利用程度不够，文化基础设施建设滞后，农村文化活动场所严重缺乏；文化产业规模偏小、与整体经济互动性差。

此外，国有企业改革仍处于攻坚阶段，金融体系仍不完善，覆盖弱势群体的社会安全网仍有待进一步健全，环境污染和生态破坏问题仍然突出，发展中来自长三角地区的挑战与日俱增等等，也是广东贯彻科学发展观过程中亟待解决的问题。

2003年已降下帷幕，我们期待广东经济社会在新的一年取得更为辉煌的成就。

撰稿：卜新民

严峻的挑战　历史的抉择

——广东当好排头兵、继续走在全国前列探究

新世纪的今天，广东再次被赋予“加快发展，在全面建设小康社会、加快推进社会主义现代化进程中更好地发挥排头兵作用。努力在建设中国特色社会主义伟大事业的征程中继续走在全国的前列”的伟大历史使命。当前，面对百舸争流竞上游、万马奔腾齐争辉的中国区域经济新的发展格局，面对经济全球化知识化和与国际跨国公司竞逐加剧的必然大势，广东如何直面各种挑战和“非典”天灾，增辟蹊径，变挑战为机遇，改革创新，不辱使命，开创继续保持全国领先地位的排头兵新时代，成为省委省政府迫切求解的重大课题。我们特此进行初步探讨和研究。

问题与挑战

最近几年来，长三角等中国发达地区后发优势凸现，广东第一经济大省地位正受到日益严峻的挑战。1995 年起，广东人均 GDP 被浙江超越。1996 年始，经济增速被江浙鲁普遍超越；1996－2002 年，经济年均增速甚至落后上海 0.7 个百分点。进入今年，一季度珠三角经济增长 14.3%，一反十几年常态转向低于长三角的 14.4%；1－5 月，广东外商实际直接投资和固定资产投资被江苏双双超越而退居全国第二位。从站在“更好地发挥排头兵作用”、“继续走在全国前列”和经济全球化加速的高度俯视、剖析，广东主要存在如下问题与挑战。

视角之一：“三驾马车”

（一）资本投入论：投资增长势头变缓，吸引外资匹马当先的“磁力”减弱，广东的资金优势明显弱化

从全社会固定资产投资看，2000 年开始广东投资增势明显弱于江、浙、鲁。更深入分析看：

*一是民间投资不够畅旺、未能有效替代政府投资，内源性投资成份偏小。*随着广东国有企业战略性调整的深入和 1998 年以来的国家国债主要投向中西部地区，广东国有经济投资所占比重日渐减缩。2002 年，广东国有经济占全社会固定资产投资比重比 1999 年下降 11.4 个百分点。但在体制性障碍、融资渠道不畅和政策透明度不高等问题尚未较好解决的影响下，民间投资扩张未能及时、有效地填补国有经济调缩留下的市场空间，总体仍不够畅旺。2000－2002 年广东民间投资年均增长 17.8%，分别低于浙鲁 8.3 和 5.9 个百分点，而且 2002 年民间投资总量也低于浙鲁 293 和 190 亿元。最终导致内源性投资在占全社会固定资产投资比重差于江浙鲁 7.6～17.9 个百分点的同时，总量差出这些省亦都在 180 亿元之上。

*二是更新改造投资增长逆势放缓，制造业技改投资后继乏力。*自“八五”时期起，广东更新改造投资增长总体处于减弱通道，2000 年以来更是逆全社会固定资产投资增势而不断放缓。2000－2002 年，更改投资年均增长 11.8%，明显差于江浙鲁的 15.0%、19.4% 和 28.0%。今年 1－4 月成为全国唯一更改投资负增长的省份，与江浙鲁的落差进一步扩大至 36 个百分点以上。

需引起关注的是，其一，固定资产更新速度显著滞后。据测算，欲将 2002 年广东规模以上工业企业固定资产全部更新一次，需要 16.4 年时间，与发达国家设备技术更换周期为 4 年左右相比差距悬殊。其二，近五年来广东制造业更新改造投资增长总体乏力。1998－2002 年，制造业更改投资年均增长 6.8%，仅及同期全省更改投资增速的一半，也明显低于同期全社会固定资产投资 11.6% 的增速；尤其是纺织、食品饮料、非金属矿物制品、石油化工、造纸及纸制品等支柱产业或潜力产业，更改投资增长相当缓慢甚至下降。虽然这两年广东制造业更改投资增长出现恢复性回升，但今年又重回低位，1－4 月仅增 7.7%，落后江浙鲁 19 个百分点之上，且总量被江浙鲁三省全面超越。

三是工业投资比重尚低。分产业考察，广东投资增长相当依赖第三产业中的交通邮电通讯和房地产这两大产业。2001－2002 年，这两大产业占全社会固定资产投资比重分别为 15.1% 和 28.7%，比 1990 年上升 2.5 和 19.4 个百分点。然而，由于产业政策导向不明确，项目挖掘和储备不足，加之民间投资主要投向房地产而对工业投资比重过低，引致工业投资增长欠旺，与工业经济总量占全国份额首位不相称。2001－2002 年，广东工业投资占全社会固定资产投资比重为 26.7%，比 1990 年下降 8.6 个百分点，比同期江浙鲁更是低 13.3 个百分点以上。今年 1－4 月，虽然广东工业投资增速达 32.7%、创近几年来同期的新高，但仍低于江浙鲁沪 27.9～62.7 个百分点。

广东正处于并在未来较长一段时期都将处于工业化阶段，工业投资长期不足、技改投资尤其是制造业技改投资滞后于东部沿海发达省份，必将削弱广东工业并累及整体经济的发展后劲。2001 年特别是今年以来广东工业增幅普遍落后于东部沿海发达省市的实况，从一个侧面反映了这种局势。

从吸引外国投资看：

其一，广东吸引外资在增速和势头、技术和规模，以及外企地区总部与技术研发中心设立上，都受到长三角等发达地区的赶超挑战。2000－2002 年，广东外商实际直接投资年均增速为 10.4%，与江浙沪鲁的 25.0%、27.3%、18.1% 和 31.3% 相比明显过慢；今年 1－4 月，广东增速为 28.5%，与江浙沪鲁的 76.8%、89.0%、41.9% 和 52.3% 相比更是势不如人，且广东外商直接投资的合同总额和实际总额均落后于江苏而退居全国第二位，“追兵”变成了“标兵”。特别是，起点高、技术较先进的外商投资大项目广东被长三角地区赶超的趋势愈加突出。据统计，到 2001 年底为止，广东外商实际直接投资超过 3000 万美元以上的项目累计只及江苏的一半左右。2002 年江苏超亿美元的项目也达 36 个，高出广东 6.2 倍。吸引外企的地区总部与技术研发中心设立的角逐之中，广东也逊色于以上海为龙头的长三角地区。截至 2003 年 3 月底，经认定的跨国公司地区总部设在上海的累计达 25 家，至少多出广东 5 倍。

综合而言，广东吸引外资的优势地位日趋弱化。以广东经济总量首次超过江苏的 1989 年为标志，1989－1991 年，广东吸引外国直接投资活动指数①远在江浙沪鲁之上稳居全国首位：以广东指数为 100，则江浙沪鲁吸引外国直接投资活动指数分别只有 11.8、7.4、35.9 和 10.9。到 2000－2002 年，广东与这些省市的距离迅速缩小，江浙沪鲁相对广东为 100 的吸引外国直接投资活动指数上升至 69.5、28.5、70.4 和 35.6，其中 2002 年为 86.8、36.7、82.8 和 47.2；今年若按一季度趋势发展则江苏和上海的指数均将超过广东。

其二，引资项目以中小型为主，缺乏美英德等发达国家的投资，引资方式创新不够。从项目规模看，1979－2002 年，广东外商直接投资平均每个项目合同金额为 209.1 万美元，差于江沪的 240.0 万美元和 228.5 万美元。其中 2000－2002 年广东平均为 236.7 万美元，更差于江沪的 377.3 万美元和 334.2 万美元，也差于全国 259.3 万美元的平均水平。从引资地区结构看，广东缺乏发达国家的投资。改革开放以来广东外商实际直接投资中，港澳台新加坡和维尔京群岛共占 85%，而美加英德法日仅占 9% 的小份额；即使是最近三年这些发达国家所占份额也仅有 11%，低于 2000－2001 年全国 26% 的平均水平。从当代世界潮流看，跨国并购投资已成为美欧等发达国家外商直接投资的主要形式，目前全球跨国投资的 75% 以上为并购投资。广东作为中国对外开放先行改革试验地区，特别在入世后国家允许并鼓励外资以并购方式参与国企改革背景下，虽然部分市以股份重组等对此引资方式进行了探索，但成效不大、庞大潜力未能转化成引资的新增长点。

21 世纪国际资本和产业加速向长三角转移的态势，不仅会因引资时间差和规模占优产生较高的先进技术和产业带动力，而且将可能引发一种以上海为内核的日益强大的区域集聚效应和先发优势。广东如何当好吸引外资的“排头兵”、共同推动中华民族实现多赢，正面临不进则退的严峻课题。

（二）消费市场论：从产业支撑看，零售业改革创新力度不够效益欠佳、大的优势未能转化成竞争优势，整体大而不强。从市场扩张力看，农民收入增长缓慢，广大农村市场启而难动，对全省市场的贡献不断缩减

从零售业看：

*一是"航母"级商贸企业发育不足，产业集中度偏低。*集团化和集中化是当代世界零售业发展的基本趋势，商贸企业没有规模就不可能保持领先地位。广东是中国最大的消费市场，商贸流通企业总数也居中国首位，但"航母"级企业缺乏，"星多月少"总格局仍未有实质性改观。从国内看，明显不及长三角等发达省市。2002 年中国连锁企业百强中，销售额超百亿元的 5 家由上海、北京和山东垄断，广东与之无缘；前 10 名中沪京各占 3 家，江苏 2 家，广东仅有 1 家名列第七位；广东入选百强的全部 13 家企业销售额总计 271 亿元，分别只有沪京前 3 名的 64% 和 95%。从国际看，尚差世界大型零售集团巨大的数量级别。2002 年，广东最大的零售连锁企业销售额只有世界 500 强沃尔玛的 0.5%、家乐福的 1.6%；全省进入中国连锁百强全部企业的销售总额也只有沃尔玛的 1.4%、家乐福的 5.2%。

产业集中度亦显著差于中国发达省市。2002 年，广东零售前 3 强企业零售额占全社会商品零售总额的 3.0%，不如京沪苏的 14.2%、13.3% 和 6.1%；零售前 10 强企业零售额占全社会商品零售总额的比重，广东为 5.3%，也弱于京沪苏的 25.4%、22.8% 和 10.2%。

*二是改革创新力度不够，现代主流零售业态发展欠佳。*从 1990 年 12 月东莞虎门镇开设我国第一家美佳超市，到 1992 年广州货仓式店铺"南大广客隆"掀起的旋风，广东零售业改革开放曾经领先全国。但时移位易，近几年来，长三角等先进省市零售业改革创新如火如荼，涌现出上海华联、联华，大连商场集团，北京国美电器、华联集团，江苏苏宁电器等中国零售企业的龙头和行业排头兵。尤其是，今年 4 月挂牌的上海百联集团重举频出，年销售额将超过 700 亿元的中国商业"巨无霸"整合做大做强正扬帆起行。相较之下，广东产权改革滞后、规划思路守旧，现代商贸发展水平总体日渐后移。2001 年，广东限额以上批零贸易企业销售收入中超市和专业（专卖）店所占比重为 7.0%，落后于沪京苏的 20.5%、12.8% 和 8.2%。

从广东主要经济城市看，商都广州、发展水平较高市场庞大的佛山和东莞市，现代零售主流业态发展与之地位明显不相称，富有竞争力的大型商企廖若晨星。2002 年，与国内社会消费品零售总额和经济总量、人均 GDP 相约的市相比，广州进入中国连锁百强企业数占全国的 3%，销售额合计占 1.1%，显著低于北京的 20% 多和 23.6% 强的水平，也差于广州社会商品零售总额占全国 3.4% 的份额；佛山和东莞市一家也没有，而江苏苏州、无锡、常州，山东青岛和浙江宁波均有 1-2 家上榜中国连锁百强或零售百强。

*三是效益水平低下，竞争力不高，正饱受列强内挤外压的"商业蚕食"。*经济效益差于外商投资企业和国内先进省市。与外商及港澳台投资企业相比，2002 年广东限额以上民族批零贸易企业商品销售的毛利率、成本利润率和营业利润率分别为 6.9%、1.47% 和 0.97%，均弱于外商及港澳台资企业的 10.7%、1.73% 和 1.33%；餐饮业也存在相似的差距。与沪京和江浙相比，2001 年广东限额以上批零贸易企业销售收入高出这些省市分别达 20.6%、56.2% 和 69.2%、32.2%，但实现利润总额却分别低 46.6%、9.9% 和 9.8%、34.3%；毛利率、人均赢利水平等主要效益指标，广东也普遍差于上述省市。

表一：　**2001 年批零贸易企业主要经济效益指标比较**

指　标	广东	北京	上海	江苏	浙江
毛利率（%）	6.89	7.85	8.57	9.68	6.74
销售成本利润率（%）	1.11	1.94	2.53	2.13	2.22
人均利润（元/百元）	1.54	1.94	3.36	1.36	3.21
资产利润率（%）	1.95	1.53	5.13	3.66	4.85

国际国内商业巨头大举冲击南粤市场，而广东商企向外扩张明显乏力。2001 年，广东限额以上连锁商业企业在外省共开设门店 321 家，占全省门店总数的 10.2%；上海为 1538 家和 26.8%，北京为 461 家和 21.7%，广东与沪京的总量和相对量的扩张差距都非常明显。外资企业占据广东零售高端市场势头强劲、份额大增。2002 年，广东限额以上连锁企业中，剔除中方成份后的外商及港澳台投资企业销售总额和零售总额分别达 141 亿元和 139 亿元，比上年增长 1.09 倍和 1.06 倍，占全省的 40.1% 和 40.9%，所占份额比上年提高 8.7 和 8.5 个百分点。剔除中方成份后的外商及港澳台投资连锁企业，对广东、珠三角地

区限额以上批零贸易与餐饮业零售总额增长的贡献率达到35.0%和38.4%，所占份额增大为13.9%和15.0%。与外资进入正猛的沪京相比，2001年广东外商及港澳台经济销售总额占新型零售业态的58.9%，明显高于沪京的31.5%和8.0%，入世前后外国零售巨头急切抢滩广东尤其是珠三角市场而本省民族商企竞争力仍弱的状态可见一斑。如果按此趋势裂变，中国零售业三年入世开放保护期后的2005年初，仅是外商及港澳台成份的连锁企业，占广东零售高端连锁市场份额将超过一半，约达57%；占在广东、珠三角地区零售市场起主导作用的限额以上批零贸易与餐饮业零售总额份额，也将变大为24%和26%左右。

现代零售业是一个支撑性产业，广东零售业竞争力不高的现状，正是经济发展势头不如中国东南沿海发达省市的重要表征。而且，面对不少外资大企业，凭借资金、名牌效应和高薪夺才等手段，宁可三五年不赢利，与民族企业进行“战略性”竞争的态势，广东如何加快催生一批具有较强国际竞争力的现代大型商业集团，是广东当好排头兵、实现多赢的一项迫切的“战略性”重任。

从市场扩张力看：

*农民增收态势严峻，农村市场对全省的贡献不断缩减。*2000－2002年，广东农村居民人均纯收入年均增长2.5%，显著慢于改革开放以来13.4%的平均增速。从横向比较看，农民收入增长弱于沿海发达省份。2002年，广东农村居民人均纯收入3912元，增长3.8%；绝对额已低于江浙的3996元和4940元，增速则低于江浙的5.6%和7.8%，也低于全国4.6%的平均水平。与此同时，农村消费市场占全省的份额因之也由1990年的31.5%缩小为2002年的28.7%；对全省市场的贡献率则缩减为27.9%。展望未来，由于现阶段农业的发展越来越受到市场需求的制约、入世后对国内农产品价格和销售的影响将会逐步扩大，以及城市就业压力加大、农村劳动力转移面临更加困难的局面，势必进一步加重农民增收的难度。

消费是现阶段推动广东经济增长的主导力量，2000－2002年，最终消费对广东经济增长的贡献率平均达54%。广东零售业整体大而不强，农民增收难度加大，将直接制约消费市场从而制约经济发展的强度和后劲。

（三）出口需求论：扩大出口的三道屏障，提升出口商品国际竞争力的二个瓶颈，以及长三角开放型经济发展迅猛形成的挑战，构成广东外向型经济进一步发展的近忧和远患

从量上看，三道屏障制约着广东出口的扩大：

*一是国际竞争加剧与“以价取胜”等因素产生的国外技术贸易壁垒趋严和反倾销制裁。*近几年来，国外技术性贸易壁垒对中国和广东出口的影响日趋严重。调查表明，2002年中国71%的出口企业、39%的出口产品遭国外技术性贸易壁垒限制，造成损失约170亿美元，比入世前更加严重。其中广东损失金额最高，受限企业比例达58%；广东的食品、农产品和水产品，超百亿美元的四大出口主力中以玩具、家具等为代表的杂项制品类，以电子及通信设备制造、普通机械与专用设备制造业为代表的机电类，以及纺织服装和纺织制品类，均为受损的重灾区。另据世贸发布的反倾销报告，2002年7月1日至12月31日的半年内，中国遭受反倾销调查27起，被实际裁定加征关税18起，双双名列全球之冠。上述问题的发生，虽与国际竞争加剧、中国和广东出口增长较快有一定关系，不少属国外恶意性的，但也说明广东在出口贸易中压价抢单、“以价取胜”占据市场的一大弱点；与全省企业的国际技术管理认证未能跟上世界发展步伐亦不无关系。2001年广东企业单位数全国第一，但获得ISO9000系列国际质量管理认证企业累计3383家，明显少于苏浙的6459家和3416家。

由于当今国际贸易保护主义更加隐蔽和多样化，未来国外技术性贸易壁垒很可能成为长期制约广东出口扩大的重大障碍。最近，美国国际贸易委员会通过今年5月初美国五河电子公司等三方起诉中国彩电企业的反倾销案的裁决，对作为彩电出口大省的广东必将产生不利影响。今年5月广东对美国的彩电出口比4月下降18.8%，已从一个方面敲响了广东彩电出口的警钟。

*二是出口退税政策不完善和越滚越大的出口欠退税。*据测算，2002年底广东出口应退未退税额为554亿元，今年出口若以增长10%、并按去年国家分配我省出口退税指标计，今年广东应退未退税累计缺口将高达800多亿元。退税滞后期长达一年至一年半，造成不少广东外贸企业流动资金周转短缺，增加了企业出口成本，直接制约企业进一步扩大出口的动力。按今年3月底情况推算，今年全国出口欠退税累计将

达2000亿元左右。全国巨大的出口欠退税和财政收支紧张势必难以扭转近年来国家出口退税政策落实不到位的状况，加上广东采取质押贷款等应对措施尚面临一些政策解释和财力问题，反映出未来一段时期，出口退税严重不足问题将继续存在，并将成为广东扩大出口的一个中长期不利因素。

三是出口地区过度集中和"SARS"疫情产生的市场风险。据统计，2002年广东出口地区结构中，美港欧日和东盟五大市场占近九成份额，出口市场集中度高出全国平均水平约10个百分点。其中，美国、香港共占61.4%份额，包括香港转口在内美国约占35%强的份额，而且东盟进口需求与美国关系甚密。这种过于依赖美国市场的格局，不利于广东根据世界各地经济景气波动的非同步性，实施"东方不亮西方亮"的多元化战略，容易诱发因经济和非经济因素而受制于人的市场风险。特别是，今年广东和香港均受非典型肺炎疫情的肆虐，严重阻碍了外贸交流和进出的正常渠道、减少了订单、动摇了部分外商投资的信心等，必将对广东未来出口产生消极的滞后影响。今年1-5月广东出口增幅比一季度下降1.9个百分点，其中对美国增幅下降3.2个百分点。

从质上看，二个瓶颈制约着广东出口商品国际竞争力的提升：

第一，两多两少：加工贸易的多，"自已东西"少；劳动密集拥有一定国际比较优势的多，资金技术密集具有国际竞争优势的少。1990年以来，广东出口总额中一般贸易所占比重基本上处于下降通道，2002年只有18.3%，与江浙沪鲁的44.6%、82.7%、42.8%和51.6%相比，差距一目了然。尤其是，2001年广东出口主力的机电产品仅有10.7%。一般贸易出口的总量，2002年广东也低出浙江26亿美元。

从出口产业的国际竞争力看，第一产业中，广东占有较强国际竞争比较优势的农产品，主要是鲜活类和特色类农产品，相当大部分农产品，包括大宗类的谷物、动植物油脂，以及水果等，仍处于国际竞争的比较劣势。工业中，竞争力较强的依然是以技术含量不高的劳动密集型产业产品为主，如皮革鞋帽玩具、纺织服装、传统食品、自行车与陶瓷制品等。特别是，广东高新技术产品出口中一般贸易所占不及3%，表明高新技术产业还远不具有国际竞争优势。

第二，出口导向部门的国内产业链过短，技术"溢出效应"出现阻滞，国际贸易条件下降。2002年广东加工贸易增值率为1.422，不仅低于1999年的1.437，而且也低于同期全国的1.472和浙沪鲁1.947、1.446、1.644的水平，与国外发达国家间的加工贸易增值率相比差距则更大，反映出广东加工贸易总体上对国内产业的带动作用尚待提高。从加工贸易关联度看，据投入产出资料，1990年到2000年，广东四大类出口超百亿美元行业中，其影响力系数基本上都处于非常稳定的状态，反映出技术"溢出效应"远不充足。

按一般规律而言，2002年广东工业制成品和机电产品出口分别各占97%和61%的高份额、产品出口结构已大为改观，以及去年与人民币汇率挂钩的美元出现较大幅度贬值，本应引起贸易条件的改善，但实际却出现逆向。初步测算，以1995年贸易条件指数为100，则2002年广东为79.9，处于下降状态。其中2002年一般贸易和加工贸易的机电产品贸易条件指数均比上年有不同程度的下降。与世界相比，广东1999年贸易条件指数比1995年下降11.8个百分点，而同期发达国家仅下降1.3个百分点，发展中国家下降5.3个百分点，差距也相当显著。贸易条件的不利趋势说明，广东产品参与国际竞争仍然是数量加工贸易型，再加上缺乏名牌，结果只能获取微薄的利益。

从区域发展看，长三角地区吸引外资的量和质的飞跃态势，对广东出口的"霸主"地位形成挑战。以江苏为例。一是江苏外商投资企业出口增长迅猛，已成为出口主力军，为不断逼近甚至赶超广东出口奠定了基础。2002年，江苏外商投资企业出口为242.5亿美元，增长45.7%，占总出口的比重由1997年的47.6%上升为63.0%、今年1-4月进一步升至66.7%，占广东外商投资企业出口比重则由1997年的18.2%上升为34.8%、今年1-4月进一步上升至45.5%。如若按这种增长趋势发展，那么8-12年后，广东源于外商投资企业出口的最大出口优势将可能为江苏取代。二是出口技术含量提高较快，已显露出超越广东的端倪。2002年，江苏高新技术产品出口为121.1亿美元，增长68.6%，占总出口的31.5%，所占比重高于广东26.1%的水平，今年1-4月所占比重扩大为34.6%对广东的29.9%。

视角之二：经济结构

（一）工业发展论，主要存在四大不足：

第一，支柱产业优势不明显，未能真正起到支柱作用；与全国横向比较，也存在不少弱点。

广东支柱产业的优势不明显。从产值角度看，2002 年，在六大支柱产业中，电子及通信设备制造业增加值占 GDP 比重为 7.6%，达到支柱产业标准（5%）；电气机械及器材制造业增加值占 GDP 比重和产值占全部工业产值比重分别为 3.4% 和 9.4%，达到准支柱产业标准（行业产值占总产值的 8%）；其他四大支柱产业产值都未能达标。从产业带动力看，据投入产出部门分类，25 类工业行业中，影响力系数居前 10 位且大于 1 的只有电子通信设备制造、电气机械及器材制造这两大支柱产业，对国民经济的带动作用较强；其他四大支柱产业的带动力相对较弱。从技术进步看，2002 年，电子及通信设备制造业的新产品产值率（15.2%）超过 10%、R&D 投入占销售收入比重（1.3%）超过 1%，显示出相对高的技术水平和创新能力；其他五大支柱产业这些指标值都较低，技术开发投入和效果明显欠佳。

以广东第一支柱电子通信和准支柱电气机械制造业——同时也被江浙沪鲁都列为支柱产业——进行全国横比，广东也存在不少差距：

广东电子及通信设备制造业的产值总量和企业平均规模均居全国首位，但效益不高、扩张速度也未能保持上游。2001 年，广东电子及通信设备制造业的销售利润率为 4.1%，低于沪江浙的 5.3%、4.3% 和 6.2%；工业增加值率在五省中亦最低（见表二）；2001 年比 1998 年产值增长 94.5%，慢于沪江鲁。

广东以白色家电为主体的电气机械及器材制造业，资源整合效果一般，盈利水平过低，2001 年销售利润率仅为 2.4%，远低于四省市，有规模欠效应。长此下去，势必影响产业发展后劲。

表二：　　　　**2001 年广东与华东四省市两大支柱产业发展比较**

行业	指标（亿元、%）	广东	上海	江苏	浙江	山东
电子及通信设备制造业	2001 比 1998 年增长	94.5	99.3	96.9	52.3	114.4
	企业平均规模	2.19	1.59	1.55	0.69	1.89
	销售利润率	4.1	5.3	4.3	6.2	4.0
	增加值率	21.07	21.82	23.63	21.08	23.49
电气机械及器材制造业	2001 比 1998 年增长	66.5	23.5	54.7	69.7	55.9
	企业平均规模	0.90	0.35	0.62	0.47	1.52
	销售利润率	2.4	6.2	6.3	6.8	4.5
	增加值率	25.22	25.05	25.77	23.75	23.54

第二，产业扩张力逐步减弱。

其一，广东工业增速先后被鲁浙江沪等省市超越。据统计，山东省从 1998 年起，工业增速基本上每年都超过广东；浙江从 1999 年起、江苏从 2002 年起，工业增长速度超过广东；上海今年一季度，工业增速也超过广东。

分行业看，主要是广东的纺织服装等传统行业、建材行业、机械工业和电子通信业的增速普遍慢于这些省市。1998－2001 年，广东纺织、服装制造业产值年均增长 6.1% 和 1.0%，而江浙鲁则均保持 9.1%～22.8% 的较高增速；广东普通机械制造业产值年均增长 10.5%，而江浙鲁分别为 11.4%、23.0% 和 16.0%。这些行业与当前中国出现的住房、电子通信等消费热点紧密相关，其发展后劲如何直接影响地区工业的扩张力。

其二，广东工业品市场份额增加的速度较慢。从 1998 年到 2002 年，广东工业品销售收入占全国份额从 13.6% 提高到 14.8%，增加 1.2 个百分点，同期江浙鲁所占份额分别增加 1.5、2.3 和 1.3 个百分点。

其三，未来 6－8 年，广东工业总量有可能为兄弟省份赶超。据测算，若按当前的增长趋势发展，即广东工业增速比上述四省市低 3－5 个百分点，则到 2009 年，江苏和山东的工业总量（12709 亿元和 12543 亿元）将可能超过广东（12326 亿元）。世界制造业快速向江苏等省市转移所导致的中国地区工业发展格局的演变，不能不引起广东高度重视。

第三，工业资源的配置力不高。

主要体现在与华东四省市相比，广东工业经济效益相对较低。2002 年，广东工业资产贡献率为 9.2%，低于江浙沪鲁四省市；广东工业产品销售利润率也较低（见表三）。广东工业企业的总体经营成本偏高。2002 年，虽然上海的人均工资高于广东，但广东工业百元产品销售收入所耗用的成本 85.1 元却高过上海的 80.7 元；广东销售成本和管理成本亦均高于浙江和山东。尤其是，2002 年广东制造业实现利润 559 亿元已低于浙江的 566 亿元，退居全国第二位。

表三：　　　　**2002 年广东与华东四省市主要经济效益指标比较**

指　　标	广东	上海	江苏	浙江	山东
销售利润率（%）	4.73	6.83	4.09	6.23	5.63
资产贡献率（%）	9.17	10.42	9.67	12.54	11.18
人均工资（元）	14103	19358	11601	12482	8973
销售成本（元）	85.1	80.7	86.2	84.5	83.7
管理成本（元）	5.1	7.1	4.9	4.4	5.0

第四，产业组织结构水平尚待提升。

其症结在于企业的规模、效率和国际化程度上。从全球看，广东工业 50 强远弱于世界 500 强。企业规模相差甚远。2002 年，广东工业 50 强平均每家营业收入为 101.7 亿元，只相当于世界 500 强中 148 家工业企业平均的 3.9%。仅有广东省广电集团一家的营业收入接近 500 强，为 148 家中最小企业同年的 83%；广东第 2 位的则只有其最小企业的 30%。劳动生产率差五成多，2002 年广东 50 强人均营业收入仅是 148 家平均的 45%。国际化程度较低。世界 500 强多为跨国企业，控制着全球生产总值约四成、国际贸易五至六成、国际投资近九成的份额。而广东 50 强"走出去"仅仅是"小荷才露尖尖角"，目前在海外设立的子公司总共只有 20 来家。

从国内看，广东小企业多，大企业少。2002 年，广东大型企业仅占规模以上工业企业的 4.2%，尚低于全国 4.8% 的平均水平。与发达省市相比也存在一些差距。2002 年，广东竞争力最强的电子信息行业，营业收入位居前二名的 TCL 集团和华为技术，它们的营业收入均不超过山东海尔集团的 45%，研究与发展经费支出也分别只有海尔的 21.9% 和 76.4%。

一个国家或地区拥有重量级大型企业集团的多少，是衡量其能在多大程度上占居稳固竞争地位的重要标志。广东经济总量已占世界的五百分之二点三，但发展重量级大型企业集团尚差强人意，如何扬鞭催马争当大型企业集团建设排头兵是广东面临的又一项历史性课题。

（二）金融业发展滞后于以上海为龙头的长三角地区

一是存贷款增长明显放慢，金融资源利用差于长三角。1997 年亚洲爆发金融危机以来，广东存贷款增长明显放慢。2002 年与 1997 年相比，广东各项存、贷款年均分别增长 15.6% 和 13.3%，慢于 1997 年前五年年均 22.7% 和 22.6% 的增速；与长三角地区比，广东贷款年均增速低于同期浙江的 21.3% 和上海的 16.9%。特别是 2002 年，广东各项存、贷款增长 18% 和 17.1%，分别低于江浙沪 4.5～9.3 和 6.3～15.8 个百分点，差距悬殊。从金融机构人民币存贷比看，2002 年末广东为 66.8%，比江浙沪低 2.5～9.8 个百分点；比 1997 年下降 7 个百分点，与沪浙存贷比同期分别上升 7.5 和 0.4 个百分点反差更明显。

二是金融资产质量仍待提高，金融业发展逐步趋缓。与江浙沪相比，广东金融资产质量总体不如他们。从发展态势看，伴随多年经济高速发展积累的诸如广东国投等方面的问题在亚洲金融危机爆发后浮出水面，广东金融业发展已逊于长三角。2002 年广东金融保险业占 GDP 比重为 3.4%，差于浙沪的 4.1% 和 10.8%；与 1995 年相比，广东金融保险业占 GDP 比重下降 0.4 个百分点，而浙沪则均呈提高之势。

三是上海金融开放创新成效卓著，金融中心地位日益显赫。经过 1992 年以来的开发开放，作为长三角地区龙头的上海，不仅确立了中国金融中心的地位，而且在向国际金融中心进军中迈出了重大步伐。广东金融业已难与之匹敌。目前，上海已成为中国证券交易、外汇交易、资金交易和黄金交易等中心；金融保险业成为国民经济的支柱产业；2002 年末驻扎着 54 家经营性外资金融机构，有 22 家在沪外资银行被其总行确定为中国境内业务的主报告行。尤其是，广东原本尚能与上海进行些较量的证券交易，因深交所停发新股而更难望其项背。

资金是经济发展的血液，多了会使经济体内的器官出现功能紊乱；少了将使经济体出现贫血，造成资源浪费，久而久之必将使经济体逐步失去活力、日渐衰弱。如何破解广东金融业发展滞后于长三角地区的困局，迫在眉睫！

（三）区域结构：发展很不平衡

从省内看，广东经济发展动力主要源于珠三角，珠三角与东西两翼和山区之间发展不平衡突出。无论是投资、消费、进出口，还是工业生产和高新技术制造，70~95%的份额都集聚在土地和人口只占全省的 23%和 31%的珠三角，造成珠三角与东西两翼和山区之间发展的不平衡。而且这种不平衡自 20 世纪 90 年代以来基本上处于愈演愈烈状态。2002 年，珠三角 GDP 和财政收入分别达 9419 亿元和 769 亿元，占全省的 72.1%和 87.2%；而占全省土地和人口 77%和 69%的东西两翼和粤北山区五市，分别只占全省的 19.7%、8.3%和 7%、5%。2002 年珠三角人均 GDP 达 34295 元，东西两翼和粤北山区五市只及珠三角的 24.3%和 15.4%，与 1990 年东西两翼和粤北山区人均 GDP 为珠三角的 29.5%和 28.1%相比，差距显著扩大。

从国内看，广东区域经济发展不平衡程度剧于长三角省份。以全省两极差距考察，2002 年，广东人均 GDP 水平最高市的人均 GDP 为最低市的 13.1 倍，明显大于江浙的 7.5 倍和 3.8 倍。用离散系数从整体上量度，2002 年广东各市人均 GDP 的离散系数为 81.5%，也显著高于江浙的 63.6%和 37.3%，广东各市的发展不平衡程度均剧于江苏和浙江。

广东地区发展不平衡日趋扩大固然有主客观原因，但差距拉得过大，容易造成地区间经济发展出现脱节和断层，相互之间失去依托和互补的内生联系，落后地区难以保持与先发地区的同步追赶态势的危险后果。据测算，若以目前趋势持续，则到 2007 年，占全省土地 77%、人口 69%的广大非珠江三角洲地区，只能得到 6%左右的财政收入和约 23%的固定资产投资份额。

视角之三："第一生产力"

科技和高新技术产业论：科技原创、技术创新和高新技术产业获利能力，高层次人才等三大不足突出

一是科技原创力和技术自主创新能力不足。知识创造和应用能力是当今决定世界各地经济发展的关键因素。2002 年，广东 R&D 投入占 GDP 比重为 1.34%，差于上海的 1.89%和北京的 5.75%，也差于 2000 年美德日等发达国家和新加坡韩国 2.1%~2.9%的水平；大中型工业企业 R&D 经费占销售收入比重为 1.1%，尚低于主要发达国家和韩国 2.5%~4.0%的水平；发明专利授权量为 351 件，约占全国的 4.2%，与所处经济地位不相称；特别是广东强项的 IT 产业，通信技术、计算机及自动化、基本电路及通用设备、家用电器、信息材料与工艺等领域，1985 年至 2001 年底，发明专利授权量累计仅占全国的 0.6%~2.4%。

二是高新技术产业规模大而获利能力低。广东高新技术产业产值总量居全国首位，但这种以 OEM 为特征、外商投资企业为主导而核心技术和关键设备仍然依赖进口的产业发展格局，严重制约了广东高新技术产业效益的提高。2002 年，广东高技术制造业增加值率为 22.4%，比全省规模以上工业低 4.2 个百分点，与美日英约 36%~43.0%的水平相差更远；高技术制造业销售利润率和利税率分别为 4.1 和 5.3 元，比全省工业还少 0.4 和 2.8 元。

三是人才基地建设滞后和高层次人才匮乏。从国内看，按人口"五普"和全国 R&D 资源清查统计，广东每十万人口拥有大学文化程度 3560 人，不如上海的 10940 人、江苏的 3919 人和全国 3611 人的平均水平。广东每万人拥有科技人员和科学家工程师分别为 26 和 17 人，低于京沪及江苏的 40 和 23 人。从国际看，广东每万名劳动中 R&D 人力为 18 人年，近年日本为 136 人年、德国 116 人年、欧盟国家总体水平 94 人年左右，广东无法与之比拟。尤其是学科带头人、领导大兵团商战帅才以及高层次国际化人才短缺。

2002 年，广东拥有中国两院院士 28 人，明显落后于京沪苏的 130 多人、120 多人和 82 人。

目前，中国人才争夺日趋激烈。加入 WTO 后，大量实施人才本土化的跨国公司更是推波助澜，广东将面临国内、国际相互交织的世纪性人才竞争。

思考与抉择

一、原因

当前广东面临的问题与挑战，具有深刻的历史背景和时代背景。综合起来主要有：

*一是从经济结构看，外源型经济技术创新强度仍弱，质量不高；另一方面，支柱产业在由传统劳动密集型向新兴资金技术密集产业转换过程中出现“梗阻”，导致广东产业优势弱化。*广东经济结构的一个重要特征是以加工贸易为主体、大进大出的外向型经济相对发达；特别是高技术制造业中，外资产值比重高达近八成。但其根和主动权还在外商那头，技术创新强度不高，直接制约了外向型经济的发展后劲和产业竞争力的提高。据全国 R&D 资源清查统计，广东外商及港澳台投资企业 R&D 投入占其增加值比重只有 0.84%，明显低于内资企业的 1.24%。尤其在工业中，外商及港澳台投资企业 R&D 投入仅占全省工业的 29.7%，比其增加值占全省工业的比重 57.2% 差近一半。

从广东支柱产业演变看，国民经济中带动力最强、也是当今中国市场前景最大的行业之一的汽车工业，尚未能培植成支柱产业，使广东失去了宝贵的“时间差”和产业优势。近两年来广东汽车工业发展较快，但在全国仍较弱。2002 年，广东轿车产量只占全国的 5.6%，排全国第五位；今年一季度也只占全国的 6.0%。如果与广东发展轿车时间相约的上海汽车工业的现状相比，我们将看得更为明了。2002 年，上海汽车工业增加值达 289.2 亿元，占全市工业增加值的 13%，对全市工业增长的贡献率为 41.5%；对相关行业的拉动高达 909 亿元，直接作用和波及带动作用都非常显著，成为标志上海工业竞争力的支柱产业。

产业优势是经济优势的核心，产业优势的弱化正是广东经济大而难强、发展后劲不足的主要原因。

*二是作为内源型经济主推器的民营经济发展相对较弱。*广东民营经济起步较早，但近些年来因思想不够解放，扶持政策不够到位，市场准入和融资难等问题未能较好解决，民营经济发展水平总体上已落后于江浙两省。2002 年，广东个体私营经济不仅增加值总量小于浙江和江苏分别达 1059 亿元和 619 亿元，而且个体私营经济对国民经济的贡献广东只有 20.3%，浙江和江苏为 45% 和 28.3%，差距非常明显。特别是，广东民营企业的产品竞争力不高，创名牌水平（拥有 6 件全国驰名商标、45 件著名商标）落后于浙江（12 件、99 件）。

广东民营经济发展滞后，既是近几年来造成农民收入增长慢、固定资产投资增速不如东部沿海发达省份的主因之一，也是经济增长相对发达省份变缓的重要原因。据测算，如果广东个体私营经济增加值人均水平达到江浙的平均值，那么广东经济将是另一番天地：2002 年全省 GDP 将多增加 2121.7 亿元，人均 GDP 将达到 17739 元，超过浙江的 16838 元，经济总量和人均收入水平都将稳居全国第一位。

*三是龙头中心城市的集聚和核能不够强，广东发展的主力源珠三角的经济外拓性欠缺、辐射能力日趋减弱。*广州、深圳作为广东的两个中心城市，目前都尚不拥有足够强的集聚功能和辐射作用。与长三角龙头上海相比，无论是区域形象力、金融、支柱产业、地区经济联系度、人才，还是财力和经济总量，广州、深圳均不及上海蕴含的核能。2002 年，广州、深圳 GDP 分别只有上海的 55.5% 和 41.4%。而且近几年来广州、深圳投资增长出现不同程度的放慢，直接制约了全省投资的增长。另方面，珠三角拓展经济腹地方面，未能与周边省外地区充分合作，总体来说仍以省内为主；并且辐射能力日趋弱化。据测算，1991—2002 年共 12 年间，珠三角经济平均每增长 1 个百分点，辐射带动广东经济增长 0.796 个百分点，到最近五年下降至 0.792 个百分点。与同期长三角辐射带动两省一市经济增长呈不断增强态势相比，反差明显。加上省内区域之间发展不平衡日益严重，合力弱化了广东整体经济的发展。

*四是以上海为龙头的长三角和以北京为中心的环渤海经济圈的强劲发展，由“后发”成长为众多领

域的“先发”，对广东经济形成了竞争和挤压。位置显要、历史积淀和蕴藏非常深厚的长三角和环渤海地区迅速崛起、重领中国经济发展潮流，既是客观使然，也是多极共同推动中国经济发展的需要。但同时势必在市场、资金、人才、产业和政策等众多领域对广东产生激烈的竞争和挤压。国家金融政策向长三角倾斜就是很好的例子。

五是广东经济高速发展过程中出现的问题和部分重要领域改革创新不够相互交织造成的。首先是前进中难以避免的问题，如政策优势日趋式微、生产经营成本提高、金融道德问题、地区信用缺失等等，不可避免地对广东经济造成较大影响。以东翼汕头四市为例。2002 年，广东东翼实际利用外资和固定资产投资比 1998 年年均增长分别为 -23% 和 3.5%，对全省经济的贡献因之由 1998 年的 12.3% 下滑为 10.0%。其次是广东部分领域改革创新落后于人。如企业信用体系建设、为中小企业服务的融资担保公司建设、吸引人才政策和用人环境等，都有待深化提升。

六是教育实力较弱，创新环境与文化氛围欠佳。教育和科研是广东的历史“短板”，但至今仍无根本性改观。2002 年，广东平均每万人口在校大学生和研究生分别为 59.5 和 2.7 人，低于浙江的 84.6 和 3.5 人、江苏的 94.9 和 5.6 人，以及全国 70.3 和 3.9 人的平均水平；与北京和上海比差距则更大。从重点科研机构和大学拥有量看，广东明显不及京沪和江苏。研发创新文化氛围亦不如长三角和北京等地。由于受香港商业文化的影响，广东特别是深圳的急功近利的商业氛围过于浓重，既不利于科技学术带头人的引进和成长，也不利于高新技术产业可持续发展。

七是经济腹地较窄，毗邻港澳的地缘优势渐弱。其一，腹地空间显著小于长三角。在发展空间和吸引外资的激烈竞争中，与长三角江海交汇、南北居中的区位条件和横跨九省、资源丰富、市场极为广阔的腹地相比，广东腹地较小、资源贫乏、市场空间较窄的竞争劣势日趋突出。其二，港澳作为海外资本和企业进入中国大陆的“跳板”和“通道”功能日趋弱化。可以预见，随着大陆与台湾“三通”的逐步实现，弱化趋势将更剧烈，对广东“桥头堡”效应发挥的影响也将更大。其三，香港最近几年经济实力提升较慢，广东近水楼台先得月的“月”能减弱，直接制约了香港对广东进一步扩张投资的能力。特别是香港在我省投资规模达到较高水平后，边际下降效应更为显著。1998 年、2001 年和 2002 年，全省实际利用外资中，香港所占比重分别为 66%、55% 和 52%，呈不断下降趋势。

二、信心

沧海横流方显英雄本色。经过改革开放洗礼，特别今年用智慧和生命铸就出感天动地的“抗非精神”、并取得防治非典阶段性重大胜利的广东，当前在发展中虽然面临着一些需认真解决的问题和严峻挑战，但我们对胜利完成新的历史使命充满信心。

第一，党中央、国务院对广东发展的高度重视和亲切关怀。邓小平、江泽民同志一直非常关心广东改革开放，并指明了正确的前进方向。2003 年春，在广东“抗非”的关键时刻，胡锦涛总书记视察广东指导并提出新时期的厚望，为广东开创改革开放新局面、实现更大发展、率先社会主义现代化，提供了强大的精神力量和发展动能。

第二，具有比较坚实的物质基础和与国际惯例接轨较好的市场体制环境。2002 年，广东 GDP、城乡居民储蓄存款余额和进出口总额分别占全国的 11.6%、13.6% 和 35.6%；高新技术产品产值达 4360 亿元，均居中国首位。尤其是，广东 IT 和家电产业配套能力较强、融入世界经济较早较深，市场化指数全国第一，为广东经济发展奠定了坚实的软硬条件。

第三，信息化程度和第三产业相对发达。2002 年，广东电子信息产品制造业产值实现“12 连冠”；移动电话和互联网用户全国第一；第三产业占 GDP 比重居全国前列，为广东在当今信息化时代发展提供了有利的先发条件。

第四，全省上下忧患意识增强，认识清醒，加快发展方略深得人心。2003 年以来，省委、省政府认清形势、居安思危、善于学习、务实创新，把认真学习贯彻中央政策和广东实际结合起来，提出“到 2010 年，全省人均 GDP 比 2000 年翻一番；到 2020 年比 2010 年再翻一番，全面建设小康社会，率先基本实现社会主义现代化”鼓舞人心的目标，出台了《关于加快民营经济发展的决定》、确定今年抓好“十件大事”和建设“十项工程”等一系列促进经济发展的重大举措。尤其是弘扬“抗非”精神，凝聚各方力量，加快发展方略深得人心、催人奋进。

*第五，泛大珠三角区位优势犹存。*珠三角城市群是全国发展速度最快、实力最强的三大城市群之一。如果以珠港澳为主轴、闽桂湘赣为拓展轴的泛大珠三角能优势互补、有效整合，特别是粤港澳大珠三角合力形成整体优势，那么大珠三角和泛大珠三角将是中国乃至亚洲竞争力最强的区域之一。这也是面对全球经济一体化和区域化，保持香港繁荣稳定、构筑中国经济强大增长极的历史选择。

*第六，经济社会发展尚属世界中偏下水平，发展潜力巨大。*一是2002年广东人均GDP为1816美元，正处于从世界下中等收入国家地区向上中等收入国家地区行列迈进，接近2001年中等收入国家地区1860美元的平均水平，与1980年韩国的1770美元和马来西亚的1800美元[②]相当。根据世界银行统计，从下中等收入国家地区向上中等收入国家地区发展过程中，出口导向型的韩国和马来西亚经济在1980年的后20年都保持了与前10年相近的快速增长。因此，广东至少还有20年经济快速增长时间是可期的。二是广东城市化水平仍低基础设施投资扩张空间广阔、劳动力资源丰富且比较优势突出、国内消费市场庞大尤其是农村市场潜力巨大，以及世界产业技术向中国转移为广东发挥后发优势提供了历史性机遇。

*第七，问题与希望同在。*经过几年来经济金融领域的整治和改革，广东经济快速发展进程中首先暴露的地方金融支付风险、市场秩序和信用建设中的突出问题基本解决，为未来改革创新和经济景气升温奠定了体制条件。

三、对策

新的时期面临新的挑战、肩负新的历史使命，新的发展观[③]必然呼唤新的战略抉择和对策。

从加快发展看：重点要抓好“两个加快落实”和“两个加快推进”

一是加快落实《关于加快民营经济发展的决定》。要围绕新的历史使命这个主题和加快发展这个第一要务，从放宽市场准入领域、创造公平公正的政策环境，加强法律保障、放手发展，强化服务、降低制度性交易成本，鼓励支持创立名牌和股权结构创新，结合实际敢闯敢干、不断完善和超越，超常规做大做强民营经济。二是加快落实“十大工程”建设。在实施十大工程过程中，要紧密结合当前发展民营经济的有利氛围，进一步深化投融资体制改革，引导民间资本的投向，促进民间投资加快增长；要调动和发挥政府与企业各界的技术改造积极性，加大技改投入力度，合力优化全省投资中房地产投资份额偏高的结构。

两个加快推进：一是加快推进招商引资和扩大出口。抢抓世界产业向中国转移的重要战略机遇期，从优化投资软环境降低成本、完善各部门各环节服务和效率、充分利用国家政策和发挥排头兵作用探索创新引资方式，尤其是利用信息网络手段克服“非典”影响，以项目和国际资本投资新潮流为导向，使引资由靠优惠政策、产业保护向改善投资环境、开放市场转变，由传统方式和产品为主向现代潮流和技术并重转变。特别是做好跨国企业和欧日美等发达国家的引资工作。

支持和促进加工贸易从以OEM为主到与ODM并重、再到ODM为主、后到与自有品牌并重转变，进一步提高其增值率和带动国内相关产业的发展。加强对出口退税等政策的前瞻性应对策略研究。完善国际商贸信息服务体系，加快企业的技术法规和标准化整改工作，把实施以质取胜和市场多元化战略与加强应对国外技术壁垒工作紧密结合起来。力促外源型经济内源化，在与外商合资合作过程中强化技术创新，加快培育自己的名牌产品和自主技术，扩大一般贸易出口比重。鼓励和支持具有国际竞争比较优势和名牌的信息、家电、纺织服装等行业的大型企业加快“走出去”，带动国内商品特别是资本货物出口，努力形成一批广东的跨国公司和世界性品牌。

二是加快推进汽车产业的发展。广东汽车产业的发展既要有近期坚定实现的目标，又要有打造核心竞争力的长期规划；既要“引进来”，也要适时“走出去”，走出广州、走出广东及至走进港澳、走进世界，全力使之成为广东名符其实的支柱产业。

从率先发展看：着力要做好四个方面的工作

其一，走新型工业化道路。以信息化带动工业化，以工业化促进信息化。巩固提升先发优势、充分发挥后发优势。优先发展信息产业；加快完善以企业为主体的广东特色科技创新体系，大力发展高新技术产业，形成一批拥有自主知识产权的核心技术和著名品牌；以高新技术和先进适用技术改造提升传统产业；更加重视资源节约综合利用和环境保护。

其二，加快大珠三角一体化建设。以实施内地与香港更紧密经贸关系安排为契机，以构筑大珠三角大都会带为原则，以粤港澳经济一体化为目标，全面推进大珠三角一体化进程。当前重点是加速粤港金融业和基础设施的对接，在高新技术、零售和物流业、法律会计等中介服务方面共同做大做强；同时以"立足广东、着眼全国、面向世界，50年不落后"的标准做好大珠三角城市群规划，拓宽广东经济腹地。

其三，促进体制创新。重点推进两项改革：一是完善国有资产监管体系，调整企业集团中国有资本"一股独大"的产权结构，大胆探索允许民营企业或外资企业控股的新路，加快国有企业现代企业制度建设。二是构建决策应对系统。主要职责是对广东发展中的重大宏观问题和应策进行前瞻性、创新性和可操作性分析研究。比如：民营经济的金融创新、现代零售企业集团发展、粤港一体化可能突破的重要产业机遇等，以此推动广东率先发展。

其四，积极推进人才强省战略。钟南山院士在"抗非"斗争中所作贡献再次证明人才特别是高级人才对社会经济发展的巨大作用。当务之重是以制度化措施引进、培养一批两院院士和学科领头人、国际化复合人才和企业家群体；积极发挥企业家特殊而重要的作用；大胆深化干部人事和人才管理分配制度改革，为聚集优秀人才和人才脱颖而出、竞争创新创造良好的体制环境。

从协调发展看：关键要搞好两方面的工作

一是坚持不懈夺取"抗非"斗争全面胜利，为广东发展提供稳定健康的社会经济环境。充分认识"抗非"斗争的艰巨性和反复性，继续加强防治和科研攻关，防止反弹，夺取"抗非"斗争的最后胜利。认真落实扶持受非典影响行业的各项政策。建立和完善突发公共卫生事件应急处理机制，进一步增强社会公共信息的透明度，向世界展示广东负责、安全、诚信的崭新形象。

二是千方百计增加农民收入，促进全省区域协调发展。以市场为导向、效益为中心，以农业产业化经营为途径，不断推进农业结构调整；积极搞好农村税费改革，切实减轻农民负担；促进农村劳动力转移，把发展民营经济、加快城镇化进程和增加农民收入紧密结合起来。加快广东欠发达地区的交通、通讯等基础设施建设，发挥侨乡和后发优势创造条件主动承接国际产业转移和珠三角的辐射，大力发展特色产业，努力改善城乡二元结构，推动广东经济更上层楼。

注：① 吸引外国直接投资活动指数为某国（地区）吸收外国直接投资占全球 FDI 比重与该国（地区）GDP 占全球 GDP 比重之比。这是联合国开发计划署提出的最新算法。本文测算时用官方平均汇率折算。

② 若考虑美元价格因素，结果将更利说明广东发展的潜力。

③ 2003 年 4 月，胡锦涛总书记视察广东，向广东提出"加快发展，率先发展，协调发展"的新发展观。

撰稿：卜新民　张汉昌

科学发展观下广东经济社会发展形势与应策探讨

当前，坚持以人为本，全面、协调、可持续的科学发展观，已经成为我国全面建设小康社会和实现现代化的根本指导方针。那么，科学发展观下，2003年广东经济社会发展情况如何？面临哪些问题和挑战？如何谋划创新，努力实现全省经济社会更快更好的发展？我们就此进行初步分析和探讨。

科学发展观下2003年广东经济社会发展综述

2003年是极不平凡的一年。从科学发展观看，广东经济社会发展呈现出六大特征：

一、经济增长速度和结构、质量、效益日趋协调发展

一是经济增长加快，增速创近八年新高。初步核算，2003年全省生产总值13450亿元，比上年增长13.6%，增幅达到1996年以来最高水平。从产业看，工业对经济增长起到主导作用。全部工业对GDP增长的贡献率达67.1%，拉动经济增长9.2个百分点，比上年高出2.6个百分点。

二是经济结构明显优化。工业结构调整优化取得新成效。装备制造业发展迅速，2003年产值增长32.8%，占规模以上工业比重上升为33.3%。九大工业产业支撑作用突出。电子信息、电气机械及专用设备、石油及化学、汽车等九大产业产值增长27.5%，占规模以上工业比重达79.6%。从所有制结构看，微观经济活力明显增强。外商及港澳台投资工业企业和股份制工业企业产值高速增长；民营经济发展迅猛，规模以上民营工业总产值增长29.9%，民营经济投资达1633亿元，增长30.0%。从三次产业结构看，三次产业增加值比重由上年的8.8∶50.4∶40.8变为7.8∶52.4∶39.8，非农产业增加值比重提高1个百分点。

三是经济运行质量与效益同步大幅提高。工业经济效益显著改善。工业综合经济效益指数达152.1，提高10.8点。规模以上工业企业盈亏相抵后实现利润总额1034亿元，增长32.9%。财税收入在基数大、面临非典严重冲击、减收因素多的情况下，继续保持较快增长。全年来源于广东的财政总收入达3280亿元，增长16.1%；地方一般预算收入1313亿元，按可比口径计算增长14.8%。

四是经济增长方式进一步转变。生产能耗不断降低，科学技术对经济发展的作用明显增强。2003年，广东工业生产能耗水平进一步下降，规模以上工业万元产值能耗为0.72吨标准煤，下降15.3%；科技进步对工业增长贡献率达47%。产业结构由传统的劳动密集型，不断向现代新兴的资金密集、技术密集和知识密集型产业转变。全省高新技术产业持续十几年保持高速增长，2003年产品增加值增长30%，占工业增加值比重由上年的22%提升至27%。电子信息、生物工程、新材料、光机电一体化四大高新技术产业继续保持全国领先地位。特别是，投入产出效益得到可喜改善。每百元固定资产投资新增加的GDP初步扭转了持续多年下滑的局面，由上年的28元上升到34元。

二、内源、外源型经济发展迅速

所谓内源、外源型经济，我们认为应从市场需求角度考虑，凡是由国外、省外需求拉动的经济属于外源型经济，而由省内需求拉动的称为内源型经济。根据投入产出模型初步测算，2003年外源型经济创造的增加值占GDP的比重为45.4%，其中国外占27.1%，省外18.3%；内源型经济占54.6%。

其一、外源型经济发展强劲。2003年，全省进出口总额达2836.46亿美元，增长28.3%。其中出口1529.44亿美元，增长29.1%。实现贸易顺差222.42亿美元。出口商品技术含量进一步提高，机电产品出口近1000亿美元，高新技术产品出口占总出口比重达31.5%。实际利用外资快速增长。全年实际利用外商直接投资155.8亿美元，增长18.8%。对外经济合作增势良好。

其二、广东外贸依存度遥遥领先于全国均值和沿海主要省市。形成了多层次、全方位、大进大出的开放格局，总体有利于广东充分利用国际国内两种资源、两大市场发展经济。2003年广东外贸依存度达到

174.6%，其中出口依存度94.1%，明显高于全国60.3%和31.1%的平均水平。与2000年世界主要国家和地区比较，广东外贸依存度仅次于新加坡、香港、马来西亚。

*其三、内源型经济取得长足发展。*国有及国有控股企业活力增强。新一轮民营经济发展大潮已经兴起，势头迅猛。2003年，全省民营经济增加值达4507.91亿元，占全省GDP的三分之一强，增长11.4%，其中规模以上工业增加值增长23.6%；实现税收704.12亿元，增长31.4%，增幅较全省税收高13.2个百分点，成为全省税收重要的新增长点；从业人员达1086.83万人，占全社会从业人员的25.8%，增加84.38万人，成为全省就业的主要渠道之一。特别是，民营科技企业已成为科技创新和高新技术产业加速发展的生力军。全年民营科技企业达5920家，其中年产值超亿元的280家；全省高新技术企业中半数以上为民营企业；新创办的科技工业园区进园企业几乎100%是民营企业。

三、固定资产投资高速有效增长，经济发展后劲得到增强

2003年，是广东固定资产投资自1995年以来增幅最高的一年，也是基础设施建设力度最大、投资结构调整优化的一年。

*十项工程加快实施，经济发展后劲得到增强。*2003年开始全面实施的高速公路、能源建设、天然气、石化、汽车、城市快速交通、环保、高新技术产业、水利、文化等十项工程，不仅为有效化解非典的严重影响、保持经济快速增长起到重要作用，而且对于优化产业结构、进一步构筑我省交通、能源等现代化基础设施极为重要。据统计，十项工程计划投资总额从年初的2100多亿元增加到4570亿元，项目从125个增加到209个。其中，2003年开工项目达119个，共完成投资705亿元，占全省基建投资完成额的37.1%，占全社会固定资产投资增量的67%，起到了明显的投资拉动效应。

*超大型投资项目明显增加，基础设施建设取得新突破。*2003年，投资规模在10亿元以上的超大型项目有175个，比上年增加58个，计划总投资达6257.94亿元，占全部在建项目（城镇以上投资项目）计划总投资的55.0%；计划总投资30亿元、完成投资10亿元以上的超大型项目也有20个。在十项工程有力带动下，全省基础设施投资完成1585.72亿元，增长42.7%，增幅上升30.3个百分点。新增基础设施：四级以上公路1689公里，其中高速公路通车里程565公里，有18个地级以上市与中心城市通高速公路。新增电力装机容量247万千瓦。新（扩）建港口码头泊位5个。东深供水改造工程新增日供水能力186万立方米。新增城乡电话交换机713万门，移动电话543万户等一大批。

*全社会投资高速有效增长。*2003年，全省完成固定资产投资4988.90亿元，增长26.5%。投资结构明显优化。技术改造投资扭转了近几年来持续增长低迷的局面，而房地产投资得到明显调整。全年基本建设和技术改造投资分别完成1898.92亿元和634.27亿元，增长40.4%和24.1%；房地产开发投资1210亿元，增长8.3%，增幅下降10.2个百分点。

四、产业发展取得新突破

*一是支柱产业发展取得突破，现代新兴产业主导作用增强。*2003年，九大工业产业中，电子信息、电气机械及专用设备、石油及化学三大新兴支柱产业发展强劲，汽车产业增长迅猛，三大传统支柱产业在调整中保持快速发展，九大产业产值占规模以上工业总产值比重由上年的78.6%提升至79.6%。软件业和集成电路设计业等高新技术产业保持高速增长，增幅达30%。

*二是重化工业发展实现新突破，工业化进程进一步加快。*重化工趋势明显。规模以上重工业增加值增长25.0%，快于轻工业6.2个百分点；规模以上轻重工业增加值比重由上年的44.5∶55.5转变为41.5∶58.5。广东经济步入工业化中期，处于中轻重工业并举、逐步向重化工业转变的新阶段。

*三是农业龙头企业发展取得新突破，农业产业化步伐加快。*2003年，广东提前实现了“十五”期间农业龙头企业突破1000家、省级龙头企业突破100家的目标，农业产业化组织带动全省29%的农户，户均年增收2000多元。

*四是投资产业结构取得新突破。*第二、三产业占主导地位。第一、二、三产业投资分别完成28.89亿元、1676.13亿元和3283.88亿元，增长20%、37.6%和21.6%。从工业内部看，九大工业产业投资力度显著加大。九大工业产业共完成投资578.32亿元，增长55.8%。其中，森工造纸、石油化工、电气机械

及专用设备制造、汽车增长最快，分别增长165.4%、99.0%、66.8%和57.9%。

五是利用外资结构实现新突破。第二产业吸收外资仍为主角，第三产业成为外商投资新的增长点。2003年，广东第一、二、三产业实际吸收外商直接投资分别为1.79亿美元、111.32亿美元和42.67亿美元，占外商直接投资总额的1.1%、71.5%和27.4%。其中，第三产业增长41.8%，比全省总增速高出23.0个百分点。发达国家实际投资和跨国公司投资的大项目明显增多。外商直接投资项目平均合同外资比上年增加53.70万美元，达298.24万美元，扭转了近三年低于全国均值和沿海部分发达省市的局面；新批总投资和净增资超1000万美元的项目达627宗，合同外资97.40亿美元，分别增加89宗和7.3亿美元。来自欧盟的实际直接投资增长114.4%，其中德国、荷兰分别增长1.9倍和3.8倍。香港、韩国、加拿大、澳大利亚等国家地区的外商实际直接投资也实现较大增长。

五、人与自然协调发展取得新成绩

2003年，广东坚持计划生育、保护环境和保护资源的基本国策，努力处理好经济建设、人口增长与资源利用、生态环境保护的关系，统筹人与自然和谐发展迈出新步伐。

1、人口数量得到有效控制，人口质量稳步提升。人口自然增长率得到控制。年末全省常住人口7954.22万人，人口自然增长率8.35‰，完成了国家下达的人口控制目标。每万人口在校大学生（本专科）73.98人，其中在校研究生3.51人，分别增长25.7%和28.1%。

2、就业超过预期目标，居民生活水平稳步提高。全省新增城镇就业岗位96.6万个，下岗失业人员实现再就业37.4万人。年末城镇登记失业率为2.9%，就业局势保持稳定。社会保险制度进一步完善，社会保险覆盖面继续扩大。居民收入持续增长，全年农村居民人均纯收入4055元，增长3.6%；城镇居民人均可支配收入12380元，增长11.2%。城乡住房条件不断改善。农村居民和城镇居民恩格尔系数分别为47.9%和37.2%，总体进入小康或宽裕小康。

3、环境保护工作取得新进展，环境质量总体稳定。《珠江三角洲环境保护规划》编制工作基本完成，珠江综合整治全面展开。2003年全省四大水系主要江河水质总体良好。106个省控断面中，62个断面满足Ⅰ至Ⅲ类水质要求，57个省控江段中水质达标江段数33个。城市生活污水、垃圾处理设施建设步伐加快，火电厂脱硫工程全面启动。全省共建成烟尘控制区174个，面积2912.6平方公里。建成环境噪音达标区228个，面积1674.8平方公里。全省有19个地级以上市的空气质量达到国家空气质量二级标准，76.2%的城市道路交通声环境质量良好。

4、生态环境保护力度加大。全省拥有自然保护区209个，增长11.2%，总面积305.5万公顷；生态示范区117个，增长50.0%，总面积305.6万公顷。深圳、珠海、中山、汕头、惠州被评为国家环境保护模范城市。全省森林覆盖率57.3%，比上年提高0.1个百分点。

六、物质文明、精神文明和政治文明协调发展

物质文明建设成果丰硕。2003年，全省生产总值占全国的11.5%，增长13.6%，增速高出全国4.5个百分点；人均GDP跃上新台阶，首次突破两千美元，达到2053美元，增长12.4%；地方财政收入1496.2亿元，增长19.3%。居民物质财富明显增加。城乡居民储蓄存款余额达15591亿元，占全国的14.1%，比上年末增加2218亿元，增长16.6%；年末全省私人轿车拥有量达66.54万辆，比上年末增加19.1万辆。十项民心工程扎实推进，农民负担大幅减轻，负担减负率达83.7%，困难群众生产生活的突出问题逐步得到解决。

精神文明建设迈出新步伐。思想道德建设不断加强。全省兴起了学习贯彻“三个代表”重要思想新高潮，铸就出“抗非典精神”，充分展现了经过改革开放洗礼的广东人民崭新的精神风貌。文化大省建设全面启动，科教、卫生、体育等社会各项事业全面进步。政治文明协同发展。坚持共产党领导、人民当家作主和依法治省的有机统一。科学化、民主化决策机制不断完善。依法行政步伐加快。进一步转变政府职能，树立正确的政绩观，严格依法统计，保持了广东统计数据真实可信。社会治安综合治理力度加大，社会保持祥和稳定。

值得关注的问题和挑战

2003年，广东遇到的困难比预料的大，取得的成绩比预期的好。与沿海发达省市相比，我省经济社会发展水平仍处于前列。但也必须看到，以科学发展观来量度，经济社会发展中一些长期困扰的问题仍没有得到有效解决，同时又面临新的问题和挑战。近一段时期应特别关注以下五个问题。

（一）区域经济发展不平衡、农民增收困难和县域经济问题仍较突出，统筹区域和城乡协调发展任务艰巨

2003年，广东山区建设和东西两翼发展取得新的进展，欠发达地区尤其是毗邻珠三角的部分市发展加快。但总体上，区域发展不平衡问题仍然突出。土地和人口分别只占全省23%和31%的珠三角，GDP和财政收入占全省的75%和87%；从人均GDP看，珠三角达37235元，而占全省土地77%、人口69%的东西两翼和山区五市，仅及珠三角的24.5%和16.4%。农民收入增长不快，城乡差距继续扩大，全年农村居民人均纯收入增幅比城镇居民人均可支配收入低7.6个百分点。

从县域经济发展看，也存在明显不足。一是经济实力薄弱。截至2003年末，广东共有68个县、市（不含市辖区），土地面积占全省的88.1%、户籍人口约占六成以上，但实现GDP只占全省的27.8%。二是财力严重不足。全年县域财政收入只有全省的7.1%，但财政支出却占16.7%；尤其是欠发达地区县域财政收支缺口逐年扩大，八成以上的县（市）依靠财政转移支付。三是小城镇建设步伐不快。据“五普”统计，2000年广东县域城镇化率为39.7%，比全省均值低15.3个百分点。其中粤北县（市）城镇化率只有28.4%，比全国平均水平还低7.8个百分点。特别是，县域经济产业结构升级缓慢。2003年县域三次产业增加值比重为26.2：38.3：32.0，第二、三产业比重比全省平均水平分别低14.1个和7.8个百分点，农业比重则明显偏高，而且农业比重过高的格局多年保持不变，给农村经济发展和占全省近九成农民的增收造成了极大影响。另方面工业规模和比重过小，工业化进程缓慢，县域规模以上工业增加值仅占全省的11.6%。

（二）出口保持快速增长面临不少挑战，外源型经济大而不强的地位仍无根本改观；而内源型经济进一步增长的梗阻尚多、潜力还未充分发挥

从外贸出口看，除出口基数大外有五大制约因素。一是国际竞争激烈，国际贸易保护主义加剧，国外技术壁垒更加隐秘和多样化；二是出口退税政策调整的短期冲击，据我们测算，出口退税率调整将影响2004年全省出口增幅下降10个百分点以上；三是出口商品“以价取胜”明显，不具有不可代替性；四是长三角地区吸引外资的量和质的飞跃，对广东出口增长形成竞争和挤压；五是出口地区过度集中于香港和美国等少数地区和发达国家，容易诱发因经济和非经济因素而受制于人的市场风险。今年1－2月广东出口增长15.4%，明显低于沪苏浙和全国28.7%的水平，反映了这种严峻态势。从深层次看，两多两少——加工贸易的多，“自已东西”少；劳动密集拥有一定国际比较优势的多，资金技术密集具有国际竞争优势的少；以及出口导向部门的国内产业链过短，缺乏自主核心技术和名牌，直接制约了广东外源型经济的做强。2003年广东机电产品出口中一般贸易只占11.4%。

从内源型经济看。国企竞争力有待进一步提高；集体企业发展相对缓慢，2003年其工业增加值仅增长8.6%；民营经济发展中融资难、贷款难、用地难，在一些领域市场准入门槛高，中小企业多、人才缺乏、法人治理结构不完善、管理方式落后等问题仍较突出。2003年，广东民营整体工业增加值增长14.9%，低出全省工业5个百分点，与规模以上民营工业增长快于全省工业1.7个百分点反差强烈；民营第三产业中运输邮电、金融保险业发展不快，分别增长5.7%和6.7%，仅占全省相应行业增加值的11.5%和8.4%。

融入国际经济大循环、参与经济全球化是一把双刃剑。目前广东经济外向度已处于世界较高水平，努力促进外源型经济与内源型经济协调发展，是当好排头兵的重大历史课题。

（三）一些结构性矛盾比较突出，经济结构仍待调整提升

一是农业、第三产业发展与工业发展不够均衡。2003 年，农业和第三产业增长均慢于上年，与全省 GDP 和工业增长均创近几年新高反差明显。这与非典对农业、特别是对交通运输、餐饮和旅游等服务业受到很大冲击有关，但进一步剖析也反映出农业抗风险能力较弱、产品结构与需求结构错位，以及缺乏一个足以支持加快第三产业成长的体制基础和产业政策。

二是电煤油运供求趋紧，部分基础产业和资源“瓶颈”约束再次出现。总体上看，当前焦点是电力、尤其是高耗能行业用电的紧张状况突出，而煤、油、运输问题主要是因电力紧张而起。2003 年，全省用电量增长 20.4%，创近几年新记录。其中重工业用电增长 29.1%。广东是耗电大省，但资源短缺、对外依赖程度高。2003 年，全省电力消费的 12% 依靠进口及外省调入，电力消费缺口达 135.2 亿千瓦时。从短期看，电力与经济增长的弹性系数已达 1.5，确保今年全省经济高增长和生活用电需求的压力很大。从长期看，国际、国内能源价格波动，直接影响到广东企业的经济效益和经济安全。此外，一些重要的基础原材料，如氧化铝、铁矿石等也出现明显短缺；珠三角部分发达市交通挤塞，亦暴露出基础设施建设和城市功能规划滞后的端倪，支撑经济可持续发展的能源等基础产业亟待加固和优化。

三是高新技术和现代新兴支柱产业发展与科技原创、自主技术创新和高层次人才“三不足”的矛盾仍然突出。2002 年，广东 R&D 投入占 GDP 比重为 1.34%，差于上海的 1.89% 和 2000 年美德日韩新加坡 2.1%—2.9% 的水平；最大的 IT 产业中通信技术、计算机及自动化、家用电器等九大领域，1985 年至 2001 年底发明专利授权量累计仅占全国的 0.6%—2.4%；广东拥有中国两院院士 28 人，也明显落后于京沪，亦落后江苏的 82 人。这“三不足”不仅与广东高新技术产业和电子通讯、电器机械制造业全面持续发展要求不协调，使广东总体上以 OEM 为特征、外商投资企业为主导而核心技术和关键设备仍然依赖进口的高新技术产业发展格局仍未有根本性改进，也严重制约了这些产业核心竞争力和经济效益的提升。2002 年，广东高技术制造业增加值率为 22.4%，比规模以上工业低 4.2 个百分点，与美日英约 36%—43.0% 的水平相差更远；高技术制造业销售利税率为 5.3 元，比全省工业少 2.8 元。

四是产业组织结构水平与经济总量之间不够协调。其症结在于企业的规模、效率和国际化品牌上。从全球看，广东工业 50 强远弱于世界 500 强。从国内看，广东小企业多，大企业少，经济总量全国第一，是团体冠军，但缺乏像海尔集团那样拥有世界性品牌的大企业。

（四）就业压力增大和文化素质不高并存，重工业化时代与资源“瓶颈”约束、环境污染、生态破坏同现，“千美元阶段、拉美现象”与社会公共卫生体系、文化建设等滞后并起，统筹经济与社会、人与自然协调发展难度增加

从就业情况看。近几年来，广东就业状况稳定，并在全国相对较好，但就业压力仍在不断增大。一方面，广东人口总量庞大，新生劳动力多，加上不断膨胀的外来劳动力，就业压力很大。另方面，人的科学文化素质偏低，与经济增长方式转变和产业结构优化升级的需要不相配，产生新的结构性失业。2002 年，全省总人口中，小学和初中文化人口仍占主体，比重分别为 36.5% 和 35.0%；大专以上和高中文化人口比重只有 3.9% 和 11.1%。

从人与自然环境看。当前，全省经济正步入工业化中期，处于轻重工业并举、逐步向重化工业转变的新阶段，也势必进入资源消耗大而相对紧缺、环境污染和生态建设压力增加的时期。首先，油煤资源供给安全问题突出。从广东能源结构看，电力的基础是石油和煤炭，即油和煤是我省能源供应的基石，也是经济社会可持续发展的安全基础。但广东油煤短缺，对外依赖程度相当高。2003 年，全省原煤消费的 95% 依靠进口及外省调入，原油消费约六成左右依靠进口。从我国油煤资源供给趋势看问题更显严峻。石油方面，1993 年起我国出现净进口，2003 年三分之一依赖进口，预计 2010 将升至 44% 左右。煤炭方面，我国人均可采储量只有世界平均值的 55.4%，但消费量很大，2003 年约占世界的 30%，按此趋势前景也将日益严峻。其次，耕地保护不容乐观。2003 年，广东人均耕地面积为 0.027 公顷，不及全国平均数的一半，低于联合国划定的 0.053 公顷的最低警戒线。第三，环境污染和生态破坏问题仍未有效遏制。2002 年，广东工业废水排放量 49.05 亿吨、废气排放量 10468 亿标立方米、固体废弃物产生量 2044.88 万吨，分别比 1999 年增长 14.4%、46.1% 和 8.9%，工业废水排放达标率只有 89.7%，城镇生活污水处理率只

有21.2%。酸雨和城市机动车尾气污染较为严重。城市绿地被吞食情况时有发生。第四，广东水资源总量在全国较大，但利用率低。2002年，广东人均综合用水量为504立方米，明显高于全国430立方米的水平；近年来每万元GDP用水量为月400立方米，相当于世界平均水平的2.3倍、美国的4.6倍。

从经济与社会协调发展看。2003年我国人均GDP达1090美元，首次跨上1000美元的新台阶。从世界发展经验看，继续前进，存在两种可能：一种是应策得当，继续保持快速发展，出现一个黄金发展时期。例如历史上亚洲四小龙。另一种可能是应对不力，经济发展缓慢、波动甚至停滞，社会矛盾突出。例如拉美的巴西、阿根廷和墨西哥（拉美现象）。因此，我国经济社会正进入一个充满机遇、面临风险的关键发展阶段。广东先走一步，人均GDP跃上2000美元台阶，既要率先发展，也要面临全国“千美元阶段”前进中各种矛盾的挑战。

当前，有两大问题值得关注。其一，全省、尤其是农村社会公共卫生体系不够完善。这是我省抗击非典获得的深刻启示。其二，大文化产业发展滞后，竞争力有待增强。文化产业规模偏小、结构不尽合理，与整体经济互动性差。许多发达国家如美国、日本，文化产业已成为支柱产业。而广东文化产业中传统文化产业的比重较大、产品科技含量低，2002年实现增加值只占全省GDP的5.7%，对经济发展的贡献度不高。教育、文艺、广播影视等行业发展也落后于苏浙。2001年，广东GDP高于江苏，但教育、文艺、广播影视业增加值却比江苏少52亿元；同年广东文化产业增速比浙江低8.3个百分点。

（五）举国全方位开放、百舸争流竞上游的新的区域经济发展格局，对广东当好排头兵既是机遇更是挑战

一是我国全方位开放的格局和发展的客观要求，使广东原有的政策、地缘等优势式微，而生产要素与营商成本上升、市场腹地较窄等不足日趋突出，经济块头越来越大，发展难度增加。二是作为长三角龙头的上海，不仅确立了中国金融中心的地位，而且在向国际金融中心进军中迈出了重大步伐。广东金融业在省国投、粤海等问题浮出水面和深交所停发新股后，已难与之匹敌。金融是现代经济发展的核心，金融中心地位日益显赫的上海，深刻地辐射和带动了整个长三角，广东金融业发展已滞后于长三角。2002年，广东金融资产质量总体不如苏浙沪；金融保险业占GDP比重广东为3.4%，也差于浙江的4.1%和上海的10.8%。三是伴随长三角等地的迅速崛起，长三角资源较为丰富、人文历史沉淀深厚、市场腹地广阔的优势凸显，在新一轮的世界产业转移与分工中，长三角对资金的吸引力明显增强，国际、国内资本、产业和人才正加速向长三角转移。2003年，广东实际利用外商直接投资已被江苏超越，而且引资大项目也不如江苏。

以科学发展观推动广东经济社会更快更好发展

综合国内国际发展和竞争态势，推动广东经济社会更快更好发展，必须以科学发展观为核心，立足广东，着眼全国，以世界性思维和气魄，全面谋划，突出重点，努力加快发展、率先发展、协调发展，在全面建设小康社会、加快推进社会主义现代化进程中更好地发挥排头兵作用。

一、抓住机遇，发挥优势，坚持走新型工业化道路，以产业调整升级促进速度和结构、质量、效益协调发展。重点是：优化全省产业布局，提升产业竞争力，大力发展现代服务业。

（一）利用产业政策和财政政策，努力消除产业发展的盲目性和无序性，促进全省产业合理布局和协调发展。从区域角度看，我省产业的布局，要立足广东，着眼于大珠三角，放眼于泛珠三角。从本省角度看，要根据本省各地的区位、交通、人才、市场以及已有产业优势，转变以往过于依重“块块”开发模式的策略，更加重视点轴开发和流域开发模式的作用，如沿海发展轴、沿江发展轴和沿路发展轴，拓展区域发展路径。从当前情况看，要顺应产业演进规律，做好重大产业发展规划布局，加快把工业及其九大产业竞争力研究成果的精髓转化成决策和应用，发展壮大支柱产业，增强广东产业发展后劲。对目前个别地方和行业出现盲目投资和过热的苗头，要发挥规划、产业政策和财税政策作用，通过市场、法律甚至行政手段，进行必要调控，确保全省产业有序协调发展。

（二）全面推动高新技术产业发展。以信息技术、数字化为重点，大力发展高新技术产业。以打造世界制造业基地为目标，鼓励用信息技术和先进适用技术改造提升传统产业。内外合力实施重点科技重大科技专项攻关，努力获得支柱产业和重点领域拥有自主知识产权的关键技术。建立完善新型区域科技创新体系，着力提高珠三角产业集群水平，加快形成全省以大企业为骨干、中小企业相互配套、专业化分工合作的产业群体。

（三）促进重化工业进一步发展。一是抢抓国际产业转移势头仍较强劲的机遇，积极承接国际产业转移，发挥外资产业促动结构升级的带动效应。当前，广东社会消费开始快步进入"重型时代"，重化工业发展有着巨大的市场需求。要以企业为主体，以市场为基础，发挥我省地处沿海的优越区位和港口、资本、运输及已有产业的优势，特别是发挥珠三角产业配套能力强的优势，创新方式承接国际产业转移，加强与石化国家队企业的沟通和合作，在全国产业建设、全球范围配置资源的大格局中加速发展我省重化工业。二是根据重化工业一般都是投资大、风险高，又是能耗大、"三废"高，同时依托一定的自然资源的特点，科学规划，突出重点，注重环保，占据产业制高点，切莫一哄而上。

（四）以资本为纽带和增殖器，锻造企业核心竞争力，努力培植一批主业突出、具有名牌和综合竞争力的大企业集团。1、选准对象，动态培植。重点培植对象必须以广东优势产业中的名牌骨干企业为基础。2、大胆创新，内外同力做大做强。一方面，政府疏通金融资本流动渠道，为企业兼并、资产重组扫清法律与政策障碍，实现市场"优胜劣汰"等方面发挥积极作用；另方面，着力引进海外跨国公司、投资基金，特别是港澳优势企业，加速企业的兼并联合。当前，可重点把 TCL 集团改革创新的成功理念延伸至国企和民营龙头企业。3、努力打造企业核心竞争力。调整、优化企业集团中国有资本"一股独大"的产权结构，加快建设现代企业制度。着力形成较强的市场开发能力和相对完善的国内外销售网络，不断提升产学研三螺旋技术创新水平，使企业发展结构真正实现由"橄榄型"向研发、市场投入大，而生产投入相对小的"哑铃型"转变。

（五）顺应居民消费结构的升级趋势，打破垄断，以多元化、新兴化、高级化推动第三产业快速协调发展。打破垄断，促进竞争，进一步推动非公有第三产业发展。积极发展投资少、就业容量大的社会居民服务业。大力提高第三产业的科技含量，努力实现现代物流、金融证券、教育、旅游、信息服务业的新突破。

二、以增加农民收入为核心，以发展壮大县域经济为突破口，努力解决"三农"问题，促进城乡和区域协调发展。要着眼农民，跳出农业和地域来解决问题。

在确保基本农田面积、粮食播种面积和粮食总产量稳定基础上提高农业地位。（1）农业是经济社会稳定和可持续发展的基础，务必确保粮食供给的安全。当前，要实行最严格的耕地保护制度，加大对粮食生产扶持和投入力度，确保全省基本农田稳定在 3000 万亩，粮食播种面积 4000 万亩，粮食总产量达到 1500 万吨。（2）从广东融合国际经济程度较高出发，进一步完善和畅通国内国际供给渠道，以全国和世界范围来调整配置经济社会发展所需的农业资源，包括粮食资源。

加快发展县域经济。以工业化为核心，推动城镇化和农业产业化；以开放为突破口，招商引资，内引外联；以农民增收、工业增效、财政增长、后劲增强为目标，主攻民营经济，培育特色经济，壮大园区经济，发展配套经济，提升劳务经济，做大县域经济。注重促动专业镇技术创新服务体系建设，加快专业镇的形成和发展，推动县域经济做强。

减负增收，着力提高农民收入。巩固农村税费改革成果。加大乡镇和村撤并力度，降低农村行政成本。发展农村社会事业，增加农民就业机会。进一步清理和取消对农民进城就业的歧视性规定，加强对农民职业技能和转移就业培训，提高农民就业能力，促进农村富余劳动力有序转移，增加农民非农收入。

三、扩大对外开放，突出做大做强民营经济，促进外源型经济与内源型经济协调发展

完善机制，提高质量，注重实效，千方百计招商引资。积极承接国际产业转移，创新招商方式和服务方式，营造低成本、高效率、安全文明的投资环境。拓宽外商投资领域。发挥各类经济功能区、工业和科技园区招商引资的载体作用。注重吸引跨国公司投资高新技术产业和来粤设立地区总部、研发中心和采购中心，提高利用外资的水平和质量。深化改革、优化结构、科技兴贸，努力扩大出口。积极适应国家出口退税政策调整，做好产业损害预警和应对国外贸易技术壁垒工作。赋予更多符合条件的民营企业进出口经营权。推动出口市场多元化。促进加工贸易转型升级，努力扩大具有自主知识产权的高新技术产品、传统优势产品和名牌产品出口。抢抓CEPA实施先机，突出重点，拓宽领域，促进粤港澳合作新发展。进一步合力推介“大珠三角”。积极推进粤港澳货物贸易、服务贸易和投资便利化的更紧密合作。加快推进港珠澳跨境大型基础设施建设。全面提升粤港澳制造业合作水平，积极为港澳服务业进入广东创造条件，注重吸引港澳金融、证券、保险企业到广东设立分支机构。继续实施“走出去”战略，鼓励和支持有比较优势的企业境外投资，加快形成广东的跨国公司和世界性品牌。

进一步消除非公有制经济发展的体制性障碍，从战略高度把民营经济做大做强。更加注重以产权制度为核心的企业改革，大力发展混合所有制经济，推进国有企业产权多元化，努力使股份制成为公有制的主要实现形式。进一步落实和完善加快民营经济发展的政策措施，放宽市场准入，加强服务，积极推动中小企业信用担保体系和服务体系建设，重点解决企业立项难、用地难、融资难问题。着力扶持科技型、外向型、吸纳下岗人员再就业型、农产品加工型民营企业发展。注重促进民营企业制度、技术、管理创新，推动民营企业做大做强。

四、加快基础设施和基础产业建设，夯实经济社会可持续发展的基础

统观全局，加快基础设施和基础产业建设，必须以继续推进十项工程建设为主轴。当前要优先把握好三个方向：

其一，在国家总体战略布局下，积极配合国家队企业，做好原油和油品等战略资源的供应保障工作。

其二，立足广东自己，按照电力先行原则，加快电源和电网建设。首先，要确立“以内为主”的电力建设方向。从目前情况看，尽管“三峡电”如愿提前来粤，但即使加上黔桂等地“西电”，“十五”后期广东电源缺口仍将很大。其次，加快推进电力投融资体制改革的同时，把握好电源建设的结构优化方向。根据我国煤炭相对丰富，而石油可采资源量较少，以及本省有利的水资源条件，统筹规划，坚决关闭那些耗油多、成本高、污染大的小型燃油机组，大力发展或扩建技术先进、环保型的大中型燃煤和新燃料发电机组；有选择地发展水电项目和核电，逐步减少广东电力对国际石油的依赖性。第三，加快电力项目建设开源、强化改革和依靠科技进步节电与提效、及调控四管齐下，努力解除电力的瓶颈制约。当前，要注意利用价格等宏观调控杠杆，协调好电、煤价格，适当抑制高耗能行业的过快增长，确保用电供给安全。

其三，立足大珠三角，放眼泛珠三角区域合作和发展，推进广东水陆空现代交通运输网络建设。主要把握三个结合：把交通运输建设与全省产业发展布局结合起来，与CEPA实施、开拓经济持续发展腹地结合起来，与改善人民创业和生活的环境结合起来。从中短期看，要整合好大珠三角的空港和港口资源，重点建设好高速公路和粤港澳对接交通设施，规划建设好大珠三角城际快速轻轨系统；同时加速建设省内交通运输设施。从中长期看，要以泛珠三角区域乃至全国为目标，以加强合作和共赢为原则，打破行业垄断和地区封锁，谋划建设好“9+2”区域和与全国对接的交通网络。

五、以人为本，全面实施文化大省建设和人才强省战略，加强人口控制、环境保护和资源的有效利用，促进经济与社会、人与自然协调发展

一是以进一步推进十项民心工程为载体，关注民生，改进宏观调控方向。充分发挥政府宏观调控的作用，牢固树立“以人为本”的发展理念，更加重视城乡困难群体的生存和发展要求，努力消除贫困；实施灵活多样的积极就业政策，进一步扩大社会保险覆盖面，提高社会保障水平，不断改善群众的物质文化生活，让发展成果惠及全体人民。

二是全面推动文化大省建设，努力促进文化与经济的融合。文化大省建设是个大系统，我们从社会和文化角度强调两点：（1）建立和完善公共卫生体系，始终把人民群众身体健康和生命安全放在首位。重点做好非典等传染病的防治和科技攻关，建立健全长效疫病防治机制和突发公共卫生事件应急处理机制。（2）深化文化体制改革，大力发展文化产业。积极借鉴发达国家先进经验，稳妥地推进文化体制改革，通过法律法规和政策杠杆来鼓励企业以及全社会对文化行业的投资，促进投资主体多元化；重点扶持一批文化企业集团，发挥岭南文化优势，注重加大对文化产品的特色开发和科技投入，大力开拓文化市场；把对外文化交流和观光旅游有机结合起来，充分发挥文化交流对文化产业发展、经贸发展和“走出去”的推动作用。

三是加快实施人才强省战略。大力引进高层次人才和我省急需的各类紧缺人才，尤其是两院院士和学科领头人，吸引海外留学人员、国内外专家来粤工作和创业；壮大企业家队伍，积极发挥企业家特殊而重要的作用；加快人才政策法规建设，深化人才管理分配制度改革，为聚集优秀人才和人才竞相创新、干好事业创造良好的体制环境和社会环境。

四是建设节能型社会，促进人与自然的和谐。创新计划生育工作机制，稳定低生育水平，提高出生人口素质。突出抓好节约利用资源，大力发展循环经济。利用经济、法律、行政手段和发达国家地区先进技术与管理经验，摒弃“先污染、后治理”的老路，倡导和建立“旨在通过提高资源利用和生产工艺的效率和可持续性，减少资源退化、污染和浪费，处理好经济增长与环境退化问题”的新的可持续性生产方式，尽量节约发展成本。当前要重点做好节电、节油、节煤、节水和降低重要原材料消耗工作。以实施《珠江三角洲环境保护规划》为契机，加强环境保护和生态环境建设，创造最适宜创业和居住的环境。

撰稿：张汉昌

第二部分　统计资料

PART TWO　STATISTICS

一 行政区划和自然资源

ADMINISTRATIVE DIVISIONS AND NATURAL RESOURCES

一　行政区划和自然资源

简要说明

一、本篇资料反映广东省行政区划、自然资源的开发和利用等情况。自然资源包括土地 、气候、森林、水利、矿产资源情况。

二、本篇资料由广东省统计局综合处负责整理、编辑。

三、资料来源：

行政区划资料由广东省民政厅提供；

矿产、土地资源资料由广东省国土资源厅提供；

海洋资料由广东省海洋与渔业局提供；

气象资料由广东省气象局提供；

森林资源资料由广东省林业局提供；

水利资料由广东省水利厅提供。

1　ADMINISTRATIVE DIVISIONS AND NATURAL RESOURCES

Brief Introduction

Ⅰ. This chapter covers the data on divisions of administrative areas, natural conditions and the exploitation and utilization of the natural resources of Guangdong Province. Natural resources cover land, climate, forest, water conservancy and mineral resources .

Ⅱ. The data in this chapter are prepared and compiled by the Division of Comprehensive Statistics of Guangdong Provincial Bureau of Statistics.

Ⅲ. The data resources come as follows:

The data on divisions of administrative areas are provided by the Civil Affairs Department of Guangdong Province.

The data on mineral and land resources are provided by the Land and Resources Department of Guangdong Province.

The data on ocean are provided by the Oceanic and Fishery Administration of Guangdong Province.

The data on meteorological phenomena are provided by the Meteorologic Bureau of Guangdong Province.

The data on forest are provided by the Forestry Administration of Guangdong Province.

The data on water conservancy are provided by the Water Resources Department of Guangdong Province.

1-1 行政区划
ADMINISTRATIVE DIVISIONS

单位：个 (unit)

市 别 City	地级市 Number of Cities at Prefectural Level	县级市 Number of Cities at County Level	县 Number of Counties	自治县 Number of Autonomous Counties	市辖区 Number of Districts under the Jurisdication of Cities	市辖镇 Number of Towns under the Jurisdication of Cities	乡 Number of Townships	#民族乡 Ethnic Community Townships	街道 Number of Neighborhoods
全省合计 Total	**21**	**23**	**42**	**3**	**54**	**1318**	**12**	**7**	**377**
广 州 Guangzhou	1	2			10	63			118
深 圳 Shenzhen	1				6	16			31
珠 海 Zhuhai	1				3	15			8
汕 头 Shantou	1		1		6	32			37
佛 山 Foshan	1				5	28			22
韶 关 Shaoguan	1	2	5	1	3	117	2	1	8
河 源 Heyuan	1		5		1	97	1	1	4
梅 州 Meizhou	1	1	6		1	140			3
惠 州 Huizhou	1		3		2	68	1	1	13
汕 尾 Shanwei	1	1	2		1	45			7
东 莞 Dongguan	1					28			4
中 山 Zhongshan	1					19			5
江 门 Jiangmen	1	4			3	70			15
阳 江 Yangjiang	1	1	2		1	40			10
湛 江 Zhanjiang	1	3	2		4	89	2		24
茂 名 Maoming	1	3	1		2	88			19
肇 庆 Zhaoqing	1	2	4		2	98	1	1	10
清 远 Qingyuan	1	2	3	2	1	102	3	3	4
潮 州 Chaozhou	1		2		1	43			9
揭 阳 Jieyang	1	1	3		1	65	2		16
云 浮 Yunfu	1	1	3		1	55			10

注：本行政区划截止2003年底。
Note: The administrative divisions have been the status by the end of 2003.

1-2 自然资源
NATURAL RESOURCES

项　　目		Item		2003
一、土地资源和海洋		**Land Resources and Sea**		
土地面积	（平方公里）	Total Land Area	(sq. km)	179756.5
耕　地	（万公顷）	Cultivated Land	(10000 hectares)	305.8
林　地	（万公顷）	Afforested Land	(10000 hectares)	1018.5
园　地	（万公顷）	Garden Plot	(10000 hectares)	85.0
牧草地	（万公顷）	Grass Land	(10000 hectares)	2.8
海域总面积	（万平方公里）	Total Area of Sea	(10000 sq. km)	41.9
海洋滩涂面积	（万公顷）	Sea Beach Area	(10000 hectares)	20.4
海岛面积	（平方公里）	Area of Islands	(sq. km)	1592.7
大陆海岸线长度	（公里）	Length of Mainland Shore	(km)	3368.1
岛屿岸线长度	（公里）	Length of Island Shore	(km)	2428.7
岛屿个数	（个）	Number of Islands	(unit)	1431
二、气候		**Climate**		
年平均降雨量	（毫米）	Annual Average Precipitation	(mm)	1362.2
年平均气温	（摄氏度）	Annual Average Temperature	(℃)	22.6
年日照时数	（小时）	Annual Sunshine Hours	(hour)	1973.6
三、森林		**Forest**		
活立木蓄积量	（亿立方米）	Total Standing Stock Volume	(100 million cu. m)	3.5
森林覆盖率	（%）	Forest Coverage Rate	(%)	57.3
四、水力水产		**Hydropower and Aquatic Products**		
水力资源理论蕴藏量	（万千瓦）	Theoretical Hydropower Resources	(10000 kw)	1072.8
#可开发装机容量		Developable Resources		665.5
海水养殖可养面积	（万公顷）	Cultivatable Area in Marine Areas	(10000 hectares)	77.57
淡水可养面积	（万公顷）	Cultivatable Area in Fresh-water Areas	(10000 hectares)	44.8
五、矿产		**Mineral Resources**		
煤保有资源储量	（万吨）	Ensured Reserve of Coal	(10000 tons)	53744.5
铁矿石保有资源储量	（万吨）	Ensured Reserve of Iron Ore	(10000 tons)	81563.0
硫铁矿保有资源储量	（万吨）	Ensured Reserve of Sulphur Ore	(10000 tons)	49287.2

注：1. 海岛面积、岛岸线长度、岛屿个数是1994年调查数据，大陆海岸线为1987年调查数据。
2. 水力资源理论蕴藏量、可开发装机容量为1998年统计数据。
3. 海域总面积包括200海里专属经济区面积。

Note: a) Data of the area of islands, length of island shore and number of islands were obtained from surveys in 1994, while the length of mainland shore was obtained from surveys in 1987.
b) The data of theoretical hydropower resources and developable resources were obtained from the statistics of 1998.
c) Total area of sea includes the dependency with economic section area of 200 sea miles.

1-3 各地区年平均气温
AVERAGE TEMPERATURE OF VARIOUS REGIONS

单位：摄氏度 (℃)

年份 Year	粤北 Northern Regions	粤东北 North Eastern Regions	粤西北 North Western Regions	粤东 Eastern Regions	粤中 Central Regions	粤西 Western Regions
1980	20. 7	21. 5	22. 5	21. 2	22. 2	23. 4
1985	20. 2	20. 9	22. 0	21. 1	21. 6	22. 6
1990	21. 1	21. 5	22. 8	21. 8	22. 6	23. 4
1995	20. 0	20. 0	22. 2	21. 6	22. 3	23. 0
1996	19. 9	21. 4	22. 4	21. 9	21. 6	23. 3
1997	20. 4	21. 3	22. 7	22. 1	22. 0	23. 7
1998	21. 2	22. 5	23. 3	23. 0	22. 8	24. 5
1999	20. 8	21. 9	22. 7	22. 6	22. 5	24. 0
2000	20. 4	21. 9	22. 6	22. 5	22. 5	23. 8
2001	20. 5	22. 0	22. 5	22. 7	22. 6	23. 8
2002	21. 0	22. 3	22. 8	23. 0	23. 0	24. 1
2003	20. 9	21. 9	22. 9	22. 6	23. 0	24. 4

1-4 各地区年降雨量
ANNUAL PRECIPITATION OF VARIOUS REGIONS

单位：毫米 (mm)

年份 Year	粤北 Northern Regions	粤东北 North Eastern Regions	粤西北 North Western Regions	粤东 Eastern Regions	粤中 Central Regions	粤西 Western Regions
1980	1459. 4	1461. 7	1586. 1	1369. 1	1492. 2	2274. 0
1985	1360. 2	1607. 8	1726. 9	1481. 3	1706. 0	2411. 3
1990	1436. 6	1709. 0	1284. 8	2236. 9	1239. 5	1510. 2
1995	1506. 9	1171. 0	1766. 4	1512. 2	1752. 4	2082. 9
1996	1633. 1	1361. 5	1693. 1	1409. 0	1683. 4	1222. 6
1997	2045. 3	1847. 5	1815. 3	2040. 9	1997. 3	2344. 3
1998	1862. 3	1458. 2	1737. 5	1593. 6	1736. 1	1266. 4
1999	1314. 3	1033. 8	1318. 7	1517. 4	1620. 4	1392. 6
2000	1565. 8	1850. 9	1318. 2	1486. 7	1798. 9	1762. 7
2001	1689. 8	1560. 3	1889. 2	1947. 9	2678. 9	2314. 5
2002	1814. 9	1110. 3	1480. 9	1409. 7	1866. 7	2263. 3
2003	1388. 2	1415. 2	1251. 8	1406. 6	1338. 7	1372. 4

1-5 各地区年日照时数
ANNUAL SUNSHINE HOURS OF VARIOUS REGIONS

单位：小时 (hour)

年份 Year	粤北 Northern Regions	粤东北 North Eastern Regions	粤西北 North Western Regions	粤东 Eastern Regions	粤中 Central Regions	粤西 Western Regions
1980	1754. 1	1811. 1	1945. 8	1989. 2	1921. 8	2036. 5
1985	1701. 6	1926. 7	1613. 3	1900. 6	1406. 0	1868. 4
1990	1613. 9	1893. 1	1542. 8	1921. 3	1648. 7	1877. 4
1995	1420. 6	1868. 7	1704. 6	2038. 3	1559. 6	1828. 3
1996	1626. 5	1965. 7	1796. 9	2094. 8	1564. 7	2042. 3
1997	1349. 1	1490. 2	1454. 9	1985. 8	1209. 8	1895. 1
1998	1578. 3	1689. 6	1546. 1	1917. 5	1469. 4	1994. 0
1999	1564. 0	1819. 7	1699. 0	2237. 0	1599. 5	2050. 7
2000	1497. 2	1672. 6	1714. 1	2126. 3	1609. 2	1855. 3
2001	1613. 0	1884. 0	1559. 2	2199. 8	1651. 0	1794. 6
2002	1506. 4	1813. 2	1521. 7	2266. 6	1566. 5	1783. 8
2003	1821. 1	2030. 1	1762. 6	2341. 5	1741. 6	2144. 5

1-6 各市森林资源主要指标（2003 年）
MAIN INDICATORS ON FOREST RESOURCES BY CITY (2003)

单位：千公顷，万立方米　　　　(1000 hectares, 10000 cu. m)

市 别 City	林业用地 Area of Afforested Land	有林地 Forest Land	疏林地 Sparse Forest Land	灌木林地 Bush Land	未成林地 Unmature Wood Land	无林地 Non-forest Land	森林覆盖率（%）Forest Coverage Rate (%)	活立木总蓄积量 Standing Stock Volume	林木总生长量 Total Growing Volume of Wood	林木总消耗量 Total Consumed Volume of Wood
全省合计 Total	**10831.3**	**9329.9**	**131.3**	**581.3**	**298.6**	**479.8**	**57.3**	**35092.1**	**1741.9**	**729.1**
广 州 Guangzhou	307.3	294.1	0.1	1.8	4.0	7.2	41.4	882.9	49.9	8.4
深 圳 Shenzhen	87.3	78.4	0.2	5.4	2.6	0.6	47.1	159.6	7.1	1.3
珠 海 Zhuhai	50.6	32.9	0.8	13.7	0.2	2.7	33.2	73.3	4.3	0.4
汕 头 Shantou	65.2	63.0	0.3		0.9	0.7	32.6	110.7	7.3	0.2
佛 山 Foshan	72.5	65.3	1.0	2.3	2.1	1.9	20.2	241.1	11.9	4.8
韶 关 Shaoguan	1376.4	1211.7	19.2	53.2	21.8	70.4	70.9	6168.7	241.1	113.6
河 源 Heyuan	1212.7	1102.3	24.9	17.3	21.2	47.0	72.5	3514.5	164.9	50.2
梅 州 Meizhou	1215.7	1103.0	22.5	26.2	25.6	38.4	72.2	2536.5	154.9	27.8
惠 州 Huizhou	714.0	638.3	9.2	13.5	22.7	30.2	59.8	1883.3	110.8	33.8
汕 尾 Shanwei	273.1	218.4	2.8	17.2	12.7	22.2	51.6	455.7	42.1	6.3
东 莞 Dongguan	59.4	56.6	0.6	1.3	0.4	0.4	30.4	130.8	8.2	1.3
中 山 Zhongshan	33.9	28.2	0.4	4.4	0.1	0.8	22.6	71.4	3.2	0.3
江 门 Jiangmen	442.0	328.4	2.1	49.5	24.8	37.0	41.4	1175.3	83.2	38.0
阳 江 Yangjiang	424.2	338.3	6.3	48.3	14.3	16.4	52.6	1441.9	60.3	14.0
湛 江 Zhanjiang	236.1	204.1	0.7	1.1	9.2	13.1	22.3	879.0	58.6	26.9
茂 名 Maoming	576.5	512.2	8.4	14.2	23.1	18.3	55.5	2044.9	69.0	21.0
肇 庆 Zhaoqing	1039.1	946.6	5.4	21.6	33.3	32.0	66.8	4458.3	190.4	122.8
清 远 Qingyuan	1390.6	1012.3	14.4	247.0	39.6	77.3	66.7	5322.4	234.3	96.4
潮 州 Chaozhou	184.3	171.8	1.0	3.6	2.4	5.5	57.6	303.4	23.4	5.7
揭 阳 Jieyang	283.2	247.1	3.9	9.9	9.5	12.8	51.5	554.3	33.0	2.3
云 浮 Yunfu	500.8	448.4	3.8	10.5	13.2	25.0	61.4	1721.4	76.4	20.0

注：全省总计含省直属林场、雷州林业局、省农垦总局资料。全省林木总消耗量包括不可预见消耗 100 万立方米。

Note: The provincial total includes the figures of forestry centers directly under the provincial government, Leizhou Forestry Bureau and the Land Reclamation and Cultivation Administration of Guangdong Province. The total consumed volume of wood includes the unforeseeable 1 million cubic meters consumed.

主要统计指标解释

行政区划 指国家对行政区域的划分。根据宪法规定,我国的行政区域划分如下:(1)全国分为省、自治区、直辖市;(2)省、自治区分为自治州、县、自治县、市;(3)自治州分为县、自治县、市;(4)县、自治县分为乡、民族乡、镇;(5)直辖市和较大的市分为区、县;(6)国家在必要时设立的特别行政区。

土地资源 土地指陆地的表层部分,它主要由岩石、岩石的风化物和土壤构成。土地资源按利用类型可以分为农用地、建筑用地和未利用地。农用地包括耕地、园地、林地、牧草地和水面。建筑用地包括居民点及工矿用地、交通用地和水利设施用地。未利用地指农用地和建筑用地以外的土地,包括滩涂、荒漠、戈壁、冰川和石山等。

耕地面积 指经过开垦用以种植农作物并经常进行耕耘的土地面积。包括种有作物的土地面积、休闲地、新开荒地和抛荒未满三年的土地面积。

林业用地面积 指生长乔木、竹类、灌木、沿海红树林等林木的土地面积,包括有林地、灌木林、疏林地、未成林造林地、迹地、苗圃等。

草地面积 指牧区和农区用于放牧牲畜或割草,植被盖度在5%以上的草原、草坡、草山等面积。包括天然的和人工种植或改良的草地面积。

森林资源 指森林、林木、林地以及依托森林、林木、林地生存的野生动物、植物和微生物。林木指树木和竹子。森林指以乔木为主体的植物群落,是集生的乔木及与共同作用的植物、动物、微生物和土壤、气候等的总体。

活立木总蓄积量 指一定范围内土地上全部树木蓄积的总量,包括森林蓄积、疏林蓄积、散生木蓄积和四旁树蓄积。

森林覆盖率 指一个国家或地区森林面积占土地总面积的百分比。森林覆盖率是反映森林资源的丰富程度和生态平衡状况的重要指标。在计算森林覆盖率时,森林面积包括郁闭度0.2以上的乔木林地面积和竹林地面积,国家特别规定的灌木林地面积、农田林网以及四旁(村旁、路旁、水旁、宅旁)林木的覆盖面积。计算公式为:

$$森林覆盖率(\%)=\frac{森林面积}{土地总面积}\times 100\%$$

森林面积 指由乔木树种构成,郁闭度0.2以上(含0.2)的林地或冠幅宽度10米以上的林带的面积,即有林地面积。森林面积包括天然起源和人工起源的针叶林面积、阔叶林面积、针阔混交林面积和竹林面积,不包括灌木林地面积和疏林地面积。

森林蓄积量 指一定森林面积上存在着的林木树干部分的总材积。它是反映一个国家或地区森林资源总规模和水平的基本指标之一,也是反映森林资源的丰富程度、衡量森林生态环境优劣的重要依据。

水资源 水在自然界中以固体、液体和气态三种聚集状态存在,分布于海洋、陆地(包括土壤)以及大气之中,通过水循环形成水资源。水资源包括经人类控制并直接可供灌溉、发电、给水、航运、养殖等用途的地表水和地下水,以及江河、湖泊、井、泉、潮汐、港湾和养殖水域等。水资源是发展国民经济不可缺少的重要自然资源。

矿产资源 矿产指由地质作用形成,富集于地壳中或出露于地表达到工农业利用要求的有用矿物。矿产是一种重要的自然资源,是社会发展的重要物质基础。

矿产基础储量 基础储量是查明矿产资源的一部分。它能满足现行采矿和生产所需的指标要求,是控制的、探明的并通过可行性或预可行性研究认为属于经济的、边界经济的部分,用未扣除设计、采矿损失的数量表表示。

矿产保有资源储量 指查明的矿产资源储量(资源储量=基础储量+资源量)扣除已开采部分损失量和加减应勘查,重算或其它原因增减量而得出的年底实有资源储量。

Explanatory Notes on Main Statistical Indicators

Administrative Division refers to the division of administrative areas by the state. The Constitution of the People's Republic of China stipulates that the administrative areas in China are divided as: 1) The whole country is divided into Provinces, autonomous regions and municipalities directly under the central government; 2) Provinces and autonomous regions are divided into autonomous pretectures, counties, autonomous counties and cities; 3) Autonomous prefectures are divided into counties, autonomous counties and cities; 4) Counties and autonomous counties are divided into townships, nationality townships and towns, 5) Municipalities and large cities are divided into districts and counties, 6) The state will, when necessary, establish special administrative regions.

Land Resource Land refers to the surface of the earth, consisting of mainly rocks and its weathering and earth. Land resource can be classified, by its utilization, as land for agriculture, land for construction and unused land. Land for agriculture includes cultivated land, plantation land, forestland, grassland and waters. Land for construction includes land for residential purpose, for manufacturing and mining, for transportation and for water conservancy projects. Unused land refers to land other than land for agriculture and construction, including beaches, deserts, Gobi, glaciers and rock mountains.

Area of Cultivated Land refers to area of land reclaimed for the regular cultivation of various farm crops, including crop-cover land, fallow, newly reclaimed land and land laid idle for less than 3 years.

Area of Afforested Land refers to land for trees bamboo, bushes and mangrove including forest-cover land, bush-covered land, sparse forest land, land planned for afforestation and nurseries of young trees.

Area of Grassland refers to areas of grassland, grass-slopes and grass-covered hills with a vegetation-covering rate of over 5% that are used for animal husbandry or harvesting of grass. It includes natural, cultivated and improved grassland areas.

Forest Resource refers to forests, trees, forestland and wild animals, plants and microorganism that live on forest and trees. Trees include trees and bamboo. Forest refers to the population of clusters of trees and other plants, animals and microorganism as well as the earth and climate that have interactions with the trees.

Total Standing Stock Volume refers to the total stock volume of trees growing in land, including trees in forest, tress in sparse forest, scattered trees and trees planted by the side of villages, farm houses and along roads and rivers.

Forest Coverage Rate refers to the ratio of area of afforested land to total land area. It is a very important indicator that reflects the status of abundance of forest resource and ecosystem balance. Forest area includes the area of trees and bamboo grow with canopy density above 0.2, the area of shrubby tree according to regulations of the government, the area of forest land inside farm land and the area of trees planted by the side of villages, farm houses and along roads and rivers. The formula for calculating forest coverage rate is as follows:

Forestry Coverage Rate (%) = (Area of Afforested Land/Area of Total Land) × 100%

Forest Area refers to the area of forest where trees and bamboo grow with canopy density above 0. 2, including land of natural woods and planted woods, but excluding bush land and thin forest land. It reflects the total areas of afforestation.

Stock Volume of Forest refers to total stock volume of wood growing in forest area, which shows the total size and level of forest resources of a country or a region. It is also an important indicator illustrating the richness of forest resource and the status of forest ecological environment.

Water Resource water exists in the nature in solid, liquid and gaseous states, is distributed in the ocean, land (including earth) and air, and constitutes the water resource through the circulation of water. Water resource includes the surface water and underground water that is controlled by the human being for irrigation, power-generation, water supply, navigation and cultivation. It also includes rivers, lakes, wells, springs, tides, gulf and water area for cultivation. Water resource as an important natural resource is indispensable for the development of the national economy.

Mineral Resources refer to useful minerals that can be used for industrial or agricultural purposes enriched in lithosphere or on earth due to the geological process. minerals are important natural resources, and important material base for social development.

Basic Mineral Resources Basic reserves are part of total identified mineral resources, including indicated and measured, economic and marginal economic, by feasibility assessment or pre-feasibility study, mineral resources, which are not taken off the loss of designing and mining. Basic reserves can meet the index of present mining and production demand.

Ensured Reserves of Mineral Resources refer to the proven reserves of mineral resources, which equal to the basic reserves and volume of resources minus extracted parts, losses and the increase or decrease reserves by prospecting, repeat calculation or other reasons.

二 综合

GENERAL SURVEY

二　综　合

简要说明

一、本篇资料反映广东国民经济、科技、社会等方面的规模、水平、速度、结构、比例、效益的综合情况以及国民经济核算情况，分别由广东省统计局综合处和核算处整理提供。

二、综合统计资料是根据广东省统计局各专业统计年报资料以及国家统计局、广东省有关部门提供的统计资料加工整理而成。

三、国民经济核算资料主要包括国内（地区）生产总值及其有关资料。国内（地区）生产总值是根据不同产业部门的特点和资料来源情况而分别采用生产法、收入法计算增加值，最后将各产业部门增加值求和得到，这一结果是广东地区生产总值的标准数据。

按支出法计算的国内（地区）生产总值等于最终消费、资本形成总额、货物和服务净出口之和，它与按上述方法计算的国内（地区）生产总值不一定相等，两者之间存在统计误差。

分市的国民经济核算数据由各市统计局提供，各市数据相加不等于全省总计。

本统计年鉴公布的国民经济核算资料，最后一年数据不是最终数，还会发生变动；如果遇到普查年，在能够获得更为详细的基础资料的情况下，国内（地区）生产总值的历史数据也会发生变动。1996 年，根据第一次第三产业普查结果，对全省生产总值的历史数据做了调整，本年鉴的数据是调整后的数据。

2　GENERAL SURVEY

Brief Introduction

Ⅰ. The summary data in this chapter reflect the scale, level, speed, structure, ratio and efficiency concerning the national economy, science and technology, the social development of Guangdong Province and also cover the data on its national economic accounts. The data are prepared and provided by the Division of Comprehensive Statistics and the Division of National Accounts of Guangdong Provincial Bureau of Statistics respectively.

Ⅱ. The summary data are processed and prepared in the light of the annual reports of various specialized fields provided by Guangdong Provincial Bureau of Statistics and data provided by the National Bureau of Statistics and some related departments of Guangdong Province.

Ⅲ. The data on the national economic accounts mainly cover the gross domestic product (GDP) and related data.

The value added is calculated with the production approach and the income approach respectively in the light of the features of various sectors and the data sources. The GDP is the result of the sum of the value added of various sectors. The result is the standard data on GDP of Guangdong Province.

The GDP calculated with the expenditure approach equals to the sum of final consumption, total capital formation and the net export of goods and services. However, the GDP data with this approach may be unequal to the standard data on GDP calculated with the methods mentioned above. There is a statistical discrepancy between the two figures.

The data on the national economic accounts of each city are provided by the statistical bureaus of each city. The summary data of cities are not equal to the total value of the province.

The data on the national accounts of the latest year published in this yearbook are not final figures and subject to changes. When the year happens to be a census year, the data of GDP of the past years may also be revised. In 1996, the GDP figures of the past years were adjusted in accordance with the result of the first tertiary industry census. The data published in this yearbook are the adjusted data.

2-1 各部门机构数
GRASSROOTS UNITS IN VARIOUS SECTORS

部　　门		sector		1995	2002	2003
农村基层组织	（个）	Rural Grassroots Units	（unit）			
镇政府		Town Governments		1531	1458	1328
乡政府		Township Governments		61	25	12
村民委员会		Villagers´Committees		22869	22842	22574
村民小组		Villagers´Groups		206764	238617	
乡镇企业	（万个）	Township Enterprises	（10000 units）	144. 66	136. 55	136. 36
工业企业	（个）	Industrial Enterprises	（unit）	386832	417221	413085
规模以上工业		Industrial Enterprises above Designated Size		14601	22619	24494
# 国有工业		State-owned			1738	1344
集体工业		Collective-owned			2931	2513
建筑业企业	（个）	Construction Enterprises	（unit）	1618	4019	4488
# 国有企业		State-owned		468	701	684
贸易企业单位数	（万个）	Number of Trade Units	（10000 units）		12. 71	13. 72
卫生事业	（个）	Health Care	（unit）	8848	15500	15409
# 医院及卫生院		Hospitals		2267	2444	2410
社会福利事业单位数		Social Welfare Institutions		1887	2026	2053
教育事业		Education				
普通高等学校	（所）	Regular Institutions of Higher Education	（unit）	42	71	77
中等学校	（所）	Secondary Schools	（unit）	4760	4863	5049
#普通中学		Regular Secondary Schools		3845	4156	4176
小学	（万所）	Primary Schools	（10000 units）	2. 46	2. 33	2. 28
幼儿园	（所）	Kindergartens	（unit）	7923	10135	10067
艺术表演团体	（个）	Art Performance Troupes	（unit）	134	141	144
文化事业	（个）	Cultural Institutions	（unit）	2492	2562	2885
文物事业	（个）	Cultural Relics	（unit）	133	196	202
广播电视	（座）	Broadcasting and Television Stations	（unit）			
广播电台		Radio Stations		96	22	22
电视台		Television Stations		56	24	24
县、市有线广播站		Wire Broadcasting Stations in Counties and County-level Cities		67	83	79
科技活动机构数	（个）	Number of Scientific and Technological Research Institutions	（unit）	1685	2527	2491
科学研究与技术开发机构		Scientific Research and Technological Development Institutions		481	272	211
全日制普通高等学校		Full-time Regular Institutions of Higher Education		440	398	429
大中型工业企业		Large and Medium-sized Industrial Enterprises		695	702	643
其他		Others		69	1155	1208

2-2 国民经济和社会发展总量与速度指标

指　　标		Item		1978	1985	1990
人口与就业		**Population and Employment**				
人口	**（万人）**	**Population**	**（10000 persons）**			
年底常住人口		Year-end Permanent Population		5064. 15	5670. 65	6346. 22
年底户籍总人口		Year-end Population with Residence Registration		5064. 15	5655. 60	6246. 32
农业人口		Agricultural Population		4240. 92	4457. 68	4769. 01
非农业人口		Non-agricultural Population		823. 23	1197. 92	1477. 31
男性人口		Male		2586. 68	2909. 52	3213. 20
女性人口		Female		2477. 47	2746. 08	3033. 12
就　业	**（万人）**	**Employment**	**（10000 persons）**			
年底从业人员人数		Year-end Employed Persons		2275. 95	2731. 11	3118. 10
# 城镇从业人员		Employed Persons in Urban Areas		515. 85	660. 82	785. 49
宏观经济		**Macroeconomic Indicator**				
国民核算（当年价）	**（亿元）**	**National Accounting (at current prices)**	**（100 million yuan）**			
地区生产总值		Gross Domestic Product		185. 85	577. 38	1559. 03
第一产业		Primary Industry		55. 31	171. 87	384. 59
第二产业		Secondary Industry		86. 62	229. 82	615. 86
第三产业		Tertiary Industry		43. 92	175. 69	558. 58
支出法生产总值		Gross Domestic Expenditures		194. 14	568. 98	1541. 99
# 最终消费		Total Consumption		125. 71	372. 95	916. 14
居民消费		Household Consumption		107. 15	321. 41	744. 36
政府消费		Government Consumption		18. 56	51. 54	171. 78
资本形成总额		Gross Capital Formation		54. 79	214. 97	511. 35
固定资产形成总额		Gross Fixed Capital Formation		37. 93	160. 28	393. 26
存货增加		Changes in Inventories		16. 86	54. 69	118. 09
固定资产投资	**（亿元）**	**Investment in Fixed Assets**	**（100 million yuan）**			
全社会固定资产投资		Total Investment in Fixed Assets		27. 23	184. 59	381. 47
#国有单位		State-owned Units		20. 04	131. 11	272. 18
集体单位		Collective-owned Units		0. 84	24. 18	53. 81
个体经济		Individuals		6. 35	29. 3	55. 48
财　政	**（亿元）**	**Public Finance**	**（100 million yuan）**			
财政收入		Government Revenue		39. 46	65. 46	131. 02
财政支出		Government Expenditures		27. 03	60. 84	150. 69
物价总指数	**（上年＝100）**	**Price Indices**	**（preceding year＝100）**			
商品零售价格总指数		General Retail Price Index		100. 4	113. 6	95. 6
居民消费价格总指数		General Consumer Price Index		100. 3	114. 8	97. 5
利用外资	**（亿美元）**	**Utilization of Foreign Capital**	**（USD 100 million）**			
协议规定利用外资额		Amount of Utilization of Foreign Capital in the Signed Agreements and Contracts			25. 65	31. 68
实际利用外资额		Amount of Foreign Capitals Actually Utilized			9. 19	20. 23
外商直接投资		Foreign Direct Investment			5. 15	14. 60
能源生产与消费	**（万吨标准煤）**	**Production and Consumption of Energy**	**（10000 tons of SCE）**			
能源生产总量		Total Energy Production				1006. 24
能源消费总量		Total Energy Consumption				4063. 51

PRINCIPAL AGGREGATE INDICATORS ON NATIONAL ECONOMIC AND SOCIAL DEVELOPMENT AND THEIR RELATED INDICES AND GROWTH RATES

1995	2000	2002	2003	速度指标（%） Indices and Growth Rates（%）								
				指数（2003 为以下各年） Index（2003 as percentage of the following years）					平均增长速度 Average Annual Growth Rate			
				1978	1990	1995	2000	2002	1979－2003	1991－2003	1996－2003	2001－2003
6867.77	7706.80	7858.58	7954.22	157.1	125.3	115.8	103.2	101.2	1.8	1.8	1.9	1.1
6788.74	7498.54	7649.29	7723.42	152.5	123.6	113.8	103.0	101.0	1.7	1.6	1.6	1.0
4753.37	5160.26	4881.98	3992.53									
2035.37	2338.26	2767.31	3681.93									
3501.19	3871.13	3948.25	3989.24	154.2	124.2	113.9	103.1	101.0	1.7	1.7	1.6	1.0
3287.55	3627.41	3701.04	3734.18	150.7	123.1	113.6	102.9	100.9	1.7	1.6	1.6	1.0
3551.20	3989.32	4134.37	4395.93	193.1	141.0	123.8	110.2	106.3	2.7	2.7	2.7	3.3
911.90	759.21	751.23	781.14				102.9	104.0				1.0
5733.97	9662.23	11735.64	13625.87	2314.0	548.9	228.1	139.5	114.3	13.4	14.0	10.9	11.7
868.99	1000.06	1032.79	1093.52	409.0	165.3	132.9	109.3	102.3	5.8	3.9	3.6	3.0
2876.74	4868.75	5935.63	7307.08	4478.4	879.3	263.3	150.3	120.0	16.4	18.2	12.9	14.5
1988.24	3793.42	4767.22	5225.27	2724.8	461.8	213.7	133.7	109.5	14.1	12.5	10.0	10.2
5733.97	9662.23	11735.64	13625.87									
3189.84	5336.22	6667.04	7566.13									
2586.46	3754.80	4415.89	4900.01									
603.38	1581.42	2251.15	2666.12									
2381.31	3487.76	4156.67	5259.48									
2059.43	3175.93	3892.49	4934.87									
321.88	311.93	264.18	324.61									
2327.22	3233.70	3970.69	5030.57	18474.4	1318.7	216.2	155.6	126.7	23.2	21.9	10.1	15.9
1122.84	1286.91	1214.46	1487.53	7422.8	546.5	132.5	115.6	122.5	18.8	14.0	3.6	4.9
363.67	448.71	333.74	403.92	48085.7	750.6	111.1	90.0	121.0	28.0	16.8	1.3	-3.4
249.78	424.35	703.95	944.47	14873.5	1702.4	378.1	222.6	134.2	22.2	24.4	18.1	30.6
382.34	910.56	1201.61	1315.52					114.8				
525.63	1069.86	1521.08	1695.63	6273.1	1125.2	322.6	158.5	111.5	18.0	20.5	15.8	16.6
111.60	99.9	98.5	100.0	405.1	159.0	95.2	97.2	100.0	5.8	3.6	-0.6	-0.9
114.0	101.4	98.6	100.6		192.4	105.0	98.5	100.6		5.2	0.6	-0.5
261.05	110.86	189.01	244.67					129.4				
121.00	145.75	165.89	189.41					114.2				
101.80	122.37	131.11	155.78					118.8				
2622.53	3711.69	3627.54	4088.98		406.4	155.9	110.2	112.7		11.4	5.7	3.3
7345.30	9447.70	11354.70	13099.29		322.4	178.3	138.7	115.4		9.4	7.5	11.5

2-2 续表1

指　　标		Item		1978	1985	1990
产业		**Industry**				
农业		**Agriculture**				
常用耕地面积	(千公顷)	Area of Regularly Cultivated Land	(1000 hectares)	2778. 80	2598. 54	2528. 83
农林牧渔从业人员	(万人)	Number of Persons Engaged in Farming, Forestry, Animal Husbandry, Sideline and Fishery	(10000 persons)	1662. 50	1597. 59	1600. 85
农业总产值	(亿元)	Gross Output Value of Agriculture	(100 million yuan)	85. 94	245. 21	600. 71
主要农产品产量	(万吨)	Output of Major Farm Products	(10000 tons)			
粮　食		Grain		1509. 51	1604. 37	1896. 39
油　料		Oil-bearing Crops		36. 04	57. 91	58. 93
糖　蔗		Sugarcane		835. 42	1831. 40	2093. 46
茶　叶		Tea		0. 90	1. 75	2. 95
水　果		Fruits		29. 40	116. 28	328. 58
肉　类		Meat		48. 45	128. 12	202. 45
水产品		Aquatic Products		65. 50	109. 44	207. 66
工　业		**Industry**				
工业总产值	(亿元)	Gross Industrial Output Value	(100 million yuan)	206. 56	534. 72	1902. 25
主要工业产品产量		Output of Major Industrial Products				
布	(亿米)	Cloth	(100 million m)	2. 27	2. 46	4. 59
机制纸及纸板	(万吨)	Machine-made Paper and Paperboard	(10000 tons)	27. 47	52. 63	104. 13
糖	(万吨)	Sugar	(10000 tons)	96. 15	143. 52	184. 50
家用电冰箱	(万台)	Household Refrigerators	(10000 sets)		23. 54	105. 75
电视机	(万台)	Television Sets	(10000 sets)	1. 72	108. 43	327. 6
# 彩色电视机		Color Television Sets			78. 99	262. 37
家用洗衣机	(万台)	Household Washing Machines	(10000 sets)		77. 86	143. 01
照相机	(万架)	Cameras	(10000 sets)		18. 68	99. 30
原煤	(万吨)	Coal	(10000 tons)	1046. 96	809. 80	889. 76
原油	(万吨)	Crude Oil	(10000 tons)	10. 22	10. 02	49. 05
发电量	(亿千瓦时)	Electricity	(100 million kwh)	92. 32	167. 13	343. 98
钢	(万吨)	Steel	(10000 tons)	35. 84	69. 53	116. 96
成品钢材	(万吨)	Steel Products	(10000 tons)	43. 67	78. 76	133. 74
水 泥	(万吨)	Cement	(10000 tons)	369. 08	1120. 23	2070. 91
规模以上工业企业主要指标		Main Indicators of Industrial Enterprises above Designated Size				
工业总产值	(亿元)	Gross Industrial Output Value	(100 million yuan)	180. 73	471. 83	1605. 80
固定资产原价	(亿元)	Original Value of Fixed Assets	(100 million yuan)	111. 42	269. 13	843. 88
产品销售收入	(亿元)	Sales Revenue	(100 million yuan)		412. 77	1287. 91
利润和税金总额	(亿元)	Pre-tax Profits	(100 million yuan)	32. 91	75. 99	121. 50
建筑业		**Construction**				
建筑业企业年末人数	(万人)	Number of Employed Persons in Construction Enterprises at the Year-end	(10000 persons)		57. 73	66. 84
建筑业总产值（当年价）	(亿元)	Gross Output Value (at current prices)	(100 million yuan)		50. 45	113. 40
施工房屋面积	(万平方米)	Floor Space of Buildings under Construction	(10000 sq. m)		3040. 50	4477. 30
竣工房屋面积	(万平方米)	Floor Space of Buildings Completed	(10000 sq. m)		1426. 80	2345. 40
交通运输		**Transportation**				
货运量	(万吨)	Freight Traffic	(10000 tons)	15204	58726	85809
铁　路		Railways		3206	3000	4803
公　路		Highways		3967	42813	63709
水　运		Waterways		7887	12045	16198
管　道		Pipelines		143	864	1091
空　运		Civil Aviation		1	4	8
客运量	(万人)	Passenger Traffic	(10000 persons)	15906	49848	78046
铁　路		Railways		2410	3357	4467
公　路		Highways		10897	41826	70681
水　运		Waterways		2546	4427	2428
空　运		Civil Aviation		53	238	470
沿海主要港口货物吞吐量	(万吨)	Volume of Freight Handled at Major Coastal Ports	(10000 tons)	2786	5073	6895

2-2 1 continued

1995	2000	2002	2003	速度指标（%） Indices and Growth Rates (%)								
				指数（2003 为以下各年） Index (2003 as percentage of the following years)					平均增长速度 Average Annual Growth Rate			
				1978	1990	1995	2000	2002	1979－2003	1991－2003	1996－2003	2001－2003
2317. 31	2252. 62	2356. 33	2133. 97	76. 8	84. 4	92. 1	94. 7	90. 6	－1. 1	－1. 3	－1. 0	－1. 8
1431. 98	1572. 07	1556. 29	1543. 41	92. 8	96. 4	107. 8	98. 2	99. 2	－0. 3	－0. 3	0. 9	－0. 6
1445. 48	1701. 18	1781. 06	1908. 66	438. 2	191. 5	144. 8	112. 5	102. 8	6. 1	5. 1	4. 7	4. 0
1803. 33	1822. 33	1484. 16	1488. 00	98. 6	78. 5	82. 5	81. 7	100. 3	－0. 1	－1. 8	－2. 4	－6. 5
71. 02	78. 78	76. 37	81. 93	227. 3	139. 0	115. 4	104. 0	107. 3	3. 3	2. 6	1. 8	1. 3
1472. 21	1137. 59	1136. 45	952. 87	114. 1	45. 5	64. 7	83. 8	83. 8	0. 5	－5. 9	－5. 3	－5. 7
3. 96	4. 21	4. 24	4. 14	460. 0	140. 3	104. 5	98. 3	97. 6	6. 3	2. 6	0. 6	－0. 6
414. 51	643. 52	698. 91	718. 59	2444. 2	218. 7	173. 4	111. 7	102. 8	13. 6	6. 2	7. 1	3. 7
305. 06	324. 48	343. 63	358. 50	739. 9	177. 1	117. 5	110. 5	104. 3	8. 3	4. 5	2. 0	3. 4
354. 34	593. 19	628. 06	648. 55	990. 2	312. 3	183. 0	109. 3	103. 3	9. 6	9. 2	7. 8	3. 0
8849. 90	16904. 47	21788. 71	27375. 56	11329. 3	1595. 9	391. 7	176. 9	127. 5	20. 8	23. 7	18. 6	20. 9
11. 65	10. 84	15. 42	17. 29					99. 8				
288. 10	260. 30	410. 05	542. 69					112. 7				
107. 22	91. 30	113. 11	113. 97					104. 5				
213. 23	320. 70	317. 27	533. 38					169. 8				
882. 80	1709. 53	2409. 77	3588. 28					153. 4				
763. 92	1531. 53	2083. 40	3149. 15					145. 1				
187. 51	244. 18	162. 16	178. 86					110. 8				
3277. 71	3545. 88	3157. 14	3719. 15					106. 6				
1069. 38	161. 71	168. 71	202. 34					112. 6				
650. 97	1915. 38	1934. 27	2060. 45					106. 5				
821. 06	1292. 69	1525. 53	1783. 80					118. 0				
207. 44	286. 99	469. 50	595. 89					126. 6				
247. 26	406. 28	664. 40	788. 69					115. 5				
5317. 92	5872. 4	5989. 26	6872. 67					113. 1				
6502. 97	12480. 93	16378. 60	21513. 46	9051. 9	1419. 7	398. 0	190. 3	133. 4	19. 7	22. 6	18. 8	23. 9
4298. 15	8005. 77	9550. 47	10768. 77	9665. 0	1276. 1	250. 5	134. 5	112. 8	20. 1	21. 6	12. 2	10. 4
6195. 84	12380. 65	16247. 73	21566. 93		1674. 6	348. 1	174. 2	132. 7		24. 2	16. 9	20. 3
445. 53	1042. 77	1380. 24	1850. 99	5624. 4	1523. 4	415. 5	177. 5	134. 1	17. 5	23. 3	19. 5	21. 1
	141. 45	150. 05	161. 47		241. 6		114. 2	107. 6		7. 0		4. 5
635. 83	944. 60	1341. 79	1703. 28		1502. 0	267. 9	180. 3	126. 9		23. 2	13. 1	21. 7
14374. 50	16333. 82	18882. 44	22184. 74		495. 5	154. 3	135. 8	117. 5		13. 1	5. 6	10. 7
4843. 40	6556. 12	7947. 86	8910. 41		379. 9	184. 0	135. 9	112. 1		10. 8	7. 9	10. 8
111063	119216	137032	143964	946. 9	167. 8	129. 6	120. 8	105. 1	9. 4	4. 1	3. 3	6. 5
7634	15172	14790	15375	479. 6	320. 1	201. 4	101. 3	104. 0	6. 5	9. 4	9. 1	0. 4
68884	75365	92736	97806	2465. 5	153. 5	142. 0	129. 8	105. 5	13. 7	3. 4	4. 5	9. 1
32952	25696	26263	27412	347. 6	169. 2	83. 2	106. 7	104. 4	5. 1	4. 1	－2. 3	2. 2
1527	2952	3201	3329	2328. 0	305. 1	218. 0	112. 8	104. 0	13. 4	9. 0	10. 2	4. 1
21	31	42	42	4200. 0	525. 0	200. 0	135. 5	100. 0	16. 1	13. 6	9. 1	10. 7
130998	164791	188657	191202	1202. 1	245. 0	146. 0	116. 0	101. 3	10. 5	7. 1	4. 8	5. 1
6283	12165	13310	12935	536. 7	289. 6	205. 9	106. 3	97. 2	7. 0	8. 5	9. 4	2. 1
118406	148945	171191	174288	1599. 4	246. 6	147. 2	117. 0	101. 8	11. 7	7. 2	5. 0	5. 4
5146	2363	2347	2208	86. 7	90. 9	42. 9	93. 4	94. 1	－0. 6	－0. 7	－10. 0	－2. 2
1163	1318	1809	1771	3341. 5	376. 8	152. 3	134. 4	97. 9	15. 1	10. 7	5. 4	10. 3
11904	18674	26357	30727	1102. 9	445. 6	258. 1	164. 5	116. 6	10. 1	12. 2	12. 6	18. 1

2-2 续表2

指　　标		Item		1978	1985	1990
邮电通信业		**Postal and Telecommunication Services**				
邮电业务总量	(亿元)	Total Business Volume	(100 million pieces)	1.59	3.63	26.30
函件	(亿件)	Number of Letters Delivered	(100 million pieces)		3.76	4.72
报刊累计数	(亿份)	Accumulated Number of Newspapers and Magazines Distributed	(100 million copies)		14.25	11.63
局用电话交换机容量	(万门)	Capacity of Local Office Telephone Exchanges	(10000 gates)	21.10	40.00	180.70
本地电话用户	(万户)	Number of Subscribers of Local Telephones	(10000 subscribers)		24.00	113.00
#城市		Urban Areas			13.00	72.00
移动电话用户	(万户)	Number of Subscribers of Mobile Telephones	(10000 subscribers)			1.11
国际互联网用户	(万户)	Number of Internet Subscribers	(10000 subscribers)			
国内商业		**Domestic Trade**				
社会消费品零售额	(亿元)	Total Retail Sales of Consumer Goods	(100 million yuan)	79.86	289.23	667.36
对外经济贸易和国际旅游		**Foreign Trade and International Tourism**				
海关进出口总额	(亿美元)	Total Exports and Imports	(USD 100 million)			418.98
进口额		Imports				196.77
出口额		Exports				222.21
国际游客入境人数	(万人次)	Number of International Tourists	(10000 person-times)	169.91	1675.69	2527.54
金融保险		**Finance and Insurance**				
金融机构人民币存款余额	(亿元)	Deposits of Financial Institutions	(100 million yuan)			
金融机构人民币贷款余额	(亿元)	Loans of Financial Institutions	(100 million yuan)			
保费	(亿元)	Amount Insured	(100 million yuan)		1.74	18.05
教育、科技、文化		**Education, Science and Technology and Culture**				
教育		Education				
专任教师数	(万人)	Full-time Teachers	(10000 persons)			
普通高等学校		Institutions of Higher Education		0.90	1.36	1.57
中等学校		Secondary Schools		15.93	13.57	16.33
小学		Primary Schools		26.09	26.81	27.73
在校学生数	(万人)	Students Enrollment	(10000 persons)			
普通高等学校		Institutions of Higher Education		3.07	6.99	9.59
中等学校		Secondary Schools		316.96	255.91	284.52
小学		Primary Schools		743.02	671.25	747.29
国家财政用于教育支出	(亿元)	Government Expenditures on Education	(100 million yuan)		10.69	21.34
科　技		**Science and Technology**				
从事科技活动人员	(人)	Number of Persons Engaged in Science and Technology	(person)			84576
科技活动经费使用总额	(万元)	Expenditures on Scientific and Technological Activities	(10000 yuan)			128238
技术合同金额	(万元)	Amount of Technological Contracts	(10000 yuan)			20262
文　化		**Culture**				
出版数量		Publications				
图　书	(亿册)	Number of Books Published	(100 million copies)	1.72	3.99	2.81
杂　志	(万册)	Number of Magazines Issued	(10000 copies)	1519	12768	11325
报　纸	(亿份)	Number of Newspapers Issued	(100 million copies)	3.19	17.18	13.81

2-2 2 continued

1995	2000	2002	2003	速度指标（%） Indices and Growth Rates（%）								
				指数（2003 为以下各年） Index（2003 as percentage of the following years）					平均增长速度 Average Annual Growth Rate			
				1978	1990	1995	2000	2002	1979 – 2003	1991 – 2003	1996 – 2003	2001 – 2003
204.93	602.31	917.87	1202.52				199.7	131.0				25.9
9.85	10.66	13.50	13.07		276.9	132.7	122.6	96.8		8.1	3.6	7.0
15.59	10.78	10.54	10.89		93.6	69.9	101.0	103.3		-0.5	-4.4	0.3
1007.10	1939.50	2616.34	3551.35	16831.0	1965.3	352.6	183.1	135.7	22.8	25.7	17.1	22.3
591.00	1414.94	1996.80	2567.01		2271.7	434.4	181.4	128.6		27.2	20.2	22.0
361.00	916.03	1277.55	1690.56		2348.0	468.3	184.6	132.3		27.5	21.3	22.7
98.78	1357.26	3214.38	4006.96		360987.4	4056.4	295.2	124.7		87.8	58.9	43.5
	216.41	805.56	1177.67				544.2	146.2				75.9
2304.15	4071.95	5013.59	5606.02	7019.8	840.0	243.3	137.7	111.8	18.5	17.8	11.8	11.2
1039.72	1701.06	2210.92	2835.22		676.7	272.7	166.7	128.2		15.8	13.4	18.6
473.80	781.87	1026.34	1306.74		664.1	275.8	167.1	127.3		15.7	13.5	18.7
565.92	919.19	1184.58	1528.48		687.9	270.1	166.3	129.0		16.0	13.2	18.5
3615.03	6729.18	8032.77	6991.13	4114.6	276.6	193.4	103.9	87.0	16.0	8.1	8.6	1.3
7090.48	16908.26	22921.81	27171.31			383.2	160.7	118.5			18.3	17.1
5495.69	11716.93	15206.62	18190.85			331.0	155.3	119.6			16.1	15.8
67.93	191.88	314.67	376.54		2086.1	554.3	196.2	119.7		26.3	23.9	25.2
1.66	2.04	3.30	4.02	446.7	256.1	242.2	197.1	121.8	6.2	7.5	11.7	25.4
21.38	27.24	29.59	31.41			146.9	115.3	106.2			4.9	4.9
32.14	36.41	37.98	38.92	149.2	140.4	121.1	106.9	102.5	1.6	2.6	2.4	2.2
15.18	29.95	46.78	58.78	1914.7	612.9	387.2	196.3	125.7	12.5	15.0	18.4	25.2
417.26	541.75	592.42	632.89		222.4	151.7	116.8	106.8		6.3	5.3	5.3
883.19	929.93	979.61	1025.37	138.0	137.2	116.1	110.3	104.7	1.3	2.5	1.9	3.3
84.56	144.75	233.12	265.25		1243.0	313.7	183.2	113.8		21.4	15.4	22.4
105469	222073	267376	277576		328.2	263.2	125.0	103.8		9.6	12.9	7.7
398192	2146502	2913018	3323983		2592.0	834.8	154.9	114.1		28.5	30.4	15.7
125972	482104	684532	805730		3976.6	639.6	167.1	117.7		32.8	26.1	18.7
3.69	2.7	3.26	2.64	153.5	94.0	71.5	97.8	81.0	1.7	-0.5	-4.1	-0.7
22810	26299	24785	22527	1483.0	198.9	98.8	85.7	90.9	11.4	5.4	-0.2	-5.0
22.64	34.63	42.57	42.48	1331.7	307.6	187.6	122.7	99.8	10.9	9.0	8.2	7.0

2-2 续表3

指　　标	Item	1978	1985	1990
家庭、生活、环境	Family, People's Livelihood and Environment			
家　庭	Family			
城镇居民平均每户家庭人口　（人）	Average Household Size in Urban Areas (person)	4.84	4.19	3.85
农村居民平均每户家庭人口　（人）	Average Household Size in Rural Areas (person)	5.99	5.95	5.65
婚　姻	Marriages and Divorces			
结婚数　（万对）	Number of Marriages (10000 couples)		37.68	50.66
离婚数　（万对）	Number of Divorces (10000 couples)		1.69	2.58
居　住	Housing			
城镇居民人均居住面积　（平方米）	Per Capita Floor Space of Urban Residents (sq. m)	5.47	8.55	12.13
农村居民人均居住面积　（平方米）	Per Capita Floor Space of Rural Residents (sq. m)	8.73	14.87	17.39
生　活	People's Livelihood			
城镇居民人均可支配收入　（元）	Per Capita Disposable Income of Urban Residents (yuan)	412.13	954.12	2303.15
农村居民人均纯收入　（元）	Per Capita Net Income of Rural Residents (yuan)	193.25	495.31	1043.03
城乡居民储蓄存款余额　（亿元）	Savings Deposits by Urban and Rural Residents (100 million yuan)	17.56	154.88	752.16
工　资	Wages			
城镇从业人员劳动报酬　（亿元）	Earnings of Urban Employed Persons (100 million yuan)	30.59	88.91	233.29
城镇从业人员平均劳动报酬　（元）	Average Earnings of Urban Employed Persons (yuan)	615	1393	2929
卫　生	Health Care			
医　院　（个）	Number of Hospitals (unit)	1968	1853	1885
医　生　（万人）	Number of Doctors (10000 persons)	4.79	6.56	8.11
医院床位数　（万张）	Number of Hospital Beds (10000 units)	8.41	9.82	11.41
市政建设	City Construction			
全年供水量　（亿吨）	Volume of Water Supply (100 million tons)			20.55
液化石油气供气总量　（万吨）	Total Supply of Liquefied Petroleum Gas (10000 tons)			
年末实有公共汽（电）车营运车辆　（辆）	Number of Public Vehicles (Buses and Trolley-buses) at the Year-end (unit)			3199
年末实有出租汽车数　（辆）	Number of Taxis at the Year-end (unit)			
年末实有铺装道路面积　（万平方米）	Length of Paved Roads at the Year-end (10000 sq. m)			
园林绿地面积　（公顷）	Area of Greens and Garden Areas (hectare)			12892
环境、灾害	Environment and Disaster			
企事业单位污染治理资金　（万元）	Funds Used for Pollution Treatment by Enterprises and Institutions (10000 yuan)			18331
环保投资占 GDP 比重　（%）	Proportion of Expenditure on Environmental Protection to GDP (%)		0.29	0.37
火灾发生数　（起）	Number of Fire Disasters (time)			1725
火灾损失　（万元）	Fire Loss (10000 yuan)			9102
交通事故发生数　（起）	Number of Traffic Accidents (time)			25909
交通事故损失　（万元）	Loss of Traffic Accidents (10000 yuan)			5044

注：1. 2003 年起职工改为单位从业人员，2000 年和 2002 年的数据作了相应调整。
2. 农业、工业总产值绝对数按当年价格计算，增长速度按可比价计算。
3. 工业指标（工业总产值除外）2000－2003 年统计范围为规模以上工业（即全部国有工业及年 销售收入 500 万元以上非国有工业）。规模以上工业总产值 1995 年及以前为乡及乡以上工业。
4. 2000 年起粮食产量为抽样调查数据。
5. 1994 年起财政收入按税改新口经统计（即不含中央返还部分）。
6. 邮电业务总量 2000 年起按 2000 年不变价计算，1995 年以前按 1990 年不变价计算。
7. 1986 年以前中等学校不含成人中专数据。

2-2 3 continued

1995	2000	2002	2003	速度指标（%） Indices and Growth Rates（%）								
				指数（2003 为以下各年） Index（2003 as percentage of the following years）					平均增长速度 Average Annual Growth Rate			
				1978	1990	1995	2000	2002	1979 – 2003	1991 – 2003	1996 – 2003	2001 – 2003
3.58	3.57	3.39	3.31	68.4	86.0	92.5	92.7	97.6	-1.5	-1.2	-1.0	-2.5
5.36	5.15	5.08	5.04	84.1	89.2	94.0	97.9	99.2	-0.7	-0.9	-0.8	-0.7
59.67	56.21	49.71	58.9		116.3	98.7	104.8	118.5		1.2	-0.2	1.6
3.42	4.75	5.93	6.66		258.1	194.7	140.2	112.3		7.6	8.7	11.9
16.24	19.51	24.83	24.63	450.3	203.1	151.7	126.2	99.2	6.2	5.6	5.3	8.1
20.83	22.42	24.07	24.79	284.0	142.6	119.0	110.6	103.0	4.3	2.8	2.2	3.4
7438.68	9761.57	11137.2	12380.4	3004.0	537.5	166.4	126.8	111.2	14.6	13.8	6.6	8.2
2699.24	3654.48	3911.91	4054.58	2098.1	388.7	150.2	110.9	103.6	12.9	11.0	5.2	3.5
3884.66	8667.29	11819.09	14061.77	80078.4	1869.5	362.0	162.2	119.0	30.7	25.3	17.4	17.5
734.14	1057.57	1337.10	1555.12				147.0	116.3				13.7
8250	13859	17852	20052				144.7	112.3				13.1
2267	2426	2444	2410	122.5	127.9	106.3	99.3	98.6	0.8	1.9	0.8	-0.2
9.89	11.12	10.51	10.87	226.9	134.0	109.9	97.8	103.4	3.3	2.3	1.2	-0.8
13.78	15.72	16.93	17.3	205.7	151.6	125.5	110.1	102.2	2.9	3.3	2.9	3.2
34.36	36.89	50.27	59.77		290.9	174.0	162.0	118.9		8.6	7.2	17.5
	252.48	208.88	285.87					136.9				
5860	22255	26019	31142		973.5	531.4	139.9	119.7		19.1	23.2	11.9
		46290	47447					102.5				
8577	24981	22856	28491			332.2	114.1	124.7			16.2	4.5
46375	132666	160606	244124		1893.6	526.4	184.0	152.0		25.4	23.1	22.5
30007	167707	108204	250650		1367.4	835.3	149.5	231.6		22.3	30.4	14.3
0.64	1.96	2.47	2.67		721.6	417.2	136.2	108.1		16.4	19.5	10.9
1254	8622	13883	16133		935.2	1286.5	187.1	116.2		18.8	37.6	23.2
17419	10065	9492	7822		85.9	44.9	77.7	82.4		-1.2	-9.5	-8.1
42115	66072	78929	68903		265.9	163.6	104.3	87.3		7.8	6.3	1.4
28700	27526	35834	31387.5		622.3	109.4	114.0	87.6		15.1	1.1	4.5

Note: a) Since 2003, the number of staff and workers has referred to the employed persons in units and the data of 2000 and 2002 have been adjusted accordingly.

b) Figures in value terms on gross output value of agriculture and industry are calculated at current prices, whereas their growth rates are calculated at comparable prices.

c) The industrial indicators from 2000 to 2003 (excluding the gross output value of industry) cover the industrial enterprises above designated size (i. e. all state-owned industrial enterprises and non-state-owned industrial enterprises with an annual sales revenue over 5 million yuan). In 1995 and prior to it, the gross output value of industry above designated size referred to the industry at the town level and over.

d) Figures of output of grain have been obtained from sample surveys since 2000.

e) Figures of government revenue are calculated according to new approach of tax reform since 1994 (excluding the return part from the central government).

f) Since 2000, the total business volumes of postal and telecommunication services have been calculated at 2000 constant prices, whereas the figures before 1995 were calculated at 1990 constant prices.

g) Before 1986, the figures of secondary schools excluded those of specialized secondary schools for adults.

2-3 国民经济和社会发展结构指标
STRUCTURAL INDICATORS ON NATIONAL ECONOMIC AND SOCIAL DEVELOPMENT

单位:% (%)

指　标	Item	1995	2000	2002	2003
人口与就业	**Population and Employment**				
人口	**Population**				
城乡结构	Urban and Rural Structure				
非农业	Non-agriculture	30. 0	31. 2	36. 2	47. 7
农　业	Agriculture	70. 0	68. 8	63. 8	51. 8
性别结构	Sexual Structure				
男	Male	51. 6	51. 6	51. 6	51. 7
女	Female	48. 4	48. 4	48. 4	48. 3
就业	**Employment**				
产业结构	Industrial Structure				
第一产业	Primary Industry	41. 5	39. 9	38. 1	36. 8
第二产业	Secondary Industry	33. 8	28. 0	29. 1	35. 4
第三产业	Tertiary Industry	24. 7	32. 1	32. 8	27. 8
按登记注册类型分组	**Grouped by Status of Registration**				
国有单位	State-owned Units	11. 8		9. 3	8. 6
集体单位	Collective-owned Units	59. 4		43. 4	45. 3
股份合作单位	Cooperative Units	0. 3		0. 4	0. 5
联营单位	Joint Ownership Units	0. 2		0. 3	0. 4
有限责任公司	Limited Liability Corporations	1. 0		2. 3	3. 3
股份有限公司	Shareholding Corporations Ltd.	0. 7		0. 9	1. 0
外商投资单位	Foreign Funded Units	1. 1		2. 2	3. 0
港澳台投资单位	Units with Funds from Hong Kong, Macao and Taiwan	2. 6		9. 5	9. 6
私营企业	Private Enterprises	5. 5		9. 7	12. 1
个体经济	Individuals	7. 7		8. 7	12. 2
从事农林牧渔业的农民	Farmers Engaged in Faming, Forestry, Animal Husbandry and Fishery	41. 2	39. 9	38. 0	36. 8
宏观经济	**Macroeconomy**				
国民核算	**National Accounting**				
地区生产总值产业结构	Industrial Structure				
第一产业	Primary Industry	15. 1	10. 3	8. 8	8. 0
第二产业	Secondary Industry	50. 2	50. 4	50. 4	53. 6
第三产业	Tertiary Industry	34. 7	39. 3	40. 8	38. 4
国内支出结构	Domestic Expenditure Structure				
最终消费	Final Consumption	55. 6	55. 2	56. 9	55. 5
居民消费	Household Consumption	45. 1	38. 8	37. 8	36. 0
农　村	Rural Households	19. 9	15. 2	13. 2	10. 4
城　镇	Urban Households	25. 2	23. 6	24. 6	25. 6
政府消费	Government Consumption	10. 5	16. 4	19. 1	19. 6
资本形成总额	Gross Capital Formation	41. 5	36. 1	35. 3	38. 6
固定资产形成总额	Gross Fixed Capital Formation	35. 9	32. 9	33. 0	36. 2
存货增加	Changes in Inventories	5. 6	3. 2	2. 3	2. 4
净出口	Net Export	2. 8	11. 9	7. 7	5. 9
投　资	**Investment**				
经济类型结构	Structure by Ownership				
国有单位	State-owned Units	48. 2	39. 8	30. 6	29. 6
集体单位	Collective-owned Units	15. 6	13. 9	8. 4	8. 0
联营经济单位	Joint Ownership	0. 7	0. 3	0. 7	0. 5
股份制经济单位	Shareholding Units	4. 7	15. 0	19. 0	18. 6
外商投资经济单位	Foreign Funded Units	11. 0	4. 4	6. 6	7. 8
港澳台商投资经济单位	Units with Funds from Hong Kong, Macao and Taiwan	8. 5	12. 9	15. 8	15. 8
其他经济单位	Other Economic Units	0. 5	0. 7	1. 1	0. 9
个体	Individuals	10. 7	13. 0	17. 7	18. 8
资金来源结构	Structure of Sources of Funds				

2-3 续表1 continued

单位:% (%)

指　　标	Item	1995	2000	2002	2003
国家预算内资金	State Budgetary Appropriation	1. 1	1. 7	1. 9	1. 6
国内贷款	Domestic Loans	15. 0	17. 2	17. 0	17. 0
利用外资	Foreign Investment	18. 5	10. 5	10. 8	10. 1
自筹投资	Fund Raising	37. 5	42. 9	44. 5	46. 8
其他投资	Others	27. 9	27. 7	25. 8	24. 5
利用外资	**Utilization of Foreign Capital**				
实际利用外资结构	Structure of Foreign Capital Actually Utilized				
对外借款	Loans from Abroad	15. 2	4. 8	6. 2	5. 8
外商直接投资	Direct Investment by Foreign Entrepreneurs	84. 1	84. 0	79. 0	82. 2
外商其他投资	Other Investment by Foreign Entrepreneurs	0. 7	11. 2	14. 8	12. 0
能源生产与消费	**Production and Consumption of Energy**				
能源生产总量结构	Structure of Total Energy Production				
原　煤	Coal	29. 1	8. 0	4. 3	12. 0
原　油	Petroleum Crude Oil	35. 5	53. 6	49. 8	44. 6
电　力	Electricity	34. 9	27. 1	35. 3	35. 3
天然气	Natural Gas	0. 5	11. 3	10. 6	8. 1
一次能源消费总量结构	Structure of Total Primary Energy Consumption				
原　煤	Coal	56. 4	52. 2	51. 9	53. 5
原　油	Petroleum Crude Oil	28. 5	35. 0	31. 0	28. 6
电　力	Electricity	14. 9	12. 6	17. 1	17. 7
天然气	Natural Gas	0. 2	0. 2		0. 2
产业经济	**Industry Economy**				
农　业	**Agriculture**				
农林牧渔业产值结构	Structure of Gross Output Value				
农　业	Farming	53. 8	47. 5	47. 3	44. 6
林　业	Forestry	3. 2	3. 5	3. 2	2. 9
牧　业	Animal Husbandry	24. 2	26. 5	26. 1	25. 3
渔　业	Fishery	18. 8	22. 5	23. 4	22. 7
农林牧渔服务业	Services for Farming, Forestry, Animal Husbandry and Fishery				4. 5
工　业	**Industry**				
国有及年销售收入500万元以上非国有工业产值结构	Structure of Gross Industrial Output Value of State-owned Enterprises and Non-state-owned Enterprises with Annual Sales Revenue over 5 Million yuan				
按轻重工业分	Grouped by Light and Heavy Industry				
轻工业	Light Industry	57. 7	52. 9	54. 3	47. 7
重工业	Heavy Industry	42. 3	47. 1	45. 7	52. 3
按经济类型分	Grouped by Ownership				
国有工业	State-owned Industry	19. 1	7. 1	6. 8	3. 0
集体工业	Collective-owned Industry	21. 7	9. 5	5. 7	3. 6
股份合作工业	Cooperative Industry		0. 8	1. 1	0. 9
股份制工业	Shareholding Industry	16. 3	15. 3	19. 9	22. 4
外商投资工业	Foreign Funded Industry	16. 3	23. 1	23. 4	32. 0
港澳台商投资工业	Industry with Funds from Hong Kong, Macao and Taiwan	34. 6	36. 4	38. 0	33. 3
按企业规模分	Grouped by Size of Enterprises				
大型企业	Large		36. 6	39. 8	35. 5
中型企业	Medium-sized		11. 3	13. 6	34. 8
小型企业	Small		52. 1	46. 6	29. 6
建筑业	**Construction**				
建筑施工企业产值结构	Structure of Gross Output Value of Construction Enterprises				
国有企业	State-owned Enterprises	46. 7	38. 8	29. 6	27. 5
城镇集体企业	Urban Collective-owned Enterprises	48. 2	33. 3	22. 3	16. 6
股份合作企业	Cooperative Enterprises		0. 8	0. 7	0. 7
联营企业	Joint Ownership Enterprises		1. 2	0. 8	0. 9

2-3 续表 2 continued

单位:% (%)

指标	Item	1995	2000	2002	2003
有限责任公司	Limited Liability Corporations		13.9	25.4	28.3
股份制施工公司	Shareholding Limited Companies		5.2	6.2	8.1
私营企业	Private enterprises		4.4	12.9	15.9
港澳台投资企业	Enterprises with Funds from Hong Kong, Macao and Taiwan		1.6	1.6	1.6
外商投资企业	Foreign Funded enterprises		0.8	0.3	0.4
其他	Others		…	…	…
运输业	**Transportation**				
货运量结构	Structure of Freight Traffic				
铁　路	Railways	6.9	12.7	10.8	10.7
公　路	Highways	62.0	63.2	67.7	67.9
水　运	Waterways	29.7	21.6	19.1	19.0
民用航空	Civil Aviation	…	…	…	
管道输油（气）	Pipelines	1.4	2.5	2.3	2.3
客运量结构	Structure of Passenger Traffic				
铁　路	Railways	4.8	7.4	7.1	6.8
公　路	Highways	90.4	90.4	90.7	91.2
水　运	Waterways	3.9	1.4	1.2	1.2
民用航空	Civil Aviation	0.9	0.8	1.0	0.9
国内商业	**Domestic Trade**				
社会消费品零售总额结构	Structure of Total Retail Sales of Consumer Goods				
城　镇	Urban Areas	71.3	71.4	71.3	71.1
农　村	Rural Areas	28.7	28.6	28.7	28.9
对外经济贸易和国际旅游	**Foreign Trade and International Tourism**				
出口商品结构	Structure of Exports				
初级产品	Primary Goods	6.6	3.7	3.1	2.6
工业制成品	Manufactured Goods	93.4	96.3	96.9	97.4
进口商品结构	Structure of Imports				
初级产品	Primary Goods	7.5	12.0	10.1	10.7
工业制成品	Manufactured Goods	92.5	88.0	89.9	89.3
国际游客出入境人数结构	Structure of Tourists from Abroad				
外国人	Foreigners	4.6	4.2	4.6	4.0
华　侨	Overseas Chinese	0.2	…	…	
港澳同胞	Compatriots from Hong Kong and Macao	92.9	92.9	92.9	94.0
台湾同胞	Compatriots from Taiwan	2.3	2.8	2.5	2.0
教育、文化	**Education and Culture**				
教育	**Education**				
在校学生结构	Structure of Enrolled Students				
大学生	Colleges and Universities	1.2	2.0	2.9	3.6
中学生	Secondary Schools	30.3	35.3	36.0	33.5
小学生	Primary Schools	68.5	62.7	61.1	62.9

2-3 续表3 continued

单位:% (%)

指 标	Item	1995	2000	2002	2003
专任教师结构	Structure of Full-time Teachers				
大 学	Colleges and Universities	3.0	3.1	4.7	1.5
中 学	Secondary Schools	38.1	40.8	41.2	40.5
小 学	Primary Schools	58.8	56.1	54.1	58.0
文 化	**Culture**				
文化事业机构人员结构	Structure of Persons Engaged in Cultural Activities				
艺术事业	Arts	42.9	24.3	36.4	25.5
图书馆事业	Library	11.3	7.0	12.8	9.3
群众文化事业	Mass Culture	32.0	24.5	33.3	27.4
教育事业	Education	3.1	2.2	3.5	2.4
其他文化事业	Other Cultural Activities	10.7	41.1	10.8	35.4
生活、卫生、环境	**People's Livelihood, Health Care and Environment**				
生 活	**People's Livelihood**				
城镇居民消费结构	Consumption Structure of Urban Residents				
食品类	Food	48.0	38.6	38.5	37.2
衣着类	Clothing	6.7	4.6	5.5	5.8
用品及其他	Articles for Daily Use and Others	34.7	43.0	45.0	44.6
居 住	Residence	10.6	13.8	11.0	12.4
农村居民消费结构	Consumption Structure of Rural Residents				
食品类	Food	54.5	49.8	47.6	47.9
衣着类	Clothing	4.0	3.9	3.8	4.0
用品及其他	Articles for Daily Use and Others	26.2	32.3	33.0	32.1
居住	Residence	15.3	14.0	15.6	16.0
卫 生	**Health Care**				
医生结构	Doctors by Type				
中 医	Doctors of Traditional Chinese Medicine	22.1	18.5	14.9	11.6
西医师	Doctors of Western Medicine	57.6	62.1	85.1	88.4
西医士	Paramedics of Western Medicine	20.3	19.4		
医院床位结构	Hospital Beds				
县及以上医院	Hospitals at and above County Level	70.8	71.4		
环境、灾害	**Environment and Disaster**				
企事业单位污染治理资金结构	Structure of Funds Used for Pollution Treatment by Enterprises and Institutions				
国家预算内资金	Government Budgetary Funds			4.3	27.8
综合利用利润留成	Profits Obtained from Comprehensive Utilization of Waste Water, Waste Gas and Solid Wastes	2.3	4.7		
环境保护补助	Subsidies for Environmental Protection	0.8	3.3	2.2	1.2
其他资金	Other Funds	68.2	90.7	92.8	71.0
火灾事故损失额结构	Structure of Fire Losses Converted into Cash				
特 大	Extraordinarily Serious Fires	4.6	6.7	20.4	5.8
重 大	Serious Fires	37.8	30.4	20.0	19.4
一 般	Ordinary Fires	7.6	62.9	59.6	74.8
交通事故损失额结构	Structure of Losses of Traffic Accidents Converted into Cash				
特 大	Extraordinarily Serious Accidents	9.4	7.6	11.3	9.8
重 大	Serious Accidents	19.6	19.6	23.1	21.4
一 般	Ordinary Accidents	71.0	72.8	65.6	68.8

注：由于数据计算进位的原因，部分结构总和不等于100。
Note: Owing to the rounding-off of figures, some totals in this table are not equal to 100.

2-4 改革开放前后国民经济和社会发展主要指标和增长速度
CHANGES OF MAIN INDICATORS AND GROWTH RATES ON NATIONAL ECONOMIC AND SOCIAL DEVELOPMENT ROUND REFORM AND OPENING-UP

指 标	Item	1952	1978	2003	年均增长速度 Average Annual Growth Rate	
					1953 – 1978	1979 – 2003
人口与就业	**Population and Employment**					
人 口 （万人）	**Population （10000 persons）**					
年底总人口	Year-end Population	2910.45	5064.15	7954.22	2.2	1.8
非农业人口	Non-agricultural Population	512.93	823.23	3681.93	1.8	
农业人口	Agricultural Population	2397.52	4240.92	3992.53	2.2	
就 业 （万人）	**Employment （10000 persons）**					
年底从业人员数	Year-end Employed Persons	1271.21	2153.87	4395.93	2.3	2.9
职工人数	Staff and Workers	51.41	515.85	815.41	9.3	1.8
宏观经济（当年价） （亿元）	**Macroeconomic Indicator（at current prices） （100 million yuan）**					
地区生产总值	Gross Domestic Product	29.52	185.85	13625.87	5.2	13.4
第一产业	Primary Industry	14.39	55.31	1093.52	2.5	5.8
第二产业	Secondary Industry	6.70	86.62	7307.08	10.4	16.4
第三产业	Tertiary Industry	8.43	43.92	5225.27	4.3	14.1
人均地区生产总值 （元）	Per Capital GDP （yuan）	101	369	17213	3.0	11.4
最终消费 （亿元）	Final Consumption （100 million yuan）		125.71	7566.13		
居民消费	Household Consumption		107.15	4900.01		
政府消费	Government Consumption		18.56	2666.12		
固定资产投资 （亿元）	**Investment in Fixed Assets （100 million yuan）**					
固定资产投资额	Total Investment	0.93	27.23	5030.57	13.9	23.2
基本建设	Capital Construction	0.93	17.85	1893.58	12.0	20.5
更新改造	Innovation		2.19	658.94		25.6
财 政 （亿元）	**Finance （100 million yuan）**					
财政收入	Government Revenue	7.15	39.46	1315.52	6.8	15.8
财政支出	Government Expenditures	3.32	27.03	1695.63	8.4	18.0
农 业	**Agriculture**					
农业总产值 （亿元）	Gross Output Value of Agriculture （100 million yuan）	19.35	85.94	1908.66	3.5	6.1
主要农产品产量 （万吨）	Output of Major Farm Products （10000 tons）					
粮 食	Grain	797.40	1509.51	1488.00	2.5	-0.1
油 料	Oil-bearing Crops	13.68	36.04	81.93	3.8	3.3
茶 叶	Tea	0.20	0.90	4.14	6.0	6.3
水 果	Fruits	16.50	29.40	718.59	2.2	13.6
肉 类	Meat		48.45	358.50		8.3
水产品	Aquatic Products	30.13	65.50	648.5	3.0	9.6
工 业	**Industry**					
工业总产值 （亿元）	Gross Industrial Output Value （100 million yuan）	15.70	206.56	27375.56	10.6	20.8
主要工业产品产量	Output of Major Industrial Products					
布 （亿米）	Cloth （100 million meters）	0.76	2.27	17.29		
机制纸及纸板 （万吨）	Machine-made Paper and Paper Board （10000 tons）	1.10	27.47	542.69		
家用电冰箱 （万台）	Household Refrigerators （10000 sets）			533.38		
家用洗衣机 （万台）	Household Washing Machines （10000 sets）			178.86		
电视机 （万台）	Television Sets （10000 sets）		1.72	3588.28		
#彩色电视机	Color Television Sets			3149.15		
照相机 （万架）	Camera （10000 sets）			3719.15		
原煤 （万吨）	Coal （10000 tons）	18.88	1046.96	202.34		
发电量 （亿千瓦时）	Electricity （100 million kwh）	1.22	92.32	1783.8		

2-4 续表 continued

指标	Item	1952	1978	2003	年均增长速度 Average Annual Growth Rate	
					1953 – 1978	1979 – 2003
钢 （万吨）	Steel (10000 tons)	0.03	35.84	595.89		
成品钢材 （万吨）	Steel Products (10000 tons)	0.08	43.67	788.69		
水泥 （万吨）	Cement (10000 tons)	15.09	369.08	6872.67		
交通、邮电通信业	**Transport, Postal and Telecommunication Services**					
货运量 （万吨）	Freight Traffic (10000 tons)	865	15204	143964	11.7	9.4
客运量 （万人）	Passenger Traffic (10000 persons)	2229	15906	191202	7.9	10.5
邮电业务总量 （亿元）	Total Business Volume of Postal and Telecommunication Services (100 million yuan)	0.35	1.59	1202.52	6.0	
沿海主要港口货物吞吐量 （万吨）	Volume of Freight Handled in Major Coastal Ports (10000 tons)	358	2786	30727	8.2	10.1
电话机 （万部）	Number of Telephone Sets (1000 units)		17.50	10727.03		29.3
国内商业	**Domestic Trade**					
社会消费品零售额（亿元）	Total Retail Sales of Consumer Goods (100 million yuan)	18.87	79.86	5606.02	5.7	18.5
对外经济贸易	**Foreign Trade**					
海关进出口额 （亿美元）	Total Exports and Imports (USD 100 million)			2835.22		
进口额	Imports			1306.74		
出口额	Exports			1528.48		
人民生活	**People's Livelihood**					
居民人均消费水平 （元）	Per Capita Consumption (yuan)		213	6190		8.7
农　村	Rural Areas		164	3086		7.4
城　镇	Urban Areas		447	10471		7.1
城乡居民储蓄存款余额 （亿元）	Savings Deposits by Urban and Rural Residents (100 million yuan)		17.56	14061.77		30.7
职工工资总额 （亿元）	Total Wages of Staff and Workers (100 million yuan)	1.84	30.59	1515.58	11.4	16.9
职工平均工资 （元）	Average Wage of Staff and Workers (yuan)	387	615	19986	1.8	14.9
卫　生	**Health Care**					
医院、卫生院 （个）	Number of Hospitals (unit)	183	1968	2410	9.6	0.8
医生 （万人）	Number of Doctors (10000 persons)	1.62	4.79	10.87	4.3	3.3
医院、卫生院床位数 （万张）	Number of Hospital Beds (10000 units)	1.25	8.41	17.30	7.6	2.9
教育、文化	**Education and Culture**					
专任教师数 （万人）	Full-time Teachers (10000 persons)					
普通高等学校	Institutions of Higher Education	0.13	0.90	4.02	7.7	6.2
中等学校	Secondary Schools	0.99	15.93	31.41	11.3	2.8
小　学	Primary Schools	9.61	26.09	38.92	3.9	1.6
在校学生数 （万人）	Enrolled Students (10000 persons)					
普通高等学校	Institutions of Higher Education	1.00	3.07	58.78	4.4	12.5
中等学校	Secondary Schools	24.10	316.96	632.89	10.4	2.8
小　学	Primary Schools	300.00	743.02	1025.37	3.5	1.3
出版数量	**Publications**					
图　书 （亿册）	Number of Books Published (100 million copies)		1.72	2.64		1.7
杂　志 （万册）	Number of Magazines Issued (10000 copies)		1519	22527		11.4
报　纸 （亿份）	Number of Newspapers Issued (100 million copies)		3.19	42.48		10.9

注：工、农业总产值绝对数按当年价格计算，增长速度按可比价格计算。

Note: Figures in value terms on gross output value of industry and agriculture are calculated at current prices, whereas growth rates are calculated at comparable prices.

2-5 国民经济主要指标分月变化情况

（2003 年，累计绝对数）

指 标		Item		1 Jan.
地区生产总值（现价）	（亿元）	Gross Domestic Growth (at current prices)	(100 million yuan)	855.25
第一产业		Of which: Primary Industry		56.35
第二产业		Secondary Industry		409.65
第三产业		Tertiary Industry		389.25
工业总产值（现价）	（亿元）	Gross Industrial Output Value (at current prices)	(100 million yuan)	1331.03
工业销售产值（现价）	（亿元）	Gross Industrial Sales Value (at current prices)		1295.35
# 出口产品交货值		Of which: Delivery Value for Exports		534.25
工业总产值（1990 年不变价）	（亿元）	Gross Industrial Output Value (at 1990 constant prices)	(100 million yuan)	1414.52
工业增加值	（亿元）	Value-added of Industry	(100 million yuan)	349.72
轻工业		Of which: Light Industry		149.61
重工业		Heavy Industry		200.11
# 集体企业		Of which: Collective-owned Enterprises		16.42
股份合作企业		Cooperative Enterprises		3.03
股份制企业		Shareholding Enterprises		74.08
外商及港澳台投资企业		Foreign Funded Enterprises and Enterprises with Funds from Hong Kong, Macao and Taiwan		190.88
# 国有及国有控股企业		Of which: State-owned and State-holding Enterprises		97.32
# 大中型企业		Of which: Large and Medium-sized Industrial Enterprises		168.89
全社会固定资产投资额	（亿元）	Investment in Fixed Assets	(100 million yuan)	
# 基本建设投资		Of which: Capital Construction		
更新改造投资		Innovation		
房地产开发投资		Real Estate Development		
地方财政一般预算收入	（亿元）	Local Government Budgetary Revenue	(100 million yuan)	116.20
# 税收收入		Tax Revenue		103.97
财政支出	（亿元）	Government Expenditures	(100 million yuan)	115.46
# 行政事业经费		Expenditure on Government Administration		69.59
金融机构（不含外资）人民币存款余额	（亿元）	Deposits of Financial Institutions in RMB yuan (excluding foreign funded financial institutions)	(100 million yuan)	22927.93
金融机构（不含外资）人民币贷款余额	（亿元）	Loans of Financial Institutions in RMB yuan (excluding foreign funded financial institutions)	(100 million yuan)	15731.83
城乡居民储蓄存款余额	（亿元）	Outstanding Savings Deposits by Urban and Rural Residents	(100 million yuan)	12158.88
城镇居民人均可支配收入	（元）	Per Capita Disposable Income of Urban Households	(yuan)	1117.77
外贸出口总额（海关口径）	（亿美元）	Total Exports (customs statistics)	(USD 100 million)	110.17
# 一般贸易		Of which: General Trade		21.38
来料加工		Processing and Assembling with Customers' Materials		26.76
进料加工		Processing and Assembling with Import Materials		58.26
外贸进口总额（海关口径）	（亿美元）	Total Imports (customs statistics)	(USD 100 million)	100.20
实际利用外资	（亿美元）	Foreign Capital Actually Utilized	(USD 100 million)	8.88
# 外商直接投资		Foreign Direct Investment		7.58
货运量	（万吨）	Freight Traffic	(10000 tons)	11866.19
客运量	（万人）	Passengers Traffic	(10000 persons)	16857.54
港口货物吞吐量	（万吨）	Volume of Freight handled in Coastal	(10000 tons)	3366.00
发电量	（亿千瓦时）	Electricity	(100 million kwh)	114.53
社会消费品零售总额	（亿元）	Total Retail Sales of Consumer Goods	(100 million yuan)	482.03
居民消费价格总指数	（%）	General Consumer Price Index	(%)	100.5
综合经济效益指数	（%）	Comprehensive Economic Efficiency Index	(%)	
产品产销率	（%）	Ratio of Sales to Products	(%)	97.3
产品销售收入	（亿元）	Total Pre-tax Profits	(100 million yuan)	
应收帐款净额	（亿元）	Net Amount of Accounts Receivable	(100 million yuan)	
产成品存货	（亿元）	Inventory of Manufactured Products	(100 million yuan)	
利润总额	（亿元）	Total Profits	(100 million yuan)	
税金总额	（亿元）	Total Taxes	(100 million yuan)	

注：1. 工业总产值为全部国有工业及销售收入在500万元以上的非国有工业。2. 1－12 月累计数不等于年报数。3. 金融机构存、贷款余额及城乡居民储蓄存款余额“累计”栏均为月末数。

CHANGES OF MAIN ECONOMIC INDICATORS BY MONTH

(2003, accumulative figures in value terms)

月 份 Month										
1-2 Jan. -Feb.	1-3 Jan. -Mar.	1-4 Jan. -Apr.	1-5 Jan. -May	1-6 Jan. -Jun.	1-7 Jan. -Jul.	1-8 Jan. -Aug.	1-9 Jan. -Sep.	1-10 Jan. -Oct.	1-11 Jan. -Nov.	1-12 Jan. -Dec.
1678. 40	2666. 45	3626. 55	4690. 20	5822. 03	6907. 10	8056. 14	9301. 99	10701. 36	12056. 41	13449. 93
105. 71	129. 70	168. 47	248. 25	313. 62	398. 09	523. 97	635. 08	805. 54	964. 93	1051. 60
804. 33	1346. 23	1890. 24	2429. 09	3100. 90	3688. 75	4313. 30	4960. 17	5636. 82	6295. 62	7048. 05
768. 36	1190. 52	1567. 84	2012. 86	2407. 51	2820. 26	3218. 87	3706. 74	4259. 00	4795. 86	5350. 28
2639. 03	4140. 74	5766. 75	7397. 87	9169. 02	10920. 97	12739. 11	14640. 60	16635. 49	18739. 60	21039. 50
2570. 16	4018. 33	5592. 93	7173. 80	8907. 29	10643. 41	12421. 17	14294. 78	16255. 57	18291. 54	20500. 94
1064. 78	1939. 93	2334. 13	3003. 16	3741. 59	4471. 00	5275. 89	6091. 49	6933. 25	7809. 10	8731. 66
2775. 45	4414. 56	6198. 14	7996. 21	9974. 40	11855. 89	13810. 82	15847. 18	17994. 47	20311. 64	22833. 26
692. 29	1105. 53	1535. 13	1961. 32	2439. 21	2906. 68	3390. 82	3887. 06	4414. 61	4973. 85	5606. 28
301. 21	470. 95	656. 41	840. 50	1039. 49	1229. 22	1421. 18	1629. 52	1848. 37	2079. 42	2327. 95
391. 08	634. 58	878. 72	1120. 82	1399. 71	1677. 46	1969. 64	2257. 54	2566. 24	2894. 42	3278. 33
31. 08	47. 72	65. 87	84. 28	102. 80	121. 77	141. 14	162. 68	183. 31	204. 16	226. 40
7. 85	12. 34	17. 62	22. 83	28. 10	32. 50	37. 19	42. 95	48. 71	54. 20	60. 97
138. 95	227. 93	317. 80	411. 95	512. 09	605. 35	698. 32	799. 29	904. 74	1025. 70	1190. 40
385. 00	596. 87	834. 01	1069. 60	1327. 29	1585. 18	1858. 34	2136. 36	2430. 02	2735. 25	3041. 35
169. 85	263. 05	363. 42	464. 49	566. 57	702. 00	810. 32	922. 87	1043. 52	1166. 95	1337. 45
340. 78	538. 75	746. 43	950. 64	1214. 02	1440. 60	1677. 58	1922. 73	2176. 89	2444. 13	2745. 97
	688. 50					2600. 00		3496. 00		4988. 90
121. 61	233. 79	342. 78	501. 19	682. 34	821. 83	961. 22	1125. 69	1307. 13	1504. 51	1898. 92
38. 29	68. 18	99. 10	131. 99	195. 43	248. 83	312. 59	359. 34	410. 99	480. 62	634. 27
101. 89	221. 45	296. 99	403. 87	506. 88	605. 35	711. 09	808. 10	906. 95	1000. 89	1209. 92
197. 59	301. 81	424. 83	519. 27	627. 42	744. 82	837. 35	939. 87	1061. 44	1173. 53	1313. 32
174. 79	264. 85	371. 79	452. 18	535. 03	637. 44	719. 64	805. 76	908. 62	1001. 71	1107. 76
175. 26	277. 18	394. 51	503. 86	666. 86	799. 24	900. 86	1059. 90	1168. 00	1330. 23	1694. 93
110. 82	164. 70	235. 85	292. 04							
23296. 33	23930. 93	24186. 36	24624. 20	25348. 76	25539. 39	25857. 22	26418. 44	26645. 42	26906. 38	27171. 31
15736. 10	16030. 90	16261. 46	16573. 99	17221. 81	17335. 39	17663. 73	17909. 56	18015. 26	18121. 24	18190. 85
12426. 10	12656. 98	12775. 25	12920. 88	13102. 32	13262. 20	13370. 04	13656. 02	13774. 24	13921. 37	14061. 77
2810. 66	3687. 18	4604. 68	5533. 10	6498. 66	7439. 53	8397. 67	9411. 43	10379. 25	11316. 03	12380. 43
192. 60	305. 10	424. 23	540. 90	658. 70	786. 90	916. 60	1067. 10	1217. 30	1362. 10	1529. 44
35. 30	57. 30	80. 70	104. 80	127. 70	151. 50	175. 10	201. 80	230. 40	257. 90	291. 93
47. 00	72. 40	100. 70	127. 30	153. 50	183. 10	212. 80	246. 00	279. 20	310. 40	340. 69
103. 20	164. 00	227. 10	289. 00	353. 30	423. 50	495. 30	579. 70	663. 40	744. 50	841. 71
175. 40	279. 70	386. 77	485. 60	587. 00	700. 60	811. 80	942. 20	1058. 80	1175. 90	1307. 00
16. 84	30. 39	46. 07	61. 66	80. 76	94. 40	109. 86	126. 63	145. 36	164. 89	189. 41
14. 44	25. 63	38. 85	50. 45	67. 81	79. 72	92. 64	107. 12	123. 14	138. 72	155. 78
23040. 07	36690. 76	47547. 22	57741. 50	68516. 24	80027. 56	91850. 00	103856. 69	115779. 97	127576. 32	140442. 36
34888. 88	49323. 43	62427. 94	73538. 31	85955. 09	102543. 98	119647. 02	135834. 26	152368. 33	168677. 38	182334. 11
6022. 00	9477. 00	13646. 00	17415. 00	21123. 00	24911. 00	28729. 00	32616. 00	36476. 00	40421. 00	44595. 00
216. 68	352. 34	494. 52	649. 76	804. 20	979. 84	1153. 25	1316. 00	1473. 48	1631. 63	1783. 80
952. 13	1375. 06	1780. 10	2201. 97	2626. 28	3056. 42	3506. 56	3997. 36	4519. 72	5033. 04	5587. 20
99. 8	100. 0	100. 1	100. 2	100. 3	100. 3	100. 2	100. 3	100. 4	100. 5	100. 6
133. 7	135. 2	139. 1	142. 3	144. 6	146. 3	140. 7	148. 0	149. 1	150. 7	152. 1
97. 4	97. 0	97. 0	97. 0	97. 1	97. 5	97. 5	97. 6	97. 7	97. 6	97. 4
2633. 34	4004. 58	5570. 21	7242. 74	8984. 08	10765. 52	12596. 31	14513. 98	16617. 53	18614. 46	20760. 22
2321. 47	2337. 76	2469. 94	2570. 84	2670. 38	2726. 80	2799. 12	2917. 58	3083. 92	3235. 29	3105. 65
1029. 74	1111. 14	1118. 07	1151. 16	1179. 47	1219. 87	1260. 27	1258. 77	1273. 32	1302. 97	1304. 22
108. 28	159. 52	239. 75	329. 10	418. 64	509. 44	600. 09	705. 19	813. 18	923. 94	1033. 68
88. 97	135. 19	184. 39	237. 11	292. 28	349. 86	406. 63	461. 13	526. 30	586. 88	653. 38

Notes: a) Gross industrial output value includes all state-owned enterprises and non-state-owned enterprises with an annual sales revenue over 5 million yuan. b) The accumulative figures from January to December are not equal to the figures in annual report. c) The "accumulative" columns of savings deposits and loans of financial institutions and savings deposits by urban and rural residents refer to the figures at month end.

2-6 国民经济主要指标分月变化情况

（2003 年，比上年同期增长%）

指 标	Item	1 Jan.
地区生产总值（现价）	Gross Domestic Growth (at current prices)	10.9
第一产业	Of which: Primary Industry	5.2
第二产业	Secondary Industry	11.4
第三产业	Tertiary Industry	11.3
工业总产值（1990 年不变价）	Gross Industrial Output Value (at 1990 constant prices)	17.5
工业增加值	Value-added of Industry	14.2
轻工业	Of which: Light Industry	12.8
重工业	Heavy Industry	15.6
# 集体企业	Of which: Collective-owned Enterprises	8.0
股份合作企业	Cooperative Enterprises	3.6
股份制企业	Shareholding Enterprises	9.9
外商及港澳台投资企业	Foreign Funded Enterprises and Enterprises with Funds from Hong Kong, Macao and Taiwan	15.5
# 国有及国有控股企业	Of which: State-owned and State-holding Enterprises	9.1
# 大中型企业	Of which: Large and Medium-sized Industrial Enterprises	12.0
全社会固定资产投资额	Investment in Fixed Assets	
基本建设投资	Of which: Capital Construction	
更新改造投资	Innovation	
房地产开发投资	Real Estate Development	
财政收入	Local Government Budgetary Revenue	22.4
# 税收收入	Tax Revenue	19.3
财政支出	Government Expenditures	58.0
金融机构（不含外资）人民币存款余额	Deposits of Financial Institutions in RMB yuan (excluding foreign funded financial institutions)	-14.66
金融机构（不含外资）人民币贷款余额	Loans of Financial Institutions in RMB yuan (excluding foreign funded financial institutions)	+387.91
城乡居民储蓄存款余额	Outstanding Savings Deposits by Urban and Rural Residents	+339.81
城镇居民人均可支配收入	Per Capita Disposable Income of Urban Hoseholds	19.9
外贸出口总额（海关口径）	Total Exports (customs statistics)	32.2
# 一般贸易	General Trade	36.2
来料加工	Processing and Assembling with Customers Materials	11.1
进料加工	Processing and Assembling with Import Materials	41.2
外贸进口总额（海关口径）	Total Imports (customs statistics)	42.5
实际利用外资	Foreign Capital Actually Utilized	26.1
#外商直接投资	Foreign Direct Investment	49.6
货运量	Freight Traffic	9.5
客运量	Passengers Traffic	16.2
港口货物吞吐量	Volume of Freight handled in Coastal	20.9
发电量	Electricity	8.3
社会消费品零售总额	Total Retail Sales of Consumer Goods	11.6
居民消费价格总指数	General Consumer Price Index	0.5
综合经济效益指数	Overall Economic Efficiency Index	
产品产销率	Ratio of Sales to Products	0.2
产品销售收入	Total Pre-tax Profits	
应收帐款净额	Net Amount of Accounts Receivable	
产成品存货	Inventory of Manufactured Products	
利润总额	Total Profits	
税金总额	Total Taxes	

注：金融机构存、贷款余额及城乡居民储蓄存款余额“比上年同期增长”栏为比上年末增长的绝对数。

CHANGES OF MAIN ECONOMIC INDICATORS BY MONTH

(2003, compare with same period in preceding year %)

月份 Month										
1-2 Jan. -Feb.	1-3 Jan. -Mar.	1-4 Jan. -Apr.	1-5 Jan. -May	1-6 Jan. -Jun.	1-7 Jan. -Jul.	1-8 Jan. -Aug.	1-9 Jan. -Sep.	1-10 Jan. -Oct.	1-11 Jan. -Nov.	1-12 Jan. -Dec.
12.8	13.0	12.8	12.6	12.6	12.6	12.8	13.0	13.3	13.4	13.6
5.1	3.7	2.9	2.0	-1.3	-1.2	-0.9	-0.5	0.4	1.0	1.2
14.2	15.3	15.6	15.3	16.0	16.3	16.9	17.1	17.5	17.7	18.0
12.6	11.6	10.8	10.8	10.5	10.1	10.2	10.5	10.8	10.9	10.8
20.9	22.1	22.6	22.1	22.9	23.3	24.1	24.5	25.0	25.4	25.8
16.9	18.8	19.2	18.8	19.5	19.8	20.5	20.8	21.2	21.6	21.9
14.6	15.7	16.5	16.6	17.1	17.0	17.5	17.9	18.4	18.8	18.8
19.5	22.2	22.2	21.2	22.0	22.7	23.6	23.8	24.1	24.4	25.0
9.0	7.1	7.5	7.8	8.3	8.8	8.2	8.7	8.5	9.3	8.6
19.2	17.5	16.5	15.1	12.1	9.4	6.7	8.6	10.9	12.2	14.2
9.9	15.0	17.4	17.4	19.6	21.2	24.1	24.7	25.6	26.3	26.6
18.7	19.7	19.3	18.7	20.5	20.7	21.3	21.6	21.8	21.8	22.2
13.5	13.9	14.1	14.5	15.5	18.4	18.8	18.4	18.9	19.3	20.8
15.3	17.7	18.4	17.4	18.5	18.5	19.7	20.6	21.2	21.5	22.5
						29.4		29.0		26.5
34.1	34.2	31.5	47.9	50.2	50.8	46.2	42.9	43.2	42.6	40.4
18.2	-4.1	-10.5		15.4	22.2	31.4	34.1	30.6	35.5	24.1
21.4	13.5	10.5	6.4	7.6	9.0	9.2	10.0	10.5	10.5	8.3
14.2	16.5	15.8	14.3	15.6	15.9	15.1	14.7	14.0	14.2	14.8
11.2	14.3	13.4	12.0	11.2	12.0	12.1	12.8	11.9	12.3	13.6
27.5	23.7	19.7	22.4	22.6	20.4	17.1	14.5	13.4	12.7	11.5
+353.73	+988.33	+1243.76	+1681.60	+2406.16	+2596.78	+2914.62	+3475.84	+3702.82	+3963.78	+4228.71
+392.68	+674.72	+905.27	+1217.80	+1865.62	+1979.20	+2307.55	+2553.37	+2659.08	+2765.06	+2834.66
+607.03	+837.91	+956.18	+1101.81	+1283.25	+1443.13	+1550.97	+1836.95	+1955.16	+2102.30	+2242.70
11.0	9.7	9.2	9.2	10.2	10.5	10.9	11.0	10.8	10.7	11.2
30.5	29.8	28.1	27.9	26.2	25.5	25.1	25.1	26.1	26.2	29.1
27.8	32.6	29.8	31.9	31.6	30.2	29.3	29.2	15.8	31.4	34.5
12.9	12.4	11.9	10.5	8.6	8.2	6.9	7.0	7.4	7.7	8.7
39.3	35.8	33.9	33.7	31.5	31.2	31.7	31.6	32.6	21.5	36.1
42.5	36.6	32.4	30.4	28.5	27.1	26.4	26.6	26.6	25.9	27.3
20.3	20.9	22.4	19.9	28.7	20.3	19.0	16.9	15.1	13.7	14.2
32.7	30.4	28.5	22.3	33.5	23.3	21.4	19.1	18.7	17.9	18.8
7.9	7.5	3.9	0.6	-0.5	0.7	1.3	1.6	1.6	1.9	2.5
6.2	5.4	2.9	-5.2	-8.8	-7.5	-6.2	-5.3	-4.4	-3.8	-3.4
17.8	18.8	17.1	17.8	18.5	17.4	17.1	17.0	16.1	13.4	15.0
15.3	18.2	18.8	17.9	15.1	16.5	17.6	17.4	17.6	18.1	18.0
11.1	11.2	10.8	10.3	10.4	10.6	10.9	11.0	11.3	11.4	11.4
-0.2		0.1	0.2	0.3	0.3	0.2	0.3	0.4	0.5	0.6
11.2	11.3	11.0	10.8	11.0	12.7	12.5	12.0	11.6	10.6	10.8
-0.1	0.0			-0.1	0.1	0.1	0.1	0.1	-0.2	-0.5
24.1	23.1	22.0	21.6	21.1	22.0	22.3	22.1	23.4	20.8	22.6
15.0	13.7	13.9	14.5	14.5	15.9	15.1	15.7	18.9	20.3	16.1
11.1	9.3	10.2	10.3	7.5	11.7	11.6	11.5	12.3	13.0	12.4
41.9	43.3	39.9	34.6	32.6	39.7	39.3	36.6	34.4	34.8	32.9
15.8	17.9	15.6	17.2	16.7	16.2	17.0	16.4	13.6	14.5	13.4

Note: The "compare with same period of preceding year" columns of savings deposits and loans of financial institutions and savings deposits by urban and rural residents refer to the figures in value terms increasing over the end of preceding year.

2-7 地区生产总值
GROSS DOMESTIC PRODUCT

单位：亿元 (100 million yuan)

年份 Year	地区生产总值 Gross Domestic Product	第一产业 Primary Industry	第二产业 Secondary Industry	工业 Industry	建筑业 Construction	第三产业 Tertiary Industry	农林牧渔服务业 Services for Agriculture, Forestry, Animal Husbandry and Fishery	地质勘查水利管理业 Geological Prospecting and Water Conservancy	交通运输仓储邮电通信业 Transport, Storage, Postal and Telecommunication Services
1978	185.85	55.31	86.62	76.12	10.49	43.92	0.16	0.35	10.05
1979	209.34	66.62	91.65	82.36	9.29	51.06	0.22	0.42	11.26
1980	249.65	82.97	102.53	89.87	12.66	64.14	0.26	0.52	13.72
1981	290.36	94.30	120.34	103.60	16.74	75.71	0.32	0.65	16.71
1982	339.92	118.17	135.37	113.13	22.24	86.39	0.40	0.77	18.34
1983	368.75	121.24	152.27	125.82	26.45	95.24	0.47	0.93	19.47
1984	458.74	145.25	187.55	154.33	33.22	125.93	0.63	1.21	25.68
1985	577.38	171.87	229.82	185.81	44.01	175.69	0.90	1.67	35.91
1986	667.53	188.37	255.88	208.46	47.42	223.28	1.16	2.16	40.18
1987	846.69	232.14	330.35	273.77	56.58	284.20	1.53	2.76	53.20
1988	1155.37	306.50	460.17	386.35	73.82	388.70	2.09	4.29	65.22
1989	1381.39	351.73	554.13	464.06	90.07	475.53	2.95	5.93	79.02
1990	1559.03	384.59	615.86	523.42	92.45	558.58	4.39	7.65	101.61
1991	1893.30	416.00	782.67	675.55	107.12	694.63	5.14	8.83	138.54
1992	2447.54	465.83	1100.32	899.28	201.04	881.39	6.02	9.46	174.28
1993	3431.86	559.67	1700.92	1380.19	320.73	1171.27	8.06	13.50	232.20
1994	4516.63	694.65	2242.00	1847.63	394.37	1579.98	9.93	16.49	334.20
1995	5733.97	868.99	2876.74	2413.83	462.91	1988.24	11.65	19.52	427.81
1996	6519.14	941.73	3269.35	2788.82	480.53	2308.06	12.98	21.11	497.68
1997	7315.51	986.82	3647.82	3158.74	489.08	2680.87	14.93	23.52	629.34
1998	7919.12	1004.92	3991.97	3463.12	528.85	2922.23	16.30	24.10	688.83
1999	8464.31	1021.30	4264.32	3705.88	558.44	3178.69	18.15	24.94	745.15
2000	9662.23	1000.06	4868.75	4295.03	573.72	3793.42	18.97	25.19	908.45
2001	10647.71	1004.35	5341.61	4732.41	609.20	4301.75	21.89	27.76	1073.81
2002	11735.64	1032.79	5935.63	5288.53	647.10	4767.22	23.06	30.68	1157.75
2003	13625.87	1093.52	7307.08	6532.98	774.10	5225.27	24.65	33.45	1207.67

注：本表按当年价格计算。
Note: The data in this table are calculated at current prices.

2-7 **续表** continued

单位：亿元 (100 million yuan)

年 份 Year	批发和零售贸易餐饮业 Wholesale and Retail Trade and Catering Services	金融保险业 Finance and Insurance	房地产业 Real Estate	社 会 服务业 Social Services	卫生、体育社会福利事 业 Health Care, Sports and Social Welfare	教育、文化艺术和广播电影电视业 Education, Culture and Arts, Radio, Film and Television	科学研究综合技术服务业 Scientific Research and Polytechnic Services	国家机关、政党机关和社会团体 Government Agencies, Party Agencies and Social Organizations	其他 Others
1978	19. 39	4. 53	1. 42	1. 64	1. 37	1. 77	0. 33	1. 59	1. 32
1979	23. 52	4. 74	1. 62	1. 81	1. 61	2. 06	0. 38	1. 83	1. 61
1980	29. 53	6. 10	2. 13	2. 33	2. 07	2. 63	0. 53	2. 38	1. 96
1981	33. 57	6. 76	2. 79	2. 85	2. 61	3. 47	0. 67	2. 94	2. 38
1982	38. 07	7. 98	3. 39	3. 29	3. 09	4. 07	0. 82	3. 52	2. 65
1983	41. 42	8. 94	4. 09	3. 83	3. 52	4. 85	0. 95	3. 95	2. 82
1984	54. 41	11. 76	5. 09	5. 05	4. 83	7. 31	1. 30	5. 64	3. 04
1985	79. 86	12. 74	6. 16	6. 28	6. 32	12. 65	1. 67	8. 16	3. 38
1986	89. 78	20. 84	11. 69	13. 75	10. 18	14. 30	2. 18	12. 30	4. 77
1987	104. 17	34. 25	16. 44	23. 52	11. 18	16. 30	2. 73	14. 98	3. 13
1988	145. 89	46. 80	22. 84	36. 40	13. 10	23. 24	4. 50	20. 48	3. 84
1989	136. 65	72. 70	41. 36	47. 99	15. 72	31. 09	6. 21	31. 97	3. 94
1990	152. 90	82. 46	42. 87	66. 19	18. 03	33. 88	7. 10	37. 26	4. 24
1991	185. 77	94. 83	54. 09	87. 98	20. 43	38. 64	7. 95	47. 54	4. 88
1992	236. 59	122. 79	81. 74	105. 88	24. 10	47. 47	10. 20	57. 63	5. 23
1993	326. 02	146. 02	123. 22	135. 90	33. 23	60. 98	12. 21	71. 89	8. 05
1994	446. 00	191. 17	163. 00	175. 26	43. 82	81. 76	15. 43	91. 58	11. 34
1995	568. 65	214. 50	214. 53	236. 44	52. 44	101. 49	17. 78	110. 3	13. 13
1996	671. 22	242. 37	257. 63	266. 17	60. 28	119. 38	19. 34	125. 30	14. 60
1997	760. 25	271. 07	303. 36	309. 34	65. 06	133. 92	21. 34	133. 18	15. 56
1998	827. 16	268. 20	362. 83	331. 55	71. 44	146. 15	23. 38	145. 77	16. 52
1999	866. 83	283. 47	426. 66	371. 07	79. 03	161. 52	25. 41	160. 42	16. 04
2000	968. 99	371. 53	515. 52	477. 01	94. 36	183. 81	32. 15	162. 23	35. 21
2001	1044. 40	369. 20	559. 66	616. 07	118. 69	198. 23	37. 97	189. 10	44. 99
2002	1140. 87	364. 18	633. 87	732. 83	136. 06	232. 79	43. 97	218. 14	53. 01
2003	1246. 24	418. 57	731. 57	767. 02	158. 02	264. 50	47. 21	263. 16	63. 19

注：本表按当年价格计算。
Note: The data in this table are calculated at current prices.

2-8 地区生产总值指数
INDICES OF GROSS DOMESTIC PRODUCT

上年 = 100 (preceding year = 100)

年份 Year	地区生产总值 Gross Domestic Product	第一产业 Primary Industry	第二产业 Secondary Industry	工业 Industry	建筑业 Construction	第三产业 Tertiary Industry	农林牧渔服务业 Services for Agriculture, Forestry, Animal Husbandry and Fishery	地质勘查水利管理业 Geological Prospecting and Water Conservancy	交通运输仓储邮电通信业 Transport, Storage, Postal and Telecommunication Services
1978	101.0	104.3	97.1			101.2			
1979	108.5	106.1	104.3	107.6	89.5	117.6	131.0	118.0	112.7
1980	116.6	112.7	116.9	113.2	136.6	122.1	113.3	121.9	119.5
1981	109.0	105.1	112.9	110.8	122.0	110.0	122.0	120.2	107.5
1982	112.0	111.9	111.5	108.1	124.9	112.5	120.5	118.6	117.4
1983	107.3	103.6	110.1	109.6	111.6	108.9	115.5	113.7	105.0
1984	115.6	112.5	118.8	120.5	113.0	115.7	125.9	123.9	105.7
1985	118.0	106.2	120.7	120.9	120.1	128.7	114.7	112.8	123.1
1986	112.7	105.6	108.1	108.8	105.4	124.7	120.2	118.3	120.9
1987	119.6	109.6	127.5	131.6	112.1	120.6	120.3	118.3	122.2
1988	115.8	106.6	124.9	128.0	111.4	113.7	119.4	117.9	121.8
1989	107.2	107.2	108.6	110.8	97.1	105.7	116.0	114.2	118.2
1990	111.6	107.3	112.7	114.4	102.7	113.4	119.9	117.3	106.8
1991	117.7	105.4	123.6	123.0	127.5	119.4	110.6	108.8	128.3
1992	122.1	105.6	133.4	130.8	149.8	119.0	109.0	107.3	120.9
1993	122.3	102.6	136.1	139.5	117.5	115.1	112.7	112.3	124.6
1994	119.1	103.5	125.5	126.9	116.7	116.8	109.3	106.5	127.4
1995	114.9	105.5	118.5	119.3	113.2	113.1	106.9	106.7	117.0
1996	110.7	105.0	112.4	113.6	103.0	109.9	103.9	104.7	109.2
1997	110.6	104.8	112.6	114.1	100.4	109.1	108.9	107.1	108.9
1998	110.2	103.9	112.2	112.6	108.1	108.7	111.3	104.8	106.5
1999	109.5	104.0	110.4	110.6	107.9	109.6	113.7	105.9	105.5
2000	110.8	102.4	111.7	113.0	99.5	111.8	100.6	100.6	117.0
2001	109.6	102.3	110.4	111.0	106.5	110.5	115.6	110.4	113.7
2002	111.4	104.4	113.4	114.6	103.9	110.5	106.8	112.1	106.1
2003	114.3	102.3	120.0	120.8	113.6	109.5	106.3	108.4	105.9

注：本表按可比价格计算。

Note: The data in this table are calculated at comparable prices.

2-8 续表 continued

上年 = 100 (preceding year = 100)

年 份 Year	批发和零售贸易餐饮业 Wholesale and Retail Trade and Catering Services	金融保险业 Finance and Insurance	房地产业 Real Estate	社会服务业 Social Services	卫生、体育社会福利事业 Health Care, Sports and Social Welfare	教育、文化艺术和广播电影电视业 Education, Culture and Arts, Radio, Film and Television	科学研究综合技术服务业 Scientific Research and Polytechnic Services	国家机关、政党机关和社会团体 Government Agencies, Party Agencies and Social Organizations	其他 Others
1978									
1979	123.1	103.1	115.2	126.0	114.5	114.2	113.5	112.2	118.1
1980	119.6	126.4	136.0	133.8	125.4	123.7	133.5	126.3	118.7
1981	106.8	106.4	129.5	123.1	114.3	119.5	122.5	112.1	110.1
1982	108.0	110.0	121.0	120.0	116.4	115.1	121.1	117.7	109.0
1983	106.9	110.0	117.9	115.5	112.8	117.9	116.3	111.2	105.5
1984	116.6	116.8	109.3	111.4	122.3	135.0	127.2	127.4	115.3
1985	127.6	130.0	148.3	121.3	139.0	149.4	115.4	145.8	105.6
1986	117.9	130.2	161.1	147.8	117.7	118.2	121.1	141.6	117.3
1987	116.5	140.3	132.2	139.9	115.4	109.3	121.3	111.5	60.2
1988	108.3	115.0	127.6	119.9	105.0	112.4	120.7	107.7	95.9
1989	80.1	133.0	141.4	107.1	95.2	113.3	117.0	132.2	87.7
1990	112.2	117.3	97.6	128.2	119.7	113.7	119.2	121.7	111.9
1991	119.6	107.2	114.3	126.0	112.5	116.7	111.2	126.6	114.2
1992	119.4	121.2	146.2	108.1	111.3	113.3	110.9	113.9	100.5
1993	119.4	101.4	127.4	102.4	112.3	110.1	112.3	107.5	128.4
1994	116.9	106.2	125.9	109.0	111.3	112.6	109.2	109.0	115.6
1995	113.4	100.6	120.7	116.3	107.2	110.6	106.0	107.6	108.1
1996	111.8	106.3	114.4	108.6	106.7	112.5	102.7	104.9	105.4
1997	111.2	108.4	110.2	105.7	106.0	111.4	108.1	104.0	104.3
1998	112.5	102.0	109.3	103.8	111.9	112.0	112.7	112.1	109.0
1999	108.1	109.6	117.9	108.3	114.2	114.1	112.2	113.7	100.3
2000	107.1	121.3	114.0	112.1	110.8	105.6	116.0	95.6	204.3
2001	109.2	100.6	107.4	113.2	122.1	105.7	118.3	116.8	128.0
2002	110.9	99.5	110.5	117.7	116.6	118.9	117.4	117.0	119.5
2003	109.2	109.4	113.9	104.6	115.7	115.9	106.7	119.9	118.5

注：本表按可比价格计算。

Note: The data in this table are calculated at comparable prices.

2-9 地区生产总值指数

INDICES OF GROSS DOMESTIC PRODUCT

1978年=100　　(1978=100)

年份 Year	地区生产总值 Gross Domestic Product	第一产业 Primary Industry	第二产业 Secondary Industry	工业 Industry	建筑业 Construction	第三产业 Tertiary Industry	农林牧渔服务业 Services for Agriculture, Forestry, Animal Husbandry and Fishery	地质勘查水利管理业 Geological Prospecting and Water Conservancy	交通运输仓储邮电通信业 Transport, Storage, Postal and Telecommunication Services
1978	100.0	100.0	100.0	100.0	100.0	100.0	100.0	100.0	100.0
1979	108.5	106.1	104.3	107.6	89.5	117.6	131.0	118.0	112.7
1980	126.5	119.6	121.9	121.8	122.2	143.5	148.5	143.9	134.6
1981	137.9	125.8	137.6	135.0	149.1	157.8	181.2	172.9	144.8
1982	154.4	140.8	153.4	145.9	186.4	177.5	218.3	205.0	170.0
1983	165.6	145.9	168.8	159.9	208.0	193.3	252.2	233.2	178.6
1984	191.4	164.1	200.6	192.7	235.1	223.7	317.7	289.0	188.8
1985	225.7	174.2	242.1	233.0	282.4	287.9	364.4	326.0	232.5
1986	254.5	184.0	261.6	253.4	297.5	359.0	438.0	385.6	281.0
1987	304.5	201.7	333.4	333.4	333.5	433.0	527.1	456.3	343.4
1988	352.6	215.0	416.5	426.7	371.4	492.6	629.1	538.0	418.2
1989	377.9	230.6	452.1	472.8	360.6	520.5	729.6	614.3	494.3
1990	421.6	247.4	509.3	540.9	370.4	590.1	874.7	720.7	527.8
1991	496.1	260.9	629.7	665.4	472.2	704.6	967.8	784.1	677.2
1992	605.8	275.4	840.2	870.4	707.4	838.6	1054.9	841.3	818.6
1993	741.1	282.6	1143.5	1214.3	831.4	965.3	1189.0	945.1	1020.0
1994	882.5	291.7	1435.1	1540.5	970.5	1127.8	1300.1	1006.6	1299.0
1995	1014.3	307.7	1700.7	1837.3	1099.0	1275.2	1389.3	1074.4	1520.2
1996	1122.4	323.0	1911.3	2088.1	1132.3	1401.7	1443.2	1125.2	1659.9
1997	1241.0	338.4	2153.0	2383.5	1137.4	1529.4	1570.9	1205.3	1807.8
1998	1367.2	351.4	2415.7	2685.0	1229.4	1663.1	1748.6	1263.7	1924.9
1999	1496.6	365.5	2666.8	2970.9	1326.8	1822.8	1988.1	1338.0	2031.1
2000	1658.6	374.3	2979.9	3356.6	1320.6	2038.5	2000.1	1346.5	2376.8
2001	1817.9	382.9	3290.7	3724.2	1406.5	2252.0	2312.7	1486.8	2702.9
2002	2024.6	399.7	3731.7	4268.6	1461.8	2487.6	2470.5	1666.8	2867.3
2003	2314.0	409.0	4478.4	5154.4	1660.7	2724.8	2626.8	1806.1	3036.2

注：本表按可比价格计算。
Note: The data in this table are calculated at comparable prices.

2-9 **续表** continued

1978年=100 (1978=100)

年 份 Year	批发和零售贸易餐饮业 Wholesale and Retail Trade and Catering Services	金融保险业 Finance and Insurance	房地产业 Real Estate	社 会服务业 Social Services	卫生、体育社会福利事业 Health Care, Sports and Social Welfare	教育、文化艺术和广播电影电视业 Education, Culture and Arts, Radio, Film and Television	科学研究综合技术服务业 Scientific Research and Polytechnic Services	国家机关、政党机关和社会团体 Government Agencies, Party Agencies and Social Organizations	其他 Others
1978	100. 0	100. 0	100. 0	100. 0	100. 0	100. 0	100. 0	100. 0	100. 0
1979	123. 1	103. 1	115. 2	126. 0	114. 5	114. 2	113. 5	112. 2	118. 1
1980	147. 3	130. 4	156. 6	168. 6	143. 5	141. 3	151. 6	141. 7	140. 2
1981	157. 2	138. 6	202. 8	207. 6	163. 9	168. 9	185. 8	158. 8	154. 4
1982	169. 7	152. 6	245. 3	249. 1	190. 8	194. 4	224. 9	186. 9	168. 3
1983	181. 5	167. 8	289. 1	287. 7	215. 1	229. 3	261. 6	207. 8	177. 5
1984	211. 7	196. 0	316. 0	320. 4	263. 0	309. 4	332. 9	264. 7	204. 7
1985	270. 1	254. 7	468. 8	388. 6	365. 5	462. 3	384. 2	385. 8	216. 1
1986	318. 5	331. 7	755. 1	574. 4	430. 2	546. 5	465. 3	546. 4	253. 5
1987	370. 9	465. 3	998. 5	803. 9	496. 4	597. 3	564. 4	609. 5	152. 7
1988	401. 6	535. 1	1273. 9	963. 8	521. 2	671. 2	681. 2	656. 6	146. 5
1989	321. 8	711. 7	1801. 5	1032. 0	496. 3	760. 4	797. 2	868. 3	128. 4
1990	361. 1	834. 5	1758. 4	1322. 9	594. 1	864. 9	950. 3	1056. 5	143. 7
1991	431. 9	894. 5	2009. 4	1666. 8	668. 2	1009. 8	1056. 4	1337. 3	164. 2
1992	515. 7	1084. 5	2938. 0	1801. 1	743. 9	1143. 8	1171. 5	1523. 6	164. 9
1993	615. 7	1099. 2	3743. 4	1844. 0	835. 0	1259. 4	1315. 6	1637. 6	211. 8
1994	719. 7	1167. 2	4713. 7	2010. 7	929. 3	1418. 1	1437. 0	1784. 5	244. 9
1995	816. 3	1174. 6	5688. 8	2339. 4	996. 5	1568. 4	1524. 0	1919. 6	264. 8
1996	912. 8	1248. 8	6510. 4	2539. 8	1063. 7	1764. 8	1565. 5	2014. 0	279. 1
1997	1014. 7	1353. 1	7175. 3	2685. 2	1127. 6	1966. 7	1692. 7	2094. 8	290. 9
1998	1141. 9	1380. 2	7841. 8	2786. 9	1261. 6	2201. 9	1907. 0	2349. 1	317. 0
1999	1234. 4	1512. 9	9245. 5	3017. 8	1440. 5	2511. 6	2140. 0	2670. 1	318. 0
2000	1322. 3	1835. 3	10542. 1	3383. 5	1596. 0	2652. 3	2482. 8	2553. 8	649. 7
2001	1443. 9	1846. 7	11325. 7	3830. 2	1949. 0	2804. 2	2938. 2	2982. 7	831. 7
2002	1601. 3	1838. 0	12518. 1	4506. 6	2273. 0	3333. 2	3450. 9	3489. 8	993. 9
2003	1749. 2	2010. 5	14263. 7	4712. 1	2629. 4	3864. 6	3682. 8	4184. 6	1177. 8

注：本表按可比价格计算。
Note: The data in this table are calculated at comparable prices.

2-10 地区生产总值产业构成
COMPOSITION OF GROSS DOMESTIC PRODUCT BY INDUSTRY

单位:% (%)

年份 Year	地区生产总值 Gross Domestic Product	第一产业 Primary Industry	第二产业 Secondary Industry	第三产业 Tertiary Industry
1978	100.0	29.8	46.6	23.6
1979	100.0	31.8	43.8	24.4
1980	100.0	33.2	41.1	25.7
1981	100.0	32.5	41.4	26.1
1982	100.0	34.8	39.8	25.4
1983	100.0	32.9	41.3	25.8
1984	100.0	31.7	40.9	27.4
1985	100.0	29.8	39.8	30.4
1986	100.0	28.2	38.3	33.5
1987	100.0	27.4	39.0	33.6
1988	100.0	26.5	39.8	33.7
1989	100.0	25.5	40.1	34.4
1990	100.0	24.7	39.5	35.8
1991	100.0	22.0	41.3	36.7
1992	100.0	19.0	45.0	36.0
1993	100.0	16.3	49.6	34.1
1994	100.0	15.4	49.6	35.0
1995	100.0	15.1	50.2	34.7
1996	100.0	14.4	50.2	35.4
1997	100.0	13.5	49.9	36.6
1998	100.0	12.7	50.4	36.9
1999	100.0	12.1	50.4	37.5
2000	100.0	10.3	50.4	39.3
2001	100.0	9.4	50.2	40.4
2002	100.0	8.8	50.6	40.6
2003	100.0	8.0	53.6	38.4

注：本表按当年价格计算。
Note: The data in this table are calculated at current prices.

2-11 地区生产总值项目结构
STRUCTURE OF GROSS DOMESTIC PRODUCT

单位：亿元 (100 million yuan)

年 份 Year	地区生产总值 Gross Domestic Product	劳动者报酬 Laborers Remuneration	固定资产折旧 Depreciation of Fixed Assets	生产税净额 Net Taxes on Production	营业盈余 Operating Surplus
1978	185. 85	112. 58	21. 07	25. 13	27. 06
1979	209. 34	126. 64	23. 67	28. 07	30. 97
1980	249. 65	151. 09	28. 25	32. 62	37. 70
1981	290. 36	175. 16	33. 28	38. 66	43. 26
1982	339. 92	207. 09	38. 11	43. 58	51. 15
1983	368. 75	222. 02	41. 82	48. 33	56. 58
1984	458. 74	274. 33	52. 06	59. 74	72. 62
1985	577. 38	343. 38	65. 66	74. 24	94. 11
1986	667. 53	393. 11	77. 99	84. 86	111. 58
1987	846. 69	486. 39	99. 73	108. 63	151. 93
1988	1155. 37	662. 14	135. 89	149. 93	207. 41
1989	1381. 39	769. 17	169. 99	176. 84	265. 39
1990	1559. 03	864. 69	192. 05	197. 92	304. 38
1991	1893. 30	1031. 46	240. 20	248. 47	373. 16
1992	2447. 54	1287. 81	328. 48	352. 00	479. 25
1993	3431. 86	1784. 31	444. 42	484. 82	718. 32
1994	4516. 63	2328. 84	619. 75	645. 10	922. 94
1995	5733. 97	2876. 49	871. 25	841. 83	1144. 40
1996	6519. 14	3268. 21	1020. 08	1005. 56	1225. 29
1997	7315. 51	3596. 90	1126. 64	1135. 71	1456. 26
1998	7919. 12	4224. 82	1251. 72	1276. 98	1165. 60
1999	8464. 31	4346. 60	1436. 78	1372. 69	1308. 24
2000	9662. 23	4648. 59	1641. 14	1744. 10	1628. 40
2001	10647. 71	4975. 17	1731. 46	1856. 04	2085. 02
2002	11735. 64	5569. 31	1841. 17	1912. 80	2412. 37
2003	13625. 87	6130. 77	2073. 56	2255. 77	3165. 77

注：本表按当年价格计算。
Note: The data in this table are calculated at current prices.

2-12 各行业增加值项目结构（2003年）
STRUCTURE OF VALUE-ADDED BY INDUSTRY (2003)

单位：亿元 (100 million yuan)

行业	Sector	地区生产总值 Gross Domestic Product	劳动者报酬 Laborers Remuneration	固定资产折旧 Depreciation of Fixed Assets	生产税净额 Net Taxes on Production	营业盈余 Operating Surplus
地区生产总值	Gross Domestic Product	13625.87	6130.77	2073.56	2255.77	3165.77
第一产业	Primary Industry	1093.52	906.90	48.16	64.41	74.05
农业	Agriculture	1093.52	906.90	48.16	64.41	74.05
第二产业	Secondary Industry	7307.08	3216.13	971.42	1447.53	1672.00
工业	Industry	6532.98	2765.73	912.45	1309.86	1544.94
建筑业	Construction	774.10	450.40	58.97	137.67	127.06
第三产业	Tertiary Industry	5225.27	2007.74	1053.98	743.83	1419.72
农林牧渔服务业	Services for Agriculture, Forestry, Animal Husbandry and Fishery	24.65	20.16	2.30	0.88	1.31
地质勘查业、水利管理业	Geological Prospecting and Water Conservancy	33.45	23.09	4.88	0.12	5.35
交通运输、仓储及邮电通信业	Transport, Storage, Postal and Telecommunication Services	1207.67	296.02	384.23	80.65	446.78
交通运输和仓储业	Transportation and Storage	589.37	191.88	207.60	49.69	140.21
邮电通信业	Postal and Telecommunication Services	618.30	104.14	176.63	30.96	306.57
批发和零售贸易、餐饮业	Wholesale and Retail Trade and Catering Services	1246.24	515.75	141.08	307.09	282.33
批发和零售贸易业	Wholesale and Retail Trade	903.34	327.50	69.07	238.17	268.61
餐饮业	Catering Services	342.90	188.25	72.01	68.92	13.72
金融保险业	Finance and Insurance	418.57	175.54	28.87	104.93	109.23
金融业	Finance	378.85	153.36	24.06	97.02	104.41
保险业	Insurance	39.72	22.18	4.81	7.91	4.82
房地产业	Real Estate	731.57	87.66	350.56	131.29	162.06
房地产管理业	Real Estate Management	91.25	44.56	7.27	9.54	29.89
房地产开发与经营业	Real Estate Development and Operation	317.04	43.10	20.01	121.76	132.17
城市居民自有住房	Self-owned Housing by Urban Residents	206.33		206.33		
农村居民自有住房	Self-owned Housing by Rural Residents	116.96		116.96		
社会服务业	Social Services	767.02	298.16	56.75	102.90	309.21
卫生、体育、社会福利业	Health Care, Sports and Social Welfare	158.02	107.62	17.73	1.96	30.71
教育、文艺、广播电影电视业	Education, Culture and Arts, Radio, Film and Television	264.50	198.41	33.42	2.13	30.54
科学研究和综合技术服务业	Scientific Research and Polytechnical Services	47.21	26.47	7.87	2.69	10.17
国家机关、政党机关和社会团体	Government Agencies, Party Agencies and Social Organizations	263.16	206.52	22.56	3.82	30.26
其他行业	Others	63.19	52.33	3.73	5.36	1.76

注：本表按当年价格计算。
Note: The data in this table are calculated at current prices.

2-13 支出法地区生产总值
GROSS DOMESTIC PRODUCT BY EXPENDITURE APPROACH

年 份 Year	支出法地区生产总值（亿元） Gross Domestic Product with Expenditure Approach（100 million yuan）	最终消费 Final Consumption Expenditure	资本形成总额 Gross Capital Formation	货物和服务净出口 Net Export	资本形成率（投资率）（%） Capital Formation Rate（%）	最终消费率（消费率）（%） Final Consumption Rate（%）
1978	194. 14	125. 71	54. 79	13. 64	28. 2	64. 8
1979	215. 43	144. 37	53. 89	17. 17	25. 0	67. 0
1980	259. 32	187. 00	63. 63	8. 69	24. 5	72. 1
1981	305. 22	206. 27	90. 03	8. 92	29. 5	67. 6
1982	349. 13	236. 32	108. 30	4. 51	31. 0	67. 7
1983	367. 36	254. 89	110. 25	2. 22	30. 0	69. 4
1984	446. 06	294. 56	142. 52	8. 98	32. 0	66. 0
1985	568. 98	372. 95	214. 97	-18. 94	37. 8	65. 5
1986	650. 99	440. 60	234. 43	-24. 04	36. 0	67. 7
1987	815. 05	542. 27	287. 70	-14. 92	35. 3	66. 5
1988	1129. 64	722. 87	406. 20	0. 57	36. 0	64. 0
1989	1348. 54	849. 19	477. 01	22. 34	35. 4	63. 0
1990	1541. 99	916. 14	511. 35	114. 50	33. 2	59. 4
1991	1847. 99	1077. 04	601. 05	169. 90	32. 5	58. 3
1992	2440. 58	1397. 83	948. 19	94. 56	38. 9	57. 3
1993	3427. 93	1819. 59	1548. 93	59. 41	45. 2	53. 1
1994	4515. 88	2444. 70	1981. 07	90. 11	43. 9	54. 1
1995	5733. 97	3189. 84	2381. 31	162. 82	41. 5	55. 6
1996	6519. 14	3621. 80	2718. 45	178. 89	41. 7	55. 6
1997	7315. 51	4109. 34	2736. 73	469. 44	37. 4	56. 2
1998	7919. 12	4375. 41	3051. 96	491. 75	38. 5	55. 3
1999	8464. 31	4724. 08	3252. 19	488. 04	38. 4	55. 8
2000	9662. 23	5336. 22	3487. 86	838. 15	36. 1	55. 2
2001	10647. 71	5841. 32	3860. 81	945. 58	36. 3	54. 9
2002	11735. 64	6667. 04	4156. 67	911. 93	35. 4	56. 8
2003	13625. 87	7566. 13	5259. 48	800. 26	38. 6	55. 5

注：本表按当年价格计算。
Note: The data in this table are calculated at current prices.

2-14 资本形成总额及构成

GROSS CAPITAL FORMATION AND ITS COMPOSITION

年 份 Year	资本形成总额 (亿元) Gross Capital Formation (100 million yuan)			比重(资本形成总额=100) Proportion (Gross Capital Formation = 100)	
		固定资产形成总额 Gross Fixed Capital Formation	存货增加 Changes in Inventories	固定资产形成总额 Gross Fixed Capital Formation	存货增加 Changes in Inventories
1978	54.79	37.93	16.86	69.2	30.8
1979	53.89	40.75	13.14	75.6	24.4
1980	63.63	51.77	11.86	81.4	18.6
1981	90.03	70.29	19.74	78.1	21.9
1982	108.30	93.48	14.82	86.3	13.7
1983	110.25	96.70	13.55	87.7	12.3
1984	142.52	129.59	12.93	90.9	9.1
1985	214.97	160.28	54.69	74.6	25.4
1986	234.43	181.19	53.24	77.3	22.7
1987	287.70	205.07	82.63	71.3	28.7
1988	406.20	288.79	117.41	71.1	28.9
1989	477.01	320.23	156.78	67.1	32.9
1990	511.35	393.26	118.09	76.9	23.1
1991	601.05	457.32	143.73	76.1	23.9
1992	948.19	759.16	189.03	80.1	19.9
1993	1548.93	1275.44	273.49	82.3	17.7
1994	1981.07	1639.83	341.24	82.8	17.2
1995	2381.31	2059.43	321.88	86.5	13.5
1996	2718.45	2240.76	477.69	82.4	17.6
1997	2736.73	2288.69	448.04	83.6	16.4
1998	3051.96	2651.24	400.72	86.9	13.1
1999	3252.19	2974.32	277.87	91.5	8.5
2000	3487.86	3175.93	311.93	91.1	8.9
2001	3860.81	3492.18	368.63	90.5	9.5
2002	4156.67	3892.49	264.18	93.6	6.4
2003	5259.48	4934.87	324.61	93.8	6.2

注：本表按当年价格计算。

Note: The data in this table are calculated at current prices.

2-15 最终消费及构成
FINAL CONSUMPTION EXPENDITURE AND ITS COMPOSITION

年份 Year	最终消费(亿元) Final Consumption Expenditure (100 million yuan)	居民消费 Household Consumption	农业居民 Rural Households	非农业居民 Non-rural Households	政府消费 Government Consumption	比重 Proportion 最终消费=100 Final Consumption Expenditure=100 居民消费 Household Consumption	政府消费 Government Consumption	居民消费=100 Household Consumption=100 农业居民 Rural Households	非农业居民 Non-rural Households
1978	125.71	107.15	68.58	38.57	18.56	85.2	14.8	64.0	36.0
1979	144.37	126.03	84.15	41.88	18.34	87.3	12.7	66.8	33.2
1980	187.00	164.44	106.82	57.62	22.56	87.9	12.1	65.0	35.0
1981	206.27	180.32	112.56	67.76	25.95	87.4	12.6	62.4	37.6
1982	236.32	204.97	127.17	77.80	31.35	86.7	13.3	62.0	38.0
1983	254.89	221.38	134.32	87.06	33.51	86.9	13.1	60.7	39.3
1984	294.56	255.97	151.89	104.08	38.59	86.9	13.1	59.3	40.7
1985	372.95	321.41	194.62	126.79	51.54	86.2	13.8	60.6	39.4
1986	440.60	369.15	221.00	148.15	71.45	83.8	16.2	59.9	40.1
1987	542.27	458.31	260.55	197.76	83.96	84.5	15.5	56.9	43.1
1988	722.87	610.58	350.89	259.69	112.29	84.5	15.5	57.5	42.5
1989	849.19	697.40	391.15	306.25	151.79	82.1	17.9	56.1	43.9
1990	916.14	744.36	413.34	331.02	171.78	81.2	18.8	55.5	44.5
1991	1077.04	869.87	452.69	417.18	207.17	80.8	19.2	52.0	48.0
1992	1397.83	1091.21	538.65	552.56	306.62	78.1	21.9	49.4	50.6
1993	1819.59	1450.25	691.47	758.78	369.34	79.7	20.3	47.7	52.3
1994	2444.70	2010.67	927.70	1082.97	434.03	82.2	17.8	46.1	53.9
1995	3189.84	2586.46	1140.81	1445.65	603.38	81.1	18.9	44.1	55.9
1996	3621.80	2902.09	1255.11	1646.98	719.71	80.1	19.9	43.2	56.8
1997	4109.34	3172.80	1412.50	1760.30	936.54	77.2	22.8	44.5	55.5
1998	4375.41	3330.07	1415.08	1914.99	1045.34	76.1	23.9	42.5	57.5
1999	4724.08	3435.00	1411.18	2023.82	1289.08	72.7	27.3	41.1	58.9
2000	5336.22	3754.80	1471.03	2283.77	1581.42	70.4	29.6	39.2	60.8
2001	5841.32	3907.02	1531.21	2375.81	1934.30	66.9	33.1	39.2	60.8
2002	6667.04	4415.89	1546.10	2869.79	2251.15	66.2	33.8	35.0	65.0
2003	7566.13	4900.01	1416.37	3483.64	2666.12	64.8	35.2	28.9	71.1

注：本表按当年价格计算。
Note: The data in this table are calculated at current prices.

2-16 人均地区生产总值及人均消费水平
PER CAPITA GROSS DOMESTIC PRODUCT AND CONSUMPTION LEVEL

年份 Year	人均地区生产总值 Per Capita GDP		人均消费水平 Per Capita Consumption Level					
			居民 Households		农业居民 Rural Households		非农业居民 Non-rural Households	
	绝对数（元）Value（yuan）	增长速度（%）Growth Rate（%）	绝对数（元）Value（yuan）	增长速度（%）Growth Rate（%）	绝对数（元）Value（yuan）	增长速度（%）Growth Rate（%）	绝对数（元）Value（yuan）	增长速度（%）Growth Rate（%）
1978	369		213		164		447	
1979	409	6. 8	246	10. 6	200	16. 9	462	-0. 7
1980	480	14. 8	316	21. 5	251	23. 2	606	16. 5
1981	549	7. 1	341	5. 5	262	3. 2	687	7. 8
1982	631	10. 0	381	7. 8	291	7. 5	765	7. 3
1983	674	5. 6	405	6. 3	304	5. 3	832	7. 0
1984	827	13. 9	461	12. 1	342	12. 5	939	8. 5
1985	1025	16. 3	571	11. 1	440	12. 4	1052	4. 6
1986	1168	11. 1	646	7. 8	499	4. 3	1156	9. 5
1987	1450	17. 0	785	5. 5	591	3. 8	1384	2. 0
1988	1961	14. 8	1036	3. 7	784	5. 6	1829	2. 3
1989	2307	5. 5	1165	3. 5	863	5. 9	2107	0. 1
1990	2537	8. 7	1211	9. 2	890	8. 0	2207	10. 4
1991	3001	14. 7	1379	11. 6	953	6. 2	2680	17. 6
1992	3815	20. 1	1701	18. 3	1126	14. 9	3381	19. 6
1993	5254	20. 2	2220	14. 7	1453	15. 2	4280	9. 7
1994	6795	17. 0	3025	14. 8	1953	13. 0	5708	12. 9
1995	8495	13. 2	3832	15. 2	2407	10. 8	7192	16. 0
1996	9513	9. 0	4235	6. 5	2631	5. 6	7912	5. 8
1997	10428	8. 0	4523	4. 8	2961	8. 3	8108	0. 8
1998	11143	8. 7	4686	5. 1	2893	1. 7	8642	7. 4
1999	11728	7. 8	4760	2. 3	2842	-0. 2	8987	4. 3
2000	12885	6. 7	5007	1. 6	2855	-1. 6	9737	3. 8
2001	13730	6. 0	5038	0. 5	2882	1. 0	9730	-0. 3
2002	14986	10. 3	5639	12. 3	2991	4. 3	10782	11. 1
2003	17213	13. 1	6190	9. 0	3086	2. 2	10471	-3. 5

注：本表绝对数按当年价格计算，增长速度按可比价格计算。
Note: The data in value terms in this table are calculated at current prices, whereas the growth rates are calculated at comparable prices.

2-17 人均地区生产总值及人均消费水平指数
INDICES OF PER CAPITA GROSS DOMESTIC PRODUCT AND CONSUMPTION LEVEL

年 份 Year	人均地区生产总值 Per Capita GDP		人均消费水平 Per Capita Consumption Level					
			居民 Households		农业居民 Rural Households		非农业居民 Non-rural Households	
	绝对数（元）Value（yuan）	1978 年为 100（%）1978 = 100（%）	绝对数（元）Value（yuan）	1978 年为 100（%）1978 = 100（%）	绝对数（元）Value（yuan）	1978 年为 100（%）1978 = 100（%）	绝对数（元）Value（yuan）	1978 年为 100（%）1978 = 100（%）
1978	369	100. 0	213	100. 0	164	100. 0	447	100. 0
1979	409	106. 8	246	110. 6	200	116. 9	462	99. 3
1980	480	122. 6	316	134. 5	251	144. 1	606	115. 7
1981	549	131. 3	341	141. 8	262	148. 7	687	124. 8
1982	631	144. 5	381	152. 8	291	159. 9	765	133. 9
1983	674	152. 6	405	162. 5	304	168. 4	832	143. 2
1984	827	173. 8	461	182. 1	342	189. 4	939	155. 3
1985	1025	202. 0	571	202. 3	440	212. 9	1052	162. 4
1986	1168	224. 5	646	218. 0	499	221. 1	1156	177. 8
1987	1450	262. 8	785	230. 1	591	230. 5	1384	181. 5
1988	1961	301. 5	1036	238. 5	784	243. 4	1829	185. 7
1989	2307	318. 1	1165	246. 9	863	257. 8	2107	185. 9
1990	2537	345. 7	1211	269. 7	890	278. 5	2207	205. 2
1991	3001	396. 4	1379	300. 9	953	295. 7	2680	241. 4
1992	3815	475. 9	1701	355. 9	1126	339. 8	3381	288. 6
1993	5254	571. 8	2220	408. 3	1453	391. 5	4280	316. 5
1994	6795	669. 1	3025	468. 6	1953	442. 4	5708	357. 4
1995	8495	757. 4	3832	539. 8	2407	490. 3	7192	414. 5
1996	9513	825. 5	4235	547. 7	2631	517. 7	7912	438. 6
1997	10428	891. 6	4523	602. 3	2916	560. 4	8108	442. 2
1998	11143	969. 6	4686	632. 9	2893	570. 1	8642	475. 1
1999	11728	1045. 2	4760	647. 7	2842	568. 8	8987	495. 7
2000	12885	1114. 8	5007	658. 0	2855	559. 8	9737	514. 7
2001	13730	1181. 5	5038	661. 3	2882	565. 5	9730	513. 1
2002	14986	1303. 0	5639	742. 7	2991	589. 6	10782	570. 3
2003	17213	1473. 3	6190	809. 2	3086	602. 2	10471	550. 5

注：本表绝对数按当年价格计算，增长速度按可比价格计算。

Note：The data in value terms in this table are calculated at current prices，whereas the growth rates are calculated at comparable prices.

2-18 各市地区生产总值（2003 年）
GROSS DOMESTIC PRODUCT BY CITY (2003)

单位：万元 (10000 yuan)

市别 City	地区生产总值 Gross Domestic Product	第一产业 Primary Industry	第二产业 Secondary Industry	工业 Industry	建筑业 Construction	第三产业 Tertiary Industry	农林牧渔服务业 Services for Agriculture, Forestry, Animal Husbandry and Fishery	地质勘查水利管理业 Geological Prospecting and Water Conservancy	交通运输仓储邮电通信业 Transport, Storage, Postal and Telecommunication Services
广州 Guangzhou	34968787	1056302	15081220	13390079	1691141	18831265	42778	50447	4992634
深圳 Shenzhen	28954070	164744	17236554	15407054	1829500	11552772	3797	71995	2138892
珠海 Zhuhai	4732742	180141	2667875	2239219	428656	1884726	10490	4196	335795
汕头 Shantou	5269693	467784	2592615	2396680	195935	2209294	1050	11727	500261
佛山 Foshan	13815951	770822	7646186	7281034	365152	5398943	6541	36392	1607110
韶关 Shaoguan	2680300	515245	1254670	1044850	209820	910385	2041	9427	223857
河源 Heyuan	1368518	414131	441601	281252	160349	512786	6368	2786	121714
梅州 Meizhou	2270363	617093	896597	658942	237655	756673	5857	4168	259687
惠州 Huizhou	5909772	730407	3479122	3120192	358930	1700243	4805	12198	467839
汕尾 Shanwei	1869331	526212	637124	486590	150534	705995	5496	8328	159403
东莞 Dongguan	9479654	280555	5122603	4771935	350668	4076496	5371	5125	967178
中山 Zhongshan	5014043	270789	3159298	2939538	219760	1583956	1674	8308	373973
江门 Jiangmen	7300825	707886	3508316	3352418	155898	3084623	18846	23421	695157
阳江 Yangjiang	2328630	765898	812359	615953	196406	750373	2972	3512	192331
湛江 Zhanjiang	5209716	1109871	2219730	1928866	290864	1880115	4426	18803	489744
茂名 Maoming	6569815	1704919	2529236	2225986	303250	2335660	31914	15631	430138
肇庆 Zhaoqing	4663914	1306414	1599186	1415426	183760	1758314	4793	14183	355245
清远 Qingyuan	1967999	692454	681429	462342	219087	594116	3725	1930	139865
潮州 Chaozhou	2364556	416680	1074187	970119	104068	873689	2784	4982	188557
揭阳 Jieyang	4878432	858199	2515853	2296704	219149	1504380	11067	3397	291698
云浮 Yunfu	2147012	671454	812816	683864	128952	662742	3303	5173	179361

市别 City	批发和零售贸易餐饮业 Wholesale and Retail Trade and Catering Services	金融保险业 Finance and Insurance	房地产业 Real Estate	社会服务业 Social Services	卫生、体育社会福利事业 Health Care, Sports and Social Welfare	教育、文化艺术和广播电影电视业 Education, Culture and Arts, Radio, Film and Television	科学研究综合技术服务业 Research and Polytechnic Services	国家机关、政党机关和社会团体 Government Agencies, Party Agencies and Social Organizations	其他 Others
广州 Guangzhou	3391082	1854475	1341136	3310559	775813	1339824	351629	1291417	89471
深圳 Shenzhen	2203061	2476485	1928631	1391929	381341	474144	95364	305852	81281
珠海 Zhuhai	536767	198778	175282	302283	37256	74501	7601	185099	16678
汕头 Shantou	839421	-1611	210955	188189	50210	207742	9047	192303	
佛山 Foshan	1285720	427269	583796	621101	168823	235319	48353	326808	51711
韶关 Shaoguan	245750	37050	59220	86510	54720	101850	7530	82430	
河源 Heyuan	130370	-9601	69836	49169	19878	71915	2627	45248	2476
梅州 Meizhou	174636	32896	44516	45947	34195	95470	3067	55093	1141
惠州 Huizhou	416632	78030	126152	231322	80650	100422	7822	130817	43554
汕尾 Shanwei	216936	7628	62738	80293	38267	57077	12820	50060	6950
东莞 Dongguan	531999	454199	841859	661451	60838	145103	6288	100860	296225
中山 Zhongshan	450396	75300	191902	202842	61019	86139	9413	119076	3914
江门 Jiangmen	982218	166077	218557	292888	182728	202250	18416	241104	42960
阳江 Yangjiang	201110	21225	156015	71202	16426	38727	4072	38043	4738
湛江 Zhanjiang	595555	91890	233002	114970	55852	156082	6603	97097	16091
茂名 Maoming	832678	277236	266059	107529	62659	150951	7068	145182	8615
肇庆 Zhaoqing	548817	229289	132560	122365	68900	127329	7338	144326	3169
清远 Qingyuan	159229	10807	47363	35400	35938	82670	3687	67755	5747
潮州 Chaozhou	216193	87344	88532	77662	35167	72093	2813	83816	13746
揭阳 Jieyang	681502	91070	89574	119057	23717	99027	2622	81715	9934
云浮 Yunfu	188666	6860	82098	63669	22995	64255	1054	44715	593

注：本表按当年价格计算。
Note: The data in this table are calculated at current prices.

2-19 各市地区生产总值增长速度（2003年）

GROWTH RATES OF GROSS DOMESTIC PRODUCT BY CITY (2003)

单位：%　　　　(%)

市别 City		地区生产总值 Gross Domestic Product	第一产业 Primary Industry	第二产业 Secondary Industry	工业 Industry	建筑业 Construction	第三产业 Tertiary Industry	农林牧渔服务业 Services for Agriculture, Forestry, Animal Husbandry and Fishery	地质勘查水利管理业 Geological Prospecting and Water Conservancy	交通运输仓储邮电通信业 Transport, Storage, Postal and Telecommunication Services
广州	Guangzhou	15.2	0.3	21.6	24.5	1.1	11.2	48.5	50.7	5.4
深圳	Shenzhen	19.2	-14.3	26.1	27.9	11.5	10.3	-88.0	0.5	14.2
珠海	Zhuhai	17.5	11.8	20.2	20.0	21.3	14.2	22.1	-35.3	8.5
汕头	Shantou	8.8	2.5	12.3	13.0	4.2	6.3	-43.3	15.7	0.8
佛山	Foshan	16.1	3.8	21.1	21.5	13.5	11.3	-69.4	-24.8	10.8
韶关	Shaoguan	12.9	3.5	18.2	21.0	5.4	11.9	-53.3	-1.4	13.7
河源	Heyuan	16.9	6.0	30.5	29.4	32.6	16.3	180.5	12.9	4.1
梅州	Meizhou	10.4	2.1	19.8	14.9	36.8	7.5	3.8	3.7	3.6
惠州	Huizhou	13.9	0.7	16.8	13.5	65.5	14.4	11.3	13.1	3.8
汕尾	Shanwei	13.0	6.0	17.8	17.9	17.5	14.3	24.8	15.0	14.7
东莞	Dongguan	19.5	-9.4	22.1	20.9	44.3	18.7	24.1	24.1	11.5
中山	Zhongshan	18.6	2.6	25.2	26.7	7.9	9.5	-16.0	4.7	7.7
江门	Jiangmen	11.1		11.6	12.8	-12.4	13.3	7.2	11.4	16.3
阳江	Yangjiang	12.6	6.0	18.7	18.7	18.6	13.5	14.5	3.5	6.8
湛江	Zhanjiang	10.1	3.4	15.3	16.7	6.8	8.5	-1.0	9.3	6.2
茂名	Maoming	11.3	5.7	13.2	14.8	2.1	13.8	12.3	12.3	12.3
肇庆	Zhaoqing	11.4	4.8	18.2	18.1	18.7	10.7	0.5	19.5	5.5
清远	Qingyuan	13.9	2.8	30.1	20.6	58.4	11.9	2.9	-12.1	8.7
潮州	Chaozhou	10.0	3.0	11.2	10.5	18.5	12.1	30.8	14.9	7.9
揭阳	Jieyang	10.5	3.9	13.3	13.5	11.1	9.9	-13.3	0.9	3.5
云浮	Yunfu	13.1	6.6	19.8	16.8	39.4	12.3	0.9	12.8	10.8

市别 City		批发和零售贸易餐饮业 Wholesale and Retail Trade and Catering Services	金融保险业 Finance and Insurance	房地产业 Real Estate	社会服务业 Social Services	卫生、体育社会福利事业 Health Care, Sports and Social Welfare	教育、文化艺术和广播电影电视业 Education, Culture and Arts, Radio Film and Television	科学研究综合技术服务业 Research and Polytechnic Services	国家机关、政党机关和社会团体 Government Agencies, Party Agencies and Social Organizations	其他 Others
广州	Guangzhou	12.2	6.4	15.9	10.0	17.3	26.1	7.7	19.4	5.7
深圳	Shenzhen	12.0	3.7	15.2	9.5	16.5	7.6	0.6	23.0	2.0
珠海	Zhuhai	11.8	13.1	25.7	14.2	22.7	23.5	69.6	18.1	18.2
汕头	Shantou	6.3	-125.1	4.3	34.8	17.6	-1.5	13.4	15.2	
佛山	Foshan	9.0	9.4	19.4	13.4	5.5	28.5	6.1	13.5	13.8
韶关	Shaoguan	9.3	7.2	15.5	11.1	15.7	18.3	10.1	11.6	
河源	Heyuan	13.1		18.8	21.7	21.7	11.9	36.8	11.6	4.3
梅州	Meizhou	10.5	25.1	11.9	7.7	14.0	4.2	11.0	7.3	2.5
惠州	Huizhou	9.9	349.6	17.9	16.6	7.8	13.2	12.5	19.2	14.7
汕尾	Shanwei	13.3	12.9	4.3	22.7	15.0	17.6	13.3	13.2	21.0
东莞	Dongguan	11.7	14.1	35.2	22.7	20.3	20.3	20.3	18.3	17.5
中山	Zhongshan	10.3	13.3	13.1	6.4	11.4	6.2	13.6	9.6	133.0
江门	Jiangmen	12.8	7.0	2.9	9.4	12.2	15.7	18.6	28.2	9.4
阳江	Yangjiang	10.6	8.4	29.6	16.5	20.0	6.5	21.0	10.0	5.0
湛江	Zhanjiang	10.0	5.5	7.1	5.0	18.9	12.6	6.5	10.6	4.3
茂名	Maoming	14.7	11.4	11.7	15.8	13.6	13.6	13.6	19.3	42.4
肇庆	Zhaoqing	11.2	13.5	23.8	4.2	8.8	7.5	28.0	17.0	4.5
清远	Qingyuan	7.2	5.3	10.0	20.5	16.1	16.1	-0.9	26.1	-0.1
潮州	Chaozhou	10.3	7.1	6.6	22.0	18.4	19.5	18.8	19.4	18.5
揭阳	Jieyang	11.2	10.6	7.9	13.0	9.0	11.2	-2.5	25.5	12.5
云浮	Yunfu	13.7	-9.5	9.9	11.0	16.1	16.3	12.5	16.6	8.8

注：本表按可比价格计算。

Note: The data in this table are calculated at current prices.

2-20 各市地区生产总值产业构成（2003 年）

COMPOSITION OF GROSS DOMESTIC PRODUCT BY INDUSTRY BY CITY (2003)

单位:%　　(%)

市别 City		地区生产总值 Gross Domestic Product	第一产业 Primary Industry	第二产业 Secondary Industry	第三产业 Tertiary Industry
广州	Guangzhou	100. 0	3. 0	43. 1	53. 9
深圳	Shenzhen	100. 0	0. 6	59. 5	39. 9
珠海	Zhuhai	100. 0	3. 8	56. 4	39. 8
汕头	Shantou	100. 0	8. 9	49. 2	41. 9
佛山	Foshan	100. 0	5. 6	55. 3	39. 1
韶关	Shaoguan	100. 0	19. 2	46. 8	34. 0
河源	Heyuan	100. 0	30. 3	32. 3	37. 5
梅州	Meizhou	100. 0	27. 2	39. 5	33. 3
惠州	Huizhou	100. 0	12. 4	58. 9	28. 8
汕尾	Shanwei	100. 0	28. 1	34. 1	37. 8
东莞	Dongguan	100. 0	3. 0	54. 0	43. 0
中山	Zhongshan	100. 0	5. 4	63. 0	31. 6
江门	Jiangmen	100. 0	9. 7	48. 0	42. 3
阳江	Yangjiang	100. 0	32. 9	34. 9	32. 2
湛江	Zhanjiang	100. 0	21. 3	42. 6	36. 1
茂名	Maoming	100. 0	26. 0	38. 5	35. 5
肇庆	Zhaoqing	100. 0	28. 0	34. 3	37. 7
清远	Qingyuan	100. 0	35. 2	34. 6	30. 2
潮州	Chaozhou	100. 0	17. 6	45. 4	36. 9
揭阳	Jieyang	100. 0	17. 6	51. 6	30. 8
云浮	Yunfu	100. 0	31. 3	37. 9	30. 9

注：本表按当年价格计算。
Note: The data in this table are calculated at current prices.

2-21 各市地区生产总值项目结构（2003 年）

STRUCTURE OF GROSS DOMESTIC PRODUCT BY ITEM BY CITY (2003)

单位：万元　　(10000 yuan)

市别 City		地区生产总值 Gross Domestic Product	劳动者报酬 Laborers Remuneration	固定资产折旧 Depreciation of Fixed Assets	生产税净额 Net Taxes on Production	营业盈余 Operating Surplus
广州	Guangzhou	34968787	15563945	5084395	4553028	9767419
深圳	Shenzhen	28954070	9734991	3544022	4360613	11314444
珠海	Zhuhai	4732742	2138846	643622	387669	1562605
汕头	Shantou	5269693	1677927	1228667	952519	1410580
佛山	Foshan	13815951	5445367	2833416	2458565	3078603
韶关	Shaoguan	2680300	1685221	348309	409471	237299
河源	Heyuan	1368518	847939	221492	146614	152473
梅州	Meizhou	2270363	1419369	307414	289905	253675
惠州	Huizhou	5909772	2828797	953473	650054	1477448
汕尾	Shanwei	1869331	1061037	292455	164566	351273
东莞	Dongguan	9479654	3309177	2001711	1239231	2929535
中山	Zhongshan	5014043	2206755	843095	775827	1188366
江门	Jiangmen	7300825	3258177	1356092	1463324	1223232
阳江	Yangjiang	2328630	1519362	280094	338848	190326
湛江	Zhanjiang	5209716	2553657	812239	595773	1248047
茂名	Maoming	6569815	3561250	1173551	881710	953304
肇庆	Zhaoqing	4663914	2598632	583293	544336	937653
清远	Qingyuan	1967999	1208846	304406	237459	217288
潮州	Chaozhou	2364556	1271351	363011	326135	404059
揭阳	Jieyang	4878432	2898540	554498	488450	936944
云浮	Yunfu	2147012	1325410	284670	240562	296370

注：本表按当年价格计算。
Note: The data in this table are calculated at current prices.

2-22 各市支出法地区生产总值（2003 年）
GROSS DOMESTIC PRODUCT BY EXPENDITURE APPROACH BY CITY (2003)

市别 City	支出法地区生产总值（万元） Gross Domestic Product by Expenditure Approach (10000 yuan)	最终消费 Final Consumption	资本形成总额 Gross Capital Formation	货物和服务净流出 Net Export of Goods and Services	资本形成率（投资率）（%） Capital Formation Rate (%)	最终消费率（消费率）（%） Final Consumption Rate (%)
广州 Guangzhou	34968787	17066702	13056989	4845096	37.3	48.8
深圳 Shenzhen	28954070	12403077	11004983	5546010	38.0	42.8
珠海 Zhuhai	4732742	2419522	1764169	549051	37.3	51.1
汕头 Shantou	5269693	3445369	1824324		34.6	65.4
佛山 Foshan	13815951	5612247	5199606	3004098	37.6	40.6
韶关 Shaoguan	2680300	1508540	1216100	-44340	45.4	56.3
河源 Heyuan	1368518	1665915	571727	-869124	41.8	121.7
梅州 Meizhou	2270363	1923115	1016205	-668957	44.8	84.7
惠州 Huizhou	5909772	2208297	1989733	1711742	33.7	37.4
汕尾 Shanwei	1869331	1315407	471933	81991	25.2	70.4
东莞 Dongguan	9479654	5056545	3541117	881992	37.4	53.3
中山 Zhongshan	5014043	1945541	2980500	88002	59.4	38.8
江门 Jiangmen	7300825	3537677	2818877	944271	38.6	48.5
阳江 Yangjiang	2328630	1424673	720141	183816	30.9	61.2
湛江 Zhanjiang	5209716	3650385	1249288	310043	24.0	70.1
茂名 Maoming	6569815	3713742	2321411	534662	35.3	56.5
肇庆 Zhaoqing	4663914	2476613	2042994	144307	43.8	53.1
清远 Qingyuan	1967999	1651667	1113147	-796815	56.6	83.9
潮州 Chaozhou	2364556	1335974	672793	355789	28.5	56.5
揭阳 Jieyang	4878432	2864094	1680919	333419	34.5	58.7
云浮 Yunfu	2147012	1215209	725526	206277	33.8	56.6

注：本表按当年价格计算。
Note: The data in this table are calculated at current prices.

2-23 各市资本形成总额及构成（2003 年）
GROSS CAPITAL FORMATION AND ITS COMPOSITION BY CITY (2003)

市别 City	资本形成总额（万元） Gross Capital Formation (10000 yuan)	固定资产形成总额 Gross Fixed Capital Formation	存货增加 Changes in Inventories	比重（资本形成总额=100） Proportion (Gross Capital Formation=100): 固定资产形成总额 Gross Fixed Capital Formation	比重（资本形成总额=100） Proportion (Gross Capital Formation=100): 存货增加 Changes in Inventories
广州 Guangzhou	13056989	11997949	1059040	91.9	8.1
深圳 Shenzhen	11004983	9835491	1169492	89.4	10.6
珠海 Zhuhai	1764169	1323495	440674	75.0	25.0
汕头 Shantou	1824324	1250717	573607	68.6	31.4
佛山 Foshan	5199606	4379027	820579	84.2	15.8
韶关 Shaoguan	1216100	1018290	197810	83.7	16.3
河源 Heyuan	571727	543962	27765	95.1	4.9
梅州 Meizhou	1016205	880049	136156	86.6	13.4
惠州 Huizhou	1989733	1677103	312630	84.3	15.7
汕尾 Shanwei	471933	426982	44951	90.5	9.5
东莞 Dongguan	3541117	2480433	1060684	70.0	30.0
中山 Zhongshan	2980500	2818374	162126	94.6	5.4
江门 Jiangmen	2818877	1611123	1207754	57.2	42.8
阳江 Yangjiang	720141	531221	188920	73.8	26.2
湛江 Zhanjiang	1249288	1131848	117440	90.6	9.4
茂名 Maoming	2321411	1420224	901187	61.2	38.8
肇庆 Zhaoqing	2042994	1745342	297652	85.4	14.6
清远 Qingyuan	1113147	1068921	44226	96.0	4.0
潮州 Chaozhou	672793	530134	142659	78.8	21.2
揭阳 Jieyang	1680919	1081901	599018	64.4	35.6
云浮 Yunfu	725526	506380	219146	69.8	30.2

注：本表按当年价格计算。
Note: The data in this table are calculated at current prices.

2-24 各市最终消费及构成（2003 年）
FINAL CONSUMPTION EXPENDITURE AND ITS COMPOSITION BY CITY (2003)

市 别 City	最终消费（万元）Final Consumption Expenditure (10000 yuan)	居民消费 Household Consumption	农业居民 Rural Households	非农业居民 Non-rural Households	政府消费 Government Consumption	比重 Proportion: 最终消费=100 Final Consumption Expenditure=100: 居民消费 Household Consumption	政府消费 Government Consumption	居民消费=100 Household Consumption=100: 农业居民 Rural Households	非农业居民 Non-rural Households
广 州 Guangzhou	17066702	9338157	894275	8443882	7728545	54. 7	45. 3	9. 6	90. 4
深 圳 Shenzhen	12403077	8917741	314578	8603163	3485336	71. 9	28. 1	3. 5	96. 5
珠 海 Zhuhai	2419522	1624858	189122	1435736	794664	67. 2	32. 8	11. 6	88. 4
汕 头 Shantou	3445369	2823617	1212475	1611142	621752	82. 0	18. 0	42. 9	57. 1
佛 山 Foshan	5612247	3700581	459315	3241266	1911666	65. 9	34. 1	12. 4	87. 6
韶 关 Shaoguan	1508540	1331750	567310	764440	176790	88. 3	11. 7	42. 6	57. 4
河 源 Heyuan	1665915	1311417	798072	513345	354498	78. 7	21. 3	60. 9	39. 1
梅 州 Meizhou	1923115	1632330	1069739	562591	290785	84. 9	15. 1	65. 5	34. 5
惠 州 Huizhou	2208297	1835438	639852	1195586	372859	83. 1	16. 9	34. 9	65. 1
汕 尾 Shanwei	1315407	1095211	529576	565635	220196	83. 3	16. 7	48. 4	51. 6
东 莞 Dongguan	5056545	3736774	2174490	1562284	1319771	73. 9	26. 1	58. 2	41. 8
中 山 Zhongshan	1945541	1257458	632121	625337	688083	64. 6	35. 4	50. 3	49. 7
江 门 Jiangmen	3537677	2521465	1083120	1438345	1016212	71. 3	28. 7	43. 0	57. 0
阳 江 Yangjiang	1424673	1215011	490176	724835	209662	85. 3	14. 7	40. 3	59. 7
湛 江 Zhanjiang	3650385	3143163	1706793	1436370	507222	86. 1	13. 9	54. 3	45. 7
茂 名 Maoming	3713742	3255889	1311740	1944149	457853	87. 7	12. 3	40. 3	59. 7
肇 庆 Zhaoqing	2476613	1811262	1011954	799308	665351	73. 1	26. 9	55. 9	44. 1
清 远 Qingyuan	1651667	1339551	805205	534346	312116	81. 1	18. 9	60. 1	39. 9
潮 州 Chaozhou	1335974	1185337	706638	478699	150637	88. 7	11. 3	59. 6	40. 4
揭 阳 Jieyang	2864094	2491634	1145612	1346022	372460	87. 0	13. 0	46. 0	54. 0
云 浮 Yunfu	1215209	1063145	521800	541345	152064	87. 5	12. 5	49. 1	50. 9

注：本表按当年价格计算。
Note: The data in this table are calculated at current prices.

2-25 各市人均地区生产总值及增长速度
PER CAPITA GROSS DOMESTIC PRODUCT AND ITS GROWTH RATE BY CITY

市别 City	绝对数（元/人） Absolute Value（yuan/person）		增长速度（%） Growth Rate（%）	
	2002	2003	2002	2003
广州 Guangzhou	41884	48372	11.7	14.2
深圳 Shenzhen	50194	54545	6.5	9.3
珠海 Zhuhai	32682	37675	13.0	16.3
汕头 Shantou	10268	10931	3.4	6.2
佛山 Foshan	34850	40444	10.8	14.7
韶关 Shaoguan	8528	9657	8.6	12.4
河源 Heyuan	3542	4111	13.4	15.3
梅州 Meizhou	5364	5917	8.0	9.8
惠州 Huizhou	18558	20759	10.0	12.7
汕尾 Shanwei	6737	7360	8.3	11.1
东莞 Dongguan	51038	60158	17.1	17.6
中山 Zhongshan	24194	28645	15.5	16.4
江门 Jiangmen	17344	19131	10.3	10.9
阳江 Yangjiang	7965	8994	10.9	12.1
湛江 Zhanjiang	7539	8389	7.7	9.1
茂名 Maoming	9005	9883	8.8	10.2
肇庆 Zhaoqing	10727	11907	9.7	10.9
清远 Qingyuan	5391	6142	8.5	13.0
潮州 Chaozhou	8698	9517	7.2	9.6
揭阳 Jieyang	7597	8302	7.4	10.1
云浮 Yunfu	7399	8236	7.3	12.6

注：本表绝对数按当年价格计算，增长速度按可比价格计算。
Note: The data in value terms in this table are calculated at current prices, whereas the growth rates are calculated at comparable prices.

2-26 国民经济和社会发展主要指标占全国比重

PROPORTION OF MAIN INDICATORS ON NATIONAL ECONOMY AND SOCIAL DEVELOPMENT OF GUANGDONG TO THE WHOLE NATION

指标	Item	2002			2003		
		广东 Guangdong	全国 Whole Nation	广东占全国% As Percentage of the Whole Nation	广东 Guangdong	全国 Whole Nation	广东占全国% As Percentage of the Whole Nation
一、人口	**Population**						
年底常住人口数（万人）	Year-end Permanent Population (10000 persons)	7858.58	128453.00	6.1	7954.22	129227.00	6.2
二、土地面积（万平方公里）	**Land Area (10000 sp. km)**	**17.98**	**960**	**1.9**	**17.98**	**960**	**1.9**
三、国内生产总值（亿元）	**Gross Domestic Product (at current prices) (100 million yuan)**	**11735.64**	**105172.30**	**11.2**	**13625.87**	**116898.40**	**11.7**
第一产业	Primary Industry	1032.80	16117.00	6.4	1093.52	17092.00	6.4
第二产业	Secondary Industry	5935.63	52981.90	11.2	7307.08	61131.00	12.0
#工业	Industry	5288.53	45935.10	11.5	6532.98	52963.00	12.3
第三产业	Tertiary Industry	4767.22	36074.80	13.2	5225.27	38675.00	13.5
四、人均国内生产总值（元）	**Per Capita Gross Domestic Product (yuan)**	**14986**	**8214**		**17213**	**9073**	
五、主要工农业产品产量	**Output of Major Farm Products and Industrial Products**						
粮食（万吨）	Grain (10000 tons)	1484.16	45706.00	3.2	1488.00	43069.50	3.5
油料（万吨）	Oil bearing Crops (10000 tons)	76.37	2897.20	2.6	81.93	2811.00	2.9
肉类（万吨）	Meat (10000 tons)	343.63	6586.50	5.2	358.50	6932.90	5.2
水产品（万吨）	Aquatic Products (10000 tons)	628.06	4564.50	13.8	648.55	4704.50	13.8
水果（万吨）	Fruits (10000 tons)	698.91	6952.00	10.1	718.59	14517.40	4.9
茶叶（万吨）	Tea (10000 tons)	4.24	74.50	5.7	4.14	76.80	5.4
原煤（万吨）	Coal (10000 tons)	168.71	138000	0.1	202.34	167000	0.1
发电量（亿千瓦时）	Electricity (100 million kwh)	1525.53	16540.00	9.2	1783.80	19108.00	9.3
水泥（万吨）	Cement (10000 tons)	5989.26	72500.00	8.3	6872.67	86227.00	8.0
布（亿米）	Cloth (100 million m)	15.42	322.40	4.8	17.29	374.60	4.6
机制纸及纸板（万吨）	Machine-made Paper and Paperboard (10000 tons)	410.05	4667.00	8.8	542.69	4849.00	11.2
钢（万吨）	Steel (10000 tons)	469.50	18237.00	2.6	595.89	22234.00	2.7
糖（包土糖）（万吨）	Sugar (10000 tons)	113.11	926.00	12.2	113.97	1084.00	10.5
平板玻璃（万重量箱）	Plate Glass (10000 wt. cases)	684.22	23446.00	2.9	739.32	25243.00	2.9
自行车（万辆）	Bicycles (10000 units)	1221.97	3957.50	30.9	1701.37	4632.90	36.7
家用电冰箱（万台）	Household Refrigerators (10000 units)	317.27	1598.90	19.8	533.38	2242.60	23.8
家用洗衣机（万台）	Household Washing Machines (10000 units)	162.16	1595.80	10.2	178.86	1942.60	9.2
彩电电视机（万台）	Color Television Sets	2083.40	5155.00	40.4	3149.15	6541.40	48.1
房间空调器（万台）	Room Air Conditioners (10000 units)	1323.66	3135.10	42.2	2130.75	4993.40	42.7
程控交换机（万线）	Program Controlled Switchboard (10000 units)	1873.84	5860.70	32.0		7379.90	
微型电子计算机（万台）	Microelectronic Computers (10000 units)	415.69	1463.50	28.4	845.23	3216.70	26.3
六、固定资产投资	**Investment in Fixed Assets**						
全社会固定资产投资额（亿元）	Total Amount of Investment in Fixed Assets (100 million yuan)	3970.69	43202.00	9.2	5030.57	55118.00	9.1
# 基本建设投资	Capital Construction	1367.23	17251.00	7.9	1893.58	22729.00	8.3
更新改造投资	Innovation	515.07	6584.00	7.8	658.94	8444.00	7.8
房地产开发	Real Estate Development	1115.25	7736.00	14.4	1233.52	10106.00	12.2
新增固定资产（亿元）	Newly Increased Fixed Assets (100 million yuan)	1223.28	14225.10	8.6	1258.62		

2-26 续表 continued

指 标	Item	2002 广东 Guangdong	2002 全国 Whole Nation	2002 广东占全国% As Percentage of the Whole Nation	2003 广东 Guangdong	2003 全国 Whole Nation	2003 广东占全国% As Percentage of the Whole Nation
七、运输、邮电	**Transport, Postal and Telecommunication Services**						
货物周转量 (亿吨公里)	Freight Traffic (100 million ton-kilometers)	3229.39	50686.00	6.4	3666.83	53859.00	6.8
旅客周转量 (亿人公里)	Passenger Traffic (100 million person-kilometers)	1490.34	14126.00	10.6	1505.83	13811.00	10.9
沿海主要港口货物吞吐量 (万吨)	Volume of Freight Handled at Major Coastal Ports (10000 tons)	26357.00	166628.00	15.8	30727.00	201126.00	15.3
邮电业务总量 (亿元)	Total Business Volume of Postal and Tele-communicationServices (100 million yuan)	917.87	5696.00	16.1	1202.52	7282.00	16.5
八、财政金融	**Finance and Banking**						
财政收入 (亿元)	Government Revenue (100 million yuan)	1201.61	8515.00	14.1	1315.52	9841.70	13.4
财政支出 (亿元)	Government Expenditures (100 million yuan)	1521.08	15281.50	10.0	1695.63	17184.50	9.9
城乡居民储蓄存款余额(亿元)	Savings Deposits by Urban and Rural Residents (100 million yuan)	11819.09	86910.60	13.6	14061.77	103617.70	13.6
九、外贸外经旅游	**Foreign Trade and International Tourism**						
进口总额 (亿美元)	Total Imports (USD 100 million)	1026.40	2952.00	34.8	1306.74	4127.60	31.7
出口总额 (亿美元)	Total Exports (USD 100 million)	1184.58	3255.70	36.4	1528.48	4382.30	34.9
实际利用外资 (亿美元)	Total Foreign Capitals Actually Utilized (USD 100 million)	165.89	550.10	30.2	189.41	561.40	33.7
旅游外汇收入 (亿美元)	Total Foreign Exchange Earnings from International Tourism (USD 100 million)	50.90	203.90	25.0	42.68	174.10	24.5
十、商业与物价	**Domestic Trade and Prices**						
社会消费品零售总额 (亿元)	Total Amount of Retail Sales of Consumer Goods (100 million yuan)	5013.59	42027.00	11.9	5606.02	45842.00	12.2
商品零售价格指数 (%)	General Retail Price Index (%)	98.5	98.7		100.0	99.90	
居民消费价格指数 (%)	General Resident Consumer Price Index (%)	98.6	99.2		100.6	101.20	
十一、人民生活	**People's Livelihood**						
职工工资总额 (亿元)	Total Wages of Staff and Workers (100 million yuan)	1326.59	13161.10	10.1	1539.00	14743.50	10.4
城镇居民人均可支配收入(元)	Per Capita Disposable Income of Urban Residents (yuan)	11137	7703		12380	8472.2	
农民人均纯收入 (元)	Per Capita Net Income of Rural Residents (yuan)	3912	2476		4055	2622	
十二、教育、科技、卫生	**Education, Science and Technology and Health Care**						
高等学校在校学生数 (万人)	Students Enrolled in Colleges and Universities (10000 persons)	46.78	903.40	5.2	58.78	1108.60	5.3
国有企事业单位专业技术人员 (万人)	Number of Technical Persons Engaged in State-owned Units (10000 persons)	127.40	2186.00	5.8	126.50	2174.00	5.8
医院病床位 (万张)	Number of Hospital Beds (10000 units)	16.60	290.70	5.7	17.30	295.50	5.9
专业卫生技术人员 (万人)	Number of Medical Technical Personnel (10000 persons)	26.30	427.00	6.2	27.36	430.60	6.4

注：全国2003年数为快报数。
Note: The 2003 data of the whole nation are based on the advance reports.

2-27 资金流量表（实物交易，2002 年）

单位：亿元

指 标	Item	非金融企业部门 Non-financial Enterprises		金融部门 Financial Institutions		政府部门 Governments	
		使 用 Utilization	来 源 Source	使 用 Utilization	来 源 Source	使 用 Utilization	来 源 Source
1、净流出	Net Capital Outflow						
2、增加值	Value Added		7491.77		398.26		944.37
3、劳动者报酬	Compensation for Laborers	2740.02		147.73		643.83	
工资及工资性收入	Wages and Related Income	2623.90		131.78		609.09	
单位社会保险付款	Employers´Contribution ofSocial Security	116.12		15.95		34.74	
4、生产税净额	Net Taxes on Production	1322.07		75.54		26.30	1458.15
生产税	Taxes on Production	1370.79		75.54		26.30	1522.41
生产补贴	Subsidies to Production	-48.72					-64.26
5、财产收入	Income from Production	603.16	226.01	519.95	519.63		38.76
利息	Interest	516.55	226.01	519.63	519.63		27.37
红利	dividend	9.10		0.32			
土地租金	Rent on Land Use	10.72					11.39
其他	Others	66.79					
6、初次分配总收入	Total Income from PrimaryDistribution		3052.53		174.67		1771.15
7、经常转移	Current Transfer	520.86	12.43	12.87	7.83	33.74	605.87
收入税	Taxes on Income	279.91		9.74			390.07
社会保险付款	Payment to Social Security						166.81
社会补助	Allowances	90.24		2.45		21.31	
其他	Others	150.71	12.43	0.68	7.83	12.43	48.99
8、可支配总收入	Total Disposable Income		2544.10		169.63		2343.28
9、最终消费	Final Consumption Expenditure					2251.15	
居民消费	Household Consumption						
政府消费	Government Consumption					2251.15	
10、总储蓄	Total Savings		2544.10		169.63		92.13
11、资本转移	Capital Transfer		123.41			235.77	112.36
投资性补助	Investment Allowances		123.41			235.77	112.36
其他	Others						
12、资本形成总额	Gross Capital Formation	3562.35		19.95		252.94	
固定资产形成总额	Gross Fixed Capital Formation	3330.03		19.95		251.06	
存货增加	Changes in Inventories	232.32				1.88	
13、其他非金融资产获得减处置	Minus Items from Other Non-financial Capital						
14、净金融投资	Net Financial Investment	-894.84		149.68		-284.22	

FLOW OF FUNDS TABLE (PHYSICAL TRANSACTION, 2002)

(100 million yuan)

住户部门 Households		省内合计 Total of Provincial Sectors		国内省外 Domestic Sectors outside Province		国外部门 Rest of the World		总 计 Total	
使 用 Utilization	来 源 Source	使 用 Utilization	来 源 Source	使 用 Utilization	来 源 Source	使 用 Utilization	来 源 Source	使 用 Utilization	来 源 Source
					397.84		-1309.75		-911.91
	2935.33		11769.73						11769.73
2063.40	5594.98	5594.98	5594.98					5594.98	5594.98
2063.40	5428.17	5428.17	5428.17					5428.17	5428.17
	166.81	166.81	166.81					166.81	166.81
488.98		1912.89	1458.15		454.74			1912.89	1912.89
504.52		1977.15	1522.41		454.74			1977.15	1977.15
-15.54		-64.26	-64.26					-64.26	-64.26
4.05	342.76	1127.16	1127.16					1127.16	1127.16
3.08	266.25	1039.26	1039.26					1039.26	1039.26
	9.42	9.42	9.42					9.42	9.42
0.67		11.39	11.39					11.39	11.39
0.30	67.09	67.09	67.09					67.09	67.09
	6316.64		11314.99		852.58		-1309.75		10857.82
338.93	295.83	906.40	921.96		62.51	78.07		984.47	984.47
100.42		390.07	390.07					390.07	390.07
166.81		166.81	166.81					166.81	166.81
	114.00	114.00	114.00					114.00	114.00
71.70	181.83	235.52	251.08		62.51	78.07		313.59	313.59
	6273.54		11330.55		915.09		-1387.82		10857.82
4450.00		6701.15						6701.15	
4450.00		4450.00						4450.00	
		2251.15						2251.15	
	1823.54		4629.40		915.09		-1387.82		4156.67
		235.77	235.77					235.77	235.77
		235.77	235.77					235.77	235.77
321.43		4156.67						4156.67	
291.45		3892.49						3892.49	
29.98		264.18						264.18	
1502.11		472.73		915.09		-1387.82			

2-28 资金流量表（金融交易，2002 年）

单位：亿元

指　　标	Item	非金融企业部门 Non-financial Enterprises		金融部门 Financial Institutions		政府部门 Governments	
		使　用 Utilization	来　源 Source	使　用 Utilization	来　源 Source	使　用 Utilization	来　源 Source
1、净金融投资	Net Financial Investment	-878.03		151.34		422.46	
2、资金运用	Total Utilization	1276.48		2717.96		422.46	
3、资金来源	Total Sources		2154.51		2566.62		
4、国内金融交易	Domestic Financial Trade	1276.48	2154.51	2717.96	2566.62	422.46	
（1）通货	Currency in Circulation	2.14		13.28		1.29	
国内	Domestic Sectors	2.14		14.19		1.29	
国外	Rest of the World			-0.91			
（2）存款	Savings Deposits	1204.66			3666.53	421.17	
活期存款	Current Deposits	412.99			836.12	365.56	
定期存款	Fixed Deposits	329.92			329.92		
住户储蓄存款	Savings Deposits by Households				1902.26		
财政存款	Government Deposits				55.61	55.61	
外汇存款	Foreign Exchange Deposits	50.73			131.60		
其他存款	Other Deposits	411.02			411.02		
（3）贷款	Loans		1776.17	2361.86			
短期贷款	Short-term Loans		831.65	904.48			
中长期贷款	Medium and Long-term Loans		691.01	1220.51			
财政贷款	Government Loans						
外汇贷款	Foreign Exchange Loans		241.71	225.07			
其他贷款	Other Loans		11.80	11.80			
（4）证券	Securities	-0.05	378.34	309.35	-0.05		
债券	Bonds	-0.05	73.35		-0.05		
股票	Stocks		304.99	309.35			
（5）保险准备金	Reserves for Insurance Business	5.52			85.84		
（6）结算资金	Settlement Funds	1200.00			-50.00		
（7）金融机构往来	Flow betweenFinancial Institutions			12.00	0.17		
（8）准备金	Reserve Funds	57.35		26.27	57.35		
（9）中央银行贷款	Loans from the Central Bank			-4.80	-0.08		
（10）其他（净）	Others (net)	-1193.14			-1193.14		
5、国际资本往来	Flow betweenInternational Capitals						
（1）、短期资本	Short-term Capitals						
（2）、长期资本	Long-term Capitals						
6、国际储备资产	Assets in International Reserves						
7、国际收支误差与遗漏	Errors and Omissions of Balanceof Payment						

FLOW OF FUNDS TABLE (FINANCIAL TRANSACTION, 2002)

(100 million yuan)

住户部门 Households		省内合计 Total of Provincial Sectors		国内省外 Domestic Sectors outside Province		国外部门 Rest of the World		总计 Total	
使用 Utilization	来源 Source	使用 Utilization	来源 Source	使用 Utilization	来源 Source	使用 Utilization	来源 Source	使用 Utilization	来源 Source
2283.01		1978.78		-515.85		-1462.93			
2885.34		7302.24		129.92		-1394.48		6037.68	
	602.33		5323.46		645.77		68.45		6037.68
2885.34	602.33	7302.24	5323.46	129.92	645.77	-1394.48	68.45	6037.68	6037.68
606.68		623.39			624.30		-0.91	623.39	623.39
606.68		624.30			624.30			624.30	624.30
		-0.91					-0.91	-0.91	-0.91
2055.35		3681.18	3666.53			-14.65		3666.53	3666.53
57.57		836.12	836.12					836.12	836.12
		329.92	329.92					329.92	329.92
1902.26		1902.26	1902.26					1902.26	1902.26
		55.61	55.61					55.61	55.61
95.52		146.25	131.60			-14.65		131.60	131.60
		411.02	411.02					411.02	411.02
	602.33	2361.86	2378.50				-16.64	2361.86	2361.86
	72.83	904.48	904.48					904.48	904.48
	529.50	1220.51	1220.51					1220.51	1220.51
		225.07	241.71				-16.64	225.07	225.07
		11.80	11.80					11.80	11.80
142.99		452.29	378.29				74.00	452.29	452.29
73.35		73.30	73.30					73.30	73.30
69.64		378.99	304.99				74.00	378.99	378.99
80.32		85.84	85.84					85.84	85.84
		1200.00	-50.00	130.00		-1380.00		-50.00	-50.00
		12.00	0.17			0.17	12.00	12.17	12.17
		83.62	57.35		26.27			83.62	83.62
		-4.80	-0.08	-0.08	-4.80			-4.88	-4.88
		-1193.14	-1193.14					-1193.14	-1193.14

2-29 资产负债表（2002年）

单位：亿元

指标	Item	非金融企业部门 Non-financial Enterprises 使用 Utilization	非金融企业部门 来源 Source	金融部门 Financial Institutions 使用 Utilization	金融部门 来源 Source	政府部门 Government Departments 使用 Utilization	政府部门 来源 Source
一、非金融资产	**Non-financial Assets**	**32251.61**		**640.16**		**2252.51**	
1、固定资产	Fixed Assets	24127.43		561.17		2248.65	
#在建工程	Of which: Buildings under Construction	4955.77		89.50			
2、存货	Inventory	5937.52				3.86	
#产成品和商品库存	Of which: Manufactured Products and Inventories	1507.54					
3、其他非金融资产	Other Non-financial Assets	2186.66		78.99			
#无形资产	Of which: Intangible Assets	1232.18		32.16			
二、金融资产与负债	**Financial Assets and Liability**	**16685.35**	**27071.17**	**30154.23**	**30450.57**	**2936.06**	**953.52**
国内金融资产与负债	Domestic Financial Assets and Liability	16685.35	25623.56	29684.00	30375.02	2936.06	953.52
通　货	Currency in Circulation	730.00		252.01		4.33	
存　款	Savings deposits	8845.16			23713.95	1064.43	
长期存款	Long-term Savings Deposits	2422.54			10217.32	0.50	
短期存款	Short-term Savings Deposits	6422.62			13496.63	1063.93	
贷　款	Loans		12714.89	15447.62			
长期贷款	Long-term Loans		4232.90	6231.31			
短期贷款	Short-term Loans		8481.99	9216.31			
股票及其他股权	Stocks and Other Stock Rights	1584.93	3565.51	103.62	344.94	923.09	
证券（不含股票）	Securities (excluding Stocks)	266.52	266.52	2236.89	458.78	0.98	
保险准备金	Reserves for Insurance Business	52.99			502.53		
其他	Others	5205.75	9076.64	11643.86	5354.82	943.23	953.52
国外金融资产与负债	Foreign Financial Assets and Liability		1447.61	470.23	75.55		
直接投资	Direct Investment		1362.48				
证券投资	Securities Investment			268.58			
其他投资	Other Investment		85.13	201.65	75.55		
三、资产负债差额（资产净值）	**Balance of Assets and Liabilities (Net Assets)**		**21865.79**		**343.82**		**4235.05**
四、资产、负债与差额总计	**Total of Assets, Liabilities and Balance**	**48936.96**	**48936.96**	**30794.39**	**30794.39**	**5188.57**	**5188.57**

ASSETS AND LIABILITIES TABLE (2002)

(100 million yuan)

住户部门 Households		省内合计 Total of Provincial Sectors		国内省外 Domestic Sectors outside Province		国外部门 Rest of the World		总 计 Total	
使 用 Utilization	来 源 Source	使 用 Utilization	来 源 Source	使 用 Utilization	来 源 Source	使 用 Utilization	来 源 Source	使 用 Utilization	来 源 Source
10006.91		**45151.19**						**45151.19**	
9059.03		35996.28						35996.28	
		5045.27						5045.27	
910.60		6851.98						6851.98	
		1507.54						1507.54	
37.28		2302.93						2302.93	
		1264.34						1264.34	
15848.40	**2486.83**	**65624.04**	**60962.09**	**1278.33**	**6993.22**	**1523.16**	**470.23**	**68425.53**	**68425.53**
15848.40	2486.83	65153.81	59438.93	1278.33	6993.22			66432.14	66432.14
527.48		1513.82			1513.82			1513.82	1513.82
13482.37		23391.96	23713.95	321.98				23713.95	23713.95
7794.28		10217.32	10217.32					10217.32	10217.32
5688.09		13174.64	13496.63	321.98				13496.63	13496.63
	2486.83	15447.62	15201.72		245.90			15447.62	15447.62
	1998.41	6231.31	6231.31					6231.31	6231.31
	488.42	9216.31	8970.41		245.90			9216.31	9216.31
930.28		3541.92	3910.45	368.53				3910.45	3910.45
428.41		2932.80	725.30	458.78	2666.28			3391.58	3391.58
449.54		502.53	502.53					502.53	502.53
30.32		17823.16	15384.98	129.04	2567.22			17952.20	17952.20
		470.23	1523.16			1523.16	470.23	1993.39	1993.39
			1362.48			1362.48		1362.48	1362.48
		268.58					268.58	268.58	268.58
		201.65	160.68			160.68	201.65	362.33	362.33
	23368.48		**49813.14**		**-5714.89**		**1052.93**		**45151.19**
25855.31	**25855.31**	**110775.23**	**110775.23**	**1278.33**	**1278.33**	**1523.16**	**1523.16**	**113576.72**	**113576.72**

主要统计指标解释

发展速度 用以反映社会经济发展程度的相对指标，根据两个不同时期发展水平的对比而得。由于比较的标准时期不同，发展速度可分为定期发展速度和环比发展速度两种。

增长速度 发展速度－1（或100%）就是增长速度。即增长速度＝发展速度－1（或100%）。

平均每年增长速度 我国计算平均增长速度有两种方法，一种是习惯上经常使用的“水平法”，又称几何平均法，是以间隔最后一年的水平同基期水平对比来计算平均每年增长（或下降）的速度；另一种是“累计法”又称代数平均法或方程法，是以间隔年内各年水平的总和同基期水平对比来计算平均每年增长（或下降）的速度。具体计算方法，可参照中国财经出版社出版的《平均增长速度查对表》。

在一般正常情况下，两种方法计算的平均每年增长速度比较接近，但在经济发展不平衡出现大起大落时，两种方法计算的结果差别较大。

本《年鉴》内所列的平均每年增长速度都是用水平法计算的。从某年到某年平均增长速度的年份，均不包基期年在内。如1981－2003年平均每年增长速度，是以1980年为基期，2003年为报告期，年份从1981年算起，共23年。

当年价格 是报告期的实际价格，如工厂的出厂价格，农产品的收购价格，商品的零售价格等。按当年价格计算，是指一些以货币表现的物量指标，如工业总产值、国内生产总值等，按照当年的实际价格来计算总量。按当年价格计算的价值指标，在不同年份之间进行对比时，因为包含有各年间价格变动的因素，不能确切地反映实物量的增减变动。因此，在计算增长速度时都使用按可比价格计算的数字。

可比价格 指在不同时期的价值指标对比时，扣除了价格变动因素，而确切表示物量的变化。按可比价格计算有两种方法：一种是直接用于产品产量乘其不变价格；一种是指数法换算。

不变价格 用某一时期的同类产品的平均价格作为固定价格，来计算各个时期的产品价值。目的是为了消除各个时期价格变动的影响，保证各时期间、地区间的可比性。解放后，国家统计局先后五次制订了全国统一的工业产品和农业产品的不变价格，即从1949年至1957年使用1952年工（农）业产品不变价格，从1957年到1971年使用1957年不变价格，从1971年到1980年使用1970年不变价格，从1981年到1990年使用1980年不变价格。从1990年开始使用1990年不变价格。

指数法换算是用同一基期的指数相除。本《年鉴》所列“国内（地区）生产总值指数”等都是按可比价格计算的，如计算有关年份产值增长情况，可用定期指数（即简称年度为100的定基指数）直接进行对比。例如，求2003年国内（地区）生产总值为1980年的百分比，按表上2003年指数，1980年指数，两者相除即得，其余以此类推。

国内（地区）生产总值 指按市场价格计算的一个国家（或地区）所有常住单位在一定时期内生产活动的最终成果。国内（地区）生产总值有三种计算方法，即生产法、收入法和支出法。三种方法分别从不同的方面反映国内生产总值及其构成。

总产出 指一定时期内一个国家（或地区）常住单位生产的所有货物和服务的价值，既包括新增价值，也包括被消耗的货物和服务价值以及固定资产的转移价值。总产出按生产者价格计算，它反映常住单位生产活动的总规模。

增加值 指常住单位生产过程创造的新增价值和固定资产的转移价值。它可以按生产法计算，也可以按收入法计算，按生产法计算，它等于总产出减去中间投入；按收入法计算，它等于劳动者报酬、生产税净额、固定资产折旧和营业盈余之和。

劳动者报酬 指劳动者因从事生产活动所获得的全部报酬。包括劳动者获得的各种形式的工资、奖金和津贴，既有货币形式的，也有实物形式的，还包括劳动者所享受的公费医疗和医药卫生费、上下班交通补贴、单位支付的社会保险费、住房公积金等。对于个体经济来说，其所有者所获得的劳动报酬和经营利润不易区分，这两部分统一作为劳动者报酬处理。

生产税净额 指生产税减生产补贴后的差额。生产税指政府对生产单位从事生产、销售和经营活动以及因从事生产活动使用某些生产要素（如固定资产、土地、劳动力）所征收的各种税、附加费和规费。生产补贴与生产税相反，指政府对生产单位的单方面转移支付，因此视为负生产税，包括政策性亏损补贴、价格补贴等。

固定资产折旧 指一定时期内为弥补固定资产损耗按照规定的固定资产折旧率提取的固定资产折旧，或按国民经济核算统一规定的折旧率虚拟计算的固定资产折旧。它反映了固定资产在当期生产中的转移价值。各类企业和企业化管理的事业单位的固定资产折旧是指实际计提的折旧费；不计提折旧的政府机关、非企业化管理的事业单位和居民住房的固定资产折旧是按照统一规定的折旧率和固定资产原值计算的虚拟折旧。原则上，固定资产折旧应按固定资产的重置价值计算，但是目前我国尚不具备对全社会固定资产进行重估价的基础，所以暂时还不能采用这种办法。

营业盈余 指常住单位创造的增加值扣除劳动者报酬、生产税净额和固定资产折旧后的余额。它相当于企业的营业利润加上生产税补贴，但要扣除从利润中开支的工资和福利等。

支出法国内（地区）生产总值 指一个国家（或地区）所有常住单位在一定时期内用于最终消费、资本形成总额，以及货物和服务净出口的总额，它反映本期生产的国内生产总值的使用情况。

最终消费 指常住单位在一定时期内对于货物和服务的全部最终消费支出，也就是常住单位为满足物质、文化和精神生活的需要，从本国经济领土和国外购买的货物和服务的支出，不包括非常住单位在本国经济领土内的消费支出。最终消费分为居民消费和政府消费。

居民消费 指常住住户对货物和服务的全部最终消费支出。它除了常住住户直接以货币形式购买货物和服务的消费之外，还包括以其他方式获得的货物和服务的消费，即单位以实物报酬及实物转移的形式提供给劳动者的货物和服务；住户生产并由住户自己消费的货物和服务，其中的服务仅指住户的自有住房服务和付酬的家庭服务；金融机构提供的金融媒介服务；保险公司提供的保险服务。

政府消费 指政府部门为全社会提供公共服务的消费支出和免费或以较低价格向住户提供的消费货物和服务净支出。前者等于政府服务的产出价值减去政府单位所获得的经营收入后的价值，政府服务的产出价值等于它的经常性业务支出加上固定资产折旧；后者等于政府部门免费或以较低价格向住户提供的货物和服务的市场价值减去向住户收取的价值。

资本形成总额 指常住单位在一定时期内获得的减去处置的固定资产加存货的净变动额，包括固定资本形成总额和存货增加。

固定资本形成总额 指生产者在一定时期内获得的固定资产减处置的固定资产的价值总额。固定资产是通过生产活动生产出来的，其使用年限在一年以上，单位价值在规定标准以上的资产，不包括自然资产。固定资本形成总额分有形固定资本形成总额和无形固定资本形成总额。有形固定资本形成总额包括一定时期内完成的建筑工程、安装工程、设备工器具购置（减处置）价值以及土地改良、新增役、种、奶、毛、娱乐用牲畜和新增经济林木价值。无形固定资本形成总额包括矿藏的勘探、计算机软件等获得减处置。

存货增加 指常住单位存货实物量变动的市场价值，即期末价值减期初价值的差额，再扣除当期由于价格变动而产生的持有收益。存货增加可以是正值，也可以是负值；正值表示存货增加，负值表示存货减少。它包括生产单位购进的原材料、燃料和储备物资等存货，以及生产单位生产的产成品、在制品存货等。

货物和服务净出口 指货物和服务出口减货物和服务进口的差额。出口包括常住单位向非常住单位出售或无偿转让的各种货物和服务的价值；进口包括常住单位从非常住单位购买或无偿得到的各种货物和服务价值。由于服务活动的提供与使用同时发生，因此服务的进出口业务并不发生出入境现象，一般把常住单位从国外得到的服务作为进口，常住单位向国外提供的服务作为出口。

三次产业 根据社会生产活动历史发展的顺序对产业结构的划分，产品直接取自自然界的部门称为第一产业，初级产品进行再加工的部门称为第二产业，为生产和消费提供各种服务的部门称为第三产业。它是世界上通用的产业结构分类，但各国的划分不尽一致。我国的三次产业划分是：

第一产业是指农、林、牧、渔业。

第二产业是指采矿业，制造业，电力、燃气及水的生产和供应业，建筑业。

第三产业是指除第一、二产业以外的其他行业。第三产业包括：交通运输、仓储和邮政业，信息传输、计算机服务和软件业，批发和零售业，住宿和餐饮业，金融业，房地产业，租赁和商务服务业，科学研究、技术服务和地质勘查业，水利、环境和公共设施管理业，居民服务和其他服务业，教育，卫生、社会保障和社会福利业，文化、体育和娱乐业，公共管理和社会组织，国际组织。

Explanatory Notes on Main Statistical Indicators

Development Rate is calculated by comparing the development levels of two different periods, which is a relative indicator to reflect the development extend of social economy. According to the different bases of comparison, development rates can be classified into fixed-base development rate and chain-base development rate.

Growth Rate is equal to development rate minus one (or 100%), i. e. growth rate = development rate – 1 (or 100%)

Average Annual Growth Rate Two methods for calculating average annual growth rate are applied in China, one is often called level approach or the method of calculating geometric average, which is derived by comparing the level of the last year of the interval with that of the beginning year; the other is called "accumulative approach" or algebraic average or equation method, which is derived by the summation of the actual figure of each year in the interval divided by the figure in the base year. The detailed calculating methods can be found by reference to the Check Table of Average Growth Rate published by China Financial Publishing House.

Usually the results calculated by the two methods are fairly close, but they differed sharply when uneven economic development occurred with striking fluctuations in growth.

The average annual growth rates listed in this statistical yearbook are calculated by "level approach". The base years are not listed when the years are listed for average annual growth rates. For instance, the average annual growth rate of 23 years since 1981 is listed as average annual growth rate of 1981 – 2003, among which 1980 is the base year and 2003 is the reference year.

Current Price refers to the actual price in the reference period, such as factory price, purchasing price of agricultural products, retail price of commodities, etc. Total values of some quantum indicators in value terms at current prices, such as gross industrial output value and gross domestic product, are calculated in accordance with actual prices of current year. When comparing indicators of value over time at current prices, they cannot accurately reflect the changes in real term due to price fluctuations of each year. That is why growth rate is calculated at comparable prices.

Comparable Prices are applied when comparing indicators of value over time to reflect accurately the changes in real term. Two methods are used for calculating comparable prices: (a) multiplying the output of products by their constant prices of certain year; (b) conversion of the data in current prices by relevant price index.

Constant Price refers to the average price of a given product in certain year, which is used for comparison of output value over time. As the output value at constant prices removes the factor of price changes, it reflects the trend of production development over time. Since 1949, with the changes in general price level, the National Bureau of Statistics has issued nationally unified constant prices five times: the 1952 constant prices for 1949 – 1957; the 1957 constant prices for 1958 – 1970; the 1970 constant prices for 1971 – 1980; the 1980 constant prices for 1981 – 1990; and the 1990 constant prices have been used since 1990.

The index conversion method is derived by an index of the base year divided by another index of the same base year. The "indexes of gross domestic product" listed in this statistical yearbook are calculated at comparable prices. For example, the growth rate of output value of a year can be derived by directly comparing with fixed base index (i. e. 100). The increase rate of gross domestic product in 1980 over 2003 can be derived by the index of 2003 divided by the index of 1980. And the analogs of this is also for the rest.

Gross Domestic Product refers to the final products of all resident units in a country (or a region) during a certain period of time calculated by market prices. It is calculated with three approaches, i. e. production approach, income approach and expenditure approach, which reflect gross domestic product and its composition from different aspects.

Total Output refers to the total value of all products and services created by all resident units in a country (or a region) during a certain period of time, including the newly increased value, the consumed value of products and services and the transfer value of fixed assets. Total output is calculated by producers´prices, which reflects the total production scale created by all resident units.

Value Added refers to the newly increased value and the transfer value of fixed assets created by all resident units in a country (or a region) during a certain period of time. It can be calculated by production approach and income approach. In terms of production approach, it is the total output minus intimidate input. In terms of income approach, it is the summation of laborer´remuneration, net taxes on production, depreciation of fixed assets and operating surplus.

Laborers Remuneration refers to the whole payment of various forms earned by the laborers from the productive activities they engaged in. It includes wages, bonuses and allowances the laborers earned in monetary form and in kind. It also includes the free medical services provided to the laborers and the medicine expenses, traffic subsidies and social insurance fee paid by the laborers´working units for them. As the individual economy is concerned, since the laborers´remuneration is not easily distinguished from the operating profit, both are treated as laborers´remuneration.

Net Taxes on Production refers to the residual of the taxes on production minus the subsidies on production. The taxes on production refers to the various taxes, extra charges and fees levied on the production units on their production, sale and business activities as well as on some factors of production, such as fixed assets, land and labor force, used in the production activities they engaged in. In contrast to the taxes on production, the subsidies on production refer to the unilateral transfer of part of the government's revenue to the production units and is therefore regarded as negative taxes on production. They include subsidies on the loss due to implementation of government policies and price subsidies, etc.

Depreciation of Fixed Assets refers to the depreciation of fixed assets of a given period, drawn in accordance with the stipulated depreciation rate for the purpose of compensating the wear loss of the fixed assets or the depreciation of fixed assets calculated in a fictitious way in accordance with the stipulated unified depreciation rate in the national economic accounting system. It reflects the value of transfer of the fixed assets in the production of the current period. The depreciation of fixed assets in various enterprises and institutions managed as enterprises refers to the depreciation expenses actually drawn and calculated as part of the cost. In government agencies and institutions not managed as enterprises which do not draw the depreciation expenses, as well as for the houses of residents, the depreciation of fixed assets is the imputed depreciation, which is calculated in accordance with the stipulated unified depreciation rate. In principle, the depreciation of fixed assets should be calculated on the basis of the re-purchased value of the fixed assets. However, there is no actual condition to re-evaluate all the fixed assets in China. Therefore, the above-mentioned methods are temporarily adopted at present.

Operating Surplus refers to the balance of the value added created by the resident units deducting the laborers´remuneration, net taxes on production and the depreciation of fixed assets. It is equivalent to the business profit of the enterprises plus subsidies on production, but the wages and welfare expenses paid from the profits should be deducted.

GDP Calculated with Expenditure Approach refers to total expenditure on final consumption, total capital formation and net export of goods and services by resident units of a country in a certain period of time. It reflects the composition of GDP by its use.

Final Consumption refers to the total expenditure of resident units on final consumption of goods and services in a certain period, namely the expenditure of the resident units for purchases of goods and services from domestic economic territory and abroad to meet the requirements of material, cultural and spiritual life. It excludes the expenditure of non-resident units on consumption in the economic territory of the country. The final consumption is classified into household consumption and government consumption.

Households Consumption refers to the total expenditure of resident households on the final consumption of goods and services. In addition to the consumption of goods and services bought by the resident households directly with money, the expenditure on goods and services obtained by the resident households in other ways is also included in the households consumption, which includes: (a) the goods and services provided to the households by the units in the form of payment in kind and transfer in kind; (b) the goods and services produced and consumed by the households themselves, in which the services refer only to the services provided by the residential buildings owned by the households; (c) the services of financial intermediary provided by the financial institutions; (d) and the insurance services provided by the insurance companies.

Government Consumption refers to the expenditure on the consumption of the public services provided by the government to the whole society and the net expenditure on the goods and services provided by the government to the households at free charge or lower prices. The former equals to the output value of the government services minus the value of operating income obtained by the government departments. (The output value of the government services equals to its current operating expenditure plus depreciation of fixed assets) . The latter equals to the market value of the goods and services provided by the government free of charge or at low prices to the households minus the value received by the government from the households.

Total Capital Formation refers to the fixed assets acquired minus those disposed and the change inventory, including the total fixed assets formation and the increase in inventory.

Total Fixed Capital Formation refers to the value of fixed assets purchased, transferred in by the resident units and those produced and used by themselves deducting the value of fixed assets sold and transferred out. It can be classified into total tangible assets formation and total intangible assets formation. The total tangible assets formation include the value of the construction projects, installation projects completed and the equipment, apparatus and instruments purchased as well as the value of land improved, the value of draught animals, breeding stock, milk, wool and recreational animals and the newly increased economic forest in a certain period. The total intangible assets formation includes the prospecting of minerals, the acquisition of computer software, the originals of recreational works and works of literature and arts minus the disposal of them.

Increase in Inventory refers to the market value of the change in inventory, i. e. the difference of value between the beginning and the end of the period. The increase in inventory can be positive or negative. A positive value indicates the increase in stock while a negative value indicates the decrease in stock. The inventory includes the raw materials, fuels and reserve materials purchased by the production units as well as the inventory of finished products, semi-finished products and work-in-progress, etc.

Net Export of Goods and Services refers to the difference of the exports of goods and services minus the imports of goods and services. The imports include the value of various goods and services sold or gratuitously transferred by the resident units to the non-resident units. The imports include the value of various goods and services purchased or gratuitously acquired by the resident units from the non-resident units. Because the provision of services and the use of them happen simultaneously, the import and export of services do not appear to have the phenomena of crossing the border of the country. The acquisition of services by the resident units from abroad is usually treated as import while the provision of services by the resident units to abroad is usually treated as export. .

Three Industries: Industry structure has been classified according to the historical sequence of development. Primary industry refers to extraction of natural resources; secondary industry involves processing of primary products; and tertiary industry provides services of various kinds for production and consumption. The above classification is universal although it varies to some extent from country to country. Industry in China comprises:

Primary industry: agriculture (including farming, forestry, animal husbandry and fishery) .

Secondary industry: industry (including mining and quarrying, manufacturing, production and supply of electricity, water and gas) and construction.

Tertiary industry: all other industries excluded in primary or secondary industry, including transport, storage, postal services, data transmission, computer services and software, wholesale and retail trade, hotels and catering services, finance, real estate, leasing and business services, scientific research and technical services, geological prospecting, water conservancy, environment and public facility management, residential services and other services, education, health care, social security and social welfare, culture, sports and recreation, public administration and social organizations, and international organizations.

三　要素市场主要指标

MAIN INDICATORS ON THE FACTOR MARKET

3

三　要素市场主要指标

简要说明

一、本篇资料反映广东土地、劳动力、技术、股票、房地产等要素市场方面的情况。

二、本篇资料由广东省统计局法规制度处整理、编辑。

三、资料来源：

1. 国有土地使用权出让、划拨情况来源于广东省国土资源厅。

2. 劳动力市场情况来源于广东省劳动与社会保障厅。

3. 城市房产市场交易情况来源于广东省建设厅。

4. 技术市场交易情况来源于广东省科学技术厅。

5. 人才市场情况来源于广东省人事厅。

6. 股票发行情况资料来源于中国证券监督管理委员会广东证监局和深圳市统计局。

3　MAIN INDICATORS ON THE FACTOR MARKET

Brief Introduction

Ⅰ. Data in this chapter show the conditions of the factor market of Guangdong Province, including land, labor force, technology, stock and real estate, etc.

Ⅱ. Data in this chapter are prepared and compiled by the Division of Statistical Legislation and Programs Management of Guangdong Provincial Bureau of Statistics.

Ⅲ. Sources of the data in this chapter

1) Data on the grant and allocation of the use right of state-owned land are provided by the Land and Resources Department of Guangdong Province.

2) Data on the labor force market are provided by the Labor and Social Security Department of Guangdong Province.

3) Data on the transaction in the market of urban real estate are provided by the Construction Department of Guangdong Province.

4) Data on the transaction in the market of technology are provided by the Science and Technology Department of Guangdong Province.

5) Data on the personnel-recruiting market are provided by the Personnel Department of Guangdong Province.

6) Data on the stock issuing are provided by China Securities Regulatory Committee Guangdong Bureau and Shenzhen Municipal Bureau of Statistics.

3-1 国有土地使用权出让、划拨情况
BASIC STATISTICS ON GRANT AND ALLOCATION OF THE USE RIGHT OF STATE-OWNED LAND

指　标	Item	1995	2000	2002	2003
国有土地使用权出让	Grant of the Use Right of State-owned Land				
出让地块（宗）	Number of Blocks (unit)	9701	8305	8193	7816
出让面积（万平方米）	Area of Granted Land (10000 sq. m)	8527	5542	8201	10270
成交价款（亿元）	Transaction Value (100 million yuan)				217
国有土地使用权划拨	Allocation of the Use Right of State-owned Land				
划拨地块（宗）	Number of Blocks (unit)	6476	982	1947	1191
划拨面积（万平方米）	Area of Allocation (10000 sq. m)	6090	1315	4022	2085

3-2 各市国有土地使用权出让与划拨情况（2003 年）
GRANT AND ALLOCATION OF THE USE RIGHT OF STATE-OWNED LAND BY CITY (2003)

市别 City	国有土地使用权出让 Grant of the Use Right of State-owned Land			国有土地使用权划拨 Allocation of the Use Right of State-owned Land		出让、划拨土地总面积（万平方米） Total Land Area of Grant and Allocation (10000 sq. m)
	地块（宗） Number of Blocks (unit)	面积（万平方米） Area (10000 sq. m)	成交价款（亿元） Transaction Value (100 million yuan)	地块（宗） Number of Blocks (unit)	面积（万平方米） Area (10000 sq. m)	
全省合计 Provincial Total	**7816**	**10270**	**217.00**	**1191**	**2085.31**	**12355.32**
广　州 Guangzhou	65	534	40.22			534.00
深　圳 Shenzhen	332	1410	59.25			1409.62
珠　海 Zhuhai	392	1354	9.47			1354.38
汕　头 Shantou	126	99	4.17	11	8.92	108.04
佛　山 Foshan	1692	1886	22.69	152	1254.61	3140.77
韶　关 Shaoguan	335	109	2.09	26	8.44	117.22
河　源 Heyuan	193	40	0.56	93	144.92	184.83
梅　州 Meizhou	298	93	1.07	23	21.77	114.54
惠　州 Huizhou	1400	1564	11.83			1563.96
汕　尾 Shanwei	6	18	0.10			18.40
东　莞 Dongguan	52	490	32.60	1	0.28	490.08
中　山 Zhongshan	45	195	7.46			194.90
江　门 Jiangmen	594	1276	11.07	18	50.74	1327.15
阳　江 Yangjiang	373	56	0.80	4	2.65	58.86
湛　江 Zhanjiang	619	552	2.71	429	46.51	598.93
茂　名 Maoming	493	185	0.90	74	145.52	330.04
肇　庆 Zhaoqing	340	89	1.36	20	24.04	113.17
清　远 Qingyuan	298	227	6.41	311	105.94	332.51
潮　州 Chaozhou	17	3	0.02	5	1.01	3.63
揭　阳 Jieyang	20	30	0.44	6	118.00	147.95
云　浮 Yunfu	126	60	1.78	18	151.96	212.34

3-3 劳动力市场情况
MARKET OF LABOR FORCE

指　　标	Item	1995	2000	2002	2003
职业介绍服务机构数（个）	Number of Labor Exchange Service Organizations (unit)	1489	1355	1723	1560
劳动部门所属	Run by Labor Departments	1065	1039	1027	797
非劳动部门所属	Run By Non-labor Departments	424	316	696	763
年末实有外省劳动力（万人）	Number of Laborers from Other Provinces at the Year-end (10000 persons)	359. 79	534. 60	746. 80	885. 43
年新增加的外省劳动力（万人）	Number of Newly Increased Non-native Laborers from Other Provinces in the Year (10000 persons)	76. 14	120. 80	102. 31	253. 24
年末实有省内外来劳动力（万人）	Number of Non-native Laborers within the Province at the Year-end (10000 persons)	255. 68	234. 10	265. 90	294. 89
城　镇	Urban Areas	60. 45	65. 80	68. 70	74. 30
农　村	Rural Areas	195. 23	168. 30	197. 20	220. 59
年末实有外出劳动力（万人）	Number of Out-going Laborers at the Year-end (10000 persons)	178. 94	214. 10	233. 10	290. 71
城　镇	Urban Areas	26. 26	49. 30	51. 00	65. 42
农　村	Rural Areas	152. 68	164. 80	182. 10	225. 29

3-4 各市劳动力市场情况（2003 年）
MARKET OF LABOR FORCE BY CITY (2003)

单位：个、万人　　　　(unit, 10000 persons)

市　别　City	职业介绍服务机构 Number of Labor Exchange Service Organizations			本年求职登记人数 Number of Job Seekers Registered in the Year	本年末实有外省劳动力 Number of Labourers from Other Provinces at the Year-end	本年新增加的外省劳动力 Number ot Newly Increased Labourers from Other Provinces in the Year	外来劳动力合计 Total Non-native Labourers	外出劳动力合计 Total Out-going Labourers
	合计 Total	劳动部门所属 Run by Labor Departments	非劳动部门所属 Run by Non-labor Departments					
全省总计 Total	**1560**	**797**	**763**	**438. 33**	**885. 41**	**253. 23**	**294. 88**	**290. 72**
广　州 Guangzhou	361	152	209	71. 63	77. 63	15. 79	34. 33	7. 15
深　圳 Shenzhen	105	15	90	177. 19	285. 93	91. 21	124. 75	
珠　海 Zhuhai	46	5	41	33. 50	18. 78	6. 34	5. 25	0. 15
汕　头 Shantou	48	40	8	10. 28	8. 80	3. 09	2. 78	3. 60
佛　山 Foshan	179	29	150	36. 74	98. 95	34. 77	39. 23	5. 58
韶　关 Shaoguan	40	22	18	5. 73	3. 77	1. 66	2. 24	18. 04
河　源 Heyuan	7	7		3. 04	3. 71	2. 00	2. 71	46. 82
梅　州 Meizhou	76	75	1	1. 99	5. 96	1. 89	4. 16	26. 97
惠　州 Huizhou	43	30	13	7. 95	33. 43	7. 26	9. 80	6. 16
汕　尾 Shanwei	55	49	6	2. 26	8. 53	0. 99	1. 93	8. 34
东　莞 Dongguan	118	33	85	15. 90	229. 14	52. 74	31. 58	
中　山 Zhongshan	61	27	34	17. 99	57. 21	17. 13	13. 47	1. 42
江　门 Jiangmen	98	80	18	14. 03	22. 86	6. 14	5. 29	11. 74
阳　江 Yangjiang	16	5	11	5. 51	3. 44	0. 42	1. 63	11. 54
湛　江 Zhanjiang	33	13	20	15. 47	2. 22	0. 84	4. 23	16. 31
茂　名 Maoming	42	42		4. 01	3. 25	0. 51	2. 60	69. 22
肇　庆 Zhaoqing	38	28	10	4. 13	6. 75	1. 29	3. 49	19. 62
清　远 Qingyuan	83	78	5	2. 64	2. 95	2. 00	2. 19	10. 39
潮　州 Chaozhou	42	13	29	1. 67	4. 52	2. 73	0. 74	1. 25
揭　阳 Jieyang	21	9	12	3. 38	3. 29	0. 51	1. 62	4. 97
云　浮 Yunfu	48	45	3	3. 29	4. 29	3. 92	0. 86	21. 45

3-5 各市房地产市场交易情况（2003 年）
TRANSACTION IN THE MARKET OF REAL ESTATE BY CITY (2003)

市别 City	新建商品房现售 Newly Constructed Commercial Buildings on Sale		新建商品房预售 Presale of Newly Constructed Commercial Buildings		存量房买卖 Sales of Stock Buildings		房屋租赁登记备案 Lease of Buildings Registered on Record	
	成交面积（万平方米）Transaction Area (10000 sq. m)	成交金额（万元）Transaction Value (10000 yuan)	预售面积（万平方米）Presale Area (10000 sq. m)	预售金额（万元）Presale Value (10000 yuan)	成交面积（万平方米）Transaction Area (10000 sq. m)	成交金额（万元）Transaction Value (10000 yuan)	登记备案件数（个）Number of Buildings Registered on Record (unit)	登记备案面积（万平方米）Area of Buildings Registered on Record (10000 sq. m)
全省合计 Total	**2401. 01**	**5992476. 32**	**2589. 93**	**9274591. 51**	**2679. 32**	**5734436. 53**	**102272**	**2760. 21**
广州 Guangzhou	288. 69	960959. 00	753. 59	3478554. 00	592. 32	1600418. 00	17457	191. 90
深圳 Shenzhen	335. 62	1767028. 00	542. 23	2843849. 6	449. 14	2425163. 00	63175	2233. 57
珠海 Zhuhai	145. 11	462385. 21	94. 51	338047. 61	104. 44	200984. 38		
汕头 Shantou	64. 60	110213. 86	58. 89	116906. 87	124. 81	153952. 53	1318	26. 51
佛山 Foshan	328. 95	783191. 16	385. 11	1011850. 34	319. 44	404171. 43	2312	18. 43
韶关 Shaoguan	118. 61	128171. 46	10. 84	17363. 77	67. 47	55557. 14		
河源 Heyuan	19. 07	23774. 11	18. 60	26459. 00	59. 23	32739. 67	1155	9. 04
梅州 Meizhou	52. 25	45646. 58	2. 87	3422. 68	78. 99	48479. 05		
惠州 Huizhou	145. 85	224359. 90	177. 70	342300. 66	96. 61	84827. 09	168	0. 82
汕尾 Shanwei	14. 03	14055. 00	5. 10	4850. 00	30. 17	22451. 00	62	1. 26
东莞 Dongguan	202. 61	451451. 99			87. 75	112472. 59		
中山 Zhongshan	45. 73	129302. 64	189. 64	556761. 45	145. 14	110226. 65	4554	54. 32
江门 Jiangmen	279. 89	411308. 00	157. 32	232305. 00	145. 53	189130. 00	2942	36. 93
阳江 Yangjiang	21. 93	27971. 81	16. 79	26895. 41	34. 03	22980. 46	2806	25. 73
湛江 Zhanjiang	26. 84	46743. 85	44. 19	72728. 00	54. 03	32831. 29	3645	144. 99
茂名 Maoming	40. 41	53002. 11			37. 29	22904. 45	587	3. 90
肇庆 Zhaoqing	96. 31	132687. 29	60. 11	110103. 52	92. 76	72230. 08	917	5. 20
清远 Qingyuan	42. 30	59260. 00	52. 86	69195. 00	24. 67	44540. 00		
潮州 Chaozhou	56. 30	62873. 82	0. 89	841. 70	13. 77	13234. 22	114	1. 36
揭阳 Jieyang	57. 63	76874. 38	5. 87	6851. 9	41. 61	32484. 81		
云浮 Yunfu	18. 28	21216. 15	12. 82	15305. 00	80. 06	52658. 69	1060	6. 25

3-6 技术市场交易情况
TRANSACTION IN THE MARKET OF TECHNOLOGY

指　　标		Item		1995	2000	2002	2003
技术买方：项数	**（项）**	**Technology Buyers: Number of Items**	**(item)**	**5098**	**5464**	**8265**	**11924**
金额	**（万元）**	**Amount**	**(10000 yuan)**	**125972**	**482104**	**684500**	**805730**
企业项数	（项）	Number of Items by Enterprises	(item)	3347	3739	6097	9380
金额	（万元）	Amount	(10000 yuan)	94147	415226	616800	703180
科研机构项数	（项）	Number of Items by Scientific & Technological Research Institutions	(item)	177	186	255	373
金额	（万元）	Amount	(10000 yuan)	1544	17494	5200	7960
各级管理部门项数	（项）	Number of Items by Management Departments at All Levels	(item)	400	464	525	816
金额	（万元）	Amount	(10000 yuan)	12719	23864	14700	24434
技术贸易机构项数	（项）	Number of Items by Technology Trade Organizations	(item)	88	42	25	27
金额	（万元）	Amount	(10000 yuan)	1175	1148	500	419
个体经营项数	（项）	Number of Items by Individuals	(item)	1086	1033	1363	135
金额	（万元）	Amount	(10000 yuan)	16387	24372	47300	1138
技术卖方：项数	**（项）**	**Technology Sellers: Number of Items**	**(item)**	**5098**	**5464**	**8265**	**11924**
金额	**（万元）**	**Amount**	**(10000 yuan)**	**125973**	**482104**	**684500**	**805730**
企业项数	（项）	Number of Items by Enterprises	(item)	190	793	2612	3952
金额	（万元）	Amount	(10000 yuan)	5170	195931	337500	651943
科研机构项数	（项）	Number of Items by Scientific & Technological Research Institutions	(item)	1635	1946	2554	4097
金额	（万元）	Amount	(10000 yuan)	70271	77106	50700	60852
大中专院校项数	（项）	Number of Items by Institutions of Secondary and Higher Education	(item)	263	520	536	1088
金额	（万元）	Amount	(10000 yuan)	4376	11871	17400	39253
技术贸易机构项数	（项）	Number of Items by Technology Trade Organizations	(item)	2657	1948	2138	2423
金额	（万元）	Amount	(10000 yuan)	42397	148471	37500	28884
个体经营项数	（项）	Number of Items by Individuals	(item)	353	257	425	59
金额	（万元）	Amount	(10000 yuan)	3759	48725	246400	1039

3-7 各市人才流动机构情况（2003 年）

STATUS OF TALENT FLOW ORGANIZATIONS BY CITY（2003）

单位：个、人　　　　　　　　　　　　　　　　　　　　　　（unit，person）

市别 City	挂牌人才市场 Listed Talent Markets	人才流动机构情况 Status of Talent Flow Organizations						人才培训 Talent Training		人才交流会次数 Number of Talent Exchange Meetings	参加人才交流会应聘人才 Number of Persons Participating in Talent Exchange Meetings
		市属 Under the Leadership of City		县属 Under the Leadership of County		民办 Run by the Local People					
		机构 Organizations	人员 Personnel	机构 Organizations	人员 Personnel	机构 Organizations	人员 Personnel	次数 Number of Times	人数 Number of Persons		
全省合计 Total	**298**	**20**	**869**	**121**	**610**	**198**	**1633**	**1288**	**143788**	**1846**	**2563206**
广　州 Guangzhou	160	1	537	14	156	141	895	68	4837	144	442353
深　圳 Shenzhen	49	1	161	7	194	41	354	21	1860	6	125000
珠　海 Zhuhai	5	1	25	2	22	2	32			23	287853
汕　头 Shantou	4	1	10	8	27			151	11662	2	14877
佛　山 Foshan	6	1	48	5	45			88	5332	647	369196
韶　关 Shaoguan	5	1	10	11	16			126	15663		300
河　源 Heyuan	1	1	8	6	12					8	718
梅　州 Meizhou	9	1	4	8	11			213	11086	13	
惠　州 Huizhou	6	1	12	5	23			5	510	227	121000
汕　尾 Shanwei		1	2	6	8						1568
东　莞 Dongguan	10					8	320			720	871179
中　山 Zhongshan	3	1	12							4	28643
江　门 Jiangmen	7	1	10	7	19					7	250000
阳　江 Yangjiang	1	1	3					118	6439	15	10740
湛　江 Zhanjiang	1	1	2	11	24	3	15	15	1700	4	5000
茂　名 Maoming	7	1	3	6	15			351	63360		1467
肇　庆 Zhaoqing	9	1	6	4	6	3	17			18	18500
清　远 Qingyuan	4	1	6	4	7						
潮　州 Chaozhou	4	1	1	3	3			107	19619		6300
揭　阳 Jieyang	4	1	5	9	14					2	3282
云　浮 Yunfu	3	1	4	5	8			25	1720	6	5230

3-8 各市证券市场情况（2003 年）
STATUS OF STOCK MARKET BY CITY (2003)

市 别 City	境内上市公司（A、B股）（家）Number of Listed Companies (with A or B Shares) in China's Stock Markets (unit)	市价总值（亿元）Total Market Value (100 million yuan)	流通市值（亿元）Negotiable Market Value (100 million yuan)	股票筹资额（亿元）Funds Raised through Stocks (100 million yuan)		可转债筹资额（亿元）Funds Raised through Convertible Loan Stocks (100 million yuan)		股票成交额（亿元）Transaction Value of Stocks (100 million yuan)
				当年 Current Year	累计 Cumulative	当年 Current Year	累计 Cumulative	
全省合计 Total	**569**	**14699.12**	**5750.32**	**137.32**	**3147.20**	**52.60**	**119.60**	**16922.61**
广 州 Guangzhou	20	975.91	310.97	50.52	155.29			2368.70
深 圳 Shenzhen	505	12652.79	4977.38	87.22	2740.33	52.60	119.60	11258.11
珠 海 Zhuhai	6	146.14	70.94	3.44	34.05			211.70
汕 头 Shantou	2	27.79	11.08		8.33			349.90
佛 山 Foshan	8	214.73	98.13		52.53			869.80
韶 关 Shaoguan	2	125.72	55.45	8.00	28.87			88.40
河 源 Heyuan								28.70
梅 州 Meizhou	3	69.85	44.27	0.91	22.34			113.00
惠 州 Huizhou	2	61.23	25.87		8.42			118.30
汕 尾 Shanwei								32.90
东 莞 Dongguan	3	150.8	44.62		21.59			408.90
中 山 Zhongshan	2	30.96	15.32		6.05			187.30
江 门 Jiangmen	4	59.31	26.18		25.97			279.70
阳 江 Yangjiang	1	8.02	4.05		3.42			26.30
湛 江 Zhanjiang	1	10.50	3.94	2.76	4.54			130.50
茂 名 Maoming	2	46.06	17.04		3.59			100.8
肇 庆 Zhaoqing	2	48.97	22.85		18.26			126.60
清 远 Qingyuan	1	8.71	2.18		1.22			35.80
潮 州 Chaozhou	1	12.80	5.56		3.64			60.90
揭 阳 Jieyang	4		14.49		8.76			104.10
云 浮 Yunfu								22.20

3-8 **续表** continued

市别 City	投资者开户数（万户）Number of Investors Opening Accounts (10000 household)		基金管理公司（家）Number of Fund Management Companies (unit)	封闭式证券投资基金 Closed-end Portfolio Funds			开放式证券投资基金 Open-end Portfolio Funds		
	当年 Current Year	累计 Cumulative		基金数量（只）Number of Funds (unit)	基金规模（亿份）Size of Funds (100 million lots)	基金净值（亿元）Net Value of Funds (100 million yuan)	基金数量（只）Number of Funds (unit)	基金规模（亿份）Size of Funds (100 million lots)	基金净值（亿元）Net Value of Funds (100 million yuan)
全省合计 Total	**96.91**	**3878.07**	**18**	**34**	**492**	**519.00**	**25**	**495.31**	**525.18**
广州 Guangzhou	8.60	189.20							
深圳 Shenzhen	73.98	3381.47	15	30	438	456.09	21	414.19	439.81
珠海 Zhuhai	0.30	26.80	3	4	54	62.91	4	81.12	85.37
汕头 Shantou	1.20	26.60							
佛山 Foshan	1.50	54.60							
韶关 Shaoguan	1.60	9.30							
河源 Heyuan	0.03	0.20							
梅州 Meizhou	0.30	14.00							
惠州 Huizhou	0.40	13.00							
汕尾 Shanwei	0.04	1.90							
东莞 Dongguan	0.80	36.60							
中山 Zhongshan	1.10	21.40							
江门 Jiangmen	1.60	32.50							
阳江 Yangjiang	0.06	4.20							
湛江 Zhanjiang	1.80	13.60							
茂名 Maoming	0.20	13.50							
肇庆 Zhaoqing	1.30	15.30							
清远 Qingyuan	0.30	5.20							
潮州 Chaozhou	0.30	7.40							
揭阳 Jieyang	1.40	4.80							
云浮 Yunfu	0.10	6.5							

四 人口

POPULATION

四 人 口

简要说明

一、本资料内容:

1. 2003 年人口变动情况抽样调查的推算数据，包括年末常住人口、出生率、死亡率、自然增长率等;

2. 2003 年公安年报的户籍人口统计数据，包括表 4-1、表 4-2 的部分数据以及表 4-4 至表 4-6 的全部数据。

二、本资料由广东省统计局人口与社会科技处整理提供。

4 POPULATION

Brief Introduction

Ⅰ. The data in this chapter include:

(1) the estimates from the sample surveys on 2003 population changes, including the year-end permanent population, birth rate, death rate and natural growth rate of population, etc.

(2) the statistics on the population with residence registration from the 2003 annual reports of the public security, including part of the figures in Table4-1, Table 4-2 and all the figures from Table 4-4 to Table 4-6.

Ⅱ. The date in this chapter are prepared and provided by the Division of Population, Social, Science and Technology Statistics of Guangdong Provincial Bureau of Statistics.

4-1 人口主要指标
MAIN POPULATION FIGURES

指标	Item	1985	1990	1995	2002	2003
一、年末常住人口 （万人）	Permanent Population at the Year-end （10000 persons）	5670. 65	6346. 22	6867. 77	7858. 58	7954. 22
人口密度 （人/平方公里）	Population Density （person/sq. km. ）	318	351	382	430	442
二、户籍人口	Population with Residence Registration					
年末总户数 （万户）	Total Households at the Year-end （10000 households）	1205. 64	1411. 08	1631. 03	1976. 99	2023. 91
年末总人口 （万人）	Total Population at the Year-end （10000 persons）	5656. 60	6246. 32	6788. 74	7649. 29	7723. 42
#农业人口	Agricultural Population	4457. 68	4769. 01	4753. 37	4881. 98	4003. 07
非农业人口比重 （%）	Percentage of Non-agricultural Population （%）	21. 18	23. 65	29. 98	36. 18	47. 67
性别比 （女 = 100）	Sex Ratio （Female = 100）	106. 0	105. 9	106. 5	106. 7	106. 8
三、人口变动情况 （‰）	Status of Population Changes （‰）					
出生率	Birth Rate	20. 60	22. 26	18. 10	13. 29	13. 66
死亡率	Death Rate	6. 33	5. 76	5. 70	5. 08	5. 31
自然增长率	Natural Growth Rate	14. 27	16. 50	12. 40	8. 21	8. 35
迁入率	Immigration Rate	17. 82	15. 38	16. 04	13. 44	13. 70
迁出率	Emigration Rate	15. 12	12. 56	13. 31	10. 77	10. 83
总迁移率	Total Migration Rate	32. 94	27. 94	29. 35	24. 21	24. 53
净迁移率	Net Migration Rate	2. 70	2. 82	2. 73	2. 67	2. 87
跨省净迁移率	Net Migration Rate between Provinces	0. 39	0. 35	1. 09	1. 05	2. 02

4-2 年末户籍总人口
TOTAL POPULATION WITH RESIDENCE REGISTRATION AT THE YEAR-END

单位：万人 （10000 persons）

年份 Year	总人口 Total Population	按性别分 By Sex		按农业、非农业分 By Agricultural & Non-agricultural Population		人口密度（人/平方公里） Population Density （person/sq. km）
		男 Male	女 Female	非农业人口 Non-agricultural Population	农业人口 Agricultural Population	
1949	2782. 72	1397. 30	1385. 42	437. 46	2345. 26	156
1952	2910. 45	1457. 24	1453. 21	512. 93	2397. 52	164
1957	3301. 79	1666. 23	1635. 56	597. 13	2704. 66	186
1962	3575. 38	1799. 73	1775. 65	658. 46	2916. 92	201
1965	3865. 51	1957. 18	1908. 33	679. 99	3185. 52	217
1970	4382. 21	2222. 88	2159. 33	693. 05	3689. 16	246
1975	4858. 48	2477. 83	2380. 65	759. 84	4098. 64	273
1978	5064. 15	2586. 68	2477. 47	823. 23	4240. 92	285
1980	5227. 67	2671. 28	2556. 39	909. 71	4317. 96	294
1982	5415. 35	2771. 86	2643. 49	971. 46	4443. 89	304
1983	5494. 12	2818. 92	2675. 20	1001. 05	4493. 07	309
1984	5576. 62	2865. 90	2710. 72	1097. 36	4479. 26	313
1985	5656. 60	2909. 52	2746. 08	1197. 92	4457. 68	318
1986	5740. 70	2955. 68	2785. 02	1254. 60	4486. 10	323
1987	5832. 15	3003. 09	2829. 06	1309. 91	4522. 24	328
1988	5928. 31	3053. 50	2874. 81	1366. 54	4561. 77	333
1989	6024. 98	3106. 37	2918. 61	1422. 75	4602. 23	338
1990	6246. 32	3213. 20	3033. 12	1477. 31	4769. 01	351
1991	6348. 95	3266. 26	3082. 69	1540. 92	4808. 03	357
1992	6463. 17	3327. 67	3135. 50	1640. 80	4822. 37	363
1993	6581. 60	3390. 37	3191. 23	1808. 09	4773. 51	369
1994	6691. 46	3450. 68	3240. 78	1964. 72	4726. 74	376
1995	6788. 74	3501. 19	3287. 55	2035. 37	4753. 37	382
1996	6896. 77	3559. 54	3337. 23	2107. 80	4788. 97	388
1997	7013. 73	3620. 32	3393. 41	2173. 50	4840. 23	394
1998	7115. 65	3676. 95	3438. 70	2219. 07	4896. 58	400
1999	7298. 88	3769. 70	3529. 18	2276. 42	5022. 46	410
2000	7498. 54	3871. 13	3627. 41	2338. 29	5160. 25	422
2001	7565. 33	3905. 28	3660. 05	2391. 31	5174. 02	426
2002	7649. 29	3948. 25	3701. 04	2767. 31	4881. 98	430
2003	7723. 42	3989. 24	3734. 18	3681. 93	4003. 07	442

注：2003 年按农业、非农业分的人口中不包括未落常住户口的人数，4-5 表同此。

Note：In 2003，the population grouped by agricultural and non-agricultural population excluded the number of non-permanent population. The same as in Table 4-5.

4-3 人口自然变动情况
STATUS OF NATURAL POPULATION CHANGES

单位：万人、‰ (10000 persons, ‰)

年份 Year	出生 Birth		死亡 Death		自然增长 Natural Growth of Population	
	出生人数 Number of Birth	出生率 Birth Rate	死亡人数 Number of Death	死亡率 Death Rate	自然增长人数 Number of Natural Growth	自然增长率 Natural Growth Rate
1949	95. 98	36. 00	39. 99	15. 00	55. 99	21. 00
1952	105. 81	36. 60	39. 32	13. 58	66. 49	23. 02
1957	114. 81	35. 24	27. 24	8. 36	87. 57	26. 88
1962	150. 02	42. 46	33. 28	9. 42	116. 74	33. 04
1965	137. 53	36. 10	25. 95	6. 81	111. 58	29. 29
1970	140. 93	32. 50	25. 52	5. 88	115. 41	26. 62
1975	110. 61	22. 95	29. 38	6. 10	81. 23	16. 85
1978	111. 23	22. 14	27. 35	5. 44	83. 88	16. 70
1980	118. 31	22. 82	28. 40	5. 48	89. 91	17. 34
1982	123. 98	23. 09	31. 79	5. 92	92. 19	17. 17
1983	114. 55	21. 00	34. 47	6. 32	80. 08	14. 68
1984	114. 86	20. 75	34. 37	6. 21	80. 49	14. 54
1985	115. 70	20. 60	35. 53	6. 33	80. 17	14. 27
1986	126. 23	22. 15	32. 48	5. 70	93. 75	16. 45
1987	128. 00	22. 12	32. 98	5. 70	95. 02	16. 42
1988	122. 90	20. 90	29. 81	5. 07	93. 09	15. 83
1989	121. 15	20. 27	34. 25	5. 73	86. 90	14. 54
1990	140. 11	22. 26	36. 25	5. 76	103. 86	16. 50
1991	131. 31	20. 54	38. 04	5. 95	93. 27	14. 59
1992	125. 17	19. 31	40. 00	6. 17	85. 17	13. 14
1993	120. 00	18. 34	38. 00	5. 84	82. 00	12. 50
1994	121. 00	18. 20	38. 00	5. 78	83. 00	12. 42
1995	123. 54	18. 10	38. 91	5. 70	84. 63	12. 40
1997	118. 40	16. 90	37. 83	5. 40	80. 57	11. 50
1998	117. 00	16. 51	40. 00	5. 61	77. 00	10. 90
1999	110. 00	15. 32	39. 00	5. 40	71. 00	9. 92
2000	108. 85	14. 53	40. 21	5. 37	68. 64	9. 16
2001	107. 99	13. 95	39. 63	5. 12	68. 36	8. 83
2002	103. 94	13. 29	39. 73	5. 08	64. 21	8. 21
2003	108. 00	13. 66	41. 98	5. 31	66. 02	8. 35

4-4 人口迁移变动情况
STATUS OF MIGRATION CHANGES

单位：万人、‰　　　　(10000 persons, ‰)

年份 Year	迁入 Immigration		迁出 Emigration		总迁移 Total Migration		净迁移 Net Migration	
	迁入人数 Number of Immigration	迁入率 Immigration Rate	迁出人数 Number of Emigration	迁出率 Emigration Rate	总迁人数 Total Number of Migration	总迁移率 Total Migration Rate	净迁移人数 Net Number of Migration	净迁移率 Net Migration Rate
1962	74.75	21.16	93.01	26.32	167.76	47.48	-18.26	-5.16
1965	58.64	15.39	60.54	15.88	119.18	31.27	-1.90	-0.49
1970	61.79	14.25	69.60	16.05	131.39	30.30	-7.81	-1.80
1975	67.34	13.97	62.47	12.96	129.81	26.93	4.87	1.01
1978	81.83	16.29	75.58	15.04	157.41	31.33	6.25	1.25
1980	91.45	17.64	82.09	15.83	173.54	33.47	9.36	1.81
1982	71.63	13.34	65.06	12.11	136.69	25.45	6.57	1.23
1983	66.26	12.14	59.35	10.88	125.61	23.02	6.91	1.26
1984	92.30	16.67	83.31	15.05	175.61	31.72	8.99	1.62
1985	100.10	17.82	84.90	15.12	185.00	32.94	15.20	2.70
1986	85.61	15.02	70.83	12.43	156.44	27.45	14.78	2.59
1987	92.89	16.05	73.26	12.66	166.15	28.71	19.63	3.39
1988	93.82	15.96	73.46	12.49	167.28	28.45	20.36	3.47
1989	95.26	15.94	73.87	12.36	169.13	28.30	21.39	3.58
1990	94.39	15.38	77.07	12.56	171.46	27.94	17.32	2.82
1991	97.23	15.44	83.74	13.30	180.97	28.74	13.49	2.14
1992	135.89	21.21	108.39	16.92	244.28	38.13	27.50	4.29
1993	158.20	24.25	128.06	19.63	286.26	43.88	30.14	4.62
1994	140.93	21.24	115.72	17.44	256.65	38.68	25.21	3.80
1995	108.09	16.04	89.74	13.31	197.83	29.35	18.35	2.73
1997	130.94	18.83	98.90	14.22	229.84	33.05	32.04	4.61
1998	117.93	16.69	94.18	13.33	212.11	30.02	23.75	3.36
1999	107.68	14.94	89.13	12.37	196.81	27.31	18.55	2.57
2000	122.72	16.59	95.76	12.94	218.48	29.53	26.96	3.65
2001	109.88	14.59	92.34	12.26	202.22	26.85	17.54	2.33
2002	102.26	13.44	81.95	10.77	184.21	24.21	20.31	2.67
2003	105.27	13.70	83.22	10.83	188.49	24.53	22.05	2.87

4-5 各市年末户籍人口数（2003年）

TOTAL POPULATION WITH RESIDENCE REGISTRATION AT THE YEAR-END BY CITY (2003)

单位：人 (person)

市别 City	总人口 Total Population	按性别分 By Sex		按农业、非农业分 By Agriculture & Non-agriculture	
		男 Male	女 Female	非农业人口 Non -agricultural Population	农业人口 Agricultural Population
广　州 Guangzhou	7251888	3722168	3529720	6236342	990540
深　圳 Shenzhen	1512073	798453	713620	1223916	286139
珠　海 Zhuhai	820228	420843	399385	820228	
汕　头 Shantou	4846352	2441477	2404875	4800744	45416
佛　山 Foshan	3442440	1732238	1710202	3436974	
韶　关 Shaoguan	3148522	1632654	1515868	1250476	1891126
河　源 Heyuan	3341265	1709374	1631891	845754	2476293
梅　州 Meizhou	4906049	2527305	2378744	1200069	3705319
惠　州 Huizhou	2863568	1461413	1402155	1118541	1736930
汕　尾 Shanwei	3063515	1598578	1464937	1531980	1503345
东　莞 Dongguan	1589611	806510	783101	576709	1009834
中　山 Zhongshan	1378581	691609	686972	587632	786330
江　门 Jiangmen	3819777	1948842	1870935	2216683	1602024
阳　江 Yangjiang	2595341	1383192	1212149	832945	1753772
湛　江 Zhanjiang	7139396	3772077	3367319	1863930	5213229
茂　名 Maoming	6681204	3525724	3155480	2438916	4178655
肇　庆 Zhaoqing	3926470	2025972	1900498	975800	2946246
清　远 Qingyuan	3899716	2021239	1878477	1130251	2767501
潮　州 Chaozhou	2490031	1267979	1222052	707616	1780430
揭　阳 Jieyang	5905366	3039963	2865403	2047502	3763200
云　浮 Yunfu	2612842	1364823	1248019	976255	1594353

4-6 各市年末迁移人口数(2003年)
NUMBER OF MIGRATION POPULATION AT THE YEAR-END BY CITY (2003)

单位：人 (person)

市别 City	迁入 Immigration		迁出 Emigration		净迁移 Net Migration	
	省内迁入 From Guangdong	省外迁入 From Other Provinces	迁往省内 To Guangdong	迁往省外 To Other Provinces	省内 From Guangdong	省外 From Other Provinces
广州 Guangzhou	69216	61006	79616	14047	-10400	46959
深圳 Shenzhen	47647	54517	6298	4088	41349	50429
珠海 Zhuhai	14040	16302	2110	1700	11930	14602
汕头 Shantou	22954	5872	24103	5230	-1149	642
佛山 Foshan	65903	22493	40444	8900	25459	13593
韶关 Shaoguan	66707	11443	77866	4762	-11159	6681
河源 Heyuan	32044	6558	34681	3577	-2637	2981
梅州 Meizhou	51487	7667	52606	5985	-1119	1682
惠州 Huizhou	46788	12394	34879	6310	11909	6084
汕尾 Shanwei	30098	3328	28013	4128	2085	-800
东莞 Dongguan	13973	13170	1327	5846	12646	7324
中山 Zhongshan	31825	6880	25266	2571	6559	4309
江门 Jiangmen	42080	12457	39312	19959	2768	-7502
阳江 Yangjiang	38538	2589	33285	2279	5253	310
湛江 Zhanjiang	46082	8106	55530	7066	-9448	1040
茂名 Maoming	30986	7033	28393	4999	2593	2034
肇庆 Zhaoqing	45003	5701	50870	5096	-5867	605
清远 Qingyuan	16423	6133	21632	4814	-5209	1319
潮州 Chaozhou	12452	2552	13983	1646	-1531	906
揭阳 Jieyang	36427	6741	40651	5935	-4224	806
云浮 Yunfu	15491	3577	19825	2529	-4334	1048

主要统计指标解释

总人口 指一定时点、一定地区范围内有生命的个人的总和。按不同的统计范围可分为常住人口和户籍人口；统计时点通常为每年12月31日24时。

非农业人口 指按常住户口性质划分的人口。具体为：(1)设区市的市区和不设区市的市区所辖街道办事处区域内的常住人口；(2)市辖镇、县辖镇所辖居民委员会或镇政府驻地村民委员会区域内的常住人口。

人口密度 指某一时点单位土地面积上居住的人口数。通常以每平方公里常住的人口数表示。

性别比 总人口（或分年龄人口）中男性人数与女性人数之比。通常以每100个女性人口相应有多少男性人口表示。

出生率 也称粗出生率。指某一人口在一定时期（通常为一年）内活产婴儿数与同期总人口的生存人口数（或同期平均总人口、年中人口数）之比。通常以千分比表示。

死亡率 也称粗死亡率。指一定时期（通常为一年）内全部死亡人数与同期平均总人口之比，反映该时期人口的死亡强度。通常以千分比表示。

自然增长率 指一定时期（通常为一年）内人口自然增加数（出生人口减死亡人口）与同期平均总人口之比。通常以千分比表示。

迁入率（迁出率） 指一定时期（通常为一年）内迁入（迁出）人数与同期平均总人口之比。通常以千分比表示。

总迁移率 指一定时期（通常为一年）内人口迁移总量（迁入人口加迁出人口）与同期平均总人口之比。通常以千分比表示。

净迁移率 指一定时期（通常为一年）内人口迁入迁出相抵后（迁入人口减迁出人口）与同期平均总人口之比。通常以千分比表示。

跨省净迁移率 指一定时期（通常为一年）内省外迁入人口和迁往省外（含出国）人口之差与同期平均总人口之比。通常以千分比表示。

Explanatory Notes on Main Statistical Indicators

Total Population refers to the total number of people alive within a given area at a certain point of time. It can be divided into the permanent population and the population with residence registration according to different statistical coverage. The reference time of the statistics on total population is usually taken at midnight of December 31.

Non-agricultural Population refers to the population divided by status of permanent population, including (1) the permanent population under the jurisdiction of subdistrict offices of the cities with or without urban districts; (2) and the permanent population under the jurisdiction of neighborhood committees of the townships in cities and counties or village committees where the township governments are located.

Population Density refers to the number of people located in a given land area at a certain point of time, usually expressed in the number of permanent population per square kilometer.

Sex Ratio refers to the ratio of the male population to the female population among the total population (or the population grouped by age), usually expressed in the number of the male population per 100 female populations.

Birth Rate (or Crude Birth Rate) refers to the number of live births to the total number of population alive (or average population, mid-year population) during a certain period of time (usually a year), expressed in ‰.

Death Rate (or Crude Death Rate) refers to the ratio of the number of deaths to the average population during a certain period of time (usually a year), expressed in ‰. Death rate reflects the death intensity of the population during the same period of time.

Natural Growth Rate refers to the ratio of natural increase in population (number of births minus number of deaths) during a certain period of time (usually a year) to the average population of the same period, expressed in ‰.

Immigration Rate (Emigration Rate) refers to the ratio of the number of immigration (emigration) to the average population during a certain period of time (usually a year), expressed in ‰.

Total Migration Rate refers to the ratio of the total number of migration (number of immigration plus number of emigration) to the average population during a certain period of time (usually a year), expressed in ‰.

Net Migration Rate refers to the ratio of the net number of migration (number of immigration minus number of emigration) to the average population during a certain period of time (usually a year), expressed in ‰.

Net Migration Rate between Provinces refers to the ratio of the number of immigration from other provinces minus the number of emigration to other provinces (including those going abroad) to the average population during a certain period of time (usually a year), expressed in ‰.

五 从业人员和职工工资

EMPLOYMENT AND WAGES

5

五　从业人员和职工工资

简要说明

一、本篇资料反映广东劳动就业与工资的基本情况，分列21个地级以上市的主要劳动统计数据。包括按各种分组的全社会从业人员数、城镇以上单位在岗职工人数、城镇私营企业和个体工商业从业人数、在岗职工工资总额、平均工资以及城镇登记失业率情况等。

二、本篇资料由广东省统计局人口和社会科技统计处整理提供。

三、本篇资料主要根据国家统计调查制度搜集汇总，部分由省劳动和社会保障厅、省工商行政管理局等部门提供并加工整理。

四、本篇资料中的城镇从业人员、在岗职工、职工及其工资统计范围只包括城镇以上国有、集体及其他经济类型单位，不包括私营企业和个体劳动者。

五、1998年，劳动统计年报中对全部调查单位改按企业登记注册类型分组。即国有单位中不再包括国有联营和有限责任公司中的国有独资公司；城镇集体单位中不再包括集体联营和股份合作企业；其他单位则包括国有联营和有限责任公司中的国有独资公司，集体联营和股份合作企业。

5　EMPLOYMENT AND WAGES

Brief Introduction

Ⅰ. The data in this chapter show the basic conditions of labor employment and wages of Guangdong Province and the major labor statistics of twenty-one cities at the prefectural level, including number of the employed persons, number of fully employed staff and workers in units in urban areas, number of persons employed in the urban private enterprises and self-employed persons in industry and commerce, total wages and average wage of fully employed staff and workers and registered urban unemployment rate, etc.

Ⅱ. The data in this chapter are prepared and provided by the Division of Population, Social, Science and Technology Statistics of Guangdong Provincial Bureau of Statistics.

Ⅲ. The data in this chapter are collected and tabulated mainly in accordance with the statistical survey scheme of the National Bureau of Statistics, part of which are processed and prepared from the figures provided by Guangdong Provincial Department of Labor and Social Security, Guangdong Provincial Administration for Industry and Commerce and some other related organs.

Ⅳ. The statistical coverage of urban employed persons, fully employed staff and workers, staff and workers and wages in this chapter only includes the state-owned units, the collective-owned units and other types of ownership in urban areas, but excludes the private enterprises and self-employed individuals.

Ⅴ. Since 1998, the statistical coverage of the annual reports of labor statistics has been adjusted, in which all the survey units are grouped by registration ownership of the enterprises, i. e. the state-owned units excludes the exclusively state-invested companies in the state-owned joint ownership units and limited liability companies, the urban collective-owned units excludes the collective-owned joint ownership units and cooperative units, and the other types of ownership include the exclusively state-invested companies in the state-owned joint ownership units and limited liability companies, the collective-owned joint ownership units and cooperative units.

5-1 从业人员主要指标

MAIN INDICATORS OF EMPLOYED PERSONS

指　　标	Item	1980	1990	1995	2000	2002	2003
从业人员人数（万人）	**Number of Employed Persons (10000 persons)**	**2367.78**	**3118.10**	**3551.20**	**3989.32**	**4134.37**	**4395.93**
城镇从业人员	Urban Employed Persons	563.62	785.49	911.90	759.21	751.23	781.14
国有单位	State-owned Units	400.19	528.13	548.98	425.52	382.91	376.56
# 企业	Enterprises		368.65	354.46	203.71	159.87	147.43
事业和机关	Institutions and Agencies		159.48	194.52	221.81	542.78	229.13
城镇集体单位	Urban Collective-owned Units	163.43	207.62	202.36	105.97	82.81	78.47
其他各种单位	Units of Other Types of Ownership		49.74	160.56	227.73	285.51	326.11
农村乡（镇）劳动者	Rural Employed Persons	1793.20	2264.67	2394.40	2789.98	2784.39	2824.53
城镇私营企业从业人员	Employed Persons in Urban Private Enterprises			76.00	151.73	221.09	276.70
城镇个体劳动者	Self-employed Individuals in Urban Areas	10.96	67.94	129.90	164.94	214.10	236.97
第一产业劳动者	Employed Persons in Primary Industry	1673.57	1651.71	1473.60	1593.68	1572.92	1617.69
第二产业劳动者	Employed Persons in Secondary Industry	404.80	848.37	1199.00	1114.86	1202.92	1557.19
第三产业劳动者	Employed Persons in Tertiary Industry	289.41	618.02	878.60	1280.78	1358.53	1221.05
离、退休及退职人员	Retired and Resigned Persons		124.07	159.78	196.60	214.68	229.31
#国有单位	State-owned Units		83.00	116.21	136.64	152.66	162.93
城镇失业人员就业数	Employees from Urban Unemployed Persons		42.84	43.67	52.65	71.55	67.91
#国有单位安置	Employed by State-owned Units		17.05	14.52	6.25	8.21	6.59
城镇集体单位安置	Employed by Urban Collective-owned Units		13.98	12.32	6.40	6.80	5.41
城镇从业人员劳动报酬（亿元）	**Labor Remuneration to Urban Employed Persons (100 million yuan)**	**42.83**	**223.29**	**734.14**	**1057.57**	**1337.10**	**1555.12**
国有单位	State-owned Units	32.00	154.96	458.86	612.17	751.04	855.39
城镇集体单位	Urban Collective-owned Units	10.83	50.06	124.32	93.04	81.53	84.89
其他各种单位	Units of Other Types of Ownership		18.27	150.96	352.37	504.54	614.84
城镇从业人员平均劳动报酬（元）	**Average Labor Remuneration to Urban Employed Persons (yuan)**	**789**	**2929**	**8250**	**13859**	**17852**	**20052**
国有单位	State-Owned Units	828	3000	8540	14296	19529	22675
城镇集体单位	Urban Collective-owned Units	691	2508	6395	8605	9878	10823
其他各种单位	Units of Other Types of Ownership		3972	9546	15538	17899	19223

注：2003 年起城镇职工改为城镇从业人员，2000 年和 2002 年的数据作了相应调整。

Note: Since 2003, the urban staff and workers have been referred to the urban employed persons. The figures in 2000 and 2002 are adjusted correspondingly.

5-2 从业人员年末人数
NUMBER OF EMPLOYED PERSONS AT THE YEAR-END

单位：万人 （10000 persons）

年份 Year	从业人员 年末人数 Number of Employed Persons at the Year-end	#城镇国有、集体、其他单位从业人员 Employed Persons in Urban State-owned, Collective-owned and Other Types of Ownership	#城镇私营企业从业人员年末人数 Employed Persons in Urban Private Enterprises	#城镇个体劳动者人数 Self-employed Individuals in Urban Areas	#农村社会劳动者人数 Rural Employed Persons
1952	1271. 21	51. 41		179. 00	1040. 80
1957	1537. 40	240. 80		11. 00	1285. 60
1962	1633. 53	267. 93		10. 30	1355. 30
1965	1636. 13	311. 06		7. 57	1317. 50
1970	1889. 60	356. 90		5. 00	1257. 70
1975	2153. 87	431. 61		4. 06	1718. 20
1978	2275. 95	515. 85		2. 60	1757. 50
1979	2304. 95	535. 37		2. 58	1767. 00
1980	2367. 78	563. 62		10. 96	1793. 20
1981	2423. 79	587. 34		10. 75	1825. 70
1982	2521. 38	608. 12		11. 96	1901. 30
1983	2569. 70	612. 65		18. 55	1938. 50
1984	2637. 49	631. 77		24. 92	1980. 80
1985	2731. 11	660. 82		31. 69	2038. 60
1986	2811. 92	686. 20		33. 72	2092. 00
1987	2910. 99	720. 34		42. 54	2148. 62
1988	2994. 72	747. 67		59. 43	2178. 62
1989	3041. 27	762. 61		58. 11	2220. 55
1990	3118. 10	785. 49		67. 94	2264. 67
1991	3259. 20	827. 58	19. 58	68. 23	2290. 41
1992	3367. 21	858. 12	26. 21	76. 37	2336. 13
1993	3433. 91	877. 16	39. 51	103. 72	2325. 94
1994	3493. 15	879. 84	58. 22	117. 01	2345. 19
1995	3551. 20	911. 90	76. 00	129. 90	2394. 40
1996	3641. 30	904. 07	89. 40	132. 00	2406. 07
1997	3701. 90	897. 32	105. 80	138. 00	2448. 07
1998	3783. 87	884. 80	126. 42	154. 94	2507. 57
1999	3796. 32	857. 07	132. 95	169. 34	2538. 30
2000	3989. 32	759. 21	151. 73	164. 94	2789. 98
2001	4058. 63	737. 12	182. 09	184. 94	2858. 71
2002	4134. 37	751. 23	221. 09	214. 10	2784. 39
2003	4395. 93	781. 14	276. 70	236. 97	2824. 53

5-3 按各种分组的从业人员年末人数
NUMBER OF EMPLOYED PERSONS AT THE YEAR-END BY VARIOUS CHARACTERISTICS

单位：万人　　　　(10000 persons)

项　　目	Item	2000	2002	2003
从业人员总数	**Total Number of Employed Persons**	**3989.32**	**4134.37**	**4395.93**
按登记注册类型分组	**Grouped by Status of Registration**			
国有单位	State-owned Units	471.03	382.91	376.56
集体单位	Collective-owned Units	2368.89	1794.68	1990.93
股份合作单位	Cooperative Units	11.07	16.58	22.68
联营单位	Joint Ownership	7.28	12.57	16.09
有限责任公司	Limited Liability Corporations	38.29	93.41	147.26
股份有限公司	Share-holding Corporations Ltd.	29.79	36.73	43.84
外商投资单位	Foreign Funded Units	43.47	92.52	129.94
港澳台投资单位	Units Funded by Entrepreneurs from Hong Kong, Macao and Taiwan	103.74	391.90	420.79
私营企业	Private Enterprises	217.54	401.67	533.76
个体经济	Individuals	308.88	360.75	537.41
按国民经济行业分组	**Grouped by Economic Sector**			
农、林、牧、渔业	Farming, Forestry, Animal Husbandry and Fishery			1617.69
采掘业	Mining and Quarrying			20.35
制造业	Manufacturing			1324.12
电力、煤气及水的生产和供应业	Production and Supply of Electricity, Gas and Water			23.67
建筑业	Construction			189.05
交通运输、仓储和邮政业	Transport, Storage and Postal Services			108.00
信息传输、计算机服务和软件业	Information Transfer, Computer Services and Software			29.58
批发和零售业	Wholesale and Retail Trade			418.91
住宿和餐馆业	Hotels and Catering Services			164.44
金融业	Finance			29.04
房地产业	Real Estate			26.67
租赁和商务服务业	Leasing and Business Services			35.35
科学研究技术服务和地质勘查业	Scientific Research and Technical Services and Geological Prospecting			12.68
水利、环境和公共设施管理业	Water Conservancy, Environment and Public Facilities Management			15.21
居民服务和其他服务业	Resident Services and Other Services			157.28
教育	Education			101.29
卫生、社会保障和社会福利业	Health Care, Social Security and Social Welfare			37.80
文化、体育和娱乐业	Culture, Sports and Recreation			12.36
公共管理和社会组织	Public Management and Social Organization			72.44

注：2003 年年末从业人员采用新的报表制度和行业分组进行统计，2002 年及以前无法按新的行业分组进行整理。

Note: The number of employed persons at the end of 2003 is calculated according to the new reporting system and sector groups, whereas the figures in 2002 and prior to it cannot be prepared according to the new sector groups.

5-4 各市从业人员年末人数
NUMBER OF EMPLOYED PERSONS AT THE YEAR-END BY CITY

单位：万人 (10000 persons)

市 别 City	2000	2002	2003
广 州 Guangzhou	503.69	514.08	521.07
深 圳 Shenzhen	308.50	359.30	422.29
珠 海 Zhuhai	78.90	88.30	88.79
汕 头 Shantou	207.13	206.58	163.49
佛 山 Foshan	193.50	205.74	286.39
韶 关 Shaoguan	142.20	143.40	144.60
河 源 Heyuan	151.05	152.68	120.48
梅 州 Meizhou	207.23	209.06	209.43
惠 州 Huizhou	186.70	216.55	206.67
汕 尾 Shanwei	136.01	141.30	111.83
东 莞 Dongguan	97.88	104.10	183.97
中 山 Zhongshan	122.45	131.64	144.72
江 门 Jiangmen	208.68	209.99	202.67
阳 江 Yangjiang	129.57	147.61	142.29
湛 江 Zhanjiang	314.87	315.70	295.41
茂 名 Maoming	279.31	288.03	280.42
肇 庆 Zhaoqing	202.63	204.39	193.86
清 远 Qingyuan	178.76	186.24	183.34
潮 州 Chaozhou	121.00	122.90	124.71
揭 阳 Jieyang	253.79	269.32	262.66
云 浮 Yunfu	131.20	130.60	106.85

注：2003年从业人员数采用新的报表制度进行统计，部分市的数据有较大的波动。

Note: In 2003, the number of employed persons are calculated according to the new reporting system, which leads to the great changes on the figures of some cities.

5-5 单位从业人员年末人数（2003 年）
NUMBER OF EMPLOYED PERSONS IN UNITS AT THE YEAR-END（2003）

单位：万人 （10000 persons）

项目	Item	单位从业人员 Employed Persons in Units	国有单位 State-owned Units	城镇集体单位 Urban Collective-owned Units	其他单位 Other Types of Ownership	在岗职工 Fully Employed Staff and Workers	国有单位 State-owned Units	城镇集体单位 Urban Collective-owned Units	其他单位 Other Types of Ownership
合　计	**Total**	**781.14**	**376.56**	**78.47**	**326.11**	**763.51**	**365.56**	**77.02**	**320.93**
一、按企业、事业和机关分	**Grouped by Enterprises, Institutions and Agencies**								
企业	Enterprises	547.33	147.43	74.48	325.43	534.70	141.29	73.16	320.25
#地方	Under the Leadership of Local Governments	509.35	109.44	74.48	325.43	499.62	106.21	73.16	320.25
事业	Institutions	164.42	159.81	3.93	0.68	159.89	155.41	3.80	0.67
#地方	Under the Leadership of Local Governments	156.34	151.72	3.93	0.68	151.89	147.41	3.80	0.67
机关	Agencies & Organizations	69.38	69.32	0.06		68.91	68.85	0.06	
#地方	Under the Leadership of Local Governments	63.99	63.93	0.06		63.54	63.48	0.06	
二、按国民经济行业分	**Grouped by Economic Sector**								
农、林、牧、渔业	Farming, Forestry, Animal Husbandry and Fishery	13.23	11.90	0.21	1.13	12.91	11.60	0.20	1.11
采矿业	Mining and Quarrying	4.02	2.35	0.30	1.37	4.01	2.34	0.30	1.36
制造业	Manufacturing	283.79	23.48	27.98	232.34	281.57	23.12	27.68	230.77
电力、燃气及水的生产和供应业	Production and Supply of Electricity, Gas and Water	19.58	13.39	1.57	4.63	19.47	13.31	1.56	4.6
建筑业	Construction	54.61	14.36	22.34	17.91	52.38	13.08	21.66	17.64
交通运输、仓储和邮政业	Transport, Storage and Postal Services	43.74	27.80	2.49	13.44	42.61	26.90	2.44	13.28
信息传输、计算机服务和软件业	Information Transfer, Computer Services and Software	11.74	7.27	0.11	4.36	10.75	6.48	0.11	4.16
批发和零售业	Wholesale and Retail Trade	40.85	17.78	7.30	15.77	39.89	17.41	7.15	15.33
住宿和餐饮业	Hotels and Catering Services	19.85	5.37	1.58	12.91	19.22	5.21	1.57	12.44
金融业	Finance	28.18	16.59	5.63	5.96	24.98	15.00	5.63	4.36
房地产业	Real Estate	14.50	5.13	1.47	7.90	14.07	4.99	1.41	7.67
租赁和商务服务业	Leasing and Business Services	15.56	9.25	3.16	3.15	15.31	9.09	3.14	3.07
科学研究、技术服务和地质勘查业	Scientific Research and Technical Services and Geological Prospecting	9.30	7.82	0.24	1.24	8.92	7.54	0.23	1.16
水利、环境和公共设施管理业	Water Conservancy, Environment and Public Facilities Management	11.24	9.13	1.39	0.72	11.03	8.98	1.34	0.71
居民服务和其他服务业	Resident Services and Other Services	2.97	0.91	0.53	1.52	2.92	0.89	0.53	1.51
教育	Education	92.44	91.51	0.64	0.30	89.42	88.52	0.61	0.29
卫生、社会保障和社会福利业	Health Care, Social Security and Social Welfare	34.60	33.31	1.17	0.12	33.77	32.52	1.13	0.12
文化、体育和娱乐业	Culture, Sports and Recreation	7.01	5.48	0.20	1.33	6.86	5.35	0.20	1.31
公共管理和社会组织	Public Management and Social Organization	73.92	73.75	0.15	0.02	73.41	73.24	0.14	0.02
三、按产业分	**Grouped by Industry**								
第一产业	Primary Industry	13.23	11.90	0.21	1.13	12.91	11.60	0.20	1.11
第二产业	Secondary Industry	362.00	53.57	52.19	256.24	357.43	51.85	51.20	254.38
第三产业	Tertiary Industry	405.90	311.08	26.07	68.75	393.16	302.10	25.63	65.43

5-6 各行业职工年末人数（2003 年）
NUMBER OF STAFF AND WORKERS BY SECTOR AT THE YEAR-END (2003)

单位：万人 （10000 persons）

项目	Item	职工人数 Number of Staff and Workers	国有单位 State-owned Units	城镇集体单位 Urban Collective-owned Units	其他单位 Other Types of Ownership
合计	**Total**	**815.41**	**397.82**	**90.67**	**320.77**
一、按企业、事业和机关分	**Grouped by Enterprises, Institutions and Agencies**				
企业	Enterprises	581.09	168.18	86.67	320.07
#地方	Under the Leadership of Local Governments	542.52	129.61	86.67	320.07
事业	Institutions	162.53	157.92	3.93	0.70
#地方	Under the Leadership of Local Governments	154.31	149.69	3.93	0.70
机关	Agencies & Organizations	71.78	71.72	0.06	
#地方	Under the Leadership of Local Governments	66.36	66.30	0.06	
二、按国民经济行业分	**Grouped by Economic Sector**				
农、林、牧、渔业	Farming, Forestry, Animal Husbandry and Fishery	14.32	12.95	0.22	1.16
采矿业	Mining and Quarrying	4.95	3.08	0.31	1.58
制造业	Manufacturing	296.21	29.45	32.66	228.19
电力、燃气及水的生产和供应业	Production and Supply of Electricity, Gas and Water	20.82	14.31	1.63	4.98
建筑业	Construction	55.64	14.68	22.87	18.43
交通运输、仓储和邮政业	Transport, Storage and Postal Services	46.53	29.28	3.58	13.41
信息传输、计算机服务和软件业	Information Transfer, Computer Services and Software	11.14	6.80	0.11	4.16
批发和零售业	Wholesale and Retail Trade	55.77	27.30	12.55	16.06
住宿和餐饮业	Hotels and Catering Services	20.09	5.90	1.62	12.53
金融业	Finance	26.65	16.28	5.89	4.43
房地产业	Real Estate	15.29	5.76	1.62	7.68
租赁和商务服务业	Leasing and Business Services	16.84	10.31	3.35	3.12
科学研究、技术服务和地质勘查业	Scientific Research and Technical Services and Geological Prospecting	9.35	7.94	0.24	1.12
水利、环境和公共设施管理业	Water Conservancy, Environment and Public Facilities Management	11.36	9.28	1.36	0.69
居民服务和其他服务业	Resident Services and Other Services	3.04	0.99	0.54	1.45
教育	Education	89.65	88.74	0.62	0.30
卫生、社会保障和社会福利业	Health Care, Social Security and Social Welfare	34.25	32.99	1.15	0.12
文化、体育和娱乐业	Culture, Sports and Recreation	7.18	5.64	0.20	1.33
公共管理和社会组织	Public Management and Social Organization	76.32	76.16	0.15	0.02

注：职工包括在岗职工和离开本单位仍保留劳动关系的职工。

Note: The staff and workers include the fully employed staff and workers and the staff and workers who have already left the units but still kept their labor relationship with the units.

5-7 各市单位从业人员和在岗职工（2003 年）

NUMBER OF EMPLOYED PERSONS IN UNITS AND FULLY EMPLOYED STAFF AND WORKERS BY CITY (2003)

单位：万人 (10000 persons)

市别 City	单位从业人员 Employed Persons in Units				在岗职工 Fully Employed Staff and Workers			
	合计 Total	国有单位 State-owned Units	城镇集体单位 Urban Collective-owned Units	其他单位 Other Types of Ownership	合计 Total	国有单位 State-owned Units	城镇集体单位 Urban Collective-owned Units	其他单位 Other Types of Ownership
一、年末人数 Year-end Number								
广　州 Guangzhou	188.02	85.78	15.93	86.31	182.34	82.40	15.74	84.20
深　圳 Shenzhen	109.17	30.38	2.37	76.43	108.20	30.10	2.36	75.73
珠　海 Zhuhai	35.86	8.91	3.08	23.86	35.39	8.72	3.04	23.63
汕　头 Shantou	29.88	17.78	5.57	6.53	28.84	17.04	5.44	6.36
佛　山 Foshan	46.98	17.89	4.52	24.58	45.41	17.15	4.39	23.88
韶　关 Shaoguan	27.43	16.89	3.02	7.52	27.23	16.78	3.02	7.44
河　源 Heyuan	15.83	10.04	1.81	3.99	15.63	9.90	1.80	3.93
梅　州 Meizhou	22.23	17.34	2.07	2.82	22.00	17.16	2.04	2.80
惠　州 Huizhou	50.91	15.79	5.42	29.70	50.24	15.33	5.39	29.52
汕　尾 Shanwei	12.09	9.14	1.54	1.40	11.49	8.65	1.45	1.38
东　莞 Dongguan	17.41	8.63	4.49	4.29	16.60	7.89	4.45	4.25
中　山 Zhongshan	16.07	5.87	1.16	9.04	15.84	5.77	1.15	8.92
江　门 Jiangmen	34.71	14.33	5.26	15.12	34.05	14.00	5.20	14.85
阳　江 Yangjiang	16.63	9.62	4.17	2.84	16.51	9.54	4.15	2.82
湛　江 Zhanjiang	38.49	29.41	2.67	6.40	36.41	27.83	2.47	6.11
茂　名 Maoming	28.78	20.81	4.69	3.28	28.11	20.16	4.68	3.27
肇　庆 Zhaoqing	24.21	13.85	2.04	8.32	23.71	13.53	1.95	8.23
清　远 Qingyuan	19.56	11.99	1.70	5.87	19.39	11.87	1.69	5.83
潮　州 Chaozhou	11.63	7.59	2.12	1.92	11.32	7.43	1.98	1.91
揭　阳 Jieyang	19.94	14.44	3.25	2.25	19.66	14.35	3.06	2.24
云　浮 Yunfu	12.96	7.72	1.59	3.65	12.79	7.60	1.58	3.62
二、年平均人数 Annual Average Number								
广　州 Guangzhou	187.71	85.93	16.05	85.74	182.16	82.66	15.86	83.64
深　圳 Shenzhen	107.46	29.95	2.37	75.14	106.49	29.69	2.35	74.45
珠　海 Zhuhai	34.86	8.91	3.18	22.77	34.36	8.70	3.14	22.52
汕　头 Shantou	29.97	18.08	5.55	6.34	28.99	17.39	5.42	6.17
佛　山 Foshan	46.70	17.68	4.58	24.44	45.18	16.99	4.44	23.75
韶　关 Shaoguan	27.85	17.28	2.99	7.58	27.65	17.19	2.99	7.47
河　源 Heyuan	15.52	10.00	1.74	3.77	15.32	9.88	1.73	3.72
梅　州 Meizhou	22.30	17.39	2.09	2.82	22.07	17.21	2.06	2.80
惠　州 Huizhou	49.14	15.58	5.46	28.10	48.55	15.21	5.44	27.90
汕　尾 Shanwei	12.16	9.12	1.64	1.40	11.59	8.65	1.56	1.38
东　莞 Dongguan	16.90	8.50	4.37	4.04	16.06	7.74	4.32	4.00
中　山 Zhongshan	15.58	5.80	1.10	8.68	15.36	5.70	1.09	8.56
江　门 Jiangmen	34.77	14.41	5.08	15.28	34.12	14.09	5.02	15.01
阳　江 Yangjiang	16.38	9.61	4.03	2.74	16.22	9.51	3.98	2.73
湛　江 Zhanjiang	38.85	29.81	2.65	6.39	36.77	28.17	2.46	6.14
茂　名 Maoming	28.84	20.86	4.68	3.31	28.23	20.26	4.67	3.30
肇　庆 Zhaoqing	24.11	13.88	1.93	8.29	23.64	13.57	1.86	8.20
清　远 Qingyuan	19.04	12.02	1.71	5.31	18.85	11.89	1.70	5.26
潮　州 Chaozhou	12.27	8.11	2.29	1.87	12.04	7.95	2.23	1.86
揭　阳 Jieyang	19.81	14.28	3.26	2.27	19.54	14.20	3.09	2.26
云　浮 Yunfu	12.97	7.69	1.69	3.59	12.78	7.55	1.68	3.55

5-8 各市职工年末人数及年平均人数

NUMBER AND AVERAGE NUMBER OF STAFF AND WORKERS BY CITY AT YEAR-END

单位：万人 (10000 persons)

市别 City	2002				2003			
	合计 Total	国有单位 State-owned Units	城镇集体单位 Urban Collective-owned Units	其他单位 Other Types of Ownership	合计 Total	国有单位 State-owned Units	城镇集体单位 Urban Collective-owned Units	其他单位 Other Types of Ownership
一、全部职工 Total Number								
广　州 Guangzhou	177.73	87.79	16.71	73.23	188.79	86.99	16.19	85.62
深　圳 Shenzhen	103.31	30.46	2.60	70.25	109.58	30.84	2.39	76.34
珠　海 Zhuhai	31.04	9.02	2.84	19.18	35.83	8.96	3.09	23.78
汕　头 Shantou	35.75	21.62	8.42	5.70	35.62	20.95	8.06	6.62
佛　山 Foshan	46.07	18.13	4.59	23.35	46.52	17.80	4.49	24.24
韶　关 Shaoguan	30.94	20.35	3.65	6.94	30.31	18.89	3.32	8.10
河　源 Heyuan	17.69	12.24	2.28	3.17	18.37	11.92	2.32	4.13
梅　州 Meizhou	26.32	20.55	2.96	2.82	25.34	19.51	2.88	2.96
惠　州 Huizhou	49.54	17.85	6.47	25.22	52.08	16.70	5.73	29.65
汕　尾 Shanwei	13.17	9.74	1.96	1.46	13.14	9.72	2.04	1.38
东　莞 Dongguan	16.68	7.68	5.10	3.91	16.82	8.00	4.52	4.29
中　山 Zhongshan	14.37	5.79	1.06	7.52	15.97	5.86	1.16	8.95
江　门 Jiangmen	35.00	15.03	5.90	14.07	34.79	14.46	5.35	14.98
阳　江 Yangjiang	18.23	10.87	4.60	2.76	18.52	10.69	4.71	3.11
湛　江 Zhanjiang	44.30	33.50	5.22	5.58	43.10	32.17	4.24	6.68
茂　名 Maoming	30.85	22.24	5.76	2.84	30.06	21.38	5.12	3.55
肇　庆 Zhaoqing	25.04	15.23	2.30	7.50	24.53	14.12	2.01	8.40
清　远 Qingyuan	19.56	13.04	2.03	4.49	20.08	12.38	1.80	5.89
潮　州 Chaozhou	16.30	9.95	4.52	1.83	15.86	9.79	3.85	2.21
揭　阳 Jieyang	25.00	16.31	6.36	2.32	24.41	16.25	5.73	2.42
云　浮 Yunfu	13.40	8.07	2.07	3.26	13.25	7.97	1.66	3.62
二、职工平均人数 Average Number								
广　州 Guangzhou	177.26	88.26	16.58	72.43	188.95	87.44	16.36	85.16
深　圳 Shenzhen	101.95	30.00	2.58	69.37	107.87	30.42	2.39	75.06
珠　海 Zhuhai	30.31	8.83	2.75	18.73	34.79	8.94	3.20	22.65
汕　头 Shantou	35.72	21.60	8.44	5.67	35.86	21.36	8.08	6.43
佛　山 Foshan	45.88	18.11	4.54	23.23	46.29	17.64	4.55	24.10
韶　关 Shaoguan	31.61	20.77	3.67	7.17	30.77	19.34	3.29	8.14
河　源 Heyuan	17.60	12.29	2.25	3.06	17.96	11.80	2.24	3.92
梅　州 Meizhou	26.30	20.58	2.98	2.75	25.50	19.62	2.89	2.99
惠　州 Huizhou	48.32	17.85	6.42	24.05	50.39	16.57	5.78	28.03
汕　尾 Shanwei	13.12	9.73	1.95	1.44	13.23	9.71	2.14	1.38
东　莞 Dongguan	16.63	7.56	5.16	3.91	16.28	7.85	4.39	4.03
中　山 Zhongshan	14.00	5.66	1.06	7.28	15.48	5.79	1.11	8.59
江　门 Jiangmen	35.18	15.38	5.61	14.19	34.86	14.55	5.18	15.14
阳　江 Yangjiang	18.10	10.90	4.36	2.83	18.26	10.68	4.55	3.03
湛　江 Zhanjiang	45.01	34.13	5.30	5.59	43.44	32.53	4.20	6.71
茂　名 Maoming	31.12	22.41	5.82	2.89	30.14	21.49	5.09	3.55
肇　庆 Zhaoqing	25.49	15.61	2.40	7.48	24.68	14.37	1.92	8.39
清　远 Qingyuan	19.45	13.00	2.04	4.42	19.56	12.41	1.83	5.32
潮　州 Chaozhou	17.35	10.57	4.78	2.01	16.67	10.39	4.11	2.16
揭　阳 Jieyang	24.97	16.37	6.29	2.31	24.20	16.03	5.74	2.44
云　浮 Yunfu	13.39	8.09	2.06	3.24	13.24	7.92	1.75	3.56

注：职工包括在岗职工和离开本单位仍保留劳动关系的职工。

Note: The staff and workers include the fully employed staff and workers and the staff and workers who have already left the units but still kept their labor relationship with the units.

5-9 各市全部单位各行业在岗职工年末人数（2003 年）

NUMBER OF FULLY EMPLOYED STAFF AND WORKERS IN ALL UNITS BY SECTOR BY CITY AT THE YEAR-END (2003)

单位：万人 (10000 persons)

市别 City		合计 Total	农、林、牧、渔业 Farming, Forestry, Animal Husbandry and Fishery	采矿业 Mining and Quarrying	制造业 Manufacturing	电力、燃气及水的生产和供应业 Production and Supply of Electricity, Gas and Water	建筑业 Construction	交通运输、仓储和邮政业 Transport, Storage and Postal Services	信息传输、计算机服务和软件业 Information Transfer, Computer Services and Software	批发和零售业 Wholesale and Retail Trade	住宿和餐饮业 Hotels and Catering Services
广　州	Guangzhou	182.34	1.12	0.22	66.09	2.84	14.22	17.10	2.75	12.25	8.25
深　圳	Shenzhen	108.20	0.81	0.06	48.91	1.33	7.13	7.19	1.74	7.31	3.47
珠　海	Zhuhai	35.39	0.96	0.03	22.31	0.56	0.74	1.24	0.35	1.12	0.97
汕　头	Shantou	28.84	0.06	0.02	8.11	1.01	2.15	1.39	0.59	2.61	0.54
佛　山	Foshan	45.41	0.07	0.13	20.24	1.05	3.23	1.56	0.62	1.92	0.97
韶　关	Shaoguan	27.23	0.57	1.29	8.26	1.60	1.79	1.80	0.32	0.85	0.38
河　源	Heyuan	15.63	0.22	0.23	3.16	0.74	1.20	0.44	0.23	0.93	0.40
梅　州	Meizhou	22.00	0.27	0.19	4.10	1.18	1.00	0.70	0.29	0.98	0.20
惠　州	Huizhou	50.24	0.83	0.05	31.49	0.80	2.45	1.00	0.41	1.06	0.50
汕　尾	Shanwei	11.49	0.69	0.14	1.82	0.52	0.55	0.37	0.23	0.73	0.11
东　莞	Dongguan	16.60	0.05	0.01	6.73	0.48	0.12	0.72	0.26	0.53	0.08
中　山	Zhongshan	15.84	0.04	0.00	8.39	0.30	0.25	0.54	0.30	0.35	0.23
江　门	Jiangmen	34.05	0.21	0.01	14.13	0.95	3.63	1.04	0.31	1.25	0.64
阳　江	Yangjiang	16.51	0.58	0.07	3.07	0.55	3.00	0.54	0.23	0.95	0.31
湛　江	Zhanjiang	36.41	3.35	0.76	7.26	0.88	1.73	2.78	0.41	2.24	0.46
茂　名	Maoming	28.11	1.51	0.20	4.29	0.98	3.68	1.00	0.30	1.45	0.26
肇　庆	Zhaoqing	23.71	0.27	0.14	8.13	0.66	1.43	0.84	0.31	0.63	0.56
清　远	Qingyuan	19.39	0.42	0.01	5.48	0.99	0.83	1.01	0.35	0.41	0.46
潮　州	Chaozhou	11.32	0.04	0.01	2.87	0.59	0.90	0.42	0.28	0.51	0.15
揭　阳	Jieyang	19.66	0.71	0.03	2.56	1.02	1.66	0.51	0.29	1.41	0.19
云　浮	Yunfu	12.79	0.13	0.41	4.19	0.45	0.68	0.43	0.18	0.41	0.07

市别 City		金融业 Finance	房地产业 Real Estate	租赁和商务服务业 Leasing and Business Services	科学研究、技术服务和地质勘查业 Scientific Research and Technical Services and Geological Prospecting	水利、环境和公共设施管理业 Water Conservancy, Environment and Public Facilities Management	居民服务和其他服务业 Resident Services and Other Services	教育 Education	卫生、社会保障和社会福利业 Health Care, Social Security and Social Welfare	文化、体育和娱乐业 Culture, Sports and Recreation	公共管理和社会组织 Public Management and Social Organization
广　州	Guangzhou	5.00	4.08	5.13	4.14	2.67	1.64	13.78	7.29	2.59	11.16
深　圳	Shenzhen	3.36	5.42	3.55	1.21	1.47	0.14	4.04	3.04	1.14	6.87
珠　海	Zhuhai	0.75	0.56	0.60	0.21	0.36	0.19	1.25	0.70	0.33	2.17
汕　头	Shantou	0.99	0.39	0.44	0.31	0.45	0.04	4.66	1.63	0.26	3.20
佛　山	Foshan	2.54	0.43	0.63	0.32	0.45	0.05	5.08	2.15	0.27	3.69
韶　关	Shaoguan	0.63	0.11	0.43	0.30	0.50	0.03	3.80	1.27	0.14	3.15
河　源	Heyuan	0.42	0.18	0.26	0.16	0.20	0.01	3.30	0.90	0.08	2.57
梅　州	Meizhou	0.76	0.30	0.22	0.18	0.53	0.03	5.67	1.60	0.18	3.62
惠　州	Huizhou	0.84	0.67	0.73	0.33	0.52	0.03	3.54	1.31	0.20	3.49
汕　尾	Shanwei	0.31	0.06	0.11	0.06	0.19	0.01	2.64	0.61	0.07	2.26
东　莞	Dongguan	1.58	0.05	0.14	0.11	0.13	0.01	2.12	1.37	0.09	2.04
中　山	Zhongshan	1.00	0.03	0.11	0.12	0.24	0.01	1.75	0.88	0.16	1.14
江　门	Jiangmen	1.29	0.27	0.46	0.27	0.47	0.04	4.05	1.64	0.18	3.17
阳　江	Yangjiang	0.49	0.27	0.19	0.07	0.27	0.02	2.49	0.75	0.07	2.59
湛　江	Zhanjiang	1.11	0.30	0.74	0.38	0.66	0.05	6.93	1.96	0.30	4.11
茂　名	Maoming	1.02	0.42	0.35	0.11	0.57	0.49	6.13	1.49	0.21	3.66
肇　庆	Zhaoqing	0.79	0.16	0.34	0.26	0.39	0.03	3.94	1.53	0.20	3.11
清　远	Qingyuan	0.66	0.09	0.22	0.09	0.36	0.04	3.83	1.07	0.08	2.99
潮　州	Chaozhou	0.43	0.08	0.15	0.13	0.23	0.02	2.39	0.68	0.07	1.38
揭　阳	Jieyang	0.65	0.15	0.39	0.14	0.29	0.02	5.39	1.22	0.16	2.87
云　浮	Yunfu	0.37	0.05	0.12	0.04	0.06	0.01	2.63	0.68	0.06	1.83

5-10 女性从业人员年末人数（2003 年）
NUMBER OF FEMALE EMPLOYED AT THE YEAR-END (2003)

单位：万人 (10000 persons)

行业	Sector	合计 Total	国有单位 State-owned Units	城镇集体单位 Urban Collective-owned Units	其他单位 Other Types of Ownership
合计	**Total**	**335.16**	**145.85**	**28.46**	**160.86**
农、林、牧、渔业	Farming, Forestry, Animal Husbandry and Fishery	4.86	4.45	0.05	0.36
采矿业	Mining and Quarrying	0.95	0.60	0.04	0.30
制造业	Manufacturing	152.90	9.19	15.54	128.17
电力、燃气及水的生产和供应业	Production and Supply of Electricity, Gas and Water	5.84	4.11	0.48	1.24
建筑业	Construction	6.61	2.01	2.24	2.36
交通运输、仓储和邮政业	Transport, Storage and Postal Services	11.85	7.74	0.69	3.43
信息传输、计算机服务和软件业	Information Transfer, Computer Services and Software	4.22	2.32	0.04	1.86
批发和零售业	Wholesale and Retail Trade	16.78	6.84	2.84	7.11
住宿和餐饮业	Hotels and Catering Services	11.05	3.03	0.93	7.09
金融业	Finance	12.58	7.44	2.18	2.96
房地产业	Real Estate	4.57	1.78	0.46	2.34
租赁和商务服务业	Leasing and Business Services	4.77	2.85	0.61	1.30
科学研究、技术服务和地质勘查业	Scientific Research and Technical Services and Geological Prospecting	2.71	2.28	0.08	0.35
水利、环境和公共设施管理业	Water Conservancy, Environment and Public Facilities Management	4.66	3.74	0.64	0.27
居民服务和其他服务业	Resident Services and Other Services	1.31	0.32	0.22	0.77
教育	Education	46.72	46.06	0.49	0.17
卫生、社会保障和社会福利业	Health Care, Social Security and Social Welfare	21.13	20.31	0.76	0.07
文化、体育和娱乐业	Culture, Sports and Recreation	3.03	2.25	0.10	0.69
公共管理和社会组织	Public Management and Social Organization	18.62	18.53	0.08	0.02

5-11 离休、退休及退职人员人数
NUMBER OF RETIRED AND RESIGNED PERSONS

单位：万人 (10000 persons)

指标	Item	1985	1990	1995	2000	2002	2003
合计	**Total**	**87.96**	**124.07**	**159.78**	**196.60**	**214.68**	**229.31**
一、国有单位	State-owned Units	55.39	83.00	116.21	136.64	152.66	162.93
离休	Retired Veterans	3.48	6.32	7.09	5.71	5.69	5.00
退休	Retired Persons	50.45	74.98	106.80	129.18	145.23	156.67
退职	Resigned Persons	1.46	1.70	2.32	1.75	1.74	1.26
二、城镇集体单位	Urban Collective-owned Units	32.40	40.50	39.58	39.80	41.55	39.95
离休	Retired Veterans		0.71	0.62	0.55	0.43	0.35
退休	Retired Persons		39.09	38.40	38.91	40.87	39.39
退职	Resigned Persons		0.70	0.56	0.34	0.25	0.21
三、其他各种单位	Other Types of Ownership	0.17	0.57	3.99	20.16	20.47	26.43
离休	Retired Veterans		0.02	0.06	0.24	0.17	0.24
退休	Retired Persons		0.52	3.90	19.76	19.05	26.06
退职	Resigned Persons		0.03	0.03	0.16	1.25	0.13

5-12 职工工资总额与平均工资
TOTAL WAGES AND AVERAGE WAGE OF STAFF AND WORKERS

年份 Year	工资总额（亿元） Total Wages (100 million yuan)				平均工资（元） Average Wage (yuan)			
	合计 Total	国有单位 State-owned Units	城镇集体单位 Urban Collective-owned Units	其他单位 Other Types of Ownership	合计 Total	国有单位 State-owned Units	城镇集体单位 Urban Collective-owned Units	其他单位 Other Types of Ownership
1952	1.84	1.79	0.05		387	392	271	
1957	11.05	7.46	3.59		458	592	312	
1962	13.65	10.43	3.22		501	570	359	
1965	16.07	11.45	4.62		527	615	389	
1970	18.59	12.80	5.79		532	583	447	
1975	24.31	17.78	6.53		575	611	494	
1978	30.59	22.67	7.92		615	638	558	
1979	35.56	26.37	9.19		685	718	605	
1980	42.83	32.00	10.83		789	828	691	
1981	49.40	37.01	12.39		873	912	774	
1982	56.69	43.03	13.66		961	1000	856	
1983	60.85	46.25	14.60		1021	1061	907	
1984	72.82	52.66	19.59	0.57	1187	1261	1017	1697
1985	88.91	63.42	23.85	1.64	1393	1458	1216	2209
1986	102.13	73.10	26.69	2.34	1541	1619	1330	2198
1987	121.10	84.99	31.99	4.12	1743	1805	1544	2469
1988	162.76	113.60	41.23	7.93	2250	2320	1979	3134
1989	200.39	139.38	47.74	13.27	2678	2763	2302	3641
1990	223.29	154.96	50.06	18.27	2929	3000	2508	3972
1991	268.19	179.81	60.15	28.23	3358	3383	2931	4558
1992	334.61	222.27	72.06	40.28	4027	4059	3510	5157
1993	455.33	300.91	83.79	70.63	5327	5431	4388	6435
1994	612.73	401.80	107.03	103.90	7117	7410	5565	8216
1995	734.14	458.86	124.32	150.96	8250	8540	6395	9546
1996	803.50	512.22	124.35	166.93	9127	9494	6799	10569
1997	858.35	539.95	120.36	198.04	9698	10032	6814	11635
1998	899.68	530.11	105.59	263.98	10233	10432	6671	12410
1999	970.70	567.54	101.72	301.44	11309	11579	7025	13492
2000	1038.38	604.59	91.81	341.98	13823	14387	8615	15240
2001	1146.11	663.85	82.67	399.59	15682	16779	9040	16392
2002	1306.32	737.63	80.26	488.43	17814	19696	9881	17597
2003	1515.58	841.02	83.52	591.05	19986	22944	10836	18782

注：从 2000 年起统计口径为在岗职工。

Note: Since 2000, the statistical coverage of the data in this table has referred to the fully employed staff and workers.

5-13 各市单位从业人员劳动报酬和在岗职工工资（2003 年）

LABOR REMUNERATION TO EMPLOYED PERSONS IN UNITS AND WAGES OF FULLY EMPLOYED STAFF AND WORKERS BY CITY (2003)

市别 City	单位从业人员劳动报酬 Labor Remuneration to Employed Persons in Units				在岗职工工资 Wages of Fully Employed Staff and Workers			
	合计 Total	国有单位 State-owned Units	城镇集体单位 Urban Collective-owned Units	其他单位 Other Types of Ownership	合计 Total	国有单位 State-owned Units	城镇集体单位 Urban Collective-owned Units	其他单位 Other Types of Ownership
一、总额（亿元）Total (100 million yuan)								
广州 Guangzhou	538.09	317.31	24.27	196.52	524.71	311.54	23.98	189.19
深圳 Shenzhen	333.97	122.40	4.08	207.50	325.99	121.40	4.02	200.58
珠海 Zhuhai	68.43	26.78	4.01	37.64	65.98	26.38	3.92	35.67
汕头 Shantou	42.77	30.29	4.36	8.13	41.82	29.74	4.28	7.81
佛山 Foshan	82.27	39.83	6.36	36.08	79.70	38.77	6.23	34.70
韶关 Shaoguan	38.93	27.29	2.36	9.28	38.64	27.18	2.35	9.11
河源 Heyuan	19.29	13.30	1.43	4.56	19.14	13.21	1.42	4.51
梅州 Meizhou	26.46	21.66	1.71	3.09	26.30	21.55	1.69	3.07
惠州 Huizhou	68.50	26.02	4.91	37.57	64.41	25.45	4.84	34.12
汕尾 Shanwei	13.77	10.96	1.35	1.46	13.26	10.53	1.29	1.43
东莞 Dongguan	38.14	24.58	5.67	7.90	36.29	23.05	5.59	7.66
中山 Zhongshan	33.11	17.48	2.07	13.56	32.28	17.24	2.06	12.98
江门 Jiangmen	43.35	22.67	4.65	16.03	42.33	22.30	4.61	15.42
阳江 Yangjiang	17.52	11.81	3.26	2.46	17.38	11.72	3.22	2.44
湛江 Zhanjiang	45.37	36.77	1.94	6.66	43.82	35.67	1.81	6.33
茂名 Maoming	35.41	25.95	4.21	5.25	35.12	25.68	4.19	5.25
肇庆 Zhaoqing	31.41	20.80	1.74	8.87	30.90	20.58	1.69	8.62
清远 Qingyuan	26.52	19.39	1.56	5.58	26.31	19.25	1.55	5.51
潮州 Chaozhou	13.16	10.03	1.42	1.71	12.89	9.84	1.37	1.69
揭阳 Jieyang	20.26	16.06	2.21	1.99	20.06	15.99	2.09	1.98
云浮 Yunfu	14.99	10.67	1.32	3.00	14.88	10.60	1.31	2.98
二、平均工资（元）Average Wage (yuan)								
广州 Guangzhou	28666	36927	15125	22921	28806	37689	15122	22620
深圳 Shenzhen	31080	40870	17234	27614	30611	40893	17061	26940
珠海 Zhuhai	19631	30061	12612	16532	19202	30314	12489	15843
汕头 Shantou	14270	16750	7849	12823	14426	17098	7887	12641
佛山 Foshan	17618	22531	13909	14758	17641	22816	14040	14610
韶关 Shaoguan	13979	15792	7873	12253	13976	15816	7871	12186
河源 Heyuan	12433	13292	8229	12095	12494	13378	8232	12126
梅州 Meizhou	11867	12454	8169	10988	11916	12519	8172	10972
惠州 Huizhou	13940	16698	8990	13373	13265	16727	8908	12226
汕尾 Shanwei	11329	12014	8268	10445	11442	12170	8307	10415
东莞 Dongguan	22564	28913	12982	19563	22598	29773	12940	19140
中山 Zhongshan	21254	30136	18852	15624	21020	30241	18832	15160
江门 Jiangmen	12468	15727	9160	10493	12405	15827	9183	10272
阳江 Yangjiang	10699	12295	8075	8963	10718	12330	8079	8950
湛江 Zhanjiang	11677	12335	7322	10418	11918	12665	7379	10308
茂名 Maoming	12278	12444	8986	15893	12439	12672	8981	15906
肇庆 Zhaoqing	13029	14978	9009	10703	13071	15163	9098	10511
清远 Qingyuan	13934	16130	9140	10508	13956	16181	9138	10483
潮州 Chaozhou	10724	12375	6190	9121	10714	12377	6131	9089
揭阳 Jieyang	10227	11242	6796	8763	10267	11261	6787	8773
云浮 Yunfu	11562	13876	7798	8374	11648	14043	7785	8387

5-14 各市职工工资总额与平均工资

TOTAL WAGES AND AVERAGE WAGE OF STAFF AND WORKERS BY CITY

市别 City	2002				2003			
	合计 Total	国有单位 State-owned Units	城镇集体单位 Urban Collective-owned Units	其他单位 Other Types of Ownership	合计 Total	国有单位 State-owned Units	城镇集体单位 Urban Collective-owned Units	其他单位 Other Types of Ownership
一、工资总额（亿元）Total Wages (100 million yuan)								
广州 Guangzhou	453.49	281.76	22.90	148.83	533.55	318.50	24.35	190.70
深圳 Shenzhen	285.09	104.53	4.36	176.20	328.05	122.52	4.05	201.48
珠海 Zhuhai	55.67	23.59	3.15	28.94	66.47	26.74	3.97	35.76
汕头 Shantou	39.68	28.42	4.49	6.77	42.89	30.67	4.35	7.87
佛山 Foshan	72.00	34.16	5.80	32.05	80.58	39.38	6.28	34.91
韶关 Shaoguan	35.75	25.44	2.42	7.88	40.43	28.36	2.38	9.69
河源 Heyuan	15.52	11.60	1.17	2.75	19.68	13.68	1.45	4.54
梅州 Meizhou	25.50	21.16	1.65	2.68	27.10	22.23	1.73	3.14
惠州 Huizhou	52.81	22.05	4.86	25.90	65.01	25.98	4.88	34.15
汕尾 Shanwei	12.03	9.52	1.09	1.42	13.46	10.72	1.31	1.43
东莞 Dongguan	29.39	16.68	5.94	6.77	36.61	23.24	5.63	7.74
中山 Zhongshan	26.25	14.63	1.40	10.22	32.48	17.40	2.08	13.00
江门 Jiangmen	38.70	20.54	4.69	13.47	42.86	22.73	4.66	15.48
阳江 Yangjiang	15.34	10.21	3.11	2.01	17.63	11.93	3.24	2.46
湛江 Zhanjiang	40.06	33.16	1.91	4.99	45.21	36.90	1.89	6.42
茂名 Maoming	31.36	23.74	3.83	3.79	36.34	26.59	4.29	5.47
肇庆 Zhaoqing	27.71	18.66	1.74	7.32	31.37	20.94	1.72	8.71
清远 Qingyuan	23.21	17.34	1.67	4.20	26.80	19.68	1.57	5.55
潮州 Chaozhou	11.64	8.62	1.60	1.42	13.19	10.09	1.40	1.70
揭阳 Jieyang	18.81	14.74	2.39	1.68	20.47	16.32	2.16	1.99
云浮 Yunfu	13.57	9.55	1.37	2.66	15.25	10.95	1.32	2.98
二、平均工资（元）Average Wage (yuan)								
广州 Guangzhou	25583	31924	13815	20550	28237	36425	14884	22395
深圳 Shenzhen	27965	34844	16900	25402	30413	40273	16993	26844
珠海 Zhuhai	18371	26710	11467	15451	19108	29922	12437	15783
汕头 Shantou	11107	13154	5318	11932	11959	14363	5381	12236
佛山 Foshan	15691	18857	12757	13797	17407	22324	13809	14487
韶关 Shaoguan	11308	12250	6585	10995	13142	14663	7247	11908
河源 Heyuan	8819	9435	5209	9002	10957	11591	6488	11606
梅州 Meizhou	9694	10285	5543	9768	10626	11334	5962	10500
惠州 Huizhou	10928	12352	7563	10769	12903	15678	8445	12182
汕尾 Shanwei	9168	9780	5591	9882	10180	11044	6117	10404
东莞 Dongguan	17672	22055	11517	17312	22492	29611	12815	19186
中山 Zhongshan	18750	25836	13284	14035	20976	30063	18800	15133
江门 Jiangmen	11001	13361	8358	9490	12295	15624	8997	10223
阳江 Yangjiang	8474	9363	7130	7120	9657	11166	7126	8135
湛江 Zhanjiang	8900	9715	3608	8938	10407	11344	4493	9569
茂名 Maoming	10078	10596	6578	13118	12059	12371	8425	15377
肇庆 Zhaoqing	10872	11952	7251	9781	12711	14575	8941	10383
清远 Qingyuan	11932	13339	8215	9509	13704	15857	8620	10428
潮州 Chaozhou	6708	8156	3344	7090	7914	9709	3405	7861
揭阳 Jieyang	7533	9008	3796	7267	8459	10181	3767	8182
云浮 Yunfu	10136	11801	6622	8214	11521	13816	7533	8377

注：职工包括在岗职工和离开本单位仍保留劳动关系的职工。

Note: The staff and workers include the fully employed staff and workers and the staff and workers who have already left the units but still kept their labor relationship with the units.

5-15 单位从业人员劳动报酬（2003 年）
LABOR REMUNERATION TO EMPLOYED PERSONS IN UNITS (2003)

单位：亿元 (100 million yuan)

项目	Item	合计 Total	国有单位 State-owned Units	城镇集体单位 Urban Collective-owned Units	其他单位 Other Types of Ownership
合计	**Total**	**1555.12**	**855.39**	**84.89**	**614.84**
一、按企业、事业和机关分	**Grouped by Enterprises, Institutions and Agencies**				
企业	Enterprises	1030.37	338.31	78.77	613.28
# 地方	Under the Leadership of Local Governments	908.18	216.12	78.77	613.28
事业	Institutions	346.29	338.73	6.00	1.56
# 地方	Under the Leadership of Local Governments	316.66	309.10	6.00	1.56
机关	Agencies & Organizations	178.47	178.35	0.12	
# 地方	Under the Leadership of Local Governments	157.83	157.72	0.12	
二、按国民经济行业分	**Grouped by Economic Sector**				
农、林、牧、渔业	Farming, Forestry, Animal Husbandry and Fishery	12.01	9.77	0.19	2.04
采矿业	Mining and Quarrying	5.32	2.97	0.25	2.09
制造业	Manufacturing	447.92	43.63	25.66	378.62
电力、燃气及水的生产和供应业	Production and Supply of Electricity, Gas and Water	56.64	36.86	3.18	16.60
建筑业	Construction	79.73	26.95	19.92	32.86
交通运输、仓储和邮政业	Transport, Storage and Postal Services	111.70	70.62	2.88	38.21
信息传输、计算机服务和软件业	Information Transfer, Computer Services and Software	49.08	27.15	0.22	21.71
批发和零售业	Wholesale and Retail Trade	76.61	34.19	7.25	35.17
住宿和餐饮业	Hotels and Catering Services	29.74	7.72	1.68	20.34
金融业	Finance	92.34	56.87	11.01	24.45
房地产业	Real Estate	31.70	10.27	2.07	19.36
租赁和商务服务业	Leasing and Business Services	34.76	18.17	4.30	12.28
科学研究、技术服务和地质勘查业	Scientific Research and Technical Services and Geological Prospecting	30.09	25.38	0.42	4.29
水利、环境和公共设施管理业	Water Conservancy, Environment and Public Facilities Management	18.03	15.00	1.62	1.41
居民服务和其他服务业	Resident Services and Other Services	5.20	2.34	0.65	2.21
教育	Education	183.70	182.04	1.05	0.61
卫生、社会保障和社会福利业	Health Care, Social Security and Social Welfare	85.90	83.68	1.96	0.26
文化、体育和娱乐业	Culture, Sports and Recreation	18.05	15.45	0.31	2.29
公共管理和社会组织	Public Management and Social Organization	186.61	186.33	0.25	0.03
三、按产业分	**Grouped by Industry**				
第一产业	Primary Industry	12.01	9.77	0.19	2.04
第二产业	Secondary Industry	589.61	110.41	49.01	430.17
第三产业	Tertiary Industry	953.50	735.21	35.69	182.63

5-16 在岗职工工资总额（2003年）
TOTAL WAGES OF FULLY EMPLOYED STAFF AND WORKERS (2003)

单位：亿元 （100 million yuan）

项　目	Item	合计 Total	国有单位 State-owned Units	城镇集体单位 Urban Collective-owned Units	其他单位 Other Types of Ownership
合　计	**Total**	**1515.58**	**841.02**	**83.52**	**591.05**
一、按企业、事业和机关分	**Grouped by Enterprises, Institutions and Agencies**				
企　业	Enterprises	996.53	329.50	77.53	589.50
#地方	Under the Leadership of Local Governments	879.34	212.31	77.53	589.50
事　业	Institutions	341.19	333.77	5.87	1.54
#地方	Under the Leadership of Local Governments	311.75	304.34	5.87	1.54
机　关	Agencies & Organizations	177.86	177.75	0.11	
#地方	Under the Leadership of Local Governments	157.25	157.13	0.11	
二、按国民经济行业分	**Grouped by Economic Sector**				
农、林、牧、渔业	Farming, Forestry, Animal Husbandry and Fishery	11.74	9.53	0.19	2.01
采矿业	Mining and Quarrying	5.30	2.97	0.24	2.09
制造业	Manufacturing	436.09	43.14	25.28	367.67
电力、燃气及水的生产和供应业	Production and Supply of Electricity, Gas and Water	56.43	36.77	3.17	16.49
建筑业	Construction	77.44	25.73	19.40	32.31
交通运输、仓储和邮政业	Transport, Storage and Postal Services	109.99	69.44	2.84	37.71
信息传输、计算机服务和软件业	Information Transfer, Computer Services and Software	46.60	25.47	0.21	20.92
批发和零售业	Wholesale and Retail Trade	74.92	33.83	7.12	33.97
住宿和餐饮业	Hotels and Catering Services	28.48	7.54	1.67	19.27
金融业	Finance	84.58	54.10	11.01	19.47
房地产业	Real Estate	30.77	10.09	2.00	18.67
租赁和商务服务业	Leasing and Business Services	32.17	17.95	4.29	9.93
科学研究、技术服务和地质勘查业	Scientific Research and Technical Services and Geological Prospecting	29.04	24.70	0.39	3.95
水利、环境和公共设施管理业	Water Conservancy, Environment and Public Facilities Management	17.86	14.87	1.59	1.40
居民服务和其他服务业	Resident Services and Other Services	5.13	2.31	0.65	2.17
教育	Education	181.16	179.56	1.03	0.57
卫生、社会保障和社会福利业	Health Care, Social Security and Social Welfare	84.30	82.16	1.90	0.25
文化、体育和娱乐业	Culture, Sports and Recreation	17.65	15.19	0.30	2.16
公共管理和社会组织	Public Management and Social Organization	185.95	185.67	0.25	0.03
三、按产业分	**Grouped by Industry**				
第一产业	Primary Industry	11.74	9.53	0.19	2.01
第二产业	Secondary Industry	575.26	108.61	48.09	418.56
第三产业	Tertiary Industry	928.58	722.88	35.23	170.47

5-17 职工工资总额（2003年）
TOTAL WAGES OF FULLY EMPLOYED STAFF AND WORKERS (2003)

单位：亿元 (100 million yuan)

项目	Item	合计 Total	国有单位 State-owned Units	城镇集体单位 Urban Collective-owned Units	其他单位 Other Types of Ownership
合计	**Total**	**1538.95**	**859.06**	**84.72**	**595.17**
一、按企业、事业和机关分	**Grouped by Enterprises, Institutions and Agencies**				
企业	Enterprises	1013.02	340.70	78.70	593.62
#地方	Under the Leadership of Local Governments	891.44	219.12	78.70	593.62
事业	Institutions	342.84	335.38	5.90	1.56
#地方	Under the Leadership of Local Governments	313.14	305.68	5.90	1.56
机关	Agencies & Organizations	183.09	182.98	0.12	
#地方	Under the Leadership of Local Governments	162.36	162.24	0.12	
二、按国民经济行业分	**Grouped by Economic Sector**				
农、林、牧、渔业	Farming, Forestry, Animal Husbandry and Fishery	12.06	9.84	0.20	2.03
采矿业	Mining and Quarrying	5.85	3.34	0.24	2.26
制造业	Manufacturing	440.12	45.19	25.56	369.37
电力、燃气及水的生产和供应业	Production and Supply of Electricity, Gas and Water	58.11	37.91	3.21	16.99
建筑业	Construction	78.49	26.44	19.48	32.57
交通运输、仓储和邮政业	Transport, Storage and Postal Services	112.28	71.28	2.92	38.08
信息传输、计算机服务和软件业	Information Transfer, Computer Services and Software	47.10	25.86	0.21	21.03
批发和零售业	Wholesale and Retail Trade	77.23	35.51	7.34	34.38
住宿和餐饮业	Hotels and Catering Services	28.79	7.74	1.68	19.37
金融业	Finance	87.20	56.21	11.37	19.63
房地产业	Real Estate	31.16	10.31	2.06	18.79
租赁和商务服务业	Leasing and Business Services	32.78	18.39	4.32	10.07
科学研究、技术服务和地质勘查业	Scientific Research and Technical Services and Geological Prospecting	29.38	25.02	0.39	3.98
水利、环境和公共设施管理业	Water Conservancy, Environment and Public Facilities Management	17.99	14.98	1.60	1.41
居民服务和其他服务业	Resident Services and Other Services	5.22	2.39	0.65	2.18
教育	Education	181.45	179.85	1.03	0.57
卫生、社会保障和社会福利业	Health Care, Social Security and Social Welfare	84.50	82.34	1.90	0.25
文化、体育和娱乐业	Culture, Sports and Recreation	17.81	15.33	0.30	2.17
公共管理和社会组织	Public Management and Social Organization	191.43	191.15	0.25	0.03
三、按产业分	**Grouped by Industry**				
第一产业	Primary Industry	12.06	9.84	0.20	2.03
第二产业	Secondary Industry	582.57	112.88	48.49	421.19
第三产业	Tertiary Industry	944.32	736.34	36.03	171.95

注：职工包括在岗职工和离开本单位仍保留劳动关系的职工。

Note: The staff and workers include the fully employed staff and workers and the staff and workers who have already left the units but still kept their labor relationship with the units.

5-18 单位从业人员年平均劳动报酬（2003年）
AVERAGE LABOR REMUNERATION TO EMPLOYED PERSONS IN UNITS（2003）

单位：元 （yuan）

项　　目	Item	合计 Total	国有单位 State-owned Units	城镇集体单位 Urban Collective-owned Units	其他单位 Other Types of Ownership
合　计	**Total**	**20052**	**22675**	**10823**	**19223**
一、按企业、事业和机关分	**Grouped by Enterprises, Institutions and Agencies**				
企业	Enterprises	18951	22529	10589	19216
#地方	Under the Leadership of Local Governments	17983	19387	10589	19216
事业	Institutions	21203	21351	15105	22198
#地方	Under the Leadership of Local Governments	20395	20526	15105	22198
机关	Agencies & Organizations	26055	26062	18146	
#地方	Under the Leadership of Local Governments	24993	25000	18146	
二、按国民经济行业分	**Grouped by Economic Sector**				
农、林、牧、渔业	Farming, Forestry, Animal Husbandry and Fishery	8990	8135	8941	18105
采矿业	Mining and Quarrying	12979	12581	7301	15086
制造业	Manufacturing	16067	17906	9138	16728
电力、燃气及水的生产和供应业	Production and Supply of Electricity, Gas and Water	28522	27190	20219	35104
建筑业	Construction	14468	17904	9151	17968
交通运输、仓储和邮政业	Transport, Storage and Postal Services	25703	25448	11431	28966
信息传输、计算机服务和软件业	Information Transfer, Computer Services and Software	41665	36763	19682	50681
批发和零售业	Wholesale and Retail Trade	18291	18566	9527	22180
住宿和餐饮业	Hotels and Catering Services	14898	14239	10325	15751
金融业	Finance	32365	33614	19372	41273
房地产业	Real Estate	22360	20139	14480	25311
租赁和商务服务业	Leasing and Business Services	22668	19835	13860	40059
科学研究、技术服务和地质勘查业	Scientific Research and Technical Services and Geological Prospecting	32785	32652	17874	36672
水利、环境和公共设施管理业	Water Conservancy, Environment and Public Facilities Management	16115	16479	11599	20449
居民服务和其他服务业	Resident Services and Other Services	17830	25811	11755	15187
教育	Education	20058	20086	16361	19614
卫生、社会保障和社会福利业	Health Care, Social Security and Social Welfare	25006	25320	16589	21376
文化、体育和娱乐业	Culture, Sports and Recreation	25915	28378	15646	17335
公共管理和社会组织	Public Management and Social Organization	25561	25582	16856	14658
三、按产业分	**Grouped by Industry**				
第一产业	Primary Industry	8990	8135	8941	18105
第二产业	Secondary Industry	16476	19952	9468	17156
第三产业	Tertiary Industry	23583	23724	13492	26867

5-19 在岗职工年平均工资（2003年）
ANNUAL AVERAGE WAGE OF FULLY EMPLOYED STAFF AND WORKERS (2003)

单位：元 (yuan)

项　　目	Item	合计 Total	国有单位 State-owned Units	城镇集体单位 Urban Collective-owned Units	其他单位 Other Types of Ownership
合　计	**Total**	**19986**	**22944**	**10836**	**18782**
一、按企业、事业和机关分	**Grouped by Enterprises, Institutions and Agencies**				
企业	Enterprises	18752	22837	10597	18775
#地方	Under the Leadership of Local Governments	17746	19591	10597	18775
事业	Institutions	21483	21634	15259	22362
#地方	Under the Leadership of Local Governments	20668	20802	15259	22362
机关	Agencies & Organizations	26136	26143	18256	
#地方	Under the Leadership of Local Governments	25071	25078	18256	
二、按国民经济行业分	**Grouped by Economic Sector**				
农、林、牧、渔业	Farming, Forestry, Animal Husbandry and Fishery	8997	8132	9148	18060
采矿业	Mining and Quarrying	12961	12603	6903	15091
制造业	Manufacturing	15763	17949	9106	16352
电力、燃气及水的生产和供应业	Production and Supply of Electricity, Gas and Water	28574	27283	20228	35048
建筑业	Construction	14608	18588	9154	17972
交通运输、仓储和邮政业	Transport, Storage and Postal Services	25936	25789	11525	28971
信息传输、计算机服务和软件业	Information Transfer, Computer Services and Software	42966	38323	19753	51122
批发和零售业	Wholesale and Retail Trade	18296	18725	9566	22001
住宿和餐饮业	Hotels and Catering Services	14778	14316	10346	15553
金融业	Finance	33426	35354	19386	45045
房地产业	Real Estate	22312	20320	14531	25078
租赁和商务服务业	Leasing and Business Services	21306	19913	13876	33172
科学研究、技术服务和地质勘查业	Scientific Research and Technical Services and Geological Prospecting	32963	32959	17199	36260
水利、环境和公共设施管理业	Water Conservancy, Environment and Public Facilities Management	16257	16606	11772	20562
居民服务和其他服务业	Resident Services and Other Services	17832	26119	11792	15041
教育	Education	20449	20481	16613	18885
卫生、社会保障和社会福利业	Health Care, Social Security and Social Welfare	25157	25469	16678	21393
文化、体育和娱乐业	Culture, Sports and Recreation	25901	28549	15540	16622
公共管理和社会组织	Public Management and Social Organization	25642	25662	16943	14658
三、按产业分	**Grouped by Industry**				
第一产业	Primary Industry	8997	8132	9148	18060
第二产业	Secondary Industry	16273	20221	9453	16815
第三产业	Tertiary Industry	23703	24006	13555	26368

5-20 职工年平均工资（2003年）

ANNUAL AVERAGE WAGE OF STAFF AND WORKERS (2003)

单位：元 (yuan)

项目	Item	合计 Total	国有单位 State-owned Units	城镇集体单位 Urban Collective-owned Units	其他单位 Other Types of Ownership
合计	**Total**	**18979**	**21514**	**9332**	**18554**
一、按企业、事业和机关分	**Grouped by Enterprises, Institutions and Agencies**				
企业	Enterprises	17518	19869	9073	18546
#地方	Under the Leadership of Local Governments	16544	16599	9073	18546
事业	Institutions	21238	21396	14846	22196
#地方	Under the Leadership of Local Governments	20435	20576	14846	22196
机关	Agencies & Organizations	25734	25741	18006	
#地方	Under the Leadership of Local Governments	24688	24694	18006	
二、按国民经济行业分	**Grouped by Economic Sector**				
农、林、牧、渔业	Farming, Forestry, Animal Husbandry and Fishery	8340	7522	8475	17563
采矿业	Mining and Quarrying	11530	10683	6780	14276
制造业	Manufacturing	15096	14771	7802	16187
电力、燃气及水的生产和供应业	Production and Supply of Electricity, Gas and Water	27558	26190	19694	34104
建筑业	Construction	13961	17197	8693	17668
交通运输、仓储和邮政业	Transport, Storage and Postal Services	24189	24255	8067	28390
信息传输、计算机服务和软件业	Information Transfer, Computer Services and Software	42077	37338	19731	50552
批发和零售业	Wholesale and Retail Trade	13554	12654	5711	21403
住宿和餐饮业	Hotels and Catering Services	14282	12976	10093	15459
金融业	Finance	32396	34000	19081	44314
房地产业	Real Estate	20897	18274	12935	24480
租赁和商务服务业	Leasing and Business Services	19566	17802	13098	32224
科学研究、技术服务和地质勘查业	Scientific Research and Technical Services and Geological Prospecting	31727	31644	16157	35665
水利、环境和公共设施管理业	Water Conservancy, Environment and Public Facilities Management	15918	16207	11694	20398
居民服务和其他服务业	Resident Services and Other Services	17355	23970	11615	15022
教育	Education	20432	20465	16519	18857
卫生、社会保障和社会福利业	Health Care, Social Security and Social Welfare	24869	25177	16495	21319
文化、体育和娱乐业	Culture, Sports and Recreation	24920	27315	15234	16283
公共管理和社会组织	Public Management and Social Organization	25307	25326	16863	14658
三、按产业分	**Grouped by Industry**				
第一产业	Primary Industry	8340	7522	8475	17563
第二产业	Secondary Industry	15580	17757	8484	16636
第三产业	Tertiary Industry	22352	22821	10791	25883

注：职工包括在岗职工和离开本单位仍保留劳动关系的职工。

Note: The staff and workers include the fully employed staff and workers and the staff and workers who have already left the units but still kept their labor relationship with the units.

5-21 各市年末城镇登记失业人数及失业率
NUMBER OF REGISTERED URBAN UNEMPLOYED PERSONS AND UNEMPLOYMENT RATE BY CITY AT THE YEAR-END

市 别 City	2002		2003	
	失业人员（人） Unemployed Persons （person）	失业率（%） Unemployment Rate（%）	失业人员（人） Unemployed Persons （person）	失业率（%） Unemployment Rate（%）
合 计 Total	**364946**	**3.1**	**354611**	**2.9**
广 州 Guangzhou	89623	3.2	72823	2.7
深 圳 Shenzhen	19695	2.4	21914	2.6
珠 海 Zhuhai	11836	2.9	11131	2.9
汕 头 Shantou	15042	2.8	17364	3.2
佛 山 Foshan	17312	3.1	28144	2.3
韶 关 Shaoguan	19493	3.4	18264	3.4
河 源 Heyuan	11323	3.4	13127	3.2
梅 州 Meizhou	18143	2.8	13546	3.0
惠 州 Huizhou	15222	2.8	13581	2.7
汕 尾 Shanwei	7498	3.0	8798	3.3
东 莞 Dongguan	3413	1.3	4996	1.7
中 山 Zhongshan	7531	2.4	6873	2.4
江 门 Jiangmen	21645	3.1	21391	3.2
阳 江 Yangjiang	14391	3.2	15386	3.2
湛 江 Zhanjiang	24112	3.3	23149	3.2
茂 名 Maoming	18345	3.6	19988	3.4
肇 庆 Zhaoqing	11956	3.0	11691	2.9
清 远 Qingyuan	7496	2.7	10663	3.5
潮 州 Chaozhou	6340	2.7	6357	2.6
揭 阳 Jieyang	8284	2.5	8764	2.7
云 浮 Yunfu	5573	3.4	6661	3.5

注：佛山2002年失业人数及失业率不包括顺德。
Note: The number of unemployed persons and unemployment rate of Foshan in 2002 excluded those of Shunde.

主要统计指标解释

劳动力资源总数 指在劳动年龄内，具有劳动能力，在正常情况下，可能或实际参加社会劳动的人口数。劳动力资源的范围为：劳动年龄内（16周岁以上），有劳动能力，实际参加社会劳动和未参加社会劳动的人员。劳动力资源也可划分为：经济活动人口和非经济活动人口。劳动力资源不包括下列人员：

（1）在押犯人；

（2）劳动年龄内丧失劳动能力的人员；

（3）16岁以下实际参加社会劳动的人员。

从业人员 指从事一定社会劳动并取得劳动报酬或经营收入的人员。包括：

（1）在岗职工

（2）私营业主

（3）个体户主

（4）私营和个体从业人员

（5）乡镇企业从业人员

（6）农村从业人员

（7）其他从业人员（包括再就业的离退休人员、民办教师、在各单位中工作的外方人员和港、澳、台方人员和宗教职业者等）

这一指标反映了一定时期内全部劳动力资源的实际利用情况，是研究我国基本国情国力的重要指标。

经济活动人口 指在16岁以上，有劳动能力，参加或要求参加社会经济活动的人口。包括：从业人员和失业人员。

单位从业人员 指在各级国家机关、政党机关、社会团体及企业、事业单位中工作，并取得劳动报酬的全部人员。包括在岗职工和其他从业人员。各单位的从业人员反映了各单位实际参加生产或工作的全部劳动力。

其他从业人员 指各级国家机关、政党机关、社会团体及企业、事业单位中再就业的离退休人员、民办教师以及在各单位中工作的外方人员和港、澳、台方人员。

职工 指在国有经济、城镇集体经济、联营经济、股份制经济、外商和港、澳、台投资经济、其他经济单位及其附属机构工作，并由其支付工资的各类人员。包括在岗职工和离开本单位仍保留劳动关系的职工（也称为离岗职工或不在岗职工），不包括返聘的离退休人员、民办教师、在本单位工作的外方人员和港、澳、台人员。

在岗职工 指在调查时期（点）在国有经济、城镇集体经济、联营经济、股份制经济、外商和港、澳、台投资经济、其他经济单位及其附属机构中有工作岗位，并参加实际工作和在本单位领取工资的各类人员。

不在岗职工（离岗职工） 是指在调查时期（点）在国有经济、城镇集体经济、联营经济、股份制经济、外商和港、澳、台投资经济、其他经济单位及其附属机构中没有工作岗位、没有参加工作，但仍与单位保留劳动关系的人员。包括长期（6个月以上）病休假人员、下岗职工等。单位对这部分人员只发放生活费，而不发放工资。

城镇私营和个体从业人员 **城镇私营从业人员** 指在工商管理部门注册登记，其经营地址设在县城关镇（含城关镇）以上的私营企业从业人员。包括：私营企业投资者和雇工。城镇个体从业人员指在工商管理部门注册登记，并持有城镇户口或在城镇长期居住，经批准从事个体工商经营的从业人员。包括：个体经营者和在个体工商户劳动的家庭帮工和雇工。

城镇登记失业人员及失业率 指有非农业户口，在一定的劳动年龄内，有劳动能力，无业而要求就业，并在当地就业服务机构进行求职登记的人毡。城镇登记失业率指城镇登记失业人数同城镇从业人数与城镇登记失业人数之和的比。计算公式为：

$$城镇登记失业率=\frac{城镇登记失业人数}{城镇从业人数+城镇登记失业人数}\times 100\%$$

单位从业人员劳动报酬 指各单位在一定时期内直接支付给本单位在岗职工的工资总额和其他从业人员的劳动报酬。

在岗职工工资总额 指各单位在一定时期内直接支付给本单位在岗职工的劳动报酬总额。

不在岗职工（离岗职工）生活费 指各单位在一定时期内按政策直接支付给本单位中离开本单位仍保

留劳动关系的这部分不在岗职工的最低生活保障费。

职工工资总额 指各单位在一定时期内直接支付给本单位在岗职工的工资总额和不在岗职工（离岗职工）的生活费。

单位从业人员劳动报酬和职工工资总额的计算原则应以直接支付给职工的全部劳动报酬为根据。各单位支付给职工的劳动报酬以及其他根据有关规定支付的工资，不论是计入成本的还是不计入成本的，不论是按国家规定列入计征奖金税项目的，还是未列入计征奖金税项目的，不论是以货币形式支付的还是以实物形式支付的，均包括在内。

职工平均工资 指企业、事业、机关单位的职工在一定时期内平均每人所得的货币工资额。它表明一定时期职工工资收入的高低程度，是反映职工工资水平的主要指标。计算公式为：

$$\text{职工平均工资}=\frac{\text{报告期实际支付的全部职工工资总额}}{\text{报告期全部职工平均人数}}$$

职工平均实际工资 指扣除物价变动因素后的职工平均工资。计算公式为：

$$\text{职工平均实际工资}=\frac{\text{报告期职工平均工资}}{\text{报告期城镇居民消费价格指数}}$$

Explanatory Notes on Main Statistical Indicators

Labor Resources refer to the population within the working age who are capable to work, under normal condition, may participate in or are actually participating in social labor. The coverage of labor resources includes the persons within the working ages (16 and over), who are capable of work, are actually engaged in or are not engaged in social labor. Labor resources can be also divided into economically active population and non-economically active population.

The following persons are not included in the labor resources: 1. Prisoners in custody;

2. Persons within the working age but disabled;

3. Persons actually engaged in social labor but under the age of 16.

Employed Persons refer to the persons who are engaged in social labor and receive remuneration payment or earn business income, including:

1. fully employed staff and workers, 2. employers of private enterprises,

3. self-employed workers, 4. employed persons in private enterprises and individual economy,

5. employed persons in township enterprises,

6. employed persons in the rural areas,

7. and other employed persons (including re-employed retirees, teachers in the schools run by the local people, foreigners and Chinese compatriots from Hong Kong, Macao and Taiwan working in various units, and people engaged in religious profession, etc).

This indicator reflects the actual utilization of total labor force during a certain period of time and is often used for the research on China's economic situation and national strength.

Economically Active Population refers to the population aged 16 and over, who are capable to work, are participating in or willing to participate in the social and economic activities, including employed persons and unemployed persons.

Persons Employed in Various Units refer to all the persons working in government agencies of various levels, political and party organizations, social organizations, enterprises and institutions, and receiving payment, including fully employed staff and workers and other employed persons. This indicator reflects the total number of laborers actually engaged in production or other operations in various units.

Other Employed Persons refer to the re-employed retirees and the teachers in the schools run by the local people, who work in government agencies of various levels, political and party organizations, enterprises and institutions, and foreigners and Chinese compatriots from Hong Kong, Macao and Taiwan working in various units.

Staff and Workers refer to the persons working in and receiving payment from units of state ownership, collective ownership, joint ownership, share holding ownership, foreign ownership, and ownership by entrepreneurs from Hong Kong, Macao and Taiwan, and other types of ownership and their affiliated units. They include the fully-employed staff and workers and the staff and workers who have left their working units while keeping their labor contract (employment relation) unchanged (i. e. staff and workers absent from work or not fully-employed staff and workers), but exclude re-employed retirees, teachers in the schools run by the local people, and foreigners and Chinese compatriots from Hong Kong, Macao and Taiwan working in the units.

Fully Employed Staff and Workers refer to the persons who have work posts, work in and receive payment from units of state ownership, collective ownership, joint ownership, share holding ownership, foreign ownership, and ownership by entrepreneurs from Hong Kong, Macao and Taiwan, and other types of ownership and their affiliated units at the reference period (point).

Not Fully-employed Staff and Workers (Staff and Workers Absent from Work) refer to the persons who do not have work posts and work in, but still keep their labor contract (employment relation) unchanged from the working units of state ownership, collective ownership, joint ownership, share holding ownership, foreign ownership, and ownership by entrepreneurs from Hong Kong, Macao and Taiwan, and other types of ownership and their affiliated units at the reference period (point). They include the persons absent from work on sick leave for a long time (more than six months) and the laid-off workers, who only receive living expenses but no wages from their working units.

Persons Employed in Private Enterprises and Employed Individuals in Urban Areas Persons employed in private enterprises refer to the persons employed in the private enterprises which have been registered at the department of industrial and commercial administration and are situated at a county town (i. e. a town where the county government is located) for business operation or at urban areas with the level higher than a county town, including investors and employees of private enterprises. The self-employed individuals in urban areas refer to persons who hold the certificates of residence in urban areas or have resided in the urban areas for a long time and have been registered at the departments of industrial and commercial administration and approved to be engaged in individual industrial or commercial business, including self-employed persons as well as helpers and hired laborers who work in the individual households engaged in industrial or commercial business.

Registered Unemployed Persons and Registered Unemployment Rate in Urban Areas Registered unemployed persons in urban areas refer to the persons with non-agricultural registration at certain working ages, who are capable of work, unemployed and willing to work, and have been registered at the local employment service agencies to apply for a job. Registered unemployment rate in urban areas refers to the ratio of the number of the registered urban unemployed persons to the sum of the number of the urban employed persons and the registered urban unemployed persons. The formula is as follows:

$$\text{Registered Urban Unemployment Rate} = \frac{\text{Number of Registered Urban Unemployed Persons}}{(\text{Number of Urban Employed Persons} + \text{Number of Registered Urban Unemployed Persons})} \times 100\%$$

Earnings of Persons Employed in Units refer to the total wages directly paid to the fully employed persons in the working units and the remuneration payment to other employed persons during a certain period of time.

Total Wages refer to the total remuneration payment directly paid to the fully employed persons in the working units during a certain period of time.

Living Expenses of Not Fully-employed Staff and Workers (Staff and Workers Absent from Work) refer to the minimum living allowances directly distributed to the not fully employed staff and workers who have left their working units while keeping their labor contract (employment relation) unchanged according to the policies during a certain period of time.

Total Wages of Staff and Workers refer to the total wages directly paid to the fully employed staff and workers and the living expenses to the not fully-employed staff and workers (staff and workers absent from work) in the working units during a certain period of time.

The calculation of earnings of persons employed in units and total wages of staff and workers is based on the total remuneration payment to the staff and workers. Therefore, all the wages and salaries and other payments to staff and workers are included in the total wages regardless of their sources, categories and forms (in kind or cash).

Average Wage of Staff and Workers refer to the average wage in monetary terms per person during a certain period of time for staff and workers in enterprises, institutions and government agencies, which reflects the general level of wage income during a certain period of time and is calculated as follows:

$$\text{Average Wage of Staff and Workers} = \frac{\text{Total Wages of Staff and Workers at the Report Period}}{\text{Average Number of Staff and Workers at the Report Period}}$$

Average Real Wage of Staff and Workers refer to the average wage of staff and workers after removing the effects of price changes, which is calculated as follows:

$$\text{Average Real Wage of Staff and Workers} = \frac{\text{Average Wage of Staff and Workers at the Report Period}}{\text{Urban Consumer Price Indices at the Report Period}}$$

六、固定资产投资

INVESTMENT IN FIXED ASSETS

六　固定资产投资

简要说明

一、本篇资料反映广东省固定资产投资的基本情况，主要包括：全社会固定资产投资，国有单位固定资产投资，基本建设、更新改造、房地产开发投资情况以及各市固定资产投资的主要指标数据。

二、本篇资料由广东省统计局固定资产投资统计处整理提供。

三、固定资产投资统计的资料来源主要为全面统计报表。按照现行的固定资产投资统计报表制度，全社会固定资产投资按经济类型可分为：国有经济、集体经济、联营经济、股份制经济、港澳台投资经济、外商投资经济、个人投资及其它经济投资；按计划管理口径又分为：基本建设投资、更新改造投资、房地产开发投资、其它投资四种。

6　INVESTMENT IN FIXED ASSETS

Brief Introduction

Ⅰ. The data in this chapter reflect the basic conditions of investment in fixed assets of Guangdong Province, mainly including the total investment in fixed assets, the investment in fixed assets by the state-owned units, the investment in capital construction, the investment in innovation, the investment in real estate development and the main indicators of investment in fixed assets by city.

Ⅱ. The data in this chapter are prepared and provided by the Division of Investment and Construction Statistics of Guangdong Provincial Bureau of Statistics.

Ⅲ. The data sources for the statistics of investment in fixed assets mainly come from the complete statistical report forms. According to the present regulations in the reporting scheme on the statistics of the investment in fixed assets, the investment in fixed assets in the whole country is classified by the following types of ownership: state-owned economy, collective-owned economy, joint ownership economy, shareholding economy, economy with funds from Hong Kong, Macao and Taiwan, foreign funded economy, individual investment and the economy of other types of ownership. It is also classified by the following four channels of planning administration according to the purpose of investment: the investment in capital construction, the investment in innovation, the investment in real estate development and other investment.

6-1 全社会固定资产投资主要指标
MAIN INDICATORS OF TOTAL INVESTMENT IN FIXED ASSETS

指标	Item	1995	2000	2001	2002	2003
投资完成额 （亿元）	**Investment （100 million yuan）**	**2327.22**	**3233.70**	**3536.41**	**3970.69**	**5030.57**
按报表种类分	**Grouped by Type of Report Form**					
基本建设	Capital Construction	905.97	1163.63	1243.72	1367.23	1893.58
#大中型项目	Large and Medium-sized Projects	332.32	387.63	369.28	488.13	752.88
更新改造	Innovation	255.61	435.44	485.01	515.07	658.94
#限额以上项目	Projects above Designated Size	54.78	168.41	153.20	129.55	165.88
房地产开发	Real Estate Development	563.89	858.61	972.34	1115.25	1233.52
其他投资	Others	114.36	126.39	172.25	220.20	324.12
城镇集体	Urban Collective-owned Units	43.73	61.06	60.85	50.42	41.49
农村集体	Rural Collective-owned Units	195.75	306.44	312.48	411.07	555.75
城镇和工矿区私人	Individuals in Urban Areas and in Industrial and Mining Areas	52.41	65.44	69.54	75.29	83.48
农村私人	Individuals in Rural Areas	195.50	216.69	220.21	216.16	239.68
按经济类型分	**Grouped by Type of Ownership**					
国有经济	State-owned Economy	1122.84	1286.91	1249.20	1214.46	1487.53
集体经济	Collective-owned Economy	363.67	448.71	314.78	333.74	403.92
#农村	Rural Collective-owned	195.75	306.43	171.43	198.90	237.83
个体经济	Individuals	249.78	424.35	581.58	703.95	944.47
#农村	Rural Individuals	195.50	216.69	220.21	216.16	146.77
联营经济	Joint Ownership Economy	17.22	10.30	14.33	28.61	23.93
股份制经济	Shareholding Economy	108.85	484.00	571.73	755.72	937.60
外商投资经济	Foreign Funded Economy	254.88	140.71	223.18	260.92	393.55
港澳台投资经济	Economy with Funds from Hong Kong, Macao and Taiwan	197.93	416.34	554.03	628.95	794.73
其他经济	Others	12.05	22.39	27.58	44.37	44.83
按构成分	**Grouped by Use of Funds**					
建筑安装工程	Construction and Installation	1507.92	2103.78	2293.93	2548.91	3201.16
设备工具器具购置	Purchases of Equipment and Instruments	464.75	597.29	698.49	783.70	977.70
其他费用	Others	354.55	532.63	543.99	638.08	851.71
按资金来源分	**Grouped by Source of Funds**					
国家预算内资金	State Budgetary Appropriations	25.02	54.00	55.88	73.72	80.96
国内贷款	Domestic Loans	348.81	556.52	567.59	676.62	853.29
利用外资	Foreign Investment	431.37	339.86	345.86	430.81	510.51
自筹资金	Fundraising	873.35	1386.29	1616.49	1765.72	2354.37
其他资金	Others	648.67	897.03	950.59	1023.82	1231.44
房屋建筑面积 （万平方米）	**Floor Space of Buildings （10000 sq. m）**					
施工面积	Floor Space under Construction	21364.88	23520.91	24961.75	27309.17	33965.41
竣工面积	Floor Space Completed	10689.48	13492.94	13497.44	14832.04	16907.21
#住宅	Residential Buildings	7308.18	8888.66	8537.72	9041.03	9444.02
实际销售商品房屋面积 （万平方米）	**Floor Space of Commodity Buildings Actually Sold （10000 sq. m）**	**1000.41**	**2259.95**	**2275.79**	**2530.81**	**3061.32**
#住宅	Residential Buildings	850.44	2009.34	2048.84	2260.00	2739.60
个人购买商品住宅 （万平方米）	**Commodity Residence Purchased by Individuals （10000 sq. m）**	**606.89**	**1838.43**	**1854.29**	**2145.23**	**2627.41**

注：从 2001 年起农村集体改为农村单位。
Note：The rural collective-owned units are referred by the rural units from 2001.

6-2 全社会固定资产投资总额
TOTAL INVESTMENT IN FIXED ASSETS

单位：亿元 (100 million yuan)

年 份 Year	全社会投资总额 Total Investment	基本建设 Capital Construction	更新改造 Innovation	房地产开发 Real Estate Development	其他投资 Others	城镇集体 Urban Collective-owned Units	农村集体 Rural Collective-owned Units	城镇和工矿区私人 Individuals in Urban Areas and in Industrial and Mining Areas	农村私人 Individuals in Rural Areas
1978	27.23	17.85	2.19			0.47	0.37		6.35
1979	28.29	17.63	2.43			0.59	0.36		7.28
1980	38.29	22.05	3.67			1.09	0.59		10.89
"六五"时期 Sixth Five-Year Plan Period	548.80	246.86	98.26		8.94	29.71	42.49	14.40	108.14
1981	60.40	28.37	6.24			2.35	4.06	2.19	17.19
1982	84.73	33.86	17.91			3.64	7.86	1.93	19.53
1983	88.71	35.23	19.91		0.78	4.05	7.86	2.14	18.74
1984	130.37	55.33	21.89		3.43	6.18	12.02	3.03	28.49
1985	184.59	94.07	32.31		4.73	13.49	10.69	5.11	24.19
"七五"时期 Seventh Five-Year Plan Period	1549.91	680.30	282.17	129.10	22.06	137.12	81.26	57.48	160.42
1986	216.50	103.48	42.78	10.00	2.32	15.09	10.77	5.82	26.24
1987	251.01	107.27	51.36	16.29	4.04	21.91	12.06	8.00	30.08
1988	353.59	146.68	79.22	21.96	6.36	40.91	11.02	19.93	27.51
1989	347.34	147.44	49.71	48.15	4.39	31.05	21.76	14.21	30.63
1990	381.47	175.43	59.10	32.70	4.95	28.16	25.65	9.52	45.96
"八五"时期 Eighth Five-Year Plan Period	7498.19	2857.35	874.80	1459.87	452.82	255.11	788.56	172.60	637.08
1991	478.20	214.76	74.87	49.75	3.63	33.35	37.86	15.39	48.59
1992	921.75	338.69	128.57	125.57	10.46	77.70	131.62	21.60	87.54
1993	1629.87	546.63	183.87	316.53	175.31	44.66	195.06	40.33	127.48
1994	2141.15	851.30	231.88	404.13	149.06	55.67	228.27	42.87	177.97
1995	2327.22	905.97	255.61	563.89	114.36	43.73	195.75	52.41	195.50
"九五"时期 Ninth Five-Year Plan Period	13555.17	5291.39	1682.32	3228.69	586.78	289.69	1160.32	254.29	1061.69
1996	2327.64	909.73	277.00	528.85	128.03	57.92	191.99	44.19	189.93
1997	2298.14	903.26	273.90	528.31	100.60	53.38	196.61	39.77	202.31
1998	2668.13	1072.30	327.38	602.72	112.83	60.88	220.84	48.13	223.05
1999	3027.56	1242.47	368.60	710.20	118.93	56.45	244.44	56.76	229.71
2000	3233.70	1163.63	435.44	858.61	126.39	61.06	306.44	65.44	216.69
"十五"时期 Tenth Five-Year Plan Period									
2001	3536.41	1243.72	485.01	972.34	172.25	60.85	312.48	69.54	220.21
2002	3970.69	1367.23	515.07	1115.25	220.20	50.42	411.07	75.29	216.16
2003	5030.57	1893.58	658.94	1233.52	324.12	41.49	555.75	83.48	239.68

注：1. 1993 年以前房地产开发投资主要是商品房建设投资。
2. 从 2001 年起农村集体改为农村单位。

Note: a) Prior to 1993, the investment in real estate development was mainly the investment in commercial buildings.
b) The rural collective-owned units refer to the rural units from 2001.

6-3 全社会固定资产投资（2003 年）
TOTAL INVESTMENT IN FIXED ASSETS (2003)

指标 Item	全省合计 Province Total	基本建设 Capital Construction	更新改造 Innovation	房地产开发 Real Estate Development	其他投资 Others	城镇集体 Urban Collective-owned Units	农村单位 Rural Collective-owned Units	城镇和工矿区私人 Individuals in Urban Areas and in Industrial and Mining Areas	农村私人 Individuals in Rural Areas
一、投资总额（亿元）Total Investment (100 million yuan)	**5030.57**	**1893.58**	**658.94**	**1233.52**	**324.12**	**41.49**	**555.75**	**83.48**	**239.68**
按隶属关系分 Grouped by Administrative Relationship									
中央项目 Central Government Projects	406.28	256.06	102.24	47.81	0.17				
地方项目 Local Projects	4624.29	1637.52	556.70	1185.71	323.96	41.49	555.75	83.48	239.68
按构成分 Grouped by Use of Funds									
建筑安装工程 Construction and Installation	3201.16	1211.77	256.67	866.97	167.51	31.28	365.45	83.48	218.04
设备工具器具购置 Purchases of Equipment and Instruments	977.70	317.61	361.10	25.26	119.94	8.13	124.03		21.64
其他费用 Others	851.71	364.21	41.17	341.30	36.68	2.09	66.27		
二、财务拨贷款合计（亿元）Total Financial Appropriations (100 million yuan)	**5606.48**	**1966.84**	**666.21**	**1683.68**	**358.96**	**51.88**	**555.75**	**83.48**	**239.68**
国家预算内资金 State Budgetary Appropriations	90.23	55.96	17.03	0.40	2.55	0.20	14.08		
国内贷款 Domestic Loans	950.98	443.21	76.44	370.82	24.85	1.77	33.89		
利用外资 Foreign Investment	568.95	280.04	87.15	30.79	97.66	3.31	69.99		
自筹资金 Fundraising	2623.90	1116.95	470.32	424.06	187.87	43.32	381.38		
其他资金 Others	1372.42	70.68	15.26	857.61	46.02	3.28	56.41	83.48	239.68
三、新增固定资产（亿元）Newly Increased Fixed Assets (100 million yuan)	**3244.38**	**855.17**	**403.45**	**906.80**	**236.88**	**29.88**	**489.04**	**83.48**	**239.68**
四、房屋建筑面积（万平方米）Floor Space of Buildings (10000 sq. m)									
施工面积 Floor Space Under Construction	33965.41	6670.01	520.42	12854.98	1930.86	523.98	5907.98	1422.75	4134.43
竣工面积 Floor Space Completed	16907.21	1705.17	256.35	4383.68	817.15	108.55	4079.13	1422.75	4134.43
#住宅 Residential Buildings	9444.02	269.01	23.72	3558.36	92.60	25.85	416.02	1293.77	3764.69

6-4 各市全社会固定资产投资额（2003 年）
TOTAL INVESTMENT IN FIXED ASSETS BY CITY (2003)

单位：亿元 (100 million yuan)

市别 City	合计 Total	基本建设 Capital Construction	更新改造 Innovation	房地产开发 Real Estate Development	其他投资 Others	城镇集体 Urban Collective-owned Units	农村单位 Rural Collective-owned Units	城镇和工矿区私人 Individuals in Urban Areas and in Industrial and Mining Areas	农村私人 Individuals in Rural Areas
全省总计 Total	**5030.57**	**1893.58**	**658.94**	**1233.52**	**324.12**	**41.49**	**555.75**	**83.48**	**239.68**
广州 Guangzhou	1160.26	451.30	185.42	419.48	13.54	3.91	64.32	5.15	17.13
深圳 Shenzhen	949.10	359.92	56.17	412.66	38.91	4.46	52.66	3.27	21.05
珠海 Zhuhai	141.05	88.93	10.21	38.81	1.62	0.02	0.58	0.45	0.43
汕头 Shantou	119.24	33.79	13.91	15.05	21.89	1.59	21.83	1.63	9.53
佛山 Foshan	423.69	69.85	39.08	88.50	9.04	3.01	194.84	3.58	15.78
韶关 Shaoguan	103.31	30.18	24.83	10.09	22.37	4.32	5.99	0.69	4.85
河源 Heyuan	56.29	25.13	5.20	4.64	6.29	0.06	5.07	2.73	7.17
梅州 Meizhou	78.79	19.35	9.58	12.95	14.31	0.39	13.67	4.37	4.17
惠州 Huizhou	228.47	151.61	13.39	27.27	3.14	2.05	19.72	1.99	9.30
汕尾 Shanwei	56.95	16.09	4.17	2.12	7.32	1.00	10.36	5.38	10.50
东莞 Dongguan	319.39	97.65	44.58	55.12	33.81	12.96	50.09	5.31	19.88
中山 Zhongshan	262.05	86.19	28.20	51.94	56.35	1.97	19.64	1.73	16.04
江门 Jiangmen	150.84	52.93	17.85	23.87	24.60	0.65	20.24	0.90	9.81
阳江 Yangjiang	49.86	11.29	4.12	11.23	7.56	0.86	3.80	7.87	3.13
湛江 Zhanjiang	113.52	47.20	21.43	11.46	2.72	0.62	8.45	8.41	13.22
茂名 Maoming	93.37	11.49	15.90	5.31	4.04	0.67	14.47	7.88	33.62
肇庆 Zhaoqing	114.66	31.45	10.18	16.48	18.07	0.35	19.79	6.88	11.45
清远 Qingyuan	101.55	35.64	16.29	13.80	20.77	0.45	7.28	2.54	4.78
潮州 Chaozhou	46.56	17.13	12.43	3.79	4.32	0.57	3.93	0.44	3.96
揭阳 Jieyang	85.52	31.84	7.40	5.85	9.02	1.32	12.01	9.12	8.96
云浮 Yunfu	53.01	15.82	4.31	3.11	4.44	0.26	6.99	3.14	14.93

注：全省总计中含不分区部分。
Note: Provincial total includes the part of investment unclassified by region.

6-5 国有经济固定资产投资主要指标

MAIN INDICATORS OF INVESTMENT IN FIXED ASSETS OF STATE-OWNED UNITS

指标	Item	1995	2000	2002	2003
一、建设项目个数 (个)	**Number of Projects (unit)**				
施工项目	Projects under Construction	6748	8934	6749	6160
全部建成投产项目	Projects Completed and Put into Use	3217	4070	3417	2562
二、投资总额 (亿元)	**Total Investment (100 million yuan)**	**1122.84**	**1286.91**	**1223.23**	**1487.53**
#住宅	Residential Buildings	193.93	185.38	94.44	68.07
按构成分	Grouped by Use of Funds				
建筑安装工程	Construction and Installation	680.01	835.63	829.56	955.33
设备工具器具购置	Purchase of Equipment and Instruments	254.30	222.31	208.45	240.40
其他费用	Others	188.53	228.97	185.22	291.80
按建设性质分	Grouped by Type of Construction				
# 新建	New Construction	685.99	635.88	670.93	922.12
扩建	Expansion	258.41	280.76	243.77	290.12
改建	Reconstruction	101.85	128.62	167.57	155.36
按资金来源分	Grouped by Source of Funds				
国家预算内资金	State Budgetary Appropriations	19.31	48.77	57.32	66.97
国内贷款	Domestic Loans	186.84	275.53	276.85	320.47
利用外资	Foreign Investment	142.71	55.08	13.68	37.39
自筹资金	Fundraising	550.53	743.32	757.36	892.74
其他资金	Others	223.45	164.21	118.01	169.96
三、新增固定资产 (亿元)	**Newly Increased Fixed Assets (100 million yuan)**	**634.07**	**1022.34**	**666.53**	**771.04**
四、房屋建筑面积 (万平方米)	**Floor Space of Buildings (10000 sq. m)**				
施工面积	Floor Space under Construction	7425.60	5010.21	3973.35	4492.17
竣工面积	Floor Space Completed	2486.51	2062.14	1424.08	1190.78
#住宅	Residential Buildings	1385.38	1024.44	624.38	402.00

注：建设项目个数、投资总额按建设性质分不含房地产开发部分。
Note: Number of projects and total investment by type of construction exclude the part of real estate development.

6-6 基础设施、基础产业完成投资额
COMPLETED INVESTMET IN INFRASTRUCTURE AND BASIC INDUSTRIES

单位：亿元 (100 million yuan)

年 份 Year	基础设施 Infrastructure	电力、煤气及水的生产和供应业 Production and Supply of Electric Power, Gas and Water	交通运输、仓储和邮政业 Transport, Storage and Postal Services	电信和其他信息传输服务业 Telecommunications and Other Data Transmission Services	水利、环境和公共设施管理业 Water Conservancy, Environment and Public Facilities Management	教育 Education	卫生、社会保障和社会福利业 Health Care, Social Security and Social Welfare	文化、体育和娱乐业 Culture, Sports and Recreation
1990	132. 62	58. 85	46. 30	3. 57	10. 16	8. 85	1. 99	2. 90
1995	738. 70	175. 79	346. 86	35. 83	117. 94	39. 73	10. 04	12. 51
2000	1153. 81	193. 68	344. 55	208. 19	289. 25	57. 87	19. 48	40. 79
2001	1166. 44	213. 54	304. 58	262. 30	254. 62	61. 14	23. 43	47. 83
2002	1200. 22	280. 91	309. 20	219. 59	247. 69	76. 20	25. 94	40. 69
2003	1573. 51	320. 28	462. 05	249. 86	330. 31	134. 78	29. 06	47. 18

年 份 Year	基础产业 Basic Industries	农林牧渔业 Farming, Forestry, Animal Husbandry and Fishery	采矿业 Mining and Dressing	石油加工、炼焦及核燃料加工业 Petroleum Refining, Coking and Nuclear Fuel Processing	黑色金属冶炼及压延加工业 Smelting and Pressing of Ferrous Metals	有色金属冶炼及压延加工业 Smelting and Pressing of Nonferrous Metals	基础化学原料制造 Raw Basic Chemical Materials Manufacturing
1990	18. 42	2. 32	3. 11	6. 57	1. 60	1. 02	3. 80
1995	121. 90	6. 11	9. 50	11. 85	5. 75	6. 74	81. 95
2000	53. 01	15. 94	6. 18	6. 96	12. 22	3. 80	7. 91
2001	80. 51	11. 54	16. 52	17. 43	12. 06	6. 24	16. 72
2002	83. 17	12. 46	23. 21	7. 95	16. 61	7. 10	15. 84
2003	94. 08	14. 56	24. 02	8. 38	33. 71	6. 32	7. 09

注：本表包括范围为基建、更改、其他、城镇集体。
Note：Note：Data in this table include those in capital construction，innovation，others and urban collective-owned.

6-7 基本建设主要指标
MAIN INDICATORS OF CAPITAL CONSTRUCTION

指　　标	Item	1995	2000	2001	2002	2003
一、建设项目个数　（个）	**Number of Projects　(unit)**					
施工项目	Projects under Construction	4445	4853	4969	5112	6189
#大中型项目	Large and Medium-sized Projects	98	108	103	296	441
全部建成投产项目	Projects Completed and Put into Use	1819	2508	2121	2018	2004
#大中型项目	Large and Medium-sized Projects	22	20	12	63	79
二、投资总额　（亿元）	**Total Investment　(100 million yuan)**	**905.97**	**1163.63**	**1243.72**	**1367.23**	**1893.58**
#住宅	Residential Buildings	77.62	81.24	65.66	40.54	44.96
按构成分	Grouped by Use of Funds					
建筑安装工程	Construction and Installation	531.49	770.64	858.85	916.43	1211.77
设备工具器具购置	Purchase of Equipment and Instruments	231.25	203.08	221.46	251.88	317.61
其他费用	Others	143.23	189.92	163.42	198.92	364.21
按建设性质分	Grouped by Type of Construction					
# 新建	New Construction	624.73	852.39	908.88	1056.89	1467.23
扩建	Expansion	184.73	217.83	256.08	225.73	312.89
改建	Reconstruction	43.05	60.48	51.81	52.19	57.79
按资金来源分	Grouped by Source of Funds					
国家预算内资金	State Budgetary Appropriations	19.79	38.87	43.16	44.01	53.88
国内贷款	Domestic Loans	127.41	271.36	250.24	306.42	426.70
利用外资	Foreign Investment	217.37	165.58	173.25	192.50	269.61
自筹资金	Fundraising	449.61	613.35	708.67	713.65	1075.35
其他资金	Others	91.79	74.47	68.40	85.16	68.05
三、新增固定资产　（亿元）	**Newly Increased Fixed Assets　(100 million yuan)**	**509.60**	**906.01**	**820.49**	**894.09**	**855.17**
四、房屋建筑面积（万平方米）	**Floor Space of Buildings　(10000 sq. m)**					
施工面积	Floor Space under Construction	3822.75	3817.38	4296.60	4383.35	6670.01
竣工面积	Floor Space Completed	1528.53	1756.12	1647.25	1682.80	1705.17
#住宅	Residential Buildings	608.25	550.30	475.34	331.07	269.01

6-8 基本建设项目计划总投资及完成情况

TOTAL PLANNING INVESTMENT AND COMPLETED INVESTMENT OF CAPITAL CONSTRUCTION PROJECTS

单位：亿元　　(100 million yuan)

指　　标	Item	1995	2000	2001	2002	2003
计划总投资	Total Planning Investment	3176.89	5689.62	5797.75	6147.49	8640.69
自开始建设至本年底	Accumulative Investment Actually Completed from Starting					
累计完成投资	of Construction to the Year-end	1926.63	3409.12	3056.71	3288.39	4160.88
#本年完成投资	Investment Completed in the Year	905.97	1163.63	1243.72	1367.23	1893.58
累计新增固定资产	Accumulative Newly Increased Fixed Assets	868.58	1702.18	1309.36	1481.09	1819.89
不增加固定资产投资	Investment in Fixed Assets Not Increased	58.37	126.12	581.56	321.53	433.11
未完工程投资	Investment in Uncompleted Projects	999.68	1580.82	1165.79	1485.77	1907.88
全部建成尚需投资	Further Investment Required for the Completion of Construction	1250.26	2280.50	2741.04	2859.10	4479.81
未完工程占用率（%）	Rate of Investment in Projects Uncompleted (%)	110.3	135.9	93.7	108.7	100.8
建设周期（年/月）	Period of Completing Total Planning Investment (year/month)	3/6	4/11	4/8	4/6	4/7

6-9 基本建设大中型项目计划总投资及完成情况

TOTAL PLANNING INVESTMENT AND COMPLETED INVESTMENT OF LARGE AND MEDIUM CAPITAL CONSTRUCTION PROJECTS

单位：亿元　　(100 million yuan)

指　　标	Item	1995	2000	2001	2002	2003
计划总投资	Total Planning Investment	1556.56	2692.93	2633.08	2916.32	4311.20
自开始建设至本年底	Accumulative Investment Actually Completed from Starting					
累计完成投资	of Construction to the Year-end	880.48	1565.82	1072.46	1387.58	1931.28
#本年完成投资	Investment Completed in the Year	332.32	386.01	369.28	488.13	752.88
累计新增固定资产	Accumulative Newly Increased Fixed Assets	320.37	667.75	325.92	452.27	868.20
不增加固定资产投资	Investment in Fixed Assets Not Increased	31.95	72.95	183.20	128.30	145.54
未完工程投资	Investment in Uncompleted Projects	528.16	825.12	563.34	807.01	917.54
全部建成尚需投资	Further Investment Required for the Completion of Construction	676.08	1127.11	1560.62	1528.74	2379.92
未完工程占用率（%）	Rate of Investment in Projects Uncompleted (%)	158.9	213.8	152.6	165.3	121.9
建设周期（年/月）	Period of Completing Total Planning Investment (year/month)	4/8	7/0	7/2	6/0	5/9

6-10 国民经济各行业基本建设主要指标（2003 年）
MAIN INDICATORS OF CAPITAL CONSTRUCTION BY SECTOR (2003)

行　　业	Sector	投资额（亿元）Investment (100 million yuan)	施工项目个数（个）Number of Projects under Construction (unit)	全部建成投产项目个数（个）Number of Projects Completed and Put into Use (unit)	新增固定资产（亿元）Newly Increased Fixed Assets (100 million yuan)
全省总计	**Provincial Total**	**1893.58**	**6189**	**2004**	**855.17**
农、林、牧、渔业	**Farming, Forestry, Animal Husbandry and Fishery**	**9.46**	**76**	**33**	**6.40**
农业	Farming	3.33	22	5	2.61
林业	Forestry	1.95	19	6	0.40
畜牧业	Animal Husbandry	1.82	9	7	1.92
渔业	Fishery	0.65	4	2	0.50
农、林、牧、渔服务业	Services for Farming, Forestry, Animal Husbandry and Fishery	1.70	22	13	0.98
采矿业	**Mining and Dressing**	**10.11**	**12**	**4**	**12.45**
煤炭开采和洗选业	Coal Mining and Dressing				
石油和天然气开采业	Petroleum and Natural Gas Extraction	9.62	5	1	12.01
黑色金属矿采选业	Ferrous Metal Minerals Mining and Dressing	0.03	1	1	0.03
有色金属矿采选业	Nonferrous Metals Minerals Mining and Dressing				
非金属矿采选业	Nonmetal Minerals Mining and Dressing	0.46	6	2	0.41
其他采矿业	Other Minerals Mining and Dressing				
制造业	**Manufacturing**	**451.51**	**1739**	**390**	**189.72**
农副食品加工业	Farm and Sideline Food Processing	8.64	45	20	6.18
食品制造业	Food Manufacturing	2.09	24	5	0.58
饮料制造业	Beverage Manufacturing	1.46	12	3	0.95
烟草制品业	Tobacco Products				
纺织业	Textile Industry	13.87	74	16	8.95
纺织服装、鞋、帽制造业	Textile Garments, Footwear and Headgear Manufacturing	16.75	123	40	7.24
皮革、毛皮、羽毛（绒）及其制品业	Feather, Furs, Down and Related Products	8.46	45	11	6.45
木材加工及木、竹、藤、棕、草制品业	Timber Processing, Bamboo, Cane, Palm Fiber & Straw Products	1.47	17	4	1.04
家具制造业	Furniture Manufacturing	5.81	53	8	2.19
造纸及纸制品业	Papermaking and Paper Products	9.17	40	8	1.67
印刷业和记录媒介的复制	Printing and Record Medium Reproduction	2.91	29	5	2.86
文教体育用品制造业	Cultural, Educational and Sports Goods	4.53	46	7	3.08
石油加工、炼焦及核燃料加工业	Petroleum Refining, Coking and Nuclear Fuel Processing	0.37	4	1	0.26
化学原料及化学制品制造业	Raw Chemical Materials and Chemical Products	116.46	113	26	11.22
医药制造业	Medical and Pharmaceutical Products	13.46	80	11	5.18
化学纤维制造业	Chemical Fiber	0.41	3	2	0.31
橡胶制品业	Rubber Products	1.14	17	1	0.62
塑料制品业	Plastic Products	19.26	132	31	12.71
非金属矿物制品业	Nonmetal Mineral Products	15.63	82	18	6.30
黑色金属冶炼及压延加工业	Smelting and Pressing of Ferrous Metals	13.30	12	3	9.59
有色金属冶炼及压延加工业	Smelting and Pressing of Nonferrous Metals	1.19	6	1	0.39
金属制品业	Metal Products	9.91	105	18	5.81
通用设备制造业	General Purposes Equipment Manufacturing	4.95	31	10	2.25
专用设备制造业	Special Purposes Equipment Manufacturing	5.41	67	16	3.05

6-10 续表1 continued

行业	Sector	投资额（亿元）Investment (100 million yuan)	施工项目个数（个）Number of Projects under Construction (unit)	全部建成投产项目个数（个）Number of Projects Completed and Put into Use (unit)	新增固定资产（亿元）Newly Increased Fixed Assets (100 million yuan)
交通运输设备制造业	Transport Equipment Manufacturing	16.91	67	23	12.21
电气机械及器材制造业	Electric Equipment and Machinery	19.44	117	25	13.71
通信设备、计算机及其他电子设备制造业	Telecommunications, Computers and Other Electronic Equipment Manufacturing	104.64	264	48	49.23
仪器仪表及文化、办公用机械制造业	Instruments, Meters, Cultural and Office Machinery	11.12	40	7	8.28
工艺品及其他制造业	Handicraft and Other Manufacturing	22.61	88	21	7.41
废弃资源和废旧材料回收加工业	Waste Sources and Materials Recovery Processing	0.13	3	1	0.02
电力、煤气及水的生产和供应业	**Production and Supply of Electric Power, Gas and Water**	**254.11**	**495**	**175**	**129.40**
电力、热力的生产和供应业	Production and Supply of Electric Power and Heating Power	235.48	399	160	123.60
燃气生产和供应业	Production and Supply of Gas	3.08	25	2	1.22
水的生产和供应业	Production and Supply of Tap Water	15.55	71	13	4.59
建筑业	**Construction**	**64.84**	**175**	**42**	**42.90**
房屋和土木工程建筑业	Building and Civil Engineering Construction	57.72	149	36	39.97
建筑安装业	Construction Installment	1.82	6	1	0.65
建筑装饰业	Construction Decoration	1.25	3		
其他建筑业	Other Construction	4.06	17	5	2.28
交通运输、仓储和邮政业	**Transport, Storage and Postal Services**	**367.19**	**442**	**130**	**186.42**
铁路运输业	Railway Transport	15.56	8	2	10.44
道路运输业	Road Transport	170.30	264	90	50.96
城市公共交通业	Urban Public Traffic	51.09	40	7	68.80
水上运输业	Waterway Transport	58.92	48	7	39.34
航空运输业	Air Transport	52.34	15	1	8.59
管道运输业	Pipeline Transport	3.15	4		0.34
装卸搬运及其他运输服务业	Loading & Unloading and Other Transport Services	1.70	6	1	0.48
仓储业	Storage	13.62	46	19	7.24
邮政业	Postal Services	0.51	11	3	0.23
信息传输、计算机服务和软件业	**Data Transmission, Computer Services and Software**	**72.33**	**203**	**114**	**28.59**
电信和其他信息传输服务业	Telecommunications and Other Data Transmission Services	66.59	190	114	28.42
计算机服务业	Computer Services	0.64	5		0.09
软件业	Software	5.10	8		0.08
批发和零售业	**Wholesale and Retail Trade**	**19.56**	**136**	**51**	**12.69**
批发业	Wholesale	14.04	71	23	10.09
零售业	Retail Trade	5.52	65	28	2.60
住宿和餐饮业	**Hotels and Catering Services**	**11.26**	**45**	**18**	**4.53**
住宿业	Hotels	9.16	27	5	3.05
餐饮业	Catering Services	2.11	18	13	1.48
金融业	**Finance**	**2.56**	**24**	**9**	**0.99**
银行业	Banking	1.76	17	8	0.61

6-10 续表2 continued

行　　业	Sector	投资额（亿元）Investment (100 million yuan)	施工项目个数（个）Number of Projects under Construction (unit)	全部建成投产项目个数（个）Number of Projects Completed and Put into Use (unit)	新增固定资产（亿元）Newly Increased Fixed Assets (100 million yuan)
证券业	Securities	0.03	1		0.03
保险业	Insurance	0.37	5	1	0.35
其他金融活动	Other Financial Activities	0.40	1		
房地产业	**Real Estate**	**21.62**	**101**	**37**	**8.13**
房地产业	Real Estate	21.62	101	37	8.13
租赁和商务服务业	**Leasing and Business Services**	**23.94**	**121**	**62**	**11.79**
租赁业	Leasing Services				
商务服务业	Business Services	23.94	121	62	11.79
科学研究、技术服务和地质勘查业	**Scientific Research, Technical Services and Geological Prospecting**	**27.39**	**113**	**36**	**12.99**
研究与试验发展	Research and Experimental Development	5.27	53	23	1.56
专业技术服务业	Special Technical Services	20.07	44	9	10.53
科技交流和推广服务业	Scientific & Technological Exchange and Promotion Services	1.83	9	1	0.70
地质勘查	Geological Prospecting	0.21	7	3	0.20
水利、环境和公共设施管理业	**Water Conservancy, Environment and Public Facilities Management**	**287.63**	**721**	**195**	**79.56**
水利管理业	Water Conservancy Management	31.42	209	51	15.02
环境管理业	Environment Management	13.20	59	14	5.01
公共设施管理业	Public Facilities Management	243.02	453	130	59.53
居民服务和其他服务业	**Resident Services and Other Services**	**2.36**	**35**	**16**	**2.13**
居民服务业	Resident Services	2.28	32	15	2.01
其他服务业	Other Services	0.08	3	1	0.12
教育	**Education**	**120.57**	**633**	**278**	**58.42**
教育	Education	120.57	633	278	58.42
卫生、社会保障和社会福利业	**Health Care, Social Security and Social Welfare**	**17.62**	**169**	**56**	**7.83**
卫生	Health Care	16.84	148	45	7.03
社会保障业	Social Security	0.17	6	4	0.14
社会福利业	Social Welfare	0.61	15	7	0.66
文化、体育和娱乐业	Culture, Sports and Recreation	40.24	154	49	16.61
新闻出版业	**Publication**	**0.29**	**4**		**0.16**
广播、电视、电影和音像业	Radio, Television, Film and Video	5.52	29	13	2.40
文化艺术业	Culture and Arts	19.24	59	22	1.92
体育	Sports	7.97	37	7	1.82
娱乐业	Recreation	7.22	25	7	10.31
公共管理与社会组织	**Public Administration and Social Organizations**	**89.28**	**795**	**309**	**43.59**
中国共产党机关	CPC Agencies	0.66	10	4	0.35
国家机构	Government Agencies	85.16	733	287	41.04
人民政协和民主党派	CPPCC and Democratic Parties	0.08	2	1	0.08
群众社团、社会团体和宗教组织	Mass Organizations, Social Organizations and Religious Organizations	1.11	13	2	0.49
基层群众自治组织	Self-governing Mass Organizations at the Grass-roots Level	2.27	37	15	1.64
国际组织	**International Organizations**				

6-11 基本建设新增主要生产能力或效益

NEWLY INCREASED PRODUCTION CAPACITY OR BENEFIT THROUGH CAPITAL CONSTRUCTION

项目	Item	1995	2000	2002	2003
发电机组装机容量（万千瓦）	Capacity of Generating Sets (10000 kw)	178.62	182.72	409.62	180.38
＃水力发电（万千瓦）	Hydropower (10000 kw)	12.57	48.86	121.62	30.38
火力发电（万千瓦）	Thermal Power (10000 kw)	165.45	132.50	198.00	150.00
输电线路（11万伏及以上）（公里）	Transmission Lines (≥110000kv) (km)	1046.43	2145.84	2048.93	3282.17
变电设备(11万伏及以上)(万千伏安)	Power Transformer Equipment(≥110000kv) (10000 kva)	501.50	1477.09	688.45	1149.10
水泥（万吨/年）	Cement (10000 tons/year)	89.60		46.00	30.00
塑料树脂及共聚物（吨/年）	Plastic Resin and Copolymer (tons/year)		3200	2360	8850.00
新建公路（公里）	Newly Constructed Highways (km)	866.77	1120.09	519.46	995.40
#高速公路（公里）	Express Highways (km)	190.50	174.01	156.24	137.73
改建公路（公里）	Reconstructed Highways (km)	947.21	1186.38	1052.86	2088.23
#一级公路（公里）	First Class Highways (km)	221.84	113.04	46.71	155.78
新建独立公路桥梁（延长米）	Newly Constructed Highway Bridges (extended meter)	11381	7077	5210	17564
（座）	(set)	49	18	20	16
新(扩)建港口码头（年吞吐量:万吨）	Newly Constructed or Expanded Ports Annual Handling Capacity (10000 tons)	1171.00	81.00	40.00	161.50
（泊位：个）	Number of Berths (unit)	15	8	2	8
新（扩）建客、货运站（个）	Number of Newly Constructed or Expanded Passenger and Freight Stations (unit)	2	4	8	3
（平方米）	(sq. m)	15608	9230	30654	22996
长途电缆（延长公里）	Long-distance Cables (extended km)	1257.50	11.00	1071.50	205.10
市内电话自动交换机（门）	Local Telephone Exchanges (gate)	687440	611600	405200	386400
造林面积（万亩）	Afforested Areas (10000 mu)	1.50	17.15	8.84	12.74
水库容量（总库容）（亿立方米）	Reservoir Capacity (100 million cu. m)	0.57	3.32		0.03
有效灌溉面积（万亩）	Effective Irrigated Areas (10000 mu)	2.17	75.23	58.54	68.98
除涝面积（万亩）	Flooded or Waterlogged Areas under Control (10000 mu)	8.66	78.39	55.22	141.12
粮食仓库（万公斤）	Grain Storehouses (10000 kg)	501.00	20151.00	3270.00	5350
（平方米）	(sq. m)	1631	56967	13990	16794
高等院校学生席位（个）	Number of Student Seats of Universities and Colleges (unit)	4536	21762	35637	25519
（平方米）	(sq. m)	40499	171239	373850	576323
中等学校学生席位（个）	Number of Student Seats of Regular Secondary Schools	286192	200078	178308	197190
（平方米）	(sq. m)	635303	839458	856033	1239656
小学校学生席位（个）	Number of Student Seats of Primary Schools (unit)	213895	134858	169930	205839
（平方米）	(sq. m)	537758	390206	585462	587087
其他学校学生席位（个）	Number of Student Seats of Other Schools (unit)	10092	2810	6735	11000
（平方米）	(sq. m)	111701	28318	51663	70833
医院病床（张）	Hospital Beds (piece)	2481	3946	2061	2285
城市自来水供水能力（万吨/日）	Capacity of City Tap Water Supply (10000 tons/day)	160.00	86.50	64.80	124.50
城市自来水管道长度（公里）	Length of City Tap Water Pipes (km)	164.06	451.53	200.39	345.20
城市道路扩建长度（公里）	Length of City Road Extended (km)	89.08	187.47	227.90	234.63
城市道路扩建面积（万平方米）	Area of City Road Extended (10000 sq. m)	169.68	603.55	621.64	737.43
城市排水管道铺设长度（公里）	Length of Sewerage Pipelines (km)	70.12	64.37	107.68	367.49
城市污水处理能力（万吨/日）	Disposal Capacity of Sewerage (10000 tons/day)	7.40	25.00	24.40	60.00
城市防洪堤长度（公里）	Length of City Embankment (km)	18.44	129.09	94.60	89.83

6-12 基本建设投资效益指标
BENEFICIAL INDICATORS OF INVESTMENT IN CAPITAL CONSTRUCTION

指　　标	Indicator	1995	2000	2001	2002	2003
一、固定资产交付使用率	**Rate of Fixed Assets Put into Use**					
本年完成投资 （亿元）	Investment Completed in the Year (100 million yuan)	905.97	1163.63	1243.72	1367.23	1893.58
本年新增固定资产 （亿元）	Newly Increased Fixed Assets in the Year (100 million yuan)	509.60	906.01	820.49	894.09	855.17
固定资产交付使用率 （%）	Rate of Fixed Assets Put into Use (%)	56.2	77.9	66.0	65.4	45.2
二、建成项目投产率	**Rate of Projects Completed and Put into Use**					
本年施工项目 （个）	Number of Projects under Construction	4445	4853	4969	5112	6189
本年建成投产项目 （个）	Projects Completed and Put into Use	1819	2508	2121	2018	2004
建成项目投产率 （%）	Rate of Projects Completed and Put into Use	40.9	51.7	42.7	39.5	32.4
三、房屋建筑面积竣工率	**Rate of Floor Space of Buildings Completed**					
本年房屋施工面积（万平方米）	Floor Space of Buildings under Construction (10000 sq. m)	3822.75	3817.38	4296.60	4383.35	6670.01
本年房屋竣工面积（万平方米）	Floor Space of Buildings Completed (10000 sq. m)	1528.53	1756.12	1647.25	1682.80	1705.17
房屋面积竣工率 （%）	Rate of Floor Space of Buildings Completed (%)	40.0	46.0	38.3	38.4	25.6
四、建设周期	**Period to Complete Total Planning Investment**					
计划总投资 （亿元）	Total Planning Investment (100 million yuan)	3176.89	5689.62	5797.75	6147.49	8640.69
本年完成投资 （亿元）	Investment Completed in the Year (100 million yuan)	905.97	1163.63	1243.72	1367.23	1893.58
建设周期 （年/月）	Period of Completing Total Planning Investment (year/month)	3/6	4/11	4/8	4/6	4/7

6-13 更新改造投资效益指标
BENEFICIAL INDICATORS OF INVESTMENT IN INNOVATION

指　　标	Indicator	1995	2000	2001	2002	2003
一、固定资产交付使用率	**Rate of Fixed Assets Put into Use**					
本年完成投资 （亿元）	Investment Completed in the Year (100 million yuan)	255.61	435.44	485.01	515.07	658.94
本年新增固定资产 （亿元）	Newly Increased Fixed Assets in the Year (100 million yuan)	188.76	423.41	402.04	329.19	403.45
固定资产交付使用率 （%）	Rate of Fixed Assets Put into Use (%)	73.8	97.2	82.9	63.9	61.2
二、建成项目投产率	**Rate of Projects Completed and Put into Use**					
本年施工项目 （个）	Number of Projects under Construction	2937	5303	3630	4045	3904
本年建成投产项目 （个）	Projects Completed and Put into Use	1568	2192	2242	2363	1666
建成项目投产率 （%）	Rate of Projects Completed and Put into Use	53.4	41.3	61.8	58.4	42.7
三、房屋建筑面积竣工率	**Rate of Floor Space of Buildings Completed**					
本年房屋施工面积（万平方米）	Floor Space of Buildings under Construction (10000 sq. m)	852.09	353.88	339.69	322.64	520.42
本年房屋竣工面积（万平方米）	Floor Space of Buildings Completed (10000 sq. m)	378.64	189.78	179.74	117.79	256.35
房屋面积竣工率 （%）	Rate of Floor Space of Buildings Completed (%)	44.4	53.6	52.9	36.5	49.3
四、建设周期	**Period to Complete Total Planning Investment**					
计划总投资 （亿元）	Total Planning Investment (100 million yuan)	713.13	1120.89	1167.52	1227.43	1618.01
本年完成投资 （亿元）	Investment Completed in the Year (100 million yuan)	255.61	435.44	485.01	515.07	658.94
建设周期 （年/月）	Period of Completing Total Planning Investment (year/month)	2/9	2/7	2/5	2/5	2/5

6-14 农业、能源、原材料、运输邮电业基本建设投资及比重
INVESTMENT AND PROPORTION IN CAPITAL CONSTRUCTION OF AGRICULTURE, ENERGY, RAW MATERIALS, TRANSPORTATION, POST AND TELECOMMUNICATIONS

年 份 Year	投资额（亿元） Volume of Investment (100 million yuan)				比重（以投资总额为100） Proportion (total investment = 100)			
	农 业 Agriculture	能 源 Energy	原材料 Raw Materials	运输邮电 Transport, Postal and Telecommunication	农 业 Agriculture	能 源 Energy	原材料 Raw Materials	运输邮电 Transportation, Post and Telecommunications
1980	3. 26	2. 88	2. 96	2. 86	14. 8	13. 1	13. 4	13. 0
1981	3. 47	3. 49	2. 34	3. 70	12. 2	12. 3	8. 2	13. 0
1982	3. 27	3. 23	1. 82	4. 24	9. 7	9. 5	5. 4	12. 5
1983	2. 52	3. 06	2. 60	7. 27	7. 2	8. 7	7. 4	20. 6
1984	2. 85	4. 61	2. 70	11. 24	5. 2	8. 3	4. 9	20. 3
1985	3. 63	6. 89	4. 68	14. 55	3. 9	7. 3	5. 0	15. 5
1986	3. 51	23. 10	6. 35	16. 07	3. 4	22. 3	6. 1	15. 5
1987	3. 02	28. 18	8. 02	15. 28	2. 8	26. 3	7. 5	14. 2
1988	3. 67	26. 57	16. 36	23. 04	2. 5	18. 1	11. 2	15. 7
1989	3. 05	31. 31	8. 96	25. 42	2. 1	21. 2	6. 1	17. 2
1990	4. 68	58. 80	7. 06	32. 97	2. 7	33. 5	4. 0	18. 8
1991	8. 17	60. 42	8. 47	46. 87	3. 8	28. 1	3. 9	21. 8
1992	6. 65	74. 95	16. 84	105. 85	2. 0	22. 1	5. 0	31. 3
1993	6. 10	112. 65	23. 54	132. 88	1. 1	20. 6	4. 3	24. 3
1994	8. 44	249. 02	62. 39	227. 49	1. 0	29. 3	7. 3	26. 7
1995	12. 49	140. 82	132. 84	228. 74	1. 4	15. 5	14. 7	25. 2
1996	25. 37	134. 32	102. 16	253. 52	2. 8	14. 8	11. 2	27. 9
1997	34. 39	161. 51	29. 71	210. 44	3. 8	17. 9	3. 3	23. 3
1998	49. 12	200. 13	36. 45	240. 43	4. 6	18. 7	3. 4	22. 4
1999	42. 50	192. 07	31. 49	266. 78	3. 4	15. 5	2. 5	21. 5
2000	43. 21	148. 88	22. 24	286. 68	3. 7	12. 8	1. 9	24. 6
2001	40. 52	169. 67	33. 00	285. 20	3. 3	13. 6	2. 7	22. 9
2002	31. 19	232. 96	50. 12	280. 55	2. 3	17. 0	3. 7	20. 5
2003	40. 88	248. 55	147. 59	420. 16	2. 2	13. 1	7. 8	22. 2

6-15 农业、能源、原材料、运输邮电业更新改造投资及比重
INVESTMENT AND PROPORTION IN INNOVATION OF AGRICULTURE, ENERGY, RAW MATERIALS, TRANSPORTATION, POST AND TELECOMMUNICATIONS

年 份 Year	投资额（亿元） Volume of Investment (100 million yuan)				比重（以投资总额为100） Proportion (total investment = 100)			
	农 业 Agriculture	能 源 Energy	原材料 Raw Materials	运输邮电 Transport, Postal and Telecommunication	农 业 Agriculture	能 源 Energy	原材料 Raw Materials	运输邮电 Transportation, Post and Telecommunications
1980	0. 04	0. 51	0. 67	0. 40	1. 1	13. 9	18. 3	10. 9
1981	0. 19	0. 68	1. 64	0. 87	3. 0	10. 9	26. 3	13. 9
1982	0. 78	1. 01	2. 87	3. 39	4. 4	5. 6	16. 0	18. 9
1983	1. 00	0. 99	3. 63	2. 06	5. 0	5. 0	18. 2	10. 3
1984	0. 83	1. 49	3. 75	2. 18	3. 8	6. 8	17. 1	10. 0
1985	1. 27	3. 34	4. 26	2. 43	3. 9	10. 3	13. 2	7. 5
1986	0. 98	3. 72	6. 53	3. 83	2. 3	8. 7	15. 3	9. 0
1987	1. 17	3. 20	8. 03	5. 48	2. 3	6. 2	15. 6	10. 7
1988	1. 05	4. 58	12. 99	9. 90	1. 3	5. 8	16. 4	12. 5
1989	0. 73	5. 14	7. 62	8. 20	1. 5	10. 3	15. 3	16. 5
1990	1. 02	7. 42	8. 62	10. 04	1. 7	12. 6	14. 6	17. 0
1991	0. 99	6. 60	8. 29	16. 09	1. 3	8. 8	11. 1	21. 5
1992	1. 50	8. 62	18. 82	34. 05	1. 2	6. 7	14. 6	26. 5
1993	1. 18	11. 62	25. 70	57. 49	0. 6	6. 3	14. 0	31. 3
1994	1. 54	14. 29	30. 85	86. 80	0. 7	6. 2	13. 3	37. 4
1995	2. 63	19. 80	23. 00	101. 72	1. 0	7. 7	9. 0	39. 8
1996	4. 78	9. 88	30. 28	122. 65	1. 7	3. 6	10. 9	44. 3
1997	4. 93	25. 53	18. 74	108. 91	1. 8	9. 3	6. 8	39. 8
1998	6. 20	19. 09	22. 33	165. 43	1. 9	5. 8	6. 8	50. 5
1999	7. 59	31. 30	14. 44	183. 83	2. 1	8. 5	3. 9	49. 9
2000	8. 73	33. 21	20. 43	224. 72	2. 0	7. 6	4. 7	51. 6
2001	9. 35	54. 96	17. 75	251. 66	1. 9	11. 3	3. 7	51. 9
2002	10. 56	56. 72	19. 39	226. 11	2. 1	11. 0	3. 8	43. 9
2003	9. 00	70. 53	35. 97	252. 70	1. 4	10. 7	5. 5	38. 3

6-16 更新改造主要指标
MAIN INDICATORS OF INNOVATION PROJECTS

指　　标	Indicator	1995	2000	2001	2002	2003
一、建设项目个数（个）	**Number of Projects (unit)**					
施工项目	Projects under Construction	2937	5303	3630	4045	3904
#限额以上项目	Projects above Designated Size	111	186	151	175	206
全部建成投产项目	Projects Completed and Put into Use	1568	2192	2242	2363	1666
#限额以上项目	Projects above Designated Size	41	52	30	41	58
二、投资总额（亿元）	**Total Investment (100 million yuan)**	**255.61**	**435.44**	**485.01**	**515.07**	**658.94**
#住宅	Residential Buildings	12.44	5.20	2.34	2.56	3.09
按构成分	Grouped by Use of Funds					
建筑安装工程	Construction and Installation	127.68	164.50	172.41	204.15	256.67
设备工具器具购置	Purchase of Equipment and Instruments	105.16	219.29	277.23	280.13	361.10
其他费用	Others	22.77	51.65	35.36	30.78	41.17
按用途分	Grouped by Purpose					
增　产	Increased Production	71.70	159.23	98.98	124.41	
节约能源	Energy Saving	1.29	7.24	10.80	10.77	
其他节约	Other Saving Measures	0.22	4.15	1.93	3.40	
增加品种	Increasing Production Variety	10.14	9.27	11.28	16.94	
提高产品质量	Improving Product Quality	5.49	26.46	15.32	21.44	
三废治理	Treatment of Waste Water, Waste Gas and Solid Wastes	0.57	4.70	5.44	4.86	
其　他	Others	166.20	224.40	341.24	333.24	
按建设性质分	Grouped by Type of Construction					
# 新建	New Construction	27.96	36.47	32.31	30.16	69.64
扩　建	Expansion	149.36	239.94	258.50	276.67	360.42
改　建	Reconstruction	50.21	84.32	123.40	139.43	138.70
按资金来源分	Grouped by Source of Funds					
国家预算内资金	State Budgetary Appropriations	3.63	5.62	8.15	14.58	16.84
国内贷款	Domestic Loans	47.08	48.81	57.33	77.75	75.61
利用外资	Foreign Investment	40.97	46.77	45.25	53.52	86.20
自筹资金	Fundraising	138.50	311.73	355.56	362.43	465.19
其他资金	Others	25.43	22.51	18.72	17.78	15.09
三、新增固定资产（亿元）	**Newly Increased Fixed Assets (100 million yuan)**	**188.76**	**423.41**	**402.04**	**329.19**	**403.45**
四、房屋建筑面积（万平方米）	**Floor Space of Buildings (10000 sq. m)**					
施工面积	Floor Space under Construction	852.09	353.88	339.69	322.64	520.42
竣工面积	Floor Space Completed	378.64	189.78	179.74	117.79	256.35
#住宅	Residential Buildings	125.74	62.00	23.29	20.42	23.72

注：从2003年开始取消按用途分组。
Note: Since 2003, the items grouped by type of use has been cancelled.

6-17 更新改造项目计划总投资及完成情况
TOTAL PLANNING INVESTMENT OF INNOVATION PROJECTS AND COMPLETED INVESTMENT

单位：亿元 (100 million yuan)

指　　标	Indicator	1995	2000	2001	2002	2003
计划总投资	Total Planning Investment	713.13	1120.89	1167.52	1227.43	1618.01
自开始建设至本年底	Accumulative Investment Actually Completed from Starting					
累计完成投资	of Construction to the Year-end	514.69	749.93	696.44	877.25	1149.58
#本年完成投资	Investment Completed in the Year	255.61	435.44	485.01	515.07	658.94
累计新增固定资产	Accumulative Newly Increased Fixed Assets	318.90	556.88	501.95	562.46	655.59
不增加固定资产投资	Investment in Fixed Assets Not Increased	10.45	38.81	76.74	62.19	96.99
未完工程投资	Investment in Uncompleted Projects	185.34	154.24	117.75	252.60	397.00
全部建成尚需投资	Further Investment Required for the Completion of Construction	198.44	370.96	471.08	350.18	468.43
未完工程占用率（%）	Rate of Investment in Projects Uncompleted (%)	72.5	35.4	24.3	49.0	60.2
建设周期（年/月）	Period of Completing Total Planning Investment (year/month)	2/9	2/7	2/5	2/5	2/5

6-18 更新改造限额以上项目计划总投资及完成情况
TOTAL PLANNING INVESTMENT AND COMPLETED INVESTMENT IN INNOVATION PROJECTS ABOVE DESIGNATED SIZE

单位：亿元 (100 million yuan)

指　　标	Indicator	1995	2000	2001	2002	2003
计划总投资	Total Planning Investment	184.90	552.91	561.09	440.69	528.00
自开始建设至本年底	Accumulative Investment Actually Completed from Starting					
累计完成投资	of Construction to the Year-end	124.53	353.44	299.17	295.96	380.30
#本年完成投资	Investment Completed in the Year	54.78	168.41	153.20	129.55	165.88
累计新增固定资产	Accumulative Newly Increased Fixed Assets	78.30	261.40	219.48	173.80	180.15
不增加固定资产投资	Investment in Fixed Assets Not Increased	2.69	25.81	31.71	24.17	23.36
未完工程投资	Investment in Uncompleted Projects	43.54	66.23	47.98	97.99	176.79
全部建成尚需投资	Further Investment Required for the Completion of Construction	60.37	199.47	261.92	144.73	147.70
未完工程占用率（%）	Rate of Investment in Projects Uncompleted (%)	79.5	39.3	31.3	75.6	106.6
建设周期（年/月）	Period of Completing Total Planning Investment (year/month)	3/5	3/3	3/8	3/5	3/2

6-19 国民经济各行业更新改造主要指标（2003 年）

MAIN INDICATORS OF INVESTMENT IN INNOVATION BY SECTOR (2003)

行　业	Sector	投资额（亿元）Total Investment (100 million yuan)	施工项目个数（个）Number of Projects under Construction (unit)	全部建成投产项目个数(个) Number of Projects Completed and Put into Use (unit)	新增固定资产（亿元）Newly Increased Fixed Assets (100 million yuan)
全省总计	**Provincial Total**	**658.94**	**3904**	**1666**	**403.45**
农、林、牧、渔业	**Farming, Forestry, Animal Husbandry and Fishery**	**0.62**	**25**	**19**	**0.31**
农业	Farming	0.03	1		0.02
林业	Forestry	0.19	20	18	0.19
畜牧业	Animal Husbandry				
渔业	Fishery				
农、林、牧、渔服务业	Services for Farming, Forestry, Animal Husbandry and Fishery	0.40	4	1	0.11
采矿业	**Mining and Dressing**	**12.28**	**17**	**12**	**1.46**
煤炭开采和洗选业	Coal Mining and Dressing	0.06	2	2	0.06
石油和天然气开采业	Petroleum and Natural Gas Extraction	10.94	7	6	0.58
黑色金属矿采选业	Ferrous Metal Minerals Mining and Dressing	0.61	2		
有色金属矿采选业	Nonferrous Metals Minerals Mining and Dressing	0.34	2	1	0.50
非金属矿采选业	Nonmetal Minerals Mining and Dressing	0.32	4	3	0.32
其他采矿业	Other Minerals Mining and Dressing				
制造业	**Manufacturing**	**224.44**	**1407**	**497**	**178.42**
农副食品加工业	Farm and Sideline Food Processing	2.79	28	13	1.93
食品制造业	Food Manufacturing	3.46	49	20	3.06
饮料制造业	Beverage Manufacturing	1.45	15	3	1.06
烟草制品业	Tobacco Products	2.90	15	3	1.59
纺织业	Textile Industry	5.16	47	14	3.36
纺织服装、鞋、帽制造业	Textile Garments, Footwear and Headgear Manufacturing	4.01	45	7	2.84
皮革、毛皮、羽毛（绒）及其制品业	Feather, Furs, Down and Related Products	0.84	14	3	0.64
木材加工及木、竹、藤、棕、草制品业	Timber Processing, Bamboo, Cane, Palm Fiber & Straw Products	0.55	4	1	0.33
家具制造业	Furniture Manufacturing	0.50	10	4	0.37
造纸及纸制品业	Papermaking and Paper Products	11.55	42	25	2.40
印刷业和记录媒介的复制	Printing and Record Medium Reproduction	6.26	22	11	6.05
文教体育用品制造业	Cultural, Educational and Sports Goods	1.85	22	1	0.68
石油加工、炼焦及核燃料加工业	Petroleum Refining, Coking and Nuclear Fuel Processing	7.61	94	53	2.59
化学原料及化学制品制造业	Raw Chemical Materials and Chemical Products	8.51	79	34	9.58
医药制造业	Medical and Pharmaceutical Products	10.64	98	45	8.66
化学纤维制造业	Chemical Fiber	2.06	8	7	0.62
橡胶制品业	Rubber Products	0.83	11	2	0.80
塑料制品业	Plastic Products	11.29	99	24	8.69
非金属矿物制品业	Nonmetal Mineral Products	9.23	68	29	4.58
黑色金属冶炼及压延加工业	Smelting and Pressing of Ferrous Metals	16.27	15	9	22.06
有色金属冶炼及压延加工业	Smelting and Pressing of Nonferrous Metals	1.91	12	8	0.97

6-19 **续表 1** continued

行业	Sector	投资额（亿元）Total Investment (100 million yuan)	施工项目个数（个）Number of Projects under Construction (unit)	全部建成投产项目个数(个) Number of Projects Completed and Put into Use (unit)	新增固定资产（亿元）Newly Increased Fixed Assets (100 million yuan)
金属制品业	Metal Products	8. 11	71	17	6. 53
通用设备制造业	General Purposes Equipment Manufacturing	4. 16	36	11	3. 19
专用设备制造业	Special Purposes Equipment Manufacturing	3. 44	41	9	2. 76
交通运输设备制造业	Transport Equipment Manufacturing	26. 73	63	34	18. 85
电气机械及器材制造业	Electric Equipment and Machinery	25. 12	150	69	19. 77
通信设备、计算机及其他电子设备制造业	Telecommunications, Computers and Other Electronic Equipment Manufacturing	40. 39	197	37	39. 55
仪器仪表及文化、办公用机械制造业	Instruments, Meters, Cultural and Office Machinery	5. 08	26	1	3. 64
工艺品及其他制造业	Handicraft and Other Manufacturing	1. 75	26	3	1. 26
废弃资源和废旧材料回收加工业	Waste Sources and Materials Recovery Processing				
电力、煤气及水的生产和供应业	**Production and Supply of Electric Power, Gas and Water**	**55. 69**	**420**	**219**	**34. 64**
电力、热力的生产和供应业	Production and Supply of Electric Power and Heating Power	51. 29	271	147	30. 79
燃气生产和供应业	Production and Supply of Gas	0. 62	6	1	0. 06
水的生产和供应业	Production and Supply of Tap Water	3. 78	143	71	3. 78
建筑业	**Construction**	**9. 28**	**30**	**9**	**7. 81**
房屋和土木工程建筑业	Building and Civil Engineering Construction	8. 79	24	6	7. 04
建筑安装业	Construction Installment	0. 18	1		0. 18
建筑装饰业	Construction Decoration	0. 24	2	1	0. 26
其他建筑业	Other Construction	0. 08	3	2	0. 33
交通运输、仓储和邮政业	**Transport, Storage and Postal Services**	**72. 25**	**362**	**154**	**56. 60**
铁路运输业	Railway Transport	3. 25	12		0. 81
道路运输业	Road Transport	26. 19	184	96	18. 32
城市公共交通业	Urban Public Traffic	5. 38	5	1	5. 29
水上运输业	Waterway Transport	6. 79	144	52	2. 71
航空运输业	Air Transport	28. 55	2	1	28. 25
管道运输业	Pipeline Transport	0. 04			0. 04
装卸搬运及其他运输服务业	Loading & Unloading and Other Transport Services	1. 41	2		1. 01
仓储业	Storage	0. 18	5	1	0. 03
邮政业	Postal Services	0. 45	8	3	0. 15
信息传输、计算机服务和软件业	**Data Transmission, Computer Services and Software**	**180. 78**	**832**	**459**	**43. 97**
电信和其他信息传输服务业	Telecommunications and Other Data Transmission Services	180. 63	825	456	43. 86
计算机服务业	Computer Services	0. 01			0. 01
软件业	Software	0. 14	7	3	0. 11
批发和零售业	**Wholesale and Retail Trade**	**6. 69**	**29**	**11**	**6. 36**
批发业	Wholesale	2. 37	19	5	1. 71
零售业	Retail Trade	4. 32	10	6	4. 65

6-19 续表 2 continued

行 业	Sector	投资额（亿元）Total Investment (100 million yuan)	施工项目个数（个）Number of Projects under Construction (unit)	全部建成投产项目个数（个）Number of Projects Completed and Put into Use (unit)	新增固定资产（亿元）Newly Increased Fixed Assets (100 million yuan)
住宿和餐饮业	**Hotels and Catering Services**	**3.51**	**13**	**7**	**2.48**
住宿业	Hotels	2.83	8	3	1.80
餐饮业	Catering Services	0.69	5	4	0.69
金融业	**Finance**	**9.46**	**36**	**7**	**8.75**
银行业	Banking	9.25	35	7	8.55
证券业	Securities	0.15	1		0.15
保险业	Insurance	0.05			0.05
其他金融活动	Other Financial Activities				
房地产业	**Real Estate**	**0.40**	**11**	**4**	**0.18**
房地产业	Real Estate	0.40	11	4	0.18
租赁和商务服务业	**Leasing and Business Services**	**1.07**	**11**	**7**	**0.90**
租赁业	Leasing Services				
商务服务业	Business Services	1.07	11	7	0.90
科学研究、技术服务和地质勘查业	**Scientific Research, Technical Services and Geological Prospecting**	**8.42**	**49**	**9**	**6.43**
研究与试验发展	Research and Experimental Development	1.21	13	3	0.76
专业技术服务业	Special Technical Services	6.62	34	6	5.24
科技交流和推广服务业	Scientific & Technological Exchange and Promotion Services	0.11	1		0.08
地质勘查	Geological Prospecting	0.47	1		0.36
水利、环境和公共设施管理业	**Water Conservancy, Environment and Public Facilities Management**	**31.80**	**402**	**109**	**14.71**
水利管理业	Water Conservancy Management	8.39	255	38	5.43
环境管理业	Environment Management	1.51	20	3	0.70
公共设施管理业	Public Facilities Management	21.90	127	68	8.58
居民服务和其他服务业	**Resident Services and Other Services**	**1.11**	**2**		**0.12**
居民服务业	Resident Services	1.08	2		0.09
其他服务业	Other Services	0.03			0.03
教育	**Education**	**9.06**	**91**	**70**	**8.24**
教育	Education	9.06	91	70	8.24
卫生、社会保障和社会福利业	**Health Care, Social Security and Social Welfare**	**9.49**	**54**	**33**	**12.21**
卫生	Health Care	9.28	51	31	12.07
社会保障业	Social Security	0.17	3	2	0.11
社会福利业	Social Welfare	0.03			0.03
文化、体育和娱乐业	**Culture, Sports and Recreation**	**4.72**	**32**	**15**	**3.43**
新闻出版业	Publication	1.19	1		1.18
广播、电视、电影和音像业	Radio, Television, Film and Video	2.74	12	8	1.85
文化艺术业	Culture and Arts	0.32	9	5	0.24
体育	Sports	0.39	9	1	0.08
娱乐业	Recreation	0.07	1	1	0.07
公共管理与社会组织	**Public Administration and Social Organizations**	**17.88**	**81**	**25**	**16.41**
中国共产党机关	CPC Agencies	0.07	1		0.06
国家机构	Government Agencies	17.63	76	24	16.16
人民政协和民主党派	CPPCC and Democratic Parties	0.07			0.07
群众社团、社会团体和宗教组织	Mass Organizations, Social Organizations and Religious Organizations	0.05	2	1	0.05
基层群众自治组织	Self-governing Mass Organizations at the Grass-roots Level	0.06	2		0.06
国际组织	**International Organizations**				

6-20 更新改造新增主要生产能力或效益

NEWLY INCREASED PRODUCTION CAPACITY OR BENEFIT THROUGH INNOVATION

指　　标	Indicator	1995	2000	2002	2003
发电机组装机容量（万千瓦）	Capacity of Generating Sets (10000 kw)	13.77	37.26	93.68	12.25
水力发电（万千瓦）	Hydropower (10000 kw)	0.31	2.23	0.08	2.25
火力发电（万千瓦）	Thermal Power (10000 kw)	13.06	35.00	93.60	10.00
其他发电（万千瓦）	Others (10000 kw)	0.40	0.03		
输电线路（11 万伏及以上）（公里）	Transmission Lines (≥110000kv) (km)	130.70	533.37	2225.05	1656.02
变电设备(11 万伏及以上)（万千伏安）	Power Transformer Equipment(≥110000kv) (10000 kva)	208.30	57.65	333.00	384.76
水　泥（万吨/年）	Cement (10000 tons/year)	329.40	11.00	111.00	39.00
塑料树脂及共聚物（吨/年）	Plastic Resin and Copolymer (ton/year)	46580	35916	800	25422
棉印染（万米/年）	Cotton Goods Printing and Dyeing (10000 meters/year)	3100	2000		3700
机制纸及纸板（万吨/年）	Machine-made Paper and Paperboard (10000 tons/year)	4.02	1.30	19.06	
新建公路（公里）	Newly Constructed Highways (km)	7.57	131.80	36.60	18.72
#高速公路（公里）	Express Highways (km)				
改建公路（公里）	Reconstructed Highways (km)	320.39	559.22	1005.70	1790.09
#一级公路（公里）	First Class Highways (km)	88.89	96.24	10.30	174.40
新建独立公路桥梁（延长米）	Newly Constructed Highway Bridges (extended m)	1187	600	231	1184
（座）	(unit)	7	3	8	21
新（扩）建港口码头	Newly Constructed or Expanded Ports Annual	183.50	80.00	950.00	
（年吞吐量：万吨）	Handling Capacity (10000 tons)				
（泊位：个）	Number of Berths (unit)	6	2	1	
长途电缆（延长公里）	Long-distance Cables (extended km)	1168.00	5695.30	1300.90	
新建微波电路（公里）	Newly Built Microwave Circuits (km)	68.00	170.00		240.00
市内电话自动交换机（门）	Local Telephone Exchanges (gate)	1266705	1312300	3996300	1651700
造林面积（万亩）	Afforested Areas (10000 mu)	2.69	11.00	0.50	4.60
有效灌溉面积（万亩）	Effective Irrigated Areas (10000 mu)	6.40	0.66	1.00	7.69
除涝面积（万亩）	Flooded or Waterlogged Areas under Control (10000 mu)		3.00	1.00	7.00
排灌装机（万千瓦）	Installed Capacity of Drainage and Irrigation (10000 kw)			0.12	0.12
粮食仓库（万公斤）	Grain Storehouses (10000 kg)	310.00	10200.00	163.00	
（平方米）	(sq. m)	1405	14140	817	
中等学校学生席位（个）	Number of Student Seats of Regular Secondary Schools (unit)	46797	1722	7710	13268
（平方米）	(sq. m)	104704	9956	48650	95031
小学校学生席位（个）	Number of Student Seats of Primary Schools (unit)	1580	17118	2940	9743
（平方米）	(sq. m)	7360	53079	33232	24534
医院病床（张）	Hospital Beds (piece)	902	840	100	530
城市自来水供水能力（万吨/日）	City Tap Water Supply Capacity (10000 tons/day)	58.56	16.00	12.00	
城市自来水管道长度（公里）	Length of City Tap Water Pipe (km)	56.82	301.97	123.77	199.58
城市液化石油气储气能力（吨）	City Storage Capacity of Liquefied Petroleum Gas (ton)	100			
城市道路扩建长度（公里）	Length of City Road Extended (km)	25.74	29.98	32.15	47.82
城市道路扩建面积（万平方米）	Area of City Road Extended (10000 sq. m)	36.01	37.43	66.00	95.19
城市排水管道铺设长度（公里）	Length of Sewerage Pipelines (km)	29.87	29.56	57.99	187.14
城市污水处理能力（万吨/日）	Disposal Capacity of Sewerage (10000 tons/day)	1.00		4.16	5.20
城市防洪堤长度（公里）	Length of City Embankment (km)	12.30	42.69	139.26	98.69

6-21 各市房屋建筑面积（2003 年）
FLOOR SPACE OF BUILDINGS BY CITY (2003)

市别 City	施工建筑面积（万平方米）Floor Space under Construction (10000 sq. m)	#住宅 Residential Buildings	竣工建筑面积（万平方米）Floor Space Completed (10000 sq. m)	#住宅 Residential Buildings	竣工价值（亿元）Value Completed (100 million yuan)	#住宅 Residential Buildings
基本建设总计 Total Capital Construction	**6670.01**	**665.17**	**1705.17**	**269.01**	**171.89**	**27.24**
广州 Guangzhou	1143.58	116.33	313.41	59.72	42.92	6.96
深圳 Shenzhen	1277.01	194.47	171.49	37.45	22.06	5.72
珠海 Zhuhai	514.72	30.83	158.27	22.78	17.34	2.81
汕头 Shantou	116.78	10.79	46.60	4.71	5.39	0.55
佛山 Foshan	156.91	17.61	67.31	15.11	7.68	1.68
韶关 Shaoguan	189.50	59.23	68.28	29.31	5.24	1.77
河源 Heyuan	96.32	15.69	48.87	11.56	3.90	0.75
梅州 Meizhou	112.61	7.69	38.06	5.46	2.97	0.37
惠州 Huizhou	244.19	39.94	109.52	15.86	8.79	1.88
汕尾 Shanwei	32.28	2.85	22.13	2.08	1.72	0.13
东莞 Dongguan	1314.86	0.60	0.09		0.01	
中山 Zhongshan	609.44	55.51	285.66	12.71	23.79	1.04
江门 Jiangmen	175.89	11.65	56.54	0.93	3.98	0.06
阳江 Yangjiang	61.75	25.33	15.52	3.13	0.93	0.17
湛江 Zhanjiang	93.40	16.68	47.48	10.90	4.50	0.92
茂名 Maoming	96.37	24.76	53.52	17.68	3.55	1.08
肇庆 Zhaoqing	99.15	10.58	47.06	5.42	3.55	0.38
清远 Qingyuan	84.17	8.97	48.93	5.78	4.24	0.30
潮州 Chaozhou	62.52	1.62	29.92	0.50	3.31	0.03
揭阳 Jieyang	109.07	3.74	43.66	3.56	3.57	0.38
云浮 Yunfu	65.61	10.29	32.86	4.37	2.44	0.26
更新改造总计 Total Innovation	**520.42**	**38.18**	**256.35**	**23.72**	**26.35**	**2.96**
广州 Guangzhou	137.53	12.27	41.64	9.35	9.22	2.05
深圳 Shenzhen	16.38	1.35	6.37	0.75	0.94	0.09
珠海 Zhuhai	68.80	0.70	23.33		2.75	
汕头 Shantou	15.72		10.61		1.16	
佛山 Foshan	54.65	2.69	17.73	0.78	1.36	0.05
韶关 Shaoguan	12.22	4.77	6.45	2.42	0.35	0.11
河源 Heyuan	2.86		1.93		0.27	
梅州 Meizhou	10.80	0.38	6.05	0.38	0.46	0.02
惠州 Huizhou	20.28	2.68	14.30	2.33	0.85	0.19
汕尾 Shanwei	4.92	0.02	3.81	0.02	0.22	…
东莞 Dongguan	0.74					
中山 Zhongshan	75.64	5.58	64.00	4.86	4.36	0.30
江门 Jiangmen	25.64	0.51	23.30		1.28	
阳江 Yangjiang	1.96	0.27	1.23	0.27	0.07	0.01
湛江 Zhanjiang	8.41	0.05	4.55	0.05	0.35	…
茂名 Maoming	14.45	1.61	5.58	1.03	0.47	0.06
肇庆 Zhaoqing	9.24	0.26	7.28	0.26	0.61	0.02
清远 Qingyuan	6.50	0.02	2.26	0.02	0.25	…
潮州 Chaozhou	19.84	3.80	7.62		0.84	
揭阳 Jieyang	1.89		0.73		0.05	
云浮 Yunfu	11.94	1.23	7.59	1.21	0.49	0.07

注：基本建设、更新改造总计中含不分区部分。
Note: Total capital construction and total innovation include the part of investment unclassified by region.

6-22 房地产开发投资情况（2003 年）
INVESTMENT IN REAL ESTATE DEVELOPMENT (2003)

按登记注册类型分组 By Registration Ownership		开发企业个数（个） Number of Development Enterprises (unit)	完成投资额（亿元） Investment Completed (100 million yuan)	#商品房建设 Commercial Buildings	#土地开发 Land Development	#住宅 Residential Buildings
全省总计	**Provincial Total**	**4171**	**1233.52**	**903.62**	**69.31**	**827.44**
内资	Domestic Funded Economy					
国有经济	State-owned Economy	542	59.01	43.35	4.93	41.87
集体经济	Collective-owned Economy	581	78.61	54.55	10.88	56.55
联营经济	Joint Ownership Economy	30	15.92	15.70	0.02	12.74
有限责任公司	Limited Liability Companies	909	356.29	253.49	17.84	223.19
股份有限公司	Shareholding Companies	148	95.28	62.46	7.23	68.39
私营个体	Private and Individuals Economy	1149	343.62	245.52	15.90	225.77
其他经济	Other	11	2.77	1.59	0.53	1.55
港、澳、台商投资经济	Economy with Funds from Hong Kong, Macao & Taiwan	692	243.39	197.45	9.67	172.39
外商投资经济	Foreign Funded Economy	109	38.63	29.50	2.31	24.98

6-23 房地产开发房屋建筑面积及价值（2003 年）
FLOOR SPACE OF BUILDINGS UNDER CONSTRUCTION AND VALUE OF REAL ESTATE DEVELOPMENT (2003)

按登记注册类型分组 By Registration Ownership		房屋建筑面积（万平方米） Floor Space of Building Construction (10000 sq. m)			竣工房屋价值（万元） Value of Buildings Completed (10000 yuan)	#住宅 Residential Buildings
		施工面积 Floor Space of Buildings under Construction	竣工面积 Floor Space of Buildings Completed	#住宅 Residential Buildings		
全省总计	**Provincial Total**	**12854.98**	**4383.68**	**3558.36**	**7301472**	**5813700**
内资	Domestic Funded Economy					
国有经济	State-owned Economy	977.18	269.58	215.95	420488	320324
集体经济	Collective-owned Economy	1134.70	567.59	481.62	767614	641557
联营经济	Joint Ownership Economy	98.67	23.89	21.38	47255	42737
有限责任公司	Limited Liability Companies	3307.82	1167.75	945.96	1942704	1576255
股份有限公司	Shareholding Companies	750.82	291.88	229.38	561356	448162
私营个体	Private and Individuals Economy	3563.96	1189.22	967.89	1671417	1313195
其他经济	Other	13.90	7.28	6.98	7697	7447
港、澳、台商投资经济	Economy with Funds from Hong Kong, Macao & Taiwan	2546.14	723.47	586.62	1594389	1252529
外商投资经济	Foreign Funded Economy	461.79	143.01	102.59	288552	211494

6-24 各市房地产开发投资情况（2003 年）
INVESTMENT IN REAL ESTATE DEVELOPMENT BY CITY (2003)

市别 City		开发企业个数（个）Number of Development Enterprisess (unit)	完成投资额（亿元）Investment Completed (100 million yuan)	#商品房建设 Commercial Buildings	#土地开发 Land Development	#住宅 Residential Buildings
广州	Guangzhou	1284	419.48	308.18	23.50	317.21
深圳	Shenzhen	497	412.66	319.92	11.21	250.19
珠海	Zhuhai	222	38.81	27.93	1.01	26.61
汕头	Shantou	204	15.05	11.35	0.57	11.26
佛山	Foshan	306	88.50	66.52	8.18	56.84
韶关	Shaoguan	103	10.09	6.45	0.70	5.20
河源	Heyuan	53	4.64	3.60	0.50	2.90
梅州	Meizhou	89	12.95	9.61	1.63	7.59
惠州	Huizhou	144	27.27	19.22	1.86	17.18
汕尾	Shanwei	20	2.12	0.99	0.42	1.35
东莞	Dongguan	76	55.12	32.99	4.98	42.23
中山	Zhongshan	214	51.94	28.91	4.94	25.59
江门	Jiangmen	258	23.87	19.89	0.96	17.31
阳江	Yangjiang	78	11.23	7.50	2.92	6.64
湛江	Zhanjiang	107	11.46	7.59	1.39	7.76
茂名	Maoming	61	5.31	3.48	0.89	3.25
肇庆	Zhaoqing	129	16.48	12.37	1.12	11.35
清远	Qingyuan	178	13.80	9.78	0.97	7.19
潮州	Chaozhou	52	3.79	2.33	0.76	3.04
揭阳	Jieyang	46	5.85	3.05		4.67
云浮	Yunfu	50	3.11	1.96	0.80	2.06

6-25 各市房地产开发房屋建筑面积及价值（2003 年）
FLOOR SPACE OF BUILDINGS UNDER CONSTRUCTION AND VALUE OF REAL ESTATE DEVELOPMENT BY CITY (2003)

市别 City		房屋建筑面积（万平方米）Floor Space of Building Construction (10000 sq. m)			竣工房屋价值（万元）Value of Buildings Completed (10000 yuan)	#住宅 Residential Buildings
		施工面积 Floor Space of Buildings under Construction	竣工面积 Floor Space of Buildings Completed	#住宅 Residential Buildings		
广州	Guangzhou	4350.39	1139.47	902.97	1913253	1518789
深圳	Shenzhen	2838.22	1020.31	816.62	2682754	2145006
珠海	Zhuhai	460.91	156.14	123.80	275941	187978
汕头	Shantou	394.90	146.56	121.65	133592	107224
佛山	Foshan	1133.87	464.58	377.98	652792	518543
韶关	Shaoguan	222.55	88.48	73.36	62324	46489
河源	Heyuan	65.81	35.28	27.13	33195	22134
梅州	Meizhou	202.23	78.68	67.56	68587	55209
惠州	Huizhou	335.78	103.96	86.53	137649	113238
汕尾	Shanwei	27.02	12.81	12.46	8127	7837
东莞	Dongguan	689.51	257.28	221.99	502429	437516
中山	Zhongshan	585.92	175.87	133.35	187141	135609
江门	Jiangmen	567.50	220.92	179.00	195467	158933
阳江	Yangjiang	142.98	56.59	48.68	65065	52267
湛江	Zhanjiang	159.37	66.74	57.76	75363	65849
茂名	Maoming	74.83	39.02	36.55	30151	28040
肇庆	Zhaoqing	239.59	114.95	99.18	103451	87412
清远	Qingyuan	178.33	86.58	61.95	80631	43293
潮州	Chaozhou	63.40	37.37	33.84	36238	31734
揭阳	Jieyang	80.68	61.01	55.89	40716	35030
云浮	Yunfu	41.19	21.08	20.11	16606	15570

6-26 商品房屋销售情况（2003年）
SALES OF COMMODITY BUILDINGS (2003)

按登记注册类型分组 By Registration Ownership		实际销售面积（万平方米）Floor Space of Commercial Buildings Actually Sold (10000 sq. m)	# 住宅 Residential Buildings	实际销售给个人的面积（万平方米）Floor Space of Commercial Buildings Actually Sold to Individuals (10000 sq. m)	实际销售额（万元）Sales of Commercial Buildings (10000 yuan)	# 住宅 Residential Buildings
全省总计	**Provincial Total**	**3061.32**	**2739.60**	**2888.60**	**9781005**	**8201276**
内资	Domestic Funded Economy					
国有经济	State-owned Economy	250.73	198.85	214.25	792891	493437
集体经济	Collective-owned Economy	423.90	374.39	409.26	836902	708098
联营经济	Joint Ownership Economy	8.27	7.66	6.08	34136	29913
有限责任公司	Limited Liability Companies	754.64	670.76	717.61	2603767	2166393
股份有限公司	Shareholding Companies	147.73	138.03	143.72	643750	590567
私营个体	Private and Individuals Economy	979.25	893.12	932.54	2658428	2290282
其他经济	Other	8.97	8.54	8.17	17346	16152
港、澳、台商投资经济	Economy with Funds Hong Kong, Macao & Taiwan	439.89	407.62	416.83	1927168	1689902
外商投资经济	Foreign Funded Economy	47.94	40.64	40.14	266617	216532

6-27 各市商品房屋销售情况（2003年）
SALES OF COMMODITY BUILDINGS BY CITY (2003)

市别	City	实际销售面积（万平方米）Floor Space of Commercial Buildings Actually Sold (10000 sq. m)	# 住宅 Residential Buildings	实际销售给个人的面积（万平方米）Floor Space of Commercial Buildings Actually Sold to Individuals (10000 sq. m)	实际销售额（万元）Sales of Commercial Buildings (10000 yuan)	# 住宅 Residential Buildings
广州	Guangzhou	815.50	755.19	753.46	3433840	3019884
深圳	Shenzhen	411.71	358.12	357.81	2575786	2074621
珠海	Zhuhai	142.24	125.76	139.64	440719	374423
汕头	Shantou	137.85	118.14	127.53	271536	223176
佛山	Foshan	395.54	351.86	386.48	1024640	839127
韶关	Shaoguan	68.82	64.06	68.66	81742	67839
河源	Heyuan	31.29	25.85	26.77	34733	23146
梅州	Meizhou	83.11	64.45	78.14	71343	57418
惠州	Huizhou	86.13	81.88	85.08	167033	150364
汕尾	Shanwei	9.60	9.25	9.10	8732	8282
东莞	Dongguan	164.98	141.90	162.50	480189	409037
中山	Zhongshan	149.26	126.94	142.15	384154	307826
江门	Jiangmen	149.81	134.09	147.73	227791	190056
阳江	Yangjiang	53.83	51.87	52.66	51798	48640
湛江	Zhanjiang	44.09	42.72	42.71	68177	63421
茂名	Maoming	29.08	27.80	27.28	33730	29681
肇庆	Zhaoqing	92.05	82.50	91.20	165111	129749
清远	Qingyuan	81.72	69.24	77.81	103093	66620
潮州	Chaozhou	41.66	39.22	39.33	50181	44013
揭阳	Jieyang	50.99	47.44	50.96	55635	44701
云浮	Yunfu	22.09	21.31	21.59	31042	29252

主要统计指标解释

固定资产投资额 是以货币形式表现的在一定时期内建造和购置固定资产的工作量以及与此有关的费用的总称。它是反映固定资产投资规模、结构和发展速度的综合性指标，又是观察工程进度和考核投资效果的重要依据。全社会固定资产投资包括国有经济单位投资、城乡集体及其他各种登记注册类型的单位投资和城乡居民个人投资。按照国家统计制度规定，固定资产投资统计范围包括：基本建设投资、更新改造投资、房地产开发投资和其他固定资产投资四个部分。城乡集体经济单位投资包括城镇集体所有制单位投资和农村集体所有制单位投资；其它各种经济类型单位投资包括联营经济、股份制经济、中外合资经济、中外合作经济、外资、与大陆合资经营、与大陆合作经营、港澳台独资及其它经济的单位投资；城乡居民个人投资包括城市、县城、镇、工矿区所辖范围内的个人建房和农村个人建房及购买生产性固定资产的投资。

基本建设投资 是指企业、事业、行政单位以扩大生产能力或工程效益为主要目的的新建、扩建工程及有关工作的投资。

更新改造投资 是指企业、事业单位对原有设施进行固定资产更新和技术改造，以及相应配套的工程和有关工作（不包括大修理和维护工程）的投资。

房地产开发投资 各种登记注册类型的房地产开发公司 、商品房建设公司及其他房地产开发单位统一开发的包括统代建、拆迁还建的住宅、厂房、仓库、饭店、宾馆、度假村、写字楼、办公楼等房屋建筑物和配套的服务设施、土地开发工程，如道路、给水、排水、供电 、供热、通讯、平整场地等基础设施工程的投资。包括实际从事房地产开发或经营活动的附营房地产开发单位。不包括单纯的土地交易活动。

其它固定资产投资 全社会固定资产投资中未列入基本建设、更新改造和房地产开发投资的建造和购置固定资产的活动。包括：

（1）国有单位未纳入基本建设计划和更新改造计划管理，计划总投资（或实际需要总投资）在50万元以上的项目和工程投资，包括用油田维护费和石油开发基金进行的油田维护和开发工程完成的投资；煤炭、铁矿、森工等采掘采伐部门用维简费进行的开拓延伸工程完成的投资；交通部门用公路养路费对原有公路、桥梁进行改建的工程完成的投资；商业部门用简易建筑费建造的仓库工程完成的投资。

（2）城镇集体经济单位固定资产投资：指所有隶属省辖市、县级市和县城（乡镇企业局管理的除外）建造和购置固定资产计划总投资（或实际需要总投资）在50万元以上未列入基本建设计划和更新改造计划的单位（项目）的投资。

（3）除国有、城镇集体以外的其他各种登记注册类型的企业、事业单位（包括城镇私营企、事业单位和个体经营户）建造和购置固定资产计划总投资（或实际需要总投资）在50万元以上的、未列入基本建设计划和更新改造计划的单位（项目）。

（4）城镇和工矿区私人建房投资包括市、县城、镇、工矿区所辖范围内的全部私人建房，不论其房主是否系本地的常住户口均应包括。

（5）农村固定资产投资包括农村区域范围内进行固定资产投资活动的企业、事业、行政单位及农村个人。

固定资产投资的资金来源 根据固定资产投资的资金来源不同，分为国家预算内资金、国内贷款、债券、利用外资、自筹资金和其他资金来源。

（1）国家预算内资金 分为财政拨款和财政安排的贷款两部分。包括中央财政的基本建设基金、专项支出、收回再贷、贴息资金、财政安排的挖潜改造和新产品试制支出、城建支出、商业部门简易建筑支出、不发达地区发展基金等资金中用于固定资产投资的资金；地方财政中由国家统筹安排的固定资产投资资金等。

（2）国内贷款 指报告期固定资产投资单位向银行及非银行金融机构借入的用于固定资产投资的各种国内借款，包括银行贷款、上级主管部门拨入的国内贷款、国家专项贷款（包括煤代油贷款、劳改煤矿专项贷款等），地方财政专项资金安排的贷款、国内储备贷款、周转贷款等。

（3）债券 是企业（公司）或金融机构通过发行各种债券筹集到的用于固定资产投资的资金，包括由银行代理发行的重点企业债券和重点建设债券。

（4）利用外资 指报告期内收到的用于固定资产建造和购置的国外资金（包括设备、材料、技术）。包括对外借款、外商直接投资、外商其他投资。不包括我国自有外汇资金。

（5）自筹资金 指固定资产投资单位报告期内收到的，由各地区、各部门及企事业单位筹集用于固定资产投资的预算外资金，包括中央各部门、各级地方和企事业单位的自筹资金。

（6）其他资金来源 指报告期收到的除以上各种资金之外其他用于固定资产投资的资金。包括群众集资、个人资金、无偿捐赠的资金及其他单位拨入的资金。

新增生产能力（或工程效益） 指通过固定资产投资活动而增加的设计能力（或工程效益），是以实物形态表示的固定资产投资成果的指标，也是考核投资经济效果的重要依据之一。

房屋建筑面积 是房屋建筑物勒脚以上外墙外围的水平截面面积，包括房屋建筑物的有效面积和结构面积。房屋建筑面积统计指标是建设规模和建设成果的重要指标之一，也是检查工程形象进度、计算工程造价、分析投资效果、研究施工任务和建筑材料之间平衡情况的重要依据。

住宅 指供人们居住的房屋，包括职工家属宿舍、集体宿舍（包括职工单身宿舍和学生宿舍）及供居住的各种公寓等。住宅建筑面积中不包括作为人防用、不住人的地下室面积和供办公用的公寓。

房屋施工面积 指在报告期内施工的全部房屋建筑面积。包括本期新开工的面积和上期开工跨入本期继续施工的面积，以及上期已停建在本期恢复施工的房屋面积。本期竣工和本期施工后又停缓建的房屋，其建筑面积仍计入本期房屋施工面积中。

房屋竣工面积 指在报告期内房屋建筑按照设计要求已经全部完工，达到住人和使用条件，经验收鉴定合格（或达到竣工验收标准），正式移交使用单位的各栋房屋建筑面积的总和。

房屋建筑面积竣工率 是指一定时期内房屋竣工面积与施工面积的比率。它是从房屋建筑施工速度的角度反映投资效果的指标。

新增固定资产 指已经完成建造和购置过程，并已交付生产或使用单位的固定资产的价值。它是表示固定资产投资成果的价值指标，也是反映建设进度，计算固定资产投资效果的重要依据。

固定资产交付使用率 指一定时期新增固定资产与同期完成投资额的比率。它是反映各个时期固定资产动用速度，衡量建设过程中投资效果的一个综合性指标。

建设项目投产率 是建设周期的逆指标，是指一定时期内全部建成投产项目个数与同期施工项目个数的比率。它是从建设速度的角度反映投资效果的指标。

Explanatory Notes on Main Statistical Indicators

Amount of Investment in Fixed Assets refers to the sum of the volume of activities in construction and purchases of fixed assets and the related expenses in monetary terms. It is not only a comprehensive indicator which shows the size, pace, proportional relations and use orientation of the investment in fixed assets but also an important basis to follow the progress of projects and check the result of investment. Total investment in fixed assets in the whole country includes the investment by the state-owned units, the investment by the urban and rural collective units, the investment by the units of other types of ownership and the investment by the individuals in the urban and rural areas. According to China's current planning management system, the investment in fixed assets in the whole country is classified into the following four parts: investment in capital construction, investment in innovation, investment in real estate development and other investment in fixed assets. The investment by the urban and rural collective units includes the investment by the urban collective units and the investment by the rural collective units. The investment by the units of other types of ownership includes the investment by the units of joint-owned economy, shareholding economy, Sino-foreign joint economy, Sino-foreign cooperative economy, economy exclusively funded by foreign investors, joint economy with the mainland, cooperative economy with the mainland, economy exclusively funded by compatriots from Hong Kong, Macao and Taiwan and the others. The investment by the individuals in the urban and rural areas includes the investment in personal house buildings in the areas under the jurisdiction of city, county, town and special industrial and mining areas as well as the investment in personal house buildings and purchase of productive fixed assets in the rural areas.

Investment in Capital Construction refers to the new construction projects or extension projects and the related work of the enterprises, institutions or administrative units mainly for the purpose of expanding production capacity or improving project efficiency.

Investment in Innovation refers to the renewal of fixed assets and technological innovation of the original facilities by the enterprises and institutions as well as the corresponding supplementary projects and the related work (excluding major overhaul and maintenance projects).

Investment in Real Estate Development It includes the investment by the real estate development companies, commercial buildings construction companies and other real estate development units of various types of ownership in the construction of house buildings, such as residential buildings, factory buildings, warehouses, hotels, guesthouses, holiday villages, office buildings, and the complementary service facilities and land development projects, such as roads, water supply, water drainage, power supply, heating, telecommunications, land leveling and other projects of infrastructure. It covers the activities of the non-real estate companies in real estate development or management, but excludes the activities in simple land transactions.

Other Investment in Fixed Assets refers to the construction and purchases of fixed assets not listed in the investment in capital construction, investment in innovation and investment in real estate development. It includes:

(1) The following projects of the state-owned units with the total planned (or actually needed) investment of 500, 000 yuan and over, which are not included in the plan of capital construction and the plan of innovation: (a) projects of oil fields maintenance and exploitation with the oil fields maintenance funds and petroleum development funds; (b) opening and extending projects with the maintenance funds in coal, ore and other mining enterprises and logging enterprises; (c) project of reconstruction of the original highways and bridges with the highway maintenance funds in the department of communication; (d) projects of construction of warehouse with the funds of simple construction in the commercial department.

(2) The investment in fixed assets by urban collective units refers to projects of construction and purchases of fixed assets with the total planned investment of 500, 000 yuan and over by all collective units in cities and county towns and in townships which are approved by the State Council or provincial governments, excluding investment by collective units under township enterprise administration offices.

(3) The projects of construction and purchases of fixed assets by the enterprises, institutions or individuals other than those mentioned above with total investment of 500, 000 yuan and over, which are not included in the plan of capital and the plan of innovation.

(4) The private house construction in the urban areas and industrial and mining areas includes all the private

house construction under the jurisdiction of cities, counties, towns and industrial and mining areas, no matter whether the owner of the house is registered as the permanent resident in the locality or not.

(5) The individual investment in the rural areas includes the investment in fixed assets by the enterprises, institutions, administration units and rural individuals in the rural areas.

Sources of Funds for Investment in Fixed Assets are classified into state budgetary appropriation, domestic loans, bonds, foreign investment, self-raised funds and others according to different sources of funds.

(1) State budgetary appropriation refers to the financial appropriation and the loans under financial arrangement. It includes the appropriation in the budge of the central government earmarked for capital construction, the special appropriation, the recall reloans, the discount-interest funds, the appropriation for innovation and trial manufacturing of new products, the appropriation for city construction, the appropriation for simple construction of the commercial departments and the funds for investment in fixed assets from the development funds for the underdeveloped areas, and the appropriation in the budge of the local governments earmarked for investment in fixed assets.

(2) Domestic loans refer to various funds borrowed by enterprises and institutions from banks and non-bank financial institutions during the reference period for the purpose of investment in fixed assets, including loans issued by banks from their self-owned funds and deposit, loans appropriated by higher responsible authorities, special loans by government (including loan for replacing petroleum with coal, special loan for reform-through-labor coal mines), loans arranged by local governments from special funds, domestic reserve loan, and working loan, etc.

(3) Bonds refer to funds raised by enterprises (companies) and financial institutions through issuing various bonds for the propose of investment in fixed assets, including key enterprise bonds and key construction bonds issued by banks as agents.

(4) Foreign investment refers to foreign funds received during the reference period for the purpose of construction and purchases of fixed assets (including equipment, materials and technologies) . It includes foreign loans, foreign direct investment and other foreign investment, but excludes self-owned foreign exchanges of China.

(5) Self-raised funds refer to extra-budgetary funds received and raised by enterprises and institutions at all levels during the reference period for the purpose of investment in fixed assets, including self-raised funds by various departments under the central government, local governments at each level, enterprises and institutions.

(6) Other funds refer to funds received during the reference period for the purpose of investment in fixed assets which are not included in the above-mentioned sources, including mass financing, individual funds, donations and funds from other units.

Newly Increased Production Capacity (or Project Efficiency) refers to the increase of designed capacity and project efficiency through investment in fixed assets, which is not only an indicator to reflect the accomplishment of investment in fixed assets in kind but also an important basis to check the economic result of investment.

Floor Space of Buildings under Construction and Completed refers to level cross-section floor space in each story of buildings calculated from the outside line of building walls, including the effective space and structural space occupied by constructions. It is one of the important indicators to reflect construction size and results. It is also used to check the project progress, calculate the value of project, anlyse the investment result and study the balance between construction and building materials.

Buildings refer to buildings used as residence by people, including dormitories for family members of staff and workers, mass dormitories like those for single worker and students, and various apartments. The floor space of residential buildings excludes the floor space of basement used as air-raid shelters not for residence and apartments used as offices.

Floor Space under Construction refers to total floor space of all buildings under construction during the reference period, including floor space of newly started buildings during the reference period, floor space of construction extended from the previous period to the current period, and floor space of construction suspended during the previous period but resumed in the current period. Floor space of construction completed in the current period and floor space of construction started and then suspended in the current period are still included in floor space under construction.

Floor Space of Buildings Completed refers to total floor space of all buildings completed in the reference period, which have come up to the designed standards and have been put into use.

Completion Rate of Floor Space of Buildings refers to the ratio of the floor space of buildings completed in certain period of time to the floor space of buildings under construction in the same period, which reflects the investment result of the construction industry from the angle of the speed of project construction.

Newly Increased Fixed Assets refer to the value of fixed assets which have been completed and put into production. It is a value indicator to reflect the achievements of investment in fixed assets and the progress of construction and to evaluate the result of investment in fixed assets.

Rate of Projects of Fixed Assets Completed and Put into Operation refers to the ratio of the newly increased fixed assets to the total investment made in the same period. It is a comprehensive indicator to reflect the speed of the employment of fixed assets and the investment efficiency.

Rate of Construction Projects Completed and Put into Use refers to the ratio of the number of construction projects completed and put into use in certain period of time to the number of projects under construction in the same period. This reflects the investment efficiency from the angle of the speed of projects construction.

七 能源生产和消费

PRODUCTION AND CONSUMPTION OF ENERGY

七　能源生产和消费

简要说明

一、本篇资料反映广东能源生产和消费情况，主要包括：能源生产、消费及品种构成；分行业能源消费总量；综合能源平衡；能源生产和消费弹性系数；能源加工转换效率；生活用能源消费；重点耗能工业企业等数据资料。

二、本篇资料由广东省统计局工业交通处根据有关资料和调查结果整理提供。

三、能源统计资料取自全省能源平衡表和重点耗能工业企业能源购进、消费及库存。地区能源平衡表的编制范围为辖区内生产和消费能源的单位，其中全部国有工业和年销售收入500万元以上工业企业的能源消费根据国家统计局制发的报表制度由统计系统搜集资料逐级汇总上报；加工转换消费来源于重点耗能工业企业能源购进、消费及库存表；其他数据来源于有关厅（局）、公司或企业。

四、关于数据口径与计算的说明：

1. 能源生产与消费弹性系数分别以能源生产、消费增长速度与国内生产总值增长速度相比求得。

2. 能源平衡表中，进口量和出口量采用海关统计数据，电力折算标准煤系数按平均发电煤耗计算。

3. 能源加工转换效率表中的电力折算标准煤系数采用当量值计算，每千瓦小时折0.1229千克标准煤。

7　PRODUCTION AND CONSUMPTION OF ENERGY

Brief Introduction

Ⅰ. The data in this chapter reflect the energy production and consumption of Guangdong Province, mainly including the energy production and consumption and their composition, the energy consumption by sector, the overall balance of energy, the elasticity coefficient of energy production and consumption, the efficiency of energy conversion and the consumption of energy for residential use, key energy-consumption industrial enterprises, etc.

Ⅱ. The data in this chapter are prepared and provided by the Division of Industrial and Transport Statistics of Guangdong Provincial Bureau of Statistics.

Ⅲ. The data in this chapter come from the energy balance sheet of the whole province and the sheets of energy purchase, consumption and storage of key energy-consumption industrial enterprises.

The coverage of the regional energy balance includes the units that produce and consume energy. Among them, the data on the energy consumption of all the state-owned industrial enterprises and the enterprises with yearly sales revenue over 5 million yuan are collected by the statistical agencies in accordance with the statistical reporting scheme stipulated by the National Bureau of Statistics and tabulated and reported to the higher authorities level by level; the data on the energy processing, transformation and consumption are derived from the sheets of energy purchase, consumption and storage of key energy-consumption industrial enterprises, other data are provided by related government departments, companies and enterprises.

Ⅳ. Data coverage and calculation:

(1) The elasticity coefficient of energy production is calculated as the quotient of the growth rate of energy production divided by the growth rate of GDP; and the elasticity coefficient of energy consumption is calculated as the quotient of the growth rate of energy consumption divided by the growth rate of GDP.

(2) In the energy balance, the data on the imports and exports are data from the customs statistics. The coefficient for conversion of electric power into the standard coal equivalent is calculated according to the average consumption of coal for generating electricity.

(3) In the table on the efficiency of energy conversion, the coefficient for conversion of electric power into the standard coal equivalent is calculated in the following way: 1 kwh of electric power is converted into 0.1229 kg standard coal equivalent.

7-1 能源生产总量及构成
TOTAL PRODUCTION OF ENERGY AND ITS COMPOSITION

项　目	Item	1990	1995	2000	2002	2003
能源生产总量（万吨标准煤）	**Total Energy Production (10000 tons of SCE)**	**1006.24**	**2622.53**	**3711.69**	**3627.54**	**4088.98**
构　成　（%）	Composition (%)	100.0	100.0	100.0	100.0	100.0
原　煤	Coal	63.1	29.1	8.0	4.3	12.0
原　油	Crude Oil	7.0	35.5	53.6	49.8	44.6
电　力	Electricity	29.9	34.9	27.1	35.3	35.3
天 然 气	Natural Gas		0.5	11.3	10.6	8.1

7-2 能源消费总量及构成
TOTAL CONSUMPTION OF ENERGY AND ITS COMPOSITION

项　目	Item	1990	1995	2000	2002	2003
一、一次能源消费量（万吨标准煤）	**Primary Energy Consumption (10000 tons of SCE)**	**3690.25**	**6147.61**	**7983.46**	**9036.40**	**10462.09**
构成　（%）	Composition (%)	100.0	100.0	100.0	100.0	100.0
原煤	Coal	56.5	56.4	52.2	51.9	53.5
原油	Crude Oil	35.3	28.5	35.0	31.0	28.6
电力	Electricity	8.2	14.9	12.6	17.1	17.7
天 然 气	Natural Gas		0.2	0.2		0.2
二、终端能源消费量（万吨标准煤）	**Total Final Energy Consumption (10000 tons of SCE)**	**3936.44**	**7062.28**	**9080.2**	**10861.68**	**12414.48**
构成（%）	Composition (%)	100.0	100.0	100.0	100.0	100.0
原煤	Coal	33.6	27.0	17.1	14.5	17.8
油品	Oil Products	22.4	20.9	22.6	21.6	22.6
电力	Electricity	33.0	39.7	45.4	49.2	44.5
其他	Others	11.0	12.4	14.9	14.7	15.1

7-3 综合能源平衡表
OVERALL ENERGY BALANCE SHEET

单位：万吨标准煤 (10000 tons of SCE)

项　　目	Item	1990	1995	2000	2002	2003
可供本地区消费的能源量	**Total Energy Available for Local Consumption**	**4044.28**	**7344.82**	**9447.70**	**11354.69**	**13099.29**
年初库存量	Stock at the Year-beginning	583.00	614.43	675.20	670.48	745.33
一次能源生产量	Primary Energy Output	1006.24	2622.53	3711.69	3627.54	4088.98
回　收　能	Recovery of Energy		19.07	96.59	132.21	158.62
外省调入量	Allocation from Other Provinces	2955.36	4293.08	5628.27	6678.33	7547.11
进　口　量	Imports	473.83	1575.45	2757.39	4211.21	4741.71
我国轮、机在外国加油量	Petroleum Consumed by Chinese Airplanes and Ships Abroad	12.28			25.46	27.22
本省调出量（－）	Allocation to Other Provinces (－)	－113.82	－609.34	－1599.39	－2205.98	－2707.97
出　口　量（－）	Exports (－)	－153.11	－509.37	－980.31	－1022.81	－720.97
外国轮、机在我国加油量（－）	Petroleum Consumed by Foreign Airplanes and Ships in China (－)	－70.30	－50.82	－62.51	－13.82	－3.38
年末库存量（－）	Stock at the Year-end (－)	－649.20	－610.24	－779.26	－747.92	－777.36
加工转换投入(－)产出(＋)量	**Input-Output of Energy Conversion**	**－13.74**	**－11.86**	**－35.74**	**－53.39**	**－42.65**
火力发电	Thermal Power					
供　　热	Heating					
炼　　焦	Coking	－4.21	－6.95	－3.85	－3.86	－12.3
炼　　油	Petroleum Refining	－6.90	－1.86	－26.89	－44.32	－42.05
制　　气	Gas Production		－3.05	－5.00	－5.21	－5.61
损　失　量	**Losses**	**113.33**	**271.16**	**331.76**	**439.63**	**642.16**
#运输和输配损失	Losses in Transmission	104.17	266.75	318.75	424.70	623.73
终端消费量	**Final Consumption**	**3936.44**	**7062.28**	**9080.20**	**10861.68**	**12414.48**
第一产业	Primary Industry	193.15	349.96	353.56	350.43	279.36
农、林、牧、渔业	Farming, Forestry, Animal Husbandry and Fishery	193.15	349.96	353.56	350.43	279.36
第二产业	Secondary Industry	2775.58	4626.99	5790.91	7004.71	8289.25
工　　业	Industry	2728.01	4521.20	5693.02	6893.85	8173.89
#用作原材料、燃料	As Raw Materials and Fuel	335.68	99.90	86.44	385.41	705.77
建　筑　业	Construction	47.57	105.76	97.90	110.86	115.36
第三产业	Tertiary Industry	515.11	1093.40	1648.93	2049.46	2374.23
交通运输仓储及邮电通信业	Transport, Storage, Postal and Telecommunication Services	339.43	577.29	957.92	1141.25	1312.97
批发和零售贸易业、餐饮业	Wholesale and Retail Trade and Catering Services	92.16	283.01	403.21	543.04	571.64
其　　他	Others	83.52	233.10	287.81	365.20	489.62
生活消费	Residential Consumption	452.60	991.92	1286.80	1457.04	1471.64
城　　镇	Urban Areas	296.73	659.27	818.33	918.55	948.32
乡　　村	Rural Areas	155.87	332.61	468.45	538.48	523.31
平衡差额	**Balance**	**－19.23**	**－0.48**		**－0.01**	
消费量合计	**Total Energy**	**4063.51**	**7345.30**	**9447.70**	**11354.70**	**13099.29**

7-4 分行业能源消费总量和原煤、电力消费量（2003 年）
CONSUMPTION OF TOTAL ENERGY, COAL AND ELECTRICITY BY SECTOR (2003)

行　　业	Sector	能源消费总量（万吨标准煤）Total Energy Consumption (10000 tons of SCE)	原煤消费量（万吨）Coal Consumption (10000 tons)	电力消费量（亿千瓦小时）Electricity Consumption (100 million kwh)
消 费 总 量	**Total**	**13099. 29**	**7824. 11**	**2031. 29**
农、林、牧、渔业	**Farming, Forestry, Animal Husbandry and Fishery**	**279. 36**	**51. 21**	**30. 20**
工业合计	**Industry**	**8847. 39**	**7702. 90**	**1368. 84**
采矿业	**Mining and Quarrying**	**97. 83**	**4. 72**	**15. 11**
煤炭开采和洗选业	Coal Mining and Dressing	5. 20	0. 02	1. 68
石油和天然气开采业	Petroleum and Natural Gas Extraction	57. 60		5. 76
黑色金属矿采选业	Ferrous Metals Mining and Dressing	4. 95	0. 62	1. 14
有色金属矿采选业	Nonferrous Metals Mining and Dressing	9. 70	0. 47	2. 83
非金属矿采选业	Nonmetal Minerals Mining and Dressing	20. 33	3. 61	3. 69
其他采矿业	Other Minerals Mining and Dressing	0. 04		0. 01
制造业	**Manufacturing**	**7280. 41**	**3709. 45**	**908. 34**
农副食品加工业	Farm and Sideline Food Processing	278. 91	422. 84	24. 50
食品制造业	Food Manufacturing	127. 11	119. 76	13. 26
饮料制造业	Beverage Manufacturing	65. 75	48. 28	7. 82
烟草制品业	Tobacco Products	6. 54	2. 98	1. 05
纺织业	Textile Industry	496. 53	327. 72	55. 24
纺织服装、鞋、帽制造业	Textile Garments, Footwear and Headgear Manufacturing	147. 31	39. 24	29. 88
皮革、毛皮、羽毛(绒)及其制品业	Feather, Furs, Down and Related Products	89. 80	3. 93	22. 02
木材加工及木、竹、藤、棕、草制品业	Timber Processing, Bamboo, Cane, Palm Fiber & Straw Products	47. 49	23. 76	6. 95
家具制造业	Furniture Manufacturing	38. 00	0. 59	10. 07
造纸及纸制品业	Papermaking and Paper Products	493. 80	611. 97	48. 86
印刷业和记录媒介的复制	Printing and Record Medium Reproduction	43. 67	0. 31	11. 81
文教体育用品制造业	Cultural, Educational and Sports Goods	89. 16	0. 34	22. 92
石油加工、炼焦及核燃料加工业	Petroleum Refining, Coking and Nuclear Fuel Processing	707. 50	0. 07	17. 49
化学原料及化学制品制造业	Raw Chemical Materials and Chemical Products	547. 73	144. 42	59. 83
医药制造业	Medical and Pharmaceutical Products	52. 43	32. 50	7. 31
化学纤维制造业	Chemical Fiber	24. 33	3. 63	5. 65
橡胶制品业	Rubber Products	39. 70	9. 65	7. 46
塑料制品业	Plastic Products	270. 48	18. 26	65. 24
非金属矿物制品业	Nonmetal Mineral Products	1707. 75	1372. 95	135. 42
黑色金属冶炼及压延加工业	Smelting and Pressing of Ferrous Metals	555. 53	193. 69	54. 56
有色金属冶炼及压延加工业	Smelting and Pressing of Nonferrous Metals	154. 47	62. 43	19. 71
金属制品业	Metal Products	170. 70	5. 56	41. 06
通用设备制造业	General Purposes Equipment Manufacturing	241. 86	175. 49	16. 12
专用设备制造业	Special Purposes Equipment Manufacturing	36. 21	2. 07	8. 85
交通运输设备制造业	Transport Equipment Manufacturing	94. 89	57. 79	17. 67
电气机械及器材制造业	Electric Equipment and Machinery	237. 49	2. 66	61. 86
通信设备、计算机及其他电子设备制造业	Telecommunications, Computers and Other Electronic Equipment Manufacturing	419. 04	1. 44	110. 19
仪器仪表及文化、办公用机械制造业	Instruments, Meters, Cultural and Office Machinery	49. 48	0. 16	13. 93
工艺品及其他制造业	Handicraft and Other Manufacturing	45. 05	24. 66	11. 17
废弃资源和废旧材料回收加工业	Waste Sources and Materials Recovery Processing	1. 71	0. 30	0. 44
电力、燃气及水的生产和供应业	**Production and Supply of Electric Power, Gas and Water**	**1469. 15**	**3988. 73**	**445. 39**
电力、热力的生产和供应业	Production and Supply of Electric Power, Steam and Hot Water	1324. 09	3973. 98	419. 79
燃气生产和供应业	Production and Supply of Gas	69. 20	14. 75	0. 74
水的生产和供应业	Production and Supply of Tap Water	75. 86		24. 86
建筑业	**Construction**	**115. 36**	**1. 51**	**26. 60**
交通运输、仓储及邮电通信业	**Transport, Storage, Postal and Telecommunication Services**	**1324. 28**	**6. 10**	**49. 31**
批发和零售贸易餐饮业	**Wholesal and Retail Trade and Catering Services**	**571. 64**	**17. 60**	**148. 61**
其他行业	**Others**	**489. 62**		**150. 08**
生活消费	**Residential Consumption**	**1471. 64**	**44. 79**	**257. 65**

7-5 平均每天各种能源消费量
AVERAGE DAILY ENERGY CONSUMPTION BY VARIETY

能源品种		Item		1990	1995	2000	2002	2003
合　计	**(吨标准煤)**	**Total**	**(ton of SCE)**	**112476**	**201241**	**248773**	**297580**	**340123**
煤　炭	(吨)	Coal	(ton)	50828	72961	59590	61421	85872
焦　炭	(吨)	Coke	(ton)	2871	3613	3973	4843	6242
原　油	(吨)	Crude Oil	(ton)	754	143	250	306	519
燃料油	(吨)	Fuel Oil	(ton)	4874	7195	9248	10825	15296
汽　油	(吨)	Gasoline	(ton)	3878	7700	8226	9416	10247
煤　油	(吨)	Kerosene	(ton)	866	1535	2444	2815	3264
柴　油	(吨)	Diesel Oil	(ton)	7025	11334	18726	21195	24716
液化石油气	(吨)	Liquefied Petroleum Gas	(ton)	549	5110	8720	10649	12266
电　力	(万千瓦时)	Electricity	(1000 kwh)	9836	19698	33978	42885	50096

7-6 平均每人年生活用能源
PER CAPITA ANNUAL AVERAGE RESIDENTIAL ENERGY CONSUMPTION

能源品种		Item		1990	1995	2000	2002	2003
合　计	**(千克标准煤)**	**Total**	**(kg of SCE)**	**72. 04**	**146. 11**	**148. 90**	**190. 48**	**190. 54**
煤　炭	(千克)	Coal	(kg)	56. 77	40. 07	9. 63	7. 91	9. 22
汽　油	(千克)	Gasoline	(kg)	1. 65	4. 50	4. 42	5. 80	6. 71
煤　油	(千克)	Kerosene	(kg)	1. 95	1. 18	0. 24	0. 28	0. 31
柴　油	(千克)	Diesel Oil	(kg)		0. 37	0. 57	0. 78	0. 93
液化石油气	(千克)	Liquefied Petroleum Gas	(kg)	1. 76	24. 51	31. 47	39. 25	44. 26
电　力	(千瓦时)	Electricity	(kwh)	63. 90	165. 24	239. 09	305. 40	333. 60

7-7 分品种生活能源年消费总量
TOTAL ANNUAL RESIDENTIAL ENERGY CONSUMPTION BY VARIETY

能源品种		Item		1990	1995	2000	2002	2003
合　计	**(万吨标准煤)**	**Total**	**(10000 tons of SCE)**	**454. 71**	**991. 92**	**1286. 80**	**1457. 04**	**1471. 64**
煤　炭	(万吨)	Coal	(10000 tons)	348. 03	272. 01	83. 22	86. 40	71. 22
汽　油	(万吨)	Gasoline	(10000 tons)	10. 44	30. 54	38. 20	44. 40	51. 83
煤　油	(万吨)	Kerosene	(10000 tons)	11. 98	8. 00	2. 10	2. 11	2. 4
柴　油	(万吨)	Diesel Oil	(10000 tons)		2. 54	4. 90	6. 00	7. 17
液化石油气	(万吨)	Liquefied Petroleum Gas	(10000 tons)	10. 78	166. 41	271. 96	300. 25	341. 83
电　力	(亿千瓦小时)	Electricity	(100 million kwh)	39. 17	112. 18	206. 62	233. 61	257. 65

7-8 能源加工转换效率
EFFICIENCY OF ENERGY CONVERSION

单位:%　　(%)

年份 Year	火力发电 Thermal Power Generation	供热 Heating	炼焦 Coking	炼油 Petroleum Refining	制气 Gas Production
1990	31.13	79.21	93.48	99.44	
1995	31.85	80.07	90.93	99.89	86.17
1997	33.99	82.07	93.70	99.49	78.38
1998	34.53	86.89	93.54	99.84	69.95
1999	36.02	84.18	95.17	99.92	72.99
2000	37.20	87.19	94.35	99.02	79.18
2001	37.21	85.09	95.23	99.12	77.90
2002	36.36	76.40	94.27	98.40	80.08
2003	40.69	71.43	82.36	98.57	78.67

7-9 能源生产弹性系数
ELASTICITY COEFFICIENT OF ENERGY PRODUCTION

年份 Year	能源生产比上年增长% Growth Rate of Energy Production over Preceding Year (%)	电力生产比上年增长% Growth Rate of Electricity Production over Preceding Year (%)	地区生产总值比上年增长% Growth Rate of Gross Domestic Product (GDP) over Preceding Year (%)	能源生产弹性系数 Elasticity Coefficient of Energy Production	电力生产弹性系数 Elasticity Coefficient of Electricity Production
1986	1.03	8.00	12.7	0.08	0.63
1990	0.28	15.30	11.6	0.02	1.32
1992	30.29	16.22	22.1	1.37	0.73
1993	11.12	24.79	22.3	0.50	1.11
1994	41.60	34.55	19.1	2.18	1.81
1995	14.74	6.55	14.9	0.99	0.44
1996	43.30	10.70	10.7	4.05	1.00
1997	8.52	7.98	10.6	0.80	0.75
1998	-4.05	5.58	10.2		0.55
1999	-10.33	9.77	9.5		1.03
2000	5.77	18.72	10.8	0.53	1.73
2001	-8.20	5.88	9.6		0.61
2002	6.46	12.35	10.8	0.60	1.14
2003	12.72	17.74	14.3	0.89	1.24

7-10 能源消费弹性系数
ELASTICITY COEFFICIENT OF ENERGY CONSUMPTION

年份 Year	能源消费比上年增长 Growth Rate of Energy Consumption over Preceding Year (%)	电力消费比上年增长% Growth Rate of Electricity Consumption over Preceding Year (%)	地区生产总值比上年增长% Growth Rate of Gross Domestic Product (GDP) over Preceding Year (%)	能源消费弹性系数 Elasticity Coefficient of Energy Consumption	电力消费弹性系数 Elasticity Coefficient of Electricity Consumption
1986	8.37	4.73	12.7	0.66	0.37
1990	4.09	14.33	11.6	0.35	1.24
1992	11.06	20.34	22.1	0.50	0.92
1993	11.60	23.10	22.3	0.52	1.04
1994	15.70	16.98	19.1	0.82	0.89
1995	9.17	7.62	14.9	0.62	0.51
1996	5.45	8.89	10.7	0.51	0.83
1997	2.68	7.13	10.6	0.25	0.67
1998	5.31	7.51	10.2	0.52	0.74
1999	4.29	9.96	9.5	0.45	1.05
2000	8.16	22.86	10.8	0.76	2.12
2001	7.74	9.28	9.6	0.81	0.97
2002	11.55	15.73	10.8	1.07	1.46
2003	15.36	20.30	14.3	1.07	1.42

7-11 重点耗能工业企业产值能耗（2003 年）
ENERGY CONSUMPTION FOR OUTPUT VALUE OF KEY ENERGY CONSUMPTION INDUSTRIAL ENTERPRISES (2003)

行业	Sector	本期产值综合能耗（吨标准煤/万元）Total Energy Consumption for Output Value in Current Year (ton of SCE/10000 yuan)	节能量（吨标准煤）Amount of Energy Saved (ton of SCE)
工业合计	**Industry**	**0.90**	**756537**
煤炭开采和洗选业	Coal Mining and Dressing		
石油和天然气开采业	Petroleum and Natural Gas Extraction	0.22	302754
黑色金属矿采选业	Ferrous Metal Minerals Mining and Dressing	0.78	-4101
有色金属矿采选业	Nonferrous Metals Minerals Mining and Dressing	0.95	2201
非金属矿采选业	Nonmetal Minerals Mining and Dressing	1.37	674
其他采矿业	Other Minerals Mining and Dressing		
农副食品加工业	Farm and Sideline Food Processing	1.17	115949
食品制造业	Food Manufacturing	0.82	-119569
饮料制造业	Beverage Manufacturing	0.22	19120
烟草制品业	Tobacco Products	0.06	508
纺织业	Textile Industry	1.01	-29559
纺织服装、鞋、帽制造业	Textile Garments, Footwear and Headgear Manufacturing	0.86	-26693
皮革、毛皮、羽毛（绒）及其制品业	Feather, Furs, Down and Related Products	0.26	938
木材加工及木、竹、藤、棕、草制品业	Timber Processing, Bamboo, Cane, Palm Fiber & Straw Products	0.51	13416
家具制造业	Furniture Manufacturing		
造纸及纸制品业	Papermaking and Paper Products	1.52	87204
印刷业和记录媒介的复制	Printing and Record Medium Reproduction	0.15	13764
文教体育用品制造业	Cultural, Educational and Sports Goods	0.52	11427
石油加工、炼焦及核燃料加工业	Petroleum Refining, Coking and Nuclear Fuel Processing	1.75	1334426
化学原料及化学制品制造业	Raw Chemical Materials and Chemical Products	1.11	879380
医药制造业	Medical and Pharmaceutical Products	0.24	29197
化学纤维制造业	Chemical Fiber	0.43	12991
橡胶制品业	Rubber Products	0.57	22547
塑料制品业	Plastic Products	0.50	4826
非金属矿物制品业	Nonmetal Mineral Products	4.12	-22251
黑色金属冶炼及压延加工业	Smelting and Pressing of Ferrous Metals	2.36	631359
有色金属冶炼及压延加工业	Smelting and Pressing of Nonferrous Metals	0.81	84799
金属制品业	Metal Products	0.11	-10789
通用设备制造业	General Purposes Equipment Manufacturing	0.50	8111
专用设备制造业	Special Purposes Equipment Manufacturing	0.41	-5131
交通运输设备制造业	Transport Equipment Manufacturing	0.06	60079
电气机械及器材制造业	Electric Equipment and Machinery	0.07	-19484
通信设备、计算机及其他电子设备制造业	Telecommunications, Computers and Other Electronic Equipment Manufacturing	0.09	-121154
仪器仪表及文化、办公用机械制造业	Instruments, Meters, Cultural and Office Machinery	0.08	135294
工艺品及其他制造业	Handicraft and Other Manufacturing	1.11	-22825
废弃资源和废旧材料回收加工业	Waste Sources and Materials Recovery Processing		
电力、热力的生产和供应业	Production and Supply of Electric Power and Heating Power	2.50	-2327358
燃气生产和供应业	Production and Supply of Gas	3.93	-568904
水的生产和供应业	Production and Supply of Tap Water	1.27	100791

主要统计指标解释

能源生产总量 指一定时期内全国（地区）一次能源生产量的总和，是观察全国（地区）能源生产水平、规模、构成和发展速度的总量指标。一次能源生产量包括原煤、原油、天然气、水电、核能及其他动力能（如风能、地热能等）发电量。不包括低热值燃料生产量、生物质能、太阳能等的利用和由一次能源加工转换而成的二次能源产量。

能源消费总量 指一定时期内全国（地区）物质生产部门、非物质生产部门和生活消费的各种能源的总和，是观察能源消费水平、构成和增长速度的总量指标，能源消费总量包括原煤和原油及其制品、天然气、电力。不包括低热值燃料、生物质能和太阳能等的利用。

能源消费总量分为三部分，即终端能源消费量、能源加工转换损失量和损失量。

（1）终端能源消费量 指一定时期内全国（地区）物质生产部门、非物质生产部门和生活消费的各种能源在扣除了用于加工转换二次能源消费量和损失量以后的数量。

（2）能源加工转换损失量 指一定时期内全国（地区）投入加工转换的各种能源数量之和与产出各种能源产品之和的差额。它是观察能源在加工转换过程中损失量变化的指标。

（3）能源损失量 指一定时期内能源在输送、分配、储存过程中发生的损失和由客观原因造成的各种损失量。不包括各种气体能源放空、放散量。

能源生产弹性系数 是研究能源生产增长速度与国民经济增长速度之间关系的指标。计算公式：

$$能源生产弹性系数=\frac{能源生产总量年平均增长速度}{国民经济年平均增长速度}$$

国民经济年平均增长速度，可根据不同的目的或需要，用国民生产总值，国内生产总值等指标来计算，本资料是采用国内生产总值指标计算的。

电力生产弹性系数 是研究电力生产增长速度与国民经济增长速度之间关系的指标。一般来说，电力的发展应当快于国民经济的发展，也就是说电力应超前发展。计算公式：

$$电力生产弹性系数=\frac{电力生产量年平均增长速度}{国民经济年平均增长速度}$$

能源消费弹性系数 是反映能源消费增长速度与国民经济增长速度之间比例关系的指标。计算公式：

$$能源消费弹性系数=\frac{能源消费量年平均增长速度}{国民经济年平均增长速度}$$

电力消费弹性系数 是反映电力消费增长速度与国民经济增长速度之间比例关系的指标。计算公式：

$$电力消费弹性系数=\frac{电力消费量年平均增长速度}{国民经济年平均增长速度}$$

能源加工转换效率 指一定时期内能源经过加工、转换后，产出的各种能源产品的数量与同期内投入加工转换的各种能源数量的比率。它是观察能源加工转换装置和生产工艺先进与落后、管理水平高低等的重要指标。计算公式：

$$能源加工转换效率=\frac{能源加工、转换产出量}{能源加工、转换投入量}\times 100\%$$

Explanatory Notes on Main Statistical Indicators

Total Energy Production refers to the total production of primary energy by all energy producing enterprises in the country (region) in a given period of time. It is a comprehensive indicator to show the capacity, scale, composition and development of energy production of the country (region). The production of primary energy includes that of coal, crude oil, natural gas, hydropower and electricity generated by nuclear energy and other means such as wind power and geothermal power. However, it excludes the production of fuel of low calorific value, bioenergy, solar energy and the secondary energy converted from the primary energy.

Total Domestic Energy Consumption refers to the total consumption of energy of various kinds by material production sectors, non-material production sectors and households in the country (region) in a given period of time. It is a comprehensive indicator to show the scale, composition and development of energy consumption. The total energy consumption includes that of coal, crude oil and their products, natural gas and electricity. However, it excludes the consumption of fuel of low calorific value, bioenergy and solar energy. Total domestic energy consumption can be divided into three parts:

(1) Final Energy Consumption: It refers to the total energy consumption by material production sectors, non-material production sectors and households in the country (region) in a given period of time, but excludes the consumption in conversion of the primary energy into the secondary energy and the loss in the process of energy conversion.

(2) Loss During the Process of Energy Conversion: It refers to the total input of various kinds of energy for conversion, minus the total output of various kinds of energy in the country in a given period of time. It is an indicator to show the loss that occurs during the process of energy conversion.

(3) Loss: It refers to the total of the loss of energy during the course of energy transport, distribution and storage and the loss caused by any objective reason in a given period of time. The loss of various kinds of gas due to gas discharges and stocktaking is excluded.

Elasticity Coefficient of Energy Production is an indicator to show the relationship between the growth rate of energy production and the growth rate of the national economy. The formula is:

$$\text{Elasticity Coefficient of Energy Production} = \frac{\text{Average Annual Growth Rate of Energy Production}}{\text{Average Annual Growth Rate of National Economy}}$$

The average annual growth rate of the national economy can be shown by the gross national product, gross domestic product and other indicators, depending on the purposes or needs. The gross domestic product is used in calculation of the ratio in this chapter.

Elasticity Coefficient of Electricity Production is an indicator to show the relationship between the growth rate of electricity production and the growth rate of the national economy. Generally speaking, the growth rate of electricity production should be higher than that of the national economy. Its formula is:

$$\text{Elasticity Coefficient of Electricity Production} = \frac{\text{Average Annual Growth Rate of Electricity Production}}{\text{Average Annual Growth Rate of National Economy}}$$

Elasticity Coefficient of Energy Consumption is an indicator to show the relation ship between the growth rate of energy consumption and the growth rate of the national economy. The formula is:

$$\text{Elasticity Coefficient of Energy Consumption} = \frac{\text{Average Annual Growth Rate of Energy Consumption}}{\text{Average Annual Growth Rate of National Economy}}$$

Elasticity Coefficient of Electricity Consumption is an indicator to show the relationship between the growth rate of electricity, consumption and the growth rate of the national economy. The formula is:

$$\text{Elasticity Coefficient of Electricity Consumption} = \frac{\text{Average Annual Growth Rate of Electricity Consumption}}{\text{Average Annual Growth Rate of National Economy}}$$

Efficiency of Energy Processing and Conversion refers to the ratio of the total output of energy products of various kinds after processing and conversion and the total input of energy of various kinds for processing and conversion in the same reference period. It is an important indicator to show the current conditions of energy processing and conversion equipment, production technique and management. The formula is:

$$\text{Efficiency of Energy Processing \& Conversion} = \frac{\text{Output of Energy after Processing \& Conversion}}{\text{Input of Energy for Processing \& Conversion}} \times 100\%$$

八、财政、金融和保险

GOVERNMENT FINANCE,BANKING AND INSURANCE

八　财政、金融和保险

简要说明

一、本篇资料反映广东地方财政一般预算收支、金融、保险等方面的基本情况。
二、本篇资料由广东省统计局综合处负责整理、编辑。
三、资料来源：
财政资料根据广东省财政厅财政一般预算收支决算总表等统计报表的有关项目加工整理。
金融资料根据中国人民银行广州分行统计月报整理。
保险业务资料由中国保险监督管理委员会广东监管局提供。

8　GOVERNMENT FINANCE, BANKING AND INSURANCE

Brief Introduction

Ⅰ. The data in this chapter show the basic conditions of local government budgetary finance, banking and insurance of Guangdong Province.

Ⅱ. The data in this chapter are prepared by the Division of Comprehensive Statistics of Guangdong Provincial Bureau of Statistics.

Ⅲ. Data sources:

The data on local government finance are prepared in accordance with the total final accounts table of the budgetary revenue and expenditure and other statistical report forms provided by Guangdong Provincial Department of Finance.

The data on banking are prepared in accordance with the monthly bulletins of statistics provided by Guangzhou Branch of the People's Bank of China.

The data on insurance are provided by China Insurance Regulatory Commission Guangdong Bureau.

8-1 地方财政一般预算收支基本情况
BASIC CONDITIONS OF LOCAL GOVERNMENT BUDGETARY REVENUE AND EXPENDITURE

单位：亿元 (100 million yuan)

指　　标	Item	1995	2000	2002	2003
一、财政收入	**Local Government Budgetary Revenue**	**382.34**	**910.56**	**1201.61**	**1315.52**
各项税收	Taxes	353.64	798.61	1032.33	1109.50
# 增值税	Value-added Tax	63.12	132.13	205.79	233.68
营业税	Business Tax	145.85	272.42	374.88	415.81
企业所得税	Enterprise Income Tax	43.20	167.42	182.07	170.02
个人所得税	Personal Income Tax	22.09	84.80	100.43	94.77
城市维护建设税	Tax on City Maintenance and Construction	17.02	30.00	42.16	47.75
印花税	Stamp Tax	6.31	32.94	10.97	14.13
农业税	Agricultural Tax	8.89	7.29	8.02	7.98
国有资产经营收益	Operating Income from State-owned Assets	2.22	7.65	11.93	20.78
国有企业计划亏损补贴	Planned Subsidies for the Loss of State-owned Enterprises	-17.52	-5.97	-5.62	-2.86
罚没收入、行政性收费收入	Forfeit and Administrative Collect Fees	27.78	81.76	114.37	132.49
专项收入	Special Revenue	12.39	21.01	29.73	33.51
其他收入	Others	3.83	7.49	18.87	22.10
二、财政支出	**Local Government Budgetary Expenditure**	**525.63**	**1069.86**	**1521.08**	**1695.63**
基本建设支出	Expenditure for Capital Construction	72.23	153.35	211.53	240.87
企业挖潜改造资金	Innovation Funds of the Enterprises	38.14	29.25	24.24	22.04
科技三项费用	Expenditure for Science and Technology Promotion	3.73	21.47	37.69	36.44
农业支出	Expenditure for Agriculture				41.63
水利和气象支出	Expenditure for Water Conservancy and Meteorology				42.88
文体广播事业费	Expenditure for Culture, Sports and Broadcasting	16.48	26.33	34.90	38.11
教育事业费	Expenditure for Education	84.56	144.39	233.12	265.25
科学事业费	Expenditure for Science	6.13	10.96	14.06	15.26
卫生经费	Expenditure for Public Health	28.04	47.64	64.42	73.54
抚恤和社会福利救济费	Pension and Relief Funds for Social Welfare	7.57	14.30	25.21	30.45
行政管理费	Expenditure for Government Administration	42.90	100.95	149.38	175.47
城市维护费	Expenditure for City Maintenance	31.45	53.48	68.33	63.50
政策性补贴支出	Expenditure for Policy Subsidies	12.35	18.11	12.43	12.48
其他支出	Others	153.07	388.34	569.98	637.71

注：本表按新预算科目编制，其中财政收入不包括中央返还部分。

Note: This table is compiled according to the new budgetary headings, of which figures of government revenue exclude the return part from the central government.

8-2 地方财政用于文教、卫生、科学部门的一般预算支出 LOCAL GOVERNMENT BUDGETARY EXPENDITURE FOR CULTURE, EDUCATION, HEALTH CARE AND SCIENCE

单位：亿元 (100 million yuan)

年份 Year	合计 Total	文体广播事业费 Culture, Sports and Broadcasting	#计划生育 Birth Control	教育 Education	卫生 Health	#公费医疗 Free Medical Service	科学 Science
1980	7.67	0.79	0.20	4.88	1.86	0.36	0.14
1985	17.12	2.36	0.52	10.69	3.75	1.17	0.32
1990	36.47	6.06	1.19	21.34	7.92	3.13	1.15
1991	41.43	6.63	1.17	24.01	9.17	3.62	1.62
1992	53.84	9.45	1.75	30.05	12.13	4.32	2.21
1993	80.87	11.67	2.13	48.32	17.97	6.31	2.91
1994	110.30	15.47	2.45	66.95	23.15	8.39	4.73
1995	135.22	16.48	3.01	84.56	28.04	10.54	6.14
1996	153.48	18.67	3.39	93.30	35.13	12.82	6.38
1997	162.33	22.40	4.29	94.32	37.00	13.82	8.61
1998	182.20	23.96	4.77	109.11	39.29	14.95	9.84
1999	196.54	24.95	6.65	121.02	40.97	15.27	9.60
2000	229.77	26.33	6.29	144.75	47.73	18.38	10.96
2001	279.42	33.50	7.15	180.28	53.99	19.58	11.65
2002	346.50	34.90	9.19	233.12	64.42	23.09	14.06
2003	427.58	38.11	11.25	265.25	73.54	24.18	15.26

注：本表1980、1985年数字包括海南省。
Note: The data in 1980 and 1985 included those of Hainan Province.

8-3 各市地方财政一般预算收支 LOCAL GOVERNMENT BUDGETARY REVENUE AND EXPENDITURE BY CITY

单位：亿元 (100 million yuan)

市别 City	1995		2000		2002		2003	
	财政收入 Revenue	财政支出 Expenditure	财政收入 Revenue	财政支出 Expenditure	财政收入 Revenue	财政支出 Expenditure	财政收入 Revenue	财政支出 Expenditure
全省合计 Total	**382.34**	**525.63**	**910.56**	**1069.86**	**1201.61**	**1521.08**	**1315.52**	**1695.63**
广州 Guangzhou	97.08	111.24	200.55	240.72	245.87	326.67	274.77	370.09
深圳 Shenzhen	88.02	93.40	221.92	225.04	265.93	307.78	290.84	348.95
珠海 Zhuhai	15.18	16.57	24.23	31.14	31.23	41.80	34.82	45.35
汕头 Shantou	14.53	22.12	18.94	27.90	20.07	38.28	20.78	44.75
佛山 Foshan	25.60	36.47	59.53	72.48	85.00	104.19	95.44	120.45
韶关 Shaoguan	5.92	13.16	8.63	19.94	12.78	30.45	14.29	33.57
河源 Heyuan	1.76	6.06	2.55	16.78	3.47	21.98	4.35	25.56
梅州 Meizhou	5.97	15.24	7.18	23.84	8.57	34.17	9.46	38.54
惠州 Huizhou	7.69	11.83	12.94	20.14	19.72	33.01	24.12	38.78
汕尾 Shanwei	2.87	5.98	4.16	9.99	4.51	13.79	5.05	15.95
东莞 Dongguan	11.56	13.22	30.22	33.61	55.29	64.96	67.45	76.52
中山 Zhongshan	8.07	9.57	17.46	19.24	31.21	34.97	36.63	39.87
江门 Jiangmen	15.97	18.73	21.24	28.18	25.74	36.44	29.37	41.28
阳江 Yangjiang	3.36	6.21	3.89	11.00	5.37	15.26	6.59	17.93
湛江 Zhanjiang	11.09	20.77	12.44	27.82	15.48	38.58	16.82	44.11
茂名 Maoming	7.27	11.73	9.08	20.67	12.20	29.52	14.25	34.56
肇庆 Zhaoqing	6.09	11.78	10.97	20.09	12.98	26.96	14.44	31.90
清远 Qingyuan	3.15	8.72	4.53	16.35	6.60	23.56	7.97	28.22
潮州 Chaozhou	3.51	7.55	4.60	11.31	5.23	15.12	5.90	17.32
揭阳 Jieyang	5.36	11.01	9.24	19.50	9.91	25.61	10.58	30.95
云浮 Yunfu	2.52	5.83	3.65	11.18	4.64	14.29	5.92	17.27

8-4 金融机构人民币存贷款余额
DEPOSIT AND LOAN BALANCE OF FINANCIAL INSTITUTIONS IN RENMINBI

单位：亿元 (100 million yuan)

指标	Item	1995	1997	1998	1999	2000	2002	2003
各项存款余额	**Deposits in Various Forms**	**7090.48**	**11084.29**	**13253.78**	**15018.85**	**16908.26**	**22921.81**	**27171.31**
企业存款	Deposits of Enterprises	2388.77	3973.15	4641.84	5372.49	6316.25	7715.97	8971.57
活期存款	Current Deposits		3187.17	3549.61	4057.56	4664.93	5698.44	6194.87
定期存款	Time Deposits		785.98	1092.23	1314.92	1651.32	2017.53	2776.69
财政存款	Treasury Deposits	198.03	220.87	262.88	302.62	389.48	477.66	713.10
机关团体存款	Deposits of Government Agencies and Organizations		68.08	106.29	155.37	217.81	873.94	886.56
储蓄存款	Savings Deposits	3884.66	6320.46	7547.93	8191.60	8667.29	11819.09	14061.77
农业存款	Agricultural Deposits	224.06	278.32	344.66	438.52	524.89	614.96	703.06
其他	Others	394.96	223.41	350.18	558.25	792.54	1420.19	1835.25
各项贷款余额	**Loans in Various Forms**	**5495.69**	**8195.83**	**9501.63**	**10984.76**	**11716.93**	**15206.62**	**18190.85**
短期贷款	Short-term Loans	3554.22	6731.12	7505.22	8014.66	8407.37	8486.92	9227.29
工业贷款	Industrial Loans	1046.28	1469.83	1588.64	1598.31	1562.22	1957.12	2172.39
商业贷款	Commercial Loans	1255.77	1823.89	2006.56	1887.03	1674.92	1762.35	1884.25
建筑业贷款	Construction Loans	104.96	244.80	260.58	223.44	266.89	382.23	443.96
农业贷款	Agricultural Loans	160.89	333.87	462.21	467.56	420.71	449.57	447.45
中期流动资金贷款	Medium-term Loans of Circulating Funds			171.87	302.03	415.32	702.48	755.52
中长期贷款	Medium-term & Long-term Loans	655.82	896.42	1058.03	1676.63	2079.70	5044.92	6716.41
其他	Others	1285.65	568.29	766.51	991.44	814.54	972.30	1491.63

注：本表数据指金融机构（不含外资）人民币存贷款余额。
Note: The data in this table refer to the deposits and loans in Renminbi in the financial institutions (excluding the foreign financial institutions).

8-5 国家银行人民币存贷款余额
DEPOSIT AND LOAN BALANCE OF STATE BANKS IN RENMINBI

单位：亿元 (100 million yuan)

指标	Item	1995	1997	1998	1999	2000	2002	2003
各项存款余额	**Deposits in Various Forms**	**4369.87**	**6991.44**	**8575.72**	**10007.60**	**11434.22**	**14895.29**	**17257.21**
企业存款	Deposits of Enterprises	1705.04	2666.49	3162.18	3744.78	4397.11	4700.33	5179.96
活期存款	Current Deposits	1581.61	2190.93	2436.55	2844.59	3295.57	3606.62	3721.28
定期存款	Time Deposits	123.43	475.56	725.63	900.19	1101.55	1093.71	1458.69
财政存款	Treasury Deposits	193.66	216.79	257.89	300.10	383.79	475.50	710.17
机关团体存款	Deposits of Government Agencies and Organizations		63.36	91.96	133.46	183.67	802.96	759.46
储蓄存款	Savings Deposits	2450.15	3978.64	4935.92	5606.14	6172.42	8470.51	10034.87
农业存款	Agricultural Deposits	17.14	23.39	27.59	36.44	39.62	42.98	28.91
其他	Others	3.88	42.77	100.18	186.68	257.61	403.01	543.84
各项贷款余额	**Loans in Various Forms**	**3227.70**	**5140.17**	**5926.00**	**7032.02**	**7580.71**	**9433.00**	**11016.09**
短期贷款	Short-term Loans	2410.20	4439.12	4961.47	5344.89	5420.80	4481.64	4518.57
工业贷款	Industrial Loans	940.54	1341.80	1468.75	1490.73	1447.57	1694.59	1677.03
商业贷款	Commercial Loans	908.06	1524.24	1723.19	1658.07	1443.23	1292.73	1272.82
建筑业贷款	Construction Loans	103.13	226.55	234.31	195.13	242.97	308.54	313.65
农业贷款	Agricultural Loans	89.65	150.54	177.20	175.23	122.44	105.46	95.92
中期流动资金贷款	Medium-term Loans of Circulating Funds			127.59	225.77	329.03	531.44	552.21
中长期贷款	Medium-term & Long-term Loans	469.77	694.27	829.78	1453.15	1824.42	4215.15	5409.16
其他	Others	347.73	6.78	7.16	8.21	6.46	204.77	536.15

注：国家银行包括人民银行、政策性银行、四大国有独资银行、邮政储蓄机构。
Note: State banks include the people's bank, policy-related banks, four state-owned banks, and savings deposits agencies of postal offices.

8-6 各市金融机构基本情况
BASIC CONDITIONS OF FINANCIAL INSTITUTIONS BY CITY

市别 City	2000					2001				
	机构数（个）Number of Financial Institutions (unit)	年末从业人员（人）Number of Year-end Employed Persons (person)	各项存款（亿元）Deposits in Various Forms (100 million yuan)	#储蓄存款 Savings Deposits	各项贷款（亿元）Loans in Various Forms (100 million yuan)	机构数（个）Number of Financial Institutions (unit)	年末从业人员（人）Number of Year-end Employed Persons (person)	各项存款（亿元）Deposits in Various Forms (100 million yuan)	#储蓄存款 Savings Deposits	各项贷款（亿元）Loans in Various Forms (100 million yuan)
广州 Guangzhou			5512. 23	2239. 64	3783. 01			6228. 04	2600. 43	4349. 17
深圳 Shenzhen			3161. 89	1082. 43	2166. 32			4092. 56	1373. 39	2864. 16
珠海 Zhuhai			445. 46	216. 08	272. 79			494. 23	248. 91	317. 60
汕头 Shantou			540. 19	351. 40	342. 83			590. 51	408. 60	421. 72
佛山 Foshan			1952. 99	1216. 98	1406. 75			2150. 29	1330. 83	1544. 65
韶关 Shaoguan			258. 84	165. 47	137. 19			276. 39	183. 25	152. 65
河源 Heyuan			90. 35	69. 96	59. 19			103. 12	79. 41	62. 71
梅州 Meizhou			210. 73	155. 14	142. 23			244. 94	173. 35	167. 59
惠州 Huizhou			359. 24	249. 31	207. 24			402. 46	274. 08	226. 77
汕尾 Shanwei			73. 71	54. 18	57. 60			82. 65	61. 22	67. 60
东莞 Dongguan			1228. 49	672. 07	612. 25			1458. 65	799. 18	750. 80
中山 Zhongshan			553. 90	354. 65	329. 45			593. 45	393. 80	371. 47
江门 Jiangmen			670. 66	483. 75	501. 08			714. 78	513. 44	546. 79
阳江 Yangjiang			140. 29	104. 99	80. 18			150. 66	115. 46	89. 29
湛江 Zhanjiang			400. 83	298. 14	251. 03			431. 43	322. 00	266. 58
茂名 Maoming			328. 70	247. 45	207. 50			346. 78	267. 80	214. 32
肇庆 Zhaoqing			268. 96	184. 21	198. 80			284. 75	199. 27	221. 36
清远 Qingyuan			210. 65	146. 27	139. 56			226. 27	159. 80	145. 29
潮州 Chaozhou			155. 12	104. 19	101. 06			165. 58	118. 37	108. 28
揭阳 Jieyang			230. 12	180. 82	125. 42			264. 64	208. 84	139. 66
云浮 Yunfu			114. 86	90. 13	82. 32			126. 31	98. 69	83. 69

市别 City	2002					2003				
	机构数（个）Number of Financial Institutions (unit)	年末从业人员（人）Number of Year-end Employed Persons (person)	各项存款（亿元）Deposits in Various Forms (100 million yuan)	#储蓄存款 Savings Deposits	各项贷款（亿元）Loans in Various Forms (100 million yuan)	机构数（个）Number of Financial Institutions (unit)	年末从业人员（人）Number of Year-end Employed Persons (person)	各项存款（亿元）Deposits in Various Forms (100 million yuan)	#储蓄存款 Savings Deposits	各项贷款（亿元）Loans in Various Forms (100 million yuan)
广州 Guangzhou	2385	44473	6829. 02	3075. 88	4624. 59	2233	40153	8676. 72	3727. 33	6127. 27
深圳 Shenzhen	1023	25876	4953. 15	1713. 69	3534. 23	1035	26675	6079. 50	2199. 45	4525. 05
珠海 Zhuhai	424	6724	572. 77	295. 61	353. 83	417	6625	673. 21	357. 39	412. 67
汕头 Shantou	705	9753	649. 93	459. 41	466. 26	696	9289	745. 94	561. 27	464. 70
佛山 Foshan	2113	22094	2320. 79	1480. 28	1652. 97	1986	21653	2978. 30	1783. 99	1972. 14
韶关 Shaoguan	458	5994	284. 08	190. 48	156. 09	406	5344	356. 08	240. 08	176. 93
河源 Heyuan	336	3721	104. 79	80. 98	64. 21	300	3711	153. 92	107. 01	78. 16
梅州 Meizhou	581	7099	257. 34	185. 50	169. 56	550	6787	345. 93	239. 60	214. 43
惠州 Huizhou	585	7003	442. 59	302. 73	234. 65	628	7933	571. 91	379. 55	313. 82
汕尾 Shanwei	239	3215	87. 74	66. 16	71. 41	246	2870	112. 21	81. 49	67. 76
东莞 Dongguan	1297	14368	1562. 80	886. 83	765. 94	1279	13843	2126. 78	1231. 06	1206. 72
中山 Zhongshan	652	8069	663. 99	452. 95	400. 82	592	7108	845. 19	543. 70	495. 66
江门 Jiangmen	1092	12327	853. 93	643. 42	593. 08	952	11489	916. 94	667. 17	637. 01
阳江 Yangjiang	298	4010	154. 11	118. 66	93. 77	290	3832	192. 46	149. 28	107. 21
湛江 Zhanjiang	1136	11098	448. 47	334. 58	291. 29	1017	10651	540. 05	405. 62	297. 53
茂名 Maoming	1007	9312	351. 84	272. 58	217. 25	849	8757	445. 67	341. 50	249. 33
肇庆 Zhaoqing	571	6551	300. 45	212. 92	234. 32	503	6620	374. 37	256. 72	252. 47
清远 Qingyuan	504	5676	233. 51	166. 57	149. 23	451	5399	293. 60	206. 73	184. 80
潮州 Chaozhou	362	4483	173. 04	125. 61	111. 30	302	4215	231. 68	173. 61	126. 67
揭阳 Jieyang	661	6318	274. 73	218. 66	140. 54	592	5824	343. 83	282. 33	174. 88
云浮 Yunfu	296	3693	130. 28	102. 55	84. 62	285	3551	167. 02	126. 89	105. 62

注：1. 本表数据为金融机构（不含外资）人民币信贷数据。
2. 机构数和年末从业人员数不包括外资金融机构数据。

Note: a) The data in this table refer to the deposits and loans in Renminbi in the financial institutions (excluding foreign financial institutions).
b) The number of financial insitutions and the number of employed persons exlude those in foreign financial instituions.

8-7 金融机构现金投放回笼差额
CASH STATISTICS OF FINANCIAL INSTITUTIONS

单位：亿元 (100 million yuan)

指标	Item	1995	1997	1998	1999	2000	2002	2003
现金收入	**Cash Income**	**15369.83**	**22595.43**	**30127.06**	**32643.68**	**38570.44**	**41747.44**	**50438.71**
商品销售收入	Income from Commodity Sales	1907.05	2024.75	2777.87	3003.75	3489.74	3726.83	4351.20
服务性收入	Income from Service Trade	573.12	761.47	1401.87	1577.11	1875.96	2171.48	2376.20
税款收入	Income from Taxes	68.92	93.20	151.19	185.19	228.11	260.21	306.02
城乡个体经营收入	Income from Urban and Rural Individual Business	231.05	290.31	1132.16	1244.12	1463.95	1725.27	1959.80
储蓄存款收入	Income from Savings Deposits	9410.87	16162.99	22223.12	24278.20	28738.58	31195.70	38252.50
其他金融机构收入	Income from Other Financial Institutions	397.95	432.28	116.20	113.60	172.84	118.41	148.17
居民归还贷款收入	Income from Repayment of Loans by Residents			173.90	143.54	109.34	128.24	152.21
汇兑收入	Income from Remittances	334.20	415.83	613.97	730.67	882.97	801.71	926.63
有价证券收入	Income from Securities			95.55	97.65	93.79	38.07	53.45
其他	Other Income	2446.67	2414.60	1441.23	1269.85	1515.16	1581.51	1912.51
现金支出	**Cash Expenditures**	**15286.84**	**22946.68**	**30434.96**	**33503.96**	**39323.17**	**42659.44**	**51458.95**
工资支出	Wages	1371.02	1558.66	2250.63	2486.70	2826.92	3249.06	3810.31
农副产品采购支出	Purchases of Agricultural and Sideline Products	260.88	268.96	311.73	553.74	666.68	737.03	962.99
工矿及其他产品采购支出	Expenditure for Purchases of Industrial and Mineral Products	172.93	159.72		393.34	475.58	467.08	567.80
行政企事业管理费支出	Government and Enterprise Overhead	722.06	846.72	1455.75	1709.43	1975.17	2255.79	2601.50
城乡个体经营支出	Expenditure for Individual Business	267.99	363.65	1401.83	1692.59	1954.39	2227.29	2582.33
储蓄存款支出	Expenditure for Savings Deposits	9356.84	16389.56	22273.73	24891.05	29407.36	31684.60	38390.42
其他金融机构支出	Expenditure for Other Financial Institutions	312.57	428.37	123.05	96.20	114.20	86.67	93.39
居民提取贷款支出	Expenditure for Loans from Residents			153.47	115.12	93.14	100.10	116.08
汇兑支出	Expenditure for Remittances	166.22	178.66	212.20	202.52	237.81	222.55	284.13
有价证券支出	Expenditure for Securities			83.77	71.08	84.37	37.92	38.29
其他	Other Expenditure			1667.78	1292.16	1487.55	1591.35	2011.70
投放	**Currency Issuance**	**-82.98**	**351.25**	**307.90**	**860.27**	**752.73**	**912.00**	**1020.24**

注：1. 投放栏中的负数表示现金回笼。
2. 1995－1997 年，本表数据指人民银行、四大国有独资银行、交通银行和中信银行的合计数。

Note: a) The negative amount in currency issuance indicates the amount of cash withdrawn.
b) The data from 1995 to 1997 referred to the sum of the people's bank, four state-owned banks, bank of communication and CITIC industrial bank

8-8 城乡居民储蓄存款余额及构成
SAVINGS DEPOSITS BY URBAN AND RURAL RESIDENTS AND THEIR COMPOSITION

项目	Item	1995	1997	1998	1999	2000	2002	2003
一、绝对数（亿元）	**Value (100 million yuan)**							
储蓄存款余额	Savings Deposits	3457.98	6320.46	7547.93	8191.60	8667.29	11819.09	14061.77
# 城镇储蓄	Savings Deposits by Urban Residents	2450.15	4794.60	5830.46	6424.90	6869.92	9639.22	11555.76
农村储蓄	Savings Deposits by Rural Residents	1007.83	1525.86	1717.47	1766.70	1797.37	2179.87	2506.01
人均储蓄存款（元）	Per Capita Savings Deposits (yuan)	5035.08	8963.73	10566.25	11267.10	11246.29	15039.73	17678.38
二、构成（%）	**Composition (%)**							
储蓄存款余额	Savings Deposits	100.0	100.0	100.0	100.0	100.0	100.0	100.0
# 城镇储蓄	Savings Deposits by Urban Residents	70.9	75.9	77.3	78.4	79.3	81.6	82.2
农村储蓄	Savings Deposits by Rural Residents	29.1	24.1	22.7	21.6	20.7	18.4	17.8

注：1. 城乡居民储蓄存款余额指金融机构（不含外资）的人民币储蓄存款，农村储蓄指农村信用社的人民币储蓄存款。
2. 人均储蓄存款按年底常住人口数计算。

Note: a) The savings deposits by urban and rural residents refer to the savings deposits in Renminbi in the financial institutions (excluding the foreign financial institutions), and the savings deposits by rural residents refer to the sum in Renminbi in rural credit cooperatives.
b) Per capita savings deposits are calculated by year-end permanent resident population.

8-9 财产保险主要指标（2003年）
MAIN INDICATORS OF PROPERTY INSURANCE (2003)

单位：万元 (10000 yuan)

项　　目	Item	保费收入 Premium Income	赔款支出 Indemnity Expenditure
合　计	**Total**	**1244122.29**	**618037.19**
一、财产保险	**Property Insurance**	**1174296.58**	**565562.74**
企业财产保险	Enterprise Property Insurance	167502.33	74591.51
家庭财产保险	Family Property Insurance	70149.94	1749.28
机动车辆及第三者责任	Motor Vehicle and Third Party's Liability	701226.12	401435.78
飞机保险及飞机责任保险	Plane Insurance and Plane liability Insurance	33888.18	16388.10
船舶保险	Ship Insurance	30435.40	13941.43
货物运输保险	Freight Transport Insurance	38940.07	20002.36
#进出口货物保险	Of which: Import and Export Freight Insurance	18905.50	9432.75
建工及安工保险及其责任险	Construction and Installation Projects Insurance and Related Liability Insurance	29966.31	10282.66
机器损坏保险	Machine Damage Insurance	23957.07	14909.72
航天保险	Aviation Insurance	5.70	
核电站保险	Nuclear Power Station Insurance	1896.57	1791.77
能源保险	Energy Insurance	16847.12	3887.57
其他财产保险	Other Property Insurance	59481.77	6582.55
二、责任保险	**Liability Insurance**	**53489.12**	**33474.65**
产品责任保险	Product Liability Insurance	7983.23	794.44
雇主责任保险	Employer Liability Insurance	27238.34	26819.49
公众责任保险	Public Liability Insurance	10011.69	2091.88
其他责任保险	Other Liability Insurance	8255.86	3768.84
三、信用保险	**Credit Insurance**	**5201.81**	**3420.89**
四、保证保险	**Guarantee Insurance**	**10256.78**	**14770.91**
五、农业保险	**Agriculture Insurance**	**878.00**	**808.00**
#种植业保险	Of which: Planting Insurance	573.00	641.00
养殖业保险	Aquaculture Insurance	304.00	166.00

注：本表数据包括深圳，来源于中国保险监督管理委员会广东监管局。
Note: The data in the table, including those of Shenzhen, are obtained from China Insurance Regulatory Commission Guangdong Bureau.

8-10 人身保险主要指标（2003 年）
MAIN INDICATORS OF LIFE INSURANCE（2003）

单位：万元 （10000 yuan）

项　目	Item	保费 Premium	赔款支出 Indemnity Expenditure	退保金 Withdrawal Amount Insured	年金给付 Annuity Payment	满期给付 Mature Payment	死伤医疗给付 Payment for Death, Injury and Medical Treatment
合　计	**Total**	**2521309.09**	**110026.70**	**314990.24**	**75365.99**	**93371.58**	**31528.03**
一、个人业务	**Personal Business**	**1722399.42**	**40927.83**	**107012.40**	**59579.90**	**65945.28**	**28470.13**
人寿保险	Life Insurance	1513673.12	9.62	104968.96	59579.90	65944.55	25349.53
普通产品小计	Ordinary Insurance Sub-total	726101.02		66300.39	59554.77	57272.78	23486.04
定期寿险	Term Life Insurance	11495.89		350.29	1.28	3.72	1915.45
两全寿险	Endowment Life Insurance	270712.82		34043.44	11167.95	32260.09	7276.18
终身寿险	Whole-life Life Insurance	325902.70		16993.77	42835.31	24448.30	12946.15
年　金	Annuity	117989.62		14912.90	5550.23	560.66	1348.25
分红产品	Dividend	730246.28	9.62	19841.29	25.13	3421.08	1258.58
投资连结产品	Unit-linked	53238.02		18825.77			577.72
万能产品	Universal Life	4087.80		1.50		5250.69	27.19
意外伤害保险	Accident Injury Insurance	53371.29	16713.68	2.48		0.01	45.61
一年期以内	Within One-year Period	3835.18	898.01	0.24			0.00
一年期	One-year Period	49536.11	15815.67	2.24		0.01	45.61
健康保险	Health Insurance	155355.00	24204.53	2040.96		0.73	3074.99
一年期（及一年期以内）	One-year Period (and within One Year)	52856.19	22438.84	11.32		0.01	6.52
一年期以上	Over One-year Period	102498.82	1765.69	2029.64		0.72	3068.47
二、团体业务	**Group Business**	**798909.67**	**69098.88**	**207977.85**	**15786.09**	**27426.30**	**3057.89**
人寿保险	Life Insurance	676148.38	7190.66	168152.16	15786.09	27426.30	2539.82
普通产品小计	Ordinary Insurance Sub-total	127664.85	4356.07	107945.02	10889.42	22565.72	2048.01
定期寿险	Term Life Insurance	3352.93	194.89	662.93	5.58	35.52	1180.95
两全寿险	Endowment Life Insurance	12220.94		776.92	976.84	3800.13	252.41
终身寿险	Whole-life Life Insurance	2159.09		3692.79			41.27
年　金	Annuity	109931.89	4161.19	102812.37	9907.00	18730.07	573.38
分红产品	Dividend	548349.36	2834.58	60066.63	4860.69	3868.18	491.80
投资连结产品	Unit-linked	29.81		140.52	35.98	981.78	
万能产品	Universal Life	1096.04		459.42		10.62	
意外伤害保险	Accident Injury Insurance	48840.37	16977.51	17.44			46.64
一年期以内	Within One-year Period	9810.00	1432.23	0.48			0.11
一年期	One-year Period	39030.37	15545.29	16.96			46.53
健康保险	Health Insurance	59293.93	41586.49	446.37			471.44
一年期（及一年期以内）	One-year Period (and within One Year)	53103.67	41406.04	40.77			
一年期以上	Over One-year Period	6190.26	180.44	405.59			473.64
其他	Others	14626.98		1678.48			

注：本表数据（除年金给付、满期给付和死伤医疗给付外）包括深圳，来源于中国保险监督管理委员会广东监管局。

Note: The data in the table, excluding annuity payment, mature payment and payment for death, injury and medical treatment, include those of Shenzhen and are obtained from China Insurance Regulatory Commission Guangdong Bureau.

主要统计指标解释

财政收入 是国家财政参与社会产品分配所取得的收入，是实现国家职能的财力保证。财政收入所包括的内容几经变化，目前主要包括：

（1）各项税收：包括增值税、营业税、消费税、土地增值税、城市维护建设税、资源税、城市土地使用税、印花税、个人所得税、企业所得税、关税、农牧业税和耕地占用税等。

（2）专项收入：包括征收排污费收入、征收城市水资源费收入、教育费附加收入等。

（3）其他收入：包括基本建设贷款归还收入、基本建设收入、捐赠收入等。

（4）国有企业亏损补贴：这项为负收入，冲减财政收入。

财政支出 国家财政将筹集起来的资金进行分配使用，以满足经济建设和各项事业的需要，主要包括基本建设支出、企业挖潜改造资金、地质勘探费用、科技三项费用、支援农村生产支出、农林水利气象等部门的事业费用、工业交通商业等部门的事业费、文教科学卫生事业费、抚恤和社会福利救济费、国防支出、行政管理费、价格补贴支出等科目。

信贷资金 指金融机构以信用方式积聚和分配的货币资金。金融机构信贷资金的来源有各项存款、对国际金融机构负债、流通中货币、银行自有资金及当年结益等；信贷资金的运用有各项贷款、黄金占款、外汇占款、财政借款及在国际金融机构中的资产等。

存款 指企业、机关、团体或居民根据必须收回 的原则，把货币资金存入银行或其他信用机构保管并取得一定利息的一种信用活动形式。根据存款对象的不同可划分为企业存款、财政存款、机关团体存款、基本建设存款、城镇居民储蓄、农村存款等科目。它是银行信贷资金的主要来源。

贷款 指银行或其他信用机构根据资金必须归还的原则 ，按一定利率，为企业、个人等提供资金的一种信用活动形式。我国银行贷款分流动资金贷款、固定资产贷款、城乡个体工商户贷款以及农业贷款等科目。

城乡居民储蓄存款余额 指某一时点城乡居民存入银行及农村信用社的储蓄金额，包括城镇居民储蓄存款和农民个人储蓄存款，不包括居民的手存现金和工矿企业、部队、机关、团体等单位存款。

保险金额 指保险人承担赔偿或者给付保险金责任的最高限额。

保费 指投保人为取得保险人在约定范围内所承担赔偿责任而支付给保险人的费用。

赔款 指保险人根据保险合同的规定，向被保险人支付的赔偿保险责任损失的金额。

给付 包括死伤医疗给付和满期给付。死伤医疗给付是指保险人根据人寿保险及长期健康保险合同的规定，因被保险人在保险期内发生保险责任范围内的保险事故支付给被保险人（或受益人）的金额。满期给付是指被保险人生存期满，保险人按人寿保险合同规定支付给被保险人的满期保险金额。

Explanatory Notes on Main Statistical Indicators

Government Revenue refers to the revenue of the government finance by means of participating in the distribution of the social products, which is the financial resources for ensuring the government to function. The contents of government revenue have been changed several times. Now it includes the following main items:

(1) Various tax revenues, including value added tax, business tax, consumption tax, land value added tax, tax on city maintenance and construction, resources tax, tax on use of urban land, stamp tax, personal income tax, enterprise income tax, tariff, tax on agriculture and animal husbandry and tax on occupancy of cultivated land, etc.

(2) Special revenues, including revenue collected from imposing fee on sewage treatment, revenue collected from imposing fee on urban water resources, and extra-charges for education, etc.

(3) Other revenues, including revenue from the repayment of capital construction loan, revenue from capital construction projects, and donations and grants.

(4) Planned subsidies for the losses of the state-owned enterprises. This is an item of negative revenue, used to eat up part of the government revenue.

Government Expenditure refers to the distribution and use of the funds the government finance has raised, so as to meet the needs of economic construction and various causes. It mainly includes expenditure for capital construction, innovation funds of the enterprises, geological prospecting expenses, expenditures for science and technology promotion, expenditure for supporting rural production, operating expenses of the departments of farming, forestry, water conservancy and meteorology and the others, operating expenses of the departments of industry, transport and commerce, operating expenses of the departments of culture, education, science and public health, pension for the disabled or for the families of the bereaved and relief funds for social welfare, expenditures for national defense, administrative expenses and expenditure for price subsidies, etc.

Credit Funds refer to the funds issued as loans by banking institutions. The sources of credit funds of the banking institutions include deposits, liabilities to international financial institutions, currency in circulation, self-owned funds and current retained profits, etc. The credit funds can be used in forms of loans, gold, foreign exchange, government debt and assets in the international financial institutions.

Deposit is a form of credit by which enterprises, institutions, organizations or residents can put money into banks and other credit institutions for safekeeping and interest earning under the principle of free withdrawal. According to the different depositors, deposits are divided into enterprise deposits, urban saving deposits, rural deposits of government agencies and organizations, capital construction deposits, urban saving deposits, rural deposits and other deposits. Deposits are major sources of the credit funds of banks.

Loan is a form of credit by which banks and other credit institutions provide funds at certain interest rate to enterprises and individuals in the light of the principle of unconditional repayment. Loans from Chinese banks include circulating capital loans, fixed assets loans, loans to urban and rural individuals engaged in industrial and commercial business and agricultural loans.

Savings Deposits by Urban and Rural Residents refer to the total value of savings deposits of urban and rural households in banks and rural credit cooperatives at a given point of time, including the savings deposit of urban residents and the savings deposit of rural residents. The cash in hand by residents and the deposits of organizations such as enterprises, military units, government agencies, institutions and the others are not included.

Amount Insured refers to the amount of maximum that the insurant will get for the claim of the case insured.

Premium is the fee paid by the insurant to the insurer to obtain the obligation of compensation from the insurance within the agreed terms.

Settled Claim is the compensation paid by the insurer to the insurant in accordance with the insurance contract.

Payment includes payment for death, injury or medical treatment and mature payment. Payment for death, injury or medical treatment refers to the money paid to the insurant (or the beneficiary) in accordance with the life or health insurance contract when the insurant encounters accidents within the insured period covered in the contract. Mature payment refers to the mature payment to the insurant in accordance with the life insurance contract at the end of the insured period.

九 物价指数

PRICE INDICES

九　物价指数

简要说明

一、本篇资料反映生产、流通、消费等环节的价格变动情况。主要包括居民消费价格指数、商品零售价格指数、农业生产资料价格指数、农产品收购价格指数、工业品出厂价格指数和原材料、燃料、动力购进价格指数。

二、本篇资料由广东省城市社会经济调查队消费价格处和生产投资价格处整理提供。

三、居民消费价格指数、商品零售价格指数采用分层抽样调查方法编制，即在全省选择不同经济区域的市、县以及有代表性的商品和服务项目作为样本，对市场价格进行经常性调查，以样本推断总体。

四、农产品价格指数采用重点调查方法统计。

五、工业品出厂价格指数和原材料、燃料、动力购进价格指数均采用重点调查方法统计。

9　PRICE INDICES

Brief Introduction

Ⅰ. The data on the price indices in this chapter show the changing trend and the changing rates in production, circulation and consumption, etc, including mainly consumer price indices of residents, retail price indices, price indices of agricultural means of production, purchasing price indices of farm products, ex-factory price indices of industrial products, purchasing price indices of raw materials, fuels and power.

Ⅱ. The data are prepared and provided by both the Division of Consumers Price Survey and the Division of Production Price Survey under Guangdong Urban Socio-economic Survey Organization.

Ⅲ. The data for the calculation of the consumer price indices of residents and the retail price indices in the province are collected with the stratified sampling method. Areas distributed in different economic regions in the cities and counties of the province are selected as the sample areas and the representative commodities are selected as the sample commodities. Regular surveys are conducted to collect the data on the market prices. The data on the population are estimated on the basis of the sample.

Ⅳ. The data for the calculation of the purchasing price indices of farm products are collected by the key unit survey.

Ⅴ. The data for the calculation of the ex-factory price indices of industrial products and the purchasing price indices of raw materials, fuels and power are all collected by the key unit survey.

9-1 各种物价总指数
PRICE INDICES

(上年 = 100) (preceding year = 100)

年份 Year	商品零售价格指数 Retail Price Index	居民消费价格指数 Consumer Price Index	城市居民消费价格指数 Urban Areas	农村居民消费价格指数 Rural Areas	农产品收购价格指数 Purchasing Price Index of Farm Products	农村工业品零售价格指数 Retail Price Index of Rural Industrial Products	工农业商品综合比价指数 General Price Parity Index of Industrial and Agricultural Products
1951	98.2		98.5		98.0	105.9	108.1
1952	99.8		102.9		99.3	96.1	96.8
1953	101.0		102.7		122.6	94.2	76.8
1954	99.7		98.8		103.2	100.2	97.1
1955	100.3		99.6		96.9	101.8	105.1
1956	99.6		99.5		103.9	98.7	95.0
1957	102.3		103.4		103.8	101.0	97.3
1958	100.6		99.2		101.1	99.9	98.8
1959	101.2		100.6		101.9	100.4	98.5
1960	101.1		100.5		105.3	100.6	95.5
1961	112.1		112.0		120.7	107.4	89.0
1962	100.5		100.5		98.3	103.4	105.2
1963	98.1		99.4		98.0	98.4	100.4
1964	96.8		98.1		100.6	97.2	96.6
1965	98.6		97.6		99.6	97.9	98.3
1966	99.6		99.7		99.8	98.6	98.8
1967	100.3		100.4		100.9	99.7	98.8
1968	99.8		99.8		99.9	99.8	99.9
1969	99.7		101.8		100.0	99.7	99.7
1970	99.3		99.5		99.9	98.9	99.0
1971	99.6		100.2		104.5	99.2	94.9
1972	99.7		99.9		100.1	99.2	99.1
1973	100.0		100.0		100.3	100.0	99.7
1974	99.9		99.7		101.2	100.1	98.9
1975	100.0		100.0		100.1	100.0	99.9
1976	100.1		100.1		100.0	100.2	100.2
1977	100.1		100.0		100.1	100.0	99.9
1978	100.4		100.3		101.7	100.1	98.4
1979	103.0		104.6		121.0	100.3	82.9
1980	108.5		109.5		110.9	101.4	91.4
1981	109.3		106.3		108.0	101.9	94.4
1982	102.3		102.6		104.1	102.1	98.1
1983	100.7		102.8		100.0	100.5	100.5
1984	101.2	101.3	101.9	100.4	102.2	101.9	99.7
1985	113.6	114.8	117.1	111.2	114.9	104.5	90.9
1986	104.8	104.9	104.7	105.3	105.6	104.4	98.9
1987	111.7	111.2	112.8	109.7	111.5	109.4	98.1
1988	130.2	129.4	129.5	129.3	135.9	125.9	92.6
1989	121.0	122.1	121.9	122.4	125.3	119.5	95.4
1990	95.6	97.5	97.4	97.6	90.3	97.2	107.6
1991	100.6	101.2	102.3	99.9	98.4	100.8	102.4
1992	105.8	107.3	108.4	105.9	103.1	102.3	99.2
1993	118.2	121.6	122.0	120.6	117.3	115.5	98.5
1994	118.9	121.7	121.0	122.5	126.6	113.7	89.8
1995	111.6	114.0	113.1	115.3	119.0	107.1	90.0
1996	104.4	107.0	107.2	106.5	102.0	104.5	102.5
1997	100.1	101.9	102.1	101.5	96.0	101.0	105.2
1998	97.0	98.2	98.3	98.1	92.2	97.7	106.0
1999	96.7	98.2	98.4	97.7	93.8	97.3	103.7
2000	99.9	101.4	102.2	100.0	97.9	100.2	102.3
2001	98.7	99.3	99.2	99.6	97.4	98.4	101.0
2002	98.5	98.6	98.6	98.6	98.5	98.4	99.9
2003	100.0	100.6	100.7	100.4		100.1	

注：工农业商品综合比价指数是以农产品收购价格指数为100，下表同。

Note: The purchasing price index of farm products is taken as 100 in calculating the general price parity index between industrial and agricultural products. The same as in the following table.

9-2 各种物价总指数
PRICE INDICES

(1950年=100) (1950=100)

年份 Year	商品零售价格指数 Retail Price Index	城市居民消费价格指数 Consumer Price Index in Urban Areas	农产品收购价格指数 Purchasing Price Index of Farm Products	农村工业品零售价格指数 Retail Price Index of Rural Industrial Products	工农业商品综合比价指数 General Price Parity Index of Industrial and Agricultural Products
1951	98.2	98.5	98.0	105.9	108.1
1952	98.0	101.4	97.3	101.8	104.6
1953	99.0	104.1	119.3	95.9	80.4
1954	98.7	102.9	123.1	96.1	78.1
1955	99.0	102.5	119.3	97.8	82.0
1956	98.6	102.0	124.0	96.5	77.8
1957	100.9	105.5	128.7	97.3	75.6
1958	101.5	104.7	130.0	97.3	74.8
1959	102.7	105.3	132.5	97.7	73.7
1960	103.8	105.8	139.6	98.3	70.4
1961	116.4	118.5	168.5	105.6	62.7
1962	117.0	119.1	165.7	109.1	65.8
1963	114.8	118.4	162.3	106.9	65.9
1964	111.1	116.2	163.3	103.9	63.6
1965	109.5	113.4	162.6	101.7	62.5
1966	109.1	113.1	162.3	100.3	61.8
1967	109.4	113.6	163.8	100.0	61.1
1968	109.2	113.4	163.6	99.8	61.0
1969	108.9	115.4	163.6	99.5	60.8
1970	108.1	114.8	163.4	98.4	60.2
1971	107.6	115.0	170.8	97.6	57.1
1972	107.3	114.9	171.0	96.8	56.9
1973	107.3	114.9	171.5	96.8	56.4
1974	107.3	114.6	173.6	96.9	55.8
1975	107.3	114.6	173.8	96.9	55.8
1976	107.4	114.7	173.8	97.1	55.9
1977	107.5	114.7	174.0	97.1	55.8
1978	108.0	115.0	177.0	97.8	55.3
1979	111.2	120.3	214.2	98.1	45.8
1980	120.7	131.7	237.5	99.5	41.9
1981	131.8	140.0	256.5	101.4	39.5
1982	134.9	143.6	267.0	103.5	38.8
1983	135.8	147.6	267.0	104.0	39.0
1984	137.4	150.4	272.9	106.0	38.8
1985	156.1	176.1	313.6	110.8	35.5
1986	163.6	184.4	331.2	115.7	34.9
1987	182.7	208.0	369.3	126.6	34.3
1988	237.9	269.4	501.9	159.4	31.8
1989	287.9	328.4	628.9	190.5	30.3
1990	275.2	319.9	567.9	185.2	32.6
1991	276.9	327.3	558.8	186.7	33.4
1992	293.0	354.8	576.1	191.0	33.2
1993	346.3	432.9	675.8	220.6	32.6
1994	411.8	523.8	855.6	250.8	29.3
1995	459.6	592.4	1018.2	268.6	26.4
1996	479.8	635.0	1038.6	280.7	27.0
1997	480.3	648.3	997.1	283.5	28.4
1998	465.9	637.3	919.3	277.0	30.1
1999	450.5	627.1	862.3	269.5	31.3
2000	450.0	635.9	844.2	270.0	32.0
2001	444.2	630.8	822.3	265.7	32.3
2002	437.5	622.0	810.0	261.4	32.3
2003	437.5	626.4		262.8	

9-3 固定资产投资价格指数
PRICES INDICES OF INVESTMENT IN FIXED ASSETS

(上年=100) (preceding year=100)

项　　目	Item	2001	2002	2003
固定资产投资	**Investment in Fixed Assets**	**100.2**	**99.7**	**102.2**
建筑安装、装饰工程	Construction and Installation	101.5	101.2	104.3
人工费	Manpower	102.0	102.4	102.9
材料费	Materials	100.8	101.2	105.4
钢材	Steel	100.3	102.3	111.2
木材	Timber	101.5	101.4	99.4
水泥	Cement	100.0	98.6	102.3
地方建筑材料	Local Building Materials	101.3	98.6	99.3
化工材料	Chemical Materials	103.9	100.8	110.0
电料	Electrical Materials and Appliances	99.8	100.4	102.3
其他材料	Other Materials	101.8	99.8	97.7
机械费	Machinery	102.0	101.4	100.9
设备、工器具购置	Purchase of Equipment, Tools and Installation	95.5	94.6	96.8
其他费用	Others	100.6	100.7	100.5

9-4 固定资产投资价格指数(2003年)
PRICES INDICES OF INVESTMENT IN FIXED ASSETS (2003)

(上年同期=100)

项　　目	Item	1季度 1st Quarter	2季度 2nd Quarter	3季度 3rd Quarter	4季度 4th Quarter
固定资产投资	**Investment in Fixed Assets**	**101.5**	**101.3**	**102.3**	**103.7**
建筑安装、装饰工程	Construction and Installation	102.9	102.8	104.8	106.5
人工费	Manpower	103.1	102.7	103.6	102.1
材料费	Materials	103.2	103.3	106.2	109.0
钢材	Steel	104.5	105.7	115.3	119.4
木材	Timber	99.0	99.6	101.3	97.7
水泥	Cement	102.9	100.3	100.1	105.8
地方建筑材料	Local Building Materials	97.2	97.5	99.2	103.3
化工材料	Chemical Materials	123.2	108.8	103.9	104.0
电料	Electrical Materials and Appliances	100.1	101.0	102.2	105.9
其他材料	Other Materials	95.4	101.1	96.6	97.7
机械费	Machinery	101.3	100.7	100.3	101.2
设备、工器具购置	Purchase of Equipment, Tools and Installation	96.9	96.3	96.6	97.6
其他费用	Others	101.5	101.7	99.0	99.9

9-5 居民消费价格分类指数（2003年）
CONSUMER PRICE INDICES BY CATEGORY（2003）

（上年=100） （preceding year=100）

项目	Item	全省 Provincial Indices	城市 Urban Indices	农村 Rural Indices
居民消费价格指数	**Consumer Price Index**	**100.6**	**100.7**	**100.4**
非食品价格指数	**Non-food Price Index**	**99.7**	**99.8**	**99.7**
服务项目价格指数	**Service Price Index**	**100.1**	**100.2**	**100.0**
扣除鲜菜鲜果价格指数	**Price Index Deducting Fresh Vegetables and Fruits**	**100.1**	**100.0**	**100.1**
消费品价格指数	**Consumer Goods Price Index**	**100.8**	**100.9**	**100.5**
食品	**Food**	**102.3**	**102.5**	**101.8**
粮食	Grain	101.9	101.6	102.5
大米	Rice	101.8	101.9	101.6
粮食制品	Grain Products	99.0	99.3	98.5
淀粉及薯类	Starches and Tubers	95.4	95.0	95.6
干豆类及豆制品	Beans and Its Products	101.3	99.9	103.9
油脂	Oil or Fat	108.6	106.2	112.8
肉禽及其制品	Meal，Poultry and Their Products	100.6	100.2	101.2
蛋	Eggs	99.8	98.9	101.9
水产品	Aquatic Products	101.3	102.2	99.4
菜	Vegetables	109.7	111.7	105.3
鲜菜	Fresh Vegetables	111.7	113.9	106.8
干菜及菜制品	Dried Vegetables and Vegetable Products	97.5	97.9	96.9
调味品	Flavoring	101.3	100.7	102.5
糖	Carbohydrate	98.4	99.4	96.4
食糖	Sugar	91.3	92.5	89.2
糖果	Candy	102.3	102.3	102.2
茶及饮料	Tea and Beverages	98.7	98.8	98.5
干鲜瓜果	Melons and Fruits	106.9	108.5	102.1
鲜果	Fresh Fruits	107.8	110.3	99.8
糕点饼干面包	Cake	100.4	100.5	100.3
奶及奶制品	Milk and Its Products	99.8	99.6	100.5
在外用膳食品	Outward Dinner	99.9	100.2	99.2
其它食品及食品加工服务	Other Foods and Manufacturing Services	99.6	99.6	99.7
烟酒及用品	**Tobacco，Liquor and Articles**	**101.4**	**101.8**	**100.8**
烟草	Tobacco	101.7	101.6	101.8
酒	Liquor	100.9	102.1	99.5
衣着	**Clothing**	**97.7**	**98.1**	**97.0**
服装	Garments	97.6	98.3	96.1
衣着材料	Clothing Material	100.6	99.6	101.6
棉布	Cotton Cloth	101.1	99.1	102.2
毛织品	Woolen Fabrics	98.3	97.5	99.9
丝织品	Silk and Satin	100.1	99.7	100.6
毛线	Knitting Wool	99.1	100.0	97.9
鞋袜帽	Footwear and Hats	97.1	96.9	97.4
鞋	Shoes	96.9	96.7	97.4
袜子	Socks and Stockings	97.9	98.2	97.2

9-5 续表 continued

（上年＝100） (preceding year＝100)

项 目	Item	全 省 Provincial Indices	城 市 Urban Indices	农 村 Rural Indices
帽子	Hats	98.0	97.6	98.8
衣着加工服务	Clothing Manufacturing Services	99.9	99.8	100.0
家庭设备用品及维修服务	**Household Facilities, Articles and Services**	**98.0**	**98.0**	**98.3**
耐用消费品	Durable Consumer Goods	96.2	95.9	97.1
家具	Furniture	98.5	98.3	98.7
家庭设备	Household Facilities	94.8	94.6	95.6
室内装饰品	Interior Decorations	99.8	99.5	100.4
床上用品	Bed Articles	98.7	98.4	99.5
家庭日用杂品	Daily Use Household Articles	98.1	98.4	97.4
家庭服务及加工维修服务	Other Household Services and Manufacturing Upkeep	102.6	102.7	102.1
医疗保健和个人用品	**Health Cares and Personal Articles**	**100.4**	**99.9**	**101.5**
医疗保健	Medical Cares	100.6	99.9	102.2
中药材及中成药	Traditional Chinese Medicine	104.1	103.7	105.1
西药	Western Medicine	97.5	96.4	99.9
医疗保健服务	Health Care Services	102.0	101.0	103.6
个人用品及服务	Personal Articles and Services	100.1	99.9	100.3
化妆美容用品	Cosmetics and Its Articles	99.7	100.3	98.1
卫生用品	Sanitary Articles	98.0	97.6	98.8
个人饰品	Personal Adornment	102.8	103.8	100.6
个人服务	Personal Services	100.5	98.5	103.1
交通和通讯	**Transportation and Communication**	**97.9**	**97.9**	**97.9**
交通	Transportation	99.0	98.7	99.7
交通工具	Incity Transportation Facility	96.1	96.1	95.9
市区公共交通	Incity Traffic	98.9	98.7	99.6
城市间交通	Intercity Traffic	98.3	98.1	99.0
通信	Telecommunication	96.7	97.0	96.0
通信工具	Telecommunication Facility	84.1	83.1	85.6
通信服务	Telecommunication Services	99.7	99.8	99.1
娱乐教育文化用品及服务	**Recreation, Education, Culture Articles and Their Services**	**98.0**	**98.1**	**97.8**
文娱用耐用消费品及服务	Durable Consumer Goods for Recreational Use	92.1	91.1	93.9
教育	Education	100.2	100.7	99.1
教材及参考书	Teaching Materials and Reference Books	101.4	102.5	99.3
学杂托幼费	Tuition and Children Care	100.0	100.5	99.0
文化娱乐用品	Cultural and Recreational Articles	100.8	101.4	99.1
文化娱乐	Stationery and Recreational Articles	99.5	100.3	97.3
书报杂志	Newspapers and Magazines	101.5	102.2	99.9
文娱费	Expenditure For Entertainment	101.5	101.8	100.4
旅游及外出	Touring and Outgoing	94.7	94.3	98.7
居住	**Residence**	**103.1**	**103.4**	**102.3**
建房及装修材料	Building and Building Decoration Materials	101.4	103.1	99.9
租房	Rent	105.3	106.1	100.3
自有住房	Private Housing	100.0	99.7	100.9
水、电、燃料	Water, Electricity and Fuels	104.7	104.3	105.8

9-6 商品零售价格分类指数（2003年）
RETAIL PRICE INDICES BY CATEGORY OF COMMODITIES (2003)

（上年=100） （preceding year=100）

项目	Item	全省 Provincial Indices	城市 Urban Indices	农村 Rural Indices
商品零售价格总指数	**General Retail Price Index**	**100.0**	**99.7**	**100.6**
食品	**Food**	**102.0**	**102.3**	**101.5**
粮食	Grain	101.1	101.1	101.0
大米	Rice	101.3	101.7	100.8
粮食制品	Grain Products	98.8	99.3	98.0
淀粉及薯类	Starches and Tubers	98.0	99.5	95.9
干豆类及豆制品	Beans and Its Products	101.4	100.4	103.1
油脂	Oil or Fat	108.9	106.0	114.0
肉禽及其制品	Meal, Poultry and Their Products	100.6	100.1	101.3
食用畜肉及副产品	Edible Meat and By-products	101.0	100.1	102.2
禽	Poultry	100.2	100.3	100.0
肉禽加工制品	Processed Products	99.9	100.0	99.7
蛋	Eggs	99.4	98.4	101.6
水产品	Aquatic Products	100.8	101.7	99.1
鱼	Fish	100.5	101.5	98.8
其它水产品	Other Aquatic Products	101.4	102.2	99.6
菜	Vegetables	108.2	109.2	106.1
鲜菜	Fresh Vegetables	109.9	110.9	107.7
干菜及菜制品	Dried Vegetables and Vegetable Products	97.8	98.0	97.5
调味品	Flavoring	101.2	100.9	101.6
糖	Carbohydrate	99.1	99.6	98.4
食糖	Sugar	92.4	94.5	89.3
糖果	Candy	103.7	102.9	104.7
干鲜瓜果	Melons and Fruits	105.9	108.5	101.1
鲜果	Fresh Fruits	106.4	110.1	99.0
糕点饼干面包	Cake	100.6	100.6	100.7
奶及奶制品	Milk and Its Products	100.0	99.3	101.8
在外用膳食品	Outward Dinner	99.9	100.3	98.9
其它食品	Other Food	100.7	100.2	101.8
饮料、烟酒	**Beverages, Tobacco and Liquor**	**100.6**	**100.8**	**100.3**
茶及饮料	Tea and Beverages	99.6	100.6	98.3
茶叶	Tea	100.6	101.4	99.3
饮料	Beverages	98.9	99.9	97.6
烟草	Tobacco	101.4	100.7	102.5
酒	Liquor	100.8	101.6	100.2
服装、鞋帽	**Garments, Shoes and Hats**	**97.1**	**97.8**	**95.9**
服装	Garments	97.6	98.2	96.1
男式服装	Men's Garments	96.3	97.5	93.8
女式服装	Women's Garments	98.5	99.0	97.5
儿童服装	Children's Garments	97.5	97.5	97.4
鞋袜帽	Footwear and Hats	96.3	95.7	97.6
其它	Others	95.2	100.1	90.8
纺织品	**Textiles**	**99.0**	**98.4**	**100.1**
衣着材料	Clothing Material	100.0	98.5	101.3
床上用品	Bed Articles	98.6	98.3	99.2
家用电器及音像器材	**Household Electric Appliances**	**94.0**	**93.3**	**95.5**
家庭设备	Household Facilities	95.2	94.6	96.7

9-6 续表 continued

(上年 = 100) (preceding year = 100)

项目	Item	全省 Provincial Indices	城市 Urban Indices	农村 Rural Indices
文娱用耐用消费品	Durable Consumer Goods for Recreational Use	92.6	91.5	94.4
音像器材	Audio and Video Equipment	95.2	94.5	96.8
文化办公用品	**Cultural and Office Articles**	**94.8**	**93.8**	**97.0**
日用品	**Articles for Daily Use**	**99.1**	**99.3**	**98.9**
日用百货	General Merchandise for Daily Use	99.2	99.0	99.8
日用杂品	Sundries for Daily Use	98.7	99.5	97.6
洗涤用品	Detergents	99.5	99.4	99.5
其它日用品	Other Articles for Daily Use	99.2	99.2	99.3
体育娱乐用品	**Sports and Recreational Articles**	**98.3**	**97.9**	**99.6**
体育用品	Sports Goods	100.4	100.2	100.9
娱乐用品	Recreational Articles	96.3	95.7	98.2
交通、通信用品	**Transportation and Telecommunication Articles**	**90.2**	**88.8**	**93.2**
交通运输机械	Transportation Machinery	96.5	96.8	95.8
通讯器材	Telecommunication Equipment	83.9	80.9	90.5
家具	**Furniture**	**98.7**	**98.5**	**99.0**
化妆品	**Cosmetics**	**99.6**	**99.5**	**99.8**
金银珠宝	**Jewelry**	**108.9**	**108.9**	**109.0**
中西药品及医疗保健用品	**Traditional Chinese & Western Medicine and Health**	**100.4**	**99.3**	**102.6**
医疗器具及用品	Medical Instruments and Articles	101.4	99.0	104.0
中药材及中成药	Traditional Chinese Medicine	103.5	102.0	106.4
西药	Western Medicine	98.4	97.0	100.7
保健器具及用品	Health Care Appliances and Articles	98.8	99.3	97.4
书报杂志及电子出版物	**Books, Newspapers, Magazines and Electronic Publications**	**100.4**	**101.3**	**98.6**
教材及参考书	Teaching Materials and Reference Books	100.9	101.8	99.4
书报杂志	Newspapers and Magazines	100.7	101.1	99.8
电子音像制品	Electronic Audio-video Products	98.3	100.6	94.2
燃料	**Fuels**	**113.1**	**110.4**	**119.9**
煤炭及制品	Coal and Its Products	93.7	88.8	105.8
石油及制品	Petroleum and Its Products	113.1	110.4	119.9
建筑材料及五金电料	**Building Materials and Hardware**	**101.3**	**102.0**	**99.9**
建筑装璜材料	Building Decoration Materials	101.7	102.7	100.0
五金电料	Hardware Electrical Materials and Appliances	99.8	99.9	99.5

9-7 居民消费价格分类指数（2003 年）

（上年同月 =100）

项　　目	Item	1 月 January	2 月 February	3 月 March	4 月 April
居民消费价格指数	**Consumer Price Index**	**100.4**	**99.2**	**100.5**	**100.5**
非食品价格指数	**Non-food Price Index**	**100.2**	**99.6**	**100.0**	**99.7**
服务项目价格指数	**Service Price Index**	**100.8**	**99.5**	**100.2**	**100.0**
扣除鲜菜鲜果价格指数	**Price Index Deducting Fresh Vegetables and Fruits**	**99.8**	**99.2**	**99.7**	**99.6**
消费品价格指数	**Consumer Goods Price Index**	**100.3**	**99.1**	**100.6**	**100.7**
食品	**Food**	**100.8**	**98.4**	**101.4**	**102.0**
粮食	Grain	99.9	100.4	100.2	99.7
大米	Rice	100.1	100.5	100.2	99.2
粮食制品	Grain Products	97.5	97.4	96.5	96.8
淀粉及薯类	Starches and Tubers	99.0	97.2	97.5	94.9
干豆类及豆制品	Beans and Its Products	100.5	99.6	99.6	101.0
油脂	Oil or Fat	101.7	101.9	102.9	106.8
肉禽及其制品	Meal, Poultry and Their Products	98.2	97.2	97.2	97.7
蛋	Eggs	97.8	95.0	96.1	96.8
水产品	Aquatic Products	98.8	96.6	100.8	101.5
菜	Vegetables	115.0	99.2	124.4	122.6
鲜菜	Fresh Vegetables	118.1	99.6	129.4	127.2
干菜及菜制品	Dried Vegetables and Vegetable Products	97.0	96.5	97.1	96.4
调味品	Flavoring	99.5	108.2	100.5	100.2
糖	Carbohydrate	95.5	96.8	97.2	98.4
食糖	Sugar	84.5	85.9	88.0	90.6
糖果	Candy	101.3	103.2	102.9	103.3
茶及饮料	Tea and Beverages	97.0	97.6	97.6	97.7
干鲜瓜果	Melons and Fruits	102.1	97.6	99.4	102.3
鲜果	Fresh Fruits	102.3	96.8	98.6	102.0
糕点饼干面包	Cake	100.9	100.6	100.6	99.9
奶及奶制品	Milk and Its Products	98.1	99.7	99.6	100.0
在外用膳食品	Outward Dinner	99.5	99.0	98.8	99.5
其它食品及食品加工服务	Other Foods and Manufacturing Services	98.7	99.7	98.9	99.2
烟酒及用品	**Tobacco, Liquor and Articles**	**100.0**	**100.0**	**100.0**	**100.1**
烟草	Tobacco	100.1	99.8	99.5	99.6
酒	Liquor	99.8	100.4	100.4	100.7
衣着	**Clothing**	**96.5**	**96.4**	**97.1**	**97.6**
服装	Garments	96.1	95.9	96.6	97.4
衣着材料	Clothing Material	100.6	100.9	101.5	100.1
棉布	Cotton Cloth	101.6	102.2	102.2	99.9
毛织品	Woolen Fabrics	96.3	95.8	97.3	97.6
丝织品	Silk and Satin	101.6	100.5	100.4	100.1

CONSUMER PRICE INDICES BY CATEGORY (2003)

(same month of preceding year = 100)

5月 May	6月 June	7月 July	8月 August	9月 September	10月 October	11月 November	12月 December
100.3	**100.9**	**100.4**	**99.8**	**101.0**	**100.7**	**101.7**	**102.2**
99.6	**99.7**	**99.5**	**99.6**	**99.4**	**99.5**	**99.9**	**100.1**
99.9	**100.4**	**99.7**	**100.0**	**100.2**	**100.6**	**100.3**	**100.2**
99.5	**99.7**	**99.8**	**100.1**	**100.1**	**100.4**	**101.3**	**101.7**
100.4	**101.1**	**100.6**	**99.8**	**101.3**	**100.7**	**102.2**	**102.9**
101.5	**103.0**	**102.1**	**100.3**	**104.0**	**102.7**	**105.1**	**106.1**
99.7	100.9	100.9	101.2	101.3	102.6	107.7	109.0
99.4	100.2	100.1	100.6	100.8	102.7	108.2	109.8
97.1	99.2	99.0	99.3	99.2	99.8	102.4	103.9
95.3	93.4	92.3	94.5	92.7	93.2	97.0	97.5
102.0	101.2	100.5	99.9	101.0	101.0	104.7	105.1
107.9	107.5	109.1	109.1	109.2	111.1	116.6	118.6
97.6	97.9	99.0	101.2	102.3	103.7	107.9	108.3
96.7	95.4	96.1	96.7	101.1	102.9	111.0	112.5
100.6	101.7	103.2	102.9	103.5	102.3	102.0	103.0
117.3	113.9	104.2	89.7	116.9	103.5	106.4	111.1
121.2	117.0	105.3	88.7	119.4	104.4	107.7	113.1
97.9	97.6	97.5	97.9	99.0	96.8	98.2	98.8
100.9	101.0	101.1	101.1	101.1	101.0	100.6	100.9
99.1	98.4	98.2	98.2	98.1	98.5	100.5	101.9
92.4	92.0	91.3	91.0	90.3	91.4	98.1	102.5
102.8	102.1	101.5	101.7	102.0	102.4	102.2	102.6
97.9	98.1	98.9	99.5	99.5	99.6	100.0	100.4
105.4	123.1	115.9	107.5	108.3	106.6	109.0	108.6
105.9	128.7	119.5	109.2	109.7	107.2	109.1	108.5
99.9	100.1	100.3	100.5	100.7	100.6	100.4	100.6
100.1	99.6	100.1	99.7	99.5	100.8	100.5	99.9
99.2	99.6	100.1	100.7	100.7	100.5	100.7	101.0
99.7	100.1	100.3	99.6	99.6	99.6	100.1	100.2
100.6	**101.3**	**101.5**	**102.5**	**102.3**	**102.2**	**102.6**	**103.3**
100.5	101.7	102.0	103.5	103.0	102.7	103.4	104.3
100.8	100.6	100.8	101.0	101.2	101.6	101.8	102.1
97.6	**97.6**	**97.9**	**97.8**	**97.8**	**98.5**	**98.8**	**99.1**
97.5	97.5	98.0	98.0	97.7	98.6	99.1	99.2
100.1	100.0	100.2	100.3	100.6	100.8	101.0	101.7
99.4	99.1	100.5	101.1	101.2	101.7	101.8	102.2
97.5	97.2	97.1	97.6	99.9	100.7	100.8	102.6
100.1	99.8	99.7	99.9	99.8	99.2	99.9	99.7

9-7 续表

（上年同月=100）

项　　目	Item	1月 January	2月 February	3月 March	4月 April
毛线	Knitting Wool	99.0	98.8	98.6	98.5
鞋袜帽	Footwear and Hats	96.5	96.5	97.4	97.2
鞋	Shoes	96.5	96.4	97.4	97.1
袜子	Socks and Stockings	97.1	97.5	97.4	97.8
帽子	Hats	95.9	94.9	97.0	97.6
衣着加工服务	Clothing Manufacturing Services	100.1	99.9	99.6	99.8
家庭设备用品及维修服务	**Household Facilities, Articles and Services**	**97.5**	**97.5**	**97.4**	**97.4**
耐用消费品	Durable Consumer Goods	95.6	95.7	95.4	95.6
家具	Furniture	97.5	97.7	97.7	98.5
家庭设备	Household Facilities	94.4	94.4	93.9	93.9
室内装饰品	Interior Decorations	100.8	100.2	100.5	100.3
床上用品	Bed Articles	97.6	97.7	97.5	97.2
家庭日用杂品	Daily Use Household Articles	98.0	97.7	98.0	97.5
家庭服务及加工维修服务	Other Household Services and Manufacturing Upkeep	101.9	102.1	101.6	101.5
医疗保健和个人用品	**Health Cares and Personnal Articles**	**98.7**	**98.1**	**99.3**	**100.2**
医疗保健	Health Cares	97.7	98.7	99.2	100.5
中药材及中成药	Traditional Chinese Medicine	96.6	99.5	99.6	104.0
西药	Western Medicine	95.1	95.5	96.4	98.3
医疗保健服务	Health Care Services	103.4	103.5	103.5	101.0
个人用品及服务	Personal Aticles and Services	100.6	97.2	99.7	99.7
化妆美容用品	Cosmetics and Its Articles	98.1	100.0	100.1	100.4
卫生用品	Sanitary Articles	96.7	96.7	97.1	96.5
个人饰品	Personal Adornment	100.9	102.6	102.4	103.0
个人服务	Personal Services	107.6	91.9	100.0	99.9
交通和通讯	**Transportation and Communication**	**99.4**	**98.7**	**98.8**	**98.4**
交通	Transportation	101.5	100.3	100.9	100.1
交通工具	Incity Transportation Facility	95.4	95.8	96.1	96.3
市区公共交通	Incity Traffic	99.0	98.9	98.9	98.9
城市间交通	Intercity Traffic	106.1	95.4	98.9	98.0
通信	Telecommunication	97.3	97.0	96.8	96.8
通信工具	Telecommunication Facility	85.7	84.4	83.8	84.0
通信服务	Telecommunication Services	99.8	99.8	99.6	99.6
娱乐教育文化用品及服务	**Recreation, Education, Culture Articles and Their Services**	**98.9**	**98.1**	**97.6**	**97.7**
文娱用耐用消费品及服务	Durable Consumer Goods for Recreational Use	92.0	91.9	91.9	92.1
教育	Education	100.3	100.1	99.5	99.8
教材及参考书	Teaching Materials and Reference Books	103.2	101.7	98.0	100.2
学杂托幼费	Tuition and Children Care	99.9	99.8	99.6	99.6
文化娱乐用品	Cultural and Recreational Articles	102.0	100.6	101.1	101.6
文化娱乐	Stationery and Recreational Articles	99.6	99.4	99.9	99.5
书报杂志	Newspapers and Magazines	102.1	102.1	102.1	102.4
文娱费	Expenditure for Entertainment	105.0	100.2	101.5	103.2
旅游及外出	Touring and Outgoing	100.1	95.6	95.7	93.3
居住	**Residence**	**104.6**	**103.9**	**105.0**	**103.4**
建房及装修材料	Building and Building Decoration Materials	98.8	99.1	99.7	99.8
租房	Rent	105.6	105.6	105.6	105.7
自有住房	Private Housing	96.4	96.9	100.6	100.6
水、电、燃料	Water, Electricity and Fuels	111.1	109.0	109.8	106.0

9-7 continued

(same month of preceding year = 100)

5月 May	6月 June	7月 July	8月 August	9月 September	10月 October	11月 November	12月 December
98.7	98.8	98.7	98.6	99.2	99.8	99.6	100.5
97.1	97.4	96.6	96.5	97.2	97.5	97.5	97.6
96.9	97.2	96.3	96.1	97.0	97.4	97.3	97.3
98.0	98.1	98.4	98.5	98.3	97.7	97.7	98.5
97.9	98.0	97.3	97.4	98.7	100.4	101.1	100.2
99.8	99.4	99.8	99.8	99.6	99.6	99.9	101.4
98.4	**98.4**	**98.2**	**98.3**	**98.4**	**98.3**	**98.4**	**98.3**
96.8	96.9	96.5	96.6	96.6	96.4	96.5	96.3
98.4	98.7	99.0	98.9	98.9	98.8	98.8	98.5
95.8	95.7	94.9	95.1	95.1	94.9	95.0	94.9
100.2	99.7	99.7	99.1	99.2	99.2	99.4	99.5
97.8	97.7	98.8	99.4	100.3	100.5	100.3	100.0
98.4	98.4	97.9	98.0	98.2	98.2	98.3	98.5
102.7	103.4	103.0	103.2	103.1	103.0	102.8	102.3
101.5	**100.6**	**100.6**	**100.9**	**100.9**	**101.2**	**101.6**	**101.3**
102.3	101.2	100.9	101.3	101.1	101.3	101.8	101.3
110.1	106.2	105.1	105.6	106.0	105.5	106.0	105.5
98.5	98.1	98.0	98.4	97.7	98.1	98.1	97.9
101.0	101.1	101.4	101.4	101.3	101.6	102.7	101.7
100.0	99.4	100.0	100.2	100.5	100.9	101.3	101.4
100.2	99.3	99.5	99.8	99.9	99.9	99.7	99.9
97.8	98.0	98.6	98.2	98.7	99.1	99.8	99.2
102.9	101.3	101.1	102.3	103.0	103.8	104.7	105.8
99.9	99.8	101.2	101.0	101.2	101.6	101.8	101.5
97.8	**97.5**	**97.5**	**97.6**	**97.3**	**96.9**	**97.0**	**97.4**
99.0	98.3	98.4	98.6	98.1	97.3	97.4	98.2
96.9	96.5	96.4	96.7	95.8	95.6	95.5	95.8
98.8	98.9	98.9	98.9	98.8	98.7	98.8	99.2
97.8	97.0	97.8	97.9	97.8	97.5	98.0	98.0
96.6	96.7	96.6	96.6	96.5	96.6	96.6	96.6
83.5	84.2	83.7	83.9	83.3	83.8	83.9	84.2
99.6	99.6	99.6	99.6	99.6	99.6	99.6	99.6
97.4	**98.4**	**96.9**	**97.5**	**98.0**	**98.9**	**98.5**	**98.3**
92.1	92.6	92.2	92.0	91.9	92.2	92.6	92.4
99.8	99.8	99.8	100.0	100.7	100.8	100.9	100.9
100.2	100.2	100.3	100.1	103.0	103.0	103.0	103.0
99.6	99.6	99.6	99.7	100.4	100.6	100.6	100.6
101.3	101.4	101.0	100.4	99.9	100.2	100.3	100.2
99.4	99.4	99.5	99.7	99.4	99.4	99.8	99.7
102.3	102.3	100.8	100.8	100.9	100.9	100.9	101.0
102.5	102.7	103.0	100.6	99.3	100.2	100.2	99.8
91.5	98.5	88.6	92.5	93.7	97.0	95.7	95.1
102.6	102.7	102.8	102.5	101.6	101.2	102.7	103.6
100.1	100.4	100.8	100.5	100.8	102.5	106.2	107.7
105.7	105.7	105.7	105.7	105.7	104.1	104.1	104.1
100.7	100.7	100.7	100.8	100.4	100.5	100.5	100.8
103.9	104.2	104.2	103.6	101.4	100.1	101.3	102.5

9-8 商品零售价格分类指数（2003 年）

（上年同月 =100）

项目	Item	1 月 January	2 月 February	3 月 March	4 月 April
商品零售价格总指数	**General Retail Price Index**	**99.8**	**99.3**	**100.5**	**100.2**
食品	**Food**	**99.9**	**98.7**	**101.4**	**101.9**
粮食	Grain	99.1	99.9	99.4	99.2
大米	Rice	99.6	100.4	99.6	99.0
粮食制品	Grain Products	97.7	97.8	97.3	97.3
淀粉及薯类	Starches and Tubers	99.2	96.2	98.3	96.3
干豆类及豆制品	Beans and Its Products	100.2	99.6	99.9	101.5
油脂	Oil or Fat	100.8	102.8	103.9	107.4
肉禽及其制品	Meal, Poultry and Their Products	98.2	97.4	97.5	98.2
食用畜肉及副产品	Edible Meat and By-products	97.8	97.0	97.2	99.0
禽	Poultry	98.7	97.9	96.8	95.6
肉禽加工制品	Processed Products	99.0	98.3	99.1	99.3
蛋	Eggs	97.3	95.3	96.4	97.2
水产品	Aquatic Products	99.0	96.6	100.1	100.6
鱼	Fish	99.0	97.6	99.7	100.1
其它水产品	Other Aquatic Products	99.1	95.0	100.7	101.6
菜	Vegetables	108.4	99.0	123.3	120.6
鲜菜	Fresh Vegetables	110.0	99.3	128.0	124.8
干菜及菜制品	Dried Vegetables and Vegetable Products	98.6	97.1	97.5	96.4
调味品	Flavoring	99.8	106.4	100.5	100.3
糖	Carbohydrate	96.0	97.4	97.5	99.2
食糖	Sugar	84.4	86.7	88.7	91.7
糖果	Candy	103.3	104.7	103.7	105.0
干鲜瓜果	Melons and Fruits	98.5	98.8	99.8	102.3
鲜果	Fresh Fruits	97.5	97.9	98.7	101.7
糕点饼干面包	Cake	100.9	100.8	100.9	100.2
奶及奶制品	Milk and Its Products	98.6	100.0	99.8	100.3
在外用膳食品	Outward Dinner	99.6	99.5	99.2	99.5
其它食品	Other Food	100.1	101.0	100.6	100.7
饮料、烟酒	**Beverages, Tobacco and Liquor**	**99.5**	**99.4**	**99.3**	**99.4**
茶及饮料	Tea and Beverages	98.7	98.8	98.9	98.9
茶叶	Tea	99.7	99.3	99.8	99.8
饮料	Beverages	98.0	98.5	98.3	98.2
烟草	Tobacco	99.6	99.2	99.0	98.9
酒	Liquor	100.4	100.6	100.4	100.7
服装、鞋帽	**Garments, Shoes and Hats**	**96.0**	**95.5**	**96.1**	**96.8**
服装	Garments	95.9	95.3	95.9	97.0
男式服装	Men's Garments	94.9	94.5	95.4	95.6
女式服装	Women's Garments	96.6	96.6	96.7	97.5
儿童服装	Children's Garments	96.1	93.4	95.1	98.5
鞋袜帽	Footwear and Hats	95.8	95.5	96.7	96.6
其它	Others	97.3	96.6	96.1	95.9
纺织品	**Textiles**	**98.9**	**98.9**	**98.5**	**98.0**
衣着材料	Clothing Material	100.1	100.3	100.9	99.2
床上用品	Bed Articles	98.3	98.3	97.5	97.4
家用电器及音像器材	**Household Electric Appliances**	**93.5**	**93.3**	**93.2**	**93.5**
家庭设备	Household Facilities	94.8	94.8	94.5	94.5

RETAIL PRICE INDICES BY CATEGORY OF COMMODITIES (2003)

(same month of preceding year = 100)

5月 May	6月 June	7月 July	8月 August	9月 September	10月 October	11月 November	12月 December
99.6	**99.9**	**99.7**	**99.2**	**100.1**	**99.6**	**100.9**	**101.6**
101.2	**102.0**	**101.6**	**99.9**	**103.7**	**102.7**	**105.2**	**106.2**
99.1	100.1	100.1	100.2	100.1	101.3	106.3	108.2
99.2	99.8	99.9	100.0	99.9	101.5	107.5	109.8
97.5	98.8	98.4	98.7	98.7	99.1	101.5	102.9
97.6	96.4	96.9	98.1	98.1	98.0	101.3	100.1
102.0	101.5	100.8	99.8	101.3	101.3	104.2	105.3
107.9	107.5	108.7	108.8	109.1	111.7	117.7	119.8
98.0	98.0	99.1	100.8	101.8	103.4	107.6	107.8
97.8	97.9	99.2	100.3	101.6	103.9	110.2	110.3
97.3	97.6	98.7	102.5	103.3	103.7	104.8	106.0
99.3	98.9	99.3	100.3	100.5	101.0	102.1	101.4
96.9	95.2	96.1	97.6	100.3	102.3	108.3	110.0
100.3	100.1	101.9	102.1	102.8	102.2	102.0	102.7
100.7	99.3	101.1	100.6	102.0	101.7	102.2	102.5
99.7	101.7	103.5	105.2	104.5	103.2	101.6	103.3
115.3	110.6	103.3	88.6	116.3	102.6	106.1	110.9
118.9	113.1	104.2	87.2	118.7	103.4	107.4	112.9
97.4	97.6	97.6	98.8	99.0	97.0	98.0	98.8
100.6	100.6	100.8	100.9	101.8	100.9	100.6	100.9
99.7	99.1	99.0	99.2	99.3	99.5	100.9	102.4
93.3	93.4	92.4	92.8	92.6	93.6	99.0	103.1
104.6	103.2	102.9	103.1	103.5	103.5	102.8	103.8
103.4	116.0	111.6	106.9	106.4	108.0	111.4	110.4
103.1	119.6	114.0	108.2	107.1	108.8	112.6	111.1
100.2	100.3	100.6	100.6	101.0	100.8	100.7	100.8
100.1	99.5	99.9	99.8	99.9	100.9	100.5	100.1
99.1	99.6	100.0	100.3	100.5	100.2	100.5	100.8
100.8	101.2	101.5	100.5	100.2	100.2	100.8	100.9
99.9	**100.3**	**100.5**	**101.6**	**101.6**	**101.6**	**101.9**	**102.3**
98.9	98.9	99.3	100.1	100.2	100.4	100.9	101.0
99.9	100.0	100.0	101.4	101.4	101.4	101.8	102.1
98.1	98.1	98.7	99.1	99.3	99.7	100.1	100.2
100.3	101.5	101.5	103.7	103.3	103.0	103.2	103.9
100.7	100.6	100.5	100.5	100.8	101.2	101.2	101.6
96.9	**96.9**	**97.3**	**97.4**	**97.5**	**98.2**	**98.3**	**98.8**
97.1	97.2	98.0	98.2	98.1	99.1	99.3	99.7
95.7	95.4	96.3	96.4	96.9	97.8	98.2	99.1
97.8	98.5	99.6	99.8	99.0	100.1	99.9	100.4
98.4	97.6	97.2	97.4	98.3	99.2	99.9	98.8
96.4	96.6	95.8	95.7	96.6	96.7	96.7	96.7
96.2	94.5	94.3	94.8	94.3	93.5	93.3	96.0
98.1	98.1	98.6	99.4	99.9	100.2	100.0	100.1
98.9	98.9	99.1	99.9	100.1	101.1	100.8	100.9
97.7	97.8	98.4	99.1	99.9	99.7	99.6	99.7
94.6	**94.8**	**94.3**	**94.2**	**94.2**	**94.1**	**94.3**	**94.4**
96.3	96.2	95.1	95.4	95.3	95.0	95.2	95.2

9-8 续表

（上年同月 =100）

项　　目	Item	1 月 January	2 月 February	3 月 March	4 月 April
文娱用耐用消费品	Durable Consumer Goods for Recreational Use	91. 9	91. 5	91. 6	92. 3
音像器材	Audio and Video Equipment	94. 5	94. 5	94. 4	94. 4
文化办公用品	**Cultural and Office Articles**	**94. 3**	**94. 2**	**94. 2**	**94. 0**
日用品	**Articles for Daily Use**	**99. 1**	**98. 9**	**99. 1**	**98. 9**
日用百货	General Merchandise for Daily Use	99. 2	99. 2	99. 1	99. 0
日用杂品	Sundries for Daily Use	98. 5	98. 3	98. 6	98. 9
洗涤用品	Detergents	100. 0	99. 1	99. 6	98. 5
其它日用品	Other Articles for Daily Use	98. 8	99. 0	99. 3	99. 3
体育娱乐用品	**Sports and Recreational Articles**	**98. 6**	**98. 2**	**97. 2**	**98. 2**
体育用品	Sports Goods	100. 6	100. 3	97. 7	100. 3
娱乐用品	Recreational Articles	96. 8	96. 1	96. 6	96. 1
交通、通信用品	**Transportation and Telecommunication Articles**	**90. 6**	**89. 9**	**89. 6**	**89. 6**
交通运输机械	Transportation Machinery	96. 9	96. 9	97. 2	97. 0
通讯器材	Telecommunication Equipment	84. 7	83. 3	82. 4	83. 0
家具	**Furniture**	**97. 7**	**97. 9**	**98. 3**	**98. 6**
化妆品	**Cosmetics**	**100. 1**	**99. 8**	**100. 8**	**100. 8**
金银珠宝	**Jewelry**	**106. 2**	**108. 9**	**109. 0**	**108. 3**
中西药品及医疗保健用品	**Traditional Chinese & Western Medicine and Health Care Articles**	**96. 6**	**97. 7**	**99. 3**	**101. 1**
医疗器具及用品	Medical Instruments and Articles	99. 3	98. 4	99. 4	99. 5
中药材及中成药	Traditional Chinese Medicine	97. 5	99. 4	100. 7	104. 2
西药	Western Medicine	95. 8	96. 4	98. 4	99. 5
保健器具及用品	Health Care Appliances and Articles	96. 6	97. 6	98. 2	98. 2
书报杂志及电子出版物	**Books, Newspapers, Magazines and Electronic Publications**	**100. 6**	**99. 9**	**99. 3**	**99. 5**
教材及参考书	Teaching Materials and Reference Books	101. 7	100. 1	98. 7	99. 3
书报杂志	Newspapers and Magazines	101. 0	101. 0	100. 9	101. 1
电子音像制品	Electronic Audio-video Products	97. 1	97. 0	97. 3	96. 9
燃料	**Fuels**	**128. 4**	**128. 0**	**130. 7**	**120. 1**
煤炭及制品	Coal and Its Products	94. 7	95. 2	95. 0	95. 0
石油及制品	Petroleum and Its Products	128. 4	128. 1	130. 8	120. 1
建筑材料及五金电料	**Building Materials and Hardware**	**99. 4**	**99. 6**	**100. 0**	**100. 1**
建筑装璜材料	Building Decoration Materials	99. 3	99. 5	100. 1	100. 3
五金电料类	Hardware Electrical Materials and Appliances	99. 7	99. 7	99. 7	99. 6

(same month of preceding year = 100)

5月 May	6月 June	7月 July	8月 August	9月 September	10月 October	11月 November	12月 December
92.8	93.1	93.1	92.7	92.8	92.8	92.9	93.2
94.3	95.6	95.7	95.6	95.0	95.8	96.2	96.5
94.1	**95.0**	**94.9**	**94.9**	**94.9**	**95.6**	**96.1**	**96.1**
99.5	**99.2**	**99.0**	**99.1**	**99.1**	**99.3**	**99.2**	**99.3**
99.2	99.0	99.2	99.3	99.2	99.4	99.5	99.6
98.8	98.8	98.8	98.9	98.9	98.5	99.1	98.9
100.5	100.3	99.4	99.2	99.3	99.3	99.2	99.2
99.7	98.8	98.7	99.0	99.0	100.1	99.2	99.6
98.2	**98.1**	**98.0**	**98.0**	**97.9**	**98.3**	**99.5**	**99.1**
100.4	100.4	100.5	100.7	100.5	100.6	101.2	101.0
96.0	95.9	95.5	95.4	95.5	96.1	97.8	97.3
90.0	**90.3**	**90.3**	**90.4**	**90.0**	**90.2**	**90.3**	**90.4**
97.1	96.6	96.5	96.4	96.0	95.6	95.6	95.6
82.9	84.0	84.0	84.2	83.9	84.5	84.9	85.0
98.4	**99.0**	**99.3**	**99.1**	**99.1**	**99.1**	**99.2**	**98.9**
100.3	**100.0**	**99.0**	**98.9**	**99.0**	**98.9**	**98.8**	**98.7**
107.4	**106.8**	**106.8**	**107.3**	**108.5**	**109.9**	**112.9**	**114.6**
103.0	**101.5**	**100.7**	**101.2**	**100.7**	**100.8**	**101.4**	**101.1**
100.1	102.1	102.6	103.2	102.6	104.0	103.8	102.3
108.9	105.5	103.9	104.4	104.6	103.8	104.8	104.5
99.8	99.1	98.8	99.1	97.8	98.5	98.8	98.4
98.3	98.8	98.5	99.2	99.5	99.7	100.6	100.4
99.7	**99.6**	**99.6**	**100.5**	**101.3**	**101.4**	**101.5**	**101.5**
99.3	99.2	99.6	101.2	102.9	102.9	102.9	102.9
101.1	101.0	100.2	100.3	100.4	100.3	100.4	100.5
97.5	97.8	98.1	98.9	99.3	99.6	100.0	100.1
111.5	**111.4**	**111.1**	**109.4**	**104.2**	**100.1**	**102.2**	**105.5**
94.2	93.5	92.9	92.8	92.8	92.9	92.8	92.6
111.6	111.4	111.2	109.5	104.2	100.1	102.2	105.5
100.4	100.6	100.9	100.8	101.0	102.3	104.5	105.4
100.6	100.9	101.3	101.1	101.5	103.0	105.9	107.2
99.7	99.8	99.8	99.8	99.7	99.9	100.0	100.1

9-9 各地区居民消费价格分类指数（2003年）
CONSUMER PRICE INDICES BY CATEGORY AND BY REGION (2003)

（上年=100） (preceding year=100)

地区 Region	总指数 General Index	服务项目 Services	食品 Food	#粮食 Grain	#油脂 Oil or Fat	#肉禽及其制品 Meat and Poultry	#蛋 Eggs	#水产品 Aquatic Products	#菜 Vegetables	#干鲜瓜果 Melons and Fruits
广州 Guangzhou	100.1	100.8	102.4	101.0	103.8	101.2	96.7	101.6	110.7	114.1
深圳 Shenzhen	100.7	101.6	101.2	103.1	105.4	99.4	100.7	103.3	105.4	102.8
珠海 Zhuhai	99.2	99.3	101.4	102.5	110.0	96.8	98.1	107.9	110.4	102.1
汕头 Shantou	99.8	98.8	100.4	101.5	102.1	98.6	99.6	97.9	104.6	101.7
佛山 Foshan	100.6	98.4	104.3	101.0	108.9	100.9	99.4	106.4	119.1	109.3
韶关 Shaoguan	100.8	99.4	102.7	103.2	106.8	102.8	95.9	98.9	104.5	105.5
河源 Heyuan	100.5	99.2	101.9	98.7	106.0	97.2	96.7	103.3	120.4	113.4
梅州 Meizhou	100.5	99.7	102.4	102.9	103.8	102.5	94.4	100.6	113.1	106.7
惠州 Huizhou	100.5	99.8	102.6	103.9	105.4	99.3	102.8	94.4	120.1	110.3
汕尾 Shanwei	100.4	99.1	103.5	103.3	104.6	103.4	99.4	103.6	114.7	98.2
东莞 Dongguan	100.7	97.8	103.5	96.5	117.5	100.1	100.2	111.4	116.8	112.1
中山 Zhongshan	101.2	103.2	100.1	100.5	101.1	96.5	104.8	103.5	105.3	96.1
江门 Jiangmen	100.1	99.8	101.5	103.4	108.7	96.6	99.7	109.7	113.3	114.8
阳江 Yangjiang	100.6	99.8	102.3	101.9	106.3	98.0	100.4	97.3	118.7	113.5
湛江 Zhanjiang	99.9	99.4	101.7	103.0	111.1	99.3	101.3	100.0	110.4	107.8
茂名 Maoming	100.5	103.7	98.9	97.6	115.9	85.9	103.1	82.1	118.5	103.4
肇庆 Zhaoqing	99.0	98.8	101.6	103.6	101.3	98.0	98.7	101.9	119.3	105.4
清远 Qingyuan	100.6	99.6	103.5	102.9	117.8	98.8	99.9	100.8	114.8	101.9
潮州 Chaozhou	99.8	98.8	102.6	105.3	105.1	108.4	100.3	99.7	108.7	96.7
揭阳 Jieyang	100.2	99.7	100.8	101.9	101.5	101.0	93.9	96.9	107.5	98.1
云浮 Yunfu	99.7	99.9	102.1	104.7	101.3	101.8	102.3	100.1	112.3	110.6

9-9 续表 continued

(上年=100) (preceding year=100)

地 区 Region	#在外用膳食品 Outward Dinner	烟酒及用品 Tobacco, Liquor and Articles	衣着 Clothing	家用设备用品及维修服务 Household Facilities, Articles and Services	医疗保健和个人用品 Health Cares and Personal Articles	交通和通讯 Transportation and Communication	娱乐教育文化用品及服务 Recreation, Education, Culture Articles and Their Services	居住 Residence
广 州 Guangzhou	100. 2	100. 4	96. 7	97. 0	99. 4	97. 3	97. 1	102. 7
深 圳 Shenzhen	100. 0	102. 8	99. 7	98. 1	100. 3	97. 0	100. 2	105. 0
珠 海 Zhuhai	99. 5	98. 0	95. 9	95. 8	98. 3	97. 1	97. 1	102. 4
汕 头 Shantou	102. 7	104. 5	97. 1	99. 3	100. 2	98. 5	97. 1	102. 1
佛 山 Foshan	100. 8	101. 2	100. 2	97. 5	101. 0	97. 5	96. 0	101. 2
韶 关 Shaoguan	103. 8	101. 6	99. 0	98. 8	98. 9	100. 0	98. 7	101. 8
河 源 Heyuan	95. 4	102. 8	102. 9	95. 0	103. 3	97. 5	97. 7	101. 3
梅 州 Meizhou	97. 4	100. 7	98. 4	96. 8	97. 5	97. 8	97. 9	105. 5
惠 州 Huizhou	99. 7	100. 4	100. 2	96. 1	99. 0	99. 9	97. 5	101. 5
汕 尾 Shanwei	100. 8	100. 9	98. 6	95. 9	100. 2	98. 5	95. 6	100. 8
东 莞 Dongguan	99. 7	105. 7	94. 3	98. 6	101. 6	99. 5	97. 2	101. 5
中 山 Zhongshan	100. 8	100. 1	103. 6	98. 4	102. 0	98. 9	105. 4	101. 3
江 门 Jiangmen	92. 3	96. 6	94. 4	97. 5	101. 9	100. 5	97. 9	101. 1
阳 江 Yangjiang	104. 0	99. 6	95. 9	98. 1	98. 4	98. 0	96. 0	106. 1
湛 江 Zhanjiang	99. 0	101. 5	97. 4	99. 2	100. 5	95. 8	95. 9	103. 3
茂 名 Maoming	109. 9	95. 1	99. 8	97. 3	100. 6	99. 3	102. 7	104. 9
肇 庆 Zhaoqing	98. 1	97. 6	92. 8	94. 7	99. 6	95. 2	98. 3	99. 6
清 远 Qingyuan	106. 6	100. 1	97. 3	95. 0	98. 9	97. 9	98. 7	102. 5
潮 州 Chaozhou	96. 0	103. 4	96. 5	92. 4	102. 0	92. 7	98. 1	102. 8
揭 阳 Jieyang	100. 0	103. 5	99. 9	100. 2	98. 8	97. 0	97. 9	102. 5
云 浮 Yunfu	96. 9	100. 1	93. 8	102. 4	100. 5	98. 2	97. 5	98. 1

9-10 各市服务项目价格分类指数（2003 年）
SERVICES PRICE INDICES BY CATEGORY AND BY CITY (2003)

（上年 = 100）　　　　　　　　　　　　　　　　　　(preceding year = 100)

地区 Region		总指数 General Index	通信服务 Telecommunication	市区公共交通 Incity Traffic	城市间交通 Intercity Traffic	个人服务 Personal Services	文娱费 Expenditure For Entertainment	学杂托幼费 Tuition and Children Care	旅游及外出 Touring and Outgoing	医疗保健服务费 Health Care Services
广　州	Guangzhou	100. 8	100. 0	98. 3	100. 2	98. 5	106. 2	100. 0	97. 9	100. 4
深　圳	Shenzhen	101. 6	100. 0	100. 0	93. 0	95. 1	100. 6	106. 0	93. 4	99. 8
珠　海	Zhuhai	99. 3	100. 0	100. 9	97. 6	108. 1	101. 4	98. 1	92. 7	100. 5
汕　头	Shantou	98. 8	100. 0	100. 0	99. 2	100. 0	100. 8	97. 7	95. 7	100. 0
佛　山	Foshan	98. 4	100. 0	100. 0	111. 1	95. 4	99. 9	101. 0	84. 8	102. 2
韶　关	Shaoguan	99. 4	100. 0	100. 9	107. 8	99. 3	99. 4	99. 6	95. 1	100. 0
河　源	Heyuan	99. 2	96. 5	101. 2	96. 0	114. 0	100. 0	99. 1	96. 0	101. 5
梅　州	Meizhou	99. 7	100. 0	99. 7	93. 9	100. 0	99. 8	100. 5	94. 3	100. 0
惠　州	Huizhou	99. 8	100. 0	100. 0	95. 6	97. 2	98. 1	100. 0	98. 9	102. 7
汕　尾	Shanwei	99. 1	99. 0	100. 0	100. 7	100. 4	100. 0	97. 8	94. 3	101. 8
东　莞	Dongguan	97. 8	100. 0	93. 8	100. 2	100. 2	98. 2	94. 3	96. 9	100. 0
中　山	Zhongshan	103. 2	100. 0	100. 1	101. 2	93. 3	100. 0	115. 7	92. 5	100. 0
江　门	Jiangmen	99. 8	101. 2	100. 0	108. 3	100. 7	100. 0	95. 2	100. 8	96. 4
阳　江	Yangjiang	99. 8	100. 0	100. 0	111. 0	86. 9	95. 6	89. 7	102. 0	100. 0
湛　江	Zhanjiang	99. 4	100. 0	100. 1	98. 4	101. 8	95. 2	97. 6	92. 9	105. 7
茂　名	Maoming	103. 7	100. 0	100. 0	99. 9	99. 7	99. 4	115. 0	89. 6	99. 1
肇　庆	Zhaoqing	98. 8	93. 5	100. 0	105. 1	99. 4	100. 6	103. 5	94. 6	101. 7
清　远	Qingyuan	99. 6	99. 9	100. 0	104. 3	101. 8	98. 7	100. 5	95. 0	100. 0
潮　州	Chaozhou	98. 8	100. 0	104. 8	99. 9	107. 8	105. 5	100. 3	86. 5	100. 8
揭　阳	Jieyang	99. 7	100. 1	99. 0	99. 2	93. 9	107. 8	97. 5	97. 3	108. 4
云　浮	Yunfu	99. 9	98. 1	102. 0	92. 2	112. 3	107. 1	90. 5	105. 0	100. 0

9-11 各地区农业生产资料价格分类指数（2003 年）
PRICE INDICES OF AGRICULTURAL MEANS OF PRODUCTION BY CATEGORY AND BY REGION (2003)

（上年 = 100）　　　　　　　　　　　　　　　　　　(preceding year = 100)

地区 Region		总指数 General Index	小农具 Small Farm Tools	饲料 Forage	产品畜 Product Livestock	役畜 Draught Animals	半机械化农具 Semi-mechanized Farm Implements	机械化农具 Mechanized Farm Implements	化学肥料 Chemical Fertilizer	农药及农药械 Pesticide and Its Appliances	农用机油 Oil for Farm Machinery	其他农业生产资料 Other Agricultural Means of Production
全　省	**Province**	**99. 6**	**97. 2**	**99. 1**	**105. 0**	**101. 8**	**100. 5**	**97. 6**	**97. 4**	**100. 6**	**106. 1**	**104. 4**
兴　宁	Xingning	100. 8	97. 7	96. 2	115. 8		114. 2	96. 7	97. 1	98. 8	107. 8	118. 4
鹤　山	Heshan	101. 7	73. 3	107. 3	104. 8	112. 7	100. 0	100. 0	105. 1	98. 7	100. 6	99. 1
廉　江	Lianjiang	96. 3	102. 3	92. 2	101. 2	97. 4	100. 2	97. 6	88. 6	106. 9	106. 7	107. 8
电　白	Dianbai	101. 3	100. 0	101. 5	100. 8	100. 0	98. 0	99. 1	102. 4	100. 6	106. 9	99. 7
连　州	Lianzhou	100. 3	87. 2	102. 5	105. 1	102. 2	98. 4	98. 2	101. 4	95. 5	108. 0	103. 9
普　宁	Puning	99. 9	104. 5	101. 3	100. 3	107. 4	98. 4	96. 7	100. 3	96. 5	105. 7	97. 2

9-12 各地区居民消费定基价格分类指数（2003 年）
FIXED-BASE CONSUMER PRICE INDICES BY CATEGORY AND BY REGION (2003)

（2000 年 = 100） （2000 = 100）

地 区 Region	总指数 General Index	服务项目 Services	食品 Food	烟酒及用品 Tobacco, Liquor and Articles	衣着 Clothing	家用设备用品及维修服务 Household Facilities, Articles and Services	医疗保健和个人用品 Health Cares and Personal Articles	交通和通讯 Transportation and Communication	娱乐教育文化用品及服务 Recreation, Education & Cultural Articles and Its Services	居住 Residence
广 州 Guangzhou	96.4	104.2	97.3	102.7	91.1	92.1	94.9	93.6	91.8	104.6
深 圳 Shenzhen	99.4	107.4	98.4	101.4	103.5	97.6	100.4	92.8	99.3	106.5
珠 海 Zhuhai	95.3	102.8	94.2	100.0	95.6	94.0	95.5	94.2	97.7	99.0
汕 头 Shantou	97.6	101.2	96.9	111.3	96.8	96.3	95.8	96.9	99.2	98.1
佛 山 Foshan	97.5	98.5	99.5	102.4	101.0	97.5	95.9	96.8	93.5	96.7
韶 关 Shaoguan	98.9	105.7	97.9	101.7	95.3	95.4	104.1	96.2	101.7	101.9
河 源 Heyuan	98.6	105.1	98.9	100.1	109.9	85.3	102.0	93.3	104.3	97.8
梅 州 Meizhou	97.8	103.4	98.2	100.8	97.2	90.2	93.3	96.3	100.8	102.8
惠 州 Huizhou	98.7	104.0	98.6	104.2	105.8	88.6	96.7	98.8	100.3	101.4
汕 尾 Shanwei	98.8	106.3	99.0	100.1	94.6	86.2	100.2	102.8	98.2	103.2
东 莞 Dongguan	97.0	99.1	98.7	107.6	83.4	97.5	98.0	97.6	94.3	98.8
中 山 Zhongshan	100.3	112.1	96.6	100.3	100.7	93.2	99.5	99.3	110.3	104.4
江 门 Jiangmen	97.8	101.5	97.3	96.8	95.7	94.4	106.9	96.6	95.2	100.2
阳 江 Yangjiang	98.5	103.5	100.5	100.7	102.4	93.2	94.0	98.9	93.3	100.2
湛 江 Zhanjiang	97.6	103.2	99.7	99.3	94.5	95.4	96.0	93.6	96.8	100.1
茂 名 Maoming	99.1	106.7	96.2	96.8	96.8	95.5	95.6	98.0	104.5	106.4
肇 庆 Zhaoqing	95.8	101.6	97.3	93.5	92.8	89.3	94.2	86.7	97.6	102.7
清 远 Qingyuan	97.5	98.8	104.0	102.5	88.9	85.8	96.2	95.2	86.6	102.3
潮 州 Chaozhou	98.4	116.7	95.8	100.6	95.1	88.0	95.1	94.4	112.3	103.4
揭 阳 Jieyang	97.3	98.4	96.6	108.1	101.2	99.4	94.3	93.0	93.1	102.0
云 浮 Yunfu	98.1	102.3	95.8	101.0	92.7	101.6	101.0	107.5	93.5	101.3

9-13 居民消费定基价格分类指数（2003 年）
FIXED-BASE CONSUMER PRICE INDICES BY CATEGORY (2003)

(2000 年 = 100)　　　　(2000 = 100)

项目	Item	全省 Provincial Indices	城市 Urban Indices	农村 Rural Indices
居民消费价格指数	**Consumer Price Index**	**98. 3**	**98. 3**	**98. 5**
非食品价格指数	**Non-food Price Index**	**98. 6**	**98. 5**	**98. 8**
服务项目价格指数	**Service Price Index**	**104. 6**	**105. 1**	**103. 0**
扣除鲜菜鲜果价格指数	**Price Index Deducting Fresh Vegetables and Fruits**	**98. 2**	**98. 0**	**98. 6**
消费品价格指数	**Consumer Goods Price Index**	**96. 5**	**96. 1**	**97. 4**
食品	**Food**	**97. 9**	**98. 0**	**97. 9**
粮食	Grain	97. 8	96. 0	101. 0
大米	Rice	99. 3	96. 7	103. 9
粮食制品	Grain Products	93. 6	94. 9	91. 8
淀粉及薯类	Starches and Tubers	98. 0	94. 8	107. 4
干豆类及豆制品	Beans and Its Products	98. 4	96. 8	101. 4
油脂	Oil or Fat	98. 9	96. 8	102. 7
肉禽及其制品	Meal, Poultry and Their Products	97. 9	98. 0	97. 7
蛋	Eggs	103. 2	102. 4	104. 0
水产品	Aquatic Products	91. 1	89. 9	94. 6
菜	Vegetables	99. 0	100. 7	95. 1
鲜菜	Fresh Vegetables	99. 9	101. 7	96. 0
干菜及菜制品	Dried Vegetables and Vegetable Products	92. 9	94. 2	89. 6
调味品	Flavoring	103. 3	104. 3	102. 1
糖	Carbohydrate	99. 4	101. 8	95. 0
食糖	Sugar	89. 5	89. 7	88. 6
糖果	Candy	108. 3	111. 8	100. 1
茶及饮料	Tea and Beverages	100. 6	101. 9	97. 0
干鲜瓜果	Melons and Fruits	99. 6	101. 1	96. 0
鲜果	Fresh Fruits	100. 1	102. 6	92. 8
糕点饼干面包	Cake	98. 8	98. 7	98. 8
奶及奶制品	Milk and Its Products	97. 4	96. 3	102. 6
在外用膳食品	Outward Dinner	99. 0	99. 6	97. 0
其它食品及食品加工服务	Other Foods and Manufacturing Services	96. 3	95. 5	98. 9
烟酒及用品	**Tobacco, Liquor and Articles**	**102. 5**	**103. 0**	**101. 8**
烟草	Tobacco	103. 6	103. 6	103. 6
酒	Liquor	99. 6	100. 2	99. 0
衣着	**Clothing**	**95. 6**	**96. 5**	**93. 6**
服装	Garments	94. 8	96. 0	91. 9
衣着材料	Clothing Material	100. 9	101. 0	100. 8
棉布	Cotton Cloth	101. 4	97. 9	103. 5
毛织品	Woolen Fabrics	96. 3	94. 2	100. 4
丝织品	Silk and Satin	101. 8	103. 3	99. 5
毛线	Knitting Wool	97. 2	99. 0	95. 5
鞋袜帽	Footwear and Hats	96. 4	97. 0	95. 0
鞋	Shoes	96. 3	96. 9	94. 8
袜子	Socks and Stockings	98. 3	99. 4	96. 1

9-13 续表 continued

(2000 年 = 100) (2000 = 100)

项目	Item	全 省 Provincial Indices	城 市 Urban Indices	农 村 Rural Indices
帽子	Hats	92.4	92.4	92.9
衣着加工服务	Clothing Manufacturing Services	100.5	102.2	99.1
家庭设备用品及维修服务	**Household Facilities, Articles and Services**	**96.3**	**96.4**	**95.9**
耐用消费品	Durable Consumer Goods	90.8	90.3	92.3
家具	Furniture	96.7	97.0	96.0
家庭设备	Household Facilities	87.4	86.9	89.3
室内装饰品	Interior Decorations	98.3	97.0	101.3
床上用品	Bed Articles	98.4	98.5	98.0
家庭日用杂品	Daily Use Household Articles	97.1	97.3	96.7
家庭服务及加工维修服务	Other Household Services and Manufacturing Upkeep	112.8	115.9	102.8
医疗保健和个人用品	**Health Cares and Personal Articles**	**98.1**	**96.9**	**100.7**
医疗保健	Medical Cares	97.4	96.0	100.5
中药材及中成药	Traditional Chinese Medicine	98.4	98.8	97.6
西药	Western Medicine	91.0	88.9	95.9
医疗保健服务	Health Care Services	107.6	105.5	111.4
个人用品及服务	Personal Articles and Services	99.5	98.7	100.9
化妆美容用品	Cosmetics and Its Articles	98.9	101.0	93.6
卫生用品	Sanitary Articles	94.9	93.9	96.5
个人饰品	Personal Adornment	100.7	101.1	99.8
个人服务	Personal Services	104.5	99.8	110.8
交通和通讯	**Transportation and Communication**	**95.7**	**95.8**	**95.3**
交通	Transportation	95.3	94.7	96.7
交通工具	Incity Transportation Facility	86.0	86.1	85.3
市区公共交通	Incity Traffic	99.1	98.7	100.7
城市间交通	Intercity Traffic	103.7	100.4	112.8
通信	Telec communication	96.0	96.7	93.8
通信工具	Telec communication Facility	59.2	57.3	64.4
通信服务	Telec communication Services	105.8	107.0	102.1
娱乐教育文化用品及服务	**Recreation, Education, Culture Articles and Their Services**	**98.2**	**98.6**	**97.2**
文娱用耐用消费品及服务	Durable Consumer Goods for Recreational Use	77.9	75.5	82.7
教育	Education	108.4	111.1	102.8
教材及参考书	Teaching Materials and Reference Books	105.6	105.5	106.9
学杂托幼费	Tuition and Children Care	108.6	111.9	102.2
文化娱乐用品	Cultural and Recreational Articles	105.1	106.3	101.6
文化娱乐	Stationery and Recreational Articles	99.2	100.1	96.4
书报杂志	Newspapers and Magazines	107.9	109.0	105.4
文娱费	Expenditure For Entertainment	109.4	110.9	103.0
旅游及外出	Touring and Outgoing	85.2	84.0	95.6
居住	**Residence**	**102.2**	**101.8**	**103.2**
建房及装修材料	Building and Building Decoration Materials	98.9	100.0	98.1
租房	Rent	118.1	119.7	109.1
自有住房	Private Housing	96.6	96.0	98.8
水、电、燃料	Water, Electricity and Fuels	101.8	98.8	109.5

9-14 主要食品全社会综合平均价格
COMPREHENSIVE AVERAGE PRICE OF MAJOR FOOD

单位：元/公斤 (yuan/kg)

食品名称	Food	规格等级	Standard and Rate	2002	2003
大米	Rice	标二	Standard Grade Two	2. 279	2. 320
大米	Rice	优质米	High-Quality Rice	3. 291	3. 350
面粉	Wheat Flour	富强粉	Fuqiang Flour	3. 304	3. 443
面饼	Wheat Cake	富强粉	Fuqiang Flour	4. 379	4. 335
绿豆	Mung Bean	一等	First Rate	6. 408	6. 229
花生油	Peanut Oil	一等	First Rate	9. 920	10. 952
猪肉	Pork	鲜上肉	Fresh High Quality Pork	12. 725	12. 738
猪瘦肉	Lean Pork	鲜	Fresh	17. 033	17. 050
牛肉	Beef	净肉	Net Beef	17. 985	19. 496
白条鸡	Bare Chicken	开膛	Split	13. 612	13. 666
活鸡	Live Chicken	中等	Middling	17. 232	17. 301
活鸭	Live Duck	中等	Middling	10. 042	9. 992
鸡蛋	Hen'sEggs	新鲜	Fresh	6. 179	6. 160
松花蛋	Preserved Eggs			10. 358	10. 348
鲜带鱼	Fresh Hairtail			15. 620	15. 714
胖头鱼	Variegated Carp	鲜活	Fresh and Live	7. 880	7. 943
草鱼	Grass Carp	鲜活	Fresh and Live	9. 021	9. 093
小海米	Small Shrimps	二级	Second Rate	73. 429	75. 412
鲜菜	Fresh Vegetables	综合一等	Comprehensive First Rate	4. 052	4. 526
豆腐	Bean Curd	水豆腐	Flowing Bean Curd	1. 842	1. 892
精盐	Refined Salt	再制盐	Made of Refined Salt Again	1. 982	2. 014
酱油	Soy Sauce	(瓶)	(Bottle)	3. 826	3. 933
味精	Gourmet Powder	一等	First rate	18. 998	18. 314
白砂糖	White Granulated Sugar	一级	First rate	4. 287	3. 914
白酒	Spirits	散装	In Bulk	4. 816	4. 912
啤酒	Beer	熟 12 度（瓶）	Ripe 12 Degree (Bottle)	3. 658	3. 717
花茶	Jasmine Tea	二级	Second Rate	22. 049	21. 740
乌龙茶	Oolong Tea	二级	Second Rate	22. 300	21. 988
香菇	Mushroom	一级	First Rate	64. 280	62. 673
花生米	Peanut Seed	一级	First Rate	6. 409	6. 640
面包	Bread	中等	Middling	10. 198	10. 341
奶粉	Milk Powder	国产	Domestic Products	9. 275	9. 563
汽水	Aerated Water	(小瓶)	(Small Bottle)	0. 753	0. 739

9-15 工业品出厂价格指数（2003 年）
EX-FACTORY PRICE INDICES OF INDUSTRIAL PRODUCTS（2003）

（上年 = 100）（preceding year = 100）

项目	Item	指数 Indices
工业品出厂价格分类指数	**Ex-factory Price Indices of Industrial Products**	**99.3**
按轻重工业分	**Grouped by Light and Heavy Industry**	
轻工业	Light Industry	98.2
以农产品为原料	Using Farm Produce as Raw Materials	100.7
以非农产品为原料	Using Nonfarm Produce as Raw Materials	97.4
重工业	Heavy Industry	101.7
采掘	Mining and Quarrying	111.9
原料	Raw Materials	102.8
加工	Manufacturing	99.5
按工业行业分	**Grouped by Industrial Sector**	
煤炭采选业	Coal Mining and Dressing	102.7
石油和天然气开采业	Petroleum and Natural Gas Dressing	127.6
黑色金属矿采选业	Ferrous Metal Minerals Mining sand Dressing	104.5
有色金属矿采选业	Nonferrous Metal Minerals Mining sand Dressing	111.9
非金属矿采选业	Nonmetal Minerals Mining sand Dressing	96.7
其他矿采选业	Other Minerals Mining sand Dressing	
食品加工业	Food Processing	101.3
食品制造业	Food Manufacturing	99.3
饮料制造业	Beverage Manufacturing	100.2
烟草加工业	Tobacco Processing	102.4
纺织业	Textile Industry	100.4
服装及其他纤维制品制造业	Garments and Other Fiber Products	99.4
皮革、毛皮、羽绒及其制品业	Leather, Furs, Down and Related Products	103.6
木材加工及竹、藤、棕、草制品业	Timber Processing, Bamboo, Cane, Palm Fiber Straw Products	99.0
家具制造业	Furniture Manufacturing	99.5
造纸及纸制品业	Papermaking and Paper Products	97.6
印刷业、记录媒介的复制	Printing and Record Medium Reproduction	100.2
文教体育用品制造业	Cultural, Educational and Sports Goods	100.2
石油加工及炼焦业	Petroleum Processing and Coking	115.8
化学原料及化学制品制造业	Raw Chemical Materials and Chemical Products	101.4
医药制造业	Medical and Pharmaceutical Products	101.6
化学纤维制造业	Chemical Fiber	102.6
橡胶制品业	Rubber Products	98.8
塑料制品业	Plastic Products	99.3
非金属矿物制品业	Nonmetal Mineral Products	98.6
黑色金属冶炼及压延加工业	Smelting and Pressing of Ferrous Metals	107.8
有色金属冶炼及压延加工业	Smelting and Pressing of Nonferrous Metals	102.6
金属制品业	Metal Products	99.8
普通机械制造业	Ordinary Machinery Manufacturing	98.9
专用设备制造业	For Special Purposes Equipment Manufacturing	97.3
交通运输设备制造业	Transport Equipment Manufacturing	97.2
电气机械及器材制造业	Electric Equipment and Machinery	97.3
电子及通信设备制造业	Electronic and Telecommunication Equipment	96.0
仪表及文化、办公用机械制造业	Instruments, Meters, Cultural and Office Machinery	95.6
其他制造业	Other Manufacturing	101.2
电力、蒸气、热水生产供应业	Electric Power, Steam and Hot Water Production and Supply	97.6
煤气生产和供应业	Gas Production and Supply	105.9
自来水的生产和供应业	Tap Water Production and Supply	103.2

9-16 原材料、燃料、动力购进价格指数（2003 年）
PURCHASING PRICE INDICES OF RAW MATERIALS, FUELS AND POWER (2003)

（上年 = 100）　　(preceding year = 100)

项　目	Item	指数 Indices
原材料、燃料、动力购进价格指数	**Purchasing Price Indices of Raw Materials, Fuels and Power**	**104.1**
按材料类别分	**Grouped by Material**	
燃料、动力类	Fuels and Power	104.8
黑色金属材料类	Ferrous Materials	110.0
# 钢材	Of which: Steel	108.1
其它	Others	114.5
有色金属材料和电线类	Nonferrous Materials and Wires	102.8
化工原料类	Chemical Materials	106.3
木材及纸浆类	Timber and Pulp	101.3
建筑材料及非金属矿类	Building Materials and Nonmetal Minerals	100.1
其它工业原材料及半成品类	Raw Materials and Semi-finished Products of Other Industries	101.4
农副产品类	Farm and Sideline Products	106.1
纺织原料类	Textile Raw Materials	105.3
按行业分	**Grouped by Sector**	
煤炭采选业	Coal Mining and Dressing	101.3
石油天然气采选业	Petroleum and Natural Gas Dressing	102.2
黑色金属矿采选业	Ferrous Metal Minerals Mining sand Dressing	102.3
有色金属矿采选业	Nonferrous Metal Minerals Mining sand Dressing	101.2
非金属矿采选业	Nonmetal Minerals Mining sand Dressing	103.3
木材竹材采选业	Logging and Transport of Timber and Bamboo	
食品加工业	Food Processing	103.6
食品制造业	Food Manufacturing	102.3
饮料制造业	Beverage Manufacturing	100.2
烟草加工业	Tobacco Processing	100.7
纺织业	Textile Industry	102.5
服装及其他纤维制品制造业	Garments and Other Fiber Products	101.0
皮鞋皮毛羽绒及其制品业	Leather, Furs, Down and Related Products	101.4
木材加工及竹藤综草制品业	Timber Processing, Bamboo, Cane, Palm Fiber Straw Products	103.6
家具制造业	Furniture Manufacturing	99.6
造纸及纸制品业	Papermaking and Paper Products	102.5
印刷业、记录媒介的复制	Printing and Record Medium Reproduction	103.7
文教体育用品制造业	Cultural, Educational and Sports Goods	101.9
石油加工及炼焦业	Petroleum Processing and Coking	102.6
化学原料及化学制品制造业	Raw Chemical Materials and Chemical Products	103.8
医药制造业	Medical and Pharmaceutical Products	102.1
化学纤维制造业	Chemical Fiber	105.3
橡胶制品业	Rubber Products	105.4
塑料制品业	Plastic Products	106.9
非金属矿物制品业	Nonmetal Mineral Products	103.6
黑色金属冶练及压延加工业	Smelting and Pressing of Ferrous Metals	105.4
有色金属冶练及压延加工业	Smelting and Pressing of Nonferrous Metals	101.6
金属制品业	Metal Products	104.1
普通机械制造业	Ordinary Machinery Manufacturing	103.9
专用设备制造业	For Special Purposes Equipment Manufacturing	102.9
交通运输设备制造业	Transport Equipment Manufacturing	103.6
电气机械及器材制造业	Electric Equipment and Machinery	102.5
电子及通信设备制造业	Electronic and Telecommunication Equipment	98.8
仪器仪表及文化办公用机械制造业	Instruments, Meters, Cultural and Office Machinery	99.5
其它制造业（地毯、首饰、漆器、制伞）	Other Manufacturing (Carpet, Jewelry, Lacquerware and Umbrella-making)	104.0
电力蒸汽热力生产和供应业	Electric Power, Steam and Hot Water Production and Supply	109.5
煤气生产和供应业	Gas Production and Supply	118.6
自来水生产和供应业	Tap Water Production and Supply	100.4

主要统计指标解释

零售价格指数 是反映城乡商品零售价格变动趋势的一种经济指数。零售物价的调整变动直接影响到城乡居民的生活支出和国家的财政收入，影响居民购买力和市场供需平衡，影响消费与积累的比例。因此，计算零售价格指数，可以从一个侧面对上述经济活动进行观察和分析。

居民消费价格指数 是反映一定时期内城乡居民所购买的生活消费品价格和服务项目价格变动趋势和程度的相对数。是综合了城市居民消费价格指数和农村居民消费价格指数计算取得。利用居民消费价格指数，可以观察和分析消费品的零售价格和服务项目价格变动对城乡居民实际生活费支出的影响程度。

城市居民消费价格指数 是反映城市居民家庭所购买的生活消费品和服务项目价格变动趋势及其程度的相对数。编制城市居民消费价格指数，可以观察和分析消费品的零售价格和服务项目价格变动对职工货币工资的影响，作为研究职工生活和确定工资政策的依据。

农村居民消费价格指数 是反映农村居民家庭所购买的生活消费品的价格和服务项目价格变动趋势和程度的相对数。用它可以观察农村消费品的零售价格和服务项目价格变动对农村居民生活消费支出的影响，直接反映农民生活水平的实际变化情况，为分析和研究农村居民生活问题提供依据。

农产品收购价格指数 是反映国有商业、集体商业、个体商业、外贸部门、国家机关、社会团体等各种经济类型的商业企业和有关部门收购农产品价格的变动趋势和程度的相对数。农产品收购价格指数可以观察和研究农产品收购价格总水平的变化情况，以及对农民货币收入的影响，作为制订和检查农产品价格政策的依据。

农村工业品零售价格指数 是反映农村市场工业品零售价格水平变动趋势和程度的相对数。通过农村工业品零售价格指数，可以观察工业品零售价格变动对农民货币支出的影响。

工业品出厂价格指数 是反映各工业部门主要工业产品出厂价格变动趋势和程度的相对数。编制该价格指数，用以观察和分析在生产环节中工业品价格变动对企业经济效益及宏观经济运行的影响，并为工业增长速度的科学计算提供重要的依据。

原材料、燃料和动力购进价格指数 是反映工业企业购进原材料、燃料、动力价格的变动趋势和程度的相对数。编制该价格指数，是从投入的角度，观察和分析物料投入价格水平变动对工业产出的影响。

Explanatory Notes on Main Statistical Indicators

Retail Price Index reflects the general change in retail prices of commodities. The change and adjustment in retail prices directly affects the living expenditure of urban and rural residents, the governmental revenue, the purchasing power of residents and the equilibrium of market supply and demand, and the ratio of consumption to accumulation. Therefore, the calculation of retail price index is useful to analyze the changes of the above economic activities.

Consumer Price Index reflects the trend and degree of changes in prices of consumer goods and services purchased by urban and rural residents, and is a composite index derived from the urban consumer price index and the rural consumer price index. Consumer price index can be used to analyze the impact of consumer price change on actual expenditure for living cost of urban and rural residents.

Urban Consumer Price Index reflects the trend and degree of changes in prices of consumer goods and services purchased by urban residents and can be used to observe and analyze the impact of price changes in consumer goods and services on money wages of staff and workers, and provide the basis for policy making concerning the living cost and the wages of staff and workers.

Rural Consumer Price Index reflects the trend and degree of changes in prices of consumer goods and services purchased by rural households and can be used to observe and analyze the impact of change in prices of consumer goods and services on living expenditure and actual changes in the living standards of peasants. It provides the basis for analysis and research on the condition of life in rural areas.

Index of Purchasing Prices of Farm Products reflects the trend and degree of changes in purchasing prices of farm products purchased by state-owned, collective owned, and individual commercial enterprises, foreign trade sectors, government agencies, social organizations and other units of various types of ownership. It is used to observe the impact of change in purchasing prices of farm products on money income of peasants and is calculated with the method of weighted harmonic mean, taking the amount of purchases during a given period as the weight.

Retail Price Index of Rural Industrial Products reflects the trend and degree of changes in prices of industrial products in rural market and can be used to observe the impact of the price change on farmers′money expenditure.

Ex-factory Price Index of Industrial Products reflects the trend and degree of changes in ex-factory prices of main industrial products of all sectors of the industry. It can be used to observe and analyze the impact of ex-factory price change on enterprise efficiency in the course of manufacture and macroeconomic, and provide important data for scientific calculation of the growth rate of industry.

Index of Purchasing Price of Raw Materials, Fuels and Power reflects the trend and degree of changes in price of raw materials, fuels and power purchased by industry enterprises. In point of input, it can be used to observe and analyze the impact of price changes in raw materials, fuels and power on industrial output.

十 人民生活

PEOPLE'S LIVELIHOOD

10

十　人民生活

简要说明

一、本篇资料反映广东城乡居民生活状况，包括就业、居民收支、消费水平、住房及主要消费品消费量和拥有量等基本情况。

二、本篇资料分别由广东省城市社会经济调查队住户处和广东省农村社会经济调查队住户处整理提供。

三、本篇中有关城镇居民生活状况的数据来源于广东省城市社会经济调查队的城市住户抽样调查资料。主要内容包括家庭人口及其构成、家庭现金收支、主要商品购买数量及支出金额、劳动就业状况、居住状况和耐用消费品的拥有量等。

四、有关农村居民生活的统计资料主要来源于广东省农村社会经济调查队的农村住户抽样调查。主要内容包括农村居民家庭基本情况、农产品生产情况、家庭总收支和现金收支、出售产品和购买农业生产资料商品、主要消费品消费量、耐用消费品拥有量等。

10　PEOPLE'S LIVELIHOOD

Brief Introduction

Ⅰ. The data in this chapter show the basic conditions of the people's livelihood in the urban and rural areas of Guangdong Province, including employment, income and expenditure of the residents, level of consumption, housing condition, consumption and possession of the major consumer goods, etc.

Ⅱ. The data in this chapter are prepared and provided by the Division of Urban Household Survey of Guangdong Urban Social-economic Survey Organization and the Division of Rural Household Survey of Guangdong Rural Social-economic Survey Organization respectively.

Ⅲ. The data on the livelihood of the urban residents come from the data collected by the sample survey on the urban households, which is organized by Guangdong Urban Social-economic Survey Organization. The main content of the survey includes the population in the household and its composition, the cash income and expenditure of the household, the quantity of major commodities purchased and the expenditure for them, the employment of the household members, the housing condition and the ownership of the durable consumer goods, etc.

Ⅳ. The data on the livelihood of the rural residents mainly come from the data collected by the sample survey on the rural households, which is organized by Guangdong Rural Social-economic Survey Organization. The main content of the survey includes the basic conditions of the rural households, the production of agricultural products, the total income and expenditure of the household, the cash income and expenditure of the household, the products sold and the means of agricultural production purchased, the consumption of major consumer goods and the quantity of durable consumer goods owned, etc.

10-1 人民生活主要指标
MAJOR INDICATORS ON PEOPLE'S LIVELIHOOD

指标	Item	1990	1995	2000	2002	2003
居民人均消费水平（元）	Annual Per Capita Consumption (yuan)	1211	3832	5007	5639	6190
城镇居民	Urban Residents	2207	7192	9737	10782	10471
农村居民	Rural Residents	890	2407	2855	2991	3086
城镇居民家庭每一就业者负担人口（人）	Number of Dependents per Urban Employee (person)	1.74	1.73	1.81	1.90	1.91
城镇居民家庭人均可支配收入（元）	Annual Per Capita Disposable Income of Urban Residents (yuan)	2303.15	7438.68	9761.57	11137.20	12380.4
城镇居民家庭人均消费性支出（元）	Annual Per Capita Expenditure for Living Cost of Urban Residents (yuan)	1983.86	6253.68	8016.91	8988.48	9636.24
商品支出	Per Capita Expenditure on Commodities	1749.76	5124.12	6109.04	6239.88	7167.36
食品	Food	1134.84	3003.05	3096.33	3460.44	3583.68
衣着	Clothing	137.12	421.73	369.99	490.92	559.92
用品	Household Faculties and Articles	423.79	1560.30	2449.16	2105.40	2806.44
燃料	Fuels	54.01	139.04	193.56	183.12	217.32
非商品支出	Per Capita Expenditure on Non-commodities	234.10	1129.56	1907.87	2748.60	2468.88
城镇居民人均使用面积（平方米）	Per Capita Living Floor Space of Urban Residents (sq. m)	12.13	16.24	19.51	24.83	24.63
每百户城镇居民家庭耐用消费品拥有量	Number of Major Durable Consumer Goods Owned per 100 Urban Households					
彩色电视机（台）	Color TV Set (unit)	74.53	104.97	135.58	151.23	152.52
电冰箱（台）	Refrigerator (unit)	52.80	74.00	81.87	89.90	92.56
洗衣机（台）	Washing Machine (unit)	80.73	94.01	97.50	97.81	97.71
摩托车（辆）	Motorcycle (unit)	3.33	22.59	58.84	72.15	75.18
农村居民家庭每个劳动力负担人口（人）	Number of Dependents per Rural Laborer (person)	1.74	1.72	1.65	1.58	1.54
农村居民人均纯收入（元）	Annual Per Capita Net Income of Rural Household (yuan)	1043.03	2699.24	3654.48	3911.91	4054.58
农村居民人均生活费支出（元）	Annual Per Capita Expenditure for Living Cost of Rural Household (yuan)	932.63	2255.01	2646.02	2825.01	2927.35
#食　品	Food	538.18	1228.00	1317.48	1345.00	1402.04
衣　着	Clothing	39.48	91.31	104.21	107.94	117.68
居　住	Residence	174.60	345.65	378.86	441.24	469.48
家庭设备、用品及服务	Household Facilities, Articles and Services	50.28	140.45	125.65	134.10	121.85
文化教育娱乐用品及服务	Recreational, Educational and Cultural Articles and Services	66.99	245.16	313.46	302.44	305.86
农村居民人均生活用房面积（平方米）	Per Capita Living Floor Space of Rural Household (sq. m)	17.39	20.83	22.42	24.07	24.79
农村每百户耐用品拥有量	Number of Major Durable Goods Owned per 100 Rural Households					
电视机（台）	Television Set (unit)	50.31	86.20	102.42	106.41	109.22
电冰箱（台）	Refrigerator (unit)	1.17	7.90	15.12	18.32	18.95
摩托车（辆）	Motorcycle (unit)	1.84	15.73	54.18	64.49	71.41
电话机（部）	Telephone Set (unit)	1.20	9.40	40.82	59.22	70.20

注：城镇居民人均使用面积2001年以前为居住面积。
Note: Before 2001, per capita floor space for urban residents' use referred to per capita floor space for living.

10-2 城镇居民家庭基本情况
BASIC CONDITIONS OF URBAN HOUSEHOLDS

项目	Item	1990	1995	2000	2002	2003
一、调查户数 （户）	**Number of Households Surveyed (household)**	**1500**	**1550**	**1600**	**1600**	**1600**
二、平均每户家庭人口 （人）	**Average Household Size (person)**	**3.85**	**3.58**	**3.57**	**3.39**	**3.31**
三、平均每户就业人口 （人）	**Average Number of Employed Persons per Household (person)**	**2.21**	**2.07**	**1.97**	**1.78**	**1.73**
四、平均每户就业率 （%）	**Percentage of Employment per Household (%)**	**57.3**	**57.8**	**55.2**	**52.50**	**52.27**
五、平均每人可支配收入 （元）	**Per Capita Disposable Income (yuan)**	**2303.15**	**7438.68**	**9761.57**	**11137.20**	**12380.40**
#平均每人工资性收入 （元）	Per Capita Wages Income (yuan)	1527.47	4908.21	6286.48	9284.16	10413.48
六、平均每人消费性支出 （元）	**Per Capita Expenditure on Consumption (yuan)**	**1983.86**	**6253.68**	**8016.91**	**8988.48**	**9636.24**
商品支出	Expenditure on Commodities	1749.76	5124.12	6109.04	6239.88	7167.36
食品	Food	1134.84	3003.05	3096.33	3460.44	3583.68
衣着	Clothing	137.12	421.73	369.99	490.92	559.92
用品	Household Facilities and Articles	423.79	1560.30	2449.16	2105.40	2806.44
燃料	Fuels	54.01	139.04	193.56	183.12	217.32
非商品支出	Expenditures on Non-commodities	234.10	1129.56	1907.87	2748.60	2468.88
#房租	Rent	12.24	120.16	301.97	47.16	48.24
水电费	Tap Water and Electricity Fees	56.91	194.52	384.41	380.16	436.32
七、平均每人使用面积（平方米）	**Per Capita Floor Space for Use (sq. m)**	**12.13**	**16.24**	**19.51**	**24.83**	**24.63**
八、平均每人购买商品情况	**Per Capita Purchases of Major Commodities**					
粮食 （公斤）	Grain (kg)	116.48	87.94	72.64	72.96	70.8
猪肉 （公斤）	Pork (kg)	22.42	20.82	19.56	28.80	28.92
牛羊肉 （公斤）	Beef and Mutton (kg)	2.38	2.07	2.08	3.00	2.76
家禽 （公斤）	Poultry (kg)	8.41	14.38	15.91	17.64	17.28
蛋 （公斤）	Eggs (kg)	4.78	7.01	7.00	7.20	7.2
鱼 （公斤）	Fish (kg)	17.38	20.31	23.54	20.04	19.56
食用植物油 （公斤）	Edible Vegetable Oil (kg)	4.45	6.98	7.45	8.04	8.28
鲜菜 （公斤）	Fresh Vegetable (kg)	100.70	102.71	102.36	106.08	104.4
鲜瓜果 （公斤）	Fresh Fruits (kg)	21.67	28.09	35.31	39.12	38.04
鲜奶品 （公斤）	Fresh Dairy Products (kg)	0.81	1.66	3.34	7.92	10.44
酒类 （公斤）	Alcoholic Liquor (kg)	3.20	3.21	2.60	3.00	2.76
服装 （件）	Garments (piece)	2.60	6.33	6.73	8.64	8.76
鞋类 （双）	Shoes (pair)	0.36	0.41	1.98	2.28	2.4
九、平均每百户主要消费品年末拥有量	**Number of Major Durable Consumer Goods Owned by per 100 Households at the Year-end**					
摩托车 （辆）	Motorcycle (unit)	3.33	22.58	58.84	72.15	75.18
家用汽车 （辆）	Car (unit)			1.70	3.77	4.37
洗衣机 （台）	Washing Machine (unit)	80.73	94.01	97.50	97.81	97.71
电冰箱 （台）	Refrigerator (unit)	52.80	74.00	81.87	89.90	92.56
彩色电视机 （台）	Color Television Set (unit)	74.53	104.97	135.59	151.23	152.52
影碟机 （台）	Video Disc Player (unit)			65.19	75.34	81.24
家用电脑 （台）	Computer (unit)			25.78	47.16	56.02
组合音响 （台）	Hi-fi Stereo Component System (unit)	9.40	31.27	48.55	52.22	51.47
摄像机 （台）	Pickup Camera (unit)			1.97	2.91	3.79
微波炉 （台）	Microwave Oven (unit)			29.86	49.26	54.64
空调器 （台）	Air Conditioner (unit)	2.87	41.20	98.04	129.11	141.99
移动电话 （台）	Mobile Telephone (unit)			57.94	129.12	150.66

注：城镇居民人均使用面积 2001 年以前为居住面积。

Note: Before 2001, per capita floor space for urban residents´use referred to per capita floor space for living.

10-3 城镇居民人均可支配收入及消费性支出

PER CAPITA DISPOSABLE INCOME AND EXPENDITURE ON CONSUMPTION OF URBAN RESIDENTS

年份 Year	人均可支配收入（元）Per Capita Disposable Income (yuan)	比上年增长% Growth Rate over Preceding Year (%)		人均消费性支出（元）Per Capita Expenditure on Consumption (yuan)	比上年增长% Growth Rate over Preceding Year (%)	
		名义增长 Nominal Growth	实际增长 Real Growth		名义增长 Nominal Growth	实际增长 Real Growth
1978	412. 13			399. 96		
1979	416. 33	1. 0	-3. 4	424. 96	6. 2	1. 5
1980	472. 57	13. 5	3. 7	485. 76	14. 4	4. 5
1981	560. 69	18. 6	11. 6	517. 44	6. 5	0. 2
1982	631. 45	12. 6	9. 8	592. 08	14. 4	11. 5
1983	714. 20	13. 1	10. 0	660. 12	11. 5	8. 5
1984	818. 37	14. 6	12. 4	744. 36	12. 8	10. 7
1985	954. 12	16. 6	-0. 4	889. 56	19. 5	2. 1
1986	1102. 09	15. 5	10. 3	998. 88	12. 3	7. 2
1987	1320. 89	19. 9	6. 3	1215. 84	21. 7	7. 9
1988	1583. 13	19. 9	-7. 4	1506. 99	23. 9	-4. 3
1989	2086. 21	31. 8	8. 1	1921. 05	27. 5	4. 6
1990	2303. 15	10. 4	13. 3	1983. 86	3. 3	6. 0
1991	2752. 18	19. 5	16. 8	2388. 77	20. 4	17. 7
1992	3476. 70	26. 3	16. 5	2830. 62	18. 5	10. 4
1993	4632. 38	33. 2	9. 2	3777. 43	33. 4	10. 3
1994	6367. 08	37. 4	13. 6	5181. 30	37. 2	13. 4
1995	7438. 68	16. 8	3. 3	6253. 68	20. 7	6. 7
1996	8157. 81	9. 7	2. 3	6736. 09	7. 7	0. 5
1997	8561. 71	5. 0	2. 8	6853. 48	1. 7	-0. 3
1998	8839. 68	3. 2	5. 0	7054. 09	2. 9	4. 7
1999	9125. 92	3. 2	4. 9	7517. 81	6. 6	8. 3
2000	9761. 57	7. 0	4. 7	8016. 91	6. 6	4. 3
2001	10415. 19	6. 7	7. 6	8099. 63	1. 0	1. 8
2002	11137. 20	9. 1	10. 6	8988. 48	11. 0	12. 6
2003	12380. 40	11. 2	10. 4	9636. 24	7. 2	6. 5

注：1. 可支配收入＝家庭总收入－交纳所得税－个人交纳的社会保障支出－记帐补贴。
2. 消费性支出指用于日常生活的全部支出，包括食品、衣着、家庭设备用品及服务 、医疗保健、交通和通讯、娱乐教育文化服务、居住、杂项商品和服务等八大类支出。
3. 2002 年人均可支配收入增幅按可比口径计算。

Note：a）Disposable Income ＝ Total Income of Households － Income Tax Payable － Personal Expenditure on Social Security － Sample Household Subsidy for Keeping Dairies.

b）Consumption expenditure refers to total expenditure of the sample households for consumption in daily life, including expenditure on eight categories such as food, clothing, household appliances and services, medicine and medical services, transport and communications, recreational, educational and cultural services, housing, miscellaneous commodities and services.

c）The growth rates of per capita disposable income in 2002 are calculated at comparable prices.

10-4 按收入等级分的城镇居民家庭平均每人全年现金收入（2003 年）

单位：元

项目	Item	总平均 Average	最低收入户 Lowest Income Households	#困难户 Poor Households
一、家庭总收入	**Total Income of Households**	**13451.16**	**3669.84**	**3061.80**
#可支配收入	Of which: Disposable Income	12380.40	3466.80	2872.80
（一）工薪收入	Income from Wages and Salaries	10413.48	2334.96	1959.72
工资及补贴收入	Income from Wages and Subsidies	10267.20	2098.32	1627.92
其他劳动收入	Other Incomes	146.28	236.64	331.80
（二）经营净收入	Net Business Income	621.48	384.96	353.88
（三）财产性收入	Property Income	307.56	59.52	18.36
利息收入	Interest Income	28.68	6.12	0.12
股息与红利收入	Dividend and Bonus Income	65.52	0.24	
保险收益	Insurance Revenue	8.88		
其它投资收入	Other Investment Income	29.40	2.40	4.68
出租房屋收入	Lease Income	169.68	50.76	13.56
知识产权收入	Intellectual Property Income			
其他财产性收入	Other Property Incomes	5.40		
（四）转移性收入	Transfer Income	2108.64	890.40	729.84
养老金或离退休金	Pension or Retirement Annuities	1216.56	541.92	417.24
社会救济收入	Social Relief Income	5.52	13.56	25.80
辞退金	Dismissal Income	40.32		
赔偿收入	Compensation Income	3.36		
保险收入	Insurance Income	45.84	38.88	48.36
#失业保险金	Of which: Unemployment Insurance Benefits	41.52	38.88	48.36
赡养收入	Alimony Income	204.72	64.20	41.28
捐赠收入	Donated Income	408.72	168.00	143.76
亲友搭伙费	Income from Regular Meals of Kinfolk	67.44	14.76	7.44
提取住房公积金	Withdrawal of Public Reserve Funds for Housing	11.52		
记帐补贴	Sample Household Subsidy for Keeping Dairies	69.12	44.76	41.28
其他转移性收入	Other Transfer Incomes	35.64	4.44	4.68
二、出售财物收入	**Income from Selling Properties**	**29.88**	**1.92**	**0.24**
出售住房收入	Income from Selling Houses	11.76		
出售其他物品收入	Income from Selling Other Properties	18.12	1.92	0.24
三、借贷收入	**Loan Income**	**4381.20**	**793.92**	**835.80**
提取储蓄存款	Withdrawal of Savings Deposits	3867.36	664.20	694.08
借入款	Borrowed Money	157.68	111.36	122.76
收回借出款	Repayment of Loans Receivable	65.76	17.52	17.88
收回储蓄性保险本	Insured Savings Receivable	10.92		
兑售有价证券	Selling Portfolio	11.04		
收回投资本金	Investment Capital Receivable	16.92		
住房贷款	Loans for Housing	168.96		
汽车贷款	Loans for Automobile	6.12		
教育贷款	Loans for Education			
其他贷款	Other Loans	0.84	0.60	1.20
其他借贷收入	Other Loan Incomes	75.60	0.12	

PER CAPITA ANNUAL CASH INCOME OF URBAN HOUSEHOLDS BY LEVEL OF INCOME (2003)

(yuan)

低收入户 Low Income Households	中等偏下户 Lower Middle Income Households	中等收入户 Middle Income Households	中等偏上户 Upper Middle Income Households	高收入户 High Income Households	最高收入户 Highest Income Households
5528.76	**7922.76**	**11677.32**	**17311.08**	**25080.12**	**40743.36**
5210.52	7408.20	10669.56	15792.36	22926.60	37639.32
3588.96	5661.84	9226.08	14011.80	19356.24	32942.40
3502.56	5592.84	9137.64	13861.44	19143.36	32506.56
86.52	69.00	88.44	150.36	212.88	435.84
680.28	602.04	478.68	409.80	1339.56	1046.64
79.92	113.64	151.56	274.08	937.56	1492.80
1.68	8.28	27.00	37.56	82.56	85.92
0.12	21.00	25.80	67.20	178.44	406.80
0.12	0.24	3.00	0.90	3.60	121.20
1.68	1.20	7.20	76.56	78.36	79.56
74.40	82.44	78.84	91.56	594.48	750.84
1.80	106.00	9.72	0.24		48.48
1183.20	1545.24	1820.88	2615.40	3446.76	5261.52
635.64	1004.16	1179.84	1562.16	1946.40	2153.52
25.56	2.76	0.24	1.08	1.20	2.40
3.36		8.28	69.96	4.44	385.20
	1.20				48.60
70.56	56.52	24.84	52.20	16.80	69.00
69.00	55.44	23.16	46.08	16.44	32.04
182.28	108.12	155.40	224.40	433.92	589.08
178.80	241.44	303.60	502.56	778.80	1328.16
26.16	47.40	47.76	78.60	116.52	259.56
0.24	10.92	10.44	14.64	10.20	51.00
49.80	60.00	72.36	82.20	88.92	99.00
10.56	12.72	18.36	27.72	49.56	276.00
50.04	**4.32**	**3.60**	**56.28**	**44.16**	**116.40**
0.24		0.72	53.88	5.04	11.04
49.80	4.32	2.88	2.40	39.12	105.36
1297.92	**1423.80**	**2367.00**	**5162.16**	**8841.60**	**24037.80**
1215.36	1136.76	2297.28	4750.56	7916.04	20147.52
63.72	42.12	51.84	196.32	202.68	968.64
5.28	31.92	5.52	159.72	8.52	371.28
	3.48	3.72	0.24	50.04	72.72
11.40		1.68	45.00	8.28	
					267.72
	206.88			640.20	991.80
					96.96
	0.36		0.84	5.28	
2.28	2.28	6.96	9.72	10.44	1121.16

10-5 按收入等级分的城镇居民家庭平均每人全年现金收入构成（2003 年）

单位:%

项　　目	Item	总平均 Average	最低收入户 Lowest Income Households	#困难户 Poor Households
一、家庭总收入	**Total Income of Households**	**100.00**	**100.00**	**100.00**
#可支配收入	Of which: Disposable Income	92.00	94.50	93.83
（一）工薪收入	Income from Wages and Salaries	77.40	63.60	64.01
工资及补贴收入	Income from Wages and Subsidies	76.30	57.20	53.17
其他劳动收入	Other Incomes	0.80	6.40	10.84
（二）经营净收入	Net Business Income	4.60	10.50	11.50
（三）财产性收入	Property Income	2.30	1.60	0.60
利息收入	Interest Income	0.20	0.20	
股息与红利收入	Dividend and Bonus Income	0.50		
保险收益	Insurance Revenue	0.10		
其它投资收入	Other Investment Income	0.20	0.10	0.15
出租房屋收入	Lease Income	1.30	1.40	0.44
知识产权收入	Intellectual Property Income			
其他财产性收入	Other Property Incomes			
（四）转移性收入	Transfer Income	15.70	24.30	23.84
养老金或离退休金	Pension or Retirement Annuities	9.00	14.80	13.63
社会救济收入	Social Relief Income		0.40	0.84
辞退金	Dismissal Income	0.30		
赔偿收入	Compensation Income			
保险收入	Insurance Income	0.30	1.10	1.58
#失业保险金	Of which: Unemployment Insurance Benefits	0.30	1.10	1.58
赡养收入	Alimony Income	1.50	1.70	1.35
捐赠收入	Donated Income	3.00	4.60	4.70
亲友搭伙费	Income from Regular Meals of Kinfolk	0.50	0.40	0.24
提取住房公积金	Withdrawal of Public Reserve Funds for Housing	0.10		
记帐补贴	Sample Household Subsidy for Keeping Dairies	0.50	1.20	1.35
其他转移性收入	Other Transfer Incomes	0.30	0.10	0.15
二、出售财物收入	**Income from Selling Properties**	**100.00**	**100.00**	**100.00**
出售住房收入	Income from Selling Houses	39.40		
出售其他物品收入	Income from Selling Other Properties	60.60	100.00	100.00
三、借贷收入	**Loan Income**	**100.00**	**100.00**	**100.00**
提取储蓄存款	Withdrawal of Savings Deposits	88.27	83.66	83.04
借入款	Borrowed Money	3.60	14.03	14.69
收回借出款	Repayment of Loans Receivable	1.50	2.21	2.14
收回储蓄性保险本	Insured Savings Receivable	0.25		
兑售有价证券	Selling Portfolio	0.25		
收回投资本金	Investment Capital Receivable	0.39		
住房贷款	Loans for Housing	3.86		
汽车贷款	Loans for Automobile	0.14		
教育贷款	Loans for Education	0.01		
其他贷款	Other Loans		0.08	0.14
其他借贷收入	Other Loan Incomes	1.73	0.02	

COMPOSITION OF PER CAPITA ANNUAL CASH INCOME OF URBAN HOUSEHOLDS BY LEVEL OF INCOME (2003)

(%)

低收入户 Low Income Households	中等偏下户 Lower Middle Income Households	中等收入户 Middle Income Households	中等偏上户 Upper Middle Income Households	高收入户 High Income Households	最高收入户 Highest Income Households
100.00	**100.00**	**100.00**	**100.00**	**100.00**	**100.00**
94.24	91.37	93.51	91.23	91.41	92.38
64.91	79.01	71.46	80.94	77.18	80.85
64.44	78.25	70.59	80.07	76.33	80.85
1.56	0.76	0.87	0.87	0.85	1.07
12.30	4.10	7.60	2.37	5.34	2.57
1.45	1.30	1.43	1.58	3.74	3.66
0.03	0.23	0.10	0.22	0.33	0.21
	0.22	0.27	0.39	0.71	1.00
	0.03		0.01	0.01	0.30
0.03	0.06	0.02	0.44	0.31	0.20
1.35	0.68	1.04	0.53	2.37	1.84
0.03	0.08	0.01			0.12
21.40	15.59	19.50	15.11	13.74	12.91
11.50	10.10	12.67	9.02	7.76	5.29
0.46		0.03	0.01		0.01
0.06	0.07		0.40	0.02	0.95
		0.02			0.12
1.28	0.21	0.71	0.30	0.07	0.17
1.25	0.20	0.70	0.27	0.07	0.08
3.30	1.33	1.36	1.30	1.73	1.45
3.23	2.60	3.05	2.90	3.11	3.26
0.47	0.41	0.60	0.45	0.46	0.64
	0.09	0.14	0.08	0.04	0.13
0.90	0.62	0.76	0.47	0.35	0.24
0.19	0.16	0.16	0.16	0.20	0.68
100.00	**100.00**	**100.00**	**100.00**	**100.00**	**100.00**
0.50	0.01	20.00	95.73	11.41	9.48
99.50	99.90	80.00	4.27	88.59	90.52
100.00	**100.00**	**100.00**	**100.00**	**100.00**	**100.00**
93.64	97.05	79.84	92.03	89.53	83.82
4.91	2.19	2.96	3.80	2.29	4.03
0.41	0.23	2.24	3.09	0.10	1.54
	0.16	0.24		0.57	0.30
0.88	0.07		0.87	0.09	
					1.11
		14.53		7.24	4.13
					0.40
		0.13	0.02	0.06	
0.18	0.29	0.16	0.19	0.12	4.66

10-6 城镇居民家庭平均每人全年消费性支出（2003 年）

单位：元

项　　目	Item	总平均 Average	最低收入户 Lowest Income Households	#困难户 Poor Households
消费性支出	**Total Living Expenditures**	**9636.24**	**3511.56**	**3114.24**
食品	Food	3583.68	1824.60	1613.28
#粮食	Grain	230.28	192.84	174.96
肉禽及其制品	Meat, Poultry and Related Products	846.24	662.88	584.28
蛋类	Eggs	44.80	31.08	30.24
水产品	Aquatic Products	359.76	215.28	194.28
奶及奶制品	Milk and Dairy Products	123.96	20.16	17.28
衣着	Clothing	559.92	104.88	87.24
#服装	Garments	417.84	77.04	63.36
家庭设备用品及服务	Household Facilities, Articles and Services	658.08	120.96	112.32
#耐用消费品	Durable Consumer Goods	316.92	40.68	44.76
医疗保健	Medicine and Medical Services	616.80	202.92	210.00
交通通讯	Transport and Communications	1272.84	314.04	275.52
娱乐教育文化服务	Recreational, Educational and Cultural Services	1437.12	414.00	343.32
#文娱用耐用消费品	Durable Consumer Goods for Recreational Use	377.40	58.80	50.40
居住	Residence	1196.40	454.32	411.00
#住房	Housing	443.76	24.84	25.20
杂项商品及其服务	Miscellaneous Commodities and Services	311.40	75.84	61.56

10-7 城镇居民家庭平均每人全年消费性支出构成（2003 年）

单位:%

项　　目	Item	总平均 Average	最低收入户 Lowest Income Households	#困难户 Poor Households
消费性支出	**Total Living Expenditures**	**100.0**	**100.0**	**100.0**
食品	Food	37.2	52.0	51.8
#粮食	Grain	2.4	5.5	5.6
肉禽及其制品	Meat, Poultry and Related Products	8.8	18.9	18.8
蛋类	Eggs	0.5	0.9	1.0
水产品	Aquatic Products	3.7	6.1	6.2
奶及奶制品	Milk and Dairy Products	1.3	0.6	0.6
衣着	Clothing	5.8	3.0	2.8
#服装	Garments	4.3	2.2	2.0
家庭设备用品及服务	Household Facilities, Articles and Services	6.8	3.4	3.6
#耐用消费品	Durable Consumer Goods	3.3	1.2	1.4
医疗保健	Medicine and Medical Services	6.4	5.8	6.7
交通通讯	Transport and Communications	13.2	8.9	8.8
娱乐教育文化服务	Recreational, Educational and Cultural Services	14.9	11.8	11.0
#文娱用耐用消费品	Durable Consumer Goods for Recreational Use	3.9	1.7	1.6
居住	Residence	12.4	12.9	13.2
#住房	Housing	4.6	0.7	0.8
杂项商品及其服务	Miscellaneous Commodities and Services	3.3	2.2	2.0

PER CAPITA ANNUAL PURCHASES OF MAJOR FOOD COMMODITIES OF URBAN HOUSEHOLDS BY LEVEL OF INCOME (2003)

(yuan)

低收入户 Low Income Households	中等偏下户 Lower Middle Income Households	中等收入户 Middle Income Households	中等偏上户 Upper Middle Income Households	高收入户 High Income Households	最高收入户 Highest Income Households
4771.32	**6169.56**	**8726.52**	**12726.24**	**16141.44**	**25029.24**
2393.64	2704.44	3536.28	4527.00	5384.52	6469.68
222.96	210.72	240.48	245.28	249.72	270.48
767.64	859.28	891.12	907.32	886.20	943.80
41.16	41.52	48.12	48.24	50.88	57.36
284.28	334.08	375.36	409.60	467.16	477.00
53.76	75.60	132.48	167.64	247.92	256.44
197.88	288.72	488.16	787.80	1096.56	1690.92
146.52	209.52	358.92	580.32	851.40	1277.04
180.00	341.40	552.96	839.52	1234.08	2490.60
54.60	166.56	285.12	380.40	563.40	1339.08
279.84	355.92	564.84	970.08	1052.52	1296.96
495.12	699.96	1130.04	1690.92	2350.68	3929.28
504.36	785.40	1281.12	2036.04	2754.72	3885.84
79.04	176.40	342.24	601.80	765.96	1020.36
584.04	832.08	915.00	1461.48	1718.04	4196.52
64.32	237.72	168.60	546.96	607.08	2913.24
136.56	161.64	258.12	413.40	550.32	1069.43

COMPOSITION OF PER CAPITA ANNUAL LIVING EXPENDITURE OF URBAN HOUSEHOLDS (2003)

(%)

低收入户 Low Income Households	中等偏下户 Lower Middle Income Households	中等收入户 Middle Income Households	中等偏上户 Upper Middle Income Households	高收入户 High Income Households	最高收入户 Highest Income Households
100.0	**100.0**	**100.0**	**100.0**	**100.0**	**100.0**
50.2	43.8	40.5	35.6	33.4	25.9
4.7	3.4	2.8	1.9	1.6	1.1
16.1	13.6	10.2	7.1	5.5	3.8
0.9	0.7	0.6	0.4	0.3	0.2
6.0	5.4	4.3	3.2	2.9	1.9
1.1	1.2	1.5	1.3	1.5	1.0
4.1	4.7	5.6	6.2	6.8	6.8
3.1	3.4	4.1	4.6	5.3	5.1
3.8	5.5	6.3	6.6	7.6	10.0
1.1	2.7	3.3	3.0	3.5	5.4
5.9	5.8	6.5	7.6	6.5	5.2
10.4	11.3	12.9	13.3	14.6	15.7
10.6	12.7	14.7	16.0	17.1	15.5
1.7	2.9	3.9	4.7	4.7	4.1
12.2	13.5	10.5	11.5	10.6	16.8
1.3	3.8	1.9	4.3	3.8	11.6
2.9	2.6	3.0	3.2	3.4	4.1

10-8 按收入等级分的城镇居民家庭平均每人全年购买主要食品数量（2003 年）

PER CAPITA ANNUAL PURCHASES OF MAJOR FOOD COMMODITIES OF URBAN HOUSEHOLDS BY LEVEL OF INCOME (2003)

项　目　Item	总平均 Average	最低收入户 Lowest Income Households	#困难户 Poor Households	低收入户 Low Income Households	中等偏下户 Lower Middle Income Households	中等收入户 Middle Income Households	中等偏上户 Upper Middle Income Households	高收入户 High Income Households	最高收入户 Highest Income Households
粮　食　（公斤）Grain　(kg)	70.80	81.00	74.64	84.96	74.28	72.48	63.12	56.16	56.28
#富强粉　（公斤）Fuqiang Flour　(kg)	0.48	0.48	0.24	0.24	0.24	0.36	0.36	0.84	1.32
大　米　（公斤）Rice　(kg)	54.72	68.04	62.88	69.36	60.48	54.84	45.96	37.68	36.12
其他粮食（公斤）Other Grain　(kg)	2.40	1.56	1.32	1.56	1.80	2.52	3.00	3.12	3.84
粮食制品（公斤）Grain Products　(kg)	13.32	11.04	10.32	13.80	11.76	14.76	13.80	14.64	14.88
食用油　（公斤）Edible Oil　(kg)	8.64	9.24	8.40	9.84	8.88	8.88	7.92	7.20	6.96
鲜　菜　（公斤）Fresh Vegetables　(kg)	104.40	92.52	88.80	98.16	100.08	109.68	108.60	111.24	111.36
干　菜　（公斤）Dried Vegetables　(kg)	0.60	0.48	0.36	0.48	0.60	0.72	0.84	0.72	0.72
猪　肉　（公斤）Pork　(kg)	28.92	27.00	24.84	29.52	28.80	29.88	29.04	28.06	29.04
牛羊肉　（公斤）Beef and Mutton　(kg)	2.76	0.96	0.72	0.96	1.20	1.20	1.08	1.08	0.84
肉制品　（公斤）Meal Products　(kg)	4.56	3.36	3.00	4.08	4.56	5.04	5.04	4.92	5.28
家　禽　（公斤）Poultry　(kg)	17.28	13.56	12.24	15.60	18.84	18.36	18.12	16.56	17.16
蛋　（公斤）Eggs　(kg)	7.20	4.92	4.80	6.48	6.72	7.80	7.80	8.16	9.00
鱼　（公斤）Fish　(kg)	19.56	15.96	15.72	18.36	19.08	20.52	20.76	20.52	20.40
虾　（公斤）Shrimp　(kg)	1.32	0.96	0.84	1.20	1.56	1.32	1.33	1.32	1.68
白　酒　（公斤）Spirits　(kg)	0.84	0.72	0.84	1.32	0.96	0.96	0.84	0.48	0.96
果　酒　（公斤）Fruit Wine　(kg)	0.12			0.24		0.12	0.24	0.24	0.48
啤　酒　（公斤）Beer　(kg)	1.32	0.36	0.36	0.72	1.08	1.56	1.56	2.28	2.04
其他酒　（公斤）Other Liquor　(kg)	0.36	0.24	0.24	0.36	0.48	0.36	0.24	0.24	0.48
碳酸饮料　（公斤）Carbonic Acid Drink　(kg)	2.04	0.84	0.60	1.32	1.20	2.28	2.88	3.00	3.72
果蔬饮料　（公斤）Fruits & Vegetable Drink　(kg)	0.84	0.12	0.12	0.24	0.36	0.84	1.44	1.56	1.44
瓶装饮用水　（公斤）Bottle Drinking Water　(kg)	14.76	3.72	1.32	5.28	10.32	10.32	23.52	28.32	24.60
鲜　果　（公斤）Fresh Fruits　(kg)	31.68	14.04	13.80	22.56	27.60	34.44	38.88	40.44	49.20
鲜　瓜　（公斤）Fresh Melons　(kg)	6.36	2.04	2.28	3.12	4.44	7.32	8.76	9.22	10.68
干　果　（公斤）Dried Fruits　(kg)	0.48	0.24	0.36	0.36		0.60	0.60	0.72	0.84
瓜果制品　（公斤）Melon & Fruits Products　(kg)	0.48	0.12	0.12	0.24	0.36	0.60	0.72	0.72	0.84
坚果及果仁　（公斤）Nuts and Kernels　(kg)	2.16	1.20	1.20	1.32	1.80	2.40	2.52	2.76	3.24
糕　点　（公斤）Cake　(kg)	4.08	1.44	1.08	2.40	3.36	4.44	5.52	5.16	6.24
鲜　乳　（公斤）Fresh Milk　(kg)	8.52	1.80	1.56	4.20	4.92	8.88	12.72	15.48	15.72
奶　粉　（公斤）Milk Powder　(kg)	0.60	0.12	0.12	0.36	0.48	0.60	0.60	0.96	0.96
酸　奶　（公斤）Yogurt　(kg)	1.32	0.12	0.12	0.24	0.48	1.44	1.56	3.60	4.08
茶　叶　（公斤）Tea　(kg)	0.36	0.36	0.36	0.36	0.36	0.36	0.36	0.24	0.48

10-9 按收入等级分的城镇每百户居民家庭全年购买非食品数量（2003 年）
PER CAPITA ANNUAL PURCHASES OF MAJOR NON-FOOD COMMODITIES OF PER 100 URBAN HOUSEHOLDS BY LEVEL OF INCOME (2003)

项目 Item	总平均 Average	最低收入户 Lowest Income Households	#困难户 Poor Households	低收入户 Low Income Households	中等偏下户 Lower Middle Income Households	中等收入户 Middle Income Households	中等偏上户 Upper Middle Income Households	高收入户 High Income Households	最高收入户 Highest Income Households
洗衣机（台）Washing Machine (unit)	5.04			0.56	3.13	8.89	5.80	6.92	11.58
电风扇（台）Electric Fan (unit)	17.52	5.58	5.66	10.43	14.84	20.77	21.90	26.66	22.87
电冰箱（台）Refrigerator (unit)	3.72	0.52	1.09	1.44	2.68	4.63	5.54	1.02	13.67
微波炉（台）Microwave Oven (unit)	3.36	0.72		0.33	3.46	4.63	3.35	3.33	9.49
空调器（台）Air Conditioner (unit)	10.68	3.10	1.09	1.44	8.04	10.01	13.40	19.35	30.83
电炊具（台）Electric Cooking Appliance (unit)	15.72	3.92	5.96	6.77	11.38	17.89	21.90	25.38	27.90
淋浴热水器（台）Shower (unit)	7.20	2.17	1.99		6.14	8.89	7.60	16.15	11.58
排油烟机（台）Smoke Absorber (unit)	4.08	0.72		0.11	5.80	4.13	2.32	7.30	12.27
吸尘器（台）Dust Catcher (unit)	0.72				0.33	0.38	1.93	1.66	
消毒碗柜（台）Sterilizer Cupboard (unit)	3.12	1.96	1.79	0.78	2.45	2.00	2.45	7.56	10.88
饮水机（台）Drinking Water Equipment (unit)	4.32	3.30	2.98	3.99	4.46	2.63	4.25	7.69	6.97
取暖器（台）Heater (unit)	1.80				0.33	4.13	3.09	1.28	1.82
摩托车（辆）Motorcycle (unit)	3.00	0.93	1.49	0.56	2.45	3.75	5.41	3.33	2.65
自行车（辆）Bicycle (unit)	11.88	1.96	1.89	8.87	12.61	12.14	15.71	16.54	12.00
家用汽车（辆）Automobile (unit)	0.12							0.13	2.23
电话机（部）Telephone (unit)	11.40	3.72	2.38	6.99	8.82	12.89	13.27	20.51	16.74
移动电话（部）Mobile Telephone (unit)	24.60	1.45	0.30	8.10	11.27	26.28	36.11	41.78	74.21
传真机（台）Fax Machine (unit)									0.24
彩色电视机（台）Color Television Set (unit)	6.00	1.24		0.11	4.46	5.88	7.86	12.69	14.23
影碟机（台）Video Disc Player (unit)	4.80	1.45	1.79	0.67	2.12	5.13	7.09	10.12	11.72
家用电脑（台）Computer (unit)	6.36	1.55	2.18	1.66	3.57	8.01	10.05	3.63	8.27
组合音响（台）Hi-fi Stereo Component System (unit)	1.56				0.56	2.38	1.16	3.72	6.84
录音机（台）Radio Cassette Player (unit)	5.04	0.93		2.88	4.35	5.76	7.73	5.77	6.84
摄像机（部）Pickup Camera (unit)	0.12						0.26	0.51	
照相机（部）Camera (unit)	2.40			0.33	0.78	1.25	4.12	7.18	7.39
钢琴（架）Piano (unit)	0.12						0.52	0.13	
其他中高档乐器（件）Other Medium and High Grade Musical Instruments (unit)	0.60	1.03			0.33	0.63	1.03	1.02	

10-10 按收入等级分的城镇居民家庭平均每百户年底耐用消费品拥有量（2003 年）
NUMBER OF DURABLE CONSUMER GOODS OWNED PER 100 URBAN HOUSEHOLDS AT THE YEAR-END BY LEVEL OF INCOME (2003)

项 目	Item	总平均 Average	最低收入户 Lowest Income Households	#困难户 Poor Households	低收入户 Low Income Households	中等偏下户 Lower Middle Income Households	中等收入户 Middle Income Households	中等偏上户 Upper Middle Income Households	高收入户 High Income Households	最高收入户 Highest Income Households
组合家具（套）	Composite Furniture (set)	75.72	48.66	49.58	53.49	71.63	69.70	78.45	101.87	127.77
摩托车（辆）	Motorcycle (unit)	75.18	47.16	37.34	66.00	70.82	83.46	89.30	78.38	67.61
自行车（辆）	Bicycle (unit)	133.11	182.38	170.69	168.82	155.78	128.42	107.00	107.72	78.40
助力车（辆）	Power-assisting Bicycle (unit)	1.75	2.80	1.88	2.07	2.11	2.51	0.59	1.69	
家用汽车（辆）	Automobile (unit)	4.37			1.22	0.31	2.15	4.15	10.11	25.39
洗衣机（台）	Washing Machine (unit)	97.71	83.02	80.75	92.09	94.88	99.34	99.82	107.37	108.63
电风扇（台）	Electric Fan (unit)	299.98	282.64	273.06	307.22	315.26	310.10	289.38	296.42	275.87
电冰箱（台）	Refrigerator (unit)	92.56	58.66	52.16	75.32	84.36	97.09	102.82	110.61	116.58
彩色电视机（台）	Color Television Set (unit)	152.52	115.55	111.76	132.12	137.37	153.17	168.31	190.81	170.59
影碟机（台）	Video Disc Player (unit)	81.24	58.78	56.95	65.87	76.94	85.72	88.74	98.25	85.58
录放像机（台）	Video Recorder (unit)	17.81	8.86	3.94	13.29	13.17	18.68	18.55	27.24	31.23
家用电脑（台）	Computer (unit)	56.02	11.78	10.51	26.62	32.55	61.65	74.97	90.28	102.45
组合音响（台）	Hi-fi Stereo Component System (unit)	51.47	24.24	23.44	32.66	42.59	54.68	58.16	72.51	80.83
收录机（台）	Radio Cassette Player (unit)	54.93	42.26	36.77	53.26	50.98	53.03	56.76	69.70	64.49
摄像机（台）	Pickup Camera (unit)	3.79			0.93	0.29	1.70	2.92	11.25	20.94
照相机（架）	Camera (unit)	60.18	20.72	14.57	36.48	42.08	58.69	72.77	98.46	110.89
钢琴（架）	Piano (unit)	2.89			0.18	0.32	0.60	4.32	12.49	6.57
其它中高档乐器（件）	Other Medium and High Grade Musical Instrument (unit)	8.79	2.12	1.32	2.00	2.89	10.31	9.17	20.84	21.19
微波炉（台）	Microwave Oven (unit)	54.64	19.29	12.47	30.40	37.95	59.74	69.98	80.50	86.82
空调器（台）	Air Conditioner (unit)	141.99	35.28	21.64	58.95	95.08	142.87	183.43	251.73	254.47
电炊具（台）	Electric Cooking Appliance (unit)	107.49	58.05	48.81	79.24	86.81	111.34	128.68	144.61	145.88
淋浴热水器（台）	Shower (unit)	104.89	87.81	79.91	99.22	103.66	104.45	106.18	119.70	115.60
排油烟机（台）	Smoke Absorber (unit)	79.24	56.88	41.82	66.94	75.97	78.63	87.50	93.90	92.58
消毒碗柜（台）	Sterilizer Cupboard (unit)	72.39	56.03	45.66	66.81	71.32	79.21	83.88	86.63	88.18
洗碗机（台）	Bowl-washing Machine (unit)	1.25	0.64				0.80	2.05	0.77	7.07
饮水机（台）	Drinking Water Equipment (unit)	31.66	17.78	16.65	25.57	26.28	27.90	35.43	47.56	51.34
吸尘器（台）	Dust Catcher (unit)	10.13			0.18	1.99	10.13	13.94	25.99	26.96
健身器材（件）	Body Building Equipment (unit)	7.08	1.88	2.61	1.84	4.78	4.56	7.95	16.86	18.84
移动电话（台）	Mobile Telephone (unit)	150.66	53.46	51.82	77.34	118.30	163.66	189.64	221.05	223.31
传真机（部）	Fax Machine (unit)	2.15	0.19	0.39		0.98	1.20	1.63	5.69	10.51

10-11 城镇居民家庭年末居住情况
RESIDENTIAL CONDITIONS OF URBAN HOUSEHOLDS AT THE YEAR-END

项　　目	Item	1990	1995	2000	2002	2003
调查户数	**Number of Households Surveyed**	**1500**	**1550**	**1600**	**1600**	**1600**
一、现住房总建筑面积（平方米/人）	**Total Floor Space of Buildings (sq. m/person)**				**32.15**	**31.76**
二、现住房屋总使用面积（平方米/人）	**Total Floor Space of Buildings for Use (sq. m/person)**				**24.83**	**24.63**
三、房屋产权（%）	**Property Rights of Buildings (%)**	**100.00**	**100.00**	**100.00**	**100.00**	**100.00**
租赁公房	Public Apartments for Lease	71.80	38.00	16.50	10.04	10.75
租赁私房	Individual Apartments for Lease	3.13	1.87	1.50	2.15	1.81
原有私房	Original Individual Apartments	24.80	60.13	70.00	21.07	21.97
房改私房	Individual Apartments through Housing Reform			12.00	53.79	50.71
商品房	Commercial Buildings				9.99	12.45
其他	Others	0.27			2.96	2.31
四、住宅建筑式样（%）	**Design of Residential Buildings (%)**				**100.00**	**100.00**
单栋住宅	Separate Residential Buildings				12.51	12.58
四居室	Four-room Apartments				6.34	6.36
三居室	Three-room Apartments				36.38	34.98
二居室	Two-room Apartments				33.72	33.01
一居室	One-room Apartment				4.29	5.62
普通楼房	Ordinary Buildings				3.87	4.69
平房及其他	Terraces and Others				2.89	2.76
五、用水情况（%）	**Water Use (%)**				**100.00**	**100.00**
独用自来水	Tap Water for Individual Use				97.51	98.43
公用自来水	Tap Water for Public Use				2.49	1.57
井、河水	Well & River Water					
其他	Other					
六、卫生设备（%）	**Sanitation Facility (%)**	**100.00**	**100.00**	**100.00**	**100.00**	**100.00**
无卫生设备	Without Sanitation Facility	21.73	6.84	2.56	2.40	1.91
有厕所浴室	With Washroom and Bathroom	52.47	78.32	81.50	90.22	91.12
有厕所无浴室	With Washroom but no Bathroom	17.47	10.26	13.69	5.61	4.81
公用	For Public Use	8.33	4.58	2.25	1.77	2.16
七、炊用燃料使用情况（%）	**Fuel Use (%)**	**100.00**	**100.00**	**100.00**	**100.00**	**100.00**
管道煤气	Pipeline Gas	0.53	7.23	10.00	13.24	16.96
液化石油气	Liquefied Petroleum Gas	61.74	83.42	86.87	84.53	81.13
煤	Gas	34.60	8.19	2.94	2.00	1.64
其他	Other	3.13	1.16	0.19	0.23	0.27
八、通信设备使用情况	**Telecommunication Facility**					
1. 有无电话（%）	Percentage of Telephones (%)				100.00	100.00
有	With Telephones				0.94	0.69
无	Without Telephones				99.06	99.31
2. 固定电话（每百户）	Fixed-line Telephones (per 100 households)				101.12	102.04
3. 移动电话（每百户）	Mobile Telephones (per 100 households)				129.12	150.53
4. 使用互联网（每百户）	Use of Internet (per 100 households)				0.76	

10-12 农村居民家庭基本情况
BASIC CONDITIONS OF RURAL HOUSEHOLDS

项目	Item	1990	1995	2000	2002	2003
一、调查户数 （户）	**Number of Households Surveyed (household)**	**2560**	**2480**	**2560**	**2560**	**2560**
二、调查户人口、劳动力 （人）	**Number of Residents and Laborers Surveyed (person)**					
常住人口	Number of Permanent Residents in the Households Surveyed	14459	13289	13190	13016	12900
平均每户常住人口	Average Number of Permanent Residents per Household	5.65	5.36	5.15	5.08	5.04
平均每户整半劳动力	Average Number of Able-bodied and Semi-able-bodied Laborers per Household	3.25	3.11	3.11	3.22	3.27
平均每个劳动力负担人口	Number of Dependents per Laborer	1.74	1.72	1.65	1.58	1.54
平均每百个劳动力的文化程度	Education Level of per 100 Laborers					
文盲或半文盲	Illiterate and Semi-illiterate	13.76	7.41	4.31	4.02	3.93
小学程度	Primary School	44.34	39.99	33.15	30.03	28.22
初中程度	Junior Secondary School	32.93	40.65	48.88	52.02	53.20
高中程度	Senior Secondary School	8.38	9.95	9.96	10.37	10.51
中专程度	Specialized Secondary School	0.48	1.66	3.12	2.99	3.36
大专程度	College and Higher Level	0.11	0.34	0.58	0.57	0.78
三、平均每人经营耕地面积 （亩）	**Per Capita Area of Cultivated Land under Management (mu)**	**1.04**	**0.90**	**0.85**	**0.72**	**0.65**
四、平均每户年末生产性固定资产原值 （元）	**Original Value of Productive Fixed Asset Owned per Household at the Year-end (yuan)**	**1385.96**	**2744.85**	**4504.29**	**4129.87**	**4030.46**
役畜、产品畜	Draught Animals and Commodity Animals	390.70	657.45	509.72	459.44	485.86
大中型铁木农具	Large and Medium Iron and Wood Farm Implements	105.42	175.41	260.04	252.37	249.96
农林牧渔机械	Farming, Forestry, Animal Husbandry and Fishery Machinery	188.33	261.16	416.98	497.58	432.90
工业机械	Industrial Machinery	69.60	64.17	279.10	387.46	417.53
运输机械	Transportation Machinery	287.82	681.26	826.67	870.38	680.39
生产用房	Buildings for Productive Use	255.65	647.81	1055.79	855.35	1033.84
其　　他	Others	88.44	257.60	1155.99	807.29	729.98
五、平均每百户年末拥有主要固定资产	**Major Fixed Assets Owned per 100 Households at the Year-end**					
汽　　车 （辆）	Motor Vehicle (unit)	0.44	1.15	1.35	1.33	1.31
大中型拖拉机 （台）	Large and Medium Tractor (unit)	0.29	0.38	0.20	0.08	0.16
小型及手扶拖拉机 （台）	Small and Walking Tractor (unit)	5.90	7.19	9.06	8.29	7.89
机动脱粒机 （台）	Motorized Threshing Machine (unit)	3.36	7.38	12.41	11.86	13.48
胶轮大车 （辆）	Carts with Rubber Tires (unit)	1.86	1.94	5.86	4.69	4.86
役畜、产品畜 （头）	Drought Animal and Commodity Animal (head)	82.53	83.39	67.66	58.52	50.12
收割机 （台）	Reaping Machines (unit)			0.47	0.55	1.13
水泵 （台）	Pump (unit)	2.71	7.93	13.36	13.36	11.99
农用动力机械 （台）	Farm Power Machinery (unit)			6.52	8.57	9.63

10-13 农村居民平均每人纯收入及生活消费支出
PER CAPITA NET INCOME AND LIVING EXPENDITURE OF RURAL HOUSEHOLDS

年份 Year	人均纯收入（元）Per Capita Net Income (yuan)	增长速度（%）Growth Rate (%)			人均生活消费支出（元）Per Capita Living Expenditure (yuan)	增长速度（%）Increase Rate (%)		
		名义增长（上年为100）Nominal Growth (preceding year = 100)	实际增长（上年为100）Real Growth (preceding year = 100)	实际增长（1978年为100）Real Growth (1978 = 100)		名义增长（上年为100）Nominal Growth (preceding year = 100)	实际增长（上年为100）Real Growth (preceding year = 100)	实际增长（1978年为100）Real Growth (1978 = 100)
1949	55. 62				67. 85			
1952	85. 32				78. 76			
1965	107. 73	16. 2			99. 11	17. 5		
1974	153. 01				152. 65			
1975	143. 83	-6. 0			151. 42	-0. 8		
1976	152. 66	6. 1			182. 64	20. 6		
1977	179. 12	17. 3			189. 86	4. 0		
1978	193. 25	7. 9		100. 00	184. 89	-2. 6		100. 00
1979	222. 72	15. 2	13. 6	113. 60	205. 18	11. 0	10. 1	110. 10
1980	274. 37	23. 2	19. 4	135. 64	222. 22	8. 3	3. 9	114. 39
1981	325. 37	18. 6	11. 4	151. 10	266. 05	19. 7	12. 1	128. 23
1982	381. 79	17. 3	12. 7	170. 29	312. 44	17. 4	16. 2	149. 00
1983	395. 92	3. 7	7. 0	182. 21	328. 76	5. 2	6. 3	158. 39
1984	425. 34	7. 4	7. 2	195. 33	346. 19	5. 3	5. 0	166. 31
1985	495. 31	16. 5	9. 8	214. 47	388. 00	12. 1	5. 7	175. 79
1986	546. 43	10. 3	7. 6	230. 77	454. 06	17. 0	11. 1	195. 30
1987	662. 24	21. 2	11. 1	256. 39	545. 25	20. 1	9. 5	213. 85
1988	808. 70	22. 1	2. 7	263. 31	684. 67	25. 6	3. 2	220. 69
1989	955. 02	18. 1	2. 0	268. 58	870. 59	27. 2	7. 3	236. 80
1990	1043. 03	9. 2	1. 6	272. 88	932. 63	7. 1	-0. 3	236. 09
1991	1143. 06	9. 6	9. 4	298. 53	942. 40	1. 1	1. 2	238. 92
1992	1307. 65	14. 4	10. 4	329. 58	1060. 29	12. 5	8. 8	259. 94
1993	1674. 78	28. 1	6. 1	349. 68	1391. 01	31. 2	6. 8	277. 62
1994	2181. 52	30. 3	3. 8	362. 97	1882. 00	35. 3	3. 6	287. 61
1995	2699. 24	23. 7	6. 5	386. 56	2255. 01	19. 8	5. 3	302. 85
1996	3183. 46	17. 9	7. 6	415. 94	2584. 16	14. 6	6. 9	323. 75
1997	3467. 69	8. 9	4. 2	433. 41	2617. 65	1. 3	0. 3	324. 72
1998	3527. 14	1. 7	3. 4	448. 15	2683. 18	2. 5	3. 8	337. 06
1999	3628. 93	2. 9	6. 2	475. 94	2645. 94	-1. 4	1. 7	342. 79
2000	3654. 48	0. 7	0. 9	480. 22	2646. 02	…	…	342. 87
2001	3769. 79	3. 2	3. 5	497. 03	2703. 36	2. 2	2. 5	351. 44
2002	3911. 91	3. 8	5. 1	522. 38	2825. 01	4. 5	6. 0	372. 53
2003	4054. 58	3. 6	3. 4	540. 14	2927. 35	3. 6	3. 4	385. 20

注：农村居民现金纯收入受农村生活消费品价格指数和农村服务项目价格指数 以及农业生产资料价格指数的影响（购买生产性固定资产部分）；实物纯收入受自产自用产品价格指数影响。名义增长扣除物价因素影响后为实际增长。

Note: The figures of per capita net income of rural households are affected by the price indices of rural living consumer goods, rural services and agricultural producer goods (for purchase of productive fixed assets); and the figures of real net income are affected by the price index of products for self-consumption. After price factor is deducted from the nominal growth rate, that is the real growth rate.

10-14 农村居民家庭房屋情况
HOUSING CONDITIONS OF RURAL HOUSEHOLDS

项　　目	Item	1990	1995	2000	2002	2003
一、平均每户年内新建房屋	**Rooms Newly Built by per Household within the Year**					
面积 （平方米）	Floor Space (sq. m)	4.19	5.11	6.34	3.91	3.11
# 砖木结构 （平方米）	Brick and Wood Structure (sq. m)	1.49	0.64	0.29	0.25	0.24
钢筋混凝土结构 （平方米）	Reinforced Concrete Structure (sq. m)	2.53	3.87	6.02	3.50	2.87
在新建房屋面积中	Floor Space of Newly Built Rooms					
生活用房 （平方米）	Floor Space for Living (sq. m)	3.23	4.67	6.01	3.77	3.11
楼　房 （平方米）	Floor Space of Multi-story Buildings (sq. m)	1.79	0.75	5.60	3.29	2.76
每平方米价值 （元）	Value per Square Meter (yuan)	137.33	308.20	340.89	334.25	362.66
二、年末住房每平方米价值 （元）	**Value Per Square Meter at Year-end (yuan)**	**56.41**	**181.41**	**288.25**	**291.41**	**304.62**
三、平均每人年末生活住房	**Per Capita Floor Space for Living at the Year-end**					
面积 （平方米）	**Floor Space (sq. m)**	**17.39**	**20.83**	**22.42**	**24.07**	**24.79**
#砖木结构	Brick and Wood Structure	10.67	10.55	7.52	6.92	6.73
钢筋混凝土结构	Reinforced Concrete Structure	2.63	8.57	13.03	15.20	16.34
#楼房面积 （平方米）	Multi-story Buildings (sq. m)			12.52	14.84	15.81

10-15 农村居民家庭按人均纯收入水平分组的户数及构成
NUMBER OF RURAL HOUSEHOLDS AND ITS COMPOSITION GROUPED BY LEVEL OF PER CAPITA ANNUAL NET INCOME

分　　组	By Group	1990	1995	2000	2002	2003
一、调查户数 （户）	**Number of Households Surveyed (Household)**	**2560**	**2480**	**2560**	**2560**	**2560**
1000 元以下	Under 1000 yuan	1448	109	20	26	47
1000－1500 元	1000－1500 yuan	659	329	109	109	132
1500－2000 元	1500－2000 yuan	263	468	228	292	245
2000－3000 元	2000－3000 yuan	190	776	728	671	593
3000－4000 元	3000－4000 yuan		356	585	537	507
4000－5000 元	4000－5000 yuan		189	353	326	363
5000－6000 元	5000－6000 yuan		103	198	204	255
6000－7000 元	6000－7000 yuan		53	130	130	140
7000－8000 元	7000－8000 yuan		45	73	80	82
8000－9000 元	8000－9000 yuan		19	47	59	48
9000－10000 元	9000－10000 yuan		12	28	32	39
10000－12000 元	10000－12000 yuan		12	31	36	42
12000－15000 元	12000－15000 yuan		6	18	19	29
15000 元以上	15000 yuan and over		3	12	39	38
二、构成 （%）	**Composition (%)**	**100**	**100**	**100**	**100**	**100**
1000 元以下	Under 1000 yuan	56.6	4.4	0.8	1.0	1.8
1000－1500 元	1000－1500 yuan	25.7	13.3	4.3	4.3	5.1
1500－2000 元	1500－2000 yuan	10.3	18.9	8.9	11.4	9.6
2000－3000 元	2000－3000 yuan	7.4	31.3	28.4	26.2	23.1
3000－4000 元	3000－4000 yuan		14.3	22.8	21.0	19.9
4000－5000 元	4000－5000 yuan		7.6	13.8	12.7	14.2
5000－6000 元	5000－6000 yuan		4.2	7.7	8.0	10.0
6000－7000 元	6000－7000 yuan		2.1	5.1	5.1	5.5
7000－8000 元	7000－8000 yuan		1.8	2.9	3.1	3.2
8000－9000 元	8000－9000 yuan		0.8	1.8	2.3	1.9
9000－10000 元	9000－10000 yuan		0.5	1.1	1.3	1.5
10000－12000 元	10000－12000 yuan		0.5	1.2	1.4	1.6
12000－15000 元	12000－15000 yuan		0.2	0.7	0.7	1.1
15000 元以上	15000 yuan and over		0.1	0.5	1.5	1.5

注：1990 年 2000—3000 元组别中的数据，是指 2000 元以上的户数。
Note：The date grouped by 2000 to 3000 yuan in 1990 referred to the number of households above 2000 yuan.

10-16 农村居民家庭主要农产品生产情况

PRODUCTION CONDITIONS OF MAJOR FARM PRODUCTS OF RURAL HOUSEHOLDS

项　　目	Item	1990	1995	2000	2002	2003
平均每户主要农作物播种面积　（亩）	**Sown Area of Major Crops per Household　(mu)**	**10.67**	**10.12**	**7.71**	**6.89**	**6.69**
粮　食	Grain	8.35	6.48	5.47	4.80	4.44
#水稻	Rice		5.76	4.94	4.29	4.00
油　料	Oil-bearing Crops	0.77	0.71	0.52	0.49	0.48
糖　料	Sugar Crops	0.32	0.26	0.12	0.09	0.14
烟　叶	Tobacco	0.14	0.04	0.09	0.08	0.08
蔬　菜	Vegetables	0.98	2.59	1.41	1.32	1.45
果用瓜	Melons	0.11	0.04	0.10	0.11	0.10
平均每人主要农林产品产量　（公斤）	**Per Capita Output of Major Farm and Forestry Products　(kg)**					
粮　食	Grain	504.08	404.73	448.85	355.16	328.78
#稻谷	Rice	428.47	348.38	375.57	314.35	300.35
油　料	Oil-bearing Crops	17.47	18.71	19.07	18.59	17.46
糖　料	Sugar Crops	253.32	215.10	105.86	98.79	111.86
烟　叶	Tobacco	2.87	1.00	2.16	2.60	1.86
蔬　菜	Vegetables	205.02	330.99	387.36	387.34	381.51
果用瓜	Melons	27.98	7.96	29.03	37.09	28.79
水　果	Fruits	54.11	59.82	31.78	48.23	33.51
茶　叶	Tea	0.14	0.08	0.29	0.27	0.25
平均每户出售和自宰畜禽量及其他	**Sold and Slaughtered Livestock, Poultry and Other Animal Products per Household**					
出售和自宰肉猪头数　（头）	Number of Sold and Slaughtered Fattened Hogs　(head)	2.12	2.03	2.12	2.28	2.17
猪肉产量　（公斤）	Pork　(kg)	186.97	178.31	183.08	177.86	150.02
出售和自宰家禽只数　（只）	Number of Sold and Slaughtered Poultry　(head)	24.71	47.13	46.87	40.71	60.16
家禽产量　（公斤）	Poultry　(kg)		89.04	85.46	87.64	115.50
蛋类产量　（公斤）	Poultry Eggs　(kg)	10.07	6.92	7.35	7.16	6.74
蜂蜜产量　（公斤）	Honey　(kg)	0.03	0.05	1.04	0.65	0.87
蚕茧产量　（公斤）	Silkworm Cocoon　(kg)	4.80	5.94	3.95	7.17	7.02
牛、羊奶产量　（公斤）	Milk　(kg)	0.15	1.16	0.13	0.26	0.25
水产品产量　（公斤）	Aquatic Products　(kg)	98.64	119.92	200.16	233.76	227.80

10-17 农村居民家庭出售主要农产品数量
SOLD AMOUNT OF MAJOR FARM PRODUCTS BY RURAL HOUSEHOLDS

项目		Item		1990	1995	2000	2002	2003
平均每人出售量		**Per Capita Sold Amount**						
粮食（原粮）	（公斤）	Grain (Unprocessed Food Grain)	(kg)	125.00	61.96	86.36	84.41	98.32
#稻谷	（公斤）	Rice	(kg)		50.89	75.34	74.13	85.86
油料	（公斤）	Oil Bearing Crops	(kg)	4.89	4.08	4.42	3.43	4.68
糖料	（公斤）	Sugar Crops	(kg)	258.39	164.65	96.35	84.33	111.00
烟叶	（公斤）	Tobacco	(kg)	2.53	0.82	2.03	2.49	1.73
蔬菜	（公斤）	Vegetables	(kg)	95.92	206.29	255.31	271.29	256.92
果用瓜	（公斤）	Melons	(kg)	25.62	5.69	25.11	34.62	27.70
水果	（公斤）	Fruits	(kg)	48.47	48.55	24.20	39.19	29.63
茶叶	（公斤）	Tea	(kg)	0.08	0.04	0.25	0.19	0.17
平均每户出售量		**Per Household Sold Amount**						
生猪	（头）	Fattened Hog	(head)	2.06	1.62	2.01	2.21	2.17
猪肉	（公斤）	Pork	(kg)	178.18	162.92	165.42	172.73	187.02
肉牛	（头）	Beef Cattle	(head)	0.01	0.01	0.02	0.03	0.02
兔	（只）	Rabbit	(head)	0.01	0.03	0.05	0.03	0.05
家禽	（只）	Poultry	(head)	14.51	34.29	30.34	32.05	38.27
蛋类	（公斤）	Eggs	(kg)	4.58	0.61	1.87	2.90	2.75
蜂蜜	（公斤）	Honey	(kg)	0.03	0.05	0.46	0.47	0.85
蚕茧	（公斤）	Silkworm Cocoon	(kg)	4.80	5.88	3.78	6.51	6.75
牛羊奶	（公斤）	Milk	(kg)	0.13	1.13	0.11	0.25	0.24
水产品	（公斤）	Aquatic Products	(kg)	89.09	102.40	175.92	217.68	183.47

10-18 农村居民家庭平均每户购买农业生产资料
PURCHASES OF AGRICULTURAL PRODUCER GOODS PER RURAL HOUSEHOLD

项目		Item		1990	1995	2000	2002	2003
化肥	（公斤）	Chemical Fertilizer	(kg)	641.33	487.58	553.22	505.98	467.55
饼肥	（公斤）	Cake Fertilizer	(kg)	14.47	5.09	9.78	22.21	29.22
农药	（公斤）	Pesticide	(kg)	8.79	9.65	15.27	14.70	14.86
农用薄膜	（公斤）	Farming Plastic Pellicle	(kg)	0.58	0.57	0.63	2.60	1.09
生产用燃料	（公斤）	Fuel for Production Use	(kg)	33.05	43.25	52.78	55.20	43.88
生产用种籽	（公斤）	Seed for Production Use	(kg)			9.85	14.58	9.94
生产用饲料	（公斤）	Forage for Production Use	(kg)			721.69	856.25	863.71

10-19 农村居民家庭平均每人总收入和纯收入及构成
PER CAPITA TOTAL AND NET INCOME AND THEIR COMPOSITION OF RURAL HOUSEHOLDS

项目	Item	1980	1990	1995	2000	2002	2003
一、总收入（元）	**Total Income (yuan)**	**308.29**	**1508.71**	**3567.43**	**4574.43**	**4844.05**	**4946.68**
工资性收入	Income from Wages	129.55	245.52	712.24	1362.16	1714.11	1965.78
# 在非企业组织中得到收入	From Non-enterprise Organizations		10.83	39.60	177.26	221.66	187.53
在本地企业中得到收入	From Local Enterprises				386.59	361.81	361.84
常住人口外出从业得到收入	From Outward Employment of Permanent Residents				728.74	996.56	1223.94
家庭经营收入	Income from Household Business	151.40	1181.51	2579.07	2869.35	2738.44	2601.25
转移性收入	Transfer Income	26.74	72.96	226.06	269.24	251.78	195.29
财产性收入	Property Income	0.60	8.72	50.06	73.68	139.72	184.36
总收入构成（%）	Composition of Total Income (%)	100.0	100.0	100.0	100.0	100.0	100.0
工资性收入	Income from Wages	42.0	16.3	20.0	29.8	35.4	39.7
家庭经营收入	Income from Household Business	49.1	78.3	72.3	62.7	56.5	52.6
转移性收入	Transfer Income	8.7	4.8	6.3	5.9	5.2	3.9
财产性收入	Property Income	0.2	0.6	1.4	1.6	2.9	3.8
二、纯收入（元）	**Net Income (yuan)**	**274.37**	**1043.03**	**2699.24**	**3654.48**	**3911.91**	**4054.58**
按收入来源分	By Source of Income						
工资性收入	Income from Wages	129.55	245.52	712.24	1362.16	1714.11	1965.78
家庭经营纯收入	Income from Household Business	123.16	745.35	1756.64	2002.93	1869.56	1761.02
转移性收入	Transfer Income	21.06	43.44	180.30	215.71	188.52	143.42
财产性收入	Property Income	0.60	8.72	50.06	73.68	139.72	184.36
按收入来源分构成（%）	Composition by Source of Income (%)	100.0	100.0	100.0	100.0	100.0	100.0
工资性收入	Income from Wages	47.2	23.5	26.4	37.3	43.8	48.5
家庭经营纯收入	Income from Household Business	44.9	71.5	65.1	54.8	47.8	43.4
转移性收入	Transfer Income	7.7	4.2	6.7	5.9	4.8	3.6
财产性收入	Property Income	0.2	0.8	1.8	2.0	3.6	4.5
按收入性质分	By Type of Income						
生产性纯收入	Productive Income	252.71	990.87	2468.88	3365.09	3583.67	3726.80
农业生产性收入	Agricultural Productive Income	223.84	601.69	1253.80	1384.25	1344.45	1289.91
非农业生产性收入	Non-agricultural Productive Income	28.87	389.18	1215.08	1980.84	2239.22	2436.89
非生产性纯收入	Non-productive Income	21.66	52.16	230.36	289.39	328.24	327.78
按收入性质分构成（%）	Composition by Type of Income (%)	100.0	100.0	100.0	100.0	100.0	100.0
生产性纯收入	Productive Income	92.1	95.0	91.5	92.1	91.6	91.9
农业生产性收入	Agricultural Productive Income	81.6	57.7	46.5	37.9	34.4	31.8
非农业生产性收入	Non-agricultural Productive Income	10.5	37.3	45.0	54.2	57.2	60.1
非生产性纯收入	Non-productive Income	7.9	5.0	8.5	7.9	8.4	8.1

注：2003 年以前的总收入、转移性收入按 2003 年口径调整。
Note: The total income and transfer income before 2003 were adjusted according to the 2003 statistical coverage.

10-20 农村居民家庭平均每人家庭经营纯收入及构成
PER CAPITA NET INCOME FROM HOUSEHOLD BUSINESS AND ITS COMPOSITION OF RURAL HOUSEHOLDS

项　目	Item	1980	1990	1995	2000	2002	2003
家庭经营纯收入　（元）	**Net Income from Household Business (yuan)**	**123.16**	**745.35**	**1756.64**	**2002.93**	**1869.56**	**1761.02**
农业收入	Agriculture	55.51	432.41	885.89	944.73	920.02	826.63
林业收入	Forestry	1.75	5.46	19.36	16.00	17.55	34.53
牧业收入	Animal Husbandry	48.18	127.97	236.44	278.31	252.24	262.68
渔业收入	Fishery	3.15	35.85	112.11	145.21	154.64	166.07
工业收入	Industry		21.27	24.83	49.39	60.98	48.07
建筑业收入	Construction	6.82	36.65	140.01	137.32	62.39	56.83
交通、运输和邮电业收入	Transport, Postal and Telecommunications Services	2.15	22.83	76.97	119.60	100.66	91.09
批发和零售贸易、餐饮业收入	Wholesale and Retail Trades and Catering Services	1.97	33.39	120.41	156.28	171.26	163.01
社会服务业收入	Social Services	1.05	16.06	45.07	54.43	59.81	41.04
文教卫生业收入	Culture, Education and Health Care				15.89	13.24	11.63
其他家庭经营收入	Other Household Business	2.58	13.46	95.55	85.77	56.77	59.44
家庭经营纯收入构成　（%）	**Composition of Net Income from Household Business (%)**	**100.0**	**100.0**	**100.0**	**100.0**	**100.0**	**100.0**
农业收入	Agriculture	45.1	58.0	50.5	47.1	49.2	46.9
林业收入	Forestry	1.4	0.7	1.1	0.8	0.9	2.0
牧业收入	Animal Husbandry	39.1	17.2	13.5	13.9	13.5	14.9
渔业收入	Fishery	2.6	4.8	6.4	7.2	8.3	9.4
工业收入	Industry		2.9	1.4	2.5	3.3	2.7
建筑业收入	Construction	5.5	4.9	7.9	6.9	3.3	3.2
交通、运输和邮电业收入	Transport, Postal and Telecommunications Services	1.7	3.1	4.3	6.0	5.4	5.2
批发和零售贸易、餐饮业收入	Wholesale and Retail Trades and Catering Services	1.6	4.5	6.9	7.8	9.2	9.3
社会服务业收入	Social Services	0.9	2.1	2.6	2.7	3.2	2.3
文教卫生业收入	Culture, Education and Health Care				0.8	0.7	0.7
其他家庭经营收入	Other Household Business	2.1	1.8	5.4	4.3	3.0	3.4

注：1980、1990、1995 年的社会服务业收入含文教卫生业收入。
Note: The incomes of social services of 1980, 1990 and 1995 included those of culture, education and health care.

10-21 农村居民家庭平均每人总支出及构成
PER CAPITA TOTAL EXPENDITURE AND ITS COMPOSITION OF RURAL HOUSEHOLDS

项　目	Item	1980	1990	1995	2000	2002	2003
一、总支出　(元)	**Total Expenditure　(yuan)**	**266.85**	**1410.21**	**3151.31**	**3613.14**	**3818.59**	**3888.37**
家庭经营费用支出	Expenditure on Household Business	30.68	373.64	714.47	753.10	766.14	765.38
农业生产支出	Agriculture	6.11	156.15	239.09	240.90	238.00	222.45
林业生产支出	Forestry	0.26	0.79	1.72	8.98	4.07	2.68
牧业生产支出	Animal Husbandry	19.97	160.86	354.90	262.66	293.67	335.02
渔业生产支出	Fishery	0.60	29.28	50.69	135.31	129.78	113.50
工业生产支出	Industry		6.19	3.88	17.31	20.48	29.42
建筑业支出	Construction		0.59	9.06	7.76	10.74	10.17
交通运输、邮电业支出	Transport, Postal and Telecommunication Services	1.01	12.52	24.74	34.56	27.12	25.79
批发和零售贸易、餐饮业支出	Wholesale and Retail Trades and Catering Services	0.32	2.94	15.89	23.86	20.38	14.96
社会服务业支出	Social Service	0.50	1.31	5.95	3.37	4.81	1.71
文教卫生业支出	Culture, Education and Health Care				2.56	0.46	0.42
其他家庭经营支出	Others Household Business	1.69	3.01	8.55	15.83	16.63	9.27
购置生产性固定资产支出	Expenditure on Purchase of Productive Fixed Assets	1.04	24.87	25.40	30.57	31.98	46.74
#大中型铁木农具	Large and Medium Iron and Wood Farm Implements	0.50	1.45	0.89	0.76	0.62	
农林牧渔业机械	Farming, Forestry, Animal Husbandry and Fishery Machinery	0.50	8.84	2.93	5.78	3.80	7.35
运输机械	Transport Machinery		12.31	5.29	7.97	13.21	16.92
建造生产性固定资产雇工支出	Expenditure on Employees for Building of Productive Fixed Assets						2.04
税费支出	Expenditure for Taxes and Fees	0.52	46.16	73.81	55.05	48.59	21.52
缴纳生产税	Production Taxes	0.52	21.79	39.62	30.50	30.12	14.19
缴纳其他直接税	Other Direct Taxes				…	0.13	
村提留	Fees Retained by Villages		1.24	3.65	3.47	2.12	0.19
乡统筹	Fees Retained by Townships		16.19	21.38	13.79	11.19	4.47
其他各项收费	Other Fees		6.94	9.16	7.29	5.03	2.67
生活消费支出	Expenditure for Consumption	222.22	932.63	2255.01	2646.02	2825.01	2927.35
转移性支出	Transfer Expenditure	11.27	29.95	75.18	123.95	139.12	118.91
#寄给和带给家庭非常住人口	Posted and Sent to Non-permanent Family Members	1.67	2.76	4.61	12.07	19.53	23.23
赠送农村以外亲友	Gifts to Non-rural Relatives	2.32	4.11	4.95	8.76	4.96	3.07
其他转移性支出	Other Transfer Expenditures	7.28	23.08	65.62	35.01	35.30	26.78
财产性支出	Property Expenditure	1.12	2.96	7.44	4.45	7.75	6.42
二、总支出构成　(%)	**Composition of Total Expenditure　(%)**	**100.0**	**100.0**	**100.0**	**100.0**	**100.0**	**100.0**
家庭经营费用支出	Expenditure on Household Business	11.5	26.5	22.7	20.9	20.1	19.7
购置生产性固定资产支出	Expenditure on Purchase of Productive Fixed Assets	0.4	1.8	0.8	0.9	0.8	1.2
建造生产性固定资产雇工支出	Expenditure on Employees for Building of Productive Fixed Assets						0.1
税费支出	Expenditure for Taxes and Fees	0.2	3.3	2.4	1.5	1.3	0.5
生活消费支出	Expenditure for Consumption	83.3	66.1	71.5	73.2	74.0	75.3
转移性支出	Transfer Expenditure	4.2	2.1	2.4	3.4	3.6	3.1
财产性支出	Property Expenditure	0.4	0.2	0.2	0.1	0.2	0.1

注：实行家庭联产承包责任制前（1980年的数字）的家庭经营费用支出，实际上是家庭副业支出。全面推行联产承包责任制后，家庭经营费用支出包括家庭副业支出和承包经营费用支出。

Note: Before the household contract responsibility system, the figures of the expenditure on household business in 1980 were nothing but the expenditure of household sideline. And since the household contract responsibility system, the figures include the expenditure of both household sideline and contract business.

10-22 农村居民家庭平均每人生活消费支出
PER CAPITA LIVING EXPENDITURE OF RURAL HOUSEHOLDS

单位：元 (yuan)

项　目	Item	1980	1990	1995	2000	2002	2003
生活消费支出	**Living Expenditure**	**222.22**	**932.63**	**2255.01**	**2646.02**	**2825.01**	**2927.35**
一、食　品	**Food**	**134.12**	**538.18**	**1228.00**	**1317.48**	**1345.00**	**1402.04**
主　食	Staple Food	62.58	143.85	328.46	323.61	302.89	272.63
副　食	Non-staple Food	56.89	288.81	684.88	706.71	736.67	768.18
其他食品	Other Food	13.40	75.61	144.48	214.57	203.56	249.99
在外饮食	Dining Out	1.25	23.03	59.47	65.89	93.52	102.50
其他食品支出	Other Food Expenditures		6.88	10.71	6.70	8.36	8.74
二、衣着	**Clothing**	**19.58**	**39.48**	**91.31**	**104.21**	**107.94**	**117.68**
三、居住	**Residence**	**39.69**	**174.60**	**345.65**	**378.86**	**441.24**	**469.48**
住　房	Housing	21.06	124.34	210.52	222.88	273.89	283.62
电　费	Electric Expenses	2.10	15.77	40.19	54.46	54.73	58.95
水　费	Water Expenses				6.21	11.18	9.53
燃　料	Fuels	16.53	34.24	58.40	89.40	95.59	103.94
其　他	Others		0.25	36.54	5.91	5.85	13.44
四、家庭设备、用品及服务	**Household Facilities, Articles and Services**	**10.93**	**50.28**	**140.54**	**125.65**	**134.10**	**121.85**
#耐用消费品	Durable Consumer Goods	2.39	25.51	42.53	37.35	38.28	32.20
家庭日用杂品	Household Articles for Daily use	8.31	22.69	83.94	75.02	82.70	73.40
五、医疗保健	**Medical and Health Care Services**	**4.45**	**32.63**	**67.51**	**100.31**	**116.90**	**137.43**
#医疗卫生保健用品	Medicines and Medical and Health Care Facilities and Articles	2.67	22.82	37.34	52.76	56.24	60.42
医疗保健服务费	Medicine and Health Care Services Fees	1.34	9.81	28.62	39.75	52.53	77.00
六、交通和通讯	**Transportation and Communications**	**3.75**	**14.56**	**82.08**	**205.52**	**251.14**	**286.66**
#交通、通讯工具	Transportation and Communication Tools	2.88	6.91	47.14	56.97	53.01	49.18
交通费	Transportation Fees	0.78	7.16	19.73	45.08	54.92	67.12
邮电费	Postal and Telecommunication Fees	0.09	0.49	10.88	80.80	114.98	131.98
交通、通讯修理费	Maintenance Expenses of Transportation and Communication Tools			4.33	9.48	11.81	9.90
七、文化教育娱乐用品及服务	**Cultural, Educational and Recreational Articles and Services**	**7.40**	**66.99**	**245.16**	**313.46**	**302.44**	**305.86**
文化教育娱乐用品	Cultural, Educational and Recreational Articles	2.87	25.06	39.47	45.37	42.97	41.49
文化教育娱乐服务	Cultural, Educational and Recreational Services	4.53	41.93	205.68	268.09	259.47	264.37
#学杂费	Tuition and Miscellaneous	2.94	36.77	187.33	247.71	227.26	215.14
技术培训费	Technical Training Fees		2.15	6.05	2.13	4.68	4.94
文娱费	Recreational Fees	0.49	1.38	6.63	12.90	17.67	7.39
八、其他商品和服务	**Other Commodities and Services**	**2.30**	**15.91**	**54.76**	**100.53**	**126.25**	**86.35**

10-23 农村居民家庭平均每人现金收入

PER CAPITA CASH INCOME OF RURAL HOUSEHOLDS

单位：元 (yuan)

项 目	Item	1980	1990	1995	2000	2002	2003
年内现金收入	**Cash Income within the Year**	**182.19**	**1156.16**	**2849.86**	**3781.19**	**4100.91**	**4376.87**
一、工资性收入	**Income from Wages**	**57.86**	**242.51**	**708.89**	**1360.80**	**1713.29**	**1965.71**
#在非企业组织中得到收入	From Non-enterprise Organizations				177.26	221.61	187.53
在本地企业中得到收入	From Local Enterprises				385.63	361.40	361.80
常住人口外出从业得到收入	From Outward Employment of Permanent Residents				728.38	996.21	1223.90
二、家庭经营现金收入	**Cash Income from Household Business**	**104.06**	**832.22**	**1892.34**	**2051.18**	**2004.56**	**2033.25**
农业现金收入	From Agriculture	77.96	647.78	1270.03	1300.46	1341.80	1441.36
#出售产品的现金收入	By Selling Products	77.96	647.78	1270.03	1259.43	1307.36	1417.14
出售农业产品	By Farming Crops	34.15	311.37	566.80	527.30	547.12	562.87
#出售粮食	Grain	7.78	85.92	112.11	118.23	114.59	149.70
出售林业产品	Forestry Products	2.51	5.76	16.76	35.36	18.19	31.24
出售牧业产品	Animal Husbandry Products	33.92	268.56	535.45	446.23	478.75	553.62
出售渔业产品	Fishery Products	7.38	62.09	151.02	250.54	263.30	269.41
工业的现金收入	From Industry		28.60	29.26	68.84	89.80	83.24
建筑业的现金收入	From Construction	8.07	39.09	152.90	149.75	74.22	68.37
运输业的现金收入	From Transport	5.36	37.10	110.33	160.17	141.10	127.07
批发和零售贸易、餐饮业现金收入	From Wholesale and Retail Trade and Catering Services	5.38	37.50	138.70	187.17	197.07	183.01
社会服务业现金收入	From Social Services	2.81	18.11	52.89	60.05	66.61	43.13
文教卫生业现金收入	From Culture, Education and Health Care				19.17	13.98	12.28
其他行业收入	From Others	4.48	24.04	138.23	105.57	79.98	74.79
三、转移性现金收入	**Transfer Cash Income**	**19.67**	**72.71**	**209.70**	**259.54**	**243.50**	**194.19**
家庭非常住人口寄回或带回现金	Cash Posted or Sent Back by Non-permanent Family Members	9.62	23.25	77.88	109.46	67.48	50.56
亲友赠送的现金	Cash Presented by Relatives	7.48	38.70	65.58	76.62	89.57	81.36
#农村外部亲友赠送	From Non-rural Relatives	4.09	9.18	19.82	22.64	24.11	29.10
其他转移性现金收入	Other Transfer Cash Incomes	2.57	10.76	66.24	73.46	86.45	62.27
四、财产性现金收入	**Property Cash Income**	**0.60**	**8.72**	**38.93**	**73.67**	**139.56**	**183.72**
租金收入	Rental Income			9.06	25.98	41.92	47.98
土地征用补偿收入	Compensation Income for Land Expropriation			10.07	10.65	29.67	48.85
其他财产性现金收入	Other Property Cash Incomes	0.60	8.72	19.80	37.04	67.97	86.89

注：2003年以前的转移性现金收入和年内现金收入按2003年口径调整。

Note: The cash income and transfer cash income before 2003 were adjusted according to the 2003 statistical coverage.

10-24 农村居民家庭平均每人现金支出
PER CAPITA CASH EXPENDITURE OF RURAL HOUSEHOLDS

单位：元 (yuan)

项　目	Item	1980	1990	1995	2000	2002	2003
年内现金支出	**Cash Expenditure within the Year**	**165.75**	**1089.40**	**2609.02**	**3090.92**	**3309.41**	**3418.54**
一、生产费用支出的现金	**Cash Expenditure on Production**	**24.84**	**324.10**	**655.61**	**740.71**	**733.88**	**752.10**
家庭经营费用支出	Expenditure on Household Business	23.80	299.25	630.21	710.14	701.90	703.32
农业生产支出	Farming Production	4.76	132.66	220.12	231.14	218.12	211.87
林业生产支出	Forestry Production	0.16	0.37	1.57	8.69	4.05	2.67
牧业生产支出	Animal Husbandry Production	15.84	109.50	294.76	233.41	256.68	286.66
渔业生产支出	Fishery Production	0.39	28.68	46.61	133.33	122.97	111.67
工业生产支出	Industry Production		6.07	3.87	17.15	20.30	29.42
建筑业支出	Construction	0.12	0.58	8.68	7.50	10.72	9.68
交通运输、邮电业支出	Transport, Postal and Telecommunication Services	0.59	12.48	24.58	34.39	27.11	25.78
批发和零售贸易、餐饮业支出	Wholesale and Retail Trades and Catering Services	0.35	2.79	15.87	22.86	20.11	14.23
社会服务业支出	Social Services	0.20	1.30	5.95	3.29	4.77	1.70
文教卫生业支出	Culture, Education and Health Care				2.56	0.46	0.42
其他经营支出	Other Household Business	1.39	4.82	8.20	15.82	16.61	9.22
购买生产性固定资产支出	Expenditure on Purchasing Productive Fixed Assets	1.04	24.85	25.40	30.57	31.98	46.74
建、造生产性固定资产雇工支出	Expenditure on Employees for Building of Productive Fixed Assets						2.04
二、税费支出	**Expenditure of Taxes and Fees**	**0.52**	**22.74**	**38.04**	**29.45**	**31.08**	**21.18**
缴纳生产税	Production Taxes	0.52	8.06	16.02	15.15	18.99	13.86
缴纳其他直接税	Other Direct Taxes					0.13	
村提留	Fees Retained by Villages		1.24	3.65	1.15	1.27	0.19
乡统筹	Fees Retained by Townships		7.35	10.05	7.20	6.28	4.46
其他各项收费	Other Fees		6.09	8.32	5.95	4.40	2.67
三、生活消费支出的现金	**Cash Expenditure for Consumption**	**128.00**	**686.43**	**1790.33**	**2197.64**	**2403.47**	**2528.14**
食　品	Food	53.10	322.57	794.04	908.45	975.48	1056.87
#主　食	Staple Food	8.45	18.62	73.19	81.61	94.46	102.12
副　食	Non-staple Food	33.32	203.78	513.48	548.06	589.72	600.26
衣　着	Clothing	19.49	38.20	89.73	101.76	106.73	116.09
居　住	Residence	26.61	145.43	317.26	343.87	391.19	417.49
家庭设备、用品及服务	Household Facilities, Articles and Services	10.90	50.14	139.78	123.73	133.34	121.40
医疗保健	Medicines and Medical Services	4.45	32.63	67.51	100.31	116.90	137.43
交通和通讯	Transportation and Communications	3.75	14.56	82.08	205.52	251.14	286.66
文化教育娱乐用品及服务	Cultural, Educational and Recreational Articles and Service	7.40	66.99	245.16	313.46	302.44	305.86
其他商品和服务	Other Commodities and Services	2.30	15.91	54.77	100.54	126.25	86.35
四、财产性支出	**Property Expenditure**	**0.50**	**2.25**	**5.00**	**4.45**	**7.74**	**6.42**
五、转移性支出	**Transfer Expenditure**	**11.89**	**53.88**	**120.04**	**118.67**	**133.24**	**110.71**
寄给和带给在外人口的现金	Cash Posted and Sent to Outward Population	1.67	2.53	3.98	11.37	17.47	22.47
赠送亲友的现金	Cash to Relatives	6.10	30.63	64.12	72.82	81.47	61.45
其他转移性支出	Other Transfer Expenditures	4.12	20.72	51.94	34.48	34.30	26.79

10-25 农村居民家庭平均每人主要食品消费量及衣着购买量
PER CAPITA CONSUMPTION OF MAJOR FOOD AND CLOTHING OF RURAL HOUSEHOLDS

项　目		Item		1980	1990	1995	2000	2002	2003
粮食（原粮）	（公斤）	Grain（Crude Grain）	（kg）	292. 00	260. 30	252. 19	252. 79	235. 38	234. 74
#稻谷	（公斤）	Rice	（kg）	265. 00	248. 17	223. 43	216. 99	216. 91	224. 93
蔬菜	（公斤）	Vegetable	（kg）	115. 50	112. 77	112. 36	116. 39	120. 62	130. 22
食油	（公斤）	Edible Oil	（kg）	2. 39	4. 85	7. 17	5. 93	7. 10	6. 73
肉类	（公斤）	Meat	（kg）	6. 55	15. 42	17. 63	23. 88	22. 65	25. 25
家禽	（公斤）	Poultry	（kg）	2. 15	4. 43	7. 38	10. 60	9. 97	10. 40
蛋类	（公斤）	Eggs	（kg）	0. 79	1. 73	2. 98	2. 78	2. 70	2. 83
水产品	（公斤）	Aquatic Products	（kg）	4. 22	9. 50	12. 04	11. 72	12. 04	13. 30
食糖	（公斤）	Sugar	（kg）	4. 22	3. 96	2. 87	1. 34	2. 40	2. 16
卷烟	（盒）	Cigarette	（pack）		22. 20	21. 84	25. 42	22. 53	22. 06
酒类	（公斤）	Liquor	（kg）	1. 54	5. 10	3. 62	4. 71	4. 36	3. 33
茶叶	（公斤）	Tea	（kg）		0. 52	0. 55	0. 41	0. 50	0. 55
水果	（公斤）	Fruits	（kg）		7. 32	12. 81	19. 12	18. 67	11. 95
购买服装	（件）	Purchase of Garments	（piece）		1. 10	0. 95	2. 14	1. 99	1. 91

10-26 农村居民家庭平均每百户主要耐用物品年末拥有量
NUMBER OF DURABLE CONSUMER GOODS OWNED PER 100 RURAL HOUSEHOLDS AT THE YEAR-END

项　目		Item		1980	1990	1995	2000	2002	2003
自行车	（辆）	Bicycle	（unit）	75. 00	186. 09	216. 85	162. 46	152. 97	145. 47
摩托车	（辆）	Motorcycle	（unit）		1. 84	15. 73	54. 18	64. 49	71. 41
电风扇	（台）	Electric Fan	（unit）		163. 48	266. 69	271. 48	297. 15	304. 38
洗衣机	（台）	Washing Machine	（unit）		4. 26	14. 88	25. 00	28. 24	28. 28
电冰箱	（台）	Refrigerator	（unit）		1. 17	7. 90	15. 12	18. 32	18. 95
黑白电视机	（台）	Black and White Television Set	（unit）	1. 38	40. 51	51. 85	29. 22	21. 84	16. 95
彩色电视机	（台）	Color Television Set	（unit）		9. 80	34. 35	73. 20	84. 57	92. 27
收录机	（台）	Radio Cassette Player	（unit）		41. 33	49. 44	27. 19	20. 31	17. 97
照相机	（架）	Camera	（unit）		0. 70	1. 98	3. 98	4. 18	4. 33
影碟机	（台）	Video Recorder	（unit）				34. 61	45. 86	49. 45
录像机	（台）	Video Disc Player	（unit）			2. 30	5. 55	5. 27	5. 82
组合音响	（台）	Hi-fi Stereo Component System	（unit）				22. 77	29. 18	30. 39
空调机	（台）	Air Conditioner	（unit）			0. 65	3. 05	4. 73	7. 07
家用计算机	（台）	Household Computer	（unit）				1. 95	6. 99	5. 04
移动电话	（部）	Mobile Telephone	（unit）				14. 49	38. 79	55. 82
电话机	（台）	Telephone Set	（unit）		1. 20	9. 40	40. 82	59. 22	70. 20
热水器	（台）	Water Heater	（unit）			5. 56	20. 94	26. 80	30. 39

10-27 按人均纯收入等级分的农村居民家庭基本情况（2003 年）

BASIC CONDITIONS OF RURAL HOUSEHOLDS GROUPED BY PER CAPITA ANNUAL NET INCOME (2003)

项　　目	Item	低收入户 Low Income Households	#人均纯收入1500元以下户 Per Capita Income at 1500 yuan and below	中低收入户 Middle Low Income Households	中等收入户 Middle Income Households	中高收入户 Middle High Income Households	高收入户 High Income Households
一、调查户人口、劳动力　（人）	**Number of Residents and Laborers Surveyed (person)**						
平均每户常住人口	Average Number of Permanent Residents per Household	5.48	5.48	5.26	5.22	4.84	4.37
平均每户整半劳动力	Average Number of Able-bodied and Semi-able-bodied Laborers per Household	2.95	2.87	3.13	3.33	3.52	3.39
平均每个劳动力负担人口	Average Number of Persons Supported by a Laborer	1.85	1.90	1.68	1.56	1.37	1.29
平均每百个劳动力的文化程度	Average Education Level per 100 Laborers						
文盲或半文盲	Illiterate and Semi-illiterate	6.09	7.58	4.05	3.63	3.66	2.53
小学程度	Primary School	36.60	42.72	31.30	26.80	25.35	22.45
初中程度	Junior Secondary School	49.11	43.69	53.12	10.83	55.74	51.58
高中程度	Senior Secondary School	7.35	5.24	8.98	2.40	10.15	14.74
中专程度	Specialized Secondary School	0.66	0.58	2.24	2.39	4.38	6.62
大专程度	College and Higher Level	0.19	0.19	0.31	0.46	0.72	2.08
二、总收入　（元）	**Total Income (yuan)**	**2160.27**	**1501.55**	**3136.63**	**4096.29**	**5530.49**	**10985.95**
工资性收入	Income from Wages	503.42	315.25	1097.01	1861.12	2623.01	4241.79
#在非企业组织中得到收入	From Non-enterprise Organizations	38.61	19.54	70.51	125.76	175.66	601.84
在本地企业中得到收入	From Local Enterprises	104.78	69.48	155.70	266.82	356.50	1051.34
常住人口外出从业得到收入	From Outward Employment of Permanent Residents	189.50	64.77	687.79	1294.15	1932.96	2297.39
家庭经营收入	Income from Household Business	1558.74	1107.32	1862.13	2040.24	2564.53	5507.38
转移性收入	Transfer Income	80.04	71.87	120.55	132.77	221.21	475.57
财产性收入	Property Income	18.07	7.12	56.95	62.16	121.73	761.21
总收入构成　（%）	Composition of Total Income (%)	100.0	100.0	100.0	100.0	100.0	100.0
工资性收入	Income from Wages	23.3	21.0	35.0	45.4	47.4	38.6
家庭经营收入	Income from Household Business	72.2	73.7	59.4	49.8	46.4	50.1
转移性收入	Transfer Income	3.7	4.8	3.8	3.3	4.0	4.3
财产性收入	Property Income	0.8	0.5	1.8	1.5	2.2	7.0
三、纯收入　（元）	**Net Income (yuan)**	**1593.73**	**1130.37**	**2578.06**	**3487.03**	**4729.79**	**8845.88**
工资性收入	Income from Wages	503.42	315.25	1097.01	1861.12	2623.01	4241.79
家庭经营纯收入	Income from Household Business	1030.53	770.95	1334.24	1467.46	1831.33	3462.73
转移性收入	Transfer Income	41.71	37.05	89.87	96.30	153.72	380.15
财产性收入	Property Income	18.07	7.12	56.95	62.16	121.73	761.21
纯收入构成　（%）	Composition of Net Income (%)	100.0	100.0	100.0	100.0	100.0	100.0
工资性收入	Income from Wages	31.6	27.9	42.5	53.4	55.5	48.0
家庭经营纯收入	Income from Household Business	64.7	68.2	51.8	42.1	38.7	39.1
转移性收入	Transfer Income	2.6	3.3	3.5	2.8	3.3	4.3
财产性收入	Property Income	1.1	0.6	2.2	1.7	2.5	8.6

10-28 按人均纯收入等级分的农村居民家庭平均每人生活消费支出（2003 年）

AVERAGE LIVING EXPENDITURE OF RURAL HOUSEHOLDS GROUPED BY PER CAPITA ANNUAL NET INCOME (2003)

单位：元 (yuan)

项目	Item	低收入户 Low Income Households	#人均纯收入1500元以下户 Per Capita Income at 1500 yuan and below	中低收入户 Middle Low Income Households	中等收入户 Middle Income Households	中高收入户 Middle High Income Households	高收入户 High Income Households
生活消费支出	**Living Expenditure**	**1725.32**	**1505.80**	**2227.13**	**2803.57**	**3304.41**	**5007.08**
一、食品	**Food**	**924.74**	**818.17**	**1151.37**	**1367.15**	**1595.73**	**2129.28**
主食	Staple Food	242.93	240.95	262.89	282.22	305.86	300.44
副食	Non-staple Food	496.02	431.96	626.91	741.38	883.13	1157.04
其他食品	Other Food	143.35	117.61	197.55	242.35	297.61	403.17
在外饮食	Dining Out	33.61	20.20	55.28	92.09	100.75	260.04
其他食品支出	Other Food Expenditures	8.84	7.45	8.74	9.09	8.38	8.60
二、衣着	**Clothing**	**56.06**	**48.67**	**83.13**	**112.33**	**155.02**	**201.56**
三、居住	**Residence**	**277.98**	**276.55**	**278.20**	**469.68**	**522.69**	**880.48**
住房	Housing	144.68	151.38	128.58	299.95	325.88	578.08
电费	Electric Expenses	35.77	29.86	41.96	48.82	58.16	121.38
水费	Water Expenses	4.28	2.90	5.28	7.14	8.27	25.47
燃料	Fuels	88.55	88.85	95.21	100.07	109.17	132.55
其他	Others	4.70	3.56	7.17	13.70	21.21	23.00
四、家庭设备、用品及服务	**Household Facilities, Articles and Services**	**55.52**	**40.95**	**85.40**	**111.98**	**149.86**	**229.67**
#耐用消费品	Durable Consumer Goods	10.56	5.36	18.05	24.25	42.23	75.67
家庭日用杂品	Household Articles for Daily use	40.77	31.53	56.50	71.51	85.49	118.64
五、医疗保健	**Medical and Health Care Services**	**64.97**	**55.53**	**141.06**	**121.54**	**130.73**	**250.29**
#医疗卫生保健用品	Medicine and Medical and Health Care Facilities and Articles	28.24	23.18	20.25	58.86	62.01	113.14
医疗保健服务费	Medicine and Health Care Services Fees	36.73	32.35	90.81	62.68	68.72	137.15
六、交通和通讯	**Transportation and Communications**	**99.21**	**61.33**	**170.03**	**243.03**	**358.31**	**634.75**
#交通、通讯工具	Transportation and Communication Tools	14.73	6.93	26.18	27.63	62.58	127.82
交通费	Transportation Fees	18.66	10.22	42.55	71.68	98.38	117.37
邮电费	Postal and Telecommunication Fees	43.76	33.80	73.71	109.23	158.16	310.82
交通、通讯修理费	Maintenance Expenses of Transportation and Communication Tools	5.37	3.37	7.71	8.90	9.73	19.50
七、文化教育娱乐用品及服务	**Cultural, Educational and Recreational Articles and Services**	**200.93**	**156.33**	**256.02**	**292.54**	**299.29**	**520.52**
文化教育娱乐用品	Cultural, Educational and Recreational Articles	17.59	10.69	31.51	38.20	44.12	84.50
文化教育娱乐服务	Cultural, Educational and Recreational Services	183.34	145.65	224.50	254.35	255.17	436.03
#学杂费	Tuition and Miscellaneous	171.18	138.19	202.70	218.16	195.23	303.66
技术培训费	Technical Training Fees	0.01		1.66	2.61	11.34	10.75
文娱费	Recreational Fees	0.68	0.66	3.98	5.29	9.08	20.54
八、其他商品和服务	**Other Commodities and Services**	**45.90**	**48.27**	**61.92**	**85.34**	**92.78**	**160.53**

主要统计指标解释

居民消费水平 居民消费水平是指按人口平均计算的居民消费额。居民消费水平表明国家对人民的物质文化生活需要的满足程度，它是反映一个国家（或地区）的经济发展水平和人民物质文化生活水平的综合指标。

居民消费水平，可以按国民收入口径，即居民物质产品消费进行计算，也可以按国内生产总值口径，即包括劳务以内的总消费进行计算。根据计算居民消费的不同价格，可以计算出按当年价格计算的居民消费和按可比价格计算的居民消费水平，后者便于观察居民实际消费水平的增长变化。为了观察居民消费的实物构成，还可以进一步计算各种消费品的平均消费的数量和金额，以反映居民在取得基本生存资料的基础上逐步向需要享受资料和发展资料的方向发展的趋势。

城镇居民家庭可支配收入 是指居民家庭在支付个人所得税和交纳的社会保障支出之后，所余下的实际收入。即用实际收入减掉个人所得税减掉个人交纳的社会保障支出以及记帐补贴。

城镇居民家庭消费性支出 是指调查户用于日常生活的全部支出，包括购买各种商品支出和文化生活、服务等非商品支出。

农村居民家庭总收入 是指农村居民家庭年内通过各种生产和提供劳务活动所获得的全部现金和实物收入，从国家财政和农村外部其他居民阶层获得收入。借贷性收入、农村内部的赠送收入、出售原有财物的收入不包括在内。总收入包括四个部分，即工资性收入、家庭经营收入、转移性收入和财产性收入。

农村居民家庭纯收入 是指总收入扣除相应的各项费用支出后，归农村居民所有的收入。它可以用于生产和非生产投资，改善物质和文化生活，以及用于再分配的支出和结余的收入。这个指标用来观察农村居民实际收入水平，以及农民扩大再生产和改善生活的能力。

纯收入 = 总收入 - 家庭经营费用支出 - 生产性固定资产折旧 - 缴纳税款 - 上缴集体的承包任务 - 调查补贴

Explanatory Notes on Statistical Indicators

Consumption Level of Residents refers to per capita consumption of residents. It shows the level of the people's material and cultural life. It is a comprehensive indicator to reflect the economic development of a country (or region) and the level of the material and cultural life of the people. .

Consumption level of residents can be calculated either in terms of national income (i. e. the material product consumption of residents) or in terms of gross domestic product (i. e. the total consumption including that of service) . In accordance with the different prices to calculate the consumption of residents, the consumption of residents at current prices and that at comparable prices are obtained respectively. The latter is used to reflect the growth changes of actual consumption of residents. In order to observe the composition of residential consumption in kind, the volume and value of average consumption of various consumer goods can be further calculated to show the trend of asking for means of enjoyment and development on the basis of satisfying the need of existence.

Disposable Income of Urban Households refers to the actual income of the sample households which excludes the personal income tax and the expenditure on social security, i. e. total income of sample households minus personal income tax, expenditure on social security and sample household subsidy for keeping dairies.

Expenditure for Consumption of Urban Households refers to total expenditure of the sample households for consumption in daily life, including expenditure for various commodities and expenses for non-commodity items such as culture and service, etc.

Total Income of Rural Households refers to the total cash income and the income in kind of the rural households during a year by means of production and services, including the income obtained from the government revenue and other residents outside the rural coverage. The income from loans, grants inside the rural areas and selling their own properties is excluded. The total income includes income from wages and salaries, income from household business, transfer income and property income.

Net Income of Rural Households refers to the income of the rural households after the deduction of various expenses from the total income. The net income can be spent for investments in productive and nonproductive construction for improving the material and cultural life as well as the expenditures for redistribution and the balance income. It is an indicator to show the actual level of the income and the ability of expanding reproduction and improving living conditions of the rural households. Net Income = Total Income - Expenses on Household Business - Depreciation of Productive Fixed Assets – Taxes and Fees – Contracted Profits to the Collective – Subsidy for Participating in Household Survey

十一 农业

AGRICULTURE

11

十一　农　业

简要说明

一、本篇资料反映广东省农业生产和农村经济的基本情况。内容主要包括农村劳动力、耕地、农业产值、主要产品产量等统计数据以及农业自然灾害、国营农 场、乡镇企业等方面的统计资料。

二、本篇资料主要由广东省统计局农村统计处整理提供。

三、本篇资料主要来源于广东省农林牧渔业综合统计报表。农林牧渔业综合统计报表制度的统计范围包括各市县区的各种经济类型的全部农林牧渔业以及各非农行业附属的农林牧渔业生产单位。

11　AGRICULTURE

Brief Introduction

Ⅰ. The data in this chapter show the basic conditions of agricultural production and rural economy, mainly including the rural labor force, the cultivated land, the output value of agriculture, the output of major products as well as the natural calamities in agriculture, the state-owned farms and the township enterprises.

Ⅱ. The data in this chapter are mainly prepared and provided by the Division of Rural Socio-economic Statistics of Guangdong Provincial Bureau of Statistics.

Ⅲ. The data in this chapter mainly come from the statistical reporting summary tables on farming, forestry, animal husbandry and fishery of Guangdong Province. The statistical coverage of the statistical reporting summary scheme includes all the productive units of farming, forestry, animal husbandry and fishery and those related non-agricultural affiliated units with various ownership in the cities and counties and districts of Guangdong Province.

11-1 农业主要指标
MAJOR INDICATORS ON AGRICULTURE

指标	Item	1990	1995	2000	2002	2003	2003比2002增长% Growth Rate in 2003 over 2002
乡镇户数（万户）	Number of Rural Households (10000 households)	1141.71	1283.73	1419.91	1443.33	1481.16	2.6
乡镇从业人员（万人）	Number of Rural Employed Persons (10000 persons)	2363.37	2519.21	2789.89	2784.39	2824.53	1.4
第一产业	Primary Industry	1600.85	1431.98	1572.07	1556.29	1543.41	-0.8
第二产业	Secondary Industry	387.36	584.04	655.41	660.22	705.74	6.9
第三产业	Tertiary Industry	375.16	503.19	562.41	567.88	575.38	1.3
外出从业人员（万人）	Outward Employed Persons (10000 persons)	274.45	433.70	463.11	499.93	512.74	2.6
常用耕地面积（万亩）	Regularly Cultivated Land (10000 mu)	3793.25	3475.97	3378.03	3534.49	3200.95	-9.4
实际机耕面积（万亩）	Area Actually Ploughed by Tractors (10000 mu)	1296.94	1116.28	1213.96	1161.60		
有效灌溉面积（万亩）	Effective Irrigated Area (10000 mu)	2692.69	2232.41	2217.77	2136.50	1973.89	-7.6
农业机械总动力（亿瓦特）	Total Power of Agricultural Machinery (100 million w)	127.88	166.96	176.39	177.94	178.88	0.5
化肥施用量（折纯）（万吨）	Consumption of Chemical Fertilizers (100 percent equivalent) (10000 tons)	162.41	195.71	176.20	196.44	199.61	1.6
农药施用量（万吨）	Consumption of Pesticides (10000 tons)	7.95	8.04	8.47	8.47	8.60	1.5
农村用电量（万千瓦时）	Electricity Consumed in Rural Areas (10000 kwh)	581030	1862658	4054461	5863599	7142535	21.8
农副产品出口生产基地数(个)	Number of Production Bases of Farm and Sideline Products for Export (unit)	485	584	370	213		
农业总产值（亿元）	Gross Output Value of Agriculture (100 million yuan)	600.71	1445.48	1701.18	1781.06	1908.66	2.8
农业增加值（亿元）	Value Added of Agriculture (100 million yuan)	384.59	868.99	1000.06	1032.79	1114.49	2.4
主要产品产量（万吨）	Output of Major Products (10000 tons)						
粮　食	Grain	1896.29	1803.33	1822.33	1484.16	1488.00	0.3
糖　蔗	Sugarcane	2093.46	1472.21	1137.59	1136.45	952.87	-16.2
花　生	Peanuts	57.95	69.98	77.68	75.19	80.73	7.4
水果	Fruits	328.58	414.51	643.52	698.91	718.59	2.8
水产品	Aquatic Products	207.66	354.34	593.19	628.06	648.55	3.3
猪肉	Pork	145.35	188.75	206.85	220.17	232.77	5.7
造林面积（万亩）	Afforested Area (10000 mu)	467.93	31.02	25.76	86.34	72.03	-16.6
乡镇企业单位数（万个）	Number of Township Enterprises (10000 units)	119.65	144.66	76.66	136.55	136.36	-0.1
乡镇企业人数（万人）	Number of Employed Persons in Township Enterprises (10000 persons)	658.33	1072.11	928.28	1178.60	1227.85	4.2
乡镇企业总收入（亿元）	Gross Income of Township Enterprises (100 million yuan)	785.39	4622.35	8555.76	11619.48	13397.76	15.3
乡镇企业固定资产原值(亿元)	Original Value of Fixed Assets of Township Enterprises (100 million yuan)	306.32	1704.65	3223.06	4173.55	4919.74	17.9

注：1. 表中产值按当年价格计算，增长速度按可比价格计算。
2. 1998 年起水产品产量按新标准计算。
3. 2001 年起乡镇企业按新口径统计。
4. 1998 年起粮食、水果、猪肉采用抽样调查数。
5. 常用耕地面积 2002 年起按新口径统计。

Note：a) The output value in this table are calculated at current prices, whereas the growth rates are calculated at comparable prices.
b) Since 1998, the outputs of aquatic products have been calculated in accordance with the new criterions.
c) Since 2001, the township enterprises have been calculated in accordance with the new stipulations.
d) Since 1998, the figures of grain, fruits and pork have been obtained from the agricultural sample surveys.
e) Since 2002, the regularly cultivated land has been calculated in accordance with the new stipulations.

11-2 农村经济主要比例关系和效益指标

MAJOR INDICATORS OF PROPORTIONS AND EFFICIENCY IN RURAL ECONOMY

指标	Item	1985	1990	1995	2000	2002	2003
一、各产业劳动力比例 (%)	**Proportions on Laborers of Industry (%)**	**100.0**	**100.0**	**100.0**	**100.0**	**100.0**	**100.0**
第一产业	Primary Industry	76.4	67.7	56.8	56.3	55.9	54.6
第二产业	Secondary Industry	12.8	16.4	23.2	23.5	23.7	25.0
第三产业	Tertiary Industry	10.8	15.9	20.0	20.2	20.4	20.4
二、劳动生产条件	**Production Condition**						
复种指数 (%)	Multiple Crop Index (%)	206.0	225.0	229.0	229.0	203.9	227.9
平均每亩耕地化肥施用量（公斤）	Amount of Chemical Fertilizers Consumed per Mu of Cultivated Land (kg)	26.3	42.9	56.0	52.1	55.6	62.4
平均每亩耕地农药施用量（公斤）	Amount of Pesticides Consumed per Mu of Cultivated Land (kg)	1.9	2.0	2.3	2.5	2.4	2.7
三、投入产出率 (%)	**Input output Rate (%)**						
农业	Agriculture				41.2	42.0	41.6
种植业	Faming				31.6	35.2	31.1
林业	Forestry				24.7	24.7	25.8
牧业	Animal Husbandry				54.6	55.6	55.7
渔业	Fishery				41.4	42.9	43.0
四、产出率	**Output Rate**						
耕地 (元/亩)	Cultivated Land (yuan/mu)				1684	1907	2021
园地 (元/亩)	Garden Plot (yuan/mu)				914	1181	1184
淡水养殖水面 (元/亩)	Freshwater Area (yuan/mu)				3643	4075	4334
生猪出栏率 (%)	Slaughtered Fattened Hog Rate (%)				146	157	158
五、劳动生产率（每个劳动力创造或生产的）	**Labor Productivity (created or produced by per laborer)**						
农业总产值 (元)	Gross Output Value of Agriculture (yuan)	1535	3753	10094	10821	11444	12367
农业增加值 (元)	Value Added of Agriculture (yuan)	1076	2402	6068	6361	6636	7221
粮食产量 (公斤)	Output of Grain (kg)	1096	1341	1555	1467	1111	1125
糖蔗产量 (公斤)	Output of Sugarcane (kg)	1251	1480	1269	916	851	721
水果产量 (公斤)	Output of Fruits (kg)	79	232	357	518	523	543
水产品产量 (公斤)	Output of Aquatic Products (kg)	2054	3082	4277	5834	5597	5848

注：2000 年起"产出率"中"园地"改由按年末实有面积计算。
Note: Since 2000, The output rate of garden plot has been calculated by the year-end real land.

11-3 农副产品人均拥有量

PER CAPITA AMOUNT OF FORM AND SIDELINE PRODUCTS OWNED

单位：公斤/人 (kilogram/person)

年份 Year	粮食 Grain		稻谷 Rice		花生 Peanuts	
	按总人口 By Total Population	按农业人口 By Agricultural Population	按总人口 By Total Population	按农业人口 By Agricultural Population	按总人口 By Total Population	按农业人口 By Agricultural Population
1949	246. 47	311. 00	223. 29	281. 75	2. 38	3. 01
1952	273. 98	328. 73	242. 97	291. 52	4. 54	5. 44
1957	305. 03	376. 00	257. 16	316. 99	5. 11	6. 29
1962	260. 00	319. 59	229. 42	282. 00	4. 36	5. 36
1965	317. 59	391. 36	284. 21	350. 22	6. 72	8. 28
1970	292. 96	353. 69	264. 03	318. 76	7. 34	8. 86
1975	301. 45	365. 74	267. 85	324. 98	6. 55	7. 95
1978	298. 08	364. 92	262. 35	321. 18	6. 94	8. 50
1980	321. 73	398. 79	291. 51	361. 33	9. 56	11. 86
1985	283. 68	367. 06	257. 14	332. 72	10. 09	13. 06
1990	303. 60	403. 42	270. 09	358. 90	9. 28	12. 33
1991	295. 09	398. 33	260. 14	351. 16	8. 84	11. 93
1992	280. 11	380. 12	247. 91	336. 42	9. 33	12. 66
1993	249. 79	339. 53	218. 60	297. 16	10. 12	13. 76
1994	250. 53	350. 02	216. 08	301. 89	9. 60	13. 41
1995	267. 55	380. 45	230. 55	327. 82	10. 38	14. 76
1996	276. 57	396. 43	237. 84	340. 82	10. 68	15. 31
1997	282. 77	408. 50	240. 01	346. 72	10. 65	15. 39
1998	266. 70	387. 01	239. 01	346. 83	9. 82	14. 25
1999	268. 59	390. 32	226. 18	328. 69	10. 17	14. 78
2000	246. 30	357. 93	206. 59	300. 22	10. 50	15. 26
2001	228. 57	333. 17	191. 37	278. 95	10. 59	15. 43
2002	195. 10	295. 18	163. 46	247. 31	9. 88	14. 95
2003	193. 59	333. 50	162. 68	280. 24	10. 50	18. 09

年份 Year	糖蔗 Sugarcane		水果 Fruits		水产品 Aquatic Products	
	按总人口 By Total Population	按农业人口 By Agricultural Population	按总人口 By Total Population	按农业人口 By Agricultural Population	按总人口 By Total Population	按农业人口 By Agricultural Population
1949	24. 04	30. 34			7. 55	9. 52
1952	91. 21	109. 44	5. 67	6. 80	10. 35	12. 42
1957	130. 15	160. 43	7. 14	8. 80	15. 11	18. 62
1962	50. 51	62. 09	2. 16	2. 66	9. 64	11. 85
1965	165. 03	203. 36	5. 19	6. 40	12. 80	15. 78
1970	149. 91	180. 98	8. 22	9. 93	13. 08	15. 79
1975	146. 47	177. 71	6. 55	7. 94	14. 79	17. 94
1978	164. 97	201. 96	5. 81	7. 11	12. 93	15. 83
1980	159. 68	197. 92	5. 57	6. 90	12. 12	15. 02
1985	323. 82	419. 00	20. 56	26. 60	19. 49	44. 18
1990	335. 17	445. 37	52. 60	69. 90	33. 25	44. 18
1991	360. 12	486. 12	62. 74	83. 81	35. 86	47. 91
1992	351. 38	476. 84	70. 19	95. 24	38. 84	52. 71
1993	245. 79	334. 11	61. 70	83. 87	41. 66	56. 63
1994	210. 53	294. 14	60. 51	84. 53	47. 33	66. 12
1995	218. 43	310. 59	61. 43	87. 74	52. 57	74. 75
1996	203. 58	291. 75	55. 74	79. 89	57. 74	82. 81
1997	234. 25	338. 40	59. 59	86. 09	74. 53	107. 66
1998	228. 88	332. 13	64. 14	93. 07	78. 46	113. 85
1999	169. 04	245. 65	86. 40	104. 48	79. 91	116. 13
2000	153. 76	223. 44	86. 98	126. 39	80. 17	116. 51
2001	142. 51	207. 73	78. 43	114. 33	80. 95	117. 99
2002	149. 39	226. 02	91. 87	139. 00	82. 56	124. 91
2003	123. 97	213. 57	93. 49	161. 06	84. 38	145. 36

11-4 农村基层组织情况
BASIC CONDITIONS OF RURAL GRASS-ROOTS UNITS

指标	Item	1980	1990	1995	2000	2002	2003
一、农村基层组织 （个）	**Rural Grassroots Units (unit)**						
镇政府	Number of Town Governments		1296	1531	1556	1458	1318
乡政府	Number of Township Governments	1629	339	61	33	25	12
村民委员会	Number of Villagers´Committees		23858	22869	22962	22842	22574
村民小组	Number of Villagers´Groups		213137	206764	237566	238617	
二、乡镇户数 （万户）	**Number of Rural Households (10000 households)**	**889. 20**	**1141. 71**	**1283. 73**	**1419. 91**	**1443. 33**	**1481. 16**
#农业户数	Number of Agricultural Households	852. 70	997. 83	1024. 01	1148. 44	1150. 10	1158. 33
三、乡镇人口 （万人）	**Population in Rural Areas (10000 persons)**	**4419. 80**	**5241. 91**	**5622. 31**	**6046. 62**	**6062. 53**	**6133. 17**
#农业人口	Agricultural Population	4217. 65	4700. 52	4639. 23	5110. 47	5048. 08	5060. 48
四、乡镇从业人员 （万人）	**Number of Rural Employed Persons (10000 persons)**	**1817. 60**	**2363. 37**	**2519. 21**	**2789. 89**	**2784. 39**	**2824. 53**
按性别分	Grouped by Sex						
男	Male	918. 40	1218. 95	1301. 24	1450. 37	1451. 24	1479. 15
女	Female	899. 20	1144. 42	1217. 97	1339. 52	1333. 15	1345. 38
按部门分	Grouped by Sector						
# 农、林、牧、渔业从业人员	Farming, Forestry, Animal Husbandry and Fishery	1625. 90	1600. 85	1431. 98	1572. 07	1556. 29	1543. 41
工业从业人员	Industry	81. 50	248. 57	352. 37	420. 11	427. 08	467. 04
建筑业从业人员	Construction	54. 30	138. 79	180. 88	195. 77	194. 36	199. 67
交通、仓储和邮电通讯业从业人员	Transport, Storage, Postaland Telecommunication Services		48. 02	70. 52	76. 54	74. 36	74. 35
批发零售贸易业和餐饮业从业人员	Wholesale, Retail Trade and Catering Services		63. 83	92. 18	130. 23	144. 45	149. 76
外出从业人员 （万人）	Outward Employed Persons (10000 persons)	24. 40	274. 45	433. 70	463. 11	499. 93	512. 74

11-5 耕地面积
AREA OF CULTIVATED LAND

单位：万亩 (10000 mu)

项目	Item	1980	1990	1995	2000	2002	2003
年末实有常用耕地面积	Area of Regularly Cultivated Land at the Year-end	4126. 07	3793. 25	3475. 97	3378. 93	3534. 49	3200. 95
水（旱）田	Paddy Field	3192. 88	2849. 78	2547. 98	2461. 00	2498. 62	2276. 22
旱地	Dry Field	933. 19	943. 47	927. 99	917. 93	1035. 87	480. 30
当年增加耕地面积	Increase of Cultivated Land in the Year	9. 71	32. 27	41. 66	11. 17	31. 43	16. 31
#新开荒	Newly Reclaimed Wasteland	3. 73	16. 04	11. 46	4. 57	4. 69	7. 45
围海造田	Cultivated Seashore Land	0. 47	3. 09	1. 57	0. 27		
当年减少耕地面积	Decrease of Cultivated Land in the Year	37. 09	25. 90	52. 78	49. 58	96. 70	153. 06
#国家基建占用	Occupied by Capital Construction	3. 81	4. 00	7. 44	10. 25	8. 58	11. 45
种果占用	Occupied by Fruits Planting	4. 61	4. 42	4. 89	12. 11	14. 13	28. 60
年末耕地面积中粮食实际占用	Actually Occupied by Grain in Cultivated Land	3177. 20	2602. 11	2245. 12	2099. 95	1796. 17	

注：1. 1995 年起国家基建占用为广东省国土资源厅统计年报数。
2. 2000 年起国家基建占用改为建设用地，与往年数字不可比。
3. 常用耕地面积 2002 年起按新口径统计。

Note: a) Since 1995, the cultivated land occupied by capital construction have been obtained from the annual statistical reports by Guangdong Provincial Department of Land and Resources.
b) Since 2000, the cultivated land occupied by capital construction refers to the land for construction, which is not comparable with the previous years.
c) Since 2002, the regularly cultivated land has been calculated in accordance with the new stipulations.

11-6 农村劳动力情况
STATISTICS ON RURAL LABORERS

单位:% (%)

项目	Item	2000	2002	2003
一、性别	**By Sex**	**100.0**	**100.0**	**100.0**
男劳动力	Male	51.6	51.1	51.4
女劳动力	Female	48.4	48.9	48.6
二、文化程度	**By Educational Level**	**100.0**	**100.0**	**100.0**
文盲与半文盲	Illiterate and Semi-illiterate	4.0	4.0	3.9
小学程度	Primary School	33.5	30.0	28.2
初中程度	Junior Secondary School	48.9	52.0	53.2
高中程度	Senior Secondary School	9.9	10.4	10.5
中专程度	Specialized Secondary School	3.1	3.0	3.4
大专及其以上程度	College and Higher Level	0.6	0.6	0.8
三、专业技术	**By Status of Technical Training**	**100.0**	**100.0**	**100.0**
受过专业培训	Various Technical Trainings Received	11.4	9.2	10.4
未受过专业培训	Various Technical Trainings Not Received	88.6	90.8	89.6
四、行业分布情况	**By Sector**		**100.0**	**100.0**
农业	Farming, Forestry, Animal Husbandry and Fishery		60.4	57.2
采矿业	Mining		0.3	0.2
制造业	Manufacturing		11.6	13.1
电力煤气及水的生产供应业	Production and Supply of Electric Power, Gas and Water		0.3	0.5
建筑业	Construction		2.9	2.9
交通运输仓储及邮电通讯业	Transport, Storage, Postal and Telecommunication Services		2.1	2.4
批发和零售贸易	Wholesale and Retail Trade		3.1	4.2
住宿和餐饮业	Hotels and Catering Services		2.1	2.8
居民服务和其他服务业	Residential Services and Other Services		5.3	4.8
教育	Education		1.2	1.2
卫生、社会保障和社会福利业	Health Care, Social Security and Social Welfare		0.5	0.5
文化、体育和娱乐业	Culture, Sports and Recreation		0.3	0.2
其它	Others		9.9	10.0

注:本表数据为抽样调查数。
Note: Data in this table are obtained from the sample surveys.

11-7 农村三次产业劳动力素质结构
STRUCTURE OF EDUCATIONAL LEVEL OF RURAL LABORERS BY INDUSTRY

单位:% (%)

项目	Item	从事第一产业的劳动力 Laborers Engaged in Primary Industry			从事第二、三产业的劳动力 Laborers Engaged in Second Industry and Tertiary Industry		
		1995	2002	2003	1995	2002	2003
一、性别	**Sex**	**100. 0**	**100. 0**	**100. 0**	**100. 0**	**100. 0**	**100. 0**
男劳动力	Male	46. 9	46. 9	46. 7	62. 8	57. 5	57. 8
女劳动力	Female	53. 1	53. 1	53. 3	37. 2	42. 5	42. 2
二、文化程度	**Educational Level**	**100. 0**	**100. 0**	**100. 0**	**100. 0**	**100. 0**	**100. 0**
文盲与半文盲	Illiterate and Semi-illiterate	10. 7	5. 8	6. 4	3. 6	1. 3	0. 8
小学程度	Primary School	44. 4	38. 8	38. 1	25. 0	16. 7	15. 5
初中程度	Junior Secondary School	35. 1	45. 8	46. 1	51. 4	61. 5	62. 6
高中程度	Senior Secondary School	8. 6	8. 2	8. 2	17. 4	13. 6	13. 3
中专程度	Specialized Secondary School	1. 2	1. 2	1. 1	2. 2	5. 7	6. 2
大专及其以上程度	College and Higher Level	…	0. 2	0. 1	0. 4	1. 2	1. 6
三、专业技术情况	**Status of Technical Training**	**100. 0**	**100. 0**	**100. 0**	**100. 0**	**100. 0**	**100. 0**
受过各种专业培训的劳动力	Various Technical Trainings Received	10. 0	3. 5	3. 3	25. 9	15. 3	20. 2
没有受过专业培训的劳动力	Various Technical Trainings Not Received	90. 0	96. 5	96. 7	74. 1	84. 7	79. 8

注：本表数据为抽样调查数。
Note: Data in this table are obtained from the sample surveys.

11-8 农村转移劳动力情况
TRANSFER OF RURAL LABORERS

单位:% (%)

项目	Item	2000	2002	2003
一、转移劳动力占农村劳动力比重	**Percentage of Transferred Laborers to Rural Laborer Force**	**37. 8**	**39. 5**	**39. 2**
二、转移劳动力的性别和文化技术素质情况	**Percentage of Transferred Laborers by Sex and Educational Level**			
性别	By Sex	100. 0	100. 0	100. 0
男劳动力	Male	60. 3	57. 4	58. 0
女劳动力	Female	39. 7	42. 6	42. 0
文化程度	By Educational Level	100. 0	100. 0	100. 0
文盲与半文盲	Illiterate and Semi-illiterate	0. 6	1. 3	0. 8
小学程度	Primary School	17. 9	16. 8	15. 1
初中程度	Junior Secondary School	62. 2	61. 4	62. 8
高中程度	Senior Secondary School	11. 7	13. 5	13. 3
中专程度	Specialized Secondary School	6. 3	5. 8	6. 4
大专及其以上程度	College and Higher Level	1. 3	1. 2	1. 6
专业技术	By Status of Technical Training	100. 0	100. 0	100. 0
受过专业培训	Various Technical Training Received	15. 6	17. 9	20. 7
未受过专业培训	Various Technical Training Not Received	84. 4	82. 1	79. 3

注：本表数据为抽样调查数。
Note: Data in this table are obtained from the sample surveys.

11-9 农村劳动力当年转移情况
TRANSFER OF RURAL LABORERS IN CURRENT YEAR

单位:% (%)

项　　目	Item	1995	2002	2003
一、当年转移的劳动力占总劳动力比重	**Percentage of Transferred Laborers in Current Year to Total Laborer Force**	**5.4**	**3.9**	**3.9**
二、转移劳动力的性别和文化技术素质情况	**Percentage of Transferred Laborers by Sex and Educational Level**			
性别	By Sex	100.0	100.0	100.0
男劳动力	Male	62.4	56.9	58.0
女劳动力	Female	37.6	43.1	42.0
文化程度	By Educational Level	100.0	100.0	100.0
文盲与半文盲	Illiterate and Semi-illiterate	3.6		0.8
小学程度	Primary School	20.8	21.8	15.1
初中程度	Junior Secondary School	57.9	67.7	62.8
高中程度	Senior Secondary School	13.7	8.3	13.3
中专程度	Specialized Secondary School	3.5	2.2	6.4
大专及其以上程度	College and Higher Level	0.5		1.6
专业技术	By Status of Technical Training	100.0	100.0	100.0
受过各种专业培训的劳动力	Various Technical Trainings Received	25.9	7.7	20.7
没有受过专业培训的劳动力	Various Technical Trainings Not Received	74.1	92.3	79.3
三、劳动力转移行业分布	**Percentage of Transferred Laborers by Sector**		**100.0**	**100.0**
农林牧渔业	Farming, Forestry, Animal Husbandry and Fishery		2.8	0.3
采矿业	Mining		2.8	0.5
制造业	Manufacturing		34.5	30.4
电力煤气及水的生产供应业	Production and Supply of Electric Power, Gas and Water		1.5	1.0
建筑业	Construction		5.8	6.4
交通运输仓储及邮电通讯业	Transport, Storage, Postal and Telecommunication Services		4.3	5.6
批发和零售贸易	Wholesale and Retail Trade		10.2	9.9
住宿和餐饮业	Hotels and Catering Services		5.0	6.6
居民服务和其他服务业	Residential Services and Other Services		13.8	11.5
教育	Education		2.6	2.8
卫生、社会保障和社会福利业	Health Care, Social Security and Social Welfare		0.6	1.2
文化、体育和娱乐业	Culture, Sports and Recreation		0.6	0.5
其它	Others		15.5	23.3
四、当年返回农业的劳动力占总劳动力比重	**Percentage of Laborers Transferred Back to Agriculture in Current Year to Total Laborer Force**	**0.7**	**2.0**	**2.3**

注：本表数据为抽样调查数。
Note: Data in this table are obtained from the sample surveys. eys.

11-10 农林牧渔总产值
GROSS OUTPUT VALUE OF FARMING, FORESTRY, ANIMAL HUSBANDRY AND FISHERY

单位：亿元 (100 million yuan)

年份 Year	农林牧渔总产值 Gross Output Value of Farming, Forestry, Animal Husbandry and Fishery	农业产值 Farming	林业产值 Forestry	牧业产值 Animal Husbandry	渔业产值 Fishery	农林牧渔服务业产值 Services for Farming, Forestry, Animal Husbandry and Fishery
按 1957 年不变价格计算 At 1957 Constant Prices						
1949	15.72	13.32	0.05	1.85	0.50	
1952	21.01	17.12	0.17	2.72	1.00	
1957	28.16	22.63	0.86	2.96	1.71	
1962	23.71	19.40	1.11	2.19	1.01	
1965	35.52	27.03	1.68	5.21	1.60	
1970	40.89	31.13	2.16	5.54	2.06	
按 1970 年不变价格计算 At 1970 Constant Prices						
1975	64.02	47.52	3.24	10.17	3.09	
1978	74.33	56.37	4.09	11.02	2.85	
1979	73.69	56.01	3.48	11.53	2.67	
1980	81.88	63.01	4.43	11.51	2.93	
1981	83.81	62.19	4.89	13.54	3.19	
按 1980 年不变价格计算 At 1980 Constant Prices						
1981	109.10	79.74	6.99	16.83	5.54	
1982	126.89	92.06	7.80	20.35	6.68	
1983	130.20	91.97	8.21	21.89	8.13	
1984	142.27	100.42	8.63	24.04	9.18	
1985	152.63	105.19	9.05	27.69	10.70	
1986	162.08	109.14	10.14	30.08	12.72	
1987	177.63	119.81	9.76	32.56	15.50	
1988	191.25	125.36	13.05	35.50	17.34	
1989	206.26	135.11	13.58	38.27	19.30	
1990	221.46	145.66	12.61	41.94	21.25	
按 1990 年不变价格计算 At 1990 Constant Prices						
1990	589.49	358.32	29.97	120.76	80.44	
1991	625.72	376.76	29.71	131.17	88.08	
1992	663.69	391.64	30.42	141.10	100.53	
1993	689.05	380.01	30.94	157.32	120.78	
1994	719.79	390.24	31.61	163.71	134.23	
1995	779.62	421.55	33.29	174.92	149.86	
1996	827.05	435.67	34.28	191.64	165.46	
1997	883.08	468.80	34.65	200.93	178.70	
1998	925.83	484.87	35.89	211.33	193.74	
1999	976.75	510.02	37.80	222.40	206.53	
2000	1002.81	513.08	39.13	228.61	221.99	
2001	1030.73	525.54	40.90	233.75	230.54	
2002	1097.59	575.01	39.76	237.20	245.62	
2003	1120.48	535.79	39.41	242.49	256.27	46.52

注：2002 年以前农林牧渔业总产值包括农民家庭兼营商品性工业产值，2003 年农林牧渔业总产值不包括农民家庭兼营商品性工业产值，但包括规模以上木材、竹才采运业产值和农林牧渔服务业产值。

Note: In 2002 and prior to it, the gross output value of farming, forestry, animal husbandry and fishery included the industrial output value for the market concurrently created by the rural households, whereas the gross farming, forestry, animal husbandry and fishery in 2003 excluded this part but included the output value of timber and bamboo logging and transport and the output value of services for arming, forestry, animal husbandry and fishery.

11-11 农林牧渔总产值指数

INDICES OF GROSS OUTPUT VALUE OF FARMING, FORESTRY, ANIMAL HUSBANDRY AND FISHERY

单位:% (%)

年份 Year	农林牧渔总产值 Gross Output Value of Farming, Forestry, Animal Husbandry and Fishery	农业产值 Farming	林业产值 Forestry	牧业产值 Animal Husbandry	渔业产值 Fishery	农林牧渔服务业产值 Services for Farming, Forestry, Animal Husbandry and Fishery
1949	100.0	100.0	100.0	100.0	100.0	
1952	133.7	128.5	340.0	147.0	200.0	
1957	179.1	169.9	1720.0	160.0	342.0	
1962	150.8	145.6	2220.0	118.4	202.0	
1965	226.0	202.9	3360.0	281.6	320.0	
1970	260.2	233.7	4320.0	299.5	412.0	
1975	278.9	243.4	4410.0	367.5	483.1	
1978	323.8	288.8	5566.9	398.2	445.6	
1979	321.1	286.9	4736.7	416.6	417.4	
1980	356.7	322.8	6029.7	415.9	458.1	
1981	365.1	318.6	6655.8	489.2	498.7	
1982	424.7	367.8	7427.1	591.5	601.4	
1983	435.8	367.4	7817.5	636.3	731.9	
1984	476.2	401.2	8217.4	698.8	826.4	
1985	510.8	420.2	8617.3	805.0	963.2	
1986	542.5	436.0	9655.2	874.5	1145.1	
1987	594.5	478.6	9293.4	946.6	1395.4	
1988	640.1	500.8	12426.1	1032.1	1561.0	
1989	690.3	539.8	12930.8	1112.6	1737.4	
1990	741.2	581.9	12007.2	1219.3	1912.9	
1991	786.4	611.9	11903.0	1324.4	2094.6	
1992	834.5	636.0	12186.3	1424.6	2390.6	
1993	866.4	617.1	12394.6	1588.4	2872.1	
1994	905.1	633.8	12663.6	1652.9	3191.8	
1995	980.3	684.6	13336.6	1766.1	3563.5	
1996	1039.9	707.5	13733.2	1934.9	3934.5	
1997	1110.6	761.3	13884.3	2028.7	4249.3	
1998	1164.4	787.4	14381.2	2133.7	4606.9	
1999	1228.4	828.3	15146.3	2245.5	4911.0	
2000	1261.2	833.3	15679.2	2308.2	5278.6	
2001	1296.3	853.5	16388.4	2360.1	5481.9	
2002	1380.4	933.8	15931.6	2394.9	5840.5	
2003	1419.4	957.5	15485.7	2448.3	6094.0	100.0

注：指数按可比价计算，2003 年指数按同口径比较。

Note: The indices are calculated at comparable prices. The indices in 2003 are calculated according to the same statistical coverage of 2002.

11-12 农林牧渔总产值和指数
GROSS OUTPUT VALUE OF FARMING, FORESTRY, ANIMAL HUSBANDRY AND FISHERY AND THEIR INDICES

年份 Year	农林牧渔总产值 Gross Output Value of Farming, Forestry, Animal Husbandry and Fishery	农业产值 Farming	林业产值 Forestry	牧业产值 Animal Husbandry	渔业产值 Fishery	农林牧渔服务业产值 Services for Farming, Forestry, Animal Husbandry and Fishery
一、绝对值(亿元)Output Value(100 million yuan)						
1978	85.94	59.56	4.98	15.98	5.42	
1979	91.53	67.19	7.67	13.58	3.09	
1980	126.25	97.15	6.83	17.75	4.52	
1981	133.85	99.33	7.81	21.62	5.09	
1982	135.52	98.33	8.33	21.73	7.13	
1983	169.96	120.06	10.72	28.57	10.61	
1984	200.07	141.22	12.13	33.81	12.91	
1985	245.21	149.09	21.09	54.68	20.35	
1986	279.15	168.68	24.38	60.74	25.35	
1987	348.61	214.47	16.74	78.26	39.14	
1988	473.78	277.38	27.66	114.28	54.46	
1989	548.60	323.15	28.00	134.60	62.85	
1990	600.71	359.39	28.46	143.68	69.18	
1991	654.82	388.90	29.64	156.08	80.20	
1992	737.11	428.99	32.86	175.36	99.90	
1993	899.03	486.46	35.51	223.16	153.90	
1994	1151.38	628.17	41.07	279.98	202.16	
1995	1445.48	777.72	46.12	349.11	272.53	
1996	1577.89	825.60	49.64	398.12	304.53	
1997	1656.46	851.35	52.10	425.67	327.34	
1998	1705.44	861.97	54.65	441.61	347.21	
1999	1745.02	859.66	58.77	457.51	369.08	
2000	1701.18	807.94	59.64	450.18	383.42	
2001	1722.35	817.95	56.78	457.56	390.06	
2002	1781.06	841.77	57.09	465.91	416.29	
2003	1908.66	851.72	55.72	482.83	432.74	85.65
二、指数 (1978=100) Indices (1978=100)						
1978	100.0	100.0	100.0	100.0	100.0	
1979	99.2	99.4	85.1	104.6	93.7	
1980	110.2	111.8	108.3	104.4	102.8	
1981	112.8	110.3	119.6	122.9	111.9	
1982	131.2	127.4	133.4	148.6	135.0	
1983	134.6	127.2	140.4	159.8	164.3	
1984	147.1	138.9	147.6	175.5	185.5	
1985	157.8	145.5	154.8	202.2	216.2	
1986	167.5	151.0	173.4	219.6	257.0	
1987	183.6	165.8	166.9	237.7	313.2	
1988	197.7	173.4	223.2	259.2	350.3	
1989	213.2	186.9	232.3	279.4	389.9	
1990	228.9	201.5	215.7	306.2	429.3	
1991	243.0	211.9	213.8	332.6	470.1	
1992	257.7	220.3	218.9	357.8	536.5	
1993	267.6	213.7	222.6	398.9	644.5	
1994	279.5	219.5	227.5	415.1	716.3	
1995	302.7	237.1	239.6	443.5	800.1	
1996	320.9	245.0	246.5	485.9	882.9	
1997	342.7	263.7	249.2	509.5	953.5	
1998	359.3	272.7	258.1	535.8	1033.7	
1999	379.1	286.8	271.8	563.9	1101.9	
2000	389.3	288.6	281.3	579.6	1184.5	
2001	400.1	295.6	294.0	592.7	1230.1	
2002	426.1	323.4	285.8	601.4	1310.6	
2003	438.2	331.6	277.8	614.8	1367.5	100.0

注：本表绝对数按现价计算，指数按可比价计算，2003年指数按同口径比较。

Note: Data in value terms in this table are calculated at current prices, whereas the related indices are calculated at comparable prices. The indices in 2003 are calculated according to the same statistical coverage of 2002.

11-13 农作物播种面积
TOTAL SOWN AREA OF FARM CROPS

单位：万亩 (10000 mu)

年份 Year	农作物总播种面积 Total Sown Area	一、粮食作物 Grain Crops	#稻谷 Rice	#薯类 Tubers	二、大豆 Soybean	三、经济作物 Economic Crops
1949	7928. 93	7174. 20	6189. 30	743. 70	138. 87	232. 56
1952	8413. 24	7413. 90	6080. 40	998. 40	140. 71	359. 85
1957	9490. 39	8080. 00	6061. 40	1226. 18	143. 80	602. 91
1962	8531. 36	7151. 30	5483. 70	1181. 25	116. 00	470. 20
1965	8699. 62	6884. 40	5413. 60	983. 47	113. 00	944. 17
1970	9381. 99	6958. 20	5657. 68	902. 43	116. 45	1089. 12
1975	10255. 25	7556. 31	5871. 37	918. 44	197. 60	1223. 18
1978	9962. 46	7603. 47	5790. 39	873. 02	163. 71	1277. 28
1979	9492. 62	7300. 54	5691. 88	845. 65	185. 91	1258. 28
1980	8954. 84	6908. 02	5596. 10	800. 67	198. 18	1213. 98
1981	8567. 83	6548. 40	5450. 29	767. 07	199. 33	1302. 19
1982	8539. 77	6475. 65	5373. 51	778. 51	218. 52	1327. 84
1983	8364. 03	6485. 66	5406. 97	780. 98	197. 43	1126. 05
1984	8313. 00	6269. 47	5272. 01	765. 51	193. 21	1213. 32
1985	8036. 82	5750. 76	4815. 81	730. 83	175. 22	1417. 68
1986	8037. 18	5731. 76	4804. 77	745. 48	177. 59	1334. 07
1987	8064. 78	5679. 94	4750. 06	743. 22	174. 25	1324. 67
1988	8063. 89	5598. 29	4678. 26	726. 61	172. 60	1318. 08
1989	8322. 71	5777. 18	4768. 32	743. 93	173. 64	1324. 88
1990	8507. 35	5822. 06	4763. 67	751. 70	172. 44	1338. 43
1991	8489. 09	5643. 92	4596. 92	746. 74	163. 30	1374. 36
1992	8231. 36	5303. 82	4313. 79	710. 56	157. 48	1393. 07
1993	7718. 41	4840. 76	3944. 83	681. 66	160. 54	1295. 77
1994	7807. 99	4959. 10	4005. 47	747. 93	157. 12	1224. 21
1995	7957. 19	5052. 24	4052. 13	775. 96	155. 84	1185. 17
1996	8156. 22	5120. 09	4066. 33	778. 70	155. 04	1202. 15
1997	8267. 25	5144. 06	4055. 92	772. 52	149. 14	1211. 80
1998	8310. 73	5147. 65	4029. 10	768. 09	146. 06	1185. 21
1999	7894. 24	4912. 04	3836. 30	697. 22	144. 52	1071. 27
2000	7735. 35	4649. 83	3619. 05	640. 15	145. 46	1093. 04
2001	7868. 21	4634. 79	3638. 28	661. 15	132. 19	1088. 71
2002	7207. 37	4021. 44	3151. 22	582. 81	102. 14	1068. 46
2003	7294. 58	4012. 81	3144. 56	578. 14	114. 54	1055. 55

11-13 续表 continued

单位：万亩 (10000 mu)

年份 Year	#糖蔗 Sugarcane	#花生 Peanuts	#黄红麻 Jute and Ambary Hemp	#红（土）烟 Crude Tobacco	#黄（烤）烟 Flue cured Tobacco	四、其他作物 Other Crops
1949	43.40	113.00	5.58	7.50	4.50	383.30
1952	89.89	200.37	12.11	16.30	7.23	498.78
1957	145.43	302.54	33.75	24.11	10.03	663.68
1962	92.24	293.92	19.34	23.31	6.19	793.88
1965	222.82	431.83	25.96	22.61	7.68	758.05
1970	255.04	465.08	34.63	21.14	11.50	1218.22
1975	276.42	475.31	69.32	34.28	23.02	1278.16
1978	258.96	486.62	94.93	27.25	41.94	918.00
1979	227.15	519.73	58.62	25.65	33.79	747.89
1980	218.57	553.24	42.05	21.87	16.75	634.66
1981	272.52	591.41	46.56	24.58	20.48	517.91
1982	331.53	588.01	28.01	24.99	23.74	517.76
1983	312.86	489.74	18.68	21.66	21.59	554.89
1984	341.02	523.56	29.92	21.87	17.19	637.00
1985	442.83	545.78	58.31	28.69	26.56	693.16
1986	405.07	560.80	14.53	23.67	18.20	793.76
1987	344.72	533.13	10.00	19.65	21.77	885.92
1988	354.90	497.82	10.43	22.18	39.21	974.92
1989	338.02	486.05	8.22	47.31	24.94	1047.01
1990	419.73	485.96	7.26	21.89	46.66	1174.42
1991	453.90	472.15	8.12	22.63	59.30	1307.51
1992	461.14	471.88	9.52	22.07	57.01	1376.99
1993	353.65	499.78	7.31	15.58	58.34	1421.34
1994	325.62	505.35	4.45	11.45	41.70	1467.56
1995	320.18	499.60	4.05	8.43	35.90	1563.94
1996	329.28	497.42	3.82	8.22	36.88	1678.94
1997	334.02	499.70	5.88	12.09	43.36	1762.26
1998	325.59	510.83	2.51	11.02	39.28	1831.81
1999	261.47	468.50	1.90	8.68	34.04	1766.41
2000	239.60	496.61	1.55	7.98	38.66	1847.01
2001	215.25	511.57	1.41	8.53	44.95	2012.52
2002	222.66	472.49	1.21	7.32	38.95	2015.33
2003	198.29	488.66	1.14	7.39	37.47	2111.68

11-14 农作物产量
TOTAL OUTPUT OF FARM CROPS

单位：万吨 (10000 tons)

年份 Year	一、粮食作物 Grain Crops	#稻谷 Rice	#薯类 Tubers	二、大豆 Soybean	糖蔗 Sugarcane	花生 Peanuts	黄红麻 Jute and Ambary Hemp	红（土）烟 Crude Tobacco	黄（烤）烟 Flue-cured Tobacco
1949	685. 85	621. 35	55. 85	4. 62	66. 91	6. 63	0. 48	0. 58	0. 23
1952	797. 40	707. 15	76. 50	5. 41	265. 47	13. 20	1. 44	1. 29	0. 34
1957	1007. 15	849. 10	130. 15	4. 39	429. 72	16. 86	3. 98	1. 63	0. 49
1962	929. 60	820. 25	89. 15	3. 84	180. 60	15. 60	2. 22	1. 15	0. 26
1965	1227. 65	1098. 60	106. 90	4. 74	637. 93	25. 97	3. 99	1. 49	0. 59
1970	1283. 82	1157. 04	103. 10	5. 79	656. 93	32. 16	6. 24	1. 60	0. 70
1975	1464. 58	1301. 35	122. 27	9. 13	711. 61	31. 84	13. 77	2. 52	1. 54
1978	1509. 51	1328. 56	121. 04	7. 99	835. 42	35. 17	18. 07	1. 97	2. 76
1979	1605. 36	1435. 22	125. 15	9. 56	742. 90	40. 70	13. 25	1. 86	2. 14
1980	1681. 91	1523. 92	123. 68	11. 47	834. 73	50. 00	10. 18	1. 68	1. 04
1981	1521. 00	1372. 22	122. 53	12. 01	1235. 50	57. 39	12. 96	2. 09	1. 59
1982	1795. 72	1627. 37	138. 98	14. 44	1496. 10	61. 90	7. 53	2. 38	2. 29
1983	1817. 48	1673. 12	138. 98	10. 80	1159. 83	48. 08	4. 84	1. 69	1. 72
1984	1819. 33	1666. 08	130. 21	11. 90	1454. 15	53. 40	6. 48	1. 95	1. 55
1985	1604. 37	1454. 29	131. 88	11. 32	1831. 40	57. 07	11. 30	2. 60	2. 29
1986	1567. 00	1421. 55	128. 01	12. 27	1622. 13	60. 40	3. 57	1. 83	1. 67
1987	1701. 81	1536. 46	146. 48	12. 43	1338. 60	53. 50	2. 13	1. 91	2. 14
1988	1636. 70	1472. 95	143. 42	12. 32	1538. 68	51. 80	2. 15	2. 31	3. 49
1989	1817. 21	1630. 29	153. 47	13. 25	1681. 34	55. 38	1. 04	2. 57	4. 58
1990	1896. 29	1687. 00	167. 05	13. 87	2093. 46	57. 95	1. 04	2. 44	4. 64
1991	1873. 50	1651. 65	176. 59	12. 60	2286. 38	56. 11	1. 49	2. 65	5. 81
1992	1810. 40	1602. 27	170. 28	13. 94	2271. 06	60. 30	1. 88	2. 48	6. 14
1993	1629. 11	1425. 81	169. 20	15. 28	1603. 11	66. 02	1. 33	1. 74	5. 96
1994	1662. 66	1434. 04	194. 68	15. 44	1397. 22	63. 71	0. 68	1. 22	4. 08
1995	1803. 33	1553. 90	209. 40	16. 50	1472. 21	69. 98	0. 79	1. 08	3. 96
1996	1891. 43	1626. 29	210. 28	17. 32	1392. 00	73. 05	0. 72	1. 11	4. 18
1997	1966. 75	1669. 33	228. 35	17. 61	1629. 27	74. 10	0. 95	1. 88	5. 45
1998	1884. 13	1688. 53	238. 28	17. 32	1616. 94	69. 38	0. 42	1. 82	4. 79
1999	1935. 82	1630. 13	214. 38	17. 91	1218. 30	73. 31	0. 30	1. 40	4. 40
2000	1822. 33	1528. 53	199. 05	18. 73	1137. 59	77. 68	0. 27	1. 26	4. 95
2001	1721. 55	1441. 35	198. 15	17. 36	1073. 38	79. 73	0. 25	1. 27	5. 52
2002	1484. 16	1243. 46	171. 02	12. 67	1136. 45	75. 19	0. 22	1. 14	4. 94
2003	1488. 00	1250. 38	166. 77	14. 92	952. 87	80. 73	0. 20	1. 21	4. 79

11-15 主要农作物播种面积、亩产及总产量
SOWN AREA, YIELD AND TOTAL OUTPUT OF MAJOR FARM CROPS

单位：万亩、公斤、万吨 (10000 mu, kg, 10000 tons)

作物名称 Farm Crop		2000			2002			2003		
		播种面积 Sown Area	亩产 Yield per Mu	总产量 Total Output	播种面积 Sown Area	亩产 Yield per Mu	总产量 Total Output	播种面积 Sown Area	亩产 Yield per Mu	总产量 Total Output
农作物播种面积	**Total**	**7735.35**			**7207.37**			**7294.58**		
一、粮食作物	**Grain Crops**	**4649.83**	**392**	**1822.33**	**4021.44**	**369**	**1484.16**	**4012.81**	**371**	**1488.00**
稻谷	Rice	3619.05	422	1528.53	3151.22	395	1243.46	3144.56	398	1250.38
早稻	Early Rice	1745.35	435	759.50	1501.51	410	615.64	1503.15	407	611.67
晚稻	Late Rice	1873.70	410	769.03	1649.71	381	627.82	1641.41	389	638.71
小麦	Wheat	22.22	193	4.28	12.43	210	2.61	7.79	186	1.45
旱粮	Upland Grain	368.41	246	90.46	274.98	244	67.07	282.32	246	69.41
薯类	Tubers	640.15	311	199.05	582.81	293	171.02	578.14	288	166.77
二、大豆	**Soybean**	**145.46**	**129**	**18.73**	**102.14**	**124**	**12.67**	**114.54**	**130**	**14.92**
三、经济作物	**Economic Crops**	**1093.04**			**1068.46**			**1055.55**		
甘蔗	Sugarcane and Fruit Cane	267.12	4692	1253.21	257.46	5108	1315.24	234.12	4844	1134.08
糖蔗	Sugarcane	239.60	4748	1137.59	222.66	5104	1136.45	198.29	4805	952.87
果蔗	Fruit Cane	27.52	4202	115.62	34.81	5137	178.79	35.83	5057	181.21
油料作物	Oil-bearing Crops	515.75	153	78.78	487.56	157	76.37	501.82	163	81.93
# 花生	Peanuts	496.61	156	77.68	472.49	159	75.19	488.66	165	80.73
芝麻	Sesame	4.13	68	0.28	3.10	71	0.22	2.66	70	0.18
油菜籽	Rape Seeds	15.01	55	0.82	11.97	80	0.96	10.50	97	1.02
麻类	Fiber Crops	1.58	173	0.27	1.32	174	0.23	1.16	181	0.21
#黄红麻	Jute and Ambary Hemp	1.55	173	0.27	1.21	184	0.22	1.14	178	0.20
烟叶	Tobacco	46.65	133	6.21	46.27	131	6.07	44.86	134	6.00
黄（烤）烟	Flue-cured Tobacco	38.66	128	4.95	38.95	127	4.94	37.47	128	4.79
红（土）烟	Crude Tobacco	7.98	157	1.26	7.32	155	1.14	7.39	163	1.21
木薯	Cassava	186.20	1124	209.37	172.68	1191	205.68	163.73	1166	190.86
药材	Medicinal Plants	30.90			34.02			35.15		
其他经济作物	Other Economic Crops	44.84			69.14			74.72		
四、其他作物	**Other Crops**	**1847.01**			**2015.33**			**2111.68**		
#蔬菜	Vegetables	1515.15	1462	2214.80	1692.00	1444	2442.53	1792.28	1442	2584.20

11-16 农业机耕、农田水利、化肥和农药施用量及农村用电量

STATISTICS ON TRACTOR PLOUGHING, WATER CONSERVANCY, CONSUMPTION OF CHEMICALFE RTILIZERS AND PESTICIDES AND ELECTRICITY CONSUMPTION IN RURAL AREAS

项目	Item	1980	1990	1995	2000	2002	2003
一、实际机耕面积 （万亩）	Area Actually Ploughed by Tractors （10000 mu）	1682.30	1296.94	1116.28	1213.96	1162.00	
二、有效灌溉面积 （万亩）	Effective Irrigated Area （10000 mu）	2920.28	2692.69	2232.41	2217.77	2136.50	1973.89
占耕地面积 （%）	Percentage to Total Cultivated Land （%）	70.8	71.1	64.2	65.6	60.4	61.7
三、旱涝保收面积 （万亩）	Dried and Flooded Area under Control and Ensuring Stable Yields （10000 mu）	2195.20	2004.15	1645.58	1626.68	1512.68	1435.12
占耕地面积 （%）	Percentage to Total Cultivated Land （%）	53.6	52.9	47.3	48.1	42.8	44.8
四、化肥施用量 （万吨）	Consumption of Chemical Fertilizers （10000 tons）						
实物量	Gross Weight	333.54	541.40	601.09	611.12	639.46	643.25
# 氮肥	Nitrogenous Fertilizer	223.99	281.60	271.75	248.15	249.27	247.53
磷肥	Phosphate Fertilizer	85.85	134.32	146.00	153.01	161.06	161.96
钾肥	Potash Fertilizer	15.39	59.55	78.69	79.35	86.23	87.12
折纯量	Effective Weight （100 percent equivalent）	77.00	162.41	195.71	176.20	196.44	199.61
# 氮肥	Nitrogenous Fertilizer	54.03	95.82	99.49	95.89	96.55	97.58
磷肥	Phosphate Fertilizer	15.27	20.08	27.16	18.36	20.15	18.85
钾肥	Potash Fertilizer	6.36	27.57	34.14	35.84	38.86	39.40
五、农药施用量 （万吨）	Consumption of Pesticides （10000 tons）	12.21	7.95	8.04	8.47	8.47	8.60
六、农村小型水电站 （个）	Number of Small Hydropower Stations in Rural Areas （unit）	11100	10124	7988	5478	5394	4937
发电能力 （万千瓦）	Generating Capacity （10000 kw）	42.95	81.47	130.14	142.57	162.30	171.53
七、农村用电量 （万千瓦时）	Consumption of Electricity in Rural Areas （10000 kwh）	125496	581030	1862658	4054461	5863599	7142535
八、农业机械总动力（亿瓦特）	Total Power of Agricultural Machinery （100 million w）	59.60	127.88	166.96	176.39	177.94	178.88

11-17 水产品产量及养殖面积

OUTPUT OF AQUATIC PRODUCTS AND CULTURED AREA

指标	Item	1980	1990	1995	2000	2002	2003
一、水产品产量 （万吨）	**Output of Aquatic Products （10000 tons）**	**63.34**	**207.66**	**354.34**	**593.19**	**628.06**	**648.55**
海水产品	Seawater Aquatic Products	41.54	124.53	197.21	360.45	374.36	379.21
捕捞	Catches	40.78	110.74	161.42	191.48	184.72	181.91
养殖	Artificially Cultured	0.76	13.79	35.79	168.97	189.64	197.30
淡水产品	Freshwater Aquatic Products	21.80	83.13	157.13	232.74	253.70	269.34
捕捞	Catches	0.85	4.19	7.36	13.52	13.30	13.08
养殖	Artificially Cultured	20.95	78.94	149.77	219.22	240.40	256.26
二、养殖面积 （万亩）	**Cultured Area （10000 mu）**	**300.43**	**515.50**	**688.73**	**846.76**	**878.59**	**892.99**
海水养殖	Seawater	32.31	138.50	174.23	292.33	312.26	325.14
淡水养殖	Freshwater	268.12	377.00	494.50	554.43	566.33	567.85

注：1998 年起水产品产量按新标准计算。

Note: Since 1998, the outputs of aquatic products haves been calculated in accordance with the new criterions.

11-18 茶叶、桑、水果面积及产量
PLANTED AREA AND OUTPUT OF TEA, MULBERRY AND FRUITS

指 标		Item	1980	1990	1995	2000	2002	2003
一、茶叶年末实有面积	(万亩)	Planted Area of Tea at the Year-end (10000 mu)	54.08	64.42	68.74	64.80	62.70	58.01
茶叶总产量	(万吨)	Output of Tea (10000 tons)	1.00	2.59	3.96	4.21	4.24	4.14
二、桑地年末实有面积	(万亩)	Planted Area of Mulberry at the Year-end (10000 mu)	21.10	29.71	37.76	26.89	43.10	41.05
蚕茧总产量	(万吨)	Output of Mulberry (10000 tons)	2.17	2.55	3.32	3.09	5.28	5.16
三、水果年末实有面积	(万亩)	Planted Area of Fruits at the Year-end (10000 mu)	177.40	967.11	1103.46	1502.35	1313.12	1375.68
水果总产量	(万吨)	Gross Output of Fruits (10000 tons)	29.10	328.58	414.51	643.52	698.91	718.59
# 柑桔橙年末实有面积	(万亩)	Planted Area of Citrus at the Year-end (10000 mu)	40.00	288.99	169.84	123.34	158.83	178.12
柑桔橙总产量	(万吨)	Output of Citrus (10000 tons)	11.66	151.42	107.43	81.06	81.91	97.09
香(大)蕉年末实有面积	(万亩)	Planted Area of Bananas at the Year-end (10000 mu)	9.40	103.10	131.41	151.51	166.11	188.69
香(大)蕉总产量	(万吨)	Output of Bananas (10000 tons)	3.41	105.39	157.60	235.30	271.77	301.80
菠萝年末实有面积	(万亩)	Planted Area of Pineapple at the Year-end (10000 mu)	32.40	51.15	38.60	44.58	43.56	40.44
菠萝总产量	(万吨)	Output of Pineapple (10000 tons)	2.54	21.47	26.30	47.53	46.25	46.44
荔枝年末实有面积	(万亩)	Planted Area of Lychee at the Year-end (10000 mu)	35.60	178.99	294.17	474.83	385.02	391.36
荔枝总产量	(万吨)	Output of Lychee (10000 tons)	3.59	9.73	26.91	64.75	97.76	74.03
龙眼年末实有面积	(万亩)	Planted Area of Longan at the Year-end (10000 mu)	2.96	29.01	113.50	236.31	173.86	177.97
龙眼总产量	(万吨)	Output of Longan (10000 tons)	0.83	2.88	7.60	34.68	38.23	39.12

11-19 农业自然灾害情况
STATISTICS ON NATURAL CALAMITIES IN AGRICULTURE

项 目		Item	1995	2000	2002	2003
农作物受灾面积	(万亩)	Area of Farm Crops Covered by Natural Calamities (10000 mu)	1719.05	948.43	2872.64	1833.74
# 成灾面积		Area Affected	1141.70	509.06	1164.94	778.90
绝收面积		Area without Output	162.02	84.14	199.34	146.37
受灾人数	(万人)	Number of Persons Affected (10000 persons)	2927	1801	2774	2472
死亡人数	(人)	Number of Dead Persons (person)	355	102	102	79
受伤人数	(人)	Number of Wounded Persons (person)	3444	14454	8826	8371
倒塌房屋	(间)	Number of Broken Buildings (room)	166736	27743	46884	53477
损坏房屋	(间)	Number of Damaged Buildings (room)	700458	74052	229911	270666
无家可归人数	(人)	Number of Homeless Persons (person)	68489	19128	25632	37381
死亡大牲畜	(头)	Number of Dead Large Animals (head)	6877	62417	9051	17438
直接经济损失	(亿元)	Volume of Direct Economic Loss (100 million yuan)	119.69	38.2	59.70	74.21

11-20 主要热带、亚热带作物面积及产量
PLANTED AREA AND OUTPUT OF MAJOR TROPICAL AND SEMI-TROPICAL PRODUCTS

项目	Item	1980	1990	1995	2000	2002	2003
一、橡胶年末实有面积 （万亩）	Actually Planted Area of Rubber at the Year-end （10000 mu）	147.82	128.70	103.94	58.08	52.85	50.74
橡胶当年收获面积 （万亩）	Harvested Area of Rubber in Current Year （10000 mu）		91.51	84.69	53.37	48.02	41.23
橡胶总产量 （万吨）	Total Output of Rubber （10000 tons）	2.15	3.58	2.98	2.62	2.43	2.45
二、椰子年末实有面积 （万亩）	Actually Planted Area of Coconut at the Year-end （10000 mu）	0.41	0.18	0.78	0.73	0.54	0.31
椰子当年收获面积 （万亩）	Harvested Area of Coconut in Current Year （10000 mu）		0.12	0.12	0.25	0.32	0.24
椰子总产量 （万个）	Total Output of Coconut （10000 units）	13.00	37.03	64.00	162.00	199.00	153.00
三、槟榔年末实有面积 （万亩）	Actually Planted Area of Areca at the Year-end （10000 mu）	0.05	0.05	0.07	0.05	0.05	
槟榔当年收获面积 （万亩）	Harvested Area of Areca in Current Year （10000 mu）		0.02	0.06	0.05	0.04	
槟榔总产量 （吨）	Total Output of Areca （ton）	…	12.00	13.00	13.00	11.00	
四、胡椒年末实有面积 （万亩）	Actually Planted Area of Pepper at the Year-end （10000 mu）	5.91	5.53	3.23	4.33	4.27	
胡椒当年收获面积 （万亩）	Harvested Area of Pepper in Current Year （10000 mu）		4.08	2.79	2.64	2.68	
胡椒总产量 （吨）	Total Output of Pepper （ton）	932.00	5369.37	2373.00	3384.00	2676.00	
五、香(疯)茅年末实有面积 （万亩）	Actually Planted Area of Lemongrass at the Year-end （10000 mu）	22.57	7.14	2.22	0.62	1.20	1.12
香(疯)茅当年收获面积 （万亩）	Harvested Area of Lemongrass in Current Year （10000 mu）		7.20	1.93	0.49	1.12	0.96
香（疯）茅总产量 （吨）	Total Output of Lemongrass （ton）	1318.40	730.42	661.00	155.00	81.00	85.00
六、剑(番)麻年末实有面积 （万亩）	Actually Planted Area of Sisal Hemp at the Year-end （10000 mu）	16.15	10.52	8.79	8.55	9.01	9.04
剑（番）麻当年收获面积 （万亩）	Harvested Area of Sisal Hemp in Current Year （10000 mu）		8.03	8.16	6.90	7.54	7.58
剑（番）麻总产量 （万吨）	Total Output of Sisal Hemp （10000 tons）	1.02	1.59	1.72	1.96	2.01	2.05

11-21 造林面积及主要林产品产量
AFFORESTED AREA AND OUTPUT OF MAJOR FOREST PRODUCTS

项目	Item	1980	1990	1995	2000	2002	2003
当年造林面积 （万亩）	Total Afforested Area in Current Year （10000 mu）	556.00	467.93	31.02	25.76	86.34	72.03
人工造林	Artificial Afforested	301.00	388.26	31.02	25.76	86.34	72.03
飞机播种	Sown by Airplane		255.00	79.67			
年末实有育苗面积 （万亩）	Actual Area of Grown Seedlings at the Year-end （10000 mu）	2.73	8.20	3.51	3.12	4.76	5.64
当年幼林抚育实际面积 （万亩）	Area of Tending Young Forest in Current Year （10000 mu）	471.00	804.40	584.33	333.37	265.55	231.22
当年迹地更新面积 （万亩）	Area of Slash Reforestation in Current Year （10000 mu）	69.00	78.80	129.86	159.44	103.38	104.18
主要林产品产量	Output of Major Forest Products						
油桐籽 （吨）	Tung-oil Seeds （ton）	976	2622	3536	3817	3752	4935
油茶籽 （吨）	Tea-oil Seeds （ton）	13109	23736	24997	26268	29814	30928
松脂 （万吨）	Rosin （10000 tons）	11.98	10.02	11.46	11.31	11.72	12.56

11-22 牲畜头数及肉类产量
NUMBER OF LIVESTOCK AND OUTPUT OF MEAT

项目	Item	1980	1990	1995	2000	2002	2003
一、黄、水牛年末存栏头数（万头）	Number of Cattle and Buffalo on Hand at the Year-end (10000 heads)	306.02	473.54	468.97	416.92	402.01	387.44
黄牛	Cattle	96.99	198.33	209.49	189.15	183.33	178.80
#从事农事劳役的	For Drought on Farming	68.09	136.71	145.93	130.06	126.93	125.01
水牛	Buffalo	209.03	275.21	259.48	227.77	218.68	208.64
#从事农事劳役的	For Drought on Farming	155.92	212.18	190.96	165.14	158.16	155.77
二、奶牛年末存栏头数（万头）	Number of Milk Cow on Hand at the Year-end (10000 heads)	1.52	2.95	2.56	3.72	4.38	4.06
牛奶产量（万吨）	Output of Milk (10000 tons)	2.18	5.51	5.49	9.19	10.82	10.55
三、山羊年末存栏只数（万只）	Number of Goats on Hand at the Year-end (10000 heads)	13.38	14.21	27.30	29.33	28.33	33.54
四、生猪年末存栏头数（万头）	Number of Hogs on Hand at the Year-end (10000 heads)	1704.59	2058.89	2183.95	2034.79	2104.58	2175.54
# 能繁殖母猪（万头）	Number of Female Hogs with Fertility (10000 heads)	115.70	141.98	137.25	143.75	149.43	158.82
生猪全年饲养量（万头）	Total Number of Hogs Raised in the Whole Year (10000 heads)	2730.69	3851.74	4579.16	4989.77	5249.82	5500.78
肉猪出栏头数（万头）	Number of Slaughtered Fattened Hogs (10000 heads)	1026.10	1792.85	2395.21	2954.98	3145.24	3325.24
五、肉类产量（万吨）	Output of Meat (10000 tons)		202.45	305.06	324.48	343.63	358.50
# 猪肉	Pork	62.62	145.35	188.75	206.85	220.17	232.77
牛肉	Beef	0.55	2.88	5.68	5.17	5.65	6.37
羊肉	Mutton	0.03	0.15	0.44	0.43	0.54	0.57
禽肉	Meat of Poultry		54.02	109.94	111.50	111.15	112.09
兔肉	Rabbit Meat		0.05	0.25	0.53	0.69	0.64

注：1996 年起按农业普查结果调整，1996 年以前仍按原来口径不变。

Note: Since 1996, the figures have been adjusted in accordance with the results of agricultural census, while those before 1996 were calculated in accordance with the original statistical coverage.

11-23 农、林、牧、渔场基本情况
BASIC STATISTICS ON FARMING, FORESTRY, ANIMAL HUSBANDRY AND FISHERY

项目	Item	1990	1995	2000	2002	2003
个数（个）	Number of Farms (unit)	599	585	6271	11726	4923
#农场	Number of Agricultural Farms	274	252	1744	1312	
人口（万人）	Population (10000 persons)	83.92	77.43	79.63	66.05	
从业人员（万人）	Employed Persons (10000 persons)	44.55	36.06	32.90	30.47	
年末耕地面积（万亩）	Cultivated Land at the Year-end (10000 mu)	90.13	93.67	110.41	79.57	
粮食播种面积（万亩）	Total Sown Area of Grain (10000 mu)	50.61	34.23	32.39	28.55	22.90
粮食总产量（万吨）	Total Output of Grain (10000 tons)	15.26	11.23	13.67	10.73	8.18
糖蔗播种面积（万亩）	Sown Area of Sugarcane (10000 mu)	43.64	46.90	38.67	46.40	
糖蔗总产量（万吨）	Output of Sugarcane (10000 tons)	253.62	247.36	166.66	248.52	
花生播种面积（万亩）	Sown Area of Peanuts (10000 mu)	7.37	5.60	8.59	7.78	6.11
花生总产量（万吨）	Output of Peanuts (10000 tons)	0.87	0.71	1.35	1.21	0.96
造林面积（万亩）	Area of Afforestation (10000 mu)	30.88	13.23	9.07	14.41	
橡胶年末实有面积（万亩）	Planted Area of Rubber at the Year-end (10000 mu)	105.41	93.36	52.79	53.19	
橡胶总产量（干胶片）（万吨）	Output of Rubber (Dry Rubber) (10000 tons)	3.38	2.64	1.91	1.77	
牛年末存栏头数（万头）	Number of Cattle and Buffaloes on Hand at the Year-end (10000 heads)	9.21	8.00	7.25	6.34	5.41
生猪年末存栏头数（万头）	Number of Hogs on Hand at the Year-end (10000 heads)	49.16	48.89	139.38	126.24	119.23
水产品产量（万吨）	Output of Aquatic Products (10000 tons)	1.80	6.18	17.66	14.25	20.66
大中型农用拖拉机（混合台）	Number of Large and Medium Agricultural Tractors (unit)	1631	1078	622	508	
小型及手扶拖拉机（台）	Number of Mini-tractor and Walking Tractors (unit)	5439	4616	5107	16068	

注：1999 年以前只统计国营农场，1999 年及以后包括国营、集体、联营、私营农场。

Note: Data in the table only included the state-owned farms before 1999, and have included the state-owned, collective-owned, joint ownership and private farms since 1999.

11-24 主要农副产品产量与最高年份比较（2003 年）

OUTPUT OF MAJOR FARM AND SIDELINE PRODUCTS IN COMPARISON WITH PEAK YEAR (2003)

指　　标		Item		2003	建国以来最高年 Peak Year since 1949		
					年份 Year	产量 Output	2003 为建国以来最高年份% Percentage of 2003 to Peak Year
一、粮食总产量	（万吨）	Total Output of Grain	(10000 tons)	1488.00	1997	1966.75	75.7
# 稻谷		Output of Rice		1250.38	1998	1688.53	74.1
早稻		Early Rice		611.67	1983	862.25	70.9
晚稻		Late Rice		638.71	1998	866.51	73.7
二、大豆	（万吨）	Soybean	(10000 tons)	14.92	2000	18.73	79.7
三、经济作物	（万吨）	Economic Crops	(10000 tons)				
甘蔗		Sugarcane and Fruit Canes		1134.08	1992	2376.62	47.7
#糖蔗		Sugarcane		952.87	1992	2271.06	42.0
油料作物		Oil-bearing Crops		81.93	2001	80.90	101.3
#花生		Peanuts		80.73	2001	79.73	101.3
黄红麻		Jute and Ambary Hemp		0.20	1978	18.07	1.1
烟叶		Tobacco		6.00	1992	8.62	69.6
黄（烤）烟		Flue-cured Tobacco		4.79	1992	6.14	78.0
红（土）烟		Crude Tobacco		1.21	1991	2.66	45.5
四、其他作物		Other Crops					
#蔬菜	（万吨）	Vegetables	(10000 tons)	2584.20	2002	2442.53	105.8
五、水果	（万吨）	Fruits	(10000 tons)	718.59	2002	698.91	102.8
六、水产品	（万吨）	Aquatic Products	(10000 tons)	648.55	2002	628.06	103.3
七、生猪年末存栏量	（万头）	Number of Hogs on Hand at the Year-end	(10000 heads)	2175.54	1995	2183.95	99.6
八、生猪出栏头数	（万头）	Number of Slaughtered Fattened Hogs	(10000 heads)	3325.24	2002	3145.23	105.7
九、猪肉产量	（万吨）	Output of Pork	(10000 tons)	232.77	2002	220.17	105.7
十、三鸟饲养量	（万只）	Number of Poultry Raised	(10000 units)	128078.49	2002	125551.49	102.0

注：1. 1998 年起水产品产量按新标准计算。
2. 1998 年起主要农产品产量采用抽样调查数，其他年份均为全面统计数。

Note: a) The outputs of aquatic products have been calculated in accordance with the new criterions since 1998.
b) Since 1998, the output of major agricultural products have been obtained from sample surveys, while those of other years were obtained from complete enumeration.

11-25 乡镇企业基本情况（2003 年）
BASIC STATISTICS ON TOWNSHIP ENTERPRISES (2003)

项　目	Item	企业个数（个）Number of Enterprises (unit)	从业人员年末人数（万人）Number of Employed Persons at the Year-end (10000 persons)	营业收入（亿元）Business Income (100 million yuan)	利润总额（亿元）Total Profits (100 million yuan)	上交税金（亿元）Taxes Payable (100 million yuan)	固定资产原值（亿元）Original Value of Fixed Assets (100 million yuan)
总　计	**Total**	**1363610**	**1227.85**	**13397.76**	**661.66**	**318.78**	**4919.74**
一、按登记注册类型分	**Grouped by Status Registration**						
内资企业小计	Domestic Funded Enterprises	1337121	876.36	10164.30	510.74	239.48	3200.65
集体企业	Collective-owned Enterprises	34058	117.41	1350.22	79.14	32.69	744.62
股份合作企业	Cooperative Enterprises	1389	5.80	95.21	4.74	2.95	35.81
联营企业	Joint Ownership Enterprises	2403	6.26	40.30	2.41	1.30	21.89
有限责任公司	Limited Liability Corporations	12875	53.85	982.51	39.50	28.46	363.13
股份有限公司	Shareholding Limited Companies	861	5.58	178.33	10.79	5.34	83.46
私营企业	Private Enterprises	155358	249.35	3682.83	171.46	93.57	1044.43
个体独资企业	Enterprises Exclusively Funded by Individuals	850810	317.49	2802.82	145.50	51.58	571.92
其他企业	Other Enterprises	279367	120.62	1032.08	57.20	23.61	335.39
港、澳、台商投资企业	Enterprises with Fund from Hong Kong, Macao and Taiwan	23743	310.97	2581.69	118.51	64.06	1399.78
外商投资企业	Foreign Funded Enterprises	2746	40.52	651.77	32.41	15.23	319.32
二、按国民经济行业分	**Grouped by Sector**						
农、林、牧、渔业	Farming, Forestry, Animal Husbandry and Fishery	16398	12.23	73.33	5.23	1.13	23.94
采矿业	Mining	11409	14.70	197.22	12.90	3.43	51.12
# 规模以上	Of which: above Designated Size	248	1.97	52.99	2.72	1.01	13.22
制造业	Manufacturing	354952	839.66	10252.93	439.69	231.75	3818.96
# 规模以上	Of which: above Designated Size	16168	385.62	5882.65	222.64	145.57	2417.12
建筑业	Construction	54887	63.43	521.03	31.55	13.36	95.60
# 资质等级以外企业	Enterprises under Qualification Criteria	17984	18.44	130.20	6.19	2.09	17.54
交通运输仓储业	Transport and Storage	182825	37.22	326.46	24.02	6.41	105.06
批发零售业	Wholesale and Retail Trade	486596	129.39	1102.24	63.99	27.28	202.04
住宿及餐饮业	Hotels and Catering Services	127517	72.32	439.77	33.44	15.09	192.73
# 餐饮业	Of which: Catering Services	79244	43.96	273.63	20.06	9.26	112.71
社会服务业	Social Services	61837	25.11	170.05	17.67	5.27	148.09
其他	Others	67189	33.78	314.73	33.15	15.06	282.20

11-26 乡镇工业企业生产销售情况（2003 年）
PRODUCTION AND SALES OF TOWNSHIP INDUSTRIAL ENTERPRISES（2003）

项　目	Item	企业个数（个）Number of Enterprises (unit)	从业人员年平均数（万人）Annual Average Number of Employed Persons (10000 persons)	增加值（亿元）Value-addedd (100 million yuan)	现价总产值（亿元）Gross Output Value at Current Prices (100 million yuan)	现价销售产值（亿元）Sales Value at Current Prices (100 million yuan)
总　计	**Total**	**16416**	**384.06**	**1481.42**	**6219.68**	**5947.55**
一、按轻重工业分	**Group by Light & Heavy Industry**					
轻工业	Light Industry	13089	320.48	1158.85	4793.17	4569.70
以农产品为原料	Using Farm Produce as Raw Materials	3416	73.46	267.80	1220.49	1163.96
以非农产品为原料	Using Non-farm Produce as Raw Materials	9673	247.02	891.05	3572.67	3405.73
重工业	Heavy Industry	3327	63.59	322.56	1426.52	1377.85
采掘工业	Mining and Quarrying	299	2.47	15.43	73.35	67.86
原料工业	Raw Materials Industry	616	10.38	50.36	235.54	228.03
加工工业	Processing Industry	2412	50.74	256.77	1117.63	1081.95
二、按工业行业分	**Grouped by Sector**					
煤炭采选业	Coal Mining and Dressing	19	0.30	0.61	3.12	3.17
黑色金属矿采选业	Ferrous Metals Mining and Dressing	6	0.13	0.88	2.82	2.82
有色金属矿采选业	Nonferrous Metals Mining and Dressing	14	0.20	0.92	4.22	4.06
非金属矿采选业	Nonmetal Minerals Mining and Dressing	168	1.24	10.20	39.10	37.13
其他矿采选业	Other Minerals Mining and Dressing	52	0.46	3.09	13.71	13.19
木材及竹材采运业	Logging and Transport of Timber and Bamboo	14	0.32	1.46	6.36	6.15
食品加工业	Food Processing	388	4.29	30.21	162.43	155.22
食品制造业	Food Production	267	3.16	13.70	65.13	62.29
饮料制造业	Beverage Production	94	1.68	15.86	54.41	48.75
烟草加工业	Tobacco Processing	4	0.03	0.76	3.68	3.35
纺织业	Textile Industry	783	19.53	75.96	337.43	316.05
服装、鞋、帽制造业	Garments, Shoes and Headgear Manufacturing	1973	66.05	155.64	660.99	632.57
皮革、毛皮、羽绒及其制品业	Leather, Furs, Down and Related Products	735	22.82	59.99	249.10	242.85
木材加工及竹、藤、棕、草制品业	Timber Processing, Bamboo, Cane, Palm Fiber and Straw Products	363	6.91	26.17	119.01	114.08
家具制造业	Furniture Manufacturing	432	11.67	33.22	133.00	125.47
造纸及纸制品业	Papermaking and Paper Products	605	9.58	49.87	206.65	193.53
印刷业、记录媒介的复制	Printing and Record Medium Reproduction	269	5.60	20.67	81.73	77.32
文教体育用品制造业	Cultural, Educational and Sports Goods	226	12.92	24.00	90.60	89.35
石油加工、炼焦及核燃料加工业	Petroleum Refining, Coking and Nuclear Fuel Processing	35	0.30	8.78	39.52	38.97
化学原料及化学制品制造业	Raw Chemical Materials and Chemical Products	568	5.66	44.76	205.83	195.54
医药制造业	Medical and Pharmaceutical Products	72	1.35	12.22	46.97	39.71
化学纤维制造业	Chemical Fiber	58	1.07	4.56	14.53	13.89
橡胶制品业	Rubber Products	154	3.23	12.03	43.04	41.72
塑料制品业	Plastic Products	1202	28.53	99.88	390.18	371.93
非金属矿物制品业	Nonmetal Mineral Products	638	11.95	54.70	245.85	238.55
黑色金属冶炼及压延加工业	Smelting and Pressing of Ferrous Metals	205	1.64	12.87	74.86	73.49
有色金属冶炼及压延加工业	Smelting and Pressing of Nonferrous Metals	235	3.73	30.99	150.31	145.16
金属制品业	Metal Products	1696	31.56	147.39	647.63	618.80
普通机械制造业	Ordinary Machinery	236	4.79	17.46	74.60	69.38
专用设备制造业	Special Purposes Equipment	87	1.58	8.29	36.01	34.28
交通运输设备制造业	Transport Equipment	144	2.66	19.26	86.57	85.70
电气机械及器材制造业	Electric Equipment and Machinery	732	17.63	80.83	370.16	347.47
电子及通信设备制造业	Electronic and Telecommunications	842	34.53	134.78	532.68	509.89
仪器仪表及文化、办公用机械制造业	Instruments, Meters, Cultural and Office Machinery	94	2.47	8.26	37.95	36.72
其他制造业	Other Manufacturing	3006	64.50	261.14	989.48	958.99

11-27 各市农村基层组织情况（2003 年）
BASIC CONDITIONS OF RURAL GRASSROOTS UNITS BY CITY (2003)

市别 City	乡镇个数（个）Number of Townships (unit)	乡镇户数（万户）Number of Rural Households (10000 households)	#农业户数 Rural Population	乡镇人口（万人）Rural Population (10000 persons)	#农业人口 Agricultural Population
广州 Guangzhou	63	77.05	58.74	280.57	233.63
深圳 Shenzhen	16	17.85	8.61	85.27	47.05
珠海 Zhuhai	15	13.16	5.45	46.50	21.33
汕头 Shantou	32	81.85	63.92	393.04	321.45
佛山 Foshan	28	78.68	51.73	259.60	162.55
韶关 Shaoguan	119	56.41	44.55	229.79	200.37
河源 Heyuan	98	67.74	51.07	303.51	257.78
梅州 Meizhou	140	113.31	85.36	443.31	381.51
惠州 Huizhou	69	58.12	38.03	241.48	174.49
汕尾 Shanwei	45	50.56	33.66	259.42	182.70
东莞 Dongguan	28	40.85	28.21	143.36	101.81
中山 Zhongshan	19	33.41	23.49	121.87	92.97
江门 Jiangmen	70	87.79	69.52	304.30	252.21
阳江 Yangjiang	40	56.79	45.13	225.94	180.69
湛江 Zhanjiang	91	128.45	111.78	586.25	530.73
茂名 Maoming	88	134.55	121.16	582.24	536.36
肇庆 Zhaoqing	99	81.89	70.33	328.40	300.05
清远 Qingyuan	105	81.94	67.47	344.78	305.60
潮州 Chaozhou	43	52.15	42.96	215.24	184.44
揭阳 Jieyang	67	105.14	87.83	496.65	405.11
云浮 Yunfu	55	63.50	49.33	241.65	187.64

市别 City	乡镇从业人员（万人）Rural Employed Persons (10000 persons)	按性别分 By Sex		按产业分 By Industry		
		男 Male	女 Female	第一产业 Primary Industry	第二产业 Secondary Industry	第三产业 Tertiary Industry
广州 Guangzhou	146.05	75.47	70.58	78.83	38.41	28.82
深圳 Shenzhen	20.99	10.47	10.52	1.88	7.14	11.97
珠海 Zhuhai	21.16	10.74	10.42	8.75	6.85	5.56
汕头 Shantou	158.70	85.01	73.69	74.01	52.97	31.71
佛山 Foshan	133.84	68.00	65.84	35.84	61.96	36.04
韶关 Shaoguan	96.80	49.42	47.38	70.57	7.10	19.12
河源 Heyuan	127.93	65.68	62.25	70.27	11.25	46.40
梅州 Meizhou	177.61	89.55	88.05	103.26	29.71	44.64
惠州 Huizhou	112.94	57.86	55.07	68.17	27.04	17.73
汕尾 Shanwei	113.44	64.27	49.17	62.48	23.00	27.96
东莞 Dongguan	85.15	43.94	41.21	13.09	48.63	23.43
中山 Zhongshan	74.59	38.67	35.93	20.09	35.10	19.40
江门 Jiangmen	157.64	78.48	79.16	84.90	36.16	36.58
阳江 Yangjiang	116.44	62.58	53.86	77.99	20.82	17.64
湛江 Zhanjiang	271.22	144.63	126.59	200.36	34.77	36.08
茂名 Maoming	255.31	137.05	118.26	161.65	54.49	39.16
肇庆 Zhaoqing	168.91	86.17	82.73	93.71	34.83	40.37
清远 Qingyuan	157.56	81.63	75.93	99.55	19.38	38.63
潮州 Chaozhou	89.67	47.44	42.23	44.92	28.35	16.40
揭阳 Jieyang	224.17	121.59	102.59	110.68	60.91	52.58
云浮 Yunfu	114.43	60.52	53.91	62.40	27.83	24.19

注：乡镇个数为广东省民政厅统计年报数。
Note: The number of townships comes from the annual reports of the Guangdong Provincial Department of Civil Affairs.

11-28 各市耕地面积（2003 年）
CULTIVATED LAND BY CITY (2003)

单位：万亩 (10000 mu)

市别 City		年末实有常用耕地面积 Regularly Cultivated Land at the Year-end	水田 Paddy Field	水浇地 Irrigated Land	当年增加耕地面积 ICultivated Land Increased in Current Year	#新开荒 Newly Reclaimed Wasteland	当年减少耕地面积 Cultivated Land Decreased in Current Year	建设用地 Land for Construction	农业结构调整 Adjustment of Agricultural Structure
广　州	Guangzhou	202.40	173.35	13.31	1.67	0.15	18.83	5.04	6.25
深　圳	Shenzhen	5.04	3.38	0.80	0.02	0.02	0.51	1.66	0.10
珠　海	Zhuhai	27.91	21.06	3.49	0.37	0.03	4.10		0.41
汕　头	Shantou	65.50	54.29	10.82	0.07		6.32	0.14	0.29
佛　山	Foshan	114.37	73.26	38.67	0.28	0.02	5.64	0.98	0.33
韶　关	Shaoguan	195.01	142.43	36.98	0.98	0.81	4.09	0.11	0.57
河　源	Heyuan	155.72	118.36	29.66	2.18	0.66	9.21	0.42	0.70
梅　州	Meizhou	189.61	145.30	32.47	4.06	3.36	13.72	0.48	6.12
惠　州	Huizhou	140.73	97.04	22.59	0.05	0.01	16.06	0.14	0.95
汕　尾	Shanwei	84.72	57.62	12.94	0.70	0.35	0.55	0.09	0.02
东　莞	Dongguan	49.24	49.23		0.19	0.02	1.02	0.52	
中　山	Zhongshan	46.32	18.03	17.45	0.11	0.02	8.14		0.54
江　门	Jiangmen	202.85	165.91	19.12	0.45	0.05	8.60	0.28	1.56
阳　江	Yangjiang	153.89	118.72	26.50	0.02	0.01	4.35	0.12	0.40
湛　江	Zhanjiang	449.59	181.64	109.54	1.04	0.44	39.36	0.28	8.10
茂　名	Maoming	336.15	280.52	23.01	0.83	0.37	0.76	0.30	0.01
肇　庆	Zhaoqing	199.87	170.31	14.03	0.29	0.04	1.96	0.01	0.91
清　远	Qingyuan	246.68	156.35	20.92	0.70	0.11	30.86	0.09	18.43
潮　州	Chaozhou	59.71	46.08	10.52	0.11	0.10	1.72	0.13	0.19
揭　阳	Jieyang	138.06	106.01	19.15	1.40	0.39	8.65	0.61	0.54
云　浮	Yunfu	137.57	97.34	18.32	0.78	0.50	0.03	0.03	

注：建设用地为广东省国土资源厅统计年报数，年末实有常用耕地面积按新口径统计。

Note: Data on the land for construction are obtained from the annual statistical reports by Guangdong Provincial Department of Land and Resources. The regularly cultivated land at the year-end is calculated in accordance with the new stipulations.

11-29 各市乡镇企业基本情况（2003 年）
BASIC STATISTICS ON TOWNSHIP ENTERPRISES BY CITY (2003)

市别 City		企业单位数（个） Number of Enterprises (unit)	企业人数（万人） Number of Employed Persons (10000 persons)	现价总产值（亿元） Gross Output Value at Current Prices (100 million yuan)	利润总额（亿元） Total Profits (100 million yuan)	上交税金（亿元） Taxes Payable (100 million yuan)
广　州	Guangzhou	97097	141.98	2089.55	121.07	51.50
深　圳	Shenzhen	68377	156.52	418.16	50.12	19.87
珠　海	Zhuhai	10032	17.39	360.58	10.58	6.37
汕　头	Shantou	25513	52.45	673.74	24.07	11.40
佛　山	Foshan	70996	90.77	1649.81	62.74	55.33
韶　关	Shaoguan	97044	27.91	144.51	16.14	3.45
河　源	Heyuan	40598	13.62	51.25	4.73	1.55
梅　州	Meizhou	127030	44.12	226.65	19.75	7.63
惠　州	Huizhou	69523	70.38	568.79	40.39	9.20
汕　尾	Shanwei	46438	30.52	189.00	6.78	1.84
东　莞	Dongguan	58293	134.63	1380.42	74.01	36.07
中　山	Zhongshan	49530	91.43	1148.14	52.10	39.69
江　门	Jiangmen	109942	85.64	1252.07	32.68	25.98
阳　江	Yangjiang	32604	19.52	191.64	11.08	6.65
湛　江	Zhanjiang	86259	40.60	390.06	20.96	5.97
茂　名	Maoming	125099	76.47	739.34	40.85	10.14
肇　庆	Zhaoqing	87164	52.97	569.93	19.40	8.19
清　远	Qingyuan	43575	17.95	75.29	6.76	2.60
潮　州	Chaozhou	38731	35.22	501.63	20.97	5.96
揭　阳	Jieyang	45319	50.52	891.76	17.79	5.20
云　浮	Yunfu	34446	22.23	188.47	8.70	4.20

11-30 各市农林牧渔业总产值（2003 年）
GROSS OUTPUT VALUE OF AGRICULTURE BY CITY (2003)

单位：亿元 (100 million yuan)

市别 City	农林牧渔业总产值 Gross Output Value of Farming, Forestry, Animal Husbandry and Fishery	农业产值 Farming	林业产值 Forestry	牧业产值 Animal Husbandry	渔业产值 Fishery	农林牧渔服务业产值 Services for Farming, Forestry, Animal Husbandry and Fishery
广　州 Guangzhou	180.67	97.84	1.28	38.86	33.28	9.41
深　圳 Shenzhen	33.74	11.20	0.66	13.59	7.69	0.60
珠　海 Zhuhai	29.44	5.67	0.11	3.60	18.31	1.75
汕　头 Shantou	74.26	29.87	0.57	17.26	26.10	0.45
佛　山 Foshan	148.82	52.39	0.29	32.14	63.01	0.98
韶　关 Shaoguan	78.36	47.82	4.47	18.44	7.03	0.60
河　源 Heyuan	53.89	33.57	3.10	13.84	2.48	0.91
梅　州 Meizhou	93.78	57.10	2.74	28.02	5.08	0.83
惠　州 Huizhou	114.75	61.57	4.70	25.20	19.86	3.42
汕　尾 Shanwei	92.04	29.82	1.70	13.09	46.02	1.41
东　莞 Dongguan	49.02	20.97	0.14	20.35	6.73	0.83
中　山 Zhongshan	45.18	16.87	0.21	5.33	22.22	0.54
江　门 Jiangmen	142.62	57.33	1.79	39.21	38.25	6.03
阳　江 Yangjiang	118.00	47.72	3.27	21.39	42.44	3.17
湛　江 Zhanjiang	183.52	87.20	4.72	34.07	54.41	3.12
茂　名 Maoming	241.34	112.00	7.85	81.36	35.40	4.73
肇　庆 Zhaoqing	165.35	76.06	16.45	46.77	24.65	1.42
清　远 Qingyuan	99.76	57.35	6.67	28.47	5.94	1.34
潮　州 Chaozhou	56.99	27.05	1.63	14.88	12.47	0.96
揭　阳 Jieyang	115.77	71.08	2.09	26.43	14.33	1.85
云　浮 Yunfu	96.77	44.07	4.65	38.97	8.35	0.74

注：本表按当年价格计算。
Note: Data in this table are calculated at current prices.

11-31 各市农林牧渔业总产值（2003 年）
GROSS OUTPUT VALUE OF AGRICULTURE BY CITY (2003)

单位：亿元 (100 million yuan)

市别 City	农林牧渔业总产值 Gross Output Value of Farming, Forestry, Animal Husbandry and Fishery	农业产值 Farming	林业产值 Forestry	牧业产值 Animal Husbandry	渔业产值 Fishery	农林牧渔服务业产值 Services for Farming, Forestry, Animal Husbandry and Fishery
广　州 Guangzhou	94.28	47.49	0.42	20.21	20.87	5.29
深　圳 Shenzhen	14.69	4.55	0.10	4.23	5.50	0.31
珠　海 Zhuhai	16.84	3.86	0.06	1.52	10.40	1.00
汕　头 Shantou	82.06	25.12	1.15	20.14	30.77	4.89
佛　山 Foshan	37.99	15.94	0.11	7.58	14.07	0.29
韶　关 Shaoguan	47.16	27.71	3.72	9.34	5.93	0.45
河　源 Heyuan	29.02	18.39	2.28	6.11	1.67	0.57
梅　州 Meizhou	65.92	44.99	2.60	13.81	3.83	0.69
惠　州 Huizhou	57.51	32.76	2.20	9.59	10.92	2.04
汕　尾 Shanwei	47.89	12.96	0.48	6.17	27.10	1.19
东　莞 Dongguan	23.60	8.59	0.06	8.19	6.34	0.43
中　山 Zhongshan	34.08	11.98	0.09	3.61	17.87	0.54
江　门 Jiangmen	89.72	24.88	0.22	19.26	44.68	0.67
阳　江 Yangjiang	69.56	24.46	1.71	8.42	33.47	1.49
湛　江 Zhanjiang	137.97	72.67	4.42	18.36	40.41	2.12
茂　名 Maoming	200.53	108.30	5.07	38.54	44.68	3.93
肇　庆 Zhaoqing	95.78	43.77	10.68	22.68	17.87	0.77
清　远 Qingyuan	49.92	27.30	4.44	12.58	4.87	0.73
潮　州 Chaozhou	24.64	11.87	0.36	5.55	6.34	0.52
揭　阳 Jieyang	54.08	31.74	1.03	11.55	8.47	1.28
云　浮 Yunfu	55.42	26.29	3.02	19.25	6.10	0.76

注：本表按 1990 年不变价格计算。
Note: Data in this table are calculated at 1990 constant prices.

11-32 各市造林面积、水产品产量、牲畜头数及猪肉产量（2003 年）
AFFORESTED AREA, OUTPUT OF AQUATIC PRODUCTS, NUMBER OF LIVESTOCK AND OUTPUT OF PORK BY CITY (2003)

市别 City	造林总面积（万亩）Afforested Area (10000 mu)	水产品产量（万吨）Output of Aquatic Products (10000 tons)	#淡水养殖 Culture of Freshwater	黄牛年末存栏头数（万头）Number of Cattle on Hand at the Year-end (10000 heads)	水牛年末存栏头数（万头）Number of Buffaloes on Hand at the Year-end (10000 heads)	生猪年末存栏头数（万头）Number of Hogs on Hand at the Year-end (10000 heads)	肉猪出栏头数（万头）Number of Slaughtered Fattened Hogs (10000 heads)	猪肉产量（万吨）Output of Pork (10000 tons)
广　州 Guangzhou	9. 94	35. 61	24. 01	2. 02	2. 75	95. 49	191. 54	14. 26
深　圳 Shenzhen	3. 75	8. 55	0. 78	0. 01		18. 56	60. 74	4. 13
珠　海 Zhuhai	0. 85	14. 64	10. 95	0. 01	0. 17	18. 82	34. 27	1. 93
汕　头 Shantou	2. 94	33. 13	4. 44	0. 54	0. 21	38. 92	96. 11	6. 58
佛　山 Foshan	2. 51	48. 11	47. 45	0. 18	2. 04	87. 54	205. 17	14. 71
韶　关 Shaoguan	13. 73	7. 91	7. 73	9. 70	21. 06	123. 64	166. 70	13. 29
河　源 Heyuan	9. 83	3. 04	2. 92	9. 45	12. 34	78. 30	93. 56	6. 73
梅　州 Meizhou	20. 58	7. 67	7. 25	9. 86	12. 88	160. 90	228. 60	17. 36
惠　州 Huizhou	11. 32	15. 71	6. 98	8. 84	9. 55	103. 62	169. 83	10. 19
汕　尾 Shanwei	4. 29	53. 34	2. 49	8. 32	3. 24	46. 71	78. 18	6. 43
东　莞 Dongguan	2. 69	7. 58	4. 36	0. 08	0. 09	74. 21	178. 32	13. 53
中　山 Zhongshan	0. 63	26. 28	23. 81	0. 02	0. 07	22. 90	48. 48	3. 54
江　门 Jiangmen	30. 97	65. 17	22. 58	1. 03	7. 96	131. 21	241. 92	15. 60
阳　江 Yangjiang	13. 85	86. 36	6. 56	11. 37	16. 67	120. 42	101. 06	7. 62
湛　江 Zhanjiang	16. 67	77. 72	7. 21	41. 52	26. 91	160. 21	256. 28	19. 26
茂　名 Maoming	13. 36	80. 82	23. 13	28. 80	36. 58	280. 31	442. 99	34. 10
肇　庆 Zhaoqing	29. 73	27. 11	26. 63	13. 07	28. 44	210. 76	315. 32	23. 36
清　远 Qingyuan	17. 32	6. 62	6. 39	15. 86	16. 59	124. 96	199. 07	14. 72
潮　州 Chaozhou	0. 88	15. 64	3. 65	2. 52	1. 06	49. 15	78. 80	5. 93
揭　阳 Jieyang	2. 81	13. 83	6. 32	6. 00	2. 87	102. 86	142. 02	10. 83
云　浮 Yunfu	16. 96	8. 42	8. 30	3. 02	7. 53	86. 30	144. 39	10. 80

注：1. 水产品产量按新标准计算。
2. 造林总面积包括荒山造林，迹地更新和低产林改造三项指标。

Note: a) Figures of aquatic products are calculated in accordance with the new criterions.
b) Data on afforested area include afforestation in barren hill, slash reforestation and transformation of low-yield forest.

11-33 各市主要农作物播种面积、亩产及总产量（2003 年）
SOWN AREA, YIELD AND TOTAL OUTPUT OF MAJOR FARM CROPS BY CITY (2003)

单位：亩、公斤、吨 (mu, kg, ton)

市别 City	一、粮食作物 Grain Crops			#稻谷 Rice		
	播种面积 Sown Area	亩产 Yield per Mu	总产量 Total Output	播种面积 Sown Area	亩产 Yield per Mu	总产量 Total Output
广 州 Guangzhou	1465356	372	545153	1262599	389	490520
深 圳 Shenzhen	4679	388	1817	29	276	8
珠 海 Zhuhai	156091	357	55723	142535	362	51569
汕 头 Shantou	1087024	476	517236	831839	468	389423
佛 山 Foshan	395357	357	141114	336025	369	124003
韶 关 Shaoguan	2349524	402	945163	1837100	444	815210
河 源 Heyuan	2638327	396	1045754	2175348	431	937088
梅 州 Meizhou	3164996	395	1249045	2414870	441	1064346
惠 州 Huizhou	2007525	339	680227	1606821	339	544760
汕 尾 Shanwei	1400352	326	456888	919010	347	319184
东 莞 Dongguan	83472	362	30177	53660	375	20100
中 山 Zhongshan	388726	367	142609	348135	370	128743
江 门 Jiangmen	2706678	335	905439	2334455	354	826859
阳 江 Yangjiang	2092378	345	722515	1561678	369	576988
湛 江 Zhanjiang	4499477	329	1478866	3189212	355	1130879
茂 名 Maoming	3759953	409	1537446	2723768	449	1223155
肇 庆 Zhaoqing	3119170	399	1245195	2443627	438	1070412
清 远 Qingyuan	3309100	334	1105705	2532471	376	953270
潮 州 Chaozhou	965361	440	425206	692848	461	319139
揭 阳 Jieyang	2333667	417	973046	1514570	426	644487
云 浮 Yunfu	2269084	415	942114	1760119	468	823443

市别 City	二、大豆 Soybean			三、经济作物 Economic Crops	#糖蔗 Sugarcane		
	播种面积 Sown Area	亩产 Yield per Mu	总产量 Total Output	播种面积 Sown Area	播种面积 Sown Area	亩产 Yield per Mu	总产量 Total Output
广 州 Guangzhou	11790	153	1804	338791	12312	7214	88821
深 圳 Shenzhen				3227			
珠 海 Zhuhai	1374	270	371	102029	96070	6655	639354
汕 头 Shantou	9438	158	1494	32476			
佛 山 Foshan	2328	164	381	211714	1919	4388	8420
韶 关 Shaoguan	187985	149	28002	1045426	34112	4444	151578
河 源 Heyuan	226215	131	29669	461489	9099	5263	47890
梅 州 Meizhou	138895	121	16809	514545			
惠 州 Huizhou	113018	118	13348	495235	31315	5066	158649
汕 尾 Shanwei	30957	109	3381	226599	3430	4493	15412
东 莞 Dongguan	1550	139	215	32201	626	4096	2564
中 山 Zhongshan	2809	257	721	57916	12025	6111	73489
江 门 Jiangmen	63234	136	8579	543581	73451	4749	348785
阳 江 Yangjiang	137047	109	14938	502554	12754	4538	57878
湛 江 Zhanjiang	65911	138	9115	2635055	1575927	4798	7561023
茂 名 Maoming	80965	170	13752	958823	65473	4598	301020
肇 庆 Zhaoqing	44402	155	6869	1088683	36896	5258	194014
清 远 Qingyuan	129458	127	16428	853153	47230	4315	203783
潮 州 Chaozhou	16228	112	1812	62119	8208	4786	39286
揭 阳 Jieyang	52277	143	7485	180680	7455	5754	42898
云 浮 Yunfu	85180	144	12264	612538	801	4477	3586

11-33 续表 continued

单位：亩、公斤、吨 (mu, kg, ton)

市别 City	#花生 Peanuts 播种面积 Sown Area	#花生 Peanuts 亩产 Yield per Mu	#花生 Peanuts 总产量 Total Output	#黄红麻 Jute and Ambary Hemp 播种面积 Sown Area	#黄红麻 Jute and Ambary Hemp 亩产 Yield per Mu	#黄红麻 Jute and Ambary Hemp 总产量 Total Output
广 州 Guangzhou	135783	171	23216			
深 圳 Shenzhen	807	228	184			
珠 海 Zhuhai	4468	179	798			
汕 头 Shantou	31576	170	5376			
佛 山 Foshan	35740	171	6122			
韶 关 Shaoguan	565138	208	117540	16	125	2
河 源 Heyuan	364221	168	61261	49	102	5
梅 州 Meizhou	204308	140	28664	338	290	98
惠 州 Huizhou	346629	168	58189			
汕 尾 Shanwei	174123	122	21191			
东 莞 Dongguan	2823	140	395			
中 山 Zhongshan	2584	230	595			
江 门 Jiangmen	262080	155	40686			
阳 江 Yangjiang	360558	130	47019			
湛 江 Zhanjiang	742453	153	113541	880	458	403
茂 名 Maoming	616573	176	108734	939	168	158
肇 庆 Zhaoqing	399403	176	70176	2212	150	332
清 远 Qingyuan	432251	149	64555	347	127	44
潮 州 Chaozhou	40114	147	5913			
揭 阳 Jieyang	163309	162	26437	700	154	108
云 浮 Yunfu	234470	160	37470	6181	257	1591

市别 City	#烟叶 Tobacco 播种面积 Sown Area	#烟叶 Tobacco 亩产 Yield per Mu	#烟叶 Tobacco 总产量 Total Output	四、其他作物 Other Crops 播种面积 Sown Area	#蔬菜 Vegetables 播种面积 Sown Area	#蔬菜 Vegetables 亩产 Yield per Mu	#蔬菜 Vegetables 总产量 Total Output
广 州 Guangzhou	523	143	75	2373592	2307116	1580	3644934
深 圳 Shenzhen				159457	156899	1284	201395
珠 海 Zhuhai				123686	109191	1481	161676
汕 头 Shantou				687378	673193	2432	1637046
佛 山 Foshan	64	94	6	1437205	1153233	1745	2012095
韶 关 Shaoguan	245414	129	31765	1872985	1582020	1301	2057453
河 源 Heyuan				706774	625413	1075	672615
梅 州 Meizhou	98077	136	13328	1243028	936819	1393	1304820
惠 州 Huizhou				1375585	1112908	1557	1732568
汕 尾 Shanwei				574966	485954	1170	568682
东 莞 Dongguan				396143	380252	1474	560523
中 山 Zhongshan				491887	430303	1420	611193
江 门 Jiangmen	57	123	7	1358311	1136779	1321	1501983
阳 江 Yangjiang	1440	142	205	998991	890532	970	863415
湛 江 Zhanjiang	10703	174	1863	1794417	1622907	1213	1969298
茂 名 Maoming	33068	218	7208	1538531	1459259	1472	2148428
肇 庆 Zhaoqing	46339	156	7214	1573317	1242651	1741	2163743
清 远 Qingyuan	26444	98	2583	1922930	1537746	1096	1685694
潮 州 Chaozhou				360652	281570	1982	558082
揭 阳 Jieyang	306	111	34	1136759	873997	2199	1922032
云 浮 Yunfu	5505	139	764	731065	587920	1302	765249

11-34 各市水果面积及产量（2003 年）
PLANTED AREA AND OUTPUT OF FRUITS BY CITY (2003)

单位：万亩、万吨 (10000 mu, 10000 tons)

市别 City	水果合计 Fruits		#柑桔橙 Citrus		#香（大）蕉 Banana	
	年末面积 Year-end Area	总产量 Total Output	年末面积 Year-end Area	总产量 Total Output	年末面积 Year-end Area	总产量 Total Output
广州 Guangzhou	102. 93	45. 52	1. 37	0. 42	17. 54	28. 52
深圳 Shenzhen	15. 98	2. 99	1. 11	0. 83	0. 15	0. 10
珠海 Zhuhai	8. 52	6. 47	0. 08	0. 06	3. 31	5. 84
汕头 Shantou	19. 04	11. 24	0. 67	1. 41	3. 50	6. 41
佛山 Foshan	7. 33	5. 80	0. 29	0. 30	2. 96	3. 81
韶关 Shaoguan	44. 48	20. 36	16. 29	8. 72	0. 34	0. 19
河源 Heyuan	89. 82	20. 82	13. 73	5. 62	1. 10	0. 57
梅州 Meizhou	106. 25	74. 76	9. 00	7. 65	5. 60	5. 01
惠州 Huizhou	65. 51	28. 85	18. 99	14. 58	4. 33	3. 76
汕尾 Shanwei	52. 16	15. 58	1. 45	0. 96	3. 42	1. 64
东莞 Dongguan	19. 96	14. 64	0. 05	0. 04	8. 20	13. 07
中山 Zhongshan	14. 68	24. 62	0. 34	0. 58	11. 16	22. 77
江门 Jiangmen	43. 40	12. 26	2. 21	1. 71	3. 93	4. 52
阳江 Yangjiang	120. 62	21. 22	12. 17	3. 73	4. 92	4. 18
湛江 Zhanjiang	123. 24	119. 11	7. 04	3. 23	29. 93	58. 06
茂名 Maoming	435. 26	183. 45	2. 16	1. 63	54. 22	95. 33
肇庆 Zhaoqing	78. 71	46. 69	38. 82	21. 57	8. 41	11. 19
清远 Qingyuan	56. 34	16. 99	24. 45	9. 14	1. 39	1. 47
潮州 Chaozhou	27. 94	10. 31	0. 97	1. 02	1. 16	1. 19
揭阳 Jieyang	129. 96	39. 00	7. 00	9. 41	5. 20	5. 76
云浮 Yunfu	90. 80	24. 48	19. 92	7. 09	5. 01	4. 32

市别 City	#菠萝 Pineapple		#荔枝 Lychee		#龙眼 Longan	
	年末面积 Year-end Area	总产量 Total Output	年末面积 Year-end Area	总产量 Total Output	年末面积 Year-end Area	总产量 Total Output
广州 Guangzhou	0. 41	0. 19	47. 57	3. 70	10. 89	2. 93
深圳 Shenzhen	0. 27	0. 18	10. 21	0. 88	3. 37	0. 46
珠海 Zhuhai	0. 18	0. 01	4. 22	0. 30	0. 41	0. 03
汕头 Shantou	0. 11	0. 08	4. 01	0. 72	0. 41	0. 13
佛山 Foshan	0. 03	0. 05	1. 06	0. 37	1. 61	0. 41
韶关 Shaoguan			0. 11	0. 01	0. 32	0. 07
河源 Heyuan	0. 09	0. 04	9. 51	0. 47	3. 49	0. 34
梅州 Meizhou	0. 25	0. 11	6. 98	1. 58	5. 82	1. 65
惠州 Huizhou	0. 71	0. 25	28. 13	4. 43	13. 42	2. 31
汕尾 Shanwei	2. 89	0. 76	26. 41	2. 99	4. 04	0. 67
东莞 Dongguan	0. 02	0. 01	9. 58	0. 90	0. 90	0. 17
中山 Zhongshan	0. 26	0. 24	1. 29	0. 31	0. 87	0. 19
江门 Jiangmen	0. 21	0. 22	20. 25	2. 29	11. 57	1. 36
阳江 Yangjiang	0. 20	0. 04	57. 00	6. 45	30. 61	3. 28
湛江 Zhanjiang	25. 89	39. 94	27. 17	3. 69	17. 25	2. 66
茂名 Maoming	0. 36	0. 23	176. 57	31. 52	119. 17	23. 35
肇庆 Zhaoqing	0. 54	0. 27	7. 08	1. 58	4. 91	1. 47
清远 Qingyuan	0. 02		3. 76	0. 22	4. 88	0. 57
潮州 Chaozhou	1. 66	0. 74	6. 27	1. 45	4. 05	0. 94
揭阳 Jieyang	5. 94	2. 89	30. 70	4. 66	11. 44	1. 42
云浮 Yunfu	0. 43	0. 09	23. 83	1. 60	14. 32	1. 23

11-35 全省财政收入前100名的镇（区）（2003年）

GOVERNMENT REVENUE OF THE PROVINCES TOP 100 TOWNS (DISTRICTS) (2003)

单位：人、万元 (person, 10000 yuan)

地区		Region	总人口 Total Population	从业人员 Employed Persons	农村经济总收入 Total Income of Rural Economy	财政收入 Government Revenue	财政支出 Government Expenditure
东莞市	虎门镇	Dongguan City Humen Town	704547	447783	412168	145187	136362
东莞市	长安镇	Dongguan City Changan Town	624645	557219	839378	71544	71210
中山市	火炬区	Zhongshan City Huoju District	156372	131433	1130951	70625	70843
宝安区	沙井镇	Baoan District Shajing Town	564401	478504	142867	62000	58000
宝安区	龙华镇	Baoan District Longhua Town	720781	503356	69313	61683	60223
东莞市	塘厦镇	Dongguan City Tangxia Town	298500	245650	459358	58933	54231
顺德区	陈村镇	Shunde City Chencun Town	124648	88384	537378	55048	55027
顺德区	容桂街道办	Shunde City Ronggui Town	293854	174036	3818756	54608	47113
中山市	小榄镇	Zhongshan City Xiaolan Town	269201	185875	2121995	54173	39207
东莞市	寮步镇	Dongguan City Liaobu Town	222868	157893	685000	52300	52214
东莞市	东城区	Dongguan City Dongcheng District	325161	243987	437153	49925	48748
东莞市	中堂镇	Dongguan City Zhongtang Town	120437	87704	353594	45407	47311
宝安区	西乡镇	Baoan District Xixiang Town	451137	202663	44187	42576	42486
南海区	西樵镇	Nanhai City Xiqiao Town	217177	76271	1586200	42377	42374
顺德区	大良街道办	Shunde City Daliang Town	309723	170347	3823507	41091	42341
东莞市	麻涌镇	Dongguan City Machong Town	96102	65816	594277	40642	40408
南海区	大沥街道办	Nanhai City Dali District	192306	134200	1538000	40100	39900
花都区	新华镇	Huadu District Xinhua Town	274024	64906	1224457	37791	30703
东莞市	樟木头镇	Dongguan City Zhangmutou Town	138951	88580	422123	37521	70345
东莞市	常平镇	Dongguan City Changping Town	316377	273082	251050	36889	36234
东莞市	厚街镇	Dongguan City Houjie Town	298682	246856	807317	36407	36343
南海区	松岗镇	Nanhai District Songgang Town	73500	54000	787500	36149	36398
顺德区	杏坛镇	Shunde City Xingtan Town	148717	87594	1114000	35888	37084
龙岗区	龙岗镇	Longgang District Longgang Town	341201	231178	133825	35002	36112
龙岗区	布吉镇	Longgang District Buji Town	513000	414349	80360	33036	39752
东莞市	大岭山镇	Dongguan City Dalingshan Town	215495	167752	362163	31014	17764
宝安区	观澜镇	Baoan District Guanlan Town	265771	202619	314191	30322	30897
南海区	桂城街道办	Nanhai City Guicheng Distirct	167910	104300	922000	30200	29700
南海区	平洲街道办	Nanhai City Pingzhou Town	264129	222038	1288833	29653	29601
禅城区	南庄镇	Chancheng District Nanzhuang Town	113236	67942	1028184	29634	29634
顺德区	乐从镇	Shunde City Lecong Town	124978	61462	1150000	28680	28600
南海区	里水镇	Nanhait City Lishui Town	175633	129000	1087673	28432	28406
东莞市	清溪镇	Doungguan City Qingxi Town	320346	273177	359423	28204	28823
宝安区	公明镇	Baoan District Gongming Town	318239	247285	768382	28186	14818
南海区	盐步街道办	Nanhai City Yanbu Town	145573	76235	1082803	27069	26939
南海区	黄岐街道办	Nanhai City Huangqi District	116590	68786	733500	27003	27000
宝安区	福永镇	Baoan District Fuyong Town	472467	390322	56349	26719	49583
龙岗区	横岗镇	Longgang District Henggang Town	237433	208904	116453	26526	29082
东莞市	石龙镇	Dongguan City Shilong Town	140445	105775	41390	25858	25826
南海区	罗村镇	Nanhai City Luocun Town	126816	86218	738000	25749	25184
中山市	横栏镇	Zhongshan City henglan Town	54279	35464	316062	24652	24439
中山市	板芙镇	Zhongshan City Banfu Town	64284	49776	368645	23952	16326
增城市	新塘镇	Zengcheng City Xintang Town	239990	165612	1796800	23818	23343
顺德区	北滘镇	Shunde City Beijiao Town	162858	99417	1974250	23677	23660
三水区	西南街道办	Sanshui City Xinan Town	216917	98723	1290515	23013	23451
中山市	南头镇	Zhongshan City Nantou Town	73158	42058	772198	22913	27396
东莞市	万江区	Dongguan City Wanjiang District	150653	112677	218510	22162	21972
宝安区	松岗镇	Baoan District Songgang Town	373275	292876	99575	22000	22000
东莞市	大朗镇	Dongguan City Dalang Town	215596	181186	220916	21953	24490
新会区	会城镇	Xinhui District Huicheng Town	295343	86786	893875	21833	21876

11-35 续表 continued

单位：人、万元 （person，10000 yuan）

地区	Region	总人口 Total Population	从业人员 Employed Persons	农村经济总收入 Total Income of Rural Economy	财政收入 Government Revenue	财政支出 Government Expenditure
南海区 九江镇	Nanhai City Jiujiang Town	97923	59338	704000	21588	20734
东莞市 石排镇	Dangguan City Shipai Town	105901	82443	326817	20719	13178
中山市 南区	Zhongshan City South District	37727	36493	119316	20633	13481
东莞市 黄江镇	Dougguan City Huangjiang Town	117257	93784	134154	20242	19333
东莞市 石碣镇	Dongguan City Shijie Town	168150	144524	253135	20179	19375
中山市 沙溪镇	Zhongshan City Shaxi Town	129584	97737	798000	20053	15970
宝安区 石岩镇	Baoan District Shiyan Town	179400	135855	18159	20030	20236
中山市 三乡镇	Zhongshan City Sanxiang Town	150965	112725	641281	20000	15000
龙岗区 平湖镇	Longgang District Pinghu Town	189714	110610	59712	19332	19809
顺德区 龙江镇	Shunde City Longjiang Town	138294	90426	1013600	18988	18954
东莞市 南城区	Dongguan City Nancheng District	101426	74738	157957	18462	17245
东莞市 沙田镇	Dongguan City Shatian Town	96927	81343	187227	18283	18218
顺德区 勒流镇	Shunde City Leliu Town	179795	104817	1141209	18160	18071
龙岗区 坪山镇	Longgang District Pingshan Town	110903	88190	70201	18000	18000
龙岗区 坪地镇	Longgang District Pingdi Town	87289	68660	96821	17930	13681
番禺区 南沙区	Panyu District Nansha Zone	77729	37664	1157498	17756	13948
番禺区 石楼镇	Panyu District Shilou Town	81195	44962	780474	17649	17056
番禺区 石基镇	Panyu District Shiji Town	233360	184302	1096753	17583	17498
顺德区 伦教街道办	Shunde City Lunjiao Town	148090	107159	1521626	17390	17060
番禺区 大石镇	Panyu District Dashi Town	200043	148824	1027061	16936	20387
中山市 东区	Zhongshan City East District	110098	57375	1304956	16835	15606
南海区 丹灶镇	Nanhai City Danzhao Town	84371	50017	378112	16573	16645
东莞市 凤岗镇	Dongguan City Fenggan Town	239586	194494	243274	15970	15848
中山市 古镇镇	Zhongshan City Guzhen Town	138642	72403	754485	15937	9365
番禺区 钟村镇	Panyu District Zhongcun Town	81849	57376	768231	15498	14365
龙岗区 葵涌镇	Longgang District Kuichong Town	61965	47400	45916	15295	15276
东莞市 高步镇	Dongguan City Gaobu Town	87096	69406	14759	15190	15169
中山市 石岐区	Zhongshan City Shiqi District	163259	102375	102148	15189	14326
南海区 官窑镇	Nanhai City Guanjiao Town	89692	43978	694600	15158	15664
东莞市 桥头镇	Donguan City Qiaotou Town	97558	74955	39550	14642	14579
东莞市 横沥镇	Dongguan City Hengli Town	118901	90595	147336	14009	13935
番禺区 南村镇	Panyu District Nancun Town	81703	59905	443100	13729	13646
番禺区 沙湾镇	Panyu District Shawan Town	116308	88463	791790	13654	13619
中山市 东升镇	Zhongshan City Dongsheng Town	124885	92213	930271	13304	12369
东莞市 道窖镇	Dongguan City Daojiao Town	133941	104828	184932	13215	13159
潮安县 枫溪镇	Chaoan County Fengxi Town	124691	59485	401969	13187	13121
南海区 小塘镇	Nanhai City Xiaotang Town	60858	36524	551950	12981	13010
南海区 沙头镇	Nanhai City Shatou Town	50859	24534	456150	12816	12755
潮南区 峡山镇	Chaoyang City Xiashan Town	198246	88620	75519	12806	12777
中山市 黄圃镇	Zhongshan City Huangpu Town	82789	47765	30576	12475	12481
东莞市 茶山镇	Dongguan City Chashan Town	163384	142784	183306	12350	12070
中山市 坦洲镇	Zhongshan City Tanzhou Town	153262	101729	84238	12330	12814
龙岗区 坑梓镇	Longgang District Kengzi Town	71559	62132	48574	12185	12130
中山市 南朗镇	Zhongshan City Nanlang Town	83085	60387	328722	11937	6704
中山市 民众镇	Zhongshan City Minzhong Town	90013	60963	125146	11287	11757
三水区 乐平镇	Sanshui District Leping Town	81615	51933	480328	11245	11445
中山市 三角镇	Zhongshan City Sanjiao Town	108888	75201	452309	11236	11060
东莞市 企石镇	Dongguan City Qishi Town	76968	56873	243308	10897	11121
番禺区 大岗镇	Panyu District Dagang Town	88971	63100	554898	10689	10572
东莞市 东坑镇	Dongguan City Dongkeng Town	78464	60003	46781	10515	10480

主要统计指标解释

农林牧渔业增加值 是指农、林、牧、渔及农林牧渔服务业在一定时期内生产货物或提供服务活动而增加的价值。它反映了农业生产经营活动的最终成果和对社会的贡献。

农业增加值的计算方法有两种：(1) 生产法，是从生产角度进行计算的一种方法。即用农业总产出减去农业中间消耗求得。由于农户没有健全的核算记录，故农业增加值一般是采用生产法计算的。(2) 分配法，是从分配角度进行计算的一种方法。是通过农业生产单位在生产经营和劳务活动过程中形成的不含中间消耗的各种收入来计算。具体包括农业劳动者收入、福利基金、利税、固定资产折旧及大修理和其他。

农林牧渔业总产值 是以货币表现的农林牧渔业的全部产品总量和对农林牧渔业生产活动进行的各种支持性服务活动的价值。它反映一定时期内农林牧渔业生产总规模和总成果，是观察农林牧渔业生产水平和发展速度，研究农林牧渔业内部比例关系、农林牧渔业与工业、农林牧渔业与国家建设、人民生活比例关系的重要指标，同时也是计算农林牧渔业劳动生产率和农林牧渔业增加值的基础资料。

农林牧渔业总产值的计算，一般采用“产品法”，即凡有产品产量的，都按单位产品价格乘产量的办法求得每种产品产量的产值，然后相加求得各业的产值，最后各业相加求出农林牧渔业总产值。

常用耕地面积 指耕地总资源中专门种植农作物并经常进行耕种、能够正常收获的土地。包括当年实际耕种的熟地；弃耕、休闲不满三年，随时可以复耕的地；开荒利用三年以上的地；小于1米宽的沟、渠、路、田埂。不包括临时种植农作物的坡度在25度以上的陡坡地；在河套、湖畔、库区临时开发的成片或零星土地；也不包括已列为国家和省退耕计划但仍临时耕种的土地。常用耕地分为基本农田和零星可用耕地。

农作物播种面积 是指一定生产季节结束时实际播种或移植有农作物的面积。播种面积的大小，反映农作物的生产规模和耕地的利用程度。正确地核算播种面积，对于组织农业生产活动，计算农作物产量，研究农作物的种植结构和分布情况以及制定各项增产技术措施，都是非常必要的。

播种面积的统计年度，凡是能在本日历年度内（自1月1日至12月31日）收获的农作物（包括上年秋冬播和本年春播、夏播以及南方地区的晚秋播而在本年收获的全部作物）播种面积，都包括在内。

农作物总产量 是指在一定时期内（通常是一年）生产的各种农作物产品总产量。它是衡量农业生产成果，统筹安排城乡人民生活，研究生产、积累和消费比例关系及编制国民经济计划的基本数据。不论是种植在耕地上或非耕地上的农作物产量，都包括在内。有的农作物收割期较长，虽在当年冬季就开始收割，但需跨年延到来年春季才能收完的，仍计算为本年农作物总产量。

农作物总产量是指全社会的产量，包括国有农场等国有经济单位的产量、集体统一经营的和农户承包地的产量，还包括农民自留地、工矿企业职工农属办的农场和其他单位生产的农作物产量。

农作物总产量是统计晒干入库的产量。有些地区，粮食脱粒、晒干、入库比较迟，是按照折干比例折成晒干的粮食产量进行统计的。

农业机械总动力 是指主要用于农、林、牧、渔业的各种动力机械的动力总和。包括耕作机械、排灌机械、收获机械、农产品加工机械、运输机械、植保机械、牧业机械、林业机械、渔业机械和其他农业机械。内燃机按引擎马力计算，电动机功率折成马力计入。

乡镇企业 是指农村乡（包区、镇）、村组各级集体办、联户办和个体办的，从事工业 、建筑业、交通运输业、商业饮食业、服务业和其他生产经营活动的经济组织，以及农村乡（包括区、镇）、村集体举办的农业企业。乡镇企业必须同时具备以下四个条件：

(1) 有固定的（或相对固定的）生产经营组织、场所、设备和从事生产经营的人员；

（2）常年从事生产经营活动，或从事季节性生产经营，全年开工时间在三个月以上；

（3）具备独立核算的条件，或虽非独立核算单位但有单独的帐目；

（4）有当地工商行政或有关部门颁发的营业（经营）执照。此条件农业企业除外。

乡镇企业总产值 以货币表现的乡镇农业、工业、建筑业、交通运输 业、商业饮食业、服务业和其它企业的经营收入、产品销售收入、劳务收入和其它收入。

（1）农业企业以实际收入计算；

（2）工业企业以产品销售收入和其它收入计算；

（3）建筑业收入总包单位以全价计算总收入，非总包单位以实际收入计算；

（4）交通运输业以实际收入计算；

（5）商业的零售商店按零售额计算总收入，批发部门、代购代销、物资供销、仓储等均以 手续费计算总收入。饮食业按营业额计算总收入；

（6）服务业以实际收入计算；

（7）其它企业以实际收入计算。

Explanatory Notes on Main Statistical Indicators

Value-added of Farming, Forestry, Animal Husbandry and Fishery refers to the value-added of the good and services produced or provided by farming, forestry, animal husbandry, fishery and services for farming, forestry, animal husbandry, fishery in a given period of time. It shows the final results of the activities of production and management of agriculture and its contributions to the society.

The value-added of agriculture is calculated with two approaches: (1) Production approach is a method from the production angle, i. e. total output of agriculture minus intermediate consumption of agriculture. The value added of agriculture is usually calculated with the production approach due to no complete accounting records of the rural households available; (2) Distribution approach is a method from the distribution angle, i. e. various incomes from the activities of production and management of the productive units of agriculture without intermediate consumption, including incomes of the rural laborers, welfare funds, profit and tax, depreciation of fixed assets and major overhaul and others.

Gross Output Value of Agriculture refers to the total volume of products of farming, forestry, animal husbandry, and fishery and the value of various services supporting the production of farming, forestry, animal husbandry and fishery in monetary terms, which reflects the total scale and total results of farming, forestry, animal husbandry, and fishery production during a given period of time. It is an important indicator to observe the production level and development speed of farming, forestry, animal husbandry, and fishery, to study the internal structure of farming, forestry, animal husbandry, and fishery, and to review the relationship among farming, forestry, animal husbandry, and fishery and industry, national construction and people's life. It is also the basic data to calculate the labor productivity and value-added of farming, forestry, animal husbandry, and fishery.

Generally, the gross output value of farming, forestry, animal husbandry, and fishery is calculated with the production approach, i. e. the gross output value of each single product is obtained by multiplying the output of each product by its price. Then the output value of each sector is obtained. Finally, the sum of output value of all sectors is equal to the gross output value of farming, forestry, animal husbandry, and fishery.

Area of Regularly Cultivated Land refers to farmland among the total land resources which is exclusively used for farming and is under regular cultivation with harvest in normal years. Included are currently cultivated land, land that has been abandoned or put in idle for less than 3 years and could be re-used for cultivation at any time, and new-claimed land that has been put into cultivation for more than 3 years. Excluded under this category are steep slope land over 25 degrees under temporary cultivation, land (large or small plots) that is claimed along river bends, lake sides or banks of reservoirs, as well as land that has been designated under the Green for Grain" programmes of the state and provincial governments but is still temporarily under cultivation. Regularly cultivated land is classified into basic farmland and odd pieces of land used for cultivation.

Sown Area of Crops refers to area of land sown or transplanted crops at the end of a production season, which reflects the scale of crops and the use of cultivated area. It is very imperative to calculate the sown area correctly in order to organize the production activities of agriculture, calculate the yield of crops, study the composition and distribution of crops and work out the technical measures to increase production.

The statistical year of sown area refers to area of land sown during the year (from Jan. 1 to Dec. 31) with a harvest of crops (including all those sown in the autumn and winter of the preceding year, in the spring and summer of the current year in the late autumn in the southern regions).

Total Output of Crops refers to the total output of farm crops of various kinds during a given period of time (usually a year). It is the basic figure to examine the production results of agriculture, make overall arrangements of the life of the urban and rural households, study the proportionate relationships between production, accumulation and consumption and work out a plan of national economy. It covers the output of crops regardless of being in cultivated area or non-cultivated area. For some crops with a fairly long reaping period, though they begin reaping in the winter of the current year until the spring of the following year, they should be included in the total output of crops of the current year.

The total output of crops refers to the total output of the whole society, including the output from the state-owned units (i. e. state-owned farms), collective owned units and contracted land of peasants as well as the rural household plots, the farms owned by the rural family members of staff and workers of industrial and mining enterprises and others.

The total output of crops is the output of dry crops in inventory. In some areas, it is estimated with the conversion of dry crops due to the delay of threshing, drying and putting in inventory.

Total Power of Farm Machinery refers to total mechanical power of machinery used in farming, forestry, animal husbandry, and fishery, including ploughing, irrigation and drainage, harvesting, transport, plant protection, stock breeding, forestry and fishery. The power of internal combustion engines is required to convert horsepower into watts and the power of electric motors is required to be converted into watts.

Township Enterprises refer to economic organizations owned by the collective of various levels, joint households and individuals of towns and villages and engaged in the activities of industry, construction, transportation, commerce, catering, service and other business operation as well as the agricultural enterprises owned by the collective at township level.

Township enterprises must satisfy the following four items:

(1) Having a regular (or fairly regular) operational organization, location, equipment and personnel;

(2) Engaged in the activities of business operation for years of seasonal operation with three months and more of a year;

(3) Qualifying with independent accounting systems or with separate accounts though not a unit with independent accounting systems;

(4) Having a business (operation) license issued by the local administration department for industry and commerce of other related departments. This item excludes the agricultural enterprises.

Gross Output Value of Township Enterprises refers to the operation income, sales income of products, service income and other incomes in monetary terms of the township enterprises engaged in agriculture, industry, construction, transportation, commerce, catering, service and others.

(1) The output value of agricultural enterprises is calculated according to actual income;

(2) The output value of industrial enterprises is calculated according to sales in come of products and other incomes;

(3) The total income of the overall contractor units of construction is calculate according to complete price, but that of the non-overall contractor units is calculated according to actual income;

(4) The output value of transportation enterprises is calculated according to actual income;

(5) The total income of retail shops is calculated according to retail sales. As for the wholesale departments, purchasing and marketing agencies, material supply and marketing centers and storage activities and the other, their total income is calculated according to commission charges. The total income of catering enterprises is calculated according to turnover;

(6) The output value of service enterprises is calculated according to actual income;

(7) The output value of other enterprises is calculated according to actual income.

十二 工业

INDUSTRY

12

十二、工业

简要说明

一、本篇主要包括以下几部分资料：

1. 全省工业总产值及指数。

2. 规模以上工业企业（即全部国有工业及年销售收入500万元以上非国有工业）按行业和地区分组的企业单位数和工业总产值（1995年及以后工业总产值按新规定计算）。

3. 规模以上工业经济效益指标。

4. 规模以上工业企业按国有及国有控股、集体、股份合作、股份制、三资及企业规模分组的主要经济指标。

5. 规模以下工业主要指标。

6. 主要工业产品产量。

7. 重点企业集团基本情况及财务指标、劳动工资指标、主营业务指标。

8. 建立现代企业制度重点企业基本情况及财务指标、劳动工资指标、主营业务指标。

9. 六大行业的企业家对本行业景气状况判断、企业家对企业生产经营景气状况判断。

二、本篇资料分别由广东省统计局工业交通处、广东省企业调查队整理提供。

三、本篇工业资料主要是根据国家统计局工业统计报表制度经各市、县统计局收集、汇总整理的，其中1995年度资料通过第三次全国工业普查取得。

四、本篇重点企业集团及国家重点企业资料主要是根据国家统计局企业调查统计报表制度经各市企业调查队和有关市统计局调查、收集、汇总整理的。

五、本资料从2003年起执行新的行业划分标准和大中型企业划分标准。

12 INDUSTRY

Brief Introduction

Ⅰ. The data in this chapter cover the following data:

(1) The gross industrial output value and its indices of the province;

(2) The number of industrial enterprises above designated size (namely, all state-owned industrial enterprises and non-state-owned industrial enterprises with an annual sales revenue over 5 million yuan) by industrial sector and by city, and its gross industrial output value (the data on gross industrial output value have been calculated in accordance with the new stipulations since 1995);

(3) The indicators on economics benefit of industrial enterprises above designated size;

(4) The main economic indicators of the industrial enterprises above designated size by state-owned and state-holding, collective-owned, cooperative, shareholding, foreign funded enterprises, and size of enterprises;

(5) The main indicators of the industrial enterprises below designated size; (6) The output of major industrial products;

(7) The basic conditions, financial indicators, wages and main business indicators of key enterprise groups;

(8) The basic conditions, financial indicators, wages and main business indicators of key enterprises conducting modern enterprise system.

(9) And the judgment and expectation of the entrepreneurs from six sectors on the business climate of their own sectors and the situations of production and management of their own enterprises.

Ⅱ. The data in this chapter are prepared and provided by the Division of Industry and Transport Statistics of Guangdong Provincial Bureau of Statistics and Guangdong Enterprise Survey Organization respectively.

Ⅲ. The data in this chapter are collected, tabulated and prepared by the city and county statistical bureaus mainly in accordance with the industrial statistical reporting scheme of the National Bureau of Statistics, of which the annual data of 1995 were collected in the Third National Industrial Census.

Ⅳ. The data of key provincial enterprise groups and key enterprise groups are collected, tabulated and prepared by the enterprise survey organizations and the statistical bureaus of related cities mainly in accordance with the industrial statistical reporting scheme of the National Bureau of Statistics.

Ⅴ. Since 2003, the data in this chapter have been calculated according to the new sector standards and the new large and medium-sized enterprises.

12-1 工业主要指标
MAIN INDICATORS ON INDUSTRY

指标		Item		1995	2002	2003	2003比2002增长（%）Growth Rate in 2003 over 2002（%）
全部工业		**All Industrial Enterprises**					
企业（单位）数	（个）	Number of Enterprises	（unit）	386832	417221	413085	-1.0
工业总产值	（亿元）	Gross Industrial Output Value	（100 million yuan）	8849.90	21788.71	27375.56	27.5
产品销售收入	（亿元）	Sales Revenue	（100 million yuan）		21542.29	27318.37	26.8
利税总额	（亿元）	Total Pre-tax Profits	（100 million yuan）		1789.15	2301.17	28.6
从业人员平均人数	（万人）	Average Employed Persons	（10000 persons）	1179.64	1393.96	1520.68	9.1
规模以上工业		**Industrial Enterprises above Designated Size**					
企业（单位）数	（个）	Number of Enterprises	（unit）	14601	22619	24494	8.3
工业总产值	（亿元）	Gross Industrial Output Value	（100 million yuan）	5992.34	16378.60	21513.46	33.4
工业增加值	（亿元）	Value Added of Industry	（100 million yuan）	1454.31	4361.14	5718.14	28.4
产品销售收入	（亿元）	Sales Revenue	（100 million yuan）	5934.03	16247.73	21566.93	32.7
资产总计	（亿元）	Total Assets	（100 million yuan）	8081.22	16584.03	19126.47	15.3
流动资产平均余额	（亿元）	Average Balance of Circulating Funds	（100 million yuan）	3465.43	7659.73	9732.67	27.1
固定资产净值平均余额	（亿元）	Average Balance of Net Value of Fixed Assets	（100 million yuan）	2864.19	6018.21	6666.84	10.8
负债总计	（亿元）	Total Liabilities	（100 million yuan）	5309.69	9208.39	10808.23	17.4
所有者权益合计	（亿元）	Total Creditors´Equity	（100 million yuan）	2771.53	7375.64	8318.24	12.8
利润总额	（亿元）	Total Profits	（100 million yuan）	183.74	769.09	1075.41	39.8
亏损企业亏损额	（亿元）	Loss Value of Loss-making Enterprises	（100 million yuan）	139.75	143.32	169.84	18.5
利税总额	（亿元）	Total Pre-tax Profits	（100 million yuan）	441.40	1380.24	1850.90	34.1
应交增值税	（亿元）	Value Added Tax Payable	（100 million yuan）	182.66	485.04	618.03	27.4
从业人员平均人数	（万人）	Average Employed Persons	（10000 persons）	434.25	644.39	741.17	15.0
规模以下工业		**Industrial Enterprises below Designated Size**					
企业（单位）数	（个）	Number of Enterprises	（unit）	372231	394602	388591	-1.5
#个体工业户		Individual Industrial Enterprises		221491	273517	268042	-2.0
工业总产值	（亿元）	Gross Industrial Output Value	（100 million yuan）	2857.56	5410.11	5862.10	8.4
产品销售收入	（亿元）	Sales Revenue	（100 million yuan）		5294.56	5751.44	8.6
利税总额	（亿元）	Total Pre-tax Profits	（100 million yuan）		408.91	450.27	10.1
年末从业人员	（万人）	Average Employed Persons at the Year-end	（10000 persons）	745.39	749.57	779.51	4.0

注：1. 本表规模以下工业，2002和2003年有关指标由抽样调查取得，与1995年的数据不可比。
2. 工业总产值按当年价格计算。

Note：a）In terms of industrial enterprises below designated size，the data are obtained from sample surveys in 2002 and 2003，which are not comparable with those in 1995.

b）The data of gross industrial output value are calculated at current prices.

12-2 工业企业单位数及产值

NUMBER OF INDUSTRIAL ENTERPRISES AND THEIR GROSS OUTPUT VALUE

项　　目	Item	1990	1995	1997	2002	2003
一、工业企业单位数（个）	**Total Number of Industrial Enterprises（unit）**	**30404**	**42680**	**39567**	**22619**	**24494**
按经济类型分	**Grouped by Ownership**					
在总计中：国有及国有控股工业	Of the Total：State-owned and State-holding Industry				2533	2103
国有工业	State-owned Industry	6886	6873	6203	1738	1344
集体工业	Collective-owned Industry	20641	23556	21044	2931	2513
股份合作工业	Cooperative Enterprises				314	305
股份制工业	Share Holding Enterprises		297	313	4356	5549
外商投资工业	Foreign Funded Industry	563	2154	2647	1644	2070
港澳台投资工业	Enterprises Funded by Entrepreneurs from Hong Kong，Macao and Taiwan	180	8776	7941	8164	8549
按轻重工业分	**Grouped by Light & Heavy Industry**					
轻　工　业	Light Industry	20205	26113	23848	14365	14834
重　工　业	Heavy Industry	10199	16567	15719	8254	9660
按企业规模分	**Grouped by Size of Enterprises**					
大型企业	Large	312	515	655	945	182
中型企业	Medium	724	1263	1432	1677	3110
小型企业	Small	29368	40902	37480	19997	21202
二、工业总产值（亿元）	**Gross Industrial Output Value（100 million yuan）**	**1609. 32**	**5581. 74**	**7474. 44**	**17531. 00**	**23379. 18**
按经济类型分	**Grouped by Ownership**					
在总计中：国有及国有控股工业	Of the Total：State-owned and State-holding Industry				3257. 11	3849. 43
国有工业	State-owned Industry	750. 14	1067. 06	1166. 33	752. 46	704. 24
集体工业	Collective-owned Industry	467. 57	1213. 83	1495. 08	896. 71	831. 55
股份合作工业	Cooperative Enterprises				172. 26	209. 1
股份制工业	Share Holding Enterprises		371. 98	503. 20	3799. 70	5227. 22
外商投资工业	Foreign Funded Industry	111. 86	909. 30	1651. 27	4827. 15	7482. 08
港澳台投资工业	Enterprises Funded by Entrepreneurs from Hong Kong，Macao and Taiwan	22. 54	1932. 12	2499. 04	6258. 16	7792. 71
按轻重工业分	**Grouped by Light & Heavy Industry**					
轻　工　业	Light Industry	1086. 78	3426. 23	4605. 58	8967. 40	11142. 93
重　工　业	Heavy Industry	522. 54	2155. 51	2868. 86	8563. 60	12236. 25
按企业规模分	**Grouped by Size of Enterprises**					
大型企业	Large	422. 61	1499. 82	2244. 25	7660. 67	8304. 82
中型企业	Medium	318. 15	822. 41	1171. 05	2254. 03	8144. 19
小型企业	Small	868. 56	3257. 52	4059. 14	7616. 30	6930. 17

注：1. 本表1990、1995、1997年三栏统计范围为乡及乡以上工业。2002、2003年为规模以上工业。
　　2. 本表产值均为1990年不变价格。
　　3. 从2003年起，企业规模按新划分标准执行，与以往年份不可比。

Note：a）The statistics in the columes of 1990，1995 and 1997 covered the township industrial enterprises and above，while the coverage in 2002 and 2003 referred to the industrial enterprises above designated size.
b）Values in this table are calculated at 1990 constant prices.
c）Since 2003，the size of enterprises has been calculated according to the new standards，which is not comparable with that in the preceding years.

12-3 工业总产值
GROSS INDUSTRIAL OUTPUT VALUE

单位：亿元 (100 million yuan)

年份 Year	工业总产值 Gross Industrial Output Value	按轻重分 Grouped by Light & Heavy Industry		规模以上工业 Industrial Enterprises above Designated Size				规模以下工业 Industrial Enterprises below Designated Size
		轻工业 Light Industry	重工业 Heavy Industry		#国有及国有控股工业 State-owned and State-holding	#国有工业 State-owned	#集体工业 Collective-owned	
按1957年不变价格计算 At 1957 Constant Prices								
1949	7.58	6.64	0.94	4.52		4.52		3.06
1952	14.95	13.10	1.85	10.37		10.23	0.14	4.58
1957	31.89	26.19	5.70	28.40		22.00	6.40	3.49
1962	39.64	30.40	9.24	37.52		28.49	9.03	2.12
1965	64.17	45.91	18.26	60.96		49.25	11.71	3.21
1970	104.46	67.68	36.78	100.87		79.22	21.65	3.59
按1970年不变价格计算 At 1970 Constant Prices								
1975	157.17	95.49	61.68	152.18		112.96	39.22	4.99
1978	199.65	114.43	85.22	187.56		135.41	52.15	12.09
1979	214.55	129.29	85.26	198.48		143.66	54.82	16.07
1980	234.35	147.59	86.76	217.21		147.92	64.79	17.14
按1980年不变价格计算 At 1980 Constant Prices								
1980	236.37	148.86	87.51	219.08		149.19	65.35	17.29
1981	272.12	176.33	95.79	243.51		164.35	76.60	28.61
1982	294.66	194.66	100.00	264.67		176.94	84.55	29.99
1983	329.99	213.72	116.27	297.17		196.94	94.72	32.82
1984	396.20	262.65	133.55	355.80		224.10	117.88	40.40
1985	505.08	341.08	164.00	442.66		265.13	154.28	62.42
1986	584.76	403.97	180.79	505.42		286.53	181.52	79.34
1987	778.26	537.88	240.38	656.73		348.95	236.16	121.53
1988	1050.77	727.32	323.45	886.25		432.67	325.80	164.52
1989	1221.93	839.70	382.23	1018.81		458.82	349.41	203.12
1990	1430.80	1020.37	410.43	1195.90		501.25	380.44	234.90
按1990年不变价格计算 At 1990 Constant Prices								
1990	1907.34	1317.01	590.33	1690.32		750.14	467.57	298.02
1991	2453.57	1671.87	781.70	2071.78		903.88	564.56	381.79
1992	3352.80	2257.70	1095.10	2769.13		1088.63	749.30	583.67
1993	4669.05	3099.77	1569.28	3715.64		1129.28	958.79	953.41
1994	6219.87	4111.66	2108.21	4595.86		1097.42	1167.20	1624.01
1995	7458.54	4653.35	2805.19	5581.74		1067.06	1213.83	1876.80
1996	8815.47	5730.88	3084.59	6443.93		1086.78	1390.19	2371.54
1997	10461.52	6913.19	3548.33	7474.44		1166.33	1495.08	2987.08
1998	12190.38	7726.37	4464.01	9063.72		1040.47	1417.61	3857.58
1999	13944.36	8458.88	5485.47	10376.36	2857.66	963.13	1255.27	3568.00
2000	16510.54	9562.95	6947.59	12289.24	2881.17	881.45	1168.41	4221.30
2001	19230.95	10805.05	8425.90	14566.00	3156.34	748.55	897.89	4664.95
2002	22895.69	12440.50	10455.19	17531.00	3257.11	752.46	896.71	5364.69
2003	29194.50	14793.79	14400.71	23379.18	3849.43	704.24	831.55	5815.32

注：1. "规模以上工业"栏1997年及以前为乡及乡以上工业。
2. "规模以下工业"栏1999年起为抽样调查数。

Note: a) In 1997 and prior to it, the data in the column of "industrial enterprises above designated size" referred to the township industrial enterprises and above.
b) Since 1999, the data in the column of "industrial enterprises below designated size" have been obtained from sample surveys.

12-4　工业总产值指数
INDICES OF GROSS INDUSTRIAL OUTPUT VALUE

单位:%　　　　(%)

年　份 Year	工　业 总产值 Gross Industrial Output Value	按轻重分 Grouped by Light & Heavy Industry		规模以上工业 Industrial Enterprises above Designated Size			规模以下工业 Industrial Enterprises below Designated Size
		轻工业 Light Industry	重工业 Heavy Industry		国有工业 State-owned	集体工业 Collective-owned	
1949	100.0	100.0	100.0	100.0	100.0		100.0
1952	197.2	197.3	196.8	229.4	226.3	100.0	149.7
1957	420.7	394.4	606.4	628.3	486.7	4571.4	114.1
1962	523.0	457.8	983.0	830.1	630.3	6450.0	69.3
1965	846.6	691.4	1942.6	1348.7	1089.6	8364.3	104.9
1970	1378.1	1019.3	3912.8	2231.6	1752.7	15464.3	117.3
1975	2129.7	1404.3	7342.9	3474.4	2561.5	29644.7	141.8
1978	2705.3	1682.8	10145.2	4282.2	3070.5	39418.0	343.5
1980	3175.5	2170.4	10328.6	4959.1	3354.2	48972.0	486.9
1981	3655.8	2570.9	11305.7	5512.1	3695.0	57402.5	805.7
1982	3958.6	2838.2	11802.6	5991.1	3978.1	63360.1	844.6
1983	4433.2	3116.1	13722.9	6726.8	4427.8	70981.3	924.3
1984	5322.7	3829.5	15762.4	8054.0	5038.4	88336.9	1137.8
1985	6779.6	4993.9	19294.1	10106.4	5971.4	117951.0	1638.3
1986	7849.1	5914.7	21269.4	11539.3	6453.4	138776.7	2082.4
1987	10446.4	7875.3	28278.0	14993.9	7859.3	180550.4	3189.7
1988	14104.2	10649.1	38047.9	20234.0	9744.9	249082.5	4318.0
1989	16401.6	12294.4	44965.1	23260.5	10333.9	267132.9	5331.1
1990	19205.4	14939.5	48285.9	27303.7	11289.4	290856.3	6165.4
1991	24708.7	18977.0	63552.9	35114.9	13612.7	351094.5	7904.6
1992	33764.6	25626.6	89032.5	46934.4	16395.0	465982.3	12084.3
1993	47019.6	35184.6	127583.7	62976.9	17007.2	596262.1	19739.3
1994	62637.1	46670.3	171399.1	77895.9	16527.4	725870.2	33623.3
1995	78252.3	55062.5	237353.5	97380.0	16620.5	794234.6	41926.2
1996	92488.7	67812.8	260994.1	112421.9	16927.6	909630.7	52978.3
1997	109758.4	81802.9	300232.2	130400.3	18166.7	978262.4	66728.9
1998	127897.0	91425.2	377709.9				
1999	146314.2	100087.7	464137.9				
2000	173236.0	114100.0	591311.7				
2001	201819.9	128933.0	717261.1				
2002	240367.5	148401.9	890121.0				
2003	306492.6	176429.5	1226052.7				

注：1. “规模以上工业”栏1997年及以前为乡及乡以上工业。
2. “规模以下工业”栏1999年起为抽样调查数。

Note: a) In 1997 and prior to it, the data in the column of “industrial enterprises above designated size” referred to the township industrial enterprises and above .
b) Since 1999, the data in the column of “industrial enterprises below designated size” have been obtained from sample surveys.

12-5 按经济类型分的工业总产值及指数

GROSS INDUSTRIAL OUTPUT VALUE AND ITS INDICES BY OWNERSHIP

年份 Year	绝对数（亿元） Absolute Figures（100 million yuan）						指数（1978=100） Indices			
	工业总产值 Gross Industrial Output Value	#国有及国有控股工业 State-owned and State-holding	国有工业 State-owned	集体工业 Collective-owned	城乡个体业 Individual	私营工业 Private	工业总产值 Gross Industrial Output Value	国有工业 State-owned	集体工业 Collective-owned	城乡个体业 Individual
1978	206.56		131.83	73.28			100.0	100.0	100.0	
1979	221.46		142.64	77.34			107.5	106.1	110.4	
1980	248.68		146.95	95.08	0.05		117.4	109.2	127.6	100.0
1981	282.95		165.53	112.49	0.13		134.5	120.3	174.2	260.0
1982	313.76		178.78	129.39	0.28		145.7	129.5	160.7	540.1
1983	356.91		204.68	149.25	0.69		163.4	144.1	194.0	1360.0
1984	433.40		240.19	185.17	1.23		196.4	164.0	239.2	2460.0
1985	534.72		298.42	200.98	14.14		249.6	194.0	306.3	28060.0
1986	632.89		334.59	243.27	19.93		288.3	209.7	365.2	38380.0
1987	878.29		427.10	343.59	34.88		384.6	255.4	491.6	64800.0
1988	1318.90		594.98	520.99	55.58		519.3	316.7	672.2	91040.0
1989	1647.24		714.93	607.02	72.85		603.9	335.8	744.8	119360.0
1990	1902.25		765.43	659.65	91.19		707.1	366.9	820.7	144520.0
1991	2524.12		973.59	828.68	118.96		909.6	442.1	987.9	223129.0
1992	3479.39		1202.46	1174.42	184.60		1243.0	532.5	1364.9	358714.0
1993	5237.37		1445.38	1711.62	315.42		1731.0	552.4	1903.9	605041.0
1994	7273.95		1562.24	2444.46	555.04		2305.9	536.8	2686.2	1045236.5
1995	9720.54		1709.89	3054.13	921.84		2880.8	539.8	3039.0	1460985.5
1995（新规定）										
（New Stipulations）	8849.90		1465.82	2797.76	854.70					
1996	10530.93		1544.58	3552.70	970.51		3404.9	549.8	3793.5	1618115.9
1997	12372.69		1574.39	4042.39	1472.59		4040.7	590.0	4245.7	2392267.9
1998	13799.16		1453.79	1480.13	940.80	1390.96	4708.5	526.3		
1999	15303.33	3025.68	1427.42	1273.75	1495.66	1836.36	5385.9	487.2		
2000	16904.47	3126.12	1536.50	2131.09	1804.53	2622.82	6376.7	472.1		
2001	18909.91	3309.51	1186.24	1858.66	1998.03	2440.53	7428.9	374.8		
2002	21788.71	3369.50	1217.66	1449.06	2347.66	2993.45	8847.8	392.4		
2003	27375.56	4017.54	979.19	1362.30	2645.84	3944.92	11281.8	379.3		

注：1. 工业总产值按当年价计算，指数按可比价计算。
2. 1997、1998 年集体工业仅指规模以上工业。
3. 2000 年起全部工业总产值中规模以下部分为抽样调查数。

Note：a) The gross industrial output values are calculated at current prices, whereas their indices are calculated at comparable prices.
b) In 1997 and 1998, the collective-owned industrial enterprises only referred to the industrial enterprises above designated size.
c) Since 2000, the data of the industrial enterprises below designated size in the gross industrial output value have been obtained form sample surveys.

12-6 规模以上工业总产值及指数

GROSS OUTPUT VALUE AND ITS INDICES OF INDUSTRIAL ENTERPRISES ABOVE DESIGNATED SIZE

单位：亿元 (100 million yuan)

年 份 Year	总产值 Gross Output Value	轻工业 Light Industry	重工业 Heavy Industry	#大中型工业 Large and Medium-sized Enterprises	指数 (1978 = 100) Gross Output Value Indices	轻工业 Light Industry	重工业 Heavy Industry	#大中型工业 Large and Medium-sized Enterprises
1978	180. 73	102. 32	78. 41	49. 34	100. 0	100. 0	100. 0	100. 0
1979	194. 64	110. 28	84. 36	54. 91	105. 8	105. 3	106. 4	109. 5
1980	212. 69	128. 17	84. 52	56. 33	115. 8	127. 7	100. 7	103. 1
1981	241. 93	152. 97	88. 96	66. 89	128. 7	151. 3	102. 1	133. 0
1982	263. 02	164. 17	98. 85	75. 37	139. 9	164. 2	111. 2	148. 5
1983	293. 70	180. 60	113. 10	92. 78	157. 1	184. 5	124. 7	181. 5
1984	359. 87	223. 29	136. 58	110. 63	188. 1	226. 1	142. 8	209. 9
1985	471. 83	289. 68	182. 15	166. 11	236. 0	279. 6	179. 8	302. 0
1986	550. 49	344. 70	205. 79	210. 27	269. 5	327. 7	194. 7	379. 7
1987	747. 47	472. 45	275. 02	299. 19	350. 1	426. 5	252. 2	522. 3
1988	1118. 00	718. 03	399. 97	459. 74	472. 5	582. 1	332. 2	720. 2
1989	1399. 45	893. 20	506. 25	622. 42	543. 2	594. 3	389. 2	863. 6
1990	1605. 80	1057. 02	548. 78	734. 35	637. 6	795. 5	435. 8	1042. 2
1991	2144. 93	1371. 46	773. 47	1057. 02	820. 0	1009. 7	622. 1	1476. 1
1992	2884. 93	1796. 12	1088. 23	1408. 48	1096. 0	1331. 0	854. 4	1980. 5
1993	4252. 70	2515. 77	1736. 93	1891. 29	1470. 7	1751. 6	1188. 8	2412. 8
1994	5565. 48	3224. 69	2340. 79	2563. 27	1819. 1	2135. 9	1507. 6	2863. 3
1995（原规定）								
(Original Stipulations)	7189. 24	4148. 78	3040. 46	3227. 59	2274. 1	2581. 8	1993. 2	3519. 7
1995（新规定）								
(New Stipulations)	6502. 97	3776. 94	2726. 03	2824. 61				
1996	7490. 49	4344. 25	3146. 24	3470. 81	2625. 4	2989. 5	2290. 2	4253. 6
1997	8442. 32	4914. 09	3528. 23	3950. 86	3045. 3	3470. 5	2652. 8	5176. 4
1998	9738. 56	5765. 51	3973. 05	4169. 16	3508. 2	3866. 1	3228. 5	5927. 0
1999	10538. 17	6011. 06	4527. 11	4711. 94	4016. 9	4299. 1	3861. 3	7070. 9
2000	12480. 93	6607. 84	5873. 09	5951. 56	4757. 4	4737. 6	5027. 4	8590. 8
2001	14035. 35	7165. 90	6869. 44	7534. 70	5637. 5	5400. 9	6234. 0	12181. 8
2002	16378. 60	8161. 63	8216. 97	8755. 02	6787. 6	6313. 7	7742. 6	14472. 0
2003	21513. 46	9959. 51	11553. 95	14353. 53	9051. 9	7845. 4	11063. 4	19955. 4

注：1. 绝对数按现价计算，指数按可比价计算。
2. 1997 年以前为乡及乡以上工业。

Note：a) Values in this table are calculated at current prices, whereas their indices are calculated at comparable prices.
b) In 1997 and prior to it, the data referred to the township industrial enterprises and above.

12-7 分行业工业总产值增长速度（2003年）
GROWTH RATE OF GROSS INDUSTRIAL OUTPUT VALUE BY SECTOR (2003)

指 标	Item	工业总产值（亿元） Gross Industrial Output Value (100 million yuan)		2003比2002增长（%） Growth Rate in 2003 over 2002 (%)
		2002	2003	
总计	Total	17531.00	23379.18	33.4
#煤炭开采和洗选业	Coal Mining and Dressing	1.06	1.29	21.7
石油和天然气开采业	Petroleum and Natural Gas Extraction	39.92	39.07	-2.1
黑色金属矿采选业	Ferrous Metal Minerals Mining and Dressing	5.89	5.97	1.4
有色金属矿采选业	Nonferrous Metals Minerals Mining and Dressing	14.20	14.81	4.3
非金属矿采选业	Nonmetal Minerals Mining and Dressing	45.92	50.37	9.7
其他矿采选业	Other Minerals Mining and Dressing	0.08		
农副食品加工业	Farm and Sideline Food Processing	340.10	435.14	27.9
食品制造业	Food Manufacturing	251.99	281.96	11.9
饮料制造业	Beverage Manufacturing	189.76	218.67	15.2
烟草制品业	Tobacco Products	54.37	55.89	2.8
纺织业	Textile Industry	612.41	718.59	17.3
纺织服装、鞋、帽制造业	Textile Garments, Footwear and Headgear Manufacturing	623.99	755.20	21.0
皮革、毛皮、羽毛(绒)及其制品业	Feather, Furs, Down and Related Products	397.87	479.27	20.5
木材加工及木、竹、藤、棕、草制品业	Timber Processing, Bamboo, Cane, Palm Fiber & Straw Products	137.23	137.25	0.0
家具制造业	Furniture Manufacturing	129.95	198.97	53.1
造纸及纸制品业	Papermaking and Paper Products	317.65	387.50	22.0
印刷业和记录媒介的复制	Printing and Record Medium Reproduction	212.88	291.04	36.7
文教体育用品制造业	Cultural, Educational and Sports Goods	242.46	312.65	28.9
石油加工、炼焦及核燃料加工业	Petroleum Refining, Coking and Nuclear Fuel Processing	177.79	215.02	20.9
化学原料及化学制品制造业	Raw Chemical Materials and Chemical Products	859.99	1224.01	42.3
医药制造业	Medical and Pharmaceutical Products	299.18	350.44	17.1
化学纤维制造业	Chemical Fiber	77.71	55.09	-29.1
橡胶制品业	Rubber Products	86.75	105.87	22.0
塑料制品业	Plastic Products	659.57	817.11	23.9
非金属矿物制品业	Nonmetal Mineral Products	594.43	699.87	17.7
黑色金属冶炼及压延加工业	Smelting and Pressing of Ferrous Metals	167.99	230.84	37.4
有色金属冶炼及压延加工业	Smelting and Pressing of Nonferrous Metals	216.26	335.33	55.1
金属制品业	Metal Products	685.55	874.13	27.5
通用设备制造业	General Purposes Equipment Manufacturing	263.99	333.96	26.5
专用设备制造业	Special Purposes Equipment Manufacturing	166.24	216.76	30.4
交通运输设备制造业	Transport Equipment Manufacturing	709.72	1011.27	42.5
电气机械及器材制造业	Electric Equipment and Machinery	2019.61	2771.71	37.2
通信设备、计算机及其他电子设备制造业	Telecommunications, Computers and Other Electronic Equipment Manufacturing	5887.78	8431.97	43.2
仪器仪表及文化、办公用机械制造业	Instruments, Meters, Cultural and Office Machinery	564.51	720.52	27.6
工艺品及其他制造业	Handicraft and Other Manufacturing	220.16	286.47	30.1
废弃资源和废旧材料回收加工业	Waste Sources and Materials Recovery Processing		11.23	
电力、热力的生产和供应业	Production and Supply of Electric Power and Heating Power	177.90	219.95	23.6
燃气生产和供应业	Production and Supply of Gas	42.66	46.14	8.2
水的生产和供应业	Production and Supply of Tap Water	33.37	37.84	13.4

注：1. 本表统计范围为规模以上工业。
2. 本表产值为1990年不变价。

Note: a) The statistical coverage in this table refers to the industrial enterprises above designated size.
b) The figures of gross output value are calculated at 1990 constant prices.

12-8 工业九大产业工业总产值（2003 年）
GROSS INDUSTRIAL OUTPUT VALUE OF NINE INDUSTRIES（2003）

单位：亿元 （100 million yuan）

指标	Item	绝对数 Output Value	比重（%） Proportion （%）
规模以上工业总产值	**Gross Industrial Output Value above Designated Size**	**21513.46**	**100.0**
九大产业工业总产值	**Gross Industrial Output Value of Nine Industries**	**16153.81**	**75.1**
三大新兴产业	**Three Fresh Industries**	**11009.92**	**51.2**
1. 电子信息业	Electronic Information	5932.21	27.6
通信设备、计算机及其他电子设备制造业	Telecommunications, Computers and Other Electronic Equipment Manufacturing	5932.21	27.6
2. 电气机械及专用设备	Electric Equipment and Special Purposes Equipment	3033.04	14.1
专用设备制造业	Special Purposes Equipment	218.30	1.0
电气机械及器材制造业	Electric Equipment and Machinery	2160.43	10.0
仪器仪表及文化、办公用机械制造业	Instruments, Meters, Cultural and Office Machinery	654.31	3.0
3. 石油及化学	Petroleum and Chemistry	2044.66	9.5
石油和天然气开采业	Petroleum and Natural Gas Extraction	252.73	1.2
石油加工、炼焦及核燃料加工业	Petroleum Refining, Coking and Nuclear Fuel Processing	553.03	2.6
化学原料及化学制品制造业	Raw Chemical Materials and Chemical Products	1140.98	5.3
橡胶制品业	Rubber Products	97.93	0.5
三大传统产业	**Three Traditional Industries**	**3607.67**	**16.8**
1. 纺织服装	Textile and Garments	1593.85	7.4
纺织业	Textile Industry	784.52	3.7
纺织服装、鞋、帽制造业	Textile Garments, Footwear and Headgear Manufacturing	765.07	3.6
化学纤维制造业	Chemical Fiber Manufacturing	44.26	0.2
2. 食品饮料	Food and Beverage	1161.84	5.4
农副食品加工业	Farm and Sideline Food Processing	503.65	2.3
食品制造业	Food Manufacturing	297.51	1.4
饮料制造业	Beverage Manufacturing	240.88	1.1
烟草制品业	Tobacco Products	119.80	0.6
3. 建筑材料	Building Materials	851.98	4.0
非金属矿采选业	Nonmetal Minerals Mining	54.63	0.3
非金属矿物制品业	Nonmetal Minerals Products	685.14	3.2
建筑、安全用金属制品制造业	Metal Products for Architecture and Safety	112.21	0.5
三大潜力产业	**Three Potential Industries**	**1536.22**	**7.1**
1. 森工造纸	Logging and Papermaking	538.44	2.5
木材加工及木、竹、藤、棕、草制品业	Timber Processing, Bamboo, Cane, Palm Fiber and Straw Products	134.04	0.6
造纸及纸制品业	Papermaking and Paper Products	404.40	1.9
2. 医药	Medicine	246.56	1.2
医药制造业	Medical and Pharmaceutical Products	246.56	1.2
3. 汽车及摩托车	Motor Vehicle	751.23	3.5
汽车制造业	Automobile Manufacturing	574.50	2.7
摩托车制造业	Motorcycle Manufacturing	176.73	0.8

注：工业总产值按现行价格计算。

Note: The data of gross industrial output value are calculated at current prices.

12-9 各市工业企业单位数和工业总产值
NUMBER OF INDUSTRIAL ENTERPRISES AND GROSS OUTPUT VALUE BY CITY

市别 City	工业企业单位数（个）Number of Industrial Enterprises（unit）				工业总产值（亿元）Gross Output Value of Industry（100 million yuan）			
	1990	1995	2002	2003	1990	1995	2002	2003
广 州 Guangzhou	4273	8508	4632	4709	402. 19	1054. 04	3101. 91	4014. 92
深 圳 Shenzhen	2432	2799	2134	2317	186. 04	900. 13	4332. 11	6376. 04
珠 海 Zhuhai	855	1464	790	798	55. 82	303. 55	1028. 98	1353. 35
汕 头 Shantou	1569	1831	893	1048	66. 51	207. 61	356. 14	461. 28
佛 山 Foshan	1863	2084	2861	3359	234. 24	798. 87	2221. 73	2874. 01
韶 关 Shaoguan	1462	1981	413	369	59. 31	93. 81	139. 16	159. 63
河 源 Heyuan	946	932	144	163	7. 48	19. 56	40. 86	59. 19
梅 州 Meizhou	1764	2017	345	348	31. 65	67. 27	76. 34	88. 79
惠 州 Huizhou	1558	2710	765	808	35. 82	313. 96	1096. 37	1327. 88
汕 尾 Shanwei	592	570	123	145	4. 78	19. 65	33. 68	42. 15
东 莞 Dongguan	1129	2431	1805	2042	51. 51	192. 30	1159. 75	1872. 45
中 山 Zhongshan	685	1189	2018	2496	68. 37	278. 84	1126. 80	1529. 48
江 门 Jiangmen	1931	2553	1918	2111	134. 21	531. 78	1242. 68	1452. 64
阳 江 Yangjiang	571	823	325	367	18. 80	55. 23	91. 33	113. 73
湛 江 Zhanjiang	1350	1555	484	525	70. 06	160. 02	200. 39	239. 66
茂 名 Maoming	1256	1447	491	520	56. 61	123. 09	245. 38	275. 48
肇 庆 Zhaoqing	1816	2350	971	820	43. 80	207. 97	552. 92	546. 94
清 远 Qingyuan	1202	1712	269	286	17. 38	48. 94	65. 37	87. 14
潮 州 Chaozhou	833	1223	450	495	17. 16	45. 97	116. 44	149. 31
揭 阳 Jieyang	1117	1191	481	454	18. 31	58. 98	158. 76	193. 38
云 浮 Yunfu	1117	1311	307	314	25. 14	100. 18	143. 90	161. 70

注：1. 本表 1998 年及以前统计范围为乡及乡以上工业，1998 年后为规模以上工业。
2. 本表产值按 1990 年不变价计算。

Note：a）In 1998 and prior to it，the data in this table referred to the township industrial enterprises and above. Since 1998，they have referred to the industrial enterprises above designated size.
b）The output values in this table are calculated at 1990 constant prices.

12-10 各市各行业工业企业单位数（2003 年）

单位：个

项　　目	Item	全 省 Provincial	广 州 Guangzhou
全省总计	**Provincial Total**	**24494**	**4709**
按经济类型分	**Grouped by Ownership**		
在总计中：国有及国有控股工业	Of the Total: State-owned and State holding Industry	2103	529
国有工业	State-owned Industry	1344	305
集体工业	Collective-owned Industry	2513	593
股份合作工业	Cooperative Enterprises	305	96
股份制工业	Share Holding Enterprises	5549	849
外商投资工业	Foreign Funded Industry	2070	464
港澳台投资工业	Enterprises Funded by Entrepreneurs from Hong Kong, Macao and Taiwan	8549	1427
按轻重工业分	**Grouped by Light & Heavy Industry**		
轻　工　业	Light Industry	14834	2860
重　工　业	Heavy Industry	9660	1849
按企业规模分	**Grouped by Size of Enterprises**		
大型企业	Large	182	39
中型企业	Medium	3110	539
小型企业	Small	21202	4131
按行业分	**Grouped by Sector**		
#煤炭开采和洗选业	Coal Mining and Dressing	18	
石油和天然气开采业	Petroleum and Natural Gas Extraction	2	
黑色金属矿采选业	Ferrous Metal Minerals Mining and Dressing	22	
有色金属矿采选业	Nonferrous Metals Minerals Mining and Dressing	31	1
非金属矿采选业	Nonmetal Minerals Mining and Dressing	196	76
其他矿采选业	Other Minerals Mining and Dressing		
农副食品加工业	Farm and Sideline Food Processing	611	84
食品制造业	Food Manufacturing	492	120
饮料制造业	Beverage Manufacturing	210	40
烟草制品业	Tobacco Products	19	2
纺织业	Textile Industry	1444	274
纺织服装、鞋、帽制造业	Textile Garments, Footwear and Headgear Manufacturing	2069	511
皮革、毛皮、羽毛（绒）及其制品业	Feather, Furs, Down and Related Products	1017	224
木材加工及木、竹、藤、棕、草制品业	Timber Processing, Bamboo, Cane, Palm Fiber & Straw Products	293	50
家具制造业	Furniture Manufacturing	500	86
造纸及纸制品业	Papermaking and Paper Products	826	145
印刷业和记录媒介的复制	Printing and Record Medium Reproduction	678	119
文教体育用品制造业	Cultural, Educational and Sports Goods	622	118
石油加工、炼焦及核燃料加工业	Petroleum Refining, Coking and Nuclear Fuel Processing	52	15
化学原料及化学制品制造业	Raw Chemical Materials and Chemical Products	1310	343
医药制造业	Medical and Pharmaceutical Products	280	71
化学纤维制造业	Chemical Fiber	74	11
橡胶制品业	Rubber Products	204	55
塑料制品业	Plastic Products	1735	293
非金属矿物制品业	Nonmetal Mineral Products	1665	280
黑色金属冶炼及压延加工业	Smelting and Pressing of Ferrous Metals	253	50
有色金属冶炼及压延加工业	Smelting and Pressing of Nonferrous Metals	306	41
金属制品业	Metal Products	1870	310
通用设备制造业	General Purposes Equipment Manufacturing	708	173
专用设备制造业	Special Purposes Equipment Manufacturing	483	124
交通运输设备制造业	Transport Equipment Manufacturing	613	233
电气机械及器材制造业	Electric Equipment and Machinery	2190	304
通信设备、计算机及其他电子设备制造业	Telecommunications, Computers and Other Electronic Equipment Manufacturing	1768	280
仪器仪表及文化、办公用机械制造业	Instruments, Meters, Cultural and Office Machinery	445	92
工艺品及其他制造业	Handicraft and Other Manufacturing	722	110
废弃资源和废旧材料回收加工业	Waste Sources and Materials Recovery Processing	14	
电力、热力的生产和供应业	Production and Supply of Electric Power and Heating Power	487	44
燃气生产和供应业	Production and Supply of Gas	37	7
水的生产和供应业	Production and Supply of Tap Water	228	23

注：本表统计范围为规模以上工业。

NUMBER OF INDUSTRIAL ENTERPRISES BY SECTOR BY CITY (2003)

(unit)

深 圳 Shenzhen	珠 海 Zhuhai	汕 头 Shantou	佛 山 Foshan	韶 关 Shaoguan	河 源 Heyuan	梅 州 Meizhou	惠 州 Huizhou	汕 尾 Shanwei
2317	**798**	**1048**	**3359**	**369**	**163**	**348**	**808**	**145**
223	29	110	91	179	50	117	106	28
58	8	86	44	142	32	100	52	25
18	59	160	340	24	11	74	33	19
2	7	23	49	16	10	5	5	
328	148	376	1215	101	41	65	94	39
376	128	77	141	7	4	9	113	5
1453	426	201	825	47	48	68	480	50
1270	454	778	1835	125	70	129	463	115
1047	344	270	1524	244	93	219	345	30
51	8	4	16	3		1	10	1
592	106	59	376	47	18	37	159	16
1674	684	985	2967	319	145	310	639	128
						12		6
1								
				2	2	8	1	
				13	3	2	1	
	2	1	5	3	2	4	4	1
29	16	41	73	11	5	6	11	4
34	19	47	32	6	5	3	9	8
18	8	10	20	5	3	10	3	4
1		1	1	3		2		
65	31	126	248	20	14	8	47	30
149	114	131	170	7	6	7	48	20
56	13	10	134	1	3	2	56	7
9	8	4	32	9	2	7	6	3
45	5	2	93	15		9	12	
43	22	40	113	10	4	3	19	1
78	17	65	103	8	1	7	15	1
93	14	62	57	6		2	17	3
4			5					
77	40	79	164	25	2	11	42	3
37	21	15	19	6	8	5	8	
5	2	2	13		1		2	
18	4	5	23			2	6	
201	67	130	270	4	6		57	9
55	28	23	405	40	24	83	40	1
8		1	27	3	15	9	1	
15	3	5	161	14	2	4	5	
152	30	18	304	5	1	4	36	
41	16	16	131	23	1	14	15	1
63	24	20	84	18	3	1	10	1
64	23	13	72	13	2	14	18	5
232	70	45	398	15	7	15	98	1
461	127	36	75	8	7	32	156	3
136	28	10	23	1		1	17	4
88	31	65	54	3	4	22	23	13
			1				1	
19	10	16	18	51	26	37	15	13
	3	1	2	1				
20	2	8	29	8	4	8	9	9

Note: The statistical coverage in this table refers to the industrial enterprises above designated size.

12-10 续表

单位：个

项　　目	Item	东　莞 Dongguan	中　山 Zhongshan
全省总计	**Provincial Total**	**2042**	**2496**
按经济类型分	**Grouped by Ownership**		
在总计中：国有及国有控股工业	Of the Total：State-owned and State holding Industry	19	7
国有工业	State-owned Industry	12	4
集体工业	Collective-owned Industry	200	212
股份合作工业	Cooperative Enterprises	11	3
股份制工业	Share Holding Enterprises	137	797
外商投资工业	Foreign Funded Industry	284	162
港澳台投资工业	Enterprises Funded by Entrepreneurs from Hong Kong，Macao and Taiwan	1344	774
按轻重工业分	**Grouped by Light & Heavy Industry**		
轻　工　业	Light Industry	1307	1702
重　工　业	Heavy Industry	735	794
按企业规模分	**Grouped by Size of Enterprises**		
大型企业	Large	28	7
中型企业	Medium	445	228
小型企业	Small	1569	2261
按行业分	**Grouped by Sector**		
#煤炭开采和洗选业	Coal Mining and Dressing		
石油和天然气开采业	Petroleum and Natural Gas Extraction		
黑色金属矿采选业	Ferrous Metal Minerals Mining and Dressing		
有色金属矿采选业	Nonferrous Metals Minerals Mining and Dressing		
非金属矿采选业	Nonmetal Minerals Mining and Dressing	4	5
其他矿采选业	Other Minerals Mining and Dressing		
农副食品加工业	Farm and Sideline Food Processing	15	34
食品制造业	Food Manufacturing	28	35
饮料制造业	Beverage Manufacturing	7	17
烟草制品业	Tobacco Products		
纺织业	Textile Industry	119	170
纺织服装、鞋、帽制造业	Textile Garments，Footwear and Headgear Manufacturing	142	317
皮革、毛皮、羽毛（绒）及其制品业	Feather，Furs，Down and Related Products	118	86
木材加工及木、竹、藤、棕、草制品业	Timber Processing，Bamboo，Cane，Palm Fiber & Straw Products	19	14
家具制造业	Furniture Manufacturing	54	61
造纸及纸制品业	Papermaking and Paper Products	109	105
印刷业和记录媒介的复制	Printing and Record Medium Reproduction	65	63
文教体育用品制造业	Cultural，Educational and Sports Goods	120	57
石油加工、炼焦及核燃料加工业	Petroleum Refining，Coking and Nuclear Fuel Processing	1	2
化学原料及化学制品制造业	Raw Chemical Materials and Chemical Products	75	127
医药制造业	Medical and Pharmaceutical Products	7	10
化学纤维制造业	Chemical Fiber	5	8
橡胶制品业	Rubber Products	15	18
塑料制品业	Plastic Products	190	204
非金属矿物制品业	Nonmetal Mineral Products	74	73
黑色金属冶炼及压延加工业	Smelting and Pressing of Ferrous Metals	18	10
有色金属冶炼及压延加工业	Smelting and Pressing of Nonferrous Metals	4	14
金属制品业	Metal Products	100	228
通用设备制造业	General Purposes Equipment Manufacturing	39	83
专用设备制造业	Special Purposes Equipment Manufacturing	27	27
交通运输设备制造业	Transport Equipment Manufacturing	25	29
电气机械及器材制造业	Electric Equipment and Machinery	206	436
通信设备、计算机及其他电子设备制造业	Telecommunications，Computers and Other Electronic Equipment Manufacturing	296	148
仪器仪表及文化、办公用机械制造业	Instruments，Meters，Cultural and Office Machinery	58	32
工艺品及其他制造业	Handicraft and Other Manufacturing	59	51
废弃资源和废旧材料回收加工业	Waste Sources and Materials Recovery Processing		
电力、热力的生产和供应业	Production and Supply of Electric Power and Heating Power	14	10
燃气生产和供应业	Production and Supply of Gas		1
水的生产和供应业	Production and Supply of Tap Water	29	21

12-10 continued

(unit)

江 门 Jiangmen	阳 江 Yangjiang	湛 江 Zhanjiang	茂 名 Maoming	肇 庆 Zhaoqing	清 远 Qingyuan	潮 州 Chaozhou	揭 阳 Jieyang	云 浮 Yunfu
2111	**367**	**525**	**520**	**820**	**286**	**495**	**454**	**314**
97	25	138	58	92	72	42	47	44
60	21	106	41	66	61	42	43	36
277	19	46	87	136	24	38	61	82
25		2	10	5	9	18	4	5
452	140	160	104	104	69	155	98	77
133	11	25	11	40	14	30	29	7
545	46	83	128	213	82	127	116	66
1320	269	337	329	440	117	401	350	163
791	98	188	191	380	169	94	104	151
8		2	2	2				
157	26	61	27	66	32	35	44	40
1946	341	462	491	752	254	460	410	274
		1						
1	1			2	3			2
		3	4	2	1		1	
17	1	14	29	14		4		10
55	12	103	35	26	12	16	9	14
37	4	21	2	13	3	17	41	8
9	3	16	3	19	3	3	7	2
2	1	3	1				1	1
120	6	15	9	57	16	6	43	20
208	18	3	4	42	19	49	70	34
100	11	21	121	37	3	5	4	5
29	23	16	12	41	4		1	4
42	14	10	16	24	7		3	2
93	10	24	14	34	8	12	4	13
38	7	12	6	23	4	33	11	2
26	3	1	2	12	7	4	16	2
1		3	18	3				
113	9	25	55	58	14	14	10	24
12	3	19	5	11	5	5	10	3
12		1		6	1		3	2
28	4	6	6	4	4		5	1
114	9	24	20	29	11	36	53	8
111	10	32	32	63	51	171	9	60
74	11	1	14	3		1	5	2
13	1	1		8	3	4	3	5
312	166	23	9	76	9	25	34	28
64	12	7	10	32	13	5	5	7
27	3	19	3	13	2	2	11	1
59	1	18	3	7	6	2	5	1
211	3	40	8	35	15	16	23	12
71	2	5	4	32	3	8	10	4
18	1	3		4	1	2	14	
58	3	5	48	48	2	15	15	5
5		6			1			
18	11	9	21	34	47	27	21	26
3	1	7	1			10		
10	3	8	5	8	8	3	7	6

12-11 各市各行业工业总产值（2003 年）

单位：亿元

项　目	Item	全　省 Provincial	广　州 Guangzhou
全省总计	**Provincial Total**	**21513.46**	**4017.83**
按经济类型分	**Grouped by Ownership**		
在总计中：国有及国有控股工业	Of the Total：State-owned and State holding Industry	3949.03	1237.17
国有工业	State-owned Industry	910.68	234.23
集体工业	Collective-owned Industry	849.63	179.97
股份合作工业	Cooperative Enterprises	203.11	24.10
股份制工业	Share Holding Enterprises	4722.31	772.49
外商投资工业	Foreign Funded Industry	5971.94	1347.45
港澳台投资工业	Enterprises Funded by Entrepreneurs from Hong Kong，Macao and Taiwan	7709.39	1173.59
按轻重工业分	**Grouped by Light & Heavy Industry**		
轻　工　业	Light Industry	9959.51	1941.10
重　工　业	Heavy Industry	11553.95	2076.73
按企业规模分	**Grouped by Size of Enterprises**		
大型企业	Large	6204.03	1107.66
中型企业	Medium	8149.50	1530.12
小型企业	Small	7159.93	1380.05
按行业分	**Grouped by Sector**		
#煤炭开采和洗选业	Coal Mining and Dressing	3.20	
石油和天然气开采业	Petroleum and Natural Gas Extraction	252.73	
黑色金属矿采选业	Ferrous Metal Minerals Mining and Dressing	7.71	
有色金属矿采选业	Nonferrous Metals Minerals Mining and Dressing	17.07	0.41
非金属矿采选业	Nonmetal Minerals Mining and Dressing	54.63	18.67
其他矿采选业	Other Minerals Mining and Dressing		
农副食品加工业	Farm and Sideline Food Processing	503.65	67.91
食品制造业	Food Manufacturing	297.51	118.12
饮料制造业	Beverage Manufacturing	240.88	75.46
烟草制品业	Tobacco Products	119.80	55.63
纺织业	Textile Industry	784.52	126.05
纺织服装、鞋、帽制造业	Textile Garments，Footwear and Headgear Manufacturing	765.07	159.63
皮革、毛皮、羽毛（绒）及其制品业	Feather，Furs，Down and Related Products	508.89	134.06
木材加工及木、竹、藤、棕、草制品业	Timber Processing，Bamboo，Cane，Palm Fiber & Straw Products	134.04	16.95
家具制造业	Furniture Manufacturing	220.06	29.01
造纸及纸制品业	Papermaking and Paper Products	404.40	64.36
印刷业和记录媒介的复制	Printing and Record Medium Reproduction	270.00	32.12
文教体育用品制造业	Cultural，Educational and Sports Goods	333.28	59.08
石油加工、炼焦及核燃料加工业	Petroleum Refining，Coking and Nuclear Fuel Processing	553.03	170.92
化学原料及化学制品制造业	Raw Chemical Materials and Chemical Products	1140.98	525.59
医药制造业	Medical and Pharmaceutical Products	246.56	68.35
化学纤维制造业	Chemical Fiber	44.26	5.87
橡胶制品业	Rubber Products	97.93	42.23
塑料制品业	Plastic Products	802.17	131.61
非金属矿物制品业	Nonmetal Mineral Products	685.14	101.03
黑色金属冶炼及压延加工业	Smelting and Pressing of Ferrous Metals	332.26	114.68
有色金属冶炼及压延加工业	Smelting and Pressing of Nonferrous Metals	285.71	51.87
金属制品业	Metal Products	866.75	122.36
通用设备制造业	General Purposes Equipment Manufacturing	312.47	85.39
专用设备制造业	Special Purposes Equipment Manufacturing	218.30	35.52
交通运输设备制造业	Transport Equipment Manufacturing	918.60	630.21
电气机械及器材制造业	Electric Equipment and Machinery	2160.43	266.45
通信设备、计算机及其他电子设备制造业	Telecommunications，Computers and Other Electronic Equipment Manufacturing	5932.21	438.06
仪器仪表及文化、办公用机械制造业	Instruments，Meters，Cultural and Office Machinery	654.31	32.67
工艺品及其他制造业	Handicraft and Other Manufacturing	295.38	65.15
废弃资源和废旧材料回收加工业	Waste Sources and Materials Recovery Processing	16.69	
电力、热力的生产和供应业	Production and Supply of Electric Power and Heating Power	880.31	146.58
燃气生产和供应业	Production and Supply of Gas	58.78	7.82
水的生产和供应业	Production and Supply of Tap Water	93.75	18.03

注：1. 本表统计范围为规模以上工业。
　　2. 本表产值按当年价计算。

GROSS OUTPUT VALUE OF INDUSTRY BY SECTOR BY CITY (2003)

(100 million yuan)

深圳 Shenzhen	珠海 Zhuhai	汕头 Shantou	佛山 Foshan	韶关 Shaoguan	河源 Heyuan	梅州 Meizhou	惠州 Huizhou	汕尾 Shanwei
5245.10	**1008.98**	**461.17**	**2581.96**	**236.27**	**67.82**	**113.96**	**1020.44**	**48.92**
1016.73	99.84	57.05	162.49	166.45	15.90	40.74	287.68	3.18
92.18	6.73	23.64	70.99	35.87	4.46	31.31	14.43	2.57
13.62	23.24	46.78	141.51	4.16	6.65	13.76	6.65	8.38
1.35	2.58	7.21	120.93	3.17	3.26	1.46	2.65	
1007.46	194.26	182.25	1004.76	146.25	18.63	31.70	32.70	8.07
2110.06	487.78	77.97	235.63	2.59	2.41	10.40	386.52	3.35
1946.95	288.14	82.57	821.94	37.29	29.26	20.67	570.93	24.58
1624.90	438.70	286.50	1408.85	47.19	23.97	39.71	561.75	31.92
3620.21	570.28	174.67	1173.11	189.08	43.85	74.25	458.69	16.99
2486.19	408.15	35.12	675.46	94.17		7.09	355.69	7.62
1871.53	318.61	107.88	914.76	91.49	25.63	50.36	462.25	17.90
887.38	282.23	318.17	991.73	50.61	42.19	56.51	202.50	23.39
				1.34		1.86		
151.70								
				2.46	2.50	1.09	0.21	
				8.06	1.08	0.65	0.21	
	2.00	0.06	0.93	0.25	0.59	0.29	0.34	0.08
72.85	17.15	44.60	62.31	1.79	1.23	0.75	2.79	1.58
26.79	10.41	12.07	23.64	0.21	1.49	0.48	1.43	1.04
40.68	8.53	7.04	34.82	3.52	0.59	1.34	3.29	1.38
15.12		0.13	4.93	19.43		17.31		
35.45	14.86	35.83	112.80	6.48	5.82	1.16	21.23	15.33
65.37	32.48	49.44	82.69	0.83	1.92	2.29	18.36	2.32
33.25	7.81	1.79	56.72		0.79	0.18	20.16	0.57
8.74	1.73	19.35	23.89	2.37	0.34	1.29	4.02	0.58
46.54	2.62	1.48	28.25	1.35		2.32	3.15	
34.08	19.14	11.92	51.57	1.64	0.81	0.56	5.63	0.19
68.83	3.54	30.03	25.04	0.53	0.01	0.47	5.53	0.07
49.93	7.19	18.96	35.87	3.35		0.48	10.79	2.05
5.31			23.54					
65.38	57.34	31.84	77.29	7.54	0.39	1.58	14.11	0.26
61.35	30.74	6.00	20.67	2.86	5.76	1.39	3.10	
6.79	3.98	0.40	9.87		0.19		0.64	
14.77	0.68	1.04	4.98			0.77	1.09	
138.98	42.14	37.00	127.88	0.53	4.23		32.98	2.11
46.75	12.80	6.29	243.83	6.24	6.06	25.63	11.74	0.28
16.11		0.10	25.60	71.94	14.22	0.90	7.41	
9.87	0.72	1.13	143.14	29.83	0.33	3.58	4.05	
141.74	13.32	5.61	150.74	1.00	0.14	0.61	29.17	
25.20	9.93	3.80	42.47	6.14	1.58	2.88	7.01	2.53
48.25	12.90	9.92	37.04	4.31	6.31	0.05	1.63	0.01
53.44	14.56	12.18	63.25	0.69	0.47	4.20	20.98	0.20
293.42	173.07	20.26	682.13	7.28	0.92	5.70	94.29	0.35
3080.88	355.96	28.43	205.78	11.59	2.57	11.20	659.86	10.55
249.17	73.05	4.69	64.57	0.12		0.81	13.93	1.74
65.84	9.01	20.73	23.36	0.32	0.71	3.85	6.31	2.15
			0.07				0.86	
249.11	45.55	35.55	79.66	31.39	6.55	17.02	11.50	2.76
	22.88	0.60	0.56	0.10				
23.43	2.89	2.88	12.10	0.79	0.25	1.28	2.63	0.78

Note: a) The statistical coverage in this table refers to the industrial enterprises above designated size.
b) The data of gross industrial output value are calculated at current prices.

12-11 续表

单位：亿元

项目	Item	东莞 Dongguan	中山 Zhongshan
全省总计	**Provincial Total**	**2144.93**	**1309.25**
按经济类型分	**Grouped by Ownership**		
在总计中：国有及国有控股工业	Of the Total: State-owned and State holding Industry	139.25	16.90
国有工业	State-owned Industry	38.18	8.87
集体工业	Collective-owned Industry	87.43	65.61
股份合作工业	Cooperative Enterprises	5.21	0.62
股份制工业	Share Holding Enterprises	194.19	273.70
外商投资工业	Foreign Funded Industry	683.65	277.46
港澳台投资工业	Enterprises Funded by Entrepreneurs from Hong Kong, Macao and Taiwan	1117.72	569.69
按轻重工业分	**Grouped by Light & Heavy Industry**		
轻工业	Light Industry	1022.49	847.16
重工业	Heavy Industry	1122.44	462.10
按企业规模分	**Grouped by Size of Enterprises**		
大型企业	Large	448.79	106.30
中型企业	Medium	1146.57	564.29
小型企业	Small	549.58	638.67
按行业分	**Grouped by Sector**		
#煤炭开采和洗选业	Coal Mining and Dressing		
石油和天然气开采业	Petroleum and Natural Gas Extraction		
黑色金属矿采选业	Ferrous Metal Minerals Mining and Dressing		
有色金属矿采选业	Nonferrous Metals Minerals Mining and Dressing		
非金属矿采选业	Nonmetal Minerals Mining and Dressing	3.32	0.27
其他矿采选业	Other Minerals Mining and Dressing		
农副食品加工业	Farm and Sideline Food Processing	24.78	15.04
食品制造业	Food Manufacturing	20.29	24.34
饮料制造业	Beverage Manufacturing	22.65	18.51
烟草制品业	Tobacco Products		
纺织业	Textile Industry	133.57	74.00
纺织服装、鞋、帽制造业	Textile Garments, Footwear and Headgear Manufacturing	58.56	110.29
皮革、毛皮、羽毛（绒）及其制品业	Feather, Furs, Down and Related Products	55.55	58.97
木材加工及木、竹、藤、棕、草制品业	Timber Processing, Bamboo, Cane, Palm Fiber & Straw Products	6.08	3.30
家具制造业	Furniture Manufacturing	51.49	12.89
造纸及纸制品业	Papermaking and Paper Products	92.90	38.67
印刷业和记录媒介的复制	Printing and Record Medium Reproduction	35.67	20.54
文教体育用品制造业	Cultural, Educational and Sports Goods	72.40	50.86
石油加工、炼焦及核燃料加工业	Petroleum Refining, Coking and Nuclear Fuel Processing	0.24	6.93
化学原料及化学制品制造业	Raw Chemical Materials and Chemical Products	51.58	57.77
医药制造业	Medical and Pharmaceutical Products	3.60	8.97
化学纤维制造业	Chemical Fiber	0.72	2.26
橡胶制品业	Rubber Products	6.49	8.55
塑料制品业	Plastic Products	100.62	81.66
非金属矿物制品业	Nonmetal Mineral Products	30.10	34.93
黑色金属冶炼及压延加工业	Smelting and Pressing of Ferrous Metals	27.73	9.38
有色金属冶炼及压延加工业	Smelting and Pressing of Nonferrous Metals	6.15	12.72
金属制品业	Metal Products	43.45	78.07
通用设备制造业	General Purposes Equipment Manufacturing	14.35	35.80
专用设备制造业	Special Purposes Equipment Manufacturing	19.73	7.72
交通运输设备制造业	Transport Equipment Manufacturing	17.03	7.11
电气机械及器材制造业	Electric Equipment and Machinery	210.64	194.08
通信设备、计算机及其他电子设备制造业	Telecommunications, Computers and Other Electronic Equipment Manufacturing	784.71	206.87
仪器仪表及文化、办公用机械制造业	Instruments, Meters, Cultural and Office Machinery	115.08	79.91
工艺品及其他制造业	Handicraft and Other Manufacturing	10.95	18.17
废弃资源和废旧材料回收加工业	Waste Sources and Materials Recovery Processing		
电力、热力的生产和供应业	Production and Supply of Electric Power and Heating Power	113.41	23.91
燃气生产和供应业	Production and Supply of Gas		0.70
水的生产和供应业	Production and Supply of Tap Water	11.10	6.10

12-11 continued

(100 million yuan)

江门 Jiangmen	阳江 Yangjiang	湛江 Zhanjiang	茂名 Maoming	肇庆 Zhaoqing	清远 Qingyuan	潮州 Chaozhou	揭阳 Jieyang	云浮 Yunfu
1116.95	**120.99**	**404.37**	**521.44**	**446.65**	**101.84**	**152.75**	**209.13**	**182.68**
123.95	13.40	99.54	353.25	67.55	12.01	6.88	9.02	20.04
84.97	6.62	69.63	101.00	44.10	9.71	6.88	7.94	16.38
95.00	6.48	9.30	26.65	50.46	3.72	8.79	22.72	28.73
10.86		1.24	1.95	1.89	1.60	3.91	7.01	2.11
214.94	53.04	68.00	303.64	46.52	22.98	62.38	43.13	41.23
217.94	10.71	22.99	5.89	42.50	9.00	11.49	20.90	5.25
316.81	18.63	218.76	54.06	164.61	49.21	46.63	76.97	80.40
675.41	86.54	169.52	104.77	222.26	35.73	112.85	156.95	121.22
441.54	34.44	234.85	416.67	224.39	66.12	39.90	52.17	61.46
135.93		13.08	300.83	21.94				
323.61	45.07	154.53	89.99	159.89	55.04	49.07	73.13	97.77
657.41	75.92	236.76	130.61	264.83	46.80	103.68	135.99	84.91
		101.03						
0.13	0.42			0.45	0.28			0.17
		0.25	1.15	5.07	0.16		0.03	
4.51	0.05	1.86	7.01	10.01		0.28		4.10
31.62	15.78	97.07	7.03	6.96	2.88	7.52	5.30	16.70
19.03	8.35	1.58	0.67	3.17	0.53	6.94	14.64	2.30
2.58	1.22	2.36	4.87	8.76	0.25	1.80	0.98	0.25
0.10	0.06	7.01	0.08				0.01	0.01
86.63	3.25	11.90	5.00	36.27	7.35	2.62	23.40	25.52
70.69	3.49	0.33	0.57	24.80	3.12	14.10	33.92	29.87
40.02	1.50	6.69	47.79	35.96	2.55	0.76	2.87	0.90
15.48	3.58	5.32	1.50	18.10	0.62		0.12	0.72
11.53	7.71	2.14	6.07	9.66	1.95		1.22	0.68
39.25	2.21	10.26	2.59	14.71	5.64	2.90	0.94	4.43
20.28	1.42	3.25	1.08	5.65	0.24	12.78	2.88	0.04
7.94	1.39	0.05	0.37	6.13	0.84	0.50	4.55	0.55
0.50		51.70	293.57	0.32				
108.51	0.93	11.42	91.34	22.15	1.72	2.28	5.81	6.14
6.97	0.94	3.43	0.60	8.58	2.41	0.65	9.52	0.66
5.14		0.07		4.11	1.18		2.75	0.29
10.30	0.48	1.60	0.89	1.83	0.52		1.56	0.15
41.03	2.74	4.37	3.80	10.95	3.62	10.23	24.38	1.33
42.45	2.87	5.78	8.38	24.87	13.11	39.68	1.39	20.94
20.91	9.99	0.07	5.76	0.64		4.17	2.28	0.37
4.30	0.43	0.02		5.77	6.60	3.07	0.59	1.55
148.60	32.84	4.07	1.50	41.47	1.69	5.29	17.54	27.55
34.58	3.50	3.15	1.90	15.90	12.64	0.94	1.38	1.40
9.85	0.76	7.39	0.23	4.18	0.09	0.15	12.20	0.06
71.26	0.35	8.68	0.42	7.74	1.64	0.08	4.11	0.01
146.95	3.53	15.35	1.89	9.40	12.41	4.64	9.70	7.97
51.30	0.14	0.45	1.06	62.04	1.14	6.08	5.55	7.99
6.98	0.07	1.56		5.38	0.22	0.20	4.16	
24.53	0.34	0.67	11.12	18.98	0.53	2.43	8.90	1.33
14.50		1.04			0.22			
14.99	4.03	26.10	12.10	15.25	14.89	6.98	5.25	17.72
0.18	6.00	5.05	0.14			14.76		
3.34	0.60	1.29	0.96	1.42	0.81	0.91	1.18	1.00

12-12 工业企业主要指标
MAIN INDICATORS OF INDUSTRIAL ENTERPRISES

年份 Year	平均职工人数（万人）Average Number of Staff and Workers (10000 persons)	总产值（亿元）Gross Output Value of Industry (100 million yuan)	固定资产原价（亿元）Original Value of Fixed Assets (100 million yuan)	产品销售收入（亿元）Sales Revenue (100 million yuan)	利税总额（亿元）Total Pre-tax Profits (100 million yuan)	百元固定资产实现利税（元）Pre-tax Profits per 100 yuan of Original Value of Fixed Assets (yuan)	资金利税率（%）Ratio of Pre-tax Profits to Total Capital (%)	产值利税率（%）Ratio of Pre-tax Profits to Gross Output Value (%)	百元销售收入实现利税（元）Pre-tax Profits per 100 yuan of Sales Revenue (yuan)	全员劳动生产率（元/人）Overall Labor Productivity (yuan/person)
1978	170.51	168.91	111.42		32.91	29.54	29.41	19.48		9906
1979	171.76	181.96	129.09	170.09	34.48	26.71	25.36	18.45	20.27	10594
1980	182.39	198.83	136.59	189.97	38.51	28.19	27.45	19.37	20.27	10902
1981	189.08	226.26	152.58	215.09	42.12	27.60	27.13	18.61	19.58	11966
1982	194.33	245.54	172.00	231.20	44.62	25.94	25.41	18.17	19.30	12635
1983	197.50	275.25	226.58	226.91	48.59	21.45	24.46	17.65	21.42	13937
1984	241.42	336.45	221.46	313.33	56.83	25.66	24.96	16.89	18.14	13937
1985	298.66	438.91	269.13	412.77	75.99	29.23	25.87	17.31	18.41	14696
1986	323.16	522.35	335.19	498.80	80.90	24.14	20.86	15.49	16.22	16164
1987	353.95	711.04	433.95	692.47	102.24	23.56	21.18	14.38	14.76	20089
1988	382.19	1056.47	540.37	1016.20	140.65	26.03	22.45	13.31	13.84	27643
1989	387.90	1321.33	700.66	1222.20	138.71	19.80	16.05	10.50	11.35	34064
1990	390.28	1379.98	843.88	1287.91	121.50	14.40	12.35	8.80	9.43	35359
1991	433.18	2018.62	1339.04	1875.02	188.08	14.05	14.88	9.32	10.03	46600
1992	450.99	2696.47	1485.36	2537.84	248.78	22.32	10.02	9.23	9.80	59790
1993	478.39	4085.35	2099.09	3920.98	397.40	18.93	10.79	9.73	10.14	85379
1994	537.57	5325.35	3309.63	4826.68	478.41	14.46	9.20	8.89	9.91	99063
1995	537.83	6325.19	4298.15	6195.84	445.53	10.37	6.32	7.04	7.19	117606
1996	529.13	7308.51	5066.23	6808.08	489.26	9.66	6.27	6.69	7.19	36094
1997	522.94	8201.71	5904.95	7767.79	617.90	10.46	6.77	7.53	7.95	40040
1998	548.59	9738.56	6968.36	9243.42	622.82	8.94	5.75	6.40	6.74	44553
1999	537.77	10538.17	7399.10	10208.99	778.94	10.53	6.85	7.39	7.63	50307
2000	572.89	12480.93	8005.77	12380.65	1042.77	13.03	8.66	8.35	8.42	58836
2001	578.94	14035.35	8655.82	13891.46	1139.98	13.17	8.75	8.12	8.21	67012
2002	644.39	16378.60	9550.47	16247.73	1380.24	14.45	10.10	8.43	8.50	58940
2003	741.17	21513.46	10768.77	21566.93	1850.90	17.19	11.22	8.60	8.56	77150

注：1. 利税总额包括增值税。
2. 全员劳动生产率1996年后按工业增加值计算。
3. 1998年起统计口径为规模以上工业。1997年以前为独立核算工业企业。
4. 平均职工人数从1998年起用从业人员平均人数。

Note: a) Total pre-tax profits include value-added tax.
b) The figures of overall labor productivity since 1996 have been calculated by value-added of industry.
c) Since 1998, the statistical coverage has included the industrial enterprises above designated size, while it only referred to the industrial enterprises with independent accounting systems before 1997.
d) Since 1998, the average number of staff and workers has referred to the average number of employed persons at the year-end.

12-13 国有及国有控股工业企业主要指标
MAIN INDICATORS OF STATE-OWNED AND STATE-HOLDING INDUSTRIAL ENTERPRISES

年份 Year	平均职工人数（万人） Average Number of Staff and Workers (10000 persons)	总产值（亿元） Gross Output Value of Industry (100 million yuan)	固定资产原价（亿元） Original Value of Fixed Assets (100 million yuan)	产品销售收入（亿元） Sales Revenue (100 million yuan)	利税总额（亿元） Total Pre-tax Profits (100 million yuan)	百元固定资产实现利税（元） Pre-tax Profits per 100 yuan of Original Value of Fixed Assets (yuan)	资金利税率（%） Ratio of Pre-tax Profits to Total Capital (%)	产值利税率（%） Ratio of Pre-tax Profits to Gross Output Value (%)	百元销售收入实现利税（元） Pre-tax Profits per 100 yuan of Sales Revenue (yuan)	全员劳动生产率（元/人） Overall Labor Productivity (yuan/person)
1978	120.35	122.28	96.06		26.09	27.16	25.74	21.34		10159
1979	121.97	132.30	103.51	126.87	26.89	25.96	23.95	20.31	21.18	10847
1980	126.09	136.30	107.27	127.97	28.33	25.90	25.01	20.57	22.19	10829
1981	132.60	153.54	118.82	147.85	31.18	26.24	25.99	20.31	21.09	11579
1982	139.90	165.82	131.82	158.43	33.29	25.26	24.79	20.08	21.01	11853
1983	142.18	188.09	147.53	178.04	38.18	25.88	25.58	20.30	21.45	13228
1984	143.08	222.35	162.13	205.73	44.02	27.15	26.60	19.80	21.39	15540
1985	144.14	277.87	203.80	265.05	56.34	27.64	27.36	20.28	21.26	19278
1986	150.14	312.74	235.47	305.42	59.70	25.36	23.70	19.09	19.55	20829
1987	156.48	400.55	294.46	402.63	72.44	24.60	23.40	18.09	17.99	25598
1988	162.43	555.41	328.58	545.00	91.05	27.71	24.83	16.39	16.71	34194
1989	162.85	670.95	404.50	631.61	94.11	23.26	20.05	14.93	14.90	41200
1990	163.80	713.88	488.36	689.83	84.35	17.27	14.94	11.82	12.23	43582
1991	173.85	906.72	612.24	853.62	116.26	18.99	17.32	12.82	13.62	52155
1992	171.60	1118.86	751.42	1073.94	131.24	17.47	16.50	11.73	12.22	65202
1993	153.26	1371.58	856.85	1372.66	169.40	19.77	12.67	12.35	12.34	89494
1994	152.25	1498.80	1076.47	1400.87	176.81	16.42	11.17	11.80	12.62	98443
1995	142.83	1396.35	1315.16	1499.25	160.57	12.21	8.58	11.50	10.71	97763
1996	137.50	1476.12	1599.77	1555.28	139.01	8.69	6.49	9.42	8.94	34057
1997	124.71	1505.06	1794.89	1657.79	160.92	8.97	6.68	10.69	9.71	36596
1998	102.67	1453.79	1790.91	1616.64	163.10	9.11	6.71	11.22	10.09	47019
1999	128.16	3025.68	3520.17	3153.04	376.11	10.68	7.86	12.34	11.93	72606
2000	104.39	3126.12	3513.50	3583.55	433.35	12.33	9.24	13.86	12.09	91413
2001	91.77	3236.65	3982.54	3757.95	486.46	12.21	9.67	15.03	12.94	112515
2002	83.25	3264.46	3942.57	3800.38	483.25	12.26	10.39	14.80	12.72	132894
2003	75.20	3949.03	4603.66	4717.48	623.49	13.54	11.91	15.79	13.22	191590

注：1998 年以前为国有工业，1999 年起为国有及国有控股工业。

Note: In 1998 and prior to it , the statistical coverage in this table referred the state-owned enterprises, while it has included the state-owned and state-holding industrial enterprises since 1999.

12-14 工业企业主要经济效益指标（2003年）

项　目	Item	总资产贡献率（%）Ratio of Total Assets to Industrial Output Value（%）
全省总计	**Provincial Total**	**10.42**
按经济类型分	**Grouped by Ownership**	
在总计中：国有及国有控股工业	Of the Total: State-owned and State holding Industry	10.88
国有工业	State-owned Industry	7.64
集体工业	Collective-owned Industry	7.89
股份合作工业	Share Holding Cooperative Enterprises	10.29
股份制工业	Share Holding Enterprises	10.68
外商投资工业	Foreign Funded Industry	14.76
港澳台投资工业	Enterprises Funded by Entrepreneurs from Hong Kong, Macao and Taiwan	8.99
按轻重工业分	**Grouped by Light & Heavy Industry**	
轻工业	Light Industry	9.81
重工业	Heavy Industry	10.84
按企业规模分	**Grouped by Size of Enterprises**	
大型企业	Large	13.55
中型企业	Medium	10.43
小型企业	Small	8.31
按行业分	**Grouped by Sector**	
#煤炭开采和洗选业	Coal Mining and Dressing	10.26
石油和天然气开采业	Petroleum and Natural Gas Extraction	81.62
黑色金属矿采选业	Ferrous Metal Minerals Mining and Dressing	10.11
有色金属矿采选业	Nonferrous Metals Minerals Mining and Dressing	11.43
非金属矿采选业	Nonmetal Minerals Mining and Dressing	10.93
其他矿采选业	Other Minerals Mining and Dressing	
农副食品加工业	Farm and Sideline Food Processing	7.07
食品制造业	Food Manufacturing	13.72
饮料制造业	Beverage Manufacturing	14.79
烟草制品业	Tobacco Products	73.73
纺织业	Textile Industry	4.58
纺织服装、鞋、帽制造业	Textile Garments, Footwear and Headgear Manufacturing	6.13
皮革、毛皮、羽毛（绒）及其制品业	Leather, Furs, Down and Related Products	5.72
木材加工及木、竹、藤、棕、草制品业	Timber Processing, Bamboo, Cane, Palm Fiber & Straw Products	6.96
家具制造业	Furniture Manufacturing	6.13
造纸及纸制品业	Papermaking and Paper Products	8.21
印刷业、记录媒介的复制	Printing and Record Medium Reproduction	7.71
文教体育用品制造业	Cultural, Educational and Sports Goods	5.46
石油加工、炼焦及核燃料加工业	Petroleum Refining, Coking and Nuclear Fuel Processing	15.78
化学原料及化学制品制造业	Raw Chemical Materials and Chemical Products	17.06
医药制造业	Medical and Pharmaceutical Products	11.87
化学纤维制造业	Chemical Fiber	6.80
橡胶制品业	Rubber Products	7.79
塑料制品业	Plastic Products	6.46
非金属矿物制品业	Nonmetal Mineral Products	6.86
黑色金属冶炼及压延加工业	Smelting and Pressing of Ferrous Metals	10.64
有色金属冶炼及压延加工业	Smelting and Pressing of Nonferrous Metals	6.67
金属制品业	Metal Products	8.65
通用设备制造业	General Purposes Equipment Manufacturing	7.82
专用设备制造业	Special Purposes Equipment Manufacturing	8.89
交通运输设备制造业	Transport Equipment Manufacturing	20.57
电气机械及器材制造业	Electric Equipment and Machinery	8.52
通信设备、计算机及其他电子设备制造业	Telecommunications, Computers and Other Electronic Equipment Manufacturing	9.70
仪器仪表及文化、办公用机械制造业	Instruments, Meters, Cultural and Office Machinery	9.00
工艺品及其他制造业	Handicraft and Other Manufacturing	7.96
废弃资源和废旧材料回收加工业	Waste Sources and Materials Recovery Processing	5.97
电力、热力的生产和供应业	Production and Supply of Electric Power and Heating Power	9.97
燃气的生产和供应业	Production and Supply of Gas	-0.36
水的生产和供应业	Production and Supply of Tap Water	4.13

注：本表统计范围为规模以上工业。

MAIN INDICATORS ON ECONOMIC BENEFIT OF INDUSTRIAL ENTERPRISES (2003)

资本保值增值率（%）Ratio of Capital Maintenance and Appreciation (%)	资产负债率（%）Assets-Liability Ratio (%)	流动资产周转率（次）Number of Times of Turnover of Circulating Funds (times)	成本费用利润率（%）Ratio of Profits to Industrial Costs (%)	全员劳动生产率（元/人）Overall Labor Productivity (yuan/person)	产品销售率（%）Proportion of Products Sold (%)	综合指数（%）Comprehensive Index (%)
112.78	**56.51**	**2.19**	**5.28**	**77150**	**97.27**	**148.07**
101.66	54.60	1.94	7.05	191590	97.44	221.04
86.10	52.13	1.91	1.73	110366	99.97	143.57
82.54	64.19	2.18	2.67	37290	96.73	103.85
90.37	66.36	2.84	4.00	66486	98.46	138.10
114.26	60.11	2.03	5.46	110797	94.67	167.82
143.49	56.58	2.61	6.98	124367	98.47	199.60
117.02	54.94	2.03	5.31	57795	97.76	132.84
113.20	55.89	2.10	4.25	55220	96.57	128.75
112.48	56.94	2.28	6.11	114937	97.87	175.75
118.05	57.22	2.69	5.93	172776	95.88	219.78
108.10	55.70	2.08	6.10	79207	98.29	150.81
117.14	57.22	1.99	3.66	52020	97.31	121.34
64.96	89.07	3.64	-1.18	11322	100.68	83.08
97.97	12.64	6.75	168.49	34455424	99.33	21777.31
102.39	64.98	1.23	7.86	68828	101.72	140.43
91.14	59.98	2.32	5.61	57735	98.20	137.94
110.01	48.26	2.09	4.93	44613	98.35	126.77
116.17	62.07	2.27	2.17	109324	96.68	150.04
107.59	52.07	1.78	8.88	91705	93.70	171.45
115.40	52.00	1.74	9.45	188658	99.11	235.76
121.28	31.46	1.98	29.94	955397	100.09	891.38
124.93	57.43	2.06	1.85	48010	95.83	106.58
108.81	57.28	2.41	1.30	27055	97.10	96.21
116.90	55.52	2.11	1.68	22677	98.70	92.58
111.83	56.96	2.06	2.79	58588	97.56	119.51
171.06	56.62	2.28	2.29	35278	99.62	112.27
136.34	56.12	2.07	3.91	78160	98.31	141.44
123.13	50.98	1.68	5.19	52348	96.36	123.79
120.77	49.37	2.08	3.22	21029	98.73	97.10
167.13	50.01	5.73	1.66	523379	99.90	457.36
110.20	50.42	2.19	10.85	190526	94.46	249.46
102.27	56.18	1.11	11.52	118303	90.13	186.25
108.09	57.86	1.66	5.65	81699	99.04	139.80
125.69	47.39	1.74	4.10	44622	98.12	116.33
112.37	52.48	2.07	3.09	47564	97.59	113.24
106.81	62.05	1.84	3.07	52291	95.74	112.88
131.34	63.41	2.56	5.83	167174	98.76	210.39
120.73	64.54	2.34	2.51	119127	96.80	157.04
110.43	58.91	2.29	3.66	54887	98.32	125.96
110.98	58.99	1.48	4.52	63453	95.12	124.46
112.19	55.28	1.54	6.53	56507	97.56	130.87
122.74	60.39	1.70	11.93	132376	99.18	222.30
119.11	61.33	2.09	3.98	65986	95.06	131.98
126.18	61.63	2.44	4.48	118053	97.40	172.22
117.24	52.91	2.71	3.85	75627	99.54	145.13
109.78	52.00	2.54	2.95	30942	97.48	109.68
	82.55	3.56	1.03	76577	99.37	115.26
92.62	53.52	2.24	8.44	371711	100.87	336.03
101.57	63.35	3.36	-1.29	178200	100.00	173.66
104.41	39.06	1.11	6.61	94663	97.48	140.12

Note: The statistical coverage in this table refers to the industrial enterprises above designated size.

12-15 各市工业企业主要经济效益指标（2003 年）

MAIN INDICATORS ON ECONOMIC BENEFIT OF INDUSTRIAL ENTERPRISES BY CITY (2003)

市别 City	总资产贡献率（%）Ratio of Total Assets to Industrial Output Value (%)	资本保值增值率（%）Ratio of Capital Maintenance and Appreciation (%)	资产负债率（%）Assets-Liability Ratio (%)	流动资产周转率（次）Number of Times of Turnover of Circulating Funds (times)	成本费用利润率（%）Ratio of Profits to Industrial Costs (%)	全员劳动生产率（元/人）Overall Labor Productivity (yuan/person)	产品销售率（%）Proportion of Products Sold (%)	综合指数（%）Comprehensive Index (%)
全省合计 Total	**10.42**	**112.78**	**56.51**	**2.19**	**5.28**	**77150**	**97.27**	**148.07**
广州 Guangzhou	14.91	114.97	51.95	2.14	8.53	89950	97.67	176.35
深圳 Shenzhen	12.47	111.94	56.28	2.10	7.81	117971	96.65	185.08
珠海 Zhuhai	7.60	108.72	57.38	2.12	4.11	92309	96.91	146.28
汕头 Shantou	6.48	107.49	55.57	2.17	2.25	64496	94.67	120.26
佛山 Foshan	8.25	105.74	63.84	2.16	2.85	72658	94.99	129.34
韶关 Shaoguan	12.34	106.88	58.63	1.97	8.81	71502	100.02	158.95
河源 Heyuan	6.94	126.73	54.04	1.92	2.68	48712	96.68	113.59
梅州 Meizhou	10.80	119.36	56.66	1.42	5.97	51425	98.23	129.19
惠州 Huizhou	7.10	108.63	60.89	2.39	3.51	68670	97.23	131.15
汕尾 Shanwei	5.72	123.70	48.97	2.10	1.90	28969	95.45	97.54
东莞 Dongguan	7.53	138.22	51.64	2.25	3.41	54091	100.05	125.97
中山 Zhongshan	7.90	123.73	61.19	2.56	2.94	51253	98.08	123.65
江门 Jiangmen	6.39	105.20	64.49	2.35	1.43	61271	96.94	115.46
阳江 Yangjiang	8.72	75.83	63.27	2.59	1.19	52104	99.36	112.51
湛江 Zhanjiang	13.73	97.36	55.03	1.65	13.26	130515	98.17	209.54
茂名 Maoming	9.04	89.66	47.32	4.10	1.52	94259	99.18	157.61
肇庆 Zhaoqing	7.32	96.66	59.71	2.37	2.11	56602	96.47	117.27
清远 Qingyuan	5.01	101.99	66.48	1.43	2.07	51476	105.77	100.45
潮州 Chaozhou	6.54	134.69	51.23	1.93	1.68	37628	99.34	103.87
揭阳 Jieyang	5.34	133.31	40.32	2.22	1.32	54768	95.11	112.72
云浮 Yunfu	8.63	108.37	61.21	2.55	3.00	54467	96.34	124.78

市别 City	总资产贡献率比去年增长百分点 Percentage Points of Ratio of Total Assets to Industrial Output Value Compared with Preceding Year	资本保值增值率比去年增长百分点 Percentage Points of Ratio of Capital Maintenance and Appreciation Compared with Preceding Year	资产负债率比去年增长百分点 Percentage Points of Assets-Liability Ratio Compared with Preceding Year	流动资产周转率比去年增长（次数）Number of Times of Turnover of Circulating Funds Compared with Preceding Year (times)	成本费用利润率比去年增长百分点 Percentage Points of Ratio of Profits to Industrial Costs Compared with Preceding Year	全员劳动生产率比去年增长（%）Overall Labor Productivity Compared with Preceding Year (%)	产品销售率比去年增长百分点 Percentage Points of Proportion of Products Sold Compared with Preceding Year	综合指数比去年增长百分点 Percentage Points of Comprehensive Index Compared with Preceding Year (%)
全省合计 Total	**1.25**	**0.53**	**0.98**	**0.07**	**0.30**	**13.99**	**-0.58**	**9.93**
广州 Guangzhou	2.68	3.12	-0.93	0.17	1.57	18.24	-0.42	21.46
深圳 Shenzhen	2.83	-2.91	2.68	-0.43	0.49	26.27	-2.53	17.01
珠海 Zhuhai	0.16	1.76	-1.17	0.27	-0.64	10.13	-1.15	5.79
汕头 Shantou	0.78	4.03	3.95	0.24	0.07	6.44	-0.20	6.91
佛山 Foshan	-0.17	-0.56	2.78	0.20	-0.53	5.56	-1.00	0.96
韶关 Shaoguan	3.04	-5.87	0.01	0.45	3.34	28.74	0.62	31.71
河源 Heyuan	-0.22	-13.07	0.80	0.04	-0.50	13.60	0.66	-0.02
梅州 Meizhou	1.35	7.21	-3.75	0.13	-1.80	10.73	-0.06	1.08
惠州 Huizhou	-0.82	-13.28	2.02	0.04	-0.66	5.11	1.05	-3.49
汕尾 Shanwei	2.58	-4.49	-2.76	0.38	1.98	6.65	-0.33	16.45
东莞 Dongguan	-0.95	26.58	1.67	0.07	-0.83	21.00	0.27	5.05
中山 Zhongshan	0.33	-3.00	-0.33	0.28	0.10	7.91	0.84	5.81
江门 Jiangmen	0.44	1.62	1.30	0.23	0.09	5.10	0.13	5.07
阳江 Yangjiang	0.95	-47.63	12.17	0.70	-1.35	5.63	1.99	-1.81
湛江 Zhanjiang	0.90	-14.60	2.25	0.14	0.29	15.75	0.04	13.02
茂名 Maoming	0.73	-15.69	3.44	0.81	-0.36	5.84	0.01	9.04
肇庆 Zhaoqing	-0.26	-17.40	-1.77	0.13	-0.20	-8.67	0.16	-5.09
清远 Qingyuan	-0.88	-7.39	4.82	-0.04	-1.47	8.23	6.41	-6.79
潮州 Chaozhou	0.99	15.71	-8.26	0.17	1.11	19.80	0.04	13.65
揭阳 Jieyang	0.85	10.84	-5.71	0.19	-0.05	9.70	0.22	7.70
云浮 Yunfu	1.49	-30.82	-2.70	0.25	0.82	19.19	-0.33	10.30

注：本表统计范围为规模以上工业。

Note: The statistical coverage in this table refers to the industrial enterprises above designated size.

12-16 各市国有及国有控股工业企业主要经济效益指标（2003 年）

MAIN INDICATORS ON ECONOMIC BENEFIT OF STATE-OWNED AND STATE-HOLDING INDUSTRIAL ENTERPRISES BY CITY (2003)

市 别 City	总资产贡献率（%） Ratio of Total Assets to Industrial Output Value (%)	资本保值增值率（%） Ratio of Capital Maintenance and Appreciation (%)	资产负债率（%） Assets-Liability Ratio (%)	流动资产周转率（次） Number of Times of Turnover of Circulating Funds (times)	成本费用利润率（%） Ratio of Profits to Industrial Costs (%)	全员劳动生产率（元/人） Overall Labor Productivity (yuan/person)	产品销售率（%） Proportion of Products Sold (%)	综合指数（%） Comprehensive Index (%)
全省合计 Total	**10.88**	**101.66**	**54.6**	**1.94**	**7.05**	**191590**	**97.44**	**221.04**
广 州 Guangzhou	14.63	112.93	48.33	2.00	9.34	201702	100.33	245.27
深 圳 Shenzhen	11.07	109.98	58.23	1.62	12.51	510426	91.94	432.44
珠 海 Zhuhai	11.64	94.27	54.22	1.61	13.94	389981	99.67	364.86
汕 头 Shantou	3.90	75.83	61.94	2.18	-0.31	110495	97.51	129.29
佛 山 Foshan	8.39	73.30	57.98	2.42	0.54	119178	97.18	148.76
韶 关 Shaoguan	13.23	98.46	59.3	2.02	9.38	95442	100.03	176.65
河 源 Heyuan	5.43	111.39	54.95	1.59	-0.64	61218	95.64	100.39
梅 州 Meizhou	11.35	101.71	57.84	1.21	-0.05	66558	98.09	112.12
惠 州 Huizhou	8.23	90.50	61.69	2.07	4.61	142958	94.43	176.26
汕 尾 Shanwei	1.13	121.87	55.56	1.05	-9.16	30862	89.32	36.86
东 莞 Dongguan	23.02	108.74	19.83	3.86	10.01	670745	101.1	565.69
中 山 Zhongshan	12.10	118.13	24.71	3.15	0.96	189574	98.13	213.23
江 门 Jiangmen	2.36	88.66	72.41	1.80	-0.94	95694	95.65	109.64
阳 江 Yangjiang	2.14	58.06	70.43	2.06	-3.02	93964	127.69	103.75
湛 江 Zhanjiang	6.80	89.14	65.71	0.90	4.82	65818	97.91	115.15
茂 名 Maoming	7.78	85.45	47.21	4.38	0.78	212797	99.42	226.52
肇 庆 Zhaoqing	4.31	91.00	68.61	1.23	1.23	62850	96.7	97.55
清 远 Qingyuan	2.45	76.77	71.42	1.00	-4.81	50509	165.04	67.96
潮 州 Chaozhou	-0.75	392.54	52.16	1.60	-4.9	29293	97.06	91.05
揭 阳 Jieyang	-1.89	117.20	60.44	1.67	-9	32851	98.28	39.54
云 浮 Yunfu	2.34	97.85	55.25	1.22	-5.02	46970	102.05	64.73

市 别 City	总资产贡献率比去年增长百分点 Percentage Points of Ratio of Total Assets to Industrial Output Value Compared with Preceding Year	资本保值增值率比去年增长百分点 Percentage Points of Ratio of Capital Maintenance and Appreciation Compared with Preceding Year	资产负债率比去年增长百分点 Percentage Points of Assets-Liability Ratio Compared with Preceding Year	流动资产周转率比去年增长（次数） Number of Times of Turnover of Circulating Funds Compared with Preceding Year (times)	成本费用利润率比去年增长百分点 Percentage Points of Ratio of Profits to Industrial Costs Compared with Preceding Year	全员劳动生产率比去年增长（%） Overall Labor Productivity Compared with Preceding Year (%)	产品销售率比去年增长百分点 Percentage Points of Proportion of Products Sold Compared with Preceding Year	综合指数比去年增长百分点 Percentage Points of Comprehensive Index Compared with Preceding Year (%)
全省合计 Total	**1.54**	**-4.10**	**2.23**	**0.20**	**0.58**	**44.17**	**-1.02**	**42.06**
广 州 Guangzhou	2.17	5.04	-0.58	0.20	1.28	58.29	0.78	56.71
深 圳 Shenzhen	4.05	4.32	5.26	0.10	3.57	71.24	-5.89	150.63
珠 海 Zhuhai	-0.61	-1.17	-0.45	0.14	-3.54	24.56	2.07	33.80
汕 头 Shantou	-1.17	-20.57	10.47	0.26	-2.91	22.05	-1.03	-1.99
佛 山 Foshan	0.44	-30.52	10.57	0.58	-3.78	-19.62	0.94	-29.31
韶 关 Shaoguan	3.42	-13.78	1.14	0.53	3.10	122.08	-0.11	53.37
河 源 Heyuan	0.20	-17.39	-0.96	0.26	-1.44	104.83	0.20	14.22
梅 州 Meizhou	3.23	3.54	-6.72	0.10	-2.30	79.91	-0.22	18.02
惠 州 Huizhou	-1.66	-33.82	6.54	0.03	-1.78	-39.27	0.07	-70.53
汕 尾 Shanwei	-0.34	-1.14	-4.82	-0.08	-6.17	201.24	0.36	-12.32
东 莞 Dongguan	1.16	3.30	-8.91	0.87	-1.80	25.98	1.33	88.54
中 山 Zhongshan	-4.87	-19.12	-1.28	-0.16	-4.42	-7.92	-2.08	-40.12
江 门 Jiangmen	-0.95	2.97	6.96	0.26	-1.00	-2.96	-0.73	-6.55
阳 江 Yangjiang	-4.68	-61.03	23.03	0.12	-2.67	122.63	0.47	2.46
湛 江 Zhanjiang	-0.68	-13.68	1.65	0.09	-2.35	49.59	-0.35	1.61
茂 名 Maoming	0.52	-18.94	4.39	1.06	-0.45	170.24	-0.32	88.41
肇 庆 Zhaoqing	-0.35	-4.98	-2.80	0.19	-0.48	-45.32	-0.86	-32.14
清 远 Qingyuan	-3.08	-51.85	9.36	-0.17	-7.31	59.87	63.61	-24.79
潮 州 Chaozhou	-1.67	337.24	-36.96	0.42	2.89	71.30	-0.02	72.95
揭 阳 Jieyang	-4.28	16.87	-3.54	0.36	-6.31	146.87	2.93	-12.88
云 浮 Yunfu	-1.50	-50.09	-2.30	0.18	-5.28	82.58	2.39	-14.52

12-17 各市按经济类型分的工业企业资本金（2003 年）
TOTAL CAPITAL HOLD OF INDUSTRIAL ENTERPRISES BY OWNERSHIP BY CITY (2003)

单位：亿元 (100 million yuan)

市 别 City	实收资本 Total Capital Hold	#国有及国有控股工业 State-owned and State-holding	集体工业 Collective-owned	股份合作制工业 Cooperative	股份制工业 Share Holding	外商投资工业 Foreign Funded	港澳台投资工业 Funded by Entrepreneurs from Hong Kong, Macao and Taiwan
广 州 Guangzhou	1078.83	391.23	26.90	5.26	156.32	279.59	403.48
深 圳 Shenzhen	932.44	274.60	2.73	0.35	173.8	226.80	442.82
珠 海 Zhuhai	273.78	77.71	2.86	0.64	33.84	97.87	119.84
汕 头 Shantou	162.83	37.84	10.45	1.30	35.18	37.43	48.80
佛 山 Foshan	514.95	81.14	21.15	8.16	109.86	84.25	213.74
韶 关 Shaoguan	89.40	59.43	1.27	1.32	47.90	1.44	17.51
河 源 Heyuan	28.41	9.37	0.73	0.72	10.00	0.42	12.37
梅 州 Meizhou	69.74	20.70	11.19	0.66	19.34	14.19	9.84
惠 州 Huizhou	214.56	56.17	1.60	0.52	13.05	49.76	119.14
汕 尾 Shanwei	24.44	4.43	1.24		3.55	2.25	13.83
东 莞 Dongguan	674.98	82.37	35.60	1.14	47.75	147.93	415.31
中 山 Zhongshan	290.05	4.97	6.72	0.05	31.38	64.48	178.47
江 门 Jiangmen	268.00	59.93	12.99	1.59	33.8	56.93	97.75
阳 江 Yangjiang	20.89	4.79	1.18		7.59	1.86	3.83
湛 江 Zhanjiang	174.35	72.36	6.96	0.41	18.82	9.95	75.15
茂 名 Maoming	164.08	140.10	3.88	0.45	22.88	1.08	5.70
肇 庆 Zhaoqing	109.29	32.46	4.94	0.13	12.46	21.09	39.24
清 远 Qingyuan	67.09	20.70	2.57	2.37	10.00	3.66	27.49
潮 州 Chaozhou	51.82	4.65	2.06	2.18	20.75	5.34	14.08
揭 阳 Jieyang	70.62	11.18	5.76	0.95	15.53	6.00	20.40
云 浮 Yunfu	38.00	10.84	2.84	0.10	6.49	1.89	14.69

注：本表统计范围为规模以上工业。
Note: The statistical coverage in this table refers to the industrial enterprises above designated size

12-18 各市按经济类型分的工业企业资产（2003 年）
TOTAL ASSETS OF INDUSTRIAL ENTERPRISES BY OWNERSHIP BY CITY (2003)

单位：亿元　　(100 million yuan)

市别 City	资产合计 Total Assets	#国有及国有控股工业 State-owned and State-holding	集体工业 Collective-owned	股份合作制工业 Share Holding Cooperative	股份制工业 Share Holding	外商投资工业 Foreign Funded	港澳台投资工业 Funded by Entrepreneurs from Hong Kong, Macao and Taiwan
广州 Guangzhou	3787.91	1670.64	138.06	23.83	761.45	945.48	1163.26
深圳 Shenzhen	4424.47	1636.98	19.77	1.96	1348.54	1049.84	1659.84
珠海 Zhuhai	901.90	231.23	32.28	1.02	196.82	308.92	322.50
汕头 Shantou	512.05	176.46	30.48	5.05	152.80	89.02	101.35
佛山 Foshan	2127.15	316.51	104.71	50.90	737.29	240.20	703.90
韶关 Shaoguan	414.47	322.58	6.46	4.05	258.80	1.73	50.19
河源 Heyuan	90.94	41.04	2.45	2.31	27.73	2.17	29.84
梅州 Meizhou	219.44	98.33	22.38	1.86	66.98	17.70	30.03
惠州 Huizhou	710.90	247.80	6.17	2.08	45.65	190.12	377.82
汕尾 Shanwei	60.84	22.87	2.85		9.02	4.83	22.47
东莞 Dongguan	1893.30	268.87	132.01	3.30	133.97	445.14	1030.06
中山 Zhongshan	936.08	55.50	41.78	0.09	168.40	182.35	456.00
江门 Jiangmen	967.67	285.61	75.93	9.63	169.96	164.54	242.70
阳江 Yangjiang	100.19	28.18	4.12		41.04	7.00	14.74
湛江 Zhanjiang	505.46	243.29	22.29	2.11	76.75	18.65	167.65
茂名 Maoming	401.12	318.48	13.00	2.22	99.31	4.75	25.46
肇庆 Zhaoqing	355.62	158.58	21.93	0.96	47.38	46.84	92.96
清远 Qingyuan	211.60	78.10	5.57	4.22	30.06	9.16	80.10
潮州 Chaozhou	151.80	29.95	8.64	5.64	53.47	11.26	33.71
揭阳 Jieyang	200.16	45.60	13.05	8.30	48.20	14.23	51.66
云浮 Yunfu	153.38	51.89	14.39	2.93	27.24	3.74	52.26

注：本表统计范围为规模以上工业。
Note: The statistical coverage in this table refers to the industrial enterprises above designated size

12-19 各市大中型工业企业主要指标（2003 年）

MAIN INDICATORS OF LARGE AND MEDIUM-SIZED INDUSTRIAL ENTERPRISES BY CITY（2003）

单位：亿元 （100 million yuan）

市别 City	企业个数 Number of Enterprises	#大型 Large-sized	工业总产值（当年价）Gross Output Value of Industry（at current prices）	#大型 Large-sized	实收资本 Total Capital Hold	#大型 Large-sized	资产总计 Total Assets	#大型 Large-sized
全省合计 Total	**3292**	**182**	**14353.51**	**6204.02**	**3135.60**	**721.17**	**13008.57**	**4069.82**
广州 Guangzhou	578	39	2637.78	1107.66	647.15	218.77	2534.98	952.00
深圳 Shenzhen	643	51	4357.72	2486.19	685.78	168.11	3642.18	1396.03
珠海 Zhuhai	114	8	726.75	408.15	171.11	22.35	640.65	178.90
汕头 Shantou	63	4	143.01	35.12	40.56	12.86	215.76	68.54
佛山 Foshan	392	16	1590.22	675.46	283.55	49.36	1377.07	423.90
韶关 Shaoguan	50	3	185.66	94.17	60.99	16.39	328.72	143.74
河源 Heyuan	18		25.63		8.53		46.19	
梅州 Meizhou	38	1	57.45	7.09	29.51	1.64	110.53	11.96
惠州 Huizhou	169	10	817.94	355.69	119.37	19.76	498.14	152.52
汕尾 Shanwei	17	1	25.53	7.62	13.03	3.31	37.05	5.98
东莞 Dongguan	473	28	1595.35	448.79	422.63	72.62	1333.06	307.09
中山 Zhongshan	235	7	670.59	106.30	138.24	10.19	493.43	43.88
江门 Jiangmen	165	8	459.54	135.93	145.64	27.87	563.97	140.38
阳江 Yangjiang	26		45.07		6.71		40.37	
湛江 Zhanjiang	63	2	167.61	13.08	73.09	4.41	235.70	18.08
茂名 Maoming	29	2	390.82	300.83	141.34	79.58	327.14	177.81
肇庆 Zhaoqing	68	2	181.83	21.94	55.81	13.95	202.95	49.01
清远 Qingyuan	32		55.04		30.09		120.76	
潮州 Chaozhou	35		49.07		15.76		61.77	
揭阳 Jieyang	44		73.13		23.09		97.29	
云浮 Yunfu	40		97.77		23.62		100.86	

注：本表统计范围为规模以上大中型工业。
Note：The statistical coverage in this table refers to the large and medium-sized industrial enterprises above designated size.

12-20 规模以下工业及个体主要经济指标（2003 年）
MAIN ECONOMIC INDICATORS OF INDUSTRIAL ENTERPRISES BELOW DESIGNATED SIZE AND INDIVIDUAL ENTERPRISES (2003)

指 标	Item	企业单位数（个）Number of Enterprises (unit)	现价工业总产值（亿元）Gross Output Value of Industry at Current Prices (100 million yuan)	产品销售收入（亿元）Sales Revenue (100 million yuan)	利税总额（亿元）Total Pre-tax Profits (100 million yuan)	年末全部从业人员（万人）Number of Employed Persons at the Year-end (10000 persons)
总 计	**Total**	**388591**	**5862. 10**	**5751. 44**	**450. 27**	**779. 51**
一、规模以下工业企业	**Number of Industrial Enterprises below Designated Size**	**120549**	**3216. 26**	**3105. 60**	**268. 97**	**509. 73**
按轻重工业分	**Grouped by Light & Heavy Industry**					
轻工业	Light Industry	71982	2019. 30	1949. 83	168. 87	320. 03
重工业	Heavy Industry	48567	1196. 96	1155. 77	100. 10	189. 70
按登记注册类型分	**Grouped by Registration Ownership**					
国有(附营)企业	State-owned Enterprises (including Subsidiary Enterprises)	843	68. 37	66. 01	5. 72	10. 84
集体企业	Collective-owned Enterpriseses	22836	512. 67	495. 03	42. 87	81. 25
股份合作企业	Cooperative Enterprises	3061	55. 86	53. 93	4. 67	8. 85
股份制企业	Shareholding Enterprises	15727	408. 70	394. 64	34. 18	64. 77
港澳台投资企业	Enterprises Funded by Entrepreneurs from Hong Kong, Macao and Taiwan	14994	446. 33	430. 98	37. 33	70. 74
外商投资企业	Foreign Funded Enterprises	1544	60. 11	58. 04	5. 03	9. 53
其他类型企业	Other Enterprises	61544	1664. 22	1606. 97	139. 17	263. 75
二、个体工业	**Individual Enterprises**	**268042**	**2645. 84**	**2645. 84**	**181. 30**	**269. 78**

注：1. 本表数据由抽样调查取得，工业企业分组指标为推算数。
2. 产品销售收入个体部分为营业收入。

Note: a) Data in this table are obtained from sample surveys. Indicators of industrial enterprises by group are estimates.
b) The sales revenue of individual enterprises refers to the business revenue.

12-21 工业企业主要经济指标（2003 年）

单位：亿元

项 目	Item	企业单位数（个）Number of Enterprises (unit)	工业总产值（当年价）Gross Industrial Output Value (at current prices)
全省总计	**Provincial Total**	**24494**	**21513. 46**
按经济类型分	**Grouped by Ownership**		
在总计中：国有及国有控股工业	Of the Total：State-owned and State-holding Industry	2103	3949. 03
国有工业	State-owned Industry	1344	910. 68
集体工业	Collective-owned Industry	2513	849. 63
股份合作工业	Cooperative Enterprises	305	203. 11
股份制工业	Share Holding Enterprises	5549	4722. 31
外商投资工业	Foreign Funded Industry	2070	5971. 94
港澳台投资工业	Enterprises Funded by Entrepreneurs from Hong Kong，Macao & Taiwan	8549	7709. 39
按轻重工业分	**Grouped by Light & Heavy Industry**		
轻 工 业	Light Industry	14834	9959. 51
重 工 业	Heavy Industry	9660	11553. 95
按企业规模分	**Grouped by Size of Enterprises**		
大型企业	Large	182	6204. 03
中型企业	Medium	3110	8149. 50
小型企业	Small	21202	7159. 93
按行业分	**Grouped by Sector**		
煤炭开采和洗选业	Coal Mining and Dressing	18	3. 20
石油和天然气开采业	Petroleum and Natural Gas Extraction	2	252. 73
黑色金属矿采选业	Ferrous Metal Minerals Mining and Dressing	22	7. 71
有色金属矿采选业	Nonferrous Metals Minerals Mining and Dressing	31	17. 07
非金属矿采选业	Nonmetal Minerals Mining and Dressing	196	54. 63
农副食品加工业	Farm and Sideline Food Processing	611	503. 65
食品制造业	Food Manufacturing	492	297. 51
饮料制造业	Beverage Manufacturing	210	240. 88
烟草制品业	Tobacco Products	19	119. 80
纺织业	Textile Industry	1444	784. 52
纺织服装、鞋、帽制造业	Textile Garments，Footwear and Headgear Manufacturing	2069	765. 07
皮革、毛皮、羽毛（绒）及其制品业	Leather，Furs，Down and Related Products	1017	508. 89
木材加工及木、竹、藤、棕、草制品业	Timber Processing，Bamboo，Cane，Palm Fiber & Straw Products	293	134. 04
家具制造业	Furniture Manufacturing	500	220. 06
造纸及纸制品业	Papermaking and Paper Products	826	404. 40
印刷业和记录媒介的复制	Printing and Record Medium Reproduction	678	270. 00
文教体育用品制造业	Cultural，Educational and Sports Goods	622	333. 28
石油加工、炼焦及核燃料加工业	Petroleum Refining，Coking and Nuclear Fuel Processing	52	553. 03
化学原料及化学制品制造业	Raw Chemical Materials and Chemical Products	1310	1140. 98
医药制造业	Medical and Pharmaceutical Products	280	246. 56
化学纤维制造业	Chemical Fiber	74	44. 26
橡胶制品业	Rubber Products	204	97. 93
塑料制品业	Plastic Products	1735	802. 17
非金属矿物制品业	Nonmetal Mineral Products	1665	685. 14
黑色金属冶炼及压延加工业	Smelting and Pressing of Ferrous Metals	253	332. 26
有色金属冶炼及压延加工业	Smelting and Pressing of Nonferrous Metals	306	285. 71
金属制品业	Metal Products	1870	866. 75
通用设备制造业	General Purposes Equipment Manufacturing	708	312. 47
专用设备制造业	Special Purposes Equipment Manufacturing	483	218. 30
交通运输设备制造业	Transport Equipment Manufacturing	613	918. 60
电气机械及器材制造业	Electric Equipment and Machinery	2190	2160. 43
通信设备、计算机及其他电子设备制造业	Telecommunications，Computers and Other Electronic Equipment Manufacturing	1768	5932. 21
仪器仪表及文化、办公用机械制造业	Instruments，Meters，Cultural and Office Machinery	445	654. 31
工艺品及其他制造业	Handicraft and Other Manufacturing	722	295. 38
废弃资源和废旧材料回收工业	Waste Sources and Materials Recovery Processing	14	16. 69
电力、热力的生产和供应业	Production and Supply of Electric Power and Heating Power	487	880. 31
燃气生产和供应业	Production and Supply of Gas	37	58. 78
水的生产和供应业	Production and Supply of Tap Water	228	93. 75

注：本表统计范围为规模以上工业。

MAIN ECONOMIC INDICATORS OF INDUSTRIAL ENTERPRISES (2003)

(100 million yuan)

工业增加值 Value Added of Industry	实收资本 Total Capital Hold	年末资产总计 Total Assets at the Year-end	流动资产合计 Total Circulating Funds	流动资产年平均余额 Average Balance of Circulating Funds	固定资产合计 Total Fixed Assets	固定资产净值平均余额 Average Balance of Net Value of Fixed Assets
5718.14	**5318.53**	**19126.47**	**10061.23**	**9732.67**	**7537.32**	**6666.84**
1440.71	1456.96	6328.47	2505.41	2430.01	3303.57	2804.35
399.96	707.75	2629.64	860.69	904.07	1606.21	1296.25
215.74	165.62	718.31	340.53	363.39	297.54	277.52
48.21	28.29	132.48	79.94	70.08	42.59	37.73
1367.90	830.30	4500.87	2356.49	2215.81	1654.94	1441.64
1349.26	1114.23	3757.66	2342.07	2193.19	1179.54	1053.18
2051.59	2293.49	6708.51	3703.29	3593.98	2535.07	2358.94
2589.71	2355.11	7906.02	4572.54	4439.32	2629.92	2433.82
3128.42	2963.42	11220.44	5488.69	5293.35	4907.40	4233.02
1512.97	721.17	4069.80	2472.81	2326.17	1342.95	1128.33
2345.68	2414.43	8938.78	4293.23	4111.42	3910.01	3412.65
1859.48	2182.93	6117.88	3295.19	3295.08	2284.36	2125.86
1.12	0.52	1.84	0.72	0.92	0.91	0.70
133.34	43.06	105.39	21.01	19.15	59.33	59.32
3.50	4.17	16.96	7.61	6.38	6.64	6.26
5.97	6.43	18.08	6.43	6.76	9.70	8.89
14.18	15.92	46.75	24.11	25.46	16.99	15.83
113.80	79.21	359.24	200.89	213.48	118.73	110.66
93.98	110.65	296.50	160.33	154.69	110.88	104.96
80.95	104.09	294.58	143.38	131.48	106.72	98.33
80.71	19.88	100.49	63.75	60.71	32.23	26.85
185.49	257.72	718.18	371.49	358.12	292.36	275.92
191.77	165.42	478.53	290.78	301.48	145.35	128.02
123.55	116.69	319.36	194.08	202.92	98.49	99.21
33.01	32.82	122.79	58.58	61.47	50.25	50.05
52.70	49.88	161.77	95.70	94.03	44.66	42.23
103.89	141.78	428.97	194.34	188.67	196.70	182.63
72.40	115.42	305.90	159.64	151.47	127.15	117.56
86.29	103.79	266.11	157.24	156.21	93.01	86.28
95.08	79.94	278.76	102.21	96.76	160.07	151.82
344.10	353.42	1065.34	539.61	507.73	416.90	362.42
87.42	97.75	362.18	203.56	189.14	97.33	79.42
10.52	24.00	56.51	26.44	25.81	22.47	21.46
24.93	39.95	102.45	53.89	54.75	38.64	36.32
186.79	267.05	711.92	380.09	378.84	266.98	240.54
189.28	238.63	784.97	346.80	347.02	372.08	327.00
78.97	61.44	375.07	164.12	147.43	187.94	143.59
64.87	59.39	224.05	118.24	115.88	84.29	77.79
210.00	200.09	615.80	372.10	368.69	205.19	186.50
81.92	97.82	334.05	208.20	199.13	95.05	85.01
56.53	77.93	245.81	150.21	138.67	73.53	67.06
244.46	180.76	792.66	496.29	466.29	226.69	201.02
520.82	377.45	1601.56	1048.39	994.57	424.26	382.79
1341.36	759.75	3575.28	2479.27	2350.74	855.61	779.76
167.63	121.41	388.68	251.06	241.93	114.95	99.84
73.98	64.06	179.08	108.63	110.39	55.24	50.83
3.10	0.89	7.25	5.43	5.03	1.04	0.98
510.19	769.71	2944.06	744.01	749.98	2038.78	1694.61
10.37	25.23	68.32	26.01	25.54	35.86	33.66
39.15	54.43	371.21	86.59	84.93	254.34	230.69

Note: The statistical coverage in this table refers to the industrial enterprises above designated size.

12-21 续表

单位：亿元

项　　目	Item	长期负债 long-term Liabilities	流动负债 Liquid Liabilities
全省总计	**Provincial Total**	**1932.65**	**8678.68**
按经济类型分	**Grouped by Ownership**		
在总计中：国有及国有控股工业	Of the Total：State-owned and State-holding Industry	1218.32	2165.91
国有工业	State-owned Industry	515.49	828.37
集体工业	Collective-owned Industry	84.61	363.98
股份合作工业	Share Holding Cooperative Enterprises	11.35	76.08
股份制工业	Share Holding Enterprises	620.31	2034.55
外商投资工业	Foreign Funded Industry	143.84	1946.90
港澳台投资工业	Enterprises Funded by Entrepreneurs from Hong Kong，Macao & Taiwan	518.40	3109.17
按轻重工业分	**Grouped by Light & Heavy Industry**		
轻　工　业	Light Industry	404.91	3932.83
重　工　业	Heavy Industry	1527.74	4745.84
按企业规模分	**Grouped by Size of Enterprises**		
大型企业	Large	205.95	2084.28
中型企业	Medium	1187.53	3706.56
小型企业	Small	539.17	2887.84
按行业分	**Grouped by Sector**		
煤炭开采和洗选业	Coal Mining and Dressing	0.22	1.42
石油和天然气开采业	Petroleum and Natural Gas Extraction	0.04	13.28
黑色金属矿采选业	Ferrous Metal Minerals Mining and Dressing	2.51	8.50
有色金属矿采选业	Nonferrous Metals Minerals Mining and Dressing	1.71	6.71
非金属矿采选业	Nonmetal Minerals Mining and Dressing	2.25	18.31
农副食品加工业	Farm and Sideline Food Processing	27.52	192.41
食品制造业	Food Manufacturing	18.22	134.89
饮料制造业	Beverage Manufacturing	20.85	120.66
烟草制品业	Tobacco ProductsTobacco Processing	0.95	30.66
纺织业	Textile Industry	48.24	357.50
纺织服装、鞋、帽制造业	Textile Garments，Footwear and Headgear Manufacturing	14.64	250.68
皮革、毛皮、羽毛（绒）及其制品业	Leather，Furs，Down and Related Products	6.73	164.97
木材加工及木、竹、藤、棕、草制品业	Timber Processing，Bamboo，Cane，Palm Fiber & Straw Products	10.78	58.73
家具制造业	Furniture Manufacturing	7.03	76.86
造纸及纸制品业	Papermaking and Paper Products	48.51	190.25
印刷业和记录媒介的复制	Printing and Record Medium Reproduction	12.92	142.01
文教体育用品制造业	Cultural，Educational and Sports Goods	7.06	122.78
石油加工、炼焦及核燃料加工业	Petroleum Refining，Coking and Nuclear Fuel Processing	22.89	104.58
化学原料及化学制品制造业	Raw Chemical Materials and Chemical Products	96.79	423.62
医药制造业	Medical and Pharmaceutical Products	22.62	179.12
化学纤维制造业	Chemical Fiber	10.57	21.57
橡胶制品业	Rubber Products	4.58	42.93
塑料制品业	Plastic Products	38.92	325.08
非金属矿物制品业	Nonmetal Mineral Products	122.88	354.64
黑色金属冶炼及压延加工业	Smelting and Pressing of Ferrous Metals	77.34	158.96
有色金属冶炼及压延加工业	Smelting and Pressing of Nonferrous Metals	11.86	121.17
金属制品业	Metal Products	35.81	320.13
通用设备制造业	General Purposes Equipment Manufacturing	19.22	175.23
专用设备制造业	Special Purposes Equipment Manufacturing	8.77	123.09
交通运输设备制造业	Transport Equipment Manufacturing	51.24	425.07
电气机械及器材制造业	Electric Equipment and Machinery	53.10	912.97
通信设备、计算机及其他电子设备制造业	Telecommunications，Computers and Other Electronic Equipment Manufacturing	117.50	2073.21
仪器仪表及文化、办公用机械制造业	Instruments，Meters，Cultural and Office Machinery	8.18	195.49
工艺品及其他制造业	Handicraft and Other Manufacturing	5.74	85.54
废弃资源和废旧材料回收工业	Waste Sources and Materials Recovery Processing	0.08	5.90
电力、热力的生产和供应业	Production and Supply of Electric Power and Heating Power	935.90	611.28
燃气生产和供应业	Production and Supply of Gas	2.81	40.47
水的生产和供应业	Production and Supply of Tap WaterTap Water Production and Supply	55.69	88.00

(100 million yuan)

年末所有者权益合计 Total Creditors Equity at the Year-end	产品销售收入 Sales Revenue	产品销售税金及附加 Sales Tax and Extra Charges	利润总额 Total Profits	利税总额 Total Pre-tax Profits	本年应交增值税 Value Added Tax Payable in Current Year	全部从业人员年平均人数（万人）Annual Average Number of Employed Persons (10000 persons)
8318.24	21566.93	157.46	1075.41	1850.90	618.03	741.17
2873.00	4717.48	91.59	307.29	623.49	224.61	75.20
1258.86	1725.67	44.08	28.66	180.91	108.17	36.24
257.20	793.65	6.01	20.57	46.97	20.39	57.86
44.56	198.71	0.66	7.62	12.30	4.02	7.25
1795.56	4493.46	41.97	232.25	431.21	156.99	123.46
1631.76	5906.98	28.25	384.36	542.27	129.66	108.49
3023.15	7374.29	23.15	369.33	560.24	167.76	354.98
3487.17	9523.20	88.70	384.45	727.40	254.25	468.99
4831.07	12043.73	68.76	690.96	1123.50	363.78	272.19
1741.07	6262.54	47.80	348.88	529.68	133.00	87.57
3959.65	8597.84	72.83	491.78	863.15	298.54	296.15
2617.52	6706.55	36.83	234.75	458.07	186.49	357.46
0.20	3.35	0.02	-0.04	0.17	0.19	0.99
92.07	129.34	7.65	65.88	85.24	11.71	0.04
5.94	7.84	0.24	0.56	1.46	0.66	0.51
7.24	15.67	0.11	0.84	1.65	0.70	1.03
24.19	53.32	0.64	2.49	4.74	1.61	3.18
136.26	484.23	1.38	10.26	21.75	10.11	10.41
142.10	275.69	0.72	22.43	38.81	15.66	10.25
141.39	229.30	7.91	19.09	41.60	14.60	4.29
68.88	120.10	42.57	17.92	73.74	13.25	0.84
305.75	736.15	2.04	13.38	28.09	12.67	38.64
204.41	725.95	2.66	9.23	26.89	15.00	70.88
142.05	491.58	1.27	8.11	16.85	7.47	54.48
52.85	126.50	0.61	3.42	7.33	3.30	5.63
70.17	214.19	0.67	4.75	9.20	3.78	14.94
188.22	390.42	1.22	14.63	30.46	14.61	13.29
149.95	254.33	0.70	12.60	21.91	8.61	13.83
134.72	324.19	0.59	10.10	13.81	3.12	41.03
139.36	554.51	19.77	8.73	41.25	12.75	1.82
528.15	1109.71	7.71	108.55	172.42	56.16	18.06
158.71	209.60	0.90	21.71	38.36	15.75	7.39
23.81	42.78	0.09	2.31	3.50	1.10	1.29
53.90	95.34	1.01	3.70	7.12	2.41	5.59
338.33	785.05	1.73	23.46	41.11	15.92	39.27
297.93	639.01	4.27	18.79	47.67	24.61	36.20
137.22	377.49	1.16	20.80	34.64	12.68	4.72
79.46	270.61	0.69	6.63	12.27	4.95	5.45
253.02	845.39	2.89	29.72	48.98	16.37	38.26
137.00	294.90	1.01	12.85	23.78	9.92	12.91
109.92	212.91	0.79	12.95	20.39	6.65	10.00
314.01	915.31	23.20	95.26	158.63	40.17	18.47
619.30	2081.48	4.52	79.49	127.14	43.13	78.93
1371.96	5732.69	5.42	246.51	331.79	79.86	113.62
183.02	656.73	4.12	24.28	34.27	5.87	22.17
85.96	280.38	0.93	8.02	13.27	4.32	23.91
1.26	17.90	0.03	0.19	0.36	0.14	0.40
1368.28	1683.40	5.20	131.10	259.11	122.81	13.73
25.04	85.72	0.10	-1.14	-0.47	0.57	0.58
226.22	93.89	0.90	5.87	11.61	4.84	4.14

12-22 国有及国有控股工业企业主要经济指标（2003 年）

单位：亿元

项目	Item	企业单位数（个）Number of Enterprises (unit)	工业总产值（当年价）Gross Industrial Output Value (at current prices)
全省总计	**Provincial Total**	**2103**	**3949.03**
按轻重工业分	**Grouped by Light & Heavy Industry**		
轻 工 业	Light Industry	905	1029.20
重 工 业	Heavy Industry	1198	2919.83
按企业规模分	**Grouped by Size of Enterprises**		
大型企业	Large	44	1816.39
中型企业	Medium	451	1719.85
小型企业	Small	1608	412.79
按行业分	**Grouped by Sector**		
煤炭开采和洗选业	Coal Mining and Dressing	6	0.11
黑色金属矿采选业	Ferrous Metal Minerals Mining and Dressing	10	5.51
有色金属矿采选业	Nonferrous Metals Minerals Mining and Dressing	17	14.45
非金属矿采选业	Nonmetal Minerals Mining and Dressing	19	5.30
农副食品加工业	Farm and Sideline Food Processing	129	66.14
食品制造业	Food Manufacturing	63	25.68
饮料制造业	Beverage Manufacturing	46	61.73
烟草制品业	Tobacco Products	17	119.60
纺织业	Textile Industry	66	64.39
纺织服装、鞋、帽制造业	Textile Garments, Footwear and Headgear Manufacturing	33	7.02
皮革、毛皮、羽毛（绒）及其制品业	Leather, Furs, Down and Related Products	20	7.67
木材加工及木、竹、藤、棕、草制品业	Timber Processing, Bamboo, Cane, Palm Fiber & Straw Products	14	4.04
家具制造业	Furniture Manufacturing	14	2.03
造纸及纸制品业	Papermaking and Paper Products	46	53.74
印刷业和记录媒介的复制	Printing and Record Medium Reproduction	102	22.55
文教体育用品制造业	Cultural, Educational and Sports Goods	8	8.44
石油加工、炼焦及核燃料加工业	Petroleum Refining, Coking and Nuclear Fuel Processing	9	432.63
化学原料及化学制品制造业	Raw Chemical Materials and Chemical Products	122	207.65
医药制造业	Medical and Pharmaceutical Products	73	85.94
化学纤维制造业	Chemical Fiber	7	9.50
橡胶制品业	Rubber Products	18	19.51
塑料制品业	Plastic Products	33	33.74
非金属矿物制品业	Nonmetal Mineral Products	154	47.92
黑色金属冶炼及压延加工业	Smelting and Pressing of Ferrous Metals	13	144.74
有色金属冶炼及压延加工业	Smelting and Pressing of Nonferrous Metals	22	42.84
金属制品业	Metal Products	48	22.79
通用设备制造业	General Purposes Equipment Manufacturing	102	64.89
专用设备制造业	Special Purposes Equipment Manufacturing	70	17.15
交通运输设备制造业	Transport Equipment Manufacturing	126	414.03
电气机械及器材制造业	Electric Equipment and Machinery	92	106.14
通信设备、计算机及其他电子设备制造业	Telecommunications, Computers and Other Electronic Equipment Manufacturing	143	1044.34
仪器仪表及文化、办公用机械制造业	Instruments, Meters, Cultural and Office Machinery	30	8.61
工艺品及其他制造业	Handicraft and Other Manufacturing	21	18.01
电力、热力的生产和供应业	Production and Supply of Electric Power and Heating Power	308	699.35
燃气生产和供应业	Production and Supply of Gas	11	14.41
水的生产和供应业	Production and Supply of Tap Water	91	46.42

注：本表统计范围为规模以上工业。

MAIN ECONOMIC INDICATORS OF STATE-OWNED AND STATE-HOLDING INDUSTRIAL ENTERPRISES (2003)

(100 million yuan)

工业增加值 Value Added of Industry	实收资本 Total Capital Hold	年末资产总计 Total Assets at the Year-end	流动资产合计 Total Circulating Funds	流动资产年平均余额 Average Balance of Circulating Funds	固定资产合计 Total Fixed Assets	固定资产净值平均余额 Average Balance of Net Value of Fixed Assets
1440.71	**1456.96**	**6328.47**	**2505.41**	**2430.01**	**3303.57**	**2804.35**
322.73	305.16	1386.44	695.86	689.88	534.54	486.55
1117.98	1151.80	4942.03	1809.55	1740.14	2769.03	2317.80
557.10	341.72	1711.42	824.85	784.21	760.82	614.76
756.00	849.14	3699.41	1273.61	1243.80	2128.93	1797.56
127.61	266.10	917.64	406.96	402.01	413.83	392.04
0.03	0.08	0.31	0.07	0.07	0.24	0.13
2.79	3.75	15.84	6.99	5.79	6.35	5.97
5.35	5.77	15.88	5.33	5.61	8.94	8.12
2.45	7.93	19.02	7.88	7.65	7.36	6.47
15.86	18.98	76.66	32.45	52.16	31.65	34.65
6.72	13.15	40.39	19.69	19.37	14.96	13.09
25.14	19.60	81.50	30.92	29.99	37.28	31.86
80.62	19.82	99.22	63.64	60.64	31.20	26.26
14.74	28.76	107.72	44.96	45.37	47.21	44.37
2.24	2.21	7.66	3.80	3.92	2.98	2.45
2.07	2.35	7.39	5.21	4.28	1.46	1.44
1.19	2.10	17.37	2.98	2.89	12.80	12.22
0.89	0.62	4.91	1.65	1.71	3.11	3.16
14.10	33.74	113.00	40.77	39.35	60.62	55.52
6.94	13.05	34.59	14.97	14.55	15.31	14.24
3.66	2.24	15.20	8.70	8.79	4.56	3.83
73.16	60.04	216.57	71.54	65.81	140.51	135.43
51.05	117.62	332.00	106.57	112.53	189.86	156.40
32.97	38.32	168.52	98.58	95.66	33.20	25.42
2.18	7.28	16.34	8.06	8.01	6.10	6.06
5.92	14.89	36.09	13.57	12.87	17.04	16.60
7.89	7.78	52.51	20.51	19.45	28.97	23.23
16.87	25.46	87.40	35.94	38.33	39.96	33.44
38.79	33.50	238.46	79.74	71.87	146.27	109.85
7.95	10.63	52.19	24.39	21.45	25.06	22.97
5.11	9.63	37.05	19.43	18.80	13.67	12.06
19.73	29.80	118.01	72.14	66.43	33.05	30.14
5.24	10.82	38.95	21.09	20.36	11.79	11.34
122.98	77.11	398.90	241.40	225.81	128.82	108.08
28.14	29.85	144.30	86.50	83.56	42.40	37.66
353.21	138.40	891.87	633.90	572.06	146.35	136.44
3.47	8.64	25.57	17.43	18.15	5.78	3.75
5.03	0.98	5.41	3.57	3.50	1.58	1.22
450.40	611.96	2548.91	605.15	617.57	1813.58	1494.39
4.30	17.42	45.62	14.97	14.16	26.95	25.36
21.56	32.70	217.13	40.91	41.49	166.61	150.71

Note: The statistical coverage in this table refers to the industrial enterprises above designated size.

12-22 续表

单位：亿元

项　　目	Item	长期负债 Long-term Liabilities	流动负债 Liquid Liabilities
全省总计	**Provincial Total**	**1218.32**	**2165.91**
按轻重工业分	**Grouped by Light & Heavy Industry**		
轻　工　业	Light Industry	132.07	618.11
重　工　业	Heavy Industry	1086.25	1547.80
按企业规模分	**Grouped by Size of Enterprises**		
大型企业	Large	142.24	666.14
中型企业	Medium	886.95	1072.47
小型企业	Small	189.13	427.31
按行业分	**Grouped by Sector**		
煤炭开采和洗选业	Coal Mining and Dressing	0.14	0.15
黑色金属矿采选业	Ferrous Metal Minerals Mining and Dressing	2.32	8.03
有色金属矿采选业	Nonferrous Metals Minerals Mining and Dressing	1.50	5.64
非金属矿采选业	Nonmetal Minerals Mining and Dressing	0.55	7.26
农副食品加工业	Farm and Sideline Food Processing	7.94	39.24
食品制造业	Food Manufacturing	4.62	18.43
饮料制造业	Beverage Manufacturing	1.16	33.30
烟草制品业	Tobacco Products	0.95	29.46
纺织业	Textile Industry	20.23	56.97
纺织服装、鞋、帽制造业	Textile Garments, Footwear and Headgear Manufacturing	1.13	3.28
皮革、毛皮、羽毛（绒）及其制品业	Leather, Furs, Down and Related Products	0.64	4.33
木材加工及木、竹、藤、棕、草制品业	Timber Processing, Bamboo, Cane, Palm Fiber & Straw Products	3.03	4.20
家具制造业	Furniture Manufacturing	1.94	2.00
造纸及纸制品业	Papermaking and Paper Products	20.80	40.75
印刷业和记录媒介的复制	Printing and Record Medium Reproduction	3.26	15.94
文教体育用品制造业	Cultural, Educational and Sports Goods	0.46	4.21
石油加工、炼焦及核燃料加工业	Petroleum Refining, Coking and Nuclear Fuel Processing	19.58	73.98
化学原料及化学制品制造业	Raw Chemical Materials and Chemical Products	49.18	126.57
医药制造业	Medical and Pharmaceutical Products	6.52	91.65
化学纤维制造业	Chemical Fiber	6.42	5.05
橡胶制品业	Rubber Products	2.85	14.27
塑料制品业	Plastic Products	9.17	21.26
非金属矿物制品业	Nonmetal Mineral Products	13.46	41.63
黑色金属冶炼及压延加工业	Smelting and Pressing of Ferrous Metals	67.19	80.46
有色金属冶炼及压延加工业	Smelting and Pressing of Nonferrous Metals	6.38	23.28
金属制品业	Metal Products	3.47	20.95
通用设备制造业	General Purposes Equipment Manufacturing	9.42	66.27
专用设备制造业	Special Purposes Equipment Manufacturing	4.13	22.54
交通运输设备制造业	Transport Equipment Manufacturing	34.72	218.01
电气机械及器材制造业	Electric Equipment and Machinery	9.19	73.88
通信设备、计算机及其他电子设备制造业	Telecommunications, Computers and Other Electronic Equipment Manufacturing	39.66	465.34
仪器仪表及文化、办公用机械制造业	Instruments, Meters, Cultural and Office Machinery	3.70	6.02
工艺品及其他制造业	Handicraft and Other Manufacturing	0.10	3.92
电力、热力的生产和供应业	Production and Supply of Electric Power and Heating Power	822.89	481.68
燃气生产和供应业	Production and Supply of Gas	2.31	26.38
水的生产和供应业	Production and Supply of Tap Water	37.27	29.60

(100 million yuan)

年末所有者权益合计 Total Creditors′ Equity at the Year-end	产品销售收入 Sales Revenue	产品销售税金及附加 Sales Tax and Extra Charges	利润总额 Total Profits	利税总额 Total Pre-tax Profits	本年应交增值税 Value Added Tax Payable in Current Year	全部从业人员年平均人数（万人） Annual Average Number of Employed Persons (10000 persons)
2873.00	**4717.48**	**91.59**	**307.28**	**623.49**	**224.61**	**75.20**
624.22	964.02	51.14	52.09	148.19	44.96	27.16
2248.78	3753.46	40.46	255.19	475.30	179.65	48.04
875.08	1959.63	36.39	115.72	208.17	56.05	17.24
1706.45	2341.12	52.32	191.29	393.84	150.23	35.68
291.48	416.73	2.88	0.27	21.48	18.33	22.27
0.02	0.11		-0.01	-0.01		0.07
5.48	5.58	0.16	0.48	1.17	0.53	0.43
6.31	13.26	0.09	0.77	1.47	0.62	0.85
11.20	5.03	0.10	0.42	0.91	0.39	1.29
28.46	65.13	0.23	0.83	4.13	3.06	2.17
17.22	24.54	0.14	0.93	2.41	1.34	1.34
38.03	58.11	4.01	6.62	14.80	4.16	0.93
68.81	119.83	42.56	17.96	73.75	13.24	0.82
30.43	55.62	0.22	-0.05	1.51	1.33	3.64
3.11	6.89	0.03	0.40	0.66	0.22	1.20
2.42	7.80	0.01	0.04	0.16	0.12	0.74
10.15	3.89	0.03	-0.13	0.08	0.18	0.23
0.75	1.73	0.01	-0.09	0.03	0.11	0.35
51.38	52.59	0.09	2.28	4.73	2.36	1.28
15.15	20.65	0.08	0.95	2.07	1.04	1.23
10.53	9.08	0.05	1.20	1.70	0.45	0.38
111.09	434.83	16.57	6.78	33.48	10.14	1.20
154.12	225.38	1.07	4.66	13.21	7.48	4.61
70.29	76.99	0.51	9.71	17.23	7.00	2.51
4.57	9.59	0.01	0.45	0.74	0.28	0.26
18.97	18.81	0.17	1.12	1.97	0.68	0.91
17.11	46.16	0.20	1.90	3.67	1.57	1.46
31.84	44.03	0.25	0.43	2.92	2.23	3.58
90.82	199.85	0.60	17.30	25.28	7.38	1.95
12.97	39.66	0.12	-0.04	1.34	1.26	0.91
12.63	23.19	0.18	0.69	1.75	0.89	1.15
42.29	61.56	0.21	2.64	5.58	2.73	2.68
12.27	16.04	0.16	0.19	1.05	0.69	1.24
146.15	416.24	16.52	55.43	92.75	20.80	5.25
61.13	103.53	0.36	4.22	7.46	2.88	3.58
384.69	929.56	1.80	49.61	65.47	14.05	11.36
15.84	7.06	0.02	0.64	1.13	0.47	0.59
1.34	17.47	0.02	0.15	0.34	0.17	0.29
1218.68	1509.04	4.48	119.46	235.50	111.56	11.57
16.93	41.77	0.06	-0.67	-0.26	0.35	0.40
149.81	46.87	0.48		3.33	2.85	2.76

12-23 集体工业企业主要经济指标（2003 年）

单位：亿元

项　　目	Item	企业单位数（个）Number of Enterprises (unit)	工业总产值（当年价）Gross Industrial Output Value (at current prices)
全省总计	**Provincial Total**	**2513**	**849.63**
按轻重工业分	**Grouped by Light & Heavy Industry**		
轻　工　业	Light Industry	1413	463.94
重　工　业	Heavy Industry	1100	385.69
按企业规模分	**Grouped by Size of Enterprises**		
大型企业	Large	2	9.80
中型企业	Medium	129	207.06
小型企业	Small	2382	632.77
按行业分	**Grouped by Sector**		
煤炭开采和洗选业	Coal Mining and Dressing	1	1.08
黑色金属矿采选业	Ferrous Metal Minerals Mining and Dressing	6	0.96
有色金属矿采选业	Nonferrous Metals Minerals Mining and Dressing	3	0.48
非金属矿采选业	Nonmetal Minerals Mining and Dressing	59	16.96
农副食品加工业	Farm and Sideline Food Processing	55	17.95
食品制造业	Food Manufacturing	39	10.39
饮料制造业	Beverage Manufacturing	21	3.23
纺织业	Textile Industry	142	40.19
纺织服装、鞋、帽制造业	Textile Garments, Footwear and Headgear Manufacturing	199	67.07
皮革、毛皮、羽毛（绒）及其制品业	Leather, Furs, Down and Related Products	85	30.72
木材加工及木、竹、藤、棕、草制品业	Timber Processing, Bamboo, Cane, Palm Fiber & Straw Products	39	19.43
家具制造业	Furniture Manufacturing	32	8.93
造纸及纸制品业	Papermaking and Paper Products	130	39.44
印刷业和记录媒介的复制	Printing and Record Medium Reproduction	57	12.40
文教体育用品制造业	Cultural, Educational and Sports Goods	60	29.22
石油加工、炼焦及核燃料加工业	Petroleum Refining, Coking and Nuclear Fuel Processing	5	5.57
化学原料及化学制品制造业	Raw Chemical Materials and Chemical Products	138	36.15
医药制造业	Medical and Pharmaceutical Products	23	12.40
化学纤维制造业	Chemical Fiber	2	0.88
橡胶制品业	Rubber Products	24	5.56
塑料制品业	Plastic Products	147	43.64
非金属矿物制品业	Nonmetal Mineral Products	292	94.08
黑色金属冶炼及压延加工业	Smelting and Pressing of Ferrous Metals	29	14.54
有色金属冶炼及压延加工业	Smelting and Pressing of Nonferrous Metals	51	33.56
金属制品业	Metal Products	188	53.01
通用设备制造业	General Purposes Equipment Manufacturing	70	19.56
专用设备制造业	Special Purposes Equipment Manufacturing	35	9.78
交通运输设备制造业	Transport Equipment Manufacturing	59	17.50
电气机械及器材制造业	Electric Equipment and Machinery	176	77.79
通信设备、计算机及其他电子设备制造业	Telecommunications, Computers and Other Electronic Equipment Manufacturing	69	23.96
仪器仪表及文化、办公用机械制造业	Instruments, Meters, Cultural and Office Machinery	27	13.60
工艺品及其他制造业	Handicraft and Other Manufacturing	91	29.60
废弃资源和废旧材料回收工业	Waste Sources and Materials Recovery Processing	2	0.79
电力、热力的生产和供应业	Production and Supply of Electric Power and Heating Power	47	21.71
燃气生产和供应业	Production and Supply of Gas	6	2.30
水的生产和供应业	Production and Supply of Tap Water	104	35.22

注：本表统计范围为规模以上工业。

MAIN ECONOMIC INDICATORS OF COLLECTIVE-OWNED INDUSTRIAL ENTERPRISES (2003)

(100 million yuan)

工业增加值 Value Added of Industry	实收资本 Total Capital Hold	年末资产总计 Total Assets at the Year-end	流动资产合计 Total Circulating Funds	流动资产年平均余额 Average Balance of Circulating Funds	固定资产合计 Total Fixed Assets	固定资产净值平均余额 Average Balance of Net Value of Fixed Assets
215.74	**165.62**	**718.31**	**340.53**	**363.39**	**297.54**	**277.52**
121.36	76.41	389.82	192.70	203.24	150.51	139.04
94.39	89.22	328.49	147.84	160.15	147.02	138.48
3.67	1.73	9.49	4.06	2.39	4.68	3.64
53.80	48.19	228.95	93.08	97.82	94.48	89.64
158.28	115.70	479.87	243.40	263.18	198.37	184.24
0.46	0.01	0.26	0.24	0.38	0.02	0.02
0.28	0.34	0.78	0.35	0.26	0.19	0.19
0.11	0.13	0.29	0.13	0.15	0.11	0.10
3.75	1.86	7.92	4.17	4.98	2.97	2.81
4.03	2.76	15.43	8.20	8.88	6.01	5.54
2.51	2.98	7.98	4.85	4.63	2.66	2.21
0.95	0.47	2.14	0.98	1.15	0.97	0.82
10.04	7.65	28.30	15.18	16.50	10.88	10.83
15.89	7.78	45.76	31.13	34.61	9.21	9.28
9.26	2.63	10.07	5.23	6.82	4.03	3.83
5.10	3.50	14.96	6.93	8.76	5.75	5.51
2.02	1.95	6.00	4.46	4.20	1.18	1.12
10.08	6.79	26.79	13.50	14.35	11.84	11.68
3.09	2.29	8.26	3.96	4.18	3.35	3.18
6.34	3.62	11.97	6.00	8.74	5.52	5.24
1.05	0.77	2.72	1.40	1.36	1.00	0.96
8.69	5.42	21.53	12.97	13.32	7.73	7.61
3.61	2.51	11.89	6.82	6.56	3.87	3.94
0.23	0.16	0.28	0.15	0.18	0.07	0.05
1.51	1.22	3.55	2.21	2.31	1.21	1.14
10.14	6.23	24.98	14.67	15.79	7.92	7.35
22.84	23.45	101.37	36.40	40.35	58.49	56.32
3.45	1.13	5.17	2.74	4.64	2.07	2.03
7.65	2.59	15.56	9.01	9.99	6.21	5.95
12.92	6.75	31.80	18.85	20.17	10.43	9.67
4.84	2.55	11.17	7.91	8.19	2.67	2.13
2.37	3.39	8.57	3.58	3.74	3.79	3.39
3.99	3.10	14.08	8.33	8.67	4.10	4.17
20.49	17.15	71.49	39.92	37.41	20.27	19.32
6.72	7.46	26.26	9.32	9.85	9.00	8.82
4.22	3.81	10.93	3.00	3.86	6.85	5.72
7.16	3.31	10.37	6.84	7.42	2.78	2.51
0.22	0.29	1.13	0.46	0.47	0.20	0.20
5.76	19.15	48.15	16.68	17.13	23.97	20.75
0.53	0.10	0.36	0.22	0.47	0.13	0.12
13.42	10.32	110.06	33.75	32.92	60.09	53.02

Note: The statistical coverage in this table refers to the industrial enterprises above designated size.

12-23 **续表**

单位：亿元

项目	Item	长期负债 Long-term Liabilities	流动负债 Liquid Liabilities
全省总计	**Provincial Total**	**84.61**	**363.98**
按轻重工业分	**Grouped by Light & Heavy Industry**		
轻工业	Light Industry	33.43	206.53
重工业	Heavy Industry	51.19	157.45
按企业规模分	**Grouped by Size of Enterprises**		
大型企业	Large		5.15
中型企业	Medium	29.39	114.07
小型企业	Small	55.22	244.76
按行业分	**Grouped by Sector**		
煤炭开采和洗选业	Coal Mining and Dressing		0.03
黑色金属矿采选业	Ferrous Metal Minerals Mining and Dressing	0.19	0.27
有色金属矿采选业	Nonferrous Metals Minerals Mining and Dressing	0.01	0.06
非金属矿采选业	Nonmetal Minerals Mining and Dressing	0.52	2.43
农副食品加工业	Farm and Sideline Food Processing	2.27	7.95
食品制造业	Food Manufacturing	0.96	3.43
饮料制造业	Beverage Manufacturing	0.17	1.27
纺织业	Textile Industry	3.64	14.5
纺织服装、鞋、帽制造业	Textile Garments, Footwear and Headgear Manufacturing	2.41	33.68
皮革、毛皮、羽毛（绒）及其制品业	Leather, Furs, Down and Related Products	1.29	4.67
木材加工及木、竹、藤、棕、草制品业	Timber Processing, Bamboo, Cane, Palm Fiber & Straw Products	1.52	7.58
家具制造业	Furniture Manufacturing	0.37	3.14
造纸及纸制品业	Papermaking and Paper Products	1.53	13.10
印刷业和记录媒介的复制	Printing and Record Medium Reproduction	0.94	4.16
文教体育用品制造业	Cultural, Educational and Sports Goods	1.14	5.34
石油加工、炼焦及核燃料加工业	Petroleum Refining, Coking and Nuclear Fuel Processing	0.02	1.41
化学原料及化学制品制造业	Raw Chemical Materials and Chemical Products	1.07	12.04
医药制造业	Medical and Pharmaceutical Products	0.59	7.11
化学纤维制造业	Chemical Fiber	0.01	0.09
橡胶制品业	Rubber Products	0.13	1.69
塑料制品业	Plastic Products	0.95	14.94
非金属矿物制品业	Nonmetal Mineral Products	32.84	44.07
黑色金属冶炼及压延加工业	Smelting and Pressing of Ferrous Metals	0.50	2.32
有色金属冶炼及压延加工业	Smelting and Pressing of Nonferrous Metals	2.68	10.35
金属制品业	Metal Products	2.52	18.04
通用设备制造业	General Purposes Equipment Manufacturing	0.85	6.25
专用设备制造业	Special Purposes Equipment Manufacturing	0.20	2.97
交通运输设备制造业	Transport Equipment Manufacturing	0.27	9.85
电气机械及器材制造业	Electric Equipment and Machinery	4.44	45.00
通信设备、计算机及其他电子设备制造业	Telecommunications, Computers and Other Electronic Equipment Manufacturing	0.99	13.79
仪器仪表及文化、办公用机械制造业	Instruments, Meters, Cultural and Office Machinery	0.17	3.78
工艺品及其他制造业	Handicraft and Other Manufacturing	0.50	4.83
废弃资源和废旧材料回收工业	Waste Sources and Materials Recovery Processing	0.01	0.82
电力、热力的生产和供应业	Production and Supply of Electric Power and Heating Power	6.29	18.88
燃气生产和供应业	Production and Supply of Gas	0.03	0.16
水的生产和供应业	Production and Supply of Tap Water	12.60	43.98

12-23 continued

(100 million yuan)

年末所有者权益合计 Total Creditors´ Equity at the Year-end	产品销售收入 Sales Revenue	产品销售税金及附加 Sales Tax and Extra Charges	利润总额 Total Profits	利税总额 Total Pre-tax Profits	本年应交增值税 Value Added Tax Payable in Current Year	全部从业人员年平均人数（万人） Annual Average Number of Employed Persons (10000 persons)
257.20	**793.65**	**6.01**	**20.56**	**46.97**	**20.39**	**57.86**
145.20	428.15	3.35	12.09	25.58	10.15	34.59
112.01	365.49	2.67	8.47	21.38	10.24	23.27
4.34	7.86		0.37	0.42	0.05	2.90
82.61	194.01	1.40	5.26	11.24	4.59	15.04
170.26	591.78	4.61	14.93	35.30	15.76	39.92
0.23	1.08		0.06	0.12	0.05	0.32
0.32	0.90	0.06	0.06	0.17	0.06	0.05
0.22	0.47	0.01	0.04	0.05	0.01	0.05
3.54	16.46	0.11	0.73	1.09	0.25	0.58
5.15	15.37	0.08	0.30	0.62	0.24	0.40
3.56	9.73	0.09	0.20	0.54	0.25	0.54
0.67	2.90	0.03	0.14	0.25	0.08	0.19
9.31	38.49	0.30	0.70	1.92	0.92	2.86
8.67	60.35	0.42	1.06	2.76	1.28	5.31
3.72	28.11	0.20	0.65	1.24	0.39	3.25
5.75	17.97	0.16	1.04	1.87	0.67	0.62
2.45	8.54	0.04	0.16	0.38	0.18	0.71
11.89	37.9	0.40	1.17	2.53	0.96	1.54
3.16	10.52	0.05	0.29	0.64	0.30	0.58
5.17	27.34	0.12	0.95	1.43	0.36	4.37
1.29	6.34	0.03	0.02	0.16	0.11	0.21
8.04	33.94	0.33	0.48	1.88	1.07	1.19
4.03	11.38	0.07	0.43	1.04	0.54	0.45
0.17	0.80		0.01	0.01		0.02
1.56	4.90	0.11	0.11	0.36	0.14	0.45
8.38	40.01	0.20	0.45	1.62	0.97	2.00
22.27	89.45	0.97	2.39	6.24	2.88	6.02
2.24	13.77	0.07	0.32	0.71	0.32	0.35
2.52	33.34	0.10	0.46	1.17	0.61	0.78
10.82	50.24	0.27	0.73	2.39	1.39	2.87
3.84	17.22	0.10	0.35	0.96	0.51	0.90
5.05	8.71	0.10	0.27	0.58	0.21	0.45
3.79	18.15	0.38	0.34	1.23	0.51	1.15
21.47	69.29	0.35	1.27	3.45	1.82	6.59
11.34	20.88	0.06	0.21	0.62	0.35	5.33
6.68	13.11	0.08	0.50	0.82	0.24	3.83
5.01	28.21	0.22	0.72	1.46	0.52	2.36
0.30	0.76	0.01	0.01	0.02		0.03
21.36	19.4	0.16	0.64	1.65	0.85	0.40
0.17	2.30		0.01	0.06	0.04	0.03
53.03	35.34	0.33	3.30	4.93	1.30	1.07

12-24 股份合作工业企业主要经济指标（2003 年）

单位：亿元

项　　目	Item	企业单位数（个）Number of Enterprises (unit)	工业总产值（当年价）Gross Industrial Output Value (at current prices)
全省总计	**Provincial Total**	**305**	**203. 11**
按轻重工业分	**Grouped by Light & Heavy Industry**		
轻　工　业	Light Industry	154	160. 86
重　工　业	Heavy Industry	151	42. 25
按企业规模分	**Grouped by Size of Enterprises**		
大型企业	Large	1	109. 75
中型企业	Medium	18	20. 65
小型企业	Small	286	72. 70
按行业分	**Grouped by Sector**		
煤炭开采和洗选业	Coal Mining and Dressing	2	0. 23
黑色金属矿采选业	Ferrous Metal Minerals Mining and Dressing	1	0. 29
有色金属矿采选业	Nonferrous Metals Minerals Mining and Dressing	3	1. 26
非金属矿采选业	Nonmetal Minerals Mining and Dressing	2	0. 89
农副食品加工业	Farm and Sideline Food Processing	11	4. 87
食品制造业	Food Manufacturing	6	1. 16
饮料制造业	Beverage Manufacturing	2	0. 20
烟草制品业	Tobacco Products	1	0. 08
纺织业	Textile Industry	10	2. 03
纺织服装、鞋、帽制造业	Textile Garments, Footwear and Headgear Manufacturing	14	5. 18
皮革、毛皮、羽毛（绒）及其制品业	Leather, Furs, Down and Related Products	3	0. 73
木材加工及木、竹、藤、棕、草制品业	Timber Processing, Bamboo, Cane, Palm Fiber & Straw Products	2	0. 43
家具制造业	Furniture Manufacturing	5	0. 65
造纸及纸制品业	Papermaking and Paper Products	11	2. 70
印刷业和记录媒介的复制	Printing and Record Medium Reproduction	12	2. 06
文教体育用品制造业	Cultural, Educational and Sports Goods	2	0. 27
石油加工、炼焦及核燃料加工业	Petroleum Refining, Coking and Nuclear Fuel Processing	1	0. 10
化学原料及化学制品制造业	Raw Chemical Materials and Chemical Products	26	9. 00
医药制造业	Medical and Pharmaceutical Products	6	9. 48
化学纤维制造业	Chemical Fiber	1	0. 05
塑料制品业	Plastic Products	14	1. 89
非金属矿物制品业	Nonmetal Mineral Products	33	9. 24
黑色金属冶炼及压延加工业	Smelting and Pressing of Ferrous Metals	2	0. 73
有色金属冶炼及压延加工业	Smelting and Pressing of Nonferrous Metals	1	0. 45
金属制品业	Metal Products	30	8. 87
通用设备制造业	General Purposes Equipment Manufacturing	12	2. 52
专用设备制造业	Special Purposes Equipment Manufacturing	12	2. 56
交通运输设备制造业	Transport Equipment Manufacturing	15	4. 68
电气机械及器材制造业	Electric Equipment and Machinery	31	121. 20
通信设备、计算机及其他电子设备制造业	Telecommunications, Computers and Other Electronic Equipment Manufacturing	6	4. 44
仪器仪表及文化、办公用机械制造业	Instruments, Meters, Cultural and Office Machinery	5	1. 01
工艺品及其他制造业	Handicraft and Other Manufacturing	6	1. 57
电力、热力的生产和供应业	Production and Supply of Electric Power and Heating Power	15	1. 88
燃气生产和供应业	Production and Supply of Gas	1	0. 30
水的生产和供应业	Production and Supply of Tap Water	1	0. 10

注：本表统计范围为规模以上工业。

MAIN ECONOMIC INDICATORS OF COOPERATIVE INDUSTRIAL ENTERPRISES (2003)

(100 million yuan)

工业增加值 Value Added of Industry	实收资本 Capital Hold	年末资产总计 Total Assets at the Year-end	流动资产合计 Total Circulating Funds	流动资产年平均余额 Average Balance of Circulating Funds	固定资产合计 Total Fixed Assets	固定资产净值平均余额 Average Balance of Net Value of Fixed Assets
48.21	**28.29**	**132.48**	**79.94**	**70.08**	**42.59**	**37.73**
36.90	16.04	87.07	56.11	46.73	24.94	21.20
11.31	12.26	45.40	23.83	23.35	17.64	16.53
23.48	6.37	44.44	35.14	24.92	8.48	7.91
6.26	3.92	27.08	13.04	12.49	11.61	9.52
18.47	18.00	60.95	31.76	32.67	22.49	20.31
0.08	0.11	0.13	0.04	0.05	0.09	0.09
0.07	0.24	0.56	0.26	0.18	0.27	0.28
0.29	0.11	0.32	0.16	0.26	0.16	0.16
0.26	0.02	0.62	0.35	0.38	0.13	0.12
1.43	0.98	4.45	1.97	2.21	1.99	1.74
0.23	0.30	0.69	0.44	0.53	0.14	0.14
0.04	0.09	0.43	0.21	0.21	0.14	0.13
0.05	0.01	0.06	0.03	0.03	0.01	0.01
0.48	0.38	1.56	0.60	0.62	0.68	0.43
1.26	0.69	2.20	1.41	1.53	0.66	0.67
0.19	0.04	0.26	0.23	0.22	0.03	0.03
0.09	0.08	0.29	0.07	0.10	0.21	0.18
0.15	0.05	0.34	0.22	0.27	0.09	0.09
0.58	0.50	1.96	0.89	0.89	0.99	0.82
0.38	1.59	3.66	1.83	1.82	1.00	0.97
0.05	0.14	0.19	0.12	0.13	0.05	0.04
0.08	0.11	0.30	0.09	0.06	0.21	0.19
2.45	1.38	6.65	3.86	3.95	1.99	1.84
2.8	1.88	12.32	4.57	4.62	6.45	4.6
0.01	0.02	0.09	0.03	0.04	0.03	0.03
0.51	0.12	0.99	0.63	0.63	0.32	0.26
1.85	2.71	7.98	3.85	3.69	3.45	3.05
0.13	0.04	0.19	0.18	0.18		
0.11	0.05	0.15	0.10	0.10	0.05	0.05
2.58	2.13	8.51	4.89	5.31	2.64	2.23
0.75	0.92	3.32	2.04	1.98	1.24	1.26
0.68	0.82	3.81	2.58	2.45	0.85	0.79
1.10	0.68	4.77	3.00	2.95	1.32	1.24
26.38	8.21	53.10	40.88	30.36	10.30	9.47
1.19	0.08	0.51	0.46	0.51	0.04	0.04
0.36	0.20	1.20	0.80	0.78	0.30	0.31
0.62	0.14	0.95	0.48	0.52	0.32	0.26
0.91	3.07	8.66	2.27	2.07	5.64	5.54
0.05	0.31	0.44	0.23	0.23	0.18	0.21
0.04	0.09	0.82	0.18	0.18	0.64	0.43

Note: The statistical coverage in this table refers to the industrial enterprises above designated size.

12-24 **续表**

单位：亿元

项　　目	Item	长期负债 Long-term Liabilities	流动负债 Liquid Liabilities
全省总计	**Provincial Total**	**11.35**	**76.08**
按轻重工业分	**Grouped by Light & Heavy Industry**		
轻　工　业	Light Industry	4.67	54.46
重　工　业	Heavy Industry	6.68	21.62
按企业规模分	**Grouped by Size of Enterprises**		
大型企业	Large		33.74
中型企业	Medium	4.13	11.58
小型企业	Small	7.22	30.76
按行业分	**Grouped by Sector**		
煤炭开采和洗选业	Coal Mining and Dressing		0.05
黑色金属矿采选业	Ferrous Metal Minerals Mining and Dressing		0.32
有色金属矿采选业	Nonferrous Metals Minerals Mining and Dressing	0.03	0.06
非金属矿采选业	Nonmetal Minerals Mining and Dressing	0.15	0.27
农副食品加工业	Farm and Sideline Food Processing	0.51	2.42
食品制造业	Food Manufacturing	0.10	0.35
饮料制造业	Beverage Manufacturing	0.03	0.26
烟草制品业	Tobacco Products		0.05
纺织业	Textile Industry	0.02	0.82
纺织服装、鞋、帽制造业	Textile Garments, Footwear and Headgear Manufacturing	0.03	1.27
皮革、毛皮、羽毛（绒）及其制品业	Leather, Furs, Down and Related Products		0.25
木材加工及木、竹、藤、棕、草制品业	Timber Processing, Bamboo, Cane, Palm Fiber & Straw Products	0.02	0.27
家具制造业	Furniture Manufacturing	0.04	0.17
造纸及纸制品业	Papermaking and Paper Products	0.13	1.21
印刷业和记录媒介的复制	Printing and Record Medium Reproduction	0.82	1.25
文教体育用品制造业	Cultural, Educational and Sports Goods		0.04
石油加工、炼焦及核燃料加工业	Petroleum Refining, Coking and Nuclear Fuel Processing		0.13
化学原料及化学制品制造业	Raw Chemical Materials and Chemical Products	0.83	3.15
医药制造业	Medical and Pharmaceutical Products	1.92	3.96
化学纤维制造业	Chemical Fiber		0.07
塑料制品业	Plastic Products	0.03	0.47
非金属矿物制品业	Nonmetal Mineral Products	0.94	3.96
黑色金属冶炼及压延加工业	Smelting and Pressing of Ferrous Metals		0.15
有色金属冶炼及压延加工业	Smelting and Pressing of Nonferrous Metals		0.09
金属制品业	Metal Products	0.94	5.53
通用设备制造业	General Purposes Equipment Manufacturing	0.12	1.78
专用设备制造业	Special Purposes Equipment Manufacturing	0.16	1.73
交通运输设备制造业	Transport Equipment Manufacturing	0.16	2.73
电气机械及器材制造业	Electric Equipment and Machinery	0.65	38.98
通信设备、计算机及其他电子设备制造业	Telecommunications, Computers and Other Electronic Equipment Manufacturing		0.32
仪器仪表及文化、办公用机械制造业	Instruments, Meters, Cultural and Office Machinery	0.17	0.71
工艺品及其他制造业	Handicraft and Other Manufacturing	0.01	0.68
电力、热力的生产和供应业	Production and Supply of Electric Power and Heating Power	3.20	2.17
燃气生产和供应业	Production and Supply of Gas		0.13
水的生产和供应业	Production and Supply of Tap Water	0.33	0.29

12-24 continued

(100 million yuan)

年末所有者权益合计 Total Creditors' Equity at the Year-end	产品销售收入 Sales Revenue	产品销售税金及附加 Sales Tax and Extra Charges	利润总额 Total Profits	利税总额 Total Pre-tax Profits	本年应交增值税 Value Added Tax Payable in Current Year	全部从业人员年平均人数（万人） Annual Average Number of Employed Persons (10000 persons)
44.56	**198.71**	**0.66**	**7.62**	**12.30**	**4.02**	**7.25**
27.83	156.77	0.36	6.71	9.22	2.16	4.59
16.73	41.94	0.31	0.91	3.08	1.86	2.66
10.70	109.61		4.82	5.23	0.41	1.44
11.37	19.77	0.18	1.50	2.71	1.03	1.41
22.49	69.33	0.48	1.31	4.37	2.58	4.40
0.08	0.20			0.02	0.02	0.12
0.24	0.32	0.01	0.03	0.06	0.02	0.03
0.23	1.25	0.02	0.09	0.22	0.11	0.08
0.20	0.87	0.01	0.05	0.11	0.05	0.06
1.52	4.47	0.01		0.14	0.12	0.20
0.24	1.15	0.01	0.01	0.05	0.04	0.10
0.14	0.13	0.03		0.04	0.01	0.03
0.01	0.11	0.01		0.02	0.01	0.01
0.68	2.00	0.01	0.05	0.13	0.07	0.12
0.90	5.03	0.03	0.11	0.29	0.15	0.47
0.01	0.74			0.03	0.02	0.05
-0.01	0.41	0.01	-0.04	-0.03		0.02
0.10	0.58			0.01	0.01	0.08
0.62	2.57	0.03	0.07	0.18	0.08	0.12
1.59	2.12	0.01	0.01	0.06	0.05	0.2
0.15	0.28		0.01	0.01	0.01	0.01
0.17	1.01		0.02	0.04	0.02	0.03
2.67	8.82	0.06	0.31	0.75	0.39	0.45
6.45	7.65	0.06	1.10	1.65	0.49	0.28
0.02	0.05					
0.49	1.75	0.02	0.03	0.11	0.06	0.12
2.86	8.48	0.07	0.08	0.52	0.37	0.6
0.03	0.59		-0.01		0.01	0.02
0.07	0.31	0.01	0.01	0.02	0.01	0.01
1.98	8.31	0.04	0.03	0.42	0.35	0.52
1.43	2.19	0.01	0.07	0.15	0.07	0.21
1.92	3.15	0.02	0.13	0.31	0.16	0.31
1.85	4.57	0.09	0.12	0.37	0.16	0.28
13.38	120.08	0.04	5.08	5.89	0.77	1.83
0.17	4.00	0.01	0.05	0.19	0.13	0.14
0.32	1.02	0.01	0.03	0.10	0.06	0.06
0.26	1.61			0.04	0.04	0.50
3.28	2.49	0.04	0.16	0.36	0.16	0.18
0.31	0.30					
0.20	0.10			0.01	0.01	

12-25 股份制工业企业主要经济指标（2003 年）

单位：亿元

项　　目	Item	企业单位数（个）Number of Enterprises (unit)	工业总产值（当年价）Gross Industrial Output Value (at current prices)
全省总计	**Provincial Total**	**5549**	**4722. 31**
按轻重工业分	**Grouped by Light & Heavy Industry**		
轻　工　业	Light Industry	3223	2062. 14
重　工　业	Heavy Industry	2326	2660. 17
按企业规模分	**Grouped by Size of Enterprises**		
大型企业	Large	29	1756. 84
中型企业	Medium	563	1402. 80
小型企业	Small	4957	1562. 67
按行业分	**Grouped by Sector**		
煤炭开采和洗选业	Coal Mining and Dressing	8	1. 51
黑色金属矿采选业	Ferrous Metal Minerals Mining and Dressing	6	5. 11
有色金属矿采选业	Nonferrous Metals Minerals Mining and Dressing	9	7. 79
非金属矿采选业	Nonmetal Minerals Mining and Dressing	23	7. 10
农副食品加工业	Farm and Sideline Food Processing	198	187. 40
食品制造业	Food Manufacturing	140	57. 96
饮料制造业	Beverage Manufacturing	67	51. 33
烟草制品业	Tobacco Products	3	1. 13
纺织业	Textile Industry	253	104. 00
纺织服装、鞋、帽制造业	Textile Garments, Footwear and Headgear Manufacturing	350	120. 06
皮革、毛皮、羽毛（绒）及其制品业	Leather, Furs, Down and Related Products	113	39. 46
木材加工及木、竹、藤、棕、草制品业	Timber Processing, Bamboo, Cane, Palm Fiber & Straw Products	55	48. 79
家具制造业	Furniture Manufacturing	91	29. 99
造纸及纸制品业	Papermaking and Paper Products	219	82. 77
印刷业和记录媒介的复制	Printing and Record Medium Reproduction	195	61. 18
文教体育用品制造业	Cultural, Educational and Sports Goods	59	30. 91
石油加工、炼焦及核燃料加工业	Petroleum Refining, Coking and Nuclear Fuel Processing	25	450. 74
化学原料及化学制品制造业	Raw Chemical Materials and Chemical Products	399	222. 60
医药制造业	Medical and Pharmaceutical Products	97	90. 73
化学纤维制造业	Chemical Fiber	15	7. 57
橡胶制品业	Rubber Products	28	17. 56
塑料制品业	Plastic Products	336	124. 70
非金属矿物制品业	Nonmetal Mineral Products	478	226. 21
黑色金属冶炼及压延加工业	Smelting and Pressing of Ferrous Metals	46	129. 23
有色金属冶炼及压延加工业	Smelting and Pressing of Nonferrous Metals	106	121. 94
金属制品业	Metal Products	461	149. 40
通用设备制造业	General Purposes Equipment Manufacturing	202	76. 78
专用设备制造业	Special Purposes Equipment Manufacturing	128	51. 48
交通运输设备制造业	Transport Equipment Manufacturing	151	107. 68
电气机械及器材制造业	Electric Equipment and Machinery	660	738. 42
通信设备、计算机及其他电子设备制造业	Telecommunications, Computers and Other Electronic Equipment Manufacturing	341	1099. 89
仪器仪表及文化、办公用机械制造业	Instruments, Meters, Cultural and Office Machinery	62	22. 15
工艺品及其他制造业	Handicraft and Other Manufacturing	115	54. 33
废弃资源和废旧材料回收工业	Waste Sources and Materials Recovery Processing	5	14. 54
电力、热力的生产和供应业	Production and Supply of Electric Power and Heating Power	68	154. 50
燃气生产和供应业	Production and Supply of Gas	4	1. 32
水的生产和供应业	Production and Supply of Tap Water	33	24. 08

注：本表统计范围为规模以上工业。

MAIN ECONOMIC INDICATORS OF SHARE HOLDING INDUSTRIAL ENTERPRISES (2003)

(100 million yuan)

工业增加值 Value Added of Industry	实收资本 Total Capital Hold	年末资产总计 Total Assets at the Year-end	流动资产合计 Total Circulating Funds	流动资产年平均余额 Average Balance of Circulating Funds	固定资产合计 Total Fixed Assets	固定资产净值平均余额 Average Balance of Net Value of Fixed Assets
1367. 90	**830. 30**	**4500. 87**	**2356. 49**	**2215. 81**	**1654. 94**	**1441. 64**
513. 21	336. 79	1727. 38	1009. 01	981. 74	505. 15	456. 55
854. 70	493. 50	2773. 49	1347. 48	1234. 07	1149. 79	985. 09
559. 07	155. 73	1401. 17	880. 40	791. 16	412. 21	352. 97
426. 01	361. 64	1868. 09	810. 38	750. 52	818. 86	699. 07
382. 83	312. 93	1231. 60	665. 71	674. 13	423. 87	389. 60
0. 48	0. 19	0. 81	0. 34	0. 36	0. 31	0. 24
2. 70	3. 00	14. 87	6. 66	5. 55	5. 93	5. 56
3. 77	3. 54	9. 14	2. 54	2. 59	6. 01	5. 90
2. 11	3. 25	10. 11	4. 54	4. 02	2. 73	2. 69
40. 82	26. 64	132. 49	66. 74	72. 68	43. 90	40. 17
16. 19	13. 79	52. 55	28. 44	27. 21	18. 89	18. 44
19. 44	12. 57	46. 39	21. 78	21. 81	19. 84	17. 25
0. 53	2. 33	3. 89	0. 62	0. 57	3. 03	2. 63
24. 04	20. 57	94. 88	43. 49	43. 00	39. 71	36. 34
29. 26	20. 23	81. 93	43. 42	46. 53	25. 58	20. 03
9. 62	4. 61	17. 67	9. 82	11. 16	5. 78	5. 44
12. 38	9. 50	49. 81	19. 78	20. 25	24. 27	24. 00
6. 90	3. 34	14. 41	9. 19	9. 78	3. 62	3. 30
20. 71	17. 25	78. 85	33. 69	34. 50	31. 95	27. 69
16. 74	14. 64	60. 11	33. 48	30. 30	21. 38	18. 93
7. 47	4. 62	25. 08	13. 76	15. 09	8. 36	7. 20
79. 62	13. 89	157. 80	68. 23	69. 20	80. 08	75. 62
52. 42	53. 24	200. 44	96. 24	97. 40	78. 39	68. 78
34. 30	40. 99	179. 92	101. 29	97. 93	37. 74	27. 62
1. 19	0. 22	3. 76	2. 55	2. 34	1. 06	1. 03
5. 26	11. 10	27. 07	10. 10	10. 13	13. 34	12. 75
29. 86	22. 05	124. 57	55. 88	54. 74	46. 85	40. 45
61. 91	50. 32	210. 60	102. 05	99. 47	90. 09	78. 07
34. 09	14. 43	164. 50	73. 26	62. 18	86. 59	62. 61
25. 58	21. 40	94. 96	43. 11	42. 97	39. 03	35. 45
33. 40	18. 83	85. 12	54. 02	55. 25	25. 47	22. 45
20. 35	22. 56	105. 79	63. 44	59. 28	28. 04	23. 61
14. 37	14. 05	59. 42	34. 39	34. 14	15. 81	14. 05
26. 22	26. 55	101. 41	58. 15	54. 82	28. 08	27. 20
190. 73	68. 40	521. 40	371. 32	359. 00	102. 14	94. 70
423. 48	143. 56	980. 53	704. 84	609. 65	180. 12	156. 58
6. 94	12. 96	35. 19	25. 95	25. 13	6. 32	4. 45
12. 80	8. 27	31. 61	21. 08	19. 75	7. 87	7. 06
2. 54	0. 45	5. 72	4. 67	4. 20	0. 75	0. 71
89. 85	106. 94	606. 41	101. 99	89. 16	448. 30	377. 11
0. 38	0. 75	2. 20	0. 64	0. 75	0. 15	0. 15
9. 45	19. 26	109. 47	25. 00	22. 93	77. 43	75. 38

Note: The statistical coverage in this table refers to the industrial enterprises above designated size.

单位：亿元

项目	Item	长期负债 Long-term Liabilities	流动负债 Liquid Liabilities
全省总计	**Provincial Total**	**620.31**	**2034.55**
按轻重工业分	**Grouped by Light & Heavy Industry**		
轻工业	Light Industry	92.07	928.51
重工业	Heavy Industry	528.25	1106.04
按企业规模分	**Grouped by Size of Enterprises**		
大型企业	Large	101.24	682.28
中型企业	Medium	400.53	730.78
小型企业	Small	118.54	621.49
按行业分	**Grouped by Sector**		
煤炭开采和洗选业	Coal Mining and Dressing	0.08	1.01
黑色金属矿采选业	Ferrous Metal Minerals Mining and Dressing	2.32	7.57
有色金属矿采选业	Nonferrous Metals Minerals Mining and Dressing	0.59	2.96
非金属矿采选业	Nonmetal Minerals Mining and Dressing	0.41	3.48
农副食品加工业	Farm and Sideline Food Processing	10.33	69.64
食品制造业	Food Manufacturing	5.82	25.00
饮料制造业	Beverage Manufacturing	1.22	25.21
烟草制品业	Tobacco Products		1.44
纺织业	Textile Industry	8.73	51.82
纺织服装、鞋、帽制造业	Textile Garments, Footwear and Headgear Manufacturing	2.06	40.36
皮革、毛皮、羽毛（绒）及其制品业	Leather, Furs, Down and Related Products	0.58	9.43
木材加工及木、竹、藤、棕、草制品业	Timber Processing, Bamboo, Cane, Palm Fiber & Straw Products	3.09	23.52
家具制造业	Furniture Manufacturing	1.39	7.79
造纸及纸制品业	Papermaking and Paper Products	7.30	31.53
印刷业和记录媒介的复制	Printing and Record Medium Reproduction	2.78	30.55
文教体育用品制造业	Cultural, Educational and Sports Goods	0.96	9.82
石油加工、炼焦及核燃料加工业	Petroleum Refining, Coking and Nuclear Fuel Processing	5.28	75.23
化学原料及化学制品制造业	Raw Chemical Materials and Chemical Products	19.53	86.90
医药制造业	Medical and Pharmaceutical Products	8.40	97.60
化学纤维制造业	Chemical Fiber	0.43	2.92
橡胶制品业	Rubber Products	2.09	9.87
塑料制品业	Plastic Products	14.17	52.14
非金属矿物制品业	Nonmetal Mineral Products	23.32	109.31
黑色金属冶炼及压延加工业	Smelting and Pressing of Ferrous Metals	32.18	66.43
有色金属冶炼及压延加工业	Smelting and Pressing of Nonferrous Metals	4.68	44.63
金属制品业	Metal Products	13.80	48.52
通用设备制造业	General Purposes Equipment Manufacturing	10.28	57.01
专用设备制造业	Special Purposes Equipment Manufacturing	3.28	30.98
交通运输设备制造业	Transport Equipment Manufacturing	13.05	74.56
电气机械及器材制造业	Electric Equipment and Machinery	23.11	327.82
通信设备、计算机及其他电子设备制造业	Telecommunications, Computers and Other Electronic Equipment Manufacturing	50.97	479.72
仪器仪表及文化、办公用机械制造业	Instruments, Meters, Cultural and Office Machinery	0.95	12.00
工艺品及其他制造业	Handicraft and Other Manufacturing	1.85	16.76
废弃资源和废旧材料回收工业	Waste Sources and Materials Recovery Processing	0.07	4.89
电力、热力的生产和供应业	Production and Supply of Electric Power and Heating Power	337.03	77.85
燃气生产和供应业	Production and Supply of Gas	0.13	1.44
水的生产和供应业	Production and Supply of Tap Water	8.05	16.83

(100 million yuan)

年末所有者权益合计 Total Creditors´ Equity at the Year-end	产品销售收入 Sales Revenue	产品销售税金及附加 Sales Tax and Extra Charges	利润总额 Total Profits	利税总额 Total Pre-tax Profits	本年应交增值税 Value Added Tax Payable in Current Year	全部从业人员年平均人数（万人） Annual Average Number of Employed Persons (10000 persons)
1795.56	**4493.46**	**41.97**	**232.24**	**431.21**	**156.99**	**123.46**
696.09	1934.77	14.20	62.88	137.20	60.12	68.98
1099.47	2558.69	27.78	169.37	294.01	96.87	54.48
588.45	1689.81	23.15	99.81	179.60	56.64	16.06
732.02	1329.47	9.49	93.34	157.23	54.40	41.07
475.10	1474.19	9.33	39.09	94.38	45.96	66.33
-0.29	1.65	0.01	-0.09	0.02	0.10	0.44
4.98	5.32	0.14	0.45	1.09	0.50	0.36
3.16	6.40	0.07	0.19	0.75	0.49	0.53
6.21	6.92	0.09	0.53	0.89	0.28	0.45
52.23	180.62	0.51	2.41	5.89	2.96	4.26
21.49	50.79	0.23	2.60	5.37	2.54	2.66
19.67	46.94	5.45	3.41	12.54	3.68	1.15
2.45	1.13	0.01	0.13	0.27	0.13	0.09
33.85	100.51	0.48	2.10	5.59	3.01	5.82
38.52	112.55	0.58	2.62	6.44	3.24	7.50
7.17	37.38	0.18	0.56	1.65	0.91	2.79
23.05	47.96	0.24	1.92	3.28	1.12	1.62
4.91	29.37	0.13	0.81	1.66	0.71	1.58
39.75	78.71	0.44	1.84	4.67	2.39	3.34
26.67	61.67	0.35	2.36	4.76	2.05	2.31
14.15	31.50	0.12	1.80	2.77	0.84	1.69
66.87	449.67	16.60	6.77	33.73	10.36	1.20
92.81	210.58	1.44	7.19	15.07	6.43	5.08
73.16	79.03	0.58	9.64	16.64	6.42	2.86
0.31	7.23	0.03	0.07	0.25	0.15	0.28
14.55	17.45	0.11	1.70	2.47	0.66	0.46
53.55	131.71	0.54	5.03	9.67	4.10	4.99
75.25	209.45	1.50	5.59	15.42	8.32	11.50
65.71	156.24	0.72	13.81	21.55	7.02	2.52
35.27	112.38	0.41	1.52	4.51	2.58	2.52
21.35	140.48	0.75	3.49	7.97	3.73	7.13
38.00	69.10	0.34	2.09	5.04	2.62	4.20
23.48	48.18	0.23	2.73	4.83	1.87	2.27
13.09	104.61	1.68	3.36	7.52	2.48	3.80
166.20	694.33	2.12	20.62	44.13	21.39	17.06
448.35	996.87	4.27	83.57	120.02	32.18	14.27
22.02	20.34	0.11	1.98	3.19	1.10	1.15
12.91	49.12	0.15	1.58	2.68	0.96	3.08
0.76	15.78	0.02	0.15	0.29	0.11	0.34
189.09	154.37	1.21	35.12	54.39	18.05	1.57
0.63	1.71		-0.02	-0.01		0.01
84.21	25.40	0.13	2.59	4.23	1.50	0.59

12-26 “三资”工业企业主要经济指标（2003 年）

单位：亿元

项　　目	Item	企业单位数（个）Number of Enterprises (unit)	工业总产值（当年价）Gross Industrial Output Value (at current prices)
全省总计	**Provincial Total**	**10619**	**13681.32**
按经济类型分	**Grouped by Ownership**		
外商投资工业	Foreign Funded Enterprises	2070	5971.94
港澳台投资工业	Enterprises Funded by Entrepreneurs from Hong Kong, Macao and Taiwan	8549	7709.39
按轻重工业分	**Grouped by Light & Heavy Industry**		
轻　工　业	Light Industry	6990	6323.90
重　工　业	Heavy Industry	3629	7357.42
按企业规模分	**Grouped by Size of Enterprises**		
大型企业	Large	134	4115.61
中型企业	Medium	2084	5786.15
小型企业	Small	8401	3779.57
按行业分	**Grouped by Sector**		
煤炭开采和洗选业	Coal Mining and Dressing	1	0.27
石油和天然气开采业	Petroleum and Natural Gas Extraction	2	252.73
有色金属矿采选业	Nonferrous Metals Minerals Mining and Dressing	2	0.47
非金属矿采选业	Nonmetal Minerals Mining and Dressing	22	11.11
农副食品加工业	Farm and Sideline Food Processing	165	227.39
食品制造业	Food Manufacturing	206	205.66
饮料制造业	Beverage Manufacturing	72	171.09
纺织业	Textile Industry	787	559.28
纺织服装、鞋、帽制造业	Textile Garments, Footwear and Headgear Manufacturing	1125	475.35
皮革、毛皮、羽毛(绒)及其制品业	Leather, Furs, Down and Related Products	632	394.59
木材加工及木、竹、藤、棕、草制品业	Timber Processing, Bamboo, Cane, Palm Fiber & Straw Products	109	48.88
家具制造业	Furniture Manufacturing	228	144.72
造纸及纸制品业	Papermaking and Paper Products	269	235.16
印刷业和记录媒介的复制	Printing and Record Medium Reproduction	226	162.85
文教体育用品制造业	Cultural, Educational and Sports Goods	432	254.79
石油加工、炼焦及核燃料加工业	Petroleum Refining, Coking and Nuclear Fuel Processing	10	65.63
化学原料及化学制品制造业	Raw Chemical Materials and Chemical Products	492	703.48
医药制造业	Medical and Pharmaceutical Products	96	108.12
化学纤维制造业	Chemical Fiber	45	30.06
橡胶制品业	Rubber Products	106	62.41
塑料制品业	Plastic Products	930	571.62
非金属矿物制品业	Nonmetal Mineral Products	389	237.47
黑色金属冶炼及压延加工业	Smelting and Pressing of Ferrous Metals	47	150.19
有色金属冶炼及压延加工业	Smelting and Pressing of Nonferrous Metals	63	99.48
金属制品业	Metal Products	631	520.53
通用设备制造业	General Purposes Equipment Manufacturing	222	168.54
专用设备制造业	Special Purposes Equipment Manufacturing	184	121.38
交通运输设备制造业	Transport Equipment Manufacturing	218	725.02
电气机械及器材制造业	Electric Equipment and Machinery	906	1086.94
通信设备、计算机及其他电子设备制造业	Telecommunications, Computers and Other Electronic Equipment Manufacturing	1195	4688.76
仪器仪表及文化、办公用机械制造业	Instruments, Meters, Cultural and Office Machinery	306	607.23
工艺品及其他制造业	Handicraft and Other Manufacturing	390	163.71
电力、热力的生产和供应业	Production and Supply of Electric Power and Heating Power	94	378.98
燃气生产和供应业	Production and Supply of Gas	15	46.41
水的生产和供应业	Production and Supply of Tap Water	2	1.01

注：本表统计范围为规模以上工业。

MAIN ECONOMIC INDICATORS OF FOREIGN FUNDED INDUSTRIAL ENTERPRISES (2003)

(100 million yuan)

工业增加值 Value Added of Industry	实收资本 Total Capital Hold	年末资产总计 Total Assets at the Year-end	流动资产合计 Total Circulating Funds	流动资产年平均余额 Average Balance of Circulating Funds	固定资产合计 Total Fixed Assets	固定资产净值平均余额 Average Balance of Net Value of Fixed Assets
3400.86	**3407.72**	**10466.10**	**6045.36**	**5787.17**	**3714.61**	**3412.12**
1349.26	1114.23	3757.60	2342.07	2193.19	1179.54	1053.18
2051.59	2293.49	6708.50	3703.29	3593.98	2535.07	2358.94
1622.41	1738.83	4867.10	2917.43	2798.07	1595.50	1495.17
1778.45	1668.89	5599.00	3127.93	2989.10	2119.11	1916.95
848.36	359.17	2004.10	1376.62	1313.89	527.15	464.29
1534.09	1568.91	5041.80	2777.55	2635.45	1926.72	1772.40
1018.41	1479.64	3420.00	1891.19	1837.84	1260.74	1175.43
0.08	0.14	0.30	0.03	0.06	0.26	0.22
133.34	43.06	105.30	21.01	19.15	59.33	59.32
0.15	0.10	0.50	0.20	0.21	0.24	0.24
2.56	2.40	7.90	5.45	5.73	2.18	2.12
51.11	38.04	151.30	99.40	104.62	44.07	36.97
69.68	85.28	206.60	112.98	108.95	79.38	75.63
56.04	85.29	210.70	107.37	95.79	75.32	70.07
131.90	208.57	520.00	280.36	263.01	208.72	197.14
119.03	122.83	303.80	187.91	189.88	94.84	85.66
93.08	104.79	274.10	168.26	173.13	83.46	84.55
11.39	17.79	48.80	28.04	27.32	16.14	16.52
34.24	39.53	121.00	71.91	68.26	32.24	30.76
62.50	111.03	288.00	129.93	122.18	138.21	130.41
43.44	85.98	201.40	106.03	101.22	85.88	80.28
68.33	93.29	219.80	132.15	126.57	76.09	71.24
10.17	16.63	36.80	18.17	17.49	12.15	9.62
235.35	206.70	603.40	357.24	316.41	186.78	171.99
37.30	43.22	123.60	69.45	61.95	40.11	35.06
7.99	17.25	38.70	19.55	19.02	16.77	15.94
14.55	21.53	53.50	33.42	34.03	17.33	15.76
131.78	229.84	529.20	291.20	289.09	198.95	180.78
72.59	128.36	355.00	160.04	154.30	163.98	138.46
33.77	39.81	181.90	74.73	66.82	90.81	70.88
24.83	29.43	89.00	54.00	50.02	30.32	27.82
127.44	154.13	419.10	255.55	244.50	138.87	126.65
45.89	62.04	167.30	108.34	102.88	48.69	45.62
30.32	49.85	139.30	89.89	78.80	41.71	37.74
197.48	118.66	509.10	324.89	299.03	144.94	123.32
250.41	265.93	869.70	542.13	513.13	268.06	237.84
883.77	572.01	2366.90	1638.51	1614.99	630.04	583.03
152.93	100.22	325.60	211.89	202.77	96.79	86.11
43.11	48.85	121.60	71.01	72.07	40.01	37.18
216.33	250.55	833.60	256.72	226.88	532.18	507.81
7.77	13.28	38.80	17.41	16.70	17.72	17.37
0.24	1.32	2.80	0.21	0.21	2.05	2.02

Note: The statistical coverage in this table refers to the industrial enterprises above designated size.

12-26 续表

单位：亿元

项目	Item	长期负债 Long-term Liabilities	流动负债 Liquid Liabilities
全省总计	**Provincial Total**	**662.24**	**5056.07**
按经济类型分	**Grouped by Ownership**		
外商投资经济	Foreign Funded Enterprises	143.84	1946.90
港澳台投资经济	Enterprises Funded by Entrepreneurs from Hong Kong, Macao and Taiwan	518.40	3109.17
按轻重工业分	**Grouped by Light & Heavy Industry**		
轻　工　业	Light Industry	179.13	2398.76
重　工　业	Heavy Industry	483.12	2657.31
按企业规模分	**Grouped by Size of Enterprises**		
大型企业	Large	37.78	1190.96
中型企业	Medium	389.10	2315.92
小型企业	Small	235.36	1549.18
按行业分	**Grouped by Sector**		
煤炭开采和洗选业	Coal Mining and Dressing		0.17
石油和天然气开采业	Petroleum and Natural Gas Extraction	0.04	13.28
有色金属矿采选业	Nonferrous Metals Minerals Mining and Dressing	0.08	0.35
非金属矿采选业	Nonmetal Minerals Mining and Dressing	0.06	3.80
农副食品加工业	Farm and Sideline Food Processing	7.69	81.59
食品制造业	Food Manufacturing	9.12	91.85
饮料制造业	Beverage Manufacturing	18.70	79.17
纺织业	Textile Industry	24.42	253.69
纺织服装、鞋、帽制造业	Textile Garments, Footwear and Headgear Manufacturing	8.89	156.13
皮革、毛皮、羽毛(绒)及其制品业	Feather, Furs, Down and Related Products	3.81	142.60
木材加工及木、竹、藤、棕、草制品业	Timber Processing, Bamboo, Cane, Palm Fiber & Straw Products	5.45	23.27
家具制造业	Furniture Manufacturing	2.80	56.31
造纸及纸制品业	Papermaking and Paper Products	35.77	123.55
印刷业和记录媒介的复制	Printing and Record Medium Reproduction	4.68	90.87
文教体育用品制造业	Cultural, Educational and Sports Goods	3.78	103.26
石油加工、炼焦及核燃料加工业	Petroleum Refining, Coking and Nuclear Fuel Processing	3.23	12.47
化学原料及化学制品制造业	Raw Chemical Materials and Chemical Products	42.54	240.72
医药制造业	Medical and Pharmaceutical Products	9.96	51.94
化学纤维制造业	Chemical Fiber	3.66	14.27
橡胶制品业	Rubber Products	0.94	24.80
塑料制品业	Plastic Products	21.83	241.10
非金属矿物制品业	Nonmetal Mineral Products	52.17	150.11
黑色金属冶炼及压延加工业	Smelting and Pressing of Ferrous Metals	41.52	79.71
有色金属冶炼及压延加工业	Smelting and Pressing of Nonferrous Metals	2.49	49.83
金属制品业	Metal Products	14.41	211.01
通用设备制造业	General Purposes Equipment Manufacturing	3.55	83.75
专用设备制造业	Special Purposes Equipment Manufacturing	1.97	67.71
交通运输设备制造业	Transport Equipment Manufacturing	21.53	233.55
电气机械及器材制造业	Electric Equipment and Machinery	20.25	454.01
通信设备、计算机及其他电子设备制造业	Telecommunications, Computers and Other Electronic Equipment Manufacturing	55.48	1475.97
仪器仪表及文化、办公用机械制造业	Instruments, Meters, Cultural and Office Machinery	3.02	172.97
工艺品及其他制造业	Handicraft and Other Manufacturing	2.53	55.22
电力、热力的生产和供应业	Production and Supply of Electric Power and Heating Power	234.08	188.82
燃气生产和供应业	Production and Supply of Gas	1.32	27.66
水的生产和供应业	Production and Supply of Tap Water	0.47	0.57

(100 million yuan)

年末所有者权益合计 Total Creditors´ Equity at the Year-end	产品销售收入 Sales Revenue	产品销售税金及附加 Sales Tax and Extra Charges	利润总额 Total Profits	利税总额 Total Pre-tax Profits	本年应交增值税 Value Added Tax Payable in Current Year	全部从业人员年平均人数（万人） Annual Average Number of Employed Persons (10000 persons)
4654.91	**13281.27**	**51.40**	**753.69**	**1102.51**	**297.42**	**463.47**
1631.76	5906.98	28.25	384.37	542.27	129.66	108.49
3023.15	7374.29	23.15	369.33	560.24	167.76	354.98
2235.00	6109.29	21.96	266.79	433.64	144.89	315.22
2419.91	7171.98	29.44	486.90	668.87	152.53	148.25
767.12	4073.39	22.74	237.19	324.88	64.95	61.87
2283.06	5671.36	14.31	359.55	515.46	141.60	215.01
1604.73	3536.51	14.35	156.95	262.17	90.88	186.59
0.17	0.29			0.01	0.01	0.05
92.07	129.34	7.65	65.88	85.24	11.71	0.04
0.16	0.47		0.02	0.05	0.02	0.02
4.03	11.20	0.22	0.43	1.06	0.41	0.36
59.52	221.51	0.32	7.09	12.61	5.20	3.49
104.82	193.95	0.14	18.92	31.09	12.03	5.54
102.77	164.48	2.21	14.64	27.08	10.24	2.46
237.24	524.16	0.74	9.18	16.62	6.70	25.61
134.77	458.91	0.88	3.18	11.64	7.58	49.90
123.50	385.21	0.64	5.59	11.66	5.44	45.88
20.03	45.04	0.08	0.35	1.50	1.07	2.55
55.39	142.50	0.15	2.84	4.98	1.99	10.57
127.62	229.80	0.13	11.28	21.59	10.18	6.34
105.26	154.35	0.16	8.79	14.03	5.09	9.09
111.99	248.63	0.29	6.96	8.68	1.43	33.41
21.15	65.85	3.06	1.31	6.08	1.71	0.12
307.31	669.11	4.72	95.35	142.89	42.82	7.52
60.97	88.62	0.08	9.34	16.05	6.63	2.91
20.67	29.02	0.04	2.42	3.23	0.77	0.75
27.73	61.66	0.66	1.70	3.51	1.16	3.84
263.03	555.31	0.55	16.84	26.73	9.33	28.30
149.73	225.01	0.53	8.28	18.07	9.26	10.63
59.85	167.87	0.06	5.63	10.45	4.77	1.01
35.61	96.22	0.03	4.75	5.72	0.93	1.32
190.14	516.45	0.78	21.89	30.53	7.86	20.84
78.73	164.67	0.28	10.00	15.54	5.27	4.71
67.76	122.47	0.18	8.79	12.35	3.37	5.29
253.16	727.82	20.22	92.19	147.61	35.20	9.38
385.85	1071.71	1.39	49.07	65.99	15.53	47.56
825.73	4593.57	0.69	159.94	204.41	43.78	89.69
148.17	613.64	3.89	21.58	29.56	4.09	16.47
62.51	157.49	0.36	5.02	7.09	1.70	15.97
405.77	373.71	0.24	85.20	109.29	23.86	1.69
9.87	70.28	0.04	-1.19	-0.93	0.22	0.16
1.81	0.95		0.44	0.49	0.06	0.02

12-27 大中型工业企业主要经济指标（2003 年）

单位：亿元

项　　目	Item	企业单位数（个）Number of Enterprises (unit)	工业总产值（当年价）Gross Industrial Output Value (at current prices)
全省总计	**Provincial Total**	**3292**	**14353. 53**
按轻重工业分	**Grouped by Light & Heavy Industry**		
轻　工　业	Light Industry	1875	6039. 73
重　工　业	Heavy Industry	1417	8313. 79
按企业规模分	**Grouped by Size of Enterprises**		
大型企业	Large	182	6204. 03
中型企业	Medium	3110	8149. 50
按行业分	**Grouped by Sector**		
煤炭开采和洗选业	Coal Mining and Dressing		
石油和天然气开采业	Petroleum and Natural Gas Extraction		
黑色金属矿采选业	Ferrous Metal Minerals Mining and Dressing	2	4. 49
有色金属矿采选业	Nonferrous Metals Minerals Mining and Dressing	5	12. 33
非金属矿采选业	Nonmetal Minerals Mining and Dressing	11	12. 53
农副食品加工业	Farm and Sideline Food Processing	64	166. 88
食品制造业	Food Manufacturing	68	168. 85
饮料制造业	Beverage Manufacturing	31	164. 07
烟草制品业	Tobacco Products	9	119. 07
纺织业	Textile Industry	183	409. 92
纺织服装、鞋、帽制造业	Textile Garments, Footwear and Headgear Manufacturing	175	261. 76
皮革、毛皮、羽毛（绒）及其制品业	Leather, Furs, Down and Related Products	144	256. 56
木材加工及木、竹、藤、棕、草制品业	Timber Processing, Bamboo, Cane, Palm Fiber & Straw Products	28	64. 78
家具制造业	Furniture Manufacturing	70	116. 32
造纸及纸制品业	Papermaking and Paper Products	63	177. 40
印刷业和记录媒介的复制	Printing and Record Medium Reproduction	65	121. 61
文教体育用品制造业	Cultural, Educational and Sports Goods	131	212. 40
石油加工、炼焦及核燃料加工业	Petroleum Refining, Coking and Nuclear Fuel Processing	9	509. 50
化学原料及化学制品制造业	Raw Chemical Materials and Chemical Products	94	622. 25
医药制造业	Medical and Pharmaceutical Products	57	160. 56
化学纤维制造业	Chemical Fiber	9	17. 29
橡胶制品业	Rubber Products	23	51. 52
塑料制品业	Plastic Products	187	343. 12
非金属矿物制品业	Nonmetal Mineral Products	185	281. 79
黑色金属冶炼及压延加工业	Smelting and Pressing of Ferrous Metals	26	216. 55
有色金属冶炼及压延加工业	Smelting and Pressing of Nonferrous Metals	42	143. 93
金属制品业	Metal Products	147	332. 85
通用设备制造业	General Purposes Equipment Manufacturing	68	151. 39
专用设备制造业	Special Purposes Equipment Manufacturing	54	99. 38
交通运输设备制造业	Transport Equipment Manufacturing	122	767. 47
电气机械及器材制造业	Electric Equipment and Machinery	376	1538. 45
通信设备、计算机及其他电子设备制造业	Telecommunications, Computers and Other Electronic Equipment Manufacturing	564	5459. 06
仪器仪表及文化、办公用机械制造业	Instruments, Meters, Cultural and Office Machinery	82	529. 13
工艺品及其他制造业	Handicraft and Other Manufacturing	58	107. 15
废弃资源和废旧材料回收工业	Waste Sources and Materials Recovery Processing	1	11. 58
电力、热力的生产和供应业	Production and Supply of Electric Power and Heating Power	112	686. 25
燃气生产和供应业	Production and Supply of Gas	3	8. 81
水的生产和供应业	Production and Supply of Tap Water	24	46. 55

注：1. 本表统计范围为规模以上工业。
　　2. 按新标准划分

MAIN ECONOMIC INDICATORS OF LARGE AND MEDIUM-SIZED INDUSTRIAL ENTERPRISES (2003)

(100 million yuan)

工业增加值 Value Added of Industry	实收资本 Total Capital Hold	年末资产总计 Total Assets at the Year-end	流动资产合计 Total Circulating Funds	流动资产年平均余额 Average Balance of Circulating Funds	固定资产合计 Total Fixed Assets	固定资产净值平均余额 Average Balance of Net Value of Fixed Assets
3858.66	**3135.60**	**13008.58**	**6766.04**	**6437.59**	**5252.96**	**4540.98**
1606.59	1269.08	4920.5	2883.9	2730.58	1598.7	1470.05
2252.07	1866.52	8088.0	3882.1	3707.01	3654.1	3070.94
1512.97	721.17	4069.8	2472.8	2326.17	1342.9	1128.33
2345.68	2414.43	8938.7	4293.2	4111.42	3910	3412.65
2.44	2.92	14.5	6.4	5.32	5.8	5.51
4.78	4.82	14.1	4.4	4.59	8.1	7.32
3.76	8.03	19.5	9	8.87	6.7	6.49
39.68	26.27	153.6	81	95.52	52.2	42.29
58.93	51.20	169.5	91.2	86.67	61.6	59.78
53.99	57.33	194.0	95.9	86.59	66.8	60.27
80.39	18.49	93.8	59.6	56.64	29.9	24.96
94.71	133.60	427.8	226.2	203.89	167.0	156.31
65.84	62.95	202.5	114.1	112.52	68.2	56.93
58.20	64.77	179.2	106.4	107.77	60.6	61.26
17.18	14.44	58.8	31.1	32.36	21.3	22.62
28.68	28.30	97.0	55.7	53.23	24.3	23.53
45.92	82.13	255.0	94.2	89.81	134.3	123.17
33.67	49.76	142.7	76.3	72.15	58.8	54.47
56.41	61.68	178.1	104.7	102.88	62.0	57.63
85.30	74.26	253.5	86.7	81.62	153.4	147.43
217.17	201.62	630.4	302.5	276.71	261.5	219.24
57.80	53.09	225.4	130	121.84	57.7	44.56
4.02	11.89	22.5	9.9	10.21	10.8	10.23
12.95	27.62	66.7	31.5	31.22	27.6	26.45
78.51	117.62	345.7	173.3	171.21	136.0	119.02
85.85	96.08	371.2	160.8	153.46	177.7	147.32
53.76	41.84	306.6	124.7	107.25	164.0	122.63
32.16	33.04	129.6	61.4	60.05	51.4	47.37
81.19	75.53	265.2	166.6	158.01	83.5	73.96
41.93	40.47	170.4	109.8	102.53	45.8	41.76
25.45	32.29	114.2	70.4	61.98	34.5	30.60
209.09	113.10	575.4	362.3	334.72	160.5	140.04
374.45	229.45	1159.6	775.6	724.89	296.9	265.40
1217.23	602.15	3154.1	2203.8	2081.26	742.8	673.93
135.45	72.49	274.3	178.4	169.9	84.3	73.34
29.07	22.07	71.1	40.6	39.67	23.0	21.65
2.02	0.20	3.7	2.9	2.56	0.5	0.48
446.32	583.26	2419.6	566.3	577.98	1732.7	1408.64
1.41	10.24	24.5	6.7	6.72	16.9	15.22
22.92	30.62	223.1	43.8	44.97	162	149.13

Note: a) The statistical coverage in this table refers to the industrial enterprises above designated size.
b) The data in this table are calculated according to the new statistical standards.

12-27 续表

单位：亿元

项　　目	Item	长期负债 Long-term Liabilities	流动负债 Liquid Liabilities
全省总计	**Provincial Total**	**1393.48**	**5790.84**
按轻重工业分	**Grouped by Light & Heavy Industry**		
轻　工　业	Light Industry	228.71	2470.44
重　工　业	Heavy Industry	1164.76	3320.39
按企业规模分	**Grouped by Size of Enterprises**		
大型企业	Large	205.95	2084.28
中型企业	Medium	1187.53	3706.56
按行业分	**Grouped by Sector**		
煤炭开采和洗选业	Coal Mining and Dressing		
石油和天然气开采业	Petroleum and Natural Gas Extraction		
黑色金属矿采选业	Ferrous Metal Minerals Mining and Dressing	2.28	7.38
有色金属矿采选业	Nonferrous Metals Minerals Mining and Dressing	0.86	4.86
非金属矿采选业	Nonmetal Minerals Mining and Dressing	0.50	6.19
农副食品加工业	Farm and Sideline Food Processing	13.18	79.53
食品制造业	Food Manufacturing	10.44	76.18
饮料制造业	Beverage Manufacturing	15.81	80.48
烟草制品业	Tobacco Products	0.95	25.28
纺织业	Textile Industry	29.75	225.00
纺织服装、鞋、帽制造业	Textile Garments, Footwear and Headgear Manufacturing	5.59	108.77
皮革、毛皮、羽毛（绒）及其制品业	Leather, Furs, Down and Related Products	3.59	91.27
木材加工及木、竹、藤、棕、草制品业	Timber Processing, Bamboo, Cane, Palm Fiber & Straw Products	2.39	33.26
家具制造业	Furniture Manufacturing	3.13	44.17
造纸及纸制品业	Papermaking and Paper Products	38.02	104.26
印刷业和记录媒介的复制	Printing and Record Medium Reproduction	3.20	64.95
文教体育用品制造业	Cultural, Educational and Sports Goods	5.56	83.11
石油加工、炼焦及核燃料加工业	Petroleum Refining, Coking and Nuclear Fuel Processing	22.53	87.55
化学原料及化学制品制造业	Raw Chemical Materials and Chemical Products	55.02	229.31
医药制造业	Medical and Pharmaceutical Products	9.70	102.86
化学纤维制造业	Chemical Fiber	2.03	5.45
橡胶制品业	Rubber Products	3.04	25.05
塑料制品业	Plastic Products	21.92	150.14
非金属矿物制品业	Nonmetal Mineral Products	67.01	161.94
黑色金属冶炼及压延加工业	Smelting and Pressing of Ferrous Metals	72.42	127.77
有色金属冶炼及压延加工业	Smelting and Pressing of Nonferrous Metals	7.89	66.71
金属制品业	Metal Products	20.32	146.86
通用设备制造业	General Purposes Equipment Manufacturing	8.99	90.36
专用设备制造业	Special Purposes Equipment Manufacturing	3.96	57.17
交通运输设备制造业	Transport Equipment Manufacturing	36.50	288.70
电气机械及器材制造业	Electric Equipment and Machinery	35.17	678.40
通信设备、计算机及其他电子设备制造业	Telecommunications, Computers and Other Electronic Equipment Manufacturing	100.51	1862.24
仪器仪表及文化、办公用机械制造业	Instruments, Meters, Cultural and Office Machinery	2.12	146.88
工艺品及其他制造业	Handicraft and Other Manufacturing	2.16	35.85
废弃资源和废旧材料回收工业	Waste Sources and Materials Recovery Processing		3.53
电力、热力的生产和供应业	Production and Supply of Electric Power and Heating Power	764.57	449.39
燃气生产和供应业	Production and Supply of Gas	0.60	10.77
水的生产和供应业	Production and Supply of Tap Water	21.78	29.20

12-27 continued

(100 million yuan)

年末所有者权益合计 Total Creditors' Equity at the Year-end	产品销售收入 Sales Revenue	产品销售税金及附加 Sales Tax and Extra Charges	利润总额 Total Profits	利税总额 Total Pre-tax Profits	本年应交增值税 Value Added Tax Payable in Current Year	全部从业人员年平均人数（万人） Annual Average Number of Employed Persons (10000 persons)
5700.72	**14860.39**	**120.63**	**840.6**	**1392.83**	**431.54**	**383.71**
2180.88	5814.58	71.67	293.6	526.52	161.22	229.79
3519.84	9045.81	48.96	547.0	866.31	270.32	153.93
1741.07	6262.54	47.80	348.8	529.68	133.00	87.57
3959.65	8597.84	72.83	491.7	863.15	298.54	296.15
			0.4			
4.8	4.6	0.14	0.7	1.05	0.4	0.34
6.0	11.1	0.07	0.9	1.32	0.4	0.65
12.7	12.2	0.20		1.62	0.5	1.10
59.9	164.4	0.69	4	9.63	4.8	4.61
82.1	154.8	0.30	17.9	28.88	10.6	5.10
92.3	162.5	6.51	13.2	30.04	10.3	2.45
67.6	119.3	42.53	17.9	73.64	13.1	0.76
168.4	384.1	0.47	8	14.18	5.7	16.47
86.1	253	0.64	5.5	11.07	4.9	24.13
80.9	251.1	0.47	3.9	7.38	2.9	29.12
23.0	62.6	0.22	2.3	4.17	1.5	2.08
43.5	114.8	0.21	2.6	4.62	1.7	7.75
112.7	177.2	0.27	7.8	17.07	8.9	4.68
74.1	113.4	0.12	8.3	12.17	3.7	6.72
89.2	209.6	0.32	8.7	10.37	1.3	24.60
131.5	511.6	19.68	7.2	38.69	11.7	1.56
332.5	616	5.34	83.2	128.73	40.1	8.06
112.9	137.1	0.65	18	29.73	11.0	4.12
15.0	18.3	0.01	1.9	2.59	0.6	0.47
38.3	51.2	0.76	2.8	4.98	1.3	2.57
168.2	350.3	0.31	14.9	21.49	6.1	15.78
138.7	269.6	1.41	11.6	23.95	10.9	12.57
106.4	268.6	0.73	18.5	29.94	10.6	3.07
44.7	133.9	0.31	2.6	5.77	2.8	2.66
97.3	328.5	0.50	15.1	20.45	4.7	13.86
70.8	146.2	0.36	8.7	14.15	5.0	4.69
51.6	100.5	0.32	7.3	10.36	2.6	4.36
249.9	767.2	21.85	97.7	155.89	36.3	11.43
434.5	1490	2.25	64.9	96.35	29.2	48.94
1181.2	5280.4	4.34	231	303.72	68.3	86.00
124.4	533.5	3.84	20	26.72	2.8	13.52
32.2	102.7	0.20	3.7	4.78	0.8	7.70
0.2	12.8	0.01	0.1	0.17	0	0.18
1180.4	1486.3	4.10	125.3	240.81	111.4	9.41
13.1	11.7	0.05	-0.1	0.18	0.2	0.36
172.0	47.7	0.45	2.7	6.13	2.8	1.87

12-28 工业产品产量
OUTPUT OF INDUSTRIAL PRODUCTS

产品名称		Item		1995	2002	2003
化学纤维	（万吨）	Chemical Fiber	(10000 tons)	33.94	44.78	42.54
#合成纤维		Synthetic Fiber		32.42	43.99	42.51
纱	（万吨）	Yarn	(10000 tons)	15.90	23.87	23.48
布	（亿米）	Cloth	(100 million m)	11.65	15.42	17.29
#纯棉布		Pure Cotton Cloth		8.05	11.34	12.14
丝	（万吨）	Silk	(10000 tons)	0.27	0.11	0.11
呢绒	（万米）	Woolen Piece Goods	(10000 m)	1263.30	501.90	775.82
机制纸及纸板	（万吨）	Machine-made Paper and Paperboard	(10000 tons)	288.10	410.05	542.69
家用电冰箱	（万台）	Household Refrigerators	(10000 sets)	213.23	317.27	533.38
冷冻箱	（万台）	Freezers	(10000 sets)	13.87	4.19	15.60
家用洗衣机	（万台）	Household Washing Machines	(10000 sets)	187.51	162.16	178.86
吸尘器	（万台）	Dust Catchers	(10000 sets)	566.99	602.85	826.71
电风扇	（万台）	Electric Fans	(10000 sets)	7999.52	8175.50	9900.96
房间空气调节器	（万台）	House Air Conditioners	(10000 sets)	256.79	1323.66	2130.75
排油烟机	（万台）	Smoke Absorbers	(10000 sets)	179.78	42.52	80.71
微波炉	（万台）	Microwave Ovens	(10000 sets)	67.24	1382.20	2082.38
日用精铝制品	（万吨）	Fine Aluminum Products for Daily Use	(10000 tons)	16.64	2.76	3.86
日用陶瓷	（亿件）	Household Ceramics	(100 million pcs)	3.91	24.22	18.66
日用玻璃制品	（万吨）	Daily Use Glassware	(10000 tons)	159.67	72.46	80.84
合成洗涤剂	（万吨）	Synthetic Detergents	(10000 tons)	34.90	42.81	80.78
原盐	（万吨）	Salt	(10000 tons)	25.55	13.00	20.70
糖	（万吨）	Sugar	(10000 tons)	107.22	113.11	113.97
卷烟	（万箱）	Cigarettes	(10000 cases)	157.27	189.87	193.51
罐头	（万吨）	Canned Food	(10000 tons)	14.06	7.29	8.04
饮料酒（混合量）	（万吨）	Alcoholic Beverages (mixed weight)	(10000 tons)	132.52	206.44	230.31
#白酒（商品量）		Spirits (commodity weight)		34.77	14.11	13.13
啤酒		Beer		93.86	188.62	213.79
乳制品	（万吨）	Dairy Products	(10000 tons)	1.39	1.41	2.67
中成药	（万吨）	Traditional Chinese Patent Medicine	(10000 tons)	8.16	15.82	11.26
化学原料药	（万吨）	Chemical Raw Medicine	(10000 tons)	2.48	1.66	1.44
电视机	（万台）	Television Sets	(10000 sets)	882.80	2409.77	3588.28
#彩色电视机		Color TV Sets		763.92	2083.40	3149.15
组合音响	（万部）	Hi-fi Stereo Component System	(10000 units)	2094.09	4134.04	4121.31
照相机	（万架）	Camera	(10000 units)	3277.71	3157.14	3719.15
缝纫机	（万架）	Sewing Machine	(10000 units)	126.92	150.36	121.50
表	（万只）	Watches	(10000 units)	38512.21	15353.66	13558.62
收音机	（万台）	Radios	(10000 sets)	7341.19	3108.48	4613.95
农用化肥	（万吨）	Chemical Fertilizer	(10000 tons)	53.90	18.95	18.30
#氮肥		Nitrogen Fertilizer		35.23	2.47	2.18
磷肥		Phosphate Fertilizer		18.67	16.48	16.12
化学农药	（万吨）	Chemical Pesticide	(10000 tons)	2.02	0.83	0.61
乙烯	（万吨）	Ethylene	(10000 tons)	0.11	56.24	56.01
合成橡胶	（万吨）	Synthetic Rubber	(10000 tons)	5.30	8.86	5.32
轮胎外胎	（万条）	Tires	(10000 pieces)	755.15	546.30	592.53
交流电动机	（万千瓦）	Alternating Current Motors	(10000 kw)	399.67	241.13	247.53
汽车	（万辆）	Motor Vehicles	(10000 units)	2.64	6.52	18.89
#载货汽车		Trucks		0.33	0.42	0.40
客车		Buses		0.74	0.16	0.15
轿车		Cars		1.12	5.94	18.33

12-28 续表 continued

产品名称		Item		1995	2002	2003
摩托车	（万辆）	Motorcycles	（10000 units）	82.29	231.38	276.60
自行车	（万辆）	Bicycles	（10000 units）	744.86	1221.97	1701.37
小型拖拉机	（万台）	Mini tractors	（10000 units）	4.60	1.29	1.50
内燃机	（万千瓦）	Internal Combustion Engine	（10000 kw）	114.00	45.32	42.58
移动通信设备	（万部）	Mobile Communication Equipment	（10000 units）	541.81	48.85	117.05
电话单机	（万部）	Telephone Sets	（10000 units）	8141.80	9212.50	10727.03
传真机	（万部）	Fax Machines	（10000 units）	130.07	122.69	216.00
磁带（折6.30毫米）	（亿米）	Tapes（converted into 6.30 mm）	（100 million m）	479.79	28.63	36.25
微型电子计算机	（万部）	Micro-computers	（10000 units）	41.67	415.69	845.23
半导体集成电路	（亿块）	Semiconductor Integrated Circuit	（100 million pieces）	44.62	22.58	31.23
原煤	（万吨）	Coal	（10000 tons）	1069.38	168.71	202.34
原油	（万吨）	Crude Oil	（10000 tons）	650.97	1934.27	2060.45
汽油	（万吨）	Gasoline	（10001 tons）	286.47	356.64	371.44
柴油	（万吨）	Diesel Oil	（10000 tons）	377.36	685.59	716.37
天然气	（亿立方米）	Natural Gas	（100 million cu. m）	1.03	31.55	26.88
发电量	（亿千瓦小时）	Electricity	（100 million kwh）	821.06	1525.53	1783.80
#水电		Hydropower		131.10	108.62	114.97
生铁	（万吨）	Pig Iron	（10000 tons）	140.95	271.74	348.80
钢	（万吨）	Steel	（10000 tons）	207.44	469.50	595.89
成品钢材	（万吨）	Rolled Steel Products	（10000 tons）	247.26	664.40	788.69
焦炭	（万吨）	Coke	（10000 tons）	54.47	54.72	56.06
水泥	（万吨）	Cement	（10000 tons）	5317.92	5989.26	6872.67
平板玻璃	（万重量箱）	Plate Glass	（10000 wt. cases）	854.78	684.22	739.32
硫酸	（万吨）	Sulphuric Acid	（10000 tons）	111.58	140.75	142.89
纯碱	（万吨）	Soda Ash	（10000 tons）	13.61	27.68	28.81
烧碱	（万吨）	Caustic Soda	（10000 tons）	15.97	17.01	19.73
合成氨	（万吨）	Synthetic Ammonia	（10000 tons）	52.61	14.68	5.43

注：1. 纱包括纯棉纱、棉混纺纱、纯化纤纱，不包括棉线、代用纤维纱和手工纺纱。
2. 布包括纯棉布、棉混纺布、纯化纤布，不包括代用纤维布、手工织布。
3. 农用化肥按有效成分102%计算。
4. 发电设备指500千瓦以上的，包括水轮发电机组、汽轮发电机和燃气轮发电机。
5. 原煤包括无烟煤、烟煤、褐煤，不包括石煤。
6. 原油包括天然原油和人造原油，1995年不包括人造原油。
7. 成品钢材已剔除重复加工的钢材。
8. 1998年以后统计范围为规模以上工业，1998年以前为全社会数。

Note：a）Yarn includes pure and blended cotton yarn，pure chemical fiber yarn，but excludes cotton thread，substitute fiber yarn and hand made yarn.
b）Cloth includes pure and blended cotton cloth，pure chemical fiber cloth and canvas，but excludes substitute fiber cloth，hand woven cloth and cord fabric.
c）The output of chemical fertilizers is calculated on the basis of 100 per cent effective content equivalent.
d）Power generating equipment refers to units with a generating capacity of 500 kw and above，including hydro-turbine generating units，steam turbine generating units and gas turbine generating units.
e）Crude coal includes anthracite，bituminous coal and lignite，but excludes stone coal.
f）Crude oil includes natural and synthetic crude oil. But the synthetic crude oil was excluded in 1995.
g）The output of rolled steel products excludes the steel products reprocessed.
h）Since 1998，the statistical coverage in this table has referred to the industrial enterprises above designated size，whereas it covered the whole society before 1998.

12-29 重点企业集团主要经济指标（2003 年）

单位：万元

项 目	Item	单位数（个）Number of Enterprise Groups (unit)	年末资产合计 Total Assets at the Year-end	固定资产原价 Original Value of Fixed Assets	累计折旧 Depreciation of Fixed Assets
总 计	**Total**	**142**	**104385621**	**54628681**	**16061348**
按集团审批部门分	**Grouped by Examination and Approval Department**				
国务院	State Council				
国务院主管部门	Responsible Department with the State Council	16	13958561	7974256	2362451
省级人民政府	Provincial People's Government	57	59828152	33557072	9045281
省级人民政府主管部门	Responsible Department with the Provincial People's Government	11	3634501	1549018	457380
其他	Others	58	26964407	11548335	4196236
按母公司控股情况分	**Grouped by Shares Held by Parent Company**				
国有及国有控股小计	State-owned Enterprises and Joint-ownership Enterprises	121	94840146	51231112	14877563
国有绝对控股	Shares Absolutely Held by State	105	85645569	48424565	13989118
国有相对控股	Shares Relatively Held by State	16	9194577	2806547	888445
集体及集体控股小计	Collective-owned and Collective-holding Enterprises	7	2328951	844962	280379
集体绝对控股	Shares Absolutely Held by Collective	5	1099806	335055	140458
集体相对控股	Shares Relatively Held by Collective	2	1229145	509907	139921
其他	Others	14	7216524	2552607	903406
按集团主营行业类别分	**Grouped by Sector of Main Business**				
第一产业合计	Primary Industry	2	1154073	608725	156135
农、林、牧、渔业	Farming, Forestry, Animal Husbandry and Fishery	2	1154073	608725	156135
第二产业合计	Secondary Industry	95	88089982	49200585	14395273
工业小计	Industry	88	73668550	41455230	13341035
采掘业	Mining and Dressing	1	147282	91841	39703
制造业	Manufacturing	75	40753405	15558189	5530684
电力、煤气及水的生产和供应业	Electric Power, Gas and Water Production and Supply	12	32767863	25805200	7770648
建筑业	Construction	7	14421432	7745355	1054238
第三产业合计	Tertiary Industry	45	15141566	4819371	1509940
交通运输、仓储和邮政业	Transport, Storage and Postal Services	7	3813979	1827906	626037
批发和零售业	Wholesale and Retail Trade	17	4695872	1357391	362971
住宿和餐饮业	Hotels and Catering Services	1	90399	48542	22149
金融保险业	Finance and Insurance	1	884640	156521	27722
房地产业	Real Estate	14	4399318	891647	278386
其他合计	Others	5	1257358	537364	192675
租赁和商务服务业	Leasing and Business Services	5	1257358	537364	192675
按母公司登记注册类型分	**Grouped by Ownership of Parent Company**				
国有企业	State-owned Enterprises	31	15336643	6174642	2104834
公司制企业小计	Incorporated Enterprises	106	86350449	47912115	13753719
国有独资公司	Companies Exclusively Funded by State	54	54962227	32941671	8801499
其他有限责任公司	Other Limited Liability Companies	20	16438960	9744031	3154155
股份有限公司	Share-holding Companies	27	13165727	4461775	1481667
中外合资企业	Sino-foreign Joint Ventures	2	551260	174816	79705
港澳台合资企业	Joint Ventures with Hong Kong, Macao and Taiwan	3	1232275	589822	236693
其他	Others	5	2698529	541924	202795

MAIN ECONOMIC INDICATORS OF KEY ENTERPRISE GROUPS (2003)

(10000 yuan)

本年折旧 Depreciation in Current Year	累计对外投资 Cumulative Foreign Investment	本年对外投资 Foreign Investment in Current Year	存货 Inventory	流动资产年平均余额 Annual Average Balance of Circulating Funds	应收帐款 Debts Receivable	年末负债合计 Total Liabilities at the Year-end	年末股东（所有者）权益总计 Total Shareholders´(Creditors´) Equity at the Year-end	股本（实收资本） Stock Capital (Total Capital Hold)	投资收益 Investment Revenue
2425599	**6608073**	**1168771**	**10825534**	**44788947**	**7431630**	**58931690**	**45453931**	**17720281**	**550216**
369312	1236020	145725	1316956	5781272	1113543	8652425	5306136	1623067	18673
1404351	3541940	821850	4313664	23835989	3710159	32590732	27237420	11473634	406622
48877	135842	8091	340803	1776909	386081	2314036	1320465	722981	-302
603059	1694271	193105	4854111	13394777	2221847	15374497	11589910	3900599	125223
2253010	6273331	1121111	9129463	39630212	6445646	53053819	41786327	16434162	539424
2104970	6048221	1127213	6832338	33730071	5179081	47378028	38267541	15531247	529858
148040	225110	-6102	2297125	5900141	1266565	5675791	3518786	902915	9566
26682	110199	6720	271974	1222299	185207	1617201	711750	325257	-15140
16002	27083	6220	111716	749377	81231	856962	242844	202099	-17064
10680	83116	500	160258	472922	103976	760239	468906	123158	1924
145907	224543	40940	1424097	3936436	800777	4260670	2955854	960862	25932
21408	97243		106620	482698	48691	769404	384669	207862	2966
21408	97243		106620	482698	48691	769404	384669	207862	2966
2240228	4947753	1077337	7786469	36274858	6324077	48566901	39523081	14883223	426019
2060243	3024862	379481	7056579	32393116	5593501	39958938	33709612	12698563	359104
3716	8662	3113	19130	80621	21088	81278	66004	58420	292
758539	2009792	149906	6354482	23184353	4603348	24849164	15904241	5612207	113010
1297988	1006408	226462	682967	9128142	969065	15028496	17739367	7027936	245802
179985	1922891	697856	729890	3881742	730576	8607963	5813469	2184660	66915
163963	1563077	91434	2932445	8031391	1058862	9595385	5546181	2629196	121231
74998	650019	20590	368111	1181797	105497	1089829	2724150	842608	87361
33706	327269	25999	489938	2935231	552071	3714958	980914	623032	12986
3865			4556	45255	1083	59506	30893	28398	113
8092	65859	2459	12048	633618	10785	611662	272978	251991	2730
26198	363179	30152	1837076	2571927	310574	3414891	984427	588869	1496
17104	156751	12234	220716	663563	78852	704539	552819	294298	16545
17104	156751	12234	220716	663563	78852	704539	552819	294298	16545
258172	2397043	762398	1350784	6632879	1022904	9038257	6298386	2352699	77355
2140803	4182197	406373	8783210	36366839	6069030	47893176	38457273	15212539	464491
1392852	2809739	205815	3325611	20860075	2895527	29226115	25736112	11496722	427070
520918	753052	135332	2047947	6377541	1302026	9828237	6610723	1866212	26193
182671	506882	40236	3169774	8180920	1641618	7800262	5365465	1657488	12333
11860	9674	3090	54684	344795	85297	357774	193486	66075	30
32502	102850	21900	185194	603508	144562	680788	551487	126042	-1135
26624	28833		691540	1789229	339696	2000257	698272	155043	8370

12-29 续表

单位：万元

项目	Item	营业收入 Business Revenue	主营业务收入 Main Business Revenue	主营业务成本 Main Business Cost	主营业务税金及附加 Tax and Extra Charges of Main Business	其他业务收入 Other Business Revenue	营业外收入 Nonbusiness Revenue
总计	**Total**	**68631885**	**66877579**	**55220001**	**624191**	**1754306**	**301811**
按集团审批部门分	**Grouped by Examination and Approval Department**						
国务院	State Council						
国务院主管部门	Responsible Department with the State Council	6371361	6300996	5023966	36129	70365	19199
省级人民政府	Provincial People's Government	42272437	41758937	35964607	397660	513500	134616
省级人民政府主管部门	Responsible Department with the Provincial People's Government	2341375	2304413	1900683	34212	36962	10175
其他	Others	17646712	16513233	12330745	156190	1133479	137821
按母公司控股情况分	**Grouped by Shares Held by Parent Company**						
国有及国有控股小计	State-owned Enterprises and Joint-ownership Enterprises	60172966	58558914	49168207	557872	1614052	289635
国有绝对控股	Shares Absolutely Held by State	49279212	47751490	40251358	522093	1527722	262048
国有相对控股	Shares Relatively Held by State	10893754	10807424	8916849	35779	86330	27587
集体及集体控股小计	Collective-owned and Collective-holding Enterprises	1882428	1869439	1672189	6572	12989	5157
集体绝对控股	Shares Absolutely Held by Collective	743009	732046	648741	1422	10963	1158
集体相对控股	Shares Relatively Held by Collective	1139419	1137393	1023448	5150	2026	3999
其他	Others	6576491	6449226	4379605	59747	127265	7019
按集团主营行业类别分	**Grouped by Sector of Main Business**						
第一产业合计	Primary Industry	417543	412330	342104	4257	5213	2647
农、林、牧、渔业	Farming, Forestry, Animal Husbandry and Fishery	417543	412330	342104	4257	5213	2647
第二产业合计	Secondary Industry	57662239	56188882	46012887	518900	1473357	217382
工业	Industry	53380217	51992334	42489129	422667	1387883	199956
采掘业	Mining and Quarrying	73549	72398	58749	2022	1151	300
制造业	Manufacturing	37816060	36518933	29424216	322158	1297127	171441
电力、煤气及水的生产和供应业	Electric Power, Gas and Water Production and Supply	15490608	15401003	13006164	98487	89605	28215
建筑业	Construction	4282022	4196548	3523758	96233	85474	17426
第三产业合计	Tertiary Industry	10552103	10276367	8865010	101034	275736	81782
交通运输、仓储和邮政业	Transport, Storage and Postal Services	1183745	1082329	739527	22876	101416	7814
批发和零售业	Wholesale and Retail Trade	7205491	7092881	6547880	12500	112610	47751
住宿和餐饮业	Hotels and Catering Services	28014	28014	10249	984		316
金融保险业	Finance and Insurance	77176	77176	58914	292		820
房地产业	Real Estate	1494250	1444589	1046799	56642	49661	17282
其他合计	Others	563427	551378	461641	7740	12049	7799
租赁和商务服务业	Leasing and Business Services	563427	551378	461641	7740	12049	7799
按母公司登记注册类型分	**Grouped by Ownership of Parent Company**						
国有企业	State-owned Enterprises	8184679	7999656	6753603	86257	185023	58045
公司制企业小计	Incorporated Enterprises	57055254	56468385	46427127	526055	586869	226909
国有独资公司	Companies Exclusively Funded by State	32849405	32414645	27737466	382305	434760	171566
其他有限责任公司	Other Limited Liability Companies	9474304	9428208	6956953	46688	46096	28382
股份有限公司	Share-holding Companies	13571280	13468168	10904705	58755	103112	24683
中外合资企业	Sino-foreign Joint Ventures	588427	587821	456170	35929	606	195
港澳台合资企业	Joint Ventures with Hong Kong, Macao and Taiwan	571838	569543	371833	2378	2295	2083
其他	Others	3391952	2409538	2039271	11879	982414	16857

12-29 continued

(10000 yuan)

新产品销售收入 Sales Revenue of New Products	存货跌价损失和营业、管理、财务等费用合计 Total Loss of Stock due to Drop in Price and Expenses on Operation, Management and Finance	#税金 Taxes	劳动、待业保险费 Expenses on Labor and Unemployed Insurance	利息支出 Interest Expenditure	利润总额 Total Profits	应交所得税 Income Tax Payable	应缴增值税 Value Added Payable	固定资产投资完成额 Completed Investment in Fixed Assets	研究开发费用 Expenditure on Research and Development
11996514	**8193749**	**135649**	**328152**	**1227727**	**4171443**	**785329**	**2100266**	**4288221**	**923499**
340821	1244666	7519	37956	310286	438070	81469	149100	243419	33398
7818032	3573279	73942	154831	584425	2385038	466768	1238033	2553034	294461
964012	268768	3253	15934	44393	98741	26951	66825	250484	35973
2873649	3107036	50935	119431	288623	1249594	210141	646308	1241284	559667
9457254	6567322	124642	318541	1126988	3578885	685679	1754003	3791428	513263
4822461	5066885	114096	296001	1030258	3142959	634480	1604205	3549214	173338
4634793	1500437	10546	22540	96730	435926	51199	149798	242214	339925
474812	156526	573	1332	16934	16362	8061	31856	136886	9771
75952	73854	207	1138	5460	-14612	3024	20750	16965	6081
398860	82672	366	194	11474	30974	5037	11106	119921	3690
2064448	1469901	10434	8279	83805	576196	91589	314407	359907	400465
	77574	651	19704	19848	6283	35	7382	47472	101
	77574	651	19704	19848	6283	35	7382	47472	101
11989428	6913680	93246	227978	1022837	3870337	700302	2039813	3720191	921610
11980051	6437121	66139	189618	860294	3674861	642586	2020302	2232790	908780
192	10346		2146	1271	625	423	2130	3000	159
11979859	5433191	52335	147557	455202	2004870	330418	1097796	1453803	903699
	993584	13804	39915	403821	1669366	311745	920376	775987	4922
9377	476559	27107	38360	162543	195476	57716	19511	1487401	12830
7086	1202495	41752	80470	185042	294823	84992	53071	520558	1788
	217110	14332	28883	15830	208441	32242	4344	231398	52
7086	519693	12149	32047	73289	60454	28003	37253	19760	779
	18374	113	452	312	-2521	141	81		
	22771	84	373	7670	-2267	544	2678	4393	15
	340556	8126	13304	79979	17167	19671	3333	264113	308
	83991	6948	5411	7962	13549	4391	5382	894	634
	83991	6948	5411	7962	13549	4391	5382	894	634
171133	1126161	34961	96969	221790	172215	73031	157444	393144	27892
10878965	6817850	92786	230346	988954	3895771	702923	1891977	3815819	885824
2880753	2737607	69641	171019	535378	2212164	457157	1138569	2487358	67519
1910647	1825288	10252	11701	298206	1044652	157456	451526	692054	365062
5496232	2027479	11386	42350	131860	557550	72395	246104	559884	425911
458645	80226	470	2892	4244	30785	7050	23548	15466	23780
132688	147250	1037	2384	19266	50620	8865	32230	61057	3552
946416	249738	7902	837	16983	103457	9375	50845	79258	9783

12-30 重点企业集团财务指标
FINANCIAL INDICATORS OF KEY ENTERPRISE GROUPS

单位：万元 (10000 yuan)

指　　标	Item	2002	2003
企业集团单位总数	Total Number of Enterprise Groups	142	142
年末资产总计	Total Assets at the Year-end	98678997	104385621
固定资产原价	Original Value of Fixed Assets	47464133	54628681
累计折旧	Cumulative Depreciation	14129052	16061348
#本年折旧	Depreciation in Current Year	2230542	2425599
累计对外投资	Cumulative Foreign Investment	7686319	6608073
#本年对外投资	Foreign Investment in Current Year	2484417	1168771
存货	Inventory	10211303	10825534
流动资产年平均余额	Annual Average Balance of Circulating Funds	43350538	44788947
应收帐款	Debts Receivable	6896743	7431630
年末负债合计	Total Liabilities at the Year-end	56777037	58931690
流动负债	Liquid Liabilities	38582275	40808953
年末少数股东权益	Minority of Creditors´Equity at the Year-end	6400067	6826628
年末股东（所有者）权益合计	Total Shareholders´ (Creditors´) Equity at the Year-end	35501893	38627303
股本（实收资本）	Capital Stock (Total Capital Hold)	16642151	17720281
主营业务收入	Revenue of Main Business	54846937	66877579
#主营业务成本	Costs of Main Business	44099118	55220001
主营业务税金及附加	Taxes and Extra Charges	479292	624191
其他业务收入	Other Business Revenue	1621817	1754306
新产品销售收入	Sales Revenue of New Products	8881528	11996514
出口销售总额	Total Export Sales	10358658	13232237
存货跌价损失和营业、管理、财务等费用合计	Total Losses of Stock due to Drop in Price and Expenses on Operation, Management and Finance	7464014	8193749
#税金	Taxes	121245	135649
劳动、待业保险费	Expenses on Labor and Unemployed Insurance	316057	328152
#利息支出	Interest Expenditure	1301028	1227727
投资收益	Investment Revenue	433015	550216
营业外收入	Nonbusiness Revenue	442377	301811
利润总额	Total Profits	3641574	4171443
应交所得税	Income Tax Payable	1009676	785329
应缴增值税	Value Added Tax Payable	1932125	2100266
固定资产投资完成额	Completed Investment in Fixed Assets	3466472	4288221
研究开发费用	Expenditure on Research and Development	852152	923499

12-31 重点企业集团劳动工资及主营业务指标
WAGES AND MAIN BUSINESS INDICATORS OF KEY ENTERPRISE GROUPS

指　　标	Item	2002	2003
年末从业人员 （人）	Number of Employed Persons at the Year-end (person)	1029217	1045066
#在岗职工	Fully Employed Staff and Workers	997183	997470
其他从业人员	Others	32034	47596
研究开发人员	Persons Engaged in Research and Development	39628	41215
从业人员劳动报酬 （万元）	Earnings of Employed Persons (10000 yuan)	2582531	2907905
#在岗职工	Fully Employed Staff and Workers	2538057	2845477
其他从业人员	Others	44474	62428
研究开发人员劳动报酬	Earnings of Persons Engaged in Research and Development	239062	285505
主营业务指标	**Main Business**		
农林牧渔业总产值（现价） （万元）	Total Value of Farming, Forestry, Animal Husbandry and Fishery (at current prices) (10000 yuan)	333604	290580
采掘业工业总产值（现价） （万元）	Total Value of Mining and Quarrying Industry (at current prices) (10000 yuan)	20720	31501
制造业工业总产值（现价） （万元）	Total Value of Manufacturing Industry (at current prices) (10000 yuan)	28113755	34845829
电力、煤气及水的生产和供应业工业总产值（现价） （万元）	Total Value of Electric Power, Gas and Water Production and Supply (at current prices) (10000 yuan)	10676041	12088725
建筑业总产值（现价） （万元）	Total Value of Construction (at current prices) (10000 yuan)	2198957	2867725
交通运输业	Transport		
货运量 （万吨）	Freight Traffic (10000 tons)	42385	25337
客运量 （万人）	Passenger Traffic (10000 persons)	64737	64059
批发零售业商品销售总额 （万元）	Total Sales of Commodities by Wholesale and Retail Trade (10000 yuan)	10111951	12443818
外贸企业	Foreign Trade Enterprises		
进出口总额 （万美元）	Total Exports and Imports (USD 10000)	643257	687053
#出口额 （万美元）	Exports (USD 10000)	394042	448730

注：按142户企业集团汇总。
Note: The data refer to the tabulation of 142 enterprise groups.

12-32 重点企业主要经济指标（2003 年）

单位：万元

项目	Item	单位数（个）Number of Enterprises (unit)	注册资本金合计 Total Registered Capital	年末资产合计 Total Assets at the Year-end	固定资产原价 Original Value of Fixed Assets	累计折旧 Depreciation of Fixed Assets
总计	**Total**	**123**	**2447256**	**15694505**	**6231231**	**2238995**
按控股情况分	**Grouped by Shares Held**					
国有绝对控股	Shares Absolutely Held by State	78	1769326	10266708	4112911	1368619
国有相对控股	Shares Relatively Held by State	15	412631	1758249	894052	345377
集体绝对控股	Shares Absolutely Held by Collective	4	49436	1761099	273047	125801
集体相对控股	Shares Relatively Held by Collective	4	19583	679366	319035	139619
其他	Others	22	196280	1229083	632186	259579
按企业规模分	**Grouped by Size of Enterprises**					
大型	Large	41	1838967	12198338	4703240	1686606
中型	Medium	45	407001	2718342	1252201	476492
小型	Small	26	105136	462365	226489	60870
其他	Others	11	96152	315460	49301	15027
按主营行业分	**Grouped by Sector of Main Business**					
农、林、牧、渔业	Farming, Forestry, Animal Husbandry and Fishery					
采掘业	Mining and Quarrying	1	14919	65805	53091	23704
制造业	Manufacturing	69	1606367	10103724	4599504	1744035
电力、煤气及水的生产和供应业	Production and Supply of Electric power, Gas and Water	2	29279	784593	239727	68569
建筑业	Construction	6	136413	926734	95236	44090
运输邮电业	Transport and Postal Services	2	83650	268641	336880	107566
批发和零售业	Wholesale and Retail Trade	34	367928	2665603	765633	210603
住宿和餐饮业	Hotels and Catering Services	4	55988	152784	50643	12778
金融保险业	Finance and Insurance					
房地产业	Real Estate Trade	3	107693	500594	72404	21436
租赁和商务服务业	Leasing and Business Services	2	45019	226027	18113	6214
按登记注册类型分	**Grouped by Registration Ownership**					
国有企业	State-owned Enterprises	33	824947	4504159	1338414	401250
国有独资企业	Companies Exclusively Funded by State	18	302054	2998076	1465119	424000
其他有限责任公司	Other Limited Liability Companies	29	383219	3032277	1150967	487687
股份有限公司	Share-holding Companies	37	721333	3147372	1730502	703567
中外合资企业	Sino-foreign Joint Ventures	2	31007	103542	85048	37376
港澳台合资企业	Joint Ventures with Hong Kong, Macao and Taiwan	2	142468	304957	247510	93350
其他	Others	2	42228	1604122	213671	91765
国家重点企业	**Key State Enterprise Groups**	**13**	**640565**	**5590106**	**2823624**	**1027560**

MAIN ECONOMIC INDICATORS OF KEY ENTERPRISES (2003)

(10000 yuan)

本年折旧 Depreciation in Current Year	存货 Inventory	累计对外投资 Cumulative Foreign Investment	#本年对外投资 Foreign Investment in Current Year	流动资产年平均余额 Annual Average Balance of Circulating Funds	应收帐款 Debts Receivable	年末负债合计 Total Liabilities at the Year-end	流动负债 Liquid Liabilities	年末股东（所有者）权益合计 Total Shareholders' (Creditors') Equity at the Year-end	股本（实收资本）Capital Stock (Total Capital Hold)	投资收益 Investment Revenue	营业外收入 Nonbusiness Revenue
258192	**2445267**	**1034602**	**137584**	**8696217**	**1320732**	**10396728**	**8916857**	**5297777**	**2342736**	**108114**	**65658**
153647	1254247	756192	111741	5315323	790172	6605254	5596104	3661454	1613060	51995	46478
43099	442666	126984	9437	982735	144671	1147004	898578	611245	412992	44618	2344
13621	465593	39839		1489973	221465	1305412	1276023	455687	53945	5230	9610
15316	97802	54717		354723	87944	485504	468309	193862	19582	-102	4294
32509	184959	56870	16406	553463	76480	853554	677843	375529	243157	6373	2932
197058	2170980	671941	76639	7093034	1038511	8142337	7024721	4056001	1588036	64501	44247
49848	239532	263534	60764	1224355	240842	1611397	1320021	1106945	595640	42454	15313
9392	30112	16885	163	206277	39474	274174	227135	188191	104574	1372	4552
1894	4643	82242	18	172551	1905	368820	344980	-53360	54486	-213	1546
0	0										
2928	8508	1463		30505	5367	40056	39581	25749	14919	7	89
206145	1641041	551263	91789	5440507	838525	6405203	5373420	3698521	1335042	90362	47655
10622	27177	8091	7301	372308	24328	238261	190914	546332	197499	8164	163
6405	180997	141756	36539	638181	136469	747072	661512	179662	141071	2204	1295
9438	1523	5437	147	27870	6494	136891	77324	131750	83650	123	1366
20051	327280	158265	5145	1632612	267858	2115568	1944501	550035	358899	10221	12705
662	237	64332	2842	46137	26749	53896	53865	98888	75105	-8829	590
1255	258504	22732	-6179	378181	14942	362009	293523	138585	98974	6211	320
686		81263		129916		297772	282217	-71745	37577	-349	1475
40595	706721	307232	46229	2706600	367639	3127200	2793995	1376959	776242	20713	20620
66090	290349	282152	26962	1334355	231829	1932586	1484326	1065490	311982	-1013	18592
55072	387983	168671	36792	1469708	216505	1985277	1816453	1047000	327662	33998	11857
70323	579604	237750	27601	1665893	245730	1924914	1545839	1222458	720218	49186	3192
4493	10369			45879	11275	50175	38218	53367	31007		18
11642	17952	1282		91334	43952	196958	85878	107999	142661		1769
9977	452289	37515		1383048	203802	1179618	1152148	424504	32964	5230	9610
134110	**596296**	**344698**	**55947**	**2641321**	**444951**	**3299664**	**2620350**	**2290442**	**698639**	**50558**	**14689**

12-32 续表

单位：万元

项目	Item	营业收入 Business Revenue	主营业务收入 Main Business Revenue	新产品销售收入 Sales Revenue of New Products	出口销售总额 Total Export Sales	主营业务成本 Main Business Cost
总　计	**Total**	**12372044**	**11343353**	**1233934**	**2555669**	**9891145**
按控股情况分	**Grouped by Shares Held**					
国有绝对控股	Shares Absolutely Held by State	7789079	7671813	231857	1392853	6833671
国有相对控股	Shares Relatively Held by State	803416	756445	84510	63642	628981
集体绝对控股	Shares Absolutely Held by Collective	2054702	1212377	461876	211735	998502
集体相对控股	Shares Relatively Held by Collective	1050961	1046538	403960	826366	966195
其他	Others	673886	656180	51731	61073	463796
按企业规模分	**Grouped by Size of Enterprises**					
大型	Large	10675827	9686562	1114913	2429747	8554614
中型	Medium	1466503	1439372	119021	120553	1157970
小型	Small	196815	190983		5369	155207
其他	Others	32899	26436			23354
按主营行业分	**Grouped by Sector of Main Business**					
农、林、牧、渔业	Farming，Forestry，Animal Husbandry and Fishery					
采掘业	Mining and Quarrying	25339	25271			17514
制造业	Manufacturing	6927099	5982349	1233905	1401180	4965752
电力、煤气及水的生产和供应业	Production and Supply of Electric power，Gas and Water	209434	206297		189	190540
建筑业	Construction	715627	704522			642845
交通运输、仓储和邮政业	Transport and Postal Services	85539	84185			57538
批发和零售业	Wholesale and Retail Trade	4297167	4237255	29	1154300	3949603
住宿和餐饮业	Hotels and Catering Services	9186	9151			2565
金融保险业	Finance and Insurance					
房地产业	Real Estate Trade	96288	94323			64788
租赁和商务服务业	Leasing and Business Services	6365				
按登记注册类型分	**Grouped by Registration Ownership**					
国有企业	State-owned Enterprises	3989257	3954341	58619	836515	3679430
国有独资企业	Companies Exclusively Funded by State	1835418	1799156	103987	354110	1546366
其他有限责任公司	Other Limited Liability Companies	2590869	2548573	439071	901633	2259028
股份有限公司	Share-holding Companies	1771174	1715970	170381	277352	1333928
中外合资企业	Sino-foreign Joint Ventures	74201	60070		10691	29418
港澳台合资企业	Joint Ventures with Hong Kong，Macao and Taiwan	139684	136127		2181	111203
其他	Others	1971441	1129116	461876	173187	931772
国家重点企业	**Key State Enterprise Groups**	**3966867**	**3889427**	**666646**	**1065385**	**3354689**

(10000 yuan)

主营业务税金及附加 Main Business Tax and Extra Charges	其他业务收入 Other Business Revenue	存货跌价损失和营业、管理、财务等费用合计 Total Loss of Stock due to Drop in Price and Expenses on Operation, Management and Finance	税金 Taxes	劳动、待业保险费 Expenses on Labor and Unemployed Insurance	利息支出 Interest Expenditure	利润总额 Total Profits	应交所得税 Income Tax Payable	应缴增值税 Value Added Tax Payable	固定资产投资完成额 Completed Investment in Fixed Assets	研究开发费用 Expenditure on Research and Development
58549	**1028691**	**1230008**	**13498**	**59342**	**191485**	**341228**	**109776**	**287369**	**350631**	**77691**
42169	117266	731433	11048	48658	131813	204718	86367	170804	247145	18440
5185	46971	120668	1145	5088	32781	48234	6117	21331	49801	5332
4286	842325	183203	12	2	9683	46397	7302	45080	31709	9685
1564	4423	63462	98	342	4429	15477	4143	9827	5350	31600
5345	17706	131242	1195	5252	12779	26402	5847	40327	16626	12634
43978	989265	923582	8887	42289	140944	287796	94927	230906	306151	64575
11575	27131	266367	4111	13324	32600	59383	13009	53582	33957	13106
2543	5832	20403	383	2311	3065	3569	1791	2273	6171	10
453	6463	19656	117	1418	14876	-9520	49	608	4352	
559	68	6757	50	1349	433	183	60	2608	4086	74
30972	944750	802156	6400	27492	124084	268000	78122	231389	306528	77366
379	3137	12202	1431	3	3494	19146	5286	7195		
14322	11105	29684	464	4284	2511	22602	7781	28	11349	
2646	1354	15505	127	2775	4845	4917	1300	68	15208	15
6144	59912	311126	4541	21549	33149	39072	15660	45498	12795	26
317	35	7486	170	420	982	-9744	5	52	665	
3210	1965	29109	315	351	8074	5543	1562	531		210
	6365	15983		1119	13913	-8491				
10580	34916	306922	5419	15396	58073	19248	16639	30317	43428	4385
10822	36262	137012	2068	10561	42111	124828	47851	66126	154935	11840
16486	42296	246778	2775	17031	27680	67482	20649	44916	29175	37360
16407	55204	331358	3097	13331	49101	78109	15178	86124	79132	14377
	14131	5529	85	556	2255	-251	456	5453	1024	
28	3557	19348	54	2465	2702	5987	1887	9756	11228	44
4226	842325	183061		2	9563	45825	7116	44677	31709	9685
16922	**77440**	**401711**	**3783**	**11815**	**65222**	**180327**	**60327**	**133740**	**228284**	**53604**

12-33 重点企业财务指标
FINANCIAL INDICTORS OF KEY ENTERPRISES

单位：万元 (10000 yuan)

指　　标	Item	2002	2003
单位个数	Number of Enterprises	123	123
年末资产总计	Total Assets at the Year-end	14767927	15694505
固定资产原价	Original Value of Fixed Assets	5816974	6231231
累计折旧	Cumulative Depreciation	2009173	2238995
#本年折旧	Depreciation in Current Year	261030	258192
累计对外投资	Cumulative Foreign Investment	925191	1034602
#本年对外投资	Foreign Investment in Current Year	101272	137584
存货	Inventory	2198954	2445267
流动资产年平均余额	Annual Average Balance of Circulating Funds	8097163	8696217
应收帐款	Debts Receivable	1238197	1320732
年末负债合计	Total Liabilities at the Year-end	9643775	10396728
流动负债	Liquid Liabilities	8104110	8916875
年末股东（所有者）权益合计	Total Shareholders´ (Creditors´) Equity at Year-end	5124152	5297777
股本（实收资本）	Capital Stock (Total Capital Hold)	2399926	2342736
营业收入	Business Revenue	10009174	12372044
主营业务收入	Revenue of Main Business	9214451	11343353
#出口销售总额	Total Export Sales	2130543	2555669
#主营业务成本	Costs of Main Business	7725515	9891145
主营业务税金及附加	Tax and Extra Charges	53018	58549
其他业务收入	Other Business Revenue	794723	1028691
新产品销售收入	Sales Revenue of New Products	1043862	1233934
存货跌价损失和营业、管理、财务等费用合计	Total Losses of Stock due to Drop in Price and Expenses on Operation, Management and Finance	1190790	1230008
#税金	Taxes	17953	13498
劳动、待业保险费	Expenses on Labor and Unemployed Insurance	67848	59342
#利息支出	Interest Expenditure	194098	191485
投资收益	Investment Revenue	98317	108114
营业外收入	Nonbusiness Revenue	53136	65658
利润总额	Total Profits	118742	341228
应交所得税	Income Tax Payable	80699	109776
应缴增值税	Value Added Tax Payable	258802	287369
固定资产投资完成额	Completed Investment in Fixed Assets	303326	350631
研究开发费用	Expenditure on Research and Development	85141	77691

注：重点企业数据是对广东省123家建立现代企业制度重点企业跟踪监测调查所得

Note: The data of key enterprises are obtained on the basis of the tracking monitoring survey of 123 key enterprises establishing modern enterprise system.

12-34 重点企业劳动工资和主营业务指标

WAGES AND MAIN BUSINESS INDICATORS OF KEY ENTERPRISES

指　　标	Item	2002	2003
单位数（个）	Number of Enterprises (unit)	123	123
年末从业人员（人）	Number of Employed Persons at the Year-end (person)	199585	207314
#在岗职工	Fully Employed Staff and Workers	196955	204947
其他从业人员	Others	2630	2367
从业人员劳动报酬（万元）	Earnings of Employed Persons (10000 yuan)	388235	427853
#在岗职工	Fully Employed Staff and Workers	385226	424917
其他从业人员	Others	3009	2936
主营业务指标	**Main Business**		
农林牧渔业总产值（现价）（万元）	Total Value of Farming, Forestry, Animal Husbandry and Fishery (at current prices) (10000 yuan)		
采掘业工业总产值（现价）（万元）	Total Value of Mining and Quarrying Industry (at current prices) (10000 yuan)	19586	22850
制造业工业总产值（现价）（万元）	Total Value of Manufacturing Industry (at current prices) (10000 yuan)	4913487	5949390
电力、煤气及水的生产和供应业工业总产值（现价）（万元）	Total Value of Electric Power, Gas and Water Production and Supply (at current prices) (10000 yuan)	121378	116460
建筑业总产值（现价）（万元）	Total Value of Construction (at current prices) (10000 yuan)	367507	514247
交通运输业	Transport		
货运量（万吨）	Freight Traffic (10000 tons)	1410	1563
客运量（万人）	Passenger Traffic (10000 persons)	957	905
批发零售贸易业商品销售总额（万元）	Total Sales of Commodities by Wholesale and Retail Trade (10000 yuan)	3565262	4895078
外贸企业	Foreign Trade Enterprises		
进出口总额（万美元）	Total Exports and Imports (USD 10000)	176512	178018
#出口额（万美元）	Exports (USD 10000)	127863	129094

12-35 企业家信心指数（2003 年）
ENTREPRENEURS' CONFIDENCE INDEX (2003)

项　　目	Item	一季度 1st Quarter	二季度 2nd Quarter	三季度 3rd Quarter	四季度 4th Quarter
总指数	Total Index	130.35	115.66	131.95	135.74
按行业分	**Grouped by Sector**				
工业	Industry	130.55	123.58	132.79	138.42
# 采掘业	Mining and Dressing	139.52	119.16	112.02	150.79
制造业	Manufacturing	129.94	121.44	131.94	138.83
电力、煤气及水的生产与供应业	Production and Supply of Electric Power, Gas and Water	135.10	138.76	142.28	142.42
建筑业	Construction	119.97	118.91	117.48	117.18
交通运输、仓储及邮政业	Transport, Storage and Postal Services	117.96	66.03	129.92	125.80
批发和零售业	Wholesale and Retail Trade	125.67	116.37	123.28	122.86
房地产业	Real Estate	128.70	130.08	131.63	138.40
社会服务业	Social Services	133.17	74.44	123.33	129.54
信息传输、计算机服务和软件业	Data Transmission, Computer Services and Software	162.83	135.79	159.46	162.13
住宿和餐饮业	Hotels and Catering Services	110.02	47.57	122.17	123.40
按企业登记注册类型分	**Grouped by Registration Ownership**				
国有企业	State-owned Enterprises	126.03	103.84	127.96	131.78
集体企业	Collective-owned Enterprises	109.93	101.32	113.41	109.91
股份合作企业	Cooperative Enterprises	113.10	102.82	127.73	125.63
联营企业	Joint Ownership Enterprises	105.26	100.93	112.75	111.11
有限责任公司	Limited Liability Companies	129.42	119.82	131.61	128.21
股份有限公司	Share-holding Companies	139.09	114.84	139.90	154.31
私营企业	Private Enterprises	120.99	116.36	129.07	133.59
外商及港、澳、台投资企业	Enterprises Funded by Foreigners or Investors from Hong Kong, Macro and Taiwan	136.66	120.45	139.42	145.20
按企业规模分	**Grouped by Size of Enterprises**				
总大型	Total Large	146.66	127.69	152.02	158.46
# 特大型	Extraordinary Large	118.97	111.74	125.20	142.10
大型	Large	154.78	132.37	159.89	163.26
中小型	Small and Medium	119.24	104.64	119.87	121.61
# 中型	Medium	124.10	108.12	123.98	127.94
小型	Small	113.57	100.58	115.08	114.30
特殊分组	**Special Group**				
国家重点企业	Key State Enterprises	131.15	111.92	132.90	153.14
乡镇企业	Township Enterprises	127.38	120.42	123.38	128.37
上市企业	Listed Enterprises	145.75	123.95	153.92	160.06
国有控股企业	State-holding Enterprises	126.26	106.75	130.88	136.04

注：1. 企业的景气指数是由广东省企业调查队对全省 2911 家企业的企业家定期进行问卷调查得出的数（下同）。
2. 根据国家统计制度规定，从 2003 年第一季度开始，企业景气调查采用新的《国民经济行业分类》（GB/T4754-2002）标准划分企业的经济行业，并对 1999－2002 年企业调查范围由原来的六个行业调整划分为八个行业，12－40、12－41 表为调整后的数据。

Note: a) The business climate index is the index compiled on the basis of regular questionnaires of 2911 enterprises surveyed by Guangdong Enterprise Survey Organization of the National Bureau of Statistics. The same as in the following tables.
b) According to the national statistical system, from the first quarter of 2003, the business climate survey is based on the economic sectors of the new Sector Category of the National Economy (GB/T4754－2002) and the original six sectors of 1999－2002 business surveys are adjusted to eight sectors. The data in Table 12－40 and Table 12－41 have been adjusted accordingly.

12-36 企业景气指数（2003 年）
BUSINESS CLIMATE INDEX (2003)

项 目	Item	一季度 1st Quarter	二季度 2nd Quarter	三季度 3rd Quarter	四季度 4th Quarter
总指数	Total Index	131.46	120.50	135.42	139.25
按行业分	**Grouped by Sector**				
工业	Industry	130.35	132.01	137.06	142.66
# 采掘业	Mining and Dressing	134.64	127.30	114.00	133.45
制造业	Manufacturing	131.74	127.57	138.18	145.87
电力、煤气及水的生产与供应业	Production and Supply of Electric Power, Gas and Water	128.74	155.48	138.63	134.78
建筑业	Construction	110.55	111.22	113.31	117.38
交通运输、仓储及邮政业	Transport, Storage and Postal Services	128.57	59.59	136.44	130.80
批发和零售业	Wholesale and Retail Trade	126.10	117.53	128.29	129.14
房地产业	Real Estate	134.84	128.39	129.74	135.88
社会服务业	Social Services	137.55	62.98	122.25	125.08
信息传输、计算机服务和软件业	Data Transmission, Computer Services and Software	167.44	157.42	167.19	168.33
住宿和餐饮业	Hotels and Catering Services	115.94	43.53	125.27	127.06
按企业登记注册类型分	**Grouped by Registration Ownership**				
国有企业	State-owned Enterprises	129.87	106.78	134.54	135.77
集体企业	Collective-owned Enterprises	105.85	92.63	106.99	108.83
股份合作企业	Cooperative Enterprises	127.76	104.91	124.96	121.60
联营企业	Joint Ownership Enterprises	87.53	67.18	111.76	102.57
有限责任公司	Limited Liability Companies	125.81	124.19	131.44	136.32
股份有限公司	Share-holding Companies	151.89	138.15	162.22	151.90
私营企业	Private Enterprises	127.57	111.95	125.60	119.99
外商及港、澳、台投资企业	Enterprises Funded by Foreigners or Investors from Hong Kong, Macro and Taiwan	136.30	124.01	140.80	150.05
按企业规模分	**Grouped Size of by Enterprises**				
总大型	Total Large	155.88	152.38	164.67	165.62
# 特大型	Extraordinary Large	142.38	176.46	152.57	158.17
大型	Large	159.84	145.31	168.23	167.81
中小型	Small and Medium	116.36	98.54	119.37	122.84
# 中型	Medium	122.43	104.71	125.41	130.93
小型	Small	109.29	91.32	112.35	113.48
特殊分组	**Special Group**				
国家重点企业	Key State Enterprises	151.43	157.34	161.98	153.62
乡镇企业	Township Enterprises	127.25	109.32	126.19	130.61
上市企业	Listed Enterprises	164.60	142.59	175.53	164.76
国有控股企业	State-holding Enterprises	133.32	121.29	140.40	139.73

12-37 主要行业大类企业家信心指数（2003年）
ENTREPRENEURS′CONFIDENCE INDEX BY MAJOR SECTORS (2003)

指　　标	Item	一季度 1st Quarter	二季度 2nd Quarter	三季度 3rd Quarter	四季度 4th Quarter
工业	**Industry**				
农副食品加工业	Farm and Sideline Food Processing	128.50	124.48	118.85	124.36
食品制造业	Food Manufacturing	123.87	119.02	130.24	135.77
饮料制造业	Beverage Manufacturing	150.89	143.78	155.92	156.44
纺织业	Textile Industry	127.56	91.15	107.55	112.22
纺织服装、鞋、帽制造业	Textile Garments, Footwear and Headgear Manufacturing	125.35	110.84	122.06	125.94
皮革、毛皮、羽毛(绒)及其制品业	Feather, Furs, Down and Related Products	132.80	118.72	128.96	135.75
造纸及纸制品业	Papermaking and Paper Products	132.79	104.15	119.70	114.78
印刷业、记录媒介的复制	Printing and Record Medium Reproduction	150.06	135.59	151.71	140.99
文教体育用品制造业	Cultural, Educational and Sports Goods	145.87	123.69	157.18	157.18
化学原料及化学制品制造业	Raw Chemical Materials and Chemical Products	107.01	103.02	130.24	133.23
医药制造业	Medical and Pharmaceutical Products	159.85	149.11	148.25	156.05
塑料制品业	Plastic Products	126.66	111.27	123.94	115.85
非金属矿物制品业	Nonmetal Mineral Products	117.81	113.10	119.48	141.30
金属制品业	Metal Products	116.78	112.63	111.29	136.42
通用设备制造业	General Purposes Equipment Manufacturing	129.82	133.56	134.23	138.93
专用设备制造业	Special Purposes Equipment Manufacturing	135.41	117.64	124.58	141.77
交通运输设备制造业	Transport Equipment Manufacturing	145.68	136.47	145.58	138.02
电气机械及器材制造业	Electric Equipment and Machinery	124.70	129.72	130.30	135.03
通信设备、计算机及其它电子设备制造业	Telecommunications, Computers and Other Electronic Equipment Manufacturing	132.99	124.86	140.82	144.93
仪器仪表及文化、办公用机械制造业	Instruments, Meters, Cultural and Office Machinery	116.33	116.36	117.58	140.00
电力、热力的生产和供应业	Production and Supply of Electric Power and Heating Power	134.62	142.08	146.32	144.85
建筑业	**Construction**				
房屋和土木工程建筑业	Building and Civil Engineering Construction	119.53	119.58	118.47	116.89
交通运输、仓储及邮政业	**Transport, Storage and Postal Services**				
道路运输业	Road Transport	115.06	56.89	111.72	105.66
城市公共交通业	Urban Public Traffic	118.99	19.07	118.51	107.94
水上运输业	Waterway Transport	112.68	101.57	123.04	125.17
邮政业	Postal Services	133.10	155.64	160.90	160.90
批发和零售业	**Wholesale and Retail Trade**				
批发业	Wholesale	125.98	116.11	120.46	120.81
零售业	Retail Trade	126.25	117.01	133.58	130.88
房地产业	**Real Estate**	128.70	130.08	131.63	138.40
社会服务业	**Social Services**				
商务服务业	Business Services	130.61	60.14	121.79	127.79
信息传输和计算机服务及软件业	**Data Transmission, Computer Services and Software**				
信息传输业	Data Transmission	166.93	137.30	163.96	166.82
软件业	Software	154.79	137.06	151.85	152.38
住宿和餐饮业	**Hotels and Catering Services**				
住宿业	Hotels	108.47	34.53	119.15	126.50
餐饮业	Catering Services	112.24	70.46	127.47	117.11

12-38 主要行业大类企业景气指数（2003 年）
BUSINESS CLIMATE INDEX BY MAJOR SECTORS (2003)

项目	Item	一季度 1st Quarter	二季度 2nd Quarter	三季度 3rd Quarter	四季度 4th Quarter
工业	**Industry**				
农副食品加工业	Farm and Sideline Food Processing	110. 47	125. 38	119. 95	123. 98
食品制造业	Food Manufacturing	129. 94	114. 52	135. 93	153. 26
饮料制造业	Beverage Manufacturing	153. 62	141. 73	164. 15	159. 25
纺织业	Textile Industry	103. 98	90. 93	108. 67	107. 41
纺织服装、鞋、帽制造业	Textile Garments, Footwear and Headgear Manufacturing	119. 61	104. 37	121. 53	124. 89
皮革、毛皮、羽毛(绒)及其制品业	Feather, Furs, Down and Related Products	113. 85	108. 92	118. 38	122. 92
造纸及纸制品业	Papermaking and Paper Products	121. 09	108. 13	118. 18	121. 29
印刷业、记录媒介的复制	Printing and Record Medium Reproduction	145. 74	128. 07	145. 84	142. 62
文教体育用品制造业	Cultural, Educational and Sports Goods	126. 78	128. 52	149. 29	137. 32
化学原料及化学制品制造业	Raw Chemical Materials and Chemical Products	144. 52	134. 81	153. 90	160. 49
医药制造业	Medical and Pharmaceutical Products	170. 63	158. 36	156. 71	160. 23
塑料制品业	Plastic Products	127. 80	117. 90	130. 54	132. 10
非金属矿物制品业	Nonmetal Mineral Products	105. 01	123. 65	114. 12	151. 86
金属制品业	Metal Products	139. 77	126. 02	130. 45	142. 93
通用设备制造业	General Purposes Equipment Manufacturing	121. 87	135. 02	135. 08	121. 29
专用设备制造业	Special Purposes Equipment Manufacturing	129. 39	120. 36	112. 76	142. 16
交通运输设备制造业	Transport Equipment Manufacturing	152. 31	140. 12	149. 91	143. 82
电气机械及器材制造业	Electric Equipment and Machinery	143. 48	138. 80	141. 17	140. 02
通信设备、计算机及其它电子设备制造业	Telecommunications, Computers and Other Electronic Equipment Manufacturing	135. 53	126. 86	145. 58	155. 37
仪器仪表及文化、办公制造业	Instruments, Meters, Cultural and Office Machinery	107. 67	93. 04	117. 14	143. 17
电力、热力的生产和供应业	Production and Supply of Electric Power and Heating Power	127. 24	161. 53	140. 62	135. 68
建筑业	**Construction**				
房屋和土木工程建筑业	Building and Civil Engineering Construction	108. 97	110. 73	110. 42	115. 92
交通运输、仓储及邮政业	**Transport, Storage and Postal Services**				
道路运输业	Road Transport	128. 63	46. 54	122. 05	106. 39
城市公共交通业	Urban Public Traffic	132. 68	27. 01	118. 51	124. 16
水上运输业	Waterway Transport	119. 19	104. 37	136. 62	143. 36
邮政业	Postal Services	156. 41	145. 11	155. 64	169. 94
批发和零售业	**Wholesale and Retail Trade**				
批发业	Wholesale	127. 44	121. 36	128. 51	129. 64
零售业	Retail Trade	124. 55	97. 61	127. 80	124. 06
房地产业	**Real Estate**	134. 84	128. 39	129. 74	135. 88
社会服务业	**Social Services**				
商务服务业	Business Services	136. 66	47. 56	120. 24	127. 06
信息传输和计算机服务及软件业	**Data Transmission, Computer Services and Software**				
信息传输业	Data Transmission	175. 62	172. 92	175. 29	175. 11
软件业	Software	148. 66	110. 84	155. 96	159. 67
住宿和餐饮业	**Hotels and Catering Services**				
住宿业	Hotels	113. 24	27. 54	118. 64	129. 63
餐饮业	Catering Services	119. 52	72. 46	137. 53	121. 25

12-39 各行业企业景气指数（2003 年）
BUSINESS CLIMATE INDEX BY SECTOR（2003）

指　　标	Item	一季度 1st Quarter	二季度 2nd Quarter	三季度 3rd Quarter	四季度 4th Quarter
总指数	Total Index	131.46	120.50	135.42	139.25
工业	**Industry**				
企业综合生产经营	Comprehensive Production and Management	130.35	132.01	137.06	142.66
生产成本	Production Cost	83.31	77.83	86.14	71.82
生产总量	Total Output	97.51	128.26	135.92	133.11
产品订货	Product Order	112.85	108.86	126.30	135.32
# 国外订货	Overseas Order	109.81	109.06	113.87	111.99
产品销售量	Product Sales	103.75	119.79	131.56	135.75
产品销售价格	Product Sales Price	77.71	73.33	80.49	89.38
产成品库存	Finished Product Inventories	125.07	121.89	124.15	129.99
税后利润	After-tax Profits	90.98	103.95	129.91	122.00
流动资金	Circulating Funds	111.48	112.90	113.10	116.19
货款拖欠	Delinquent Loans	108.82	95.71	99.68	103.87
劳动力需求	Labor Demand	101.01	109.62	108.79	112.37
固定资产投资	Investment in Fixed Assets	104.84	112.82	119.18	123.77
科技创新	Scientific and Technologic Innovation	116.89	115.19	116.25	121.89
主要原材料及能源购进价格	Purchasing Price of Main Raw Materials and Energies	71.52	87.07	88.39	62.16
主要原材料及能源供应	Supply of Main Raw Materials and Energies	133.75	133.62	137.44	125.49
建筑业	**Construction**				
企业综合生产经营	Comprehensive Production and Management	110.55	111.22	113.31	117.38
工程合同	Number of Signed Contracts	73.83	104.77	111.29	114.09
# 国（境）外合同	Overseas Contracts	93.11	97.79	97.56	98.48
建筑工程量	Volume of Construction Projects	61.14	115.40	126.43	130.96
新开工程量	Volume of Newly Started Construction	79.28	93.38	101.98	113.65
施工产值	Value of Projects under Construction	60.96	114.61	128.10	135.64
竣工产值	Value of Construction Completed	57.68	94.88	102.47	129.13
工程结算收入	Revenue of Project Settlement Accounts	70.61	103.14	108.32	132.21
建筑材料购进价格	Purchasing Price of Construction Materials	73.71	67.76	63.36	25.42
工程结算成本	Cost of Project Settlement Accounts	88.36	67.64	68.95	37.06
税后利润	After-tax Profits	77.66	97.56	114.53	107.99
流动资金	Circulating Funds	59.32	62.58	68.50	65.17
货款拖欠	Delinquent Loans	97.96	80.06	90.66	82.15
劳动力需求	Demand for Labor Force	72.09	99.09	116.69	126.17
固定资产投资	Investment in Fixed Assets	85.48	103.64	94.15	99.98
交通运输、仓储及邮政业	**Transport, Storage and Postal Services**				
企业综合生产经营	Comprehensive Production and Management	128.57	59.59	136.44	130.80
业务需求量	Business Demand	132.50	57.81	145.05	115.98
业务收入	Business Revenue	131.27	42.54	145.66	109.60
业务收费价格	Business Prices	109.90	76.90	103.99	96.16
营业成本	Business Costs	59.20	71.50	69.18	71.08
税后利润	After-tax Profits	101.05	45.22	129.21	101.67
流动资金	Circulating Funds	87.77	71.42	88.55	91.14
货款拖欠	Delinquent Loans	102.89	95.05	97.32	102.40
劳动力需求	Demand for Labor Force	105.44	81.78	106.79	102.92
固定资产投资	Investment in Fixed Assets	106.34	117.54	133.78	130.23

12-39 **续表1** continued

指　　标	Item	一季度 1st Quarter	二季度 2nd Quarter	三季度 3rd Quarter	四季度 4th Quarter
批发和零售贸易业	**Wholesale and Retail Trade and Catering Services**				
企业综合生产经营	Comprehensive Production and Management	126. 10	117. 53	128. 29	129. 14
商品购进	Purchase of Commodities	111. 26	96. 50	124. 22	128. 46
商品购进价格	Purchasing Price	79. 67	98. 83	82. 74	60. 86
商品销售	Sales of Commodities	114. 48	98. 35	127. 61	129. 12
#出口	Of which: Exports	91. 97	102. 36	104. 76	104. 61
商品销售价格	Selling Price	113. 91	79. 83	105. 77	120. 32
商品库存	Inventories	117. 71	112. 85	116. 76	117. 81
经营费用	Operating Expenses	84. 14	85. 80	79. 70	71. 75
税后利润	After-tax Profits	109. 50	96. 09	111. 56	117. 87
流动资金	Circulating Funds	92. 93	94. 76	90. 01	93. 64
货款拖欠	Delinquent Loans	105. 18	103. 91	96. 34	100. 19
劳动力需求	Labor Demand	97. 19	83. 73	89. 65	98. 84
固定资产投资	Investment in Fixed Assets	96. 77	105. 32	109. 84	108. 80
房地产业	**Real Estate**				
企业综合生产经营	Comprehensive Production and Management	134. 84	128. 39	129. 74	135. 88
土地开发面积	Land Areas Developed	103. 17	101. 75	99. 87	108. 65
完成投资	Investment Completed	105. 08	120. 01	122. 11	124. 80
新开工面积	Area of Newly Started Projects	99. 94	99. 42	102. 33	102. 76
房屋竣工面积	Floor Space Completed	96. 29	100. 41	105. 53	111. 61
商品房预售面积	Floor Space of Commercial Houses Sold in Advance	104. 38	109. 99	108. 30	114. 71
商品房销售面积	Floor Space of Commercial Houses Sold	101. 77	105. 37	117. 75	112. 57
商品房销售价格	Selling Price of Commercial Houses	87. 01	97. 49	92. 43	102. 32
空置商品房面积	Floor Space of Vacant Commercial Houses	151. 22	154. 51	147. 52	155. 74
税后利润	After-tax Profits	102. 24	107. 52	110. 11	114. 17
流动资金	Circulating Funds	101. 74	97. 24	83. 33	88. 00
货款拖欠	Delinquent Loans	127. 37	123. 02	126. 72	124. 77
劳动力需求	Labor Demand	101. 73	104. 60	101. 23	104. 16
固定资产投资	Investment in Fixed Assets	104. 02	107. 01	113. 44	116. 44
社会服务业	**Social Services**				
企业综合生产经营	Comprehensive Production and Management	137. 55	62. 98	122. 25	125. 08
业务需求量	Business Volume	129. 59	61. 00	147. 49	120. 65
客房出租	Guest Rooms for Rent	147. 72	134. 20	148. 56	143. 66
旅游客源	Tourist Source	147. 26	11. 20	172. 39	113. 53
业务收费价格	Business (Service) Prices	85. 85	48. 94	97. 30	80. 98
营业收入	Business Revenue	112. 41	40. 72	131. 76	104. 77
营业成本	Business Costs	72. 40	91. 08	63. 66	77. 93
税后利润	After-tax Profits	109. 56	49. 86	136. 49	111. 76
流动资金	Circulating Funds	86. 35	67. 40	87. 50	89. 77
货款拖欠	Delinquent Loans	104. 86	99. 71	98. 55	113. 33
劳动力需求	Demand for Labor Force	99. 67	62. 85	118. 02	92. 55
固定资产投资	Investment in Fixed Assets	103. 72	87. 72	102. 25	104. 91

12-39 续表 2 continued

指　　标	Item	一季度 1st Quarter	二季度 2nd Quarter	三季度 3rd Quarter	四季度 4th Quarter
信息传输、计算机服务和软件业	**Data Transmission, Computer Services and Software**				
企业综合生产经营	Comprehensive Production and Management	167. 44	157. 42	167. 19	168. 33
产品销售	Product Sales	143. 94	127. 25	138. 13	156. 63
产品订货	Product Order	110. 23	115. 41	130. 16	144. 85
竞争能力	Competitiveness	167. 12	165. 56	167. 29	147. 26
销售价格	Selling Price	70. 78	61. 09	52. 61	64. 65
营业收入	Business Revenue	116. 30	130. 73	129. 64	131. 23
营业成本	Business Costs	83. 52	68. 12	87. 78	55. 44
税后利润	After-tax Profits	130. 20	116. 74	127. 94	92. 86
流动资金	Circulating Funds	136. 64	133. 47	132. 80	138. 57
货款拖欠	Delinquent Loans	109. 48	87. 52	98. 94	98. 23
劳动力需求	Demand for Labor Force	118. 61	110. 44	116. 37	113. 26
固定资产投资	Investment in Fixed Assets	112. 56	142. 71	119. 84	122. 01
住宿和餐饮业	**Hotels and catering Services**				
企业综合生产经营	Comprehensive Production and Management	115. 94	43. 53	125. 27	127. 06
产品销售	Product Sales	80. 64	16. 88	156. 99	125. 68
竞争能力	Competitiveness	131. 89	107. 30	134. 93	133. 47
客房出租	Guest Rooms for Rent	77. 64	19. 34	84. 93	97. 54
业务收费价格	Business (Service) Prices	83. 37	45. 11	96. 26	104. 32
营业收入	Business Revenue	71. 79	14. 40	151. 86	117. 34
营业成本	Business Costs	100. 62	103. 44	63. 60	70. 97
税后利润	After-tax Profits	87. 08	17. 15	138. 99	119. 69
流动资金	Circulating Funds	99. 94	62. 15	92. 47	94. 67
货款拖欠	Delinquent Loans	108. 63	95. 00	95. 78	95. 41
劳动力需求	Demand for Labor Force	90. 74	36. 28	122. 76	114. 44
固定资产投资	Investment in Fixed Assets	97. 83	77. 20	114. 73	115. 41

12-40 企业宏观经济景气状况
MACRO ECONOMIC CLIMATE SITUATIONS OF ENTERPRISES

指　　标	Item	1999	2000	2001	2002	2003
一　季　度	**1st Quarter**					
乐观	Optimistic	29.37	40.81	40.27	39.73	40.18
一般	Neither Optimistic Nor Pessimistic	47.13	47.87	46.85	47.24	50.00
不乐观	Pessimistic	23.50	11.32	12.88	13.03	9.82
企业家信心指数	Entrepreneurs´Confidence Index	105.88	129.49	127.39	126.70	130.35
二　季　度	**2nd Quarter**					
乐观	Optimistic	26.99	41.58	39.33	36.24	32.21
一般	Neither Optimistic Nor Pessimistic	50.09	45.96	46.24	52.15	51.23
不乐观	Pessimistic	22.92	12.46	14.43	11.61	16.56
企业家信心指数	Entrepreneurs´Confidence Index	104.07	129.12	124.91	124.63	115.66
三　季　度	**3rd Quarter**					
乐观	Optimistic	28.37	40.41	32.48	33.20	39.99
一般	Neither Optimistic Nor Pessimistic	49.54	46.64	54.86	54.21	51.97
不乐观	Pessimistic	22.09	12.95	12.66	12.59	8.04
企业家信心指数	Entrepreneurs´Confidence Index	106.28	127.45	119.82	120.61	131.95
四　季　度	**4th Quarter**					
乐观	Optimistic	30.44	40.96	37.77	35.81	43.46
一般	Neither Optimistic Nor Pessimistic	52.16	45.05	47.11	53.95	48.82
不乐观	Pessimistic	17.40	13.99	15.12	10.24	7.72
企业家信心指数	Entrepreneurs´Confidence Index	113.04	126.97	122.65	125.57	135.74

12-41 企业综合生产经营状况
COMPREHENSIVE PRODUCTION AND MANAGERMET SITUATIONS OF ENTERPRISES

指　　标	Item	1999	2000	2001	2002	2003
一　季　度	**1st Quarter**					
良好	Improving	37.88	45.01	40.77	38.39	42.88
一般	Neither Optimistic Nor Pessimistic	47.02	37.43	41.77	48.99	45.70
不佳	Worse	15.10	17.56	17.46	12.62	11.42
企业景气指数	Business Climate Index	122.77	127.44	123.30	125.77	131.46
二　季　度	**2nd Quarter**					
良好	Improving	35.23	40.84	42.58	40.44	38.54
一般	Neither Optimistic Nor Pessimistic	49.21	44.84	42.12	48.54	43.42
不佳	Worse	15.56	14.32	15.30	11.02	18.04
企业景气指数	Business Climate Index	119.68	126.52	127.27	129.42	120.50
三　季　度	**3rd Quarter**					
良好	Improving	33.40	45.43	40.87	40.50	44.28
一般	Neither Optimistic Nor Pessimistic	51.40	40.38	47.72	48.80	46.87
不佳	Worse	15.20	14.19	11.41	10.70	8.85
企业景气指数	Business Climate Index	118.19	131.25	129.46	129.80	135.42
四　季　度	**4th Quarter**					
良好	Improving	38.19	46.51	41.00	41.00	47.62
一般	Neither Optimistic Nor Pessimistic	48.40	40.66	41.77	48.52	44.01
不佳	Worse	13.41	12.83	17.23	10.48	8.37
企业景气指数	Business Climate Index	124.78	133.68	123.78	130.51	139.25

主要统计指标解释

工业 指从事自然资源的开采，对采掘品和农产品进行加工和再加工的物质生产部门。具体包括：（1）对自然资源的开采，如采矿、晒盐、森林采伐等（但不包括禽兽捕猎和水产捕捞）；（2）对农副产品的加工、再加工，如粮油加工、食品加工、轧花、缫丝、纺织、制革等；（3）对采掘品的加工、再加工，如炼铁、炼钢、化工生产、石油加工、机器制造、木材加工等，以及电力、自来水、煤气的生产和供应等；（4）对工业品的修理、翻新，如机器设备的修理、交通运输工具（包括小卧车）的修理等。

1984 年以前农村的村及村以下办工业归属农业，1984 年以后划归工业。

工业统计调查单位 工业统计调查单位为分两类：独立核算法人工业企业和工业生产活动单位。

（1）独立核算法人工业企业 是指从事工业生产经营活动的单位。独立核算法人工业企业应同时具备以下条件：①依法成立，有自己的名称、组织机构和场所，能够承担民事责任；②独立拥有和使用资产，承担负债，有权与其他单位签订合同；③独立核算盈亏，并能够编制资产负债表。

（2）工业生产活动单位 是指在一个场所从事一种或主要从事一种工业生产活动的经济单位。它包括独立核算工业企业按主营业务活动（即工业生产活动）划分的主营业务活动单位和非工业企业所属的工业生产活动单位（即原非独立核算工业生产单位）。工业生产活动单位，一般应同时具备以下三个条件：①具有一个场所，从事一种或主要从事一种工业活动；②单独组织工业生产、经营或业务活动；③单独核算收入和支出。

本年鉴中涉及的企业登记注册类型：

（1）国有及国有控股企业 指国有企业加上国有控股企业。国有企业（即过去的全民所有制工业或国营工业）是指企业全部资产归国家所有，并按《中华人民共和国企业法人登记管理条例》规定登记注册的非公司制的经济组织。包括国有企业、国有独资公司和国有联营企业。1957 年以前的公私合营和私营工业，后均改造为国营工业，1992 年改为国有工业，这部分工业的资料不单独分列时，均包括在国有企业内。国有控股企业是对混合所有制经济的企业进行的“国有控股”分类。它是指这些企业的全部资产中国有资产（股份）相对其他所有者中的任何一个所有者占资（股）最多的企业。该分组反映了国有经济控股情况。

（2）集体企业 指企业资产归集体所有，并按《中华人民共和国企业法人登记管理条例》规定登记注册的经济组织。是社会主义公有制经济的组成部分。包括城乡所有使用集体投资举办的企业，以及部分个人通过集资自愿放弃所有权并依法经工商行政管理机关认定为集体所有制的企业。

（3）股份有限公司 指根据《中华人民共和国企业法人登记管理条例》规定登记注册，其全部注册资本由等额股份构成并通过发行股票筹集资本，股东以其认购的股份对公司承担有限责任，公司以其全部资产对其债务承担责任的经济组织。

（4）港、澳、台商投资企业 指企业注册登记类型中的港澳台、合资、合作、独资经营企业和股份有限公司之和。

（5）外商投资企业 指企业注册登记类型中的中外合资、合作经营企业、外资企业和外商投资股份有限公司之和。

（6）本年鉴中涉及的名为“其他”的企业 均指除国有企业、集体企业、个体经营以外的其他类型工业企业（单位）。包括联营企业、私营企业、股份有限公司、有限责任公司；外商投资企业（中外合资经营、中外合作经营、外资企业），港、澳、台投资企业（与大陆合资经营、与大陆合作经营、港、澳、台独资企业）及其他企业。

轻工业 指主要提供生活消费品和制作手工工具的工业。按其所使用的原料不同，可分为两大类：（1）以农产品为原料的轻工业，是指直接或间接以农产品为基本原料的轻工业。主要包括食品制造、饮料制造、烟草加工、纺织、缝纫、皮革和毛皮制作、造纸以及印刷等工业；（2）以非农产品为原料的轻工业，是指以工业品为原料的轻工业。主要包括文教体育用品、化学药品制造、合成纤维制造、日用化学制品、日用玻璃制品、日用金属制品、手工工具制造、医疗器械制造、文化和办公用机械制造等工业。

重工业 是指为国民经济各部门提供物质技术基础的主要生产资料的工业。按其生产性质和产品用途，可分为下列三类：（1）采掘（伐）工业，是指对自然资源的开采，包括石油开采、煤炭开采、金属矿开采、非金属矿开采和木材采伐等工业；（2）原材料工业，指向国民经济各部门提供基本材料、动力和燃料的工业。包括金属冶炼及加工、炼焦及焦炭化学、化工原料、水泥、人造板以及电力、石油和煤炭加工等工业；（3）加工工业，是指对工业原材料进行再加工制造的工业。包括装备国民经济各部门的机械设备制造工业、金属结构、水泥制品等工业，以及为农业提供的生产资料如化肥、农药等工业。

根据上述划分原则，修理业中以重工业产品为修理作业对象的划为重工业，反之划为轻工业。

工业总产值 是以货币表现的工业企业在一定时期内生产的已出售或可供出售工业产品总量，它反映一定时间内工业生产的总规模和总水平。它包括：在本企业内不再进行加工，经检验、包装入库（规定不需包装的产品除外）的成品价值，对外加工费收入，自制半成品、在产品期末期初差额价值。工业总产值采用“工厂法”计算，即以工业企业作为一个整体，按企业工业生产活动的最终成果来计算，企业内部不允许重复计算，不能把企业内部各个车间（分厂）生产的成果相加。但在企业之间、行业之间、地区之间存在着重复计算。

轻重工业总产值的划分也是按“工厂法”计算的，即一个工业企业在正常情况下生产的主要产品的性质属于轻工业，则该企业的全部总产值作为轻工业总产值；一个工业企业生产的主要产品的性质属于重工业，则该企业的全部总产值作为重工业总产值。

工业增加值 是指工业行业在报告期内以货币表现的工业生产活动的最终成果，是企业全部生产活动的总成果扣除了在生产过程中消耗或转移的物质产品和劳务价值后的余额，是企业生产过程中新增加的价值。

实收资本 指企业实际收到的投资人投入的资本。按投资主体可分为国家资本、集体资本、法人资本、个人资本、港澳台资本和外商资本等。

资产合计 指企业拥有或控制的能以货币计量的经济资源。包括各种财产、债权和其他权利。资产按其流动性划分为流动资产、长期投资、固定资产、无形及递延资产和其他资产。

（1）流动资产 指企业可以在一年内或者超过一年的一个生产周期内变现或者耗用的资产合计，包括现金及各种存款、短期投资、应收及预付款项、存货等。

（2）固定资产 指企业固定资产净值、固定资产清理、在建工程、待处理固定资产损失所占用的资金合计。

（3）无形资产 指企业长期使用而没有实物形态的资产。包括专利权、非专利技术、商标权、著作权、土地使用权、商誉等。

负债合计 指企业承担的能以货币计量，将以资产或劳务偿付的债务。负债一般按偿还期长短分为流动负债和长期负债、递延税项等。

（1）流动负债 指企业在一年内或者超过一年的一个营业周期内需要偿还的债务合计，其中包括短期借款、应付及预收款项、应付工资、应交税金和应交利润等。

（2）长期负债 指企业在一年以上或者超过一年的一个营业周期以上需要偿还的债务合 计，其中包括长期借款、应付债务、长期应付款项等。

所有者权益 指企业投资人对企业净资产的所有权。企业净资产等于企业全部资产减去全部负债后的余额，其中包括投资者对企业的最初投入，以及资本公积金、盈余公积金和未分配利润，对股份制企业即为股东权益。

固定资产原价 指企业在建造、购置、安装、改建、扩建、技术改造某项固定资产时所支出的全部货币总额。它一般包括买价、包装费、运杂费和安装费等。

固定资产净值 是指固定资产原价减去历年已提折旧额后的净额。

产品销售收入 指企业销售产品和提供劳务等主要经营业务取得的业务总额。

产品销售成本 指企业销售产品和提供劳务等主要经营业务的实际成本。

产品销售税金及附加 指企业销售产品和提供工业性劳务等主要经营业务应负担的城市维护建设税、消费税、资源税和教育费附加。

产品销售利润 指企业销售产品和提供工业性劳务等主要经营业务收入扣除其成本、费用、税金后的利润。

利润总额 指企业实现的利润。

应交增值税 指企业在报告期内应交纳的增值税额。

工业经济效益综合指数 是指现行综合评价工业经济效益总体水平及工业经济运行质量的指数。它是以若干项代表性经济效益指标，分别除以各项指标的标准值，再乘以各自的权数，加总后除以总权数求得。其计算公式为：

$$\text{工业经济效益综合指数} = \left(\frac{\text{某项经济效益指标报告期数值}}{\text{该项指标标准值}} \times \text{权数}\right) \div \text{总权数}$$

上式总权数为100。

（1）总资产贡献率　是指企业在一定时期内全部资产获利能力，是企业经营业绩和管理水平的集中体现，是评价和考核企业盈利能力的核心指标。计算公式为：

$$总资产贡献率（\%）=\frac{利润总额+税金总额+利息支出}{平均资产总额}\times100\%\times\frac{12}{累计月数}$$

税金总额为产品销售税金及附加与应交增值税之和，平均资产总额为期初、期末资产总计的算术平均值。

（2）资本保值增值率　是反映企业净资产变动状况的一个重要指标，是企业发展能力的集中体现。它是指报告期末所有者权益总额与上年同期期末所有者权益总额的比率。计算公式为：

$$资本保值增值率（\%）=\frac{报告期期末所有者权益}{上年同期期末所有者权益}\times100\%$$

所有者权益等于资产总计减负债总计。

（3）资产负债率　是指反映企业经营风险的大小，反映企业利用债权人提供的资金从事经营活动的能力。计算公式为：

$$资产负债率（\%）=\frac{负债总计}{资产总计}\times100\%$$

资产及负债均为报告期末数。

（4）流动资产周转率　是指一定时期内流动资产完成的周转次数，反映投入工业企业流动资金的周转速度，一般以一年时间内周转多少次表示。计算公式为：

$$流动资产周转次数=\frac{产品销售收入}{流动资产平均余额}\times\frac{12}{累计月数}$$

（5）成本费用利润率　是指工业企业投入生产成本及费用的经济效益，同时也反映企业降低成本所取得的经济效益。计算公式是：

$$成本费用利润率（\%）=\frac{利润总额}{成本费用总额}\times100\%$$

成本费用总额为产品销售成本、销售费用、管理费用、财务费用之和。

（6）增加值现价劳动生产率　是指反映企业的生产效率和劳动投入的经济效益。一般用平均每人一年创造的工业增加值表示。计算公式为：

$$增加值现价劳动生产率（元/人）=\frac{工业增加值}{全部职工平均人数}\times\frac{12}{累计月数}$$

（7）产品销售率　是指反映工业产品已实现销售的程度，是分析工业产销衔接情况、研究工业产品满足社会需求的指标。计算公式是：

$$产品销售率（\%）=\frac{现价工业销售产值}{现价工业总产值}\times100\%$$

企业集团　指以母公司为主体，通过投资及生产经营协作等多种方式，与众多的企事业单位共同组成的经济联合体。企业集团不具有企业法人资格。统计范围：1. 省人民政府批准成立的企业集团；2. 年营业收入（主营业务收入与其他业务收入合计数）和资产总计均在5亿元以上的企业集团；3. 省重点企业，包括：省50家工业龙头企业，4家资产经营和20家省属授权经营企业集团公司；4. 国家重点企业，包括：国务院批准的国家试点企业集团，520户国家重点企业，重组为集团公司的原512户国家重点企业；5. 国务院主管部门批准成立的企业集团；6. 中央企工委管理的企业集团。共有142家企业上报2003年企业集团年报。

现代企业制度　是适应市场经济要求、依法规范的企业制度。其典型形式是公司。其基本特征是产权清晰、权责明确、政企分开、管理科学。它包含两个层次的涵义：现代企业制度是市场经济体制的基础；现代企业制度就是现代公司制度。

1. 现代企业制度试点企业：1994-1996年省政府在全省确定了187家，由于企业重组、兼并、破产等原因，2003年有123家上报年报资料。

2. 国家重点企业：即国家重点联系的企业集团公司，包括1999年10月经国务院批准确定的520户国家重点企业和重组为集团公司的原512户国家重点企业。这次调查的123家企业中，有13家国家重点企业。

景气指数　又称为景气度，它是对企业景气调查中的定性指标通过定量方法加工汇总，综合反映某一特定调查群体或某一社会经济现象所处的状态或发展趋势的一种指标。

企业家信心指数 也称“宏观经济景气指数”．是根据企业家对企业外部市场经济环境与宏观政策的认识、看法、判断与预期（通常为对“乐观”、“一般”、“不乐观”的选择）而编制的指数，用以综合反映企业家对宏观经济环境的感受与信心。

企业景气指数 也称“企业综合生产经营景气指数”，是根据企业家对本企业综合生产经营情况的判断与预期（通常为对“良好”、“好”、“一般”、“不佳”的选择）而编制的指数，用以综合反映企业的生产经营状况。

景气指数的数值范围为0—200之间，100为景气指数的临界值；当景气指数大于100时，表明经济状况趋于上升或改善，处于景气状态；当景气指数小于100时，表明经济状况趋于下降或恶化，处于不景气状态。

Explanatory Notes on Main Statistical Indicators

Industry refers to the material production sector which is engaged in extraction of natural resources and processing and reprocessing of minerals and agricultural products, including (1) extraction of natural resources, such as mining, salt production, logging (but not including hunting and fishing); (2) processing and reprocessing of farm and sideline products, such as rice husking, flour milling, wine making, oil pressing, cotton ginning, silk reeling, spinning and weaving, and leather making; (3) manufacture of industrial products, such as steel making, iron smelting, chemicals manufacturing, petroleum processing, machine building, timber processing; water and gas production and electricity generation and supply; (4) repairing of industrial products such as the repairing of machinery and means of transport (including cars) .

Prior to 1984, the rural industry run by villages and cooperative organizations under village was classified into agriculture. Since 1984, it has been grouped into industry.

Units of Industrial Statistics and Inquiry They are classified into two categories: (1) corporate industrial enterprises with independent accounting systems (2) industrial establishments.

(1) Corporate industrial enterprises with independent accounting systems refer to enterprises engaging in industrial production activities, which meet the following requirements: ①They are established legally, having their own names, organizations, location, able to take civil liability; ②They possess and use their assets in dependently, assume liabilities, and are entitled to sign contracts with other units; ③They are financially independent and compile their own balance sheets.

(2) Industrial establishments refer to economic units which located in one single place and engaged entirely or primarily in one kind of industrial activity, including financially independent industrial enterprises and units engaged in industrial activities under the non-industrial enterprises (or financially dependent) . Industrial establishments generally meet the following requirements: ①They have each one location and are engaged in one kind of industrial activity each; ②They operate and manage their industrial production activities separately; ③They have accounts of income and expenditure separately.

The registered types of enterprise ownership involving in this yearbook include:

(1) State-owned and state-holding enterprises refer to state-owned enterprises and the enterprises which state holds majority shares. State-owned enterprises (industrial ownership by the whole people or state-run industry) refer to non-corporation economic units, where the entire assets are owned by the state and which have registered in accordance with the Regulation of the People's Republic of China on the Management of Registration of Corporate Enterprises, including the state-owned enterprises, sole state-funded corporation and state-owned joint ownership enterprises. Joint state-private industries and private industries, which existed before 1957, have been transformed into state-run industries. Since 1992, those have been named state-owned industries. Statistics on these enterprises has been included in the state-owned industries since 1957 when separation of data was no longer necessary. The enterprises which state holds majority shares are classified as "state holds majority shares" in the enterprises with mixed ownership. They refer to those enterprises with their state assets (shares) more than any other ownership in terms of their total assets. Such classification reflects the basic conditions of state holding majority shares.

(2) Collective-owned enterprises refer to industrial enterprises where the means of production are owned collectively, which have registered in accordance with the Regulation of the People's Republic of China on the Management of Registration of Corporate Enterprises, including urban and rural enterprises invested by collectives and some enterprises which were formerly owned privately but have been registered in industrial and commercial administration agency as collective units through raising funds from the public.

(3) Limited liability corporations refer to economic units registered in accordance with the Regulation of the People's Republic of China on the Management of Registration of Corporate Enterprises, with total registered capital divided into equal shares and raised through issuing stocks. Each investor hears limited liability to the corporation depending on the holding of shares, and the corporation bears liability to its debt to its the maximum of its total assets.

(4) Enterprises with funds from Hong Kong, Macao and Taiwan refer to all the joint ventures, cooperative operation, exclusively-operated enterprises and share-holding companies funded by entrepreneurs from Hong Kong,

Macao and Taiwan in the registered types of enterprise ownership.

(5) Foreign funded enterprises refer to all the joint ventures, cooperative operation, exclusively-operated enterprises and share-holding companies funded by foreigners in the registered types of enterprise ownership.

(6) "Other" enterprises involving in the yearbook refer to other types of industrial enterprises (units) except state-owned enterprises, collective owned enterprises and individual operation, including joint ventures, private owned enterprises, share-holding companies, limited companies, foreign funded enterprises (joint ventures, cooperative operation and exclusively-operated enterprises), enterprises funded by entrepreneurs from Hong Kong, Macao and Taiwan (joint ventures, cooperative operation and exclusively-operated enterprises) and other enterprises.

Light Industry refers to industry which produces consumer goods and hand tools. It consists of two categories, depending on the materials used:

(1) Industries using farm products as raw materials. These are branches of light industry which directly or indirectly use farm products as basic raw materials, including the manufacture of food and beverages, tobacco processing, textile, clothing, fur and leather manufacturing, paper -making and printing, etc.

(2) Industries using non-farm products as raw materials. These are branches of light industry which use manufactured goods as raw materials, including the manufacture of cultural, educational articles and sports goods, chemicals, synthetic fiber, chemical products for daily use, glass products for daily use, metal products for daily use, hand tools, medical apparatus and instruments, and the manufacturing of cultural and office machinery, etc.

Heavy Industry refers to the industry which produces capital goods, and provides various sectors of the national economy with necessary material and technical basis. It consists of the following three branches according to the purpose of production or the use of products:

(1) Mining, quarrying and logging industry refers to the industry that extracts natural resources, including extraction of petroleum, coal, metal and nonmetalores and logging.

(2) Raw materials industry refers to the industry that provides various sectors of the national economy with raw materials, fuels and power. It includes smelting and processing of metals, coking and coke chemistry, chemical materials and building materials such as cement, plywood, and power, petroleum refining and coal dressing.

(3) Manufacturing industry refers to the industry that processes raw materials. It includes machine building industry which equips sectors of the national economy, industry of metal structure and cement products, industries producing means of agricultural production, such as chemical fertilizers and pesticides.

According to the above principle of classification, the repairing trades which are engaged primarily in repairing products of heavy industry are classified into heavy industry while these engaged in repairing products of light industry are classified into light industry.

Gross Industrial Output Value is the total volume of industrial products sold or available for sale in value terms which reflects the total achievements and overall scale of industrial production during a given period. It includes the value of the finished products, which are not to be further processed in the enterprises and have been inspected, packed and put in storage, the value of industrial services rendered to other units, and the changes in the value of the semi-finished products and products in process between the beginning and closing of the period. The gross industrial output value is calculated with the factory method. No double calculations are to be made within the same enterprise. However, double counting does occur among different enterprises.

Output value of light and heavy industries is also classified with the factory method. Under normal conditions, if the major products of an industrial enterprise belong to light industry products, the gross output value of that enterprise is classified wholly into light industry; the same principle applies to heavy industry.

Value-added of Industry refers to the final results of industrial production of the industrial trade in money terms during the reference period.

Capital Obtained refers to capital actually received by the enterprises from investors. It can be further classified by investors as state capital, collective capital, corporate capital, individual capital, capital from Hong Kong, Macao and Taiwan and foreign capital.

Total Assets refer to all assets which are owned or controlled by enterprises, including circulating assets, long-term investment, fixed assets, intangible assets and deferred assets, other long-term assets, and deferred taxes, etc. The summation of above items is equal to total assets shown in the balance sheets of the enterprises.

(1) Circulating assets (working capital) refer to assets which can be cashed in or spent or consumed in an operating cycle of one year or over one year, including cash, all kinds of deposits, short-term investment, receivables, advance payment and stock, etc.

(2) Fixed assets refer to the net value of fixed assets, clearance of fixed assets, project under construction, fixed assets losses in suspense. These are corporations´funds holdings.

(3) Intangible assets refer to the assets without material form used by enterprises over a long time, such as patents, nonpatent technologies, trade marks, copyright, land use right and business reputation, etc.

Total Liabilities refer to the debts that enterprises are responsible for repayment, including liquid liabilities, long-term liabilities and deferred taxes, etc. Total liabilities correspond to the summation item of liabilities shown in the balance sheets of the enterprise.

(1) Liquid liabilities (also called quick liabilities or immediate liabilities) refer to enterprises total debt payable within an operating cycle of one year or over one year, including short term loans, payables and advance payments, wages payable, taxes payable and profit payable, etc.

(2) Long-term liabilities refers to total debt payable within an operation cycle of one year or over one year, including long-term loans, payable liabilities and long-term payables, etc.

Creditors´Equity refers to investors´ownership of net assets of the enterprise. It is equal to the total assets of the enterprise minus its total liabilities, including the primary input from investors, capital accumulation fund, surplus accumulation fund and undistributed profit. It is the stock holders´equity in stock companies.

Original Value of Fixed Assets refers to the original value of all fixed assets owned by industrial enterprises, calculated at the cost paid at the time of purchase, installation, reconstruction, expansion, and technical innovation and transformation of the said assets, which includes expenses on purchase, package, transportation, and installation, etc.

Net Value of Fixed Assets is obtained by deducting depreciation over years from the original value of fixed assets.

Sales Revenue of Industrial Products refers to the revenue from the sales of products by industrial enterprises and the revenue from services provided, etc.

Sales Cost of Industrial Products refers to the actual cost of products of industrial enterprises and industrial services provided, etc.

Tax and Extra Charges on Sales of Products refer to the tax on city maintenance and construction, consumption tax, resources tax and extra charges for education, which should be borne by the enterprises in selling products and providing industrial services.

Sales Profit of Products refers to the profit gained by the enterprises by deducting cost, charges and taxes from the business income of the enterprises obtained in selling products and providing industrial services.

Total Profits refer to the profits gained by the enterprises.

Value Added Tax Payable refers to the amount of the value added tax which should be paid by the enterprises in the reporting period.

Aggregative Index on Economic Results of Industry refers to the current comprehensive index to evaluate the general level of economic results of industry and the performance quality of industrial economy. It is calculated as follows:

$$\text{Aggregative Index on Economic Results of Industry} = \left(\frac{\text{Value of an Indicator on Economic Results in Reference Period}}{\text{Standard Value of the Indicator}} \times \text{Weight}\right) \div \text{Total Weight}$$

Total Weight = 100

(1) Contribution Rate of Total Assets refers to the capability of making profits of total assets in a given period, which gives a concentrated picture of operational achievement and management level of an enterprise. It is the main indicator to evaluate the capability of making profits. The formula used is:

$$\text{Contribution Rate of Total Assets (\%)} = \frac{\text{Total profits} + \text{Total Taxes} + \text{Interest Expenditure}}{\text{Average Assets}} \times 100\%$$

Total taxes include sales tax and extra charges of products as well as the value added tax payable. Average assets refer to the arithmetic average of total assets at the beginning and end of a period.

(2) Value Preserving and Increasing Rate of Capital is an important indicator to reflect the changes of net assets of an enterprise, which embodies a concentrated picture of development capability. It is the ratio of the reference period over the same period of the previous year. The formula is as follows:

$$\text{Value Preserving and Increasing Rate of Capital } (\%) = \frac{\text{Total Creditors' Equity at the End of Reference Period}}{\text{Total Creditors' Equity of the Same Period of the Previous Year}} \times 100\%$$

Creditors' equity is equal to the total assets of the enterprise minus its total liabilities.

(3) Ratio of Debts to Assets reflects both the operation risk and the capability of the enterprises in making use of the capital from the creditors. It is calculated as follows:

$$\text{Ratio of Debts to Assets } (\%) = \frac{\text{Total Debts}}{\text{Total Assets}} \times 100\%$$

(4) Rate of Turnover of Working Capital refers to the number of times of turnover of working capital in a given period of time, which reflects the speed of the turnover of working capital and is calculated as follows:

$$\text{Turnover of Working Capital} = \frac{\text{Sales Revenue of Products}}{\text{Average Balance of Total Working Capital}} \times \frac{12}{\text{Number of Cumulative Months}}$$

(5) Ratio of Profits to Total Industrial Costs refers to the ratio of profits realized in a given period to the total costs in the same period, which reflects the economic efficiency of input cost and is calculated as follows:

$$\text{Ratio of Profits to Total Industrial Costs } (\%) = \frac{\text{Total Profits}}{\text{Total Costs}} \times 100\%$$

(6) Value-added Labor Productivity of Industrial Enterprises refers to the average output per employed person in industrial enterprises in value terms. At present, the value added and the average number of staff and workers of an industrial enterprises in a given period are used to calculate the overall labor productivity. The formula used is:

$$\text{Value-added Labor Productivity (yuan/person)} = \frac{\text{Value Added of Industry}}{\text{Average Number of Staff and Workers}} \times \frac{12}{\text{Number of Cumulative Months}}$$

(7) Ratio of Sale to Gross Output Value refers to the sales of industrial products to the gross industrial output value during the reference period, and is used to analyze the linkage between production and sales and the extent of the needs of the society that has been met by the supply of industrial products. It is calculated as follows:

$$\text{Ratio of Sales to Gross Output Value } (\%) = \frac{\text{Industrial Sales}}{\text{Gross Industrial Output Value (at Current Prices)}} \times 100\%$$

Enterprise Group refers to an economic union, with parent company as mainstay, made up of many enterprises and institutions by means of various forms such as investment and production cooperation, etc. It is not qualified as a legal person. The statistical coverage includes: 1. the enterprise groups approved by Guangdong Provincial People's Government; 2. the enterprises groups with annual business revenue (sum of main business revenue and other business revenues) and assets over 500 million yuan; 3. the key provincial enterprises, including 50 leading provincial industrial enterprises, 4 enterprise groups engaged in assets operation and 20 groups authorized by province; 4. the key state enterprises, including the pilot state enterprise groups approved by the state, 520 key state enterprises and the groups reorganized from the 512 original key state enterprises; 5. the enterprise groups approved by the competent departments of the State Council; 6. the enterprises groups managed by the Central Enterprise Working Committee. There are a total of 142 enterprises applying for the qualification of enterprise groups in 2003.

Modern Enterprise System refers to the enterprise system in conformity with the requirements of market economy and the standard of law. Company is its typical form. It is basically characterized with clear property definition, explicit responsibility, separation from government and scientific management. The definition covers two points, including: it is the base of market economic system; it also means modern company system.

1. Pilot Enterprises with Modern Enterprise System refer to 187 enterprises approved by the provincial government from 1994 to 1996. Owing to restructuring, merging, bankruptcy and the other, 123 of them reported their annual statistics in 2003.

2. Key State Enterprises refer to the key state enterprises given priority by the state, including 520 enterprises approved and determined in October of 1999 and 512 original enterprises restructured into group companies.

Business Climate Index is also called business climate scores. It is an indicator which comprehensively reflects the situation or the trend of development of a certain group surveyed or a certain social-economic phenomenon. It is calculated by means of quantitative tabulation of the data on the qualitative economic indicators in the business climate survey.

Entrepreneurs′Confidence Index is the index compiled on the basis of the understanding, views, judgment and expectations of the entrepreneurs concerning the external environment of market economy and the macro policy (usually the choice from the answers "optimistic", "neither optimistic nor pessimistic" and "pessimistic"), so as to comprehensively reflect the feeling and confidence of the entrepreneurs concerning the macro economic environment.

Business Climate Index is the index compiled on the basis of the judgment and expectation of the entrepreneurs on the overall situation of production and management of their own enterprises (usually the choice from the answers "improving", "retaining the same level" or "worse"), so as to reflect the situation of production and management of the enterprises.

The numerical values of the business climate index lie between 0 and 200. 100 are the critical value of the business climate index. When the business climate index is grater than 100, it indicates that the economic indicators are picking up and the economic situation is improving and it is in a state of prosperity. The closer the value is to 200, the better the economic situation is. When the business climate index is smaller than 100, it indicates that the economic indicators are declining and the economic situation is worse than before and it is in a state of depression. At present, some of the enterprise survey organizations at the prefecture level have used the new expression ways.

十三 建筑业

CONSTRUCTION

13

十三　建筑业

简要说明

一、本篇资料反映广东省建筑业发展情况。主要包括全社会建筑业企业生产经营的资料，指标有企业个数、从业人员数、建筑业总产值、施工企业个数、房屋建筑面积、机械设备价值、利润总额、劳动生产率、技术装备、企业的生产及负债状况、损益及其他情况以及各市建筑业总产值、一、二级建筑业企业生产和财务主要指标等。

二、本篇资料由广东省统计局固定资产投资统计处整理提供。

三、本篇资料是依据国家统计局制定的“建筑业统计报表制度”规定收集的年报资料，其统计范围包括：广东境内各种经济类型（除个体外）的具有法人资格的独立核 算建筑业企业和辖区内其它行业的企、事业单位附营的建筑业活动单位（该附营单位具备能独立填报财务报表）。

13　CONSTRUCTION

Brief Introduction

Ⅰ. The data in this chapter show the general situation and the development of the construction industry of Guangdong Province. They cover mainly the situation of production and management of the enterprises of construction, including the number of enterprises, the number of employed persons, gross output value of construction, number of construction enterprises, floor space of buildings, value of the mechanical equipment, total profits, labor productivity, percentage of floor space qualified for one-time acceptance, technological equipment, production and financial situation of enterprises, gross output value of construction by city, and production and financial indicators of construction enterprises at grade one and two, etc.

Ⅱ. The data in this chapter are prepared and provided by the Division of Investment and Construction Statistics of Guangdong Provincial Bureau of Statistics.

Ⅲ. The data in this chapter are collected in accordance with the Reporting Scheme of Construction Statistics stipulated by the National Bureau of Statistics. The coverage of construction statistics includes the construction enterprises of all kinds of ownership (excluding individual enterprises) with qualification of legal person and independent accounting systems and other construction units affiliated with the enterprises and institutions of other industries (with qualification of independent financial statement) under the jurisdiction of Guangdong Province.

13-1 建筑业企业主要经济指标

MAIN ECONOMIC INDICATORS ON CONSTRUCTION ENTERPRISES

指标	Item	2002 合计 2002 Total	#国有经济 State-owned	2003 合计 2003 Total	#国有经济 State-owned
建筑业企业个数 （个）	Number of Construction Enterprises （umit）	4019	701	4488	684
年末从业人员 （万人）	Number of Persons Engaged （10000 persons）	150.05	42.46	161.35	40.59
自有固定资产原价 （亿元）	Fixed Assets Owned （original value） （100 million yuan）	469.88	197.71	505.95	190.05
自有固定资产净值 （亿元）	Fixed Assets Owned （net value） （100 million yuan）	309.81	125.23	326.03	115.61
自有机械设备台数 （万台）	Number of Machinery and Equipment Owned （10000 sets）	62.80	16.88	70.09	17.99
自有机械设备净值 （亿元）	Net Value of Machinery and Equipment Owned （100 million yuan）	161.77	53.97	173.94	50.82
自有机械设备总功率（万千瓦）	Total Power of Machinery and Equipment Owned （10000 kw）	895.52	318.92	920.03	218.67
建筑业总产值 （亿元）	Gross Output Value of Construction （100 million yuan）	1341.79	440.27	1703.28	523.85
#建筑安装工程	Construction and Installation	1312.52	431.89	1654.77	509.35
建筑业增加值 （亿元）	Value Added of Construction （100 million yuan）	363.65	119.91	364.20	105.13
#本年固定资产折旧	Depreciation of Fixed Assets in The Year	23.53	8.56	27.55	10.60
主管业务应付工资	Main Business Wages Payable	146.68	50.20	173.77	54.15
主管业务应付福利费	Main Business Welfare Expenses Payable	14.67	5.29	18.08	5.94
工程结算税金及附加	Taxes and Extra Charges on Project Settle Accounts	48.59	15.76	60.96	18.53
管理费用中的税金	Taxes in Management Expenses	2.91	0.91	3.37	0.99
工程结算利润	Profits on Project Settle Accounts	117.28	33.57	159.86	41.16
施工面积 （万平方米）	Floor Space of Buildings under Construction （10000 sq. m）	18882.44	5108.03	22184.74	5681.56
竣工面积 （万平方米）	Floor Space of Buildings （10000 sq. m）	7947.86	1883.45	8910.41	2069.71
利润总额 （亿元）	Total Profits （100 million yuan）	37.45	4.96	63.22	8.10
利税总额 （亿元）	Total Pre-tax Profits （100 million yuan）	88.95	21.64	127.48	27.61
劳动生产率	Overall Labor Productivity				
按总产值计算 （元/人）	In Terms of Gross Output Value （yuan/person）	91214	107934	105532	126333
按增加值计算 （元/人）	In Terms of Value Added （yuan/person）	24721	29389	22565	25354
技术装备率 （元/人）	Value of Machines per Laborer （yuan/person）	10781	29494	10780	12520
动力装备率 （千瓦/人）	Power of Machines per Laborer （kw/person）	6.0	7.5	5.7	6.9
房屋建筑面积竣工率 （%）	Rate of Floor Space of Buildings Completed （%）	42.1	36.9	40.2	36.4
产值利润率 （%）	Ratio of Profit to Gross Output Value （%）	2.8	1.1	3.7	1.5
产值利税率 （%）	Ratio of Pre-tax Profit to Gross Output Value （%）	6.6	4.9	7.5	5.3

13-2 建筑业总产值(2003年)
GROSS OUTPUT VALUE OF CONSTRUCTION (2003)

单位：万元 (10000 yuan)

指　　标	Item	建筑业总产值 Gross Output Value	建筑工程产值 Output Value of Construction	安装工程产值 Output Value of Installation	其他产值 Other Output Values
总　　计	**Total**	**17028650**	**14046015**	**2501692**	**480943**
一、按登记注册类型分组	**Grouped by Type of Registration**				
内资企业	Domestic Funded Enterprises	16684153	13836254	2380199	467700
国有企业	State-owned Enterprises	4676024	3909212	632228	134584
集体企业	Collective-owned Enterprises	2832986	2576439	181608	74939
股份合作企业	Cooperative Operation with Share Holding	120291	107691	11192	1408
联营企业	Joint Owned Enterprises	147194	92121	50745	4328
国有联营企业	State-owned Joint	73636	48496	24406	734
集体联营企业	Collective-owned Joint	8401	4638	3241	522
国有与集体联营企业	State and Collective Owned Joint	17564	17564		
其他联营企业	Others	47593	21423	23098	3072
有限责任公司	Limited Liability Companies	4814912	3813921	870611	130380
国有独资公司	State Exclusively Funded Companies	488865	431778	47418	9669
其他有限责任公司	Others	4326047	3382143	823193	120711
股份有限公司	Limited Share-holding Companies	1373555	1149509	184564	39482
私营企业	Private Enterprises	2713676	2186059	445038	82579
私营独资企业	Private Exclusively Funded Enterprises	57057	47711	8914	432
私营合伙企业	Private Partnership Enterprises	23807	16243	4122	3442
私营有限责任公司	Private Limited Liability Companies	2505586	2018624	408640	78322
私营股份有限公司	Private Limited Share-holding Companies	127226	103481	23362	383
其他企业	Other Enterprises	5515	1302	4213	
港、澳、台商投资企业	Enterprises Funded by Entrepreneurs from Hong Kong, Macao & Taiwan	280753	171033	97499	12221
外商投资企业	Foreign Funded Enterprises	63744	38728	23994	1022
二、按行业类别分	**Grouped by Sector**				
房屋和土木工程建筑业	Building and Civil Engineering	13632394	12683652	629083	319659
房屋工程建筑	Building Engineering	10407716	9868629	327688	211399
土木工程建筑	Civil Engineering	3224678	2815023	301395	108260
铁路、道路、隧道	Railways, Highways and Tunnels	1619323	1561012	33949	24362
水利和港口建筑	Water Conservancy and Harbors	812814	714203	64820	33791
工矿工程建筑	Mines	75997	59685	12366	3946
架线和管道工程建筑	Lines and Pipes	236060	65997	160439	9624
其他土木工程建筑	Other Civil Engineering	480484	414126	29821	36537
建筑安装业	Construction Installment	1725796	382380	1298833	44583
建筑装饰业	Construction Decoration	1423216	847653	484279	91284
其他建筑业	Other Construction	247244	132330	89497	25417
工程准备	Engineering Preparations	67670	63275	472	3923
提供施工设备服务	Equipment Services	42504	3779	37647	1078
其他未列明的建筑活动	Other Construction Activities Unlisted	137070	65276	51378	20416

注：不含劳务分包企业。

Note: The data in this table do not include those of the service subcontract enterprises.

13-3 各市建筑业总产值（2003年）
GROSS OUTPUT VALUE OF CONSTRUCTION BY CITY (2003)

单位：万元 (10000 yuan)

市别 City	合计 Total	内资企业 Domestic Funded Enterprises	国有企业 State-owned Enterprises	集体企业 Collective-owned Enterprises	股份合作企业 Cooperative Operation with Share Holding	联营企业 Joint Owned Enterprises
总计 Total	**17028650**	**16684153**	**4676024**	**2832986**	**120291**	**147194**
广州 Guangzhou	4785787	4687504	1703148	362276	54224	18379
深圳 Shenzhen	3921751	3746074	1232866	128903	15416	118179
珠海 Zhuhai	431486	417575	148970	70622	109	
汕头 Shantou	1004007	988451	507225	120646	1819	
佛山 Foshan	1323005	1316426	23115	168305	9977	
韶关 Shaoguan	304599	304599	142548	87658		150
河源 Heyuan	118002	113998	19444	55944	2031	1384
梅州 Meizhou	555159	555159	38044	198559		
惠州 Huizhou	372950	368526	184839	105841		
汕尾 Shanwei	65452	65452	7562	46297	280	
东莞 Dongguan	764792	754530	14673	416729	9676	
中山 Zhongshan	556514	556315	21361	66242		
江门 Jiangmen	506646	504798	26554	166613	11309	502
阳江 Yangjiang	284515	284515	48642	99991	680	
湛江 Zhanjiang	616552	611139	250946	146881		7983
茂名 Maoming	561802	561802	160919	207726	411	
肇庆 Zhaoqing	245075	238543	84107	67833		
清远 Qingyuan	189927	188118	28259	81120	11515	
潮州 Chaozhou	150749	150749	8774	71804	1528	
揭阳 Jieyang	165771	165771	17934	92634		
云浮 Yunfu	104109	104109	6094	70362	1316	

市别 City	有限责任企业 Limited Liability Enterprises	股份有限企业 Limited Share-holding Enterprises	私营企业 Private Enterprises	其他企业 Other Enterprises	港澳台商投资企业 Enterprises Funded by Entrepreneurs from Hong Kong, Macao and Taiwan	外商投资企业 Foreign Funded Enterprises
总计 Total	**4814912**	**1373555**	**2713676**	**5515**	**280753**	**63744**
广州 Guangzhou	1683626	133694	732157		86701	11582
深圳 Shenzhen	1069875	753107	427102	626	138884	36793
珠海 Zhuhai	91206	67829	38222		13898	13
汕头 Shantou	209807	53783	95171		9666	5890
佛山 Foshan	793375	59853	257026	4775	6579	
韶关 Shaoguan	10450	54062	9731			
河源 Heyuan	10788	5782	18625		4004	
梅州 Meizhou	57383	90024	171149			
惠州 Huizhou	51064	2280	24418	84	4350	74
汕尾 Shanwei	650	2211	8452			
东莞 Dongguan	30256		283196		1338	8924
中山 Zhongshan	186692	166	281854		199	
江门 Jiangmen	163648	46006	90166		1380	468
阳江 Yangjiang	68298	7155	59749			
湛江 Zhanjiang	112764	74436	18129		5413	
茂名 Maoming	156149	8441	28126	30		
肇庆 Zhaoqing	35081	2517	49005		6532	
清远 Qingyuan	22758	665	43801		1809	
潮州 Chaozhou	39171	4558	24914			
揭阳 Jieyang	16578	3425	35200			
云浮 Yunfu	5293	3561	17483			

注：不含劳务分包企业。
Note: The data in this table do not include those of the service subcontract enterprises.

13-4 建筑业房屋建筑面积（2003 年）
FLOOR SPACE OF BUILDINGS CONSTRUCTED BY CONSTRUCTION ENTERPRISES (2003)

单位：万平方米 (10000 sq. m)

指标	Item	房屋建筑施工面积 Floor Space of Buildings under Construction	#本年新开工 Newly Started Buildings in the Year	#投标承包面积 Floor Space through Tender for the Construction	房屋建筑竣工面积 Floor Space of Buildings Completed
总计	**Total**	**22184.74**	**10927.94**	**13454.99**	**8910.41**
一、按登记注册类型分组	**Grouped by Type of Registration**				
内资企业	Domestic Funded Enterprises	21978.84	10805.87	13353.37	8851.96
国有企业	State-owned Enterprises	4945.71	2310.83	3638.52	1825.97
集体企业	Collective-owned Enterprises	5921.17	3081.21	3043.72	2651.44
股份合作企业	Cooperative Operation with Share Holding	183.52	76.93	166.27	67.43
联营企业	Joint Owned Enterprises	102.12	47.36	61.37	52.35
国有联营企业	State-owned Joint	69.47	26.59	35.20	38.55
集体联营企业	Collective-owned Joint	4.62	2.81	2.80	4.62
国有与集体联营企业	State and Collective Owned Joint	24.71	14.64	23.37	5.86
其他联营企业	Others	3.32	3.32		3.32
有限责任公司	Limited Liability Companies	5488.36	2517.26	3543.31	2108.04
国有独资公司	State Exclusively Funded Companies	666.38	382.08	624.15	205.20
其他有限责任公司	Others	4821.98	2135.18	2919.16	1902.84
股份有限公司	Limited Share-holding Companies	1809.29	883.30	1224.03	660.48
私营企业	Private Enterprises	3528.04	1888.97	1676.16	1485.62
私营独资企业	Private Exclusively Funded Enterprises	93.75	63.64	57.46	56.23
私营合伙企业	Private Partnership Enterprises	41.98	25.53	20.72	18.34
私营有限责任公司	Private Limited Liability Companies	3196.29	1719.90	1526.36	1300.22
私营股份有限公司	Private Limited Share-holding Companies	196.02	79.90	71.61	110.82
其他企业	Other Enterprises	0.64			0.64
港、澳、台商投资企业	Enterprises Funded by Entrepreneurs from Hong Kong, Macao & Taiwan	169.56	92.63	71.46	22.11
外商投资企业		36.34	29.43	3016	36.34
二、按行业类别分	**Grouped by Sector**				
房屋和土木工程建筑业	Building and Civil Engineering	21735.55	10647.70	13243.31	8785.40
房屋工程建筑	Building Engineering	21137.06	10297.03	12921.96	8475.45
土木工程建筑	Civil Engineering	598.49	350.66	321.34	309.94
铁路、道路、隧道	Railways, Highways and Tunnels	110.00	62.27	43.30	38.91
水利和港口建筑	Water Conservancy and Harbors	48.25	26.01	35.36	35.87
工矿工程建筑	Mines	65.60	19.07	55.49	52.71
架线和管道工程建筑	Lines and Pipes	22.01	17.50	12.78	15.47
其他土木工程建筑	Other Civil Engineering	352.63	225.82	174.43	166.99
建筑安装业	Construction Installment	423.69	264.58	197.86	103.22
建筑装饰业	Construction Decoration	9.11	3.49	3.32	7.30
其他建筑业	Other Construction	16.39	12.18	10.51	14.49
工程准备	Engineering Preparations	3.36	3.36		3.36
其他未列明的建筑活动	Other Construction Activities Unlisted	13.03	8.82	10.51	11.13

注：不含劳务分包企业。

Note: The data in this table do not include those of the service subcontract enterprises.

13-5 建筑施工企业个数及技术装备（2003 年）

NUMBER OF CONSTRUCTION ENTERPRISES AND THEIR POWER OF MACHINERY AND EQUIPMENT (2003)

指　标	Item	施工企业个数（个）Number of Construction Enterprises	年底自有机械设备总台数（台）Number of Machinery and Equipment Owned at Year-End	自有机械设备年末净值（万元）Net Value of Machinery and Equipment Owned Year-End (10000 yuan)	自有机械设备年末总功率（万千瓦）Total Power of Machinery and Equipment Owned at Year-End (10000 kw)	建筑企业年末从业人数（万人）Number of Persons Engaged (10000 persons)
总　计	**Total**	**4473**	**700859**	**1739358**	**920.03**	**161.35**
一、按登记注册类型分组	**Grouped by Type of Registration**					
内资企业	Domestic Funded Enterprises	4349	690907	1719934	909.13	159.56
国有企业	State-owned Enterprises	624	168895	461509	255.94	37.51
集体企业	Collective-owned Enterprises	908	198957	365798	223.14	43.01
股份合作企业	Cooperative Operation with Share Holding	64	5414	11722	8.67	1.28
联营企业	Joint Owned Enterprises	52	5314	9110	7.04	1.18
国有联营企业	State-owned Joint	15	2258	4495	3.73	0.46
集体联营企业	Collective-owned Joint	10	307	884	0.55	0.08
国有与集体联营企业	State and Collective Owned Joint	4	1014	1213	0.76	0.26
其他联营企业	Others	23	1735	2518	2.00	0.38
有限责任公司	Limited Liability Companies	1100	151244	467986	228.06	36.60
国有独资公司	State Exclusively Funded Companies	45	8728	42184	21.99	2.61
其他有限责任公司	Others	1055	142516	425802	206.07	33.99
股份有限公司	Limited Share-holding Companies	145	35208	115411	56.27	11.75
私营企业	Private Enterprises	1449	125268	285175	129.42	28.13
私营独资企业	Private Exclusively Funded Enterprises	46	2626	5861	2.83	0.72
私营合伙企业	Private Partnership Enterprises	29	712	1148	0.80	0.33
私营有限责任公司	Private Limited Liability Companies	1322	114955	264275	119.31	25.92
私营股份有限公司	Private Limited Share-holding Companies	52	6975	13891	6.49	1.16
其他企业	Other Enterprises	7	607	3223	0.58	0.09
港、澳、台商投资企业	Enterprises Funded by Entrepreneurs from Hong Kong, Macao & Taiwan	103	7470	15099	9.51	1.49
外商投资企业	Foreign Funded Enterprises	21	2482	4325	1.38	0.30
二、按行业类别分	**Grouped by Sector**					
房屋和土木工程建筑业	Building and Civil Engineering	2366	553560	1518447	806.77	139.63
房屋工程建筑	Building Engineering	1717	471925	1038449	569.38	118.73
土木工程建筑	Civil Engineering	649	81635	479998	237.38	20.90
铁路、道路、隧道	Railways, Highways and Tunnels	223	33046	276637	120.43	9.59
水利和港口建筑	Water Conservancy and Harbors	108	22512	115340	69.23	4.85
工矿工程建筑	Mines	32	2394	10652	4.21	0.65
架线和管道工程建筑	Pipes, Lines and Equipment Installation	106	5839	15877	11.28	1.64
其他土木工程建筑	Other Civil Engineering	180	17844	61492	32.23	4.17
建筑安装业	Construction Installment	909	55439	126407	60.13	11.31
建筑装饰业	Construction Decoration	1035	82695	67939	36.58	8.63
其他建筑业	Other Construction	163	9165	26565	16.55	1.78
工程准备	Engineering Preparations	49	2225	9134	5.96	0.52
提供施工设备服务	Equipment Services	21	1954	3625	3.43	0.21
其他未列明的建筑活动	Other Construction Activities Unlisted	93	4986	13806	7.17	1.05

注：不含劳务分包企业。
Note: The data in this table do not include those of the service subcontract enterprises.

13-6 建筑业企业资产（2003 年）
ASSETS OF CONSTRUCTION ENTERPRISES（2003）

单位：万元 （10000 yuan）

指 标	Item	资产合计 Total Assets	#流动资产 Circulating Funds	#固定资产 Fixed Assets	#无形及递延资产 Intangible and Deferred Assets
总 计	**Total**	**24520385**	**18571202**	**3947652**	**435144**
一、按登记注册类型分组	**Grouped by Type of Registration**				
内资企业	Domestic Funded Enterprises	23898971	18039525	3874072	427594
国有企业	State-owned Enterprises	7539243	5537986	1178844	128771
集体企业	Collective-owned Enterprises	3409511	2451497	766869	62126
股份合作企业	Cooperative Operation with Share Holding	108416	81093	21453	1197
联营企业	Joint Owned Enterprises	161583	120197	31987	2635
国有联营企业	State-owned Joint	73562	47438	21067	1682
集体联营企业	Collective-owned Joint	22868	18553	1909	621
国有与集体联	State and Collective Owned Joint	14250	11227	2508	332
其他联营企业	Others	50903	42979	6503	
有限责任公司	Limited Liability Companies	7524823	5903680	963778	137075
国有独资公司	State Exclusively Funded Companies	1305622	1005695	144112	14374
其他有限责任	Others	6219201	4897985	819666	122701
股份有限公司	Limited Share-holding Companies	2028358	1598946	326733	35349
私营企业	Private Enterprises	3112504	2338005	580769	60219
私营独资企业	Private Exclusively Funded Enterprises	66475	42032	22275	1247
私营合伙企业	Private Partnership Enterprises	28373	19150	8416	161
私营有限责任	Private Limited Liability Companies	2895060	2184665	524996	55748
私营股份有限	Private Limited Share-holding Companies	122596	92158	25082	3063
其他企业	Other Enterprises	14533	8121	3639	222
港、澳、台商投资企业	Enterprises Funded by Entrepreneurs from Hong Kong, Macao & Taiwan	471061	398715	59000	6003
外商投资企业	Foreign Funded Enterprises	150353	132962	14580	1547
二、按行业类别分	**Grouped by Sector**				
房屋和土木工程建筑业	Building and Civil Engineering	19853236	14961628	3229056	350509
房屋工程建筑	Building Engineering	13536130	10281081	2131457	245456
土木工程建筑	Civil Engineering	6317106	4680547	1097599	105053
铁路、道路、隧道	Railways, Highways and Tunnels	3376717	2561722	516237	38894
水利和港口建筑	Water Conservancy and Harbors	1323061	841528	312906	33522
工矿工程建筑	Mines	118376	86349	26302	2857
架线和管道工程建筑	Lines and Pipes	457454	373350	69451	6849
其他土木工程建筑	Other Civil Engineering	1041498	817598	172703	22931
建筑安装业	Construction Installment	2746840	2099825	422795	54144
建筑装饰业	Construction Decoration	1538951	1230126	230464	20411
其他建筑业	Other Construction	381358	279623	65337	10080
工程准备	Engineering Preparations	79713	51516	21152	1275
提供施工设备服务	Equipment Services	49880	36857	6467	1249
其他未列明的建筑活动	Other Construction Activities Unlisted	251765	191250	37718	7556

注：不含劳务分包企业。

Note: The data in this table do not include those of the service subcontract enterprises.

13-7 建筑业企业负债及所有者权益（2003年）
LIABILITIES AND CREDITORS′ EQUITY OF CONSTRUCTION ENTERPRISES (2003)

单位：万元 （10000 yuan）

指标	Item	负债合计 Total Liabilities	流动负债 Liquid Liabilities	长期负债 Long-term Liabilities	所有者权益 Creditors′ Equity	#实收资本 Capitals Hold
总计	**Total**	**16720957**	**15779179**	**941778**	**7799428**	**5291810**
一、按登记注册类型分组	**Grouped by Type of Registration**					
内资企业	Domestic Funded Enterprises	16310957	15396474	914483	7588014	5139733
国有企业	State-owned Enterprises	5571550	5183826	387724	1967693	1423708
集体企业	Collective-owned Enterprises	2249594	2116720	132874	1159917	846955
股份合作企业	Cooperative Operation with Share Holding	63653	62105	1548	44763	30862
联营企业	Joint Owned Enterprises	81634	79496	2138	79949	53300
国有联营企业	State-owned Joint	34059	34033	26	39503	25433
集体联营企业	Collective-owned Joint	12916	12913	3	9952	5180
国有与集体联营企业	State and Collective Owned Joint	9058	9051	7	5192	4908
其他联营企业	Others	25601	23499	2102	25302	17779
有限责任公司	Limited Liability Companies	5416990	5207007	209983	2107833	1499030
国有独资公司	State Exclusively Funded Companies	980979	903448	77531	324643	230926
其他有限责任公司	Others	4436011	4303559	132452	1783190	1268104
股份有限公司	Limited Share-holding Companies	1261266	1166566	94700	767092	323459
私营企业	Private Enterprises	1660068	1575017	85051	1452436	957672
私营独资企业	Private Exclusively Funded Enterprises	24233	19179	5054	42242	36502
私营合伙企业	Private Partnership Enterprises	12856	12659	197	15517	10154
私营有限责任公司	Private Limited Liability Companies	1552521	1473042	79479	1342539	869521
私营股份有限公司	Private Limited Share-holding Companies	70458	70137	321	52138	41495
其他企业	Other Enterprises	6202	5737	465	8331	4747
港、澳、台商投资企业	Enterprises Funded by Entrepreneurs from Hong Kong, Macao & Taiwan	311069	284600	26469	159992	125809
外商投资企业	Foreign Funded Enterprises	98931	98105	826	51422	26268
二、按行业类别分	**Grouped by Sector**					
房屋和土木工程建筑业	Building and Civil Engineering	13767933	12925462	842471	6085303	4120873
房屋工程建筑	Building Engineering	9259053	8818030	441023	4277077	2947763
土木工程建筑	Civil Engineering	4508880	4107432	401448	1808226	1173110
铁路、道路、隧道	Railways, Highways and Tunnels	2566789	2361043	205746	809928	559431
水利和港口建筑	Water Conservancy and Harbors	869185	711116	158069	453876	310807
工矿工程建筑	Mines	66858	54153	12705	51518	29992
架线和管道工程建筑	Lines and Pipes	315937	300307	15630	141517	98694
其他土木工程建筑	Other Civil Engineering	690111	680813	9298	351387	174186
建筑安装业	Construction Installment	1799306	1755915	43391	947534	634670
建筑装饰业	Construction Decoration	924235	876323	47912	614716	433235
其他建筑业	Other Construction	229483	221479	8004	151875	103032
工程准备	Engineering Preparations	44240	41173	3067	35473	22893
提供施工设备服务	Equipment Services	28003	27983	20	21877	18355
其他未列明的建筑活动	Other Construction Activities Unlisted	157240	152323	4917	94525	61784

注：不含劳务分包企业。
Note: The data in this table do not include those of the service subcontract enterprises.

13-8 建筑业企业总收入（2003 年）
TOTAL INCOME OF CONSTRUCTION ENTERPRISES (2003)

单位：万元 (10000 yuan)

指　标	Item	企业总收入 Total Income of Enterprises	工程结算收入 Revenue of Project Settlement Accounts	工程结算成本 Costs of Project Settlement Accounts	工程结算利润 Profits of Project Settlement Accounts	其他业务收入 Other Revenue from Business
总　计	**Total**	**19043539**	**18454218**	**16246013**	**1598579**	**589321**
一、按登记注册类型分组	**Grouped by Type of Registration**					
内资企业	Domestic Funded Enterprises	18664601	18112479	15952021	1559820	552122
国有企业	State-owned Enterprises	5458562	5236981	4705915	367850	221581
集体企业	Collective-owned Enterprises	2514408	2490443	2174062	211492	23965
股份合作企业	Cooperative Operation with Share Holding	101062	100487	85713	10402	575
联营企业	Joint Owned Enterprises	140984	138308	120594	12884	2676
国有联营企业	State-owned Joint	58620	57168	51208	4303	1452
集体联营企业	Collective-owned Joint	12843	12843	10394	1878	
国有与集体联	State and Collective Owned Joint	17727	17605	16317	638	122
其他联营企业	Others	51794	50692	42675	6065	1102
有限责任公司	Limited Liability Companies	5937190	5717876	5083213	465644	219314
国有独资公司	State Exclusively Funded Companies	1309762	1190584	1130641	39467	119178
其他有限责任	Others	4627428	4527292	3952572	426177	100136
股份有限公司	Limited Share-holding Companies	1806691	1750276	1557114	136305	56415
私营企业	Private Enterprises	2700409	2673003	2221918	353832	27406
私营独资企业	Private Exclusively Funded Enterprises	54250	53135	45382	5511	1115
私营合伙企业	Private Partnership Enterprises	17213	16921	14156	2081	292
私营有限责任	Private Limited Liability Companies	2515949	2490500	2068306	331948	25449
私营股份有限	Private Limited Share-holding Companies	112997	112447	94074	14292	550
其他企业	Other Enterprises	5295	5105	3492	1411	190
港、澳、台商投资企业	Enterprises Funded by Entrepreneurs from Hong Kong, Macao & Taiwan	316885	284033	245083	31546	32852
外商投资企业	Foreign Funded Enterprises	62053	57706	48909	7213	4347
二、按行业类别分	**Grouped by Sector**					
房屋和土木工程建筑业	Building and Civil Engineering	15218375	14851101	13231708	1127569	367274
房屋工程建筑	Building Engineering	11210342	10928724	9778277	771797	281618
土木工程建筑	Civil Engineering	4008033	3922377	3453431	355772	85656
铁路、道路、隧道	Railways, Highways and Tunnels	1976818	1947121	1729909	163202	29697
水利和港口建筑	Water Conservancy and Harbors	1123652	1110243	982548	98412	13409
工矿工程建筑	Mines	80170	79965	67471	9514	205
架线和管道工程建筑	Lines and Pipes	294795	291164	238623	43655	3631
其他土木工程建筑	Other Civil Engineering	532598	493884	434880	40989	38714
建筑安装业	Construction Installment	2100845	1951492	1601983	288952	149353
建筑装饰业	Construction Decoration	1461647	1405507	1209982	146777	56140
其他建筑业	Other Construction	262672	246118	202340	35281	16554
工程准备	Engineering Preparations	59618	57914	45824	9959	1704
提供施工设备服务	Equipment Services	39794	39377	32967	4582	417
其他未列明的建筑活动	Other Construction Activities Unlisted	163260	148827	123549	20740	14433

注：不含劳务分包企业。

Note: The data in this table do not include those of the service subcontract enterprises.

13-9 建筑业企业利税总额（2003 年）

TOTAL PRE-TAX PROFITS OF CONSTRUCTION ENTERPRISES (2003)

指　　标	Item	利税总额合计（万元）Total Pre-tax Profits (10000 yuan)	利润总额 Total Profits	工程结算税金及附加 Taxes and Extra Charges on Project Settlement Accounts	管理费用中的税金 Taxes in Management Expenses	产值利税率（%）Ratio of Pre-tax Profits to Output Value (%)	资产利税率（%）Ratio Pre-tax Profits to Assets (%)
总　计	**Total**	**1274791**	**631583**	**609626**	**33582**	**7.5**	**5.2**
一、按登记注册类型分组	**Grouped by Type of Registration**						
内资企业	Domestic Funded Enterprises	1254404	621469	600638	32297	7.5	5.2
国有企业	State-owned Enterprises	245565	73611	163216	8738	5.3	3.3
集体企业	Collective-owned Enterprises	185012	72074	104889	8049	6.5	5.4
股份合作企业	Cooperative Operation with Share Holding	9065	4542	4372	151	7.5	8.4
联营企业	Joint Owned Enterprises	8794	3328	4830	636		5.4
国有联营企业	State-owned Joint	2243	306	1657	280	3.0	3.0
集体联营企业	Collective-owned Joint	1314	734	571	9	15.6	5.7
国有与集体联	State and Collective Owned Joint	758	106	650	2	4.3	5.3
其他联营企业	Others	4479	2182	1952	345	9.4	8.8
有限责任公司	Limited Liability Companies	394839	218957	169019	6863		5.2
国有独资公司	State Exclusively Funded Companies	28283	6948	20476	859	5.8	2.2
其他有限责任	Others	366556	212009	148543	6004	8.5	5.9
股份有限公司	Limited Share-holding Companies	133170	73630	56857	2683	9.7	6.6
私营企业	Private Enterprises	277372	174948	97253	5171	10.2	8.9
私营独资企业	Private Exclusively Funded Enterprises	3850	1566	2242	42	6.7	5.8
私营合伙企业	Private Partnership Enterprises	1403	599	684	120	5.9	4.9
私营有限责任	Private Limited Liability Companies	262994	167892	90246	4856	10.5	9.1
私营股份有限	Private Limited Share-holding Companies	9125	4891	4081	153	7.2	7.4
其他企业	Other Enterprises	587	379	202	6	10.6	4.0
港、澳、台商投资企业	Enterprises Funded by Entrepreneurs from Hong Kong, Macao & Taiwan	16894	8580	7404	910	6.0	3.6
外商投资企业	Foreign Funded Enterprises	3493	1534	1584	375	5.5	2.3
二、按行业类别分	**Grouped by Sector**						
房屋和土木工程建筑业	Building and Civil Engineering	953610	437844	491824	23942	7.0	4.8
房屋工程建筑	Building Engineering	713207	316582	378650	17975	6.9	5.3
土木工程建筑	Civil Engineering	240403	121262	113174	5967	7.5	3.8
铁路、道路、隧道	Railways, Highways and Tunnels	108380	51853	54010	2517	6.7	3.2
水利和港口建筑	Water Conservancy and Harbors	59714	29060	29283	1371	7.3	4.5
工矿工程建筑	Mines	7277	4166	2980	131	9.6	6.1
架线和管道工程建筑	Lines and Pipes	27559	18201	8886	472	11.7	6.0
其他土木工程建筑	Other Civil Engineering	37473	17982	18015	1476	7.8	3.6
建筑安装业	Construction Installment	190162	124473	60557	5132	11.0	6.9
建筑装饰业	Construction Decoration	107883	55927	48748	3208	7.6	7.0
其他建筑业	Other Construction	23136	13339	8497	1300	9.4	6.1
工程准备	Engineering Preparations	6639	4390	2131	118	9.8	8.3
提供施工设备服务	Equipment Services	2886	890	1828	168	6.8	5.8
其他未列明的建筑活动	Other Construction Activities Unlisted	13611	8059	4538	1014	9.9	5.4

注：不含劳务分包企业。

Note: The data in this table do not include those of the service subcontract enterprises.

13-10 劳务分包建筑企业生产经营情况（2003 年）
PRODUCTION AND OPERATION OF SERVICE SUBCONTRACT CONSTRUCTION ENTERPRISES (2003)

指　标	Item	企业个数（个）Number of Enterprises (unit)	企业总收入（万元）Total Income of Enterprises (10000 yuan)	计算劳动生产率的平均人数（人）Average Person in Calculating Overall Labor Productivity (person)	劳务收入 Service Income	期末从业人数（人）Number of Employed Persons at the Year－end (person)
总　计	**Total**	**15**	**12**	**3476**	**911**	**1246**
一、按登记注册类型分组	**Grouped by Status of Registration**					
内资企业	Domestic Funded Enterprises	15	12	3476	911	1246
集体企业	Collective－owned Enterprises	2	2	737	55	57
股份合作企业	Cooperative Enterprises	1	1	124	24	11
有限责任公司	Joint Ownership Enterprises	6	5	578	91	88
其他有限责任公司	Other Limited Liability Corporations	6	5	578	91	88
私营企业	Private Enterprises	6	4	2037	741	1090
私营有限责任公司	Private Limited Liability Corporations	6	4	2037	741	1090
二、按行业类别分	**Grouped by Sector**					
房屋和土木工程建筑业	Building and Civil Engineering	9	6	2369	753	1104
房屋工程建筑	Building Engineering	6	4	1644	702	1050
土木工程建筑	Civil Engineering	3	2	725	51	54
其他土木工程建筑	Other Civil Engineering	3	2	725	51	54
建筑安装业	Construction Installment	2	2	549	72	59
其他建筑业	Other Construction	4	4	558	86	83
工程准备	Engineering Preparations	3	3	475	71	68
其他未列明的建筑活动	Other Construction Activities Unlisted	1	1	83	15	15

13-10 **续表** continued

计算单位：万元 (10000 yuan)

指　标	Item	税金 Taxes	劳动、待业保险费 Labor and Unemployment Insurance	利润总额 Total Profits	从业人员劳动报酬 Earnings of Employed Persons	工资总额 Total Wages
总　计	**Total**	**119**	**31**	**－47**	**1130**	**1107**
一、按登记注册类型分组	**Grouped by Status of Registration**					
内资企业	Domestic Funded Enterprises	119	31	－47	1130	1107
集体企业	Collective－owned Enterprises	31	9	－5	71	64
股份合作企业	Cooperative Enterprises	4	3	－24	36	36
有限责任公司	Joint Ownership Enterprises	15	8	－28	68	68
其他有限责任公司	Other Limited Liability Corporations	15	8	－28	68	68
私营企业	Private Enterprises	69	11	10	955	939
私营有限责任公司	Private Limited Liability Corporations	69	11	10	955	939
二、按行业类别分	**Grouped by Sector**					
房屋和土木工程建筑业	Building and Civil Engineering	87	14	22	1002	979
房屋工程建筑	Building Engineering	57	5	17	921	905
土木工程建筑	Civil Engineering	30	9	5	81	74
其他土木工程建筑	Other Civil Engineering	30	9	5	81	74
建筑安装业	Construction Installment	18	9	－41	63	63
其他建筑业	Other Construction	14	8	－28	65	65
工程准备	Engineering Preparations	11	5	－26	48	48
其他未列明的建筑活动	Other Construction Activities Unlisted	3	3	－2	17	17

13-11 一、二级建筑业企业生产情况主要指标（2003年）
MAIN PRODUCTION INDICATORS OF CONSTRUCTION ENTERPRISES AT GRADE ONE AND TWO (2003)

指　　标	Item	施工企业个数（个）Number of Construction Enterprises (unit)	建筑业总产值（万元）Gross Output Value of Construction (10000 yuan)	竣工产值（万元）Output Value of Projects Completed (10000 yuan)	房屋建筑竣工面积（万平方米）Floor Space of Buildings Completed (10000 sq. m)	建筑业全员劳动生产率（元/人）Overall Labour Productivity (yuan/person)
总　　计	**Total**	**1313**	**11129703**	**8401195**	**4952.02**	**114846**
一、按登记注册类型分组	**Grouped by Type of Registration**					
内资企业	Domestic Funded Enterprises	1256	10886611	8240945	4941.79	114186
国有企业	State-owned Enterprises	308	3635927	2609029	1291.98	125586
集体企业	Collective-owned Enterprises	191	1413048	1157529	1243.31	69770
股份合作企业	Cooperative Operation with Share Holding	11	69856	41643	26.54	99638
联营企业	Joint Owned Enterprises	23	97742	78553	37.36	121949
国有联营企业	State-owned Joint	9	44867	37893	28.18	143483
集体联营企业	Collective-owned Joint	1	3065			159635
国有与集体联营企业	State and Collective Owned Joint	2	13073	8449	5.86	64558
其他联营企业	Others	11	36737	32211	3.32	137540
有限责任公司	Limited Liability Companies	363	3482571	2793944	1388.06	143550
国有独资公司	State Exclusively Funded Companies	35	462771	321577	203.08	182755
其他有限责任公司	Others	328	3019800	2472367	1184.98	138981
股份有限公司	Limited Share-holding Companies	59	767963	564796	345.17	99597
私营企业	Private Enterprises	299	1417606	994624	609.38	112615
私营独资企业	Private Exclusively Funded Enterprises	10	25090	21014	13.65	111859
私营合伙企业	Private Partnership Enterprises	3	413	137		36549
私营有限责任公司	Private Limited Liability Companies	273	1315370	882462	508.09	113028
私营股份有限公司	Private Limited Share-holding Companies	13	76733	91011	87.63	107334
其他企业	Other Enterprises	2	1898	827		25442
港、澳、台商投资企业	Enterprises Funded by Entrepreneurs from Hong Kong, Macao & Taiwan	49	199810	132740	10.23	151762
外商投资企业	Foreign Funded Enterprises	8	43282	27510		171618
二、按行业类别分	**Grouped by Sector**					
房屋和土木工程建筑业	Building and Civil Engineering	751	8875881	6730045	4877.10	106314
房屋工程建筑	Building Engineering	535	6388700	4911481	4777.31	92134
土木工程建筑	Civil Engineering	216	2487181	1818564	99.80	175820
铁路、道路、隧道	Railways, Highways and Tunnels	97	1381912	1080019	23.25	172577
水利和港口建筑	Water Conservancy and Harbors	31	656787	404658	18.37	207136
工矿工程建筑	Mines	12	47471	40269	2.39	175364
架线和管道工程建筑	Lines and Pipes	27	116222	94546	14.82	160350
其他土木工程建筑	Other Civil Engineering	49	284789	199072	40.97	144387
建筑安装业	Construction Decoration	292	1074010	852863	61.69	157581
建筑装饰业	Construction Decoration	217	1030978	705253	5.14	187056
其他建筑业	Other Construction	53	148834	113034	8.08	135872
工程准备	Engineering Preparations	11	40081	27145		145590
提供施工设备服务	Equipment Services	11	37458	30348		163074
其他未列明的建筑活动	Other Construction Activities Unlisted	31	71295	55541	8.08	120757

13-12 一、二级建筑业企业财务状况主要指标（2003 年）
MAIN FINANCIAL INDICATORS OF CONSTRUCTION ENTERPRISES AT GRADE ONE AND TWO (2003)

单位：万元 (10000 yuan)

指　　标	Item	企　业 总收入 Total Income of Enterprises	工程结算收入 Revenue of Project Settlement Accounts	工程结算成本 Costs of Project Settlement Accounts	利润总额 Total Profits	营业利润 Operating Profits
总　计	**Total**	**12995315**	**12525847**	**11129072**	**388602**	**346784**
一、按登记注册类型分组	**Grouped by Type of Registration**					
内资企业	Domestic Funded Enterprises	12723350	12285993	10922346	382590	340397
国有企业	State-owned Enterprises	4268038	4066215	3670665	59257	38456
集体企业	Collective-owned Enterprises	1260031	1244414	1092894	27171	23877
股份合作企业	Cooperative Operation with Share Holding	60299	59970	51818	2683	2484
联营企业	Joint Owned Enterprises	92632	91617	79526	3162	2686
国有联营企业	State-owned Joint	38556	37883	33788	927	617
集体联营企业	Collective-owned Joint		3065	2175	360	464
国有与集体联营企业	State and Collective Owned Joint	13189	13073	12038	11	-5
其他联营企业	Others	37822	37596	31525	1864	1610
有限责任公司	Limited Liability Companies	4569698	4404182	3977475	132041	116179
国有独资公司	State Exclusively Funded Companies	1283990	1165553	1108945	6055	3186
其他有限责任公司	Others	3285708	3238629	2868530	125986	112993
股份有限公司	Limited Share-holding Companies	1018595	972605	852920	48905	44579
私营企业	Private Enterprises	1452304	1445383	1196145	109371	112099
私营独资企业	Private Exclusively Funded Enterprises	23681	23502	19875	630	892
私营合伙企业	Private Partnership Enterprises		643	488	-53	-52
私营有限责任公司	Private Limited Liability Companies	1355697	1349161	1114255	106522	109011
私营股份有限公司	Private Limited Share-holding Companies	72283	72077	61527	2272	2248
其他企业	Other Enterprises	1753	1607	903		37
港、澳、台商投资企业	Enterprises Funded by Entrepreneurs from Hong Kong, Macao & Taiwan	232679	203116	175534	4989	5569
外商投资企业	Foreign Funded Enterprises	39286	36738	31192	1023	818
二、按行业类别分	**Grouped by Sector**					
房屋和土木工程建筑业	Building and Civil Engineering	10417036	10098946	9050451	290361	256163
房屋工程建筑	Building Engineering	7151467	6903037	6207648	200388	177011
土木工程建筑	Civil Engineering	3265569	3195909	2842803	89973	79152
铁路、道路、隧道	Railways, Highways and Tunnels	1734215	1713170	1528253	44292	41408
水利和港口建筑	Water Conservancy and Harbors	975579	962605	857536	24156	22980
工矿工程建筑	Mines	43544	43357	35513	3115	3100
架线和管道工程建筑	Lines and Pipes	161598	160643	135704	7835	7909
其他土木工程建筑	Other Civil Engineering	350633	316134	285797	10575	3755
建筑安装业	Construction Installment	1347906	1239069	1035570	63343	54250
建筑装饰业	Construction Decoration	1071709	1033862	911069	30436	31529
其他建筑业	Other Construction	158664	153970	131982	4462	4842
工程准备	Engineering Preparations	36283	35467	31186	484	516
提供施工设备服务	Equipment Services	34446	34129	28431	874	946
其他未列明的建筑活动	Other Construction Activities Unlisted	87935	84374	72365	3104	3380

主要统计指标解释

建筑业总产值 指以货币表现的建筑安装企业在一定时期内生产的建筑业产品的总和。建筑业总产值包括三部分内容：

（1）建筑工程产值：指列入建筑工程预算内的各种工程价值。

（2）设备安装工程产值：指设备安装工程价值。

（3）其他产值：建筑业总产值中除建筑工程、安装工程以外的产值。包括房屋构筑物修理产值、非标准设备制造产值、总包企业向分包企业收取的管理费以及不能明确划分的施工活动所完成的产值。

a. 房屋构筑物修理产值：指房屋和构筑物的修理所完成的价值，但不包括被修理房屋构筑物的本身价值和生产设备的修理价值。

b. 非标准设备制造产值：指加工制造没有定型的非标准生产设备的加工费和原材料价值以及附属加工厂为本企业承建工程制作的非标准设备的价值。

竣工产值 一般是以单位工程为对象，当该工程按照设计所规定的工程内容全部完成，达到了设计规定的交工条件，经有关部门检查验收鉴定合格的单位工程价值，即为竣工产值。

建筑业增加值 是指建筑业企业在报告期内以货币表现的建筑业生产经营活动的最终成果。建筑业增加值有两种计算方法：一是生产法，即建筑业总产出中减去建筑业中间消耗后的余额。二是分配法（收入法），即从收入的角度出发，根据生产要素在生产过程中应得到的收入份额计算，具体构成项目有固定资产折旧、劳动者报酬、生产税净额、营业盈余。目前建筑业统计报表制度中采用分配法（收入法）计算建筑业增加值。具体计算公式为：

建筑业增加值 = 本年提取的固定资产折旧 + 主管业务应付工资 + 主管业务应付福利费 + 管理费用中的劳动待业保险费 + 工程结算税金及附加 + 管理费用中的税金 + 营业利润

房屋施工面积 指在报告期内施过工的全部房屋建筑面积，它包括本期新开工的房屋面积、上期跨入本期继续施工的房屋面积、上期停缓建在本期恢复施工的房屋面积、本期竣工的房屋面积以及本期施工后又停缓建的房屋面积。

房屋竣工面积 指在报告期内房屋建筑按照设计要求已全部完工，达到了使用条件，经检查验收鉴定合格的房屋建筑面积。

自有机械设备年末总台数 是指归本企业（或单位）所有，属于本企业（或单位）生产性机械设备年末总台数。包括施工机械、生产设备、运输设备以及其他设备。

自有机械设备年末总功率 是指本企业（或单位）自有施工机械、生产设备、运输设备以及其他设备等列为固定资产的生产性机械设备年末总功率，按设定能力或查定能力计算 。包括机械本身的动力和为该机械服务的单独动力设备，如电动机等。计算单位用千瓦，动力换算可按 1 马力 =0. 735 千瓦折合成千瓦数。电焊机、变压器、锅炉不计算动力。

工程结算收入 指本企业承包工程实现的工程价款结算收入以及向发包单位收取的除工程价款以外按规定列作营业收入的各种款项，如临时设施费、劳动保险费、施工机械调迁费等以及向发包单位收取的各种索赔款。

工程结算成本 指在报告期内与发包单位办理工程价款结算的已完工程实 际成本。

营业利润 指企业生产经营活动所实现的利润。分为主营业务利润和其他利润。

营业利润 = 工程结算利润 + 其他业务利润-管理费用-财务费用

企业总收入 指与企业生产经营直接有关的各项收入，包括工程结算收入和其他业务收入，

即：企业总收入 = 工程结算收入 + 其他业务收入

Explanatory Notes on Main Statistical Indicators

Gross Output Value of Construction refers to total of construction products, expressed in monetary terms, completed by construction and installation enterprises during a given period of time. It includes:

(1) Output value of construction projects, that is the value of projects covered by the project budgets;

(2) Output value of installation projects, that is the value of the installation of equipment;

(3) Other output values, that is the values excluding output value of construction projects and output value of installation projects, including output value of repair of buildings and structures, output value of manufactured non-standard equipment, management expenses received by head enterprises from subcontract enterprises and output value of construction activities completed but unclassified.

a. Output value of repair of buildings and structures, that is the value created through the repairs of buildings or structures, but does not include the value of buildings or structures being repaired and the value of the repair of production equipment.

b. Output value of manufactured non-standard equipment, that is the value of non-standard production equipment (including raw materials and manufacturing cost) made for the construction project, and equipment manufactured by subsidiary workshops.

Output Value Completed refers to the value of unit project completed, which has come up to the designed standards and has been checked and accepted as qualified project by related departments.

Value-added of Construction refers to the final result of the activities of production and management of construction in monetary terms in the reference period.

The value-added of construction is calculated with two approaches: one is the production approach, that is the total value of construction minus the total intimidate consumption of construction; the other is the allocation approach (income approach), that is the sum of income of various production factors in the production process, including depreciation of fixed assets, labors′remuneration, net taxes on production and operating surplus. At present, the value-added of construction is calculated with the allocation (income) approach according to the statistical reporting system of construction. The formula is as follows:

Value-added of Construction = Depreciation of Fixed Assets in the Year + Wages Payable of Major Business + Welfare Expenses Payable of Major Business + Insurance Premium for Waiting for Employment in the Administrative Expenses + Taxes and Surcharges on Project Settlement + Taxes in the Administrative Expenses + Operating Profit

Floor Space of Buildings under Construction refers to the floor space of buildings under construction during the reference period, including newly started buildings, buildings started earlier and continued during the reference period, and buildings suspended earlier but resumed during the reference period, buildings completed during the reference period, and buildings under construction and then suspended during the reference period.

Floor Space of Buildings Completed refers to the floor space of buildings that are completed in the reference period in accordance with the requirements of the design, up to the standard for putting them into use, and have been checked and accepted by concerned departments as qualified ones.

Total Number of Machinery and Equipment Owned by the End of Year refers to the number of machines and equipment owned by the enterprises, and listed as the fixed assets of the enterprises by the end of the year, including machinery and equipment for construction, production and transportation.

Total Power of Machinery and Equipment Owned by the End of Year refers to the total power of machinery and equipment owned by the enterprises, and listed as the fixed assets of the enterprises by the end of year, including machinery and equipment for construction, production and transportation. The power of the machinery is calculated on the basis of the designed or verified capacity, covering the power of the machinery/equipment and the separate power equipment serving the machinery/equipment (such as electric motors), but excluding welders, transformers and boilers. The unit used for the calculation of power is kilowatt, with horsepower converted to kilowatt by 1 horsepower = 0.735 kilowatt.

Income from Settlement of Projects refers to the income received by the construction enterprise from the contracted project through settlement procedures, and other charges to the unit of issuing contracts as operational costs in addition to the value of the project, such as temporary facility fee, labor insurance premium, moving cost of construction equipment, as well as various types of claims to the unit of issuing contracts.

Costs from Settlement of Projects refers to the real costs from settlement of completed projects with the unit of issuing contracts during the reference period.

Operating Profit refers to the profit made in the production and management activities of the enterprises, including profit of major business and other profits.

Operating Profit = Profit from Settlement of Projects + Other Operating Profits-Administrative Expenses-Financial Expenses

Total Revenue of Enterprises refers to the sum of income from production and operation of enterprises, including income from settlement of projects and other operational income, namely:

Total Revenue of Enterprises = Income from Settlement of Projects + Other Operational Income

十四 运输、邮电

TRANSPORTATION,POSTAL AND TELECOMMUNICATION SERVICES

14

十四　运输、邮电

简要说明

一、本篇资料反映广东运输、邮电通信业发展的基本状况。

交通运输业资料主要包括：五种运输方式的线路里程、运输设备拥有量、各种运输方式完成的货物运输量和旅客运输量、港口设备拥有量、港口货物吞吐量等。

邮电通信业资料主要包括：邮电业务量、邮电通信工具、邮电通信网、邮电通信水平等。

二、本篇资料由广东省统计局工业交通统计处整理、编辑。

三、资料分别来源于各市统计局以及省内民航、铁路、公路、水运、港口、公安、邮电等部门。管道运输资料由有关管道运输企业提供。

14　TRANSPORT, POSTAL AND TELECOMMUNICATION SERVICES

Brief Introduction

Ⅰ. The data in this chapter cover mainly the basic conditions of the development of transport, postal and telecommunication services in Guangdong Province.

The data on transport cover mainly the routes length of five means of transportation, the transport equipment owned, the freight and passenger traffic by various means of transportation, the port equipment owned and the cargo handled in ports, etc.

The data on postal and telecommunication services cover mainly the business volume of postal and telecommunication services, means of post and telecommunications, network of post and telecommunications, and the level of the development of postal and telecommunication services, etc.

Ⅱ. The data in this chapter are prepared and compiled by the Division of Industry and Transport Statistics of Guangdong Provincial Bureau of Statistics.

Ⅲ. The data in this chapter come from the statistical bureaus of cities and the provincial departments of civil aviation, railways, highways, waterways, ports, public securities, and post and telecommunications respectively. The data on the pipeline transport are provided by related pipeline transport enterprises.

14-1 运输邮电主要指标
MAIN INDICATORS OF TRANSPORT, POSTAL AND TELECOMMUNICATION SERVICES

指标	Item	1995	2000	2002	2003	2003比2002增长% Growth Rate in 2003 over 2002
铁路营业里程（公里）	Length of Railways in Operation (km)	1861	1942	1883	1883	0.0
公路通车里程（公里）	Length of Highways (km)	84563	102606	108538	110252	1.6
内河通航里程（公里）	Length of Navigable Inland Waterways (km)	10808	13696	13687	13613	-0.5
民航航线里程（公里）	Length of Civil Aviation Routes (km)	296226	500322	649229	645409	-0.6
港口码头泊位（个）	Number of Berths in Coastal Ports (unit)	2285	3191	3279	3204	-2.3
#万吨级泊位（个）	Berths at 10000 Ton Class (unit)	93	126	130	159	22.3
码头泊位长度（米）	Length of Quay Line (m)	111262	180238	194101	190634	-1.8
公路桥梁（座）	Highway Bridges (unit)	15859	19668	21841	22399	2.6
#永久式（座）	Permanent (unit)	15806	19656	21831	22392	2.6
民用汽车（辆）	Civil Motor Vehicles (unit)	1147348	1729054	2308875	2579592	11.7
机动船艘数（艘）	Number of Motor Vessels (unit)	33117	21733	20960	20499	-2.2
吨位数（净载重吨）	Tonnage (dead weight ton)	7888261	5268845	5223565	6525298	24.9
民用飞机（架）	Civil Aircraft (unit)	97	106	113	125	10.6
长途电话交换机容量（路）	Capacity of Automatic Long-distance Telephone Exchanges (line)	449548	703352	927160	1344478	45.0
局用电话交换机总容量（万门）	Total Capacity of Office Telephone Exchanges (10000 gates)	1007.10	1939.45	2616.34	3551.35	35.7
移动电话交换机容量（万户）	Capacity of Mobile Telephone Exchanges (10000 subscribers)	145.00	1825.40	3682.74	5328.11	44.7
本地电话用户数（万户）	Number of Subscribers of Local Telephones (10000 subscribers)	501.00	1414.94	1996.80	2567.01	28.6
移动电话用户数（万户）	Number of Subscribers of Mobile Telephones (10000 subscribers)	98.78	1357.26	3214.38	4006.96	24.7
长途电话业务电路（路）	Long-distance Telephone Lines (line)	159162	478746	613464	1197567	95.2
客运量（万人）	Passenger Traffic (10000 persons)	130998	164791	188657	191202	1.3
旅客周转量（亿人公里）	Passenger - kilometers (100 million passenger km)	936.29	1218.59	1490.34	1505.83	1.0
货运量（万吨）	Freight Traffic (10000 tons)	111063	119216	137032	143964	5.1
货物周转量（亿吨公里）	Freight Ton-kilometers (100 million ton-km)	4642.91	3064.51	3229.39	3666.83	13.5
港口货物吞吐量（万吨）	Volume of Freight Handled in Coastal Ports (10000 tons)	18933	31649	44102	51340	16.4
港口旅客吞吐量（万人）	Volume of Passengers Handled in Coastal Ports (10000 persons)	2795	1710	2040	1948	-4.5
航站旅客吞吐量（万人）	Volume of Passengers Handled at Airports (10000 persons)	1963.00	2142.84	2730.60	2750.60	0.7
邮电业务总量（亿元）	Business Volume of Postal and Telecommunication Services (100 million yuan)	204.93	602.31	917.87	1202.52	31.0

注：1999年及以前邮电业务总量按1990年不变价计算，从2000年起，邮电业务总量按2000年不变价计算，铁路客货运输量按运送数计算，航空货运不计行李（下同）。

Note: In 1999 and prior to it, the total business volume of postal and telecommunication services was calculated at 1990 constant prices. Since 2000, it has been calculated at 2000 constant prices. The freight and passenger traffic carried by railways is calculated according to the number of transportation, and the freight traffic by airways excludes luggage (the same as in the following tables).

14-2 全社会旅客运输量
TOTAL PASSENGER TRAFFIC

年 份 Year	客运量（万人） Passenger Traffic（10000 persons）					旅客周转量（亿人公里） Passenger-kilometers（100 million person-km）				
	合计 Total	铁路 Railways	公路 Highways	水路 Waterways	民航 Civil Aviation	合计 Total	铁路 Railways	公路 Highways	水路 Waterways	民航 Civil Aviation
1985	49848	3357	41826	4427	238	270. 23	50. 41	178. 27	20. 46	21. 09
1986	126890	3742	113561	9295	292	450. 35	56. 70	346. 81	19. 82	27. 02
1987	158715	4129	144684	9557	345	796. 86	66. 98	678. 04	21. 20	30. 64
1988	218915	4828	204278	9420	389	402. 34	82. 53	261. 18	22. 43	36. 20
1989	66727	4882	58110	3377	358	447. 62	84. 38	309. 25	20. 50	33. 49
1990	78046	4467	70681	2428	470	453. 21	82. 56	307. 40	19. 68	43. 57
1991	83460	5004	75570	2317	569	526. 66	102. 11	348. 85	20. 89	54. 81
1992	93678	6243	83128	3503	804	624. 55	131. 99	385. 76	25. 75	81. 05
1993	95468	6835	84708	3078	847	696. 92	161. 04	422. 88	25. 60	87. 40
1994	125036	6920	111447	5636	1033	929. 48	164. 11	619. 52	33. 21	112. 64
1995	130998	6283	118406	5146	1163	936. 29	163. 11	613. 07	31. 13	128. 98
1996	128831	5593	117815	4232	1191	938. 65	153. 86	626. 60	20. 65	137. 54
1997	123649	6201	113259	3032	1157	957. 20	177. 61	616. 48	17. 21	145. 90
1998	132462	6743	121795	2729	1195	994. 84	194. 16	630. 65	13. 87	156. 16
1999	148636	7553	137324	2605	1154	1082. 14	212. 13	700. 74	13. 62	155. 65
2000	164791	12165	148945	2363	1318	1218. 59	241. 51	780. 74	11. 65	184. 69
2001	178676	12783	161967	2382	1544	1342. 12	252. 37	858. 86	11. 40	219. 49
2002	188657	13310	171191	2347	1809	1490. 34	273. 19	945. 16	11. 31	260. 68
2003	191202	12935	174288	2208	1771	1505. 83	267. 14	983. 67	11. 41	243. 61

14-3 全社会货物运输量
TOTAL FREIGHT TRAFFIC

年 份 Year	货运量（万吨） Freight Traffic（10000 tons）						货物周转量（亿吨公里） Freight Ton-kilometers（100 million ton-km）					
	合计 Total	铁路 Railways	公路 Highways	水路 Waterways	民航 Civil Aviation	管道 Pipelines	合计 Total	铁路 Railways	公路 Highways	水路 Waterways	民航 Civil Aviation	管道 Pipelines
1984	33152	2844	18984	10467	3	854	1618. 72	91. 51	75. 75	1445. 95	0. 26	5. 25
1985	58726	3000	42813	12045	4	864	1767. 86	102. 29	156. 45	1503. 47	0. 38	5. 27
1986	65078	4269	49030	10831	4	944	1845. 33	130. 02	127. 28	1581. 60	0. 45	5. 98
1987	74571	4493	57393	11664	5	1016	1982. 59	142. 56	179. 41	1653. 81	0. 54	6. 27
1988	79811	4504	57717	16583	6	1001	2209. 11	151. 55	216. 22	1834. 41	0. 67	6. 26
1989	85054	4888	63254	15820	6	1086	2419. 57	168. 39	301. 16	1942. 79	0. 71	6. 52
1990	85809	4803	63709	16198	8	1091	2598. 88	179. 54	346. 27	2065. 69	0. 90	6. 48
1991	94136	5347	69784	17718	10	1277	3181. 83	206. 18	386. 49	2580. 79	1. 06	7. 31
1992	113119	6089	84181	21346	12	1491	3560. 59	239. 34	583. 36	2727. 97	1. 41	8. 51
1993	125273	6595	87567	29660	14	1437	3797. 09	261. 91	428. 17	3097. 19	1. 70	8. 12
1994	119901	6971	81361	30165	20	1384	4326. 09	280. 31	443. 54	3592. 35	2. 39	7. 50
1995	111063	7634	68884	32952	21	1572	4642. 91	290. 78	352. 45	3990. 19	2. 75	6. 74
1996	95598	8138	60131	25699	24	1606	3761. 09	294. 12	327. 81	3129. 27	3. 27	6. 62
1997	99763	8430	62728	26873	25	1707	3837. 78	294. 45	341. 08	3185. 26	3. 99	13. 00
1998	101933	8288	65682	25669	28	2266	3453. 92	290. 65	371. 08	2750. 19	4. 90	37. 10
1999	106334	8150	70626	24857	31	2670	2980. 69	282. 68	426. 70	2223. 75	5. 45	42. 11
2000	119216	15172	75365	25696	31	2952	3064. 51	295. 97	472. 49	2247. 86	6. 45	41. 74
2001	131621	15435	86555	26434	35	3162	3221. 47	296. 79	522. 89	2350. 73	7. 54	43. 52
2002	137032	14790	92736	26263	42	3201	3229. 39	277. 87	576. 35	2323. 27	9. 94	41. 96
2003	143964	15375	97806	27412	42	3329	3666. 83	285. 02	614. 01	2719. 83	11. 76	36. 21

14-4 运输工具和线路拥有量
MEANS OF TRANSPORT AND TRANSPORT ROUTES OWNED

项目		Item		1995	2000	2002	2003
一、铁路		**Railways**					
铁路机车	（台）	Locomotives	(unit)	431	538	446	442
铁路营业里程	（公里）	Length of Railways in Operation	(km)	1861	1942	1883	1883
中央铁路	（公里）	National Railways	(km)	684	694	691	691
地方铁路	（公里）	Local Railways	(km)	1177	1248	1192	1192
二、公路		**Highways**					
公路通车里程	（公里）	Length of Highways	(km)	84563	102606	108538	110252
（一）民用汽车	（辆）	Civil Motor Vehicles	(unit)	1147348	1729054	2308875	2579592
载客汽车	（辆）	Buses and Cars	(unit)	447346	853375	1302877	1597383
	（客位）		(seat)	3845569	7969195	10913120	12516077
载货汽车	（辆）	Trucks	(unit)	670659	843779	973938	937949
	（吨位）		(tonnage)	2310232	3517470	2958628	2095356
其他汽车	（辆）	Other Vehicles	(unit)	29343	31900	32060	44260
（二）农用运输车	（辆）	Vehicles for Agricultural Use	(unit)			44562	21193
（三）拖拉机	（台）	Tractors	(unit)	38213	35925	10973	8184
（四）摩托车	（辆）	Motorcycles	(unit)	3429133	6799167	8572091	9284836
（五）其他类型车	（辆）	Other Kinds of Vehicles	(unit)	339645	137332	110542	109286
（六）挂车	（辆）	Trailers	(unit)	3451	6040	8047	12768
三、水运		**Waterways**					
内河通航里程	（公里）	Length of Navigable Inland Waterways	(kw)	10808	13696	13687	13613
（一）机动船	（艘）	Motor Vessels	(unit)	33117	21733	20960	20499
	（净载重吨位）		(dead weight tonnage)	7888261	5268845	5223565	6525298
	（客位）		(seat)	171298	149004	129797	83546
	（总功率千瓦）		(kw)			3397174	3892383
（二）驳船	（艘）	Barges	(unit)	2014	1076	341	453
	（净载重吨位）		(dead weight tonnage)	601040	274836	109476	116288
	（客位）		(seat)	160	395	303	164
四、民航		**Civil Aviation**					
民用航空航线里程	（公里）	Length of Civil Aviation Routes	(kw)	296226	500322	649229	645409
民用飞机	（架）	Number of Civil Aircrafts	(unit)	97	106	113	125
五、管道		**Pipelines**					
条数	（条）	Number of Pipelines	(line)	26	45	63	60
输油（气）里程	（公里）	Length of Pipelines	(km)	324.90	1535.57	1615.18	1615.92

14-5 各市民用车辆拥有量（2003 年）
NUMBER OF CIVIL MOTOR VEHICLES OWNED BY CITY（2003）

单位：辆 （unit）

市别 City		总计 Total	汽车 Motor Vehicles	载客汽车 Passenger Vehicles	载货汽车 Trucks	其他汽车 Others Motor cycles	农用运输车 Vehicles for Agriculture Use	拖拉机 Trackers	摩托车 Motor-cycles	其它类型车 Other Kinds of Vehicles
广州	Guangzhou	1705457	577241	387582	178108	11551	1749	41	1119578	2017
深圳	Shenzhen	541679	496033	363552	118867	13614			43989	
珠海	Zhuhai	132153	69860	46057	22536	1267	10	11	59102	1494
汕头	Shantou	530747	93855	61751	30911	1193	1551	4	431803	3523
佛山	Foshan	1505176	313836	169491	140422	3923	367	24	1184297	5384
韶关	Shaoguan	268518	36220	18806	17051	363	685	1198	215669	14583
河源	Heyuan	246759	19969	11057	8419	493	1045	495	222778	2430
梅州	Meizhou	517413	34759	18229	16169	361	2533	24	469900	10145
惠州	Huizhou	470756	72750	42231	29037	1482	439		397452	
汕尾	Shanwei	163630	15425	9809	5442	174	2045	3	142692	3434
东莞	Dongguan	948707	255603	155206	97047	3350	240	8	692562	
中山	Zhongshan	472062	124359	70486	52348	1525	103		346760	
江门	Jiangmen	987236	112002	56839	53545	1618	2393	138	861213	10297
阳江	Yangjiang	427496	20640	11241	9215	184	279	2	400021	6522
湛江	Zhanjiang	405251	51623	23844	27000	779	676	2714	349388	402
茂名	Maoming	814247	60658	23357	36672	629	749	1414	745215	6098
肇庆	Zhaoqing	500529	49147	22854	26008	285	765	309	439531	10678
清远	Qingyuan	319617	37480	18217	18931	332	518	1757	263463	16369
潮州	Chaozhou	297670	38148	21820	16130	198	2320	2	256809	277
揭阳	Jieyang	349828	39319	25983	13166	170	726	1	304117	5659
云浮	Yunfu	354877	30373	13571	16633	169	2000	39	312445	9974

14-6 各市公路基本情况（2003 年）
BASIC CONDITIONS OF HIGHWAYS BY CITY（2003）

单位：公里 （km）

市别 City		通车里程 Length of Highways	晴雨通车里程 Length of Highways in Any Weathers	按等级分 By Class		按路面分 By Pavement		桥梁 Bridges	
				等级路 Expressways and Class I to IV Highways	等外路 Highways below Class IV	有路面里程 Paved Highways	无路面里程 Not-paved Highways	座 Unit	米 Meter
广州	Guangzhou	5137. 5	5136. 1	4437. 9	699. 6	5054. 8	82. 7	1292	67626
深圳	Shenzhen	1341. 3	1341. 3	1341. 3		1341. 3		479	16774
珠海	Zhuhai	1040. 9	1040. 9	1008. 0	32. 9	1040. 9		241	26075
汕头	Shantou	1745. 8	1729. 1	1736. 0	9. 8	1745. 8		409	12130
佛山	Foshan	3911. 8	3911. 8	3826. 4	85. 4	3911. 8		1258	82889
韶关	Shaoguan	8965. 5	8802. 2	6398. 7	2566. 8	8826. 5	139. 0	1179	37375
河源	Heyuan	8895. 7	8893. 6	6350. 7	2545. 0	7737. 1	1158. 6	1446	41570
梅州	Meizhou	10202. 5	10152. 0	9239. 7	962. 8	10177. 0	25. 5	1946	51353
惠州	Huizhou	7094. 6	7094. 6	6908. 3	186. 3	7094. 6		1128	41621
汕尾	Shanwei	3426. 8	3253. 7	3165. 9	260. 9	3420. 8	6. 0	757	21839
东莞	Dongguan	2574. 3	2533. 7	2498. 9	75. 4	2534. 7	39. 6	589	42184
中山	Zhongshan	1026. 6	1026. 6	980. 4	46. 2	1026. 6		531	26660
江门	Jiangmen	4053. 7	4047. 3	3997. 2	56. 5	4025. 6	28. 1	1239	45370
阳江	Yangjiang	4313. 1	4313. 1	4248. 9	64. 2	4313. 1		663	25794
湛江	Zhanjiang	7536. 3	7532. 5	6537. 6	998. 7	7308. 1	228. 2	798	27202
茂名	Maoming	8759. 3	8524. 7	8456. 2	303. 1	8539. 8	219. 5	1899	57036
肇庆	Zhaoqing	7662. 8	7624. 9	7316. 3	346. 5	7659. 0	3. 8	1158	38832
清远	Qingyuan	10132. 1	10059. 6	9435. 4	696. 7	10082. 6	49. 5	1500	60776
潮州	Chaozhou	1833. 3	1833. 3	1518. 3	315. 0	1833. 3		428	14134
揭阳	Jieyang	4066. 2	4064. 2	3895. 0	171. 2	4065. 5	0. 7	988	30689
云浮	Yunfu	4229. 6	4229. 6	4135. 1	94. 5	4229. 6		746	20528
高速公路公司	Expressway Company	2302. 5	2302. 5	2302. 5		2302. 5		1725	240633

14-7 公路通车里程和桥梁数
LENGTH OF HIGHWAYS IN OPERATION AND NUMBER OF BRIDGES

项　　目		Item		1995	2000	2002	2003
一、通车里程	**（公里）**	**Length of Highways**	**(km)**	**84563**	**102606**	**108538**	**110252**
#晴雨通车里程		Length of Highways in Any Weathers		78974	100863	107730	109447
（一）按等级分		By Class					
等级路		Expressways and Class Ⅰ to Ⅳ Highways		70413	93695	97711	99734
高速公路		Expressways		358	1186	1741	2303
一级		First Class		2731	5391	6255	6542
二级		Second Class		6374	13397	15159	15926
三级		Third Class		5190	9156	10384	10807
四级		Fourth Class		55760	64565	64172	64156
等外公路		Highways below Class Ⅳ		14150	8911	10827	10518
（二）按路面分		By Pavement					
有路面里程		Paved Highways		77879	100733	106527	108271
高级、次高级		High Class, Second High Class		22565	39265	47136	51891
中　级		Medium Class		13860	14510	14046	13076
低　级		Low Class		41454	46958	45345	43304
无路面里程		Not-paved Highways		6684	1873	2011	1981
二、桥 梁	**（座）**	**Bridges**	**(unit)**	**15859**	**19668**	**21841**	**22399**
	（米）		(m)	569525	819770	995839	1029090
# 永久式	（座）	Permanent	(unit)	15806	19656	21831	22392
	（米）		(m)	568022	819502	995470	1028915
半永久式	（座）	Semi-permanent	(unit)	43	12	7	4
	（米）		(m)	1327	268	313	119
三、渡口	**（个）**	**Ferries**	**(unit)**	**37**	**33**	**31**	**26**

14-8 输油（气）管道长度和运输量
LENGTH AND TRAFFIC OF PETROLEUM AND GAS PIPELINES

项　　目		Item		1995	2000	2002	2003
总　计		**Total**					
条　数	（条）	Number of Pipelines	(line)	26	45	63	60
输油（气）里程	（公里）	Length of Pipelines	(km)	324.90	1535.57	1615.18	1615.92
输油（气）延展里程	（公里）	Extended Length of Pipelines	(km)	339.68	1551.15	1622.58	1628.72
输油（气）量	（万吨）	Pipeline Traffic	(10000 tons)	1572	2952	3201	3329
输油（气）周转量	（万吨公里）	Ton-kilometers	(10000 ton-km)	67382	417432	419594	362066
一、输原油管道		**Crude Oil Pipelines**					
条　数	（条）	Number of Pipelines	(line)	4	7	4	4
输油里程	（公里）	Length of Pipelines	(km)	173.79	352.67	350.72	345.30
输油延展里程	（公里）	Extended Length of Pipelines	(km)	186.97	365.85	355.72	355.70
输　油　量	（万吨）	Pipeline Traffic	(10000 tons)	1134	1912	1972	2077
输油周转量	（万吨公里）	Ton-kilometers	(10000 ton-km)	64063	189623	192823	204601
二、输成品油管道		**Refined Oil Pipelines**					
条　数	（条）	Number of Pipelines	(line)	22	27	48	42
输油里程	（公里）	Length of Pipelines	(km)	151.11	211.00	314.56	295.22
输油延展里程	（公里）	Extended Length of Pipelines	(km)	152.71	213.40	316.96	297.62
输　油　量	（万吨）	Pipeline Traffic	(10000 tons)	438	663	853	955
输油周转量	（万吨公里）	Ton-kilometers	(10000 ton-km)	3319	13250	12248	13370
三、输气管道		**Gas Pipelines**					
条　数	（条）	Number of Pipelines	(line)		11	11	14
输气里程	（公里）	Length of Pipelines	(km)		971.90	949.90	975.40
输气延展里程	（公里）	Extended Length of Pipelines	(km)		971.90	949.90	975.40
输　气　量	（万吨）	Pipeline Traffic	(10000 tons)		377	376	297
输气周转量	（万吨公里）	Ton-kilometers	(10000 ton-km)		214559	214523	144095

14-9 民航航站吞吐量
VOLUME OF CIVIL AVIATION HANDLED AT AIRPORTS

年　份 Year	合计 Total			进港 In-port			出港 Out-port		
	架次（万次） Sorties (10000 sorties)	旅客（万人） Passenger Traffic (10000 persons)	货、邮、行（万吨） Freight Traffic (10000 tons)	架次（万次） Sorties (10000 sorties)	旅客（万人） Passenger Traffic (10000 persons)	货、邮、行（万吨） Freight Traffic (10000 tons)	架次（万次） Sorties (10000 sorties)	旅客（万人） Passenger Traffic (10000 persons)	货、邮、行（万吨） Freight Traffic (10000 tons)
1980	1.6	161	2.9	0.8	81	1.4	0.8	80	1.5
1985	4.0	318	6.2	2.0	160	3.0	2.0	158	3.2
1990	6.2	687	13.5	3.1	343	5.9	3.1	344	7.6
1995	17.7	1963	39.5	8.8	963	14.1	8.9	1000	25.4
1996	18.2	2025	45.6	9.1	993	15.9	9.1	1032	29.7
1997	19.0	1981	49.0	9.5	974	16.7	9.5	1007	32.3
1998	20.8	2010	55.8	10.4	986	20.8	10.4	1024	35.0
1999	22.2	1929	63.7	11.1	942	25.6	11.1	987	38.1
2000	23.6	2143	73.0	11.8	1044	30.9	11.8	1099	42.1
2001	25.1	2344	81.0	12.5	1136	33.9	12.6	1208	47.1
2002	28.0	2731	95.7	14.0	1340	40.4	14.0	1391	55.3
2003	28.1	2751	82.4	14.1	1351	34.9	14.0	1400	47.5

14-10 港口货物吞吐量
VOLUME OF FREIGHT HANDLED IN PORTS

单位：万吨 (10000 tons)

项　目	Item	2000	2002	2003
全省总计	**Total**	**31649**	**44102**	**51340**
一、按港口分	**Grouped by Port**			
沿海港口	Grouped by Coastal Port	25495	35847	42158
内河港口	Grouped by Inland River	6154	8255	9182
二、按地市分	**Grouped by City**			
广　州	Guangzhou	12455	16772	19200
深　圳	Shenzhen	5697	8767	11220
珠　海	Zhuhai	1770	2340	2470
汕　头	Shantou	1284	1380	1470
佛　山	Foshan	2033	2990	3076
韶　关	Shaoguan	131	121	108
河　源	Heyuan	45	45	22
梅　州	Meizhou	145	335	340
惠　州	Huizhou	825	956	1098
汕　尾	Shanwei	25	6	64
东　莞	Dongguan	746	1611	2352
中　山	Zhongshan	635	850	1478
江　门	Jiangmen	879	1942	1960
阳　江	Yangjiang	68	122	144
湛　江	Zhanjiang	2688	3586	3985
茂　名	Maoming	1104	1113	1262
肇　庆	Zhaoqing	189	357	341
清　远	Qingyuan	193	234	143
潮　州	Chaozhou	60	24	47
揭　阳	Jieyang	266	233	234
云　浮	Yunfu	411	318	326

14-11 沿海主要港口吞吐量

VOLUME OF FREIGHT HANDLED IN MAJOR COASTAL PORTS

项目	Item	1985	1990	1995	2000	2002	2003
一、货物吞吐量合计 （万吨）	**Total Volume of Freight Handled (10000 tons)**	**5073**	**6895**	**11904**	**18674**	**26357**	**30727**
广州港	Guangzhou	3446	4163	7299	11128	15324	17187
湛江港	Zhanjiang	1231	1557	1895	2038	2627	2866
汕头港	Shantou	201	279	716	1284	1380	1470
蛇口港	Shekou	130	480	1001	1016	1391	1890
赤湾港	Chiwan	65	412	777	1077	2006	2477
妈湾港	Mawan		4	149	443	688	1016
盐田港	Yantian			67	1143	2272	2732
SCT 码头	SCT Port				545	669	1089
二、集装箱吞吐量合计(TEU)	**Total Volume of Containers Handled (TEU)**		**154132**	**539491**	**5577402**	**9922346**	**13323424**
广州港	Guangzhou		109394	245955	1429807	2172805	2769049
湛江港	Zhanjiang		5669	29994	74842	104875	129213
汕头港	Shantou		5259	69742	114369	206246	222816
蛇口港	Shekou		17946	23229	325232	600820	871793
赤湾港	Chiwan		15864	64835	643838	1543683	2235946
妈湾港	Mawan				121514	228868	301085
盐田港	Yantian			105736	2147476	4181477	5258212
SCT 码头	SCT Port				720324	883572	1535310
三、旅客吞吐量合计 （万人）	**Total Volume of Passengers Handled (10000 persons)**	**460. 2**	**707. 2**	**664. 4**	**253. 4**	**234. 5**	**11. 6**
广州港	Guangzhou	354. 3	434. 8	307. 1	15. 0	10. 4	9. 1
湛江港	Zhanjiang	1. 8	9. 2	49. 1	29. 6	19. 0	1. 2
汕头港	Shantou	21. 2	33. 2	12. 8	5. 5	1. 4	1. 3
蛇口港	Shekou	82. 9	230. 0	295. 4	203. 4	203. 7	
赤湾港	Chiwan						
妈湾港	Mawan						
盐田港	Yantian						
SCT 码头	SCT Port						

14-12 港口码头泊位数

NUMBER OF BERTHS IN PORTS

项目	Item	2000	2002	2003
全省总计	**Total**			
码头泊位个数 （个）	Number of Berths (unit)	3191	3279	3204
#万吨级泊位	Berths at 10000 Ton Class	126	130	159
码头长度 （米）	Length of Quay Line (m)	180238	194101	190634
一、沿海港口	**Coastal Ports**			
码头泊位个数 （个）	Number of Berths (unit)	1373	1417	1456
生产用	For Production	1177	1219	1259
非生产用	For Non-production	196	198	197
万吨级泊位个数（个）	Number of Berths at 10000 Ton Class (unit)	126	130	159
生产用	For Production	126	130	159
非生产用	For Non-production			
码头长度 （米）	Length of Quay Line (m)	105193	113149	116173
生产用	For Production	91423	99002	102082
非生产用	For Non-production	13770	14147	14091
二、内河港口	**Ports of Inland Rivers**			
码头泊位个数 （个）	Number of Berths (unit)	1818	1862	1748
生产用	For Production	1803	1847	1733
非生产用	For Non-production	15	15	15
码头长度 （米）	Length of Quay Line (m)	75045	80952	74461
生产用	For Production	74632	80538	74047
非生产用	For Non-production	413	414	414

14-13 各市邮电业务总量（2003 年）

POSTAL AND TELECOMMUNICATION SERVICES BY CITY (2003)

市别 City	业务总量（万元）（2000年不变价）Business Volume (10000 yuan) (at 2000 constant prices)	函件（万件）Letters (10000 pcs)	报刊累计数（万份）Newspaper and Magazine Circulation (10000 copies)	特快专递（万件）Pieces of Express Mail Services (10000 pcs)	移动电话用户（万户）Mobile Telephone (10000 subscribers)	城市电话用户（万户）Telephone Subscribers in Urban Areas (10000 subscribers)	乡村电话用户（万户）Telephone Subscribers in Rural Areas (10000 subscribers)
总计 Total	**12025160.93**	**130705.45**	**108885.72**	**2180.11**	**4006.96**	**1690.56**	**876.45**
广州 Guangzhou	2617544.45	28491.88	15113.85	747.24	805.01	420.86	22.35
深圳 Shenzhen	2508883.48	17577.32	16074.61	449.76	750.37	353.87	
珠海 Zhuhai	353103.72	4136.38	2181.86	90.98	122.79	55.13	5.31
汕头 Shantou	474039.85	3535.79	4949.54	44.70	166.81	68.02	55.97
佛山 Foshan	909876.00	12583.51	11901.34	213.42	390.19	107.61	101.79
韶关 Shaoguan	158054.72	3510.55	2635.69	21.94	65.21	44.46	23.62
河源 Heyuan	111215.38	778.59	3051.74	10.90	46.61	16.24	28.72
梅州 Meizhou	176001.98	1478.09	3259.43	20.93	75.19	35.82	48.12
惠州 Huizhou	420763.77	2806.88	3716.72	46.63	156.37	64.07	41.63
汕尾 Shanwei	129376.02	653.77	1616.96	9.24	46.31	24.96	25.79
东莞 Dongguan	1570486.04	18326.92	8845.05	175.35	476.48	47.97	153.48
中山 Zhongshan	482812.02	9694.90	5783.77	114.52	159.17	29.88	57.80
江门 Jiangmen	412457.64	8678.84	7776.88	80.52	171.90	92.08	32.21
阳江 Yangjiang	137464.25	2117.97	3264.53	10.71	45.07	23.32	24.69
湛江 Zhanjiang	284432.98	2762.48	3195.41	33.55	99.93	55.56	39.92
茂名 Maoming	207394.36	4730.85	3771.99	33.76	75.71	48.36	44.81
肇庆 Zhaoqing	201795.44	1882.25	4063.35	22.21	85.97	46.06	31.22
清远 Qingyuan	158425.09	1793.20	1787.21	13.03	67.52	26.22	23.90
潮州 Chaozhou	175846.49	1850.02	1881.24	13.67	72.33	23.67	35.65
揭阳 Jieyang	259708.03	2602.23	2507.88	17.51	89.67	37.56	50.17
云浮 Yunfu	94756.74	695.66	1506.67	9.54	38.35	17.58	25.15
不分地区 Unclassified by Region	180722.48	17.37				51.26	4.15

14-14 邮电通信业基本情况

BASIC CONDITIONS OF POSTAL AND TELECOMMUNICATIONS SERVICES

项目	Item	1985	1990	1995	2000	2002	2003
邮运汽车（辆）	Vehicles for Mail Use (unit)	383	613	1173	1154	1003	1020
邮路长度（公里）	Length of Postal Routes (km)	224922	96269	113240	180724	274510	301873
农村投递路线（公里）	Length of Rural Delivery Routes (km)		142790	152152	185223	192590	196480
长途电话业务电路（路）	Long-distance Telephone Lines (line)	3346	20845	159162	478746	613464	1197567
数据通信网长途电路（万路）	Long-distance Digital Telecommunication Lines (10000 lines)					231.50	141.70
长途光缆线路长度（公里）	Length of Long-distance Optical Cable Routes (km)					31422	39300
数字微波线路长度（公里）	Length of Digital Micro-wave Routes (km)					25690	22862
长途电话交换机容量（万路）	Capacity of Long-distance Telephone Exchanges (10000 lines)	0.17	3.80	44.95	70.34	92.72	134.45
局用电话交换机容量（万门）	Capacity of Telephone Exchanges (10000 gates)	40.00	180.70	1007.10	1939.45	2616.34	3551.35
移动电话交换机容量（万门）	Capacity of Mobile Telephone Exchanges (10000 gates)			145.00	1825.40	3682.74	5328.11
本地电话用户（万户）	Number of Subscribers of Local Telephones (10000 subscribers)	24.00	113.00	591.00	1414.94	1996.80	2567.01
#城市电话	Urban Subscribers	13.00	72.00	361.00	916.03	1277.55	1690.56
移动电话用户（万户）	Number of Mobile Telephones Subscribers (10000 subscribers)		1.11	98.78	1357.26	3214.38	4006.96
数字数据用户（户）	Number of Digital Data Subscribers (subscriber)					63321	54125
国际互联网用户（万户）	Number of Internet Subscribers (10000 subscribers)				216.41	805.56	1177.67
互联网用户使用时长（万分钟）	Time Length of Internet Subscribers (10000 minutes)				900585	1770499	1421663
函件（万件）	Number of Letters (10000 pcs)	37580	47188	98535	106603	135010	130705
特快专递（万件）	Pieces of Express Mail Services (10000 pcs)		124.40	687.30	1327.80	1823.85	2180.11
报刊累计数（万份）	Cumulative Number of Newspapers and Magazines (10000 copies)	142491	116253	155920	107755	105353	108886
全省平均每人每年发函件数（件）	Annual Number of Per Capita Letter Mailed (piece)	6.00	8.70	14.40	13.80	17.20	16.43
全省平均每百人每年订报刊数（份）	Annual Average Number of Newspapers and Magazines Subscribed per 100 Persons (copy)	22.50	16.60	18.00	15.10	12.70	13.11
本地电话主线普及率（线/百人）	Popularization Rate of Main Lines of Local Telephones (line/100 persons)	0.42	1.78	8.61	18.40	25.41	32.27
移动电话普及率（部/百人）	Popularization Rate of Mobile Telephones (set/100 persons)		0.02	1.44	17.61	40.90	50.38

注：1985 年以前的"农村投递路线"含在"邮路长度"中。
Note: Before 1985, the length of postal routes included the length of rural delivery routes.

主要统计指标解释

公路里程 指在一定时期内实际达到《公路工程技术标准 JTJ01-88》规定的等级公路，并经公路主管部门正式验收交付使用的公路里程数。其计算单位为公里。它包括大中城市的郊区公路以及通过小城镇街道部分的公路里程，也包括桥梁、渡口的长度，但不包括大中城市的街道、厂矿、林区生产用道和农业生产用道的里程。两条或多条公路共同经由同一路段，只计算一次，不得重复计算里程长度。公路里程是反映公路建设发展规模的重要指标，也是计算运输网密度等指标的基础资料。

货（客）运量 指运输业实际运送的货物（旅客）数量。货运按吨计算，客运按人计算 。货物不论运输距离长短，货物类型，均按实际重量统计；旅客不论行程远近或票价多少，均按一人一次作为客运量统计。半价票、小孩票也按一人统计。货（客）运量反映运输业为国民经济和人民生活服务的数量，也是制定和检查运输生产计划，研究运输发展规模和速度的重要指标。

货物（旅客）周转量 指运输业运送的货物（旅客）与其相应运输距离的乘积之和，通常以吨公里和人公里为计算单位。计算货物周转量通常按发出站与到达站之间的最短距离，也就是计费距离计算。它是反映运输业生产总成果的重要指标，也是编制和检查运输生产计划，计算运输效率，劳动生产率以及核算运输单位成本的主要基础资料。

货物吞吐量 是指经由水运进、出港区范围，并经过装卸的货物数量。货物吞吐量分别按国内进口（卸船）、出口（装船）、外贸进口、出口统计。货物吞吐量按货物实际重量吨统计，以货物交接清单或货单上记载的重量吨为准。如无实际重量吨，可根据船舶装载情况来推算。在本港区内的水运转口分别按进口和出口各计算一次吞吐量。货物吞吐量是衡量港口生产规模的一个主要数量指标。

邮电业务总量 指以货币表现的邮电部门为用户传递信息和提供其他邮电服务的总量。它用各种邮电分类业务量，如函件件数、电报份数、长话张数、市内电话和农村电话的年均户数、订销报刊、累计份数等，分别乘以相应的平均单价（不变价），加总后再加上出租电路和设备收入，代用户维护电话交换机和线路等设备的收入，其他业务收入求得。邮电业务总量综合反映了一定时期邮电工作的总成果，是研究邮电业务量构成和发展趋势的重要指标。

本地电话用户 是指在本企业登记注册、报告期末实际已接入本企业本地电话网上的电话用户数。计量单位为：户。

本地电话用户按计费方式分为包月制电话用户和计次制电话用户。

本地包月制电话用户是指不管用户通话次数多少，按月缴纳固定月租费的用户。

本地计次制电话用户是指用户除每月缴纳基本月租费外，还要根据通话次数缴纳通话费的用户。

城市电话用户 是指按行政区划属于中央直辖市、省辖市、地级市、县级市的市区、市郊区及县城区范围内的电话用户数。包括分布在农村地区但以县团级以上建制的独立工矿区、林区、驻军的电话用户。N-ISDN 用户、无线接入（PHS）电话用户、智能网专用接入终端用户、集中用户交换机（Centrex）用户均按城市电话用户统计。

乡村电话用户 是指按行政区划属于城市范围以外的乡（镇）、村电话用户。

移动电话用户 指在邮电部门登记，通过移动电话交换机进入移动电话网、占有移动电话号码的电话用户。计量单位为“户”。用户数字以实际办理登记手续进入邮电部门移动电话网的户数进行计算，一部或一台移动电话统计为一户。

Explanatory Notes on Main Statistical Indicators

Length of Highways refers to the length of highways which are built in conformity with the grades specified by the highway engineering standard formulated by the Ministry of Communications, and have been formally checked and accepted by the departments of highways and put into use. The length of highways includes that of the suburb highways at large and medium-sized cities, highways passing through streets at small cities and towns, and also the length of bridges and ferries. It does not include the length of streets in large and medium-sized cities and highways built for the production purpose at factories, mines, forest areas and agricultural areas. If two or more highways go the same section of the way, the length of the section is only calculated for once and no duplication is allowed. The length of highways is an important indicator to show the development of the highway construction and to provide essential information to calculate the transport network density.

Freight (Passenger) Traffic refers to the volume of freight (passenger) transported with various means. Freight transport is calculated in tons and passenger traffic is calculated in the number of persons. Despite the type of freight and travelling distance, the freight transport is calculated in the actual weight of the goods; and despite the travelling distance and ticket price, the passenger traffic is calculated by the principle that one person can be counted only once in one travel. The passenger who travel with a half-price ticket or a child ticket is also calculated as one person. The freight (passenger) traffic provides a quantitative measure to show how the transport industry serves the national economy and people, and is also an important indicator for planning the transport industry serves the national economy and people, and is also an important indicator for planning the transport industry and for studying the development scale and speed of the transport industry.

Freight Ton-kilometers (Passenger-kilometers) refer to the sum of the products of the volume of transported cargo (passengers) multiplying by the transport distance, usually using ton-kilometer and passenger-kilometre as units for measurement. Normally, the shortest distance between the departure station and the destination station (i. e. the payable distance) is the basis to calculate the freight ton-kilometers. This is an important indicator to show the total results of the transport industry, to prepare and examine the transport plan and to measure the efficiency, the labor productivity and the unit cost of transport.

Volume of Freight Handled refers to the volume of cargo passing in and out the harbor area and having been loaded and unloaded. The volume of freight handled may be classified as import, export, or as domestic trade and foreign trade. The volume of freight handled is calculated in the actual weight ton of the goods, based on the weight ton under the delivery order or bill of loading. If no actual weight ton available, it can be estimated according to the loading of goods. As for the transit goods in the harbor area, the volume of freight handled is calculated according to the import and export respectively. It is a major indicator to show the scale of the port production.

Business Volume of Posts and Telecommunications refers to the total amount of postal and telecommunication services, expressed in value terms, provided by the postal and telecommunication departments for the society. Postal and telecommunication services can be classified as letters, parcels, remittance, issue of newspapers and magazines, fast mail service, express mail service, savings deposits, stamps for collection, public and individual telegraph service, facsimiles, long-distance telephone service, leasing of telephone lines, urban paging service, mobile telephone service, data transfer and transmission, etc. The accounting approach is to multiply the service products of all types with their average unit price (constant prices) to get sum of business value, plus income from other services such as leasing of telephones lines and equipment, maintenance of telephone switchboards and lines on behalf of customers. This indicator reflects the overall results of postal and telecommunication services during a given period, and is important to study the composition of business service and the development of postal and telecommunication services.

Local Telephone Subscribers refer to the registered subscribers who are connected to the local telephone network (measured in subscriber). The subscribers are divided into subscribers with monthly fixed payment and those with message call payment.

The subscribers with monthly fixed payment refer to those who pay the monthly telephone expenses with a fixed lease rate regardless of the message calls.

The subscribers with message call payment refer to those who pay the telephone expenses with a message rate besides the basic monthly fixed lease rate.

Urban Telephone Subscribers refer to the telephone subscribers, located at municipalities directly under the central government, cities under the jurisdiction of province, cities at prefectual level, downtown and suburb of city at county level and county towns according to the administrative division, that are connected to the public line telephone network, including the rural independent mineral area, forest area and military area at county (regimental) level. N-ISDN subscribers, PHS telephone subscribers, subscribers connected with intelligent terminal, Centrex subscribers are also included.

Rural Telephone Subscribers refer to the telephone subscribers, located at towns under county town and county level, that are connected to the public line telephone network.

Mobile Telephone Subscribers refer to the persons who own mobile telephone number connected with the mobile telephone communication network and registered by postal and telecommunication organization. The number of subscribers is calculated only when the subscriber who has gone through all the register formalities and entered into the mobile telephone network. One mobile telephone is treaed as a subscriber.

十五 国内贸易

DOMESTIC TRADE

15

十五　国内贸易

简要说明

一、本篇资料反映广东省国内市场发展情况。主要内容有批发零售贸易业和餐饮业单位数与从业人员数，批发零售贸易业商品流通情况，餐饮业销售情况，限额以上批发零售贸易企业与餐饮企业财务状况，社会消费品零售总额等。

二、本篇资料由广东省统计局贸易外经处整理提供。

三、本篇资料主要根据国家统计局的《批发零售贸易业、餐饮业统计报表制度》，通过全面调查、抽样调查推断等，自下而上逐级综合汇总而得。其中贸易企业单位数等是根据基本单位调查统计资料整理，城乡集市贸易情况由广东省工商行政管理部门提供。

四、各表的调查范围：

贸易企业单位数及从业人员数等为全社会各种经济类型的批发、零售贸易业法人及产业活动单位。

商品购、销、存总额、类值和数量表为各种经济类型的限额以上批发零售贸易业法人及产业活动单位。

财务状况表，为各种经济类型的限额以上批发零售贸易业和餐饮业法人单位。

社会消费品零售总额表，为各种经济类型的法人及产业活动单位、个体户对城乡居民和社会集团的零售。

15　DOMESTIC TRADE

Brief Introducion

Ⅰ. The date in this chapter show the development of Guangdong's domestic market, including mainly the number of enterprises and persons employed in the wholesale and retail trade and catering services, the circulation of commodities in the wholesale and retail trade, the sales in the catering services, the financial indicators of the wholesale and retail trade and catering services above designated size, and the total retail sales of consumer goods, etc.

Ⅱ. The data in this chapter are prepared and provided by the Division of External Economic Relations Statistics of Guangdong Provincial Bureau of Statistics.

Ⅲ. The data are obtained mainly in accordance with the Statistical Reporting Scheme on Wholesale and Retail Trade and Catering Services stipulated by the National Bureau of Statistics. The methods used in data collection for enterprises (units) are complete enumeration and sample surveys, under which data are reported from lower to higher level statistical offices. Of the total, the number of trade units is prepared on the basis of the data from the basic units survey and the statistics on urban and rural fair market is provided by Guangdong Provincial Administration of Industry and Commerce.

Ⅳ. The statistical coverage in this chapter comes as follows:

The number of trade units and persons employed refer to the corporate units and economic active units with various types of ownership in the wholesale and retail trade.

The tables of total purchases, sales, inventory, value of sales by category of commodities and volume of sales include the corporate units and economic active units above designated size with various types of ownership in the wholesale and retail trade.

The tables of financial indicators cover the corporate units above designated size with various types of ownership in the wholesale and retail trade and catering services.

The tables of total retail sales of consumer goods include the retail sales of the corporate units and economic active units with all types of ownership and individuals to urban and rural residents and institutions.

15-1 国内贸易主要指标
MAIN INDICATORS ON DOMESTIC TRADE

指　　标	Item	1990	1995	2000	2002	2003	2003 比 2002 增长 (%) Growth Rate in 2003 over 2002 (%)
贸易企业单位数　（万个）	Number of Trade Units　(10000 units)			10.08	12.71	13.72	8.0
按行业分	By Sector						
批发业	Wholesale Trade			5.09	6.39	7.11	11.3
零售业	Retail Trade			4.99	6.32	6.61	4.6
按登记注册类型分	By Status of Registration						
内资企业	Domestic Funded Enterprises			10.00	12.51	13.49	7.8
港、澳、台商投资企业	Enterprises with Funds from Hong Kong, Macao and Taiwan			0.05	0.12	0.14	16.7
外商投资企业	Foreign Investment Enterprises			0.03	0.08	0.09	12.5
贸易企业从业人数　（万人）	Number of Employed Persons　(10000 persons)			135.89	153.98	190.58	23.8
按行业分	By Sector						
批发业	Wholesale Trade			84.78	91.07	103.03	13.1
零售业	Retail Trade			51.11	62.91	87.55	39.2
按登记注册类型分	By Status of Registration						
内资企业	Domestic Funded Enterprises			133.43	146.41	182.04	24.3
港、澳、台商投资企业	Enterprises with Funds from Hong Kong, Macao and Taiwan			1.54	5.23	5.72	9.4
外商资企业	Foreign Investment Enterprises			0.92	2.34	2.82	20.5
社会消费品零售总额　（亿元）	Total Retail Sales of Consumer Goods　(100 million yuan)	667.36	2304.15	4071.95	5013.59	5606.02	11.8
按行业分	By Sector						
批发零售业	Wholesale and Retail Trade	463.92	1418.50	2894.29	3638.51	4681.08	28.7
餐饮业	Catering Services	71.11	293.87	646.64	829.64	877.29	5.7
其他行业	Others	132.33	591.78	531.02	545.44	47.65	-91.3
按城乡分	By Urban and Rural Areas						
城镇	Urban Areas	457.34	1643.26	2907.53	3573.10	3987.70	11.6
乡村	Rural Areas	210.02	660.89	1164.42	1440.49	1618.33	12.4
贸易业商品销售总额　（亿元）	Total Sales in Wholesale and Retail Trade　(100 million yuan)		5448.94	8268.88	10537.77	11784.12	11.8
批发额	Wholesale Trade		4030.44	5309.67	6403.68	7103.04	10.9
零售额	Retail Trade		1418.50	2959.21	4134.00	4681.08	13.2
限额以上连锁总店数　（个）	Number of General Chain Stores above Designated Size　(unit)				148	118	-20.3
限额以上连锁门店数　（个）	Number of Branch Chain Stores above Designated Size　(unit)				3161	3823	20.9
限额以上连锁店销售总额（亿元）	Total Sales of Chain Stores above Designated Size　(100 million yuan)				351.88	401.58	14.1
#零售额　（亿元）	Retail Trade　(100 million yuan)				340.17	388.57	14.2

15-2 按属性分贸易企业单位数（2003年）
NUMBER OF TRADE UNITS BY CHARACTER OF ENTERPRISES（2003）

单位：个 （unit）

项　目	Item	合　计 Total	按企业属性分 By Character of Enterprises	
			法人 Corporate Units	活动单位 Establishments
总　计	**Total**	**137159**	**94317**	**42842**
按登记注册类型分	**By Status of Registration**			
内资企业	Domestic Funded Enterprises	134877	93137	41740
国有企业	State-owned Enterprises	21965	10717	11248
集体企业	Collective-owned Enterprises	33438	16613	16825
股份合作企业	Cooperative Enterprises	8184	6916	1268
国有联营企业	State Joint Ownership Enterprises	631	359	272
集体联营企业	Collective Joint Ownership Enterprises	443	305	138
国有与集体联营企业	Joint State-collective Enterprises	182	126	56
其他联营企业	Other Joint Ownership Enterprises	926	586	340
国有独资企业	State Exclusively Funded Enterprises	567	286	281
其他有限责任公司	Other Limited Liability Companies	13575	10147	3428
股份有限公司	Shareholding Limited Companies	3169	1562	1607
私营独资企业	Private Exclusively Funded Enterprises	9342	8165	1177
私营合伙企业	Private Partnership Enterprises	2789	2580	209
私营有限责任公司	Private Limited Liability Companies	36770	32497	4273
私营股份有限公司	Private Shareholding Limited Companies	1996	1759	237
其他企业	Other Enterprises	900	519	381
港、澳、台商投资企业	Enterprises with Funds from Hong Kong, Macao and Taiwan	1425	841	584
合资经营企业（港或澳、台资）	Joint Ventures	600	300	300
合作经营企业（港或澳、台资）	Cooperative Enterprises	201	86	115
港、澳、台商独资经营企业	Ventures Exclusively Funded Enterprises	588	432	156
港、澳、台商投资股份有限公司	Shareholding Limited Companies	36	23	13
外商投资企业	Foreign Investment Enterprises	857	339	518
中外合资经营企业	Sino-foreign Joint Ventures	350	116	234
中外合作经营企业	Sino-foreign Cooperative Enterprises	162	32	130
外资企业	Foreign Funded Enterprises	324	180	144
外商投资股份有限公司	Shareholding Limited Companies	21	11	10
零售企业	**Retail Enterprises**	**66086**	**36614**	**29472**
按经营方式分组	**By Operating System**			
独立商店	Detached Stores	41083	25016	16067
连锁总店	General Chain Stores	1266	673	593
连锁分店	Branch Chain Stores	6827	841	5986
其他	Others	16910	10084	6826
按业态分组	**By Operating Form**			
百货商店	Department Stores	7511	3725	3786
超级市场	Supermarkets	1287	558	729
专业商店	Monopoly Stores	21964	10519	11445
其他	Others	35324	21812	13512

15-3 按行业分贸易企业单位数(2003年)
NUMBER OF TRADE UNITS BY SECTOR OF ENTERPRISES (2003)

单位：个 (unit)

项目	Item	按行业分 By Sector		按所在地分 By Location		
		批发 Wholesale Trade	零售 Retail Trade	市 City	县 County	县以下 Under County Level
总计	**Total**	**71073**	**66086**	**100480**	**4795**	**31884**
按登记注册类型分	**By Status of Registration**					
内资企业	Domestic Funded Enterprises	69761	65116	98348	4775	31754
国有企业	State-owned Enterprises	11732	10233	12535	2441	6989
集体企业	Collective-owned Enterprises	12761	20677	17352	1385	14701
股份合作企业	Cooperative Enterprises	2973	5211	7559	21	604
国有联营企业	State Joint Ownership Enterprises	314	317	561	2	68
集体联营企业	Collective Joint Ownership Enterprises	206	237	358	2	83
国有与集体联营企业	Joint State-collective Enterprises	94	88	156		26
其他联营企业	Other Joint Ownership Enterprises	496	430	853	3	70
国有独资企业	State Exclusively Funded Enterprises	396	171	437	17	113
其他有限责任公司	Other Limited Liability Companies	8134	5441	11996	60	1519
股份有限公司	Shareholding Limited Companies	1520	1649	2230	125	814
私营独资企业	Private Exclusively Funded Enterprises	4089	5253	6573	309	2460
私营合伙企业	Private Partnership Enterprises	1573	1216	2457	41	291
私营有限责任公司	Private Limited Liability Companies	23797	12973	32895	337	3538
私营股份有限公司	Private Shareholding Limited Companies	1256	740	1804	29	163
其他企业	Other Enterprises	420	480	582	3	315
港、澳、台商投资企业	Enterprises with Funds from Hong Kong, Macao and Taiwan	835	590	1314	18	93
合资经营企业（港或澳、台资）	Joint Ventures	297	303	565	9	26
合作经营企业（港或澳、台资）	Cooperative Enterprises	75	126	180	2	19
港、澳、台商独资经营企业	Ventures Exclusively Funded Enterprises	438	150	535	7	46
港、澳、台商投资股份有限公司	Shareholding Limited Companies	25	11	34		2
外商投资企业	Foreign Investment Enterprises	477	380	818	2	37
中外合资经营企业	Sino-foreign Joint Ventures	183	167	330	1	19
中外合作经营企业	Sino-foreign Cooperative Enterprises	49	113	150	1	11
外资企业	Foreign Funded Enterprises	228	96	317		7
外商投资股份有限公司	Shareholding Limited Companies	17	4	21		
零售企业	**Retail Enterprises**		**66086**	**44420**	**2713**	**18953**
按经营方式分组	**By Operating System**					
独立商店	Detached Stores		41083	26570	2262	12251
连锁总店	General Chain Stores		1266	1083	7	176
连锁分店	Branch Chain Stores		6827	5394	40	1393
其他	Others		16910	11373	404	5133
按业态分组	**By Operating Form**					
百货商店	Department Stores		7511	4087	351	3073
超级市场	Supermarkets		1287	972	31	284
专卖商店	Monopoly Stores		21964	15061	1172	5731
其他	Others		35324	24300	1159	9865

15-4 按属性分贸易企业从业人员数(2003年)

NUMBER OF EMPLOYED PERSONS IN TRADE BY CHARACTER OF ENTERPRISES (2003)

单位：人 (person)

项　目	Item	合　计 Total	按企业属性分 By Character of Enterprises	
			法人 Corporate Units	活动单位 Establishments
总　计	**Total**	**1905794**	**1415143**	**490651**
按登记注册类型分	**By Status of Registration**			
内资企业	Domestic Funded Enterprises	1820384	1364830	455554
国有企业	State-owned Enterprises	459770	311314	148456
集体企业	Collective-owned Enterprises	285745	195879	89866
股份合作企业	Cooperative Enterprises	49455	38434	11021
国有联营企业	State Joint Ownership Enterprises	11022	7723	3299
集体联营企业	Collective Joint Ownership Enterprises	4061	3221	840
国有与集体联营企业	Joint State-collective Enterprises	3746	2704	1042
其他联营企业	Other Joint Ownership Enterprises	13059	8785	4274
国有独资企业	State Exclusively Funded Enterprises	21088	12519	8569
其他有限责任公司	Other Limited Liability Companies	250358	189726	60632
股份有限公司	Shareholding Limited Companies	112400	73737	38663
私营独资企业	Private Exclusively Funded Enterprises	62563	55947	6616
私营合伙企业	Private Partnership Enterprises	20328	18168	2160
私营有限责任公司	Private Limited Liability Companies	500898	425782	75116
私营股份有限公司	Private Shareholding Limited Companies	18554	16249	2305
其他企业	Other Enterprises	7337	4642	2695
港、澳、台商投资企业	Enterprises with Funds from Hong Kong, Macao and Taiwan	57223	35257	21966
合资经营企业（港或澳、台资）	Joint Ventures	28750	16244	12506
合作经营企业（港或澳、台资）	Cooperative Enterprises	12068	5538	6530
港、澳、台商独资经营企业	Ventures Exclusively Funded Enterprises	14772	12035	2737
港、澳、台商投资股份有限公司	Shareholding Limited Companies	1633	1440	193
外商投资企业	Foreign Investment Enterprises	28187	15056	13131
中外合资经营企业	Sino-foreign Joint Ventures	17754	9264	8490
中外合作经营企业	Sino-foreign Cooperative Enterprises	3820	1641	2179
外资企业	Foreign Funded Enterprises	6078	3756	2322
外商投资股份有限公司	Shareholding Limited Companies	535	395	140
零售企业	**Retail Enterprises**	**875471**	**600801**	**274670**
按经营方式分组	**By Operating System**			
独立商店	Detached Stores	374317	278128	96189
连锁总店	General Chain Stores	105217	67145	38072
连锁分店	Branch Chain Stores	115129	27845	87284
其他	Others	280808	227683	53125
按业态分组	**By Operating Form**			
百货商店	Department Stores	142887	98262	44625
超级市场	Supermarkets	105648	57458	48190
专卖商店	Monopoly Stores	214685	121550	93135
其他	Others	412251	323531	88720

15-5 按行业分贸易企业从业人员数（2003年）
NUMBER OF EMPLOYED PERSONS IN TRADE BY SECTOR (2003)

单位：人 (person)

项　　目	Item	按行业分 By Sector		按所在地分 By Location		
		批发 Wholesale Trade	零售 Retail Trade	市 City	县 County	县以下 Under County Level
总　计	**Total**	**1030323**	**875471**	**1492570**	**77016**	**336208**
按登记注册类型分	**By Status of Registration**					
内资企业	Domestic Funded Enterprises	995262	825122	1411828	76742	331814
国有企业	State-owned Enterprises	332380	127390	327016	43421	89333
集体企业	Collective-owned Enterprises	140098	145647	140418	18582	126745
股份合作企业	Cooperative Enterprises	19871	29584	39512	433	9510
国有联营企业	State Joint Ownership Enterprises	5893	5129	10192	21	809
集体联营企业	Collective Joint Ownership Enterprises	2197	1864	3333	33	695
国有与集体联营企业	Joint State-collective Enterprises	2068	1678	3392		354
其他联营企业	Other Joint Ownership Enterprises	6431	6628	12516	13	530
国有独资企业	State Exclusively Funded Enterprises	13969	7119	18948	495	1645
其他有限责任公司	Other Limited Liability Companies	129315	121043	224225	1624	24509
股份有限公司	Shareholding Limited Companies	69520	42880	97061	5713	9626
私营独资企业	Private Exclusively Funded Enterprises	28360	34203	43183	2138	17242
私营合伙企业	Private Partnership Enterprises	11392	8936	16810	683	2835
私营有限责任公司	Private Limited Liability Companies	220257	280641	455214	3353	42331
私营股份有限公司	Private Shareholding Limited Companies	10310	8244	15659	216	2679
其他企业	Other Enterprises	3201	4136	4349	17	2971
港、澳、台商投资企业	Enterprises with Funds from Hong Kong, Macao and Taiwan	22087	35136	53586	259	3378
合资经营企业（港或澳、台资）	Joint Ventures	6732	22018	27937	167	646
合作经营企业（港或澳、台资）	Cooperative Enterprises	4384	7684	11756	29	283
港、澳、台商独资经营企业	Ventures Exclusively Funded Enterprises	9533	5239	12351	63	2358
港、澳、台商投资股份有限公司	Shareholding Limited Companies	1438	195	1542		91
外商投资企业	Foreign Investment Enterprises	12974	15213	27156	15	1016
中外合资经营企业	Sino-foreign Joint Ventures	7451	10303	17169	13	572
中外合作经营企业	Sino-foreign Cooperative Enterprises	828	2992	3518	2	300
外资企业	Foreign Funded Enterprises	4210	1868	5934		144
外商投资股份有限公司	Shareholding Limited Companies	485	50	535		
零售企业	**Retail Enterprises**		**875471**	**679924**	**25187**	**170360**
按经营方式分组	**By Operating System**					
独立商店	Detached Stores		374317	262119	18927	93271
连锁总店	General Chain Stores		105217	99375	159	5683
连锁分店	Branch Chain Stores		115129	97560	790	16779
其他	Others		280808	220870	5311	54627
按业态分组	**By Operating Form**					
百货商店	Department Stores		142887	111355	3928	27604
超级市场	Supermarkets		105648	93275	824	11549
专卖商店	Monopoly Stores		214685	161594	8718	44373
其他	Others		412251	313700	11717	86834

15-6 零售企业营业面积(2003年)
BUSINESS AREA OF RETAIL ENTERPRISES (2003)

单位：平方米 (sq. m)

项目	Item	合计 Total	按属性分 By Character of Enterprises		按所在地分 By Location		
			法人 Corporate Units	活动单位 Establish-ments	市 City	县 County	县以下 Under County Level
总计	**Total**	**22958744**	**14175189**	**8783555**	**15841832**	**661942**	**6454970**
一、按登记注册类型分	**By Status of Registration**						
内资企业	Domestic Funded Enterprises	21687627	13508295	8179332	14660212	652687	6374728
国有企业	State-owned Enterprises	3797753	1861199	1936554	2348179	228424	1221150
集体企业	Collective-owned Enterprises	3829247	2331725	1497522	1553527	114528	2161192
股份合作企业	Cooperative Enterprises	474094	385297	88797	372627	49782	51685
国有联营企业	State Joint Ownership Enterprises	162193	93429	68764	134652	170	27371
集体联营企业	Collective Joint Ownership Enterprises	72869	60819	12050	59016	110	13743
国有与集体联营企业	Joint State-collective Enterprises	76158	46580	29578	56906		19252
其他联营企业	Other Joint Ownership Enterprises	259099	127919	131180	246745	249	12105
国有独资企业	State Exclusively Funded Enterprises	222812	63618	159194	210745	400	11667
其他有限责任公司	Other Limited Liability Companies	3463607	2602563	861044	2977874	43899	441834
股份有限公司	Shareholding Limited Companies	2554626	895595	1659031	1575078	138816	840732
私营独资企业	Private Exclusively Funded Enterprises	1171792	1042414	129378	696808	32029	442955
私营合伙企业	Private Partnership Enterprises	280740	239577	41163	182539	11221	86980
私营有限责任公司	Private Limited Liability Companies	4830553	3350890	1479663	3898416	27698	904439
私营股份有限公司	Private Shareholding Limited Companies	339317	294113	45204	242587	5131	91599
其他企业	Other Enterprises	152767	112557	40210	104513	230	48024
港、澳、台商投资企业	Enterprises with Funds from Hong Kong, Macao and Taiwan	871326	457626	413700	803081	3655	64590
合资经营企业（港或澳、台资）	Joint Ventures	522614	276225	246389	491670	1758	29186
合作经营企业（港或澳、台资）	Cooperative Enterprises	250822	99067	151755	237414	350	13058
港、澳、台商独资经营企业	Ventures Exclusively Funded Enterprises	97202	81766	15436	73309	1547	22346
港、澳、台商投资股份有限公司	Shareholding Limited Companies	688	568	120	688		
外商投资企业	Foreign Investment Enterprises	399791	209268	190523	378539	5600	15652
中外合资经营企业	Sino-foreign Joint Ventures	282976	160264	122712	268634	5600	8742
中外合作经营企业	Sino-foreign Cooperative Enterprises	86361	30019	56342	79931		6430
外资企业	Foreign Funded Enterprises	25234	13925	11309	24754		480
外商投资股份有限公司	Shareholding Limited Companies	5220	5060	160	5220		
二、按经营方式分	**By Operating System**	**22958744**	**14175189**	**8783555**	**15841832**	**661942**	**6454970**
独立商店	Detached Stores	11331598	7975142	3356456	7667035	472220	3192343
连锁总店	General Chain Stores	2562026	1771118	790908	2329940	3695	228391
连锁分店	Branch Chain Stores	3370015	866859	2503156	2586339	30312	753364
其他	Others	5695105	3562070	2133035	3258518	155715	2280872
三、按业态分组	**By Operating Form**						
百货商店	Department Stores	4409756	2990871	1418885	3421686	84617	903453
超级市场	Supermarkets	3350350	1963167	1387183	2766955	27160	556235
专卖商店	Monopoly Stores	6564103	3755067	2809036	4398434	309508	1856161
其他	Others	8634535	5466084	3168451	5254757	240657	3139121

15-7 各市贸易企业法人和产业活动单位基本情况（2003 年）
BASIC CONDITIONS OF CORPORATE UNITS AND ESTABLISHMENTS IN TRADE BY CITY (2003)

单位：个 (unit)

市别 City	单位数 Number of Units	内资 Domestic Funded Enterprises	国有 State-owned Enterprises	集体 Collective-owned Enterprises	股份合作 Cooperative Enterprises	其他有限责任公司 Other Limited Liability Companies	私营独资 Private Exclusively Funded Enterprises	私营有限责任公司 Private Limited Liability Companies
法人单位 Corporate Units								
合计 Total	**94317**	**93137**	**10717**	**16613**	**6916**	**10147**	**8165**	**32497**
广州 Guangzhou	31102	30610	1910	4920	5157	2756	2184	10847
深圳 Shenzhen	16032	15568	544	125	117	1578	1163	9941
珠海 Zhuhai	5654	5577	392	560	36	1173	505	2381
汕头 Shantou	5835	5824	923	2458	511	446	206	989
佛山 Foshan	8668	8651	517	1720	895	2049	1001	1899
韶关 Shaoguan	2638	2629	768	701	14	149	232	556
河源 Heyuan	740	736	353	232	4	36	40	45
梅州 Meizhou	1196	1194	476	362	6	65	69	157
惠州 Huizhou	2570	2559	604	299	10	139	175	1144
汕尾 Shanwei	532	532	186	120	1	4	67	119
东莞 Dongguan	2259	2224	201	494	54	242	279	761
中山 Zhongshan	2648	2644	53	401	8	295	303	1496
江门 Jiangmen	3301	3283	537	1027	22	248	517	727
阳江 Yangjiang	1226	1223	367	297	5	31	113	311
湛江 Zhanjiang	2571	2561	756	690	32	305	208	343
茂名 Maoming	1732	1729	572	404	15	170	306	103
肇庆 Zhaoqing	1377	1374	397	579	3	71	152	132
清远 Qingyuan	878	876	272	222	10	78	67	145
潮州 Chaozhou	1419	1410	261	421	14	110	363	178
揭阳 Jieyang	1568	1564	472	441	2	184	201	199
云浮 Yunfu	371	369	156	140		18	14	24
活动单位 Establishments								
合计 Total	**42842**	**41740**	**11248**	**16825**	**1268**	**3428**	**1177**	**4273**
广州 Guangzhou	7893	7265	1644	1899	483	938	409	1290
深圳 Shenzhen	6035	5707	952	478	66	816	344	1700
珠海 Zhuhai	1406	1374	232	470	17	241	47	279
汕头 Shantou	909	901	154	691	2	5	3	26
佛山 Foshan	2860	2823	642	972	100	566	44	287
韶关 Shaoguan	2055	2052	867	868	12	40	86	107
河源 Heyuan	2099	2091	731	1196	1	27	66	9
梅州 Meizhou	3100	3097	1332	1432	6	170	28	9
惠州 Huizhou	1942	1927	664	887	3	39	36	88
汕尾 Shanwei	763	762	307	418			2	5
东莞 Dongguan	1508	1504	153	584	504	107	16	92
中山 Zhongshan	1046	1031	64	374	5	249	36	254
江门 Jiangmen	1494	1492	212	1107	4	62	3	24
阳江 Yangjiang	1241	1239	398	725	3	3	12	20
湛江 Zhanjiang	2014	2010	726	1077	41	37	14	24
茂名 Maoming	1268	1267	464	667	8	2	2	
肇庆 Zhaoqing	1068	1064	389	529	7	41	12	11
清远 Qingyuan	1327	1322	535	587	2	49	17	33
潮州 Chaozhou	853	852	312	481	3	12		11
揭阳 Jieyang	1254	1253	244	962				3
云浮 Yunfu	707	707	226	421	1	24		1

15-7 续表 1 continued

单位：个 (unit)

市 别 City	港澳台商投资 Enterprises with Funds from Hong Kong, Macao and Taiwan	外商投资 Foreign Investment Enterprises	零售企业单位数 Number of Retail Enterprises	按经营方式分 By Operating System			
				独立分店 Detached Stores	连锁总店 General Chain Stores	连锁分店 Branch Chain Stores	其他 Others
法人单位 Corporate Units							
合 计 Total	**841**	**339**	**36614**	**25016**	**673**	**841**	**10084**
广 州 Guangzhou	305	187	12344	9609	239	295	2201
深 圳 Shenzhen	364	100	4251	1498	101	137	2515
珠 海 Zhuhai	61	16	1999	1120	68	42	769
汕 头 Shantou	4	7	2730	2213	14	24	479
佛 山 Foshan	14	3	2893	2068	63	106	656
韶 关 Shaoguan	6	3	1049	837	17	10	185
河 源 Heyuan	4		420	298	4	5	113
梅 州 Meizhou	2		623	456	7	13	147
惠 州 Huizhou	8	3	1433	902	24	28	479
汕 尾 Shanwei			163	90	2	1	70
东 莞 Dongguan	26	9	1246	774	40	53	379
中 山 Zhongshan	4		1158	559	30	13	556
江 门 Jiangmen	14	4	1377	1096	19	41	221
阳 江 Yangjiang	2	1	621	517	13	12	79
湛 江 Zhanjiang	7	3	886	687	10	7	182
茂 名 Maoming	3		713	587	3	12	111
肇 庆 Zhaoqing	2	1	753	582	7	9	155
清 远 Qingyuan	2		435	244	5	14	172
潮 州 Chaozhou	8	1	757	380	1	6	370
揭 阳 Jieyang	3	1	559	390	3	6	160
云 浮 Yunfu	2		204	109	3	7	85
活动单位 Establishments							
合 计 Total	**584**	**518**	**29472**	**16067**	**593**	**5986**	**6826**
广 州 Guangzhou	315	313	4414	1493	195	1808	918
深 圳 Shenzhen	188	140	4299	1074	93	1841	1291
珠 海 Zhuhai	8	24	1009	377	52	349	231
汕 头 Shantou	5	3	727	465	5	16	241
佛 山 Foshan	20	17	1809	889	93	513	314
韶 关 Shaoguan	3		1230	970	11	133	116
河 源 Heyuan	7	1	1750	1327	3	83	337
梅 州 Meizhou	3		2538	2157	5	35	341
惠 州 Huizhou	12	3	1424	995	29	99	301
汕 尾 Shanwei	1		627	386	1	17	223
东 莞 Dongguan	3	1	1263	683	34	234	312
中 山 Zhongshan	9	6	701	146	32	244	279
江 门 Jiangmen	1	1	991	784	8	44	155
阳 江 Yangjiang	1	1	928	473	10	284	161
湛 江 Zhanjiang	3	1	1218	984	5	46	183
茂 名 Maoming	1		831	693	1	74	63
肇 庆 Zhaoqing	3	1	725	544	3	73	105
清 远 Qingyuan	1	4	871	539	5	73	254
潮 州 Chaozhou		1	710	422	1	4	283
揭 阳 Jieyang		1	1009	519	4	10	476
云 浮 Yunfu			398	147	3	6	242

15-7 续表2 continued

单位：个 (unit)

市 别 City	按业态分 By Operating Form				零售业营业面积（平方米） Business Area of Retail Trade (sq. m)	零售业从业人员（人） Employed Persons in Retail Trade (person)	贸易企业单位数所在地（个） Location of Trade Units (unit)		
	百货商店 Department Stores	超级市场 Super-markets	专卖店 Monopoly Stores	其他 Others			市 City	县 County	县以下 Under County Level
法人单位 Corporate Units									
合 计 Total	**3725**	**558**	**10519**	**21812**	**14175189**	**600801**	**100480**	**4795**	**31884**
广 州 Guangzhou	1197	159	4295	6693	2745886	118005	37108		1887
深 圳 Shenzhen	207	75	790	3179	2865157	228177	19995		2072
珠 海 Zhuhai	151	37	579	1232	758287	21421	6072		988
汕 头 Shantou	353	30	504	1843	460568	20587	5602	91	1051
佛 山 Foshan	185	43	837	1828	1188194	29717	8896		2632
韶 关 Shaoguan	130	12	372	535	283350	13107	2180	917	1596
河 源 Heyuan	50	4	116	250	263479	8149	546	724	1569
梅 州 Meizhou	94	11	235	283	295433	10224	1097	692	2507
惠 州 Huizhou	126	15	502	790	637927	19362	2223	408	1881
汕 尾 Shanwei	26	9	30	98	191904	5159	444	157	694
东 莞 Dongguan	359	36	211	640	997022	28337	1414		2353
中 山 Zhongshan	53	20	257	828	627915	14127	2426		1268
江 门 Jiangmen	315	24	348	690	557631	17003	3286		1509
阳 江 Yangjiang	44	3	208	366	219088	8260	1029	163	1275
湛 江 Zhanjiang	121	23	301	441	383884	14394	2339	312	1934
茂 名 Maoming	120	9	307	277	492384	13773	1253	11	1736
肇 庆 Zhaoqing	52	13	175	513	391341	7481	1051	223	1171
清 远 Qingyuan	43	12	106	274	365174	5248	838	161	1206
潮 州 Chaozhou	34	9	182	532	202808	6462	1028	310	934
揭 阳 Jieyang	38	9	108	404	108794	8899	1247	460	1115
云 浮 Yunfu	27	5	56	116	138963	2909	406	166	506
活动单位 Establishments									
合 计 Total	**3786**	**729**	**11445**	**13512**	**8783555**	**274670**	**100480**	**4795**	**31884**
广 州 Guangzhou	356	140	2047	1871	1512990	73971	37108		1887
深 圳 Shenzhen	316	249	1957	1777	2146667	80779	19995		2072
珠 海 Zhuhai	77	38	457	437	507696	9094	6072		988
汕 头 Shantou	166	7	63	491	103249	4508	5602	91	1051
佛 山 Foshan	233	30	735	811	590153	12082	8896		2632
韶 关 Shaoguan	177	42	644	367	139118	7089	2180	917	1596
河 源 Heyuan	252	6	545	947	204061	5825	546	724	1569
梅 州 Meizhou	383	15	1142	998	256247	8055	1097	692	2507
惠 州 Huizhou	134	21	491	778	571837	9119	2223	408	1881
汕 尾 Shanwei	105	4	171	347	101790	3490	444	157	694
东 莞 Dongguan	154	62	616	431	28807	13899	1414		2353
中 山 Zhongshan	19	49	271	362	531324	7045	2426		1268
江 门 Jiangmen	232	4	190	565	390523	6828	3286		1509
阳 江 Yangjiang	150	4	395	379	195134	4294	1029	163	1275
湛 江 Zhanjiang	221	6	457	534	201838	5383	2339	312	1934
茂 名 Maoming	308	11	382	130	205780	5977	1253	11	1736
肇 庆 Zhaoqing	54	18	315	338	531393	4170	1051	223	1171
清 远 Qingyuan	129	6	258	478	225081	3045	838	161	1206
潮 州 Chaozhou	52	5	198	455	68734	2205	1028	310	934
揭 阳 Jieyang	227	2	37	743	193685	5703	1247	460	1115
云 浮 Yunfu	41	10	74	273	77448	2109	406	166	506

15-8 社会消费品零售总额（按行业及城乡分）
TOTAL RETAIL SALES OF CONSUMER GOODS BY SECTOR AND BY URBAN & RURAL AREAS

单位：亿元 (100 million yuan)

年份 Year	社会消费品零售总额 Total Retail Sales of Consumer Goods	按行业分 By Sector			按城乡分 By Urban and Rural Areas	
		批发和零售业 Wholesale and Retail Trade	餐饮业 Catering Services	其他行业 Others	城镇 Urban Areas	乡村 Rural Areas
1952	18.87	14.81	1.90	2.16	9.50	9.37
1957	30.48	23.65	2.50	4.33	15.67	14.81
1962	40.81	30.82	4.97	5.02	17.63	23.18
1965	40.19	34.48	2.73	2.98	18.29	21.90
1970	49.19	42.22	2.95	4.02	21.65	27.54
1975	66.73	55.64	4.39	6.70	34.17	32.56
1978	79.86	66.92	5.39	7.55	38.42	41.44
1979	92.69	76.76	6.09	9.84	43.25	49.44
1980	117.67	94.52	7.30	15.85	66.72	50.95
1981	142.38	114.56	8.85	18.97	71.19	71.19
1982	164.23	131.86	10.19	22.18	82.77	81.46
1983	183.62	144.88	11.58	27.16	97.32	86.30
1984	226.13	170.06	16.04	40.03	131.61	94.52
1985	289.23	209.38	26.74	53.11	178.45	110.78
1986	327.02	235.59	28.68	62.75	172.67	154.35
1987	405.19	294.17	37.83	73.19	214.34	190.85
1988	568.07	414.30	50.79	102.98	306.19	261.88
1989	636.15	451.24	65.69	119.22	345.43	290.72
1990	667.36	463.92	71.11	132.33	457.34	210.02
1991	786.64	535.40	87.87	163.37	531.57	255.07
1992	984.16	644.79	111.76	227.61	679.96	304.20
1993	1371.02	876.63	164.38	330.01	976.17	394.85
1994	1851.36	1169.07	234.75	447.54	1337.25	514.11
1995	2304.15	1418.50	293.87	591.78	1643.26	660.89
1996	2577.93	1678.78	352.00	547.15	1851.00	726.93
1997	2918.66	1921.38	411.48	585.80	2088.36	830.30
1998	3316.28	2184.77	496.88	634.63	2387.20	929.08
1999	3656.03	2433.45	559.16	663.42	2596.39	1059.64
2000	4071.95	2894.29	646.64	531.02	2907.53	1164.42
2001	4515.28	3234.28	739.52	541.48	3213.89	1301.39
2002	5013.59	3638.51	829.64	545.44	3573.10	1440.49
2003	5606.02	4681.08	877.29	47.65	3987.70	1618.32

15-9 各市社会消费品零售总额（2003年）

TOTAL RETAIL SALES OF CONSUMER GOODS BY CITY (2003)

单位：亿元 (100 million yuan)

市别 City	社会消费品零售总额 Total Retail Sales of Consumer Goods	按行业分 By Sector			按城乡分 By Urban and Rural Area	
		批发和零售业 Wholesale and Retail Trade	餐饮业 Catering Services	其他行业 Others	城镇 Urban Areas	乡村 Rural Areas
合计 Total	**5606.02**	**4681.08**	**877.29**	**47.65**	**3987.70**	**1618.33**
广州 Guangzhou	1494.27	1197.73	281.85	14.69	1382.73	111.55
深圳 Shenzhen	801.77	661.35	133.91	6.51	642.87	158.90
珠海 Zhuhai	159.18	135.08	24.10		141.40	17.78
汕头 Shantou	254.46	227.00	26.74	0.73	175.35	79.12
佛山 Foshan	473.19	382.18	89.89	1.12	273.51	199.67
韶关 Shaoguan	113.29	100.15	12.66	0.48	84.97	28.33
河源 Heyuan	51.86	46.25	5.35	0.26	29.12	22.75
梅州 Meizhou	90.61	79.65	8.52	2.44	46.96	43.65
惠州 Huizhou	181.67	153.57	28.10		128.50	53.18
汕尾 Shanwei	110.73	92.19	14.40	4.15	62.68	48.05
东莞 Dongguan	338.00	292.87	45.07	0.06	116.36	221.64
中山 Zhongshan	153.61	128.98	24.34	0.29	66.82	86.78
江门 Jiangmen	277.84	232.77	41.85	3.22	140.47	137.37
阳江 Yangjiang	97.20	83.17	12.16	1.88	62.19	35.02
湛江 Zhanjiang	202.77	168.67	31.93	2.17	150.34	52.43
茂名 Maoming	229.26	201.69	24.57	3.00	133.02	96.24
肇庆 Zhaoqing	171.20	145.40	24.80	1.01	103.39	67.82
清远 Qingyuan	95.99	81.36	13.99	0.64	64.40	31.59
潮州 Chaozhou	81.74	69.62	11.16	0.95	45.39	36.35
揭阳 Jieyang	166.64	152.53	12.02	2.08	102.28	64.36
云浮 Yunfu	60.73	48.87	9.87		34.95	25.77

15-10 各市批发零售贸易企业商品销售总额

TOTAL SALES IN WHOLESALE AND RETAIL TRADE BY CITY

单位：亿元 (100 million yuan)

市别 City	2002			2003		
	销售总额 Total Sales	批发 Wholesale Trade	零售 Retail Trade	销售总额 Total Sales	批发 Wholesale Trade	零售 Retail Trade
合计 Total	**10537.77**	**6403.68**	**4134.09**	**11784.12**	**7103.04**	**4681.08**
广州 Guangzhou	3776.94	2687.95	1088.99	4236.87	3039.14	1197.73
深圳 Shenzhen	1320.37	771.53	548.84	1676.30	1014.95	661.35
珠海 Zhuhai	287.01	177.02	109.99	339.96	204.88	135.08
汕头 Shantou	421.02	211.34	209.68	399.69	172.69	227.00
佛山 Foshan	943.60	607.77	335.83	1038.97	656.79	382.18
韶关 Shaoguan	189.51	98.95	90.56	166.79	66.64	100.15
河源 Heyuan	62.03	23.77	38.26	73.08	26.83	46.25
梅州 Meizhou	131.08	57.83	73.25	149.21	69.56	79.65
惠州 Huizhou	270.15	133.68	136.47	303.96	150.39	153.57
汕尾 Shanwei	123.67	42.42	81.25	132.55	40.36	92.19
东莞 Dongguan	438.25	185.08	253.17	434.07	141.20	292.87
中山 Zhongshan	274.85	161.57	113.28	352.00	223.02	128.98
江门 Jiangmen	535.27	327.53	207.74	548.49	315.72	232.77
阳江 Yangjiang	154.48	80.57	73.91	172.05	88.88	83.17
湛江 Zhanjiang	336.74	181.20	155.54	358.50	189.83	168.67
茂名 Maoming	462.75	286.04	176.71	532.17	330.48	201.69
肇庆 Zhaoqing	226.57	95.71	130.86	245.69	100.29	145.40
清远 Qingyuan	111.40	41.55	69.85	116.64	35.28	81.36
潮州 Chaozhou	142.30	79.44	62.86	148.94	79.32	69.62
揭阳 Jieyang	251.38	116.16	135.22	267.85	115.32	152.53
云浮 Yunfu	78.40	36.57	41.83	90.34	41.47	48.87

15-11 各市限额以上餐饮企业销售情况（2003 年）
CONDITIONS OF CATERING ENTERPRISES ABOVE DESIGNATED SIZE BY CITY（2003）

单位：万元 (10000 yuan)

市　别 City	企业单位数（个）Number of Enterprises（unit）	营业总收入 Total Business Revenue	#商品零售额 Retail Sales of Consumer Goods
合　计 Trade	**1436**	**2045298.3**	**1977224.9**
广　州 Guangzhou	462	733791.0	720079.0
深　圳 Shenzhen	257	466065.1	465899.1
珠　海 Zhuhai	59	69397.0	68265.8
汕　头 Shantou	24	26442.5	26442.5
佛　山 Foshan	171	203060.8	190708.1
韶　关 Shaoguan	4	5401.0	3060.7
河　源 Heyuan	11	6546.3	5926.1
梅　州 Meizhou	4	11888.9	11888.9
惠　州 Huizhou	48	48553.7	48243.7
汕　尾 Shanwei	6	2899.3	2803.6
东　莞 Dongguan	127	212873.5	201605.8
中　山 Zhongshan	52	78048.3	58265.0
江　门 Jiangmen	70	62040.5	59915.8
阳　江 Yangjiang	8	12431.4	12429.3
湛　江 Zhanjiang	28	26621.0	26538.5
茂　名 Maoming	23	18209.9	18158.0
肇　庆 Zhaoqing	27	23155.4	22351.7
清　远 Qingyuan	29	23218.6	22224.2
潮　州 Chaozhou	9	5454.2	4005.4
揭　阳 Jieyang	6	3155.4	3155.4
云　浮 Yunfu	11	6044.5	5258.3

15-12 限额以上批发零售贸易企业商品购进、销售、库存总额(2003年)

TOTAL PURCHASES, SALES AND INVENTORY OF ENTERPRISES ABOVE DESIGNATED SIZE IN WHOLESALE AND RETAIL TRADE (2003)

单位：亿元 (100 million yuan)

项目	Item	企业单位数（个）Number of Enterprises (unit)	购进总额 Purchases	#进口 Imports	销售总额 Total Sales
总计	**Total**	**2786**	**5745.22**	**550.31**	**6162.74**
#国有及国有控股	State-owned and State-holding Enterprises	1012	3280.73	285.93	3511.24
一、按登记注册类型分	**By Status of Registration**				
内资企业	Domestic Funded Enterprises	2643	5296.48	465.63	5619.71
国有企业	State-owned Enterprises	670	1864.07	199.45	1984.54
集体企业	Collective-owned Enterprises	213	119.20	5.96	125.83
股份合作企业	Cooperative Enterprises	59	53.99	3.15	63.16
联营企业	Joint Ownership Enterprises	113	125.75	6.70	139.57
国有联营企业	State Joint Ownership Enterprises	52	66.18	2.22	73.89
集体联营企业	Collective Joint Ownership Enterprises	10	21.05	0.49	19.79
国有与集体联营企业	Joint State-collective Enterprises	15	6.85	1.01	6.89
其他联营企业	Other Joint Ownership Enterprises	36	31.67	2.99	39.00
有限责任公司	Limited Liability Companies	729	1520.82	138.23	1583.32
国有独资企业	State Exclusively Funded Enterprises	51	134.31	24.47	147.48
其他有限责任公司	Other Limited Liability Companies	678	1386.51	113.76	1435.84
股份有限公司	Shareholding Limited Companies	161	782.16	17.20	844.47
私营企业	Private Enterprises	693	828.41	94.94	876.56
私营独资企业	Private Exclusively Funded Enterprises	36	14.49	0.58	15.69
私营合伙企业	Private Partnership Enterprises	17	15.42		16.23
私营有限责任公司	Private Limited Liability Companies	614	758.42	93.16	805.05
私营股份有限公司	Private Share Holding Limited Companies	26	40.08	1.19	39.59
其他企业	Other Enterprises	5	2.08		2.25
港、澳、台商投资企业	Enterprises Funded by Entrepreneurs from Hong Kong, Macao and Taiwan	71	182.41	5.76	226.89
合资经营企业（港或澳、台资）	Joint Ventures	27	79.78	3.69	111.50
合作经营企业（港或澳、台资）	Cooperative Enterprises	19	37.60	0.59	46.09
港、澳、台商独资经营企业	Ventures Exclusively Funded Enterprises	22	53.81	1.48	55.86
港、澳、台商投资股份有限公司	Shareholding Limited Companies	3	11.22		13.44
外商投资企业	Foreign Investment Enterprises	72	266.33	78.92	316.14
中外合资经营企业	Sino-foreign Joint Ventures	33	134.23	28.63	161.93
中外合作经营企业	Sino-foreign Cooperative Enterprises	12	19.44		22.32
外资企业	Foreign Funded Enterprises	26	111.80	50.29	130.85
外商投资股份有限公司	Shareholding Limited Companies	1	0.86		1.04

15-12 **续表1** continued

单位：亿元 (100 million yuan)

项目	Item	企业单位数（个） Number of Units (unit)	购进总额 Purchases	#进口 Imports	销售总额 Total Sales
二、按国民经济行业分	**By Economic Sector**				
农畜产品批发业	Wholesale of Farm and Livestock Products	51	64.29	9.86	76.92
食品、饮料及烟草制品批发业	Wholesale of Food, Beverage and Tobacco Products	329	693.18	36.78	790.32
纺织、服装及日用品批发业	Wholesale of Textiles, Garments and Daily Use Products	221	462.54	43.60	487.93
文化、体育用品及器材批发业	Wholesale of Cultural and Sports Goods and Appliances	74	109.31	4.67	120.37
医药及医疗器材批发业	Wholesale of Medicines and Medical Appliances	168	269.11	14.99	289.24
矿产品、建材及化工产品批发业	Wholesale of Mineral Products, Building Materials and Chemical Products	524	2279.38	248.88	2378.65
机械设备、五金交电及电子产品批发业	Wholesale of Machinery, Hardware, Transport, Electric and Electronic Products	321	770.28	150.84	816.83
贸易经纪与代理	Trade Brokerage and Agency	4	12.93	0.86	13.07
其他批发业	Other Wholesale Trade	68	146.65	15.30	144.98
综合零售业	Comprehensive Retail Trade	293	361.64	1.56	441.74
食品、饮料及烟草制品专门零售业	Retail Trade of Food, Beverage and Tobacco Products	42	17.80	0.63	19.15
纺织、服装及日用品专门零售业	Retail Trade of Textiles, Garments and Daily Use Products	44	18.93	0.38	23.61
文化、体育用品及器材专门零售业	Retail Trade of Cultural and Sports Goods and Appliances	65	21.35	0.01	21.99
医药及医疗器材专门零售业	Retail Trade of Medicines and Medical Appliances	44	34.11	0.29	40.21
汽车、摩托车、燃料及零配件专门零售业	Retail Trade of Motor Vehicles, Motorcycles and Parts	370	371.99	17.74	375.91
机动车燃料零售业	Retail Trade of Motor Vehicle Fuel	148	100.49		107.37
家用电器及电子产品专门零售业	Retail Trade of Household Electric Appliances and Electronic Products	87	75.40	2.83	79.20
五金、家具及室内装修材料专门零售业	Retail Trade of Hardware, Furniture and Interior Decoration Materials	41	22.60	0.12	26.13
无店铺及其他零售业	Nonstore and Other Retail Trade	40	13.74	0.98	16.47

15-12 续表 2 continued

单位：亿元 (100 million yuan)

项目	Item	批发 Wholesale Trade	#出口 Exports	零售 Retail Trade	年末库存总额 Inventory at the Year-end
总　计	**Total**	**4945.00**	**957.22**	**1217.74**	**353.66**
#国有及国有控股	State-owned and State-holding Enterprises	3069.88	623.08	441.36	170.03
一、按登记注册类型分	**By Status of Registration**				
内资企业	Domestic Funded Enterprises	4620.63	895.86	999.08	311.06
国有企业	State-owned Enterprises	1788.42	417.18	196.12	96.67
集体企业	Collective-owned Enterprises	86.66	6.25	39.16	11.69
股份合作企业	Cooperative Enterprises	47.89	10.45	15.27	2.45
联营企业	Joint Ownership Enterprises	106.40	22.82	33.17	8.23
国有联营企业	State Joint Ownership Enterprises	60.80	6.40	13.10	3.70
集体联营企业	Collective Joint Ownership Enterprises	12.68		7.12	2.16
国有与集体联营企业	Joint State-collective Enterprises	4.03	0.46	2.87	0.54
其他联营企业	Other Joint Ownership Enterprises	28.90	15.96	10.09	1.83
有限责任公司	Limited Liability Companies	1273.29	313.57	310.04	95.42
国有独资企业	State Exclusively Funded Enterprises	136.40	58.02	11.08	8.36
其他有限责任公司	Other Limited Liability Companies	1136.89	255.55	298.96	87.06
股份有限公司	Shareholding Limited Companies	668.55	79.55	175.92	29.30
私营企业	Private Enterprises	647.66	46.04	228.90	66.26
私营独资企业	Private Exclusively Funded Enterprises	9.51	0.60	6.18	2.22
私营合伙企业	Private Partnership Enterprises	5.89	1.04	10.35	1.41
私营有限责任公司	Private Limited Liability Companies	616.05	44.40	189.00	60.35
私营股份有限公司	Private Share Holding Limited Companies	16.21		23.37	2.28
其他企业	Other Enterprises	1.75		0.49	1.03
港、澳、台商投资企业	Enterprises Funded by Entrepreneurs from Hong Kong, Macao and Taiwan	116.78	4.10	110.11	15.24
合资经营企业（港或澳、台资）	Joint Ventures	31.21	3.56	80.29	8.01
合作经营企业（港或澳、台资）	Cooperative Enterprises	20.94		25.15	3.07
港、澳、台商独资经营企业	Ventures Exclusively Funded Enterprises	51.69	0.53	4.17	2.37
港、澳、台商投资股份有限公司	Shareholding Limited Companies	12.94		0.50	1.78
外商投资企业	Foreign Investment Enterprises	207.59	57.26	108.55	27.37
中外合资经营企业	Sino-Foreign Joint Ventures	74.68	1.06	87.25	21.55
中外合作经营企业	Sino-foreign Cooperative Enterprises	12.27		10.05	0.93
外资企业	Foreign Funded Enterprises	119.60	56.21	11.25	4.86
外商投资股份有限公司	Shareholding Limited Companies	1.04			0.02

15-12 续表 3 continued

单位：亿元 (100 million yuan)

项目	Item	批发 Wholesale Trade	#出口 Exports	零售 Retail Trade	年末库存总额 Inventory at the Year-end
二、按国民经济行业分	**By Economic Sector**				
农畜产品批发业	Wholesale of Farm and Livestock Products	76.29	36.45	0.64	6.60
食品、饮料及烟草制品批发业	Wholesale of Food, Beverage and Tobacco Products	767.14	147.02	23.19	31.93
纺织、服装及日用品批发业	Wholesale of Textiles, Garments and Daily Use Products	479.54	320.24	8.39	18.95
文化、体育用品及器材批发业	Wholesale of Cultural and Sports Goods and Appliances	116.29	55.99	4.08	11.15
医药及医疗器材批发业	Wholesale of Medicines and Medical Appliances	252.16	11.29	37.08	30.67
矿产品、建材及化工产品批发业	Wholesale of Mineral Products, Building Materials and Chemical Products	2204.33	95.32	174.32	97.13
机械设备、五金交电及电子产品批发业	Wholesale of Machinery, Hardware, Transport, Electric and Electronic Products	769.29	222.09	47.53	45.76
贸易经纪与代理	Trade Brokerage and Agency	13.07	12.20		0.38
其他批发业	Other Wholesale Trade	144.67	53.00	0.30	3.22
综合零售业	Comprehensive Retail Trade	15.13	2.66	426.61	52.30
食品、饮料及烟草制品专门零售业	Retail Trade of Food, Beverage and Tobacco Products	4.76		14.39	1.98
纺织、服装及日用品专门零售业	Retail Trade of Textiles, Garments and Daily Use Products	1.94	0.76	21.67	2.69
文化、体育用品及器材专门零售业	Retail Trade of Cultural and Sports Goods and Appliances	5.24		16.76	6.81
医药及医疗器材专门零售业	Retail Trade of Medicines and Medical Appliances	8.98		31.23	7.02
汽车、摩托车、燃料及零配件专门零售业	Retail Trade of Motor Vehicles, Motorcycles and Parts	63.01	0.20	312.90	24.36
机动车燃料零售业	Retail Trade of Motor Vehicle Fuel	29.95		77.41	3.47
家用电器及电子产品专门零售业	Retail Trade of Household Electric Appliances and Electronic Products	15.42		63.78	8.59
五金、家具及室内装修材料专门零售业	Retail Trade of Hardware, Furniture and Interior Decoration Materials	1.80		24.33	3.53
无店铺及其他零售业	Nonstore and Other Retail Trade	5.93		10.54	0.60

15-13 各市限额以上批发零售贸易企业商品购、销、存总额（2003 年）

TOTAL PURCHASES, SALES AND INVENTORY OF ENTERPRISES ABOVE DESIGNATED SIZE IN WHOLESALE AND RETAIL TRADE BY CITY (2003)

单位：亿元 （100 million yuan）

市别 City	商品购进总额 Total Purchases	#进口 Imports	商品销售总额 Total Sales	批发 Wholesale Trade	#出口 Exports	零售 Retail Trade	年末库存总额 Inventory at the Year-end
合 计 Total	**5745. 22**	**550. 31**	**6162. 74**	**4945. 00**	**957. 22**	**1217. 74**	**353. 66**
广 州 Guangzhou	2498. 08	243. 76	2651. 81	2289. 57	334. 20	362. 24	167. 30
深 圳 Shenzhen	1139. 05	195. 11	1288. 18	876. 41	207. 89	411. 78	88. 71
珠 海 Zhuhai	133. 30	9. 07	135. 58	90. 25	14. 03	45. 33	9. 42
汕 头 Shantou	70. 32	4. 75	65. 84	46. 28	8. 34	19. 55	3. 97
佛 山 Foshan	606. 24	49. 71	641. 57	512. 64	126. 11	128. 93	35. 20
韶 关 Shaoguan	40. 52		46. 50	41. 37		5. 13	1. 74
河 源 Heyuan	11. 99	0. 59	18. 91	12. 48		6. 44	0. 49
梅 州 Meizhou	48. 52	0. 17	55. 64	49. 71	3. 59	5. 93	2. 03
惠 州 Huizhou	125. 97	2. 73	128. 33	111. 29	10. 14	17. 04	4. 74
汕 尾 Shanwei	14. 00		15. 51	10. 50		5. 00	0. 85
东 莞 Dongguan	171. 26	9. 42	180. 58	113. 85	55. 02	66. 73	10. 80
中 山 Zhongshan	218. 82	21. 26	234. 88	192. 40	122. 75	42. 48	8. 74
江 门 Jiangmen	114. 79	8. 79	124. 82	87. 99	30. 51	36. 83	6. 19
阳 江 Yangjiang	13. 38		14. 03	12. 31	1. 94	1. 72	0. 62
湛 江 Zhanjiang	96. 58	3. 18	94. 27	83. 05	12. 45	11. 22	3. 76
茂 名 Maoming	292. 41		302. 48	283. 31	4. 85	19. 17	3. 37
肇 庆 Zhaoqing	55. 23	1. 50	60. 49	46. 66	22. 27	13. 83	2. 25
清 远 Qingyuan	26. 85	0. 28	29. 45	19. 33	0. 40	10. 12	1. 01
潮 州 Chaozhou	19. 27		20. 78	18. 52	1. 09	2. 25	0. 94
揭 阳 Jieyang	31. 80		34. 96	33. 02	1. 48	1. 93	1. 15
云 浮 Yunfu	16. 85		18. 14	14. 05	0. 17	4. 09	0. 36

15-14 限额以上批发零售贸易企业主要商品销售类值（2003 年）

TOTAL SALES OF ENTERPRISES ABOVE DESIGNATED SIZE IN WHOLESALE AND RETAIL TRADE BY CATEGORY OF COMMODITIES (2003)

单位：亿元 (100 million yuan)

项目	Item	销售额 Total Sales	批发 Wholesale Trade	零售 Retail Trade
食品类	Food	320. 97	198. 49	122. 48
饮料	Beverage	41. 24	21. 14	20. 10
烟酒类	Tobacco and Liquor	499. 63	456. 87	42. 76
服装、鞋帽类	Garments, Shoes and Hats	281. 06	202. 62	78. 44
针、纺织品类	Knitted Goods and Textiles	85. 26	74. 25	11. 01
化妆品类	Cosmetics	24. 94	6. 55	18. 39
金银珠宝类	Jewelry	16. 20	5. 82	10. 38
日用品类	Daily Use Articles	217. 52	156. 07	61. 45
五金、电料类	Hardware and Electric Appliances	58. 61	53. 83	4. 78
体育、娱乐用品类	Sports and Recreational Articles	27. 14	19. 34	7. 80
书报杂志类	Newspapers and Magazines	38. 98	23. 15	15. 83
电子出版物及音像制品类	E-journal and Video Products	6. 88	3. 29	3. 59
家用电器和音像器材类	Household Electric Appliances and Video Appliances	356. 42	269. 50	86. 92
中西药品类	Traditional Chinese and Western Medicines	321. 28	247. 00	74. 28
文化办公用品类	Articles for Cultural and Office Use	87. 39	71. 90	15. 49
家具类	Furniture	41. 59	28. 38	13. 21
通讯器材类	Communication Appliances	147. 55	131. 75	15. 80
煤炭及制品类	Coal and Related Products	109. 93	109. 69	0. 24
木材及制品类	Timber and Related Products	12. 05	11. 97	0. 08
石油及制品类	Petroleum and Related Products	1500. 12	1286. 96	213. 16
化工材料类	Chemical Materials	220. 69	219. 24	1. 45
金属材料类	Metal Materials	497. 20	496. 35	0. 85
建筑及装潢材料类	Building Decoration Materials	48. 40	42. 97	5. 43
机电产品及设备类	Mechanical and Electrical Products and Equipment	551. 38	292. 11	259. 27
种子饲料类	Seed and Feedstuff	11. 55	11. 55	
棉麻类	Cotton and Hemp	4. 86	4. 86	

15-15 限额以上批发零售贸易企业商品销售数量

VOLUME OF SALES OF ENTERPRISES ABOVE DESIGNATED SIZE IN WHOLESALE AND RETAIL TRADE

商品名称 Commodity	2002			2003		
	销售 Total Sales	批发 Wholesale Trade	零售 Retail Trade	销售 Total Sales	批发 Wholesale Trade	零售 Retail Trade
粮食 （万吨）Grain （10000 tons）	243.68	223.64	20.04	264.44	245.88	18.56
食用植物油 （万吨）Edible Vegetable Oil （10000 tons）	10.65	7.03	3.62	15.94	10.55	5.39
食糖 （万吨）Sugar （10000 tons）	30.34	30.10	0.24	16.87	16.42	0.45
棉花 （万吨）Cotton （10000 tons）	3.31	3.31		3.94	3.94	
布 （亿米）Cloth （100 million m）	1.88	1.87	0.01	2.11	2.10	0.01
鞋 （万双）Footwear （10000 pairs）	12133.14	10905.73	1227.41	10763.13	9425.85	1337.28
电视机 （万台）TV Sets （10000 sets）	489.56	415.90	73.66	525.27	458.67	66.60
组合音响 （万台）Hi-fi Stereo Component System （10000 sets）	26.21	15.75	10.46	50.59	36.34	14.25
摄像机 （万台）Pickup Cameras （10000 sets）	1.72	0.02	1.70	7.77	5.43	2.34
录像机 （万台）Video Recorders （10000 sets）	1.13	0.38	0.75			
影碟机 （万台）Video Disc Players （10000 sets）	82.86	41.51	41.35	147.03	101.05	45.98
家用电脑 （万台）Household Computers （10000 sets）	17.80	15.25	2.55	33.81	24.11	9.70
家用洗衣机 （万台）Household Washing Machines （10000 sets）	101.77	63.09	38.68	156.17	117.09	39.08
家用电冰箱 （万台）Household Refrigerators （10000 sets）	137.18	103.34	33.84	122.69	84.90	37.79
房间空调器 （万台）Room Air Conditioners （10000 sets）	116.97	77.74	39.23	214.77	149.38	65.39
微波炉 （万台）Microwave Ovens （10000 sets）	41.94	17.67	24.27	43.86	17.26	26.60
普通电话机 （万部）Telephone Sets （10000 sets）	224.97	147.82	77.15	546.88	450.94	95.95
移动电话机 （万部）Mobile Telephones （10000 sets）	861.42	784.81	76.61	805.61	721.68	83.93
寻呼机 （万部）Beep-pagers （10000 sets）	0.90	0.28	0.62			
木材 （立方米）Timber （cu. m）	375119	372965	2154	346934	346889	45
化学肥料 （万吨）Chemical Fertilizer （10000 tons）	209.81	209.81		190.48	190.48	
化学农药 （万吨）Chemical Pesticide （10000 tons）	5.83	5.83		3.67	3.67	
农用塑料薄膜 （万吨）Farming Plastic Pellicle （10000 tons）	0.04	0.04		0.04	0.04	
钢材 （万吨）Rolled Steel （10000 tons）	871.97	869.63	2.34	996.41	993.77	2.63
铜 （万吨）Copper （10000 tons）	9.59	9.59		17.02	17.02	
铝 （万吨）Aluminum （10000 tons）	11.78	11.78		16.59	16.59	
水泥 （万吨）Cement （10000 tons）	73.03	72.70	0.33	182.82	182.63	0.19
煤炭 （万吨）Coal （10000 tons）	2674.30	2659.83	14.47	3346.97	3346.20	0.77
汽油 （万吨）Gasoline （10000 tons）	870.85	668.26	202.59	1002.74	766.86	235.88
柴油 （万吨）Diesel Oil （10000 tons）	1724.94	1494.79	230.15	1881.80	1617.74	264.06
煤油 （万吨）Kerosene （10000 tons）	144.77	143.58	1.19	182.23	181.96	0.27
汽车 （万辆）Motor Vehicles （10000 units）	18.83	7.33	11.50	24.05	7.08	16.97
#轿车 （万辆）Cars （10000 units）	8.19	2.59	5.60	12.84	2.78	10.07
摩托车 （万辆）Motorcycles （10000 units）	14.99	11.71	3.28	17.59	14.38	3.21
拖拉机 （万辆）Tractors （10000 units）	0.10	0.10		0.02	0.02	

注：2003 年电视机销售仅包括彩色电视。

Note: In 2003, the sales of television sets only included those of color television sets.

15-16 限额以上连锁店（公司）商品销售情况（2003年）
STATISTICS ON SALES OF CHAIN STORES (COMPANIES) ABOVE DESIGNATED SIZE (2003)

单位：万元 (10000 yuan)

项目	Item	连锁总店数（个）Number of General Chain Stores (unit)	销售总额（营业总收入）Total Sales (Total Business Revenue)	#零售额 Retail Sales	营业面积（平方米）Business Area (sq. m)	从业人数（人）Employed Persons (person)	连锁门店数（个）Branch Chain Stores (unit)	直销店（个）Direct Stores (unit)	加盟店（个）League Stores (unit)
总　计	**Total**	**118**	**4015823.2**	**3885708.7**	**3134115**	**122294**	**3823**	**3119**	**704**
一、零售业	**Retail Trade**	**96**	**3766159.3**	**3636044.8**	**2893996**	**98981**	**3369**	**2704**	**665**
按注册登记类型分	**By Status of Registration**								
内资企业	Domestic Funded Enterprises	82	1275985.9	1189532.9	1263589	49393	2607	2015	592
国有企业	State-owned Enterprises	5	102676.6	94255.4	47744	3041	403	271	132
集体企业	Collective-owned Enterprises	3	11700.9	11526.3	5854	864	141	81	60
股份合作企业	Cooperative Enterprises	2	4775.7	3831.8	3200	184	17	15	2
联营企业	Joint Ownership Enterprises	1	13719.7	13719.7	11526	869	102	90	12
有限责任公司	Limited Liability Companies	23	511139.0	463362.1	562605	26135	1094	969	125
股份有限公司	Shareholding Limited Companies	7	215912.0	215912.0	175216	5118	96	70	26
私营企业	Private Enterprises	39	412596.9	383460.5	454049	13003	736	504	232
其他企业	Other Enterprises	2	3465.1	3465.1	3395	179	18	15	3
港、澳、台商投资企业	Enterprises with Funded from Hong Kong, Macao and Taiwan	8	2005491.3	2005491.3	1242624	38831	693	620	73
合资经营企业（港或澳、台资）	Joint Ventures	6	1800113.3	1800113.3	1134592	33547	657	590	67
合作经营企业（港或澳、台资）	Cooperative Enterprises	1	4264.0	4264.0	403	301	25	25	
港、澳、台商投资股份有限公司	Shareholding Limited Companies	1	201114.0	201114.0	107629	4983	11	5	6
外商投资企业	Foreign Investment Enterprises	6	484682.1	441020.6	387783	10757	69	69	
中外合资经营企业	Sino-Foreign Joint Ventures	6	484682.1	441020.6	387783	10757	69	69	
按零售业态分	**By Operation Form**	**96**	**3766159.3**	**3636044.8**	**2893996**	**98981**	**3369**	**2704**	**665**
百货店	Department Stores	8	1733747.1	1724588.1	1296130	38378	515	452	63
超级市场	Supermarkets	34	1102207.1	1075690.1	1097378	38591	522	510	12
专业店	Specialized Stores	38	844197.9	775463.8	424450	17572	1828	1334	494
专卖店	Monopoly Stores	12	33489.5	31170.5	42184	1460	246	155	91
其他	Others	4	52517.7	29132.3	33854	2980	258	253	5
二、餐饮业	**Catering Services**	**22**	**249663.9**	**249663.9**	**240119**	**23313**	**454**	**415**	**39**
按注册登记类型分	**By Status of Registration**								
内资企业	Domestic Funded Enterprises	15	74926.5	74926.5	97540	7794	185	146	39
国有企业	State-owned Enterprises	1	21671.0	21671.0	27500	2408	58	29	29
集体企业	Collective-owned Enterprises	1	6046.0	6046.0	8500	498	3	3	
股份合作企业	Cooperative Enterprises	2	9972.0	9972.0	4166	690	4	2	2
有限责任公司	Limited Liability Companies	2	19077.3	19077.3	17282	2110	57	57	
私营企业	Private Enterprises	9	18160.2	18160.2	40092	2088	63	55	8
港、澳、台商投资企业	Enterprises with Funds from Hong Kong, Macao and Taiwan	4	38730.4	38730.4	41825	4202	55	55	
合资经营企业（港或澳、台资）	Joint Ventures	1	3052.1	3052.1	19839	403	3	3	
合作经营企业（港或澳、台资）	Cooperative Enterprises	1	11340.0	11340.0	4500	690	2	2	
港、澳、台商独资经营企业	Ventures Exclusively Funded Enterprises	1	23086.5	23086.5	16636	3053	48	48	
港、澳、台商投资股份有限公司	Shareholding Limited Companies	1	1251.8	1251.8	850	56	2	2	
外商投资企业	Foreign Investment Enterprises	3	136007.0	136007.0	100754	11317	214	214	
中外合资经营企业	Sino-Foreign Joint Ventures	2	103144.0	103144.0	68297	6789	134	134	
中外合作经营企业	Sino-Foreign Cooperative Enterprises	1	32863.0	32863.0	32457	4528	80	80	
按行业分	**By Sector**								
正餐	Dinner	12	65778.2	65778.2	79958	6146	114	75	39
快餐	Snack	9	183229.7	183229.7	157761	17057	332	332	
茶馆	Others	1	656.0	656.0	2400	110	8	8	

15-17 限额以上批发零售贸易、餐饮企业财务状况

FINANCIAL INDICATORS OF ENTERPRISES ABOVE DESIGNATED SIZE IN WHOLESALE AND RETAIL TRADE AND CATERING SERVICES

单位：万元 (10000 yuan)

指标	Item	批发零售贸易企业 Wholesale and Retail Trade		餐饮企业 Catering Services	
		2002	2003	2002	2003
一、资本金	**Capital**				
实收资本	Total Capital Hold	4292057.0	4446521.1	616223.7	772750.2
# 国家资本	Capital Held by State	1723436.1	1600835.8	119882.3	105077.9
外商资本	Capital Held by Foreign Investors	179074.1	209603.5	67210.9	72801.7
二、年末资产负债	**Assets and Liability at the Year-end**				
流动资产合计	Circulating Assets	15316983.3	16957816.9	438298.9	597571.6
# 存货	Inventory	2907871.1	3391117.2	42458.2	60820.4
固定资产合计	Fixed Assets	4005549.2	4218986.3	593818.4	1082180.5
固定资产原价	Original Value of Fixed Assets	4778904.0	5170813.0	867458.4	1484374.8
累计折旧	Accumulated Depreciation	1303483.8	1432115.1	308096.9	465446.0
# 本年提取折旧	Depreciation Drawn in the Year	205655.1	212050.7	47180.2	81112.0
资产总计	Total Assets	23293377.6	25555366.2	1233600.6	2049972.5
负债合计	Total Liabilities	17420563.3	18750961.9	826781.1	1503746.9
所有者权益合计	Creditors´Equity	5872814.3	6804404.3	406819.5	546225.6
三、损益及分配	**Profit and Loss Apportionment**				
商品销售收入净额（营业收入）	Net Value of Sales of Commodities (Business Revenue)	45607410.8	55747465.5	1374807.9	1641369.3
商品销售成本（营业成本）	Sales Cost of Commodities (Business Cost)	42316908.6	51780655.3	658042.9	776198.6
经营费用（营业费用）	Operating Expenses (Expenses on Business)	1685210.0	2051065.3	492877.2	590625.9
商品销售税金及附加费	Sales Tax and Extra Charges of Commodities	63764.0	72888.7	77211.2	72238.3
商品销售利润（营业利润）	Sales Profits of Commodities (Business Profits)	1541528.2	1842856.2	146676.6	202306.5
主营业务利润	Main Business Profits	1575639.3	1872967.7		
管理费用	Management Expenses	1245948.5	1332080.0	149183.5	195601.4
财务费用	Financial Expenses	225018.0	250406.2	13359.4	25695.0
营业利润	Business Profits	450849.3	760230.2	-15866.3	-18989.9
利润总额	Total Profits	620764.1	829127.5	-11583.8	-22562.7
四、工资福利及增值税	**Wages, Welfare Expenses and Value-added Taxes**				
本年应付工资总额	Total Wages Payable in the Year	618305.7	741358.4	170438.2	210362.3
本年应付福利费总额	Welfare Expenses Payable in the Year	78346.8	96581.3	12026.4	14667.1
本年应交增值税额	Value-added Tax Payable in the Year	582887.7	685698.7		

15-18 按经济类型分限额以上批发零售贸易、餐饮企业主要财务状况（2003 年）

单位：万元

经济类型	Ownership	流动资产 Circulating Assets	固定资产 Fixed assets	资产合计 Total Assets
批发零售贸易业合计	**Total Wholesale and Retail Trade**	**16957816.9**	**4218986.3**	**25555366.2**
# 国有及国有控股	State-owned and State-holding Enterprises	9206647.5	2937219.3	15297254.4
内资企业	Domestic Funded Enterprises	15555830.9	3861812.9	23458417.1
国有企业	State-owned Enterprises	5778608.5	1679536.2	8702007.0
集体企业	Collective-owned Enterprises	464826.9	129094.5	677284.0
股份合作企业	Cooperative Enterprises	148277.5	13124.0	168080.4
联营企业	Joint Ownership Enterprises	568340.8	61978.0	756189.0
有限责任公司	Limited Liability Companies	4581551.2	666620.2	6258903.2
股份有限公司	Shareholding Limited Companies	1460357.1	1065069.3	3913515.7
私营企业	Private Enterprises	2547230.5	243976.3	2971010.3
其他企业	Other Enterprises	6638.4	2414.4	11427.5
港、澳、台商投资企业	Enterprises with Funds from Hong Kong, Macao and Taiwan	709653.1	137557.4	1020082.4
合资经营企业	Joint Ventures	296151.8	86523.5	470220.8
合作经营企业	Cooperative Enterprises	186684.5	31255.0	225307.6
独资经营企业	Ventures Exclusively Funded Enterprises	106440.3	6068.3	113288.8
投资股份有限公司	Shareholding Limited Companies	120376.5	13710.6	211265.2
外商投资企业	Foreign Investment Enterprises	692332.9	219616.0	1076866.7
中外合资经营企业	Sino-foreign Joint Ventures	420792.8	186167.4	746976.2
中外合作经营企业	Sino-foreign Cooperative Enterprises	20204.9	8135.6	47962.9
外资企业	Foreign Funded Enterprises	250008.2	25280.0	280560.6
外商投资股份有限公司	Shareholding Limited Companies	1327.0	33.0	1367.0
餐饮业合计	**Total Catering Services**	**597571.6**	**1082180.5**	**2049972.5**
#国有及国有控股	State-owned and State-holding Enterprises	66159.9	186203.8	292552.2
内资企业	Domestic Funded Enterprises	354193.2	655637.9	1172387.2
国有企业	State-owned Enterprises	41180.0	110166.9	180332.3
集体企业	Collective-owned Enterprises	43407.3	105341.9	160454.0
股份合作企业	Cooperative Enterprises	21876.6	14341.7	43489.9
联营企业	Joint Ownership Enterprises	4405.0	4193.7	9076.1
有限责任公司	Limited Liability Companies	60144.5	137294.5	228340.9
股份有限公司	Shareholding Limited Companies	5189.7	7053.5	10754.3
私营企业	Private Enterprises	177048.5	274791.0	536543.4
其他企业	Other Enterprises	941.6	2454.7	3396.3
港、澳、台商投资企业	Enterprises with Funds from Hong Kong, Macao and Taiwan	155224.3	312589.5	603008.7
合资经营企业	Joint Ventures	53332.8	138062.6	233846.8
合作经营企业	Cooperative Enterprises	73006.7	133637.4	274597.2
独资经营企业	Ventures Exclusively Funded Enterprises	28884.8	40889.5	94564.7
外商投资企业	Foreign Investment Enterprises	88154.1	113953.1	274576.6
中外合资经营企业	Sino-foreign Joint Ventures	14399.5	34406.2	86404.4
中外合作经营企业	Sino-foreign Cooperative Enterprises	67177.0	68406.5	162173.7
外资企业	Foreign Funded Enterprises	6577.6	11140.4	25998.5

FINANCIAL INDICATORS OF ENTERPRISES ABOVE DESIGNATED SIZE IN WHOLESALE AND RETAIL TRADE AND CATERING SERVICES BY OWNERSHIP (2003)

(10000 yuan)

负债合计 Total Liabilities	所有者权益 Creditors' Equity	实收资本 Total Capital Hold	商品销售收入 Sales Revenue	商品销售成本 Sales Cost	经营费用 Operating Expenses	商品销售税金及附加 Sales Tax and Extra Charges	商品销售利润 Sales Profits	管理费用 Management Expenses	财务费用 Financial Expenses
18750961. 9	**6804404. 3**	**4446521. 1**	**55747465. 5**	**51780655. 3**	**2051065. 3**	**72888. 7**	**1842856. 2**	**1332080. 0**	**250406. 2**
10536267. 0	4760987. 4	2790226. 5	31764785. 1	29527333. 9	927784. 2	34434. 1	1275232. 9	822884. 4	143908. 3
17115188. 2	6343228. 9	3939058. 7	51426402. 5	47983366. 4	1669526. 0	68880. 4	1704629. 7	1191172. 8	234114. 7
6404575. 9	2297431. 1	1213119. 4	17958152. 0	16815306. 9	468896. 8	18989. 8	654958. 5	514914. 4	96838. 5
534518. 0	142766. 0	84143. 5	1152698. 9	1074604. 3	41858. 7	2268. 7	33967. 2	32955. 2	9581. 9
141265. 4	26815. 0	15148. 7	580358. 3	539136. 2	22758. 3	921. 0	17542. 8	9420. 1	1860. 3
581659. 9	174529. 1	108054. 3	1265837. 0	1152694. 8	77292. 9	1422. 0	34427. 3	30144. 8	6189. 0
4749822. 0	1509081. 2	849147. 6	15084438. 6	14095600. 7	543705. 0	17166. 4	427966. 5	308649. 6	61377. 9
2300244. 5	1613271. 2	1205085. 9	7337446. 2	6758583. 2	205899. 5	17078. 5	355885. 0	140554. 7	32451. 2
2393810. 4	577199. 9	462332. 3	8025499. 8	7528048. 0	307497. 1	10941. 8	179012. 9	153915. 6	25771. 7
9292. 1	2135. 4	2027. 0	21971. 7	19392. 3	1617. 7	92. 2	869. 5	618. 4	44. 2
770273. 0	249809. 4	205298. 2	1842101. 2	1555417. 0	223525. 9	2427. 4	60730. 9	75733. 3	6551. 7
370808. 0	99412. 8	128570. 5	812030. 4	684262. 7	101327. 9	1485. 4	24954. 4	43665. 8	3436. 8
180877. 9	44429. 7	27586. 0	419101. 4	343364. 0	62035. 0	718. 5	12983. 9	16983. 8	2477. 1
113921. 0	-632. 2	18538. 2	487226. 8	459571. 0	23224. 0	223. 5	4208. 3	4905. 3	1035. 4
104666. 1	106599. 1	30603. 5	123742. 6	68219. 3	36939. 0		18584. 3	10178. 4	-397. 6
865500. 7	211366. 0	302164. 2	2478961. 8	2241871. 9	158013. 4	1580. 9	77495. 6	65173. 9	9739. 8
596322. 6	150653. 6	193183. 6	1369297. 9	1208384. 0	115175. 6	1409. 1	44329. 2	39019. 7	7349. 3
61594. 7	-13631. 8	54993. 9	132548. 0	122554. 4	11516. 5	28. 1	-1551. 0	2650. 5	665. 7
206929. 4	73631. 2	53936. 7	968213. 9	904366. 5	30321. 3	143. 7	33382. 4	23058. 7	1726. 8
654. 0	713. 0	50. 0	8902. 0	6567. 0	1000. 0		1335. 0	445. 0	-2. 0
1503746. 9	546225. 6	772750. 2	1641369. 3	776198. 6	590625. 9	72238. 3	202306. 5	195601. 4	25695. 0
203035. 7	89516. 5	79530. 9	115456. 9	51539. 5	44370. 4	3995. 3	15551. 7	21753. 1	4879. 0
796343. 9	376043. 3	398718. 2	1068623. 7	536396. 9	363528. 7	50940. 4	117757. 7	121557. 3	16826. 7
97365. 9	82966. 4	49311. 2	94657. 3	43754. 3	36274. 2	3173. 3	11455. 5	14531. 6	1785. 5
109540. 5	50913. 5	62294. 6	128166. 3	65381. 7	42058. 9	6294. 7	14431. 0	15901. 8	572. 7
39274. 9	4215. 0	15068. 1	95196. 0	49146. 9	34512. 9	4226. 0	7310. 2	7370. 4	381. 9
3016. 5	6059. 6	3431. 2	11747. 2	5570. 1	4459. 3	485. 8	1232. 0	1522. 7	-2. 8
180111. 4	48229. 5	46347. 5	147260. 0	71437. 2	46143. 9	6565. 6	23113. 3	24963. 4	2761. 1
6590. 6	4163. 7	2857. 5	16444. 9	8008. 0	5803. 2	662. 0	1971. 7	2137. 0	266. 1
359054. 3	177489. 1	216557. 3	567415. 5	288115. 1	192176. 5	29205. 8	57918. 1	54766. 1	10946. 6
1389. 8	2006. 5	2850. 8	7736. 5	4983. 6	2099. 8	327. 2	325. 9	364. 3	115. 6
548640. 7	54368. 0	270702. 9	288986. 4	119661. 8	120264. 7	11044. 4	38015. 5	52103. 0	6905. 6
264236. 1	-30389. 3	104325. 1	76903. 6	30728. 4	31985. 2	3061. 4	11128. 6	20876. 7	2739. 2
225103. 5	49493. 7	103755. 6	118274. 9	48830. 2	45193. 2	4277. 6	19973. 9	21879. 6	3815. 4
59301. 1	35263. 6	62622. 2	93807. 9	40103. 2	43086. 3	3705. 4	6913. 0	9346. 7	351. 0
158762. 3	115814. 3	103329. 1	283759. 2	120139. 9	106832. 5	10253. 5	46533. 3	21941. 1	1962. 7
62404. 5	23999. 9	36004. 1	145350. 8	61160. 0	60334. 6	5899. 4	17956. 8	9059. 5	1571. 7
84467. 1	77706. 6	54140. 0	114267. 7	48960. 2	36789. 2	3566. 1	24952. 2	11111. 0	274. 7
11890. 7	14107. 8	13185. 0	24140. 7	10019. 7	9708. 7	788. 0	3624. 3	1770. 6	116. 3

15-19 各市限额以上批发零售贸易、餐饮企业主要财务状况（2003 年）
MAIN FINANCIAL INDICATORS OF ENTERPRISES ABOVE DESIGNATED SIZE IN WHOLESALE AND RETAIL TRADE AND CATERING SERVICES BY CITY (2003)

单位：万元 (10000 yuan)

市 别 City	企业数（个） Number of Enterprises (unit)	流动资产 Circulating Assets	固定资产 Fixed Assets	资产合计 Total Assets	负债合计 Total Liabilities	所有者权益 Creditors' Equity	实收资本 Total Capital Hold
一、批发零售贸易业 Wholesale and Retail Trade	**2708**	**16957816.9**	**4218986.3**	**25555366.2**	**18750961.9**	**6804404.3**	**4446521.1**
广 州 Guangzhou	891	7598015.0	1357123.0	11152750.0	8212388.0	2940362.0	2001812.0
深 圳 Shenzhen	496	4270511.9	1240680.8	6897607.3	4645156.8	2252450.5	1248141.0
珠 海 Zhuhai	118	470947.6	128924.4	765933.9	494299.4	271634.5	145705.9
汕 头 Shantou	58	158660.1	54095.4	310895.6	230045.8	80849.8	78222.3
佛 山 Foshan	320	1880602.7	300564.4	2279710.3	1871951.0	407759.3	281260.0
韶 关 Shaoguan	21	60427.4	48888.1	114416.1	62533.9	51882.2	8187.4
河 源 Heyuan	14	17920.1	25123.4	45166.7	31340.5	13826.2	11708.6
梅 州 Meizhou	31	72745.8	40818.7	111590.2	85295.8	26294.4	18926.1
惠 州 Huizhou	54	192873.9	120340.4	329612.1	275752.2	53859.9	33355.4
汕 尾 Shanwei	25	26183.8	101127.1	76265.9	49039.7	27226.2	28228.1
东 莞 Dongguan	106	452829.5	194287.1	766782.6	625082.4	141700.2	98887.1
中 山 Zhongshan	137	581115.6	79611.7	698856.4	588359.6	110496.8	95985.2
江 门 Jiangmen	127	393690.1	137058.2	626257.4	534928.7	91328.7	68478.1
阳 江 Yangjiang	12	20384.2	31865.7	55652.3	36210.9	19441.4	4981.2
湛 江 Zhanjiang	75	208419.8	72059.2	354615.8	265592.5	89023.3	72518.9
茂 名 Maoming	63	191304.6	90643.9	309661.7	229801.6	79860.1	94499.9
肇 庆 Zhaoqing	56	136043.5	74269.8	278101.0	239407.5	38693.5	68446.1
清 远 Qingyuan	43	40294.7	33204.7	76508.3	56824.6	19683.7	28233.1
潮 州 Chaozhou	17	89401.0	42848.1	146974.1	108769.9	38204.2	22138.2
揭 阳 Jieyang	23	79754.7	26863.4	113875.8	82398.8	31477.0	23076.0
云 浮 Yunfu	21	15690.9	18588.8	44132.7	25782.3	18350.4	13730.5
二、餐饮业 Catering Services	**1054**	**597571.6**	**1082180.5**	**2049972.5**	**1503746.9**	**546225.6**	**772750.2**
广 州 Guangzhou	398	179177.0	245377.0	510711.0	388778.0	121933.0	172491.0
深 圳 Shenzhen	114	67135.6	47184.4	164801.1	122425.2	42375.9	60120.7
珠 海 Zhuhai	25	6704.9	3510.2	11861.1	4628.3	7232.8	7584.1
汕 头 Shantou	13	1773.4	1229.6	3448.2	1653.9	1794.3	1322.8
佛 山 Foshan	135	54855.1	84901.3	157910.8	126937.1	30973.7	50495.3
韶 关 Shaoguan	4	2330.0	9183.8	14036.2	9026.8	5009.4	8567.5
河 源 Heyuan	10	3919.0	8653.6	11652.4	4532.5	7119.9	9856.6
梅 州 Meizhou	4	900.3	6002.3	7203.0	7235.9	-32.9	268.7
惠 州 Huizhou	24	22533.0	52895.2	83655.2	56529.7	27125.5	34430.0
汕 尾 Shanwei	6	2111.4	6942.4	9289.4	5290.4	3999.0	3525.9
东 莞 Dongguan	123	140421.8	421157.4	658314.0	460388.4	197925.6	252645.5
中 山 Zhongshan	47	40435.4	48487.5	145448.9	132206.1	13242.8	35413.8
江 门 Jiangmen	52	15731.3	39293.3	73538.4	47163.7	26374.7	38371.0
阳 江 Yangjiang	8	14250.7	32333.2	55023.2	59988.6	-4965.4	16752.7
湛 江 Zhanjiang	18	3138.6	4996.0	8723.9	3229.3	5494.6	4982.2
茂 名 Maoming	23	12585.9	11999.4	29784.7	21807.4	7977.3	28442.1
肇 庆 Zhaoqing	12	7019.2	4287.3	18321.4	8571.6	9749.8	8081.1
清 远 Qingyuan	22	8903.6	17592.4	31501.4	23673.8	7827.6	16242.4
潮 州 Chaozhou	9	8838.9	25331.1	37811.4	12373.2	25438.2	12415.1
揭 阳 Jieyang	2	2470.2	4272.0	7337.4	740.6	6596.8	6393.1
云 浮 Yunfu	5	2336.3	6551.1	9599.4	6566.4	3033.0	4348.6

注：本表中的限额以上企业数据不包括活动单位。
Note: Data of the enterprises above designated size in this table exclude those of establishments.

15-19 续表 continued

单位：万元 (10000 yuan)

市别 City	商品销售收入 Sales Revenue	商品销售成本 Sales Cost	经营费用 Operating Expenses	商品销售税金及附加 Sales Tax and Extra Charges	商品销售利润 Sales Profits	管理费用 Management Expenses	财务费用 Financial Expenses
一、批发零售贸易业 Wholesale and Retail Trade	**55747465. 5**	**51780655. 3**	**2051065. 3**	**72888. 7**	**1842856. 2**	**1332080. 0**	**250406. 2**
广　州 Guangzhou	23293848. 0	21725618. 0	812476. 0	23492. 0	732262. 0	571202. 0	109910. 0
深　圳 Shenzhen	12122548. 0	10993712. 6	615350. 1	13899. 1	499586. 2	355447. 6	57511. 5
珠　海 Zhuhai	1208038. 3	1090911. 1	73769. 9	2020. 2	41337. 1	33723. 5	5890. 2
汕　头 Shantou	613828. 5	550001. 5	27343. 5	9337. 4	27146. 1	19750. 6	1501. 9
佛　山 Foshan	5713287. 1	5440472. 2	134845. 8	5602. 4	132366. 7	82220. 4	27289. 4
韶　关 Shaoguan	418389. 8	369540. 1	13246. 3	974. 4	34629. 0	16608. 0	1575. 1
河　源 Heyuan	167008. 9	146627. 5	5636. 4	256. 8	14488. 2	6555. 5	499. 7
梅　州 Meizhou	528770. 6	446536. 1	21511. 0	1867. 2	58856. 3	46429. 3	1103. 7
惠　州 Huizhou	1235844. 2	1168561. 4	30684. 0	915. 0	35683. 8	29294. 1	2449. 4
汕　尾 Shanwei	154640. 0	136732. 9	6303. 6	1094. 2	10509. 3	5245. 8	965. 7
东　莞 Dongguan	1708363. 4	1589641. 9	59969. 4	1816. 3	56935. 8	42927. 1	12368. 2
中　山 Zhongshan	2330213. 1	2240397. 8	56309. 5	1953. 3	31552. 5	24293. 0	8197. 5
江　门 Jiangmen	1129610. 4	1044140. 6	39690. 2	2908. 1	42871. 5	25643. 5	7315. 4
阳　江 Yangjiang	116278. 2	101657. 0	6213. 9	230. 1	8177. 2	3596. 5	444. 5
湛　江 Zhanjiang	919880. 4	858832. 6	26421. 7	2300. 3	32325. 8	17385. 3	3749. 8
茂　名 Maoming	2588949. 0	2508506. 5	68163. 6	999. 7	11279. 2	14829. 7	3224. 9
肇　庆 Zhaoqing	530393. 5	483807. 1	26122. 8	1079. 8	19383. 8	13312. 7	2538. 2
清　远 Qingyuan	302722. 6	275041. 3	9389. 3	657. 9	17634. 1	7391. 6	826. 2
潮　州 Chaozhou	203990. 1	188379. 0	4964. 4	317. 4	10329. 3	5364. 7	1135. 7
揭　阳 Jieyang	318889. 4	292410. 4	8374. 8	795. 5	17308. 7	6526. 2	1556. 9
云　浮 Yunfu	141972. 0	129127. 7	4279. 1	371. 6	8193. 6	4332. 9	352. 3
二、餐饮业 Catering Services	**1641369. 3**	**776198. 6**	**590625. 9**	**72238. 3**	**202306. 5**	**195601. 4**	**25695. 0**
广　州 Guangzhou	680647. 0	324054. 0	248163. 0	27369. 0	81061. 0	71050. 0	8863. 0
深　圳 Shenzhen	280437. 7	125954. 0	116259. 2	12028. 4	26196. 1	22474. 1	1474. 1
珠　海 Zhuhai	27780. 7	14922. 4	8962. 2	1450. 3	2445. 8	802. 6	74. 8
汕　头 Shantou	16431. 4	10685. 3	3073. 3	982. 6	1690. 2	1200. 4	110. 3
佛　山 Foshan	144170. 9	76374. 3	42530. 1	7658. 8	17607. 7	16808. 5	1372. 0
韶　关 Shaoguan	5401. 0	1787. 6	2764. 9	201. 3	647. 2	965. 9	203. 2
河　源 Heyuan	8455. 0	3554. 8	4097. 9	370. 2	432. 1	1117. 6	85. 7
梅　州 Meizhou	3040. 0	948. 8	1015. 0	119. 8	956. 4	1223. 3	3. 1
惠　州 Huizhou	28757. 1	13526. 0	7904. 7	1338. 9	5987. 5	7038. 4	1369. 2
汕　尾 Shanwei	4193. 5	2263. 6	1162. 7	183. 5	583. 7	258. 7	399. 9
东　莞 Dongguan	221659. 6	93161. 3	78183. 9	10224. 4	40090. 0	42920. 8	5162. 0
中　山 Zhongshan	73753. 9	32652. 7	27531. 7	3645. 5	9924. 0	11455. 6	1732. 0
江　门 Jiangmen	46019. 3	22687. 3	17099. 5	2087. 1	4145. 4	5469. 7	1336. 4
阳　江 Yangjiang	14747. 8	6828. 5	6215. 3	524. 4	1179. 6	3374. 1	1982. 5
湛　江 Zhanjiang	23884. 9	16005. 7	4695. 5	1286. 9	1896. 8	1285. 3	62. 6
茂　名 Maoming	20076. 8	11231. 5	5870. 8	861. 4	2113. 1	1960. 8	608. 7
肇　庆 Zhaoqing	9955. 6	4814. 7	4044. 0	414. 6	682. 3	553. 7	325. 7
清　远 Qingyuan	18803. 9	9176. 3	7038. 0	809. 6	1780. 0	2202. 1	325. 9
潮　州 Chaozhou	7754. 2	3404. 3	1790. 5	416. 9	2142. 5	2599. 7	102. 6
揭　阳 Jieyang	2042. 6	726. 3	1090. 3	72. 8	153. 2	161. 8	0. 3
云　浮 Yunfu	3356. 4	1439. 2	1133. 4	191. 9	591. 9	678. 3	101. 0

15-20 各市限额以上批发零售贸易、餐饮企业增加值（2003年）
VALUE-ADDED OF ENTERPRISES ABOVE DESIGNATED SIZE IN WHOLESALE AND RETAIL TRADE AND CATERING SERVICES BY CITY (2003)

单位：万元 (10000 yuan)

市别 City	增加值合计 Total Value Added	劳动者报酬 Compensation of Laborers	固定资产折旧 Depreciation of Fixed Assets	生产税净额 Net Taxes on Production	营业盈余 Operating Surplus
一、批发零售贸易业 Wholesale and Retail Trade	**2903398.2**	**1005688.4**	**860748.6**	**212050.7**	**824910.5**
广州 Guangzhou	1061391.5	439935.5	262903.0	75691.0	282862.0
深圳 Shenzhen	1015655.1	308339.6	309351.5	61265.2	336698.8
珠海 Zhuhai	78101.0	20583.6	34421.6	7441.3	15654.5
汕头 Shantou	48091.1	14867.4	17953.6	2796.0	12474.1
佛山 Foshan	172525.4	50774.7	56073.7	15935.9	49741.1
韶关 Shaoguan	43078.0	11884.3	9616.6	2643.0	18934.1
河源 Heyuan	14349.9	4925.5	4185.4	901.3	4337.7
梅州 Meizhou	40044.5	10169.8	18131.9	524.3	11218.5
惠州 Huizhou	39974.6	17404.7	11312.7	4562.0	6695.2
汕尾 Shanwei	14715.9	4182.8	4423.5	1586.0	4523.6
东莞 Dongguan	73110.2	24375.4	18137.8	12635.8	17961.2
中山 Zhongshan	73996.9	20974.1	39828.3	5498.4	7696.1
江门 Jiangmen	58132.9	18959.5	15455.4	7393.6	16324.4
阳江 Yangjiang	11223.4	3389.9	2380.1	1137.0	4316.4
湛江 Zhanjiang	36060.2	12106.1	14782.2	3704.7	5467.2
茂名 Maoming	17802.9	10676.8	10196.3	2672.1	-5742.3
肇庆 Zhaoqing	29333.6	10656.7	10679.4	2694.9	5302.6
清远 Qingyuan	24332.9	7019.8	6393.4	1101.1	9818.6
潮州 Chaozhou	13863.1	4055.8	3230.0	723.1	5854.2
揭阳 Jieyang	24516.5	6227.7	6637.2	691.7	10959.9
云浮 Yunfu	13098.7	4178.8	4655.0	452.3	3812.6
二、餐饮业 Catering Services	**617092.6**	**256323.7**	**77350.4**	**81112.0**	**202306.5**
广州 Guangzhou	237148.2	102845.2	29300.0	23942.0	81061.0
深圳 Shenzhen	84240.6	40993.5	12192.3	4858.7	26196.1
珠海 Zhuhai	8613.6	4144.8	1520.0	503.0	2445.8
汕头 Shantou	3997.8	1056.8	997.4	253.4	1690.2
佛山 Foshan	53535.1	20535.2	8867.5	6524.7	17607.7
韶关 Shaoguan	2148.2	766.7	220.9	513.4	647.2
河源 Heyuan	3251.4	1984.8	417.2	417.3	432.1
梅州 Meizhou	2178.8	336.3	146.1	740.0	956.4
惠州 Huizhou	14954.7	5154.4	1469.3	2343.5	5987.5
汕尾 Shanwei	1939.2	748.0	244.9	362.6	583.7
东莞 Dongguan	119478.0	41405.9	10738.3	27243.8	40090.0
中山 Zhongshan	31105.0	13396.0	3718.9	4066.1	9924.0
江门 Jiangmen	16116.0	6982.8	2235.1	2752.7	4145.4
阳江 Yangjiang	6053.9	2802.0	530.5	1541.8	1179.6
湛江 Zhanjiang	6232.1	2546.0	1511.5	277.8	1896.8
茂名 Maoming	6703.0	3146.1	950.4	493.4	2113.1
肇庆 Zhaoqing	3071.2	1602.8	476.8	309.3	682.3
清远 Qingyuan	6939.8	3756.2	949.7	453.9	1780.0
潮州 Chaozhou	6954.6	1070.4	508.7	3233.0	2142.5
揭阳 Jieyang	820.0	507.2	109.6	50.0	153.2
云浮 Yunfu	1611.7	542.9	245.3	231.6	591.9

主要统计指标解释

社会消费品零售总额 指各种经济类型的批发零售贸易业、餐饮业 、制造业和其他行业，对城乡居民和社会集团的消费品零售额，以及农民对非农业居民零售额的总和。

批发零售贸易业商品购进总额 指从本企业以外的单位和个人购进（包括从国外直接进口）作为转卖或加工后转卖的商品金额。本指标由“从生产者购进额”、“从批发零售贸易业购进额”、“进口额”和“其他项目”组成。这个指标反映批发零售贸易企业从国内、国外市场上购进商品的总量。

批发零售贸易业商品销售总额 指对本企业以外的单位和个人出售的商品（包括对国（境）外直接出口及售给本单位消费用的商品）。本指标由“对生产经营单位批发额”、“对批发零售贸易业批发额”、“出口额”和“对居民和社会集团商品零售额”项目组成。这个指标反映批发零售贸易企业在国内市场上销售商品以及出口商品的总量。

批发 指除零售以外的一切商品销售活动，包括对生产经营单位批发、对批发零售贸易业批发和出口。

对生产经营单位批发 指售给国民经济和社会各部门作为生产或经营使用的商品。

零售 指售给城乡居民直接用于生活消费的商品和社会集团直接用于公用消费的商品。

批发零售贸易业年末库存总额 指批发零售贸易企业已取得所有权的全部商品。这个指标反映批发零售贸易企业的商品库存情况，对市场商品供应的保证程度。

批发零售贸易业餐饮业法人单位 指各种经济类型独立核算法人批发零售贸易企业、餐饮企业的单位个数。法人单位应同时具备以下条件：1. 依法成立，有自己的名称、组织机构和场所，能够独立承担民事责任；2. 独立拥有和使用资产，承担负债，有权与其他单位签订合同；3. 独立核算盈亏，并能够编制资产负债表。

批发贸易业 是指从工农业生产者或从商品流通企业购进商品，转卖给工业、农业、建筑业、运输邮电业、餐饮业、服务业等生产经营单位作为生产经营用，以及将商品转卖给其他批发贸易企业或零售贸易企业的商品流通企业。

零售贸易业 是指从工农业生产者、批发贸易业或居民购进商品，转卖给城乡居民作为生活消费和售给社会集团作为公共消费的商品流通企业。

餐饮业 是指从事食品的烹饪、调制并直接售给居民和社会集团的机构。

资本金 指批发零售贸易业、餐饮业企业在工商行政管理部门登记的注册资金。资本金按投资主体分为国家资本金、法人资本金、个人资本金和外商资本金等。

流动资产合计 指可以在一年内或者超过一年的一个营业周期内变现或者耗用的资产，包括货币资金、短期投资、应收票据、应收帐款、坏帐准备、应收帐款净额、预付帐款、其他应收款、存货、待转其他业务支出、待摊费用、待处理流动资产净损失、一年内到期的长期债券投资、其他流动资产等项。

固定资产合计 指核算使用期限超过一年，单位价值在规定标准以上，并且在使用过程中保持原有物质形态的资产。

无形及递延资产 指企业长期使用但是没有实物形态的资产和不能全部计入当年损益，应当在以后年度分期摊销的各项费用。包括专利权、著作权、土地使用权、非专利技术、商誉和开办费、租入固定资产的改良支出等。

所有者权益合计 指企业投资人对企业净资产的所有权，包括企业投资人对企业的最初投入资本以及形成的资本公积金、盈余公积金和未分配利润等。

股本 指股份制企业按照章程和投资协议的规定，股东实际投入企业的股本。

商品销售收入（营业收入） 指批发零售贸易企业商品销售收入、接受其他单位委托代销商品的收入和餐饮企业的营业收入（包括餐费收入、冷热饮收入、服务收入和其他收入）。

商品销售成本 指批发零售贸易企业已销商品应负担的进货原价和餐饮企业的原材料成本、商品进价成本。

经营费用 指批发零售贸易企业在购、销、存过程中发生的各项经营费用和餐饮企业经营中发生的各项费用。包括运输费、装卸费、包装费、保险费、广告费、商品损耗、进出口商品累计佣金、经营人员的工资及福利费等。

商品销售税金及附加费 指批发零售贸易企业销售商品应负担的税金和餐饮企业应由各项经营业务负担的税金及附加。包括营业税、城市维护建设税、出口关税和教育费附加等。

商品销售利润 指批发零售贸易企业由于销售商品得到的利润。

管理费用 指企业的行政管理部门为组织和管理企业经营活动所发生的费用。包括管理人员的工资及福利费、业务招待费、工会经费、职工教育经费、劳动保险费、董事会会费、涉外费、租赁费、咨询费、诉讼费、房产税、土地使用税、车船使用税、土地损失补偿费、技术转让费、技术开发费、无形资产摊销、坏账损失、上交上级管理费及其它管理费用等。根据管理费用的发生额分析填列。

利润总额 指企业全年实现的利润。包括营业利润、投资净收益及营业外收支净额。

增值税 指企业在报告期内应交纳的增值税额合计。计算公式为：本年应交增值税 = 销项税额 + 出口退税 + 进项税额转出数 - 进项税额

Explanatory Notes on Main Statistical Indicators

Total Retail Sales of Consumer Goods refer to the sum of retail sales of consumer goods by the establishments in wholesale trade, retail trade, catering services, manufacturing industry and other industries of various types of ownership, to urban and rural residents and social groups, and by the farmers to non-agricultural residents.

Total Purchases of Commodities by Wholesale and Retail Trade refer to the purchases of commodities by the establishments from other establishments or individuals (including direct import from abroad) for the purpose of reselling, either with or without further processing of the commodities purchased. This indicator includes the purchases from producers, the purchase from wholesale and retail trade, imports and others. It is used to show the total value of purchases of commodities by wholesale and retail establishments from domestic and overseas markets.

Total Sales of Commodities by Wholesale and Retail Trade refer to selling of commodities (including commodities for self-consumption) by the establishments to other establishments and individuals (including direct export) . This indicator includes the value of wholesale to establishments of production and operation, the value of wholesale to wholesale and retail trade, exports and sales to urban and rural residents and social groups. It is used to show the total value of sales of commodities at domestic markets and export.

Wholesale refers to all selling activities of commodities except retail Trade, including wholesale to production and operation units, wholesale to wholesale and retail trade and export.

Wholesale to Production and Operation Units refers to commodities sold to national economy and social departments for their production and operation.

Retail Sale refers to commodities sold to urban and rural residents directly for living consumption and to social groups directly for public consumption.

Total Commodity Stock of Wholesale and Retail Enterprises at the Year-end refer to the total commodities possessed by wholesale and retail enterprises, which reflects the commodity stock level of various wholesale and retail enterprises and the potential for market supply.

Corporate Enterprises in Wholesale and Retail Trade and Catering Services refer to the number of corporate enterprises of various types of ownership in the wholesale and retail trade and catering trade with independent accounting system. An enterprise can be called a corporate enterprise only when it meets the following requirements: (1) It is established according to law; it has its own name, organization and location for business operation and can assume the civil responsibility; (2) It owns and uses its assets independently; assumes the liabilities and is entitled to sign contracts with other units; (3) It has the independent accounting system and is able to compile balance sheet.

Wholesale Trade refers to the commodity circulation enterprises which purchase commodities from producers in industry and agriculture or from commodity circulation enterprises for the purpose of reselling them to establishments in industry, agriculture, construction, transportation, posts and telecommunications, catering trade and services for their production and operation as well as reselling them to other wholesale or retail enterprises.

Retail Trade refers to the commodity circulation enterprises which purchase commodities from producers in industry and agriculture, wholesale trade or residents for the purpose of reselling them to urban and rural residents for living consumption and to social groups for public consumption.

Catering Services refer to the establishments engaged in food cooking, seasoning and selling food directly to residents and social groups.

Capital refers to the capital registered by the wholesale and retail and catering enterprises in the departments of administration for industry and commerce. According to the different nature of investors, the capital can be divided into state capital, legal person's capital, personal capital and foreign capital, etc. **Circulating Assets** refer to the assets which can be cashed in or spent or consumed in an operating cycle of one year or over one year, including cash, short-term investment, notes receivable, accounts receivable, bad debt reserve, net accounts receivable, advance payment, other receivables, stock, other operating expenses to be transferred, expenses to be apportioned, net losses of circulating assets to be settled after approval, long-term bond investment at the expiration of a year and other circulating assets.

Fixed Assets refer to the assets whose accounting operational cycle is over a year and unit value is up to the stipulated standard, and in their original form in the operating process.

Intangible Assets and Deferred Assets refer to the assets without material form used by enterprises over a long time, which cannot be counted all into the profits and losses of the current year and should amortize various expenses in the following years, including patents, copyright, land use right, non-patent technologies, business reputation, organization expenses and improvement expenses on the leased fixed assets, etc.

Creditor's Equity refers to investors' ownership of net assets of the enterprise, including the primary input from investors, capital accumulation funds, surplus accumulation funds and undistributed profits, etc.

Capital Stock refers to the capital actually put into the shareholding enterprise by the stock holders in accordance with the regulations and investment agreements.

Sales Revenue of Commodities (Business Revenue) refers to this income from the sales of commodities by the wholesale and retail enterprises, the income from the sales on commission and the business income by the catering enterprises (including food income, cold and hot drink income, service income and other incomes).

Sales Cost of Commodities refers to the prime cost which should be paid by the wholesale and retail enterprises for the sold commodities, the cost of raw materials and prime cost of commodities of the catering enterprises.

Operational Expenses refer to the various operational expenses in the purchase, and stock process of the wholesale and retail enterprises, and various expenses in the operational process of the catering enterprises, including traffic expense, loading and unloading charge, packing charge, insurance expense, advertising fee, wear loss of commodities, accumulative commission of import and export commodities, wages and welfare expense of business personnel.

Tax and Extra Charges on Sales of Commodities refer to the tax which should be paid by the wholesale and retail enterprises for selling commodities and the tax and extra charges which should be paid by the catering enterprises for various business operation, including business tax, tax on city maintenance and construction, export tariff and extra charges for education, etc.

Sales Profit of Commodities refers to the profit gained by the wholesale and retail enterprises in selling commodities.

Administrative Expenses refer to the expenses in the activities of organizing and managing enterprise operation by the administrative department of the enterprises, including wages and welfare expense of managerial staff, business entertainment expense, expense of trade union, expense of education for staff and workers, labor insurance expense, membership fee of board of directors, expense concerning foreign affairs, leasing expense, consulting fee, litigation cost, tax on real estates, tax on the use of land, tax on the use of vehicles, compensation expense for the land loss, technical transfer expense, technical development expense, amortization of intangible assets, bad debt loss, administrative expense handed over to higher authorities and other expenses, etc. It is reported in line with the analysis of emergence value of management expenses.

Total Profits refer to the profits gained by the enterprises during the year, including business profit, net income of investment and net value beyond operating expenditure and receipt.

Value Added Tax refers to the amount of the value added tax which should be paid by the enterprises in the reference period. The formula is as follows:

$$\begin{matrix}\text{Value Added Tax}\\\text{Paid in Current Year}\end{matrix} = \text{Sales Tax} + \text{Export Rebate} + \begin{matrix}\text{Transfer Volume}\\\text{of Purchase Tax}\end{matrix} - \text{Purchase Tax}$$

十六、对外经济与旅游

FOREIGN ECONOMY AND TOURISM

16

十六　对外经济与旅游

简要说明

一、本篇资料综合反映广东对外贸易、利用外资、对外承包工程和劳务合作、“三资”企业工商登记、华侨和港澳台同胞捐赠以及国际旅游等历年概况和近年发展的详细情况。

二、本篇资料由广东省统计局贸易外经处负责整理、编辑。

三、资料来源及统计范围：

1. 人民币对美元、日元、港元的年平均汇价资料来源于外汇管理部门，是根据当年国家外汇管理局提供的每日汇价进行加权平均计算而得出的。

2. 广东进出口贸易的规模、结构情况的资料，主要来源于广州海关，统计范围为在广东境内经海关报关注册登记的经营单位（包括有进出口经营权和无进出口经营权的经营单位）。进出口商品价值，出口按离岸价（FOB）、进口按到岸价（CIF）统计；进出口商品分类按海关合作理事会制定的《商品名称及编码协调制度》（HS）目录进行分类统计。

3. 广东利用外资规模、结构和广东对外承包工程和劳务合作状况的资料来源于省外经贸厅及广州、深圳有关单位。

4. 广东外商投资企业注册登记情况的资料来源于省工商行政管理局。

5. 华侨、港澳台同胞对广东实际捐赠的物品和现金资料，由省侨务办和台湾事务办提供。

6. 广东对外开放使用的口岸分布状况的资料来源于省外经贸厅。

7. 广东旅游业发展情况的资料由省旅游局提供。

16　FOREIGN ECONOMY AND TOURISM

Brief Introduction

Ⅰ. The data in this chapter show the summary data of Guangdong's foreign trade, utilization of foreign capital, contracted projects and labor cooperation with the foreign countries or territories, basic indicators of three kinds of registered foreign funded enterprises, donations from the overseas Chinese and the compatriots in Hong Kong, Macao and Taiwan, international tourism over the years as well as the detailed data of the recent development.

Ⅱ. The data in this chapter are prepared and edited by the Division of Trade and External Economic Relations Statistics of Guangdong Provincial Bureau of statistics.

Ⅲ. Data sources and statistical coverage:

(1) The data on the average exchange rates of RMB yuan to US dollar, Japanese yen and Hong Kong dollar over the years come from the State Administration of Foreign Exchange. The annual average exchange rate is calculated as the weighted mean of the daily exchange rates provided by the State Administration of Foreign Exchange in the year.

(2) The data on the size and composition of Guangdong's imports and exports come from: Guangzhou Customs Office, the statistical coverage covers the operating units (with or without the right to handle imports and exports) which have a declaration and register at customs within the boundary of Guangdong. The values of export commodities are calculated at FOB and the values of import commodities are calculated at CIF. The Harmonized Commodity Description and Coding System (HS) stipulated by the Customs Cooperation Council is used in the classification of the import and export commodities.

(3) The data on the scale and composition of the utilization of foreign capitals and the contracted projects and labor cooperation with the foreign countries or territories in Guangdong come from the Department of Foreign Trade and Economic Cooperation of Guangdong Province and the related units of Guangzhou and Shenzhen, etc.

(4) The basic indicators of the registered foreign funded enterprises come from the Administration of Industry and Commerce of Guangdong Province.

(5) The data on the goods and cash actually donated to Guangdong by the overseas Chinese and the compatriots in Hong Kong, Macao and Taiwan are provided by Overseas Chinese Affairs Office and Taiwan Affairs Office of Guangdong Province respectively.

(6) The data on the port distribution for opening to the outside world come from the Department of Foreign Trade and Economic Cooperation of Guangdong Province.

(7) The data on the development of tourism are provided by the Tourism Administration of Guangdong Province.

16-1 对外经济主要指标
MAIN INDICATORS ON FOREIGN TRADE AND ECONOMIC COOPERATION AND INTERNATIONAL TOURISM

指标	Item	1995	2000	2002	2003	2003比2002增长% Growth Rate in 2003 over 2002 (%)
海关进出口总额 (亿美元)	Total Imports and Exports (USD 100 million)	1039.72	1701.06	2210.92	2835.22	28.2
出口总额	Total Exports	565.92	919.19	1184.58	1528.48	29.0
初级产品	Primary Goods	37.57	34.20	36.72	40.01	9.0
工业制成品	Manufactured Goods	528.35	884.99	1147.86	1488.47	29.7
# 机电产品	Mechanical and Electrical Products	241.33	499.75	726.52	997.13	37.2
高新技术产品	High and New-tech Products		170.20	309.62	480.85	55.3
进口总额	Total Imports	473.80	781.87	1026.34	1306.74	27.3
初级产品	Primary Goods	35.76	93.74	103.15	140.42	36.1
工业制成品	Manufactured Goods	438.04	688.13	923.19	1166.32	26.3
# 机电产品	Mechanical and Electrical Products	195.33	358.34	552.11	740.35	34.1
高新技术产品	High and New-tech Products		183.15	325.53	454.05	39.5
签订利用外资协议（合同）项目（个）	Number of Projects of Utilization of Foreign Capital through Signed Agreements and Contracts (unit)	9345	16879	11706	11472	-2.0
# 对外借款	Foreign Loans	65	57	56	65	16.1
外商直接投资	Foreign Direct Investment	8177	4245	6613	7306	10.5
签订利用外资协议（合同）金额（亿美元）	Total Amount of Foreign Capital Utilized through Signed Agreements and Contracts (USD 100 million)	261.05	110.86	189.01	244.67	29.4
# 对外借款	Foreign Loans	11.44	7.29	4.34	11.02	153.9
外商直接投资	Foreign Direct Investment	248.32	86.84	161.71	217.89	34.7
实际利用外资额 (亿美元)	Total Amount of Foreign Capital Actually Used (USD 100 million)	121	145.75	165.89	189.41	14.2
# 对外借款	Foreign Loans	18.4	7.02	10.22	10.93	6.9
外商直接投资	Foreign Direct Investment	101.8	122.37	131.11	155.78	18.8
外商投资企业年底工商登记数 (户)	Number of Registered Foreign-funded Enterprises at the Year-end (household)	59582	49865	49875	51672	3.6
投资总额 (亿美元)	Total Investment (USD 100 million)	2046.27	2165.09	2363.54	2412.82	2.1
注册资本 (亿美元)	Registered Capital (USD 100 million)	1291.32	1280.86	1349.49	1405.14	4.1
对外承包工程合同数 (份)	Number of Contracted Projects with Foreign Countries (unit)	29	86	165	193	17.0
合同金额 (亿美元)	Contracted Value (USD 100 million)	1.92	3.66	6.48	9.71	49.8
完成营业额 (亿美元)	Volume of Business Fulfilled (USD 100 million)	1.09	3.45	5.9	8.69	47.3
对外劳务合作合同数 (份)	Number of Contracted Labor Services Cooperation with Foreign Countries (unit)	1251	6626	8252	12100	46.6
合同金额 (亿美元)	Contracted Value (USD 100 million)	2.06	1.29	1.91	2.31	20.9
完成营业额 (亿美元)	Volume of Business Fulfilled (USD 100 million)	1.78	1.08	1.71	2.19	28.1
城市接待海外旅游者 (万人次)	Number of Foreign Tourists Received by Cities (10000 person-times)	620.68	1198.94	1394.48	1187.27	-14.9
外国人	Foreigners	137.85	212.85	277.79	232.51	-16.3
港澳台同胞	Compatriots from Hong Kong, Macao and Taiwan	482.83	986.09	1116.69	954.76	-14.5
旅游外汇收入 (亿美元)	Total Foreign Exchange Earnings from International Tourism (USD 100 million)	23.94	41.12	50.91	42.68	-16.2
旅游宾馆（饭店）数 (个)	Number of Tourist Hotels (unit)	962	2655	2656	3647	37.3

注：2000 年以后“外国人”包括“华侨”。

Note: Since 2000, the number of foreigners have included the number of overseas Chinese.

16-2 人民币对主要外币年平均汇价
AVERAGE EXCHANGE RATE OF RMB YUAN AGAINST MAIN CONVERTIBLE CURRENCIES

单位：人民币：元 (RMB yuan)

年 份 Year	100 美元 100 US Dollars	100 日元 100 Japanese Yen	100 港元 100 Hong Kong Dollars	100 欧元 100 Euro Dollars
1987	372. 21	2. 5799	47. 74	
1988	372. 21	2. 9082	47. 70	
1989	376. 59	2. 7360	48. 28	
1990	478. 38	3. 3233	61. 39	
1991	532. 27	3. 9602	68. 45	
1992	551. 49	4. 3608	71. 24	
1993	576. 19	5. 2020	74. 41	
1994	861. 87	8. 4370	111. 53	
1995	835. 07	8. 9225	107. 96	
1996	830. 57	7. 6238	107. 40	
1997	828. 97	6. 8623	107. 09	
1998	827. 90	6. 3487	106. 88	
1999	827. 83	7. 2913	106. 66	
2000	827. 84	7. 6950	106. 17	
2001	827. 71	6. 8098	106. 07	
2002	827. 70	6. 6651	106. 08	801. 45
2003	827. 70	7. 1347	106. 24	937. 77

16-3 海关进出口总额
TOTAL VALUE OF IMPORTS AND EXPORTS (CUSTOMS STATISTICS)

单位：亿美元 (USD 100 million)

年 份 Year	进出口总额 Total Imports & Exports	出 口 Exports	进 口 Imports	差 额 Balance	初级产品 Primary Goods		工业制成品 Manufactured Goods	
					出 口 Exports	进 口 Imports	出 口 Exports	进 口 Imports
1987	210. 37	101. 40	108. 97	-7. 57	15. 40	7. 52	86. 00	101. 45
1988	310. 19	148. 17	162. 02	-13. 85	21. 71	11. 22	126. 46	150. 80
1989	355. 78	181. 13	174. 65	6. 48	22. 06	17. 59	159. 07	157. 06
1990	418. 98	222. 21	196. 77	25. 44	21. 70	16. 78	200. 51	179. 99
1991	525. 21	270. 73	254. 48	16. 25	20. 58	21. 92	250. 15	232. 56
1992	657. 48	334. 58	322. 90	11. 68	21. 41	22. 12	313. 17	300. 78
1993	783. 44	373. 94	409. 50	-35. 56				
1994	966. 63	502. 11	464. 52	37. 59				
1995	1039. 72	565. 92	473. 80	92. 12	37. 57	35. 76	528. 35	438. 04
1996	1099. 60	593. 46	506. 14	87. 32	37. 55	41. 72	555. 91	464. 42
1997	1301. 20	745. 64	555. 56	190. 08	47. 65	51. 60	697. 99	503. 96
1998	1297. 98	756. 18	541. 80	214. 38	39. 85	53. 53	716. 33	488. 27
1999	1403. 68	777. 05	626. 63	150. 42	30. 54	64. 36	746. 51	562. 27
2000	1701. 06	919. 19	781. 87	137. 32	34. 20	93. 74	884. 99	688. 13
2001	1764. 87	954. 21	810. 66	143. 55	35. 78	100. 77	918. 43	709. 89
2002	2210. 92	1184. 58	1026. 34	158. 24	36. 72	103. 15	1147. 86	923. 19
2003	2835. 22	1528. 48	1306. 74	221. 74	40. 01	140. 42	1488. 47	1166. 32

注：进出口差额负数为入超。
Note: A negative balance indicates an unfavorable balance of foreign trade.

16-4 按贸易方式和经济类型分的海关进出口额

TOTAL VALUE OF IMPORTS AND EXPORTS BY TRADE FORM AND TYPE OF OWNERSHIP (CUSTOMS STATISTICS)

单位：亿美元 (USD 100 million)

项　目	Item	1990 出口 Exports	1990 进口 Imports	1995 出口 Exports	1995 进口 Imports	2000 出口 Exports	2000 进口 Imports
总　计	**Total**	**222.21**	**196.77**	**565.92**	**473.80**	**919.19**	**781.87**
按贸易方式分	**By Trade Form**						
一般贸易	General Trade	59.52	34.52	136.01	46.41	174.36	208.55
来料加工	Processing and Assembling with Customer's Materials	91.66	76.24	159.36	118.93	265.80	179.09
补偿贸易	Compensation Trade	1.26	0.99	0.89	0.15	0.08	
进料加工	Processing and Assembling with Import Materials	68.42	51.37	263.40	205.00	452.00	314.62
加工设备	Processing Equipment		7.39		11.72		15.24
外资设备	Foreign Funded Equipment		21.45		57.03		34.53
易货贸易	Barter Trade			0.19	0.44		
保税仓库	Bonded Warehouse			4.05	27.33	24.04	23.36
捐　赠	Donation of Overseas Chinese		0.82		3.24	0.02	0.19
其　他	Others	1.35	3.99	2.02	3.55	2.89	6.29
按经济类型分	**By Ownership**						
国有经济	State-owned Economy	166.45	124.13	296.67	181.03	389.65	317.51
集体经济	Collective-owned Economy			9.19	8.20	25.31	25.64
私营经济	Private Economy			0.03	0.07	6.14	5.54
外商投资经济	Foreign Funded Economy	54.81	70.86	257.59	274.51	495.09	425.27
其他经济	Others	0.95	1.78	2.44	9.99	3.00	7.91

项　目	Item	2001 出口 Exports	2001 进口 Imports	2002 出口 Exports	2002 进口 Imports	2003 出口 Exports	2003 进口 Imports
总　计	**Total**	**954.21**	**810.66**	**1184.58**	**1026.34**	**1528.48**	**1306.74**
按贸易方式分	**By Trade Form**						
一般贸易	General Trade	164.95	229.75	217.10	266.37	291.92	359.85
来料加工	Processing and Assembling with Customer's Materials	274.89	182.40	313.57	222.73	339.73	237.49
补偿贸易	Compensation Trade	0.07		0.09		0.02	
进料加工	Processing and Assembling with Import Materials	490.13	322.04	618.29	432.50	841.72	571.45
加工设备	Processing Equipment		14.68		15.68		17.48
外资设备	Foreign Funded Equipment		32.42		41.51		45.70
易货贸易	Barter Trade						
保税仓库	Bonded Warehouse	22.94	23.48	35.40	42.06	54.93	69.48
捐　赠	Donation of Overseas Chinese		0.28	0.05	0.20	0.01	0.12
其　他	Others	1.23	5.61	0.08	5.29	0.15	5.17
按经济类型分	**By Ownership**						
国有经济	State-owned Economy	361.24	311.12	401.75	355.42	405.53	365.17
集体经济	Collective-owned Economy	34.43	32.78	44.91	30.36	56.01	35.17
私营经济	Private Economy	14.09	15.36	41.48	44.13	112.99	110.94
外商投资经济	Foreign Funded Economy	543.72	442.56	696.21	589.79	953.73	793.03
其他经济	Others	0.73	8.84	0.23	6.64	0.22	2.43

16-5 按产品类型分的海关进出口额

TOTAL VALUE OF IMPORTS AND EXPORTS BY PRODUCT TYPE (CUSTOMS STATISTICS)

单位：亿美元　　　　(USD 100 million)

项　　目	Item	2002		2003	
		金额 Amount	比重（%） Percentage	金额 Amount	比重（%） Percentage
出口总额	**Total Exports**	**1184. 58**	**100. 00**	**1528. 48**	**100. 00**
初级产品	Primary Goods	36. 72	3. 10	40. 01	2. 62
# 农产品	Farm Produce	19. 30	1. 63	19. 39	1. 27
工业制成品	Manufactured Goods	1147. 86	96. 90	1488. 47	97. 38
# 机电产品	Mechanical and Electrical Products	726. 52	61. 33	997. 13	65. 24
金属制品	Metal Products	46. 49	3. 92	57. 53	3. 76
机械及设备	Machinery and Equipment	245. 15	20. 70	361. 04	23. 62
电器及电子产品	Electric and Electronic Products	308. 40	26. 03	424. 93	27. 80
运输工具	Transport Equipment	23. 73	2. 00	33. 09	2. 16
仪器仪表	Instruments and Meters	31. 81	2. 69	35. 80	2. 34
其　　他	Others	70. 94	5. 99	84. 74	5. 54
# 高新技术产品	High and New-tech Products	309. 62	26. 14	480. 85	31. 46
生物技术	Biologic Technology	0. 04	0. 00	0. 06	0. 00
生命科学技术	Life Sciences Technology	2. 58	0. 22	2. 74	0. 18
光电技术	Photoelectric Technology	7. 96	0. 67	9. 32	0. 61
计算机与通信技术	Computer and Communication Technology	272. 21	22. 98	430. 92	28. 19
电子技术	Electronic Technology	23. 43	1. 98	32. 98	2. 16
计算机集成制造技术	Computer Integrated Manufacturing Technology	2. 02	0. 17	2. 81	0. 18
材料技术	Material Technology	0. 43	0. 04	1. 01	0. 07
航空航天技术	Aerospace Technology	0. 14	0. 01	0. 35	0. 02
其　　他	Others	0. 81	0. 07	0. 66	0. 04
进口总额	**Total Imports**	**1026. 34**	**100. 00**	**1306. 74**	**100. 00**
初级产品	Primary Goods	103. 15	10. 05	140. 42	10. 75
# 农产品	Farm Produce	24. 23	2. 36	33. 71	2. 58
工业制成品	Manufactured Goods	923. 19	89. 95	1166. 32	89. 25
# 机电产品	Mechanical and Electrical Products	552. 11	53. 79	740. 35	56. 66
金属制品	Metal Products	8. 77	0. 85	11. 38	0. 87
机械及设备	Machinery and Equipment	149. 65	14. 58	187. 17	14. 32
电器及电子产品	Electric and Electronic Products	330. 27	32. 18	448. 14	34. 29
运输工具	Transport Equipment	20. 74	2. 02	24. 69	1. 89
仪器仪表	Instrument and Meters	32. 89	3. 20	57. 75	4. 42
其　　他	Others	9. 79	0. 95	11. 22	0. 86
# 高新技术产品	High and New-tech Products	325. 53	31. 72	454. 05	34. 75
生物技术	Biologic Technology	0. 19	0. 02	0. 23	0. 02
生命科学技术	Life Sciences Technology	3. 79	0. 37	5. 12	0. 39
光电技术	Photoelectric Technology	4. 05	0. 39	5. 32	0. 41
计算机与通信技术	Computer and Communication Technology	109. 27	10. 65	154. 37	11. 81
电子技术	Electronic Technology	177. 41	17. 29	251. 21	19. 22
计算机集成制造技术	Computer Integrated Manufacturing Technology	19. 22	1. 87	24. 57	1. 88
材料技术	Material Technology	2. 42	0. 24	4. 44	0. 34
航空航天技术	Aerospace Technology	8. 42	0. 82	8. 28	0. 63
其　　他	Others	0. 76	0. 07	0. 51	0. 04

16-6 广东同主要国家（地区）海关进出口额

GUANGDONG'S TOTAL VALUE OF IMPORTS AND EXPORTS WITH MAIN COUNTRIES AND TERRITORIES (CUSTOMS STATISTICS)

单位：亿美元 (USD 100 million)

国别（地区）	Country (Territory)	2002			2003		
		进出口 Total	出口 Exports	进口 Imports	进出口 Total	出口 Exports	进口 Imports
合计	**Total**	**2210.92**	**1184.58**	**1026.34**	**2835.22**	**1528.48**	**1306.74**
亚洲	**Asia**	**1456.29**	**650.02**	**806.27**	**1886.62**	**829.63**	**1056.99**
中国香港	Hong Kong, China	476.15	423.86	52.29	592.54	538.58	53.96
中国澳门	Macao, China	8.78	7.42	1.36	12.36	10.58	1.78
中国台湾	Taiwan, China	220.13	21.49	198.64	255.56	25.24	230.32
日本	Japan	267.00	93.39	173.61	345.98	116.80	229.18
韩国	Republic of Korea	90.95	14.42	76.53	130.37	25.22	105.15
菲律宾	Philippines	19.72	3.93	15.79	32.39	5.14	27.25
泰国	Thailand	38.02	10.55	27.47	51.13	12.27	38.86
马来西亚	Malaysia	59.97	12.69	47.28	77.33	14.67	62.66
新加坡	Singapore	54.45	24.11	30.34	70.7	27.61	43.09
印度尼西亚	Indonesia	22.19	6.63	15.56	25.74	7.76	17.98
印度	India	9.44	3.51	5.93	11.53	4.21	7.32
沙特阿拉伯	Saudi Arabia	9.24	4.47	4.77	13.11	5.39	7.72
阿联酋	United Arab Emirates	9.36	7.42	1.94	13.22	10.69	2.53
东盟（10国）	Association of Southeast Asian Nations	199.24	61.69	137.55	264.86	72.99	191.87
非洲	**Africa**	**20.51**	**12.26**	**8.25**	**28.19**	**18.69**	**9.50**
埃及	Egypt	1.63	1.43	0.20	2.01	1.63	0.38
南非	South Africa	8.58	2.98	5.60	11.08	4.65	6.43
欧洲	**Europe**	**275.06**	**173.74**	**101.32**	**356.21**	**244.77**	**111.44**
比利时	Belgium	15.13	8.38	6.75	18.84	10.72	8.12
丹麦	Denmark	3.88	2.22	1.66	6.28	3.92	2.36
英国	United Kingdom	39.20	30.98	8.22	47.95	40.08	7.87
德国	Germany	65.31	35.99	29.32	87.15	53.93	33.22
法国	France	21.96	13.66	8.30	28.93	21.11	7.82
意大利	Italy	20.56	9.99	10.57	23.89	14.27	9.62
荷兰	Netherlands	39.44	35.79	3.65	52.44	48.43	4.01
西班牙	Spain	8.27	6.11	2.16	11.97	9.65	2.32
奥地利	Austria	2.86	1.23	1.63	2.93	1.46	1.47
芬兰	Finland	6.35	3.35	3.00	6.52	3.48	3.04
瑞士	Switzerland	8.70	2.56	6.14	10.41	3.41	7.00
波兰	Poland	2.48	2.00	0.48	3.03	2.59	0.44
俄罗斯	Russia	10.18	3.72	6.46	15.63	6.85	8.78
欧盟	European Union	234.28	154.32	79.96	305.12	218.32	86.80
拉丁美洲	**Latin America**	**39.07**	**23.10**	**15.97**	**51.98**	**26.63**	**25.35**
阿根廷	Argentina	3.45	0.19	3.26	7.05	0.76	6.29
巴西	Brazil	7.13	3.62	3.51	11.36	4.85	6.51
智利	Chile	3.83	2.39	1.44	4.88	2.79	2.09
墨西哥	Mexico	13.70	7.81	5.89	15.01	8.36	6.65
北美洲	**North America**	**384.20**	**309.28**	**74.92**	**470.72**	**387.07**	**83.65**
加拿大	Canada	21.47	13.49	7.98	25.29	16.69	8.60
美国	United States	362.73	295.79	66.94	445.41	370.36	75.05
大洋洲	**Oceania**	**35.79**	**16.18**	**19.61**	**41.50**	**21.69**	**19.81**
澳大利亚	Australia	31.48	14.67	16.81	35.76	19.46	16.30
新西兰	New Zealand	3.89	1.35	2.54	5.12	2.02	3.10

注：本表数字按产销国别原则统计。
Note: The data in the table are calculated with the principle of the country of production and marketing.

16-7 外贸进出口市场结构
MARKET STRUCTURE OF IMPORTS AND EXPORTS

金额单位：亿美元 （USD 100 million）

地区	Region	2000		2002		2003	
		金额 Amount	比重（%）Percentage	金额 Amount	比重（%）Percentage	金额 Amount	比重（%）Percentage
出口总额	**Total Value of Exports**	**919.19**	**100.0**	**1184.58**	**100.0**	**1528.48**	**100.0**
亚洲	Asia	491.57	53.5	650.02	54.9	829.63	54.3
#港澳地区	Hong Kong and Macao	321.05	34.9	431.28	36.4	549.16	35.9
中国台湾	Taiwan, China	17.51	1.9	21.49	1.8	25.24	1.7
日本	Japan	77.47	8.4	93.39	7.9	116.80	7.6
东盟	Association of Southeast Asian Nations	42.41	4.6	42.41	3.6	72.99	4.8
中东十七国	The Middle East Seventeen Countries			22.72	1.9	32.86	2.1
非洲	Africa	9.70	1.1	12.26	1.0	18.69	1.2
欧洲	Europe	137.14	14.9	173.74	14.7	244.77	16.0
#欧盟	European Union	125.79	13.7	154.32	13.0	218.32	14.3
俄罗斯	Russia	1.43	0.2	3.72	0.3	6.85	0.4
拉丁美洲	Latin America	21.21	2.3	23.10	1.9	26.63	1.8
北美洲	North America	247.14	26.9	309.28	26.1	387.07	25.3
#美国	United States	236.27	25.7	295.79	25.0	370.36	24.2
大洋洲	Oceania	12.43	1.4	16.18	1.4	21.69	1.4
其他	Others						
进口总额	**Total Value of Imports**	**781.87**	**100.0**	**1026.34**	**100.0**	**1306.74**	**100.0**
亚洲	Asia	602.64	77.1	806.27	78.5	1056.99	80.9
#港澳地区	Hong Kong and Macao	53.35	6.8	53.65	5.2	55.74	4.3
中国台湾	Taiwan, China	151.28	19.3	198.64	19.4	230.32	17.6
日本	Japan	140.13	17.9	173.61	16.9	229.18	17.5
东盟	Association of Southeast Asian Nations	91.25	11.7	137.55	13.4	191.87	14.7
中东十七国	The Middle East Seventeen Countries			32.04	3.1	43.12	3.3
非洲	Africa	7.61	1.0	8.24	0.8	9.50	0.7
欧洲	Europe	84.64	10.8	101.32	9.9	111.44	8.6
#欧盟	European Union	70.03	9.0	79.96	7.8	86.80	6.6
俄罗斯	Russia	6.22	0.8	6.46	0.6	8.78	0.7
拉丁美洲	Latin America	8.52	1.1	15.97	1.6	25.35	1.9
北美洲	North America	60.26	7.7	74.92	7.3	83.65	6.4
#美国	United States	53.05	6.8	66.94	6.5	75.05	5.7
大洋洲	Oceania	18.21	2.3	19.61	1.9	19.81	1.5
其他	Others			0.01	…		

16-8 海关进出口商品分类金额

VALUE OF IMPORTS AND EXPORTS BY CATEGORY OF COMMODITIES (CUSTOMS STATISTICS)

单位：万美元 (USD 10000)

商品类别	Category of Commodities	2002		2003	
		出口 Exports	进口 Imports	出口 Exports	进口 Imports
总　计	**Total Value**	**11845845**	**10263408**	**15284830**	**13067411**
第一类　活动物；动物产品	**Live Animals and Animal Products**	**63308**	**74015**	**78476**	**70891**
活动物	Live Animals	12618	695	11660	143
肉及食用杂碎	Meat and Edible Haslets	7005	48680	8682	44207
水产品	Aquatic Products	35427	8605	50031	9726
乳品、蛋品、天然蜂蜜、其他食用动物产品	Dairy Products, Eggs, Natural Honey and Other Edible Animal Products	4080	7602	4117	8301
其他动物产品	Other Animal Products	4178	8433	3986	8514
第二类　植物产品	**Plant Products**	**54996**	**81133**	**56464**	**139834**
树苗及花草	Saplings, Flowers and Herbs	1715	1005	2067	1416
蔬菜	Edible Vegetables	17915	1774	18133	1964
水果及坚果	Fruits and Nuts	8622	13574	9866	18986
咖啡、茶叶及调味香料	Coffee, Tea and Spices	9397	1047	9887	1387
谷物	Cereals	127	11261	156	14220
制粉工业产品	Flour, Starch and Related Products	4424	5701	4320	7604
植物油籽及果实、种子、药材及饲料	Oil seeds and Kernels, Seeds Medical Materials and Forage	10333	42797	9285	89590
虫胶、树胶、树脂	Shellac, Gum, Resin	879	1531	1048	1891
编结植物材料、其他植物产品	Stuff of Knitting Plant, Other Plants and Related Products	1584	2443	1702	2776
第三类　动、植物油脂及蜡	**Animal Fat, Vegetable Oil and Wax**	**4912**	**22347**	**2674**	**41233**
动、植物油脂及蜡	Animal Fat, Vegetable Oil and Wax	4912	22347	2674	41233
第四类　食品、烟草及制品	**Food, Tobacco and Related Products**	**140224**	**50072**	**148175**	**60248**
动物产品制品	Animal Products	45675	298	51641	328
糖及糖食	Sugar and Sugar Products	12662	6838	10820	4464
可可及可可制品	Cocoa and Cocoa Products	332	2093	682	2350
粮食及乳制品、糕饼点心	Foodstuff, Dairy Products and Pastry Products	13860	10041	15726	9058
蔬菜、水果等植物制品	Products of Vegetables and Fruits	12965	3786	15564	3624
杂项制品	Miscellaneous Edible Products	11899	7340	13306	18642
饮料、酒及醋	Beverages, Liquor and Vinegar	36937	5506	34123	4933
食品的残渣、动物饲料	Dreg of Food, Animal Forage	2298	14057	2048	16758
烟草及烟草制品	Tobacco and Related Products	3596	113	4265	91
第五类　矿产品	**Minerals**	**91997**	**542888**	**101773**	**759154**
盐、硫磺、建筑材料	Salt, Sulphur, Building Materials	10361	21570	10903	29626
矿砂、矿渣及矿灰	Ore, Slag and Mortar	244	18733	386	29438
矿物燃料、矿物油及产品	Mineral Fuels, Lubricants and Related Materials	81392	502585	90484	700090
第六类　化工产品	**Chemicals**	**187451**	**581073**	**227214**	**697638**
无机化学品	Inorganic Chemicals	22866	46483	25149	53397
有机化学品	Organic Chemicals	28296	218106	33153	273954
药品	Medicinal and Pharmaceutical Products	9420	31781	12959	38531
肥料	Fertilizers	5657	27537	4653	22639
鞣料、染料浸膏、染料、颜料、油漆、油墨	Tanning Materials, Dyeing Extracts, Dyestuff, Colourant, Paint and Printing Ink	22068	77846	25717	92105

16-8 续表1 continued

单位：万美元 (USD 10000)

商品类别	Category of Commodities	2002		2003	
		出口 Exports	进口 Imports	出口 Exports	进口 Imports
化妆品及其原料、芳香料制品	Cosmetics and Cosmetic Raw Materials, Perfume Products	25158	8105	39317	11903
洗涤用品	Detergents	16761	18498	17231	25359
蛋白类物质、改性淀粉、胶、酶	Protein Materials, Modified Starch, Gum and Enzyme	5614	19193	5707	22086
炸药、烟火制品、易燃材料制品	Explosive, Pyrotechnic Products, Inflammable Material Products	8810	53	7913	72
照相及电影用品	Photographic and Film Products	18153	33057	26317	37004
杂项化学产品	Miscellaneous Chemical Products	24648	100414	29098	120588
第七类 塑料、橡胶及其制品	**Plastics, Rubber and Related Products**	**408961**	**991522**	**479162**	**1118399**
塑料及其制品	Plastics and Related Products	378961	924077	441445	1037226
橡胶及其制品	Rubber and Related Products	30000	67445	37717	81173
第八类 皮革、毛皮及其制品、旅行用品、手提包	**Leather, Furs and Related Products, Travel Articles, Handbags**	**340204**	**151118**	**411103**	**181263**
生皮及皮革	Raw Hides and Leather	31994	136087	44053	162461
皮革制品、旅行用品及手提包	Leather Products, Travel Articles and Handbags	292643	1790	347846	2285
毛皮、人造毛皮及制品	Furs, Artificial Furs and Related Products"	15567	13241	19204	16517
第九类 木及木制品、草柳编结品	**Wood and Wooden Products, Straw and Wicker Knitting Products**	**83805**	**125376**	**96666**	**130293**
木及木制品、木炭	Wood and Wooden Products, Charcoal	64685	124644	71580	129769
软木及软木制品	Cork and Related Products	40	191	53	204
草柳编结品	Straw and Wicker Knitting Products	19080	541	25033	320
第十类 木浆、纸、纸板及制品	**Wood Pulp, Paper, Paperboard and Related Products**	**131807**	**308435**	**158642**	**335373**
木浆及其他纤维素浆、废碎纸板	Wood Pulp and Cellulose Pulp, Waste Paper and Paperboard	7	49264	35	72642
纸及纸板、纸浆、纸制品	Paper, Paperboard, Paper Pulp, Paper Products	80529	249041	98335	251958
书籍、印刷品、设计图纸	Books, Printed Matter, Design Blueprint	51271	10130	60272	10773
第十一类 纺织原料及纺织制品	**Textile Materials and Products**	**1305771**	**714554**	**1489676**	**762137**
蚕丝	Natural Silk	8802	4458	7699	4751
羊毛、动物毛、毛纱线及制品	Wool, Animal Hair, Woolen Yarn and Woven Fabrics	12245	29227	12012	25736
棉花	Cotton	115320	217153	120666	239704
其他纺织纤维、纸纱线及机织物	Other Textile Fibers, Yarn and Related Woven Fabrics	13681	14545	12475	16335
化学纤维长丝	Chemical Fiber, Continuous Filament	14783	117728	21094	123186
化学纤维短丝	Chemical Fiber, Staple Fiber	24374	95447	27230	103454
絮胎、毡尼及无纺物、特种纱线、线绳索缆	Wadding, Felt and Adhesive-bond Fabrics, Special Yarn, Thread, Rope, Cable	14212	14302	15761	17611
地毯及纺织铺地制品	Carpets and Related Woven Products	3540	1201	4835	975
特种机织物、纺织装饰品、刺绣品	Special Woven Fabrics, Woven Ornaments, Embroidery	24399	19798	27371	22001
浸渍、涂布、包覆或层压的纺织物	Soaked, Coated or Overlapping Textile Products	10540	48726	11197	46450
针织物及钩编织物	Knit Wear and Crocheted Fabrics	136928	71248	159226	76938
针织或钩编的服装及衣着附件	Knitted or Crocheted Garments and Clothing Accessories	408631	42743	483092	44265
非针织或非钩编的服装及衣着附件	Garments Not Knitted or Not Crocheted and Clothing Accessories	472497	36267	531981	38746
其他纺织制成品、成套物品	Other Textile Products	45819	1711	55037	1985
第十二类 鞋帽伞杖、加工羽毛、人造花、人发制品	**Footwear, Headgear, Umbrellas, Canes, Processed Feather, Artifical Flowers, Wigs**	**571197**	**7911**	**641247**	**9404**
鞋类及零件	Footwear and Accessories	478034	6215	543521	7680
帽类及零件	Headgear and Accessories	19415	111	23062	153

16-8 续表2 continued

单位：万美元 (USD 10000)

商品类别	Category of Commodities	2002 出口 Exports	2002 进口 Imports	2003 出口 Exports	2003 进口 Imports
伞、杖、鞭及零件	Umbrellas, Canes, Whips and Accessories	30234	500	31418	487
加工羽毛、羽绒及制品、人造花、人发制品	Processed Feathers, Down and Related Products, Artificial Flowers, Wigs	43514	1085	43246	1084
第十三类 石材制品、陶瓷产品、玻璃及其制品	**Stone Products, Ceramics, Glass and Glassware**	**167153**	**65611**	**211730**	**81499**
石材制品	Stone and Related Products	17074	8554	23378	9976
陶瓷产品	Ceramics	106426	3383	133457	4722
玻璃及其制品	Glass and Glassware	43653	53674	54895	66801
第十四类 珠宝首饰、硬币	**Jewellery, Coins**	**172197**	**86141**	**194939**	**103385**
珠宝首饰	Jewellery	172197	86141	194939	103385
第十五类 贱金属及其制品	**Base Metals and Related Products**	**553383**	**897338**	**691130**	**1172487**
钢铁	Iron and Steel	14189	432047	18837	597594
钢铁制品	Iron and Steel Products	240931	52670	294891	66346
铜及其制品	Copper and Related Products	24350	216399	30480	255246
镍及其制品	Nickel and Related Products	247	11972	254	14007
铝及其制品	Aluminum and Related Products	75407	119169	98061	159099
铅及其制品	Lead and Related Products	3972	1374	2296	2217
锌及其制品	Zinc and Related Products	8738	23291	11146	25756
锡及其制品	Tin and Related Products	1760	7526	562	8343
其他贱金属金属陶瓷及其制品	Other Base Metals, Metallic Ceramics and Related Products	1651	4672	3557	4870
贱金属工具器具利口器餐具及零件	Base Metals Tools, Utensils, Sharp Tools, Dinner-sets and Accessories	89239	15921	119143	25786
贱金属杂项制品	Miscellaneous Base Metals Products	92899	12297	111903	13223
第十六类 机械、电气设备、电视机及音响设备	**Machinery, Electric Equipment, TV Sets, Sound Appliances**	**5534608**	**4800043**	**7859732**	**6353052**
核反应堆、锅炉、机械设备及零件	Nuclear Reactor, Boilers, Mechanic Equipment and Accessories	2450645	1496940	3610431	1871681
机电、电气设备、电视机及音响设备	Machinery, Electric Equipment, TV Sets and Sound Appliances	3083963	3303103	4249301	4481371
第十七类 车辆、航空器、船舶及有关运输设备	**Vehicles, Aircraft, Ships and Related Transport Equipment**	**237317**	**207358**	**330883**	**246878**
铁道及电车机车、车辆及零件	Rail Locomotives, Tramcars and Accessories	67102	837	103095	503
车辆及零附件	Vehicles and Related Parts and Accessories	153014	127963	196992	170116
航空器、航天器及零件	Aircraft, Spacecraft and Related Parts and Accessories	260	73176	480	67668
船舶及浮动结构体	Ships and Related Products	16941	5382	30316	8591
第十八类 仪器、医疗器械、钟表及乐器	**Instruments, Medical Instruments and Equipment, Clocks and Watches, Musical Instruments**	**474904**	**398511**	**537989**	**647631**
光学、照相电影、计量检验、医疗仪器设备	Optical, Photographic, Film, Measuring and Checking, Medical Instruments and Equipment	318121	328784	357952	577540
钟表及零件	Clocks, Watches and Spare Parts	141239	67658	161090	68384
乐器及零附件	Musical Instruments and Accessories	15544	2069	18947	1707
第十九类 杂项制品	**Miscellaneous Manufactured Articles**	**1320573**	**40877**	**1565028**	**57101**
家具、床上用品、照明装置、发光标志	Furniture, Bed Articles, Lighting Apparatus, Radiate Marks	477082	7024	599760	9047
玩具、游戏、运动用品及零附件	Toys, Game Goods, Sports Goods and Related Parts and Accessories	784862	21754	900239	34576
杂项制品	Other Miscellaneous Manufactured Articles	58629	12099	65029	13478
第二十类 艺术品、收藏品及古物	**Works of Art, Collection Pieces and Antiques**	**723**	**23**	**760**	**16**
第二十一类 特殊交易品及未分类商品	**Special Trading Goods and Unclassified Goods**	**354**	**117062**	**1367**	**99495**

16-9 海关出口主要商品数量和金额

VOLUME AND VALUE OF MAIN COMMODITIES FOR EXPORT (CUSTOMS STATISTICS)

金额单位：万美元 (USD 10000)

商品名称		Item		2002 数量 Volume	2002 金额 Value	2003 数量 Volume	2003 金额 Value
活猪	(万头)	Live Hogs	(10000 heads)	36	4544	36	4710
活家禽	(万只)	Live Poultry	(10000 heads)	3785	6936	3521	5855
鲜、冻猪肉	(吨)	Fresh and Frozen Pork	(ton)	11053	1533	10823	1544
冻鸡	(吨)	Frozen Chicken	(ton)	23359	2491	24448	3282
水产品	(吨)	Aquatic Products	(ton)	212616	35427	241097	49936
#活鱼	(吨)	Live Fish	(ton)	49981	6814	50605	7039
鲜冻对虾	(吨)	Fresh and Frozen Prawn	(ton)	15923	5731	29672	11752
谷物	(吨)	Cereals	(ton)	167284	4179	154931	3980
#大米	(吨)	Rice	(ton)	5153	182	7203	243
蔬菜	(吨)	Vegetables	(ton)	775516	19274	820349	19693
#鲜蔬菜	(吨)	Fresh Vegetables	(ton)	685594	12073	738854	12442
鲜、干果类	(吨)	Fresh and Dried Fruit	(ton)	261549	7245	319603	8701
#柑桔橙	(吨)	Mandarins and Oranges	(ton)	46262	1057	70282	1801
食用油籽	(吨)	Edible Oil Seeds	(ton)	12143	481	11522	605
食用植物油	(吨)	Edible Vegetable Oil	(ton)	74995	4410	26361	2394
食糖	(吨)	Sugar	(ton)	195707	4951	67837	1870
茶叶	(吨)	Tea	(ton)	23367	3619	23998	4004
猪肉罐头	(吨)	Canned Pork	(ton)	4075	464	6349	708
蘑菇罐头	(吨)	Canned Mushroom	(ton)	23116	1913	22863	1932
羽毛、羽绒	(吨)	Feather and Down	(ton)	7901	3326	7085	3077
药材	(吨)	Medicinal Materials	(ton)	58760	6837	71995	6116
纸烟	(千支)	Cigarettes	(1000 units)	1402597	1817	1594337	2272
生丝	(吨)	Raw Silk	(ton)	1592	2775	1377	2079
成品油	(吨)	Finished Petroleum Products	(ton)	517843	12655	645308	16674
合成有机染料	(吨)	Synthetic Organic Dyestuff	(ton)	6465	2108	5534	1718
医药品	(吨)	Medicinal and Pharmaceutical Products	(ton)	29216	16828	32994	19881
#抗菌素	(吨)	Antibiotics	(ton)	1561	3798	1202	3312
烟花爆竹	(吨)	Fireworks and Firecrackers	(ton)	67419	8219	62368	7329
松香、树脂	(吨)	Rosin, Resin	(ton)	96141	4333	88877	4162
轮胎	(万条)	Rubber Tire	(10000 units)	3415	12193	3390	15726
纸及纸板	(吨)	Paper and Paperboard	(ton)	109211	8336	146851	11668
纺织品		Textiles			421198		472939
#棉纱线	(吨)	Cotton Yarn	(ton)	113845	34085	114394	35128
丝绸	(万米)	Silk	(10000 m)	1457	4844	1448	4748
棉布	(万米)	Cotton Cloth	(10000 m)	73625	89975	76127	95083
麻纺布	(万米)	Line Cloth	(10000 m)	5648	8936	5836	9007
混纺布	(万米)	Mixed Cloth	(10000 m)	3626	2884	2461	1998
玻璃制品		Glass Products			18568		24811
家用陶瓷器皿		Porcelain and Pottery Wares for Household Use			36197		45923
装饰用陶瓷器皿		Porcelain and Pottery Wares for Decoration Use			36879		38522
珍珠、宝石	(千克)	Pearls and Gems	(1000 grams)	5936035	47158	4552939	62404

16-9 续表 continued

金额单位：万美元 (USD 10000)

商品名称		Item		2002 数 量 Volume	2002 金 额 Value	2003 数 量 Volume	2003 金 额 Value
贵金属及首饰		Precious Metal and Jewelry			110510		117374
钢 材	(吨)	Steel Products	(ton)	394314	19625	414586	23097
铝 材	(吨)	Aluminum Products	(ton)	110652	24622	152570	34989
铜 材	(吨)	Copper Products	(ton)	56816	18932	73777	24369
工具		Tools			21073		28392
锁	(吨)	Locks	(ton)	61722	16702	68194	20235
电 扇	(万台)	Electric Fans	(10000 sets)	16986	89779	25081	110150
普通缝纫机	(万台)	Sewing Machines	(10000 sets)	575	8306	641	10390
金属加工机床	(台)	Machine Tools	(sets)	282671	2623	185323	3083
电子计算器	(万台)	Electric Calculators	(10000 sets)	32343	51755	28663	58160
数据处理设备	(万台)	Data Processing Equipment	(10000 sets)	48649	1010592	66644	1773279
电动、发电机	(万台)	Electric Motors and Generators	(10000 sets)	219026	110596	237395	121486
静止式变流器	(万个)	Static Converters	(10000 units)	68233	155141	91567	194097
原 电 池	(万个)	Primary Cells and Batteries	(10000 units)	1042323	28913	1217922	48635
蓄 电 池	(万个)	Electric Accumulators	(10000 units)	76188	77628	103968	112042
有 线 电 话	(万台)	Line Telephone Sets	(10000 sets)	15089	125403	17366	151238
手持或车载无线电话	(万台)	Radio Telephones Carried by Hand or Vehicle	(10000 sets)	1638	114294	2952	190275
扬 声 器	(万个)	Loud speakers	(10000 units)	84964	72362	99734	88682
收录机、组合音响	(万台)	Sound Recording Apparatus	(10000 sets)	17376	235636	18033	240027
收 音 机	(万台)	Radio Sets	(10000 sets)	19725	23529	23716	28372
彩电（整套散件）	(万台)	Color TV Sets (Complete Set of Spare Parts)	(10000 sets)	699	52416	1620	123247
集成电路、微电子件	(万个)	Integrated Circuit and Parts of Electronic Components	(10000 units)	229988	50220	315423	80298
集 装 箱	(个)	Containers	(unit)	335383	66879	482583	102822
自 行 车	(万辆)	Bicycles	(10000 units)	1815	52810	1876	57379
船 舶	(艘)	Ships	(unit)	2540	15637	10038	30292
照 相 机	(万架)	Cameras	(10000 sets)	7390	49863	4682	35428
手 表	(万只)	Wrist watches	(10000 units)	78370	74982	83960	90691
# 电子手表	(万只)	Electronic Watches	(10000 units)	77239	73086	83155	89042
日 用 钟	(万只)	Clocks	(10000 sets)	28513	28320	28270	30290
家 具		Furniture			273259		360135
床垫、卧具用品		Mattress and Bedding Articles			13351		16231
灯具、照明用品		Lights and Lighting Apparatus			188577		219721
箱包、旅行用品		Boxes and Bags, Travel Goods			199604		222357
服装、衣着附件		Garments and Clothing Accessories			1006064		1177701
# 织物服装		Textile Garments			816792		936351
皮革服装	(万件)	Leather Garments	(10000 pcs)	786	17117	788	16084
皮革手套	(万双)	Leather Gloves	(10000 pairs)	58237	67961	68521	101680
帽类	(万个)	Headgear	(10000 units)	90566	19415	91985	22404
鞋	(万双)	Footwear	(10000 pairs)	196857	463805	221102	527027
# 橡胶、塑料鞋	(万双)	Rubber and Plastic Shoes	(10000 pairs)	112395	170309	127349	192275
皮鞋	(万双)	Leather Shoes	(10000 pairs)	58326	252797	64061	285419
塑料制品		Plastic Articles			301424		342837
玩具		Toys			395451		422961
人造花		Artificial Flowers			40040		39578

16-10 海关进口主要商品数量和金额

VOLUME AND VALUE OF MAIN COMMODITIES FROM IMPORT (CUSTOMS STATISTICS)

金额单位：万美元 (USD 10000)

商品名称		Item		2002 数量 Volume	2002 金额 Value	2003 数量 Volume	2003 金额 Value
谷　　物	(吨)	Cereals	(ton)	588128	11948	590777	14732
#小　麦	(吨)	Wheat	(ton)	291109	5052	205188	3849
稻谷和大米	(吨)	Paddy and Rice	(ton)	117475	4047	180979	6760
玉米	(吨)	Corn	(ton)	6175	105	66	8
大豆	(吨)	Soybean	(ton)	1659501	37546	3221145	85744
鲜、干果类	(吨)	Fresh and Dried Fruit	(ton)	250854	13569	263981	18943
#柑桔橙	(吨)	Mandarins and Oranges	(ton)	31055	1537	43720	2751
食用植物油	(吨)	Edible Vegetable Oil	(ton)	367498	15130	691716	33411
其他植物油	(吨)	Other Vegetable Oil	(ton)	39655	16899	59532	2877
食　　糖	(吨)	Sugar	(ton)	226155	4477	114173	2396
饲　　料	(吨)	Forage	(ton)	200744	13393	248890	16074
纸　　烟	(千支)	Cigarettes	(1000 units)	33837	96	19430	73
天然橡胶	(吨)	Natural Rubber	(ton)	106831	8656	120044	11021
合成橡胶	(吨)	Synthetic Rubber	(ton)	348738	33454	342912	34624
原　　木	(立方米)	Logs	(cu. m)	1935809	23497	2016428	26187
锯　　材	(立方米)	Timbering	(cu. m)	2601439	50749	2544355	50546
纸　　浆	(吨)	Paper Pulp	(ton)	618757	24830	684142	29304
羊　　毛	(吨)	Wool	(ton)	17140	5980	16466	5803
原　　棉	(吨)	Raw Cotton	(ton)	27723	2832	70330	9747
合成纤维	(吨)	Synthetic Fiber	(ton)	200227	18216	246302	23720
#聚酯纤维	(吨)	Polyester Fiber	(ton)	158332	12283	201395	17156
聚丙烯晴纤维	(吨)	Polyacrylonitrile Fiber	(ton)	29743	4088	32763	4513
人造纤维	(吨)	Artificial Fiber	(ton)	1009	220	2137	437
铁 矿 砂	(吨)	Iron Ore	(ton)	2582971	7893	3916150	17989
氧 化 铝	(吨)	Aluminum Oxide	(ton)	232116	4104	221126	5554
原　　油	(万吨)	Crude Oil	(tons)	1259	230727	1445	315293
成 品 油	(万吨)	Finished Petroleum Products	(tons)	870	146410	1113	216210
液化石油气	(万吨)	LPG	(tons)	398	101379	416	131302
乙 二 醇	(吨)	Ethylene Glycol	(ton)	233030	9744	214694	12852
对苯二甲酸	(吨)	Telephthalic Acid	(ton)	554241	27063	328353	18640
己 内 酰 胺	(吨)	Carprolactam	(ton)	70916	7078	73816	8558
医 药 品	(吨)	Medicinal and Pharmaceutical Products	(ton)	13066	36234	14282	42216
#抗菌素	(吨)	Antibiotics	(ton)	447	3722	280	2916
肥　　料	(吨)	Fertilizer	(ton)	1916359	27537	1422430	22639
#尿素	(吨)	Urea	(ton)	357530	4179	3	0.45
氯 化 钾	(吨)	Potassium Chloride	(ton)	540756	6197	421758	4878
复 合 肥 料	(吨)	Compound Fertilizer	(ton)	1015766	17086	997401	17663
合成有机染料	(吨)	Synthetic Organic Dyestuff	(ton)	31470	10041	31728	10348
初级型状聚乙烯	(吨)	Polyethylene in Primary Form	(ton)	1375676	92091	1271695	89779
初级型状聚丙烯	(吨)	Polypropylene in Primary Form	(ton)	1418067	98802	1510322	111339
初级型状聚苯乙烯	(吨)	Polystyrene in Primary Form	(ton)	2807199	252645	2887733	263226
#ABS 树脂	(吨)	ABS Copolymer Resin	(ton)	1269756	127045	1401181	140295
初级型状聚氯乙烯	(吨)	Polyvinyl Chloride in Primary Form	(ton)	1201493	74160	1303191	83994
初级型状聚酯	(吨)	Polyester in Primary Form	(ton)	561534	81650	636181	97692
农　　药	(吨)	Pesticides	(ton)	3391	1463	4853	1925
牛皮革、马皮革	(吨)	Cattlehide and Horsehide	(ton)	595837	110731	680864	132764

16-10 续表 continued

金额单位：万美元 (USD 10000)

商品名称		Item		2002 数量 Volume	2002 金额 Value	2003 数量 Volume	2003 金额 Value
胶合板	(立方米)	Plywood	(cu. m)	176725	6797	354117	13754
纸及纸板	(吨)	Paper and Paperboard	(ton)	4545979	225866	4551514	227489
# 牛皮纸	(吨)	Kraft-paper	(ton)	929488	37112	863733	33694
毛纱线	(吨)	Wool and Cotton Thread	(ton)	36415	17112	30090	14098
棉纱线	(吨)	Cotton Yarn	(ton)	561654	119697	644555	134838
合成纤维纱线	(吨)	Synthetic Fiber, Continuous Filament and Yarn	(ton)	356095	72340	409639	84318
丝绸	(万米)	Silk	(10000 m)	2315	4169	2641	4440
棉布	(万米)	Cotton Cloth	(10000 m)	121598	98192	123441	99721
化纤布	(万米)	Chemical Fibre Cloth	(10000 m)	140309	72915	127485	68512
钢材	(万吨)	Rolled Steel	(tons)	819	412744	1063	554346
# 钢铁板材	(万吨)	Iron & Steel Plate	(tons)	712	353967	937	487823
铜材	(吨)	Rolled Copper	(ton)	677891	159857	768770	188407
铝材	(吨)	Rolled Aluminum	(ton)	234200	57393	242273	62716
制冷压缩机	(台)	Refrigeration Compressors	(set)	3029458	16722	4553739	22651
空调	(台)	Air Conditioners	(set)	25806	4196	20594	4235
制冷设备		Refrigerating Equipment			5565		4465
机械装卸设备		Mechanical Handling Equipment			27585		44845
建筑采矿设备		Building and Mining Equipment			14948		41180
食品机械		Food-processing Machinery			2338		2822
造纸、纸品机械		Paper and Pulp Mill Machinery			12651		17082
印刷机械		Printing Machinery			42428		46986
纺织机械		Textile Machinery			59231		57590
工业缝纫机	(台)	Industrial Sewing Machines	(set)	155673	9476	110070	7244
机床	(台)	Machine Tools	(set)	60789	91256	55141	95054
橡、塑加工机械		Rubber and Plastic Processing Machinery			63422		64287
数据处理设备	(万台)	Data Processing Equipment	(10000 sets)	6261	259915	9932	411559
电动、发电机	(万台)	Electric Motors and Generators	(10000 sets)	122489	71731	125193	74015
发电机组、变流机	(台)	Generating and Converters	(set)	15504	14016	18074	16114
电话、电报交换机	(台)	Telephonic and Telegraphic Switching Apparatus	(set)	12804	408	17840	4737
磁带		Tapes			18605		29962
手持或车载无线电话	(万台)	Radio Telephones Carried by Hand or Vehicle	(10000 sets)	558	85526	765	100217
电视摄像机	(万台)	TV Cameras	(10000 sets)	36	2618	465	40905
电视机	(台)	TV Sets	(set)	104144	906	877438	4120
# 彩色电视机	(台)	Color TV Sets	(set)	89705	861	833790	4079
半导体器件	(万个)	Parts of Semi-conductor Devices	(10000 units)	7558327	239781	9288100	308928
电路保护装置		Protection Fixtures of Circuit			151571		199643
显像管	(万只)	Kinescopes	(10000 units)	607	26733	1320	46106
集成电路、电子件	(万个)	Integrated Circuit and Parts of Electronic Components	(10000 units)	2368660	1378351	3120062	2008008
电线、电缆	(吨)	Electric Wires and Cables	(ton)	164725	70250	155185	71230
汽车及底盘	(辆)	Motor Vehicles and Chassis	(unit)	28594	63353	28379	77609
# 小轿车	(辆)	Cars	(unit)	17385	39981	15352	47740
旅行车	(辆)	Station Wagons	(unit)	3381	5730	3169	6092
船舶	(艘)	Ships	(unit)	554	3467	495	1944
塑料制品		Plastic Products			39954		47647
玩具		Toys			4632		5743

16-11 机电产品出口分类值

EXPORT VALUE OF MECHANICAL AND ELECTRICAL PRODUCTS BY CATEGORY OF COMMODITIES

单位：万美元 (USD 10000)

产品分类	Category of Commodities	2002	2003
合　计	**Total**	**7265232**	**9971279**
建筑材料	**Building Materials**	**303**	**868**
玻璃及制品	**Glass and Glassware**	**1768**	**523**
钢铁制品	**Iron and Steel Products**	**223195**	**286003**
# 其他钢铁结构体、部件及加工钢材	Other Iron and Steel Structure, Parts and Rolled Steel	25654	27512
不锈钢餐具、厨具	Stainless Steel Tableware and Kitchenware	80963	98263
铜制品	**Copper Products**	**5521**	**6335**
铝制品	**Aluminum Products**	**38305**	**45339**
# 铝制门窗及配件	Aluminum Window, Door and Fittings	7467	6934
其他贱金属制品	**Other Base Metals Products**	**5775**	**6574**
贱金属工具、利口器、餐具及零件	**Base Metals Tools, Sharp Tools, Tableware and Accessories**	**108619**	**142521**
# 工具	Tools	21073	27163
利口器	Sharp Tools	41215	55685
厨具、餐具	Kitchenware and Tableware	27105	36289
锁类	Locks	16712	23884
贱金属杂项制品	**Miscellaneous Base Metals Products**	**73752**	**88017**
# 贱金属制铰链（折叶）	Base Metals Hinge	10161	11008
家具用其他贱金属附件及架座	Other Base Metals Accessories and Frame Foundation for Furniture Used	17152	24094
办公用品	Articles for Office	8696	8704
日用五金	General Metalware	6865	7034
锅炉、机械设备及零件	**Boilers, Mechanical Equipment and Accessories**	**2452139**	**3610431**
# 电扇	Electric Fans	89779	110150
电子计算器	Electronic Calculators	51755	58160
电动、发电机	Electric Motors and Generators	110596	121486
手提式电钻	Portable Electric Drills	24004	23537
空调	Air Conditioners	71508	131975
数据处理设备	Data Processing Equipment	1010592	1773279
# 显示器	Displays	188510	300136
激光打印机	Laser Printers	138905	228420
机电、电气设备、电视机及音响设备	**Machinery, Electric Equipment, TV Sets and Sound Appliances**	**3084155**	**4249186**
# 镇流器	Fluorescent Tube Starters	17042	21525
电感器	Inductors	30980	41028
原电池	Primary Cells and Batteries	38913	48635
蓄电池	Electric Accumulators	77628	112042
真空吸尘器	Vacuum Cleaners	27663	31252

16-11 续表 1 continued

单位：万美元 (USD 10000)

产品分类	Category of Commodities	2002	2003
食品研磨机及搅拌器，水果或蔬菜的榨汁器	Food Grinders and Blenders, Fruit or Vegetable Juicers	25006	35022
电动剃须刀	Shavers	6655	8386
电吹风机	Hair Dryers	12128	13163
其他电热理发器具	Others Electric Haircut Utensils	10684	12528
电熨斗	Electric Ironers	13265	15226
微波炉	Microwave Ovens	40880	58745
电咖啡壶、电茶壶	Electric Coffee Pots and Electric Tea Pots	35095	42439
电热烤面包器	Electric Toasters	26874	28381
有线电话机	Telephone Sets	125403	151238
无绳电话机	Wireless Telephones	96504	120741
传真机	Fax Printers	37019	36332
单喇叭音箱	Single Speaker Sound Boxes	21420	25567
多喇叭音箱	Multispeaker Sound Boxes	28460	38208
其他扬声器	Other Loudspeakers	22498	24908
耳机、耳塞及头戴送受话器	Earphones, Earplugs and Headphones	16990	22666
音频扩大器	Audio Amplifiers	19787	23190
拾音头	Pick-up Heads	12618	3761
激光视盘放像机	LDPs	178646	318157
激光唱机	Laser Players	70321	77018
盒式磁带录放机	Cassette Tape Recorders	7415	7810
袖珍盒式磁带收放机	Pocket Radio Cassette Players	3364	2163
其他收录（放）音组合机	Other Sound Recording Apparatus	176558	176548
带时钟的收音机	Radio Sets with Clocks	8255	7732
其他无线电收音机	Other Radio Sets	9257	12362
彩色电视机	Color TV Sets	52416	123247
黑白电视机	Black-and-white TV Sets	9701	12209
防盗或防火报警器及类似装置	Theftproof or Fireproof Annunciators and Similar Sets	10711	12472
装有液晶装置或发光二极管的显示板	Display with LCD or Screen of Light-emitting Diode	17595	24365
电容器	Capacitors	36228	46755
电阻器	Resistors	12961	14686
电路保护装置	Protection Fixtures of Circuit	90457	122660
显像管	Kinescopes	34344	42404
半导体器件	Parts of Semi-conductor Devices	56283	57704
电线电缆	Electric Wires and Cables	106339	129933

16-11 续表2 continued

单位：万美元 (USD 10000)

产品分类	Category of Commodities	2002	2003
集成电路	Integrated Circuit	47329	72940
微电子组件	Microelectronics Device	8124	15204
铁道及电车机车、车辆及零件	**Rail Locomotives, Tramccars and Accessories**	**67097**	**103095**
集装箱	Containers	66865	102822
其他车辆及零件	**Others Vehicles and Related Parts and Accessories**	**153008**	**196980**
# 自行车	Bicycles	52810	57879
摩托车	Motorcycles	7989	21046
婴孩车及其零件	Baby Carriages and Accessories	22037	27832
航空器、航天器及零件	**Aircraft, Spacecraft and Related Parts and Accessories**	**260**	**480**
船舶及浮动物结构体	**Ship and Related Products**	**16941**	**30316**
船舶	Ships	15637	30292
光学、照相电影、计量检验、医疗设备	**Optical, Photographic, Film, Measuring and Checking, Medical Instruments and Equipment**	**318228**	**357952**
# 太阳镜	Sun-glasses	4413	5171
双筒望远镜	Binoculars	6091	4937
照相机	Cameras	49863	35428
医疗器械	Medical Instruments and Equipment	20319	24192
钟表及零件	**Clocks, Watches and Spare Parts**	**141108**	**161090**
# 电子手表	Electronic Watches	73086	89042
钟	Clocks	28320	30239
表芯	Movements	12523	14716
贱金属表壳	Base Metals Cases	5775	5529
贱金属表带	Base Metals Bands	4899	5173
其他钟表零件	Other Spare Parts	2529	1971
乐器及零件	**Musical Instruments and Spare Parts**	**5855**	**8976**
金属家具、照明装置、发光标志	**Metallic Furniture, Lighting Apparatus and Radiate Marks**	**232857**	**276834**
# 金属家具	Metallic Furniture	44194	57116
吊灯、壁灯	Ceiling Lamps, Wall Lamps	46089	59263
台灯、床头灯或落地灯	Table Lamps, Bed Lamps or Floor Lamps	37353	39550
圣诞树用的成套灯具	Festival Decoration Lamp Sets	29539	27145
玩具、游戏、运动用品及零件附件	**Toys, Game Goods, Sports Goods and Related Parts and Accessories**	**323648**	**395666**
# 电子、机械玩具	Electronic and Machinery Toys	54013	62725
与电视接收机配套使用的电子游戏机	Electronic Game Machines Used with TV Receivers	218140	250249
杂项制品	**Miscellaneous Manufactured Articles**	**4043**	**3427**
# 一次性袖珍气体打火机	Once-off Pocket Gas Lighters	2167	1870
其他机电产品	**Other Mechanical and Electrical Product**	**8655**	**666**

16-12 各市进出口总额

TOTAL VALUE OF IMPORTS AND EXPORTS BY CITY

单位：亿美元 (USD 100 million)

市别 City	2000			2002			2003		
	进出口 Imports & Exports	出口 Export	进口 Imports	进出口 Imports & Exports	出口 Export	进口 Imports	进出口 Imports & Exports	出口 Export	进口 Imports
全省合计 Provincial Total	**1701.06**	**919.19**	**781.87**	**2210.92**	**1184.58**	**1026.34**	**2835.22**	**1528.48**	**1306.74**
广州 Guangzhou	233.51	117.90	115.60	279.23	137.76	141.47	349.41	168.89	180.52
深圳 Shenzhen	639.44	345.64	293.80	872.16	465.42	406.74	1174.00	629.71	544.29
珠海 Zhuhai	91.65	36.46	55.19	128.34	52.03	76.31	167.82	69.09	98.73
汕头 Shantou	42.12	25.95	16.17	28.91	15.70	13.21	33.46	18.92	14.54
佛山 Foshan	103.27	57.36	45.91	129.69	78.87	50.82	164.69	102.25	62.44
韶关 Shaoguan	2.68	1.32	1.36	2.99	1.44	1.55	4.34	2.01	2.33
河源 Heyuan	1.61	0.93	0.67	2.31	1.32	0.99	2.98	1.56	1.42
梅州 Meizhou	3.49	2.97	0.52	2.12	1.59	0.53	2.97	2.08	0.89
惠州 Huizhou	82.09	44.97	37.12	112.26	58.90	53.36	131.32	71.46	59.86
汕尾 Shanwei	6.08	3.64	2.44	4.58	2.41	2.17	5.44	2.67	2.77
东莞 Dongguan	320.23	171.42	148.82	442.41	237.33	205.08	520.12	279.08	241.04
中山 Zhongshan	60.89	36.77	24.12	93.41	57.24	36.17	131.28	82.53	48.75
江门 Jiangmen	48.33	29.85	18.48	47.76	29.52	18.24	58.76	36.57	22.19
阳江 Yangjiang	6.20	5.43	0.77	6.25	4.97	1.28	8.06	6.88	1.18
湛江 Zhanjiang	11.67	3.78	7.89	11.95	5.46	6.49	19.35	9.01	10.34
茂名 Maoming	12.59	10.03	2.56	9.74	8.79	0.95	13.61	12.63	0.98
肇庆 Zhaoqing	11.50	7.40	4.11	13.39	9.01	4.38	15.63	10.98	4.65
清远 Qingyuan	4.40	2.41	1.98	4.46	2.20	2.26	6.18	3.08	3.10
潮州 Chaozhou	8.21	6.94	1.27	9.31	8.12	1.19	11.64	9.40	2.24
揭阳 Jieyang	7.82	5.98	1.84	5.97	4.43	1.54	9.29	6.84	2.45
云浮 Yunfu	3.28	2.03	1.24	3.68	2.07	1.61	4.87	2.84	2.03

16-13 各市外商投资企业进出口总额

TOTAL VALUE OF IMPORTS AND EXPORTS OF FOREIGN FUNDED ENTERPRISES BY CITY

单位：亿美元 (USD 100 million)

市别 City	2000			2002			2003		
	进出口 Imports & Exports	出口 Exports	进口 Imports	进出口 Imports & Exports	出口 Exports	进口 Imports	进出口 Imports & Exports	出口 Exports	进口 Imports
全省合计 Provincial Total	**920.36**	**495.09**	**425.27**	**1286.00**	**696.21**	**589.79**	**1746.76**	**953.73**	**793.03**
广州 Guangzhou	118.20	60.29	57.91	148.46	75.12	73.34	197.19	99.79	97.40
深圳 Shenzhen	357.14	194.97	162.17	516.99	279.88	237.11	738.99	403.49	335.50
珠海 Zhuhai	51.43	26.24	25.19	83.05	40.32	42.73	110.83	54.93	55.90
汕头 Shantou	14.30	7.10	7.20	16.59	7.82	8.77	19.41	9.80	9.61
佛山 Foshan	70.23	36.21	34.02	90.71	52.10	38.61	118.63	69.36	49.27
韶关 Shaoguan	1.57	0.64	0.93	1.08	0.58	0.50	1.23	0.60	0.63
河源 Heyuan	1.09	0.63	0.46	1.71	1.00	0.71	2.64	1.34	1.30
梅州 Meizhou	1.25	0.78	0.47	1.01	0.56	0.45	1.17	0.64	0.53
惠州 Huizhou	55.93	31.56	24.37	80.28	44.88	35.40	98.77	56.43	42.34
汕尾 Shanwei	1.46	0.85	0.61	2.03	1.22	0.81	3.16	1.63	1.53
东莞 Dongguan	154.10	83.51	70.59	215.56	115.31	100.25	280.79	149.90	130.89
中山 Zhongshan	35.77	20.16	15.61	62.29	35.24	27.05	86.58	50.25	36.33
江门 Jiangmen	27.24	15.15	12.09	27.25	16.76	10.49	34.75	21.50	13.25
阳江 Yangjiang	1.48	1.27	0.21	1.64	1.49	0.15	2.35	2.15	0.20
湛江 Zhanjiang	7.96	1.36	6.60	7.36	2.11	5.25	12.63	3.65	8.98
茂名 Maoming	3.21	2.92	0.29	6.70	6.41	0.29	9.27	8.97	0.30
肇庆 Zhaoqing	7.13	4.16	2.97	8.90	5.31	3.59	9.29	5.78	3.51
清远 Qingyuan	2.30	1.18	1.12	3.08	1.74	1.34	4.32	2.46	1.86
潮州 Chaozhou	3.69	3.14	0.55	4.44	3.92	0.52	5.02	4.50	0.52
揭阳 Jieyang	2.54	1.65	0.89	3.73	2.66	1.07	5.64	4.13	1.51
云浮 Yunfu	2.33	1.31	1.02	3.14	1.78	1.36	4.10	2.43	1.67

注：本表为海关按经营单位所在地统计。

Note: The data in the table are calculated with location of the foreign trade managing units by customs.

16-14 外商投资企业进出口主要指标
MAIN INDICATORS OF IMPORTS AND EXPORTS OF FOREIGN FUNDED ENTERPRISES

单位：亿美元 (USD 100 million)

项目	Item	2000		2002		2003	
		出口 Exports	进口 Imports	出口 Exports	进口 Imports	出口 Exports	进口 Imports
总计	**Total**	**495.09**	**425.27**	**696.21**	**589.79**	**953.73**	**793.03**
按贸易方式分	**By Trade Form**						
一般贸易	General Trade	28.43	53.31	48.27	64.01	70.31	99.27
来料加工	Processing and Assembling with Customers´Materials	19.10	15.51	34.08	26.19	38.15	28.28
进料加工	Processing and Assembling with Import Materials	433.45	303.68	597.05	422.88	815.78	560.34
加工设备	Processing Equipment		0.66		2.21		3.81
外资设备	Foreign Funded Equipment		34.56		41.51		45.70
保税仓库	Bonded Warehouse	10.65	7.71	16.81	32.99	29.48	55.43
其他	Others	3.46	9.84			0.01	0.20
按经济类型分	**By Ownership**						
合作经营企业	Joint Venture	67.01	56.76	81.17	58.30	91.75	69.32
合资经营企业	Cooperative Operation	166.18	157.15	189.80	172.67	255.57	215.99
外资（独资）企业	Exclusively Funded by Foreign Investors	261.90	211.36	425.24	358.82	606.41	507.72
按产品类型分	**By Products**						
机电产品	Mechanical and Electrical Products	303.39	221.20	472.34	354.04	688.03	497.45
#机械及设备	Machinery and Equipment	96.26	63.55	184.54	97.95	281.10	124.88
电器及电子产品	Electric and Electronic Products	138.36	129.97	190.39	219.47	278.87	314.52
高新技术产品	High and New-tech Products	125.41	117.56	236.16	214.66	379.15	316.72
#计算机与通信技术	Computer and Communication Technology	105.81	42.16	211.05	68.82	342.82	106.43
电子技术	Electronic Technology	14.23	61.10	18.05	127.03	26.16	184.10
按主要国家（地区）分	**Main Countries and Territories**						
亚洲	**Asia**	**267.86**	**336.86**	**400.58**	**485.06**	**538.66**	**667.73**
中国香港	Hong Kong, China	172.95	27.00	272.14	26.83	364.85	27.80
中国澳门	Macao, China	2.38	0.47	4.04	0.81	5.88	1.18
中国台湾	Taiwan, China	9.21	87.26	11.61	121.77	16.09	151.09
日本	Japan	44.36	87.18	58.84	109.74	77.26	148.55
韩国	Republic of Korea	6.47	36.06	8.79	42.26	18.99	63.71
东盟	Association of Southeast Asian Nations	25.88	51.42	36.16	84.74	41.93	122.79
中东十七国	The Middle East Seventeen Countries			7.29	8.13	11.07	10.96
非洲	**Africa**	**2.10**	**2.48**	**2.77**	**2.93**	**4.27**	**3.73**
欧洲	**Europe**	**72.82**	**44.27**	**98.78**	**51.75**	**148.34**	**54.05**
欧盟	European Union	65.75	35.43	88.18	41.66	135.09	43.32
#英国	United Kingdom	13.52	5.17	17.36	4.73	24.23	4.38
德国	Germany	14.87	11.44	18.32	15.22	32.76	14.62
法国	France	8.46	5.06	7.60	3.01	13.06	3.93
意大利	Italy	3.37	3.80	4.12	5.29	6.35	4.78
荷兰	Netherlands	13.52	1.64	24.19	2.04	33.63	2.30
芬兰	Finland	1.15	1.10	2.53	1.69	2.27	1.63
瑞士	Switzerland	1.30	3.61	1.37	3.67	1.97	4.33
俄罗斯	Russia	0.61	2.96	1.25	2.24	2.19	2.49
拉丁美洲	**Latin America**	**7.56**	**5.32**	**9.77**	**9.38**	**12.17**	**15.27**
北美洲	**North America**	**138.75**	**28.63**	**175.76**	**32.22**	**237.58**	**41.19**
加拿大	Canada	6.16	4.09	7.29	4.19	9.28	4.11
美国	United States	132.67	24.54	168.47	28.03	228.28	37.08
大洋洲	**Oceania**	**6.00**	**7.71**	**8.55**	**8.45**	**12.71**	**11.06**
澳大利亚	Australia	5.45	6.26	7.88	7.21	11.58	9.70
新西兰	New Zealand	0.49	0.66	0.61	1.06	1.05	1.10

16-15 外商投资企业出口主要商品数量和金额
VOLUME AND MAIN VALUE OF COMMODITIES FOR EXPORT OF FOREIGN FUNDED ENTERPRISES

金额单位：万美元　　　　(USD 10000)

商品名称		Item		2002 数量 Volume	2002 金额 Value	2003 数量 Volume	2003 金额 Value
活猪	(万头)	Live Hogs	(10000 heads)	2	243	1.33	179
活家禽	(万只)	Live Poultry	(10000 heads)	36	89	41	94
冻鸡	(吨)	Frozen Chicken	(ton)	5128	671	7134	894
水产品	(吨)	Aquatic Products	(ton)	37003	10658	68380	21614
#活鱼	(吨)	Live Fish	(ton)	461	87	641	356
鲜冻对虾	(吨)	Fresh and Frozen Prawn	(ton)	6122	3340	18520	8838
谷物	(吨)	Cereals	(ton)	147782	3702	142325	3601
#大米	(吨)	Rice	(ton)	412	15	1595	51
蔬菜	(吨)	Vegetables	(ton)	63157	4414	71981	4740
#鲜蔬菜	(吨)	Fresh Vegetables	(ton)	35691	864	46511	1176
鲜、干果类	(吨)	Fresh and Dried Fruit	(ton)	28466	2258	19308	1483
#柑桔橙	(吨)	Mandarins and Oranges	(ton)	506	20	665	35
食用植物油	(吨)	Edible Vegetable Oil	(ton)	74200	4288	25551	2254
食糖	(吨)	Sugar	(ton)	21775	469	13734	283
茶叶	(吨)	Tea	(ton)	69	71	52	49
烤鳗鱼	(吨)	Baked Eel	(ton)	11687	10393	9042	7647
蘑菇罐头	(吨)	Canned Mushroom	(ton)	4399	382	4047	394
羽毛、羽绒	(吨)	Feather and Down	(ton)	2833	748	3096	485
药材	(吨)	Medicinal Materials	(ton)	2813	1144	5350	1793
成品油	(吨)	Finished Petroleum Products	(ton)	118537	3495	118307	4181
合成有机染料	(吨)	Synthetic Organic Dyestuff	(ton)	2071	670	2356	866
医药品	(吨)	Medicinal and Pharmaceutical Products	(ton)	15971	5524	18506	7769
#抗菌素	(吨)	Antibiotics	(ton)	196	730	284	1001
美容护肤用品	(吨)	Beauty and Tonic Cosmetics	(ton)	35594	11773	40761	19761
口腔清洁剂	(吨)	Dental Cleanser	(ton)	10095	1639	9762	1599
轮胎	(万条)	Rubber Tire	(10000 units)	2078	8898	1648	3484
纸及纸板	(吨)	Paper and Paperboard	(ton)	59616	4446	89062	6965
纺织品		Textiles			280716		320047
#棉纱线	(吨)	Cotton Yarn	(ton)	89217	27159	93557	29046
丝绸	(万米)	Silk	(10000 m)	260	1079	439	1543
棉布	(万米)	Cotton Cloth	(10000 m)	40479	50778	42725	53504
麻纺布	(万米)	Line Cloth	(10000 m)	2472	3489	2974	3889
混纺布	(万米)	Mixed Cloth	(10000 m)	1180	933	817	679
玻璃制品		Glass Products			8630		11385
家用陶瓷器皿		Porcelain and Pottery Wares for Household Use			11402		17275
装饰用陶瓷器皿		Porcelain and Pottery Wares for Decoration Use			16436		17391
珍珠、宝石	(千克)	Pearls and Gems	(1000 grams)	1255688	43599	1383768	58340

16-15 续表 continued

金额单位：万美元 (USD 10000)

商品名称	Item	2002 数量 Volume	2002 金额 Value	2003 数量 Volume	2003 金额 Value
贵金属及首饰	Precious Metal and Jewelry		37165		44650
钢材 (吨)	Steel Products (ton)	274693	12655	269756	14810
铝材 (吨)	Aluminum Products (ton)	80347	18103	112200	26525
铜材 (吨)	Copper Products (ton)	36678	14001	48292	17822
工具	Tools		7638		11373
锁 (吨)	Locks (ton)	19378	5574	20853	7347
电扇 (万台)	Electric Fans (10000 sets)	5018	30917	8208	41869
普通缝纫机 (万台)	Sewing Machines (10000 sets)	159	6951	124	8532
金属加工机床 (台)	Machine Tools (sets)	142809	1049	79280	641
电子计算器 (万台)	Electric Calculators (10000 sets)	9865	33661	11296	39155
数据处理设备 (万台)	Data Processing Equipment (10000 sets)	28746	795449	40954	1461231
#显示器 (万台)	Displays (10000 sets)	782	103157	1053	146506
电动、发电机 (万台)	Electric Motors and Generators (10000 sets)	51271	40402	50319	46407
静止式变流器 (万个)	Static Converters (10000 units)	40303	102573	51159	128955
原电池 (万个)	Primary Cells and Batteries (10000 units)	217815	15523	275386	20603
蓄电池 (万个)	Electric Accumulators (10000 units)	38649	39060	64756	70514
有线电话 (万台)	Line Telephone Sets (10000 sets)	7533	80219	8993	101758
手持或车载无线电话 (万台)	Radio Telephones Carried by Hand or Vehicle (10000 sets)	1614	113264	2917	187122
扬声器 (万个)	Loud speakers (10000 units)	31759	36308	37871	45182
收录机、组合音响 (万台)	Sound Recording Apparatus (10000 sets)	7467	157501	7483	163241
收音机 (万台)	Radio Sets (10000 sets)	2883	7064	3686	9589
彩电（整套散件） (万台)	Color TV Sets (Complete Set of Spare Parts) (10000 sets)	482	42728	1103	88552
电路保护装置	Protection Fixtures of Circuit		62230		87570
半导体器件 (万个)	Parts of Semi-conductor Devices (10000 units)	1990434	35187	1880242	44819
集成电路、微电子件 (万个)	Integrated Circuit and Parts of Electronic Components (10000 units)			206164	48366
电线、电缆 (吨)	Electric Wires and Cables (ton)	197896	60872	241873	83326
集装箱 (个)	Containers (unit)	298049	59314	447997	95331
自行车 (万辆)	Bicycles (10000 units)	875	30607	1082	37854
船舶 (艘)	Ships (unit)	1787	9636	2491	23739
照相机 (万架)	Cameras (10000 sets)	2608	38751	2428	29037
手表 (万只)	Wristwatches (10000 units)	14814	20865	16163	37925
#电子手表 (万只)	Electronic Watches (10000 units)	14720	20264	16060	37070
日用钟 (万只)	Clocks (10000 sets)	8405	10731	8373	12313
家具	Furniture		155529		211972
床垫、卧具用品	Mattress and Bedding Articles		5314		7132
灯具、照明用品	Lights and Lighting Apparatus		81521		95762
箱包、旅行用品	Boxes and Bags and Travel Goods		71640		84202
服装、衣着附件	Garments and Clothing Accessories		424807		510358
#织物服装	Textile Garments		324352		379950
皮革服装 (万件)	Leather Garments (10000 units)	273	6550	259	6545
裘皮服装	Fur Garments		2217		2470
皮革手套 (万双)	Leather Gloves (10000 pairs)	35198	43230	40496	60205
帽类 (万个)	Headgear (10000 units)	39356	9458	38530	11352
鞋 (万双)	Footwear (10000 pairs)	71768	256035	78856	291348
#橡胶、塑料鞋 (万双)	Rubber and Plastic Shoes (10000 pairs)	34804	75037	38606	86831
皮鞋 (万双)	Leather Shoes (10000 pairs)	28936	160513	31405	179562
塑料制品	Plastic Articles		134708		158120
圣诞用品	Articles for Christmas		26517		31454
玩具	Toys		157757		169505
人造花	Artificial Flowers		12541		12539

16-16 外商投资企业进口主要商品数量和金额
VOLUME AND VALUE OF MAIN IMPORT COMMODITIES OF FOREIGN FUNDED ENTERPRISES

金额单位：万美元　　　　(USD 10000)

商品名称		Item		2002 数量 Volume	2002 金额 Value	2003 数量 Volume	2003 金额 Value
谷　　物	(吨)	Cereals	(ton)	347474	6076	301708	6221
# 小　麦	(吨)	Wheat	(ton)	172847	3267	154200	3090
大　米	(吨)	Rice	(ton)	1485	62	574	28
玉　米	(吨)	Corn	(ton)	108	16	48	7
面　粉	(吨)	Flour	(ton)	13123	475	11332	395
大　　豆	(吨)	Soya	(ton)	765724	17610	1940667	52884
食用植物油	(吨)	Edible Vegetable Oil	(ton)	277231	11663	512935	24789
其他植物油	(吨)	Other Vegetable Oil	(ton)	30499	1354	50370	2497
食　　糖	(吨)	Sugar	(ton)	34447	859	22881	664
饲　　料	(吨)	Forage	(ton)	22940	1906	23965	1821
天然橡胶	(吨)	Natural Rubber	(ton)	68497	5432	61447	5609
合成橡胶	(吨)	Synthetic Rubber	(ton)	220323	21420	207871	20837
原　　木	(立方米)	Logs	(cu. m)	583811	4744	460752	4670
纸　　浆	(吨)	Paper Pulp	(ton)	441618	17615	560402	24186
羊　　毛	(吨)	Wool	(ton)	13250	4374	12993	4362
原　　棉	(吨)	Raw Cotton	(ton)	18429	1836	50678	7294
合成纤维	(吨)	Synthetic Fiber	(ton)	73573	7821	80436	8837
# 聚酯纤维	(吨)	Polyester Fiber	(ton)	46624	4225	50543	4823
聚丙烯晴纤维	(吨)	Polyacrylonitrile Fibre	(ton)	19995	2599	23752	3132
人造纤维	(吨)	Artificial Fiber	(ton)	685	150	860	186
铁矿砂	(吨)	Iron Ore	(ton)	140880	446	333779	1680
氧化铝	(吨)	Aluminum Oxide	(ton)	36812	749	50265	1522
原　　油	(吨)	Crude Oil	(ton)	1419077	30389	2253254	56373
成品油	(吨)	Finished Petroleum Products	(ton)	1428733	26327	2225900	47045
纯　　碱	(吨)	Soda Ash	(ton)	40663	439	53586	581
乙二醇	(吨)	Glycol	(ton)	92867	3746	95330	5459
对苯二甲酸	(吨)	Paraxylene Acid	(ton)	143323	6952	113734	6392
己内酰胺	(吨)	Caprolactam	(ton)	13340	1413	15374	1780
医药品	(吨)	Medicinal and Pharmaceutical Products	(ton)	323	1710	424	2885
肥　　料	(吨)	Fertilizer	(ton)	1698532	24347	123413	19830
# 氯化钾	(吨)	Potassium Chloride	(ton)	532810	6109	318044	3639
复合肥料	(吨)	Compound Fertilizer	(ton)	868937	14787	914413	16160
合成有机染料	(吨)	Synthetic Organic Dyestuff	(ton)	22607	7574	23250	7924
初级型状聚乙烯	(吨)	Polyethylene in Primary Form	(ton)	505271	35241	564755	40199
初级型状聚丙烯	(吨)	Polypropylene in Primary Form	(ton)	602434	42901	680581	51403
初级型状聚苯乙烯	(吨)	Polystyrene in Primary Form	(ton)	1144726	109416	1198537	119117
# ABS 树脂	(吨)	ABS Copolymer Resin	(ton)	522169	56555	580570	64062
初级型状聚氯乙烯	(吨)	Polyvinyl Chloride in Primary Form	(ton)	773710	47629	891297	57377
初级型状聚酯	(吨)	Polyester in Primary Form	(ton)	270451	48313	320891	59566
农　　药	(吨)	Pesticides	(ton)	456	190	1511	338
牛皮革、马皮革	(吨)	Cattlehide and Horsehide	(ton)	197419	71740	235151	86552

16-16 **续表** continued

金额单位：万美元 (USD 10000)

商品名称		Item		2002 数量 Volume	2002 金额 Value	2003 数量 Volume	2003 金额 Value
胶合板	(立方米)	Plywood	(cu. m)	86967	3711	219153	9511
纸及纸板	(吨)	Paper and Paperboard	(ton)	1881522	98920	1943567	106008
#牛皮纸	(吨)	Kraft-paper	(ton)	412994	16659	403679	16103
毛纱线	(吨)	Wool and Cotton Thread	(ton)	11607	5130	10713	5137
合成纤维纱线	(吨)	Synthetic Fiber, Continuous Filament and Yarn	(ton)	447959	96213	238752	54008
丝绸	(万米)	Silk	(10000 m)	1660	3245	1917	3492
棉布	(万米)	Cotton Cloth	(10000 m)	80470	67466	82251	69532
化纤布	(万米)	Chemical Fibre Cloth	(10000 m)	64787	39013	66486	39511
钻石	(千克拉)	Diamond	(1000 carat)	3369	52733	4283	69347
钢材	(吨)	Rolled Steel	(ton)	4678493	242745	5850811	324969
#钢铁板材	(吨)	Iron & Steel Plate	(ton)	4016972	207452	5088992	282953
铜材	(吨)	Rolled Copper	(ton)	357648	91070	423864	116958
铝材	(吨)	Rolled Aluminum	(ton)	153657	40288	168383	46396
制冷压缩机	(台)	Refrigeration Compressors	(set)	1185971	6841	1704505	9232
空调	(台)	Air Conditioners	(set)	678	1136	755	564
制冷设备		Refrigeration Equipment			2096		1494
机械装卸设备		Mechanical Handling Equipment			17764		35243
建筑采矿设备		Building and Mining Equipment			3294		3677
食品机械		Food-processing Machinery			1830		2035
造纸、纸品机械		Paper and Pulp Mill Machinery			10059		14091
印刷机械		Printing Machinery			21715		20234
纺织机械		Textile Machinery			38307		34598
工业缝纫机	(台)	Industrial Sewing Machines	(set)	57452	5918		3983
机床	(台)	Machine Tools	(set)	26539	57717	22859	60633
橡、塑加工机械		Rubber and Plastic Processing Machinery			42146		39750
数据处理设备	(万台)	Data Processing Equipment	(10000 sets)	3257	127241	6614	236989
电动、发电机	(万台)	Electric Motors and Generators	(10000 sets)	67605	47744	76090	51678
发电机组、变流机	(台)	Generating Sets and Converters	(set)	1000	8601	1614	9001
电话、电报交换机	(台)	Telephonic and Telegraphic Switching Apparatus	(set)	112	26	722	4245
磁带		Tapes			12068		18002
电视摄像机	(台)	TV Cameras	(set)	279533	1743	4156373	38784
电视机	(台)	Color TV Sets	(set)	34687	198	259638	988
半导体器件	(万个)	Parts of Semi-conductor Devices	(10000 unit)	3953225	160224	5319847	216518
电路保护装置		Protection Fixtures of Circuit			98770		133268
显像管	(万只)	Kinescopes	(10000 unit)	516	21183	1113	37929
集成电路、电子件	(万个)	Integrated Circuit and Parts of Electronic Components	(10000 unit)	1336907	999689	1886190	1481295
电线、电缆	(吨)	Electric Wires and Cables	(ton)	79594	43824	84853	49484
汽车及底盘	(辆)	Motor Vehicles and Chassis	(unit)	2833	6082	2701	7676
#小轿车	(辆)	Cars	(unit)	1861	3515	1338	4438
旅行车	(辆)	Station Wagons	(unit)	193	438	483	820
船舶	(艘)	Ships	(unit)	261	2498	237	1050
塑料制品		Plastic Products			28121		35133
玩具		Toys			1919		2360

16-17 私营企业进出口主要指标（2003 年）
MAIN INDICATORS OF IMPORTS AND EXPORTS OF FOREIGN FUNDED ENTERPRISES（2003）

单位：亿美元 (USD 100 million)

项目	Item	2003		2003 比 2002 增长% Gromth Rate in 2003 over 2002（%）	
		出口 Exports	进口 Imports	出口 Exports	进口 Imports
总计	**Total**	**112.98**	**110.94**	**172.40**	**151.40**
按贸易方式分	**By Trade Form**				
一般贸易	General Trade	74.67	77.50	108.3	105.6
来料加工	Processing and Assembling with Customers´Materials	30.56	24.69	1214.7	1080.8
进料加工	Processing and Assembling with Import Materials	7.20	3.93	134.1	123.1
加工设备	Processing Equipment		0.30		203.0
保税仓库	Bonded Warehouse	0.55	4.51	139.1	81.9
其他	Others		0.01		266.8
按产品类型分	**By Products**				
机电产品	Mechanical and Electrical Products	52.18	58.16	223.6	158.5
# 机械及设备	Machinery and Equipment	9.62	17.91	413.8	115.1
电器及电子产品	Electric and Electronic Products	27.66	29.85	257.0	233.3
高新技术产品	High and New-tech Products	18.79	32.05	599.9	157.7
# 计算机与通信技术	Computer and Communication Technology	17.54	11.68	659.5	100.7
电子技术	Electronic Technology	0.36	16.32	191.9	240.3
按主要国家（地区）分	**Main Countries and Territories**				
亚　洲	**Asia**	**56.81**	**77.47**	**131.1**	**179.9**
中国香港	Hong Kong，China	31.44	5.60	103.6	133.1
中国澳门	Macao，China	1.64	0.04	179.1	143.0
中国台湾	Taiwan，China	1.63	14.11	199.0	199.1
日　本	Japan	3.62	17.21	207.5	137.4
韩　国	Republic of Korea	1.36	8.49	140.3	181.7
东　盟	Association of Southeast Asian Nations	9.92	18.54	175.4	149.8
中东十七国	The Middle East Seventeen Countries	6.22	1.97	171.8	172.9
非　洲	**Africa**	**3.48**	**1.10**	**166.3**	**129.8**
欧　洲	**Europe**	**20.21**	**15.76**	**240.6**	**102.2**
欧　盟	European Union	15.34	13.19	262.4	107.5
# 英　国	United Kingdom	3.05	1.14	286.1	91.0
德　国	Germany	2.84	5.76	251.2	100.7
法　国	France	1.65	0.99	244.6	58.6
意大利	Italy	1.50	1.65	171.4	125.7
荷　兰	Netherlands	3.04	0.52	511.2	177.1
俄罗斯	Russia	2.28	0.65	195.6	75.9
拉丁美洲	**Latin America**	**3.80**	**2.53**	**116.3**	**59.8**
北美洲	**North America**	**26.77**	**12.33**	**265.8**	**109.1**
加拿大	Canada	1.59	0.77	164.5	44.1
美　国	United States	25.18	11.55	274.8	115.6
大洋洲	**Oceania**	**1.91**	**1.75**	**234.0**	**151.3**
澳大利亚	Australia	1.69	0.97	236.1	126.4
新西兰	New Zealand	0.19	0.75	235.9	178.8

16-18 利用外资情况
UTILIZATION OF FOREIGN CAPITAL

年 份 Year	签订项目（个） Number of Signed Projects (unit)	#外商直接投资 Foreign Direct Investment	合同外资额（万美元） Amount of Foreign Capital (USD 10000)	#外商直接投资 Foreign Direct Investment	实际利用外资（万美元） Amount of Foreign Capital Actually Used (USD 10000)	#外商直接投资 Foreign Direct Investment
1979	1642	70	22889	14616	9143	3074
1980	5048	188	138920	120046	21419	12320
1981	6803	236	167507	156206	28837	17326
1982	8171	151	155916	147698	28103	17123
1983	11318	412	72660	61552	40685	24523
1984	17452	1105	144489	116958	64379	54163
1985	13621	1640	256521	200073	91910	51529
1986	9417	774	183480	85902	142829	64392
1987	6999	1186	201750	124647	121671	59396
1988	7662	2741	382748	224196	243965	91906
1989	6636	2438	362311	243813	239915	115644
1990	7196	3042	316751	268958	202347	145984
1991	8507	4554	580152	490530	258250	182286
1992	12916	9769	1986673	1885764	486147	355150
1993	19012	16768	3489660	3314887	965225	749805
1994	11956	10558	2638753	2382441	1144664	939708
1995	9345	8177	2610480	2483244	1210037	1018028
1996	5955	4608	1744639	1554584	1389943	1162362
1997	17737	3744	964527	769202	1420519	1171083
1998	15459	4349	1237802	916180	1509945	1202005
1999	14824	3013	871592	617451	1447383	1220300
2000	16879	4245	1108598	868393	1457466	1223720
2001	13198	5317	1580386	1343463	1575526	1297240
2002	11706	6613	1890108	1617119	1658946	1311071
2003	11472	7306	2446711	2178926	1894081	1557779

注：2002 年起“外商直接投资”统计口径调整，“企业投资总额内的境外借款”只包括“外方股东贷款”。

Note: Since 2002, the foreign direct investment has been adjusted, of which the overseas borrowings in total investment of enterprises only include the loans by the foreign shareholders.

16-19 签订利用外资项目数

NUMBER OF PROJECTS FOR UTILIZATION OF FOREIGN CAPITAL IN THE SIGNED AGREEMENTS AND CONTRACTS

单位：个 (unit)

指　　标	Item	1979-2003	2000	2002	2003
总　　计	**Total**	**270931**	**16879**	**11706**	**11472**
按引进方式分	**By Way of Foreign Capital Intake**				
对外借款	**Foreign Loans**	**1315**	**57**	**56**	**65**
外国政府贷款	Foreign Government Loans	104	2		1
国际金融组织贷款	Loans from International Financial Organizations	14			
出口信贷	Export Credit	6			
# 卖方信贷	Seller's Credit	1			
外国银行商业贷款	Commercial Loans from Foreign Banks	1188	55	56	64
对外发行债券	Bonds Issued Abroad	3			
外商直接投资	**Foreign Direct Investment**	**103004**	**4245**	**6613**	**7306**
合资经营企业	Joint Venture	35194	956	1035	1065
合作经营企业	Cooperative Operation	28758	426	369	340
外资（独资）企业	Exclusively Funded by Foreign Investors	39035	2862	5205	5896
外商投资股份制	Shareholding Foreign Investment	16	1	3	5
合作开发	Cooperative Development				
其　　他	Others	1		1	
外商其它投资	**Other Foreign Investment**	**166612**	**12577**	**5037**	**4101**
对外发行股票	Shares Issued Abroad	11	1		
国际租赁	International Lease	202			
补偿贸易	Compensation Trade	1747			
加工装配	Processing and Assembly	164652	12576	5037	4101
# 作价部份	The Parts Priced	99151	1		
按行业分	**By Sector**				
农、林、牧、渔业	Farming, Forestry, Animal Husbandry and Fishery	3388	94	108	161
采　掘　业	Mining and Quarrying	102	14	8	12
制　造　业	Manufacturing	244829	15825	10331	9661
电力、煤气及水的生产和供应业	Production and Supply of Electricity, Gas and Water	113	11	21	30
建　筑　业	Construction	1237	30	28	25
地质勘查业、水利管理业	Geological Prospecting and Water Conservancy	8		1	
交通运输、仓储及邮电通信业	Transport, Storage, Postal and Telecommunication Services	1340	47	97	97
批发和零售贸易、餐饮业	Wholesale and Retail Trade and Catering Services	4358	75	168	194
金融、保险业	Banking and Insurance	101	1	10	8
房地产业	Real Estate	5762	72	122	164
社会服务业	Social Services	3349	618	668	680
卫生、体育和社会福利业	Health Care, Sports and Social Welfare	194	8	5	6
教育、文化艺术和广播电影电视业	Education, Culture and Arts, Radio and Television	367	3	5	6
科学研究和综合技术服务业	Scientific Research and Polytechnic Services	881	22	36	308
国家机关、政党机关和社会团体	Government Agencies, Party Agencies and Social Organizations	1			
其他行业	Others	4901	59	98	120

注：1. 加工装配1997年以前各年均不包括不作价部份。
　　2. 1997年以前制造业包括采掘业和电力、煤气及水的生产和供应业，房地产业包括社会服务业（下同）。

Note: a) Before 1997, the data of processing and assembly excluded the parts which were not priced for each year.
　　b) Before 1997, the manufacturing included the mining and quarrying, the production and supply of electricity, gas and water, and the real estate trade included the social services (The same as in the following tables).

16-19 续表 continued

单位：个 (unit)

指 标	Item	1979-2003	2000	2002	2003
按国别（地区）分	**By Country (Territory)**				
1. 亚 洲	**Asia**	**261557**	**16028**	**10478**	**10122**
#中国香港	Hong Kong, China	233683	12713	8538	8378
中国澳门	Macao, China	11252	1620	398	324
中国台湾	Taiwan, China	11543	1377	1050	874
日 本	Japan	1620	99	164	160
菲律宾	Philippines	88	5	5	7
泰 国	Thailand	578	16	16	15
马来西亚	Malaysia	376	14	49	45
新加坡	Singapore	1473	98	105	87
印度尼西亚	Indonesia	116	6	5	19
韩 国	Republic of Korea	642	73	108	137
2. 非 洲	**Africa**	**231**	**14**	**73**	**65**
#利比里亚	Liberia	9			
毛里求斯	Mauritius	184	12	65	56
3. 欧 洲	**Europe**	**1526**	**104**	**130**	**144**
#德 国	Germany	191	12	17	29
法 国	France	242	15	12	19
意大利	Italy	115	8	7	22
荷 兰	Netherlands	108	14	10	11
比利时	Belgium	23		1	3
英 国	United Kingdom	532	26	60	33
丹 麦	Denmark	38	3	4	3
芬 兰	Finland	16	2		1
瑞 典	Sweden	32	2	2	3
挪 威	Norway	18	2		3
瑞 士	Switzerland	61	3	3	7
奥地利	Austria	27		2	1
西班牙	Spain	33	5	4	4
俄罗斯联邦	Russian	20	2		2
4. 拉丁美洲	**Latin America**	**3158**	**603**	**559**	**600**
#巴拿马	Panama	81	3	6	5
维尔京群岛	Virgin Islands	2766	411	515	542
巴哈马	Bahamas	50	10	2	4
开曼群岛	Cayman Islands	156	26	21	34
5. 北美洲	**North America**	**3466**	**237**	**344**	**364**
#加拿大	Canada	556	33	56	66
美 国	United States	2886	200	286	293
百慕大	Bermuda	21	3	1	5
6. 大洋洲	**Oceania**	**1211**	**97**	**215**	**272**
#澳大利亚	Australia	474	31	45	58
新西兰	New Zealand	60	4	2	7
西萨摩亚	Western Samoa	451	52		203
7. 世界银行	**World Bank**	**11**			
8. 亚洲开发银行	**Asian Development Bank**	**4**			
9. 海外机构	**Overseas Organizations**	**279**			**1**
10. 其它	**Others**	**303**	**25**	**33**	**39**

16-20 签订利用外资协议（合同）金额

AMOUNT OF UTILIZATION OF FOREIGN CAPITAL IN THE SIGNED AGREEMENTS AND CONTRACTS

单位：万美元　　　　(USD 10000)

指　　标	Item	1979-2003	2000	2002	2003
总　　计	**Total**	**25556023**	**1108598**	**1890108**	**2446711**
按引进方式分	**By Way of Foreign Capital Intake**				
对外借款	**Foreign Loans**	**1799935**	**72883**	**43433**	**110173**
外国政府贷款	Foreign Government Loans	232529	1700		44595
国际金融组织贷款	Loans from International Financial Organizations	40934			
出口信贷	Export Credit	259119	39410	30733	6201
# 卖方信贷	Seller's Credit	1300			
外国银行商业贷款	Commercial Loans from Foreign Banks	1225253	31773	12700	59377
对外发行债券	Bonds Issued Abroad	42100			
外商直接投资	**Foreign Direct Investments**	**22186849**	**868393**	**1617119**	**2178926**
合资经营企业	Joint Venture	5973681	153069	251475	359037
合作经营企业	Cooperative Operation	7669508	131293	144042	147805
外资（独资）企业	Exclusively Funded by Foreign Investors	8402813	578705	1136063	1638383
外商投资股份制	Shareholding Foreign Investment	66680	6288	18973	28594
合作开发	Cooperative Development	5107			5107
其　　他	Others	69060		66566	
外商其它投资	**Other Foreign Investment**	**1569239**	**167322**	**229556**	**157612**
对外发行股票	Shares Issued Abroad	127369	2644	60000	4173
国际租赁	International Lease	38160			
补偿贸易	Compensation Trade	148627			
加工装配	Processing and Assembly	1255083	164678	169556	153439
# 作价部份	The Parts Priced	190263	100		
按行业分	**By Sector**				
农、林、牧、渔业	Farming, Forestry, Animal Husbandry and Fishery	386590	10600	9222	28612
采　掘　业	Mining and Quarrying	25897	3937	3808	4156
制　造　业	Manufacturing	16202033	905720	1478831	1907295
电力、煤气及水的生产和供应业	Production and Supply of Electricity, Gas and Water	403469	43468	42270	54066
建　筑　业	Construction	668606	6319	5843	5853
地质勘查业、水利管理业	Geological Prospecting and Water Conservancy	7352		31	5107
交通运输、仓储及邮电通信业	Transport, Storage, Postal and Telecommunication Services	802122	4356	43978	55909
批发和零售贸易、餐饮业	Wholesale and Retail Trade and Catering Services	812253	12486	31680	39956
金融、保险业	Banking and Insurance	128798	1027	64174	18061
房地产业	Real Estate Trade	4425557	33450	88167	142433
社会服务业	Social Services	474837	68855	97834	107287
卫生、体育和社会福利业	Health Care, Sports and Social Welfare	100397	1820	5000	1338
教育、文化艺术和广播电影电视业	Education, Culture and Arts, Radio and Television	66069	763	424	2200
科学研究和综合技术服务业	Scientific Research and Polytechnic Services	62758	1749	3108	23644
国家机关、政党机关和社会团体	Government Agencies, Party Agencies and Social Organizations	18			
其他行业	Others	989267	14048	15738	50794

16-20 续表 continued

单位：万美元 (USD 10000)

指　　标	Item	1979-2003	2000	2002	2003
按国别（地区）分	**By Country (Territory)**				
1. 亚　　洲	**Asia**	**20358413**	**723049**	**1208465**	**1666785**
#中国香港	Hong Kong, China	16671224	544233	909567	1222724
中国澳门	Macao, China	672192	15551	49187	56175
中国台湾	Taiwan, China	993951	80351	112054	96088
日　　本	Japan	825820	25360	68709	79966
菲 律 宾	Philippines	10659		395	3229
泰　　国	Thailand	120317		2770	3023
马来西亚	Malaysia	64338	4006	6315	7616
新 加 坡	Singapore	704719	47707	38007	150896
印度尼西亚	Indonesia	44084		172	7508
韩国	Republic of Korea	161912	8895	15045	32013
2. 非　　洲	**Africa**	**61956**	**4397**	**15567**	**18801**
#利比里亚	Liberia	842	71		
毛里求斯	Mauritius	55545	4275	15070	14793
3. 欧　　洲	**Europe**	**1393581**	**69101**	**127937**	**67212**
#德　　国	Germany	158827	5588	5094	6729
法　　国	France	273099	31426	28392	9445
意 大 利	Italy	46200	411	1769	4340
荷　　兰	Netherlands	265820	5948	491	8475
比 利 时	Belgium	3048	187	72	
英　　国	United Kingdom	452864	18336	79779	28825
丹　　麦	Denmark	18928	772	915	1405
芬　　兰	Finland	11582	440	1777	280
瑞　　典	Sweden	51949	333		60
挪　　威	Norway	2663	177		88
瑞　　士	Switzerland	43904	619	5209	5576
奥 地 利	Austria	10672		8	218
西 班 牙	Spain	11751	1858	2648	184
俄罗斯联邦	Russian	3737	24		198
4. 拉丁美洲	**Latin America**	**2062852**	**210012**	**362855**	**451380**
#巴 拿 马	Panama	20038	1793	1927	2647
维尔京群岛	Virgin Islands	1838235	183024	330929	383614
巴 哈 马	Bahamas	36672	2897	1556	8098
开曼群岛	Cayman Islands	149300	20578	20139	55935
5. 北 美 洲	**North America**	**1014431**	**49548**	**116227**	**109267**
#加 拿 大	Canada	120761	3318	7922	5062
美　　国	United States	866090	45165	103681	93430
百 慕 大	Bermuda	26414	1039	4524	10775
6. 大 洋 洲	**Oceania**	**361426**	**26792**	**56965**	**114976**
#澳大利亚	Australia	96505	7507	5879	12694
新 西 兰	New Zealand	4016	108		205
西萨摩亚	Western Samoa	92363	16151		
7. 世界银行	**World Bank**	**26532**			
8. 亚洲开发银行	**Asian Development Bank**	**31800**			
9. 海外机构	**Overseas Organizations**	**129384**			**14096**
10. 其它	**Others**	**115648**	**25699**	**2092**	**4194**

16-21 实际利用外资
AMOUNT OF FOREIGN CAPITAL ACTUALLY UTILIZED

单位：万美元 (USD 10000)

指　标	Item	1979-2003	2000	2002	2003
总　计	**Total**	**17653335**	**1457466**	**1658946**	**1894081**
按引进方式分	**By Way of Foreign Capital Intake**				
对外借款	**Foreign Loans**	**2172531**	**70231**	**102185**	**109261**
外国政府贷款	Foreign Government Loans	185498	4959	12663	44104
国际金融组织贷款	Loans from International Financial Organizations	43910	1711		
出口信贷	Export Credit	256535	39410	30733	6201
# 卖方信贷	Seller's Ccredit	1150			
外国银行商业贷款	Commercial Loans from Foreign Banks	1644488	24151	58789	58956
对外发行债券	Bonds Issued Abroad	42100			
外商直接投资	**Foreign Direct Investment**	**14047917**	**1223720**	**1311071**	**1557779**
合资经营企业	Joint Venture	4268631	313785	289191	364465
合作经营企业	Cooperative Operation	4431730	376371	237478	257157
外资（独资）企业	Exclusively Funded by Foreign Investors	5179250	528016	731452	881801
外商投资股份制	Shareholding Foreign Investment	96633	5548	8950	26683
合作开发	Cooperative Development	5107			5107
其他	Others	66566		44000	22566
外商其它投资	**Other Foreign Investment**	**1432887**	**163515**	**245690**	**227041**
对外发行股票	Shares Issued Abroad	164041	8112	47958	15173
国际租赁	International Lease	27154			
补偿贸易	Compensation Trade	97828			
加工装配	Processing and Assembly	1143864	155403	197732	211868
# 作价部份	The Parts Priced	100838	109		
按行业分	**By Sector**				
农、林、牧、渔业	Farming, Forestry, Animal Husbandry and Fishery	212386	14451	15866	17866
采　掘　业	Mining and Quarrying	24922	2273	2609	1832
制　造　业	Manufacturing	11815477	978339	1184175	1325846
电力、煤气及水的生产和供应业	Production and Supply of Electricity, Gas and Water	690698	79733	80636	82396
建　筑　业	Construction	427054	34691	10187	15372
地质勘查业、水利管理业	Geological Prospecting and Water Conservancy	6635	265		5139
交通运输、仓储及邮电通信业	Transport, Storage, Postal and Telecommunication Services	661803	26775	47386	69554
批发和零售贸易、餐饮业	Wholesale and Retail Trade and Catering Services	350211	24088	24449	44347
金融、保险业	Finance and Insurance	196326	2326	60950	19622
房地产业	Real Estate	1880649	202946	140580	156640
社会服务业	Social Services	409241	59709	62520	86009
卫生、体育和社会福利业	Health Care, Sports and Social Welfare	75274	7855	3485	1676
教育、文化艺术和广播电影电视业	Education, Culture and Arts, Radio and Television	25161	1050	372	713
科学研究和综合技术服务业	Scientific Research and Polytechnic Services	16176	1325	3031	3740
国家机关、政党机关和社会团体	Government Agencies, Party Agencies and Social Organizations				
其他行业	Others	861322	21640	22700	63329

16-21 续表 continued

单位：万美元 (USD 10000)

指　　标	Item	1979-2003	2000	2002	2003
按国别（地区）分	By Country (Territory)				
1. 亚　　洲	**Asia**	**14052700**	**1094069**	**1113764**	**1392197**
#中国香港	Hong Kong, China	11389604	877971	861783	1125105
中国澳门	Macao, China	363749	29648	30729	32791
中国台湾	Taiwan, China	730517	73359	108015	113402
日　　本	Japan	976018	37303	58421	53009
菲 律 宾	Philippines	6560	191	229	67
泰　　国	Thailand	50396	2897	3385	1723
马来西亚	Malaysia	34369	4993	2909	4053
新 加 坡	Singapore	375287	49122	35002	39771
印度尼西亚	Indonesia	28046	4496	3352	1440
韩　　国	Republic of Korea	87606	13940	6873	17825
2. 非　　洲	**Africa**	**33608**	**4272**	**6746**	**8736**
#利比里亚	Liberia	2482			9
毛里求斯	Mauritius	29061	4576	6395	8551
3. 欧　　洲	**Europe**	**985477**	**82525**	**115024**	**83161**
#德　　国	Germany	122616	16374	4238	12217
法　　国	France	265792	30307	31025	7684
意 大 利	Italy	43923		694	544
荷　　兰	Netherlands	114813	7886	9453	39614
比 利 时	Belgium	6221	499	1388	132
英　　国	United Kingdom	297435	19323	61460	16661
丹　　麦	Denmark	8065		1134	2043
芬　　兰	Finland	15202	2302	1929	149
瑞　　典	Sweden	41699	360		76
挪　　威	Norway	2933	710	99	114
瑞　　士	Switzerland	36122	3349	2728	1833
奥 地 利	Austria	15095	465	20	211
西 班 牙	Spain	7295	424		388
俄罗斯联邦	Russian	866	14	6	131
4. 拉丁美洲	**Latin America**	**1297196**	**162906**	**272404**	**258243**
#巴 拿 马	Panama	13409	1544	929	1815
维尔京群岛	Virgin Islands	1182662	150123	256418	228128
巴 哈 马	Bahamas	22667	3543	5302	3543
开曼群岛	Cayman Islands	70960	6694	8817	23368
5. 北美洲	**North America**	**784721**	**75270**	**93511**	**92764**
#加 拿 大	Canada	75130	5339	4410	5993
美　　国	United States	691320	67611	88450	81385
百 慕 大	Bermuda	15645	2320	651	5273
6. 大洋洲	**Oceanic**	**148661**	**14510**	**25493**	**32699**
#澳大利亚	Australia	52604	4697	3925	6114
新 西 兰	New Zealand	1374	86	6	95
西萨摩亚	Western Samoa	58081	8942	18911	
7. 世界银行	**World Bank**	**17718**	**5104**		
8. 亚洲开发银行	**Asian Development Bank**	**64183**	**1711**		
9. 国际货币基金组织	**International Monetary Fund**	**1079**			
10. 海外机构	**Overseas Organizations**	**110567**			**14521**
11. 其它	**Others**	**157425**	**17099**	**32004**	**11760**

16-22 外商直接投资
FOREIGN DIRECT INVESTMENT

指　　标	Item	1979-2003	2000	2002	2003
一、签订协议（合同）数（个）	**Number of Agreements (Contracts) Signed (unit)**	**103004**	**4245**	**6613**	**7306**
按行业分	**By Sector**				
农、林、牧、渔业	Farming, Forestry, Animal Husbandry and Fishery	2553	94	108	161
采　掘　业	Mining and Quarrying	102	14	8	12
制　造　业	Manufacturing	82771	3201	5241	5495
电力、煤气及水的生产和供应业	Production and Supply of Electricity,Gas and Water	112	11	21	30
建　筑　业	Construction	1165	30	28	25
地质勘查业、水利管理业	Geological Prospecting and Water Conservancy	7		1	
交通运输、仓储及邮电通信业	Transport, Storage, Postal and Telecommunication	1043	47	97	97
批发和零售贸易、餐饮业	Wholesale and Retail Sales and Catering Trades	3825	75	168	194
金融、保险业	Finance and Insurance	26		7	8
房地产业	Real Estate	5315	72	122	164
社会服务业	Social Services	3347	618	668	680
卫生、体育和社会福利业	Health Care, Sports and Social Welfare	186	8	5	6
教育、文化艺术和广播电影电视业	Education, Culture and Arts, Radio and Television	276	3	5	6
科学研究和综合技术服务业	Scientific Research and Polytechnic Services	881	22	36	308
国家机关、政党机关和社会团体	Government Agencies, Party Agencies and Social Organizations	1			
其他行业	Others	1394	50	98	120
按国别（地区）分	**By Country (Territory)**				
1. 亚　洲	**Asia**	**94271**	**3482**	**5470**	**6003**
# 中国香港	Hong Kong, China	76944	2474	3847	4531
中国澳门	Macao, China	5372	304	376	300
中国台湾	Taiwan, China	7654	482	802	674
朝　鲜	Democratic People's Republic of Korea	13			2
日　本	Japan	1090	51	137	132
菲律宾	Philippines	69	5	5	6
泰　国	Thailand	551	12	15	15
马来西亚	Malaysia	373	14	49	45
新加坡	Singapore	1369	76	104	86
印度尼西亚	Indonesia	114	6	5	19
韩　国	Republic of Korea	552	52	90	122
印　度	India	9		3	
柬埔寨	Cambodia	12	1		
缅　甸	Myanmar	10	1	831	
2. 非　洲	**Africa**	**230**	**14**	**74**	**65**
# 利比里亚	Liberia	9			
毛里求斯	Mauritius	184	12	65	56
南　非	South Africa	11			2
3. 欧　洲	**Europe**	**1102**	**81**	**103**	**136**
# 德　国	Germany	148	11	17	27
法　国	France	134	7	12	19
意大利	Italy	78	8	7	22
荷　兰	Netherlands	84	14	10	11
比利时	Belgium	17		1	3

指　　标	Item	1979-2003	2000	2002	2003
英　　国	United Kingdom	420	18	33	29
丹　　麦	Denmark	17	1	4	3
芬　　兰	Finland	8	2		1
瑞　　典	Sweden	15	2	2	1
挪　　威	Norway	10	2		3
瑞　　士	Switzerland	47	3	3	7
奥 地 利	Austria	14		2	1
西 班 牙	Spain	22	4	4	4
俄罗斯联邦	Russian	18	2		2
匈 牙 利	Hungary	9	2		
摩 洛 哥	Monaco	9			
4. 拉丁美洲	**Latin America**	**2389**	**428**	**535**	**597**
# 巴拿马	Panama	59	3	6	4
玻利维亚	Bolivia	7			1
维尔京群岛	Virgin Islands	2078	380	492	540
委内瑞拉	Venezuela	19	2	122	1
巴 哈 马	Bahamas	42	8	2	4
开曼群岛	Cayman Islands.	122	26	21	34
5. 北美洲	**North America**	**3008**	**229**	**333**	**359**
# 加 拿 大	Canada	488	32	55	66
美　　国	United States	2501	193	276	288
百 慕 大	Bermuda	16	3	1	5
6. 大洋洲	**Oceania**	**680**	**96**	**215**	**270**
# 澳大利亚	Australia	387	31	45	58
新 西 兰	New Zealand	46	4	2	7
西萨摩亚	Western Samoa	390	52	149	201
7. 海外机构	**Overseas Organizations**	**278**			
8. 其它	**Others**	**76**	**2**	**9**	**10**
二、协议利用外资额（万美元）	**Amount of Utilization of Foreign Capital through Signed Agreements（USD 10000）**	**22186849**	**868393**	**1617119**	**2178926**
按行业分	**By Sector**				
农、林、牧、渔业	Farming, Forestry, Animal Husbandry, Fishery	322668	10600	9222	28612
采　掘　业	Mining and Quarrying	25897	3937	3808	4156
制　造　业	Manufacturing	14084864	707221	1303025	1663965
电力、煤气及水的生产和供应业	Production and Supply of Electricity, Gas and Water	191540	3723	11492	45522
建　筑　业	Construction	614997	6319	5843	5653
地质勘查业、水利管理业	Geological Prospecting and Water Conservancy	6172		31	5107
交通运输、仓储及邮电通信业	Transport, Storage, Postal and Telecommunication Services	666385	4356	43978	45467
批发和零售贸易、餐饮业	Wholesale and Retail Sales and Catering Trades	744313	12486	26431	39844
金融、保险业	Finance and Insurance	24774		3574	15940
房地产业	Real Estate	4290592	33450	88167	140838
社会服务业	Social Services	471384	68417	97278	106306
卫生、体育和社会福利业	Health Care, Sports and Social Welfare	99984	1820	5000	1338
教育、文化艺术和广播电影电视业	Education, Culture and Arts, Radio and Television	64004	763	424	1740
科学研究和综合技术服务业	Scientific Research and Polytechnical Services	62655	1749	3108	23644
国家机关、政党机关和社会团体	Government Agencies, Party Agencies and Social Organizations	18			
其他行业	Others	516602	13552	15738	50794

16-22 续表2 continued

指标	Item	1979-2003	2000	2002	2003
按国别（地区）分	**By Country (Territory)**				
1. 亚　洲	**Asia**	**17706693**	**548646**	**1038960**	**1418473**
#中国香港	Hong Kong, China	14651302	412219	790401	1017848
中国澳门	Macao, China	620028	12863	46394	54258
中国台湾	Taiwan, China	818827	48354	80706	62822
日　本	Japan	474940	19608	53439	72832
菲律宾	Philippines	10156		395	3213
泰　国	Thailand	119899		2763	3023
马来西亚	Malaysia	64049	4006	6315	7565
新加坡	Singapore	681084	46516	37936	150727
印度尼西亚	Indonesia	43890		172	7508
韩　国	Republic of Korea	158515	8143	14195	31380
2. 非　洲	**Africa**	**61871**	**4397**	**15567**	**18801**
#利比里亚	Liberia	842			
毛里求斯	Mauritius	55516	4275	15070	14793
南　非	South Africa	668	30		58
3. 欧　洲	**Europe**	**910239**	**28033**	**35630**	**55154**
#德　国	Germany	115853	2461	5049	6169
法　国	France	77827	5670	3896	5686
意大利	Italy	19152	411	1769	4340
荷　兰	Netherlands	256806	5948	491	8475
比利时	Belgium	453	187	72	
英　国	United Kingdom	327441	7158	12965	21448
丹　麦	Denmark	3783	765	914	1405
芬　兰	Finland	7286	440	1777	280
瑞　典	Sweden	1355	333		31
瑞　士	Switzerland	36563	619	4258	5243
奥地利	Austria	2542		8	218
西班牙	Spain	7160	858	2648	184
俄罗斯联邦	Russian	3737	24		198
摩纳哥	Monaco	24219			
4. 拉丁美洲	**Latin America**	**2042886**	**208680**	**354212**	**448785**
#巴拿马	Panama	19688	1793	1927	2647
秘　鲁	Peru	2010		48	90
玻利维亚	Bolivia	1109			20
维尔京群岛	Virgin Islands.	1819191	181692	322836	381019
委内瑞拉	Venezuela	1640	15	122	23
巴哈马	Bahamas	36672	2897		8098
开曼群岛	Cayman Islands.	148750	20578	19589	55935
哥斯达黎加	Costa Rica	314			14
智　利	Chile	1408		80	180
5. 北美洲	**North America**	**909879**	**48580**	**115028**	**106356**
#加拿大	Canada	120044	3126	7668	4837
美　国	United States	763255	44389	102736	90744

16-22 续表3 continued

指　　标	Item	1979-2003	2000	2002	2003
百 慕 大	Bermuda	26414	1039	4524	10775
6. 大洋洲	**Oceania**	**354006**	**26715**	**56882**	**114643**
澳大利亚	Australia	90160	7507	5879	12694
新 西 兰	New Zealand	3643	108	20	205
西萨摩亚	Western Samoa	242437	16151	47877	102406
东萨摩亚	Other Oceanic and Pacific Islands	12672	1866	1938	270
7. 海外机构	**Overseas Organizations**	**124675**			**14096**
8. 其它	**Others**	**76600**	**3342**	**840**	**2618**
三、实际利用外资（万美元）	**Foreign Capital Actually Used（USD 10000）**	**14047917**	**1223720**	**1311071**	**1557779**
按行业分	**By Sector**				
农、林、牧、渔业	Farming, Forestry, Animal Husbandry and Fishery	171852	14451	15866	17866
采　掘　业	Mining and Quarrying	22262	2273	2609	1832
制　造　业	Manufacturing	9552441	793799	931617	1022357
电力、煤气及水的生产和供应业	Production and Supply of Electricity, Gas and Water	443069	39988	49858	73852
建　筑　业	Construction	388407	34691	10187	15172
地质勘查业、水利管理业	Geological Prospecting and Water Conservancy	5455	265		5139
交通运输、仓储及邮电通信业	Transport, Storage, Postal and Telecommunication Services	519611	26775	47386	59112
批发和零售贸易、餐饮业	Wholesale and Retail Sales and Catering Trades	314312	24088	19200	44235
金融、保险业	Finance and Insurance	17984	1552	2216	9143
房地产业	Real Estate	1798155	202946	140580	155045
社会服务业	Social Services	398122	51424	61964	85028
卫生、体育和社会福利业	Health Care, Sports and Social Welfare	74949	7855	3485	1676
教育、文化艺术和广播电影电视业	Education, Culture and Arts, Radio and Television	24669	1050	372	253
科学研究和综合技术服务业	Scientific Research and Polytechnic Services	15738	1325	3031	3740
国家机关、政党机关和社会团体	Government Agencies, Party Agencies and Social Organizations				
其他行业	Others	300891	21238	22700	63329
按国别（地区）分	**By Country（Territory）**				
1. 亚　洲	**Asia**	**11352830**	**927071**	**893136**	**1077590**
# 中国香港	Hong Kong, China	9458838	744826	697885	864593
中国澳门	Macao, China	314761	26137	27394	31241
中国台湾	Taiwan, China	544531	49746	63562	67688
朝　　鲜	Democratic People's Republic of Korea	693	66	185	135
日　　本	Japan	469974	30852	52717	46969
菲 律 宾	Philippines	6436	191	229	67
泰　　国	Thailand	47339	2895	2175	1723
马来西亚	Malaysia	34346	4993	2909	4032
新 加 坡	Singapore	352620	49115	33767	39689

16-22 **续表 4** continued

指标	Item	1979-2003	2000	2002	2003
印度尼西亚	Indonesia	28046	3352	3312	1440
缅甸	Kuwait	1338		56	
韩国	Republic of Korea	85592	13671	6080	17412
印度	India	3123	964	970	289
2. 非洲	**Africa**	**33605**	**4272**	**6743**	**8736**
# 利比里亚	Liberia	2482			9
毛里求斯	Mauritius	29058	4576	6392	8551
马达加斯加	Madagascar	207			
3. 欧洲	**Europe**	**462193**	**38643**	**36610**	**75989**
# 德国	Germany	68860	10057	4177	12162
法国	France	46435	4551	6527	3925
意大利	Italy	19133		694	544
荷兰	Netherlands	96713	7886	8303	39614
比利时	Belgium	2697	499	88	132
英国	United Kingdom	166562	8258	11039	13680
爱尔兰	Ireland	2955		380	960
丹麦	Denmark	4666		1133	2042
芬兰	Finland	11150	2302	1929	149
瑞典	Sweden	2726	360		33
挪威	Norway	1700	710	99	114
瑞士	Switzerland	24766	3349	1745	1500
奥地利	Austria	6195	101	20	211
西班牙	Spain	3712	44	188	388
葡萄牙	Portugal	500			
俄罗斯联邦	Russian	866	14	6	131
捷克	Czech	816	227	152	79
4. 拉丁美洲	**Latin America**	**1280006**	**161983**	**262185**	**256329**
# 巴拿马	Panama	13395	1544	929	1815
玻利维亚	Bolivia	573	23		20
维尔京群岛	Virgin Islands.	1166038	149200	246749	226214
开曼群岛	Cayman Islands.	70410	6694	8267	23368
巴哈马	Bahamas	22667	3543	5302	3543
哥斯达黎加	Costa Rica	1251	148	47	
5. 北美洲	**North America**	**589300**	**74453**	**85590**	**88271**
# 加拿大	Canada	62556	5161	4402	5768
美国	United States	509613	66972	80537	77117
百慕大	Bermuda	15505	2320	651	5273
6. 大洋洲	**Oceanic**	**140470**	**14510**	**25347**	**32327**
# 澳大利亚	Australia	45084	4697	3925	6114
新西兰	New Zealand	1221	86	6	95
萨摩亚	Western Samoa	81463	8942	18894	23399
所罗门群岛	Solomon Islands.	1212			
大洋洲及太平洋岛屿	Other Oceanic and Pacific Islands	2452		50	408
7. 世界银行	**Word Bank**	**2786**			
8. 亚洲开发银行	**Asian Development Bank**	**44550**			
9. 海外机构	**Overseas Organizations**	**107688**			**14521**
10. 其它	**Others**	**34489**	**2788**	**1460**	**4016**

16-23 各市利用外资
UTILIZATION OF FOREIGN CAPITAL BY CITY

市 别 City	2002			2003		
	签订项目（个）Number of Signed Project (unit)	合同外资额（万美元）Amount of Foreign Capital (USD 10000)	实际利用外资（万美元）Amount of Foreign Capital Actually Used (USD 10000)	签订项目（个）Number of Signed Project (unit)	合同外资额（万美元）Amount of Foreign Capital (USD 10000)	实际利用外资（万美元）Amount of Foreign Capital Actually Used (USD 10000)
全省合计 Provincial Total	**11706**	**1890108**	**1658946**	**11472**	**2446711**	**1894081**
广 州 Guangzhou	1177	316579	265299	1204	402177	306408
深 圳 Shenzhen	2191	518626	490220	2573	582896	504214
珠 海 Zhuhai	789	149728	93671	508	170707	94151
汕 头 Shantou	109	19833	15820	78	99160	20190
佛 山 Foshan	2660	80019	100250	2027	128580	124018
韶 关 Shaoguan	70	8861	26501	110	32596	30496
河 源 Heyuan	125	34605	13291	136	41542	17568
梅 州 Meizhou	70	13541	12721	90	19496	15875
惠 州 Huizhou	578	154553	132648	581	173405	169035
汕 尾 Shanwei	49	13921	13150	51	15231	17502
东 莞 Dongguan	1391	248914	214848	1524	325631	256335
中 山 Zhongshan	501	108663	76492	464	119546	94659
江 门 Jiangmen	1316	106019	74110	1346	109918	85662
阳 江 Yangjiang	30	8282	10119	47	14188	13256
湛 江 Zhanjiang	45	19786	11130	50	25822	18011
茂 名 Maoming	118	9567	8893	199	14499	10103
肇 庆 Zhaoqing	154	32159	54550	145	91953	68202
清 远 Qingyuan	221	24616	11350	183	55080	18014
潮 州 Chaozhou	28	5381	10513	45	12040	11927
揭 阳 Jieyang	42	13343	20162	32	12516	14191
云 浮 Yunfu	37	4064	3020	49	14131	4264

16-24 各市外商直接投资
FOREIGN DIRECT INVESTMENT BY CITY

市 别 City	2002			2003		
	签订项目（个）Number of Signed Project (unit)	合同外资额（万美元）Amount of Foreign Capital (USD 10000)	实际利用外资（万美元）Amount of Foreign Capital Actually Used (USD 10000)	签订项目（个）Number of Signed Project (unit)	合同外资额（万美元）Amount of Foreign Capital (USD 10000)	实际利用外资（万美元）Amount of Foreign Capital Actually Used (USD 10000)
全省合计 Provincial Total	**6613**	**1617119**	**1311071**	**7306**	**2178926**	**1557779**
广 州 Guangzhou	776	302322	228386	870	351118	258075
深 圳 Shenzhen	1917	354400	319101	2254	484687	362345
珠 海 Zhuhai	704	131883	69801	423	159693	84890
汕 头 Shantou	88	19104	15745	64	98903	20038
佛 山 Foshan	270	78966	98355	346	126569	122508
韶 关 Shaoguan	70	8861	26501	110	32596	30496
河 源 Heyuan	117	33842	12549	126	39976	17348
梅 州 Meizhou	49	11081	10901	73	16798	14023
惠 州 Huizhou	405	147383	108208	388	154329	140703
汕 尾 Shanwei	35	12558	9063	39	13700	12689
东 莞 Dongguan	867	201629	145868	1132	266093	175399
中 山 Zhongshan	386	94583	63857	374	102217	77023
江 门 Jiangmen	364	104657	73546	374	106739	84934
阳 江 Yangjiang	30	8282	10119	47	14188	13256
湛 江 Zhanjiang	45	19617	11009	50	25663	17977
茂 名 Maoming	118	9567	8893	199	14499	10103
肇 庆 Zhaoqing	142	32159	54550	139	91953	68202
清 远 Qingyuan	124	24616	11350	142	55080	18014
潮 州 Chaozhou	28	5381	10513	45	12040	11927
揭 阳 Jieyang	36	13116	19933	32	12357	13615
云 浮 Yunfu	37	4064	2635	49	14131	4214

16-25 对外经济技术合作情况
BASIC CONDITIONS OF ECONOMIC AND TECHNICAL COOPERATION WITH FOREIGN COUVTRIES AND TERRITORIES

单位：个

项目 Item	签订合同数（宗）Number of Contract Signed (unit)	合同金额（万美元）Contracted Value (USD 10000)	营业金额（万美元）Value of Business (USD 10000)	年末在外人数（人）Number of Persons Abroad at the Year-end (person)
一、对外承包工程 Foreign Contracted Projects				
1982	9	1316	1398	770
1985	28	1897	2491	305
1990	23	5953	7586	688
1995	29	19183	10924	850
1996	37	14823	9474	1680
1997	67	22435	10940	354
1998	28	13331	17526	566
1999	63	52961	21857	603
2000	86	36555	34515	634
2001	250	53924	26192	641
2002	165	64827	58986	643
2003	193	97055	86898	730
二、对外劳务合作 Foreign Labor Cooperation				
1982	106	1368	1170	657
1985	273	424	433	1197
1990	1101	6055	3189	8045
1995	1251	20593	17775	33263
1996	1493	11784	19365	23319
1997	2616	17356	14743	22857
1998	2360	12925	14464	20816
1999	5863	9327	13230	19128
2000	6626	12941	10777	19564
2001	1039	13271	11752	30695
2002	8252	19114	17059	18922
2003	12100	23132	21926	21738
三、对外设计咨询 Foreign Design for Consultation				
1995	9	139	41	10
1996	3	11	4	4
1997	6	90	88	
1998	17	402	339	
1999	19	408	218	
2000	14	1064	987	
2001	17	66	267	14
2002	34	258	144	39
2003	42	97	419	39
四、对外生产合作 Foreign Production Cooperation				
2001	9	2738	2668	
五、其它 Others				
2001	12931	12290	9913	226

注：对外设计咨询 1995 年以前无发生数；对外生产合作、其它 2001 年以前无发生数。

Note: Before 1995, the data of foreign design and consultation were not occurred; Before 2001, the data of foreign production cooperation and others were not occurred.

16-26 分行业外商投资企业工商注册登记情况（2003 年末）
BASIC INDICATORS OF REGISTERED FOREIGN FUNDED ENTERPRISES BY SECTOR（END OF 2003）

行　　业	Sector	企业数（户）Number of Registered Enterprises（unit）	投资总额（亿美元）Total Investment（USD 100 million）	注册资本（亿美元）Registered Capital（USD 100 million）	#外　方 Capital Invested by Foreign Partner
总　　计	**Total**	**51672**	**2412. 82**	**1405. 14**	**1106. 73**
农、林、牧、渔业	Farming, Forestry, Animal Husbandry and Fishery	857	19. 41	12. 54	10. 34
采　掘　业	Mining and Quarrying	163	7. 14	4. 25	3. 17
制　造　业	Manufacturing	40710	1394. 10	934. 44	752. 36
电力、煤气及水的生产和供应业	Production and Supply of Electricity, Gas and Water	294	187. 84	63. 10	38. 28
建　筑　业	Construction	456	68. 73	28. 36	17. 03
地质勘查业、水利管理业	Geological Prospecting and Water Conservancy	36	1. 69	0. 99	0. 45
交通运输、仓储及邮电通信业	Transport, Storage, Postal and Telecommunication Services	1424	172. 71	66. 39	47. 20
批发和零售贸易、餐饮业	Wholesale and Retail Trade and Catering Services	1401	45. 56	29. 42	22. 22
金融、保险业	Banking and Insurance	19	2. 74	2. 37	2. 10
房地产业	Real Estate	2211	358. 52	164. 40	135. 25
社会服务业	Social Services	2436	105. 87	65. 95	51. 51
卫生、体育和社会福利业	Health Care, Sports and Social Welfare	100	10. 40	5. 82	4. 62
教育、文化艺术和广播电影电视业	Education, Culture and Arts, Radio and Television	96	4. 23	2. 81	2. 04
科学研究和综合技术服务业	Scientific Research and Polytechnic Services	521	9. 88	7. 39	6. 39
其他行业	Others	948	24. 00	16. 91	13. 77

16-27 各市外商投资企业工商注册登记情况（2003 年末）
BASIC INDICATORS OF REGISTERED FOREIGN FUNDED ENTERPRISES BY CITY（END OF 2003）

市　别 City	企业数（户）Number of Registered Enterprises（unit）	投资总额（亿美元）Total Investment（USD 100 million）	注册资本（亿美元）Registered Capital（USD 100 million）	#外方 Capital Invested by Foreign Partners
全省合计　Provincial Total	**51672**	**2412. 82**	**1405. 14**	**1106. 73**
广　州　Guangzhou	7728	517. 60	266. 74	214. 65
深　圳　Shenzhen	14213	497. 89	299. 02	236. 46
珠　海　Zhuhai	2984	130. 66	73. 75	57. 31
汕　头　Shantou	1574	66. 64	43. 66	34. 35
佛　山　Foshan	3437	210. 84	129. 82	88. 63
韶　关　Shaoguan	379	16. 65	9. 12	7. 16
河　源　Heyuan	381	15. 93	10. 16	8. 84
梅　州　Meizhou	436	14. 86	8. 91	5. 66
惠　州　Huizhou	2831	148. 72	84. 72	67. 16
汕　尾　Shanwei	261	10. 27	8. 06	7. 36
东　莞　Dongguan	6411	223. 69	171. 46	156. 24
中　山　Zhongshan	2143	95. 11	55. 53	46. 17
江　门　Jiangmen	2694	94. 36	65. 01	50. 00
阳　江　Yangjiang	248	10. 60	6. 08	4. 43
湛　江　Zhanjiang	573	34. 55	19. 71	13. 52
茂　名　Maoming	1261	27. 84	17. 43	11. 42
肇　庆　Zhaoqing	919	41. 47	23. 78	18. 95
清　远　Qingyuan	611	31. 76	17. 42	12. 89
潮　州　Chaozhou	535	14. 43	9. 64	6. 15
揭　阳　Jieyang	613	18. 37	13. 57	10. 2
云　浮　Yunfu	337	11. 10	6. 99	4. 71

16-28 各部门接受华侨、港澳台同胞捐赠情况

DONATION ACCEPTED AND AGREED BY ADMINISTRATIONS FROM OVERSEAS CHINESE AND COMPATRIOTS FROM HONG KONG, MACAO AND TAIWAN

单位：万元 (10000 yuan)

年份 Year	合计 Total	# 现金 Cash	工农业 Industry and Agriculture	文化教育科研事业 Culture and Education, Science and Technology	卫生事业 Health Care	旅游业 Tourism	社会福利业 Social Welfare	其他 Others
1978－2003	2972873							
1985	54529	1373	19660	8133	2303	4948	2071	17414
1990	91887	3648	30837	24695	10453	2480	21422	2000
1991	227235	5210	70638	56065	17024	1860	76605	5043
1992	687814	3955	357342	100570	39154	4309	177547	8892
1993	188133	4329	63666	43615	21587	492	43861	14912
1994	291656	1854	67647	55350	32007	167	42951	93534
1995	335447	1050	129890	56512	46405	1000	27816	73824
1996	42893	616	20956	9653	1860	55	7007	3362
1997	49828	1170	37309	2717	1718	30	3472	4582
1998	61657	515	39296	3781	8836	513	2238	6993
1999	15049	2305	5762	2726	954	109	2005	3493
2000	4944	1124	242	1031	494	210	52	2915
2001	2604	484	32	256	975		334	1007
2002	4092	877		738	452	26	402	2474
2003	53944							

注：表中1992年以前是批准数，1993年以后是实际接受捐赠数。

Note: The data in this table referred to the donations agreed by administrations before 1992, whereas the figures have been the donations actually accepted since 1993.

16-29 各市重点外商投资企业主要经济指标（2003年）

MAIN ECONOMIC INDICATORS OF KEY FOREIGN FUNDED ENTERPRISES BY CITY (2003)

单位：亿元 (100 million yuan)

市别 City	企业数（户）Number of Enterprises (unit)	资产总计 Total Assets	负债合计 Total Liabilities	主营业务收入 Main Business Income	营业税金 Business Tax	利润总额 Total Profits	所得税 Income Tax
全省合计 Provincial Total	**703**	**6110.13**	**3277.83**	**4451.35**	**48.21**	**596.32**	**87.98**
广州 Guangzhou	131	2549.72	1316.32	1648.28	37.07	389.69	64.47
深圳 Shenzhen	102	1327.30	674.80	858.07	7.83	115.60	10.05
珠海 Zhuhai	63	467.87	271.34	504.60	0.48	19.97	3.31
汕头 Shantou	22	85.89	66.66	49.51	0.05	-2.56	0.12
佛山 Foshan	60	372.78	227.17	154.37	0.37	7.58	1.44
韶关 Shaoguan	14	48.09	24.01	19.78	0.14	2.28	0.26
河源 Heyuan	13	16.02	9.39	13.53	…	1.69	0.19
梅州 Meizhou	9	24.54	9.48	9.40	0.03	2.23	0.03
惠州 Huizhou	49	231.14	144.18	336.28	0.41	18.76	1.80
汕尾 Shanwei	6	15.81	5.62	14.80	…	1.96	0.25
东莞 Dongguan	48	434.46	212.29	462.69	0.23	23.08	3.65
中山 Zhongshan	38	126.16	78.39	173.24	0.33	5.31	0.87
江门 Jiangmen	30	94.07	58.30	55.91	0.12	2.24	0.32
阳江 Yangjiang	8	26.35	20.78	3.78	0.12	0.13	0.14
湛江 Zhanjiang	9	29.23	18.47	22.42	…	0.88	0.16
茂名 Maoming	17	10.33	4.76	4.67	0.07	1.08	0.10
肇庆 Zhaoqing	45	126.17	57.42	77.51	0.68	4.86	0.55
清远 Qingyuan	15	90.35	65.05	24.27	0.24	0.70	0.23
潮州 Chaozhou	10	10.38	2.77	6.23	…	0.03	0.01
揭阳 Jieyang	9	17.17	6.44	7.26	…	0.61	…
云浮 Yunfu	5	6.30	4.19	4.75	0.04	0.20	0.03

16-30 一类口岸开放使用情况（2003 年末）

OPENING AND OPERATING STATUS OF PORTS WITH GRADE 1（END OF 2003）

市别 City	个数	口岸名称 水运 Water Transport	陆运 Land Transport	空运 Air Transport
合计 Total	**51**	**36**	**10**	**5**
广州 Guangzhou	6	广州港 Guangzhou Port	天河直通车站 Tianhe Railway	白云机场
		南沙港 Nansha Port	Stations Directly to Hong Kong	Baiyun Airport
		莲花山港 Lianhuashan Port		
		新塘港 Xintang Port		
深圳 Shenzhen	12	蛇口港 Shekou Port	罗湖 Luohu	深圳机场
		赤湾港 Chiwan Port	文锦渡 Wenjindu	Shenzhen Airport
		梅沙港 Meisha Port	沙头角 Shatoujiao	
		东角头港 Dongjiaotou Port	皇岗 Huanggang	
		妈湾港 Mawan Port		
		盐田港 Yiantian Port		
		西涌港 Xichong Port		
珠海 Zhuhai	7	九州港 Jiuzhou Port	拱北 Gongbei	
		湾仔港 Wanzai Port	横琴 Hengqin	
		珠海港 Zhuhai Port		
		万山港 Wanshan Port		
		斗门港 Doumen Port		
汕头 Shantou	4	汕头港 Shantou Port		汕头机场
		潮阳港 Chaoyang Port		Shantou Airport
		南澳港 Nanao Port		
佛山 Foshan	4	顺德港 Shunde Port	佛山铁路客运 Foshan Railway	
		南海港 Nanhai Port	Stations for Passenger Service	
		高明港 Gaoming Port		
梅州 Meizhou	1			梅州机场
惠州 Huizhou	1	惠州港 Huizhou Port		Meizhou Airport
汕尾 Shanwei	1	汕尾港 Shanwei Port		
东莞 Dongguan	2	虎门港 Humen Port	东莞铁路客运 Dongguan Railway	
			Stations for Passenger Service	
中山 Zhongshan	1	中山港 Zhongshan Port		
江门 Jiangmen	5	江门港 Jiangmen Port		
		三埠港 Sanfu Port		
		广海港 Guanghai Port		
		鹤山港 Heshan Port		
		新会港 Xinhui Port		
阳江 Yangjiang	1	阳江港 Yangjiang Port		
湛江 Zhanjiang	2	湛江港 Zhanjiang Port		湛江机场
茂名 Zhaoqing	1	水东港 Shuidong Port		Zhanjiang Airport
肇庆 Maoming	2	肇庆港 Zhaoqing Port	肇庆铁路客运 Zhaoqing Railway	
			Station for Passenger Service	
潮州 Chaozhou	1	潮州港 Chaozhou Port		

注：2003 年末全省二类口岸 93 个，其中，装卸点 92 个，起运点 1 个。直通港澳货运车辆 检查场 59 个。

Note：The provincial total of ports with Grade Ⅱ was 99 at the end of 2003，of which the loading and unloading places were 98，the dispatch place was 1 and the inspection places for vehicles carrying goods directly to Hong Kong and Macao amounted to 59.

16-31 旅 游 人 数
NUMBER OF TOURISTS

指 标	Item	1995	2000	2002	2003
一、国际游客出入境人数（万人次）	**Number of International Tourists (10000 persons-times)**	**7442.18**	**13431.21**	**16067.35**	**13934.71**
外国人	Foreigners	340.02	567.14	741.57	553.79
华侨	Overseas Chinese	17.44	6.81		
港澳同胞	Compatriots from Hong Kong and Macao	6913.78	12479.92	14922.36	13099.54
台湾同胞	Compatriots from Taiwan	170.94	377.34	403.40	281.38
#入境人数	Number of Tourists Arrival to China	3615.03	6729.18	8032.77	6991.13
外国人	Foreigners	159.4	280.49	361.50	285.78
华侨	Overseas Chinese	8.11	3.10		
港澳同胞	Compatriots from Hong Kong and Macao	3364.15	6254.38	7471.06	6566.38
台湾同胞	Compatriots from Taiwan	83.37	191.21	200.21	138.97
二、城市接待旅游人数（万人次）	**Number of Tourists Received by Cities (10000 persons-times)**	**3504.75**	**7662.95**	**9457.74**	**8688.85**
国际游客	International Tourists	620.68	1198.94	1394.48	1187.27
外国人	Foreigners	118.47	212.85	277.79	232.51
华侨	Overseas Chinese		19.38		
港澳同胞	Compatriots from Hong Kong and Macao	430.55	813.84	911.91	805.47
台湾同胞	Compatriots from Taiwan	52.28	172.25	204.78	149.29
国内游客	Domestic Tourists	2884.07	6464.01	8063.26	7501.58
宾馆（酒店）接待人数	Number of Tourists Received by Hotels	2790.88	2828.27	3204.30	2300.55
国际游客	International Tourists	528.24	564.56	675.30	410.92
外国人	Foreigners	117.39	134.14	221.01	116.25
华侨	Overseas Chinese	14.68			
港澳同胞	Compatriots from Hong Kong and Macao	352.32	363.22	325.25	211.33
台湾同胞	Compatriots from Taiwan	43.85	67.20	129.04	83.34
国内游客	Domestic Tourists	2262.64	2263.71	2529.00	1889.63
三、旅行社组织接待人数（万人）	**Number of Tourists Received by Travel Agencies (10000 persons)**		**653.41**	**1032.66**	**705.68**
国际游客	International Tourists	257.19	264.22	362.28	255.03
国内游客	Domestic Tourists	602.01	389.19	670.38	450.65
四、团体出境旅游人数（万人）	**Number of Tourists Outbound through Group Tours (10000 persons)**	**67.71**	**116.20**	**121.55**	**126.20**
港澳游	Tours to Hong Kong and Macao	58.67	86.07	81.11	87.83
其 他	Others	9.04	30.13	40.44	38.37

注：2000年以后城市接待旅游人数和宾馆（酒店）接待人数中，外国人数包括华侨在内。

Note: Among the number of tourists received by cities and the number of tourists received by hotels, the number of foreigners have included that of the overseas Chinese since 2000.

16-32 旅游部门基本情况
BASIC STATISTICS ON TOURIST AGENCIES

指标		Item		2000	2002	2003
旅游宾馆（酒店）	（家）	Number of Tourist Hotels	(unit)	2655	2656	3647
按星级分：五星		By Star Class: Five Star Class		19	30	33
四星		Four Star Class		61	93	112
三星		Three Star Class		283	382	426
二星		Two Star Class		339	448	468
一星		One Star Class		48	55	56
未评星级		Star Class Not Appraised		1905	1648	2552
旅游宾馆酒店接待能力		Receiving Capability of Tourist Hotels				
客房	（间）	Number of Guest Rooms	(room)	202277	212591	246246
床位	（张）	Number of Beds	(unit)	401718	402176	461566
客房出租率	（%）	Room Occupancy	(%)	58.0	60.9	56.5
旅行社	（家）	Number of Travel Agencies	(unit)	504	610	701
国际旅行社		International Travel Agencies		176	179	176
国内旅行社		Domestic Travel Agencies		328	431	525

16-33 城市接待外国游客人数
NUMBER OF FOREIGN TOURISTS RECEIVED BY CITY

单位：人次 (person-time)

国别	Country	1995	2000	2002	2003
总计	**Total**	**1173919**	**2128501**	**2777998**	**2324666**
日本	Japan	288978	413833	671640	476589
韩国	Republic of Korea	25172	71841	149003	115519
菲律宾	Philippines	10312	20793	29201	11409
新加坡	Singapore	60760	93762	124086	61877
泰国	Thailand	51185	48341	76355	39501
印度尼西亚	Indonesia	40583	63159	86935	45929
马来西亚	Malaysia	70639	110384	146381	64580
美国	United States	129238	196362	298064	188072
加拿大	Canada	24908	35968	51461	27076
英国	United Kingdom	41020	59123	62163	44617
法国	France	29728	43578	49268	22825
德国	Germany	32864	44707	52008	26531
意大利	Italy	19187	19792	30415	15182
俄罗斯	Russia	1937	10407	17316	6048
澳大利亚	Australia	28789	34595	46502	24887
新西兰	New Zealand	4133	5835	8919	4580
其他	Others	314486	856021	878281	1149444

16-34 各市旅游宾馆（酒店）住宿设施（2003 年）
LODGING FACILITIES OF TOURIST HOTELS BY CITY (2003)

市别 City	宾馆、酒店（个）Number of Hotels (unit)	五星级 Five Star Class	四星级 Four Star Class	三星级 Three Star Class	二星级 Two Star Class	一星级 One Star Class	客房（间）Number of Rooms (unit)	床位（张）Number of Beds (unit)	客房出租率（%）Room Occupancy (%)
全省合计 Provincial Total	**3647**	**33**	**112**	**426**	**468**	**56**	**246246**	**461566**	**56.5**
广州 Guangzhou	1441	5	21	84	87	5	87652	171885	61.0
深圳 Shenzhen	305	10	18	63	71	3	33387	58187	55.2
珠海 Zhuhai	300	5	8	40	17	3	20000	39000	59.2
汕头 Shantou	52	2	6	12	19	3	7314	13396	52.3
佛山 Foshan	105		13	28	24	4	9806	18286	58.4
韶关 Shaoguan	600		1	17	23	5	11669	22872	30.4
河源 Heyuan	50		1	7	26	6	2680	5363	50.8
梅州 Meizhou	59		1	7	14		3288	6302	44.9
惠州 Huizhou	67		2	21	17	2	7408	13603	55.5
汕尾 Shanwei	44			8	5		3800	7220	48.2
东莞 Dongguan	241	10	16	31	22	2	22300	35680	65.0
中山 Zhongshan	72		4	18	13	2	6287	9960	51.4
江门 Jiangmen	57	1	4	17	13		8785	16197	50.9
阳江 Yangjiang	36		1	10	21		2943	5768	57.6
湛江 Zhanjiang	34		2	16	16		3536	6717	63.8
茂名 Maoming	26			6	15		2976	5951	62.9
肇庆 Zhaoqing	55		2	15	17	13	4681	9399	40.2
清远 Qingyuan	47		6	13	26	2	3035	6199	44.7
潮州 Chaozhou	17		2	7	7	1	1393	2713	55.0
揭阳 Jieyang	20		4	3	5	2	1824	3622	48.1
云浮 Yunfu	19			3	10	3	1482	3246	63.8

注：本表星级宾馆（酒店）指2003年底止已得到国家旅游局或省旅游局批准的，不包已报未批部份。

Note: The star class hotels in this table referred to those approved by the National Tourism Administration or Guangdong Provincial Tourism Administration, whereas they excluded those reported but unapproved yet at the end of 2003.

16-35 各市接待过夜旅游者人数
NUMBER OF TOURISTS STAYING OVERNIGHT RECEIVED BY CITY

单位：万人次 (10000 person-times)

市别 City	2002			2003		
	合计 Total	国际游客 International Tourists	国内游客 Domestic Tourists	合计 Total	国际游客 International Tourists	国内游客 Domestic Tourists
全省合计 Provincial Total	**9457.74**	**1394.48**	**8063.26**	**8688.85**	**1187.27**	**7501.58**
广州 Guangzhou	2706.06	473.97	2232.09	2369.82	362.54	2007.29
深圳 Shenzhen	1522.88	449.35	1073.52	1448.82	435.13	1013.68
珠海 Zhuhai	493.95	129.96	363.99	438.19	105.45	332.74
汕头 Shantou	243.01	17.62	225.39	248.16	16.83	231.34
佛山 Foshan	438.57	68.97	369.61	364.48	51.85	312.63
韶关 Shaoguan	230.85	2.55	228.29	238.65	1.58	237.07
河源 Heyuan	224.22	5.48	218.74	125.99	2.68	123.31
梅州 Meizhou	193.35	6.46	186.89	199.36	4.65	194.71
惠州 Huizhou	301.14	30.23	270.91	271.62	22.26	249.36
汕尾 Shanwei	159.44	2.47	156.97	140.34	2.27	138.07
东莞 Dongguan	602.21	67.78	534.43	705.41	66.58	638.83
中山 Zhongshan	411.42	66.03	345.39	386.61	57.56	329.04
江门 Jiangmen	587.03	30.93	556.10	500.41	23.00	477.41
阳江 Yangjiang	229.68	5.03	224.65	234.93	4.33	230.59
湛江 Zhanjiang	139.38	1.61	137.76	76.80	1.50	75.29
茂名 Maoming	114.20	0.55	113.65	120.14	0.63	119.51
肇庆 Zhaoqing	470.35	14.45	455.89	429.84	10.14	419.69
清远 Qingyuan	79.70	1.51	78.19	114.07	2.91	111.16
潮州 Chaozhou	110.17	13.51	96.66	111.13	12.20	98.93
揭阳 Jieyang	66.85	2.90	63.95	73.65	1.78	71.87
云浮 Yunfu	133.27	3.12	130.16	90.44	1.39	89.05

16-36 各市旅行社组团出境游人数（2003年）
NUMBER OF TOURISTS OUTBOUND THROUGH GROUP TOURS BY CITY (2003)

单位：人 (person)

市别 City	合计 Total	香港 Hong Kong	澳门 Macao	泰国 Thailand	新加坡 Singapore	马来西亚 Malaysia	韩国 Republic of Korea	其它 Others
全省合计 Provincial Total	**1692285**	**747857**	**397757**	**159325**	**104688**	**97950**	**31656**	**153052**
广州 Guangzhou	541754	253082	106003	40963	32656	31795	12506	64749
深圳 Shenzhen	674770	314987	106490	91859	52561	47465	12981	48427
珠海 Zhuhai	94484	17417	65276	3215	2156	2073	1026	3321
汕头 Shantou	27473	15504	2222	5439	1368	1283	545	1112
佛山 Foshan	146228	42501	61508	7274	6675	6525	1983	19762
韶关 Shaoguan	6171	1927	2879	624	283	283	137	38
河源 Heyuan	5004	4208	368	138	135	135	16	4
梅州 Meizhou	5362	3126	940	355	262	262	23	394
惠州 Huizhou	9755	7123	1129	493	228	224	143	415
汕尾 Shanwei	10196	9803	294	75	12	12		
东莞 Dongguan	28698	13147	1853	2296	2205	2069	550	6578
中山 Zhongshan	53866	24962	17101	2108	2225	2223	863	4384
江门 Jiangmen	25884	11521	9094	1032	1366	1300	233	1338
阳江 Yangjiang								
湛江 Zhanjiang	5616	2938	805	566	394	369	152	392
茂名 Maoming	7954	4067	2055	719	377	377	211	148
肇庆 Zhaoqing	19789	9448	9376	351	173	171	52	218
清远 Qingyuan	10274	5142	3924	417	335	170	113	173
潮州 Chaozhou	11634	3771	3116	1140	996	933	115	1563
揭阳 Jieyang	2548	1872	291	181	102	102		
云浮 Yunfu	4825	1311	3033	80	179	179	7	36

16-37 各市旅游业收入
EARNINGS OF TOURISM TRADE BY CITY

单位：亿元 (100 million yuan)

市别 City	收入合计 Total Earnings		旅游外汇收入 Foreign Exchange Earnings		国内旅游收入 Domestic Travel Earnings	
	2002	2003	2002	2003	2002	2003
全省合计 Provincial Total	**1433.05**	**1338.11**	**421.07**	**352.92**	**1011.99**	**985.19**
广州 Guangzhou	504.89	455.03	154.80	134.14	350.09	320.88
深圳 Shenzhen	355.48	294.64	142.53	107.60	212.95	187.04
珠海 Zhuhai	91.27	83.71	41.50	38.21	49.77	45.50
汕头 Shantou	37.23	37.80	7.97	7.56	29.27	30.24
佛山 Foshan	73.25	58.26	17.46	13.53	55.79	44.73
韶关 Shaoguan	20.15	20.62	0.28	0.19	19.87	20.43
河源 Heyuan	12.04	12.19	1.35	0.52	10.68	11.67
梅州 Meizhou	11.83	12.43	1.23	1.22	10.60	11.21
惠州 Huizhou	31.05	27.26	5.30	4.76	25.75	22.50
汕尾 Shanwei	15.59	12.45	0.37	0.32	15.22	12.13
东莞 Dongguan	38.43	79.92	9.80	11.43	28.63	68.49
中山 Zhongshan	55.38	49.17	17.63	15.47	37.75	33.69
江门 Jiangmen	49.21	42.33	8.49	6.35	40.72	35.98
阳江 Yangjiang	11.67	13.50	0.59	0.64	11.08	12.86
湛江 Zhanjiang	29.52	28.04	1.06	1.21	28.46	26.83
茂名 Maoming	9.83	23.87	0.23	0.28	9.60	23.59
肇庆 Zhaoqing	32.85	30.16	5.21	3.66	27.65	26.51
清远 Qingyuan	12.38	16.40	0.83	1.90	11.55	14.50
潮州 Chaozhou	16.05	16.17	3.25	2.98	12.80	13.19
揭阳 Jieyang	11.15	11.74	0.58	0.42	10.57	11.32
云浮 Yunfu	13.76	12.42	0.58	0.54	13.18	11.89

16-38 国际旅游外汇收入
FOREIGN EXCHANGE EARNINGS FROM INTERNATIONAL TOURISM

单位：万美元 (USD 10000)

指　　标	Item	2000	2002	2003
全省总计	**Provincial Total**	**411221**	**509090**	**426752**
商品性收入	**Commodity Earnings**	**87837**	**90618**	**75962**
商品销售收入	Sales Revenue	40834	47854	40115
饮食销售收入	Catering Trade Income	47003	42764	35847
劳务性收入	**Service Earnings**	**323384**	**418472**	**350790**
景区游览费	View Tourism Fee	14804	49382	41395
宿费	Accommodation Fee	59216	88582	74255
长途交通费	Long Distance Transportation Fee	173535	181236	151924
民航	Civil Aviation	113086	115563	96873
铁路	Railway	43589	8655	7255
轮船	Steamship	6991	12218	10242
汽车	Vehicle	9869	44800	37554
市内交通费	Local Transportation Fee	7813	10691	8962
邮政电讯费	Telecommunications Fee	9458	10181	8535
文化娱乐费	Cultural and Recreational Fee	37010	50400	42248
其他	Others	21548	28000	23471

16-39 各市国际旅游外汇收入
TOTAL FOREIGN EXCHANGE EARNINGS FROM INTERNATIONAL TOURISM BY CITY

单位：万美元 (USD 10000)

市　别　City	2000	2002	2003
全省合计 Provincial Total	**411221**	**509090**	**426752**
广　州 Guangzhou	150580	187183	162207
深　圳 Shenzhen	141669	172342	130103
珠　海 Zhuhai	39395	50183	46201
汕　头 Shantou	11705	9632	9137
佛　山 Foshan	15973	21108	16360
韶　关 Shaoguan	351	335	233
河　源 Heyuan	798	1634	630
梅　州 Meizhou	1487	1487	1472
惠　州 Huizhou	5333	6404	5756
汕　尾 Shanwei	387	445	381
东　莞 Dongguan	7618	11847	13826
中　山 Zhongshan	14692	21318	18712
江　门 Jiangmen	8295	10268	7673
阳　江 Yangjiang	230	711	770
湛　江 Zhanjiang	1004	1283	1462
茂　名 Maoming	169	280	339
肇　庆 Zhaoqing	6264	6296	4422
清　远 Qingyuan	834	1005	2303
潮　州 Chaozhou	3071	3925	3605
揭　阳 Jieyang	701	704	510
云　浮 Yunfu	665	700	650

注：本表数为省旅游局抽样调查测算数。
Note: Data in this table are obtained from the sample survey of Guangdong Provincial Tourism Administration.

主要统计指标解释

海关进出口总额 指实际进出我国国境的货物（包括贸易和非贸易）的价值总和。主要包括对外贸易实际进出口货物，来料加工装配、补偿贸易、进料加工进出口货物，国家间及国际组织无偿援助物资和赠送品，华侨、港澳台同胞和外籍华人捐赠品，租赁期满归承租人所有的租赁货物，边境地方贸易及边境地区小额贸易进出口货物（边民互市贸易除外），中外合资、合作经营企业、外商独资经营企业进出口货物和公用物品，到、离岸价格在规定限额以上的进出口货样和广告品（无商业价值、无使用价值和免费提供出口的除外），从保税仓库提取在中国境内销售的进出口货物，以及其他进出口货物。海关进出口总额反映一个国家在对外经济贸易方面实际进出口货物的总规模。

产消国 即原产国（地）和最终目的国。原产国指进口货物的生产、开采或加工制造的国家。最终目的国指出口货物已知的消费、使用或进一步加工制造的国家。

利用外资 指我国政府、部门、企业和其他经济组织通过对外借款、吸收客商直接投资以及向境外发行债券、股票等方式筹借的境外资金。

外资的形式可以是现汇、实物、工业产权或专有技术等有形资本和无形资本。

我国自有外汇和中国银行自有外汇资金发放的外汇贷款购置国外设备和材料，华侨、港澳同胞的捐赠，联合国或其他国际组织的无偿赠送资金、无偿援建的项目均不属于外资范围 。

利用外资的方式有：对外借款，外国（或港澳地区）企业和经济组织或个人在我国境内开办独资企业、与我国境内的企业或组织共同开办合资企业、合作经营（企业）项目或合作开发资源，以及补偿贸易、国际租赁等。

补偿贸易 是以商品或劳务偿还贷款的一种贸易方式。即由客商提供设 备、原材料、生产技术，以这些设备、原材料、生产技术生产的产品或是用双方协商的其他产品价值去支付（偿还）进口设备、原材料价款。

对外借款 指我国政府、部门、企业和中国银行等单位向国际金融组织 、外国政府、企业等借用的长期、短期资本，到期需还本付息。借款按不同渠道划分为：①外国政府贷款；②国际金融组织贷款；③外国银行贷款；④出口信贷；⑤发行债券。

外商直接投资 指外国企业和经济组织或个人（包括华侨、港澳同胞以及我在境外注册的企业）按我国有关政策、法规，在我国境内开办外商独资企业，与我国境内的企业或经济组织共同举办中外合资企业、合作经营企业或合作开发资源的投资，以及外商从企业得到收益的再投资。2002 年起“外商直接投资”统计口径调整，“企业投资总额内的境外借款”只包括“企业投资总额内直接投资者对企业的贷款，即外方股东贷款”。不包括“直接投资者提供担保的第三方对企业的贷款即外方股东担保贷款”和“其他方式的企业境外借款即其他境外借款。”

国际租赁 指出租者用自有资金，或向银行借款购买资本设备租给承租者在约定的期限内使用，承租者依约按期付给出租者一定租金，在租赁期内设备的使用属于承租者，设备的所有权属于出租者，租期满后，出租者对设备具有支配权：收回、作价出卖或赠送企业。

国际旅游人数 指来我国参观、访问、旅行、探亲、访友、休养 、考察、参加会议和从事经济、科技、文化、教育、体育、宗教等活动的外国人、华侨、港澳台同胞的人数。不包括外国在我国的常驻机构，如使领馆、通讯社、企业办事处的工作人员；来我国常驻的外国专家、留学生以及在岸逗留不过夜人员。

国际旅游外汇收入 指入境旅游的外国人、华侨、港澳台同胞在中国大陆旅游过程中发生的一切旅游支出，对于国家来说就是国际旅游外汇收入。

中间价 指人民银行每日公布的银行买入卖出外汇的参考价。银行在买入卖出业务中可以在中间价上下浮动 5‰。

Explanatory Notes on Main Statistical Indicators

Total Imports and Exports at Customs refer to the value of commodities imported into and exported from the boundary of China (including trade and nontrade). They mainly include the actual imports and exports through foreign trade, imported and exported goods under the processing and assembling trades an d materials, compensation trade, imported and exported commodities processed with imported materials, supplies and gifts as aid given gratis between governments and by the United Nations and other international organizations, and contributions donated by overseas Chinese, compatriots in Hong Kong, Macao and Taiwan and Chinese with foreign citizenship, leasing commodities owned by tenant at the expiration of leasing period, local trading and small commodities trading in border areas (excluding mutual exchange goods), imported and exported commodities and articles for public use of the Sino-foreign joint ventures, cooperative enterprises and ventures exclusively with foreign investment. Also included are importor export of samples and advertising goods for those CIF or FOB value are beyond the permitted ceiling (excluding goods of no trading or use value and free commodities for export), imported goods sold in China from bonded warehouse and other imported or external goods. The indicator of the total imports and exports at customs can be used to observe the total size of external trade in a country.

Production and Consumption Country refers to the country of origin and the country of final destination. The country of origin refers to the country where the imported goods are produced, exploited or processed. The country of final destination refers to the country where the imported goods are produced, exploited or processed. The country of final destination refers to the country where the exported goods are consumed, used or further processed.

Utiliization of Foreign Capitals refers to funds financed from abroad by means of issuing Chinese bonds and shares, by various departments, enterprises and other economic units.

The types of foreign capital include tangible capital and intangible capital, such as remittance, goods, industrial property rights or know-how, etc.

Those excluded are the purchases of foreign equipment and materials with foreign exchange loans issued from the state-owned foreign exchange and the owned foreign exchange of the Bank of China, contributions donated by overseas Chinese, compatriots in Hong Kong and Macao, funds and projects as aid given gratis by the United Nations and other international organizations.

The modes of utilization of foreign capitals include loans from abroad, foreign-funded enterprises in the boundary of China owned by foreign (or Hong Kong and Macao) enterprises, economic organizations or individuals, and the Sino-foreign joint ventures, cooperation projects (enterprises), cooperation exploitation of natural resources with enterprises or organizations in China, compensation trade and international lease, etc.

Compensation Trade is a kind of trade returning loans with commodities or services, i. e. paying for (returning) imported equipment and raw materials by means of the products produced with the equipment, raw materials and productive technology which are provided by foreign entrepreneurs or other products negotiated by both sides.

Foreign Borrowings refer to long-term capital and short-term capital borrowed from international financial organizations, foreign governments and enterprises by the Chinese governments at all levels, by various departments, enterprises and the Bank of China, etc. repayed with interest at muturity. Through different channels, foreign loans can be divided into: ①loans from foreign governments; ②loans from international financial organizations; ③loans from foreign banks; ④export credit; ⑤bonds and shares issued abroad.

Direct Investment by Foreign Entrepreneurs refers to the investments inside China by foreign enterprises and economic organizations or individuals (including overseas Chinese, compatriots from Hong Kong and Macao, and Chinese enterprises registered abroad), following the relevant policies and laws of China, for the establishment of ventures exclusively with foreign investment, Sino-foreign joint ventures and cooperative enterprises or for cooperative exploitation of resources with enterprises or economic organizations in China, and the re-investment of the foreign entrepreneurs with the profits gained from the investment. In 2002, the statistical coverage of direct investment by foreign entrepreneurs has been adjusted, i. e. the overseas borrowings in total investment of enterprises only include the loans from the direct investors or the loans from the foreign shareholders but excluded the loans from the third party guaranteed by the direct investors or the guaranteed loans from the foreign shareholders and the overseas borrowings by enterprises with other means or other overseas borrowings.

International Lease refers to the lease of which tenants hold on lease the capital and equipment purchased by lessors with their own money or loans from banks during a fixed period and tenants repay a sum of leasing expenses to lessors according to contracts. During the leasing period, tenants have the right to use the equipment and lessors have the possesion of the equipment. At the expiration of leasing period, lessors have the right to dispose the equipment: to take it back, to sell it at a fixed price or to donate it to the enterprise.

Number of International Tourists refers to the number of foreigners, overseas Chinese, and compatriots from Hong Kong, Macao and Taiwan coming to China for sightseeing, visits, tours, family reunions, vacations, study tours and other activities of an economic, scientific and technological, cultural, physical culture and religious nature. This does not include the number of employees of foreign organizations stationed in China such as embassies, consulates, news agencies, the offices of corporations and enterprises and foreign experts and students residing in China and the persons staying briefly in China but not for passing the night.

Foreign Exchange Earnings from International Tourism refer to the total expenditures of the foreigners, overseas Chinese, compatriots from Hong Kong, Macao and Taiwan in the process of their tourism in the mainland of China. Their expenditures mentioned above are foreign exchange earnings to China.

Middle Exchange Rate refers to the reference rate of buying and selling foreign exchanges between banks issuued by the People's Bank of China every day. There is a 5‰ floating range for the middle exchange rate in the operation of buying and selling foreign exchanges between banks.

十七 企业主要指标

MAIN INDICATORS OF ENTERPRISES

17

十七、企业主要指标

简要说明

一、本篇资料主要反映广东工业、建筑业、房地产开发业、零售贸易业及餐饮业主要统计指标数据。
二、本篇资料主要由广东省统计局工业交通处、投资建筑业处、外经贸易处整理提供。

17 MAIN INDICATORS ON ENTERPRISES

Brief Introduction

Ⅰ. The data in this chapter show the main indication which industry、construction、real estate development, retail trade, catering services of Guangdong Province.

Ⅱ. The data in this chapter are prepared by the Division of Industry and Transport Statistics, the Division of Investment and Construction Statistics, the Division of Trade and External Economic Relations Statistics of Guangdong Provincial Bureau of Statistics.

17-1 全省资本金最大的50家工业企业（2003年）
TOTAL CAPITAL OF THEPROVINCESTOP 50 INDUSTRIAL ENTERPRISES (2003)

序号 Order	企业名称	Name of Enterprises	资本金（万元）Total Capital (10000 yuan)
1	广电集团广州供电分公司	GUANGDONG GUANG-DIAN POWER GRID CO., LTD. GUANGZHOU POWER SUPPLY BRANCH	756715
2	中国石化集团茂名石油化工公司	MAOMING PETROCHEMICAL CORP. OF SINOPEC	689435
3	广电集团有限公司佛山供电分公司	GUANGDONG GUANG-DIAN POWER GRID CO., LTD. FOSHAN POWER SUPPLY BRANCH	475998
4	中海石油（中国）有限公司湛江分公司	CNOOC (CHINA) LIMITED—ZHANJIANG	430560
5	深圳供电局	SHENZHEN POWER SUPPLY BUREAU	406791
6	岭澳核电有限公司	LING'AONUCLEAR POWER	332322
7	广州宝洁有限公司	PROCTER & GAMBLE (GUANGZHOU) CO., LTD.	331455
8	广东核电合营有限公司	GUANGDONG NUCLEAR POWER JOINT VENTURE CO., LTD.	331068
9	华为技术有限公司	HUAWEI TECHNOLOGIES CO., LTD.	326872
10	广东省珠海发电厂有限公司	GUANGDONG ZHUHAI POWER STATION	314221
11	湛江发电厂	ZHANJIANG POWER PLANT	287544
12	广东广合电力有限公司	GUANGDONG GUANG HOPE ELECTRIC POWER CO., LTD.	210340
13	广东电力发展股份有限公司沙角发电厂	GUANGDONG ELECTRIC POWER DEVELOPMENT CO., LTD.	181192
14	广东省广电集团有限公司珠海供电分公司	GUANGDONG GUANG-DIAN POWER GRID CO., LTD. ZHUHAI POWER SUPPLY BRANCH	171232
15	广东省电力集团有限公司惠州供电分公司	GUANGDONG GUANG-DIAN POWER GRID CO., LTD. HUIZHOU POWER SUPPLY BRANCH	160171
16	江门电力工业局	JIANGMEN ELECTRIC POWER BUREAU	156306
17	广东省电力集团有限公司东莞供电分公司	GUANGDONG GUANG-DIAN POWER GRID CO., LTD. DONGGUAN POWER SUPPLY BRANCH	141363
18	广州珠江钢铁有限责任公司	GUANGZHOU ZHUJIAN STEEL CO., LTD.	137037
19	深圳市西部电力有限公司	SHENZHEN WEST POWER CO., LTD.	136000
20	湛江东兴石油企业有限公司	ZHANJIANG DONGXING OIL ENTERPRISE CO., LTD.	132000
21	湛江三星企业集团有限公司	ZHANJIANG SAN XING ENTERPRISE GROUP INC., LTD.	126000
22	深圳三星视界有限公司	SHENZHEN SANXING SDI CO., LTD.	125415
23	广东国华粤电台山发电有限公司	GUANGDONG GUOHUA YUEDIAN TAISHAN POWER GENERATION CO.,LTD.	124250
24	广东粤嘉电力有限公司梅县发电厂	GUANGDONG YUEJIA ELECTRIC POWER CO., LTD.	120000
25	珠海碧阳化工有限公司	BP ZHUHAI CHEMICAL CO., LTD	119208
26	广东福地科技股份有限公司	GUANGDONG FORTUNE COLOR PICTURE TUBE CO., LTD.	116468
27	广州本田汽车有限公司	GUANGZHOU HONDA AUTOMOBILE CO., LTD.	115868
28	中国石化茂名炼油化工股份有限公司	SINOPEC MAOMING REFINING & CHEMICAL CO., LTD.	106400
29	广东科龙电器股份有限公司	GUANGDONG KELON ELECTRICAL HOLDING COMPANY LTD.	99201
30	东莞理文造纸厂有限公司	DONGGUAN LEE & MAN PAPER	99044
31	广州东方电力有限公司	GUANGZHOU ORIENTAL POWER CO., LTD.	99000
32	广东风华高新科技集团有限公司	FENGHUA ADVANCED TECHNOLOGY GROUP CO., LTD.	97904
33	三九医药股份有限公司	SANJIU PHARMACEUTICAL CO., LTD. SHENZHEN	97890
34	安利（中国）日用品有限公司	ANLI (CHINA) DAILY NECESSITIES CO., LTD.	97815
35	广州造纸股份有限公司	GUANGZHOU PAPER COMPANY LTD.	92468
36	广州市华南橡胶轮胎有限公司	GUANGZHOU SOUTH CHINA TIRE & RUBBER CO., LTD.	91426
37	广州市煤气公司	GUANGZHOU GAS COMPANY	90351
38	广州恒运企业集团股份有限公司	GUANGZHOU HENGYUN ENTERPRISES HOLDING LTD.	89812
39	广东省韶关钢铁集团有限公司	SHAOGUAN IRON & STEEL GROUP LIMITED COMPANY OF GUANGDONG PROVINCE	88930
40	广东蓄能发电有限公司	GUANGDONG PUMPED STORAGE POWER STATION JOINT VENTURE CORPORATION	83000
41	深圳赛意法微电子有限公司	SHENZHEN MICROELECTRONICS CO., LTD.	82700
42	珠海经济特区红塔仁恒纸业有限公司	HONGTA RENHENG PAPER CO., LTD. ZHUHAI SEZ	82381
43	广州文冲船厂有限责任公司	GUANGZHOU WENCHONG SHIPYARD CO., LTD.	81142
44	康佳集团股份有限公司	KONKA GROUP JOINT STOCK CO., LTD.	81129
45	鹤山市雅图仕印刷有限公司	HESHAN ASTROS PRINTING LTD.	80062
46	深圳市赛格三星股份有限公司	SHENZHEN SEG SAMSUNG GLASS CO., LTD.	78597
47	深圳赛格日立彩色显示器件有限公司	SHENZHEN SEG-HITACHI COLOR DISPLAY DEVICES CO., LTD.	78453
48	松下．万宝（广州）压缩机有限公司	MATSUSHITA-WANBAO (GUANGZHOU) COMPRESSOR CO., LTD.	78174
49	深圳市水务（集团）有限公司	SHENZHEN WATER (GROUP) CO., LTD.	77922
50	南太电子（深圳）有限公司	NAM ELECTRONIC SHENZHEN CO., LTD.	77266

17-2 全省固定资产净值最大的50家工业企业（2003年）
NET VALUE OF FIXED ASSETS OF THE PROVINCES TOP 50 INDUSTRIAL ENTERPRISES (2003)

序号 Order	企业名称	Name of Enterprises	固定资产净值（万元） Net Value of Fixed Assets (10000 yuan)
1	岭澳核电有限公司	LING'AO NUCLEAR POWER	1875157
2	广东核电合营有限公司	GUANGDONG NUCLEAR POWER JOINT VENTURE CO., LTD.	1628939
3	广电集团广州供电分公司	GUANGDONG GUANG-DIAN POWER GRID CO., LTD. GUANGZHOU POWER SUPPLY BRANCH	1110602
4	广电集团有限公司佛山供电分公司	GUANGDONG GUANG-DIAN POWER GRID CO., LTD. FOSHAN POWER SUPPLY BRANCH	827836
5	广东省珠海发电厂有限公司	GUANGDONG ZHUHAI POWER STATION	724483
6	深圳供电局	SHENZHEN POWER SUPPLY BUREAU	638824
7	中国石化集团茂名石油化工公司	MAOMING PETROCHEMICAL CORP. OF SINOPEC	615290
8	中海石油（中国）有限公司湛江分公司	CNOOC CHINA LIMITED—ZHANJIANG	592986
9	深圳市水务（集团）有限公司	SHENZHEN WATER (GROUP) CO., LTD.	487693
10	广东省韶关钢铁集团有限公司	SHAOGUAN IRON & STEEL GROUP LIMITED COMPANY OF GUANGDONG PROVINCE	484972
11	广东广合电力有限公司	GUANGDONG GUANG HOPE ELECTRIC POWER CO., LTD.	480712
12	中国石油化工股份有限公司广州分公司	SINOPEC GUANGZHOU BRANCH	458016
13	华为技术有限公司	HUAWEI TECHNOLOGIES CO., LTD.	444516
14	广州珠江钢铁有限责任公司	GUANGZHOU ZHUJIAN STEEL CO., LTD.	432136
15	广东蓄能发电有限公司	GUANGDONG PUMPED STORAGE POWER STATION JOINT VENTURE CORPORATION	391160
16	江门电力工业局	JIANGMEN ELECTRIC POWER BUREAU	384204
17	广东省电力集团有限公司东莞供电分公司	GUANGDONG GUANG-DIAN POWER GRID CO., LTD. DONGGUAN POWER SUPPLY BRANCH	379752
18	广州市自来水公司	GUANGZHOU WATER SUPPLY COMPANY	318467
19	广东省开平涤纶企业集团公司	KAI PING POLYESTER ENTERPRISES GROUP CO., LTD. GUANGDONG	311998
20	湛江发电厂	ZHANJIANG POWER PLANT	292846
21	华能国际电力股份有限公司广东分公司	HUANENG INTERNATIONAL ELECTRIC POWER DEVELOPMENT CORPORATION GUANGDONG BRANCH	277040
22	深圳市西部电力有限公司	SHENZHEN WEST POWER CO., LTD.	275791
23	广东省电力集团有限公司惠州供电分公司	GUANGDONG GUANG-DIAN POWER GRID CO., LTD. HUIZHOU POWER SUPPLY BRANCH	264602
24	深圳三星视界有限公司	SHENZHEN SANXING SDI CO., LTD.	251625
25	广东省广电集团有限公司中山供电分公司	GUANGDONG GUANG-DIAN POWER GRID CO., LTD. ZHONGSHAN POWER SUPPLY BRANCH	249829
26	广东省广电集团有限公司珠海供电分公司	GUANGDONG GUANG-DIAN POWER GRID CO., LTD. ZHUHAI POWER SUPPLY BRANCH	249190
27	中国石化茂名炼油化工股份有限公司	SINOPEC MAOMING REFINING & CHEMICAL CO., LTD.	239850
28	广州东方电力有限公司	GUANGZHOU ORIENTAL POWER CO., LTD.	232927
29	广州本田汽车有限公司	GUANGZHOU HONDA AUTOMOBILE CO., LTD.	217638
30	广东美的企业集团有限公司	GUANGDONG MD HOLDING CO., LTD.	207650
31	广东科龙电器股份有限公司	GUANGDONG KELON ELECTRICAL HOLDING COMPANY LTD.	196629
32	珠海碧阳化工有限公司	BP ZHUHAI CHEMICAL CO., LTD	195000
33	广州恒运企业集团股份有限公司	GUANGZHOU HENGYUN ENTERPRISES HOLDING LTD.	190206
34	广东国华粤电台山发电有限公司	GUANGDONG GUOHUA YUEDIAN TAISHAN POWER GENERATION CO.,LTD	179197
35	东莞玖龙纸业有限公司	NINE DRAGONS PAPER INDUSTRIES CO., LTD.	170445
36	深圳市中兴通讯股份有限公司	ZHONGXING COMMUNICATION EQUIPMENT CO., LTD.	170267
37	佛山塑料集团股份有限公司	FOSHAN PLASTICS GROUP CO., LTD.	169043
38	广东福地科技股份有限公司	GUANGDONG FORTUNE COLOR PICTURE TUBE CO., LTD.	167330
39	深圳赛意法微电子有限公司	SHENZHEN MICROELECTRONICS CO., LTD.	158469
40	广东电力发展股份有限公司沙角发电厂	GUANGDONG ELECTRIC POWER DEVELOPMENT CO., LTD.	156863
41	广东省广电集团有限公司肇庆供电分公司	GUANGDONG GUANG-DIAN POWER GRID CO., LTD. ZHAOQING POWER SUPPLY BRANCH	156010
42	广东韶能集团股份有限公司	GUANGDONG SHAONENG GROUP CO., LTD.	150808
43	广东省广电集团有限公司湛江分公司	GUANGDONG GUANG-DIAN POWER GRID CO., LTD. ZHANJIANG POWER SUPPLY BRANCH	147972
44	深圳妈湾电力有限公司	SHENZHEN MAWAN POWER CO., LTD.	146573
45	广电集团公司汕头供电分公司	GUANGDONG GUANG-DIAN POWER GRID CO., LTD. SHANTOU POWER SUPPLY BRANCH	145223
46	佛山市沙口发电厂有限公司	FOSHAN SHAKOU POWER PLANT CO., LTD.	142831
47	广东省韶关粤江发电有限责任公司	GUANGDONG SHAOGUAN YUEJIANG POWER CO., LTD.	140272
48	广东省深圳沙角B电厂有限公司	SHENZHEN GUANGSHEN SHAJAO "B" POWER CO., LTD.	139854
49	广州市煤气公司	GUANGZHOU GAS COMPANY	136943
50	华通电脑（惠州）有限公司	COMPEQ MANUFACTURING (HUIZHOU) CO., LTD.	136726

17-3 全省工业总产值最大的50家工业企业（2003年）
GROSS OUTPUT VALUE OF THE PROVINCES TOP 50 INDUSTRIAL ENTERPRISES (2003)

序号 Order	企业名称	Name of Enterprises	工业总产值（现价）（万元） Gross Industrial Output Value (at constant prices) (10000 yuan)
1	长城国际信息产品（深圳）有限公司	CHANGCHENG INTERNATIONAL INFORMATION PRODUCTS (SHENZHEN) CO., LTD.	2923025
2	中国石化茂名炼油化工股份有限公司	SINOPEC MAOMING REFINING & CHEMICAL CO., LTD.	2469740
3	深圳市中兴通讯股份有限公司	ZHONGXING COMMUNICATION EQUIPMENT CO., LTD.	2262279
4	广州本田汽车有限公司	GUANGZHOU HONDA AUTOMOBILE CO., LTD.	2258988
5	华为技术有限公司	HUAWEI TECHNOLOGIES CO., LTD.	2123074
6	伟创力实业（珠海）有限公司	FLEXTRONICS INDUSTRIAL (ZHUHAI) CO., LTD.	1536908
7	中国石油化工股份有限公司广州分公司	SINOPEC GUANGZHOU BRANCH	1535340
8	广东美的企业集团有限公司	GUANGDONG MD HOLDING CO., LTD.	1518440
9	中海石油（中国）有限公司深圳分公司	CNOOC CHINA LIMITED—SHENZHEN	1517025
10	康佳集团股份有限公司	KONKA GROUP JOINT STOCK CO., LTD.	1508900
11	安利（中国）日用品有限公司	ANLI (CHINA) DAILY NECESSITIES CO., LTD.	1291387
12	广州风神汽车有限公司	GUANGZHOU AEOLUS AUTOMOBILE CO., LTD	1148174
13	深圳创维-RGB电子有限公司	SHENZHEN CHUANG WEI RGB ELECTRONIC CO., LTD.	1108992
14	广东格兰仕企业（集团）公司	GALANZ ELECTRIC APPLIANCE FACTORY CO., LTD. GUANGDONG	1097535
15	广州宝洁有限公司	PROCTER & GAMBLE (GUANGZHOU) CO., LTD.	1092525
16	顺德区顺达电脑厂有限公司	MITAC COMPUTER (SHUNDE) LTD.	1074961
17	珠海格力电器股份有限公司	GREE ELECTRIC APPLIANCES INCORPORATED CO. OF ZHUHAI	1051742
18	广东科龙电器股份有限公司	GUANGDONG KELON ELECTRICAL HOLDING COMPANY LTD.	1047451
19	乐金电子（惠州）有限公司	LG ELECTRONICS (HUIZHOU) INC.	1020918
20	鑫茂科技（深圳）有限公司	PC PRO TECHNOLOGY (SHENZHEN) CO., LTD.	1012934
21	中海石油（中国）有限公司湛江分公司	CNOOC (CHINA) LIMITED—ZHANJIANG	1010287
22	东莞诺基亚移动电话有限公司	NOKIA AUTOMOBILE TELEPHONE CO., LTD. DONGGUAN	1002551
23	广东核电合营有限公司	GUANGDONG NUCLEAR POWER JOINT VENTURE CO., LTD.	781239
24	TCL王牌电器（惠州）有限公司	TCL ELECTRIC APPLIANCE HOLDING COMPANY LIMITED	751016
25	惠州TCL移动通信有限公司	TCL MOBILE COMMUNICATION CO., LTD	738642
26	恩斯迈电子（深圳）有限公司	MSI COMPUTER (SHENZHEN) CO., LTD.	726262
27	深圳开发科技股份有限公司	SHENZHEN KAIFA TECHNOLOGY JOINT STOCK CO., LTD.	718109
28	广东省韶关钢铁集团有限公司	SHAOGUAN IRON & STEEL GROUP LIMITED COMPANY OF GUANGDONG PROVINCE	701769
29	东风本田发动机有限公司	DONGFENG HONDA ENGINE CO., LTD.	617288
30	伟创力科技（珠海）有限公司	FLEXTRONICS TECHNOLOGY (ZHUHAI) CO., LTD.	601986
31	中国石化集团茂名石油化工公司	MAOMING PETROCHEMICAL CORP. OF SINOPEC	538528
32	爱普生技术深圳有限公司	EPSON ENGINEERING (SHENZHEN) COMPANY LIMITED	516620
33	佳能珠海有限公司	CANON ZHUHAI INC.	516063
34	建兴光电科技（广州）有限公司	LITEON OPTO TECHNOLOGY (GUANGZHOU) CO., LTD.	511665
35	深圳三星视界有限公司	SHENZHEN SANXING SDI CO., LTD.	498550
36	湛江东兴石油企业有限公司	ZHANJIANG DONGXING OIL ENTERPRISE CO., LTD.	495420
37	岭澳核电有限公司	LING'AO NUCLEAR POWER	487379
38	佛山普立华科技有限公司	PREMIER CAMERA (CHINA) LIMITED	486934
39	东莞三星电机有限公司	DONGGUAN SAMSUNG ELECTRO-MECHANICS CO., LTD.	481368
40	才众电脑（深圳）有限公司	AMERTEK COMPUTER (SHENZHEN) CO., LTD.	439248
41	广东省开平涤纶企业集团公司	KAIPING POLYESTER ENTERPRISES GROUP CO., LTD. GUANGDONG	427198
42	惠州三星电子有限公司	SAMSUNG ELECTRONICS HUIZHOU CO., LTD	422502
43	广州南方高科技有限公司	GUANGZHOU SOUTEC (GROUP) TECHNOLOGY CO., LTD.	421884
44	广东广合电力有限公司	GUANGDONG GUANG HOPE ELECTRIC POWER CO., LTD.	421454
45	东莞福安纺织印染有限公司	DONGGUAN FUAN TEXTILES LIMITED	410614
46	深圳三洋华强激光电子有限公司	SHENZHEN SANYO HUAQIANG OPTICAL TECHNOLOGY CO., LTD.	395560
47	广州卷烟二厂	GUANGZHOU NO. 2 CIGARETTE FACTORY	386093
48	江门市大长江集团有限公司	JIANGMEN GREAT CHANGJIANG GROUP CO., LTD.	385880
49	信华精机有限公司	SHINWA INDUSTRIES (CHINA) LTD.	368664
50	深圳市比亚迪实业有限公司	BYD COMPAMG LIMITED	363110

17-4 全省产品销售收入最大的50家工业企业（2003年）

SALES REVENUE OF THE PROVINCE'S TOP 50 INDUSTRIAL ENTERPRISES (2003)

序号 Order	企业名称	Name of Enterprises	产品销售收入（万元） Sales Revenue (10000 yuan)
1	长城国际信息产品（深圳）有限公司	CHANGCHENG INTERNATIONAL INFORMATION PRODUCTS (SHENZHEN) CO., LTD.	2905807
2	中国石化茂名炼油化工股份有限公司	SINOPEC MAOMING REFINING & CHEMICAL CO., LTD.	2440906
3	广州本田汽车有限公司	GUANGZHOU HONDA AUTOMOBILE CO., LTD.	2233092
4	华为技术有限公司	HUAWEI TECHNOLOGIES CO., LTD.	2131720
5	深圳供电局	SHENZHEN POWER SUPPLY BUREAU	1666662
6	深圳市中兴通讯股份有限公司	ZHONGXING COMMUNICATION EQUIPMENT CO., LTD.	1633046
7	广东美的企业集团有限公司	GUANGDONG MD HOLDING CO., LTD.	1603236
8	广东省电力集团有限公司东莞供电分公司	GUANGDONG GUANG-DIAN POWER GRID CO., LTD. DONGGUAN POWER SUPPLY BRANCH	1594184
9	广电集团广州供电分公司	GUANGDONG GUANG-DIAN POWER GRID CO., LTD. GUANGZHOU POWER SUPPLY BRANCH	1565515
10	中国石油化工股份有限公司广州分公司	SINOPEC GUANGZHOU BRANCH	1551104
11	伟创力实业（珠海）有限公司	FLEXTRONICS INDUSTRIAL (ZHUHAI) CO., LTD.	1536908
12	康佳集团股份有限公司	KONKA GROUP JOINT STOCK CO., LTD.	1270301
13	广电集团有限公司佛山供电分公司	GUANGDONG GUANG-DIAN POWER GRID CO., LTD. FOSHAN POWER SUPPLY BRANCH	1265932
14	广州宝洁有限公司	PROCTER & GAMBLE (GUANGZHOU) CO., LTD.	1145501
15	广州风神汽车有限公司	GUANGZHOU AEOLUS AUTOMOBILE CO., LTD.	1143528
16	广东格兰仕企业（集团）公司	GALANZ ELECTRIC APPLIANCE FACTORY CO., LTD. GUANGDONG	1096107
17	顺德区顺达电脑厂有限公司	MITAC COMPUTER (SHUNDE) LTD.	1066560
18	安利（中国）日用品有限公司	ANLI (CHINA) DAILY NECESSITIES CO., LTD.	1059748
19	广东省韶关钢铁集团有限公司	SHAOGUAN IRON & STEEL GROUP LIMITED COMPANY OF GUANGDONG PROVINCE	1008000
20	珠海格力电器股份有限公司	GREE ELECTRIC APPLIANCES INCORPORATED CO. OF ZHUHAI	1004238
21	深圳创维-RGB电子有限公司	SHENZHEN CHUANG WEI RGB ELECTRONIC CO., LTD.	1000723
22	乐金电子（惠州）有限公司	LG ELECTRONICS (HUIZHOU) INC.	995994
23	东莞诺基亚移动电话有限公司	NOKIA AUTOMOBILE TELEPHONE CO., LTD. DONGGUAN	974105
24	鑫茂科技（深圳）有限公司	PC PRO TECHNOLOGY (SHENZHEN) CO., LTD.	911641
25	深圳开发科技股份有限公司	SHENZHEN KAIFA TECHNOLOGY JOINT STOCK CO., LTD.	793000
26	广东核电合营有限公司	GUANGDONG NUCLEAR POWER JOINT VENTURE CO., LTD.	781239
27	恩斯迈电子（深圳）有限公司	MSI COMPUTER (SHENZHEN) CO., LTD.	767829
28	中国石化集团茂名石油化工公司	MAOMING PETROCHEMICAL CORP. OF SINOPEC	755421
29	广东科龙电器股份有限公司	GUANGDONG KELON ELECTRICAL HOLDING COMPANY LTD.	731745
30	惠州TCL移动通信有限公司	TCL MOBILE COMMUNICATION CO., LTD.	714677
31	东风本田发动机有限公司	DONGFENG HONDA ENGINE CO., LTD.	655411
32	广州钢铁股份有限公司	GUANGZHOU IRON AND STEEL (GROUP) CO., LTD.	646889
33	中海石油（中国）有限公司深圳分公司	CNOOC CHINA LIMITED—SHENZHEN	646756
34	中海石油（中国）有限公司湛江分公司	CNOOC (CHINA) LIMITED—ZHANJIANG	646648
35	TCL王牌电器（惠州）有限公司	TCL ELECTRIC APPLIANCE HOLDING COMPANY LIMITED	643889
36	建兴光电科技（广州）有限公司	LITEON OPTO TECHNOLOGY (GUANGZHOU) CO., LTD.	580541
37	爱普生技术深圳有限公司	EPSON ENGINEERING (SHENZHEN) COMPANY LIMITED	516620
38	佳能珠海有限公司	CANON ZHUHAI INC.	514197
39	湛江东兴石油企业有限公司	ZHANJIANG DONGXING OIL ENTERPRISE CO., LTD.	499611
40	佛山普立华科技有限公司	PREMIER CAMERA (CHINA) LIMITED	496119
41	岭澳核电有限公司	LING'AO NUCLEAR POWER	487379
42	伟创力科技（珠海）有限公司	FLEXTRONICS TECHNOLOGY (ZHUHAI) CO., LTD.	486445
43	东莞三星电机有限公司	DONGGUAN SAMSUNG ELECTRO-MECHANICS CO., LTD.	467985
44	广东省广电集团有限公司中山供电分公司	GUANGDONG GUANG-DIAN POWER GRID CO., LTD. ZHONGSHAN POWER SUPPLY BRANCH	467645
45	才众电脑（深圳）有限公司	AMERTEK COMPUTER (SHENZHEN) CO., LTD.	449125
46	深圳三星视界有限公司	SHENZHEN SANXING SDI CO., LTD.	422130
47	广东广合电力有限公司	GUANGDONG GUANG HOPE ELECTRIC POWER CO., LTD.	421454
48	江门电力工业局	JIANGMEN ELECTRIC POWER BUREAU	417051
49	惠州三星电子有限公司	SAMSUNG ELECTRONICS HUIZHOU CO., LTD.	410799
50	广东省开平涤纶企业集团公司	KAIPING POLYESTER ENTERPRISES GROUP CO., LTD. GUANGDONG	405640

17-5 全省资产合计最大的50家建筑业企业（2003年）
TOTAL ASSETS OF THE PROVINCES TOP 50 CONSTRUCTION ENTERPRISES (2003)

序号 Order	企业名称	Name of Enterprises	资产合计（万元） Total Assets (10000 yuan)
1	深圳市建设投资控股公司	SHENZHEN CONSTRUCTION INVESTMENT CO., LTD.	312428
2	广东省长大公路工程有限公司	GUANGDONG CHANGDA HIGHWAY ENGINEERING CO., LTD.	293978
3	深圳市市政工程总公司	SHENZHEN MUNICIPAL ENGINEERING CORPORATION	260260
4	广州市建筑集团有限公司	GUAGZHOU CONSTRUCTION GROUP CO., LTD.	259465
5	中山市第一建筑工程总公司	ZHONGSHAN NO. 1 CONSTRUCTION ENGINEERING GENERAL COMPANY	209862
6	广东省六建集团有限公司（佛山）	GUANGDONG NO. 6 CONSTRUCTION ENGINEERING CO. (FOSHAN)	199796
7	广东省源大水利水电集团有限公司	GUANGDONG YUANDA WATER CONSERVANCY AND HYDRO-POWER GROUP CO., LTD.	189701
8	广东省第七建筑工程公司	GUANGDONG NO. 7 CONSTRUCTION ENGINEERING CO.	188142
9	广州航道局	GUANGZHOU NAVIGATION BUREAU	181787
10	中山市市政工程总公司	ZHONGSHAN MUNICIPAL ENGINEERING CORP.	179718
11	广州花都区路桥工程发展公司	HUADU ROAD AND BRIDGE DEVELOPMENT ENGINEERING CO.	178032
12	广东冠粤路桥有限公司	GUANGDONG GUANYUE HIGHWAY & BRIDGE CO., LTD.	174794
13	（广州）中国建筑第四工程局	CHINA CONSTRUCTION NO. 4 ENGINEERING DIVISION (GUANGZHOU)	169815
14	广东省建筑工程集团有限公司	CONSTRUCTION ENGINEERING GROUP OF GUANGDONG PROVINCE	164223
15	中国华西企业有限公司（深圳市）	CHINA HUAXI ENTERPRISES COMPANY LIMITED, SHENZHEN	142353
16	佛山市公路工程公司	FOSHAN HIGHWAY ENGINEERING CO.	130866
17	开平二建集团股份有限公司	GUANGDONG KAIPING SECOND BUILDING GROUP CO., LTD.	128355
18	广东晶通公路工程建设集团有限公司	GUANGDONG JINGTONG HIGHWAY ENGINEERING CONSTRUCTION GROUP CO., LTD.	127985
19	佛山市第一建筑（集团）公司	FOSHAN NO. 1 CONSTRUCTION GROUP COMPANY	125538
20	广州市通信建设有限公司	GUANGZHOU TELECOMMUNICATIONS CONSTRUCTION CORPORATION	116894
21	汕头市建筑工程总公司	SHANTOU CONSTRUCTION ENGINEERING GENERAL CO.	114379
22	汕头市达濠建筑总公司	SHANTOU CITY DAHAO BUILDING GENERAL CO.	112939
23	广州中港第四航务工程局	CHEC GUANGZHOU NO. 4 PORT ENGINEERING COMPANY	112848
24	深圳市建安（集团）股份有限公司	SHENZHEN JIANAN (GROUP) CO., LTD.	106863
25	汕头市达濠市政建设有限公司	SHANTOU DAHAO MUNICIPAL ENGINEERING CO., LTD.	105006
26	广东新广国际集团有限公司	GUANGDONG XINGUANG INTERNATIONAL GROUP	103075
27	广州市建筑置业公司	GUANGZHOU CONSTRUCTION & REAL ESTATE COMPANY	101082
28	广东龙光（集团）有限公司	GUANGZHOU CONSTRUCTION & REAL ESTATE COMPANY	99538
29	佛山市顺德区腾越建筑工程有限公司	SHUNDE TENGYUE CONSTRUCTION ENGINEERING COMPANY OF FOSHAN	97759
30	佛山市房屋建筑工程总公司	FOSHAN BUILDING CONSTRUCTION ENGINEERING CO.	97357
31	广东火电工程总公司	GUANGDONG THERMAL POWER ENGINEERING GENERAL COMPANY	94933
32	广东省电力工业局输变电工程	GUANGDONG ELECTRIC POWER BUREAU TRANSMISSION ENGINEERING	94514
33	广州电力建设有限公司	GUANGZHOU ELECTRIC POWER CONSTRUCTION LIMITED COMPANY	92491
34	广州工程总承包集团有限公司	GUANGZHOU PROJECT CONTRACT GROUP	90815
35	广东省工业设备安装公司	GUANGDONG INDUSTRIAL EQUIPMENT INSTALLATION COMPANY	90770
36	广东中人企业（集团）有限公司	GUANGZHOU ZHONGREN ENTERPRISE (GROUP) CO., LTD.	90759
37	广东海外建设集团有限公司	GUANGDONG OVERSEAS CONSTRUCTION GROUP	90729
38	广东省电力工业局第一工程局	THE FIRST ENGINEERING BUREAU OF GUANGDONG ELECTRIC POWER BUREAU	90378
39	深圳市第三建筑工程有限公司	SHENZHEN NO. 3 CONSTRUCTION ENGINEERING CO., LTD.	89355
40	广东新粤交通投资有限公司	GUANGDONG XINYUE TRANSPORT INVESTMENT CO., LTD.	87890
41	汕头市市政工程总公司	SHANTOU MUNICIPAL ENGINEERING CORPORATION	87882
42	广东省航盛工程有限公司	GUANGDONG PROVINCIAL HANGSHEN ENGINEERING CO., LTD.	87823
43	开平建安集团有限公司	KAIPING CONSTRUCTION & INSTALLATION GROUP CO., LTD.	86260
44	广东水电二局股份有限公司	GUANGDONG NO. 2 HYDROPOWER CO., LTD.	86185
45	佛山市顺德区诚业建筑集团有限公司	SHUNDE CHENGYE CONSTRUCTION GROUP LIMITED COMPANY	83359
46	深圳市道路工程公司	SHENZHEN ROAD ENGINEERING COMPANY	82350
47	深圳市国人通信有限公司	SHENZHEN GUOREN TELECOMMUNICATION CO., LTD.	81505
48	广州天力建筑工程有限公司	GUANGZHOU TIANLI CONSTRUCTION CO., LTD.	81395
49	广东省电信工程公司	GUANGDONG TELECOMMUNICATIONS ENGINEERING COMPANY	79065
50	广州市第三建筑工程有限公司	GUANGZHOU NO. 3 CONSTRUCTION CO., LTD.	78233

17-6 全省总产值最大的50家建筑业企业（2003年）
TOTAL OUTPUT VALUE OF THE PROVINCES TOP 50 CONSTRUCTION ENTERPRISES (2003)

序号 Order	企业名称	Name of Enterprises	总产值（万元） Total Output Value (10000 yuan)
1	广东省长大公路工程有限公司	GUANGDONG GHANGDA HIGHWAY ENGINEERING CO., LTD.	199877
2	中国华西企业有限公司（深圳）	CHINA HUAXI ENTERPRISES COMPANY LIMITED, SHENZHEN	186188
3	广州中国建筑第四工程局	CHINA CONSTRUCTION NO. 4 ENGINEERING DIVISION (GUANGZHOU)	174348
4	梅州丰顺县韩江建筑安装工程有限公司	FENGSHUN HANJIANG CONSTRUCTION INSTALLATION ENGINEERING CO., LTD. OF MEIZHOU	147600
5	广东冠粤路桥有限公司	GUANGDONG GUAN YUE HIGHWAY & BRIDGE CO., LTD.	121209
6	广州中港四航局第二工程公司	THE SECOND ENGINEERING CO. OF CHEC GUANGZHOU PORT CONSTRUCTION COMPANY	112466
7	东莞市建工集团有限公司	DONGGUAN JIANGGONG GROUP	96366
8	深圳市鸿荣轩建设工程有限公司	SHENZHEN HONGRONGXUAN CONSTRUCTION ENGINEERING CO., LTD.	94635
9	茂名市建筑集团有限公司	MAOMING CONSTRUCTION (GROUP) CO., LTD.	93212
10	广东省八建集团有限公司	GUANGDONG NO. 8 CONSTRUCTION (GROUP) CO., LTD.	83793
11	深圳市市政工程总公司	SHENZHEN MUNICIPAL ENGINEERING CORPORATION	72380
12	广东水电二局股份有限公司	GUANGDONG NO. 2 HYDROPOWER CO., LTD.	71311
13	中铁大桥局集团第三工程有限公司	NO. 3 ENGINEERING CO. OF CHINA RAILWAY BRIDGE BUREAU (GROUP)	70237
14	广东省第二建筑工程公司（汕头）	GUANGDONG NO. 2 CONSTRUCTION ENGINEERING COMPANY (SHANTOU)	67993
15	广东省工业设备安装公司	GUANGDONG INDUSTRIAL EQUIPMENT INSTALLATION COMPANY	67240
16	深圳市建设投资控股公司	SHENZHEN BUILDING INVESTMENT CONTROLLING COMPANY	65190
17	广州市中港四航局第一工程公司	THE FIRST ENGINEERING CO. OF CHEC GUANGZHOU PORT CONSTRUCTION COMPANY	65041
18	广东省航盛工程有限公司	GUANGDONG PROVINCIAL HANGSHENG ENGINEERING CO., LTD.	65012
19	广东筑波路桥工程有限公司	GUANGDONG ZHUBO HIGHWAY & BRIDGE ENGINEERING CO., LTD.	64817
20	广东火电工程总公司	GUANGDONG THERMAL POWER ENGINEERING GENERAL COMPANY	63714
21	广东省电力工业局第一工程局	THE FIRST ENGINEERING BUREAU OF GUANGDONG ELECTRIC POWER BUREAU	63496
22	广东省建筑工程集团有限公司	GUANGDONG CONSTRUCTION ENGINEERING GROUP CORPORATION LIMITED	61000
23	广州市建筑集团有限公司	GUANGZHOU CONSTRUCTION GROUP	60394
24	广东新粤交通投资有限公司	GUANGDONG XINYUE TRANSPORTATION INVESTMENT CO., LTD.	59184
25	佛山市广东省六建集团有限公司	GUANGDONG NO. 6 GROUP (FOSHAN)	58294
26	深圳市洪涛装饰工程公司	SHENZHEN HONGTAO DECORATION ENGINEERING COMPANY	57000
27	中港四航局第三工程公司（湛江）	THE THIRD ENGINEERING CO. OF CHEC ZHANJIANG PORT CONSTRUCTION COMPANY	55793
28	汕头市建安（集团）公司	SHANTOU JIANAN INDUSTRIAL CO., LTD.	55298
29	广东省第七建筑工程公司（江门）	GUANGDONG NO. 7 CONSTRUCTION ENGINEERING COMPANY JIANGMEN)	53451
30	东莞市骏鹏建筑工程有限公司	DONGGUAN JUNPENG CONSTRUCTION ENGINEERING CO., LTD.	52000
31	中铁五局集团第四工程有限责任公司	THE FOURTH ENGINEERING COMPANY OF CHINA RAILWAY NO. 5 BUREAU	50849
32	广州航道局	GUANGZHOU NAVIGATION BUREAU	49497
33	广东省电力工业局输变电工程公司	TRANSFORMER ENGINEERING CO. OF GUANGDONG ELECTRIC POWER BUREAU	48068
34	中国建筑第四工程局深圳分公司	NO. 4 CHINA CONSTRUCTION ENGINEERING BUREAU SHENZHEN BRANCH	46783
35	佛山市公路工程公司	FOSHAN HIGHWAY ENGINEERING COMPANY	46713
36	惠州市建筑工程总公司	HUIZHOU CONSTRUCTION ENGINEERING CORPORATION	45843
37	广州市第二建筑工程有限公司	GUANGZHOU NO. 2 CONSTRUCTION ENGINEERING CO., LTD.	44925
38	中国有色金属工业第十六冶金建设公司	GUANGDONG CONSTRUCTION ENGINEERING GROUP CORPORATION LIMITED	44831
39	广东中人企业（集团）有限公司	GUANGDONG ZHONGREN ENTERPRISE (GROUP) CO., LTD.	43290
40	深圳市深装总装饰工程工业有限公司	SHENZHEN SHENZHUANG DECORATION ENGINEERING INDUSTRY CO., LTD.	43257
41	广州市第四建筑工程有限公司	GUANGZHOU NO. 4 CONSTRUCTION ENGINEERING LIMITED COMPANY	42760
42	深圳市罗湖建筑安装工程公司	SHENZHEN LUOHU CONSTRUCTION INSTALLATION ENGINEERING COMPANY	42615
43	汕头市达濠市政建设有限公司	SHANTOU DAHAO URBAN CONSTRUCTION CO., LTD.	42515
44	湛江吴川市第一建筑工程公司	ZHANJIANG WUCHUAN NO. 1 CONSTRUCTION ENGINEERING COMPANY	41800
45	珠海市建安集团公司	ZHUHAI JIANAN GROUP	40465
46	深圳市第一建筑工程有限公司	SHENZHNE NO. 1 CONSTRUCTION ENGINEERING CO., LTD.	40125
47	汕头市建安实业（集团）有限公司	SHANTOU CONSTRUCTION & INSTALLATION (GROUP) CO.	38700
48	广东省第一建筑工程有限公司	GUSNGDONG NO. 1 CONSTRUCTION ENGINEERING CO., LTD.	38440
49	佛山市南海区第二建筑工程总公司	NO. 2 NANHAI CONSTRUCTION CORPORATION OF FOSHAN	38298
50	汕头市达濠建筑总公司	SHANTOU CITY DAHAO BUILDING GENERAL CO.	37090

17-7 全省资产总计最大的50家房地产开发企业（2003年）
TOTAL ASSETS OF THE PROVINCE'S TOP 50 REAL ESTATE DEVELOPMENT ENTERPRISES (2003)

序号 Order	单位名称	Name of Enterprises	资产总计（万元） Total Assets (10000 yuan)
1	广州市城市建设开发有限公司	GUANGZHOU CITY CONSTRUCTION & DEVELOPMENT HOLDING CO., LTD.	719606
2	广东珠江投资有限公司	GUANGDONG ZHUJIANG INVESTMENT COMPANY	474078
3	深圳市万科房地产有限公司	SHENZHEN WANKE REAL ESTATE CO., LTD.	445136
4	深圳市东部开发（集团）公司	SHENZHEN EASTERN DEVELOPMENT (GROUP) COMPANY	416187
5	广州富力地产地产股份有限公司	GUANGZHOU FULI REAl ESTATE CO., LTD.	414885
6	熊谷蚬壳发展（广州）有限公司	KUMAGAI SMC DEVELOPMENT (GUANGZHOU) COMPANY LIMITED	334416
7	光彩建设股份有限公司	RADIANCE CONSTRUCTION SHARE HOLDING CO., LTD.	333057
8	广州市恒大房地产开发有限公司	GUANGZHOU HENGDA REAL ESTATE DEVELOPMENT CO., LTD.	331408
9	广州市安厦房地产开发有限公司	GUANGZHOU ANSHA REAL ESTATE DEVELOPMENT CO., LTD.	312689
10	金地（集团）股份有限公司	SHENZHEN JINDI (GROUP) CO., LTD.	309632
11	深圳市长城地产（集团）股份有限公司	SHENZHEN CHANGCHENG REAL ESTATE (GROUP) SHARE HOLDING CO., LTD.	295184
12	中山市凯茵豪园房地产开发有限公司	ZHONGSHAN KAIYIN GARDEN REAL ESTATE DEVELOPMENT CO., LTD.	293853
13	深圳招商房地产有限公司	REAL ESTATE CO., LTD. OF CHINA MERCHANTS SHEKOU INDUSTRIAL ZONE	282590
14	深圳华侨城房地产有限公司	SHENZHEN OVERSEAS CHINESE TOWN REAL ESTATE DEVELOPMENT CO.	282306
15	广州市建筑集团公司房产开发分公司	GUANGZHOU CONSTRUCTION GROUP REAL ESTATE DEVELOPMENT BRANCH	266471
16	广州侨鑫集团有限公司	GUANGZHOU QIAOXIN HOLDING LTD.	256008
17	深圳新亚洲实业发展有限公司	SHENSHEN NEW ASIA INDUSTRIAL DEVELOPMENT CO., LTD.	249090
18	深圳市城市建设开发（集团）公司	SHENZHEN CITY CONSTRUCTION & DEVELOPMENT (GROUP) CO.	246005
19	深圳经济特区房地产（集团）股份有限公司	SHENZHEN SPECIAL ECONOMIC ZONE REAL ESTATE (GROUP) SHARE HOLDING CO., LTD.	245778
20	深圳市振业股份有限公司	SHENZHEN ZHENXING CO., LTD.	244837
21	深圳南油（集团）有限公司	SHENZHEN NANYOU (HOLDINGS) LTD.	242182
22	广州市正佳企业有限公司	GUANGZHOU ZHENGJIA INDUSTRIAL CO., LTD.	241132
23	佛山市东建集团有限公司	SHIWAN DONGJIAN GROUP OF FOSHAN	223888
24	广州大鹏房地产有限公司	GUANGZHOU DAPENG REAL ESTATE CO., LTD.	220620
25	广州鹏城房产有限公司	GUANGZHOU PENGCHENG REAL ESTATE CO., LTD.	213824
26	深圳航空城（东部）实业有限公司	SHENZHEN AVIATION CITY (EAST) INDUSTRY CO., LTD.	212802
27	广州合生怡晖房地产有限公司	GUANGZHOU HESHENG YIHUI REAL ESTATE CO., LTD.	202277
28	广东光大企业集团有限公司	GUANGDONG EVERBRIGHT INDUSTRIAL GROUP	200500
29	中山市雅居乐房地产开发有限公司	ZHONHSHAN AGILE REAL ESTATE DEVELOPMENT CO., LTD.	193825
30	中山市雅居乐雍景园房地产有限公司	ZHONHSHAN YAJULE YONGJING GARDEN REAL ESTATE CO., LTD.	188436
31	深圳鹏基（集团）有限公司	SHENZHEN PENJI INDUSTRY DEVELOPMENT GENERAL CO.	185835
32	深圳百仕达实业有限公司	SHENZHEN STNOLINK ENTERPRISES CO., LTD.	185056
33	广州番禺雅居乐房地产开发有限公司	PANYU AGILE REAL ESTATE DEVELOPMENT CO., LTD. OF GUANGZHOU	177571
34	广州市番禺祈福新村房地产有限公司	PANYU CLIFFORD REAL ESTATE DEVELOPMENT CO., LTD. OF GUANGZHOU	175900
35	深圳市星河房地产开发有限公司	SHENZHEN STAR RIVER REAL ESTATE DEVELOPMENT CO., LTD.	172800
36	广州城启集团有限公司	GUANGZHOU CHENGQU GROUP	172696
37	广州合生骏景房地产有限公司	GUANGZHOU HOPSON JUNJING REAL ESTATE LIMITED	169748
38	深圳市宝恒（集团）股份有限公司	SHENZHEN BAOHENG (GROUP) CO., LTD.	168371
39	广州珠江实业集团有限公司	GUANGZHOU ZHUJIANG INDUSTRY (GROUP) CO., LTD.	163584
40	广州市住宅建设办公室	GUANGZHOU HOUSING CONSTRUCTION OFFICE	160470
41	中山火炬开发区建设发展有限公司	ZHONGSHAN TORCH DEVELOPMENT ZONE CONSTRUCTION DEVELOPMENT CO., LTD.	158739
42	中海地产股份有限公司	ZHONGHAI PROPERTY CO., LTD.	151558
43	鼎太房地产开发（深圳）有限公司	DINGTAI REAL ESTATE DEVELOPMENT CO., LTD. (SHENZHEN)	148777
44	广州番禺区房地产联合开发总公司	PANYU REAL ESTATE DEVELOPMENT CORPORATION OF GUANGZHOU	147886
45	华润（深圳）有限公司	HUARUN (SHENZHEN) CO., LTD.	147562
46	广州珠江侨都房地产有限公司	GUANGZHOU ZHUJIANG QIAODU REAL ESTATE CO., LTD.	147387
47	广东华南新城房地产有限公司	GUANGDONG SOUTHCHINA NEW CITY REAL ESTATE CO., LTD.	147186
48	广州集贤庄新世界城市花园发展有限公司	JIQIANZHUANG NEW WORLD CITY GARDEN DEVELOPMENT CO., LTD. OF GUANGZHOU	146959
49	广州国际信托房地产开发公司	GUANGZHOU INTERNATIONAL TRUST REAL ESTATE DEVELOPMENT COMPANY	143865
50	保利房地产股份有限公司［广州］	BAOLI REAL ESTATE CO., LTD. (GUANGZHOU)	142765

17-8 全省完成投资额最大的50家房地产开发企业（2003年）
TOTAL INVESTMENT COMPLETED OF THE PROVINCESTOP 50 REAL ESTATE DEVELOPMENT ENTERPRISES (2003)

序号 Order	单 位 名 称	Name of Enterprises	完成投资额（万元） Investment Completed (10000 yuan)
1	广州市恒大房地产开发有限公司	GUANGZHOU HENGDA REAL ESTATE DEVELOPMENT CO., LTD.	260042
2	广州富力地产地产股份有限公司	GUANGZHOU FULI REAl ESTATE CO., LTD.	229888
3	深圳市万科房地产有限公司	SHENZHEN WANKE REAL ESTATE CO., LTD.	176957
4	增城市碧桂园物业发展有限公司	ZENGCHENG BIGUIYUAN GARDEN PROPERTY DEVELOPMENT CO.,LTD.	168659
5	保利房地产股份有限公司［广州］	GUANGZHOU BAOLI REAL ESTATE DEVELOPMENT CORP.	163732
6	深圳华侨城房地产有限公司	SHENZHEN OVERSEAS CHINESE TOWN REAL ESTATE DEVELOPMENT CO.	113888
7	广州市番禺祈福新村房地产有限公司	GUANGZHOU CLIFFORD ESTATES (PANYU) LIMITED COMPANY	98427
8	深圳市鹏宝东物业有限公司	SHENZHEN PENGBAODONG PROPERTY CO., LTD.	93173
9	深圳招商房地产有限公司	REAL ESTATE CO., LTD. OF CHINA MERCHANTS SHEKOU INDUSTRIAL ZONE	90120
10	深圳京基房地产公司	SHENZHEN JINGJI REAL ESTATE COMPANY	82536
11	卓越置业集团有限公司	SHENZHEN ZHUOYUE PROPERTY CO., LTD.	70652
12	广州市城市建设开发有限公司	GUANGZHOU CITY CONSTRUCTION & DEVELOPMENT HOLDINGS LTD.	67752
13	深圳市鸿荣源实业有限公司	SHENZHEN HONGRONGYUAN INDUSTRIAL CO., LTD.	67232
14	深圳市星河房地产开发有限公司	SHENZHEN STAR RIVER REAL ESTATE DEVELOPMENT CO., LTD.	63456
15	深圳市鸿荣源房地产开发有限公司	SHENZHEN HONGRONGYUAN REAL ESTATE DEVELOPMENT CO.,LTD.	61860
16	深圳市长城地产（集团）股份有限公司	SHENZHEN CHANGCHENG REAL ESTATE (GROUP) CO., LTD.	60500
17	深圳航空城（东部）实业有限公司	SHENZHEN AVIATION CITY (EAST) INDUSTRY CO., LTD.	59828
18	泰华房地产（中国）有限公司	TAIHUA REAL ESTATE (CHINA) CO., LTD.	58750
19	广州市正佳企业有限公司	GUANGZHOU ZHENGJIA INDUSTRIAL CO., LTD.	58632
20	中山市凯茵豪园房地产开发有限公司	ZHONGSHAN KAIYIN GARDEN REAL ESTATE DEVELOPMENT CO.,LTD.	57276
21	南海区雅居乐房地产有限公司	NANHAI AGILE REAL ESTATE CO., LTD.	56977
22	广州侨鑫集团有限公司	GUANGZHOU QIAOXIN HOLDINGS LTD.	56022
23	广州碧桂园物业发展有限公司	GUANGZHOU COUNTRY GARDEN ESTATE DEVELOPMENT CO., LTD.	54862
24	广东珠江投资有限公司	GUANGDONG ZHUJIANG INVESTMENT COMPANY	53492
25	佛山市东建集团有限公司	SHIWAN DONGJIAN GROUP OF FOSHAN	51951
26	深圳市富通房地产开发有限公司	SHENZHEN FUTONG REAL ESTATE DEVELOPMENT CO., LTD.	51387
27	珠海市三好房地产开发有限公司	ZHUHAI SANHAO REAL ESTATE DEVELOPMENT CO., LTD.	50550
28	广东合生乐景房地产有限公司	GUANGDONG HESHENG LEJING REAL ESTATE CO., LTD.	49726
29	深圳市绿景房地产开发有限公司	SHENZHEN LUJING REAL ESTATE DEVELOPMENT CO., LTD.	49082
30	深圳恒安房地产开发有限公司	SHENZHEN HENGAN REAL ESTATE DEVELOPMENT CO., LTD.	47500
31	广州番禺雅居乐房地产开发有限公司	GUANGZHOU PANYU AGILE REAL ESTATE DEVELOPMENT CO.,LTD.	45917
32	深圳市金光华（集团）有限公司	SHENZHEN JINGUANGHUA (GROUP) CO., LTD.	45182
33	深圳新亚洲实业发展有限公司	SHENZHEN NEW ASIA INDUSTRIAL DEVELOPMENT CO., LTD.	45000
34	广州珠江侨都房地产有限公司	GUANGZHOU ZHUJIANG QIAODU REAL ESTATE CO., LTD.	43164
35	梅县东方房地产开发有限公司	EASTERN REAL ESTATE DEVELOPMENT OF MEIXIAN COUNTY	43120
36	广州宏富房地产有限公司	GUANGZHOU HONGFU REAL ESTATE CO., LTD.	42560
37	中山市雅居乐房地产开发有限公司	ZHONHSHAN AGILE REAL ESTATE DEVELOPMENT CO., LTD.	40795
38	广州市合景美富房地产开发有限公司	GUANGZHOU HEJING MEIFU REAL ESTATE DEVELOPMENT CO.,LTD.	40080
39	深圳市益田房地产开发有限公司	SHENZHEN YITIAN REAL ESTATE DEVELOPMENT CO., LTD.	37954
40	深圳市荣超房地产开发有限公司	SHENZHEN RONGCHAO REAL ESTATE DEVELOPMENT CO., LTD.	37542
41	和记黄埔地产（深圳）有限公司	HUTCHISON WHAMPOA PROPERTY (SHENZHEN) CO., LTD.	37317
42	广州中海名都房地产发展有限公司	GUANGZHOU ZHONGHAI MINGDU REAL ESTATE DEVELOPMENT CO., LTD.	35032
43	广州市花都绿景房地产开发有限公司	HUADU LUJING REAL ESTATE DEVELOPMENT CO., LTD. OF GUANGZHOU	35006
44	广东华南新城房地产有限公司	GUANGDONG SOUTHCHINA NEW CITY REAL ESTATE CO., LTD.	33977
45	广州市番禺奥林匹克房地产开发有限公司	GUANGZHOU PANYU OLYMPIC REAL ESTATE DEVELOPMENT CO.,LTD.	33200
46	深圳市新世界房地产开发有限公司	SHENZHEN NEW WORLD REAL ESTATE DEVELOPMENT CO., LTD.	32592
47	东莞市东泰花园建筑有限公司	DONGGUAN DONGTAI GARDEN CONSTRUCTION CO., LTD.	31599
48	广州市光大花园房地产开发有限公司	GUANGZHOU EVERBRIGHT GARDEN REAL ESTATE DEVELOPMENT CO., LTD.	31195
49	深圳市恒浩投资发展有限公司	SHENZHEN HENGHAO INVESTMENT DEVELOPMENT CO., LTD.	31125
50	深圳鹏基（集团）有限公司	SHENZHEN PENJI INDUSTRY DEVELOPMENT GENERAL CO.	30666

17-9 全省销售额最大的50家批发零售贸易企业（2003年）
TOTAL SALES VALUE OF THE PROVINCES TOP 50 WHOLESALE AND RETAIL TRADE ENTERPRISES (2003)

序号 Order	企业名称	Name of Enterprises	商品销售总额（万元）Total Sales Value (10000 yuan)
1	中石化股份有限公司广东石油分公司	SINOPEC GUANGZHOU OIL PRODUCTS COMPANY	2795718
2	中国石化销售有限公司西南分公司	CHINA PETROCHEMICAL MARKETING SOUTHWEST CO.	2194486
3	广东物资集团公司	GENERAL PRODUCTS OF GUANGDONG HOLDINGS COMPANY	1545406
4	中国石油化工股份有限公司深圳分公司	SHENZHEN PETROLEUM CO.	905887
5	广东省石油企业集团公司	PETROLEUM ENTERPRISE GROUP CORPORATION OF GUANGDONG PROVINCE	880244
6	广州宝钢南方贸易有限公司	GUANGZHOU BAO STEEL SOUTHERN TRADING CO., LTD.	812814
7	广东省电力工业燃料公司	GUANGDONG ELECTRIC POWER FUEL CORPORATION	712074
8	中国烟草总公司广东省公司	CHINANATIONAL TOBACCO CO. GUANGDONG BRANCH	666537
9	惠州市TCL电器销售有限公司	TCL ELECTRIC APPLIANCE MARKETING CO., LTD. HUIZHOU	605679
10	中化广东进出口公司	SINOCHEM GUANGDONG IMPORT & EXPORT CORPORATION	570075
11	华润万家有限公司	HUARUN WANJIA CO., LTD.	457018
12	松下电器机电（深圳）有限公司	PANASONIC INDUSTRIAL SALE (SHENZHEN) CO., LTD.	432047
13	深圳市天音通信发展有限公司	SHENZHEN TIANYIN TELECOMMUNICATION DEVELOPMENT LIMITED COMPANY	420941
14	广东省纺织品进出口（集团）公司	GUANGDONG TEXTILES IMP. & EXP. CORPORATION (GROUP)	419063
15	广东省中山市食品水产进出口集团公司	ZHONGSHAN FOOD AND AQUATIC PRODUCTS IMP. & EXP. CORPORATION (GROUP) OF GUANGDONG	417125
16	广州市医药公司	GUANGZHOU MUNICIPAL PHARMACEUTICALS CORPORATION	411093
17	中国石油化工公司广州分公司	SINOPEC GUANGZHOU BRANCH	374567
18	广东省丝绸（集团）公司	GUANGDONG SILK CORPORATION (GROUP)	347258
19	深圳华安液化石油气有限公司	SHENZHEN HUAAN LPG CO., LTD.	332769
20	广州市烟草贸易公司	GUANGZHOU TOBACCO TRADING CORPORATION	330968
21	广州市华泰兴石油化工有限公司	GUANGZHOU TWINACE PETROLEUM & CHEMICALS CO., LTD.	323204
22	中国烟草总公司深圳市公司	CHINA NATIONAL TOBACCO CO. SHENZHEN BRANCH	291970
23	中国石油化工股份有限公司广东佛山石油分公司	GUANGDONG PETROLEUM ENTERPRISE GROUP CORPORATION FOSHAN BRANCH	282956
24	广东新协力集团有限公司	GUANGDONGXINXIELI GROUP CO., LTD.	256200
25	深圳市爱施德实业有限公司	SHENZHEN AISIDI INDUSTRY CO.	255161
26	广东省五金矿产进出口集团公司	GUANGDONG METALS & MINERALS IMPORT & EXPORT GROUP CORPORATION	245534
27	广州纺织品进出口集团有限公司	GUANGZHOU TEXTILES IMP. & EXP. CORPORATION (GROUP)	240792
28	广东省烟草公司梅州分公司	GUANGDONG PROVINCETOBACCO COMPANY MEIZHOU BRANCH	226081
29	广州广钢集团金兴物资供应有限公司	GUANGZHOU STEEL GROUP JINXING MATERIAL SUPPLY CO., LTD.	223638
30	广东省轻工业品进出口（集团）公司	GUANGDONG LIGHT INDUSTRIAL PRODUCTS IMP. & EXP. CORP. (GROUP)	222507
31	广州神州数码有限公司	GUANGZHOU DIGITAL CHINA CO., LTD.	214392
32	中山市广勤贸易有限公司	ZHONGSHAN GUANGQIN TRADE CO., LTD.	207931
33	深圳沃尔玛珠江百货有限公司	SHENZHEN WALMART ZHUJIANG DEPARTMENT STORES CO., LTD.	206138
34	广东富佳石油化工有限公司	GUANGDONG FUJIA OIL PRODUCTS CO., LTD.	198682
35	中国石油化工股份有限公司广东东莞石油分公司	SINOPEC DONGGUAN OIL PRODUCTS COMPANY	195956
36	深圳江铜南方总公司	SHENZHEN JIANGTONG COMPANY	192521
37	深圳东风置业有限公司	SHENZHEN DONGFENG PROPERTY CO., LTD.	184767
38	顺德市百强贸易有限公司	SHUNDE BAIQIANG TRADE CO., LTD.	174893
39	广东省外经贸开发公司	GUANGDONG FOREIGN TRADE IMP. & EXP. CORP.	174060
40	深圳市青岛啤酒销售有限公司	SHENZHEN QINGDAO BEER SALES CO., LTD.	162737
41	中国石化股份公司韶关分公司	SINOPEC SHAOGUAN OIL PRODUCTS COMPANY	162696
42	深圳市三九医药贸易有限公司	SHENZHEN SANJIU MEDICINE TRADE CO., LTD.	161983
43	广州立白企业集团有限公司	GUANGZHOU LIBAI GROUP CO., LTD.	152028
44	广州珠江电力燃料有限公司	GUANGZHOU ZHUJIANG ELECTRIC POWER & FUEL CO., LTD.	151283
45	广东东凌集团有限公司	GUANGDONG DONGLIN HOLDING CO., LTD.	149527
46	顺德指日钢铁贸易有限公司	SHUNDE ZHIRI STEEL TRADE CO., LTD.	147125
47	肇庆市土产进出口公司	ZHAOQING NAÏVE PRODUCE IMPORT AND EXPORT COMPANY OF GUANDGONG	146182
48	广东省烟草公司东莞市公司	GUANGDONG TOBACCO COMPANY DONGGUAN BRANCH	144498
49	深圳市茂业商厦有限公司	SHENZHEN MAOYE TRADE BUILDING CO., LTD.	139170
50	广东省农业生产资料总公司	GUANGDONG AGRICULTURAL MEANS OF PRODUCTION CORPORATION	135343

17-10 全省营业额最大的30家餐饮企业（2003年）
TURNOVER OF THE PROVINCES TOP 30 CATERING ENTERPRISES (2003)

序号 Order	企业名称	Name of Enterprises	营业额（万元）Turnover (10000 yuan)
1	广东三元麦当劳食品有限公司	GUANGDONG SANYUN MACDONALDS FOOD CO., LTD.	55064
2	麦当劳餐厅（深圳）有限公司	SHENZHEN MACDONALDS FOOD COMPANY LIMITED	43557
3	深圳肯德基有限公司	SHENZHEN KENTUCKY CO., LTD.	41145
4	广东肯德基有限公司	GUANGDONG KENTUCKY CO., LIMITED	30308
5	深圳面点王饮食连锁有限公司	SHENZHEN MIANDIANWANG CATERING LIMITED	16694
6	南海渔村有限公司	GUANGZHOU SOUTH SEA FISHING VILLAGE CO., LTD.	15184
7	凯悦酒家	DONGGUANG GOLDEN PALACE HOTEL	10418
8	广州市岭南会新荔枝湾饮食娱乐有限公司	GUANGZHOU LINGNANHUI NEW LICHEEWAN CATERING & ENTERTAINMENT CO., LTD.	9795
9	中山国际酒店	ZHONGSHAN INTERNATIONAL HOTEL	8331
10	东莞肯德基有限公司	DONGGUAN KFC CO., LTD.	8169
11	佛山市珠江饮食有限公司	FOSHAN ZHUJIANG CATERING CO., LTD.	7334
12	广州长隆酒店有限公司	CHIMELONG HOTEL	6949
13	东莞市龙泉国际大酒店	DONGGUAN LUNG CHUEN INTERNATIONAL HOTEL	6806
14	东莞市长安国际酒店	PARKVIEW HOTEL	6774
15	深圳市环宇海港大酒楼有限公司	SHENZHEN HUANYU SEAPORT CO., LTD.	6769
16	广州酒家文昌有限公司	GUANGZHOU RESTAURANT ENTERPRISE GROUP WENGCHANG BRANCH	6695
17	广州必胜薄饼有限公司	GUANGZHOU PIZZA CO., LTD.	6477
18	广州丽晶明珠饮食娱乐有限公司	GUANGZHOU REGENT PEARL F&B AMUSEMENT CO., LTD.	6465
19	深圳佳宁娜友谊广场大酒楼有限公司	SHENZHEN CARRIANNA FRIENDSHIP RESTAURANT CO., LTD.	6274
20	深圳市创展海港大酒楼有限公司	SHENZHEN CHUANGZHAN SEAPORT CO., LTD.	6052
21	广州市番禺大石镇香江大酒店有限公司	PANYU XIANGJIANG HOTEL	5996
22	广州市越秀区艺都燕窝鱼翅酒家	YUEXIU DISTRICT YIDU EDIBLE BIRDS NEST &SHARKS FIN RESTAURANT	5969
23	广州市莲香楼	GUANGZHOU LIANGXIANGLOU	5906
24	广州陶陶居饮食有限公司	GUANGZHOU TAOTAOJU CATERING CO., LTD.	5870
25	中山市古镇国贸大酒店有限公司	ZHONGSHAN ANCIENT TOWN GUOMAO RESTAURANT	5852
26	深圳市特证海港大酒楼有限公司	SHENZHEN TEZHENG SEAPORT CO., LTD.	5798
27	广州酒家滨江西有限公司	GUANGZHOU RESTAURANT ENTERPRISE GROUP BINGJIANG WEST BRANCH	5755
28	湛江市赤坎大天然海鲜居有限公司	ZHANJIANG SIKAN NATURAL SEAFOOD CO., LTD.	5702
29	高趣管理有限公司（新世纪酒店）	HUADU NEW CENTURY HOTEL	5577
30	广州二沙陶苑酒家	TAO YUAN RESTAURANT OF GUANGZHOU	5513

十八、教育、科技、文化

EDUCATION,SCIENCE&TECHNOLOGY AND CULTURE

18

十八　教育、科技、文化

简要说明

一、本篇反映广东教育、科学技术活动及文化事业的基本情况，由广东省统计局人口和社会科技处负责整理、编辑。

二、教育部分包括高、中、初等教育，幼儿教育和各种类型的各级成人教育。主要指标有各级各类的学校数、在校生数、招生数、毕业生数、教职工数、专任教师数等。

教育统计资料根据省教育厅、省劳动和社会保障厅提供的统计年报加工整理。

三、科学技术部分主要反映广东科技的规模、构成和发展状况。包括科技活动基本情况，科技人员人数，科技成果奖励和技术市场情况，专利申请受理量和批准量，研究与开发机构基本情况，高校研究与发展人员及经费，大中型工业企业技术开发基本情况，科协系统科技活动情况等数据。

科学技术统计资料来源：科技活动基本情况和大中型工业企业技术开发基本情况根据国家统计局科技统计报表进行加工整理，其余资料根据省科技厅、省经贸委、省科协等部门提供的统计年报加工整理。

四、文化部分主要包括文化艺术、文物、图书馆、新闻出版、广播、电影、电视等文化事业的机构、人员及业务活动开展情况等。

文化统计资料根据省文化厅、省新闻出版局、省广播电影电视局及省电影公司等有关部门提供的统计年报加工整理。

18　EDUCATION, SCIENCE & TECHNOLOGY AND CULTURE

Brief Introduction

Ⅰ. The data in this chapter show the basic conditions ofGuangdong's education, activities of science and technology as well as its culture. The data are prepared and edited by the Division of Population, Social, Science and Technology Statistics of Guangdong Provincial Bureau of Statistics.

Ⅱ. The data on education cover the situations on higher education, secondary education, primary education, kindergartens and various types of adult education at all levels. The main indicators cover the number of schools, the number of students enrolled, the number of new entrants, the number of graduates, the number of staff and workers, the number of teachers and the other of various levels and categories.

The data on education are processed and prepared in accordance with the annual statistical reports provided by Guangdong Provincial Department of Education and Guangdong Provincial Department of Labor and Social Security.

Ⅲ. The data on science and technology mainly show the scale, composition and development ofGuangdong' sscience and technological personnel, the scientific andtechnological results, encouragement and rewards, the technical market, the number of patent applications examined and granted, the basic conditions of research and development institutions, the research and development personnel in universities and colleges as well as their incomes and expenditures, the technical development of large and medium-sized industrial enterprises, the scientific and technological activities of the associations for science and technology, etc.

The data on the basic conditions of the scientific and technological activities and the technical development of large and medium-sized industrial enterprises are processed and prepared in accordance with the reporting scheme on science and technology statistics of the National Bureau of Statistics. The other data are processed and prepared in accordance with the annual statistical reports provided by Guangdong Provincial Department of Science and Technology, Guangdong Provincial Economy and Trade Commission and Guangdong Provincial Association for Science and Technology, etc.

Ⅳ. The data on culture mainly cover the situations on institutions, personnel andbusiness activities of arts, cultural relics, libraries, news and publication, broadcasting, film and television, etc.

The data on culture are processed and prepared in accordance with the annual statistical reports provided by Guangdong Provincial Department of Culture, Guangdong Provincial Press and Publication Administration, Guangdong Provincial Department of Radio, Film and Television, Guangdong Provincial Film Company and the related departments.

18-1 教育、科技、文化主要指标

MAIN INDICATORS OF EDUCATION, SCIENCE & TECHNOLOGY AND CULTURE

指　标	Item	1990	1995	2000	2002	2003
在校学生数　（人）	Enrolled Students (person)					
普通高等学校	Regular Institutions of Higher Education	95929	151788	299475	467807	587779
成人高等学校	Adult Education Schools	87850	135053	201410	288992	349481
普通中等学校	Regular Secondary Schools	2735691	3912264	5235845	5773209	6208349
成人中等学校	Secondary Schools for Adults	168044	335849	233498	171359	121083
小学毕业生升学率　（%）	Percentage of Graduates of Primary School Entering Junior Secondary School (%)	87.56	95.38	96.15	96.20	97.63
学龄儿童入学率　（%）	Percentage of School-age Children Enrolled (%)	99.29	99.71	99.70	99.70	99.53
每万人口普通高校在校学生数　（人）	Number of Students in Regular Institutions of Higher Education Per 10000 Population (person)	15.36	22.36	41.19	59.81	74.8
科技活动统计单位数　（个）	Number of Statistical Units Engaged in Scientific and Technological Activities (unit)	1589	2600	6246	10135	10417
科技活动机构数　（个）	Number of Institutions Engaged in Scientific and Technological Activities (unit)	993	1685	2566	2527	2491
各级学会及研究会　（个）	Number of Learned Society and Research Society (unit)	2829	4387	3780	3358	2790
专业技术人员数　（人）	Scientific and Technologic Personnel (person)	838403	1077848	1297804	1274140	1264983
从事科技活动人员　（人）	Number of Personnel Engaged in Scientific and Technological Activities (person)	34576	105469	222073	267376	277576
各级学会及农技协会员　（人）	Member of Learned Societies and Research Societies (person)	345234	537525	704094	618495	429229
科技活动经费筹集总额　（亿元）	Funds Raised for Scientific and Technological Activities (100 million yuan)	14.95	45.42	240.81	305.01	362.96
科技活动经费使用总额　（亿元）	Expenditures for Scientific and Technological Activities (100 million yuan)	12.82	39.82	214.65	291.30	332.40
研究与发展经费支出　（亿元）	Research and Development Expenses (100 million yuan)		10.57	107.12	156.45	179.84
占本地生产总值比例　（%）	Percentage of Research and Development Expenses to GDP (%)		0.20	1.11	1.34	1.34
科技活动课题（项目）数　（个）	Number of Projects for Scientific and Technology Activities (unit)	9488	16512	21355	27202	28991
省级及以上科技奖励成果　（项）	Number of Prize Achievements in Science and Technology Awarded by Province Level and above (item)	186	263	289	250	282
省级及以上优秀新产品项目数　（个）	Number of Outstanding New Products Approved by Province Level and above level (unit)	227	253	214	251	
技术合同成交额　（亿元）	Transaction Value of Technological Contracts (100 million yuan)	2.03	12.60	48.21	68.45	80.57
专利申请受理量　（件）	Patent Application Examined (item)	1947	7729	21123	34339	43186
专利申请批准量　（件）	Patent Application Granted (item)	889	4611	15799	22760	29235
电影放映单位　（个）	Film Projection Units (unit)	4024	3780	1626	904	840
艺术表演团体　（个）	Art Performance Troupes (unit)	130	134	138	141	144
文化馆　（个）	Cultural Centers (unit)	113	115	119	120	118
公共图书馆　（个）	Public Libraries (unit)	103	114	125	131	129
博物馆　（个）	Museums (unit)	106	113	131	140	144
档案馆　（个）	Archives (unit)	138	155	161	185	185
图书出版量　（万册）	Number of Books Published (10000 copies)	28070	36911	26978	32577	26373
杂志出版量　（万册）	Number of Magazines Published (10000 copies)	11325	22810	26299	24785	22527
报纸出版量　（万份）	Number of Newspaper Published (10000 copies)	138060	226441	346268	425715	424751
广播电台　（座）	Number of Broadcasting Stations (set)	87	96	106	22	22
电视台　（座）	Number of TV Stations (set)	38	56	67	24	24

注：科技活动有关指标1995年及以前只包括四大科技主体，从2000年起为全社会口径。

Note: In 1995 and prior to it, only four scientific and technological principals were included, whereas the data have referred to the statistical coverage of the whole society since 2000.

18-2 各级各类学校在校学生数
NUMBER OF ENROLLED STUDENTS BY LEVEL AND TYPE OF SCHOOL

单位：万人 (10000 persons)

年份 Year	高等学校 Institutions of Higher Education	中等学校 Secondary Schools			小学 Primary Schools
		中等职业教育学校 Vocational Education Secondary Schools	技工学校 Technical Schools	普通中学 Regular Secondary Schools	
1949	1. 30	1. 70		12. 21	134. 56
1952	1. 00	3. 57		20. 53	300. 00
1957	1. 46	3. 59		41. 40	343. 52
1962	3. 52	3. 80		47. 43	481. 59
1965	2. 77	19. 55		50. 06	704. 24
1970	0. 58	1. 62		236. 55	521. 09
1975	2. 41	3. 51		233. 56	773. 85
1978	3. 07	3. 64		313. 32	743. 02
1979	3. 79	4. 51	0. 71	268. 73	743. 81
1980	4. 10	6. 28	1. 61	252. 11	748. 86
1981	4. 47	6. 12	1. 39	218. 71	734. 78
1982	4. 09	6. 51	0. 99	200. 19	723. 03
1983	4. 56	9. 96	0. 92	199. 59	705. 34
1984	5. 47	12. 99	1. 01	220. 69	692. 73
1985	6. 99	18. 01	1. 45	236. 45	671. 25
1986	7. 83	28. 22	1. 45	249. 93	670. 62
1987	8. 63	34. 26	2. 63	252. 60	677. 37
1988	9. 72	37. 63	3. 40	244. 23	688. 72
1989	10. 04	42. 09	3. 93	235. 73	715. 15
1990	9. 59	45. 27	5. 22	234. 03	747. 29
1991	9. 27	44. 74	5. 63	238. 28	788. 93
1992	9. 74	46. 29	6. 58	255. 02	808. 98
1993	11. 70	50. 24	7. 68	277. 19	832. 14
1994	13. 75	55. 89	9. 57	307. 38	862. 21
1995	15. 18	66. 70	11. 10	339. 46	883. 19
1996	16. 40	67. 30	12. 28	373. 19	897. 64
1997	17. 47	72. 70	13. 29	400. 85	911. 34
1998	18. 50	70. 50	14. 50	423. 61	918. 02
1999	22. 08	69. 50	23. 00	443. 91	920. 96
2000	29. 95	65. 60	15. 46	460. 69	929. 93
2001	38. 19	62. 00	16. 67	489. 70	952. 98
2002	46. 78	61. 20	17. 82	513. 40	979. 61
2003	58. 78	63. 08	23. 90	545. 91	1025. 37

注：1986 年后中等职业教育学校包括普通中专、成人中专、职业高中，1986 年前缺成人中专数据。

Note：Note：Since 1986, the vocational education secondary schools have included the regular specialized secondary schools, the specialized secondary schools for adults and the vocational senior secondary schools. Prior to 1986, no data of the specialized secondary schools for adults were available.

18-3 各级各类学校情况
STATISTICS ON SCHOOLS BY LEVEL AND TYPE

项　　目	Item	1980	1990	1995	2000	2002	2003
一、高等学校	**Institutions of Higher Education**						
学校数　（所）	Number of Schools　(unit)	27	45	42	52	71	77
毕业生数（万人）	Number of Graduates　(10000 persons)	0. 76	3. 37	3. 48	5. 00	8. 47	10. 55
本　科	Regular College Course		1. 25	1. 47	2. 40	3. 07	3. 93
专　科	Professional Training		2. 12	2. 01	2. 60	5. 40	6. 62
招生数（万人）	Number of New Entrants　(10000 persons)	0. 97	2. 96	4. 94	12. 08	17. 61	22. 58
本　科	Regular College Course		1. 32	2. 13	5. 01	7. 28	9. 04
专　科	Professional Training		1. 64	2. 81	7. 07	10. 33	13. 54
在校学生数(万人)	Number of Students Enrolled　(10000 persons)	4. 10	9. 59	15. 18	29. 95	46. 78	58. 78
本　科	Regular College Course		5. 47	7. 68	15. 03	22. 41	27. 78
专　科	Professional Training		4. 13	7. 50	14. 92	24. 37	31. 00
教职工数（万人）	Number of Teachers and Staff　(10000 persons)	2. 42	3. 88	4. 15	4. 68	6. 03	7. 04
#专任教师	Full-time Teachers	0. 95	1. 57	1. 66	2. 04	3. 30	4. 02
二、中等职业教育	**Vocational Education Secondary Schools**						
学校数　（所）	Number of Schools　(unit)	336	749	744	658	551	717
毕业生数（万人）	Number of Graduates　(10000 persons)			18. 13	21. 54	18. 91	17. 65
招生数（万人）	Number of New Entrants　(10000 persons)			27. 99	21. 10	21. 80	23. 30
在校学生数(万人)	Number of Students Enrolled　(10000 persons)			66. 67	65. 57	61. 17	63. 08
教职工数（万人）	Number of Teachers and Staff　(10000 persons)			5. 34	5. 70	5. 05	4. 96
#专任教师	Full-time Teachers			3. 20	3. 70	3. 30	3. 37
三、技工学校	**Technical Schools**						
学校数　（所）	Number of Schools　(unit)	82	127	717	186	156	156
毕业生数（万人）	Number of Graduates　(10000 persons)	0. 97	1. 56	2. 83	4. 45	4. 39	4. 20
招生数（万人）	Number of New Entrants　(10000 persons)	0. 85	2. 09	4. 69	5. 84	8. 20	9. 97
在校学生数(万人)	Number of Students Enrolled　(10000 persons)	1. 61	5. 22	11. 10	15. 46	17. 82	23. 90
教职工数（万人）	Number of Teachers and Staff　(10000 persons)	0. 40	0. 88	1. 24	1. 18	1. 12	1. 27
#专任教师	Full-time Teachers	0. 16	0. 39	0. 61	0. 68	0. 81	0. 88
四、普通中学	**Regular Secondary Schools**						
学校数　（所）	Number of Schools　(unit)	2681	3879	3845	3964	4156	4176
毕业生数（万人）	Number of Graduates　(10000 persons)	66. 52	71. 29	85. 82	131. 82	144. 83	155. 73
招生数（万人）	Number of New Entrants　(10000 persons)	97. 42	83. 36	131. 18	171. 16	185. 30	199. 12
在校学生数(万人)	Number of Students Enrolled　(10000 persons)	252. 11	234. 03	339. 46	460. 69	513. 40	545. 91
教职工数（万人）	Number of Teachers and Staff　(10000 persons)	16. 62	17. 84	22. 31	27. 57	30. 58	32. 31
#专任教师	Full-time Teachers	13. 50	13. 47	17. 57	22. 86	25. 48	27. 16

18-3 **续表** continued

项目	Item	1980	1990	1995	2000	2002	2003
五、小学	**Primary Schools**						
学校数 （万所）	Number of Schools (10000 units)	2.50	2.46	2.46	2.42	2.33	2.28
毕业生数 （万人）	Number of Graduates (10000 persons)	104.32	82.49	121.56	148.48	152.90	158.67
招生数 （万人）	Number of New Entrants (10000 persons)	149.31	129.93	151.55	155.73	168.74	172.99
在校学生数 （万人）	Number of Students Enrolled (10000 persons)	748.86	747.29	883.19	929.93	979.61	1025.37
教职工数 （万人）	Number of Teachers and Staff (10000 persons)	33.14	32.95	37.68	42.08	43.71	44.70
#专任教师	Full-time Teachers	28.14	27.73	32.14	36.41	37.98	38.92
六、学龄儿童入学率	**Status of School-age Children Enrolled**						
学龄儿童总数 （万人）	Total School-age Children (10000 persons)	612.38	583.88	832.40	905.39	948.20	985.46
已入学学龄儿童数 （万人）	School-age Children Enrolled in Schools (10000 persons)	589.21	579.76	829.99	902.65	945.00	980.77
学龄儿童入学率 （%）	Percentage of School-age Children Enrolled (%)	96.22	99.29	99.71	99.70	99.70	99.52
七、小学毕业生升学率	**Status of Graduates of Primary Schools Entering Junior Secondary Schools**						
小学毕业生人数 （万人）	Graduates of Primary Schools (10000 persons)	104.32	82.49	121.56	148.48	152.90	158.67
已升学人数 （万人）	Students Entering Secondary Schools (10000 persons)	96.45	82.49	121.56	142.77	147.09	154.92
小学毕业生升学率 （%）	Percentage of Graduates of Primary Schools Entering Junior Secondary Schools (%)	73.28	87.56	95.38	96.15	96.20	97.63
八、幼儿园	**Kindergartens**						
幼儿园数 （所）	Number of Kindergartens (unit)	6513	7469	7923	12027	10135	10067
在园幼儿数 （万人）	Number of Children (10000 persons)	47.92	150.05	200.01	214.18	211.55	212.52
教职工数 （万人）	Number of Teachers and Staff (10000 persons)	2.89	6.52	9.09	12.91	13.56	14.34
#专任教师	Full-time Teachers	1.53	4.29	5.93	8.36	7.77	8.22

注：1.1995 年以来小学毕业生升学率采用国家教委口径，即升学率=初中招生数/小学毕业生数。2.2003 年中等职业教育学校包括：普通中等专业学校、成人中等专业学校、职业高中数据。

Note: The percentage of graduates of primary schools entering junior secondary schools has been in accordance with the statistical coverage of the National Education Committee since 1995, i. e. Percentage of Graduates of Primary Schools Entering Junior Secondary Schools = Number of New Entrants of Junior Secondary Schools ÷ Graduates of Primary Schools.

18-4 研究生教育情况
STATISTICS ON POSTGRADUATE EDUCATION

项目	Item	1990	1995	2000	2002	2003
一、培养单位数 （个）	**Institutions of Postgraduate Education (unit)**	**28**	**23**	**26**	**25**	**25**
高等学校	Institutions of Higher Education	16	15	18	17	17
科研单位	Research Institutions	12	8	8	8	8
二、招生数 （人）	**Number of New Entrants (person)**	**1125**	**1922**	**5702**	**8734**	**11619**
攻读博士学位	Study for Doctor Degree	76	407	1053	1613	2124
高等学校	Institutions of Higher Education	75	387	1001	1501	1928
科研单位	Research Institutions	1	20	52	112	196
攻读硕士学位	Study for Master Degree	1049	1515	4619	7121	9495
高等学校	Institutions of Higher Education	1027	1442	4510	6898	9230
科研单位	Research Institutions	22	73	109	223	265
研究生班	Study in Postgraduate Class			30		
高等学校	Institutions of Higher Education			30		
三、在学生数 （人）	**Number of Students Enrolled (person)**	**3367**	**5405**	**13023**	**21519**	**27896**
攻读博士学位	Study for Doctor Degree	293	935	2558	4284	5541
高等学校	Institutions of Higher Education	292	894	2445	4033	5139
科研单位	Research Institutions	1	41	113	251	402
攻读硕士学位	Study for Master Degree	3074	4470	10405	17235	22355
高等学校	Institutions of Higher Education	2984	4308	10161	16752	21716
科研单位	Research Institutions	90	162	244	483	639
研究生班	Study in Postgraduate Class			60		
高等学校	Institutions of Higher Education			60		
四、毕业生数 （人）	**Number of Graduates (person)**	**1404**	**1265**	**2211**	**3306**	**4701**
攻读博士学位	Study for Doctor Degree	101	154	417	578	777
高等学校	Institutions of Higher Education	101	147	387	544	733
科研单位	Research Institutions		7	30	34	44
攻读硕士学位	Study for Master Degree	1303	1111	1765	2728	3924
高等学校	Institutions of Higher Education	1250	1074	1692	2651	3828
科研单位	Research Institutions	53	37	73	77	96
研究生班	Study in Postgraduate Class			29		
高等学校	Institutions of Higher Education			29		

18-5 各级各类成人教育在校学生数
NUMBER OF ENROLLED STUDENTS BY LEVEL AND TYPE OF ADULT SCHOOL

单位：人 (person)

项　　目	Item	1990	1995	2000	2002	2003
一、成人高等教育	**Higher Education for Adults**	**87850**	**135053**	**201410**	**288992**	**349481**
成人高等学校	Adult Higher Education Schools	59787	86757	84057	86875	86847
广播电视大学	Radio and TV Universities	17090	38822	34242	23570	20238
职工高等学校	Schools of Higher Education for Staff and Workers	14712	16445	17147	22717	25176
管理干部学院	Colleges for Management Cadres	5488	13342	20142	22495	22061
教育学院	Pedagogical Colleges	22497	18148	12526	18093	19372
普通高校附设	Departments Run by Institutions of Higher Education	28063	48296	117353	202117	262634
函授部	Correspondence Divisions	15878	20929	51028	107301	129197
夜大学	Evening Universities	11488	15215	43063	75985	114601
成人脱产班	Classes for Adults Released from Work	697	12152	23262	18831	18836
二、成人中等教育	**Secondary Education for Adults**	**168044**	**335849**	**233498**	**171359**	**118923**
成人中专学校	Specialized Secondary Schools for Adults	96316	233255	150405	133414	
广播电视学校	Radio and TV Secondary Schools	18954	2662	15346	18846	
职工中专学校	Specialized Secondary Schools for Staff and Workers	27103	91322	84383	97182	
干部中专学校	Specialized Secondary Schools for Cadres	176	8316	722	4239	
农民中专学校	Specialized Secondary Schools for Farmers	26	25039	29876		
函授中专学校	Specialized Correspondence Secondary Schools		14338	2302	2256	
教师进修学校	Teacher Training Schools	50057	91578	17776	10891	
普通中专附设	Departments Run by Specialized Secondary Schools	21154	34706	39087	26033	
干部中专	Specialized Secondary Schools for Cadres	925	3595			
职工中专	Specialized Secondary Schools for Staff and Workers	10130	17784			
农村中专	Rural Specialized Secondary Schools	374	3918			
函授	Correspondence Education	9725	9409	18367	781	
成人中学	Secondary Schools for Adults	50574	67888	44006	11912	2160
三、成人初等教育	**Primary Education for Adults**	**1041748**	**342318**	**235926**	**167251**	**8935**
职工初等教育	Primary Schools for Staff and Workers	21836	20522	10825	12887	246
农民初等教育	Primary School for Farmers	1019912	321796	225101	154364	8689
#扫盲班	Literacy Courses	99396	7483	2389	5257	1066

注：今后成人中等教育不再按学校类型分类。

Note: From now on, the secondary education for adults will not be classified according to the types of school any longer.

18-6 高等学校情况（2003 年）
STATISTICS ON INSTITUTIONS OF HIGHER EDUCATION (2003)

学校类别	Type	学校数（所）Number of Schools (unit)	毕业生数（人）Graduates (person)	招生数（人）New Entrants (person)	在校学生数（人）Enrolled Students (person)	教职工数（人）Teachers and Staff (person)	#专任教师 Full-time Teachers
总　计	**Total**	**77**	**105533**	**225837**	**587779**	**70394**	**40192**
#女性	Female		43604	95754	257779	30986	16064
一、按隶属关系分	**By Relation of Leadership**	**77**	**105533**	**225837**	**587779**	**70394**	**40192**
中央属	Central Government	4	10092	13888	49688	13402	5959
地方属	Local Government	73	95441	211949	538091	56992	34233
二、按学校类别分	**By Type of School**	**77**	**105527**	**225837**	**587779**	**70394**	**40192**
综合大学	University	14	34125	61096	172807	25923	13532
理工院校	Science and Engineering College	4	9058	18981	55500	8023	4548
农业院校	Agriculture College	3	7191	15360	40576	4497	2287
林业院校	Forestry College						
医药院校	Medicine College	4	4582	11263	30049	4511	2577
师范院校	Teacher Training College	4	10254	21708	58468	6542	3807
语文院校	Language and Literature College	1	2164	3368	10166	1375	701
财经院校	Economics and Finance College	3	4462	11005	29580	3000	1846
政法院校	Politics and Law College	1	1172	1515	4382	516	294
体育院校	Physical Culture College	1	890	1971	5288	588	409
艺术院校	Art College	2	835	1073	4070	863	564
民族院校	Minority Nationality College						
职业技术学院	Vocational Technical College	40	19644	67029	141355	14556	9627
其他	Others		11150	11468	35538		

18-7 中等学校情况（2003 年）
STATISTICS ON SECONDARY SCHOOLS (2003)

学校类别	Type of School	学校数（所）Number of Schools (unit)	毕业生数（人）Number of Graduates (person)	招生数（人）Number of New Entrants (person)	在校学生数（人）Number of Enrolled Students (person)	教职工数（人）Number of Teachers and Staff (person)	#专任教师 Full-time Teachers
一、中等职业教育	**Vocational Secondary Education**	**717**	**176492**	**233281**	**630818**	**49556**	**33700**
中等职业学校	Vocational Secondary Schools	78	18423	34947	81935	6093	4220
中等技术学校	Technical Secondary Schools	170	65824	77045	225952	16676	10161
成人中等专业学校	Specialized Secondary Schools for Adults	190	35059	43654	118923	8691	5461
职业高中学校	Vocational Senior Secondary Schools	279	57186	77635	204008	15715	12135
二、技工学校	**Technical Schools**	**156**	**42733**	**99703**	**239537**	**12783**	**8923**
三、普通中学	**Regular Secondary Schools**	**4176**	**1557309**	**1991218**	**5459077**	**323075**	**271589**
#高中	Senior Schools	995	274956	442596	1137234	–	66190

18-8 各市普通中学情况（2003 年）

STATISTICS ON REGULAR SECONDARY SCHOOLS BY CITY（2003）

市　别 City		学校数（所）Number of Schools（unit）	毕业生数（人）Graduates（person）	招生数（人）New Entrants（person）	在校学生数（人）Enrolled Students（person）	教职工数（人）Teachers and Staff（person）	#专任教师 Full-time Teachers
广　州	Guangzhou	434	147594	182207	511756	38702	29731
深　圳	Shenzhen	179	40200	69711	179628	13379	9989
珠　海	Zhuhai	53	17734	24271	67781	4606	3681
汕　头	Shantou	225	76173	120462	311378	17320	14254
佛　山	Foshan	182	87715	101377	289353	19232	16639
韶　关	Shaoguan	208	60752	76291	211053	14388	12140
河　源	Heyuan	183	59733	73726	205788	12757	10940
梅　州	Meizhou	286	108939	127229	353798	22355	18933
惠　州	Huizhou	167	58996	72202	198004	12350	10242
汕　尾	Shanwei	143	53932	69556	187337	9785	8297
东　莞	Dongguan	90	39031	55564	149656	8979	7069
中　山	Zhongshan	75	31642	43061	116981	6942	5890
江　门	Jiangmen	275	79758	95104	264480	16265	14592
阳　江	Yangjiang	108	53395	63561	173849	9487	8270
湛　江	Zhanjiang	350	157044	196374	545820	25216	21393
茂　名	Maoming	316	130204	185540	493155	25715	23255
肇　庆	Zhaoqing	183	76198	87439	247286	13956	12321
清　远	Qingyuan	226	77135	91071	252911	14588	12451
潮　州	Chaozhou	123	50756	62188	173171	9454	8075
揭　阳	Jieyang	257	98788	129947	350322	17778	14776
云　浮	Yunfu	113	51590	64337	175570	9821	8651

18-9 各市中等职业基本情况（2003 年）

BASIC STATISTICS ON VOCATIONAL SECONDARY EDUCATION（2003）

市　别 City		学校数（所）Number of Schools（unit）	毕业生数（人）Graduates（person）	招生数（人）New Entrants（person）	在校学生数（人）Enrolled Students（person）	教职工数（人）Teachers and Staff（person）	#专任教师 Full-time Teachers
广　州	Guangzhou	164	60913	64488	192688	12484	7604
深　圳	Shenzhen	13	5530	6673	17975	1997	1394
珠　海	Zhuhai	10	2911	4327	12536	788	539
汕　头	Shantou	29	6321	6367	18195	1780	1122
佛　山	Foshan	52	14691	16748	49364	4026	3008
韶　关	Shaoguan	35	6412	10362	24808	2593	1645
河　源	Heyuan	14	3011	4238	10065	689	524
梅　州	Meizhou	57	6299	9825	25168	2475	1675
惠　州	Huizhou	27	6280	11145	26450	1764	1087
汕　尾	Shanwei	8	673	2161	3886	308	228
东　莞	Dongguan	20	8156	9901	28079	1955	1477
中　山	Zhongshan	20	5491	8173	22515	1567	1228
江　门	Jiangmen	59	12882	17965	48627	3612	2862
阳　江	Yangjiang	15	2443	4420	11824	1047	795
湛　江	Zhanjiang	66	8526	12914	32578	3286	2129
茂　名	Maoming	25	5163	12356	25809	1849	1358
肇　庆	Zhaoqing	33	6963	14944	34730	2677	1725
清　远	Qingyuan	21	4127	5888	16586	1256	878
潮　州	Chaozhou	18	3429	3649	10547	1124	759
揭　阳	Jieyang	17	3904	3446	10025	1134	836
云　浮	Yunfu	14	2367	3291	8363	1145	827

18-10 各市小学情况（2003 年）

STATISTICS ON PRIMARY SCHOOLS BY CITY (2003)

市 别 City		学校数（所）Number of Schools (unit)	毕业生数（人）Number of Graduates (person)	升学率（%）Percentage of Graduates of Primary Schools Entering Junior Secondary Schools (%)	招生数（人）New Entrants (person)	在校学生数（人）Enrolled Students (person)	教职工数（人）Teachers and Staff (person)	#专任教师 Full-time Teachers
广 州	Guangzhou	1533	132854	97.4	140265	847524	46642	38954
深 圳	Shenzhen	376	55017	92.0	88203	469684	23382	17920
珠 海	Zhuhai	154	18084	96.8	19822	116600	5866	4940
汕 头	Shantou	860	101642	94.1	130211	725548	24701	21802
佛 山	Foshan	584	66466	98.9	67345	408199	19460	17126
韶 关	Shaoguan	1005	60317	99.6	51241	320405	17690	15825
河 源	Heyuan	1443	59288	99.4	63105	371137	18189	16001
梅 州	Meizhou	2101	97079	100.0	84877	545772	26391	23291
惠 州	Huizhou	1154	57435	99.8	67095	391082	20827	18861
汕 尾	Shanwei	801	60261	96.6	73992	417477	17999	15525
东 莞	Dongguan	525	45599	88.6	71476	386890	15492	12490
中 山	Zhongshan	281	31645	100.0	33769	192052	7925	6620
江 门	Jiangmen	1030	72096	98.3	63022	404697	16005	14609
阳 江	Yangjiang	795	51025	100.0	45494	300450	15862	14677
湛 江	Zhanjiang	2274	167848	96.9	182472	1071409	39622	34457
茂 名	Maoming	2031	149824	95.6	148981	923788	33747	30625
肇 庆	Zhaoqing	1445	71380	99.0	70986	411188	19198	17134
清 远	Qingyuan	1413	76516	99.1	70712	436411	21135	18736
潮 州	Chaozhou	742	48358	98.5	49049	294711	12140	10424
揭 阳	Jieyang	1364	110175	99.3	154194	891845	31312	27082
云 浮	Yunfu	881	53840	98.8	53603	326837	13428	12163

18-11 各市学龄儿童入学情况

STATISTICS ON SCHOOL AGE CHILDREN ENROLLED IN SCHOOLS BY CITY

市 别 City		2002			2003		
		学龄儿童人数（人）School-age Children (person)	已入学人数（人）School-age Children Enrolled in Schools (person)	入学率（%）Enrollment Rate (%)	学龄儿童人数（人）School-age Children (person)	已入学人数（人）School-age Children Enrolled in Schools (person)	入学率（%）Enrollment Rate (%)
广 州	Guangzhou	715926	713827	99.7	757848	752176	99.3
深 圳	Shenzhen	365584	365584	100.0	404667	404667	100.0
珠 海	Zhuhai	105130	104819	99.7	104323	103960	99.7
汕 头	Shantou	653595	650742	99.6	691368	682239	98.7
佛 山	Foshan	382146	382126	100.0	377171	376743	99.9
韶 关	Shaoguan	320370	316533	98.8	303906	301095	99.1
河 源	Heyuan	358961	357385	99.6	366274	361205	98.6
梅 州	Meizhou	542177	541342	99.8	542429	542022	99.9
惠 州	Huizhou	354164	353560	99.8	383748	383400	99.9
汕 尾	Shanwei	392220	390020	99.4	411032	407804	99.2
东 莞	Dongguan	310082	310082	100.0	339723	339723	100.0
中 山	Zhongshan	176243	176243	100.0	176196	176196	100.0
江 门	Jiangmen	406470	406438	100.0	397388	397352	100.0
阳 江	Yangjiang	302591	300038	99.2	298544	298045	99.8
湛 江	Zhanjiang	1052439	1045497	99.3	1038746	1036153	99.8
茂 名	Maoming	918607	917906	99.9	919760	917172	99.7
肇 庆	Zhaoqing	411045	409835	99.7	408856	408169	99.8
清 远	Qingyuan	432349	429096	99.2	430713	427852	99.3
潮 州	Chaozhou	275445	275157	99.9	284346	279814	98.4
揭 阳	Jieyang	680124	677322	99.6	889847	885784	99.5
云 浮	Yunfu	326328	325547	99.8	327667	326146	99.5

18-12 科技活动基本情况

BASIC STATISTICS ON NATIONAL SCIENTIFIC AND TECHNOLOGICAL ACTIVITIES

指标	Item	1990	1995	2000	2002	2003
统计单位数（个）	**Number of Statistical Units (unit)**	**1589**	**2600**	**6246**	**10135**	**10417**
科学研究与技术开发机构	Scientific Research and Technological Development Institutions	491	481	447	225	211
全日制普通高等学校	Full-time Regular Institutions of Higher Education	48	77	58	89	129
大中型工业企业	Large and Medium-sized Industrial Enterprises	1036	1748	2058	2412	2677
其　他	Others	14	294	3683	7409	7400
科技活动机构数（个）	**Number of Scientific and Technological Research Institutions (unit)**	**993**	**1685**	**2566**	**2527**	**2491**
科学研究与技术开发机构	Scientific Research and Technological Development Institutions	491	481	445	272	211
全日制普通高等学校	Full-time Regular Institutions of Higher Education	88	440	343	398	429
大中型工业企业	Large and Medium-sized Industrial Enterprises	400	695	529	702	643
其　他	Others	14	69	1249	1155	1208
从事科技活动人员（人）	**Number of Persons Engaged in Scientific and Technological activities (person)**	**84576**	**105469**	**222073**	**267376**	**277576**
科学研究与技术开发机构	Scientific Research and Technological Development Institutions	29163	20750	14988	10518	11306
全日制普通高等学校	Full-time Regular Institutions of Higher Education	35186	45015	21034	33334	34772
大中型工业企业	Large and Medium-sized Industrial Enterprises	19795	35986	84408	104104	113072
其　他	Others	432	3718	101643	119420	118426
科技活动经费使用总额（万元）	**Expenditure of Scientific and Technological Research Funds (10000 yuan)**	**128233**	**398192**	**2146502**	**2913018**	**3323983**
科学研究与技术开发机构	Scientific Research and Technological Development Institutions	60584	165057	187091	204914	237884
全日制普通高等学校	Full-time Regular Institutions of Higher Education	4896	12163	56947	101549	124643
大中型工业企业	Large and Medium-sized Industrial Enterprises	61785	204684	1031661	1623896	1963037
其　他	Others	968	16288	870803	982659	998419
科技活动课题（项目）数（个）	**Number of Projects for Scientific and Technological Research (unit)**	**9488**	**16512**	**21355**	**27202**	**28991**
科学研究与技术开发机构	Scientific Research and Technological Development Institutions	3787	4189	3182	3088	3450
全日制普通高等学校	Full-time Regular Institutions of Higher Education	4132	6623	8617	12462	14339
大中型工业企业	Large and Medium-sized Industrial Enterprises	1569	5483	2444	2923	2555
其　他	Others		217	7112	8729	8647

注：1. 1990 年高校科技活动机构未包括经学校和非上级主管部门批准的部分，经费筹集额与课题均未包括县属科学研究与技术开发机构部分。
2. 1995 年及以前只包括四大科技主体；2000 年及以后为全社会口径；大中型工业企业项目数为立项经费在 10 万元及以上项目。

Note：a) In 1990, the number of scientific and technological research institutions in institutions of higher education excluded the part approved by the institutions and non-higher authorities, and the figures of both research funds and subjects excluded the part of the scientific research and technological development institutions under the jurisdiction of counties.

b) In 1995 and prior to it, only four scientific and technological principals were included, whereas the data of 2000 the statistical coverage of the whole society. The number of projects in large and medium-sized industrial enterprises refer to those projects with planned expenditure at 100000 yuan and above.

18-13 国有企业、事业单位专业技术人员年末人数

NUMBER OF SCIENTIFIC AND TECHNICAL PERSONNEL IN STATE-OWNED ENTERPRISES AND INSTITUTIONS AT THE YEAR-END

单位：人 (person)

年份 Year	专业技术人员 Scientific and Technical Personnel	工程技术人员 Engineering	农业技术人员 Agriculture	卫生技术人员 Health Care	科学研究人员 Scientific Research	教学人员 Teaching
1952	10937	2203	965	7746		23
1957	33580	8544	7732	14487	2	2815
1962	70433	23348	12613	24442	449	7763
1965	72738	23779	12746	25486	765	8318
1971	138188	33865	11849	32355	3297	53356
1975	167716	40232	14567	44360	1996	62809
1978	211149	48836	16017	53068	7852	80287
1979	211117	48641	16975	53155	7277	79748
1980	291939	56144	18176	61445	7356	86192
1981	303892	60071	19017	63536	6763	97109
1982	328455	70699	19431	69056	7822	102178
1983	360527	85327	21636	74183	5744	109210
1984	389206	89348	22505	79806	5573	120016
1985	426491	102506	23030	86174	6431	133013
1986	619877	108210	23854	89545	6368	313009
1987	664085	118601	23553	93553	6231	333245
1988	674085	119167	19478	85092	4904	313419
1989	810130	137803	20644	90751	5986	364965
1990	838403	145535	21194	92912	5731	379894
1991	814651	140906	13050	93141	4810	398276
1992	883821	149916	13749	104334	4566	412681
1993	957725	163440	14246	117959	4388	434036
1994	1017804	174960	14670	128079	4118	460702
1995	1077848	180530	15219	134586	4425	511418
1996	1167583	186156	15449	147155	4610	573934
1997	1223897	191954	15779	156889	4443	613121
1998	1262343	190486	15703	165721	4413	649873
1999	1291078	184304	15660	171461	4585	677110
2000	1297804	180223	15083	175521	4705	696005
2001	1285708	168354	14151	181703	4467	710967
2002	1274140	160458	13386	184192	4425	721719
2003	1264983	135621	12575	202548	4918	734721

注：本表未包中央驻粤单位专业技术人员数。
Note: The data in this table do not include the scientific and technical personnel from the central units in Guangdong.

18-14 国有企业、事业单位各行业专业技术人员年末数（2003 年）

NUMBER OF SCIENTIFIC AND TECHNICAL PERSONNEL IN STATE-OWNED ENTERPRISES AND INSTITUTIONS AT THE YEAR-END BY SECTOR（2003）

单位：人 (person)

		专业技术人员 Scientific and Technical Personnel	#工程技术人员 Engineering	#农业技术人员 Agriculture	#卫生技术人员 Health Care	#科学研究人员 Scientific Research	#教学人员 Teaching
总　计	**Total**	**1264983**	**135621**	**12575**	**202548**	**4918**	**734721**
农、林、牧、渔业	Farming, Forestry, Animal Husbandry and Fishery	29734	6443	10930	1169	82	1298
采矿业	Mining and Quarrying	5747	1877	19	715		695
制造业	Manufacturing	55019	29434	106	1496	41	1213
电力、燃气及水的生产和供应业	Production and Supply of Electricity, Gas and Water	14820	9992	16	181	2	250
建筑业	Construction	27422	19093	1	430	1	242
交通运输、仓储和邮政业	Transport, Storage and Postal Services	34339	13477	120	1166	48	1226
信息传输、计算机服务和软件业	Information Transmission, Computer Services and Software	2376	1794		7	12	23
批发和零售业	Wholesale and Retail Trade	29667	3261	399	1875	3	186
住宿和餐饮业	Hotels and Catering Services	1826	391	17	58	1	22
金融业	Finance	18115	929	2	9	421	33
房地产业	Real Estate	7662	3490	10	49	4	117
租赁和商务服务业	Leasing and Business Services	7180	2113	48	69	14	85
科学研究、技术服务和地质勘查业	Scientific Research, Technical Services and Geological Prospecting	20473	14483	308	689	1368	311
水利、环境和公共设施管理业	Water Conservancy, Environment and Public Facilities Management	17747	12675	236	182	14	143
居民服务和其他服务业	Resident Services and Other Services	9970	2738	78	442	6	270
教育	Education	729623	2673	165	2823	2409	713571
卫生、社会保障和社会福利业	Health Care, Social Security and Social Welfare	205753	2321	37	190686	351	2454
文化、体育和娱乐业	Culture, Sports and Recreation	38918	4247	20	271	126	12481
公共管理和社会组织	Public Administration and Social Organizations						
其他行业	Others	8592	4190	63	231	15	101

注：本表未包中央驻粤单位专业技术人员数。
Note: The data in this table do not include the scientific and technical personnel from the central units in Guangdong.

18-15 国有企业、事业单位平均每万职工专业技术人员数
NUMBER OF SCIENTIFIC AND TECHNICAL PERSONNEL IN STATE-OWNED ENTERPRISES AND INSTITUTIONS PER 10000 STAFF AND WORKERS

单位：人 (person)

项　目	Item	1990	1995	2000	2002	2003
专业技术人员	Scientific and Technological Personnel	1587.5	2222.73	3289.86	3762.38	3878.95
#工程技术人员	Engineering	275.57	371.70	456.86	473.81	415.87
农业技术人员	Agriculture	40.13	31.33	38.23	39.53	38.56
卫生技术人员	Health Care	175.93	277.10	444.94	543.90	621.09
科学研究人员	Scientific Research	10.85	9.11	11.93	13.07	15.08
教学人员	Teaching	719.32	1052.96	1764.33	2131.14	2252.95

注：本表未包中央驻粤单位专业技术人员数。
Note: The data in this table do not include the scientific and technical personnel from the central units in Guangdong.

18-16 高层次人才情况
STATISTICS ON HIGH-LEVEL TALENTS

单位：人 (person)

项　目	Item	2000	2001	2002	2003
院士人数	Number of Academicians	41	43	44	46
享受国家津贴的人数	Number of Persons Granted State Allowances	164	97		
高级职称批准人数	Number of Persons with Senior Professional Titles	6111	7260	8579	11278
博士后招收人数	Number of Persons in Working Stations for Post-doctoral Research	163	180	240	280
博士生情况	Status of Doctorate Students				
招生数	Number of New Entrants	1053	1358	1613	2124
在学生	Number of Enrolled Students	2558	3436	4284	5541
毕业生	Number of Graduates	417	1038	578	777

18-17 科技成果项数
NUMBER ON ACHIEVEMENTS FOR SCIENTIFIC AND TECHNOLOGICAL RESEARCH

单位：项 (item)

项　目	Item	1980	1990	1995	2000	2002	2003
一、国家级科技奖励成果	**National Prize for Scientific and Technological Research Achievements**	**3**	**21**	**27**	**24**	**13**	**14**
国家发明奖	National Invention Prize		4	3		1	2
国家自然科学奖	National Natural Sciences Prize		2	4			
国家科技进步奖	National Scientific and Technological Progress Prize		15	20	24	12	12
二、省级重大科技成果	**Major Scientific and Technological Achievements Reached Province Level**		**718**	**323**	**746**	**622**	**668**
三、省级科技奖励成果	**Provincial Prize for Scientific and Technological Achievements**	**147**	**165**	**236**	**265**	**237**	**268**
1. 省科技进步奖	Provincial Scientific and Technological Progress Prize	147	115	213	265	237	268
农业方面	Agriculture	25	21	40	46	28	34
工业方面	Industry	102	75	101	113	95	119
医药卫生方面	Medicine And Health Care	20	12	41	72	67	74
其　他	Others		7	31	34	47	41
2. 省自然科学奖	Provincial Natural Sciences Prize		17	23			
3. 省星火奖	Provincial Spark Prize		33				

18-18 县级以上政府部门属研究与开发机构基本情况

BASIC STATISTICS ON RESEARCH AND DEVELOPMENT INSTITUTIONS AT AND ABOVE COUNTY LEVEL

项　　目	Item	1990	1995	2000	2002	2003
总　计	**Total**					
机构数（个）	Number of Institution (unit)	294	298	296	225	207
职工总数（人）	Number of Staff and Workers (person)	32291	27367	24926	15578	14579
#科学家工程师	Scientists and Enginieers	13454	11937	9582	6626	6291
其他科技人员（人）	Other Scientific and Technological Personnel (person)	5989	5812	4081	2391	
经费收入（万元）	Funds (10000 yuan)	66785	201834	358844	301834	346771
#政府拨款	Government Appropriations	20025	35364	98386	125593	146535
经费支出（万元）	Expenditure (10000 yuan)	56522	190944	330098	274990	316315
资产购建支出（万元）	Expenditure for Purchase of Assets (10000 yuan)	7588	15614	36382	30125	33442
一、自然科学及技术领域	**Natural Sciences and Technology**					
机构数（个）	Number of Institution (unit)	267	271	263	192	176
职工总数（人）	Number of Staff and Workers (person)	31067	26234	23623	14331	13360
#科学家工程师	Scientist and Enginieer	12722	11189	8763	5858	5567
其他科技人员（人）	Other Scientific-Technological Personnel (person)	5707	5579	3844	2168	—
经费收入（万元）	Funds (10000 yuan)	64917	196728	345582	279320	316530
#政府拨款	Government Appropriations	18892	32083	89595	111240	126683
经费支出（万元）	Expenditure (10000 yuan)	54842	186095	317219	257388	294975
资产购建支出（万元）	Expenditure for Purchase of Assets (10000 yuan)	6774	15379	34037	28961	30812
二、社会及人文科学领域	**Social Sciences and Humanities**					
机构数（个）	Number of Institution (unit)	13	13	16	17	15
职工总数（人）	Number of Staff and Workers (person)	679	692	780	787	757
#科学家工程师	Scientist and Enginieer	445	486	538	494	428
其他科技人员（人）	Other Scientific-Technological Personnel (person)	150	139	106	126	—
经费收入（万元）	Funds (10000 yuan)	904	2372	6906	11754	15702
#政府拨款	Government Appropriations	959	2137	5908	9321	13448
经费支出（万元）	Expenditure (10000 yuan)	756	2332	6897	8855	10134
资产购建支出（万元）	Expenditure for Purchase of Assets (10000 yuan)	814	235	1769	637	498
三、科技情报和文献机构	**Scientific-Technological Information and Literature Institution**					
机构数（个）	Number of Institution (unit)	14	14	17	16	16
职工总数（人）	Number of Staff and Workers (person)	545	441	523	460	462
#科学家工程师	Scientist and Enginieer	287	262	281	274	296
其他科技人员（人）	Other Scientific-Technological Personnel (person)	132	94	131	97	
经费收入（万元）	Funds (10000 yuan)	964	2734	6356	10760	14539
#政府拨款	Government Appropriations	538	1144	2883	5032	6404
经费支出（万元）	Expenditure (10000 yuan)	924	2517	5982	8747	11206
资产购建支出（万元）	Investment in Capital Construction Actually Completed (10000 yuan)			576	527	2132

18-19 县级政府部门属研究与开发机构基本情况

BASIC STATISTICS ON RESEARCH AND DEVELOPMENT INSTITUTIONS UNDER THE JURISDICTION OF COUNTY GOVERNMENT

项　　目	Item	1990	1995	2000	2002	2003
机构数（个）	Number of Institution (unit)	211	192	183	177	171
职工总数（人）	Number of Staff and Workers (person)	6315	5234	4379	4107	3714
#科学家工程师	Scientists and Enginieers	361	403	359	396	321
其他科技人员（人）	Other Scientific and Technological Personnel (person)	1062	963	844	745	
经费收入（万元）	Funds (10000 yuan)	4062	11976	13409	12822	14019
#来自政府的经费	Government Appropriations	1281	3149	5426	5392	6103

18-20 各市县级及以上政府部门属研究与开发机构基本情况（2003 年）

BASIC STATISTICS ON RESEARCH AND DEVELOPMENT INSTITUTIONS AT AND ABOVE COUNTY LEVEL BY CITY (2003)

市别 City	机构数（个）Number of Institutions (unit)	从业人员（人）Number of Employed Persons (person)	#科学家工程师 #Scientists and Engineers	经费收入（万元）Funds (10000 yuan)	#政府拨款 Government Appropriations	经费支出（万元）Expenditure (10000 yuan)	资产购建支出（万元）Expenditure for Purchase of Assets (10000 yuan)
全省合计 Total	**378**	**18293**	**6612**	**360789**	**152639**	**329815**	**35107**
广州市 Guangzhou	121	11268	5437	318432	130282	292410	32208
深圳市 Shenzhen	6	110	63	2269	2077	2364	131
珠海市 Zhuhai	8	339	63	6183	2347	3750	784
汕头市 Shantou	15	747	173	5246	2278	4996	189
佛山市 Foshan	17	373	75	2788	2121	2527	118
韶关市 Shaoguan	27	554	96	2931	1027	2735	120
河源市 Heyuan	4	50	11	67	35	60	4
梅州市 Meizhou	9	333	51	1023	825	1122	55
惠州市 Huizhou	20	595	70	2179	1154	2280	272
汕尾市 Shanwei	19	455	37	597	347	587	1
东莞市 Dongguan	10	325	53	3089	1624	2862	132
中山市 Zhongshan	10	185	38	1641	752	1284	14
江门市 Jiangmen	19	403	47	1622	556	1545	146
阳江市 Yangjiang	18	343	27	2139	574	2140	34
湛江市 Zhanjiang	20	1030	201	6667	4119	5491	614
茂名市 Maoming	20	372	70	1227	681	1109	102
肇庆市 Zhaoqing	24	495	59	1585	1027	1547	38
清远市 Qingyuan	4	74	10	200	81	184	20
潮州市 Chaozhou	2	102	12	520	456	422	118
揭阳市 Jieyang	3	92	16	251	174	258	6
云浮市 Yunfu	2	48	3	134	102	143	0

注：本表统计范围不含已转制的科研机构。

Note: The statistical coverage of this table excludes the scientific and technological institutions reorganized.

18-21 高等院校研究与发展人员及经费

RESEARCH AND DEVELOPMENT PERSONNEL AND EXPENDITURE OF HIGHER EDUCATION

项目	Item	1990	1995	2000	2002	2003
研究与发展人员总数（人）	Number of Research and Development Personnel (person)	12163	15858	9056	10310	15003
#科学家工程师	Scientists and Engineers	11420	15006	8731	9729	14415
其他科技人员（人）	Other Scientific and Technological Personnel (person)	482	561			2922
当年拨入研究与发展课题费（万元）	Government Appropriations for Research and Development Projects in Current Year (10000 yuan)	5750	6624	32574	47386	46824
研究发展经费内部支出（万元）	Intramural Expenditure for Research and Development (10000 yuan)	4896	6106	36656	50428	27403. 3

注：1. 当年拨入研究与发展经费不包括上年结转经费。研究与发展经费内部支出不包括转拨外单位经费。

2. 2000 年及以后的人员指标为折合全时人员，单位是“人年”。

Note: a) The figures of government appropriations in current year exclude the balance carried forward from last year. The intramural expenditure for research and development excludes the appropriations for external units.

b) The number of personnel of 2000, 2001 and 2002 refer to the personnel with a total 12 months of annual working time (person-time).

18-22 三种专利申请受理量与批准量
THREE TYPES OF PATENT APPLICATIONS EXAMINED AND GRANTED

单位：件 (item)

项　　目	Item	1985	1990	1995	2000	2002	2003
一、受理量	**Number of Patent Applications Examined**	**286**	**1947**	**7729**	**21123**	**34339**	**43186**
发明	Inventions	128	231	463	1760	3806	6181
实用新型	Utility Models	136	1000	2367	6033	9972	12985
外观设计	Designs	22	716	4899	13330	20561	24020
二、批准量	**Number of Patent Applications Granted**	**1**	**889**	**4611**	**15799**	**22760**	**29235**
发明	Inventions		40	57	261	351	953
实用新型	Utility Models	1	571	1446	4797	6396	7921
外观设计	Designs		278	3108	10741	16013	20361

18-23 各类技术合同签订情况
STATISTICS ON TECHNICAL CONTRACTS SIGNED BY TYPE

项　　目	Item	1990	1995	2000	2002	2003
一、技术合同项目数　（项）	**Number of Technical Contract　(item)**	**5813**	**5098**	**5464**	**8265**	**11924**
技术开发合同	Contract of Technical Development	2050	547	921	1803	3291
技术咨询合同	Contract of Technical Advisory	462	299	572	789	1057
技术转让合同	Contract of Technical Transfer	260	515	297	844	974
技术服务合同	Contract of Technical Service	3041	3737	3674	4829	6602
二、技术合同金额　（万元）	**Amount of Technical Contract　(10000 yuan)**	**20262**	**125972**	**482104**	**684532**	**805730**
技术开发合同	Contract of Technical Development	7290	46820	142107	176466	365336
技术咨询合同	Contract of Technical Advisory	1118	9109	12530	9532	25178
技术转让合同	Contract of Technical Transfer	3114	18396	110279	365280	336499
技术服务合同	Contract of Technical Service	8740	51647	217188	133254	78717

18-24 大中型工业企业技术开发基本情况
BASIC STATISTICS ON TECHNICAL DEVELOPMENT OF LARGE AND MEDIUM-SIZED INDUSTRIAL ENTERPRISES

项目	Item	1990	1995	2000	2002	2003
一、机构与人员 （个、人）	**Institutions and Personnel (unit, person)**					
有技术开发机构的企业数	Number of Enterprises Having Institutions for Technical Development	385	500	444	594	549
占全部大中型企业的比重 （%）	Percentage to Total Number of Large and Medium-sized Enterprises (%)	37. 2	28. 6	21. 6	24. 6	20. 5
技术开发机构数	Number of Technical Development Institutions	400	695	529	702	643
企业技术开发人员	Number of Technical Development Personnel Engaged in Enterprises	19795	35986	84408	104104	113072
#科学家和工程师	Scientists and Engineers	8057	15224	53357	72289	80266
技术开发机构中的人数	Number of Personnel in Technical Development Institutions	8186	15448	35495	52183	56181
#科学家和工程师	Scientists and Engineers	3725	8248	26808	40486	42443
二、经费收支 （万元）	**Funds and Expenditure (10000 yuan)**					
筹集总额	Total Funds of Technical Development	71968	234967	1125528	1536337	2034465
#上级拨款	Appropriations from Higher Authorities	1588	6134	24062	33466	35133
企业自筹	Funds Raised by Enterprises	37165	182256	946377	1307002	1688132
支出总额	Total Expenditure for Technical Development	61785	204684	1031661	1623896	1963037
#开发新产品用款	Expenditure for New Product Development	26738	105059	472822	760767	910712
技术开发经费支出占产品销售收入的比重 （%）	Percentage of Technical Development Expenditure to Sales Revenue (%)	0. 88	0. 71	1. 71	1. 79	1. 43
三、技术开发项目 （项）	**Technical Development Projects (item)**					
项目数合计	Number of Technical Development Projects	1569	5483	8464	12192	12996
#研究与试验发展项目	Planned by Higher Authorities	470	1950	4377	7309	8596
#新产品项目	Projects for New Product Development	774	3609	5563	8190	8337
项目当年投资 （万元）	Investment in Projects in Current Year (10000 yuan)	44447	157142	743249	1142744	1449236
项目参加人员（人）	Number of Projects Put into Production or Use	8630	31801	56938	74108	84626

注：1990 年统计的技术开发项目系累计支出达万元以上。
Note: The figures of technical development projects in 1990 referred to the projects with accumulative expenditure above 10000 yuan.

18-25 大型工业企业技术开发基本情况
BASIC STATISTICS ON TECHNICAL DEVELOPMENT OF LARGE-SIZED INDUSTRIAL ENTERPRISES

项　目	Item	1990	1995	2000	2002	2003
一、机构与人员　（个、人）	**Institutions and Personnel　(unit, person)**					
有技术开发机构的企业数	Number of Enterprises Having Institutions for Technical Development	116	216	223	295	68
占全部大中型企业的比重　（%）	Percentage to Total Number of Large and Medium-sized Enterprises　(%)	42	41. 2	27. 4	32. 0	41. 5
技术开发机构数	Number of Technical Development Institutions	121	318	279	369	108
企业技术开发人员	Number of Technical Development Personnel Engaged in Enterprises	8917	20132	59209	75918	53843
#科学家和工程师	Scientists and Engineers	3742	9562	36869	55175	41695
技术开发机构中的人数	Number of Personnel in Technical Development Institutions	3924	9662	24184	38732	27819
#科学家和工程师	Scientists and Engineers	1742	5403	18425	31451	23780
二、经费收支　（万元）	**Funds and Expenditure　(10000 yuan)**					
筹集总额	Total Funds of Technical Development	38186	155816	810396	1272390	1220320
#上级拨款	Appropriations from Higher Authorities	812	4583	17473	24176	8859
企业自筹	Funds Raised by Enterprises	17776	130136	708955	1067928	1013519
支出总额	Total Expenditure for Technical Development	31424	151167	741530	1368856	1253929
#开发新产品用款	Expenditure for New Product Development	17104	69034	346264	623650	598278
技术开发经费支出占产品销售收入的比重　（%）	Percentage of Technical Development Expenditure to Sales Revenue　(%)	0. 84	0. 77	1. 65	2. 00	2. 37
三、技术开发项目　（项）	**Technical Development Projects　(item)**					
项目数合计	Number of Technical Development Projects	595	3001	5049	7795	4681
#研究与试验发展项目	Planned by Higher Authorities	268	1501	2853	4831	3338
#新产品项目	Projects for New Product Development	287	1703	3055	4958	2920
项目当年投资　（万元）	Investment in Projects in Current Year　(10000 yuan)	23760	105923	558459	944064	923155
项目参加人员（人）	Number of Projects Put into Production or Use	3451	18906	37224	51751	39725

注：1990 年统计的技术开发项目系累计支出达万元以上。

Note: The figures of technical development projects in 1990 referred to the projects with accumulative expenditure above 10000 yuan.

18-26 各市大中型工业企业科技活动人员和经费（2003 年）

NUMBER OF PERSONNEL AND FUNDS FOR SCIENTIFIC AND TECHNOLOGICAL ACTIVITIES OF LARGE AND MEDIUM-SIZED INDUSTRIAL ENTERPRISES BY CITY (2003)

市别	City	科技活动人员（人）Number of Persons Engaged in Scientific and Technological Activities (person)	#科学家和工程师（人）Scientists and Engineers (person)	#研究与试验发展人员（人）Persons Engaged in Research and Development (person)	科技经费内部支出（万元）Intramural Expenditures for Scientific and Technological Activities (10000 yuan)	#研究与试验发展经费（万元）Expenditure for Research and Development (10000 yuan)	#新产品开发经费（万元）Expenditure for New Product Development (10000 yuan)
全　省	**Total**	**113072**	**80266**	**73740**	**1963037**	**1236315**	**910712**
广　州	Guangzhou	16345	9814	12934	191207	152499	111018
深　圳	Shenzhen	33239	29718	26047	863673	615406	450014
珠　海	Zhuhai	4541	3497	2698	134024	22194	13879
汕　头	Shantou	1112	864	575	14823	5535	7923
佛　山	Foshan	14001	10475	7993	232183	160308	107282
韶　关	Shaoguan	5864	2109	1480	48403	39347	3486
河　源	Heyuan	393	224	166	8070	5318	780
梅　州	Meizhou	299	192	268	9922	6592	111
惠　州	Huizhou	4998	3436	3087	159684	45199	104282
汕　尾	Shanwei	395	373	348	3299	3171	3219
东　莞	Dongguan	6222	3154	2864	50920	25847	19427
中　山	Zhongshan	5903	4077	4830	79702	64476	34685
江　门	Jiangmen	4492	2224	3443	69094	54210	25993
阳　江	Yangjiang	954	450	272	5440	1696	775
湛　江	Zhanjiang	1669	807	1140	12796	6946	6544
茂　名	Maoming	4835	4164	1737	22833	4052	2348
肇　庆	Zhaoqing	4468	2695	1899	28138	9500	9253
清　远	Qingyuan	505	269	299	2820	2058	2531
潮　州	Chaozhou	1726	926	717	14556	4485	4117
揭　阳	Jieyang	989	759	881	11114	7246	3030
云　浮	Yunfu	122	39	62	336	230	15

18-27 各市大中型工业企业新产品产出情况

STATISTICS ON NEW PRODUCTS OF LARGE ANG MEDIUM-SIZED INDUSTRIAL ENTERPRISES BY CITY

单位：万元　　(10000 yuan)

市别	City	2002			2003		
		新产品产值 Output Value of New Products	新产品销售收入 Sales Revenue of New Products	#出口 Exports	新产品产值 Output Value of New Products	新产品销售收入 Sales Revenue of New Products	#出口 Exports
全　省	**Total**	**12742074**	**11681009**	**3227594**	**20273127**	**20075977**	**6273549**
广　州	Guangzhou	2422849	2291238	198535	5510058	5514371	460541
深　圳	Shenzhen	3779316	3618936	1310019	6018646	6891560	2726163
珠　海	Zhuhai	646158	552166	52936	906017	691537	54819
汕　头	Shantou	126810	112371	59926	148182	137944	66337
佛　山	Foshan	2342687	1974155	491852	3193726	2724912	841688
韶　关	Shaoguan	62347	47770	13827	148107	167962	25639
河　源	Heyuan	16075	15748	30	54900	53000	3818
梅　州	Meizhou	65793	63843	633	88547	88480	435
惠　州	Huizhou	1874638	1724174	678537	2564477	2254640	1448532
汕　尾	Shanwei	6766	6656	6344	10134	10134	10037
东　莞	Dongguan	341634	300338	203405	338907	331228	266148
中　山	Zhongshan	234127	198276	84583	445661	364248	187964
江　门	Jiangmen	398072	363232	35924	477421	475103	42709
阳　江	Yangjiang	18641	17903	7088	17982	17597	9789
湛　江	Zhanjiang	108862	109703	4403	30139	31897	16617
茂　名	Maoming	76015	75845	592	40849	48023	114
肇　庆	Zhaoqing	105370	94679	29332	87911	88924	38058
清　远	Qingyuan	4212	4029	31	76962	69951	2981
潮　州	Chaozhou	63023	64258	37252	83796	84833	66707
揭　阳	Jieyang	41505	38824	12345	28845	27773	2593
云　浮	Yunfu	7174	6865		1860	1860	1860

18-28 高技术产业发展情况

STATISTICS ON DEVELOPMENT OF HIGH-TECH INDUSTRY

指 标	Item	1995	1999	2000	2001	2002	2003
企业数 （个）	Number of Enterprises (unit)	2267	1636	1707	1791	2013	2996
当年价总产值 （亿元）	Gross Output Value at Current Prices (100 million yuan)	965.36	2181.40	2713.48	3433.47	4532.33	6611.18
增加值 （亿元）	Value-added (100 million yuan)	216.99	504.70	677.77	759.79	998.68	1560.68
销售收入 （亿元）	Sales Revenue (100 million yuan)	937.09	2070.81	2623.81	3305.98	4359.79	6394.46
利润 （亿元）	Profits (100 million yuan)	34.77	100.40	143.10	144.68	173.57	292.42
利税 （亿元）	Pre-tax Profits (100 million yuan)	54.16	149.95	202.70	219.32	255.72	400.53
R&D 经费内部支出 （万元）	Internal Expenditures on R&D (10000 yuan)	17353	243913	319979	601710	633825	881069
科技活动人员 （人）	Number of Personnel Engaged in Scientific & Technological Activities (person)	8579	26798	28991	40856	42333	75092
科技活动人员中科学家和工程师 （人）	Scientists and Engineers Engaged in Scientific & Technological Activities (person)	4526	17537	23678	34187	34631	59923
科技活动经费筹集额 （万元）	Funds for Scientific & Technological Activities (10000 yuan)	63617	295081	501480	781643	903582	1508130
科技活动经费筹集额中政府资金 （万元）	Government Funds for Scientific & Technological Activities (10000 yuan)	1114	7569	11131	17867	15266	25889
科技活动经费筹集额中企业自筹 （万元）	Funds Self-raised by Enterprises for Scientific & Technological Activities (10000 yuan)	54242	260758	439426	665954	743615	1209594
科技活动经费筹集额中金融机构贷款 （万元）	Loans from Financial Institutions for Scientific & Technological Activities (10000 yuan)	7943	24346	42670	73955	106511	225348
科技活动经费内部支出 （万元）	Internal Expenditures on Scientific & Technological Activities (10000 yuan)	55670	273765	475977	794307	966052	1492548
科技活动经费内部支出中劳务费 （万元）	Labor Expenses on Scientific & Technological Activities (10000 yuan)	11027	98549	150825	262896	302629	479316
科技项目数 （项）	Number of Scientific & Technological Projects (item)	1359	1714	2635	3229	3582	7661
新产品开发经费支出 （万元）	Expenditures on New Product Development (10000 yuan)	29406	246802	278654	395606	492617	657561
新产品产值 （万元）	Output Value of New Products (10000 yuan)		4507189	5001517	5239021	5946028	11274280
新产品销售收入 （万元）	Sales Revenue of New Products (10000 yuan)	977291	3724854	4726973	5041954	5572067	11470132
专利申请数 （件）	Number of Patent Applications (unit)	154	432	922	1327	2254	3304
技术改造经费支出 （万元）	Expenditures on Technical Innovation (10000 yuan)	38310	182055	110504	134231	114951	197492
技术引进经费支出 （万元）	Expenditures on Imports of Technology (10000 yuan)	11588	59944	68671	116890	133966	159192
消化吸收经费支出 （万元）	Expenditures on Digestion and Assimilation of Technology (10000 yuan)	1172	6303	5972	9402	4490	7784
购买国内技术经费支出 （万元）	Expenditures on Purchase of Domestic Technologies (10000 yuan)	519	4524	1329	2980	6146	7690
科技机构数 （人）	Number of Scientific & Technological Institutions (person)	176	204	168	210	213	367

18-28 **续表** continued

指 标 Item	1995	1999	2000	2001	2002	2003
科技机构科技活动人员 （人） Number of Personnel Engaged in Scientific & Technological Activities in Scientific & Technological Institutions (person)	4579	12883	20702	29060	29784	37859
科技机构科技活动经费内部支出 （万元） Internal Expenditures on Scientific & Technological Activities in Scientific & Technological Institutions (10000 yuan)	28525	218160	307542	538885	586680	761041
从业人员年平均人数 （人） Annual Average Number of Employed Persons (person)	535540	716444	811332	873136	1028137	1360257
工程技术人员 （人） Number of Engineering Technical Personnel (person)	19913	42622	48480	67570	67125	119725
基本建设施工项目 （项） Number of Capital Construction Projects under Construction (item)		113	149	220	267	389
基本建设新开工项目 （项） Number of Newly Started Capital Construction Projects (item)		55	86	123	130	216
基本建设全部建成或投产项目 （项） Number of Capital Construction Projects Completed or Put into Production (item)		49	67	63	74	66
基本建设项目建成投产率 （%） Percentage of Capital Construction Projects Completed or Put into Production to Total Capital Construction Projects (%)		43. 4	45. 0	28. 6	27. 7	17. 0
基本建设投资额 （亿元） Investment in Capital Construction (100 million yuan)		82. 65	86. 19	94. 18	135. 16	112. 97
基本建设新增固定资产（亿元） Newly Increased Fixed Assets in Capital Construction (100 million yuan)		66. 04	74. 39	45. 13	125. 56	57. 91
更新改造施工项目 （项） Number of Innovation Projects under Construction (item)		116	115	120	191	319
更新改造新开工项目 （项） Number of Newly Started Innovation Projects (item)		39	64	66	96	132
更新改造全部建成或投产项目 （项） Number of Innovation Completed or Put into Production (item)		54	67	44	51	84
更新改造项目建成投产率（%） Percentage of Innovation Projects Completed or Put into Production toTotal Innovation Projects (%)		46. 6	58. 3	36. 7	26. 7	26. 3
更新改造投资额 （亿元） Investment in Innovation (100 million yuan)		25. 96	22. 45	26. 74	37. 19	41. 35
更新改造新增固定资产（亿元） Newly Increased Fixed Assetsin Innovation (100 million yuan)		24. 84	22. 11	20. 11	24. 38	38. 46
出口交货值 （亿元） Value of Products for Export (100 million yuan)	528. 41	1034. 16	1371. 45	1942. 13	2735. 52	3975. 55
新产品出口销售收入 （万元） Sales Revenue of New Products for Export (10000 yuan)	361026	1396897	1911396	2444642	1986753	5169351

18-29 高技术产业基本情况（2003 年）

指标		Item		合计 Total	信息化学品制造 Information Chemical Manufacturing
企业数	（个）	Number of Enterprises	(unit)	2996	55
当年价总产值	（亿元）	Gross Output Value at Current Prices	(100 million yuan)	6611.18	27.34
增加值	（亿元）	Value-added	(100 million yuan)	1560.68	8.64
销售收入	（亿元）	Sales Revenue	(100 million yuan)	6394.46	25.38
利润	（亿元）	Profits	(100 million yuan)	292.42	3.89
利税	（亿元）	Pre-tax Profits	(100 million yuan)	400.53	5.59
R&D 经费内部支出	（万元）	Internal Expenditures on R&D	(10000 yuan)	881069	730
科技活动人员	（人）	Number of Personnel Engaged in Scientific & Technological Activities	(person)	75092	244
科技活动人员中科学家和工程师	（人）	Scientists and Engineers Engaged in Scientific & Technological Activities	(person)	59923	114
科技活动经费筹集额	（万元）	Funds for Scientific & Technological Activities	(10000 yuan)	1508130	1734
科技活动经费筹集额中政府资金	（万元）	Government Funds for Scientific & Technological Activities	(10000 yuan)	25889	50
科技活动经费筹集额中企业自筹	（万元）	Funds Self-raised by Enterprises for Scientific & Technological Activities	(10000 yuan)	1209594	1184
科技活动经费筹集额中金融机构贷款	（万元）	Loans from Financial Institutions for Scientific & Technological Activities	(10000 yuan)	225348	480
科技活动经费内部支出	（万元）	Internal Expenditures on Scientific & Technological Activities	(10000 yuan)	1492548	1428
科技活动经费内部支出中劳务费	（万元）	Labor Expenses on Scientific & Technological Activities	(10000 yuan)	479316	443
科技项目数	（项）	Number of Scientific & Technological Projects	(item)	7661	169
新产品开发经费支出	（万元）	Expenditures on New Product Development	(10000 yuan)	657561	880
新产品产值	（万元）	Output Value of New Products	(10000 yuan)	11274280	9863
新产品销售收入	（万元）	Sales Revenue of New Products	(10000 yuan)	11470132	7797
专利申请数	（件）	Number of Patent Applications	(unit)	3304	7
技术改造经费支出	（万元）	Expenditures on Technical Innovation	(10000 yuan)	197492	131
技术引进经费支出	（万元）	Expenditures on Imports of Technology	(10000 yuan)	159192	101
消化吸收经费支出	（万元）	Expenditures on Digestion and Assimilation of Technology	(10000 yuan)	7784	
购买国内技术经费支出	（万元）	Expenditures on Purchase of Domestic Technologies	(10000 yuan)	7690	10
科技机构数	（人）	Number of Scientific & Technological Institutions	(person)	367	3
科技机构科技活动人员	（人）	Number of Personnel Engaged in Scientific & Technological Activities in Scientific & Technological Institutions	(person)	37859	15
科技机构科技活动经费内部支出	（万元）	Internal Expenditures on Scientific & Technological Activities in Scientific & Technological Institutions	(10000 yuan)	761041	194
从业人员年平均人数	（人）	Annual Average Number of Employed Persons	(person)	1360257	10756
工程技术人员	（人）	Number of Engineering Technical Personnel	(person)	119725	778
基本建设施工项目	（项）	Number of Capital Construction Projects under Construction	(item)	389	4
基本建设新开工项目	（项）	Number of Newly Started Capital Construction Projects	(item)	216	3
基本建设全部建成或投产项目	（项）	Number of Capital Construction Projects Completed or Put into Production	(item)	66	2
基本建设项目建成投产率	（%）	Percentage of Capital Construction Projects Completed or Put into Production to Total Capital Construction Projects	(%)	17.0	50
基本建设投资额	（亿元）	Investment in Capital Construction	(100 million yuan)	112.97	1.49
基本建设新增固定资产	（亿元）	Newly Increased Fixed Assets in Capital Construction	(100 million yuan)	57.91	0.92
更新改造施工项目	（项）	Number of Innovation Projects under Construction	(item)	319	1
更新改造新开工项目	（项）	Number of Newly Started Innovation Projects	(item)	132	1
更新改造全部建成或投产项目	（项）	Number of Innovation Completed or Put into Production	(item)	84	1
更新改造项目建成投产率	（%）	Percentage of Innovation Projects Completed or Put into Production to Total Innovation Projects	(%)	26.3	100
更新改造投资额	（亿元）	Investment in Innovation	(100 million yuan)	41.35	0.48
更新改造新增固定资产	（亿元）	Newly Increased Fixed Assets in Innovation	(100 million yuan)	38.46	0.47
出口交货值	（亿元）	Value of Products for Export	(100 million yuan)	3975.55	6.10
新产品出口销售收入	（万元）	Sales Revenue of New Products for Export	(10000 yuan)	5169351	3852

BASIC STATISTICS ON HIGH-TECH INDUSTRIES (2003)

医药制造业 Medical and Pharmaceutical Manufacturing	航空航天器制造业 Aerospacecraft Manufacturing	电子及通信设备制造业 Electronic and Telecommunications Equipment Manufacturing	电子计算机及办公设备制造业 Electronic Computer and Office Equipment Manufacturing	医疗设备及仪器仪表制造业 Medical Equipment, Instrument, and Meter Manufacturing	公共软件服务业 Public Software Services
280	2	1528	300	170	661
246.56	6.59	3548.45	2688.96	93.28	
87.42	3.30	988.54	447.62	25.16	
209.59	6.76	3360.62	2679.34	89.12	23.65
21.71	-0.85	184.91	71.46	7.08	4.22
38.36	-0.12	261.33	85.24	10.13	
43756		682575	60419	8096	85493
4694		46202	8043	1414	14495
2801		38670	5736	874	11728
80582		999410	235236	10439	180729
3705		14898	1133	245	5858
66790		785376	214240	9263	132741
9256		172313	13509	876	28914
64141		1062521	208276	9982	146200
13851		361543	29851	4323	69305
715		4180	456	191	1950
31017		562572	54952	8140	
151503		8496668	2599515	16731	
135560		8768124	2542955	15696	
156		2624	281	92	144
32457		127585	35168	2151	
14041		103121	41349	580	
1150		3157	3427	50	
3520		3891	99	170	
91		215	44	14	
2196		31941	3217	490	
39583		591414	126536	3314	
73897	2678	892901	307994	46041	25990
9011	1799	75491	15712	2833	14101
78	1	225	47	29	5
47		129	22	13	2
11	1	38	10	4	
14.1	100.0	16.9	21.3	13.8	0.0
13.11	1.14	72.73	17.78	2.30	4.42
5.18	1.68	35.28	13.81	0.98	0.06
92		167	34	18	7
39		73	10	5	4
42		33	4	1	3
45.7		19.8	11.8	5.6	42.9
8.92		25.19	5.49	1.16	0.12
6.68		26.49	3.84	0.89	0.09
9.77	1.07	1809.64	2102.79	46.18	
287		2883059	2281231	922	

18-30 科协机构及活动情况
BASIC STATISTICS ON SCIENTIFIC AND TECHNOLOGICAL ACTIVITIES OF ASSOCIATIONS FOR SCIENCE AND TECHNOLOGY

项目	Item	1990	1995	2000	2002	2003
一、科协机构 （个）	**Number of Associations for Science & Technology (unit)**	**194**	**321**	**357**	**188**	**203**
省科协	Provincial Associations	1	1	1	1	1
市科协	City Associations	18	21	21	21	21
县（市、区）科协	County (County-level City, District) Associations	77	116	123	123	141
厂矿科协	Associations of Factory and Mine	98	183	212	43	40
二、各级学会及研究会 （个）	**Number of Learned Societies and Research Societies (unit)**	**2829**	**4387**	**3780**	**3487**	**2790**
省级学会	Provincial Learned Societies	132	150	146	147	151
市级学会	City Learned Societies	718	963	734	812	828
农村专业技术协会	Rural Special Technological Societies	1979	3274	2900	2528	1811
三、各级学会及农技协会员 （人）	**Member of Learned Societies and Research Societies (person)**	**345234**	**537525**	**704094**	**619472**	**429229**
省级学会会员	Member of Provincial Societies	151129	173526	203861	197826	19688
市级学会会员	Member of City Societies	141585	259894	276546	332187	307492
农村专业技术协会会员	Member of Rural Special Technological Societies	52520	104105	223687	89459	102049
四、科协活动开展情况	**Activities of Associations for Science and Technology**					
引进推广重大技术项目 （项）	Number of Major Technical Projects Introduced and Spread (item)			2212		
完成各类合同和无偿咨询项目 （项）	Number of Contracts and Free Consultative Projects Completed (item)	2546	18637	12553	3573	2904
举办各类学术交流会 （次）	Number of Academic Meetings Held (time)	1585	2129	4769	1258	1843
接待国外来访 （次）	Receiving Foreign Visitors (time)	591	440	511	6	80
科技考察 （人次）	Scientific and Technological Investigation (person-time)	478	10998	993		501
举办科技科普展览 （次）	Number of Exhibition for Popular Science (time)	836	3601	2258	1445	55
举办科普讲座 （次）	Number of Lectures for Popular Science (time)	17453	13365	12014	4213	4294
青少年科技竞赛 （次）	Project of Teenagers Participating in Scientific and Technological Competition Prize Awarded (time)	4247	896	1286	21	21
五、参加科协各类活动人次 （人次）	**Number of Participants in Activities of AST (person-time)**	**6344088**	**4976747**	**8367629**		**4360290**
参加各类学术交流会	Number of Participants in Academic Meetings	95821	80247	505235		237250
参加各类科技培训	Number of Participants in Training Programs	369151	33600	654742		400585
参加各类科普活动	Number of Participants in Activities of Popular Science	5879116	4862900	7207652		3722455
六、出版各类学术刊物、科普读物 （种）	**Publications of Academic Journals and Popular Science Readings (kind)**	**581**	**451**	**582**	**212**	
各类学术刊物、科普读物发行量 （万册、万份）	Number of Academic Journals and Popular Science Readings Issued (10000 copies)	666	973	562	302	4008

18-31 文化艺术、文物事业机构数
NUMBER OF INSTITUTIONS IN CULTURE, ART AND CULTURAL RELICS

单位：个 (unit)

年份 Year	电影放映单位 Film Projection Units	艺术表演团体 Art Performance Troupes	文化馆 Cultural Centers	公共图书馆 Public Libraries	博物馆 Museums	档案馆 Archives
1949	60	6		7	1	
1952	187	55	117	4	2	
1957	561	164	125	19	6	
1962	941	158	93	22	20	
1965	1065	151	118	38	28	
1970	1341	115	71	22	14	
1975	3293	158	113	68	24	
1978	6346	172	124	76	30	
1980	7375	195	113	97	26	
1985	6037	171	123	117	106	
1990	4024	130	113	103	106	138
1991	4041	122	110	104	107	147
1992	3917	125	113	108	108	150
1993	3974	126	115	110	108	148
1994	3750	132	116	111	111	156
1995	3668	134	115	114	113	155
1996	3670	136	115	115	114	157
1997	3463	138	117	119	117	157
1998	3621	139	117	120	122	157
1999	2938	140	117	121	128	162
2000	1626	138	119	125	131	161
2001	1794	139	118	129	140	175
2002	904	141	120	131	140	185
2003	840	144	118	129	144	185

18-32 文化部门艺术表演团体演出基本情况（2003 年）
BASIC STATISTICS ON PERFORMANCE OF ART TROUPES UNDER CULTURAL DEPARTMENTS (2003)

项　　目	Item	剧团数（个）Number of Troupes (unit)	国内演出场次（万场）Number of Domestic Performances (10000 shows)	#到农村演出 Shows in Rural Areas	国内演出观众人次（万人次）Number of Domestic Spectators (10000 person-times)
合　　计	**Total**	**144**	**1.5**	**0.9**	**2643.8**
# 国营剧团	Troupes Sponsored by State-owned Units	125	1.2	0.8	2322.9
集体经营剧团	Troupes Sponsored by Collective Units	15	0.3	0.1	235.4
按剧种分	**By Type of Drama**				
话剧、儿童剧、滑稽剧团	Drama, Children's Play and Comedy Troupes	5			93.8
歌剧、舞剧、歌舞剧团	Opera, Dance Drama, Song and Dance Drama Troupes	15	0.1	0.1	478.6
歌舞团、轻音乐团	Song and Dance Troupes, Light Music Troupes	27	0.1	0.1	333.1
乐　　团	Philharmonic Troupes	2			24.9
文工团、文宣队	Cultural and Performance Troupes	4			28.4
戏曲剧团	Traditional Opera Troupes	75	0.9	0.7	1395.5
曲、杂、木、皮团	Recitation and Balled Troupes, Acrobatics and Circus Troupes, Puppet Show Troupes and Shadow Play Troupes	16	0.2	0.1	289.5

18-33 文化、文物事业机构及人员数（2003年）
NUMBER OF INSTITUTIONS AND PERSONNEL IN CULTURE AND CULTURAL RELICS (2003)

项目	Item	合计 Total		文化部门 Cultural Departments		其他部门 Others	
		机构数（个）Number (unit)	人数（人）Personnel (person)	机构数（个）Number (unit)	人数（人）Personnel (person)	机构数（个）Number (unit)	人数（人）Personnel (person)
总计	**Total**	**20703**	**182705**	**3087**	**35637**	**17616**	**147068**
一、文化合计	**Cultural Institutions**	**20500**	**179741**	**2885**	**32683**	**17615**	**147058**
艺术事业	Art Institutions	225	8333	225	8333		
图书馆事业	Libraries	129	3036	128	3031	1	5
群众文化事业	Mass Culture	1840	8998	1821	8960	19	38
教育事业	Education	8	777	8	777		
娱乐业	Amusement	7566	124826	194	6447	7372	118379
文艺科研	Scientific Research in Art	8	107	8	107		
其他	Other Cultural Units	10724	33664	501	5028	10223	28636
二、文物合计	**Cultural Relics**	**203**	**2964**	**202**	**2954**	**1**	**10**
文物机构	Institutions for Cultural Relics	47	346	47	346		
博物馆	Museums	144	2445	143	2435	1	10
文物商店	Cultural Relics Agencies	12	173	12	173		

18-34 公共图书馆、群众文化事业机构及人员数（2003年）
NUMBER OF INSTITUTIONS AND PERSONNEL IN PUBLIC LIBRARIES AND MASS CULTURE (2003)

项目	Item	合计 Total		文化部门 Cultural Departments		其他部门 Others	
		机构数（个）Number (unit)	人数（人）Personnel (person)	机构数（个）Number (unit)	人数（人）Personnel (person)	机构数（个）Number (unit)	人数（人）Personnel (person)
一、图书馆事业	**Libraries**	**129**	**3036**	**128**	**3031**	**1**	**5**
#少儿图书馆	Children Libraries	4	111	4	111		
二、群众文化事业	**Mass Culture**	**1840**	**8998**	**1821**	**8960**	**19**	**38**
群众艺术馆	Mass Art Centers	22	482	22	482		
文化馆	Cultural Centers	118	1643	118	1643		
文化站	Cultural Stations	1700	6873	1681	6835	19	38

18-35 各市文化、文物事业机构数（2003 年）
NUMBER OF INSTITUTIONS FOR CULTURE AND CULTURAL RELICS BY CITY（2003）

单位：个 (unit)

市　别 City	艺术表演团体 Art Performance Troupes	文化馆 Cultural Centers	公共图书馆 Public Libraries	博物馆 Museums	档案馆 Archives
广　州 Guangzhou	12	12	14	26	16
深　圳 Shenzhen	5	6	10	12	8
珠　海 Zhuhai	2	2	2	2	5
汕　头 Shantou	8	6	8	5	10
佛　山 Foshan	6	5	6	6	8
韶　关 Shaoguan	10	11	9	9	14
河　源 Heyuan	7	6	6	6	8
梅　州 Meizhou	11	8	10	9	11
惠　州 Huizhou	6	5	5	5	8
汕　尾 Shanwei	5	4	4	4	6
东　莞 Dongguan	2		1	3	2
中　山 Zhongshan	1		1	2	3
江　门 Jiangmen	12	7	6	8	11
阳　江 Yangjiang	3	4	4	2	8
湛　江 Zhanjiang	9	9	7	6	13
茂　名 Maoming	12	5	5	5	8
肇　庆 Zhaoqing	10	8	7	8	11
清　远 Qingyuan	5	8	9	9	10
潮　州 Chaozhou	2	3	3	4	5
揭　阳 Jieyang	5	5	6	5	5
云　浮 Yunfu	3	4	5	5	6
省直属单位 Units Directly under Provincial Government	8		1	3	9

18-36 各市文化、文物事业机构的人员数（2003 年）
NUMBER OF PERSONNEL IN INSTITUTIONS FOR CULTURE AND CULTURAL RELICS BY CITY（2003）

单位：人 (person)

市　别 City	艺术表演团体 Personnel in Art Performance Troupes	文化馆 Personnel in Cultural Centres	公共图书馆 Personnel in Public Libraries	博物馆 Personnel in Museums	档案馆 Personnel in Archives
广　州 Guangzhou	819	157	422	609	303
深　圳 Shenzhen	317	123	442	163	79
珠　海 Zhuhai	77	8	56	61	40
汕　头 Shantou	381	89	125	36	78
佛　山 Foshan	236	73	235	202	66
韶　关 Shaoguan	231	97	124	87	45
河　源 Heyuan	173	258	52	47	33
梅　州 Meizhou	272	103	134	88	56
惠　州 Huizhou	172	74	75	46	55
汕　尾 Shanwei	208	61	33	58	30
东　莞 Dongguan	80		109	316	27
中　山 Zhongshan	44		53	117	49
江　门 Jiangmen	474	77	121	60	75
阳　江 Yangjiang	91	30	79	19	80
湛　江 Zhanjiang	386	95	115	56	71
茂　名 Maoming	451	77	104	39	38
肇　庆 Zhaoqing	118	84	83	68	48
清　远 Qingyuan	72	65	81	30	58
潮　州 Chaozhou	147	22	32	55	32
揭　阳 Jieyang	284	102	163	77	72
云　浮 Yunfu	76	48	62	25	29
省直属单位 Units Directly under Provincial Government	1108		336	186	157

18-37 图书、杂志、报纸出版数量
NUMBER OF BOOKS, MAGAZINES AND NEWSPAPERS PUBLISHED

项目	Item	1980	1990	1995	2000	2002	2003
一、图书出版	**Books Published**						
种数 (种)	Number of Publications (kind)	690	1941	2510	4374	4705	5318
总印数 (万册)	Total Printed Copies (10000 copies)	16845	28070	36911	26978	32577	26373
总印张数 (千印张)	Printed Sheets (1000 sheets)	684121	891563	1800632	1482942	1939420	1728673
二、杂志出版	**Magazines Published**						
种数 (种)	Number of Publications (kind)	34	253	329	337	362	362
总印数 (万册)	Total Printed Copies (10000 copies)	1927	11325	22740	26299	24785	22527
总印张数 (千印张)	Printed Sheets (1000 sheets)	58717	288263	674634	919514	921312	922846
三、报纸出版	**Newspapers Published**						
种数 (种)	Number of Publications (kind)	9	91	130	101	126	137
总印数 (万份)	Total Printed Copies (10000 copies)	48808	138060	226441	346268	425715	424751
总印张数 (千印张)	Printed Sheets (1000 sheets)	484173	1365246	4747000	17669099	27818351	26686053

18-38 图书出版情况（2003 年）
STATISTICS ON BOOKS PUBLISHED (2003)

门类	Category	本版图书种数（种） Number of Publications (kind)	#新出 New Publications	总印数（万册） Printed Copies (10000 copies)	总印张数（千印张） Printed Sheets (1000 sheets)
合计	**Total**	**5318**	**2971**	**26373.94**	**1728673**
马克思主义、列宁主义、毛泽东思想	Marxism, Leninism and Mao Zedong Thought	13	12	24.92	2875
哲学	Philosophy	108	86	97.01	12009
社会科学总论	General Social Sciences	79	52	76.50	9993
政治、法律	Politics and Law	221	176	178.00	22914
经济	Economy	713	481	559.25	79725
军事	Military Affairs	4	4	3.60	332
文化、科学、教育、体育	Culture, Science, Education and Sports	1979	725	22335.99	1395883
语言、文字	Language, Philology	227	119	232.42	28465
文学	Literature	475	389	399.37	46546
艺术	Arts	140	94	1246.64	41439
历史、地理	History and Geography	342	247	354.30	18946
自然科学总论	General Natural Sciences	18	15	8.63	624
数理科学、化学	Mathematics, Physics and Chemistry	59	22	63.95	4301
天文学、地理科学	Astronomy and Geology	6	5	1.75	273
生物科学	Biological Science	29	17	13.95	1435
医药、卫生	Medicine and Health Care	312	203	401.19	25369
农业科学	Agricultural Science	131	72	68.43	3548
工业技术	Industrial Technology	387	190	270.92	29581
交通运输	Transportation	25	17	12.42	1394
环境科学	Environmental Science	14	13	11.37	998
航空、航天	Aerospace and Aerospace				
综合性图书	General Books	36	32	13.33	2022
不使用《中国标准书号》部分	Publications without "China International Standard Boor Number"				

18-39 杂志出版情况（2003 年）
STATISTICS ON MAGAZINES PUBLISHED (2003)

项　　目	Item	种数（种）Number of Publications (kind)	平均期印数（万册）Average Printed Copies per Issue (10000 copies)	总印数（万册）Printed Copies (10000 copies)	总印张数（千印张）Printed Sheets (1000 sheets)
一、合计	**Total**	**362**	**1267**	**22527**	**922846**
综　　合	General	70	512	9236	403940
哲学、社会科学	Philosophy, Social Sciences	80	283	4903	191985
自然科学、技术	Natural Sciences, Technology	152	192	3358	148436
文化、教育	Culture, Education	31	175	3193	78137
文学、艺术	Literature, Arts	27	101	1792	97348
画刊	Pictorial	2	4	45	3000
二、少年儿童读物	**Publication for Children**	**5**	**44**	**817**	**15387**

18-40 报纸出版情况（2003 年）
STATISTICS ON NEWSPAPERS PUBLISHED (2003)

项　　目	Item	种数（种）Number of Publications (kind)	平均期印数（万份）Average Printed Copies Per Issue (10000 copies)	总印数（万份）Printed Copies (10000 copies)	总印张数（千印张）Printed Sheets (1000 sheets)
合计	**Total**	**137**	**1822**	**424751**	**26686053**
综合报	General Newspapers	97	1327	353496	23912042
专业报	Specialized Newspapers	40	495	71255	2774011
省级	Provincial-level Newspapers	34	929	207337	14725726
市级	City-level Newspapers	82	857	212513	11905292
县级	County-level Newspapers	21	36	4901	55035

18-41 广播、电视事业发展情况
STATISTICS ON BROADCASTING AND TELEVISION STATIONS

项　　目	Item	1980	1990	1995	2000	2002	2003
广播电台（座）	Broadcasting Stations (set)	4	87	96	106	22	22
中波广播发射台和转播台（座）	Medium Wave Broadcasting Transmission Stations and Relaying Stations (set)	9	12	13	10	10	13
电视台（座）	Television Stations (set)	1	38	56	67	24	24
1000 瓦及以上电视发射台和转播台（座）	Television Transmission and Relaying Stations at 1000 W and above (set)	10	23	41	49	47	39
县、市广播电视台（座）	Broadcasting and Television Stations in Counties and Cities (set)	93	93	67	83	83	79

18-42 广播电台宣传基本情况（2003 年）
BASIC STATISTICS ON BROADCASTING STATIONS (2003)

项目 Item	广播电台（座）Broadcasting Stations (set)	节目套数（套）Number of Programs (set)	平均每日播音时间（小时）Broadcasting Hours Per Week (hour)	#自办节目时间 Self-produced Programs	#新闻节目 News Programs	#专题节目 Special Topic Programs	#文艺节目 Entertainment Programs
合　计　Item	**22**	**118**	**1848**	**1636**	**181**	**316**	**666**
省　级　Provincial Level	1	8	167	164	16	45	60
市　级　City Level	21	36	658	616	64	114	263
县　级　County Level		74	1023	856	101	157	343

18-43 电视台宣传基本情况（2003 年）
BASIC STATISTICS ON TELEVISION STATIONS (2003)

项目 Item	电视台（座）Broadcasting Stations	节目套数（套）Number of Programs (set)	平均每日播出音时间（小时）Broadcasting Hours per Week (hour)	# 自办节目时间 Self-produced Programs	#新闻节目 News Programs	#专题节目 Special Topic Programs	#文艺节目 Entertainment Programs
合　计　Item	**24**	**89**	**1200**	**872**	**89**	**141**	**438**
省　级　Provincial Level	2	10	149	147	13	19	85
市　级　City Level	22	53	800	610	62	112	266
县　级　County Level	0	26	251	115	14	10	67

18-44 各市广播、电视事业机构数（2003 年）
NUMBER OF INSTITUTIONS OF BROADCASTING AND TELEVISION (2003)

市别 City	广播电台（座）Broadcasting Stations (set)	中波广播发射台和转播台（座）Medium Wave Broadcasting Transmission Stations and Relaying Stations (set)	电视台（座）Television Stations (set)	1000 瓦及以上电视发射台和转播台（座）Television Transmission and Relaying Stations at 1000 w and above (set)	县、市广播电视台（座）Broadcasting and Television Stations in Counties and Cities (set)
广　州　Guangzhou	1		1	2	4
深　圳　Shenzhen	1	2	2	1	
珠　海　Zhuhai	1		1	1	1
汕　头　Shantou	1	1	1	1	3
韶　关　Shaoguan	1	1	1	3	8
河　源　Heyuan	1		1	2	5
梅　州　Meizhou	1	1	1	1	7
惠　州　Huizhou	1		1	1	4
汕　尾　Shanwei	1		1	2	3
东　莞　Dongguan	1		1	1	
中　山　Zhongshan	1		1	1	
江　门　Jiangmen	1		1	3	5
佛　山　Foshan	1		1	2	4
阳　江　Yangjiang	1		1	1	3
湛　江　Zhanjiang	1	1	1	4	6
茂　名　Maoming	1	1	1	2	4
肇　庆　Zhaoqing	1		1	1	6
清　远　Qingyuan	1		1	1	7
潮　州　Chaozhou	1		1	2	2
揭　阳　Jieyang	1		1	1	4
云　浮　Yunfu	1		1		4
省直属单位　Units Directly under Province Government	1	6	2	6	

主要统计指标解释

普通高等学校 指按照国家规定的设置标准和审批程序批准举办，通过国家统一招生考试，收高中毕业生为主要培养对象，实施高等教育的全日制大学、独立设置的学院和高等专科学校短期职业大学。

成人高等学校 指按照国家有关规定审批、招收通过全国成人高教统一招生考试的具有高中毕业或同等学历的在职从业人员利用脱产、半脱产、业余或函授等多种形式对其实施高等学历教育，培养高等教育专科或本科毕业水平的专门人才，修业年限、课程设置和总学时的数按高等学历教育要求付诸实施的学校。包括广播电视大学、职工高等学校、农民高等学校、管理干部学院、教育学院、独立设置的函授学院等。

小学学龄儿童入学率 指调查范围内已入小学学习的学龄儿童占校内外学龄儿童总数（包括弱智儿童在内，但不包括盲聋哑儿童）的比重。

科技活动 是指在所有科学技术领域内，即自然科学、农业科学、医学科学、工程与技术科学、人文科学与社会科学中，与科技知识的产生、发展、传播和应用密切相关的全部的、有组织的、系统的科技活动。所谓有组织的、系统的科技活动，是指在一个机构的范围之内，并列入这一机构的工作计算，由这一机构的人员有计划地进行的科技活动。目前，我们统计的科技活动，是指调查范围内有组织有系统开展的科技活动。它包括三类活动（1）研究与试验发展活动；（2）研究与试验发展成果应用活动；（3）科技服务活动。

研究与发展活动 指为增进知识，及利用这些知识去开创新的用途而进行的系统的创造性工作。它具备四种基本因素：（1）创造性的因素；（2）新颖性或创新的因素；（3）科学方法的运用；（4）新知识的产生。它包括三种类：（1）基础研究；（2）应用研究；（3）实验发展。

科技活动统计单位 指制度调查范围内的调查单位个数，对于自然科学领域、社会与人文科学领域的科学研究与技术开发机构（含县属研究与开发机构）、科学技术情报与文献机构是以一个机构为一个调查单位；对于高等学校，是以一个学校为一个调查单位；对于企业是以一个企业为一个调查单位。

科技活动机构 是指调查范围内有建制的从事科技活动科研机构。包括国有独立核算的科学研究与技术开发机构自然科学领域、社会与人文科学领域）（含机构、大中型工业企业附属的技术开发机构。全日制附属科技活动机构，是指经学校及上级主管部门正式批准的以科技活动为主，相对稳定的开展科技活动机构；大中型工业企业附属的技术开发机构是指企业自办、或与外单位合办、管理上同生产系统相对独立的，或单独核算的专门技术开发机构（如企业办研究所或开发中心开发部等专门技术开发机构）。

从事科技活动人员 指报告期内调查单位中从事科技活动的人员。调查单位中从事科技活动人员为直接从事科技活动和科技活动提供直接服务，累计时间占全年工作时间10%以上的人员。

科学家和工程师 具有大学本科以及以上学历的和不具备上述学历但有高、中级职称的人员。

技术员 指具有大、中专学历和不具备大、中专学历，但有初级职称的人员。

研究与发展人员 指报告期内从事研究与发展活动的人员。调查单位直接从事研究与发展课题活动以及院、所等从事科技行政管理、科技服务等工作为研究与发展课题活动服务，累计时间占全年工作时间10%以上的人员。人员数为全时人员数加非全时人员数之和。

科技活动经费筹集总额 指报告期内调查单位从各种渠道筹集到的科技活动经费（含科研基建费）。包括政府资金、自筹资金、银行贷款、其他经费。

科技活动经费使用总额（内部支出） 指报告期内调查单位用于科技活动的实际支出。包括劳务费、科研业务费、科研管理费、非基建投资购建的固定资产、科研基建支出以及其他用于科技活动的支出。但不包括生产性活动支出、归还贷款支出及转拨外单位支出。

研究与发展经费支出 指报告期内用于研究与发展课题活动（基础研究、应用研究、实验发展）的全部实际支出。包括用于研究与发展课题活动的直接支出，还包括间接用于研究与发展活动的一切支出（院、所管理费，维持院、所正常运转的必需费用和与研究发展有关的基本建设支出）。

省级以上获奖成果 指科技活动单位在本年度内从省以上政府科技管理部门获得的各种科技成果奖。由于几个单位合作获得的科技成果奖，为防止重复，仅由第一完成单位填报，多次获奖的成果只填一个。获奖成果包括：国家级奖、省部级奖和地市级奖。国家级奖：指国家自然科学奖、国家发明奖、国家科技进步奖、国家星火奖等。省、部级奖：指以国务院各部门和省、自治区、直辖市名义颁发的重大科技成果奖和科技进步奖。

科技机构内课题（项目）个数 指调查单位列入科研计划或已为本单位科研管理部门认可，可作为本单位科研工作任务，并在当年开展活动的研究与发展、研究与发展成果应用、科技服务课题（项目）数。

包括当年新开课题和上年尚未完成，在统计年度内继续进行的课题。

文化事业机构　指从事专业文化工作和为专业文化工作服务的独立建制的单独核算的单位。不包括这些单位另外举办独立核算的其他机构和各部门的业余文化组织。

艺术表演团体　指从事戏曲、音乐、舞蹈、杂技等专业艺术表演，有独立帐户，实行单独核算的团体。不包括半工半艺、半农半艺和民间职业剧团。

电影放映单位　指具有放映机器设备、固定或不固定的放映场所与专职或兼职的放映技术人员，经有关部门登记批准，经常为一定的观众对象放映电影的机构。包括经批准对外开放进行营业，并与电影发行放映管理机构分帐的专用放映单位和军委系统租片单位。

艺术表演观众人数（人次）　指售票、包场演出或民族地区免费演出的艺术表演观众人次数。不包括彩排审查和内部观摩演出的观看人次数。

Explanatory Notes on Main Statistical Indicators

Regular Institutions of Higher Education refer to educational establishments set up according to the government evaluation and approval procedures enrolling graduates from senior secondary schools and providing higher education and training for senior professionals. They include full-time universities, colleges, high professional and short-term professional universities.

Institutions of Higher Learning for Adults refer to educational establishments, set up in line with relevant rules approved by the government, enrolling staff and workers with senior secondary school or equivalent education, and providing higher education courses in many forms of full-time, part-time, spare-time, or correspondence for adults. Professionals thus trained receive a qualification equivalent to graduates studying regular courses at regular universities, colleges and professional colleges. Adult higher education schools include radio and TV universities, schools of higher education for staff and workers and farmers, colleges for management cadres, pedagogical colleges and independent correspondence colleges.

Enrollment Rate of Primary School-age Children refers to the proportion of school-age children enrolled at school to the total number of school-age children both in and outside schools (including retarded children, but excluding blind, deaf and mute children).

Scientific and Technological Activities refer to all those organized and systematic activities of science and technology which are closely connected with the emergence, development, diffusion and application of scientific and technological knowledge in all the scientific and technological fields, such as natural sciences, agricultural science, medical science, engineering and technical science, humanities and social sciences. The organized and systematic activities refer to the activities organized in a planned way by the personnel of an institution. At present, its statistical coverage includes the activities in an organized and systematic way within the survey coverage, which are: (1) activities of research and experimental development; (2) applied activities of research and experimental achievements; (3) service activities of science and technology.

Activities of Research and Development refer to the systematic and creative work with the aim of widening knowledge and using it to find new ways. They cover four basic factors: (1) creative factor; (2) novel or innovative factor; (3) application of scientific methods; (4) emergence of new knowledge. They include three types: (1) basic research; (2) applied research; (3) experimental development.

Statistical Units of Scientific and Technological Activities refer to the number of survey units within the survey coverage. As for research and development institutions (including those under county administration) and humanities , one institution is a survey unit; as for institutions of higher education, one university or colleague is a survey unit; as for enterprises, an enterprise is a survey unit.

Institutions of Scientific and Technological Activities refer to the organic institutions engaged in scientific and technological activities within the survey coverage, including the state-owned research and development institutions with independent accounting system (in the field of natural sciences, social sciences and humanities) and the technical development institutions affiliated to institutions and large and medium-sized industrial enterprises. The full-time affiliated institutions refer to those which are mainly engaged in the scientific and technological activities with the formal ratification of schools and higher authorities. The technical development institutions affiliated to large and medium-sized industrial enterprises refer to the special development institutions run by enterprise or collectively run with other units but keeping relatively independent administration from production system, or having their independent accounting system (such as research institutions or development departments of development centers run by enterprises, etc).

Personnel Engaged in Scientific and Technological Activities refer to all the persons in the survey units engaged in scientific and technological activities during the reference period, i. e. those who are directly engaged in the activities and provide direct services to the activities with 10 percent or more of work time of the year.

Scientists and Engineers refer to persons who have completed university of higher education or without above record of formal schooling but titles of senior or middle level professional positions.

Other Technical Personnel refer to persons involved in science and technology with secondary specialized education or three year college education and persons with junior professional titles.

Personnel of Research and Development refer to the persons who are engaged in research and development activities during the reference period, i. e. those in the survey units who are directly engaged in R & D activities and provide services to R & D activities with 10% or more of work time of the year. It is the sum o f full-time personnel and non full-time personnel.

Total Funds for Scientific and Technological Activities refer to the funds for scientific and technological activities (including capital construction funds for scientific research) raised by the survey units from various channels during the reference period, including government funds, self-raised funds, bank loans and other funds.

Total Expenditure for Scientific and Technological Activities (Intramural Expenditure) refers to the actual expenditure made for scientific and technological activities by the survey units during the reference period, including service expenses, professional expenses for scientific research, management expenses for scientific research, purchases of fixed assets with investment in non-capital construction, capital construction expenditure for scientific research and others, but excluding expenditure for productive activities, expenditure for return of loans and transfer of expenditure of other units.

Total Expenditure on Research and Development refers to all actual expenditure made for R & D (basic research, applied research and experimental development) in reference period. It includes direct expenditure on R & D activities and indirect expenditure on R & D activities (including management expenses, administrative expense and investment in capital construction relating to R & D) .

Number of Prizes Won at and above Provincial Level refers to the number of various prizes in scientific and technological research won by the units engaged in scientific and technological activities from provincial level and above in the current year. If a prize is won in a cooperative way, it is reported only by the first listed unit so as to avoid duplication. As for the achievement won for several times, it is reported only once. Achievements and prizes won include all those at country level, at provincial level and at city (prefecture) level. The prizes at country level cover: national prize for natural sciences prize for invention, national prize for scientific and technological progress and national spark prize etc. The prizes at provincial and ministry level refer to major achievements and progress in science and technology awarded by the departments of the state council, provinces, autonomous regions and municipalities directly under the central government.

Number of Research Tasks (Projects) of Scientific and Technological Institutions refers to the number of research tasks (projects) on R & D, application of R & D and scientific and technological services, which are listed in the plans of scientific research or approved by administrative departments of the survey units and start research in the current year. It includes those newly started and uncompleted in the preceding year and going on in the statistical year.

Cultural Institutions refer to units which have their own organizational system and independent accounting system and specialize in or serve cultural development. They exclude other establishments run by these cultural institutions and amateur cultural groups established by various departments.

Art Troupes refer to the troupes which are engaged in drama, opera, music, dance, acrobatics or other art performance, open independent accounts with banks and self supporting accounting system; excluding the troupes which are engaged partly in industrial or agricultural activities, partly in art performance and the professional troupes organized by the people.

Film Projection Units refer to units with film projection equipment, full or part-time projectionists, permanent or non-permanent places, approved by related administrative departments to show films regularly for certain groups of audience, including those film projection units which have been approved to give commercial shows and run business with independent accounting system as well as those film renting units of the military system.

Number of Spectators at Art Performance refers to the number of attendants at commercial shows, completely booked shows or free shows given in minority national areas, and does not include the number of spectators at rehearsals for examination and internal shows for study.

十九 体育、卫生、社会福利、环保和其他

SPORTS,PUBLIC HEALTH,SOCIAL WELFARE,ENVIRONMENTAL PROTECTION AND OTHERS

19

十九　体育、卫生、社会福利、环保和其他

简要说明

一、本篇主要反映体育、卫生、社会福利、环保及其他事业的发展情况，由广东省统计局人口和社会科技处负责整理、编辑。

二、体育部分主要包括体育系统职工人数、群众体育活动开展情况及运动竞技成绩等，资料由省体育局提供。

三、卫生部分主要包括卫生事业机构、床位及人员数等，资料由省卫生厅提供。

四、社会福利部分主要包括各种社会福利事业的机构数、收养救济人数、城乡基层社会保障情况、婚姻登记状况等，资料由省民政厅提供。

五、环保部分主要包括“三废”的排放、治理、综合利用、自然保护区、环境管理、环保系统自身建设情况等，资料由省环保局提供。

六、其他部分主要包括司法工作开展情况和交通、火灾事故发生情况等，资料由省司法厅、省公安厅提供。

19　SPORTS, PUBLIC HEALTH, SOCIAL WELFARE, ENVIRONMENTAL PROTECTION AND OTHERS

Brief Introduction:

Ⅰ. The data in this chapter mainly show the development of sports, public health, social welfare, environment protection and other undertakings. The data are prepared by the Division of Population, Social, Science and Technology Statistics of Guangdong Provincial Bureau of Statistics.

Ⅱ. The data on sports mainly include the number of staff and workers in sports departments, mass sports and athletics sports, etc. The data are provided by Guangdong Provincial Bureau of Sports.

Ⅲ. The data on public health mainly include the number of institutions, hospital beds and personnel, etc. The data are provided by Guangdong Provincial Department of Public Health.

Ⅳ. The data on social welfare mainly include the number of institutions, the number receiving social welfare relief funds, social security of urban and rural grassroots and martial status, etc. The data are provided by Guangdong Provincial Department of Civil Affairs.

Ⅴ. The data on environmental protection mainly include the discharge and treatment and comprehensive utilization of waste water, waste gas and solid wastes, the natural protection zones, the administration of environment and the improvement of the departments of environmental protection, etc. The data are provided by Guangdong Provincial Bureau of Environmental Protection.

Ⅵ. The data on others mainly include the judicial conditions, basic statistics on traffic accidents and fires, etc. The data are provided by Guangdong Provincial Department of Justice and Guangdong Provincial Department of Public Security.

19-1 体育、卫生、社会福利、环保及其他主要指标

MAIN STATISTICS ON SPORTS, PUBLIC HEALTH, SOCIAL WELFARE, ENVIRONMENT PROTECTION AND OTHERS

指标	Item	1990	1995	2000	2002	2003
举办县区级及以上体育运动会(次)	Number of Sports Meets Held by County or District at and above the Level (time)	2901	2514	1817	1925	2196
参加运动会的运动员人数(万人次)	Number of Athletes Attending Sports Meets (10000 persons)	128.33	130.62	142.84	141.36	150.26
达到《国家体育锻炼标准》人数 (万人)	Number of Persons Reaching the State Physical Training Standards (10000 persons)	488.92	716.67	1257.83	1550.79	
卫生事业机构数 (个)	Number of Health Institutions (unit)	8989	8848	8984	15500	15409
#医院	Hospitals	1885	2267	2426	2444	2410
卫生事业机构床位数 (万张)	Number of Beds in Health Institutions (10000 units)	12.40	14.88	16.81	18.08	18.85
#医院床位	Hospital Beds	11.41	13.78	15.72	16.93	17.30
卫生技术人员数 (万人)	Medical Technical Personnel (10000 persons)	19.48	22.99	26.5	26.47	27.36
#医生	Doctors	8.11	9.89	11.12	10.51	10.87
平均每千人口有医院床位数 (张)	Number of Hospital Beds Per 1000 Population (unit)	1.83	2.03	2.12	2.16	2.24
平均每千人口有卫生技术人员数 (人)	Number of Medical Technical Personnel Per 1000 Population (person)	3.12	3.39	3.57	3.38	3.54
#医生（人）	Doctors (person)	1.30	1.46	1.50	1.34	1.41
优抚收养性单位收养人数 (人)	Number of Persons Adopted by Special Care Units (person)	1556	1918	1785	1909	1955
社会救济总人数 (万人)	Number of Person Receiving Relief Funds (10000 person)	541.00	337.80	154.70	147.00	202.90
农村建立社会保障网络乡镇数(个)	Number of Towns With the Social Security Network Established (unit)	225	1223	1536	1454	1298
准予登记结婚对数 (对)	Registered Marriages (couples)	506597	596689	562118	497172	589022
#涉外婚姻	Marriage with Foreigners	14661	12837	11730	9997	8601
准予登记离婚数 (对)	Registered Divorces (couples)	25846	34175	47521	59306	66618
环保投资占国内生产总值比重(%)	Proportion of Environmental Investment to GDP (%)	0.37	0.64	1.96	2.47	2.67
废水中COD排放量 (万吨)	Volume of COD Emission in Waste Water (10000 tons)	69.50	112.36	95.12	95.21	98.19
废气中二氧化硫排放量 (万吨)	Volume of Sulphur Dioxide Emission in Waste Gas (10000 tons)	39.64	75.31	90.47	97.55	107.52
工业固体废物排放量 (万吨)	Volume of Industrial Solid Wastes Discharged (10000 tons)	74.00	315.60	11.70	29.20	17.81
执业律师人数 (人)	Number of Full-time Lawyers (person)	3264	5692	7292	7818	9808
公证人员数 (人)	Number of Notarial Personnel (person)	909	1210	1380	1331	1329
人民调解委员会调解人员数 (人)	Number of Mediators of People's Mediation Committees (person)	219082	285288	250117	235332	223389
交通事故发生数 (起)	Number of Traffic Accidents (case)	25909	42115	66072	78929	68903
交通事故损失折款 (万元)	Losses of Traffic Accidents Converted into Cash (10000 yuan)	5044	28700	27526	35834	31388
火灾事故发生数 (起)	Number of Fires (case)	1725	1254	8622	13883	16133
火灾事故损失折款 (万元)	Losses of Fires Converted into Cash (10000 yuan)	9102	17419	10065	9492	7822

19-2 体育事业情况
STATISTICS ON SPORTS

指　　标	Item	1990	1995	2000	2002	2003
体育系统年末职工人数（人）	**Number of Staff and Workers in Sports Departments at Year-end (person)**	**7392**	**8730**	**9635**	**8637**	**9217**
运动员	Athletes	1296	1043	1462	1264	1403
专职教练员	Full-time Coaches	1455	1464	1469	1379	1407
专职文化教师	Full-time Teachers for Literacy Classes	362	644	785	709	765
科技人员	Scientific and Technical Personnel	63	76	90	63	70
宣传出版人员	Publicity and Publishing Personnel	22	17	5	15	13
医务人员	Medical Personnel	142	163	196	102	132
管理人员	Administrative Personnel	2188	2743	3131	2120	2074
其他人员	Others	1864	2580	2497	2985	3353
群众体育活动开展情况	**Activities of Mass Sports**					
举办各级运动会次数（次）	Number of Sports Meets Held at all Levels (time)	8555	9503	8950	9027	9444
#县区级及以上	Held at and above County (District) Level	2901	2514	1817	1925	2196
参赛运动员人数（万人次）	Number of Athletes Attending Sports Meets (10000 person-times)	227. 30	319. 13	332. 76	320. 84	310. 74
#县区级及以上	Athletes Attending Sports Meets at and above County (District) Level	128. 33	130. 62	142. 84	141. 36	150. 26
达到《国家体育锻炼标准》人数（万人）	**Number of Persons Reached the State Physical Training Standards (10000 persons)**	**488. 92**	**716. 68**	**1257. 81**	**1550. 79**	
优秀数	Excellent	89. 17	149. 60	289. 71	382. 21	
良好数	Good	204. 63	278. 43	484. 24	606. 46	
及格数	Pass	195. 12	288. 65	483. 86	562. 12	
体育比赛成绩	**Achievements in Sports Tournament**					
破世界纪录（项）	World Records Chalked up (item)	9	3	5	6	0
获世界冠军（个）	World Championships Won (unit)	14	31	36	27	13
破亚洲纪录（项）	Asia Records Chalked up (item)	4	3	4	5	0
破全国纪录（项次）	National Records Chalked up (item)	28	10	6	10	6
获得全国冠军（项次）	National Championships Won (item)	92	113	156	127. 5	138

19-3 卫生事业机构、床位及人员数

NUMBER OF HEALTH INSTITUTIONS, BEDS AND PERSONNEL BY YEAR

年份 Year	机构（个） Health Institutions (unit)	#医院及卫生院 Hospitals	床位（张） Beds (unit)	#医院及卫生院床位 Hospital Beds	卫生工作人员（人） Medical Personnel (person)	#卫生技术人员 Medical Technical Personnel
1950	512	180	11037	9785	40445	36952
1952	1500	183	15984	12467	51961	45554
1957	4823	212	23486	16864	78471	67330
1962	13783	921	50733	37150	99268	83353
1965	1287	1807	54271	43964	100137	86036
1970	5934	1844	66448	54184	105643	86023
1975	5970	1858	80960	75311	137755	108973
1978	6949	1968	90645	84120	159583	126606
1979	7304	1974	91955	85144	171703	136568
1980	7649	1988	92506	84999	181480	144537
1981	8045	2002	94794	87010	191370	151971
1982	8331	2014	97441	88688	202162	160710
1983	8443	2037	100042	90851	208506	166543
1984	8525	2042	103231	93770	213193	170495
1985	8479	1853	107702	98231	220593	175337
1986	8713	1860	110022	99632	225526	180045
1987	8705	1880	114773	104932	230444	184126
1988	8820	1906	119328	109280	234807	187307
1989	8948	1886	122055	111816	240581	192147
1990	8989	1885	124015	114056	244039	194771
1991	9032	1906	129774	119079	249717	199051
1992	8989	1943	135527	124835	257043	205110
1993	8572	2198	139812	129317	267432	211874
1994	8720	2231	144865	134334	277398	220153
1995	8848	2267	148825	137756	288715	229894
1996	8921	2319	151553	141221	196108	237623
1997	8942	2348	155313	144496	305562	245862
1998	8805	2373	158351	147604	313737	252213
1999	8699	2415	162398	151367	320432	258591
2000	8984	2426	168143	157164	327065	264990
2001	8636	2444	172735	162197	330418	268347
2002	15500	2444	180791	169259	325328	264667
2003	15409	2410	188543	172981	336175	273620

19-4 卫生事业机构、床位和人员数（2003年）
NUMBER OF HEALTH INSTITUTIONS, BEDS AND PERSONNEL (2003)

机构类别	Type of Institutions	机构（个）Number of Institutions (unit)	床位数（张）Beds (unit)	人员数（人）Personnel (person)	#卫生技术人员 Medical Technical Personnel	#执业（助理）医师 Certified (Assistant) Doctors
合　计	**Total**	**15409**	**188543**	**336175**	**273620**	**108677**
医　院	Hospitals	2410	172981	265752	214285	81154
# 卫生院	Health Centers	1531	37850	74956	62169	24588
疗养院	Sanatoriums	28	3854	1702	891	351
社区卫生服务中心	Community Health Service Centers	229	366	1012	776	348
门诊部、所	Outpatient Departments and Clinics	12025	520	32392	30804	14922
# 诊所	Outpatient Departments	7236		14357	14357	6533
卫生所（医务室）	Clinics (Medical Stations)	3418		8087	8087	4520
社区卫生服务站	Community Health Service Stations	336		1278	1278	507
急救中心（站）	Emergency Centers (Stations)	6		277	232	149
采供血机构	Blood Taking and Supply Agencies	43		1149	787	129
妇幼保健院（所、站）	Maternity and Children Care Centers	125	7250	14703	12035	4641
专科疾病防治院（所、站）	Specialized Prevention and Treatment Stations	160	1894	5676	4268	1803
疾病预防控制中心（防疫站）	Disease Prevention and Control Centers (Antiepidemic Stations)	131		8737	6411	3536
卫生监督所	Sanitation Supervision Stations	58		1663	1106	771
卫生监督检验(监测、检测)所(站)	Sanitation Supervision Quarantine Stations	11		305	235	125
医学科学研究机构	Research Institutions of Medical Science	19		142	104	31
医学在职培训机构	Medical On-the-job Training Institutions	14		453	245	80
健康教育所（站、中心）	Health Education Stations (Centers)	29		189	83	15
其他卫生机构	Other Health Agencies	121	1678	2023	1358	622
#乡村医疗点	Rural Medical Stations	21404				

注：从2002年开始，机构数中包含个体诊所机构数，但不含乡村医疗点机构数；人员数中未含乡村医疗点中的执业（助理）医师数。
Note: Since 2002, the number of institutions includes the number of individual clinics, but it excludes the number of rural medical stations. The number of personnel includes the number of certified (assistant) doctors in rural medical stations.

19-5 各市卫生事业机构、床位和人员数（2003年）
NUMBER OF HEALTH INSTITUTIONS, BEDS AND PERSONNEL BY CITY (2003)

市别 City		机构（个）Number of Institutions (unit)	#医院 Hospitals	床位数（张）Beds (unit)	#医院床位 Hospital Beds	卫生工作人员（人）Medical Personnel (person)	#卫生技术人员 Medical Technical Personnel	执业医师（人）Certified Doctors (person)
合　计	Total	15409	2410	188543	172981	336175	273620	108677
广　州	Guangzhou	2349	254	42210	37713	71136	57274	23464
深　圳	Shenzhen	1128	89	13583	12674	26667	21483	9382
珠　海	Zhuhai	435	44	4415	3893	7754	6687	2791
汕　头	Shantou	706	77	7606	7158	15705	12892	5040
佛　山	Foshan	930	82	15074	13440	22243	18928	7734
韶　关	Shaoguan	689	184	8730	7885	14119	11237	4317
河　源	Heyuan	385	134	3641	3342	8606	7236	2715
梅　州	Meizhou	1399	190	7975	7235	17640	14462	5948
惠　州	Huizhou	482	121	7262	6560	13404	10503	3922
汕　尾	Shanwei	430	76	3362	3176	7693	6058	2369
东　莞	Dongguan	335	53	9820	9546	12036	10258	3974
中　山	Zhongshan	194	36	4971	4971	6968	5881	2496
江　门	Jiangmen	956	129	8847	8321	17050	14267	5438
阳　江	Yangjiang	345	71	4261	3959	7592	6045	2254
湛　江	Zhanjiang	915	168	12760	11927	21621	16970	6137
茂　名	Maoming	572	145	9347	8322	14951	12348	4572
肇　庆	Zhaoqing	856	144	6943	6170	14458	11388	4165
清　远	Qingyuan	539	159	6531	6250	10716	9030	3321
潮　州	Chaozhou	809	66	2314	2134	7537	6125	2646
揭　阳	Jieyang	623	103	5632	5337	11531	9128	3913
云　浮	Yunfu	332	85	3259	2968	6748	5420	2079

19-6 各类卫生事业机构、床位和人员数
NUMBER OF HEALTH INSTITUTIONS, BEDS AND PERSONNEL

指 标	Item	1990	1995	2000	2002	2003
一、机构数 （个）	**Institutions (unit)**	**8989**	**8848**	**8984**	**15500**	**15409**
医院	Hospitals	1885	2267	2426	2444	2410
#卫生院	Health Centers	1331	1602	1680	1545	1531
门诊部	Outpatient Departments	6353	5737	5710	12169	12025
专科防治院 （所、站）	Specialized Prevention and Treatment Stations	152	165	158	162	160
卫生防疫机构	Sanitation and Antiepidemic Institutions	149	177	171	162	131
妇幼保健院（所、站）	Maternity and Children Care Centers	63	67	31	127	125
医学科学研究机构	Research Institutions of Medical Science	17	20	20	19	19
其他卫生机构	Other Health Care Institutions	370	415	468	417	539
二、床位数 （张）	**Number of Beds (unit)**	**124015**	**148825**	**168143**	**180791**	**188543**
三、人员数 （人）	**Number of Personnel (person)**	**244039**	**288715**	**327065**	**325328**	**336175**
卫生技术人员	Medical Technical Personnel	194771	229894	264990	264667	273620
#医生	Doctors	81067	98877	111172	105080	108677
护师、护士	Senior and Junior Nurses	48454	64504	83198	85381	88536
其他技术人员	Other Technical Personnel	4065	6728	8910	11284	12615
管理人员	Managerial Personnel	18554	22944	24320	21448	21281
工勤人员	Logistics Personnel	26649	29149	28845	27929	28659

注：从2002年开始，机构数中包含个体诊所机构数，归入门诊部（所）统计；妇幼保健院归入妇幼保健机构统计；医生指执业（助理）医师；护师、士指注册护士。

Note: Since 2002, the number of institutions includes the number of individual clinics under the outpatient departments (clinics), the maternity and children care centers are included in the number of maternity and children care institutions the doctors refer to the certified (assistant) doctors and the senior and junior nurses refer to registered nurses.

19-7 优抚、社会救济和福利事业情况
STATISTICS ON SPECIAL CARE, SOCIAL RELIEF AND WELFARE

项　　目	Item	1990	1995	2000	2002	2003
一、优抚事业	**Special Care**					
优抚收养性事业单位数　（个）	Number of Special Care Units (unit)	40	58	63	72	76
国家办	Run by Civil Administration Departments	31	38	51	60	64
集体办	Run by Collective Units	9	20	12	12	12
优抚收养性单位收养人数　（人次）	Number of Persons Adopted by Special Care Units (person-times)	1556	1918	1785	1909	1955
国家办	Number of Persons Adopted by Civil Administration Departments	1515	1694	1761	1880	1926
集体办	Number of Persons Adopted by Collective Units	41	224	24	29	29
优抚事业费用　（万元）	Expenses of Special Care (10000 yuan)	12250	30749	57759	76342	82103
民政部门支出	Expenses of Civil Administration Departments	5941	16003	31503	47606	55976
群众优待	Mass Special Care	6309	14746	26256	28736	26127
二、社会救济	**Social Relief**					
社会救济总人数　（万人）	Total Number under Social Relief (10000 persons)	541. 0	337. 8	154. 7	147	202. 9
#农村传统救济对象人数　（万人）	Number of People Receiving Traditional Social Relief in Rural Areas (10000 persons)	221. 5	244. 3	87. 1	53. 1	19. 6
城乡居民最低生活保障人数　（万人）	Number of urban and Rural Residents Receiving Minimum Income Relief (10000 persons)			38	86. 1	102. 4
城镇　（万人）	Urban Areas (10000 persons)			14. 9	30. 3	35. 3
农村　（万人）	Rural Areas (10000 persons)			23. 1	55. 8	67. 1
城乡居民最低生活保障家庭户数　（万户）	Number of Urban and Rural Households Receiving Minimum Income Relief (10000 households)			15	33. 7	41. 4
城镇　（万户）	Urban Areas (10000 households)			5. 5	10. 9	12. 6
农村　（万户）	Rural Areas (10000 households)			9. 5	22. 8	28. 8
城乡居民最低生活保障金支出　（万元）	Expenditure for Minimum Income Relief by Urban and Rural Residents (10000 yuan)			19334	43840	53364
城镇　（万元）	Urban Areas (10000 yuan)			11460	24878	29158
农村　（万元）	Rural Areas (10000 yuan)			7874	19352	24205
社会救济福利事业费　（万元）	Expenses for Social Relief and Welfare (10000 yuan)	6418	18975	61538	128243	119610
自然灾害救济费　（万元）	Relief Funds for Natural Calamities (10000 yuan)	2679	10356	8456	12156	15588
三、社会福利	**Social Welfare**					
社会福利收养性事业单位数（个）	Number of Social Welfare Institutions (unit)	1313	1887	2086	2026	2053
#国家办	Run by Civil Administration Departments	53	70	97	107	181
集体办	Run by Collective Units	1260	1817	1989	1858	1800
社会福利收养性事业单位收养人数　（人）	Number of People Taken in by Social Welfare Institutions (person)	21810	37364	51085	54986	58921
#国家办	Run by Civil Administration Departments	4312	6437	10660	11977	15397
集体办	Run by Collective Units	17498	30927	40425	38700	38061
社会福利企业单位　（个）	Number of Social Welfare Enterprises (unit)	1506	4440	517	441	336
安排"四残"人员就业数（人）	Number of "Four Kinds of Disabled Persons" Arranged for Employment (person)	13152	20365	8165	7435	6923
#国家办	Arranged by Civil Administration Departments	4649	5025	1891	1549	1263
集体办	Arranged by Collective Units	8503	15340	6274	4705	4673
四、城乡基层社会保障	**Urban and Rural Social Security**					
农村建立社会保障网络乡镇数　（个）	Number of Towns with the Social Security Net in Rural Areas (unit)	225	1223	1536	1454	1298
城镇社区服务设施数　（个）	Number of Community Service Facilities in Urban Areas (unit)	4985	2505	4983	6098	6953
#社区服务中心数　（个）	Community Service Centers (unit)			787	650	820

19-8 婚姻登记情况
STATISTICS ON MARRIAGE REGISTRATION

项　　目	Item		1990	1995	2000	2002	2003
一、国内结婚登记	**Domestic Marriage Registration**						
准予登记结婚（对）	Registered Marriage	(couple)	491936	583852	550388	487175	580421
#恢复结婚	Resuming of Marriage		790	753	1515	1971	1510
初婚人数（人）	First Marriage	(person)	963070	1143110	1058051	923108	1094892
再婚人数（人）	Number of Remarriage	(person)	20802	24594	42725	51242	48776
男性	Male		10652	13682	25251	21991	27736
女性	Female		10150	10912	17474	29251	21040
晚婚率（%）	Late Marriage Rate	(%)	68. 3	71. 3	73. 22	70. 01	69. 29
二、涉外结婚登记	**Marriage Registration Concerning Foreigners**						
准予登记结婚（对）	Registered Marriage	(couple)	14661	12837	11730	9997	8601
准予登记结婚人数（人）	Number of Persons Registered	(person)	29322	25674	23460	19994	17202
国内公民	Domestic Citizens		14660	12837	11608	9997	8392
男性	Male		1005	1272	1932	1950	1986
女性	Female		13655	11565	9676	8047	6406
港澳同胞	Compatriots in Hong Kong and Macao		10730	8060	5247	3784	3180
台湾同胞	Compatriots in Taiwan		63	652	1409	1278	1099
华　侨	Overseas Chinese		2224	2032	1848	1397	1268
外国人	Foreigners		1645	2093	3348	3538	3263
三、离婚登记	**Divorce Registration**						
准予离婚总数（对）	Total Number of Registered Divorces	(couple)	25882	34175	47521	59306	66618
民政部门办理离婚	Divorces Handled through Civil Administration Departments		8695	13181	19786	24543	32611
#涉外、华侨、港澳台婚姻	Divorces Concerning Foreigners		248	299	249	317	585
法院调解离婚	Divorces through Law Court Mediation		12301	13101	15973	18400	17436
法院判决离婚	Divorces through Law Court Judgment		4886	7893	11762	16363	16571

19-9 环境保护基本情况

BASIC STATISTICS ON ENVIRONMENTAL PROTECTION

项目	Item	1990	1995	2000	2002	2003
一、废水	**Waste Water**					
废水排放总量 (万吨)	Total Volume of Waste Water Discharged (10000 tons)	251262	381657	447543	490452	546430
#生活污水	Domestic Sewage	111012	212369	333488	344217	397563
工业废水	Industrial Waste Water	140250	160979	114055	146236	148867
废水中COD排放量 (万吨)	Volume of COD Emission in Waste Water (10000 tons)	69.50	112.36	95.12	95.21	98.19
废水中氨氮排放量 (万吨)	Volume of Ammonia and Nitrogen Discharged in Waste Water (10000 tons)				8.53	9.32
城镇生活污水处理率 (%)	Percentage of Waste Water Treated for Urban Residential Use (%)				21.15	24.69
工业废水排放达标率 (%)	Percentage of Industrial Waste Water up to the Standards for Discharge (%)	47.08	56.34	81.75	89.67	82.93
二、废气	**Waste Gas**					
工业废气排放总量(亿标立米)	Total Volume of Industrial Waste Gas Emission (100 million m^3)	3588	8510	8326	10468	11075
燃烧废气	From the Burning Process of Fuels	1938	4570	5169	6444	6934
工艺废气	From the Process of Production	1650	3940	3157	4024	4141
二氧化硫排放总量 (万吨)	Percentage of Industrial Waste Gas Treated (10000 tons)	39.64	75.31	90.47	97.55	107.52
#工业二氧化硫	Percentage of Burning Waste Gas with Soot and Dust Removed	39.64	74.10	88.16	95.34	105.43
工业二氧化硫去除量 (万吨)	Volume of Industrial Sulfur Dioxide Removed (10000 tons)				14.63	15.2
工业二氧化硫排放达标率(%)	Percentage of Industrial Sulfur Dioxide up to the Standards for Discharge (10000 tons)				69.58	66.41
工业烟尘排放量 (万吨)	Volume of Industrial Soot Emission (10000 tons)	21.96	57.70	26.45	17.97	21.93
工业烟尘去除量 (万吨)	Volume of Industrial Soot Removed (10000 tons)	186.98	444.32	570.43	704.51	756.32
工业烟尘去除率 (%)	Percentage of Industrial Soot Removed (%)	89.51	88.51	97.38	97.51	97.18
工业烟尘排放达标率 (%)	Percentage of Industrial Soot Emission up to the Standards for Discharge (%)				73.00	82.61
工业粉尘去除量 (万吨)	Volume of Industrial Dust Produced (10000 tons)	126.17	229.93	251.77	357.44	301.02
工业粉尘排放量 (万吨)	Volume of Industrial Dust Emission (10000 tons)	41.72	140.50	59.07	33.56	43.84
工业粉尘排放达标率 (%)	Percentage of Industrial Dust Emission up to the Standards for Discharge (%)				77.33	76.59
工业粉尘去除率 (%)	Percentage of Industrial Dust Retrieved (%)			89.02	91.42	87.29
三、工业固体废物	**Industrial Solid Wastes**					
固体废物产生量 (万吨)	Volume of Industrial Solid Wastes Produced (10000 tons)	1678.00	2209.00	1694.33	2044.88	2245.66
固体废物排放量 (万吨)	Volume of Industrial Solid Wastes Discharged (10000 tons)	74.0	316.0	11.7	29.2	17.81
固体废物贮存量 (万吨)	Volume of Industrial Solid Wastes Accumulated (10000 tons)			360.4	137.68	163.34
固体废物综合利用率 (%)	Percentage of Wastes Utilized in a Comprehensive Way (%)	33.70	49.48	68.48	74.4	79.03
四、工业"三废"综合利用	**Comprehensive Utilization of Industrial Waste Water, Waste Gas and Solid Wastes**					
综合利用产品产值 (万元)	Output Value of Products Made from Comprehensive Utilization of Waste Gas, Waste Water and Solid Wastes (10000 yuan)	31624	129418	161400	133864	210895
综合利用利润 (万元)	Profits Obtained from Comprehensive Utilization of Waste Water, Waste Gas and Solid Wastes (10000 yuan)	7762	25000	23200		

19-9 续表 continued

项目	Item	1990	1995	2000	2002	2003
五、工业"三废"治理设施	**Number of Facilities for Treatment of Industrial Waste Water, Waste Gas and Solid Wastes**					
工业废水处理设施总数 (套)	Number of Facilities for Treatment of Waste Water (set)	3336	10347	7273	8175	8234
工业废水治理设施总投资(万元)	Total Investment of Facilities for Treatment of Waste water (10000 yuan)	80183	357613	784200		
工业废气治理设施总数 (套)	Number of Facilities for Treatment of Waste Gas (set)	5766	10669	10901	10035	9985
工业废气治理设施总投资(万元)	Total Investment of Facilities for Treatment of Waste Gas (10000 yuan)	45450	179568	527000		
六、企事业单位污染治理	**Pollution Treated By Enterprises and Institutions**					
污染治理资金 (万元)	Funds for Pollution Treatment (10000 yuan)	18331	30007	167707	108204	250650
国家预算内资金	Government Budgetary Funds				4679	69673
综合利用利润留成	Profits Obtained from Comprehensive Utilization of Wastes	302	693	7823		
环境保护补助	Environmental Protection Subsidies	4789	246	5499	2361	3082
其他资金	Other Funds	7905	20473	152190	100427	177895
当年安排治理项目 (个)	Number of Projects for Pollution Treatment in Current Year (unit)	1108	665	2543	1117	1166
当年竣工项目数 (个)	Number of Projects Completed in Current Year (unit)	1110	861	1438	983	1054
七、自然保护区情况	**Natural Reserves**					
自然保护区数 (个)	Number of Natural Reserves (unit)	42	32	153	198	209
自然保护区面积 (平方公里)	Area of Natural Reserves (sq. km)	1060	4108	8622	7664	8077
八、环境管理	**Environmental Management**					
环保投资占 GDP 比重 (%)	Percentage of Investment in Environment to GDP (%)	0. 37	364	1. 96	2. 47	2. 67
当年制定环保法规及标准 (件)	Number of Environment Protection Laws, Regulations, Standards Drawn up in Current Year (case)	5	1	4	0	0
当年排污收费总额 (万元)	Total Fees for Discharging Waste and Fines for Pollution (10000 yuan)	9786	45953	60190. 9	66881	70654
环境影响评价制度执行率 (%)	Percentage of Implementation of the Evaluation Program on Impact of Projects in Question against Environment (%)		87. 93	98. 89	99. 92	99. 8
当年"三同时"执行合格率 (%)	Percentage of Implementation of Design, Construction and Operation of Environment Protection Facilities While Projects are Conducted (%)				97. 8	96. 9
建成生态示范区总数 (个)	Number of Ecological Demonstration Zones Completed (unit)				78	117
建成生态示范区面积(平方公里)	Areas of Ecological Demonstration Zones Completed (sq. km)				26861	30556
建成烟尘控制区总数 (个)	Number of Soot Control Regions Completed (unit)		190	94	148	174
建成烟尘控制区面积(平方公里)	Area of Soot Control Regions Completed (sq. km)		805	2526	2493	2913
建成噪声达标区总数 (个)	Number of Noise Control Regions up to the Standards (unit)		81	126	199	228
建成噪声达标区面积(平方公里)	Area of Noise Control Regions up to the Standards (sq. km)		234	1049	1513	1675
九、环保系统自身建设情况	**Statistics on Environmental Protection Agencies**					
年末机构数 (个)	Number of Agencies at Year-end (unit)	333	461	1006	1320	1206
环境监测站数 (个)	Number of Environmental Monitoring Stations (unit)		111	121	121	125
年末实有人数 (人)	Number of Personnel at Year-end (person)	3337	5286	6313	9026	9365

注：1997 年以来部分指标的统计范围只包括部分乡镇企业。
Note: The figures of some indicators have only included part of the township enterprises since 1997.

19-10 各市"三废"排放及治理情况（2003 年）
STATISTICS ON DISCHARGE AND TREATMENT OF WASTE WATER, WASTE GAS AND SOLID WASTES BY CITY (2003)

市别 City		废水排放总量（万吨）Total Volume of Waste Water Discharged (10000 tons)	#工业废水 Industrial Waste Water	工业废水达标率（%）Percentage of Industrial Waste Water up to the Standards for Discharge (%)	工业废气排放总量（亿标立米）Total Volume of Industrial Waste Gas Emission (100 million m^3)	二氧化硫排放总量（万吨）Total Volume of Sulphur Dioxide Emission (10000 tons)	#工业二氧化硫 Industrial Sulphur Dioxide	工业二氧化硫达标率（%）Percentage of Sulphur Dioxide up to the Standards for Emission (%)	工业烟尘排放量（万吨）Volume of Industrial Soot Emission (10000 tons)
广州	Guangzhou	134114	21213	65.66	1826	21.78	21.34	56.96	3.37
深圳	Shenzhen	70898	5653	95.22	821	4.55	4.54	96.96	0.97
珠海	Zhuhai	12425	2527	95.27	577	4.04	3.98	98.28	0.91
汕头	Shantou	19912	4800	97.32	317	3.26	3.21	97.30	0.56
佛山	Foshan	36643	12002	82.42	1275	14.93	14.90	56.83	1.64
韶关	Shaoguan	20448	14342	78.48	859	7.39	7.22	19.51	1.88
河源	Heyuan	7570	787	84.44	51	0.55	0.32	54.70	0.52
梅州	Meizhou	11322	4066	71.76	378	2.97	2.96	59.43	1.78
惠州	Huizhou	12642	3432	93.69	187	1.37	1.24	85.55	0.09
汕尾	Shanwei	9962	4481	48.73	3	0.20	0.20		0.01
东莞	Dongguan	68094	23389	84.49	2110	20.10	19.94	79.57	3.05
中山	Zhongshan	17236	6999	95.27	169	3.63	3.59	88.31	0.32
江门	Jiangmen	29051	15855	95.03	383	3.94	3.93	66.34	1.60
阳江	Yangjiang	5721	1258	75.85	74	0.53	0.53	69.04	0.23
湛江	Zhanjiang	23052	7404	77.35	413	4.89	4.79	60.89	1.43
茂名	Maoming	15979	6505	92.48	402	5.02	4.93	65.45	1.14
肇庆	Zhaoqing	13779	6640	95.01	232	2.53	2.27	88.69	0.82
清远	Qingyuan	9838	2752	85.32	388	2.72	2.61	37.22	0.91
潮州	Chaozhou	6059	894	83.26	13	0.39	0.32	86.70	0.09
揭阳	Jieyang	13702	1745	86.75	11	0.27	0.19	82.22	0.03
云浮	Yunfu	7982	2122	86.10	586	2.46	2.41	81.71	0.58

市别 City		工业烟尘去除率（%）Percentage of Industrial Soot Removed (%)	工业烟尘排放达标率（%）Percentage of Industrial Soot Emission up to the Standards for Discharge (%)	工业粉尘排放量（吨）Volume of Industrial Dust Emission (ton)	工业粉尘排放达标率（%）Percentage of Industrial Dust Emission (%)	工业固体废物排放量（万吨）Volume of Industrial Solid Wastes Discharged (10000 tons)	工业固体废物利用率（%）Percentage of Industrial Solid Wastes Utilized (%)	工业固体废物处置率（%）Percentage of Industrial Solid Wastes Disposed (%)
广州	Guangzhou	98.37	80.08	10.90	78.32	1.76	92.65	5.93
深圳	Shenzhen	96.59	99.56	0.02	99.59	0.05	82.25	6.54
珠海	Zhuhai	97.38	99.78	0.03	100.00	0.12	87.95	3.11
汕头	Shantou	97.39	98.99	0.00	100.00	0.02	95.88	4.06
佛山	Foshan	96.54	75.16	2.13	89.73	0.62	92.67	6.79
韶关	Shaoguan	98.33	35.63	4.40	81.35	7.04	56.81	24.13
河源	Heyuan	56.11	62.37	0.48	68.81	1.55	57.40	38.59
梅州	Meizhou	95.00	92.37	8.96	58.13	0.57	92.00	8.16
惠州	Huizhou	94.43	92.66	1.45	95.01	0.24	81.56	16.78
汕尾	Shanwei	1.65	34.46			0.45	57.44	0.97
东莞	Dongguan	97.88	92.46	1.37	82.22	2.23	94.09	3.88
中山	Zhongshan	93.43	91.10	0.04	95.52	0.16	82.45	16.78
江门	Jiangmen	88.48	94.95	2.43	97.43	0.35	95.11	3.74
阳江	Yangjiang	84.16	78.77	1.24	72.91	0.41	96.23	0.16
湛江	Zhanjiang	97.14	83.02	1.11	85.54	1.28	89.22	5.30
茂名	Maoming	18.91	84.45	1.24	86.25	0.14	88.26	10.89
肇庆	Zhaoqing	72.21	93.03	1.45	91.18	0.05	51.41	45.79
清远	Qingyuan	96.82	75.03	2.77	69.60	0.62	51.21	47.79
潮州	Chaozhou	45.76	90.70	0.01	98.93	0.04	91.41	7.16
揭阳	Jieyang	82.42	96.14	0.00	99.71	0.12	94.13	2.04
云浮	Yunfu	98.56	88.89	3.80	75.13	0.01	70.32	29.63

注：废水排放总量、工业废水排放量等绝对数指标的全省总数在统计时做了修正，故分市合计数与之略有出入。

Note: Some indicators such as total volume of waste water and volume of industrial waste water discharged have been revised, so the provincial total may be unequal to the sum of cities.

19-11 律师、公证、基层司法及法学教育基本情况

BASIC STATISTICS ON LAWYERS, NOTARIZATION, BASIC LEVEL JUDICIAL WORK AND LAW EDUCATION

项目	Item	1990	1995	2000	2002	2003
一、律师工作	**Lawyer**					
律师事务所 （个）	Number of Law Offices （unit）	236	564	822	852	1187
执业律师 （人）	Number of Full-time Lawyers （person）	3264	5692	7292	7818	9808
担任常年法律顾问 （家）	Number of Units Responsible for Permanent Legal Advisors	7774	16414	15759	21777	18039
民事代理 （件）	Agent of Civil Litigation （case）	22203	17460	29769	42496	51093
非诉讼法律事务 （件）	Agent of Non-litigious Legal Affairs （case）	16066	33579	50795	116900	163412
刑事辩护 （件）	Defender of Criminal Cases （case）	11647	8755	13364	15025	15420
涉外法律事务 （件）	Agent of Foreign-related Legal Affairs （case）	4217	4515	6541	8543	10255
#涉外及港澳台经济法律事务	Agent of Foreign-related and Hong Kon Macaog, and Taiwan Related Economic Legal Affairs	936	312	725	1462	2612
解答法律询问 （件）	Agent of Legal Advisory Services （case）	104735	74691	101104	179446	174080
二、公证工作	**Notarization**					
公证处 （个）	Number of Notary Offices （unit）	135	142	146	145	146
公证人员 （人）	Number of Notarial Personnel （person）	909	1210	1380	1331	1329
办结公证总数 （件）	Number of Notarized Documents （case）	610101	705022	1189475	909676	1001435
#国内民事公证	Domestic Civil Case Notarization	163511	209053	326921	205373	294096
国内经济公证	Domestic Economic Notarization	109008	192569	373505	250625	310217
涉外及港澳台民事经济公证	Foreign-related and Hong Kong, Macao and Taiwan Related Civil Economic Notarization	337582	303400	489049	453678	397122
协助调入非贸易外汇（万元）	Assisting to Transfer Non-trade Exchange in （10000 yuan）	4385	12834	5599.1	6546.4	2033.9
三、基层司法工作	**Basic Level Judicial Work**					
法律服务所 （个）	Number of Law Services （unit）	1816	1899	1916	1517	1491
法律服务所人员 （人）	Number of Law Service Personnel （person）	5553	5974	5992	4731	4729
担任法律顾问 （家）	Number of Units Responsible for Legal Advisors	12945	30292	28723	22404	21688
民事诉讼代理 （件）	Agent of Civil Litigation （case）	6137	12444	16668	12915	14366
非诉讼代理 （件）	Agent of Non-litigious Legal Affairs （case）	62436	80212	66132	48077	42803
避免、挽回经济损失（万元）	Assisting to Retrieve Economic Losses （10000 yuan）	15233	106835	139935	89214	165352
人民调解委员会 （个）	Number of People's Mediation Committees （unit）	32076	31811	29548	28869	29866
调解人员 （人）	Number of Mediators （person）	219082	285288	250117	235332	223389
调解纠纷总数 （件）	Number of Disputes Mediated （case）	184231	170165	136598	123115	132488
四、法学教育 （人）	**Education in Law （person）**					
普通成人高等法学教育	Adult Higher Education in Law					
招生数	Number of New Entrants	3747	4698	5184	2732	2926
在校生数	Number of Students Enrolled	9746	11445	12442	3325	5527
毕业生数	Number of Graduates	919	1306	1350	363	423
普通成人中等法学教育	Adult Secondary Education in Law					
招生数	Number of New Entrants	855	2110	1940	2524	2043
在校生数	Number of Students Enrolled	2475	5127	5691	6102	7735
毕业生数	Number of Graduates	2065	1054	1780	1981	3019

注：2002 年普通成人高等法学教育中不含自学考试。

Note: In 2002, the adult higher education in law excludes the self-study examinations.

19-12 交通事故发生情况（2003 年）
BASIC STATISTICS ON TRAFFIC ACCIDENTS (2003)

项目 Item	合计 Total	按事故发生程度分 By Serious Degree of Traffic			按事故发生地区分 Traffic Accidents Occurring by Region	
		特大 Extra-ordinarily Serious	重大 Serious	一般 Ordinary	城市 City	郊区、县 Suburb, County
发生（起）Traffic Accidents (case)	68903	365	10443	58095	33166	35737
死亡（人）Number of Deaths (person)	11151	666	10479	6	3546	7605
受伤（人）Number of Injuries (person)	73170	550	5924	66696	36117	37053
损失折款（万元）Losses Converted into Cash (10000 yuan)	31387. 5	3064. 9	6717. 1	21605. 5	11328	20059. 5
平均每起事故损失（元）Average Loss Per Traffic Accidents (yuan)	4555. 3	83971. 0	6432. 1	3718. 99	3415. 5	5613. 1

19-13 火灾事故发生情况（2003 年）
BASIC STATISTICS ON FIRES (2003)

项目 Item	合计 Total	特大 Extraordinarily Serious	重大 Serious	一般 Ordinary
发生（起）Traffic Accidents (case)	16133	3	39	16091
死亡（人）Number of Deaths (person)	248		70	178
受伤（人）Number of Injuries (person)	334		17	317
损失折款（万元）Losses Converted into Cash (10000 yuan)	7821. 5	451. 6	1520. 3	5849. 6
平均每起事故损失（元）Average Loss Per Traffic Accidents (yuan)	4848. 2	1505433. 3	389821. 8	3635. 3

主要统计指标解释

卫生技术人员 指卫生事业机构支付工资的全部固定职工和合同制职工，现任职务为卫生技术工作的专业人员。包括中医师、西医师、中西医结合高级医师、护师、中药师、西药师、检验师、其他技师、中医士、西医士、护士、助产士、中药剂士、西药剂士、检验士、其他技士、其他中医、护理员、中药剂员、西药剂员、检验员，其他初级卫生技术人员。

医生 指经卫生部门审查合格，具有执业资格的医疗专业人员。

社会福利事业单位 指集中收养社会孤、老、残、幼的机构，包括由民政部门管理的社会福利院、儿童福利院、精神病人福利院和城镇集体办的福利院、以及农村集体举办的敬老院。

社会福利事业单位收养人数 包括民政部门管理的和城镇及农村集体举办的社会福利事业单位中收养的老人、少年儿童、缺乏生活自理能力的残疾人员和精神病人。

律师 指受聘参加法律顾问处工作，提任法律顾问、刑（民）事代理人、刑事辩护人，办理非诉讼事件、解答法律询问，代写法律事务文书等主要从事律师事务的司法人员。

公证人员 指在国家公证机关依法办理公证事务的司法人员。包括公证员、助理公证员和在公证处工作的其他人员。

办理公证文书 指公证处在一定时期内办结的公证文书件数。公证文书是按司法部规定或批准的格式制作。包括国内公证和涉外公证两部分。其中国内公证分为经济合同公证和民事法律关系公证两大类。

调解人员 在人民调解委员会担负调解民间一般民事纠纷和轻微违法行为所引起的纠纷的工作人员。包括调解委员会的委员和调解小组的调解员。

调解民间纠纷 指调解委员会依照法律规定，根据自愿原则，用说服教育的方法调解民间发生的有关民事权利和义务的争执，促成当事双方达到协议和谅解，解决纠纷。包括婚烟家庭纠纷，财产权益纠纷等，不包括法院受理调解的民事案件数。

废水排放总量 包括生产废水和生活污水。生产废水指企、事业单位在生产、科研过程中所有排放口向外环境排放的废水量总和。生活污水指城镇居民区和企、事业单位职工集中居住区排放的污水量。

工业废水排放总量 指经过工业企业厂区所有排放口排到企业外部的工业废水量。包括外排的直接冷却水、超标排放的矿井地下水和与工业废水混排的厂区生活污水，不包括外排的间接冷却水（清污不分流的间接冷却水应计算在内）。

废气排放总量 指燃料燃烧和生产工艺过程中排放的各种废气总量，以标准状态下每年万标立方米表示。

燃料燃烧过程废气排放量 指燃煤、燃油、燃气锅炉、锻造加热炉、退火炉和其它工业炉窑在燃烧过程（燃料和物料不混合的纯加热过程）中所排废气的总量。它可以根据烟气计算公式或经验计算公式求得。

工业粉尘排放量 指工业企业在生产工艺过程中排入的固体微粒总重量。如钢铁企业的耐火材料粉尘、焦化企业的筛焦系统粉尘、烧结机的粉尘、石灰窑的粉尘、建材企业的水泥粉尘等。不包括电厂排入大气的烟尘。

工业固体废物产生量 指工业企业在生产过程中产生的固体状、半固体状和高浓度液体状废弃物的总量，包括冶炼废渣、粉煤灰、炉渣、煤矸石、化工废渣、尾矿、放射性废渣和其它废渣等；不包括矿山开采的剥离废石和掘进废石（煤矸石和呈酸性或碱性的废石除外）。酸性或碱性废石是指采掘的废石其流经水、雨淋水 PH 值小于 4 或 PH 值大于 10.5 者。

工业固体废物综合利用量 指已用作农业肥料、造田、生产建筑材料、筑路以及其它方式综合利用的固体废物量（包括当年利用往年的工业固体废物堆存量）。综合利用量由原产固体废物的单位统计。

“三废”综合利用产品产值 指工业企业回收利用“三废”作为主要原料生产的产品值。按国发（1985）117 号文规定执行。

Explanatory Notes on Main Statistical Indicators

Medical Technical Personnel refers to all permanent medical staff and workers employed by medical institutions, including doctors of Chinese and Western medicine, senior doctors who integrate traditional Chinese therapeutics with Western therapeutics in practice, senior nurses, pharmacists of Chinese and Western medicine, laboratory specialists, other specialists, paramedics of Chinese and Western medicine, nurses, midwives, druggists in Chinese and Western medicine, laboratory technicians, other technicians, other practitioners of Chinese medicine, nursing attendants, pharmacological workers of Chinese and Western medicine, laboratory workers, and other primary medical personnel.

Doctors refer to qualified professional medical workers approved to practice by public health departments.

Social Welfare Institutions refer to institutions taking care of old people without children, handicapped people and orphans. They include social welfare institutions run by civil affairs departments, children's welfare institutions, social welfare institutions for mental patients, and collective owned old people's homes in rural areas.

Number of People Taken in by Social Welfare Institutions refers to the number of old people, children, totally dependent handicapped people and mental patients taken in by social welfare institutions run by civil affairs departments and those run by collective units in urban and rural areas.

Lawyers are legal workers who are employed full-time by legal counseling firms to act as legal advisers, agents in criminal or civil lawsuits, or defenders in criminal lawsuits, or to handle non-litigious legal affairs, to advise on matters of law or to write legal papers for others. Both full-time and part-time lawyers are included.

Notary Personnel refers to judicial workers of the state notary offices handling notarization work according to law. They include notaries, assistant notaries, and other people working for notary offices.

Notarized Documents refer to the documents settled by notary offices in a year. The notarial documents are drawn up in accordance with the regulations of the Ministry of Justice, including domestic documents and foreign-related documents. Domestic documents are divided into two major categories: documents on economic contracts and documents on civil legal relations.

Mediators refer to workers on people's mediation committees responsible for mediating in civil disputes and cases of slight infraction of the law. They include members of the mediation committees and mediators of mediation groups.

Mediation of Civil Disputes refers to mediation committees' work in mediating in civil disputes concerning civil rights and duties through persuasion and education in accordance with the provisions of law on a voluntary basis, so as to solve disputes by helping the parties involved come to an agreement and understanding. These disputes include divorce cases and disputes over property ownership, but exclude the civil cases to be handled by the court.

Total Volume of Waste Water Discharged includes the volume of production waste water and domestic sewage. The production waste water refer to the total waste water discharged in the process of production and scientific research by enterprises and institutions, through all outlets to the outside environment. The domestic sewage refers to the sewage volume discharged in the urban residential areas and the residential areas of staff and workers of enterprises and institutions.

Volume of Industrial Waste Water Discharged refers to the volume of industrial waste water discharged, through all outlets to the outside of industrial enterprises, including waste water produced, direct cooling water, underground water from mines that does not meet the standard of discharge, and the domestic sewage mixed up with industrial waste water when discharged, but excluding discharged indirect cooling water.

Volume of Waste Gas Emission refers to waste gas emitted from burning of fuels and from production process, and is measured by 10, 000 standard cubic meters each year under normal condition.

Volume of Waste Gas Emission from Burning of Fuels refers to the total volume of waste gas emitted from burning of fuels (the pure heating process not mixed with materials), such as burning of coal, burning of oil, gas fired boiler, drying furnace, forge furnace, annealing furnace and other industrial furnaces. It can be calculated with gas smoke formula and empirical formula.

Industrial Dust Discharged refers to the total weight of solid dust discharged by industrial enterprises in the production process, such as dust of refractory materials from iron plants, dust from coke screening system or from sintering machines of coking plants, dust from lime kilns, cement dust from building material of enterprises, etc., but excluding smoke and dust discharged by power plants.

Volume of Industrial Solid Wastes Produced refers to the total volume of solid, semi-solid of high concentration liquid residues produced by industrial enterprises in their production process, including dangerous wastes, residues from melting, slag, powdered coal ash, gangue, chemical residues, tailings, radioactive residues and other residues, but excluding stripped or dug stones in mining (except gangue and acid or alkali stones which are stones washed or soaked by water with a PH value smaller than 4 or larger than 10.5).

Volume of Industrial Solid Wastes Utilized in a Comprehensive Way refers to the volume of solid wastes utilized in a comprehensive way, such as the solid wastes utilized as fertilizers, building materials, for building up fields and making roads or for other purposes (including the volume of industrial solid wastes stored up in the previous years and utilized in the current year). Statistical data on utilization of industrial solid wastes are collected by solid wastes producing units.

Output Value of Products Made from Utilization of Waste Gas, Waste Water and Industrial Solid Wastes refers to the value of products made by industrial enterprises using recovered waste water, waste gas or solid wastes as ma in raw materials, in accordance with No. 117 Document (1985).

二十 经济地带

SPECIAL ECONOMIC REGIONS

20

二十　经济地带主要指标

简要说明

一、本篇主要包括：广东境内的珠江三角洲经济区、广州和深圳、山区县、东西两翼以及少数民族县等经济区域的主要统计指标数据。

二、本篇资料分别由广东省统计局综合处和工业交通处负责整理、编辑。

三、资源来源：本篇资料根据国家统计局制定的各有关专业年度统计报表制度和广东省统计局制发的《县区国民经济主要指标年报》制度，由全省21个市统计局填报汇总而成。

四、本篇各项产值指标数据，由于各市汇总数不等于全省数，因此各经济地带产值指标汇总数，仅适合反映该地区发展变化情况。

20　SPECIAL ECONOMIC REGIONS

Brief Introduction

Ⅰ. The data in this chapter mainly include those of the Pearl River Delta Economic Zone, Guangzhou, Shenzhen, counties in mountainous areas, east and west wings and minority nationality counties in Guangdong Province.

Ⅱ. The data in this chapter are prepared by both the Division of Comprehensive Statistics and the Division of Industry and Transport Statistics of Guangdong Provincial Bureau of Statistics.

Ⅲ. Data sources:

The data in this chapter are tabulated and reported by the twenty-one prefectural statistical bureaus of Guangdong Province in accordance with the various annual statistical reporting schemes stipulated by the National Bureau of Statistics and the Annual Reporting Scheme of Main Indicators of National Economy of Counties and Districts by Guangdong Provincial Bureau of Statistics.

Ⅳ. The total output values of each economic region in this chapter only show its own development and changes because the total figures of these cities are not equal to the sum of the whole province.

20-1 珠江三角洲经济区主要经济指标
MAIN ECONOMIC INDICATORS OF THE PEARL RIVER DELTA ECONOMIC ZONE

指　　标	Item	1995	2002	2003	2003 比 2002 增长% Growth Rate in 2003 over 2002
年末户籍总人口 （万人）	Total Year-end Population with Residence Registration (10000 persons)	2137.73	2364.88	2398.63	1.4
年末从业人员数 （万人）	Number of Employed Persons at the Year-end (10000 persons)	1510	1905.81	2072.69	8.8
土地面积 （平方公里）	Land Area (sq. km)		41698	41698	0
常用耕地面积 （公顷）	Area of Regularly Cultivated Land (ha.)		630011	568567	-9.8
地区生产总值 （亿元）	Gross Domestic Product (100 million yuan)	3899.69	9418.79	11341.13	16.6
第一产业	Primary Industry	314.93	465.04	470.49	0.1
第二产业	Secondary Industry	1957.09	4688.12	5939.63	22.0
#工业	Industry		4218.86	5380.38	23.0
第三产业	Tertiary Industry	1627.67	4265.63	4930.01	12.0
人均地区生产总值 （元）	Per Capita Gross Domestic Product (yuan)		34295	39782	13.9
公路通车里程 （公里）	Total Length of Highways in Operation (km)	20323	30354	30919.16	1.9
邮电业务总量 （2000 年不变价） （亿元）	Total Business Volume of Postal and Telecommunication Services (at 2000 constant prices) (100 million yuan)		713.49	947.77	32.8
本地电话年末用户 （万户）	Number of Year - end Subscribers of Local Telephones (10000 subscribers)		1253.95	1663.32	32.6
乡村	Subscribers in Rural Areas		347.82	445.79	28.2
移动电话年末用户 （万户）	Number of Year-end Subscribers of Mobile Telephones (10000 subscribers)		2508.32	3118.25	24.3
全社会固定资产投资额 （亿元）	Total Amount of Investment in Fixed Assets (100 million yuan)	1491.02	2886.62	3739.71	29.6
基本建设投资	Investment in Capital Construction	503.74	923.24	1394.95	51.1
更新改造投资	Investment in Innovation	168.81	320.81	400.78	24.9
房地产开发投资	Investment in Real Estate Development		1018.35	1132.41	11.2
社会消费品零售总额 （亿元）	Total Amount of Retail Sales of Consumer Goods (100 million yuan)	1544.66	3481.33	3976.59	14.2
外贸出口总额 （亿美元）	Total Amount of Exports (USD 100 million)	461.06	1126.08	1450.56	28.8
外贸进口总额 （亿美元）	Total Amount of Imports (USD 100 million)	223.17	992.57	1262.47	27.2
新签利用外资合同数 （宗）	Number of Utilization of Foreign Capital through Newly Signed Contracts (unit)	7556	10757	10372	-3.6
合同外资额 （亿美元）	Contracted Foreign Capital (USD 100 million)	203.60	171.53	210.48	22.7
实际利用外资 （亿美元）	Foreign Capitals Actually Utilized (USD 100 million)	85.79	150.21	170.27	13.4
职工工资总额 （亿元）	Total Wages of Staff & Workers (100 million yuan)	497.33	1007.78	1195.17	18.6
地方财政一般预算收入 （亿元）	Local Government Budgetary Revenue (100 million yuan)	315.31	768.72	848.03	10.3
地方财政一般预算支出 （亿元）	Local Government Budgetary Expenditure (100 million yuan)	316.57	963.60	1075.00	11.6
城乡居民储蓄存款年末余额 （亿元）	Savings Deposits by Urban and Rural Residents at the Year-end (100 million yuan)	2810.42	9240.16	11068.92	19.8
年末外商投资企业工商注册登记数 （户）	Number of Registered Foreign Funded Enterprises at the Year-end (unit)	42076	41479	43360	4.5
接待过夜旅游者人数 （万人次）	Number of Tourists Received to Stay Overnight by Hotels (10000 person-times)		7533.61	6915.20	-8.2
#国际游客 （万人次）	International Tourists (10000 person-times)		1331.67	1134.51	-14.8

注：1. 珠江三角洲经济区包括 13 个市、县（区）：广州、深圳、珠海、佛山、江门、东莞、中山、惠州市区、惠东县、博罗县、肇庆市区、高要市、四会市。表中数据按各地级市统计局上报数汇总。

2. 本表地区生产总值绝对数按当年价格计算，增长速度按可比价格计算。

3. 2002、2003 年地方财政一般预算收支根据广东省财政厅提供的广东省地（市）县财政基金预算收支及平衡表整理。

Note: a) The Pearl River Delta Economic Zone covers the areas of 13 cities and counties (districts), including Guangzhou, Shenzhen, Zhuhai, Foshan, Jiangmen, Dongguan, Zhongshan, urban districts of Huizhou, Huidong County, Boluo County, urban districts of Zhaoqing, Gaoyao County-level City and Sihui County-level City. Data in this table are reported by the prefectual bureaus of statistics.

b) The figures in value terms on GDP are calculated at current prices, whereas the growth rates are calculated at comparable prices.

c) The figures of local government budgetary revenue and expenditure of 2002 and 2003 are prepared on the basis of the prefectual (county) government revenue and expenditure balanced sheet provided by Guangdong Provincial Department of Finance.

20-2 珠江三角洲经济区工业企业主要指标（2003 年）

单位：亿元

项　　目	Item	企业单位数（个）Number of Enterprises (unit)	#亏损企业 Loss-making Enterprises
总　计	**Total**	**19064**	**3756**
按经济类型分	**Grouped by Ownership**		
在总计中：国有及国有控股经济	Of the Total: State-owned and State-holding Enterprises	1130	330
国有经济	State-owned Enterprises	559	190
集体经济	Collective-owned Enterprises	1801	259
股份合作经济	Cooperative Operation	198	39
股份制经济	Share Holding Enterprises	4085	591
外商投资经济	Foreign Funded Enterprises	1821	459
港澳台投资经济	Enterprises with Funds from Hong Kong, Macao and Taiwan	7374	1979
按轻重工业分	**Grouped by Light & Heavy Industry**		
轻　工　业	Light Industry	11446	2321
重　工　业	Heavy Industry	7618	1435
按企业规模分	**Grouped by Size of Enterprises**		
大型企业	Large	167	10
中型企业	Medium	2621	407
小型企业	Small	16276	3339
按行业分	**Grouped by Sector**		
# 煤炭开采和洗选业	Coal Mining and Dressing		
石油和天然气开采业	Petroleum and Natural Gas Extraction	1	
黑色金属矿采选业	Ferrous Metal Minerals Mining and Dressing	2	1
有色金属矿采选业	Nonferrous Metals Minerals Mining and Dressing	2	1
非金属矿采选业	Nonmetal Minerals Mining and Dressing	121	7
农副食品加工业	Farm and Sideline Food Processing	334	87
食品制造业	Food Manufacturing	320	78
饮料制造业	Beverage Manufacturing	131	32
烟草制品业	Tobacco Products	6	1
纺织业	Textile Industry	1119	258
纺织服装、鞋、帽制造业	Textile Garments, Footwear and Headgear Manufacturing	1689	366
皮革、毛皮、羽毛（绒）及其制品业	Feather, Furs, Down and Related Products	808	165
木材加工及木、竹、藤、棕、草制品业	Timber Processing, Bamboo, Cane, Palm Fibre & Straw Products	171	41
家具制造业	Furniture Manufacturing	408	68
造纸及纸制品业	Papermaking and Paper Products	664	111
印刷业、记录媒介的复制	Printing and Record Medium Reproduction	516	92
文教体育用品制造业	Cultural, Educational and Sports Goods	508	131
石油加工、炼焦及核燃料加工业	Petroleum Refining, Coking and Nuclear Fuel Processing	30	2
化学原料及化学制品制造业	Raw Chemical Materials and Chemical Products	1022	177
医药制造业	Medical and Pharmaceutical Products	192	49
化学纤维制造业	Chemical Fiber	63	17
橡胶制品业	Rubber Products	170	29
塑料制品业	Plastic Products	1410	280
非金属矿物制品业	Non-metal Mineral Products	1080	207
黑色金属冶炼及压延加工业	Smelting and Pressing of Ferrous Metals	188	8
有色金属冶炼及压延加工业	Smelting and Pressing of Nonferrous Metals	262	36
金属制品业	Metal Products	1542	231
通用设备制造业	General Purposes Equipment Manufacturing	586	99
专用设备制造业	Special Purposes Equipment Manufacturing	394	80
交通运输设备制造业	Transport Equipment Manufacturing	523	107
电气机械及器材制造业	Electric Equipment and Machinery	1979	362
通信设备、计算机及其他电子设备制造业	Telecommunications, Computers and Other Electronic Equipment Manufacturing	1622	366
仪器仪表及文化、办公用机械制造业	Instruments, Meters, Cultural and Office Machinery	403	98
工艺品及其他制造业	Handicraft and Other Manufacturing	483	90
废弃资源和废旧材料回收加工业	Waste Sources and Materials Recovery Processing	6	
电力、热力的生产和供应业	Production and Supply of Electric Power and Heating Power	148	57
燃气生产和供应业	Production and Supply of Gas	16	5
水的生产和供应业	Production and Supply of Tap Water	145	17

注：本表统计范围为全部国有及年销售收入 500 万元以上非国有工业企业。

MAIN INDICATORS OF INDUSTRIAL ENTERPRISES OF THE PEARL RIVER DELTA ECONOMIC ZONE (2003)

(100 million yuan)

工业总产值（当年价） Gross Industrial Output Value (at current prices)	工业总产值（1990 年不变价） Gross Industrial Output Value (at 1990 constant prices)	工业增加值（生产法） Value Added of Industry (by production approach)	实收资本 Total Capital Hold	#国有资本 State-owned Capital	集体资本 Collective-owned Capital	年末资产总计 Total Assets at the Year-end
18628.01	**21099.80**	**4909.41**	**4290.86**	**567.21**	**143.63**	**15878.05**
3121.10	3389.34	1191.95	1045.39	515.32	22.70	4803.12
575.01	483.97	275.28	413.64	323.22	0.69	1610.69
640.25	631.31	163.75	112.79	2.32	47.51	560.58
168.30	175.68	38.09	17.71	0.59	2.95	92.80
3722.41	4509.37	1120.47	606.82	96.03	34.09	3588.54
5766.26	7296.25	1296.60	1018.26	42.11	10.82	3543.65
6819.33	7067.21	1785.20	1995.22	87.62	41.23	5946.33
8640.67	9925.61	2247.09	1999.36	123.67	70.05	6802.63
9987.34	11174.19	2662.32	2291.50	443.54	73.58	9075.42
5729.43	8040.52	1408.58	597.97	126.90	2.37	3625.51
7142.47	7325.95	2050.07	2039.30	348.44	60.33	7523.22
5756.11	5733.33	1450.76	1653.59	91.87	80.93	4729.32
151.70	23.15	58.29				28.15
0.34	0.36	0.08	0.08			0.16
5.29	4.63	0.97	0.12	0.01		1.29
38.62	35.72	9.31	6.89	1.98	0.67	26.35
298.69	268.92	66.79	48.38	5.78	2.15	218.78
246.24	235.40	80.51	87.44	5.36	2.08	238.16
212.91	194.18	72.81	94.05	11.39	1.64	264.59
75.77	35.39	54.60	11.18	11.18		62.07
626.57	568.80	150.11	203.96	6.59	9.12	569.33
617.33	613.39	155.47	129.99	1.70	4.57	378.12
436.53	418.66	103.33	103.12	0.46	2.60	279.39
82.24	86.51	21.44	22.12	0.39	0.66	86.25
192.55	174.66	45.56	45.70	0.38	0.66	144.04
349.90	332.31	90.41	126.04	18.85	5.71	373.05
215.56	235.68	57.84	98.06	8.51	3.94	245.76
299.03	280.18	78.36	94.47	1.73	3.38	241.40
207.59	99.78	41.08	5.68	0.49	0.03	101.61
971.17	1088.40	303.63	249.06	17.86	5.35	849.94
211.20	305.88	76.17	82.23	14.95	4.19	319.18
39.26	48.77	9.43	18.54	5.12	0.14	48.44
90.47	98.69	23.05	36.88	0.61	0.97	94.62
701.24	714.28	161.95	235.54	3.61	9.95	640.25
537.09	568.27	148.99	167.53	9.30	13.36	573.60
214.49	161.93	46.11	46.14	6.40	1.03	230.36
238.13	288.73	54.93	40.67	1.25	1.27	164.51
767.98	774.07	185.20	181.37	6.09	5.83	557.44
267.97	293.87	70.87	80.08	7.67	1.98	274.43
175.55	174.82	44.04	63.71	3.51	0.82	196.24
870.76	960.21	231.54	151.27	16.83	3.32	678.07
2066.01	2670.66	498.38	348.65	7.41	11.99	1507.96
5734.51	8174.90	1293.36	719.18	39.68	7.53	3435.47
639.88	706.18	163.70	113.33	1.02	3.46	375.94
231.73	224.75	57.80	49.73	0.50	2.74	143.41
14.57	9.13	2.60	0.50	0.09	0.12	5.95
687.07	170.37	412.82	571.13	316.93	24.73	2181.71
32.14	24.05	3.70	17.49	10.55	0.22	40.03
79.92	34.13	34.19	40.55	23.01	7.46	302.00

Note: The statistical coverage of this table includes all state-owned enterprises and non-state-owned enterprises with an annual sales revenue over 5 million yuan.

20-2 续表 1

单位：亿元

项　　目	Item	流动资产合计 Total Circulating Funds	#产成品 Finished Products
总　　计	**Total**	**8727.20**	**908.52**
按经济类型分	**Grouped by Ownership**		
在总计中：国有及国有控股经济	Of the Total：State-owned and State-holding Enterprises	1983.21	165.97
国有经济	State-owned Enterprises	518.31	24.69
集体经济	Collective-owned Enterprises	271.11	27.79
股份合作经济	Cooperative Operation	62.47	8.24
股份制经济	Share Holding Enterprises	1979.96	276.59
外商投资经济	Foreign Funded Enterprises	2236.44	173.66
港澳台投资经济	Enterprises with Funds from Hong Kong, Macao and Taiwan	3342.22	361.10
按轻重工业分	**Grouped by Light & Heavy Industry**		
轻　工　业	Light Industry	4021.91	480.55
重　工　业	Heavy Industry	4705.29	427.96
按企业规模分	**Grouped by Size of Enterprises**		
大型企业	Large	2310.46	246.69
中型企业	Medium	3746.56	355.47
小型企业	Small	2670.19	306.35
按行业分	**Grouped by Sector**		
# 煤炭开采和洗选业	Coal Mining and Dressing		
石油和天然气开采业	Petroleum and Natural Gas Extraction	3.10	1.05
黑色金属矿采选业	Ferrous Metal Minerals Mining and Dressing	0.11	0.01
有色金属矿采选业	Nonferrous Metals Minerals Mining and Dressing	0.65	0.01
非金属矿采选业	Nonmetal Minerals Mining and Dressing	14.50	1.83
农副食品加工业	Farm and Sideline Food Processing	126.48	15.26
食品制造业	Food Manufacturing	129.09	14.52
饮料制造业	Beverage Manufacturing	129.99	8.03
烟草制品业	Tobacco Products	41.28	0.15
纺织业	Textile Industry	302.10	40.29
纺织服装、鞋、帽制造业	Textile Garments, Footwear and Headgear Manufacturing	238.18	27.99
皮革、毛皮、羽毛（绒）及其制品业	Feather, Furs, Down and Related Products	168.81	19.30
木材加工及木、竹、藤、棕、草制品业	Timber Processing, Bamboo, Cane, Palm Fibre & Straw Products	42.18	8.24
家具制造业	Furniture Manufacturing	84.28	8.57
造纸及纸制品业	Papermaking and Paper Products	173.58	17.63
印刷业、记录媒介的复制	Printing and Record Medium Reproduction	127.64	9.96
文教体育用品制造业	Cultural, Educational and Sports Goods	144.00	15.84
石油加工、炼焦及核燃料加工业	Petroleum Refining, Coking and Nuclear Fuel Processing	35.52	6.69
化学原料及化学制品制造业	Raw Chemical Materials and Chemical Products	476.54	59.78
医药制造业	Medical and Pharmaceutical Products	182.98	15.91
化学纤维制造业	Chemical Fiber	24.71	2.82
橡胶制品业	Rubber Products	51.16	6.22
塑料制品业	Plastic Products	343.59	42.67
非金属矿物制品业	Non-metal Mineral Products	269.75	44.88
黑色金属冶炼及压延加工业	Smelting and Pressing of Ferrous Metals	106.79	11.10
有色金属冶炼及压延加工业	Smelting and Pressing of Nonferrous Metals	92.56	13.83
金属制品业	Metal Products	340.28	41.20
通用设备制造业	General Purposes Equipment Manufacturing	170.19	21.44
专用设备制造业	Special Purposes Equipment Manufacturing	121.00	17.68
交通运输设备制造业	Transport Equipment Manufacturing	423.00	25.78
电气机械及器材制造业	Electric Equipment and Machinery	997.91	131.46
通信设备、计算机及其他电子设备制造业	Telecommunications, Computers and Other Electronic Equipment Manufacturing	2399.90	242.26
仪器仪表及文化、办公用机械制造业	Instruments, Meters, Cultural and Office Machinery	244.27	19.25
工艺品及其他制造业	Handicraft and Other Manufacturing	88.20	14.34
废弃资源和废旧材料回收加工业	Waste Sources and Materials Recovery Processing	4.95	0.14
电力、热力的生产和供应业	Production and Supply of Electric Power and Heating Power	538.80	1.60
燃气生产和供应业	Production and Supply of Gas	13.30	0.27
水的生产和供应业	Production and Supply of Tap Water	75.83	0.49

20-21 continued

(100 million yuan)

流动资产年平均余额 Annual Average Balance of Circulating Funds	固定资产合计 Total Fixed Assets	固定资产原价 Original Value of Fixed Assets	固定资产净值平均余额 Average Balance of Net Value of Fixed Assets	年末负债合计 Total Liabilities at the Year-end	#流动负债 Liquid Liabilities	年末所有者权益合计 Total Creditors´ Equity at the Year-end
8378.82	**5897.98**	**8646.03**	**5224.75**	**9012.73**	**7402.05**	**6865.32**
1901.21	2409.15	3412.74	2028.99	2557.07	1608.54	2246.05
543.92	1000.73	1250.35	772.19	764.24	463.03	846.45
284.86	229.35	349.47	212.39	367.98	291.78	192.60
52.59	25.16	35.14	22.06	66.30	60.79	26.51
1848.18	1207.49	1663.99	1046.63	2211.57	1668.94	1376.97
2089.67	1090.83	1606.25	969.79	2002.49	1837.34	1541.17
3234.21	2188.23	3529.83	2057.22	3296.94	2810.75	2649.39
3880.60	2191.25	3336.04	2025.00	3797.28	3420.79	3005.34
4498.22	3706.73	5309.99	3199.75	5215.45	3981.26	3859.97
2170.49	1082.23	1547.88	927.77	2084.54	1936.11	1540.97
3567.92	3159.27	4577.42	2762.76	4193.62	3162.76	3329.60
2640.40	1656.48	2520.74	1534.22	2734.57	2303.18	1994.75
0.70	0.03	0.05	0.03	8.48	8.47	19.68
0.10	0.02	0.03	0.02	0.13	0.13	0.03
1.07	0.54	1.57	0.49	0.47	0.45	0.82
15.68	7.91	12.13	7.62	12.68	9.89	13.67
140.92	67.68	101.63	53.82	136.34	119.29	82.44
123.08	89.17	140.47	84.02	123.00	108.26	115.16
118.32	94.74	158.98	86.95	133.83	102.53	130.76
38.61	16.77	31.96	13.69	11.60	10.79	50.47
288.08	228.42	361.90	213.95	323.06	285.60	246.27
241.70	111.47	171.84	100.36	230.23	210.72	147.89
173.87	89.60	132.32	90.88	154.49	143.10	124.90
42.74	36.77	50.10	36.36	51.85	45.85	34.40
84.05	39.22	53.59	37.10	78.53	67.79	65.51
168.76	167.59	231.63	156.42	204.24	164.61	168.80
122.50	103.77	162.71	96.60	122.65	112.96	123.11
142.88	83.38	129.52	77.48	119.49	112.99	121.91
39.93	56.34	108.89	51.69	54.75	39.23	46.86
437.00	286.93	410.24	261.64	452.03	367.28	397.91
169.94	81.35	106.06	64.70	182.34	162.59	136.84
23.14	19.79	32.48	19.13	30.10	19.51	18.34
51.42	34.17	54.05	32.54	44.42	39.34	50.19
339.36	236.04	365.79	212.90	338.89	294.98	301.36
265.16	258.66	367.15	232.39	348.64	267.67	224.96
96.12	104.64	110.98	82.84	160.69	112.30	69.68
90.55	55.62	78.02	52.23	109.67	98.72	54.83
334.80	182.71	269.12	165.50	328.00	290.75	229.45
160.54	80.16	115.31	72.74	164.18	146.74	110.25
109.93	57.64	83.89	53.02	104.16	94.95	92.08
395.47	193.96	259.16	170.66	395.52	348.36	282.55
945.75	395.65	604.48	356.57	920.08	858.27	587.88
2274.77	804.54	1166.26	735.46	2119.63	2001.45	1315.84
234.79	109.96	165.23	95.77	200.99	191.63	174.95
88.60	43.10	62.00	40.03	75.01	69.80	68.40
4.62	0.76	1.33	0.69	5.19	5.19	0.76
527.05	1534.57	2231.45	1265.30	1147.58	405.84	1034.13
12.99	23.86	29.24	21.31	18.99	17.07	21.03
73.84	200.45	284.49	181.86	100.80	66.96	201.20

20-2 续表 2

单位：亿元

项　　目	Item	产品销售收入 Sales Revenue	产品销售税金及附加 Sales Tax and Extra Charges
总　　计	**Total**	**18592.04**	**113.61**
按经济类型分	**Grouped by Ownership**		
在总计中：国有及国有控股经济	Of the Total: State-owned and State-holding Enterprises	3678.40	62.86
国有经济	State-owned Enterprises	1222.11	25.53
集体经济	Collective-owned Enterprises	598.17	4.03
股份合作经济	Cooperative Operation	165.24	0.43
股份制经济	Share Holding Enterprises	3506.31	28.61
外商投资经济	Foreign Funded Enterprises	5684.65	28.08
港澳台投资经济	Enterprises with Funds from Hong Kong, Macao and Taiwan	6539.73	15.57
按轻重工业分	**Grouped by Light & Heavy Industry**		
轻　工　业	Light Industry	8274.21	66.65
重　工　业	Heavy Industry	10317.82	46.96
按企业规模分	**Grouped by Size of Enterprises**		
大型企业	Large	5717.47	37.45
中型企业	Medium	7505.80	49.71
小型企业	Small	5368.77	26.45
按行业分	**Grouped by Sector**		
# 煤炭开采和洗选业	Coal Mining and Dressing		
石油和天然气开采业	Petroleum and Natural Gas Extraction	64.68	4.48
黑色金属矿采选业	Ferrous Metal Minerals Mining and Dressing	0.29	0.01
有色金属矿采选业	Nonferrous Metals Minerals Mining and Dressing	5.30	0.01
非金属矿采选业	Nonmetal Minerals Mining and Dressing	37.36	0.38
农副食品加工业	Farm and Sideline Food Processing	293.67	0.55
食品制造业	Food Manufacturing	230.87	0.46
饮料制造业	Beverage Manufacturing	203.43	7.47
烟草制品业	Tobacco Products	76.22	26.75
纺织业	Textile Industry	587.98	1.42
纺织服装、鞋、帽制造业	Textile Garments, Footwear and Headgear Manufacturing	587.54	2.12
皮革、毛皮、羽毛（绒）及其制品业	Feather, Furs, Down and Related Products	417.22	1.03
木材加工及木、竹、藤、棕、草制品业	Timber Processing, Bamboo, Cane, Palm Fibre & Straw Products	77.95	0.40
家具制造业	Furniture Manufacturing	188.83	0.55
造纸及纸制品业	Papermaking and Paper Products	339.46	0.91
印刷业、记录媒介的复制	Printing and Record Medium Reproduction	203.37	0.52
文教体育用品制造业	Cultural, Educational and Sports Goods	290.58	0.45
石油加工、炼焦及核燃料加工业	Petroleum Refining, Coking and Nuclear Fuel Processing	210.22	7.77
化学原料及化学制品制造业	Raw Chemical Materials and Chemical Products	924.52	6.28
医药制造业	Medical and Pharmaceutical Products	179.47	0.77
化学纤维制造业	Chemical Fiber	38.08	0.09
橡胶制品业	Rubber Products	88.41	0.92
塑料制品业	Plastic Products	688.69	1.33
非金属矿物制品业	Non-metal Mineral Products	495.33	3.29
黑色金属冶炼及压延加工业	Smelting and Pressing of Ferrous Metals	232.03	0.36
有色金属冶炼及压延加工业	Smelting and Pressing of Nonferrous Metals	226.21	0.55
金属制品业	Metal Products	745.94	2.19
通用设备制造业	General Purposes Equipment Manufacturing	253.20	0.85
专用设备制造业	Special Purposes Equipment Manufacturing	173.69	0.45
交通运输设备制造业	Transport Equipment Manufacturing	868.89	23.04
电气机械及器材制造业	Electric Equipment and Machinery	1997.72	4.13
通信设备、计算机及其他电子设备制造业	Telecommunications, Computers and Other Electronic Equipment Manufacturing	5536.94	5.31
仪器仪表及文化、办公用机械制造业	Instruments, Meters, Cultural and Office Machinery	642.16	4.11
工艺品及其他制造业	Handicraft and Other Manufacturing	219.58	0.56
废弃资源和废旧材料回收加工业	Waste Sources and Materials Recovery Processing	15.82	0.02
电力、热力的生产和供应业	Production and Supply of Electric Power and Heating Power	1333.78	3.22
燃气生产和供应业	Production and Supply of Gas	35.66	0.08
水的生产和供应业	Production and Supply of Tap Water	80.97	0.79

(100 million yuan)

利润总额 Total Profits	#亏损总额 Total Losses	利税总额 Total Pretax Profits	本年应交增值税 Value Added Tax Payable in Current Year	本年销项税额 Sales Tax in Current Year	本年进项税额 Import Tax in Current Year	全部从业人员年平均人数（万人） Annual Average Number of Employed Persons (10000 persons)
966.39	**117.07**	**1594.99**	**515.00**	**1359.55**	**1611.56**	**617.07**
290.35	31.41	531.06	177.84	361.42	452.78	46.88
41.68	18.01	148.32	81.10	101.70	155.30	16.88
16.53	4.17	35.42	14.85	52.00	64.12	44.66
6.16	0.81	8.95	2.36	17.49	19.59	5.06
186.82	13.39	338.01	122.57	371.22	456.55	91.89
376.57	25.25	528.99	124.35	298.75	357.70	99.77
312.13	51.93	473.29	145.59	411.19	450.25	317.83
355.50	50.78	638.82	216.67	614.71	733.88	393.12
610.89	66.30	956.18	298.33	744.84	877.69	223.95
327.42	3.36	482.01	117.14	392.40	406.89	80.95
459.42	43.92	762.86	253.73	483.49	666.17	256.15
179.55	69.79	350.13	144.13	483.66	538.50	279.97
33.71		45.82	7.63			0.02
-0.02	0.03	-0.01	0.01	0.01	0.02	0.02
0.50		0.52	0.01	0.06	0.07	0.08
1.57	0.05	2.87	0.91	3.03	3.91	1.32
6.00	2.00	13.44	6.89	24.73	28.02	4.73
21.52	3.71	36.20	14.22	20.12	32.51	7.34
18.75	2.00	39.68	13.46	18.69	31.08	3.26
13.46	0.01	48.92	8.72	4.37	12.56	0.36
12.46	4.45	23.08	9.20	43.01	44.03	29.05
6.65	6.42	20.43	11.65	39.50	46.52	60.77
7.48	2.30	13.56	5.04	23.14	25.01	48.46
1.18	1.20	3.38	1.79	6.57	7.89	3.75
4.42	0.83	7.87	2.90	11.11	11.11	12.55
13.40	2.23	27.23	12.92	29.57	36.48	11.13
10.46	1.83	17.60	6.62	16.24	19.96	12.09
9.39	2.23	12.05	2.22	18.75	11.59	37.13
3.02	0.01	17.41	6.62	29.39	34.22	0.71
102.72	5.89	159.29	50.28	88.97	124.89	13.85
19.47	3.16	34.26	14.03	15.81	28.58	5.93
2.25	0.47	3.26	0.92	4.04	4.80	1.13
3.61	0.77	6.79	2.26	5.94	6.92	5.22
20.84	5.31	35.61	13.44	48.61	54.12	33.32
15.71	5.55	37.03	18.04	43.25	56.55	23.97
6.15	0.57	12.35	5.84	28.62	30.31	2.33
5.64	1.53	9.62	3.44	23.82	25.34	4.43
27.60	4.64	43.56	13.77	59.34	64.49	31.85
11.41	2.18	20.36	8.10	25.68	31.72	10.55
9.79	1.13	15.69	5.44	28.83	16.81	8.23
94.42	9.14	156.36	38.89	85.91	83.29	15.84
76.13	8.88	120.83	40.56	167.65	187.90	74.36
238.37	15.55	321.78	78.10	308.96	337.05	106.12
24.01	1.50	33.52	5.41	14.43	15.79	21.20
6.66	0.82	10.15	2.93	16.51	17.78	17.99
0.16		0.28	0.09	2.41	2.50	0.26
130.04	19.73	231.50	98.24	99.14	171.53	4.89
-0.13	0.53	0.30	0.36	2.19	2.12	0.41
7.56	0.42	12.42	4.07	1.15	4.09	2.44

20-3 珠江三角洲经济区国有及国有控股工业企业单位数及产值（2003 年）
NUMBER AND OUTPUT VALUE OF STATE-OWNED AND STATE-HOLDING INDUSTRIAL ENTERPRISES OF THE PEARL RIVER DELTA ECONOMIC ZONE (2003)

单位：亿元 (100 million yuan)

项目	Item	企业单位数（个） Number of Enterprises (unit)	工业总产值 Gross Industrial Output Value	
			1990 年不变价 At 1990 Constant Prices	当年价 At Current Prices
总计	**Total**	**1130**	**3389.34**	**3121.10**
按轻重工业分	**Grouped by Light & Heavy Industry**			
轻工业	Light Industry	514	1192.44	882.10
重工业	Heavy Industry	616	2196.90	2239.00
按企业规模分	**Grouped by Size of Enterprises**			
大型企业	Large	35	1859.61	1400.65
中型企业	Medium	296	1218.34	1436.89
小型企业	Small	799	311.39	283.55
按行业分	**Grouped by Sector**			
# 煤炭开采和洗选业	Coal Mining and Dressing			
石油和天然气开采业	Petroleum and Natural Gas Extraction			
黑色金属矿采选业	Ferrous Metal Minerals Mining and Dressing	1	0.21	0.21
有色金属矿采选业	Nonferrous Metals Minerals Mining and Dressing	1	4.03	4.88
非金属矿采选业	Nonmetal Minerals Mining and Dressing	10	1.15	2.14
其他矿采选业	Other Minerals Mining and Dressing			
农副食品加工业	Farm and Sideline Food Processing	57	32.33	39.80
食品制造业	Food Manufacturing	30	18.86	23.76
饮料制造业	Beverage Manufacturing	21	35.29	54.72
烟草制品业	Tobacco Products	6	35.39	75.77
纺织业	Textile Industry	38	44.44	45.92
纺织服装、鞋、帽制造业	Textile Garments, Footwear and Headgear Manufacturing	24	5.21	5.99
皮革、毛皮、羽毛(绒)及其制品业	Leather, Furs, Down and Related Products	11	3.58	5.47
木材加工及木、竹、藤、棕、草制品业	Timber Processing, Bamboo, Cane, Palm Fibre & Straw Products	6	3.04	2.68
家具制造业	Furniture Manufacturing	7	1.26	1.45
造纸及纸制品业	Papermaking and Paper Products	27	40.50	44.16
印刷业、记录媒介的复制	Printing and Record Medium Reproduction	66	33.28	20.06
文教体育用品制造业	Cultural, Educational and Sports Goods	7	5.10	8.44
石油加工、炼焦及核燃料加工业	Petroleum Refining, Coking and Nuclear Fuel Processing	6	49.14	156.08
化学原料及化学制品制造业	Raw Chemical Materials and Chemical Products	73	172.72	132.33
医药制造业	Medical and Pharmaceutical Products	51	137.65	79.97
化学纤维制造业	Chemical Fiber	7	11.65	9.50
橡胶制品业	Rubber Products	15	25.04	19.32
塑料制品业	Plastic Products	25	44.68	31.49
非金属矿物制品业	Non-metal Mineral Products	65	34.69	31.26
黑色金属冶炼及压延加工业	Smelting and Pressing of Ferrous Metals	8	39.92	73.92
有色金属冶炼及压延加工业	Smelting and Pressing of Nonferrous Metals	14	49.67	22.45
金属制品业	Metal Products	35	20.04	19.37
通用设备制造业	General Purposes Equipment Manufacturing	68	68.53	55.92
专用设备制造业	Special Purposes Equipment Manufacturing	43	9.03	8.62
交通运输设备制造业	Transport Equipment Manufacturing	74	406.41	390.96
电气机械及器材制造业	Electric Equipment and Machinery	63	150.59	97.68
通信设备、计算机及其他电子设备制造业	Telecommunications, Computers and Other Electronic Equipment Manufacturing	128	1738.76	1033.89
仪器仪表及文化、办公用机械制造业	Instruments, Meters, Cultural and Office Machinery	29	8.78	8.60
工艺品及其他制造业	Handicraft and Other Manufacturing	14	17.66	17.26
废弃资源和废旧材料回收加工业	Waste Sources and Materials Recovery Processing			
电力、热力的生产和供应业	Production and Supply of Electric Power and Heating Power	68	130.39	554.51
燃气生产和供应业	Production and Supply of Gas	5	2.96	7.30
水的生产和供应业	Production and Supply of Tap Water	27	7.36	35.20

20-4 广州、深圳主要经济指标（2003 年）

MAIN ECONOMIC INDICATORS OF GUANGZHOU AND SHENZHEN (2003)

指标	Item	合计 Total	广州市 Guangzhou	深圳市 Shenzhen
土地面积（平方公里）	Land Area (sq. km)	9383	7434	1949
常用耕地面积（公顷）	Area of Regularly Cultivated Land (ha.)	138295	134934	3361
年底户籍总人口（万人）	Total Year-end Population with Residence Registration (10000 persons)	876.40	725.19	151.21
非农业人口	Non-agricultural Population	615.71	493.32	122.39
年底从业人员数（万人）	Number of Employed Persons at the Year-end (10000 persons)	943.36	521.07	422.29
地区生产总值（亿元）	Gross Domestic Product (100 million yuan)	6392.29	3496.88	2895.41
第一产业	Primary Industry	122.10	105.63	16.47
第二产业	Secondary Industry	3231.78	1508.12	1723.66
#工业	Industry	2879.71	1339.01	1540.71
第三产业	Tertiary Industry	3038.40	1883.13	1155.28
人均地区生产总值（元）	Per Capita Gross Domestic Product (yuan)	50986.00	48372	54545
地区生产总值指数（上年=100）	Index of Gross Domestic Product (preceding year = 100)	117.00	115.2	119.2
第一产业	Primary Industry	98.00	100.3	85.7
第二产业	Secondary Industry	123.90	121.6	126.1
#工业	Industry	126.30	124.5	127.9
第三产业	Tertiary Industry	110.90	111.2	110.3
人均地区生产总值指数（上年=100）	Index of Per Capita Gross Domestic Product (preceding year = 100)	112.30	114.2	109.3
公路通车里程（公里）	Total Length of Highways in Operation (km)	7036	5450	1586
邮电业务总量（2000 年不变价）（亿元）	Total Business Volume of Postal and Telecommunication Services (at 2000 constant prices) (100 million yuan)	512.64	261.75	250.89
本地电话年末用户（万户）	Number of Year – end Subscribers of Local Telephones (10000 subscribers)	797.08	443.21	353.87
城市	Subscribers in Urban Areas	774.73	420.86	353.87
乡村	Subscribers in Rural Areas	22.35	22.35	
移动电话年末用户（万户）	Number of Year-end Subscribers of Mobile Telephones (10000 subscribers)	1555.38	805.01	750.37
全社会固定资产投资额（亿元）	Total Amount of Investment in Fixed Assets (100 million yuan)	2109.36	1160.26	949.10
基本建设投资	Investment in Capital Construction	814.86	454.94	359.92
更新改造投资	Investment in Innovation	240.93	184.76	56.17
国有经济单位投资	Invested by State-owned Units	663.25	446.99	216.26
集体经济单位投资	Invested by Collective-owned Units	106.93	45.22	61.71
社会消费品零售总额（亿元）	Total Amount of Retail Sales of Consumer Goods (100 million yuan)	2296.04	1494.27	801.77
外贸出口总额（亿美元）	Total Amount of Exports (USD 100 million)	798.60	168.89	629.71
外贸进口总额（亿美元）	Total Amount of Imports (USD 100 million)	724.81	180.52	544.29
新签利用外资合同数（宗）	Number of Utilization of Foreign Capital through Newly Signed Contracts (unit)	3777	1204	2573
合同外资额（亿美元）	Contracted Foreign Capital (USD 100 million)	98.51	40.22	58.29
实际利用外资（亿美元）	Foreign Capital Actually Utilized (USD 100 million)	81.06	30.64	50.42
地方财政一般预算收入（亿元）	Local Government Budgetary Revenue (100 million yuan)	565.61	274.77	290.84
地方财政一般预算支出（亿元）	Local Government Budgetary Expenditure (100 million yuan)	719.04	370.09	348.95
城乡居民储蓄存款年末余额（亿元）	Savings Deposits by Urban and Rural Residents at the Year-end (100 million yuan)	5926.78	3727.33	2199.45
城镇居民人均可支配收入（元）	Per Capita Annual Disposable Income of Urban Residents (yuan)		15003	23906
农村居民人均纯收入（元）	Per Capita Annual Net Income of Rural Residents (yuan)		6130	11346
职工平均工资（元）	Average Wage of Staff and Workers (yuan)		28237	30413

注：本表地区生产总值绝对数按当年价格计算，指数按可比价格计算。
Note: The figures in value terms on GDP are calculated at current prices, whereas their indexes are calculated at comparable prices.

20-5 山区县（市、区）主要经济指标

MAIN ECONOMIC INDICATORS OF THE COUNTIES (COUNTY-LEVEL CITIES, DISTRICTS) IN MOUNTAINOUS AREAS

指 标		Item		2002	2003	2003 比 2002 增长% Growth Rate in 2003 over 2002
一、人口、土地面积		**Population and Land Area**				
年末户籍总人口	（万人）	Total Year-end Population with Residence Registration	(10000 persons)	3100.80	3119.02	0.6
土地面积	（平方公里）	Land Area	(sq. km)	117500	117500	0
常用耕地面积	（公顷）	Area of Regularly Cultivated Land	(ha.)	1039849	993076	-4.5
二、经济总量指标		**Aggregate Indicators on Economy**				
地区生产总值	（亿元）	Gross Domestic Product	(100 million yuan)	1996.38	2193.71	10.8
第一产业		Primary Industry		599.18	623.62	3.7
第二产业		Secondary Industry		741.38	838.29	15.6
#工业		Industry		634.24	706.43	14.5
第三产业		Tertiary Industry		655.82	731.81	12.0
人均地区生产总值	（元）	Per Capita Gross Domestic Product	(yuan)	6558	7604	10.0
工业总产值（1990 年不变价）	（亿元）	Gross Output Value of Industry (at 1990 constant prices)	(100 million yuan)	2253.86	2471.60	9.7
农业总产值（1990 年不变价）	（亿元）	Gross Output Value of Agriculture prices) (at 1990 constant	(100 million yuan)	496.95	512.85	3.2
乡镇企业营业收入	（亿元）	Business Income of Township Enterprises	(100 million yuan)	2503.29	2556.48	2.1
三、主要农业产品产量		**Output of Major Agricultural Products**				
粮食	（万吨）	Grain	(10000 tons)	893.99	864.14	-3.3
油料	（万吨）	Oil bearing Crops	(10000 tons)	47.12	48.39	2.7
猪牛羊肉	（万吨）	Pork, Beef and Mutton	(10000 tons)	112.07	112.64	0.5
水果	（万吨）	Fruits	(10000 tons)	358.17	385.58	7.7
茶叶	（万吨）	Tea	(10000 tons)	3.52	3.45	-2.0
四、运输、邮电		**Transportation, Postal and Telecommunication Services**				
公路通车里程	（公里）	Total Length of Highways in Operation	(km)	62471	63885	2.3
邮电业务总量（2000 年不变价）	（亿元）	Total Business Volume of Postal and Telecommunication Services (at 2000 constant prices)	(100 million yuan)	67.69	76.32	12.8
五、全社会固定资产投资额	**（亿元）**	**Total Amount of Investment in Fixed Assets**	**(100 million yuan)**	**428.68**	**553.88**	**29.2**
基本建设投资		Investment in Capital Construction		116.41	177.02	52.1
更新改造投资		Investment in Innovation		49.10	61.49	25.3
房地产开发投资		Investment in Real Estate Development		32.86	38.42	16.9
六、社会消费品零售总额	**（亿元）**	**Total Amount of Retail Sales of Consumer Goods**	**(100 million yuan)**	**739.08**	**816.59**	**10.5**
七、财政、金融		**Finance and Banking**				
地方财政一般预算收入	（亿元）	Local Government Budgetary Revenue	(100 million yuan)	44.35	50.66	14.2
地方财政一般预算支出	（亿元）	Local Government Budgetary Expenditure	(100 million yuan)	152.39	181.37	19.0
城乡居民储蓄存款年末余额	（亿元）	Savings Deposits by Urban and Rural Residents at the Year-end	(100 million yuan)	1174.69	1334.90	13.6
八、农村居民人均纯收入	**（元）**	**Per Capita Net Income of Rural Residents**	**(yuan)**	**3509**	**3662**	**4.4**
九、对外经济		**Foreign Trade**				
外贸出口总额	（亿美元）	Total Exports	(USD 100 million)	31.33	38.84	24.0
实际利用外资	（亿美元）	Foreign Capital Actually Utilized	(USD 100 million)	12.76	14.28	11.9

注：1. 本表地区生产总值绝对数按当年价格计算，增长速度按可比价格计算。表中数据按各地级市统计局上报数汇总。
2. 2002、2003 年地方财政一般预算收支根据广东省财政厅提供的广东省地（市）县级财政一般预算收支及平衡表整理。

Note: a) The figures in value terms on GDP are calculated at current prices, whereas the growth rates are calculated at comparable prices. Data in this table are reported by the prefectual bureaus of statistics.

b) The figures of local government budgetary revenue and expenditure of 2002 and 2003 are prepared on the basis of the prefectual (county) government revenue and expenditure balanced sheet provided by Guangdong Provincial Department of Finance.

20-6 东西两翼主要经济指标（2003 年）
MAIN ECONOMIC INDICATORS OF BOTH EAST AND WEST WINGS (2003)

指标	Item	东西翼合计 Total	东翼 East Wing	西翼 West Wing
土地面积 （平方公里）	Land Area (sq. km)	47425	15683	31742
常用耕地面积 （公顷）	Area of Regularly Cultivated Land (ha.)	858413	231992	626421
年末户籍总人口 （万人）	Total Year-end Population with Residence Registration (10000 persons)	3272.12	1630.53	1641.59
年末从业人员数 （万人）	Year-end Employed Persons (10000 persons)	1239.35	504.06	735.29
地区生产总值 （亿元）	Gross Domestic Product (100 million yuan)	2849.02	1438.20	1410.82
第一产业	Primary Industry	584.96	226.89	358.07
第二产业	Secondary Industry	1238.11	681.98	556.13
#工业	Industry	1092.09	615.01	477.08
第三产业	Tertiary Industry	1025.95	529.34	496.61
人均地区生产总值 （元）	Per Capita Gross Domestic Product (yuan)	9152	9148	9157
地区生产总值指数（上年=100）	Index of Gross Domestic Product (preceding year=100)	110.6	110.1	111.1
第一产业	Primary Industry	104.6	103.9	105.0
第二产业	Secondary Industry	113.8	113.0	114.8
#工业	Industry	114.4	113.2	116.0
第三产业	Tertiary Industry	110.4	109.2	111.7
人均地区生产总值指数 （上年=100）	Index of Per Capita Gross Domestic Product (preceding year=100)	109.3	108.5	110.1
工业总产值（1990 年不变价） （亿元）	Gross Output Value of Industry (at 1990 constant prices) (100 million yuan)	3589.85	2372.04	1217.81
农业总产值（1990 年不变价） （亿元）	Gross Output Value of Agriculture (at 1990 constant prices) (100 million yuan)	572.67	164.61	408.06
全社会固定资产投资 （亿元）	Total Amount of Investment in Fixed Assets (100 million yuan)	567.49	309.59	257.9
基本建设投资	Investment in Capital Construction	169.99	98.85	71.14
更新改造投资	Investment in Innovation	79.36	37.91	41.45
公路通车里程 （公里）	Total Length of Highways in Operation (km)	31212	11280	19932
邮电业务总量 （2000 年不变价） （亿元）	Total Business Volume of Postal and Telecommunication Services (at 2000 constant prices) (100 million yuan)	166.83	103.90	62.93
本地电话年末用户 （万户）	Number of Year-end Subscribers of Local Telephones (10000 subscribers)	558.45	321.79	236.66
乡村	Subscribers in Rural Areas	277.00	167.58	109.42
移动电话年末用户 （万户）	Number of Year-end Subscribers of Mobile Telephones (10000 subscribers)	595.83	375.12	220.71
社会消费品零售总额 （亿元）	Total Amount of Retail Sales of Consumer Goods (100 million yuan)	1195.15	619.4	575.75
外贸出口总额 （亿美元）	Total Amount of Exports (USD 100 million)	66.35	37.83	28.52
外贸进口总额 （亿美元）	Total Amount of Imports (USD 100 million)	34.50	22.00	12.50
实际利用外资 （亿美元）	Foreign Capital Actually Utilized (USD 100 million)	10.52	6.38	4.14
地方财政一般预算收入 （亿元）	Local Government Budgetary Revenue (100 million yuan)	79.98	42.31	37.67
地方财政一般预算支出 （亿元）	Local Government Budgetary Expenditure (100 million yuan)	205.58	108.98	96.60
城乡居民储蓄存款余额 （亿元）	Savings Deposits by Urban and Rural Residents at the Year-end (100 million yuan)	1995.09	1098.69	896.40
乡镇企业营业收入 （亿元）	Business Income of Township Enterprises (100 million yuan)	3499.38	2172.50	1326.88

注：1. 东翼指汕头、汕尾、潮州和揭阳四个市，西翼指湛江、茂名和阳江三个市。表中数据按各地级市统计局上报数汇总。2. 本表国内生产总值绝对数按当年价格计算，指数按可比价格计算。

Note: a) The East Wing refers to Shantou, Shanwei, Chaozhou and Jieyang, and the West Wing refers to Zhanjiang, Maoming and Yangjiang. Data in this table are reported by the prefectual bureaus of statistics.

b) The figures in value terms on GDP are calculated at current prices, whereas their indexes are calculated at comparable prices.

20-7 少数民族县主要经济指标（2003 年）
MAIN ECONOMIC INDICATORS OF THE MINORITY NATIONALITY COUNTIES (2003)

指标	Item	合计 Total	连南县 Liannan County	连山县 Lianshan County	乳源县 Ruyuan County
土地面积（平方公里）	Land Area (sq. km)	4682	1290	1165	2227
常用耕地面积（公顷）	Area of Regularly Cultivated Land (ha.)	23143	6833	6136	10174
年末户籍总人口（万人）	Total Year-end Population with Residence Registration (10000 persons)	47.16	15.56	11.47	20.13
少数民族人口	Population of Minority Nationalities	18.43	8.02	8.11	2.29
农业人口	Agricultural Population	38.00	12.73	8.99	16.27
地区生产总值（亿元）	Gross Domestic Product (100 million yuan)	22.81	5.20	5.09	12.53
第一产业	Primary Industry	6.29	1.85	2.16	2.28
第二产业	Secondary Industry	10.20	1.69	1.15	7.36
#工业	Industry	6.85	0.91	0.51	5.42
第三产业	Tertiary Industry	6.32	1.66	1.78	2.88
人均地区生产总值（元）	Per Capita Gross Domestic Product (yuan)	5525	3745	5095	7187
地区生产总值指数（上年=100）	Index of Gross Domestic Product (preceding year=100)	114.0	108.6	106.6	117.1
第一产业	Primary Industry	101.4	102.8	103.0	101.5
第二产业	Secondary Industry	125.5	119.9	109.3	127.0
#工业	Industry	123.5	101.2	106.6	124.9
第三产业	Tertiary Industry	107.3	105.1	109.4	108.8
人均地区生产总值指数（上年=100）	Index of Per Capita Gross Domestic Product (preceding year=100)	113.2	107.8	106.0	116.0
工业总产值（1990 年不变价）（亿元）	Gross Output Value of Industry (at 1990 constant prices) (100 million yuan)	17.84	1.90	1.06	14.88
农业总产值（1990 年不变价）（亿元）	Gross Output Value of Agriculture (at 1990 constant prices) (100 million yuan)	5.47	1.43	2.11	1.93
粮食总产量（万吨）	Total Output of Grain (10000 tons)	16.03	4.20	5.38	6.45
全社会固定资产投资额（亿元）	Total Amount of Investment in Fixed Assets (100 million yuan)	16.68	2.32	3.48	10.88
基本建设投资	Investment in Capital Construction (100 million yuan)	5.48	0.88	1.14	3.46
更新改造投资	Investment in Innovation (100 million yuan)	3.18	0.76	1.21	1.21
公路通车里程（公里）	Total Length of Highways in Operation (km)	2661	685.9	644.1	1331
本地电话年末用户（万户）	Number of Year–end Subscribers of Local Telephones (10000 subscribers)	6.86	1.70	1.39	3.77
乡村	Subscribers in Rural Areas	3.16	0.75	0.65	1.76
移动电话年末用户（万户）	Number of Year-end Subscribers of Mobile Telephones (10000 subscribers)	7.02	3.31	2.58	1.13
邮电业务总量（2000 年不变价）（亿元）	Total Business Volume of Postal and Telecommunication Services (at 2000 constant prices) (100 million yuan)	1.39	0.66	0.47	0.27
地方财政一般预算收入（亿元）	Local Government Budgetary Revenue (100 million yuan)	1.31	0.31	0.17	0.83
地方财政一般预算支出（亿元）	Local Government Budgetary Expenditure (100 million yuan)	6.08	1.91	1.52	2.64
城乡居民储蓄存款年末余额（亿元）	Savings Deposits by Urban and Rural Residents at the Year-end (100 million yuan)	19.30	6.41	4.46	8.44
职工工资总额（亿元）	Total Wages of Staff and Workers (100 million yuan)	3.93	1.25	0.75	1.92
职工年平均工资（元）	Annual Average Wage of Staff and Workers (yuan)		12971	11703	10429
农村居民人均纯收入（元）	Per Capita Net Income of Rural Residents (yuan)		2371	2407	2826
社会消费品零售总额（亿元）	Total Amount of Retail Sales of Consumer Goods (100 million yuan)	6.52	1.72	1.14	3.67
城乡集市贸易成交额（亿元）	Transaction Value of Free Markets in Urban and Rural Areas (100 million yuan)		1.33	1.49	
乡镇企业营业收入（亿元）	Business Income of Township Enterprises (100 million yuan)	11.86	2.30	1.10	8.46
普通中学（所）	Number of Regular Secondary Schools (unit)	43	14	13	16
在校学生数（人）	Number of Students Enrolled in Regular Secondary Schools (person)	29061	9125	8736	11200
小学（所）	Number of Primary Schools (unit)	230	77	65	88
在校学生数（人）	Number of Students Enrolled in Primary Schools (person)	51573	16685	13588	21300

注：本表地区生产总值绝对数按当年价计算，指数按可比价格计算。
Note: The figures in value terms on GDP are calculated at current prices, whereas their indexes are calculated at comparable prices.

二十一　城市主要指标

CITIES

21

二十一　城市主要指标

简要说明

一、本篇资料反映广东城市社会、经济发展和城市建设的规模、速度、效益及综合水平等基本情况。

二、本篇资料由广东省统计局综合处整理提供。

三、本篇资料依据国家统计局制定的《城市社会经济基本情况统计报表制度》，由全省 21 个地级市统计局填报后汇总、加工而成。资料的统计范围为广东 21 个省辖城市的市区。其中深圳 、珠海、东莞、中山、佛山为全市。

21　CITIES

Brief Introduction

Ⅰ. The data in this chapter show the social and economic development as well as the scale, growth rates, economic efficiency, overall level and other basic conditions of the cities of Guangdong Province.

Ⅱ. The data in this chapter are prepared and provided by the Division of Comprehensive Statistics of Guangdong Provincial Bureau of Statistics.

Ⅲ. The data in this chapter are reported, tabulated and processed by the twenty-one statistical bureaus at the prefectural level in accordance with the "Statistical Reporting Scheme on the Basic Social and Economic Situations of the Cities" stipulated by the National Bureau of Statistics. The statistical coverage includes the urban districts but excludes the counties under the jurisdiction of the twenty-one cities of Guangdong Province, among which Shenzhen, Zhuhai, Dongguan, Zhongshan and Foshan refer to the whole cities, with their towns and villages included.

21-1 城市主要经济指标
MAIN ECONOMIC INDICATORS ON CITIES

指　　标		Item		2002	2003
土地面积	(平方公里)	Total Land Area	(sq. km)	24977	29150
#建城区面积		Developed Land Area		1929	2461
年末户籍总人口	(万人)	Total Year-end Population with Residence Registration	(10000 persons)	2434.25	2899.99
#非农业人口		Non-agricultural Population		1542.46	2383.60
年末总户数	(万户)	Total Number of Households at the Year-end	(10000 households)	716.03	824.18
年末单位从业人员数	(万人)	Number of Persons Employed in Units at the Year-end	(10000 persons)	510.88	566.16
城镇私营和个体从业人员	(万人)	Number of Persons Employed in Private Enterprises and Self-employed Individuals in Urban Areas	(10000 persons)	375.48	535.87
地区生产总值（当年价）	(亿元)	Gross Domestic Product (at current prices)	(100 million yuan)	9339.81	11756.68
第一产业		Primary Industry		367.19	437.99
第二产业		Secondary Industry		4622.04	6138.53
#工业		Industry		4121.50	5520.67
第三产业		Tertiary Industry		4350.60	5187.95
邮政业务总量	(亿元)	Total Business Volume of Postal Services	(100 million yuan)	38.93	39.99
电信业务总量	(亿元)	Total Business Volume of Telecommunication Services	(100 million yuan)	574.87	603.58
本地电话机用户数	(万户)	Number of Telephone Subscribers	(10000 subscribers)	1326.04	1789.78
年末移动电话用户数	(万户)	Number of Mobile Telephone Subscribers at the Year-end	(10000 subscribers)	2532.06	3841.21
国际互联网用户数	(万户)	Number of Internet Subscribers	(10000 subscribers)	702.71	756.06
生活用水量	(万立方米)	Water Consumption for Residential Use	(10000 cu. m)	220775	238951
全年用电量	(亿千瓦时)	Annual Electricity Consumption	(100 million kwh)	1239.33	1616.03
#工业用电		Electricity Consumption for Industry		816.12	1054.23
城乡居民生活用电		Electricity Consumption for Residential Use		171.15	205.26
全社会固定资产投资	(亿元)	Total Investment in Fixed Assets	(100 million yuan)	3030.65	3940.02
房地产开发投资额	(亿元)	Investment in Real Estate Development	(100 million yuan)	1045.84	1158.06
#住宅		Residential Buildings		733.05	765.17
社会消费品零售总额	(亿元)	Total Retail Sales of Consumer Goods	(100 million yuan)	3618.88	4286.39
外商直接投资		Foreign Direct Investment Made by Foreigners and Entrepreneurs from Hong Kong, Macao and Taiwan			
合同外资额	(亿美元)	Contracted Foreign Capital	(USD 100 million)	132.93	176.95
实际利用外资	(亿美元)	Foreign Capital Actually Used	(USD 100 million)	105.54	133.53
地方财政一般预算收入	(亿元)	Total Budgetary Revenue of Local Governments	(100 million yuan)	789.42	893.16
地方财政一般预算支出	(亿元)	Total Budgetary Expenditure of Local Governments	(100 million yuan)	1016.60	1179.17
城乡居民储蓄存款年末余额	(亿元)	Savings Deposits by Urban and Rural Residents at the Year-end	(100 million yuan)	9578.71	11637.33
在岗职工工资总额	(亿元)	Total Wages of Fully Employed Staff and Workers	(100 million yuan)	1056.75	1286.07

注：表中数据按各地级市统计局上报数汇总。
Note: All data in this table are reported by the prefectual bureaus of statistics.

21-2 城市基本情况(2003年)

指　　标		Item		21个城市合计 Total of 21 Cities
一、人口、从业人员和土地面积		**Population, Employment and Total Land Area**		
年末总人口	(万人)	Total Year-end Population with Residence Registration	(10000 persons)	2899.99
#非农业人口		Non-agricultural Population		2383.6
年末总户数	(万户)	Total Number of Households at the Year-end	(10000 households)	824.18
年末单位从业人员数	(万人)	Number of Persons Employed in Units at the Year-end	(10000 persons)	566.16
第一产业(农、林、牧、渔业)		Primary Industry		3.82
第二产业		Secondary Industry		284.74
第三产业		Tertiary Industry		277.6
私营和个体从业人员	(万人)	Persons Employed in Private Enterprises and Self-employed Individuals in Urban Areas	(10000 persons)	535.87
年末城镇登记失业人员数	(万人)			27.13
行政区域土地面积	(平方公里)	Total Area	(sq. km)	29150
#建成区面积		Developed Land Area		2461
二、经济总量指标		**Aggregated Economic Indicators**		
地区生产总值(当年价格)	(亿元)	Gross Domestic Product (at current prices)	(100 million yuan)	11756.68
第一产业		Primary Industry		437.99
第二产业		Secondary Industry		6138.53
#工业		Industry		5520.67
第三产业		Tertiary Industry		5187.95
人均地区生产总值	(元)	Per Capita Gross Domestic Product	(yuan)	
地区生产总值增长率	(%)	Growth Rate of Gross Domestic Product	(%)	
三、工业		**Industry**		
工业企业数	(个)	Number of Industrial Enterprises	(unit)	18574
内资企业		Domestic Funded Enterprises		9710
港、澳、台商投资企业		Enterprises Funded by Entrepreneurs from Hong Kong, Macao and Taiwan		7066
外商投资企业		Foreign Funded Enterprises		1798
工业总产值(当年价)	(亿元)	Total Industrial Output Value (at current prices)	(100 million yuan)	19012.96
内资企业		Domestic Funded Enterprises		6490.63
港、澳、台商投资企业		Enterprises Funded by Entrepreneurs from Hong Kong, Macao and Taiwan		6803.88
外商投资企业		Foreign Funded Enterprises		5718.45
产品销售收入	(亿元)	Sales Revenue	(100 million yuan)	19160.5
#产品销售税金及附加	(亿元)	Sales Tax and Extra Charges		139.63
本年应交增值税	(亿元)	Value Added Tax Payable	(100 million yuan)	548.51
利润总额	(亿元)	Total Profits	(100 million yuan)	1015.97

注:1. 本表按2003年底止的行政区划范围统计。
　　2. 工业部分的指标统计范围为国有及年销售收入500万元以上的非国有工业企业。

BASIC STATISTICS ON CITIES (2003)

广州市 Guangzhou	深圳市 Shenzhen	珠海市 Zhuhai	汕头市 Shantao	佛山市 Foshan	韶关市 Shaoguan	河源市 Heyuan	梅州市 Meizhou	惠州市 Huizhou
588.26	150.93	82.02	477.36	344.24	53.42	30.05	30.71	108.74
456.92	122.39	82.02	477.36	343.70	48.47	28.21	23.68	61.05
183.23	47.55	23.08	108.67	102.28	18.04	12.16	9.26	31.90
174.11	109.17	35.86	28.72	46.98	11.00	5.03	4.01	37.49
0.85	0.81	0.97	0.05	0.07	0.02	0.05	0.02	0.15
76.39	57.66	23.84	10.86	24.95	6.25	2.50	1.42	28.91
96.87	50.70	11.05	17.81	21.96	4.73	2.48	2.57	8.43
81.56	130.57	30.74	33.90	118.40	3.47	1.87	2.59	12.74
6.82	2.19	1.11	1.30	2.81	0.69	0.29	0.25	0.89
3719	1953	1688	1956	3848	339	450	298	2672
608	516	106	191	200	48	12	48	63
3187.65	2895.41	473.27	520.45	1381.60	118.25	25.65	33.70	364.95
78.36	16.47	18.01	44.86	77.74	2.64	2.23	2.01	17.54
1311.28	1723.66	266.79	257.10	764.64	73.83	13.69	18.09	248.01
1156.84	1540.71	223.92	237.85	728.13	66.46	9.70	15.65	220.43
1798.01	1155.28	188.47	218.49	539.21	41.78	9.73	13.61	99.39
54391	54545	37675	10957	40444	21124	8427	10840	33955
15.3	19.2	17.5	8.8	16.1	17.0	29.5	22.6	19.7
3586	2317	798	1031	3359	119	53	46	545
2071	488	244	755	2393	105	21	33	121
1119	1453	426	200	825	12	29	13	332
396	376	128	76	141	2	3		92
3474.26	5245.10	1008.98	458.82	2581.96	175.50	28.11	28.38	891.49
1229.09	1188.09	233.06	298.92	1524.38	156.70	7.03	25.68	44.78
982.96	1946.95	288.14	82.17	821.94	17.94	19.01	2.70	481.67
1262.21	2110.06	487.78	77.73	235.63	0.87	2.07		365.04
3578.20	5180.11	980.71	485.25	2566.25	213.25	1.12	32.34	886.42
57.44	19.57	2.60	2.17	10.93	7.89	0.06	6.63	0.68
144.03	128.74	20.37	15.36	76.69	12.71	0.84	2.23	10.13
302.29	374.12	38.75	10.64	70.85	20.06	0.32	-0.35	31.11

Note: a) Figures in this table are calculated in accordance with the administrative divisions at the end of 2003.
b) The scope of indicators in industry refers to the state-owned industrial enterprises and non-state-owned industrial enterprises with an annual sales revenue over 5 million yuan.

21-2 续表1

指　　标	Item	汕尾市 Shanwei	东莞市 Dongguan
一、人口、从业人员和土地面积	**Population, Employment and Total Land Area**		
年末总人口　（万人）	Total Year-end Population with Residence Registration　(10000 persons)	47.28	158.96
#非农业人口	Non-agricultural Population	47.28	56.87
年末总户数　（万户）	Total Number of Households at the Year-end　(10000 households)	10.40	44.50
年末单位从业人员数　（万人）	Number of Persons Employed in Units at the Year-end　(10000 persons)	3.87	17.41
第一产业（农、林、牧、渔业）	Primary Industry	0.11	0.06
第二产业	Secondary Industry	1.50	7.39
第三产业	Tertiary Industry	2.26	9.96
私营和个体从业人员　（万人）	Persons Employed in Private Enterprises and Self-employed Individuals in Urban Areas　(10000 persons)		14.52
年末城镇登记失业人员数　（万人）		0.23	0.50
行政区域土地面积　（平方公里）	Total Area　(sq. km)	432	2465
#建成区面积	Developed Land Area	11	246
二、经济总量指标	**Aggregated Economic Indicators**		
地区生产总值（当年价格）　（亿元）	Gross Domestic Product (at current prices)　(100 million yuan)	38.34	947.97
第一产业	Primary Industry	9.55	28.06
第二产业	Secondary Industry	13.79	512.26
#工业	Industry	10.66	477.19
第三产业	Tertiary Industry	15.01	407.65
人均地区生产总值　（元）	Per Capita Gross Domestic Product　(yuan)	8190	60158
地区生产总值增长率　（%）	Growth Rate of Gross Domestic Product　(%)	13.7	19.5
三、工业	**Industry**		
工业企业数　（个）	Number of Industrial Enterprises　(unit)	45	2042
内资企业	Domestic Funded Enterprises	24	414
港、澳、台商投资企业	Enterprises Funded by Entrepreneurs from Hong Kong, Macao and Taiwan	19	1344
外商投资企业	Foreign Funded Enterprises	2	284
工业总产值（当年价）　（亿元）	Total Industrial Output Value (at current prices)　(100 million yuan)	25.72	2144.93
内资企业	Domestic Funded Enterprises	9.61	343.55
港、澳、台商投资企业	Enterprises Funded by Entrepreneurs from Hong Kong, Macao and Taiwan	15.71	1117.73
外商投资企业	Foreign Funded Enterprises	0.40	683.65
产品销售收入　（亿元）	Sales Revenue　(100 million yuan)	28.78	2259.80
#产品销售税金及附加　（亿元）	Sales Tax and Extra Charges	0.08	2.26
本年应交增值税　（亿元）	Value Added Tax Payable　(100 million yuan)	1.18	59.60
利润总额　（亿元）	Total Profits　(100 million yuan)	1.00	74.75

21-2 continued 1

中山市 Zhongshan	江门市 Jiangmen	阳江市 Yangjiang	湛江市 Zhanjiang	茂名市 Maoming	肇庆市 Zhaoqing	清远市 Qingyuan	潮州市 Chaozhou	揭阳市 Jieyang	云浮市 Yunfu
137. 86	132. 45	62. 86	144. 25	120. 19	47. 75	54. 22	34. 35	65. 83	28. 26
58. 76	132. 45	43. 61	72. 44	117. 86	35. 76	54. 22	26. 46	65. 83	28. 26
38. 21	43. 37	18. 03	40. 08	30. 10	14. 24	15. 81	8. 96	16. 04	8. 27
16. 05	17. 12	6. 47	16. 12	8. 62	9. 81	5. 62	5. 02	4. 88	2. 80
0. 04	0. 03	0. 12	0. 36	0. 02	0. 03	0. 04	0. 01		0. 01
9. 04	9. 49	2. 41	5. 56	3. 35	5. 28	2. 18	2. 42	1. 94	1. 40
6. 97	7. 60	3. 94	10. 20	5. 25	4. 50	3. 39	2. 59	2. 94	1. 39
54. 06	11. 93	4. 96	8. 87	6. 82	3. 76	4. 01	10. 17		0. 92
0. 69	3. 03	3. 18	0. 70	0. 91	0. 52	0. 40	0. 30	0. 21	0. 10
1800	1818	658	1460	907	664	927	152	181	762
33	75	33	74	34	46	36	38	27	18
501. 40	340. 03	100. 46	271. 80	217. 72	107. 52	50. 90	51. 79	92. 46	35. 36
27. 25	22. 33	18. 63	18. 95	22. 28	7. 81	9. 17	1. 12	5. 92	7. 06
315. 93	157. 59	38. 21	154. 24	105. 30	44. 60	22. 25	23. 12	58. 00	16. 15
293. 95	151. 29	25. 09	139. 57	90. 13	36. 99	13. 40	18. 65	52. 23	11. 83
158. 23	160. 11	43. 62	98. 61	97. 94	55. 10	19. 48	27. 55	28. 53	12. 15
36614	25762	16099	20341	18225	22621	9896	15072	14092	12543
18. 6	11. 6	14. 6	15. 4	12. 8	13. 8	21. 4	9. 1	11. 3	13. 2
2496	1067	138	255	134	166	75	135	138	29
1560	738	125	173	108	86	33	91	101	26
774	263	11	60	22	63	34	36	28	3
162	66	2	22	4	17	8	8	9	
1309. 25	560. 95	53. 31	335. 41	404. 07	129. 71	32. 69	51. 36	51. 48	21. 47
462. 11	279. 41	49. 17	103. 47	395. 76	44. 92	15. 38	32. 71	30. 21	16. 59
569. 69	133. 21	3. 60	209. 82	6. 89	57. 97	10. 92	15. 61	16. 93	2. 35
277. 46	148. 33	0. 54	22. 12	1. 43	26. 82	6. 39	3. 04	4. 34	2. 53
1276. 43	559. 64	58. 68	304. 54	433. 33	132. 86	39. 20	57. 22	59. 91	26. 46
2. 45	5. 82	0. 67	9. 23	9. 85	0. 69	0. 10	0. 14	0. 11	0. 27
30. 36	14. 66	1. 59	11. 56	8. 79	4. 54	1. 46	1. 91	1. 69	0. 06
36. 42	11. 10	-0. 07	40. 34	5. 07	0. 99	-0. 95	0. 91	-1. 39	0. 01

21-2 续表2

指　　标	Item	21个城市合计 Total of 21 Cities
四、邮电通信和电力	**Postal and Telecommunication Services and Electricity**	
邮政业务收入 （亿元）	Total Business Volume of Postal Services （100 million yuan）	39.99
电信业务收入 （亿元）	Total Business Volume of Telecommunication Services （100 million yuan）	603.58
固定电话用户数 （万户）	Number of Telephone Subscribers （10000 subscribers）	1789.78
年末移动电话用户数 （万户）	Number of Mobile Telephone Subscribers at the Year-end （10000 subscribers）	3841.21
国际互联网用户数 （万户）	Number of Internet Subscribers （10000 subscribers）	756.06
全年用电量 （亿千瓦时）	Annual Electricity Consumption （100 million kwh）	1616.03
#工业用电	Electricity Consumption for Industry	1054.23
城乡居民生活用电	Electricity Consumption for Residential Use	205.26
五、固定资产投资	**Investment in Fixed Assets**	
全社会固定资产投资总额 （亿元）	Total Investment in Fixed Assets （100 million yuan）	3940.02
#房地产开发投资完成额	Total Investment in Real Estate Development	1158.06
#住宅	Residential Buildings	765.17
商品房屋销售面积 （万平方米）	Floor Space of Commercial Buildings Sold （10000 sq. m）	2599.60
商品房屋销售额 （亿元）	Total Sales of Commercial Buildings （100 million yuan）	897.74
六、市政公用事业	**Urban Public Utilities**	
年末实有铺装道路面积 （万平方米）	Area of Paved Roads at the Year-end （10000 sq. m）	28491
供水总量 （万立方米）	Annual Supply of Tap Water （10000 cubic meters）	597660
#居民家庭用水量	Water Consumption for Residential Use	238951
液化石油气供气总量 （吨）	Total Supply of Liquefied Petroleum Gas （ton）	2858696
年末实有公共汽（电）车营运车辆数 （辆）	Number of Public Vehicles (Buses and Trolley-buses) at the Year-end （unit）	31142
年末实有出租汽车数 （辆）	Number of Taxis at the Year-end （unit）	47447
园林绿地面积 （公顷）	Area of Urban Gardens and Green Areas （ha.）	244124
七、批发零售贸易和外经	**Wholesale, Retail Trade and Foreign Trade**	
限额以上批发零售贸易业商品销售总额（亿元）	Total Sales of Commodities in Wholesale and Retail Trade （100 million yuan）	6196.16
社会消费品零售额 （亿元）	Total Retail Sales of Consumer Goods （100 million yuan）	4286.39
外商直接投资	Foreign Direct Investment Made by Foreigners and Entrepreneurs from Hong Kong, Macao and Taiwan	
新签项目（合同）个数 （个）	Number of Agreements and Contracts Newly Signed （unit）	6327
合同外资金额 （亿美元）	Contracted Foreign Capital （USD 100 million）	176.95
实际使用外资金额 （亿美元）	Foreign Capital Actually Used （USD 100 million）	133.53

广州市 Guangzhou	深圳市 Shenzhen	珠海市 Zhuhai	汕头市 Shantao	佛山市 Foshan	韶关市 Shaoguan	河源市 Heyuan	梅州市 Meizhou	惠州市 Huizhou
10. 12	9. 03	1. 66	1. 27	3. 78	0. 40	2. 76	0. 28	0. 78
146. 45	189. 00	21. 92	32. 67	55. 90	5. 53	1. 10	5. 41	28. 15
414. 23	353. 87	60. 44	124. 48	190. 98	44. 46	8. 35	15. 20	51. 68
935. 76	871. 00	77. 50	178. 43	460. 37	12. 38	19. 40	17. 80	103. 81
285. 39	228. 54	20. 48	4. 19	66. 35	3. 60	2. 61	3. 10	35. 64
298. 84	323. 43	45. 47	64. 30	255. 85	31. 33	7. 33	15. 77	47. 50
168. 16	174. 56	27. 41	39. 21	198. 70	16. 17	2. 37	3. 97	31. 75
50. 65	40. 35	5. 84	14. 22	27. 36	2. 18	1. 03	0. 59	5. 37
1088. 26	949. 10	141. 05	103. 23	423. 69	39. 49	16. 37	34. 30	188. 31
391. 06	412. 66	38. 81	15. 05	88. 50	5. 35	2. 89	2. 24	25. 25
295. 86	250. 19	26. 61	11. 26	56. 84	2. 32	1. 63	1. 15	15. 57
729. 94	411. 71	142. 24	137. 71	351. 86	38. 10	16. 70	13. 77	72. 69
315. 99	257. 58	44. 07	27. 14	83. 91	5. 71	2. 35	1. 61	14. 95
6563	7138	1927	1437	1637	404	175	430	877
177956	122796	19589	26982	47598	10009	2620	2343	13982
71570	47264	11846	11198	14613	2769	880	1416	5437
377931	981735	120000	198460	325909	28375	14400	20000	70835
7508	17344	1081	435	766	189	65	81	630
16923	12459	1852	1825	2032	766	148	382	778
105158	99005	4040	4641	4476	1604	332	875	2672
2621. 72	1288. 18	135. 58	394. 13	641. 57	23. 84	8. 55	9. 24	115. 71
1394. 98	801. 77	159. 18	249. 80	473. 19	58. 09	6. 07	10. 00	101. 32
777	2254	508	77	346	35	27	48	234
32. 08	48. 47	17. 07	9. 91	12. 66	0. 74	0. 57	1. 09	10. 15
23. 37	36. 23	9. 42	1. 97	12. 25	1. 09	0. 27	0. 79	9. 99

21-2 续表3

指标	Item	汕尾市 Shanwei	东莞市 Donggua
四、邮电通信和电力	**Postal and Telecommunication Services and Electricity**		
邮政业务收入 （亿元）	Total Business Volume of Postal Services （100 million yuan）	0. 14	4. 63
电信业务收入 （亿元）	Total Business Volume of Telecommunication Services （100 million yuan）	1. 31	40. 77
固定电话用户数 （万户）	Number of Telephone Subscribers （10000 subscribers）	11. 96	204. 39
年末移动电话用户数 （万户）	Number of Mobile Telephone Subscribers at the Year-end （10000 subscribers）	12. 20	660. 87
国际互联网用户数 （万户）	Number of Internet Subscribers （10000 subscribers）	1. 89	36. 66
全年用电量 （亿千瓦时）	Annual Electricity Consumption （100 million kwh）	4. 41	283. 54
# 工业用电	Electricity Consumption for Industry	1. 45	240. 20
城乡居民生活用电	Electricity Consumption for Residential Use	1. 29	23. 57
五、固定资产投资	**Investment in Fixed Assets**		
全社会固定资产投资总额 （亿元）	Total Investment in Fixed Assets （100 million yuan）	16. 07	319. 39
# 房地产开发投资完成额	Total Investment in Real Estate Development	1. 01	55. 12
# 住宅	Residential Buildings	0. 68	32. 99
商品房屋销售面积 （万平方米）	Floor Space of Commercial Buildings Sold （10000 sq. m）	4. 14	164. 98
商品房屋销售额 （亿元）	Total Sales of Commercial Buildings （100 million yuan）	0. 24	48. 02
六、市政公用事业	**Urban Public Utilities**		
年末实有铺装道路面积（万平方米）	Area of Paved Roads at the Year-end （10000 sq. m）	90	3573
供水总量 （万立方米）	Annual Supply of Tap Water （10000 cubic meters）	2051	94935
# 居民家庭用水量	Water Consumption for Residential Use	1341	35344
液化石油气供气总量 （吨）	Total Supply of Liquefied Petroleum Gas （ton）	20000	
年末实有公共汽（电）车营运车辆数 （辆）	Number of Public Vehicles（Buses and Trolley-buses）at the Year-end （unit）	90	678
年末实有出租汽车数 （辆）	Number of Taxis at the Year-end （unit）	90	3751
园林绿地面积 （公顷）	Area of Urban Gardens and Green Areas （ha.）	444	2290
七、批发零售贸易和外经	**Wholesale，Retail Trade and Foreign Trade**		
限额以上批发零售贸易业商品销售总额 （亿元）	Total Sales of Commodities in Wholesale and Retail Trade （100 million yuan）	26. 44	180. 58
社会消费品零售额 （亿元）	Total Retail Sales of Consumer Goods （100 million yuan）	22. 37	338. 00
外商直接投资	Foreign Direct Investment Made by Foreigners and Entrepreneurs from Hong Kong，Macao and Taiwan		
新签项目（合同）个数 （个）	Number of Agreements and Contracts Newly Signed （unit）	19	1132
合同外资金额 （亿美元）	Contracted Foreign Capital （USD 100 million）	0. 97	14. 48
实际使用外资金额 （亿美元）	Foreign Capital Actually Used （USD 100 million）	0. 97	17. 54

中山市 Zhongshan	江门市 Jiangmen	阳江市 Yangjiang	湛江市 Zhanjiang	茂名市 Maoming	肇庆市 Zhaoqing	清远市 Qingyuan	潮州市 Chaozhou	揭阳市 Jieyang	云浮市 Yunfu
1. 84	0. 92	0. 23	0. 53	0. 39	0. 30	0. 16	16. 95	0. 30	0. 21
29. 52	6. 75	5. 13	10. 25	8. 29	2. 75	7. 14	1. 75	1. 33	2. 45
87. 68	47. 64	20. 74	38. 78	28. 76	25. 68	15. 86	14. 95	18. 00	11. 65
196. 60		37. 42	48. 81	43. 53	39. 30	25. 15	42. 73	49. 75	8. 41
29. 82	11. 39	0. 94	3. 74	3. 27	9. 22	2. 54	5. 54	1. 15	
92. 67	46. 81	9. 58	18. 55	22. 03	12. 29	8. 49	8. 12	14. 48	5. 24
57. 92	29. 24	5. 60	10. 33	18. 36	7. 78	4. 85	2. 01	10. 94	3. 25
14. 01	4. 78	1. 56	2. 73	1. 64	1. 68	1. 49	2. 77	1. 85	0. 30
262. 06	72. 61	23. 94	72. 13	34. 71	37. 26	44. 80	24. 83	29. 17	19. 25
51. 94	17. 41	8. 09	9. 41	3. 18	12. 88	10. 93	2. 41	2. 69	1. 16
25. 59	12. 38	4. 86	6. 39	2. 45	8. 97	4. 90	2. 02	1. 82	0. 69
149. 26	99. 63	43. 54	34. 98	13. 39	65. 97	49. 42	28. 22	27. 38	3. 98
38. 42	17. 33	4. 23	5. 74	1. 74	13. 47	7. 63	3. 87	3. 26	0. 48
487	1019	231	598	244	365	555	200	302	241
7159	19315	4280	9292	12545	7751	3414	5475	5226	2342
5101	6893	2745	4015	4140	3057	1700	2963	3534	1125
70040	91863	164407	187469	52362	19846	16650	68134	24432	5848
635	265	129	365	128	303	230	94	78	48
1763	420	357	800	701	591	230	510	995	74
1117	8158	877	2194	1206	1456	662	1456	850	612
234. 88	70. 66	10. 52	67. 64	277. 37	41. 56	12. 94	12. 29	14. 20	8. 55
151. 71	99. 74	42. 48	116. 83	88. 54	52. 26	34. 50	27. 53	45. 82	12. 22
374	183	17	33	52	57	100	23	9	22
11. 95	6. 78	0. 52	2. 00	0. 63	1. 81	3. 20	1. 03	0. 28	0. 56
9. 47	4. 24	0. 53	1. 54	0. 30	1. 51	1. 13	0. 43	0. 31	0. 18

21-2 续表4

指　标		Item		21个城市合计 Total of 21 Cities
八、财政、金融和保险		**Finance and Insurance**		
地方财政一般预算内收入	（亿元）	Local Government Budgetary Revenue	(100 million yuan)	893.16
地方财政一般预算内支出	（亿元）	Local Government Budgetary Expenditure	(100 million yuan)	1179.17
年末金融机构存款余额	（亿元）	Deposits of Financial Institutions		24091.59
# 城乡居民储蓄年末余额	（亿元）	Savings Deposits by Urban and Rural Residents at the Year-end	(100 million yuan)	11637.33
年末金融机构各项贷款余额	（亿元）	Loans of Financial Institutions		16807.28
保费收入	（亿元）	Premium	(100 million yuan)	312.45
赔款给付	（亿元）	Settled Claim	(100 million yuan)	51.35
九、人民生活		**People's Livelihood**		
在岗职工平均人数	（万人）	Average Number of Fully Employed Staff and Workers	(10000 persons)	552.17
在岗职工工资总额	（亿元）	Total Wages of Fully Employed Staff and Workers	(100 million yuan)	1286.07
居民人均可支配收入	（元）	Per Capita Disposable Income of Urban Residents	(yuan)	
居民人均消费支出	（元）	Per Capita Living Expenditure of Urban Residents	(yuan)	
居民消费价格指数（上年为100）	（%）	Price Index of Consumer Goods (preceding year = 100)	(%)	
基本养老保险参保人数	（万人）	Number of Staff and Workers in Basic Retirement Security Program	(10000 persons)	810.10
基本医疗保险参保人数	（万人）	Number of Staff and Workers in Basic Health Care Program	(10000 persons)	761.24
失业保险参保人数	（万人）	Number of Staff and Workers in Unemployment Insurance Program	(10000 persons)	751.80
十、教育、科技、文化和卫生		**Education, Science and Technology, Culture and Health Care**		
学校数		Number of Schools	(unit)	
高等学校	（所）	Colleges and Universities		75
中等专业学校	（所）	Specialized Secondary Schools		256
普通中学	（所）	Regular Secondary Schools		1661
小学	（所）	Primary Schools		5946
在校学生数		Number of Students Enrolled	(person)	
高等学校	（人）	In Colleges and Universities		585618
中等专业学校	（人）	In Specialized Secondary Schools		347782
普通中学	（万人）	In Regular Secondary Schools	(10000 persons)	221.60
小学	（万人）	In Primary Schools		416.44
各类专业技术人员数	（万人）	Number of Specialized Technical Personnel	(10000 persons)	220.45
# 中级职称以上人员数	（万人）	Personnel with Medium Technical Titles and above		61.62
剧场、影剧院数	（个）	Number of Theatres and Cinemas	(unit)	297
公共图书馆图书总藏量	（千册）	Total Book Collections of Public Libraries	(1000 volumes)	20093.93
医院、卫生院数	（个）	Number of Hospitals	(unit)	811
医院、卫生院床位数	（张）	Number of Hospital Beds	(unit)	103584
医生数	（人）	Number of Doctors	(person)	60007

广州市 Guangzhou	深圳市 Shenzhen	珠海市 Zhuhai	汕头市 Shantao	佛山市 Foshan	韶关市 Shaoguan	河源市 Heyuan	梅州市 Meizhou	惠州市 Huizhou
262.89	290.84	34.82	20.54	95.44	8.01	1.66	3.06	18.93
352.40	348.95	45.35	43.43	120.45	13.77	5.95	10.17	26.22
8365.54	6079.48	673.21	741.52	2949.55	187.64		116.03	403.25
3512.32	2199.45	357.39	557.96	1783.99	112.30		46.19	244.61
5969.75	4525.05	412.67	462.02	1972.14	109.97		130.06	262.52
113.24	78.75		11.04	38.46	3.17	0.78	1.63	6.27
	23.86		2.23	9.29	0.40	0.23	0.36	1.86
168.63	104.98	34.36	34.96	45.18	11.22	2.41	3.92	35.29
502.16	325.99	65.98	41.21	79.70	20.97	7.40	6.19	49.84
15003	25936	16602	9105	14827	9135		7674	12673
11571	19960	11708	7874	11265	6923		6232	10303
100.1	100.7	99.2	99.8	100.6	100.8	100.5	100.5	100.5
160.85	253.09	36.72	29.49	119.60	13.40	4.53	6.86	29.75
158.14	165.63	39.88	13.84	92.11	20.04	1.90	2.93	22.60
191.11	113.49	34.77	30.89	89.57	16.67	3.62	6.32	28.17
43	9		1	3	2	1	1	1
64	8	4	10	10	6	4	7	24
357	179	53	220	182	18	18	17	63
1044	376	154	822	584	36	44	54	405
374742	32106		7821	19713	17388	2037	10255	6586
113445	5624	5569	6735	62688	4050	5100	7880	14995
41.01	17.96	6.78	30.50	28.94	2.30	2.17	2.92	8.49
66.73	46.97	11.66	71.65	40.82	4.00	3.75	3.58	17.02
42.20	57.54	7.41	14.69	6.99		0.61	0.92	5.77
15.96	21.14	2.42	4.38	5.01		0.24	0.36	1.40
13	69	17	7	55	3	1	2	6
8370.00	3455.00	340.00	718.00	1700.00	190.00	89.00	30.00	386.93
213	85	44	73		21	10	14	55
35439	12607	3893	6443		2891	991	1619	3650
21660	8909	2296	4916		1409	718	563	2276

21-2 续表5

指 标		Item		汕尾市 Shanwei	东莞市 Dongguan
八、财政、金融和保险		**Finance and Insurance**			
地方财政一般预算内收入	（亿元）	Local Government Budgetary Revenue	(100 million yuan)	1.86	67.45
地方财政一般预算内支出	（亿元）	Local Government Budgetary Expenditure	(100 million yuan)	5.39	76.52
年末金融机构存款余额	（亿元）	Deposits of Financial Institutions	(100 million yuan)	33.71	2126.78
# 城乡居民储蓄年末余额	（亿元）	Savings Deposits by Urban and Rural Residents at the Year-end	(100 million yuan)	24.06	1231.06
年末金融机构各项贷款余额	（亿元）	Loans of Financial Institutions		38.71	1206.72
保费收入	（亿元）	Premium	(100 million yuan)	0.43	19.10
赔款，给付	（亿元）	Settled Claim	(100 million yuan)	0.30	4.78
九、人民生活		**People's Livelihood**			
在岗职工平均人数	（万人）	Average Number of Fully Employed Staff and Workers	(10000 persons)	3.75	16.06
在岗职工工资总额	（亿元）	Total Wages of Fully Employed Staff and Workers	(100 million yuan)	4.93	36.29
居民人均可支配收入	（元）	Per Capita Disposable Income of Urban Residents	(yuan)	7370	18471
居民人均消费支出	（元）	Per Capita Living Expenditure of Urban Residents	(yuan)	6391	15446
居民消费价格指数(上年为100)	（%）	Price Index of Consumer Goods (preceding year = 100)	(%)	100.4	100.7
基本养老保险参保人数	（万人）	Number of Staff and Workers in Basic Retirement Security Program	(10000 persons)	4.75	3.41
基本医疗保险参保人数	（万人）	Number of Staff and Workers in Basic Health Care Program	(10000 persons)	1.58	105.90
失业保险参保人数	（万人）	Number of Staff and Workers in Unemployment Insurance Program	(10000 persons)	4.58	100.00
十、教育、科技、文化和卫生		**Education, Science and Technology, Culture and Health Care**			
学校数		Number of Schools	(unit)		
高等学校	（所）	Colleges and Universities		1	1
中等专业学校	（所）	Specialized Secondary Schools		2	4
普通中学	（所）	Regular Secondary Schools		22	90
小学	（所）	Primary Schools		95	525
在校学生数		Number of Students Enrolled	(person)		
高等学校	（人）	In Colleges and Universities		2023	6884
中等专业学校	（人）	In Specialized Secondary Schools		1292	5161
普通中学	（万人）	In Regular Secondary Schools	(10000 persons)	2.95	14.97
小学	（万人）	In Primary Schools		6.07	38.69
各类专业技术人员数	（万人）	Number of Specialized Technical Personnel	(10000 persons)	1.31	63.20
# 中级职称以上人员数	（万人）	Personnel with Medium Technical Titles and above		0.44	3.57
剧场、影剧院数	（个）	Number of Theatres and Cinemas	(unit)	2	55
公共图书馆图书总藏量	（千册）	Total Book Collections of Public Libraries	(1000 volumes)		1307.00
医院、卫生院数	（个）	Number of Hospitals	(unit)	14	51
医院、卫生院床位数	（张）	Number of Hospital Beds	(unit)	690	9546
医生数	（人）	Number of Doctors	(person)	671	3758

中山市 Zhongshan	江门市 Jiangmen	阳江市 Yangjiang	湛江市 Zhanjiang	茂名市 Maoming	肇庆市 Zhaoqing	清远市 Qingyuan	潮州市 Chaozhou	揭阳市 Jieyang	云浮市 Yunfu
36.63	16.80	3.23	4.41	8.76	5.84	2.85	3.27	3.59	2.29
39.87	22.79	7.24	9.30	14.24	10.61	6.55	6.56	8.65	4.77
845.19	338.70	104.56	330.11	195.97	198.52	116.29	118.73	106.67	60.16
543.70	213.44	75.15	225.12	123.17	115.33	72.66	83.56	74.30	41.58
495.66	318.08	71.33	216.74	124.15	173.81	103.34	75.47	89.30	49.79
14.05	4.60	2.04	6.24	5.29	2.37	1.95	1.92	1.11	
2.97	0.92	0.51	1.48	0.55	0.42	0.47	0.40	0.32	
15.84	16.90	6.33	15.68	8.87	9.68	5.38	4.99	4.82	2.93
32.28	24.52	7.52	24.66	16.35	15.05	8.39	6.75	5.57	4.32
14906			8235		670		7764	7705	
11270			7046		587		7212	6498	
101.2	100.1	100.6	99.9	100.5	99.9	100.6	99.8	100.2	99.7
55.76	14.10	8.62	20.08	14.21	11.77	6.47	5.90	6.88	3.85
60.58	15.65	3.18	21.34	10.91	12.75	5.02	1.49	3.17	2.60
55.37	12.02	6.92	16.54	9.98	11.40	4.98	5.78	6.37	3.25
1	1	1	3	1	2		1	2	
2	20	6	35	10	22	6	5	4	3
77	101	26	74	42	23	34	19	30	16
281	232	128	388	315	94	120	58	103	88
4524	7189	3557	46913	11471	17215		8861	6333	
3440	22883	7583	25183	12184	29700	6701	3305	2846	1418
11.70	9.15	4.66	12.22	8.63	3.31	3.69	2.60	5.00	1.65
19.21	13.47	7.47	19.94	16.51	4.90	5.92	4.12	10.18	3.78
	3.66		5.14	1.78	1.50	2.07	1.68	2.61	1.38
	1.16		2.06	0.65	0.62	0.81	0.35	0.81	0.25
37	12	1	2	2	4	2	3	2	2
436.00	900.00	350.00	582.00	219.00	213.00	242.00	251.00	238.00	77.00
29	41	20	36	24	20	16	17	15	13
4971	3996	1708	5845	2374	2441	1446	1011	1300	723
2496	2546	735	1819	959	1413	865	1007	568	423

主要统计指标解释

建成区土地面积 是指城市建筑基本连片、公用设施达到的地区，区域中的水域面积（包括河流、湖泊）亦计算在内。

年末实有铺装道路面积 指除土路外，路面经过铺装宽度在3.5米以上的道路，包括高级、次高级道路和普通道路。

城市园林绿地面积 指城市公共绿地、专用绿地、生产绿地、防护绿地、郊区风景名胜区的全部面积。

全年供水总量 指公用自来水和自备水源的社会单位全年的供水总量，包括有效供水量及损失水量。

生活用水量 指居民日常生活与公共福利设施的用水量。包括居民 、饮食店、旅馆、医院、理发店、浴池、洗衣店、游泳池、商店、学校、机关、部队等单位的用水量。

年末实有公共汽（电）车 指年底可参加营运的全部车辆数，包括年底 营运车辆数和库存查封未参加营运的车辆，不包括非营运车辆，如架线车、油罐车、工程车 、货车及其他专用车辆和借入的客运车辆。

Explanatory Notes on Main Statistical Indicators

Developed Land Area refers to the area basically connected by the urban constructions and provided with the public utilities, including the water area within it (e. g. rivers and lakes) .

Area of Paved Roads at the Year-end refers to the length of roads with a paved surface, and with a width of more than 3-5 meters, including high quality, medium quality and ordinary roads.

Area of Urban Gardens and Green Areas refers to the total area of urban public green land, special green land, production green land, protection green land and suburban scenic spots.

Annual Volume of Water Supply refers to the total volume of water supplied by the public water-works and those owned by individual enterprises and institutions during the whole year, including both the effective water supply and loss during the water supply.

Consumption of Water for Residential Use refers to the water consumption of residents for daily life and the water consumption of public welfare facilities, including the consumption of restaurants, hotels, hospitals, barber shops, public bathhouses, laundries, swimming pools, shops, schools, institutions, army units and other units.

Number of Public Vehicles (Buses and Trolley-buses) at the Year-end refers to the total number of operational vehicles available at the year-end, including the year-end operational vehicles and vehicles in stock, non-operational vehicles such as stringing cars, tank cars, engineering cars, trucks and other special vehicles and the borrowed passenger vehicles are excluded.

二十二 县区主要经济指标

COUNTIES AND DISTRICTS

22

二十二　县区主要经济指标

简要说明

一、本篇资料反映广东县区经济发展的基本情况，主要包括：各县区的人口、常用耕地面积及地区生产总值、工农业产值、主要农产品产量、乡镇企业基本情况、固定资产投资、消费品零售总额、在岗职工人数和职工工资、地方财政一般预算收支以及居民储蓄存款等内容。

二、本篇资料由广东省统计局各有关专业处整理提供，综合处负责编辑。

三、本篇资料依据国家统计局制定的各有关专业年度报表制度和广东省统计局制发的《县区国民经济主要指标年报》，并由21个地级市统计局填报、汇总而成。

四、本篇各县区产值、金融、财政类指标数据汇总数不等于全省数。

22　COUNTIES AND DISTRICTS UNDER CITY ADMINISTRATION

Brief Introduction

Ⅰ. The data in this chapter show the basic conditions of the economic development of the counties and districts under city administration in Guangdong Province, mainly including the data on population, regularly cultivated land, gross local product value, gross output value of industry and agriculture, output of major farm products, basic statistics on township enterprises, investment in fixed assets, total retail sales of consumer goods, number and wages of fully employed staff and workers, local government budgetary revenue and expenditure and saving deposits by urban and rural residents, etc.

Ⅱ. The data in this chapter are prepared and provided by the related specialized divisions and compiled by the Division of Comprehensive Statistics of Guangdong Provincial Bureau of Statistics.

Ⅲ. The data in this chapter are based on the related specialized annual report schemes formulated by the National Bureau of Statistics and the Annual Report of Major Indicators on National Economy by County and District formulated by Guangdong Provincial Bureau of Statistics, and then tabulated in accordance with the figures reported by the twenty-one statistical bureaus at the prefectural level.

Ⅳ. The tabulated data on output value, banking and government finance of the counties and districts in this chapter are not equal to the sum of the whole province.

22-1 各县（市）区户籍人口数及常用耕地面积（2003 年）
RESIDENCE REGISTRATION POPULATION AND REGULARLY CULTIVATED LAND BY COUNTY (COUNTY-LEVEL CITY) AND DISTRICT (2003)

县（市）、区别 County (County-level City) and District	总人口（人） Total Population (person)	按性别分 By Sex		按农业、非农业分 By Agricultural and Non-agricultural Population		常用耕地面积（亩） Regularly Cultivated Land (mu)
		男 Male	女 Female	非农业人口 Non-agricultural Population	农业人口 Agricultural Population	
广州市 Guangzhou						
市辖区 Urban District	5882553	3023587	2858966	5863528		1120769
从化市 Conghua City	535581	272604	262977	145344	390150	311480
增城市 Zengcheng City	833754	425977	407777	227470	600390	591757
深圳市 Shenzhen	1512073	798453	713620	1223916	286139	50419
珠海市 Zhuhai	820228	420843	399385	820228		279077
汕头市 Shantou						
市辖区 Urban District	4773600	2404733	2368867	4773600		648574
南澳县 Nanao County	72752	36744	36008	27144	45416	6395
佛山市 Foshan	3442440	1732238	1710202	3436974		1143650
韶关市 Shaoguan						
市辖区 Urban District	534153	287051	247102	484710	49436	32553
乐昌市 Lechang City	516727	274954	241773	260030	256697	284941
南雄市 Nanxiong City	456800	230119	226681	81692	374656	436096
仁化县 Renhua County	175574	88797	86777	55149	120425	141307
始兴县 Shixing County	239423	120535	118888	51524	187899	157998
翁源县 Wengyuan County	376992	192950	184042	106621	270150	280892
新丰县 Xinfeng County	237451	124485	112966	59879	177273	135234
曲江县 Qujiang County	410130	210155	199975	112250	292044	328463
乳源县 Ruyuan County	201272	103608	97664	38621	162546	152603
河源市 Heyuan						
市辖区 Urban District	300533	152983	147550	282173		35349
东源县 Dongyuan County	516760	265942	250818	62411	454349	274036
和平县 Heping County	487534	249007	238527	67078	420456	207858
龙川县 Longchuan County	861319	438405	422914	148052	713267	437721
紫金县 Zijin County	801607	409872	391735	206477	594274	382603
连平县 Lianping County	373512	193165	180347	79563	293947	219673
梅州市 Meizhou						
市辖区 Urban District	307129	157989	149140	236764	70365	35563
兴宁市 Xingning City	1130988	583020	547968	305722	825266	419854
梅　县 Meixian County	605721	307624	298097	139361	466253	300445
平远县 Pingyuan County	251677	128724	122953	81049	170628	139082
蕉岭县 Jiaoling County	224644	115484	109160	62609	162035	89333
大埔县 Dapu County	524435	271066	253369	109854	414567	147560
丰顺县 Fengshun County	665617	344483	321134	101557	563520	211440
五华县 Wuhua County	1195838	618915	576923	163153	1032685	552869
惠州市 Huizhou						
市辖区 Urban District	1087358	550564	536794	610502	475689	335158
惠东县 Huidong County	698441	357526	340915	231440	463789	387521
博罗县 Boluo County	758061	388950	369111	190669	564231	492863
龙门县 Longmen County	319708	164373	155335	85930	233221	191778
汕尾市 Shanwei						
市辖区 Urban District	456067	239433	216634	456067		67307
陆丰市 Lufeng City	1570899	817514	753385	611240	953551	353923
海丰县 Haifeng County	755170	395776	359394	360441	372647	317188
陆河县 Luhe County	281379	145855	135524	104232	177147	108791
东莞市 Dongguan	1589611	806510	783101	576709	1009834	492433
中山市 Zhongshan	1378581	691609	686972	587632	786330	463179
江门市 Jiangmen						
市辖区 Urban District	1324511	668136	656375	1324511		428003
台山市 Taishan City	986373	505318	481055	282220	703702	674412
开平市 Kaiping City	679260	343042	336218	282883	396365	430311
鹤山市 Heshan City	356938	183160	173778	152129	204501	179858
恩平市 Enping City	472695	249186	223509	174940	297456	315902

22-1 续表 continued

县（市）、区别 County (County-level City) and District	总人口（人） Total Population (person)	按性别分 By Sex		按农业、非农业分 By Agricultural and Non-agricultural Population		常用耕地面积（亩） Regularly Cultivated Land (mu)
		男 Male	女 Female	非农业人口 Non-agricultural Population	农业人口 Agricultural Population	
阳江市 Yangjiang						
市辖区 Urban District	628630	324987	303643	436128	189026	197550
阳春市 Yangchun City	1052883	558858	494025	223056	829065	672440
阳东县 Yangdong County	444163	242833	201330	82245	360326	364941
阳西县 Yangxi County	469665	256514	213151	91516	375355	303997
湛江市 Zhanjiang						
市辖区 Urban District	1442522	753305	689217	724426	704953	591808
雷州市 Leizhou City	1507302	797356	709946	263988	1243314	1187160
廉江市 Lianjiang City	1507935	803581	704354	264863	1211888	784933
吴川市 Wuchuan City	1006783	534701	472082	280134	714972	306618
遂溪县 Suixi County	994590	527387	467203	193757	797642	861218
徐闻县 Xuwen County	680264	355747	324517	136762	540460	764119
茂名市 Maoming						
市辖区 Urban District	1201945	624604	577341	1178643		420967
信宜市 Xinyi City	1244940	646801	598139	349761	889269	479830
高州市 Gaozhou City	1583613	840111	743502	362424	1199305	810724
化州市 Huazhou City	1416851	753418	663433	205112	1200732	902399
电白县 Dianbai County	1233855	660790	573065	342976	889349	747617
肇庆市 Zhaoqing						
市辖区 Urban District	477428	243490	233938	357589	117878	125068
四会市 Sihui City	424150	218135	206015	131540	291560	237650
高要市 Gaoyao City	728880	372824	356056	111594	616855	469002
广宁县 Guangning County	540130	285944	254186	111895	427822	243287
德庆县 Deqing County	355040	186562	168478	70880	284160	209744
封开县 Fenkai County	469849	242075	227774	73761	395789	306125
怀集县 Huaiji County	930993	476942	454051	118541	812182	407816
清远市 Qingyuan						
市辖区 Urban District	542157	276188	265969	542157		234592
英德市 Yingde City	1049955	552918	497037	216395	833560	780234
连州市 Lianzhou City	504643	260441	244202	92845	411137	348190
清新县 Qingxin County	696219	358058	338161	89588	606631	153562
佛冈县 Fogang County	309449	160529	148920	62798	246651	318502
连山县 Lianshan County	114669	59623	55046	24739	88929	92033
连南县 Liannan County	155632	81155	74477	28312	127181	102497
阳山县 Yangshan County	526992	272327	254665	73417	453412	437231
潮州市 Chaozhou						
市辖区 Urban District	343466	170594	172872	311002	32464	16961
饶平县 Raoping County	963844	495629	468215	220436	743408	287149
潮安县 Chaoan County	1182721	601756	580965	176178	1004558	292978
揭阳市 Jieyang						
市辖区 Urban District	658272	336015	322257	658272		79774
普宁市 Puning City	2040410	1049611	990799	616008	1395084	386783
揭东县 Jiedong County	1216179	632111	584068	252216	942683	369723
揭西县 Jiexi County	902563	466013	436550	238410	653172	249543
惠来县 Huilai County	1087942	556213	531729	282596	772261	294787
云浮市 Yunfu						
市辖区 Urban District	282606	147028	135578	282606		113147
罗定市 Luoding City	1094602	575526	519076	365159	694635	483366
新兴县 Xinxing County	449152	228529	220623	157373	288839	276509
郁南县 Yunan County	479040	253521	225519	95329	383711	316725
云安县 Yunan County	307442	160219	147223	75788	227168	185984

注：按农业、非农业分的人口不包括未落常住户口的人数。
Note: The agricultural and non-agricultural population exclude the population without permanent resident registration.

22-2 各县（市）区地区生产总值（2003 年）

GROSS LOCAL PRODUCT VALUE BY COUNTY (COUNTY-LEVEL CITY) AND DISTRICT (2003)

单位：万元 (10000 yuan)

县（市）区别 County (County-level City) and District	地区生产总值 Gross Local Product Value	第一产业 Primary Industry	第二产业 Secondary Industry	第三产业 Tertiary Industry
广州市 Guangzhou				
市　区 Urban District	31876465	745169	13112813	18018483
从化市 Conghua City	1012444	84703	686952	240789
增城市 Zengcheng City	2079878	226430	1281455	571993
深圳市 Shenzhen	28954070	164744	17236554	11552772
珠海市 Zhuhai	4732742	180141	2667875	1884726
汕头市 Shantou				
市　区 Urban District	5204475	447647	2570975	2185853
南澳县 Nanao County	65218	20137	21640	23441
佛山市 Foshan	13815951	770822	7646186	5398943
韶关市 Shaoguan				
市　区 Urban District	1182508	25650	738288	418570
乐昌市 Lechang City	245234	64858	81274	99102
南雄市 Nanxiong City	259653	93187	72450	94016
仁化县 Renhua County	154301	44185	50021	60095
始兴县 Shixing County	137060	58026	45764	33270
翁源县 Wengyuan County	170996	71115	44860	55021
新丰县 Xinfeng County	122839	30948	43805	48086
曲江县 Qujiang County	294344	104475	99816	90053
乳源县 Ruyuan County	125273	22816	73630	28827
河源市 Heyuan				
市　区 Urban District	256515	21727	136872	97916
东源县 Dongyuan County	191132	69149	64200	57783
和平县 Heping County	157752	66020	35467	56265
龙川县 Longchuan County	349816	98051	94140	157625
紫金县 Zijin County	267553	117648	59969	89936
连平县 Lianping County	191674	40910	71639	79125
梅州市 Meizhou				
市　区 Urban District	337023	20100	180859	136064
兴宁市 Xingning City	428849	119500	136306	173043
梅　县 Meixian County	477908	143114	228440	106354
平远县 Pingyuan County	131922	41616	43798	46508
蕉岭县 Jiaoling County	194047	36976	89462	67609
大埔县 Dapu County	192534	53882	75270	63382
丰顺县 Fengshun County	221650	80460	64472	76718
五华县 Wuhua County	287525	104844	62335	120346
惠州市 Huizhou				
市　区 Urban District	3649459	175409	2480147	993903
惠东县 Huidong County	1140476	239441	596467	304568
博罗县 Boluo County	1089232	229290	605039	254903
龙门县 Longmen County	222089	86267	65265	70557
汕尾市 Shanwei				
市　区 Urban District	383374	95264	137869	150241
陆丰市 Lufeng City	504118	186984	175210	141924
海丰县 Haifeng County	894716	191463	280129	423124
陆河县 Luhe County	185344	59912	63569	61863
东莞市 Dongguan	9479654	280555	5122603	4076496
中山市 Zhongshan	5014043	270789	3159298	1583956
江门市 Jiangmen				
市　区 Urban District	3400327	155256	1628376	1616695
台山市 Taishan City	1260619	187618	558175	514826
开平市 Kaiping City	1220909	126797	603624	490488
鹤山市 Heshan City	830926	78376	450307	302243
恩平市 Enping City	544911	100983	199211	244717

注：本表按当年价格计算。

Note: The data in this table are calculated at current prices.

22-2 续表 continued

单位：万元 (10000 yuan)

县（市）区别 County (County-level City) and District	地区生产总值 Gross Local Product Value	第一产业 Primary Industry	第二产业 Secondary Industry	第三产业 Tertiary Industry
阳江市 Yangjiang				
市　区 Urban District	1004565	184290	375429	444846
阳春市 Yangchun City	584935	265122	164953	154860
阳东县 Yangdong County	388526	156226	131320	100981
阳西县 Yangxi County	348780	160329	88029	100422
湛江市 Zhanjiang				
市　区 Urban District	2718028	188123	1542426	987479
雷州市 Leizhou City	576701	258077	88811	229813
廉江市 Lianjiang City	740523	276805	187499	276219
吴川市 Wuchuan City	372287	78618	151388	142281
遂溪县 Suixi County	525461	249420	127663	148378
徐闻县 Xuwen County	316320	165351	53448	97521
茂名市 Maoming				
市　区 Urban District	2177192	222809	1053048	901335
信宜市 Xinyi City	1035263	388654	338709	307900
高州市 Gaozhou City	1345179	419744	472756	452679
化州市 Huazhou City	1168275	351186	349387	467702
电白县 Dianbai County	1048682	361638	339493	347551
肇庆市 Zhaoqing				
市　区 Urban District	1075177	77219	446042	551916
四会市 Sihui City	786669	200527	391247	194895
高要市 Gaoyao City	1404253	351778	455316	597159
广宁县 Guangning County	350869	130358	112351	108160
德庆县 Deqing County	278892	89793	74991	114108
封开县 Fenkai County	344236	151762	92366	100108
怀集县 Huaiji County	541112	256286	123659	161167
清远市 Qingyuan				
市　区 Urban District	509027	89338	222457	197232
英德市 Yingde City	407784	201458	88742	117584
连州市 Lianzhou City	244809	88207	78736	77866
佛冈县 Fogang County	161560	33335	76288	51937
清新县 Qingxin County	296721	122405	88494	85822
连山县 Lianshan County	50904	21639	11495	17770
连南县 Liannan County	51950	18467	16859	16624
阳山县 Yangshan County	215838	106485	53034	56319
潮州市 Chaozhou				
市　区 Urban District	517864	11073	231211	275580
饶平县 Raoping County	634108	203792	188574	241742
潮安县 Chaoan County	1144351	190179	619133	335039
揭阳市 Jieyang				
市　区 Urban District	924574	59223	580027	285324
普宁市 Puning City	1685710	197994	840049	647667
揭东县 Jiedong County	1268310	222156	732246	313908
揭西县 Jiexi County	531489	154957	228746	147786
惠来县 Huilai County	537845	224554	205939	107352
云浮市 Yunfu				
市　区 Urban District	353577	70154	161527	121896
罗定市 Luoding City	888103	248567	329111	310425
新兴县 Xinxing County	412764	136376	165205	111183
郁南县 Yunan County	312736	137192	98978	76566
云安县 Yunan County	200609	87684	70811	42114

22-3 各县（市）区地区生产总值增长速度（2003 年）

GROWTH RATE OF GROSS LOCAL PRODUCT VALUE BY COUNTY (COUNTY-LEVEL CITY) AND DISTRICT (2003)

单位:% (%)

县（市）区别 County (County-level City) and District	地区生产总值 Gross Local Product Value	第一产业 Primary Industry	第二产业 Secondary Industry	第三产业 Tertiary Industry
广州市 Guangzhou				
市　区 Urban District	15.3	1.5	22.2	11.1
从化市 Conghua City	13.7	-8.5	17.0	14.9
增城市 Zengcheng City	14.1	0.9	17.4	13.2
深圳市 Shenzhen	19.2	-14.3	26.1	10.3
珠海市 Zhuhai	17.5	11.8	20.2	14.2
汕头市 Shantou				
市　区 Urban District	8.8	2.3	12.4	6.3
南澳县 Nanao County	8.0	6.1	10.6	7.3
佛山市 Foshan	16.1	3.8	21.1	11.3
韶关市 Shaoguan				
市　区 Urban District	17.0	4.7	20.1	12.5
乐昌市 Lechang City	11.3	3.6	22.1	8.5
南雄市 Nanxiong City	10.6	3.6	16.9	13.8
仁化县 Renhua County	11.0	4.1	19.0	10.2
始兴县 Shixing County	13.1	2.7	33.1	10.0
翁源县 Wengyuan County	11.2	2.3	31.3	10.0
新丰县 Xinfeng County	10.9	4.5	19.4	8.0
曲江县 Qujiang County	11.2	2.9	18.5	14.4
乳源县 Ruyuan County	17.1	1.5	27.0	8.8
河源市 Heyuan				
市　区 Urban District	29.5	0.5	37.1	27.8
东源县 Dongyuan County	16.7	-1.4	37.9	23.0
和平县 Heping County	14.4	9.1	14.1	21.6
龙川县 Longchuan County	16.8	7.7	35.6	13.3
紫金县 Zijin County	14.5	7.2	15.0	26.0
连平县 Lianping County	15.7	8.3	17.2	18.5
梅州市 Meizhou				
市　区 Urban District	22.6	2.0	36.6	10.3
兴宁市 Xingning City	7.8	2.1	10.0	10.2
梅　县 Meixian County	12.1	3.3	17.9	13.6
平远县 Pingyuan County	8.7	0.8	15.2	10.6
蕉岭县 Jiaoling County	10.6	2.6	15.6	9.0
大埔县 Dapu County	9.2	2.8	12.5	11.4
丰顺县 Fengshun County	10.2	3.3	18.9	11.4
五华县 Wuhua County	8.2	1.5	14.4	11.8
惠州市 Huizhou				
市　区 Urban District	19.7	-16.0	23.8	18.6
惠东县 Huidong County	10.3	3.6	12.5	11.6
博罗县 Boluo County	11.5	9.9	9.4	18.9
龙门县 Longmen County	10.5	10.9	11.5	9.2
汕尾市 Shanwei				
市　区 Urban District	13.7	5.9	24.9	9.9
陆丰市 Lufeng City	9.2	2.6	20.3	5.7
海丰县 Haifeng County	12.5	7.1	13.7	14.2
陆河县 Luhe County	12.7	6.2	19.6	12.7
东莞市 Dongguan	19.5	-9.4	22.1	18.7
中山市 Zhongshan	18.6	2.6	25.2	9.5
江门市 Jiangmen				
市　区 Urban District	11.6	-30.8	17.4	12.0
台山市 Taishan City	7.1	1.6	7.7	8.4
开平市 Kaiping City	10.5	-6.7	12.6	12.8
鹤山市 Heshan City	11.2	3.7	12.2	11.8
恩平市 Enping City	9.0	3.7	8.8	11.5

注：本表按可比价格计算，与上年比较。

Note: The figures in this table are calculated at comparable prices and compared with the preceding year.

22-3 续表 continued

单位:% (%)

县（市）区别 County (County-level City) and District	地区生产总值 Gross Local Product Value	第一产业 Primary Industry	第二产业 Secondary Industry	第三产业 Tertiary Industry
阳江市 Yangjiang				
市　区 Urban District	14.6	4.2	18.5	16.8
阳春市 Yangchun City	12.1	5.4	23.6	13.6
阳东县 Yangdong County	10.8	5.8	17.0	11.3
阳西县 Yangxi County	12.1	7.9	17.0	15.1
湛江市 Zhanjiang				
市　区 Urban District	15.4	6.0	20.4	10.1
雷州市 Leizhou City	8.6	4.7	17.2	9.9
廉江市 Lianjiang City	8.8	2.6	15.8	10.9
吴川市 Wuchuan City	8.6	5.0	12.7	6.6
遂溪县 Suixi County	9.0	6.1	20.6	4.7
徐闻县 Xuwen County	8.6	4.5	19.4	10.2
茂名市 Maoming				
市　区 Urban District	12.8	5.3	11.8	16.2
信宜市 Xinyi City	11.4	8.2	14.1	12.5
高州市 Gaozhou City	11.0	3.5	16.1	13.1
化州市 Huazhou City	11.1	6.1	15.6	11.9
电白县 Dianbai County	11.3	6.3	19.6	9.2
肇庆市 Zhaoqing				
市　区 Urban District	13.8	1.4	17.2	13.2
四会市 Sihui City	12.7	4.7	16.5	13.9
高要市 Gaoyao City	10.1	-0.3	15.0	13.2
广宁县 Guangning County	4.9	3.1	4.9	7.4
德庆县 Deqing County	9.1	5.5	13.1	9.5
封开县 Fenkai County	8.2	2.5	12.4	14.1
怀集县 Huaiji County	4.9	3.7	-0.9	12.0
清远市 Qingyuan				
市　区 Urban District	21.4	-2.2	38.2	17.8
英德市 Yingde City	9.3	0.8	32.2	10.5
连州市 Lianzhou City	9.5	1.5	11.6	17.8
佛冈县 Fogang County	13.5	0.5	25.4	7.2
清新县 Qingxin County	11.1	2.1	21.0	15.8
连山县 Lianshan County	6.6	3.0	9.3	9.4
连南县 Liannan County	8.6	2.8	19.9	5.1
阳山县 Yangshan County	10.3	3.7	21.9	13.7
潮州市 Chaozhou				
市　区 Urban District	9.1	0.9	7.0	11.2
饶平县 Raoping County	2.8	4.8	-2.6	6.0
潮安县 Chaoan County	10.9	-3.3	14.5	13.6
揭阳市 Jieyang				
市　区 Urban District	11.3	3.5	12.6	10.3
普宁市 Puning City	8.8	4.0	10.1	8.5
揭东县 Jiedong County	11.9	4.0	14.9	10.6
揭西县 Jiexi County	11.2	4.1	18.0	9.0
惠来县 Huilai County	8.1	3.6	12.1	11.0
云浮市 Yunfu				
市　区 Urban District	13.2	5.9	18.8	10.4
罗定市 Luoding City	13.0	5.7	19.4	12.7
新兴县 Xinxing County	13.7	8.1	17.6	15.6
郁南县 Yunan County	13.0	9.2	20.8	10.6
云安县 Yunan County	13.5	5.1	31.2	6.7

22-4 各县（市）区人均地区生产总值及增长速度
PER CAPITA GROSS LOCAL PRODUCT VALUE AND GROWTH RATE BY COUNTY (COUNTY-LEVEL CITY) AND DISTRICT

县（市）区别 County (County-level City) and District	绝对数（元/人）Absolute Figure (yuan/person)		增长速度（%）Growth Rate (%)	
	2002	2003	2002	2003
广州市 Guangzhou				
市　区 Urban District	47053	54390	11.4	14.2
从化市 Conghua City	16757	18945	14.3	13.2
增城市 Zengcheng City	21841	24939	13.8	13.5
深圳市 Shenzhen	50194	54545	6.5	9.3
珠海市 Zhuhai	32682	37675	13.0	16.3
汕头市 Shantou				
市　区 Urban District	10295	10957	5.3	6.2
南澳县 Nanao County	8542	9238	6.4	8.0
佛山市 Foshan	34850	40444	10.8	14.7
韶关市 Shaoguan				
市　区 Urban District	18137	21124	11.1	16.2
乐昌市 Lechang City	5118	5706	7.6	10.7
南雄市 Nanxiong City	6210	6959	7.7	11.2
仁化县 Renhua County	9149	10246	7.5	10.5
始兴县 Shixing County	5794	6580	7.9	12.7
翁源县 Wengyuan County	4843	5401	6.9	10.8
新丰县 Xinfeng County	6035	6705	6.9	9.7
曲江县 Qujiang County	7107	7930	6.7	10.7
乳源县 Ruyuan County	6150	7187	9.7	16.0
河源市 Heyuan				
市　区 Urban District	6469	8427	19.8	30.2
东源县 Dongyuan County	3245	3716	11.0	13.5
和平县 Heping County	2834	3251	11.3	13.6
龙川县 Longchuan County	3477	4069	9.3	16.2
紫金县 Zijin County	3009	3371	7.9	11.1
连平县 Lianping County	4449	5154	11.8	14.8
梅州市 Meizhou				
市　区 Urban District	8808	10840	21.2	22.6
兴宁市 Xingning City	4562	4874	7.0	7.2
梅　县 Meixian County	8192	9212	8.4	11.9
平远县 Pingyuan County	5479	5977	6.8	8.6
蕉岭县 Jiaoling County	8687	9673	9.2	10.6
大埔县 Dapu County	4961	5392	5.3	8.7
丰顺县 Fengshun County	4470	4865	7.5	9.6
五华县 Wuhua County	2980	3217	6.6	7.4
惠州市 Huizhou				
市　区 Urban District	29238	33955	25.9	17.2
惠东县 Huidong County	14910	16342	9.4	10.2
博罗县 Boluo County	13093	14417	9.7	10.8
龙门县 Longmen County	6326	6969	6.4	10.1
汕尾市 Shanwei				
市　区 Urban District	7309	8190	9.5	12.0
陆丰市 Lufeng City	3530	3893	9.5	9.4
海丰县 Haifeng County	12111	13491	9.3	11.5
陆河县 Luhe County	6749	7559	11.6	11.8
东莞市 Dongguan	51038	60158	17.1	17.6
中山市 Zhongshan	24194	28645	15.5	16.4
江门市 Jiangmen				
市　区 Urban District	23711	25762	13.4	11.1
台山市 Taishan City	12422	12739	11.1	7.7
开平市 Kaiping City	14672	15833	9.9	10.1
鹤山市 Heshan City	18188	18850	9.5	3.7
恩平市 Enping City	10636	11515	8.2	8.5

注：本表绝对数按当年价格计算，增长速度按可比价格计算。
Note: The values in this table are calculated at current prices while the growth rates are calculated at comparable prices.

22-4 **续表** continued

县（市）区别 County (County-level City) and District	绝对数（元/人）Absolute Figure (yuan/person)		增长速度（%）Growth Rate (%)	
	2002	2003	2002	2003
阳江市 Yangjiang				
市　区 Urban District	13980	16099	11.9	14.2
阳春市 Yangchun City	4979	5555	10.7	11.2
阳东县 Yangdong County	7900	8753	11.5	10.8
阳西县 Yangxi County	6634	7440	11.1	12.2
湛江市 Zhanjiang				
市　区 Urban District	17455	20341	8.9	14.5
雷州市 Leizhou City	4132	4446	7.0	7.5
廉江市 Lianjiang City	5519	6038	7.3	8.6
吴川市 Wuchuan City	4085	4509	8.5	8.9
遂溪县 Suixi County	5849	6200	5.4	7.0
徐闻县 Xuwen County	4654	4983	2.9	7.6
茂名市 Maoming				
市　区 Urban District	15686	18225	8.1	11.7
信宜市 Xinyi City	7572	8353	9.7	10.2
高州市 Gaozhou City	7725	8528	9.5	10.0
化州市 Huazhou City	7579	8294	9.1	9.9
电白县 Dianbai County	7712	8543	8.7	10.1
肇庆市 Zhaoqing				
市　区 Urban District	19940	22621	11.2	13.2
四会市 Sihui City	16541	18611	13.3	11.6
高要市 Gaoyao City	17324	19244	8.4	10.2
广宁县 Guangning County	6165	6502	7.1	4.7
德庆县 Deqing County	7242	7878	11.0	8.4
封开县 Fenkai County	6692	7359	7.5	7.3
怀集县 Huaiji County	5536	5831	8.2	4.2
清远市 Qingyuan				
市　区 Urban District	8116	9896	6.5	21.0
英德市 Yingde City	4535	4977	1.2	8.8
连州市 Lianzhou City	5480	5923	8.5	9.1
佛冈县 Fogang County	5514	6267	11.0	13.1
清新县 Qingxin County	4941	5392	10.4	8.3
连山县 Lianshan County	4752	5095	7.7	6.0
连南县 Liannan County	3434	3745	6.2	7.8
阳山县 Yangshan County	4776	5260	7.7	9.9
潮州市 Chaozhou				
市　区 Urban District	13812	15072	7.5	9.1
饶平县 Raoping County	6430	6601	-0.1	2.2
潮安县 Chaoan County	8807	9695	9.1	10.5
揭阳市 Jieyang				
市　区 Urban District	12782	14092	8.5	10.3
普宁市 Puning City	7815	8320	8.1	7.4
揭东县 Jiedong County	9525	10459	7.8	11.0
揭西县 Jiexi County	5397	5921	8.4	10.1
惠来县 Huilai County	4635	4962	4.7	7.3
云浮市 Yunfu				
市　区 Urban District	11234	12543	9.5	12.8
罗定市 Luoding City	7268	8143	6.3	12.2
新兴县 Xinxing County	8119	9195	8.2	13.4
郁南县 Yunan County	5801	6533	7.2	12.9
云安县 Yunan County	5779	6539	6.7	13.0

22-5 各县（市）区工农业总产值

GROSS OUTPUT VALUE OF INDUSTRY AND AGRICULTURE BY COUNTY (COUNTY-LEVEL CITY) AND DISTRICT

单位：万元 (10000 yuan)

县（市）区别 County (County-level City) and District	工农业总产值 Gross Output Value of Industry and Agriculture		工业总产值 Gross Output Value of Industry		农业总产值 Gross Output Value of Agriculture	
	2002	2003	2002	2003	2002	2003
广州市 Guangzhou						
市　区 Urban District	31081363	39507907	30421038	38830314	660325	677593
从化市 Conghua City	2260424	2702386	2145388	2615099	115036	87287
增城市 Zengcheng City	3732838	4436237	3557761	4258268	175077	177969
深圳市 Shenzhen	46576629	67753674	46442794	67606748	133835	146926
珠海市 Zhuhai	10810480	14004785	10661589	13836432	148891	168353
汕头市 Shantou						
市　区 Urban District	8572620	9316532	8155674	8979320	416946	337212
南澳县 Nanao County	107569	106252	60312	63514	47257	42738
佛山市 Foshan	29834405	37057616	28972787	36160451	861618	897165
韶关市 Shaoguan						
市　区 Urban District	1129260	1207999	1102763	1180550	26497	27449
乐昌市 Lechang City	165054	171119	107317	109534	57737	61585
南雄市 Nanxiong City	197197	213912	119937	139852	77260	74060
仁化县 Renhua County	129567	143635	86626	98423	42941	45212
始兴县 Shixing County	125666	150663	69058	101323	56608	49340
翁源县 Wengyuan County	127740	137883	69491	79221	58249	58662
新丰县 Xinfeng County	71456	78305	36211	44355	35245	33950
曲江县 Qujiang County	277116	297515	176829	195436	100287	102079
乳源县 Ruyuan County	130164	166878	110012	147611	20152	19267
河源市 Heyuan						
市　区 Urban District	241461	336567	222246	318375	19215	18192
东源县 Dongyuan County	129771	139427	64737	89775	65034	49652
和平县 Heping County	105609	107872	51860	65674	53749	42198
龙川县 Longchuan County	183941	202958	103485	138805	80456	64153
紫金县 Zijin County	187102	183104	84727	94482	102375	88622
连平县 Lianping County	116515	126189	78283	98800	38232	27389
梅州市 Meizhou						
市　区 Urban District	252714	261004	231126	238491	21588	22513
兴宁市 Xingning City	439192	476085	331991	367513	107201	108572
梅　县 Meixian County	623087	677808	404728	451138	218359	226670
平远县 Pingyuan County	121572	137029	81991	96776	39581	40253
蕉岭县 Jiaoling County	191649	217484	152914	179966	38735	37518
大埔县 Dapu County	175185	188063	120636	131204	54549	56859
丰顺县 Fengshun County	211285	236066	131547	153450	79738	82616
五华县 Wuhua County	210051	231864	122878	142856	87173	89008
惠州市 Huizhou						
市　区 Urban District	10895223	12946186	10719780	12810325	175443	135861
惠东县 Huidong County	1562424	1759534	1376794	1560914	185630	198620
博罗县 Boluo County	1939786	2162043	1754631	1974758	185155	187285
龙门县 Longmen County	178036	199205	127008	145861	51028	53344
汕尾市 Shanwei						
市　区 Urban District	415628	502039	302315	383375	113313	118664
陆丰市 Lufeng City	617271	688395	398314	472998	218957	215397
海丰县 Haifeng County	839801	959688	731414	844635	108387	115053
陆河县 Luhe County	88392	94591	54783	64766	33609	29825
东莞市 Dongguan	14028366	21284121	13732182	21048091	296184	236030
中山市 Zhongshan	13785667	18021543	13462253	17680696	323414	340847
江门市 Jiangmen						
市　区 Urban District	8045380	9666439	7798670	9405744	246710	260695
台山市 Taishan City	3721064	4029340	3463606	3764940	257458	264400
开平市 Kaiping City	3027871	3492447	2909377	3370280	118494	122167
鹤山市 Heshan City	1894988	2176754	1824077	2102794	70911	73960
恩平市 Enping City	798497	862024	702988	762600	95509	99424

注：1. 本表按 1990 年不变价格计算。2. 2003 年农业总产值口径有变化，与 2002 年不可比。

Note: a) The data in this table are calculated at 1990 constant prices. b) In 2003, the statistical coverage of gross output value of agriculture is changed and can not be comparable with that of 2002.

单位：万元 (10000 yuan)

县（市）区别 County (County-level City) and District	工农业总产值 Gross Output Value of Industry and Agriculture		工业总产值 Gross Output Value of Industry		农业总产值 Gross Output Value of Agriculture	
	2002	2003	2002	2003	2002	2003
阳江市 Yangjiang						
市　区 Urban District	912638	1143332	729236	938396	183402	204936
阳春市 Yangchun City	743788	821122	552131	640742	191657	180380
阳东县 Yangdong County	488859	486462	344257	346107	144602	140355
阳西县 Yangxi County	403994	426000	226262	260658	177732	165342
湛江市 Zhanjiang						
市　区 Urban District	1830597	2146616	1638360	1948232	192237	198384
雷州市 Leizhou City	513831	535660	201007	248726	312824	286934
廉江市 Lianjiang County	798648	847134	467092	542154	331556	304980
吴川市 Wuchuan City	505133	546848	397327	456635	107806	90213
遂溪县 Suixi County	576291	636196	306123	355178	270168	281018
徐闻县 Xuwen County	324198	329729	95932	111539	228266	218190
茂名市 Maoming						
市　区 Urban District	2307301	2481849	2074023	2266932	233278	214917
信宜市 Xinyi City	1317839	1381812	916078	1036855	401761	344957
高州市 Gaozhou City	1710497	1887369	1125403	1297665	585094	589704
化州市 Huazhou City	1272693	1389851	828313	942406	444380	447445
电白县 Dianbai County	1095978	1194139	681990	785876	413988	408263
肇庆市 Zhaoqing						
市　区 Urban District	2412239	2867441	2335156	2791377	77083	76064
四会市 Sihui City	1311791	1342832	1126677	1169324	185114	173508
高要市 Gaoyao City	2012400	2122575	1736632	1850532	275768	272043
广宁县 Guangning County	565718	434344	455461	351592	110257	82752
德庆县 Deqing County	787612	432853	666810	327182	120802	105671
封开县 Fenkai County	537312	407547	406563	281219	130749	126328
怀集县 Huaiji County	504846	457736	360402	336306	144444	121430
清远市 Qingyuan						
市　区 Urban District	480658	546591	421773	487078	58885	59513
英德市 Yingde City	253440	274687	108176	131401	145264	143286
连州市 Lianzhou City	161617	171797	86511	97111	75106	74686
佛冈县 Fogang County	192304	290379	168439	267546	23865	22833
清新县 Qingxin County	241042	283928	150743	189126	90299	94802
连山县 Lianshan County	30143	31699	9692	10629	20451	21070
连南县 Liannan County	33502	33321	19670	18971	13832	14350
阳山县 Yangshan County	130092	138022	49923	64733	80169	73289
潮州市 Chaozhou						
市　区 Urban District	914654	981991	902486	974653	12168	7338
饶平县 Raoping County	870602	793818	667911	631908	202691	161910
潮安县 Chaoan County	2380373	2566816	2182485	2487673	197888	79143
揭阳市 Jieyang						
市　区 Urban District	1814041	2026877	1754954	1998546	59087	28331
普宁市 Puning City	2860900	3065008	2703185	2944240	157715	120768
揭东县 Jiedong County	2353271	2620618	2168280	2495669	184991	124949
揭西县 Jiexi County	731010	806746	613003	713286	118007	93460
惠来县 Huilai County	817122	839546	623771	666300	193351	173246
云浮市 Yunfu						
市　区 Urban District	363486	413493	308813	363185	54673	50308
罗定市 Luoding City	1129440	1217590	917375	1023447	212065	194143
新兴县 Xinxing County	809355	902550	667238	752800	142117	149750
郁南县 Yunan County	416455	475618	299662	371247	116793	104371
云安县 Yunan County	207023	235255	147039	179682	59984	55573

22-6 各县（市）区工业总产值（2003 年）
GROSS OUTPUT VALUE OF INDUSTRY BY COUNTY (COUNTY-LEVEL CITY) AND DISTRICT (2003)

单位：万元 (10000 yuan)

县（市）区别 County (County-level City) and District	全社会工业总产值 Gross Industrial Output Value	规模以上工业总产值 Gross Output Value of Industrial Enterprises above Designated Size	规模以下工业总产值 Gross Output Value of Industrial Enterprises below Designated Size
广州市 Guangzhou	47059104	40178324	6880780
市　区 Urban District	39761327	34742568	5018759
从化市 Conghua City	2648411	2192619	455792
增城市 Zengcheng City	4649366	3243137	1406229
深圳市 Shenzhen	56135915	52451037	3684878
珠海市 Zhuhai	10373029	10089840	283189
汕头市 Shantou	9251267	4611716	4639551
市　区 Urban District	9172767	4588214	4584553
南澳县 Nanao County	78500	23502	54998
佛山市 Foshan	33000823	25819560	7181263
韶关市 Shaoguan	2953675	2362729	590946
市　区 Urban District	1830000	1755048	74952
乐昌市 Lechang City	165631	121213	44419
南雄市 Nanxiong City	163839	52790	111049
仁化县 Renhua County	125985	60452	65533
始兴县 Shixing County	121833	98135	23698
翁源县 Wengyuan County	92515	35371	57144
新丰县 Xinfeng County	62078	41945	20133
曲江县 Qujiang County	235780	63366	172415
乳源县 Ruyuan County	156013	134410	21604
河源市 Heyuan	915210	678223	236987
市　区 Urban District	318234	281098	37135
东源县 Dongyuan County	102067	67529	34538
和平县 Heping County	67688	41142	26546
龙川县 Longchuan County	170134	91400	78734
紫金县 Zijin County	101963	67802	34161
连平县 Lianping County	155124	129251	25873
梅州市 Meizhou	2141655	1139620	1002035
市　区 Urban District	365731	283836	81895
兴宁市 Xingning City	415667	100802	314865
梅　县 Meixian County	544846	369651	175195
平远县 Pingyuan County	111390	55582	55808
蕉岭县 Jiaoling County	215857	146935	68922
大埔县 Dapu County	153479	61214	92265
丰顺县 Fengshun County	172346	86139	86207
五华县 Wuhua County	162339	35461	126878
惠州市 Huizhou	13882219	10204438	3677781
市　区 Urban District	9927645	8914870	1012775
惠东县 Huidong County	1658630	234261	1424369
博罗县 Boluo County	2115462	991121	1124341
龙门县 Longmen County	180482	64186	116296
汕尾市 Shanwei	1990164	489162	1501002
市　区 Urban District	425079	257157	167922
陆丰市 Lufeng City	532187	77492	454695
海丰县 Haifeng County	920524	139494	781030
陆河县 Luhe County	112374	15019	97355
东莞市 Dongguan	24111280	21449305	2661975
中山市 Zhongshan	15442858	13092541	2350317
江门市 Jiangmen	15432457	11169542	4262915
市　区 Urban District	7133090	5609513	1523577
台山市 Taishan City	3152048	2251944	900104
开平市 Kaiping City	2527150	1671557	855593
鹤山市 Heshan City	1900512	1303091	597421
恩平市 Enping City	719657	333437	386220

注：本表按当年价格计算。
Note: The data in this table are calculated at current prices.

22-6 续表 continued

单位：万元 (10000 yuan)

县（市）区别 County (County-level City) and District	全社会工业总产值 Gross Industrial Output Value	规模以上工业总产值 Gross Output Value of Industrial Enterprises above Designated Size	规模以下工业总产值 Gross Output Value of Industrial Enterprises below Designated Size
阳江市 Yangjiang	2277443	1209887	1067556
市 区 Urban District	897825	533117	364708
阳春市 Yangchun City	704632	330483	374149
阳东县 Yangdong County	401355	239956	161399
阳西县 Yangxi County	273631	106331	167300
湛江市 Zhanjiang	5316496	4043718	1272778
市 区 Urban District	3584022	3354068	229954
雷州市 Leizhou City	238795	130946	107849
廉江市 Lianjiang County	553507	186688	366819
吴川市 Wuchuan City	465488	131756	333732
遂溪县 Suixi County	361764	167452	194312
徐闻县 Xuwen County	112920	72808	40112
茂名市 Maoming	9091438	5214353	3877085
市 区 Urban District	4628646	4040747	587899
信宜市 Xinyi City	1091129	183843	907286
高州市 Gaozhou City	1381468	454746	926722
化州市 Huazhou City	1092290	286902	805388
电白县 Dianbai County	897905	248115	649790
肇庆市 Zhaoqing	6149862	4466533	1683329
市 区 Urban District	1572766	1383551	189215
四会市 Sihui City	1211404	800191	411213
高要市 Gaoyao City	1954031	1440432	513599
广宁县 Guangning County	373178	307333	65845
德庆县 Deqing County	336307	195147	141160
封开县 Fenkai County	327607	195430	132177
怀集县 Huaiji County	374569	144449	230120
清远市 Qingyuan	1468341	1018429	449912
市 区 Urban District	498683	326921	171762
英德市 Yingde City	176786	114119	62667
连州市 Lianzhou City	157567	86957	70610
佛冈县 Fogang County	280845	260861	19985
清新县 Qingxin County	219586	147849	71737
连山县 Lianshan County	13027	3045	9982
连南县 Liannan County	30886	18228	12658
阳山县 Yangshan County	90961	60450	30511
潮州市 Chaozhou	4089077	1527531	2561546
市 区 Urban District	929801	513605	416196
饶平县 Raoping County	641725	275233	366492
潮安县 Chaoan County	2517551	738693	1778858
揭阳市 Jieyang	9566958	2091250	7475708
市 区 Urban District	2155485	514790	1640695
普宁市 Puning City	3187180	775284	2411896
揭东县 Jiedong County	2717445	510798	2206647
揭西县 Jiexi County	781753	51370	730383
惠来县 Huilai County	725096	239008	486088
云浮市 Yunfu	3064133	1826837	1237296
市 区 Urban District	532101	263136	268965
罗定市 Luoding City	1058912	747237	311675
新兴县 Xinxing County	815245	581221	234024
郁南县 Yunan County	418665	156456	262209
云安县 Yunan County	239210	78787	160423

22-7 各县（市）区粮食产量
OUTPUT OF GRAIN BY COUNTY (COUNTY-LEVEL CITY) AND DISTRICT

单位：吨、公斤/人　　　　(ton, kg/person)

县（市）区别 County (County-level City) and District	粮食 Grain				人均粮食 Per Capita Grain	
	2002	2003	#稻谷 Rice		2002	2003
			2002	2003		
广州 Guangzhou						
市　区 Urban District	292175	211616	269545	192651	50	36
从化市 Conghua City	139913	132906	124645	116860	262	248
增城市 Zengcheng City	219540	200631	200249	181009	263	241
深圳市 Shenzhen	3094	1850	31	8	2	1
珠海市 Zhuhai	69059	55723	64694	51569	88	68
汕头市 Shantou						
市　区 Urban District	564125	508236	415822	377711	119	106
南澳县 Nanao County	4523	4527	842	1164	62	62
佛山市 Foshan	227179	141114	206840	124003	67	41
韶关市 Shaoguan						
市　区 Urban District	6617	6535	4805	4929	12	12
乐昌市 Lechang City	112898	105307	75397	73007	220	204
南雄市 Nanxiong City	246134	244040	229539	226881	540	534
仁化县 Renhua County	64136	63942	54019	53918	367	364
始兴县 Shixing County	90586	85111	77008	72447	379	355
翁源县 Wengyuan County	119050	105974	109045	96508	317	281
新丰县 Xinfeng County	53873	48964	42728	37809	228	206
曲江县 Qujiang County	146156	139175	133887	125426	354	339
乳源县 Ruyuan County	68720	64507	54811	51627	345	320
河源市 Heyuan						
市　区 Urban District	18834	18659	16615	16635	61	62
东源县 Dongyuan County	203498	205267	180347	183130	398	397
和平县 Heping County	167471	166756	145609	146412	347	342
龙川县 Longchuan County	309046	304543	287622	283818	360	354
紫金县 Zijin County	235438	228482	203241	198992	300	285
连平县 Lianping County	120919	122047	105853	108101	327	327
梅州市 Meizhou						
市　区 Urban District	13374	12571	10451	9500	44	41
兴宁市 Xingning City	351157	349728	312820	312946	312	309
梅　县 Meixian County	204436	202862	168697	168107	338	335
平远县 Pingyuan County	102982	101639	91819	91528	411	404
蕉岭县 Jiaoling County	70061	69700	63683	63796	312	310
大埔县 Dapu County	118209	124671	101111	107640	227	238
丰顺县 Fengshun County	142406	143681	100697	102651	215	216
五华县 Wuhua County	337764	345784	300798	309220	285	289
惠州市 Huizhou						
市　区 Urban District	211492	141193	163363	99982	204	130
惠东县 Huidong County	218167	217687	162325	163594	313	312
博罗县 Boluo County	249497	215529	195392	166360	321	284
龙门县 Longmen County	138874	120704	119462	107018	437	378
汕尾市 Shanwei						
市　区 Urban District	39226	39117	22348	23310	86	83
陆丰市 Lufeng City	239572	208773	139034	121868	157	134
海丰县 Haifeng County	192280	186410	151911	149567	254	247
陆河县 Luhe County	62417	65363	41933	44734	214	232
东莞市 Dongguan	53732	30177	42508	20100	34	19
中山市 Zhongshan	184889	142609	169689	128743	136	103
江门市 Jiangmen						
市　区 Urban District	190186	181594	180114	171934	145	137
台山市 Taishan City	261157	259379	234109	232209	263	263
开平市 Kaiping City	220498	213223	199024	192514	325	314
鹤山市 Heshan City	102936	91778	91555	82721	290	257
恩平市 Enping City	181531	159465	167957	147481	386	337

22-7 续表 continued

单位：吨、公斤/人 (ton, kg/person)

县（市）区别 County (County-level City) and District	粮食 Grain				人均粮食 Per Capita Grain	
	2002	2003	#稻谷 Rice 2002	#稻谷 Rice 2003	2002	2003
阳江市 Yangjiang						
市 区 Urban District	74496	92324	59315	72954	135	147
阳春市 Yangchun City	307163	303999	247449	244128	293	289
阳东县 Yangdong County	199461	171552	167249	141773	387	386
阳西县 Yangxi County	160833	154054	123235	115543	343	328
湛江市 Zhanjiang						
市 区 Urban District	154884	158852	110499	114189	108	110
雷州市 Leizhou City	309757	314987	257991	274465	208	209
廉江市 Lianjiang County	445577	443805	342128	340243	297	294
吴川市 Wuchuan City	203310	200136	152665	150771	204	199
遂溪县 Suixi County	250689	250911	173394	172756	257	252
徐闻县 Xuwen County	117375	110175	83995	78455	174	162
茂名市 Maoming						
市 区 Urban District	190167	189374	144082	144463	160	158
信宜市 Xinyi City	379121	381338	276071	275943	307	306
高州市 Gaozhou City	343180	332763	291919	286026	218	210
化州市 Huazhou City	360774	366374	288940	295074	258	259
电白县 Dianbai County	264614	267597	220168	221649	217	217
肇庆市 Zhaoqing						
市 区 Urban District	48988	41839	42909	36324	104	88
四会市 Sihui City	141138	130072	120275	109419	335	307
高要市 Gaoyao City	283803	264802	247317	228206	389	363
广宁县 Guangning County	173706	174028	145568	146252	322	322
德庆县 Deqing County	129671	116485	115780	102818	367	328
封开县 Fenkai County	220420	215360	187019	183409	473	458
怀集县 Huaiji County	307596	302609	270424	263984	333	325
清远市 Qingyuan						
市 区 Urban District	113359	104831	104220	97045	209	193
英德市 Yingde City	312781	310634	280498	278425	299	296
连州市 Lianzhou City	135610	120916	104271	91058	269	240
佛冈县 Fogang County	92047	86155	88305	82322	299	278
清新县 Qingxin County	215038	193049	189810	169385	309	277
连山县 Lianshan County	53641	53772	48258	49520	470	469
连南县 Liannan County	44513	42033	31933	30304	288	270
阳山县 Yangshan County	147656	140177	106131	99175	281	266
潮州市 Chaozhou						
市 区 Urban District	6466	6273	5226	5379	19	18
饶平县 Raoping County	146228	173789	94067	124324	153	180
潮安县 Chaoan County	255101	245441	197331	192717	217	208
揭阳市 Jieyang						
市 区 Urban District	76932	71053	70994	65451	118	108
普宁市 Puning City	254746	250433	161799	160688	127	123
揭东县 Jiedong County	286768	277807	203436	196514	237	228
揭西县 Jiexi County	201849	207852	128730	135340	226	230
惠来县 Huilai County	209805	219601	107480	116240	194	202
云浮市 Yunfu						
市 区 Urban District	72598	69954	63233	60639	258	248
罗定市 Luoding City	371897	366828	331540	327202	342	335
新兴县 Xinxing County	155528	152379	144746	141020	347	339
郁南县 Yunan County	174027	174275	135922	135939	364	364
云安县 Yunan County	111768	116507	91401	95092	365	379

22-8 各县（市）区糖蔗及花生产量
OUTPUT OF SUGARCANE AND PEANUTS BY COUNTY (COUNTY-LEVEL CITY) AND DISTRICT

单位：吨 (ton)

县（市）区别 County (County-level City) and District	糖蔗 Sugarcane			花生 Peanuts		
	2002	2003	2003 比 2002 增长% Growth Rate in 2003 over 2002 (%)	2002	2003	2003 比 2002 增长% Growth Rate in 2003 over 2002 (%)
广州市 Guangzhou						
市　区 Urban District	160758	88342	-45.0	6787	5779	-14.9
从化市 Conghua City	313	165	-47.3	10864	10885	0.2
增城市 Zengcheng City	1712	314	-81.7	8522	6552	-23.1
深圳市 Shenzhen				384	184	-52.1
珠海市 Zhuhai	833338	639354	-23.3	927	798	-13.9
汕头市 Shantou						
市　区 Urban District				5207	5207	
南澳县 Nanao County				165	169	2.4
佛山市 Foshan	9629	8420	-12.6	7125	6122	-14.1
韶关市 Shaoguan						
市　区 Urban District				1551	1533	-1.2
乐昌市 Lechang City	3556	3198	-10.1	7163	5257	-26.6
南雄市 Nanxiong City				17586	18455	4.9
仁化县 Renhua County	1494	1494		17837	17555	-1.6
始兴县 Shixing County				10015	9251	-7.6
翁源县 Wengyuan County	182896	201243	10.0	10412	11665	12.0
新丰县 Xinfeng County	749	589	-21.4	3785	3942	4.1
曲江县 Qujiang County	2121	2453	15.7	40250	41512	3.1
乳源县 Ruyuan County	175	210	20.0	3860	3875	0.4
河源市 Heyuan						
市　区 Urban District	26906	19940	-25.9	3487	3309	-5.1
东源县 Dongyuan County	9004	9390	4.3	17189	17202	0.1
和平县 Heping County				3997	3775	-5.6
龙川县 Longchuan County				10877	11794	8.4
紫金县 Zijin County	26219	18243	-30.4	13711	13334	-2.7
连平县 Lianping County	103	317	207.8	9268	11847	27.8
梅州市 Meizhou						
市　区 Urban District				851	926	8.8
兴宁市 Xingning City				3556	3759	5.7
梅　县 Meixian County				6757	7076	4.7
平远县 Pingyuan County				3468	3312	-4.5
蕉岭县 Jiaoling County				3350	3450	3.0
大埔县 Dapu County	189			1668	1822	9.2
丰顺县 Fengshun County				4426	4125	-6.8
五华县 Wuhua County	932	889	-4.6	4269	4194	-1.8
惠州市 Huizhou						
市　区 Urban District	8979	4539	-49.4	21037	14847	-29.4
惠东县 Huidong County	11580	12100	4.5	17390	17013	-2.2
博罗县 Boluo County	146823	133614	-9.0	23866	22980	-3.7
龙门县 Longmen County	18403	8396	-54.4	8128	9230	13.6
汕尾市 Shanwei						
市　区 Urban District				1527	1679	10.0
陆丰市 Lufeng City	1300	1450	11.5	11851	12300	3.8
海丰县 Haifeng County	15730	13962	-11.2	5284	5448	3.1
陆河县 Luhe County				1684	1764	4.8
东莞市 Dongguan	15025	2564	-82.9	865	395	-54.3
中山市 Zhongshan	94867	73489	-22.5	914	595	-34.9
江门市 Jiangmen						
市　区 Urban District	167637	132037	-21.2	1688	1451	-14.0
台山市 Taishan City	125858	105848	-15.9	15499	16058	3.6
开平市 Kaiping City	54892	40776	-25.7	11368	11105	-2.3
鹤山市 Heshan City	9145	5843	-36.1	6370	5990	-6.0
恩平市 Enping City	51038	64281	25.9	7543	6082	-19.4

22-8 续表 continued

单位：吨 (ton)

县（市）区别 County (County-level City) and District	糖蔗 Sugarcane			花生 Peanuts		
	2002	2003	2003 比 2002 增长% Growth Rate in 2003 over 2002 (%)	2002	2003	2003 比 2002 增长% Growth Rate in 2003 over 2002 (%)
阳江市 Yangjiang						
市区 Urban District		7080		2603	5695	118.8
阳春市 Yangchun City	85413	15288	-82.1	18444	18583	0.8
阳东县 Yangdong County	550	36110	6465.5	15861	14308	-9.8
阳西县 Yangxi County	16040			9725	9033	-7.1
湛江市 Zhanjiang						
市区 Urban District	434178	417845	-3.8	10348	10657	3.0
雷州市 Leizhou City	3014094	2694485	-10.6	20487	21888	6.8
廉江市 Lianjiang County	364120	312324	-14.2	28139	27022	-4.0
吴川市 Wuchuan City	16835	16302	-3.2	17580	18022	2.5
遂溪县 Suixi County	3097009	2854951	-7.8	23875	25488	6.8
徐闻县 Xuwen County	1491586	1265116	-15.2	11859	10464	-11.8
茂名市 Maoming						
市区 Urban District	25404	20151	-20.7	19940	20180	1.2
信宜市 Xinyi City				10882	12239	12.5
高州市 Gaozhou City	15759	16075	2.0	20521	20988	2.3
化州市 Huazhou City	285736	264299	-7.5	23275	23934	2.8
电白县 Dianbai County		495		31479	31393	-0.3
肇庆市 Zhaoqing						
市区 Urban District				1280	1240	-3.1
四会市 Sihui City	3067	5892	92.1	13757	14335	4.2
高要市 Gaoyao City	17629	18336	4.0	14571	14243	-2.3
广宁县 Guangning County				6730	6845	1.7
德庆县 Deqing County				9683	9698	0.2
封开县 Fenkai County	110196	119615	8.5	13965	13022	-6.8
怀集县 Huaiji County	56373	50171	-11.0	9743	10793	10.8
清远市 Qingyuan						
市区 Urban District	522	1900	264.0	8880	8191	-7.8
英德市 Yingde City	289357	279763	-3.3	30571	31421	2.8
连州市 Lianzhou City	110	340	209.1	8345	8462	1.4
佛冈县 Fogang County	721	762	5.7	2744	2528	-7.9
清新县 Qingxin County	16908	17610	4.2	12307	11403	-7.3
连山县 Lianshan County	375			2027	2079	2.6
连南县 Liannan County	1			2132	2032	-4.7
阳山县 Yangshan County		1650		10348	10566	2.1
潮州市 Chaozhou						
市区 Urban District				81	85	4.9
饶平县 Raoping County	31551	32001	1.4	2092	3309	58.2
潮安县 Chaoan County				2858	2589	-9.4
揭阳市 Jieyang						
市区 Urban District				31	30	-3.2
普宁市 Puning City				944	925	-2.0
揭东县 Jiedong County	12080	12150	0.6	5361	5907	10.2
揭西县 Jiexi County	30456	30748	1.0	9021	9531	5.7
惠来县 Huilai County				9859	11000	11.6
云浮市 Yunfu						
市区 Urban District	1594	789	-50.5	2803	2959	5.6
罗定市 Luoding City				17541	17381	-0.9
新兴县 Xinxing County				6408	6659	3.9
郁南县 Yunan County		321		9588	11398	18.9
云安县 Yunan County				5658	6213	9.8

22-9 各县（市）区生猪年末存栏头数、肉猪出栏头数和猪肉产量
NUMBER OF STOCK HOGS AT THE YEAR-END, SLAUGHTERED FATTENED HOGS AND OUTPUT OF PORK BY COUNTY (COUNTY-LEVEL CITY) AND DISTRICT

县（市）区别 County (County-level City) and District	生猪年末存栏头数（万头） Number of Stock Hogs at the Year-end (10000 heads)		肉猪出栏头数（万头） Slaughtered Fattened Hogs (10000 heads)		猪肉产量（万吨） Output of Pork (10000 tons)	
	2002	2003	2002	2003	2002	2003
广州市 Guangzhou						
市　区 Urban District	47.17	52.62	124.92	113.43	9.22	8.41
从化市 Conghua City	17.07	16.63	29.81	27.74	2.21	2.06
增城市 Zengcheng City	22.96	26.24	41.97	50.37	3.27	3.79
深圳市 Shenzhen	31.42	18.56	64.69	60.74	4.48	4.13
珠海市 Zhuhai	20.96	18.82	33.13	34.27	2.65	1.93
汕头市 Shantou						
市　区 Urban District	37.56	37.01	82.95	87.52	5.84	6.19
南澳县 Nanao County	1.96	1.92	4.89	5.03	0.39	0.39
佛山市 Foshan	83.33	87.54	186.72	205.17	13.89	14.71
韶关市 Shaoguan						
市　区 Urban District	4.47	5.61	12.19	12.77	0.91	0.96
乐昌市 Lechang City	23.25	23.46	30.06	33.12	2.30	2.48
南雄市 Nanxiong City	23.15	24.04	35.74	39.84	2.81	2.95
仁化县 Renhua County	11.67	12.15	14.10	15.20	1.13	1.14
始兴县 Shixing County	9.20	9.40	12.00	13.43	0.96	1.01
翁源县 Wengyuan County	11.55	12.52	15.15	18.49	1.19	1.34
新丰县 Xinfeng County	7.36	7.86	8.60	8.99	0.65	0.67
曲江县 Qujiang County	23.64	23.45	28.38	29.33	2.10	2.15
乳源县 Ruyuan County	9.52	9.77	7.93	8.31	0.59	0.61
河源市 Heyuan						
市　区 Urban District	3.68	2.97	7.00	7.54	0.48	0.53
东源县 Dongyuan County	12.10	11.63	14.66	16.78	1.17	1.26
和平县 Heping County	8.84	9.27	9.74	13.42	0.70	0.95
龙川县 Longchuan County	18.38	18.82	18.26	18.82	1.35	1.39
紫金县 Zijin County	23.90	24.26	24.70	24.22	1.98	1.65
连平县 Lianping County	12.35	11.35	13.58	12.78	1.06	0.96
梅州市 Meizhou						
市　区 Urban District	4.14	4.25	10.03	10.68	0.70	0.80
兴宁市 Xingning City	31.07	32.27	39.37	41.05	3.10	3.22
梅　县 Meixian County	27.88	23.67	39.39	39.59	3.04	3.07
平远县 Pingyuan County	13.00	11.81	16.74	16.27	1.32	1.22
蕉岭县 Jiaoling County	10.99	11.03	17.36	19.24	1.35	1.43
大埔县 Dapu County	14.22	14.38	17.36	17.41	1.31	1.30
丰顺县 Fengshun County	26.25	21.75	27.61	28.44	2.18	2.13
五华县 Wuhua County	41.87	41.74	56.85	55.93	4.23	4.19
惠州市 Huizhou						
市　区 Urban District	27.37	28.77	50.02	58.57	3.52	3.94
惠东县 Huidong County	17.93	18.13	22.45	28.83	1.66	2.12
博罗县 Boluo County	42.54	38.44	63.61	57.48	4.00	3.63
龙门县 Longmen County	5.16	4.89	7.13	8.22	0.54	0.49
汕尾市 Shanwei						
市　区 Urban District	4.35	3.49	8.81	11.44	0.66	0.67
陆丰市 Lufeng City	20.98	20.30	31.94	38.83	2.45	2.90
海丰县 Haifeng County	12.07	12.61	26.02	26.62	1.93	2.00
陆河县 Luhe County	5.67	5.62	10.65	12.00	0.74	0.86
东莞市 Dongguan	92.75	74.21	214.80	178.32	16.62	13.53
中山市 Zhongshan	22.68	22.90	47.02	48.48	3.43	3.54
江门市 Jiangmen						
市　区 Urban District	38.47	40.91	81.10	94.19	5.55	6.15
台山市 Taishan City	29.63	26.33	40.17	40.04	2.61	2.68
开平市 Kaiping City	14.94	16.00	23.03	30.14	1.61	2.11
鹤山市 Heshan City	28.41	32.27	48.13	50.39	2.66	2.84
恩平市 Enping City	13.43	15.70	25.70	26.10	2.06	1.83

22-9 续表 continued

县（市）区别 County（County-level City) and District	生猪年末存栏头数（万头） Number of Stock Hogs at the Year-end（10000 heads）		肉猪出栏头数（万头） Slaughtered Fattened Hogs（10000 heads）		猪肉产量（万吨） Output of Pork（10000 tons）	
	2002	2003	2002	2003	2002	2003
阳江市 Yangjiang						
市　区 Urban District	7.52	11.58	11.19	15.80	0.85	1.19
阳春市 Yangchun City	80.22	77.33	42.05	42.90	3.36	3.43
阳东县 Yangdong County	21.74	18.45	28.70	24.73	1.97	1.71
阳西县 Yangxi County	12.99	13.15	16.56	34.28	1.31	1.29
湛江市 Zhanjiang						
市　区 Urban District	16.42	17.01	25.66	27.42	1.97	2.07
雷州市 Leizhou City	30.03	28.62	49.05	41.88	3.28	3.10
廉江市 Lianjiang County	60.22	60.45	91.61	96.33	7.13	7.50
吴川市 Wuchuan City	24.80	22.00	27.80	28.88	2.03	2.10
遂溪县 Suixi County	22.27	20.24	43.05	43.20	3.13	3.13
徐闻县 Xuwen County	11.82	11.89	16.33	18.58	1.28	1.36
茂名市 Maoming						
市　区 Urban District	46.33	46.60	76.02	71.14	5.86	5.32
信宜市 Xinyi City	40.36	44.03	68.57	73.13	5.28	5.82
高州市 Gaozhou City	92.17	87.09	118.63	125.19	9.23	9.49
化州市 Huazhou City	61.19	63.00	92.91	100.04	7.25	7.80
电白县 Dianbai County	59.07	60.64	70.49	74.89	5.23	5.68
肇庆市 Zhaoqing						
市　区 Urban District	13.63	12.40	28.73	34.31	2.16	2.52
四会市 Sihui City	60.26	62.11	88.22	95.38	6.55	7.11
高要市 Gaoyao City	32.45	32.03	57.37	60.70	4.25	4.54
广宁县 Guangning County	16.65	16.86	19.72	20.96	1.39	1.39
德庆县 Deqing County	9.62	9.89	12.24	12.82	0.98	0.97
封开县 Fenkai County	24.09	26.13	24.02	24.26	1.82	1.82
怀集县 Huaiji County	51.04	51.33	61.16	66.89	4.88	5.01
清远市 Qingyuan						
市　区 Urban District	12.09	10.42	18.01	16.41	1.44	1.31
英德市 Yingde City	34.97	34.76	41.56	41.34	3.10	3.10
连州市 Lianzhou City	17.64	18.27	24.99	24.83	1.82	1.72
佛冈县 Fogang County	7.43	9.71	7.39	7.97	0.56	0.59
清新县 Qingxin County	28.92	30.55	34.32	37.58	2.41	2.75
连山县 Lianshan County	3.35	3.20	3.89	5.00	0.29	0.38
连南县 Liannan County	3.56	3.62	5.41	5.53	0.38	0.39
阳山县 Yangshan County	21.09	22.19	35.80	39.21	2.70	2.92
潮州市 Chaozhou						
市　区 Urban District	1.90	1.84	3.80	3.47	0.29	0.30
饶平县 Raoping County	33.25	31.00	37.28	39.11	2.91	2.93
潮安县 Chaoan County	17.04	16.31	33.46	36.22	2.31	2.70
揭阳市 Jieyang						
市　区 Urban District	3.84	3.97	7.07	7.35	0.53	0.55
普宁市 Puning City	30.08	30.06	42.79	42.79	3.39	3.35
揭东县 Jiedong County	14.62	14.78	23.00	25.44	1.84	1.96
揭西县 Jiexi County	32.43	32.45	30.11	33.86	2.29	2.57
惠来县 Huilai County	20.95	21.60	30.27	31.94	2.41	2.41
云浮市 Yunfu						
市　区 Urban District	12.30	12.53	20.87	22.41	1.56	1.67
罗定市 Luoding City	18.60	19.49	26.07	27.50	2.06	2.06
新兴县 Xinxing County	30.43	30.77	51.71	56.16	3.79	4.20
郁南县 Yunan County	11.44	10.75	20.35	21.82	1.54	1.45
云安县 Yunan County	10.80	9.56	9.72	9.91	0.68	0.69

22-10 各县（市）区乡镇企业基本情况

BASIC STATISTICS ON TOWNSHIP ENTERPRISES BY COUNTY (COUNTY-LEVEL CITY) AND DISTRICT

县（市）区别 County (County-level City) and District	企业个数（个） Number of Enterprises (unit)		企业人数（人） Number of Employed Persons (person)		2003年现价总产值（万元） Gross Output Value of 2003 at Current Prices (10000 yuan)
	2002	2003	2002	2003	
广州市 Guangzhou					
市　区 Urban District	77908	71599	1059913	1093742	15216664
从化市 Conghua City	11239	11729	101506	116849	2344291
增城市 Zengcheng City	13364	13769	166778	209245	3334576
深圳市 Shenzhen	66290	68377	1438473	1565154	4181587
珠海市 Zhuhai	18542	10032	186782	173923	3605846
汕头市 Shantou					
市　区 Urban District	24960	25041	516988	519184	6685472
南澳县 Nanao County	472	472	5287	5287	51902
佛山市 Foshan	61831	70996	795771	907731	16498083
韶关市 Shaoguan					
市　区 Urban District	6748	6698	16571	17755	167643
乐昌市 Lechang City	14437	13673	43544	40866	192161
南雄市 Nanxiong City	18606	17811	57044	50860	197357
仁化县 Renhua County	12347	12346	32054	32967	185217
始兴县 Shixing County	10126	8399	27634	25155	117403
翁源县 Wengyuan County	16759	5849	42806	17599	83682
新丰县 Xinfeng County	5001	4888	11823	12487	94088
曲江县 Qujiang County	11611	11686	39503	40718	233240
乳源县 Ruyuan County	6717	3848	19716	8709	31010
河源市 Heyuan					
市　区 Urban District	1822	1659	8648	10970	56042
东源县 Dongyuan County	2936	4661	17550	18388	73248
和平县 Heping County	8671	8724	18473	19231	45335
龙川县 Longchuan County	10078	9136	29569	28640	134394
紫金县 Zijin County	8172	8224	29487	31382	103991
连平县 Lianping County	8210	8194	25155	27616	99534
梅州市 Meizhou					
市　区 Urban District	6720	6927	10233	13632	246710
兴宁市 Xingning City	40306	40660	130508	135481	439010
梅　县 Meixian County	21726	20694	84155	88453	662952
平远县 Pingyuan County	7586	7670	20031	20680	79700
蕉岭县 Jiaoling County	7942	7988	19176	19839	135478
大埔县 Dapu County	10723	10736	35212	39363	231670
丰顺县 Fengshun County	9966	10220	41041	46007	220195
五华县 Wuhua County	22842	22135	77700	77728	250764
惠州市 Huizhou					
市　区 Urban District	28359	25760	276390	297783	2091738
惠东县 Huidong County	23433	24137	200345	216730	1792716
博罗县 Boluo County	11704	12353	135230	159759	1634690
龙门县 Longmen County	7210	7273	24630	29557	168744
汕尾市 Shanwei					
市　区 Urban District	11316	11316	49080	49080	271093
陆丰市 Lufeng City	15120	15120	100823	100823	533313
海丰县 Haifeng County	16536	16536	139781	139781	1010088
陆河县 Luhe County	3466	3466	15487	15487	75459
东莞市 Dongguan	44513	58293	1202019	1346261	13804150
中山市 Zhongshan	37203	49530	696854	914289	11481370
江门市 Jiangmen					
市　区 Urban District	32273	33410	279130	300892	5017466
台山市 Taishan City	23573	25887	170642	179237	3236854
开平市 Kaiping City	23065	23994	168973	186076	1951359
鹤山市 Heshan City	10010	9887	111622	123262	1656663
恩平市 Enping City	17234	16764	66259	66970	658365

22-10 **续表** continued

县（市）区别 County（County-level City） and District	企业个数（个） Number of Enterprises （unit）		企业人数（人） Number of Employed Persons（person）		2003 年现价总产值（万元） Gross Output Value of 2003 at Current Prices（10000 yuan）
	2002	2003	2002	2003	
阳江市 Yangjiang					
市 区 Urban District	3226	3311	38756	41530	693964
阳春市 Yangchun City	16447	15579	63216	65836	385162
阳东县 Yangdong County	6467	6473	36626	42888	454520
阳西县 Yangxi County	7101	7241	37979	44923	382777
湛江市 Zhanjiang					
市 区 Urban District	14757	13708	72082	70114	817757
雷州市 Leizhou City	18412	18044	72120	78464	374363
廉江市 Lianjiang County	25266	25265	107130	111226	1220695
吴川市 Wuchuan City	8437	8429	61814	63276	882323
遂溪县 Suixi County	14800	14930	54461	57302	453187
徐闻县 Xuwen County	5973	5883	24705	25600	152318
茂名市 Maoming					
市 区 Urban District	19694	19138	102705	104844	1299451
信宜市 Xinyi City	25529	25104	173987	180287	1429826
高州市 Gaozhou City	32239	31980	190257	194851	1707952
化州市 Huazhou City	25513	25604	159544	170167	1707787
电白县 Dianbai County	22910	23273	111124	114588	1248335
肇庆市 Zhaoqing					
市 区 Urban District	8844	8661	64555	73272	1062691
四会市 Sihui City	12108	11782	68375	72749	1018482
高要市 Gaoyao City	16857	17632	166293	172808	2181912
广宁县 Guangning County	10653	10714	47056	50065	469789
德庆县 Deqing County	11698	9954	30583	30043	346990
封开县 Fenkai County	14536	14171	55838	56019	314078
怀集县 Huaiji County	13564	14250	68795	74788	305378
清远市 Qingyuan					
市 区 Urban District	11617	11416	46566	52978	284106
英德市 Yingde City	12290	7811	37366	27635	100999
连州市 Lianzhou City	12018		45048		
佛冈县 Fogang County	3853	3515	15101	17470	54189
清新县 Qingxin County	9439	9971	40644	49987	226270
连山县 Lianshan County	2517	528	5189	4421	11980
连南县 Liannan County	3062	3039	6733	7337	16974
阳山县 Yangshan County	6754	7295	18338	19701	58385
潮州市 Chaozhou					
市 区 Urban District	4797	6949	12890	56942	1205265
饶平县 Raoping County	11158	8148	72023	76529	766061
潮安县 Chaoan County	24213	23634	239855	218729	3045009
揭阳市 Jieyang					
市 区 Urban District	18264	18340	142375	153825	2368362
普宁市 Puning City	737	738	10923	10799	334574
揭东县 Jiedong County	3918	3833	30642	30614	652107
揭西县 Jiexi County	5228	5355	141005	149989	3268348
惠来县 Huilai County	16960	17053	155532	160008	2294221
云浮市 Yunfu					
市 区 Urban District	5456	5997	20139	26737	294931
罗定市 Luoding City	3812	3663	35331	34713	394379
新兴县 Xinxing County	12548	12607	103104	107478	591107
郁南县 Yunan County	9419	9025	37398	36547	369818
云安县 Yunan County	2714	3154	15376	16799	234429

22-11 各县（市）区固定资产投资（2003 年）
INVESTMENT IN FIXED ASSETS BY COUNTY (COUNTY-LEVEL CITY) AND DISTRICT (2003)

单位：万元　　　　(10000 yuan)

县（市）区别 County (County-level City) and District	基本建设投资 Investment in Capital Construction		更新改造投资 Investment in Innovation		其他投资 Other Investment	房地产投资 Real Estate Development
	投资完成额 Completed Investment	新增固定资产 Newly Increased Fixed Assets	投资完成额 Completed Investment	新增固定资产 Newly Increased Fixed Assets		
广州市 Guangzhou	4513020	2208815	1854206	1531838	174493	4194802
市　区 Urban District	4182210	2078811	1755617	1444514	108636	3910613
从化市 Conghua City	53886	32764	51273	48468	13522	254926
增城市 Zengcheng City	276924	97240	47316	38856	52335	29263
深圳市 Shenzhen	3599182	1145748	561722	305867	433742	4126634
珠海市 Zhuhai	889317	553686	102061	73592	16350	388141
汕头市 Shantou	337932	271818	139125	148948	234840	150494
市　区 Urban District	330230	265936	137330	147153	231757	150494
南澳县 Nanao County	7702	5882	1795	1795	3083	
佛山市 Foshan	698478	236849	390829	261656	120526	885028
韶关市 Shaoguan	301775	242031	248310	270298	266889	100853
市　区 Urban District	109741	44333	39685	9800	46772	57008
乐昌市 Lechang City	20615	16979	19724	14676	24225	16193
南雄市 Nanxiong City	28491	32069	4463	6293	27686	10653
仁化县 Renhua County	11714	6250	9672	18444	19159	894
始兴县 Shixing County	17576	6178	5758	1486	37789	669
翁源县 Wengyuan County	5497	3515	10195	10239	31406	3064
新丰县 Xinfeng County	21378	7448	10093	450	5370	4016
曲江县 Qujiang County	52172	42398	136667	194813	26122	7261
乳源县 Ruyuan County	34591	82861	12053	14097	48360	1095
河源市 Heyuan	251303	218807	51998	34079	63403	46396
市　区 Urban District	117274	93172	7237	6417	4094	28911
东源县 Dongyuan County	58837	71447	350	350	16900	
和平县 Heping County	27832	19461	960	960	2120	1338
龙川县 Longchuan County	23055	16390	15266	8616	35991	6801
紫金县 Zijin County	13641	13641	7711	7711	778	5793
连平县 Lianping County	10664	4696	20474	10025	3520	3553
梅州市 Meizhou	193451	134935	95794	27136	146981	129531
市　区 Urban District	63937	26229	23538	15738	12249	22428
兴宁市 Xingning City	11470	4511	8352	4564	7948	37843
梅　县 Meixian County	42228	13476	48781		28478	47576
平远县 Pingyuan County	5231	3580	3290	1695	8439	3652
蕉岭县 Jiaoling County	37893	19230	550	170	18557	8972
大埔县 Dapu County	6089	52405	800	800	26712	5155
丰顺县 Fengshun County	15782	10150	4004	3270	26894	1030
五华县 Wuhua County	10821	5354	6479	899	17704	2875
惠州市 Huizhou	1516088	430152	133923	131716	51827	272724
市　区 Urban District	1358160	296600	106251	105245	49356	252541
惠东县 Huidong County	53635	59538	19405	19470	700	5527
博罗县 Boluo County	88365	58601	4980	3830	1635	14486
龙门县 Longmen County	15928	15413	3287	3171	136	170
汕尾市 Shanwei	160931	137015	41738	34986	83213	21180
市　区 Urban District	69455	56937	25666	23466	18179	9907
陆丰市 Lufeng City	64130	59831	7885	6449	4899	1983
海丰县 Haifeng County	16511	9412	5844	2728	59935	8190
陆河县 Luhe County	10835	10835	2343	2343	200	1100
东莞市 Dongguan	976516	228776	445778	207603	467674	551184
中山市 Zhongshan	861881	695498	282000	267746	583173	519381
江门市 Jiangmen	529261	485439	178509	89130	252498	238671
市　区 Urban District	191949	65892	148300	58697	30630	174117
台山市 Taishan City	259913	362194	14945	11564	9494	23516
开平市 Kaiping City	37542	10895	6449	4351	73079	23956
鹤山市 Heshan City	15572	13319	7255	11162	138405	10308
恩平市 Enping City	24285	33139	1560	3356	890	6774

22-11 续表 continued

单位：万元 (10000 yuan)

县（市）区别 County (County-level City) and District	基本建设投资 Investment in Capital Construction		更新改造投资 Investment in Innovation		其他投资 Other Investment	房地产投资 Real Estate Development
	投资完成额 Completed Investment	新增固定资产 Newly Increased Fixed Assets	投资完成额 Completed Investment	新增固定资产 Newly Increased Fixed Assets		
阳江市 Yangjiang	112865	79811	41215	16963	84224	112318
市　区 Urban District	46224	33319	24796	5809	29406	80860
阳春市 Yangchun City	39307	29781	6500	6500	8262	12053
阳东县 Yangdong County	7102	7102	2987	2877	44751	7733
阳西县 Yangxi County	20232	9609	6932	1777	1805	11672
湛江市 Zhanjiang	472032	388445	214317	140412	33440	114567
市　区 Urban District	397730	330516	165188	99629	18396	94102
雷州市 Leizhou City	11109	11109	10565	10565	1625	3886
廉江市 Lianjiang City	33990	28537			4125	3596
吴川市 Wuchuan City	7735	1355	8740	8190	3794	7796
遂溪县 Suixi County	6130	2620	18394	10628		3888
徐闻县 Xuwen County	15338	14308	11430	11400	5500	1299
茂名市 Maoming	114899	76943	158955	109414	47109	53051
市　区 Urban District	62988	32664	111612	49753	28240	31778
信宜市 Xinyi City	17292	14261	14157	13292	1030	547
高州市 Gaozhou City	20136	15957	8548	23871	12179	7238
化州市 Huazhou City	4804	1976	8923	6668	4020	850
电白县 Dianbai County	9679	12085	15715	15830	1640	12638
肇庆市 Zhaoqing	314543	231811	101777	107046	184235	164823
市　区 Urban District	198757	79701	44613	43236	51350	131471
四会市 Sihui City	37269	16210	8151	8151	41670	10517
高要市 Gaoyao City	6984	4865	15368	14428	31473	5825
广宁县 Guangning County	3267	5456	2674	4159	13820	3440
德庆县 Deqing County	28446	27574	17398	19048	11968	4071
封开县 Fenkai County	14354	9403	7079	13127	15866	2619
怀集县 Huaiji County	25466	88602	6494	4897	18088	6880
清远市 Qingyuan	356359	201150	162906	94267	212230	137985
市　区 Urban District	138746	46844	40913	20864	87138	109342
英德市 Yingde City	57546	17420	47149	4934	15253	7555
连州市 Lianzhou City	70356	64811	2693	5723	550	5870
佛冈县 Fogang County	11497	11698	11308	6979	67235	6854
清新县 Qingxin County	45468	35424	29169	28565	4351	6447
连山县 Lianshan County	11426	9490	12098	10495	7435	50
连南县 Liannan County	8764	7601	7589	7589	3188	
阳山县 Yangshan County	12556	7862	11987	9118	27080	1867
潮州市 Chaozhou	171256	123600	124253	97250	48865	37892
市　区 Urban District	104447	74010	52666	58753	26086	24110
饶平县 Raoping County	17755	3559	5432		2964	3550
潮安县 Chaoan County	49054	46031	66155	38497	19815	10232
揭阳市 Jieyang	318355	329690	74035	30467	103405	58483
市　区 Urban District	149560	230800	19395	9600	41975	26923
普宁市 Puning City	64513	39188	19423	6950	33459	25290
揭东县 Jiedong County	49441	30737	21279	4667	21875	800
揭西县 Jiexi County	27299	21408	13568	8880		5470
惠来县 Huilai County	27542	7557	370	370	6096	
云浮市 Yunfu	158231	75159	43056	48511	47033	31093
市　区 Urban District	14357	7128	4862	7650		10647
罗定市 Luoding City	86505	33559	19644	24704	28255	5842
新兴县 Xinxing County	23504	22321	5111	3737	1618	10849
郁南县 Yunan County	10493	5271	9939	8920	4520	800
云安县 Yunan County	23372	6880	3500	3500	12640	2955

注：本表其他投资含城镇集体。
Note: The data of other investment in this table include those of urban collective-owned units.

22-12 各县（市）区社会消费品零售总额
TOTAL RETAIL SALES OF CONSUMER GOODS BY COUNTY (COUNTY-LEVEL CITY) AND DISTRICT

单位：万元 (10000 yuan)

县（市）区别 County (County-level City) and District	社会消费品零售总额 Total Retail Sales of Consumer Goods			#批发零售贸易业零售额 Total Retail Sales of Wholesale and Retail Trade		
	2002	2003	2003 比 2002 增长% Growth Rate in 2003 over 2002 (%)	2002	2003	2003 比 2002 增长% Growth Rate in 2003 over 2002 (%)
广州市 Guangzhou	13707123	14942742	9.0	10889867	11977301	10.0
市　区 Urban District	12799159	13949803	9.0	10157770	11177610	10.0
从化市 Conghua City	376511	411263	9.2	298943	325041	8.7
增城市 Zengcheng City	531454	581676	9.5	433154	474650	9.6
深圳市 Shenzhen	6894003	8017726	16.3	5488379	6613497	20.5
珠海市 Zhuhai	1434709	1591810	11.0	1099858	1350846	22.8
汕头市 Shantou	2405464	2544640	5.8	2096790	2269978	8.3
市　区 Urban District	2363328	2498038	5.7	2057835	2227401	8.2
南澳县 Nanao County	42136	46602	10.6	38954	42577	9.3
佛山市 Foshan	4198653	4731882	12.7	3358315	3821762	13.8
韶关市 Shaoguan	1024754	1132942	10.6	905551	1001539	10.6
市　区 Urban District	525086	580859	10.6	467594	517766	10.7
乐昌市 Lechang City	99149	109560	10.5	87252	96413	10.5
南雄市 Nanxiong City	88460	97878	10.6	78454	86770	10.6
仁化县 Renhua County	45889	49677	8.3	37908	41016	8.2
始兴县 Shixing County	42824	46892	9.5	37754	41265	9.3
翁源县 Wengyuan County	45933	50366	9.7	40403	44322	9.7
新丰县 Xinfeng County	34542	37933	9.8	30402	33381	9.8
曲江县 Qujiang County	108911	123049	13.0	95911	108283	12.9
乳源县 Ruyuan County	33960	36728	8.2	29873	32323	8.2
河源市 Heyuan	458414	518628	13.1	382641	462496	20.9
市　区 Urban District	130170	150086	15.3	108553	130372	20.1
东源县 Dongyuan County	59857	67519	12.8	49702	59443	19.6
和平县 Heping County	39819	44757	12.4	31078	39966	28.6
龙川县 Longchuan County	117163	132980	13.5	98037	119997	22.4
紫金县 Zijin County	67989	73836	8.6	59583	69712	17.0
连平县 Lianping County	43415	49450	13.9	35690	43006	20.5
梅州市 Meizhou	815324	906112	11.1	732501	796466	8.7
市　区 Urban District	88107	100001	13.5	75021	85637	14.2
兴宁市 Xingning City	167054	182089	9.0	152192	166422	9.4
梅　县 Meixian County	176520	201056	13.9	159405	172954	8.5
平远县 Pingyuan County	44268	48164	8.8	40040	43544	8.8
蕉岭县 Jiaoling County	69058	76171	10.3	60936	65293	7.2
大埔县 Dapu County	90984	99900	9.8	83155	89600	7.7
丰顺县 Fengshun County	65813	72723	10.5	61082	67465	10.5
五华县 Wuhua County	113521	126008	11.0	100669	105551	4.8
惠州市 Huizhou	1610425	1816724	12.8	1364674	1535713	12.5
市　区 Urban District	885263	1013184	14.5	715689	819464	14.5
惠东县 Huidong County	412675	449609	9.0	371826	401944	8.1
博罗县 Boluo County	245018	280423	14.5	218928	250891	14.6
龙门县 Longmen County	67469	73508	9.0	58231	63414	8.9
汕尾市 Shanwei	977125	1107302	13.3	812526	921860	13.5
市　区 Urban District	198037	225762	14.0	171369	189020	10.3
陆丰市 Lufeng City	314511	356027	13.2	256846	287668	12.0
海丰县 Haifeng County	387920	438738	13.1	318374	366576	15.1
陆河县 Luhe County	76656	86775	13.2	65936	78596	19.2
东莞市 Dongguan	2947589	3380000	14.7	2531686	2928654	15.7
中山市 Zhongshan	1360063	1536055	12.9	1132794	1289799	13.9
江门市 Jiangmen	2483989	2778383	11.9	2077425	2327687	12.0
市　区 Urban District	865781	997380	15.2	757647	869779	14.8
台山市 Taishan City	639349	681546	6.6	526051	570450	8.4
开平市 Kaiping City	404004	452484	12.0	322987	358968	11.1
鹤山市 Heshan City	285035	322375	13.1	215864	245221	13.6
恩平市 Enping City	289819	324598	12.0	254876	283269	11.1

22-12 **续表** continued

单位：万元 (10000 yuan)

县（市）区别 County (County-level City) and District	社会消费品零售总额 Total Retail Sales of Consumer Goods			#批发零售贸易业零售额 Total Retail Sales of Wholesale and Retail Trade		
	2002	2003	2003 比 2002 增长% Growth Rate in 2003 over 2002 (%)	2002	2003	2003 比 2002 增长% Growth Rate in 2003 over 2002 (%)
阳江市 Yangjiang	868129	972048	12.0	739056	831730	12.5
市　区 Urban District	354956	395421	11.4	298094	335207	12.5
阳春市 Yangchun City	274475	307961	12.2	243529	274214	12.6
阳东县 Yangdong County	107520	120960	12.5	91151	102636	12.6
阳西县 Yangxi County	131178	147706	12.6	106282	119673	12.6
湛江市 Zhanjiang	1840984	2027734	10.1	1555431	1686692	8.4
市　区 Urban District	941851	1026618	9.0	763175	808966	6.0
雷州市 Leizhou City	211585	236553	11.8	186613	211060	13.1
廉江市 Lianjiang City	239912	264863	10.4	203481	223422	9.8
吴川市 Wuchuan City	155958	171710	10.1	137744	150003	8.9
遂溪县 Suixi County	161755	177931	10.0	146588	161980	10.5
徐闻县 Xuwen County	129922	150060	15.5	117829	131262	11.4
茂名市 Maoming	2046679	2292561	12.0	1767062	2016917	14.1
市　区 Urban District	722965	807407	11.7	623681	701330	12.5
信宜市 Xinyi City	355000	397138	11.9	304391	360247	18.4
高州市 Gaozhou City	366819	412122	12.4	320786	361141	12.6
化州市 Huazhou City	333118	374192	12.3	281643	327832	16.4
电白县 Dianbai County	268777	301702	12.3	236560	266367	12.6
肇庆市 Zhaoqing	1546283	1712040	10.7	1308632	1453972	11.1
市　区 Urban District	473853	522660	10.3	363021	403679	11.2
四会市 Sihui City	245446	271217	10.5	224478	247599	10.3
高要市 Gaoyao City	239388	269312	12.5	210619	240316	14.1
广宁县 Guangning County	180370	195160	8.2	172083	186194	8.2
德庆县 Deqing County	90848	101750	12.0	76910	85832	11.6
封开县 Fenkai County	136846	151762	10.9	115019	127441	10.8
怀集县 Huaiji County	179533	200179	11.5	146503	162911	11.2
清远市 Qingyuan	870871	959850	10.2	698548	813591	16.5
市　区 Urban District	306378	344982	12.6	248664	295563	18.9
英德市 Yingde City	214268	231624	8.1	180879	202765	12.1
连州市 Lianzhou City	105135	115964	10.3	69714	87142	25.0
佛冈县 Fogang County	74518	82268	10.4	57290	68376	19.4
清新县 Qingxin County	83957	91765	9.3	72348	81275	12.3
连山县 Lianshan County	10753	11366	5.7	7409	8159	10.1
连南县 Liannan County	16267	17162	5.5	12766	13891	8.8
阳山县 Yangshan County	59594	64719	8.6	49478	56420	14.0
潮州市 Chaozhou	740975	817415	10.3	628566	696244	10.8
市　区 Urban District	249688	275281	10.3	220644	244871	11.0
饶平县 Raoping County	211022	227060	7.6	185592	201275	8.5
潮安县 Chaoan County	280265	315074	12.4	222329	250098	12.5
揭阳市 Jieyang	1484665	1666364	12.2	1352196	1525329	12.8
市　区 Urban District	403809	455900	12.9	387905	415496	7.1
普宁市 Puning City	591971	657680	11.1	550879	610882	10.9
揭东县 Jiedong County	273421	311700	14.0	212761	278010	30.7
揭西县 Jiexi County	104415	117154	12.2	96571	105038	8.8
惠来县 Huilai County	111048	123930	11.6	104080	115903	11.4
云浮市 Yunfu	540466	607261	12.4	418305	488728	16.8
市　区 Urban District	107196	119524	11.5	78593	87238	11.0
罗定市 Luoding City	174383	193129	10.8	128508	150791	17.3
新兴县 Xinxing County	116193	131879	13.5	83175	103137	24.0
郁南县 Yunan County	112785	129082	14.5	103055	118967	15.4
云安县 Yunan County	29909	33648	12.5	24974	28595	14.5

22-13 各县（市）区在岗职工人数（2003 年）

NUMBER OF FULLY EMPLOYED STAFF AND WORKERS BY COUNTY (COUNTY-LEVEL CITY) AND DISTRICT (2003)

单位：人 (person)

县（市）区别 County (County-level City) and District	在岗职工人数 Number of Fully Employed Staff and Workers	国有经济 State-owned Units	城镇集体经济 Urban Collective-owned Units	其他各种经济 Units of Other Types of Ownership
广州市 Guangzhou				
市　区 Urban District	1685843	764786	136490	784567
从化市 Conghua City	41824	22785	10186	8853
增城市 Zengcheng City	95711	36463	10688	48560
深圳市 Shenzhen	1081970	301035	23595	757340
珠海市 Zhuhai	353866	87214	30367	236285
汕头市 Shantou				
市　区 Urban District	282596	165225	54051	63320
南澳县 Nanao County	5837	5143	398	296
佛山市 Foshan	454128	171493	43850	238785
韶关市 Shaoguan				
市　区 Urban District	108713	64933	5562	38218
乐昌市 Lechang City	39086	21229	7772	10085
南雄市 Nanxiong City	19177	14184	1883	3110
仁化县 Renhua County	17106	11420	3412	2274
始兴县 Shixing County	16299	7824	1397	7078
翁源县 Wengyuan County	17722	13276	1511	2935
新丰县 Xinfeng County	15039	9048	3967	2024
曲江县 Qujiang County	20775	16244	3063	1468
乳源县 Ruyuan County	18384	9592	1625	7167
河源市 Heyuan				
市　区 Urban District	50131	19891	5046	25194
东源县 Dongyuan County	19006	11999	3302	3705
和平县 Heping County	15672	13401	1259	1012
龙川县 Longchuan County	32500	24115	5551	2834
紫金县 Zijin County	20802	17172	1188	2442
连平县 Lianping County	18152	12408	1634	4110
梅州市 Meizhou				
市　区 Urban District	39193	30169	2284	6740
兴宁市 Xingning City	39154	33446	2553	3155
梅　县 Meixian County	28294	18486	3166	6642
平远县 Pingyuan County	16328	12908	669	2751
蕉岭县 Jiaoling County	19289	14464	1259	3566
大埔县 Dapu County	21665	15378	4152	2135
丰顺县 Fengshun County	23201	16508	3866	2827
五华县 Wuhua County	32850	30217	2429	204
惠州市 Huizhou				
市　区 Urban District	368446	79335	35224	253887
惠东县 Huidong County	53045	27644	9543	15858
博罗县 Boluo County	61929	33648	5903	22378
龙门县 Longmen County	19020	12689	3258	3073
汕尾市 Shanwei				
市　区 Urban District	36635	23090	3369	10176
陆丰市 Lufeng City	40546	34255	5410	881
海丰县 Haifeng County	26227	20871	3774	1582
陆河县 Luhe County	11444	8293	1990	1161
东莞市 Dongguan	165978	78947	44491	42540
中山市 Zhongshan	158365	57656	11502	89207
江门市 Jiangmen				
市　区 Urban District	167345	61815	18395	87135
台山市 Taishan City	45524	26662	4175	14687
开平市 Kaiping City	60012	22550	15568	21894
鹤山市 Heshan City	39738	13163	5183	21392
恩平市 Enping City	27915	15817	8670	3428

22-13 续表 continued

单位：人 (person)

县（市）区别 County (County-level City) and District	在岗职工人数 Number of Fully Employed Staff and Workers	国有经济 State-owned Units	城镇集体经济 Urban Collective-owned Units	其他各种经济 Units of Other Types of Ownership
阳江市 Yangjiang				
市　区 Urban District	63939	36955	18461	8523
阳春市 Yangchun City	53292	29541	9797	13954
阳东县 Yangdong County	27125	15952	8566	2607
阳西县 Yangxi County	20720	12908	4671	3141
湛江市 Zhanjiang				
市　区 Urban District	156799	110317	6178	40304
雷州市 Leizhou City	53639	49607	3436	596
廉江市 Lianjiang City	47554	37987	4077	5490
吴川市 Wuchuan City	28537	23797	3137	1603
遂溪县 Suixi County	43267	26754	4664	11849
徐闻县 Xuwen County	34278	29808	3218	1252
茂名市 Maoming				
市　区 Urban District	85730	54462	6326	24942
信宜市 Xinyi City	32742	26788	4207	1747
高州市 Gaozhou City	57528	40011	14356	3161
化州市 Huazhou City	53978	43128	8914	1936
电白县 Dianbai County	51124	37255	12968	901
肇庆市 Zhaoqing				
市　区 Urban District	103443	41882	4488	57073
四会市 Sihui City	31368	15783	2516	13069
高要市 Gaoyao City	28141	18462	5712	3967
广宁县 Guangning County	18983	15545	1222	2216
德庆县 Deqing County	15458	11257	1616	2585
封开县 Fenkai County	18774	14466	2083	2225
怀集县 Huaiji County	20960	17937	1866	1157
清远市 Qingyuan				
市　区 Urban District	55202	27890	7119	20193
英德市 Yingde City	34945	26038	2557	6350
连州市 Lianzhou City	20805	14604	2127	4074
佛冈县 Fogang County	17139	9463	683	6993
清新县 Qingxin County	31845	13883	2161	15801
连山县 Lianshan County	6445	5465	690	290
连南县 Liannan County	10030	7024	646	2360
阳山县 Yangshan County	17474	14314	909	2251
潮州市 Chaozhou				
市　区 Urban District	49363	25831	9472	14060
饶平县 Raoping County	32396	25823	3197	3376
潮安县 Chaoan County	31470	22657	7148	1665
揭阳市 Jieyang				
市　区 Urban District	50041	28922	10409	10710
普宁市 Puning City	50801	43012	4916	2873
揭东县 Jiedong County	28682	22673	3888	2121
揭西县 Jiexi County	28397	20168	7183	1046
惠来县 Huilai County	38663	28773	4214	5676
云浮市 Yunfu				
市　区 Urban District	29263	18252	5643	5368
罗定市 Luoding City	42738	26255	2366	14117
新兴县 Xinxing County	29068	13269	5102	10697
郁南县 Yunan County	18032	12339	2324	3369
云安县 Yunan County	8843	5869	369	2605

22-14 各县（市）区在岗职工工资总额及平均工资（2003年）

TOTAL WAGES AND AVERAGE WAGE OF FULLY EMPLOYED STAFF AND WORKERS BY COUNTY (COUNTY-LEVEL CITY) AND DISTRICT (2003)

县（市）区别 County (County-level City) and District	合计 Total		国有经济单位 State-owned Units		城镇集体经济单位 Urban Collective-owned Units		其他各种经济单位 Units of Other Types of Ownerships	
	工资总额（万元） Total Wages (10000 yuan)	平均工资（元） Average Wage (yuan)	工资总额（万元） Total Wages (10000 yuan)	平均工资（元） Average Wage (yuan)	工资总额（万元） Total Wages (10000 yuan)	平均工资（元） Average Wage (yuan)	工资总额（万元） Total Wages (10000 yuan)	平均工资（元） Average Wage (yuan)
广州市 Guangzhou								
市　区 Urban District	5021555	29779	2985979	38916	220890	15992	1814686	23239
从化市 Conghua City	64772	15568	45797	20189	7950	7958	11025	12342
增城市 Zengcheng City	160761	17164	83584	22823	11003	10493	66175	14214
深圳市 Shenzhen	3259896	30611	1213966	40893	40160	17061	2005771	26940
珠海市 Zhuhai	659767	19202	263823	30314	39220	12489	356724	15843
汕头市 Shantou								
市　区 Urban District	412060	14511	291800	17289	42427	7888	77833	12675
南澳县 Nanao County	6163	10391	5616	10869	328	7695	219	6485
佛山市 Foshan	797047	17641	387743	22816	62323	14040	346980	14610
韶关市 Shaoguan								
市　区 Urban District	209677	18688	142774	21157	4941	8813	61963	15842
乐昌市 Lechang City	40726	10427	28612	13207	4554	6283	7560	7451
南雄市 Nanxiong City	24245	12350	18286	12722	1303	7077	4656	13622
仁化县 Renhua County	19540	11425	14645	12645	2504	7311	2391	11412
始兴县 Shixing County	14798	9095	9210	11874	925	6941	4663	6493
翁源县 Wengyuan County	18750	10471	15660	11420	1191	7838	1899	7103
新丰县 Xinfeng County	14375	9781	10374	11489	2837	6848	1164	7630
曲江县 Qujiang County	25087	11847	20046	12086	3802	12265	1239	8312
乳源县 Ruyuan County	19207	10429	12194	12648	1479	8769	5534	7805
河源市 Heyuan								
市　区 Urban District	73998	15345	38771	19449	3897	8557	31331	13201
东源县 Dongyuan County	22120	11803	16305	13644	2510	7992	3306	9054
和平县 Heping County	16679	10846	14790	11228	1020	8060	870	9242
龙川县 Longchuan County	33982	10578	27614	11480	4224	7610	2144	8508
紫金县 Zijin County	24379	11772	20928	12088	1241	10958	2211	9761
连平县 Lianping County	20273	11235	13707	11111	1322	8148	5244	12835
梅州市 Meizhou								
市　区 Urban District	61891	15815	53726	17779	1856	8216	6310	9480
兴宁市 Xingning City	42940	11089	37456	11388	2312	8996	3172	9729
梅　县 Meixian County	39147	13283	25395	13114	2802	8276	10950	16292
平远县 Pingyuan County	15334	9416	12605	9752	541	8085	2188	8130
蕉岭县 Jiaoling County	21543	11090	17281	11823	905	7015	3357	9536
大埔县 Dapu County	24394	11270	18570	12038	3715	9046	2108	9982
丰顺县 Fengshun County	23829	10413	18526	11323	2876	7709	2428	8696
五华县 Wuhua County	33912	10236	31894	10525	1844	7064	175	8083
惠州市 Huizhou								
市　区 Urban District	498630	14137	163702	20783	32403	9129	302526	12688
惠东县 Huidong County	58604	11216	35651	13220	8242	8685	14711	9314
博罗县 Boluo County	67912	11028	40621	12048	6073	9916	21218	9760
龙门县 Longmen County	18927	9961	14500	11435	1711	5259	2716	8857
汕尾市 Shanwei								
市　区 Urban District	49332	13169	33760	14605	3937	9322	11636	11496
陆丰市 Lufeng City	37985	9339	33042	9660	4265	7662	678	7519
海丰县 Haifeng County	34402	13070	29860	14286	3371	8859	1172	7254
陆河县 Luhe County	10847	9512	8626	10407	1374	6903	846	7537
东莞市 Dongguan	362935	22598	230464	29773	55866	12940	76605	19140
中山市 Zhongshan	322782	21020	172382	30241	20608	18832	129793	15160
江门市 Jiangmen								
市　区 Urban District	245180	14505	124034	19866	20338	10975	100808	11447
台山市 Taishan City	44776	9816	31901	11796	3630	8476	9245	6471
开平市 Kaiping City	63817	10780	28863	12920	11720	8203	23234	10292
鹤山市 Heshan City	42084	10562	19937	15138	3878	8068	18268	8353
恩平市 Enping City	27406	9964	18228	11474	6510	7874	2669	7966

县（市）区别 County (County-level City) and District	合计 Total		国有经济单位 State-owned Units		城镇集体经济单位 Urban Collective-owned Units		其他各种经济单位 Units of Other Types of Ownership	
	工资总额（万元）Total Wages (10000 yuan)	平均工资（元）Average Wage (yuan)	工资总额（万元）Total Wages (10000 yuan)	平均工资（元）Average Wage (yuan)	工资总额（万元）Total Wages (10000 yuan)	平均工资（元）Average Wage (yuan)	工资总额（万元）Total Wages (10000 yuan)	平均工资（元）Average Wage (yuan)
阳江市 Yangjiang								
市 区 Urban District	75174	11879	52328	14245	14060	7743	8785	10470
阳春市 Yangchun City	55572	10807	37661	12577	6610	7901	11301	8620
阳东县 Yangdong County	24428	9104	15556	9791	6948	8328	1924	7394
阳西县 Yangxi County	18626	9031	11677	9339	4546	9191	2403	7568
湛江市 Zhanjiang								
市 区 Urban District	246622	15590	193241	17258	4450	7283	48931	12197
雷州市 Leizhou City	43492	8084	40979	8235	2179	6342	334	5601
廉江市 Lianjiang City	50543	10330	43292	10951	3328	8144	3924	7389
吴川市 Wuchuan City	26172	9168	22890	9618	2426	7711	856	5343
遂溪县 Suixi County	39601	9018	28593	10622	2956	6389	8052	6511
徐闻县 Xuwen County	31766	9262	27753	9346	2788	8821	1224	8498
茂名市 Maoming								
市 区 Urban District	163548	18435	109892	19435	8271	11574	45386	18137
信宜市 Xinyi City	34774	10438	29272	10917	3707	8176	1795	9121
高州市 Gaozhou City	60835	10563	46670	11580	10823	7641	3342	10703
化州市 Huazhou City	46211	8794	37861	8991	7212	8491	1139	5844
电白县 Dianbai County	45791	9135	33067	8974	11927	9648	797	8687
肇庆市 Zhaoqing								
市 区 Urban District	150544	14604	81923	19440	4573	10300	64048	11335
四会市 Sihui City	44349	14307	31375	20071	2112	8610	10862	8411
高要市 Gaoyao City	34327	12494	25252	13726	4722	9850	4352	10162
广宁县 Guangning County	20778	10983	17815	11473	910	7455	2052	9460
德庆县 Deqing County	14224	8495	10958	9027	1274	7192	1992	7030
封开县 Fenkai County	20309	11031	17141	12065	1563	7706	1605	7376
怀集县 Huaiji County	24430	11778	21335	12068	1776	9336	1319	11372
清远市 Qingyuan								
市 区 Urban District	83938	15604	55396	19940	7002	9910	21540	11370
英德市 Yingde City	47389	13723	39752	15344	2096	8029	5541	9213
连州市 Lianzhou City	28169	13434	20981	14205	1756	8389	5432	13232
佛冈县 Fogang County	22470	14336	15110	16064	828	11894	6533	11724
清新县 Qingxin County	37202	12854	22719	16490	2030	9429	12453	9571
连山县 Lianshan County	7549	11703	6813	12427	391	5694	345	12248
连南县 Liannan County	12540	12971	10547	15076	450	11271	1543	6789
阳山县 Yangshan County	23880	12897	21133	14259	1027	7792	1720	7236
潮州市 Chaozhou								
市 区 Urban District	67503	13537	46777	17663	6395	6324	14331	10800
饶平县 Raoping County	28461	7711	25261	8544	1399	3777	1801	4948
潮安县 Chaoan County	32984	9821	26359	11240	5856	6932	768	4560
揭阳市 Jieyang								
市 区 Urban District	55679	11345	38115	13575	7153	7048	10412	9594
普宁市 Puning City	53476	10650	48345	11341	3035	6361	2096	7451
揭东县 Jiedong County	29359	10298	25993	11564	1964	5096	1402	6435
揭西县 Jiexi County	28985	9920	21283	10503	6606	8393	1097	10116
惠来县 Huilai County	33121	8630	26152	9164	2180	5182	4789	8498
云浮市 Yunfu								
市 区 Urban District	43246	14760	31811	17431	4760	8410	6675	12385
罗定市 Luoding City	42955	9893	31470	12219	2275	6613	9211	6475
新兴县 Xinxing County	31675	11048	18801	14217	3736	7492	9138	8737
郁南县 Yunan County	21237	11686	16403	13207	1841	7932	2993	8721
云安县 Yunan County	9731	11839	7492	12882	449	12179	1790	8795

22-15 各县（市）区地方财政一般预算收支及城乡居民储蓄存款余额

LOCAL GOVERNMENT BUDGETARY REVENUE AND EXPENDITURE AND SAVINGS DEPOSITS BY URBAN AND RURAL RESIDENTS BY COUNTY (COUNTY-LEVEL CITY) AND DISTRICT

单位：万元 (10000 yuan)

县（市）区别 County (County-level City) and District	财政收入 Total Revenue		财政支出 Total Expenditure		年末城乡居民储蓄存款余额 Savings Deposits by Urban and Rural Residents at the Year-end	
	2002	2003	2002	2003	2002	2003
广州市 Guangzhou						
本　级 Prefectural-city Level	1261580	1611703	1416204	1892321		
市　区 Urban District	1101425	1017172	1709419	1631681	29553800	35123200
增城市 Zengcheng City	64592	85602	87379	117179	1367501	1687800
从化市 Conghua City	31140	33230	53736	59730	406665	462200
深圳市 Shenzhen	2659287	2908370	3077761	3489526	17564900	21994500
珠海市 Zhuhai	312326	348215	418030	453492	2972394	3573900
汕头市 Shantou						
本　级 Prefectural-city Level	91961	107393	142054	149693		
市　区 Urban District	43388	98021	76802	284588	2792425	5579600
南澳县 Nanao County	2238	2371	12976	13261	29479	33000
韶关市 Shaoguan						
本　级 Prefectural-city Level	58424	68538	98439	112819		
市　区 Urban District	10180	11611	21010	21925	989067	1123000
仁化县 Renhua County	6635	6940	16971	18347	121570	134200
南雄市 Nanxiong City	6913	7312	23581	27030	150165	171400
始兴县 Shixing County	3714	3954	16069	18459	103464	119700
翁源县 Wengyuan County	4117	4886	20188	23505	122178	140700
新丰县 Xinfeng County	3018	3313	18284	20167	78577	87000
曲江县 Qujiang County	20908	19943	34943	37024	251557	280300
乳源县 Ruyuan County	7297	8280	21731	26437	74802	84400
乐昌市 Lechang City	6610	8098	33287	30015	226383	258900
河源市 Heyuan						
本　级 Prefectural-city Level	9038	12314	35182	41949		
市　区 Urban District	3329	4292	15416	17469	326068	94700
和平县 Heping County	2783	3248	28347	34315	90626	67800
龙川县 Longchuan County	6058	7209	43177	49100	222787	256300
紫金县 Zijin County	5479	6466	35080	42540	132437	150300
连平县 Lianping County	4194	5114	26027	27730	99386	112800
东源县 Dongyuan County	3839	4901	36574	42485	52998	73400
梅州市 Meizhou						
本　级 Prefectural-city Level	19177	25130	79758	84868		
市　区 Urban District	4729	5436	14544	16853	427214	461900
梅　县 Meixian County	20080	22284	48039	53811	380377	483100
蕉岭县 Jiaoling County	6407	7102	18475	22613	114990	128600
大埔县 Dapu County	5567	6037	29689	34099	172045	192000
丰顺县 Fengshun County	5032	5450	34189	39963	197824	231700
五华县 Wuhua County	6558	6908	46187	54042	242073	286700
兴宁市 Xingning City	14519	12408	53514	57971	381906	459800
平远县 Pingyuan County	3583	3874	17302	21195	68487	89087
惠州市 Huizhou						
本　级 Prefectural-city Level	86983	112024	127504	149644		
市　区 Urban District	32050	77237	45290	112550	1360666	2446100
惠东县 Huidong County	14833	17283	36014	44531	483677	567900
博罗县 Boluo County	25029	29130	48596	57001	543703	642800
龙门县 Longmen County	4819	5564	22408	24060	119531	138700
汕尾市 Shanwei						
本　级 Prefectural-city Level	12275	13874	33424	37590		
市　区 Urban District	4245	4736	11974	16299	18622	240600
海丰县 Haifeng County	12197	13393	31535	36399	253067	293100
陆河县 Luhe County	3072	3535	17128	19789	52604	62124
陆丰市 Lufeng City	13299	14994	43822	49437	191595	219100
东莞市 Dongguan	552933	674461	649606	765190	10016909	12310600
中山市 Zhongshan	312128	366327	349706	398741	4628942	5437000
江门市 Jiangmen						
本　级 Prefectural-city Level	53567	65377	78339	98761		
市　区 Urban District	89375	102579	113813	128742	2976214	3442400
台山市 Taishan City	38599	38599	54106	56407	861230	1005300
开平市 Kaiping City	37931	44348	50236	58210	1031433	1145500

注：本级财政收支指市本级地方财政一般预算收支。

Note: The local government revenue and expenditure at the prefectural-city level refer to the budgetary revenue and expenditure actually kept and spent by the same-level local governments.

22-15 续表 continued

单位：万元 (10000 yuan)

县（市）区别 County (County-level City) and District	财政收入 Total Revenue		财政支出 Total Expenditure		年末城乡居民储蓄存款余额 Savings Deposits by Urban and Rural Residents at the Year-end	
	2002	2003	2002	2003	2002	2003
鹤山市 Heshan City	23996	27609	37618	37821	594260	680800
恩平市 Enping City	13938	15233	30260	32814	320353	397800
佛山市 Foshan	850041	954359	1041927	1204456	15359256	17839800
阳江市 Yangjiang						
本　级 Prefectural-city Level	20748	23796	48595	52636		
市　区 Urban District	7518	8621	17872	20683	662432	751500
阳东县 Yangdong County	10380	13380	28616	35037	156867	192600
阳西县 Yangxi County	4133	4873	18945	22673	125450	151200
阳春市 Yangchun City	10938	15208	38527	48286	344038	397500
湛江市 Zhanjiang						
本　级 Prefectural-city Level	82302	90694	130320	146512		
市　区 Urban District	25424	29694	52638	65450	1995171	2251600
徐闻县 Xuwen County	8400	7759	38820	39975	237195	260400
遂溪县 Suixi County	9230	9347	35600	38758	272388	310500
廉江市 Lianjiang City	10212	10897	50690	56280	426135	480800
吴川市 Wuchuan City	8453	8704	33572	37350	354500	399700
雷州市 Leizhou City	10793	11131	44158	56737	318060	353600
茂名市 Maoming						
本　级 Prefectural-city Level	55754	70645	90266	104322		
市　区 Urban District	14593	17002	29151	38107	1034108	1231600
电白县 Dianbai County	13407	13221	39415	47766	480058	528700
高州市 Gaozhou City	18858	20925	48928	60699	650298	739900
化州市 Huazhou City	9777	11459	45703	47966	426336	462100
信宜市 Xinyi City	9573	9295	41779	46750	416245	452700
肇庆市 Zhaoqing						
本　级 Prefectural-city Level	35339	38355	62607	77132		
市　区 Urban District	20081	22442	31466	33790	989853	1153300
广宁县 Guangning County	10179	11453	26982	31980	160416	179300
德庆县 Deqing County	8160	9288	25055	29202	129507	145100
封开县 Fenkai County	8613	10026	22639	28962	140108	155500
怀集县 Huaiji County	10903	11830	34785	40887	143305	155700
高要市 Gaoyao City	20993	23387	35988	44028	351650	392500
四会市 Sihui City	15574	17644	30072	33002	334671	385800
清远市 Qingyuan						
本　级 Prefectural-city Level	15347	18626	35512	39082		
市　区 Urban District	7783	9871	22004	26372	608038	726578
清新县 Qingxin County	6229	7751	31160	38283	246789	269152
佛冈县 Fogang County	8043	9564	20245	23380	150261	170582
连山县 Lianshan County	1446	1731	13630	15235	42439	44577
连南县 Liannan County	2727	3080	18008	19137	58037	64067
阳山县 Yangshan County	6490	7848	26162	34149	136744	150189
连州市 Lianzhou City	8331	9596	26746	33971	209854	238990
英德市 Yingde City	9627	11583	42121	52542	341596	403142
潮州市 Chaozhou						
本　级 Prefectural-city Level	27275	31128	50023	57139		
市　区 Urban District	6882	7493	14597	17117	679404	942400
饶平县 Raoping County	7582	7635	42121	48579	248888	285300
潮安县 Chaoan County	10541	12703	44500	50360	489370	508400
揭阳市 Jieyang						
本　级 Prefectural-city Level	22348	25130	52568	70668		
市　区 Urban District	10463	11410	18671	20753	613159	743000
揭东县 Jiedong County	15352	16381	37077	40965	333046	397100
惠来县 Huilai County	5520	6242	39761	45727	153552	182400
揭西县 Jiexi County	5874	6473	38209	44256	317832	365400
普宁市 Puning City	39588	40185	69773	87140	994896	1135400
云浮市 Yunfu						
本　级 Prefectural-city Level	11704	16715	24837	32307		
市　区 Urban District	4247	6135	13711	16142	355311	352600
新兴县 Xinxing County	11123	12899	27502	32032	234004	269411
郁南县 Yunan County	5097	6005	25217	28632	179640	200200
云安县 Yunan County	2827	4583	14426	19300		63300
罗定市 Luoding City	11370	12892	37252	44336	348759	383000

附 录

APPENDIX

附　录

简要说明

一、本篇资料包括部分省市社会经济主要指标和香港、澳门特别行政区主要统计指标。
二、本篇资料由广东省统计局综合处负责整理、编辑。
三、2003 年各省市资料中，除广东为正式年报数外，其余各省市资料均为快速年报数。

APPENDIX

Brief Introduction

Ⅰ. The data in this chapter include the main social and economic indicators of some provinces, municipality in the mainland and Hong Kong and Macao Special Administrative regions.

Ⅱ. The data in this chapter are prepared and compiled by the Division of Comprehensive Statistics of Guangdong Provincial Bureau of Statistics.

Ⅲ. Among the data of various provinces and municipality in 2003, all come from their advance annual reports except the formal annual reports of Guangdong Province.

附录A 部分省、市社会经济主要指标
APPENDIX A MAIN SOCIO-ECONOMIC INDICATORS OF SOME PROVINCES AND MUNICIPALITY

省、市名称 Province or Municipality		年末总人口（万人） Total Population at the Year-end（10000 persons）			国内（地区）生产总值（亿元） Gross Domestic Product（100 million yuan）		
		2002	2003	2003 比 2002 增长% Growth Rate in 2003 over 2002	2002	2003	2003 比 2002 增长% Growth Rate in 2003 over 2002
全国总计	National Total	128453	129227	0.6	105172.30	116898.40	9.1
辽宁	Liaoning	4203	4210	0.2	5458.20	6002.50	11.5
上海	Shanghai	1625	1711	5.3	5408.76	6250.81	11.8
江苏	Jiangsu	7381	7406	0.3	10631.80	12451.80	13.5
浙江	Zhejiang	4647	4680	0.7	7796.00	9200.00	14.0
安徽	Anhui	6338	6410	1.1	3569.10	3973.20	9.2
福建	Fujian	3466	3488	0.6	4681.97	5241.70	11.5
山东	Shandong	9082	9125	0.5	10552.10	12430.00	13.7
河南	Henan	9613	9667	0.6	6168.70	7025.93	10.5
湖北	Hubei	5988	6002	0.2	4975.60	5395.90	9.3
湖南	Hunan	6629	6663	0.5	4340.90	4633.73	9.6
广东	Guangdong	7859	7954	1.2	11735.64	13625.87	14.3
四川	Sichuan	8673	8700	0.3	4875.10	5456.30	11.8

省、市名称 Province or Municipality		第三产业增加值（亿元） Value-added of the Tertiary Industry（100 million yuan）			人均国内（地区）生产总值（元） Per Capita Gross Domestic Product（yuan）		
		2002	2003	2003 比 2002 增长% Growth Rate in 2003 over 2002	2002	2003	2003 比 2002 增长% Growth Rate in 2003 over 2002
全国总计	National Total	36074.80	38675.00	6.60	8214	9073	8.4
辽宁	Liaoning	2258.17	2527.50	11.7	12986	14258	11.3
上海	Shanghai	2755.83	3027.11	8.0	40646	46718	11.2
江苏	Jiangsu	3961.65	4562.70	11.7	14391	16796	13.1
浙江	Zhejiang	3120.00	3648.00	13.2	16838	19730	13.2
安徽	Anhui	1244.34	1443.50	10.2	5817	6457	
福建	Fujian	1857.29	2040.60	9.2	13497	15006	10.8
山东	Shandong	3852.52	4275.00	11.9	11645	13654	
河南	Henan	1929.31	2238.46	9.1	6436	7530	
湖北	Hubei	1822.58	2022.80	9.7	8319	9001	
湖南	Hunan	1756.49	1954.15	9.6	6565	7546	
广东	Guangdong	4767.22	5225.27	9.5	15030	17213	
四川	Sichuan	1865.06	2061.60	10.1	5766	6418	

注：1. 国内（地区）生产总值、农林牧渔业总产值绝对数按当年价格计算，增长速度按可比价格计算。2. 2002、2003 年人口数据为人口变动情况抽样调查推算数。3. 工业总产值统计范围为全部国有及销售收入 500 万元以上非国有工业，按当年价计算。4. 分省固定资产投资数据不含除房地产开发投资以外的城乡集体与个体投资。

Note：a）The figures in value terms on gross domestic product and gross output value of farming，forestry，animal husbandry and fishery are calculated at current prices，whereas the growth rates are calculated at comparable prices. b）The figures for 2002 and 2003 are estimated on the basis of the sample surveys on population changes. c）The statistical coverage of gross industrial output value，calculated at current prices，refers to the state-owned industrial enterprises and non-state-owned industrial enterprises with an annual sales revenue over 5 million yuan. d）Data of investment in fixed assets by province do not include the investment by urban and rural collective owned units and individuals excluding the investment in in real estate development.

续表 1 continued

省、市名称 Province or Municipality		农林牧渔业总产值（亿元） Gross Output Value of Farming, Forestry, Animal Husbandry and Fishery (100 million yuan)			工业增加值（亿元） Value-added of the Secondary Industry (100 million yuan)		
		2002	2003	2003 比 2002 增长% Growth Rate in 2003 over 2002	2002	2003	2003 比 2002 增长% Growth Rate in 2003 over 2002
全国总计	National Total	27390.8	29691.8	3.9	32994.75	41045.00	17.0
辽　宁	Liaoning	1132.5	1215.0	7.1	1377.73	1764.30	18.5
上　海	Shanghai	233.6	247.3	1.1	2131.94	2767.10	22.0
江　苏	Jiangsu	2011.5	1843.2	-0.1	3546.72	4670.59	22.7
浙　江	Zhejiang	1136.3	1184.0	4.2	2403.85	3194.00	23.7
安　徽	Anhui	1305.6	1305.4	-6.0	690.64	834.70	19.8
福　建	Fujian	1088.7	1151.2	3.7	1177.59	1461.40	23.9
山　东	Shandong	2526.0	2715.0	5.5	3500.54	4695.20	22.7
河　南	Henan	2194.8	2193.1	-2.0	1387.86	1754.10	19.9
湖　北	Hubei	1203.3	1342.1	5.3	1170.48	1356.15	12.5
湖　南	Hunan	1319.9	1453.0	3.7	706.58	886.52	20.7
广　东	Guangdong	1781.1	1908.7	3.8	4361.14	5606.30	21.9
四　川	Sichuan	1600.6	1784.5	6.2	977.45	1156.00	21.0

省、市名称 Province or Municipality		粮食产量（万吨） Output of Grain (10000 tons)			油料产量（万吨） Output of Oil-bearing Crops (10000 tons)		
		2002	2003	2003 比 2002 增长% Growth Rate in 2003 over 2002	2002	2003	2003 比 2002 增长% Growth Rate in 2003 over 2002
全国总计	National Total	45705.8	43069.5	-5.8	2897.2	2811.0	-3.0
辽　宁	Liaoning	1510.4	1498.3	-0.8	56.5	61.4	8.7
上　海	Shanghai	130.5	98.8	-24.2	9.9	6.4	-35.4
江　苏	Jiangsu	2907.1	2471.9	-15.0	217.0	199.5	-8.1
浙　江	Zhejiang	942.3	793.4	-15.8	47.0	43.8	-6.8
安　徽	Anhui	2765.0	2214.8	-19.9	282.3	231.5	-18.0
福　建	Fujian	763.2	713.2	-6.6	25.9	26.0	0.7
山　东	Shandong	3292.7	3435.5	4.3	340.4	361.8	6.3
河　南	Henan	4210.0	3569.5	-15.2	420.7	309.9	-26.3
湖　北	Hubei	2047.0	1921.0	-6.2	245.3	272.7	11.2
湖　南	Hunan	2501.3	2442.7	-2.3	119.3	125.7	5.4
广　东	Guangdong	1484.2	1488.0	0.3	76.4	81.9	7.2
四　川	Sichuan	3132.4	3183.3	-2.8	201.5	217.1	7.7

续表 2 continued

省、市名称 Province or Municipality		肉类总产量（万吨） Total Output of Meat （10000 tons）			水产品产量（万吨） Output of Aquatic Products （10000 tons）		
		2002	2003	2003 比 2002 增长% Growth Rate in 2003 over 2002	2002	2003	2003 比 2002 增长% Growth Rate in 2003 over 2002
全国总计	National Total	6586. 5	6932. 9	5. 3	4564. 5	4704. 5	3. 1
辽　宁	Liaoning	253. 9	280. 1	8. 0	374. 8	382. 0	6. 7
上　海	Shanghai	51. 6	50. 8	-1. 6	32. 7	35. 5	8. 6
江　苏	Jiangsu	349. 4	354. 8	1. 5	334. 4	342. 9	2. 5
浙　江	Zhejiang	147. 8	153. 9	4. 1	480. 7	482. 8	0. 4
安　徽	Anhui	317. 0	358. 2	4. 8	163. 4	165. 3	1. 2
福　建	Fujian	142. 5	171. 6	5. 8	558. 7	572. 8	2. 5
山　东	Shandong	627. 0	662. 1	5. 6	695. 0	706. 2	1. 6
河　南	Henan	570. 0	603. 6	5. 9	36. 2	39. 1	8. 0
湖　北	Hubei	278. 2	308. 5	4. 4	272. 0	286. 8	5. 4
湖　南	Hunan	472. 5	503. 8	6. 6	149. 6	156. 6	4. 7
广　东	Guangdong	343. 6	358. 5	4. 3	628. 1	648. 6	3. 3
四　川	Sichuan	568. 0	790. 8	7. 5	64. 8	72. 0	11. 0

省、市名称 Province or Municipality		原煤产量（万吨） Output of Coal （10000 tons）			发电量（亿千瓦小时） Electricity（100 million kwh）		
		2002	2003	2003 比 2002 增长% Growth Rate in 2003 over 2002	2002	2003	2003 比 2002 增长% Growth Rate in 2003 over 2002
全国总计	National Total	138000. 0	166700. 0	15. 0	16540. 0	19107. 6	15. 5
辽　宁	Liaoning	5180. 8	5870. 7	13. 4	725. 3	837. 1	13. 0
上　海	Shanghai				608. 9	685. 0	12. 5
江　苏	Jiangsu	2593. 6	2760. 4	6. 9	1116. 6	1277. 9	14. 6
浙　江	Zhejiang	73. 5	69. 4	-5. 6	778. 2	1101. 7	41. 6
安　徽	Anhui	6137. 8	6726. 4	9. 1	465. 7	547. 8	17. 9
福　建	Fujian	644. 5	778. 2	15. 1	533. 1	610. 7	14. 6
山　东	Shandong	13066. 0	14667. 3	12. 9	1220. 8	1395. 7	13. 2
河　南	Henan	9921. 2	11871. 0	19. 7	876. 8	1025. 1	12. 7
湖　北	Hubei	372. 6	366. 4	-1. 1	606. 6	780. 5	28. 7
湖　南	Hunan	1845. 4	2366. 7	28. 2	425. 5	537. 8	26. 4
广　东	Guangdong	168. 7	202. 3	12. 6	1525. 5	1783. 8	18. 0
四　川	Sichuan	2753. 9	3133. 9	15. 6	695. 7	781. 8	15. 2

续表 3　continued

省、市名称 Province or Municipality		钢（万吨） Steel（10000 tons）			全社会固定资产投资总额（亿元） Total Investment in Fixed Assets（100 million yuan）		
		2002	2003	2003 比 2002 增长% Growth Rate in 2003 over 2002	2002	2003	2003 比 2002 增长% Growth Rate in 2003 over 2002
全国总计	National Total	18236. 61	22233. 60	21. 2	43499. 90	55117. 90	26. 7
辽　宁	Liaoning	1942. 50	2227. 80	11. 6	1315. 90	1664. 90	26. 5
上　海	Shanghai	1719. 42	1726. 65	0. 4	1970. 20	2213. 20	12. 3
江　苏	Jiangsu	1332. 17	1721. 96	17. 9	2320. 00	3664. 80	58. 0
浙　江	Zhejiang	265. 00	334. 20	26. 1	2296. 60	3057. 10	33. 1
安　徽	Anhui	638. 30	692. 20	8. 4	792. 00	1093. 90	38. 1
福　建	Fujian	211. 98	256. 04	16. 0	964. 50	1182. 00	22. 6
山　东	Shandong	1000. 65	1415. 40	41. 2	2288. 70	3564. 80	55. 8
河　南	Henan	672. 20	851. 75	26. 7	1116. 10	1554. 00	39. 2
湖　北	Hubei	1108. 40	1254. 30	13. 2	1259. 50	1460. 80	16. 0
湖　南	Hunan	546. 65	592. 20	8. 3	906. 80	1160. 20	27. 9
广　东	Guangdong	469. 50	595. 89	26. 6	3022. 90	3835. 20	26. 9
四　川	Sichuan	754. 40	702. 30	13. 8	1408. 10	1788. 60	27. 0

省、市名称 Province or Municipality		基本建设投资额（亿元） Investment in Capital Construction（100 million yuan）			更新改造投资（亿元） Investment in Innovation（100 million yuan）		
		2002	2003	2003 比 2002 增长% Growth Rate in 2003 over 2002	2002	2003	2003 比 2002 增长% Growth Rate in 2003 over 2002
全国总计	National Total	17666. 60	22729. 00	28. 7	6750. 60	8443. 9	25. 1
辽　宁	Liaoning	529. 00	677. 70	28. 1	365. 40	459. 6	25. 8
上　海	Shanghai	784. 10	874. 10	11. 5	422. 60	381. 6	-9. 7
江　苏	Jiangsu	1145. 40	1864. 50	62. 8	453. 30	668. 9	47. 6
浙　江	Zhejiang	1167. 30	1642. 50	40. 7	356. 80	356. 9	0. 0
安　徽	Anhui	424. 40	513. 60	21. 0	231. 60	319. 6	38. 0
福　建	Fujian	397. 80	471. 80	18. 6	194. 49	226. 8	16. 6
山　东	Shandong	1170. 00	1789. 00	52. 9	691. 80	916. 4	32. 5
河　南	Henan	694. 40	948. 20	36. 5	233. 80	364. 9	56. 1
湖　北	Hubei	746. 00	805. 00	7. 9	320. 20	368. 4	15. 1
湖　南	Hunan	505. 30	599. 80	18. 7	228. 00	301. 8	32. 4
广　东	Guangdong	1311. 20	1798. 70	37. 2	514. 90	618. 9	20. 2
四　川	Sichuan	793. 40	949. 50	19. 7	257. 50	370. 7	44. 0

续表4 continued

省、市名称 Province or Municipality		社会消费品零售总额（亿元）Total Retail Sales of Consumer Goods (100 million yuan)			地方一般预算财政收入（亿元）Local Government Budgetary Revenue (100 million yuan)		
		2002	2003	2003 比 2002 增长% Growth Rate in 2003 over 2002	2002	2003	2003 比 2002 增长% Growth Rate in 2003 over 2002
全国总计	National Total	42027.1	45842.0	9.1	8515.0	9850.0	
辽　宁	Liaoning	2258.4	2330.8	12.3	399.7	447.0	15.7
上　海	Shanghai	2035.2	2220.6	9.1	719.8	899.3	32.5
江　苏	Jiangsu	3215.8	3566.5	13.7	643.7	798.0	27.8
浙　江	Zhejiang	2877.5	3157.1	10.9	566.9	706.6	
安　徽	Anhui	1228.7	1331.2	9.8	200.2	220.7	
福　建	Fujian	1663.3	1740.4	13.8	272.9	304.7	16.8
山　东	Shandong	3181.9	3670.1	13.9	610.13	712.8	21.3
河　南	Henan	2189.8	2426.4	10.8	296.7	338.1	
湖　北	Hubei	2198.4	2358.7	10.8	243.4	259.6	10.0
湖　南	Hunan	1678.9	1816.3	10.8	231.1	268.6	
广　东	Guangdong	5013.6	5606.0	11.8	1201.6	1315.5	
四　川	Sichuan	1850.1	2091.1	10.8	291.9	336.6	

省、市名称 Province or Municipality		外贸进口总额（亿美元）Total Imports of Foreign Trade (USD 100 million)			外贸出口总额（亿美元）Total Exports of Foreign Trade (USD 100 million)		
		2002	2003	2003 比 2002 增长% Growth Rate in 2003 over 2002	2002	2003	2003 比 2002 增长% Growth Rate in 2003 over 2002
全国总计	National Total	2951.70	4127.6	39.9	3255.96	4382.3	34.6
辽　宁	Liaoning	93.73	119.30	27.3	123.67	146.31	18.3
上　海	Shanghai	406.09	639.15	57.4	320.55	484.82	51.2
江　苏	Jiangsu	318.23	545.31	71.3	384.65	591.4	53.7
浙　江	Zhejiang	125.45	198.20	58.0	294.11	416.03	41.5
安　徽	Anhui	17.28	28.79	66.6	24.53	30.64	24.9
福　建	Fujian	110.27	141.95	28.7	173.71	211.40	21.7
山　东	Shandong	128.27	180.82	41.0	211.08	265.7	25.8
河　南	Henan	10.85	17.36	60.0	21.19	29.80	40.6
湖　北	Hubei	18.55	24.55	32.3	20.98	26.56	26.5
湖　南	Hunan	10.81	15.87	47.1	17.95	21.46	19.5
广　东	Guangdong	1026.34	1306.74	27.3	1184.58	1528.48	29.0
四　川	Sichuan	17.57	24.26	38.1	27.12	32.13	18.5

续表 5　continued

省、市名称 Province or Municipality		年末职工人数（万人）Number of Staff and Workers at the Year-end (10000 persons)			职工平均工资（元）Average Wage of Staff and Workers (yuan)		
		2002	2003	2003 比 2002 增长% Growth Rate in 2003 over 2002	2002	2003	2003 比 2002 增长% Growth Rate in 2003 over 2002
全国总计	National Total	10557. 7	10492. 0	-0. 6	12422	14040	13. 0
辽　宁	Liaoning	502. 0	483. 5	-3. 7	11659	13008	11. 6
上　海	Shanghai	290. 6	279. 2	-3. 9	23959	27304	14. 0
江　苏	Jiangsu	590. 3	579. 1	-1. 9	13509	15712	16. 3
浙　江	Zhejiang	350. 6	373. 2	6. 4	18785	21367	13. 7
安　徽	Anhui	358. 7	337. 8	-5. 8	9296	10581	13. 8
福　建	Fujian	315. 3	334. 1	6. 0	13306	14310	7. 5
山　东	Shandong	764. 8	762. 3	-0. 3	11374	12567	10. 5
河　南	Henan	693. 9	682. 5	-1. 6	9174	10479	14. 2
湖　北	Hubei	483. 4	486. 1	0. 6	9611	10692	11. 2
湖　南	Hunan	393. 5	379. 4	-3. 6	10967	12221	11. 4
广　东	Guangdong	735. 1	763. 5	3. 9	17814	19986	12. 2
四　川	Sichuan	481. 2	486. 7	1. 1	11183	12441	11. 2

省、市名称 Province or Municipality		居民消费价格指数（%）Consumer Price Index (%)			高等学校在校学生数（万人）Number of Enrolled Students in Institutions of Higher Education (10000 persons)		
		2002	2003	2003 比 2002 增长% Growth Rate in 2003 over 2002	2002	2003	2003 比 2002 增长% Growth Rate in 2003 over 2002
全国总计	National Total	99. 2	101. 2	1. 2	903. 40	1108. 6	22. 7
辽　宁	Liaoning	98. 9	101. 7	1. 7	45. 10	51. 4	14. 0
上　海	Shanghai	100. 5	100. 1	0. 1	33. 16	37. 85	14. 1
江　苏	Jiangsu	99. 2	101. 0	1. 0	70. 02	85. 97	22. 8
浙　江	Zhejiang	99. 1	101. 9	1. 9	39. 31	48. 46	23. 3
安　徽	Anhui	99. 0	101. 7	1. 7	33. 00	41. 00	24. 2
福　建	Fujian	99. 5	100. 8	0. 8	19. 73	25. 74	30. 5
山　东	Shandong	99. 3	101. 1	1. 1	58. 36	76. 1	30. 4
河　南	Henan	100. 1	101. 6	1. 6	46. 8	55. 7	19. 0
湖　北	Hubei	99. 6	102. 2	2. 2	58. 5	72. 2	23. 4
湖　南	Hunan	99. 5	102. 4	2. 4	41. 94	53. 72	28. 1
广　东	Guangdong	98. 6	100. 6	0. 6	46. 78	58. 78	25. 7
四　川	Sichuan	99. 7	101. 7	1. 7	41. 20	51. 3	24. 0

附录 B　香港、澳门特别行政区主要统计资料

Appendix B Main Statistical Indicators of Hong Kong and Macao Special Administrative Regions

B-1　香港主要统计指标

MAIN STATISTICAL INDICATORS OF HONG KONG SPECIAL ADMINISTRATIVE REGION

项　目	Item	2000	2001	2002	2003
陆地面积（平方公里）	Land Area (sq. km)	1098	1099	1101	1102
人口及生命事件	Population and Vital Events				
年中人口（万人）	Mid-year Population (10000 persons)	666.5	672.5	678.7	680.3
粗出生率（‰）	Crude Birth Rate (‰)	8.1	7.2	7.1	6.8
粗死亡率（‰）	Crude Death Rate (‰)	5.1	5.0	5.0	5.4
劳工	Labor				
劳动人口（万人）	Labor Force (10000 persons)	337.4	342.7	348.7	350.1
失业率（%）	Unemployment Rate (%)	4.9	5.1	7.3	7.9
实际工资指数（1992 年 9 月 = 100）	Real Wage Index (September 1992 = 100)	112.8	114.6	117.8	118.6
对外商品贸易	External Merchandise Trade				
进口（亿港元）	Imports (HKD 100 million)	16579.6	15681.9	16194.2	18058
港产品出口（亿港元）	Domestic Exports (HKD 100 million)	1809.7	1535.2	1309.3	1217
转口（亿港元）	Re-exports (HKD 100 million)	13917.2	13274.7	14295.9	16207
工业生产	Industrial Production				
工业生产指数（2000 年 = 100）	Index of Industrial Production (2000 = 100)	100	95.6	86.2	78 *
工业电力消费量（万亿焦耳）	Industrial Electricity Consumption (terajoules)	17769	16759	16112	14851
工业煤气消费量（万亿焦耳）	Industrial Gas Consumption (terajoules)	982	1011	987	1015
运输、旅游	Transport and Tourism				
进出香港货运车辆（万辆）	Inward/Outward Movement of Goods Vehicles (10000 vehicles)	937.98	912.88	975.51	988.26
货柜吞吐量（万标准货柜单位）	Container Throughput (10000 TEUs)	1810	1783	1914	2045
访港旅客①（万人次）	Visitor Arrivals① (10000 person-times)	1305.9	1372.5	1656.6	1554
酒店入住率（%）	Hotel Room Occupancy Rate (%)	83	79	84	70
政府收支（亿港元）	Public Accounts (HKD 100 million)				
政府收入总额②	Total Government Revenue②	2251	1756	1775	2038 * *
政府开支及证券投资总额②	Total Government Expenditure and Equity Investments②	2329	2389	2392	2529 * *
居民消费价格指数（1999 年 10 月至 2000 年 9 月 = 100）	Consumer Price Index (October 1999-September 2000 = 100)				
综合消费价格指数	Composite Consumer Price Index	99.4	97.8	94.8	92.4
本地生产总值	Gross Domestic Product (GDP)				
以固定（2000 年）价格计算	At Constant (2000) Market Prices				
年增长率（%）	Annual Growth Rate (%)	10.2	0.5	2.3@	3.3@
本地生产总值（亿港元）	GDP (HKD 100 million)	12883	12944	13237@	13676@
人均本地生产总值（港元）	Per Capita GDP (HKD)	193299	192476	195027@	201027@
以现价计算	At Current Market Prices				
年增长率（%）	Annual Growth Rate (%)	3.4	-1.4	-0.8@	-2.0@
本地生产总值（亿港元）	GDP (HKD 100 million)	12883	12700	12598@	12349@
人均本地生产总值（港元）	Per Capita GDP (HKD)	193299	188847	185615@	181527@

注：本表资料根据中国统计年鉴和香港特别行政区政府统计数字一览资料整理。
①访港旅客数字包括经澳门访港的非澳门居民。
②数字是以相应的财政年度为根据，例如 1998 年的数字代表 1998 至 1999 财政年度数字。
@ 日后会作出修订。
* 初步数字。* * 2003 年为修订预算。

Note: The data in this table are prepared on the basis of China Statistical Yearbook and the statistical figures provided by the Government of the Hong Kong Special Administrative Region.
① Figures include arrival of non-Macao residents via Macao.
② Figures are for the corresponding financial year. For example, figures for 1998 would represent the figures for financial year 1998/1999.
@ Subject to revision later on.
* Preliminary figures. * * The figures for 2003 refer to the revised budgetary figures.

B-2 澳门主要统计指标
MAIN STATISTICAL INDICATORS OF MACAO SPECIAL ADMINISTRATIVE REGION

项　目	Item	2000	2001	2002	2003
总面积　（平方公里）	Total Land Area　(sq. km)	25.4	25.8	26.8	
人口及生命事件	Population and Demographics Characteristics				
年中人口估计　（万人）	Mid-year Estimates of Population　(10000 persons)	43.1	43.4	43.9	44.5
出生率　（‰）	Crude Birth Rate　(‰)	8.9	7.5	7.2	7.2
死亡率　（‰）	Crude Death Rate　(‰)	3.1	3.1	3.2	3.3
劳工	Labor				
劳动人口　（万人）	Labor Force　(10000 persons)	20.9	21.7	21.4	21.6p
失业率　（%）	Unemployment Rate　(%)	6.8	6.4	6.3	6.0p
对外贸易	External Trade				
出口　（亿澳门元）	Exports　(MOP 100 million)	204	185	189	207
本地产品出口　（亿澳门元）	Domestic Exports　(MOP 100 million)	171	151	148	163
再出口　（亿澳门元）	Re-exports　(MOP 100 million)	33	33	42	44
进口　（亿澳门元）	Imports　(MOP 100 million)	181	192	203	221
工业生产	Industrial Production				
工业电力消耗量　（亿千瓦小时）	Industrial Electricity Consumption (100 million kwh)	1.5	1.4	1.5	1.7
运输、旅游	Transport and Tourism				
进出澳门货运车辆数目②　（万次）	Lorries Entering and Departing Macao②　(10000 times)	45.4	45.8	47.8	47.8
访澳旅客　（万人次）	Visitor Arrivals　(10000 person-times)	916	1028	1153	1189
酒店入住率　（%）	Hotel Room Occupancy Rate　(%)	58	61	67	64
财政收支　（亿澳门元）	Government Accounts　(MOP 100 million)				
财政总收入①	Total Government Revenue①	153	156	152.3	142.8
财政总支出①	Total Government Expenditure①	150	152	134.9	116.2
居民消费物价指数	Consumer Price Index				
（1999 年 10 月至 2000 年 9 月 = 100）	October 1999-September 2000 = 100)				
综合消费物价指数	Composite Consumer Price Index	99.5	97.5	94.9	93.5
本地生产总值①	Gross Domestic Product　(GDP) ①				
以 1996 年不变价格计算	At Constant　(1996) Prices				
支出法本地生产总值实际增长率　（%）	Expenditure-based GDP Real Growth Rate　(%)	4.6	2.2	10.0	15.6
本地生产总值　（亿澳门元）	GDP　(MOP 100 million)	533.8	545.6	600.3	694.1
人均本地生产总值　（万澳门元）	Per Capita GDP　(MOP)	12.4	12.6	13.6	15.6
以当年价格计算	At Current Prices				
支出法本地生产总值名义增长率　（%）	Expenditure-based GDP Nominal Growth Rate　(%)	1.5	0.2	8.9	16.7
本地生产总值　（亿澳门元）	GDP　(MOP 100 million)	497.4	498.6	542.9	633.7
人均本地生产总值（万澳门元）	Per Capita GDP　(MOP)	11.6	11.5	12.3	14.3

注：本表资料根据中国统计年鉴和澳门特别行政区政府统计月刊等资料整理。
①2003 年数字在日后得到更多资料时会作出修订。
②包括关闸及路氹城边检站。
p 临时性数字。

Note: The data in this table are prepared on the basis of China Statistical Yearbook and the monthly bulletins of statistics provided by the Government of the Hong Kong Special Administrative Region.
① The figures for 2003 will be revised on the basis of more data later on.
② Including the Border gate and the Checkpoint of CoTai.
p Provisional figures.

中国统计出版社最新资料书简目

中国统计年鉴—2004
中国统计摘要—2004
2004 中国发展报告
中国城市统计年鉴—2003
中国农村统计年鉴—2004
中国劳动统计年鉴—2004
中国人口统计年鉴—2004
中国工业经济统计资料—2003
中国市场统计年鉴—2004
2003 中国城市发展报告
中国建筑业统计年鉴—2003
中国价格及城镇居民家庭收支调查统计年鉴—2004
国际统计年鉴—2004
中国对外经济贸易统计年鉴—2003
中国基本单位统计年鉴—2003
中国民政统计年鉴—2004
中国高技术产业统计年鉴—2004
中国房地产行业名录

北京统计年鉴—2004
天津统计年鉴—2004
河北经济年鉴—2004
山西统计年鉴—2004
内蒙古统计年鉴—2004
辽宁统计年鉴—2004
吉林统计年鉴—2004
黑龙江统计年鉴—2004
上海统计年鉴—2004
江苏统计年鉴—2004
浙江统计年鉴—2004
安徽统计年鉴—2004
福建统计年鉴—2004
江西统计年鉴—2004
山东统计年鉴—2004
河南统计年鉴—2004
湖北统计年鉴—2004
湖南统计年鉴—2004
广东统计年鉴—2004
广西统计年鉴—2004
海南统计年鉴—2004
重庆统计年鉴—2004

四川统计年鉴—2004
贵州统计年鉴—2004
云南统计年鉴—2004
西藏统计年鉴—2004
陕西统计年鉴—2004
甘肃年鉴—2004
青海统计年鉴—2004
宁夏统计年鉴—2004
新疆统计年鉴—2004
新疆生产建设兵团统计年鉴—2004
石家庄统计年鉴—2004
唐山统计年鉴—2004
邯郸统计年鉴—2004
呼和浩特经济统计年鉴—2004
鄂尔多斯市统计年鉴—2004
包头统计年鉴—2004
赤峰统计年鉴—2004
沈阳年鉴—2004
大连统计年鉴—2004
鞍山统计年鉴—2004
长春统计年鉴—2004
吉林市社会经济统计年鉴—2004
四平统计年鉴—2004
延吉统计年鉴—2004
哈尔滨统计年鉴—2004
齐齐哈尔经济统计年鉴—2004
牡丹江统计年鉴—2004
大庆统计年鉴—2004
黑龙江垦区统计年鉴—2004
上海浦东新区统计年鉴—2004
南京统计年鉴—2004
苏州统计年鉴—2004
无锡统计年鉴—2004
常州统计年鉴—2004
徐州统计年鉴—2004
南通统计年鉴—2004
盐城统计年鉴—2004
镇江统计年鉴—2004
杭州统计年鉴—2004
宁波统计年鉴—2004
绍兴统计年鉴—2004
台州统计年鉴—2004

舟山统计年鉴—2004
温州统计年鉴—2004
金华统计年鉴—2004
嘉兴统计年鉴—2004
丽水统计年鉴—2004
福州年鉴—2004
厦门经济特区年鉴—2004
福州经济技术开发区年鉴—2004
南昌经济社会统计年鉴—2004
九江经济统计年鉴—2004
济南统计年鉴—2004
青岛统计年鉴—2004
潍坊统计年鉴—2004
郑州统计年鉴—2004
洛阳统计年鉴—2004
三门峡统计年鉴—2004
平顶山统计年鉴—2004
南阳经济统计年鉴—2004
武汉统计年鉴—2004
宜昌统计年鉴—2004
十堰统计年鉴—2004
荆州统计年鉴—2004
广州统计年鉴—2004
东莞统计年鉴—2004
惠州统计年鉴—2004
深圳统计年鉴—2004
南宁统计年鉴—2004
桂林经济社会统计年鉴—2004
柳州经济社会统计年鉴—2004
来宾统计年鉴—2004
河池地区经济社会统计年鉴—2004
海口统计年鉴—2004
成都统计年鉴—2004
贵阳统计年鉴—2004
昆明统计年鉴—2004
西安统计年鉴—2004
兰州年鉴—2004
西宁统计年鉴—2004
银川统计年鉴—2004
乌鲁木齐统计年鉴—2004
巴音郭楞统计年鉴—2004
吐鲁番统计年鉴—2004

广东省文化厅

1997年，省八届人大五次会议通过了《大力扶持山区文化建设,抓紧改变山区群众文化生活贫乏落后状况议案》。省政府于1998年建立了有文化、计划、财政等14个部门参加的广东省山区文化建设联席会议制度，由省文化厅牵头具体负责议案的实施工作。5年来，在省委的正确领导和省人大的大力支持、监督下，各级政府、各有关部门，特别是文化行政主管部门，克服困难，做了大量卓有成效的工作，山区文化建设事业取得了显著的成绩。据统计，从1998年到2002年的5年中，全省山区文化建设共投入10.64亿元（其中省补助2.4亿元，市配套1.59亿元，县配套3亿元，乡镇投入3.25亿元，其他投入0.4亿元）。建成文化场馆982个，总建筑面积达109.86万平方米，完成议案总任务的100%。其中新建、扩建市级的群艺馆6个、图书馆6个、博物馆6个、剧团排练场3个，县级的文化馆47个、图书馆38个、博物馆45个、剧团排练场35个，乡镇文化站796个。建成露天影剧场300个。建成1个拥有3个排练场，4个文化教室，90个学员床位的省山区文化人才培训基地。向山区各市、县文化局配备了文化艺术下乡专用车共118辆；给山区群众艺术馆、图书馆、文化馆、文化站配备了一批文化器材。文化设施和器材设备的改善，为基层文化事业单位开展工作提供了物质条件，为山区群众提供了开展文化娱乐活动的载体。山区文化部门发挥文化场馆的功能，积极开展科普、法制宣传、文艺演出等文化活动，营造了良好的社会氛围，促进了社会治安的稳定、村风民风的好转，梅州五华县、韶关仁化县、肇庆德庆县、怀集县、高要县等山区县被评为广东省实施《南粤锦绣工程》文化先进县。省人大充分肯定了山区文化建设所取得的成效，各地群众纷纷赞扬山区文化建设议案是政府为民办实事的一项“民心工程”，是实践“三个代表”的最好体现。

广东省文化厅厅长曹淳亮
在梅州市大埔县图书馆视察

1997年省人民政府转发省人大常委会《决议》，1998年转发省文化厅《实施方案》

省政府为山区市、县图书馆、群艺馆（文化馆）、博物馆、专业剧团、乡镇文化站配发文化建设器材

河源市龙川县布岗镇
文化广场文艺演出场景

广东省水利厅

领导关怀

首届泛珠三角区域水利发展协作的代表签署倡议书

潮州市加固后的韩江南北堤

2003年以来，广东水利工作围绕中央治水方针和水利部的治水思路，以现代水利、可持续发展水利作为工作总目标，以水资源可持续利用支撑广东经济社会可持续发展为重点，全面推进水利现代化进程，并取得新的成绩。

一是全面推进城乡水利防灾减灾工程建设。城乡水利防灾减灾工程是广东省委、省政府实施的“十大民心工程”的重要内容，该工程实施范围主要包括三大项，即：城市防洪工程、江海堤围工程和大中型水库除险加固达标工程。城市防洪工程主要是保护县城以上城市的防洪工程；江海堤围主要是捍卫农田5万亩以上堤围。列入城乡水利防灾减灾工程共计290宗，工程建设投资估算539亿元。其中城市防洪工程109宗，投资估算295亿元；江海堤围工程77宗，投资估算102亿元；大中型水库除险加固达标工程100宗，投资估算38亿元；省属重点防洪工程4宗，投资估算104亿元。目前290宗工程都已招标确定了具有相应资质的设计单位，开展了前期工作。已开工建设的有137宗，占总数的47%；已审批和上报待批的有 63宗。相当部分市已审批和上报待批的项目达80%以上。工程建设开局良好，初见成效，得到水利部和省委省政府的充分肯定。

二是建成东深供水改造工程。2003年6月28日，东深供水改造工程全线完工并向香港供水，该工程在质量、安全、技术、廉政各方面均取得了一流成绩。21999个单元工程合格率为100%，优良率为95.1%，分部工程、单位工程质量优良率100%；所有泵组一次启动成功，各项技术性能指标全面达到或超过设计标准；埋管、渡槽、箱涵、明槽及其1808条接缝均无渗漏水；工程外观质量评定得分90%以上，比同类型优良工程上了新水平。工程建设期间，没有发生1例安全责任死亡事故；实际投资比计划投资节省6亿多元；工期比批准的设计工期提前8个月，比建设计划工期提前2个月；未发生1例违纪违法案件。东深供水改造工程得到了各级领导和专家学者的广泛好评。中共中央政治局委员、广东省委书记张德江同志视察东深供水改造工程时指出：“东深供水改造工程在中国水利建设史上树起了一面旗帜，也为广东大型工程建设树起了一面旗帜”。两院院士潘家铮在评审时说:“东改工程是一个近乎完美的工程”。

在东深供水改造工程建设过程中，工程技术人员攻克了一批供水工程建设中的关键技术，建成世界上同类型最大的现浇预应力混凝土“U”形薄壳渡槽；世界同类型最大直径（4.8米）现浇环形后张无黏结预应力混凝土地下埋管；制造世界同

类型最大的液压式全调节立轴抽芯式混流泵；研制大流量、长距离、多梯级、区间无塘库调节的“刚性链接”供水系统的全线自动化监控系统。其所开发和运用的新型造槽技术，已经申请了专利。抗震设计克服了缺乏规范指引的困难，达到了50年抗震的强度要求；该供水工程自动监控系统达到国际一流水平。《东深供水改造工程建设技术与管理》科学技术成果项目获得广东省科技奖重大工程类特等奖。

三是坚持防汛抗旱两手抓，早部署、早检查，措施到位。广东省委、省政府领导十分关心三防工作，4月28日，中共中央政治局委员、省委书记张德江专程前往北江大堤和佛山大堤，检查防汛工作和水利工程建设，强调广东汛期已至，全省各级党委、政府不能有丝毫松懈麻痹，要立足于防大汛、抗大风、抢大险，做好思想准备、组织准备、物资准备，确保水利工程安全渡汛，确保人民生命财产安全。4月16日，省政府召开了北江大堤防汛工作会议，黄华华省长亲临北江大堤检查防汛准备工作和工程建设管理情况，听取了省水利厅有关领导的汇报，部署2004年的防汛工作。5月15日至17日，国家防汛抗旱检查组对我省的防汛抗旱工作进行了检查。检查组认为广东在防汛抗旱工作上做到早检查、早布置、早落实、措施得力。广东省关于确保中小型水库安全的做法，在6月1日召开的全国水库安全电视电话会议上作了介绍。

四是实施省人大小型水库议案、水库移民议案、小水电议案、农村机电排灌议案成效显著，受到省人大的充分肯定。特别是移民工作全面实施，“三公开、三监督”取得了较好的成效，水库移民上访人次已从90年代初最高峰时占全省年总上访人次的73%，下降到目前的不足1%，得到了水利部领导和省领导的充分肯定，有关做法在全国推广。

五是解决农村饮水难问题取得阶段性成果。从2002年至2004年3月底，已完成并发挥效益的工程有148宗，解决饮水困难人数145万人。5月18日省委、省政府在湛江召开的全省解决农村饮水困难现场会议，决定用2年时间重点解决180万人农村饮水困难问题，用5年时间全面改善1600万人的饮水条件，达到饮用清洁卫生水的标准。

六是水利体制改革和科技进步有新的突破。《水利工程管理体制改革实施方案》已经有关部门审议通过，正报省政府批准执行。新技术、新材料在全系统得到广泛推广应用，东改工程被评为省科技进步特等奖，《广东省海堤工程设计导则（试行）》于2004年4月29日被省质量技术监督局批准公布实施，填补了我省海堤工程设计技术标准方面的空白。水利信息化建设进展顺利，全省已基本形成了以省三防指挥系统为龙头、地市三防指挥系统为依托，带动政务信息化、工程监控管理信息化发展的态势。

中共中央政治局委员、广东省委书记张德江视察广东水利

广东省省长黄华华检查北江大堤防汛工作

首次泛珠三角区域水利发展协作会议在广东召开

梅州市梅江两岸城市防洪工程

广东省广新外贸集团有限公司

第二届山洽会期间，集团董事长李德和同志向前来视察的中共中央政治局委员、省委书记张德江同志及省委副书记、省长黄华华同志汇报参展情况

广东省广新外贸集团有限公司（原名为广东省外贸集团有限公司）是广东省人民政府授权经营的16家国有大企业集团之一。目前，集团拥有广东省广新外贸轻纺（控股）公司、广东省食品进出口集团公司、广东省机械进出口集团公司、广东省外贸开发公司、广东省土产进出口（集团）公司、广东省五金矿产进出口集团公司、广东省工艺品进出口（集团）公司、广东省畜产进出口集团公司、广东省东方进出口公司、中国包装进出口广东公司、广东外贸物质发展公司等11家成员企业和广东省广告有限公司等参股企业以及30多家境外企业。此外集团还代管了10家中央驻穗外贸企业。

经过多年努力，集团已发展成为以国际贸易为主业，内外贸并举，贸工科农一体化的广东省最大的外贸企业集团。2003年底，集团资产总额为97.47亿元，在职员工9100多人，年销售总额182.34亿元，上缴各种税金近5亿元。进出口贸易总额达到25.22亿美元，其中，进口9.18亿美元，出口16.04亿美元。在中国企业500强中名列第89位；在中国进出口额最大的500家企业排序中位居第23位，出口额最大的200家企业排序中排行第15位。

2003年，集团紧紧围绕着强化集团竞争力，加快企业做优做大做强步伐这一主题，逐步将资源基础比较互补、业务经营比较集中、发展潜力比较相近的企业，组建为主业特色鲜明、优势互补的经营板块集团，使集团资源得到有效整合，促进了集团资源的内部流动和合理配置，进一步减弱了集团内部化竞争，益显了集团化经营效应。另一方面，集团还加快劣势企业退出市场的步伐，进一步优化资产结构，至2003年底，已成功完成了18家劣势企业的退出工作，每年减少各种费用支出8000多万元。因应企业内外部竞争环境的变化，集团全力推进以企业战略管理、企业文化建设、业务流程再造等为手段的管理模式和经营方式的创新，使企业管理水平不断提升，防范和控制风险的能力得到增强，主业竞争力得到新的提高。同时，加大品牌建设力度，不断提升品牌的美誉度和顾客忠诚度，培育了“珠江桥”、“庄姿妮”、“帆船”、“鹦鹉”、“羊城”、“百威”等近20个年出口额超500万美元的知名品牌。2003年，“珠江桥”牌获得了“中国驰名品牌”称号，“庄姿妮”、“帆船”等两个商标获得了“广东省著名商标”称号。此外，集团不断强化实业依托，积极向生产领域渗透，强化对主营业务上游资源的控制能力，初步摸索出了一条以合作、直接投资、授权生产、战略联盟等方式实现科工贸一体化的发展道路。近年来，集团积极整合技术、品牌、资金和营销网络优势，努力打造集团的资本运作平台，完善集团的产业链条，2003年斥资一个多亿实施收购全球最大的毛毯生产上市公司的部分国有股权。

目前，集团正全面贯彻广东省委、省政府的战略部署，进一步深化企业产权制度改革，实施品牌带动战略、实业依托战略、科技兴贸战略、“走出去”战略和管理创新战略，在拓展生产经营的同时，积极探索资本运营的新路子，全力打造产业结构合理、拥有自主知识产权、具有较高品牌知名度的国际化经营的大企业集团。

地址：广州市东风东路774号
邮编：510087
法人代表：李德和
电话：020-87337162
传真：020-87337176
网址：http://www.gdftc.com

广东省建筑工程集团有限公司

广东建工集团是广东省属16家授权经营集团之一。经过五十多年的发展，现有成员单位45家，总资产规模115亿，年经营能力150亿元，员工约3万人（其中专业技术人员1万多人），拥有房屋建筑工程施工总承包特级资质及专业配套齐全的总承包一级资质，是以工业与民用建筑工程、水利水电工程、安装和装饰工程、房地产开发、建筑科研、勘察设计、教育培训、投资经营等产学研相结合的大型建筑企业集团。2000年，广东省属企业实施重组并授权经营后，广东建工集团积极发挥大企业集团的整体竞争优势，紧紧抓住省内外各重点、热点市场，在大型重点工程项目中组织总承包建设，经营工作跃上一个台阶。在省内各地、市几乎所有大工程项目都有广东建工集团参与，成为广东经济建设一支劲旅。得天独厚的整体竞争优势与竞争合力，使广东建工集团的经营触角不断拓展和延伸，经营网点遍布全国所有省份，国外22个国家或地区有广东建工集团的足迹和作品。老挝万像市2号路工程是广东建工集团的年来实施“走出去”承建的最成功项目之一。近年来，广东建工集团一直保持良好的发展和持续上升的势头，实现了快速增长。

吴仪副总理接见袁明贵董事长

广东建工集团优质工程硕果累累，在广东经济建设中发挥了重要的产业支柱作用。广东奥林匹克体育场、东深供水改造工程、澳门综艺馆、飞来峡水利枢纽工程、广东省国际大厦（63层）、广东邮电大厦、上海国际会议中心、广东星海音乐厅、广州国际会展中心、广州地铁工程、深圳地铁工程、广州海印大桥、广州新白云机场、广州大学城、广东援藏工程、援非工程、老挝工程等一大批工程项目，是广东建工集团为社会奉献的杰出代表作。广东建工集团在承担高、精、尖、难的大型工程和标志性建筑的建设方面，充分发挥了独特与强劲的竞争优势，赢得社会各界的高度评价，“广东建工”品牌蜚声中外。近年来，广东建工集团综合实力和科技实力不断增强，在各类大型、重点和有影响的工程建设中屡建奇功。荣获各类国家级奖项106个，部委级奖项378个、省级关项135个，个人荣获国家级奖项24个，省部级奖项79个。受奖种类之众、得奖数量之多，在全省同行业中独树一帜。

旗岭渡槽

实施“大经营”战略，是广东建工集团应用科学发展观、实现跨越式发展的重要举措。在新的发展机遇期，广东建工集团正以前所未有的精神风貌，以科学发展观拓展发展新思路，抓住机遇，乘势而上，积极争取和利用广东省政府重新规划、调整省属企业经济结构布局的契机，从有利于形成更为突出的产业优势和竞争力出发，重新整合资源，形成产业优势更为突出、经济结构更为合理的“勘察设计、施工监理、建筑科研、教育培训”产学研一体化建筑经营板块，努力把广东建工集团打造成为广东建筑行业的“领航旗舰”，更好地发挥广东建设行业排头兵作用。

地址：广州市流花路85号
电话：020-86682367
邮编：510013

老挝工程签字仪式

老挝国家主席坎代.西潘敦向袁明贵董事长颁发老挝国家最高荣誉奖

广东省番禺监狱

监狱党委书记、监狱长　韩瑞华

监狱党委副书记、政委　王平

2003年，番禺监狱在上级党委的正确领导下，高举邓小平理论伟大旗帜，全面贯彻“三个代表”重要思想和党的十六大精神，深入落实全省监狱工作会议精神，大力加强基础建设，努力进行监狱改革与创新，切实推行监狱工作规范化，全面提高罪犯改造质量，罪犯脱逃和狱内重大案件为零，连续七年实现了监管安全和生产安全，完成了生产经营工作任务，警察队伍建设工作取得了新的进展，监狱整体工作全面、持续、健康发展。

以“人防”为核心，努力构建监管安全长效机制。开展狱内矛盾大排处活动，对可能引发狱内案件和安全事故的各类矛盾及时进行排处；加大安全监督监查和隐患整改力度，分类设立监管、生产、队伍专职安全员，形成了由监狱领导、督察队、专职安全员、业务部门共同组成的安全工作监督检查网络；抓好罪犯互监和个别教育工作。

推进教育改造科学化，提高罪犯改造质量。全面启动罪犯心理矫治工作，成立了罪犯心理矫治中心，新建了可视电话心理咨询系统，全年共对435名新犯进行了心理测试，测试率100%，对重点犯和严管犯心理测验18人次。进一步深化监区文化建设,在罪犯中开展了法律知识竞赛、读书征文比赛、运动会等活动，将罪犯互监内容编成《罪犯互监制度歌》，要求罪犯“会背、会唱、会做”。这首歌被司法部评为优秀作品“金剑奖”。

贯彻中央关于监狱改革“全额保障，监企分开，收支分开，规范运行”的方针，规范罪犯劳动改造，积极推进“劳动改造”试点工作，实现了“统一打版”和“统一合同”。制定了企业五年发展战略，确定注塑、制鞋、制衣、电子为四大支柱项目。

加强领导班子和队伍建设，为监狱建设发展提供强有力的组织保障。2003年防控非典期间，警察队伍经受了住了前所未有考验，坚定执行监狱党委“一手抓防控非典，一手抓建设发展”方针，实现“非典”零指标。涌现出一大批表现突出的单位和警察，其中3个单位被省厅评为抗非先进集体，24个被省厅评为抗非先进个人，荣记一等功1人，二等功2人，三等功9人。

全面贯彻落实党风廉政建设责任制，抓好廉政教育和关口前移，实现了党风廉政建设工作目标。加强制度建设，制定和完善了《番禺监狱党委成员廉政勤政的若干规定》等廉政制度；加强廉政教育；层层签定党风廉政建设责任状；推行廉政谈话制度，诫勉谈话制度和领导干部任前公示制度；加大从源头上预防和治理腐败的力度；认真贯彻执行省司法厅“六条禁令”，组织检查，加强监督，落实到位。

监狱领导班子共商发展大计

广东省律师协会

律师制度是我国社会主义法律制度的重要组成部分。广东省律师制度自1979年恢复以来，律师事业迅速发展，现全省共有律师事务所900多家，拥有8家部级文明律师事务所，占全国部级文明所的近六分之一，执业律师近10000名，均居全国前列。广东律师在自身发展的同时，积极投身于广泛的经济、文化、生活等领域，通过担任各类案件的代理人、辩护人，主动介入农村经济改革、国有企业改革、金融改革等经济领域开展非诉讼法律事务，广泛参与国内及国际贸易、投资、融资、仲裁等民商事活动，为立法机关和政府部门提供法律服务，为广东经济发展和社会稳定做出了积极的贡献。全省律师平均每年办理的各类案件超过13万件，为社会弱势群体办理的法律援助案件达1万多件，为社会各界担任常年法律顾问的单位达1.6万家。61名律师担任全国、省和市、县（区）人大代表，90名律师担任各级政协委员。

广东律师热心公益事业，积极参与各种奉献爱心、造福百姓的社会公益活动，在每年“3·15”消费日、“5·10”助残日和《律师法》颁布纪念日期间，全省律师都自觉开展各种法律法规宣传和义务咨询活动；1997年全省律师捐助20万余元在德庆县建立“广东律师希望小学”，并不断提供书籍、资金，帮助该小学提高办学质量；2000年支援国家建设，向三峡移民工程捐款30万元；2001年开展扶孤助学捐资办学活动，捐助11万余元；2003年捐资20万元抗“非典”、60多万元支持法律援助基金等。另外，许多律师事务所和律师还在有关院校设立奖学金，以帮助、鼓励法学专业的优秀学生。

广东律师的自律性行业组织广东省律师协会于1980年成立，现已建立基层律协组织20个。多年来，各级律师协会与司法行政机关紧密结合，正确履行职能，坚持不懈地加强律师队伍的思想建设、业务建设、制度建设和行风建设，引导和支持律师积极拓展服务领域，努力为广东律师业的发展创造良好的环境。2003年11月，广东省第七次律师代表大会首次选举执业律师为会长；2003年12月召开了中共广东省律师协会第一次代表大会，成立了广东省律师协会党委，进一步完善了广东律师行业管理组织体系，保障律师协会各项职能作用的充分发挥。

广东律师已成为我省经济和法制建设中一支规模较大、素质较高、富有朝气、充满活力的力量，在党和政府的亲切关怀下，在司法厅党委的正确领导和社会各界的关心与支持下，广东律师将进一步加强队伍建设，积极拓展服务领域，规范执业，为全面建设小康社会提供优质高效的法律服务。

地址：广州市下塘西路5号
邮编：520091

广州市环境保护局

张广宁市长视察饮食业污染治理情况

许瑞生副市长视察机动车路检情况

市环保局专项执法检查组现场检查医疗卫生状况

广州市环境保护局是主管全市环境保护工作的职能部门。近年来，广州市较好地完成了省政府下达的环保目标任务，城市环境质量有了较为明显的改善，先后荣获“国际花园城市”称号及“迎九运城市基础设施和环境综合整治特别奖”、“中国人居环境范例奖”、“联合国改善人成环境最佳范例（迪拜）奖”等奖项。2003年5月广州市环境保护局被省人民政府授予“广州市环境保护目标任期责任制先进集体”（1998年至2002年）称号。

广州市委、市政府对环保目标责任制工作高度重视，为从制度上，措施上保证年度环境保护工作目标的实现，从2001年起，对环保目标责任制形式进行了改革，将由市长与各区区长、县级市市长及有关工作部门主要领导签订责任状的形式，改为同政府下达指令性任务，以政令的形式下达给各区、县级市政府及有关部门执行；为确保各项任务的落实，市政府按照国家、省和地方环境保护法规规定对各责任单位进行半年和年终两次检查考评；不断扩大环保目标责任单位，到2003年，全市环保目标责任单位已增加到28个，形成了城市环境管理由环保部门统一监督管理，各相关部门分工负责的良好工作局面，较好地完成了省政府下达的环保目标。

1998年以来，广州市先后制定和修订了6部地方性环保法规，使广州市环保法制建设逐步得到完善；改革了传统的环境管理模式，促进环境管理关口不断前移，从更高、更深的层次解决生态环境问题；圆满完成了国务院下达的环保“一控双达标”的任务，全市列入考核的2941家重点污染企业全部按期达标，使广州市成为全国按期完成任务的三个省会城市之一；2000年在省内率先对新车污染防治提出了实施欧洲Ⅰ号标准的要求，改变了对机动车排气污染治理仅实行未端治理的状况，初步形成标本兼治、综合治理的格局；促进了饮食服务业能源结构的优化升级，较好地解决了市民长期投诉的燃油污染问题；1998年以来共投入800多亿元资金进行城市环保基础设施建设；全社会参与环境保护的积极性不断提高，全市总体环境质量得到明显改善，公众对环境状况的满意率由1998年的44%上升至90%以上。

广州市人口与计划生育局

2003年，广州市人口与计划生育工作在市委、市政府的领导下，各级党委、政府的共同努力下，较好地完成了年度人口与计划生育工作计划。据统计，全市户籍共出生人口59451人，出生率为8.24‰，计划生育率为95.3%；自然增长率为2.99‰。全面完成了省政府下达的人口控制任务。

团结务实的领导班子

2003年广州市经济社会保持持续、健康、快速发展的同时，广州市人口与计划生育事业也在许多方面发生了深刻的变化，人口与计划生育的各项工作取得新的进展。主要体现在：解放思想，勇于实践，积极开展计划生育管理体制改革；以人为本，全力推进创建计划生育优质服务区（县），以群众需求为依托，开展婚育新风进万家活动，努力营造新型社会主义生育文化；采取切实措施，坚持抓基层，打基础，大力加强全市人口计划生育基层基础建设；以信息化推动管理科学化，将计生系统信息化建设纳入市信息化建设总体规划，分步实施、全面推进；强化流动人口计划生育管理和服务工作，不断推进计划生育依法行政；加强计划生育行风建设，初步形成人口与计划生育依法行政、齐抓共管、综合治理的工作格局。

市领导出席人口与计划生育总结会议

在今后的人口和计划生育工作中，广州市将继续践行“三个代表”重要思想，认真贯彻落实国家、省人口与计划生育工作的指示精神，坚持以人为本，求真务实，改革创新，团结奋进，切实转变工作思想和工作方法，把广州市计划生育管理和服务水平推上新的台阶。

深圳市民政局

深圳既是经济特区，又是革命老区，总面积2020平方公里，2003年末总人口557.41万，市辖罗湖、福田、南山、盐田、宝安、龙岗六个区，是驻军单位和兵种较多的城市之一。多年来，在省委、省政府的高度重视和市委、市政府的正确领导下，深圳市连续三次荣获“全国双拥模范城”和连续五次荣获“全省双拥模范城”的光荣称号。深圳市党政军民把成绩当起点，以荣誉为动力，坚持以“三个代表”统领双拥工作，认真贯彻落实党中央、国务院、中央军委关于新时期加强军政军民团结的一系列指示精神，紧紧围绕促进地方生产力、提高部队战斗力和创建全国、全省双拥模范城这个主题，按照巩固、发展、提高的要求，不断深化对做好新时期双拥工作的认识，着眼大局，服务中心，与时俱进，开拓创新，较好地发挥了军政军民团结在改革、发展、稳定大局中的积极作用。

长期以来，深圳市各级党委、政府和驻深部队从讲政治的高度，坚持把双拥工作作为事关国防建设、社会稳定、经济发展和部队建设的一件大事，纳入深圳社会经济发展的总体规划和部队建设的重要内容，坚持双拥工作与经济建设、精神文明建设“同步规划、同步实施、同步投入”。各级党政军主要领导十分重视双拥工作，亲自参与双拥活动。驻军领导亲力亲为抓双拥，使双拥工作成为党委政府和驻军部队的“一把手”工程，有力地促进了双拥活动的深入开展。各级双拥组织机构十分健全，形成了党政军主要领导挂帅、军地各部门齐抓共管，纵向到底，横向到边的双拥工作格局。军地双方不断健全各项规章制度，使双拥工作不断走上制度化、规范化的轨道。

“改革不忘国防，致富更重拥军”这是深圳人民的心声。在新世纪的征程上，勇于开拓创新的深圳广大军民正以昂扬的斗志，发奋图强的精神，齐心协力，求真务实，与时俱进，真抓实干，以一流的业绩，向建设国际化城市的奋斗目标迈进！

广州市拥军优属拥政爱民办公室

广州市第五次连续荣获“全国双拥模范”荣誉称号。图为我市军地领导上北京领匾归来

广州毗邻港澳，对外交往频繁，驻军多，政治上十分敏感，是全国维护社会稳定的五个重点地区之一。广州市每年接收安置军队转业干部近1000人，占全省1/3，每年有800余名随军家属要安置，有近2200名士兵退役，优抚安置任务十分繁重，抓好双拥工作，已成为广州市党政领导的共识。全市军民按照“三个代表”重要思想的要求，坚持与时俱进，努力做到双拥工作与社会经济同步发展，与部队建设同步提高，深入扎实地开展创建双拥模范城活动，连续五次荣获“全国双拥模范城”称号和连续六次荣获“省双拥模范城”称号。

广州市军地领导把双拥工作摆在重要位置，把它列入党委、政府工作的重要内容。林树森书记、张广宁市长等各级领导亲自参加双拥重大活动，亲自解决双拥重点、难点问题。林树森书记亲自提议为部队官兵开设远程教育平台，实施教育拥军。各级政府提供了5000多亩土地为驻军高标准建起了农副生产基地。为部队修建了拥军路、拥军图书馆和综合训练场。各市（县、区）分别举办军嫂培训班、官兵电脑培训班，为部队建设做到“特事特办”。三年来，全市共投入经费5.2亿元，支持部队建设项目237个。驻穗部队广泛开展拥政爱民活动，在参加抢险救灾、支持城市建设、“迎九运、促中变”工作等方面作出了重要贡献，先后出动15万人次，捐赠800多万元，支持广州建设现代化大都市，特别是在2003年的抗击非典斗争中，部队医院全力以赴，共收治“非典”患者200多例。每年7月和10月被确定为“双拥宣传月”、“国防教育月”，通过广泛的宣传，广州出现了“拥军热”、“参军热”，涌现了一大批全国全省双拥先进典型。

1998年开始，我市积极开展科技拥军活动，有力地配合了部队科技强军战略的实施。图为市领导向部队基层单位赠送电脑

驻穗部队在完成战备.执勤的同时，深入开展拥政爱民活动，大力支持广州市三个文明建设。图为驻穗部队向革命老区送医送药

每逢八一、春节等重大假日，广州[illegible]广泛开展走访慰问、座谈会等拥军优属活动。图为市主[illegible]领导率团慰问部队

珠海市政府采购中心

珠海市政府采购中心自1998年12月25日成立以来，在珠海市委、市政府的高度重视和有关部门的大力支持下，坚持把加强政府采购信息化建设放在十分突出的位置，全面实施信息化带动策略，构筑了“网络化平台、透明化运作、数字化监控”的政府采购管理模式。

一是通过开发“政府采购银行卡管理系统”，在全国首创利用银行卡结算代替现金交易，对药品集中采购，公务车定点加油、维修、保险，定点印刷等项目实行计算机联机交易和资金实时监控，既提高了交易速度，“7秒钟省掉了十道工序”，又节约了采购成本。截止2003年底，该系统在珠海共交易142万笔，成交金额4.28亿元。

QUALITY SYSTEM CERTIFICATE

THIS IS TO CERTIFY THAT

质量体系认证证书

二是通过建设开放式的网上政府采购平台，实现了政府采购中心与899个采购单位、2098个供应商、国库支付中心等相关业务部门及监察、财政、审计等监督管理部门的全面联网。做到了采购单位采购“零距离”，供应商报价“零成本”，采购中心服务“全天候”，监督部门监管“全透明”，政府采购“大提速”，被新华社记者称之为“珠海模式”，羊城晚报记者称“珠海政府采购透明如镜”。从2002年8月到2003年底，全市网上政府采购金额共10.17亿元，平均节约率为12.6%。“珠海市政府采购网”已成为全国政府采购网总访问和日均访问最高的网站。

珠海政府采购信息化建设，通过政府采购信息的开放和共享，诱导公平竞争，政府采购合同的授予过程实现了透明运作，政府采购合同的履行及结算支付过程得以实时记录、网络监管。杜绝了信息不对称可能导致的寻租空间和腐败现象。珠海政府采购中心在政府采购信息化领域的探索和成效得到了国务院信息化领导小组办公室、财政部、监察部、审计署、国务院机关事务管理局等部门和领导的充分肯定。相关经验及管理系统先后被中央国家机关政府采购中心及上海浦东、成都、广州、深圳、湛江、北海、宁夏、贵港、乌鲁木齐等地引用，在行业内产生了一定的示范效应，取得了良好的社会效益。新华社、《经济日报》、中央电视台等多家媒体进行了专题报道。

珠海市政府采购中心继全国政府采购系统首家通过ISO9000质量体系认证之后，2003年12月被广东省信息产业厅授予“广东省信息化示范单位”称号。

佛山市科学技术局

2003年，佛山市科学技术局全面贯彻落实“三个代表”重要思想和市第九次党代会精神，围绕建设产业强市、现代化大城市和历史文化名城，提高本市科技综合实力的要求，按照“创建一批基地、实施两项工程、完善三个体系、加强四个环节”的工作思路，扎实推进各项工作，开创了科技工作新局面。

围绕实现产业强市的目标，佛山市科技局在市、区两级政府的大力推动下，完成了省和国家级绿色产业园区的“一园一区三基地”的筹建工作；积极组织和推进专业镇技术创新体系建设，推进各专业镇建立以服务中小企业为目标，以高等院校和科研院为依托的科技创新服务平台，到2003年底，全市已建立15个专业镇，占全省的1/4；加强技术创新和知识创新体系建设，全市共有省、市、区级工程技术研发中心123家，纺织、铝材、中药国家级专业检测中心各1家，产学研中心3个，综合性生产力促进中心6家。全年申请国家立项项目57个，省级立项项目161个，全市鉴定成果53个，获省奖成果27项；全市专利申请量达到7388件，位居全省第三位，专利授权量6465件，位居全省第二位，市、区均与国家知识产权局建了专利信息平台，大大增强了专利信息服务的能力，继续通过对重点技术领域，如电子信息、先进制造、新材料、生物技术实施扶持的政策，组织科技攻关，推进传统产业改造升级。2003年底，全市有高新技术企业203家，高新技术产品572个，高新技术产品产值达766亿元，增长26.4%，占工业总产值的23.2%；推进科技人才队伍建设，积极拓宽渠道聚集人才资源；完善科普工作体系建设，普及科学知识，营造尊重科学的良好氛围，2003年6月，市科技局、市委宣传部、市科协等单位成功组织了以依靠科学战胜非典为主题的科技进步月工作，在全市掀起防治非典科学知识普及的新高潮，为夺取战胜非典斗争的胜利奠定坚实的基础。在2003年，佛山市获“2001-2002年度全国科技进步先进市”称号，南海区、顺德区获得“2001-2002年度全国科技进步先进区”称号，三水区、高明区获广东省“2001-2002年度全省科技进步先进区”称号。

东莞市信息中心

“中国东莞”网站主页面

东莞市网上行政办公系统

东莞市信息中心（东莞市信息化领导小组办公室）是东莞市信息化建设的综合协调管理部门，负责全市信息化建设的推进和协调，主管全市电子政务的建设工作，并为全市行政办公自动化提供技术支持和服务。中心现有人员24人，分设综合科、信息技术科、网络工程科和应用推广科等四个科室。

近年来，东莞市积极组织实施信息化带动战略，大力推进电子政务建设，促进信息技术应用，信息化建设取得了丰硕的成果。目前，已建成以市委、市政府为中心，通过光纤和数据专线横联市直各部门，纵联各镇区的广域政务资源网络系统，开展网上办公管理，完善“中国东莞”(www.dg.gov.cn)政府门户网站，并在金融、海关、税务、教育、医疗、社保、交通、规划、工商、城市管理、电子商务等各个社会经济领域广泛应用信息技术，提供各类电子化、网络化服务，全面提升了全市信息化的整体水平，为东莞的社会经济发展产生了积极的推动作用。

下一步，我们将继续遵循国家和省的信息化指导方针，围绕全市国民经济和社会发展战略目标，促进政府管理的高质高效和公正公开，进一步加快国民经济和社会信息化步伐，为本市建设现代制造业名城、全面建设小康社会和率先基本实现现代化作出新的贡献。

电话：0769-2210793
传真：0769-2110920
地址：东莞市万寿路76号之二
邮编：523003

东莞市信息中心机房

东莞市文化局

中共中央政治局委员、广东省委书记张德江，广东省委常委、省委宣传部部长蔡东士，东莞市委书记佟星，市长黎桂康等领导与我团演员亲切合影

改革开放以来，东莞经济的快速发展促进了文化事业的繁荣。东莞市文化设施建设投入较大，档次较高，普及面广，形成市、镇、村三级文化设施网络。市政府投资了21亿元建设新的市中心广场、大剧院、图书馆、展览馆、群众艺术馆、青少年活动中心等文化设施，总占地面积103万平方米，建筑面积15.6万平方米，是城市形象的标志性建筑，充分展示了城市文化魅力。投资8000多万元整治和扩建可园博物馆。积极筹建东莞文学艺术院和岭南画院。全市共有文化中心（室）535个，图书馆（室）458间，电影院和影剧院133间，文化广场138个，文化设施占地总面积约405万平方米，建筑总面积约104万平方米，资金总投入近40亿元，完善的文化设施为文化活动的开展了打下坚实的基础。2003年，东莞市各镇（区）共举办各类文艺晚会1404场，在全市各文化广场举办文化活动达1.4万场次，参加演出人员30多万人次，观 众约5000万人次。东莞市不断推进艺术精品战略，成绩喜人，各门类的文艺作品，艺术上不断创新和提高，在全国和全省频频获奖。东莞市文化产业发展迅速，已逐步形成演出、娱乐、音像、文化、书刊、美术、电影、文物、美艺术培训等多个门类的市场。为繁荣文化事业，东莞市多渠道引进专业人才，形成专业与业余互充、本地与外来相结合的艺术队伍。每年均引进上百个海内外高雅文艺团体到各镇（区）演出，促进了传统文化与现代文化、外来文化与本地文化的相互交融。充分发挥文物在打造文化新城中的作用，大力改善鸦片战争博物馆和可园博物馆的硬件设施和服务水平积极打造名牌效应，以崭新的面貌迎接八方游客，展示东莞深厚文化底蕴的爱国主义教育阵地和名胜古迹、游览胜地。

玉兰大剧院

东莞市图书馆

群众艺术馆

江门市信息产业局

为切实改变机关作风，进一步优化江门市的投资环境，2000年江门市委、市政府作出了关于政府项目审批从“一楼式” 服务发展为“一网式”、“一站式”服务的工作部署。2002年1月18日，江门市政府网上行政服务系统正式开通。该系统是政府项目审批在互联网上的延伸，是国内地级市中率先实现政府20多个职能部门联合在网上开展行政服务的系统。该系统的开通，对促进政府部门的政务公开、推动政府业务流程的重新整合、优化投资环境等方面起到了积极的作用。

系统按照先进性、实用性、便民性、可扩展性、可移植性、模块化的原则设计，标准、规范、安全、可靠。

目前，政府网上行政服务系统后台程序已内置设定了各种类别审批、审核、备案和登记事项共100项，设定了各类不同的相关审批流程约300项（条），并集成了与之相应的各类申报表格200多种（个）。其中已开通使用的有网上申报申办生产性和贸易性企业（内资企业、外资企业、私营企业）；市高新区工业园网上申办企业“绿色通道”（快速审批流程）；以及内资、外资企业年审等各种类别审批、审核、备案和登记事项共80多项。

至2003年底，在网上通过系统申报的项目共676项，下载各类表格超过1000种（次），登陆政府行政服务大厅网页超过2.3万人次。

广东新安职业技术学院

学院董事长王屏山同志

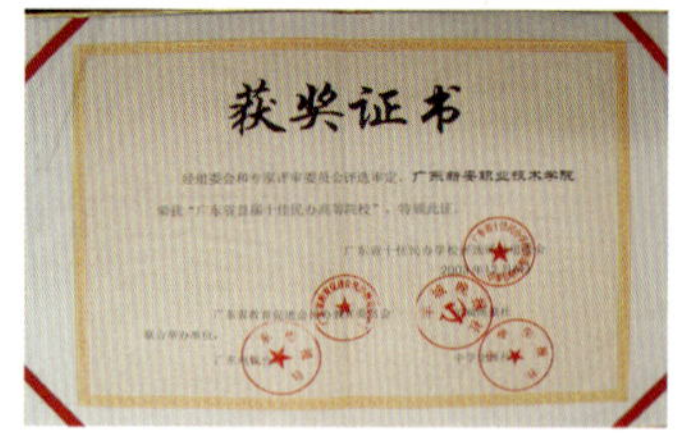

首届十佳民办高等学校获奖证书

广东新安职业技术学院是由广东省教育促进会和深圳市南山区政府共同创办的民办公助性质的专科层次普通高等学校，学院董事长由原中国教育学会副会长、原广东省主管教育的副省长、省教育促进会会长王屏山同志担任，副董事长由深圳市副市长梁道行同志担任。其他院系两级领导由一批原高校的领导、知名教育家组成。

王董事长指出：不能走公办大学的老路，要“异军突起、另辟蹊径 ”办出自己的特色，要使学生“学会做人、打好基础、发展专长、重视实践、报效祖国”。因此无论是办学和内部管理体制、专业结构、师资队伍建设、人才培养目标与培养模式、教学管理制度等方面都具有鲜明的特色。学院坚持科学与技术、理论与实践相结合，教育教学过程强调要打好实用英语与计算机应用两个基础，英语三年“不断线”，专业教育突出实践，培养生产管理第一线人才。在教学管理体制上实行学分制，宽进严出，严而有度，给予机会。在教育运行中大力推行激励机制，加强学风建设。

根据“市场引导、补缺创新、量力而为、积极开拓”的原则，开设应用科技和外向型管理学科专业，主要有：工商管理、人力资源管理、物业管理、室内环境设计等8个系12个专业。毕业生的一次就业率达90%以上，大部分在深圳就业。此外还设有成人教育部和国际合作办学部。举办成人高等学历教育大专班，开设了电子商务、物业管理、工商管理3个专业，承办了全国公共英语等级考试及培训，全国计算机等级考试及培训，中文、英语、人力资源管理等专升本自学考试助学培训。同时广泛开展学术交流与合作，与英国宝盾大学合办了计算机应用、工商管理两个专业，2002年已有10名学生赴英国宝盾大学攻读本科文凭，2003年有20名学生继续赴英国宝盾大学攻读本科文凭，为学生深造创造了机会。办学六年来，本院获得许多荣誉如：广东省首届十佳民办专院校、深圳市中国诚信经营单位、南山区教育先进单位等。

地址：深圳市南山区荔园路66号　　邮编：518052
电话：075526520001
传真：075526567016
招生办邮箱：xinancollege@mailcentet.com.cn

深圳市龙岗区民政局

深圳市龙岗区位于深圳市东北部。2003年全区生产总值489.82亿元，农业总产值为12.48亿元，农村经济总收入达75.74亿元，农民人均收入9898元。自建区以来，先后获得了全国民政工作先进区、村民自治模范区、“三五”普法先进区和广东省村民自治模范区、理顺农村基层管理体制工作先进区等荣誉称号。

龙岗区委、区政府高度重视村民自治工作。一是把村民自治工作列入重要议事日程，制定村民自治发展规划；二是成立依法治区工作领导小组和“三公开”（政务、村（居）务、企务）工作领导小组，具体组织和指导村民自治工作；三是将落实和开展村民自治工作纳入各级领导干部任期年度岗位责任目标考核内容；四是加强法制建设，完善组织体系，扩大镇、村经济自主权；五是依法指导村民自治，全面落实与村民代表会议制度和村民自治章程及村规民约，财务、政务公开、村委会和村民小组村务公开率达100%。

龙岗区村民自治工作取得了显著成效，主要体现在：一是增强了人民群众当家作主意识，提高了群众的法制思想和法制观念；二是促进了农村经济和社会繁荣发展；三是密切了干群关系，维护了社会稳定；四是推动了农村党风廉政建设；五是进一步规范农村财务管理，有效防止集体资产流失；六是推动了农村城市化建设步伐。

2001年7月15日，中纪委驻民政部纪检组组长张印忠（左二）到龙岗检查指导村民自治工作

2002年12月，省委副书记、深圳市委书记黄丽满（左三）在龙岗区检查村民自治工作

龙岗区民政局领导班子成员带领局机关副科长以上干部到布吉镇调研村民自治工作

2002年7月参加全国基层民主政治建设理论研讨会的领导和专家在龙岗区大鹏镇金沙湾大酒店合影留恋

湛江市赤坎区民政局

近几年来，赤坎区认真按照《广东省村民自治示范活动方案》和省政府办公厅《转发省民政厅关于进一步推进我省村民自治工作意见的通知》文件要求，结合本区实际，有领导、有计划、有步骤地开展创建村民自治示范区活动，取得了较好的成效。主要做法是：

一、成立机构，加强领导

领导重视是搞好创建村民自治模范区的关键。几年来，区委、区政府和街道党委、办事处始终把推进村民自治工作摆上重要的议事日程。区和各街道均成立了村民自治工作领导小组，并实行了领导干部挂钩联系村委会责任制。在每届村委会选举过程中，区委、区人大、区政府有关领导都到农村现场指导，及时研究解决问题。使本区村民自治工作成了党委统揽全局，有关部门积极配合，上下联动，齐抓共管的工作格局，有力地推进全区村民自治工作。

二、严格程序，依法选举

充分发扬民主和依法选举是实行村民自治的重要基础。本区在村委会选举工作的各个环节中，严格按照“一法两办法”和省《实施细则》的规定程序操作，充分发扬民主，认真坚持了直接选举、差额和秘密写票公开的三大原则抓好选举工作。在每届村委选举，区领导和区选举办、区委组织及区民政局领导都能深入村委会，进行现场指导督促，尤其对重点村、难点村实行重点指导，发现违规问题及时纠正，并认真处理好一些群众提出的问题，把大量的矛盾和问题解决在萌芽状态，处理在基层，消除了许多不稳定因素。实践证明换届后的新班子与原班子相比，各方面结构较合理，战斗力、组织管理能力和依法办事能力等都有较大提高。

三、建章立制，保证村民自治规范化和制度化

区委书记麦教猛深入基层检查工作

省人大原主任张帼英在市委书记邓维龙等领导陪同下视察我区工作

抓好建章立工作是实行村民自治工作的重要环节。我区组织农村干部和有关部门领导到外地参观学习，然后抓示范引路，召开现场会，总结推广经验，部署全区村委会建章立制工作。区现场会后，各村委会根据上级有关法律法规，参照外地和示范点的做法，结合本村实际，研究制定了本村村民自治章程和村民自治制度及村委会任期目标任制。村委会换届选举工作结束后，全区村委会又结合当前农村实际，对一些村民自治制度进行了修改完善，使全区村委会的村民自治工作走向规范化和制度化。

四、坚持村务公开，强化基层民主监督

坚持村务公开，是密切党群关系的有效途径，是保障村民民主权利的必然要求，是加强农村干部廉政建设、维护农村稳定、促进农村改革与发展的根本保证。因此，我区把建立全村务公开制度，强化基层民主监督，作为深化村民自治、提高创建水平的一个重点，常抓不懈。在推行村务公开过程中，紧紧抓住财务公开这个重点，实行“四规范”管理，即：规范公开内容、规范公开形式、规范公开时间、规范公开程序。使全区农村村务公开工作有序运行，健康发展，深受农民群众的拥护和支持。

五、坚持民主决策和管理，增强村民自治实效

本区各村都能根据有关法律法规，切实搞好村级重大村务的决策和管理，使村民对村内事物，特别是重大事务依法享有知情权、参与权、决策村、管理权和监督权，使广大村民的民主权利得到了保障。

六、加强培训，提高农村干部素质

农村干部是推行村民自治的具体组织者和实施者，他们的素质高低直接影响着村民自治效果。因此，区委区政府对农村干部的培训工作十分重视，把村“两委”干部由区统一集中培训作为提高其综合素质的主要途径来抓。每届村委会换届选举后，都及时进行了培训。而且每年集中轮训一次，切实做到了“五个落实”，即：时间落实、内容落实、人员落实、经费落实、效果落实，进一步提高农村干部依法行政、村“两委”干部依法管理村务、组织村民自治的能力和水平，保证了村民自治工作健康发展。

赤坎区委区政府班子成员在研究工作

省民政厅副厅长赖道明在市委常委宣传部长邓碧泉的陪同下检查我区工作

高州市

高州金山工业园

高州市位于广东省西南部，南近南海，西连广西、北靠云开山脉，扼粤桂六县要冲。高州城始建于隋开皇十八年（公元598年），一直为州、郡、路、府、道、专区行政治所和粤西的政治、经济、军事、文化中心。全市面积3276平方公里，总人口157万。市辖23个镇，5个街道。

改革开放以来，高州大力发展以水果为龙头的“三高”农业，建成了全国最大的水果生产基地，有“全国水果第一县（市）”之称。高州是著名的香蕉、荔枝、龙眼之乡，储良龙眼、遁地雷香蕉、双孖木龙眼、白糖罂荔枝在中国农业博览会上分别获得金、银、铜奖和名牌产品称号。鲜果畅销全国23个省、区的100多个大中城市，并跻身港澳地区及东南亚市场。2000年初江泽民同志亲临高州作“三讲”教育动员，并亲笔题词“搞好山区综合开发，促进农村经济发展”。党的十六大之后，高州市认真贯彻落实党的十六大精神，以“三个代表”重要思想为指导，积极实施“三化联动，城乡齐兴”发展新战略，以发展工业为核心，掀起了新一轮发展潮。该市制定了一系列优惠政策，吸引了广大投资者到高州市投资置业，促使高州民营工业迅速发展，已形成皮手套、医药保健品、铸造、建材、纺织、机械制造、工艺品等支柱工业，其皮手套生产量、出口量位居全国一半。被称为“手套之都”。近年来，高州市先后荣获“全国农村综合实力百强县（市）”、“全国明星县（市）”和“全国县域经济基本竞争力百强县（市）”等10多个国家级奖项或称号。2003年全市国内生产总值比上年增长11%。

搞好山区综合开发
促进农村经济发展
江泽民
二000年二月廿日于高州市

2002年2月，江泽民同志视察高州时的亲笔题词

2003年7月中共中央政治局委员、广东省委书记张德江同志在高州市金山工业园区皮手套加工区视察

高州山川秀丽，人杰地灵，历史文化源远流长，旅游资源丰富，有高州根子生态农业景观、深镇仙人洞自然风景区及洗太庙等历史人文景观。高州教育发展较快，有省一级学校8所，职业技术学院（校）50多所，近年高考上省专录取人数均居全省县市前列。医疗卫生水平不断提高，高州人民医院被评为“全国百佳医院”。高州市投资环境日臻完善，市内交通道路四通八达，而且近邻水东港和茂名火车站，水陆交通十分便利。

在新形势下，高州人民深入贯彻党的十六届三中全会精神，积极实施“三化联动，城乡齐兴”发展战略，努力建设经济强市，争创文化名城，力争在全省山区县市中率先基本实现社会主义现代化。

高州东部荔枝标准化生产示范区

梅县

梅县新县城行政区

梅县位于广东省东北部，是叶剑英元帅的故乡。是“八山一水一分田”的山区县。全县旅居海外华侨和港、澳、台同胞共80多万人，素有“文化之乡”、“足球之乡”、“华侨之乡”称誉。

一、梅县工业形成了多元化发展格局，培育发展了梅雁、宝丽华两个上市公司，以及华银、超华、恩华、线艺等一批骨干企业集团。

二、旅游业打造了叶帅故居、灵光寺、雁南飞、雁鸣湖、五指峰、桥溪民俗村为主要景点的旅游热线。

三、交通方便，城乡一体。境内有梅县机场、广梅汕铁路、梅坎铁路、205和206国道、韩江水运以及建设中的梅河、梅揭高速公路。

四、城市建设按“三区二走廊”（行政旅游区、商住区、高新区，沿江特色经济走廊、沿205国道工业经济走廊）规划，加快了新县城建设步伐。目前，县城建成区面积近5平方公里。

梅县按照“五年打基础，十年翻两番，2015年全面达康”的奋斗目标，认真实施“开放活县、工业强县、农业稳县、民营富县、旅游旺县、文化兴县、依法治县”七大发展战略，以招商引资、大力发展民营经济为突破口，加快推进“新型工业化、农业产业化、城镇化和旅游产业化”四化建设。认真实施“优化环境、可持续发展、固本强基”三大工程，努力实现全县经济社会的全面快速发展，加快全面建设小康社会的进程。

梅县荷树园电厂总投资17亿元

梅雁高新技术工业园

梅县华银雁鸣湖旅游度假村

新 兴 县

中共中央政治局委员、广东省委书记张德江在新兴县考察工作。（左为新兴县委书记招炳德、右为新兴县委书记黄伙有）

新兴县地处广东省中部偏西，与大珠江三角洲相邻。辖区面积1520平方公里，人口44.9万人。近年来，本县坚持以邓小平理论和“三个代表”重要思想为指导，以打造山区经济强县、文化大县，全面建设小康社会为目标，认真实施“三化一游”(农业产业化、新型工业化、城镇化、发展旅游业)战略，全县经济持续快速健康发展，社会各项事业全面进步。2003年，全县实现生产总值41.25亿元，比上年增长13.7%。主要经济指标处于全省山区县的前列。

一、农业农村经济持续增长。本县是全国持续高效农业示范区。本县坚持以市场为导向，认真抓好农业产业、产品结构的调整，精心培育农业龙头企业，大力推进农业产业化经营，促进了农业农村经济的发展。全县初步建起了优质商品粮、肉鸡、瘦肉型猪、水产、水果、蔬菜与花卉等六大农业商品基地，办起了4个现代农业示范区、11个现代农业标志性项目、3个无公害蔬菜生产示范片，催生、培育了230多家农业龙头企业，其中广东温氏集团等4家企业被确定为省农业龙头企业，以肉鸡、肉猪产销为主业的温氏集团还被认定为全国农业产业化经营重点龙头企业。2003年，全县增加值13.64亿元，比上年增长8.1%。

二、工业经济发展步伐加快。新兴县努力推进新型工业化，办好工业园区，抓好工业支柱行业建设。全县基本形成了不锈钢制品、果品加工、针织服装、雨具、皮具、林产化工等六大工业支柱行业。其中：不锈钢制品行业已成为全国最大的不锈钢餐厨具生产和出口基地之一。目前拥有该类企业28家，年产值超过27亿元，荣获“中国不锈钢餐厨具之乡”称号；果品加工行业年加工果品5万多吨，总产值达8亿多元，荣获“中国果品加工之乡”称号。2003年全县工业增加值151.49亿元，比上年增长17.7%。

中国禅宗生源地--新兴龙山国恩寺

畅销欧美市场的新兴不锈钢餐厨具

三、第三产业有了较大发展。2003年，全县第三产业增加值达11.07亿元，比上年增长15.3%。本县是禅宗六祖惠能的故乡，又有温泉、自然景观等丰富的旅游资源。充分发挥旅游资源优势，大力发展旅游业。2003年，接待中外游客达83万多人次，比上年增长13.7%。旅游业规模的不断扩大，有力地促进了第三产业的发展。

四、投资软硬环境日臻完善。全县着力抓好投资软环境的建设，努力营造高效、优质、廉洁的政务环境。设立了县行政服务中心，实行"一站式"办公、"一条龙"服务。同时，积极营造文明、健康、向上的人文环境，诚实、守信、规范的信用环境，绿色、优美、和谐的生态环境，安全、有序、稳定的社会环境，形成了良好的发展氛围。本县下大力气搞好交通、电力、水利、供水、环保、通讯等基础设施建设，推进城镇化进程，进一步完善了投资硬环境。全县交通方便，通讯发达，电力充足。为发展县域经济打下了坚实的基础。

广东省委副书记、省长黄华华在新兴县考察

五、文化工作取得显著成绩。新兴县致力建设山区文化大县，切实抓好文化队伍和文化场馆建设。经常举办阳春白雪式的文艺演出和下里巴人般的大众文化娱乐活动，丰富了群众的文化生活。同时，不断挖掘禅宗等历史文化，为现代经济文化服务。由于文化工作成绩突出，被评为全国文化先进县。

六、社会各项事业全面进步。新兴县大力推动社会各项事业的发展，取得了喜人的成绩，先后被评为全国体育先进县、全国民政工作先进县、全国"两基"教育先进县。

新兴县以优惠的政策，优质的服务，优美的环境，热诚欢迎国内外朋友前来旅游观光，经商办厂，投资置业，共创美好未来。

品种繁多的新兴果品

新兴优质鸡肉

惠 东 县

中共中央政治局委员、广东省书记张德江（左三）惠州市委书记、市人大主任柳锦江（右一）等领导在惠东县委书记李敏、县长杜海棠的陪同下，视察民营制鞋业

惠东交通四通八达，图为深山交速公路交汇处

惠东旅游名胜古迹遍布，图为被誉为“东方夏威夷”的巽寮滨海旅游景点之一--巽寮渡假村

惠东位于广东省东南沿海的大亚湾和红海湾畔，总面积3535平方公里，海岸线171.8公里，总人口69.8万人，祖籍惠东的华侨和港澳台同胞17万人。

惠东地理位置优越，交通十分便利。县城距深圳60公里，海路到香港仅50海里，离广州140公里。国道324线-广汕公路和深汕、广惠高速公路均穿境而过；海运可直达闽、港、澳；距县城15公里的惠州机场可直航北京、杭州、无锡、徐州等大中城市。

惠东分沿海、沿江丘陵、山区三种类型地区，境内土地资源、水资源、海洋资源、矿产资源、森林资源、旅游资源均较丰富，惠东依山傍海，风景秀丽，既有奇峰异石，又有海湾沙滩，港口海龟海是我国目前大陆海岸唯一的海龟自然保护区。著名旅游景点有九龙峰旅游区、古田自然保护区、亚婆角和南门海海滨旅游区以及平海古城、南山龙岩寺、西来古刹等名胜，集山、海、泉、瀑、岛、江、湖于一体，美丽的巽寮湾素有“东方夏威夷”之誉。

改革开放以来，惠东发生了翻天覆地的变化，特别是近年来，在县委、县政府的正确领导下，惠东人民致力于经济建设，以构建“六大区域经济”，营造“四个经济亮点”为发展思路，全力优化投资环境，大力招商引资，促进外向型经济不断发展壮大，与此同时，大力发展民营经济，促旺商贸市场，以团结、务实、励精图治的精神，推动国民经济实现跨越式发展。2003年，全县生产总值达114亿，农业总产值36.4亿元，工业总产值165.9亿元，其中产鞋3.8亿双，鞋产值达54亿元，惠东被誉为“中国鞋业之乡”。外贸出口总额5.6亿美元，社会消费品零售总额45亿元。财政总收入4.8亿元，在岗职工均工资11216元，农民人均纯收入4106元。

东莞市莞城区

莞城区是东莞市委市政府所在地，是东莞市政治、经济、文化中心。辖区面积13.5平方公里，户籍人口15.2万人，外来暂住人员9.8万人。人口素质居全市前列，据第五次全国人口普查统计，莞城有大学本科学历4651人，研究生学历376人。莞城区具有悠久的历史和深厚的文化底蕴，全国重点文物保护单位、著名广东清代四大名园之一的可园座落在这座千年古城，百年历史的首批省一级学校东莞中学和莞城中心小学熠熠生辉。教育基地星罗棋布，有科技馆、图书馆、博物馆，有本科大学1所，市属中专学校4所、普通中学4所、，职业技术学校、体育学校和师范附属小学各1所，幼儿园7所；莞城区属小学8所，业余体校1所，区属幼儿园3所，民办幼儿园17所，公助民办学校1所，其中省一级小学1所，市一级小学4所，市一级幼儿园3所，省、市一级公办学校（园）占全区公办学校（园）总数的63.6%。

莞城区领导到莞城中心小学考察指导工作

莞城区具有突出的教育优势，体现在：一、党委、政府对教育高度重视，财政拨款实行对教育优先倾斜，多年来致力利用和保护城区教育资源，积极开展创名师名校活动，促进莞城区教育和社会经济共同发展；二、拥有一支优质的教师队伍，小学教师和幼儿教师学历合格率均为100%，全国优秀教师有 3人，广东省小学特级教师1人，广东省劳动模范、先进工作者有3人，获广东省南粤优秀校长、南粤教坛新秀、广东省优秀班主任、优秀少先队辅导员等省级以上荣誉称号有29人次；三、办学环境不断优化，近10年想方设法增加教育投入，抓好学校硬件现代化建设，平衡城内、城外学校办学条件，营造了功能比较齐全，设施较完善，校园环境优美，文化气息浓厚的良好育人环境。

莞城中心小学、实验小学获奖图片

莞城教育成效显著：学生思想素质好，2003年学生品德优良率为96.9%，后进生转化率为91.7%，犯罪率为零；文化素质高，小学生毕业考核合格率超过市教育局下达指标要求，升学率达100%；身体素质强，2002－2003学年度小学生体育锻炼达标率达到98%；个性发展突出，近几年，小学、幼儿园在各级文艺比赛中，获国家级奖2项、省级5项、市级15项。东风小学、中心幼儿园的文艺节目分别获得国家级银奖和省级金奖。由于教育成效显著，从1999年起，莞城教育办连续五年被东莞市教育局评为先进单位。

大 朗 镇

中共中央政治局委员、广东省委书记
张德江（左二）视察东莞市大朗镇

美丽校园一角

大朗镇位于东莞市中南部,总面积118平方公里，北近广州，南邻深圳,毗连东莞市松山湖科技产业园，地理位置优越，交通发达便利。全镇下辖27个村(居)委会，常住人口6.2万人,外来人口20多万人，广东省中心镇、广东省教育强镇、广东省卫生镇、广东省体育先进镇和“中国羊毛衫名镇”。

改革开放以来，大朗镇经济持续快速健康发展，成为广东省首批珠三角工业卫星镇。2002年，实现生产总值20.3亿元，镇级当年可支配财政收入2亿多元，农民年人均纯收入9016元。

大朗镇经济迅猛发展，有力地推动了教育跨越式发展。目前，大朗镇有幼儿园23所(其中民办15所)，在园幼儿4432人；小学12所，完全中学、初级中学、职业中学各1所，在校学生16319人；民办学校6所，在校学生近万人，成人文化技术学校1所。

目前，全镇建立起从学前教育、基础教育到职业教育、成人教育的比较完善而又协调发展的教育体系，形成以政府办学为主体，公办学校与民办学校共同发展的格局。1989年普及九年义务教育，1991年扫除青壮年文盲，1995年普及高中教育。近几年，大朗镇以“三个面向”为指导，通过大办教育，办大教育，创省教育强镇，使全镇教育迈上了一个崭新的台阶，走上规模化、规范化、现代化的发展道路。

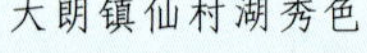

大朗镇仙村湖秀色

长 安 镇

长安镇位于广东省东莞市最南端，广深高速、107国道、S358省道横贯而过，是广州、东莞与深圳交通往来的南大门。总面积83平方公里，户籍人口3.7万多人，外来流动人口60多万人，港港同胞3万多人。

改革开放以来，长安镇努力营造优良的投资环境，吸引了大量的外商前来投资设厂。现有外资企业1600多家，利用外资总额23.3亿美元，2003年全镇企业出口28.7亿美元，连续第六年居全国乡镇之首。在外向型经济的带动下，私营经济发展迅速，现有私营企业560多家，投资总额16.1亿元，有“步步高”、“金正”等驰名品牌。综合实力列广东省“综合实力经济强镇”第二。

长安的荣誉

长安镇多年来一直把基础设施建设作为提高竞争力的战略工程，以超前意识和巨额投入，使基础设施超前发展，形成了良好的投资环境，成为“全国小城镇建设示范镇”和“首届中国乡镇投资环境100强”。

目前，城乡一体化的城镇建成区面积达到30多平方公里，全镇有三星至五星级标准的酒店8家，医院5家，影剧院7家以及文化中心、图书馆、体育中心和国际标准高尔夫球场等一批文化体育设施。

长安镇着重从城市建设、园区建设、环境建设和文化建设四个方面争取新突破，掀起新的发展高潮。在速度、质量、效益相统一的基础上，促进经济的持续、健康、快速增长，推动精神文明建设、政治文明建设和党的建设不断进步，全力推进建设现代化中心城镇的前进步伐。

现代化的长安

小榄镇

小榄镇先后被授予和评为“全国村镇建设先进镇”、“国家卫生镇”、“全国造林绿化百佳镇”、“全国体育先进集体”、“全国乡镇企业出口创汇五强镇”、“全国精神文明创建活动示范点”、“中国五金制品产业基地”、“中国花木之乡”等荣誉称号，被联合国开发计划署确定为“中国可持续发展小城镇试点”

广东省中山市小榄镇是伟人孙中山先生的故乡中山市北部的工业重镇，具有悠久的历史。2003年，全镇生产总值76.83亿元，工业销售收入210亿元，上缴税收总额12.6亿元，年末银行存款余额116亿元。

小榄注重投资环境的“软件”建设，政府和公共服务部门为企业提供文明、友善、优质、高效的服务，全力支持和扶持企业的发展。招商协调办公室设专人以最快速度为投资者办理项目申报、立项、税务、财务登记等“一条龙”服务；小榄生产力促进中心，为企业提供人才培训、信息收集、技术服务等支持；汉信技术服务中心为企业提供集产品设计、快速成型于一体的技术服务；五金制品产业技术中心为五金制造企业构筑一个更为完善的技术服务平台，扶持和帮助企业开展科技和产品创新；中小企业创新发展信用担保公司竭力为企业购置新设备提供资金支持；广勤贸易公司为企业代垫退税，支持企业产品出口；人才交流中心协助企业引进优秀管理、技术人才和提供人才培训、管理服务。镇政府还在日本、法国、俄罗斯、香港设立了办事处或派驻商务代表，协助企业拓展国外市场。

广东康景物业服务有限公司

GUANGDONG ESTEEM PROPERTY SERVICES LIMITED

以 人 为 本 创 造 健 康 生 活

我们的荣誉来自于业主的信赖

广东康景物业服务有限公司成立于1999年，现拥有2500多名员工，管理和前期介入管理的楼盘共二十多个，管辖面积300多万平方米，在管业户数3万多户，是目前广州地区管理户数最多、管辖面积最大的品牌物业公司。

邮编：510630

电话：020-85563525

传真：(020)85563525

珠 海 市

珠海市位于珠江三角洲南部，珠江口西岸，东与香港隔海相望，南与澳门陆地相接，是我国第二大陆上口岸,被誉为“百岛之市”。2003年末全市总人口127.89万人，其中户籍人口82.02万人。海外华侨、港澳台同胞近35万人。2003年，全市经济取得跨越式发展。全市生产总值476.73亿元，比上年增长18.1%；完成工业总产值1036.23亿元，比上年增长30.3%；外贸进出口总额167.83亿美元，比上年增长30.7%。城市空气环境质量良好，空气污染指数比上年下降4.2%。获得了“国家园林城市”、“国家卫生城市”、“国家环境保护模范城市”、“中国优秀旅游城市”、“全国城市环境综合整治优秀城市”、“国家生态示范区”和联合国人居中心颁发的“国际改善居住环境最佳范例奖”、“广东省环境保护先进城市”等多项荣誉称号，成为世界上最适宜居住的城市之一。2003年底，珠海建成区面积105.55平方公里，建成区绿化覆盖率36.07%，人均公共绿地面积8.44平方米，人均道路面积12.90平方米，污水处理率48.05%，用水普及率、燃气普及率均达100%。

韶关市公安局

2003年，韶关市公安机关在市委、市政府和省公安厅的正确领导下，认真贯彻执行全国和全省禁毒工作会议精神，把禁毒工作作为功在当代、利在千秋的大事来抓，认真组织实施“禁毒03工程”，在全市范围内开展审视声势浩大的禁毒斗争，严厉打击毒品违法犯罪活动。据统计，“禁毒03工程”期间，全市共侦破各类毒品案件64宗，抓获吸贩毒人员679名，缴获毒品海洛因12.2千克、冰毒1358千克和大量的摇头丸、鸦片、大麻等毒品，缴获的毒品无论是数量、品种都是本市建国以来最多的一年。一批大案要案接连告破，先后破获本市建国以来最大的2003年“9·24”贩卖海洛因案，缴获海洛因6640.55克，侦破本市建国以来最大的2004年“3·12”制贩冰毒案，缴获半成品冰毒1213.5公斤。同时，狠抓戒毒工作，积极推进戒毒场所建设，全面开展“滚动式”收戒，顺利实现“满员戒毒”目标。深入开展禁毒宣传，积极创建“无毒社区”、“无毒村”，发动社会各界力量，掀起全民禁毒热潮，全社会禁毒意识前所未有得到加强。

铲除非法种植的罂粟

展示缴获的毒品等赃款赃物

茂名市公安局

茂名市委常委、市公安局长洪杏浓在部署禁毒工作

2003年4月，省委、省政府在全省部署开展“禁毒03工程”，茂名市各级公安机关在市委、市政府和上级公安机关的正确领导下，在各职能部门的密切配合下，充分发挥主力军作用，全面开展“禁毒03工程”，采取有力措施严打毒品违法犯罪活动，取得了显著成效，涉毒违法犯罪案件逐步下降，新增吸毒人员逐步递减，因吸毒引发的刑事犯罪得到遏制，社会治安明显好转，为茂名市经济建设作出了应有的贡献。2003年4月至2004年3月“禁毒03工程”期间，全市共破获毒品案件392宗，比前三年平均破案数增长61%；抓获毒品犯罪嫌疑人218名，比去年同期增长8%；缴获毒品海洛因11353克，比去年同期增长91%；缴获其他毒品48202克，比去年同期增长56%；侦破重大毒品案件比去年同期增长60%。

按照省委、省政府的统一部署，茂名市公安局成立了由洪杏浓局长任组长，周沛洲副局长任副组长的“禁毒03工程”领导小组，各县（市、区）也成立相应组织领导机构，层层落实禁毒工作责任。全市公安机关坚持“破大案，摧网络，堵毒源，追逃犯，缴毒资”的指导思想，精心组织，侦破了一批有影响的大案，抓获了一批长期隐蔽作案的毒品犯罪分子。2004年2月24日，茂名市公安局指导茂南分局侦破一起特大贩毒案，抓获毒贩陈律宗、陈林和云南女毒贩杨翠云、杨祖菊等4人，缴获精制毒品海洛因7000克、毒资157万、汽车一辆及手机、存折、电子秤等贩毒工具一批。此案的成功侦破，摧毁了隐藏在茂名长期经营的特大贩毒团伙，切断了毒品流入茂名的一条主要通道，有力地遏制了茂名毒品犯罪活动的发展蔓延。

茂名市“禁毒03工程”虽然取得了显著的成绩，但禁毒仍任重道远，全市公安机关将以“三个代表”重要思想为指导，再接再厉，努力开创禁毒工作新局面。

毒贩陈律宗被抓获

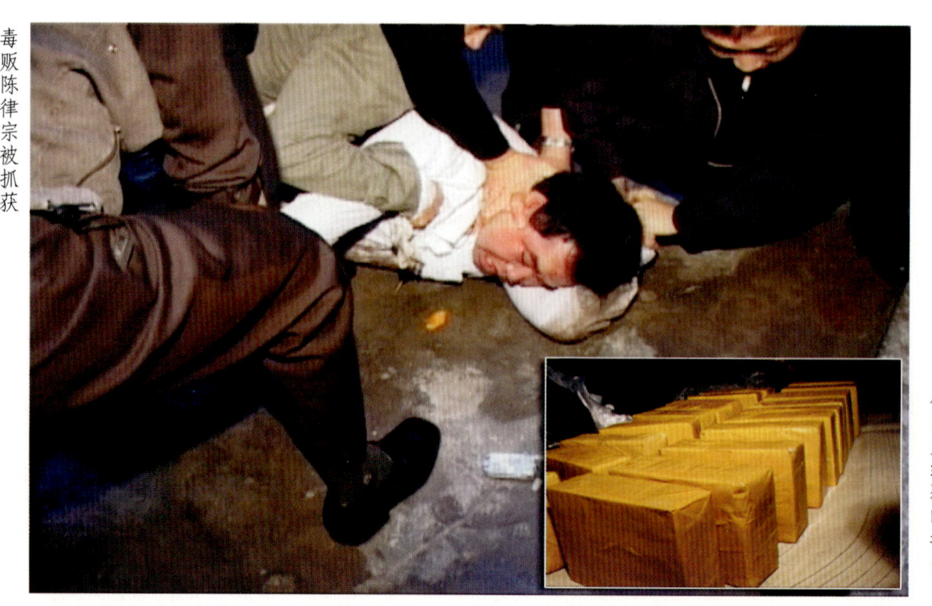

小图为缴获的毒品

惠州市公安局

省委常委、省政法委书记、公安厅长梁国聚、惠州市委副书记、市政法委书记黄仕芳、省厅法制处长徐文海同志视察法制科规范化建设

市委常委、公安局长吴华立同志在法制科工作会议上为严格执法作指示

惠州市公安局法制科自成立以来，在局党委的领导下，全科同志团结协作，严格认真开展执法质量考核工作，加强公安行政、刑事执法的监督指导，严格认真办理案件审核呈批、复议应诉等各项工作，积极推进公正执法工作，为维护政治安定和社会稳定，推进全市公安机关法制化、规范化建设，促进公安机关依法办案、依法行政做了大量卓有成效的工作，取得了显著的成绩。法制科现有人员17名，5名科领导，12名科员，自成立以来，法制科共办理劳教、行政复议等各类案件约4万多宗，无一宗行政诉讼败诉的案件。

教育和业务知识学习，踏踏实实开展各项业务工作，取得了显著的成绩，各项工作都迈上了一个新的台阶，荣获“集体三等功”两次。在严打整治斗争过程中，法制科顾全大局，积极投身专项斗争浪潮，从抽调人员到审核强制措施、开具法律文书、审查材料、呈批劳教及治安处罚等每个环节，严格把关，确保及时、准确、有效地打击各类违法犯罪分子，为我市的严打整治斗争取得胜利作出了应有贡献，并荣获“严打整治先进集体”殊荣。法制科代表公安局在办理我市人大代表建议和政协提案期间，及时、全面、认真地予以答复，多次被评为“办理市人大代表建议、政协提案先进单位”，在公安立法和执法制度建设、法律服务和保障、执法监督、案件审核、法律培训等方面取得了显著成绩，先后共有20人荣立“个人三等功”、12人次被嘉奖。2003年，在促进公安法制建设的发展方面成绩突出，受到上级公安机关的肯定和好评，被省公安厅评为“全省公安系统先进集体”光荣称号。

在各级公安法制部门领导班子和全体民警中深入开展学习贯彻“三个代表”重要思想与落实第二十次全国公安会议精神的教育活动，打牢执法为民的思想基础，维护法制的尊严。要与时俱进，着力改革公安法制警务运作模式，将法制部门的指导、服务、监督职能融为一体，切实为公安中心工作服务、为领导决策服务、为基层执法服务。

法制科全体同志

汕头市公安局潮阳分局

领导检查工作

潮阳区公安机关强制戒毒所新建于1999年10月。本所位于汕头市潮阳区金浦街道环境幽静的塔山脚下，距324国道约2公里，占用土地面积50亩，建筑面积为7084平方米，共投入资金1200万元；分别设置戒毒、办公、多功能活动厅、民警宿舍和食堂等配套设施，同时按标准要求设置床位，共可容纳860多名戒毒人员进行戒毒康复治疗，是戒毒管理、康复治疗的理想场所。潮阳区公安机关强制戒毒所创建以来，在各级党政的重视支持和上级公安机关的直接领导下，坚持以“三个代表”重要思想为指导，以文明执法，热情服务为根本宗旨，认真按照公安部提出的“五化”标准要求，狠抓队伍建设，切实加强管理，学习法律法规和有关的文件精神，不断提高全体民警的政治与业务素质，增强工作责任心和做好戒毒工作自觉性。严格执行法律法规与各项规章制度，坚持收戒和解除戒毒审批手续，规范管理工作程序，落实监室和24小时值班、领导带班及所长接待日工作制度。强化监室管理，坚持每天组织戒毒人员进行社会公德与遵纪守法教育，以提高全体戒毒人员的文化素质与拒毒守法的自觉性。严格作息时间，坚持每天1至2小时的体能锻炼，增强戒毒人员体质，矫正部分戒毒人员作风拖拉与自由散漫等不良习惯。建立戒毒人员病历与发病情况登记卡，随时掌握戒毒人员身体状况，发现病情及时治疗，确保戒毒人员身心健康。据统计，本所自建所以来共收戒吸毒人员6127名，投送劳教吸毒人员1512名，建立戒毒人员指纹与相处档案资料8733份，吸毒人员在该所经过康复治疗和心理矫治，均能彻底戒除毒瘾，走向新生，从而有效地减少毒品危害，为维护社会治安稳定做出了突出贡献，受到群众和上级领导好评，先后被上级公安机关评为禁毒工作先进单位，并记集体记三等功一次。

汕头市潮阳区公安机关强制戒毒所全貌

徐闻县公安局

徐闻县公安局现有民警501人，管辖15个乡镇、6个国营农场1862.6平方公里68万多人。

自2001年以来，该局在以杨国光同志为首的党委一班人带领下，坚持以“三个代表”重要思想为指导，以“争取党委政府满意、争取人民满意”为目标，通过开展“向素质要警力，向管理要效率”活动，不断提高队伍整体素质和战斗力，促进了公安工作和队伍建设取得了新跨越，在原来的工作成绩上又实现了“四个突破”：一是禁毒上有了新突破，不仅在“禁毒03工程”活动中实现了破获毒品案件、收戒吸毒人员走在全市首列，而且创造了专门机关与群众力量相结合的全民禁毒新路子“自愿戒毒辅导站”。二是刑事破案工作有了新的突破。自2002年该局推行“一基双奖”破案竞赛来，连续2年刑事破案数、刑事破案率名列湛江市五县四区之首。特别是2002年，全年破获刑事案件比市局下达破案指标多破234宗，占全市当年多破案数的70%。三是公安队伍建设有了突破，自2001年来，共有44个单位、155位民警受到国家、省、市、县的表彰；四是公安执法质量考核中，连续3年获得全市第一。呈捕移诉案件的退案遂年下降，超期羁押问题得到有效解决。促进了全县社会治安明显持续好转，推动了全县全面建设小康社会各项工作的顺利开展，受到县党委政府和上级公安机关的高度赞许。

省公安厅副厅长郑少东（前排 左四）在市公安局局长何成华（前排左三）、副局长陈海斌（前排右一）、政治处主任李传锐（前排左一）陪同下到该局指导工作

办公楼

蕉岭县公安局

蕉岭县委常委、公安局长余立章

广东省委巡视组组长袁征（左二）在县委书记李俊夫（左三）等陪同下，到县公安局森林分局长潭库区林场视察

蕉岭县公安局地处粤东北部山区 闽粤闽赣三省交界。近年来，本局党委以“三个代表”重要思想为指导，按照“抓班子、带队伍、促工作、保平安”的工作要求，开拓进取，积极采取措施，不断提高队伍的整体素质和战斗力，民警政治坚定、作风过硬、纪律严明、业务精良，连续四年没有民警违法违纪案件，打防结合，抓根治本，实现了“发案少、秩序好、群众满意”的总体目标，确保了全县社会政治和治安的持续稳定，先后荣获梅州市优秀公安局、集体二等功等称号，2003年7月被公安部授予2001-2002年度全国优秀公安局。

荣誉是前进的动力。2004年以来，以余立章同志为班长的新一届党委一班人，牢固树立科学发展观，大力实施“依法公安、创新公安、科技公安、优待公安”新思路，充分认识肩负着“巩固共产党执政地位、维护国家长治久安、保障人民安居乐业”新时期公安工作三大政治和社会责任，积极发挥公安职能，落实公安机关职责、任务，落实执法为民思想教育和工作措施，坚持做到依法处置、依法打击、依法管理和依法行政，努力提高执法能力和行政效能；牢固树立创新意识，积极进行观念、制度、机制、民主和服务创新与实施，推进公安工作可持续发展；落实警务

团结战斗的局党委班子成员

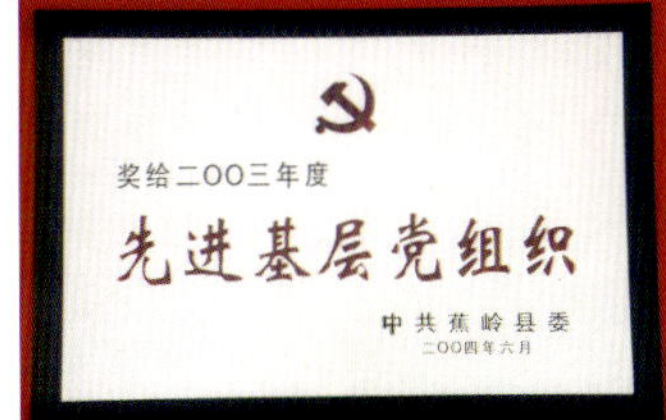

2003年度县级机关执法质量考评工作表彰大会上，局长余立章（左二）出席会议并接受省厅领导颁发奖牌。

保障各项措施，开源节流，加大投入，走科技强警之路，增强公安发展后劲；落实依法从严治警的各项规定，大力推行人性化管理，推出成立“维护民警权益委员会”、开展大练兵活动等一系列从优待警举措，从政治上、工作上、生活上关心呵护民警，为全面完成公安各项保卫任务提供了有力保障，取得了明显成效，全县较为突出的“双盗”、“双抢”、“六合彩”等治安问题得到了有效整治，为全县县域经济的发展营造了和谐、稳定的社会环境，得到了县委、县政府和广大人民群众的广泛赞誉，赢得了县委、县政府和社会各界的大力支持，2004年6月被中共蕉岭县委评为全县三个先进基层党委之一。

市公安局党委书记、局长黄伟闻（右三），县长周章新（右二）莅临我局首次举办的“民警集体过生日晚会”

蕉岭县委副书记李彩洋（右一）到我局兴福派出所检查“打击六合彩”工作

2004年6月25日在交警大队球场举行蕉岭县公安局大练兵活动誓师大会图为女警代表队进行队列表演

东莞市人民法院

2003年东莞市人民法院受理各类案件共26459宗，依法办结24828宗，结案数比2002年增加1429宗，结案率为93.8%，人均结案234.23宗，是全省法院人均结案数的4.4倍。刑事案件审结4126宗，结案率达99.9%，没有一宗超审限。

2003年，东莞市人民法院围绕“公正与效率”主题，采取了一系列符合现代司法理念的改革措施：一是通过机构改革，建立大立案、大审判、大执行格局，优化审判资源配置；二是通过试行法官助理制度，加大简易程序审理民商事案件、刑事案件的力度，扩大当庭宣判率，提高审判效率；三是通过制定政治协理员制度、人民陪审员制度实施细则等规章制度，加强制度建设，完善管理体系；四是通过聘请司法监督员、自觉接受人大监督等方式，搞好审判工作的“阳光工程”，使审判工作透明化、公开化。

2003年，东莞市人民法院队伍建设成效显著，涌现了大批先进单位和先进典型。如苏卫东同志获得“全国模范法官”荣誉称号，成为东莞法院系统首位获此殊荣的法官；东城法庭和刑庭分别被广东省高院授予“先进人民法庭”和“全省法院‘严打’整治斗争先进集体”荣誉称号等。

召开全国模范法官苏卫东先进事迹报告会

法制宣传日

扶贫活动

广州市黄埔区人民法院

近年来，广州市黄埔区人民法院在区委领导下，以邓小平理论和“三个代表”为指导，围绕人民法院“公正与效率”的主题，以“建一流法院、带一流队伍、创一流业绩”为目标，努力抓好审判工作、法院改革和队伍建设“三件大事”，实践司法为民工作要求，取得显著成绩，为保障经济社会发展，维护社会稳定作出了贡献。

——审判执行　1998年至2003年，该院受理各类案件19130宗，审（执）结19006宗，年平均结案率95.5%。1999年以来，连续五年结案率居广州市法院系统首位，办案质量不断提高。调解结案率高、上诉率和改判率低是该院审判工作的特点之一。

——**法院改革**　以公开审判为重心、强化庭审功能、繁简分流为目标的审判方式改革和其他改革工作深入推进，成绩斐然。该院首创的裁判文书附录法律依据的改革在全国各地法院广泛推广。执行工作规范化建设走在全省法院系统前列。

——**队伍建设**　初步建立了一支高素质职业法官队伍。连续10年杜绝法官严重违法违纪现象，廉政勤政工作受到领导和群众赞誉。六年来，两次荣立集体三等功，荣获“广州市人民满意的政法单位”、“广东省法院系统2001年度信息宣传工作先进单位”、“全国法院系统指导人民调解工作先进集体”等荣誉称号。

2001年3月8日，省高院吕伯涛院长（前排左三）到该院南岗法庭考察

院党组成员。左起：曾普光、吴瞻泉、何裕刚、柴立军、谭继荣、梁灿成、唐和善

新建成的审判大楼分区合理，设施先进，体现了浓厚的法文化特色以及公正、文明、便民等现代司法理念

2003年5月16日，院党组书记、院长柴立军（左四）、副院长何裕刚（左一）、谭继荣等领导现场指挥沧联社区居委会诉“东诚养猪场”业主返还土地案先予执行工作

深圳广播电视大学

深圳广播电视大学党委书记、校长曾仲培同志

中央电大党委书记、副校长于云秀(左)来我校检查工作

深圳广播电视大学创办于1980年，是深圳市成立的一所高等学校，属全国44所省级电大之一。学校设有经济管理系、人文科学系、工程技术系，并附设深圳市远距离成人教育研究所和电视成人中专学校。已开设本科、大专、中专三个层次各类专业86个，现有专业35个。校本部位于市中心，各区均设置有电大分校，一些大型企业和管理系统也设置了电大教学点，办学网络遍及全市。全市电大系统共有专、兼职教职工695人。现有在册学生3万余人，累计培养毕业生2万余人，培训在职人员及社会青年10余万人。

多年来，学校围绕形成全民学习、终身学习的学习型社会，促进人的全面发展的目标，逐步形成了发展的总体思路：“以现代远程教育理论为指导，以素质教育为核心，充分利用电大系统资源、高校资源和社会资源，充分利用现代信息技术，构建覆盖全市的基于网络的开放教育教学、管理和综合支持服务体系，积极探索以校本部为中心，跟各社区服务点实行校本部统一招生注册，统一学籍管理，统一教学计划，统一聘任教师，统一教学资源建设和利用，统一主干课程集中辅导，统一提供支持服务，统一学习，统一组织考试、阅卷，统一成绩管理等十统一的深圳电大现代远程开放教育辐射模式，全面推进人才培养模式改革进程，把我校建成新型的有城市特点的现代远程开放大学”。并根据现代远程开放教育的特点，以信息化建设为突破口，大力推进现代教育技术的开发和应用，运用系统集成、有效配置和自主开发等手段，构建了教学技术支持系统、管理服务技术支持系统和教学资源及其技术支持系统，提供了基于INTERNET的、适应城市远程教育发展需要的新型教学模式、管理模式和整体解决方案，构建了学生自主学习的网络学习环境，形成了以校本部为中心、辐射各分校和教学点、由校本部实行“十统一”的、具有中心城市特色的现代远程开放教育模式，有效地实现了远程教与学的互动，为深圳建设学习型城市构筑了一个良好的远程教育平台，为深圳实现高等教育大众化做出了积极的贡献。

深圳广播电视大学

教学过程的技术支持系统（双向视频远程教学系统、在线学习室等基础设施；深圳电大WEB网站、远程教学平台、网上课堂直播与点播、网络通用无纸化作业等）

管理服务的技术支持系统（基于WEB技术的教务管理服务、远程考试监控系统、开放电子公务等）

教学资源及其技术支持系统（网络课程、数字图书馆及IP课件制作系统等）

辐射模式图示

学校被教育部确定为“中央广播电视大学人才培养模式改革和开放教育试点”首批试点学校，被教育部电教办、中央广播电视大学评为“全国广播电视大学教学现代化先进单位”、“全国广播电视大学信得过考点”，被深圳市政府评为“深圳市教育系统先进单位”，被广东省信息产业厅评为“广东省信息化示范单位”，并参加了2003年12月“广东（佛山）政府与社会公共领域信息化成果展”。深圳电大与中央电大合作开发的教育部新世纪网络课件《经济数学基础》被教育部验收专家组评为优秀课件2003年8月，中央电大专家组对深圳电大承担的教育部“中央广播电视大学人才培养模式改革和开放教育试点”项目第四子课题中《现代远程教育教学及管理服务系统的开发研究》项目成果进行鉴定，一致认为：该项目具有国内领先水平，推广应用前景广阔。

深圳电大充分利用电信部门提供的IP城域网业务，构建了覆盖校本部和各分校、教学点的高带宽、高可靠性、支持教学、教务及管理服务系统的VPN网。

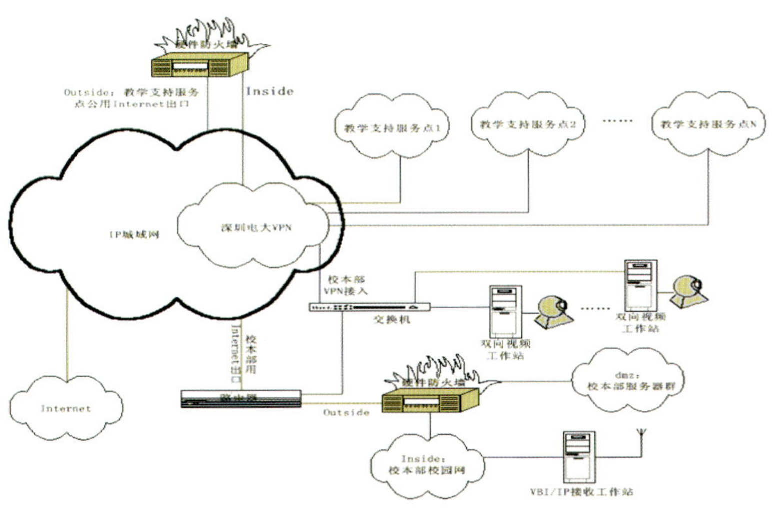

基于VPN的远程教育

广东省信息化示范单位牌匾

科研成果取得国内领先水平

1995年以来教学现代化建设项目

1995年以来教学现代化建设项目
电话自动查询与咨询系统(软件)
经济数学复习指导(CAI课件)
双向控制闭路电视教学系统
多功能阶梯教室
跟我学经济数学(CAI课件)
语言实验室
演播厅及配套设施
闭路电视教学监控系统
校园安全监控系统
计算机应用基础实验无纸化考试系统
课堂教学质量评估系统(软件)
通用自我测试系统(软件)
计算机点对点通信系统
多媒体电脑网络教室
文字/音像/多媒体电脑三位一体阅览室
Web网站
校园一卡通
大型电子显示屏
大学物理（CAI课件）
线性代数（CAI课件单机版、网络版）
双向视频远程面授教学系统
校园网
远程教育作业批改与管理系统（单机版）
办公自动化系统
远程教学平台
远程教育作业批改与管理系统（网络版）
跟我学经济数学（CAI课件网络版）
VPN虚拟专用城域网
网上报名、缴费系统
基于VPN网的全市电大系统远程巡考系统
在线学习室
网上课程注册与缴费系统
IP课件制作系统
网上直播课堂与点播系统

民办培正商学院

培正商学院于1993年开始筹办，是由历史悠久的培正海内外校友和社会贤达捐资兴建的一所国家批准的全日制民办普通高校。学院创办人董事长梁尚立先生是原全国政协常委，现任院长是张士勲。培正实行完全学分制，突出英语教学，强化计算机技能培养，加强对外合作与交流。

学院座落在广州花都区赤坭镇，校园占地面积约117.34万平方米。经过10年的建设，学院总资产达3.1亿元，建有设备先进的实验室和图书馆等设施。教师队伍中具有高级职称的约占43.1%，聘有外籍教师65人。学院设有金融学、市场系、管理系、会计系、法学系、外语系、计算机信息管理系、人文学科与基础教学部等8个系部共18个专业。2002年毕业生就业率达到94.8%，2003年已毕业学生3571人，毕业生就业率达到95.64%，在全省高校中名列前茅。

培正商学院积极开展对外学术交流，已同美国、加拿大、澳大利亚等国家和香港、澳门等地区的高等院校和文化教育机构签定了合作协议，与澳大利亚卧龙岗大学(UNIVERSITY OF WOLLONGANG)和英国国际工商管理协会(ASSOCIATION OF BUSINESS EXECUTIVES)的合作进展顺利，课程深受学生的欢迎。

图书馆

体育馆

商学院正门

荣誉称号

- 1997年12月，由中国民办高等教育委员会授予“民办高校先进单位”
- 2003年荣获广东省首届十佳民办高校称号
- 2003年广东省民办高校竞争力20强第二名

地址：广州市花都赤坭培正大道中1号
邮编：510830
电话：020－86710904
传真：020－86710905

中国人民解放军第一军医大学中医系

中药急症制剂基础实验室系国家中医药管理局三级实验室和中国人民解放军全军重点实验室，中药学博士、硕士授权点。现有实验室面积1200平方米，固定研究人员15人，其中高级职称7名，拥有博士学历5名，仪器设备总价值超过700万元。

实验室主要研究方向为：1. 中药制剂技术和剂型改革研究；2. 中药药效物质基础与作用机理的研究。实验室在中药多途径给药剂型改革研究方面成果突出：实验室学科带头人罗佳波教授、博导、国家有突出贡献专家，首创中药粉针剂双黄连，解决了中药注射剂质量稳定性的关键技术难题并成功地用于工业化生产；首创抗轮状病毒感染疾病中药新药葛根芩连微丸，提高了口服固体制剂的生物利用度；在国内率先提出“袋泡剂”剂型，为中药剂型改革开辟了新途径。实验室在中药复方配伍规律和组方原理等基础研究和应用基础研究的工作方面走在了行业前列。

本实验室已具备了深入进行中药急症制剂基础研究和应用开发研究能力。1996年以来实验室承担各类课题40余项，其中国家自然科学基金课题7项，重点课题1项，军队重点课题1项，课题经费500余万元。获各类奖项10项，新药证书5项，发表科研论文160余篇。现有研究生25人，已培养研究生46人。

学科带头人

合影

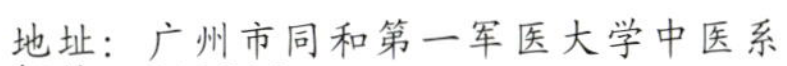

地址：广州市同和第一军医大学中医系
邮编：510515

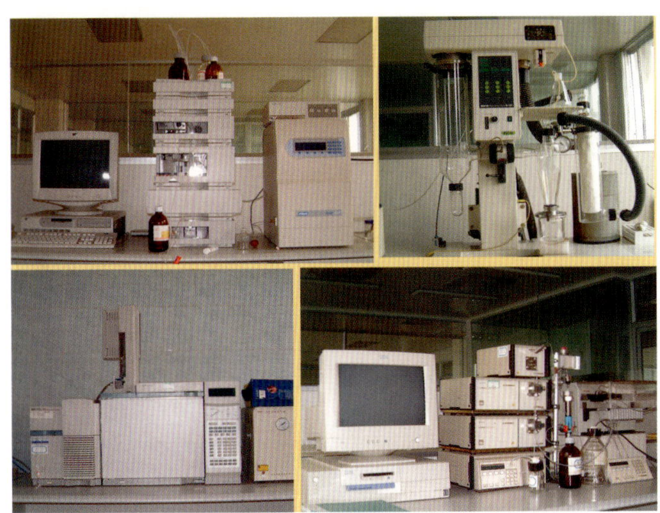

仪器设备

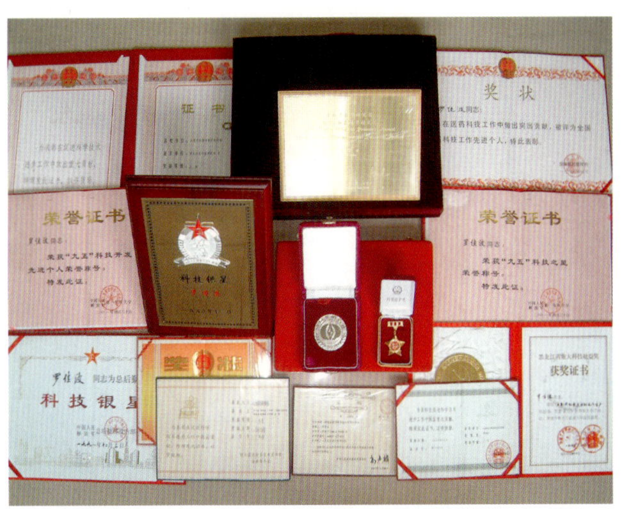

奖项

广州市第八人民医院

环境优美的医院正门

广州市第八人民医院是一所以传染病防治和肝病综合治疗为特色的三级专科医院，在传染病防治及肝病的综合治疗等方面处于国内先进、广东省领先水平，在2003年抗击传染性非典型肺炎的战斗中为保障人民身体健康，维护社会稳定做出了重大贡献。

本院的艾滋病专科是广东省医学特色专科、广州市医学重点专科，设有病床40张及专门的艾滋病研究室，配备有HIV初筛实验室，P2层流实验室、支气管纤维镜检查室，拥有全自动图象分析仪、定量PCR检测仪、DNA扫描仪、流式细胞分析仪（用于细胞免疫功能检测）和BDNA定量检测仪（用于艾滋病毒定量检测）及DNA序列分析仪等一批先进的仪器设备。

该专科近年来共收治艾滋病人300多人次，是国内收治艾滋病人最多的医院之一。是全国最早开展艾滋病高效抗逆转录病毒治疗（HARRT）的少数单位之一，是卫生部艾滋病临床医师培训基地，广东地区艾滋病临床诊治与研究中心。近年来承担了多项国内外艾滋病临床药物试验及合作研究。在艾滋病联合抗病毒治疗与不良反应监测，艾滋病并发症、机会性感染的规范化预防与治疗方面处于国内先进水平。近年来建立了药物疗效评价的检测方法，目前正在开展艾滋病毒耐药基因的检测与监控工作，以更好地指导临床治疗。

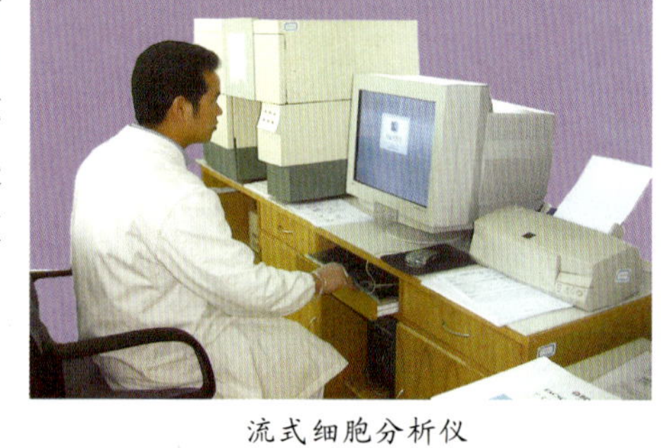
流式细胞分析仪

现任专科负责人唐小平主任医师，是广州市第八人民医院院长，广州市传染病研究所所长，中山大学教授，硕士研究生导师，享受国务院政府特殊津贴专家，广州市优秀专家，第八届广州市“十大”杰出青年，广州市劳动模范，广东省“五一”劳动奖章获得者。任卫生部艾滋病临床专家组副组长，中华医学会感染病分会艾滋病学组副组长，广东省艾滋病防治专家委员会副主任委员，中华医学会广东省传染病与寄生虫病学会副主任委员，广州市传染病学会主任委员，是国内著名的中青年传染病专家。

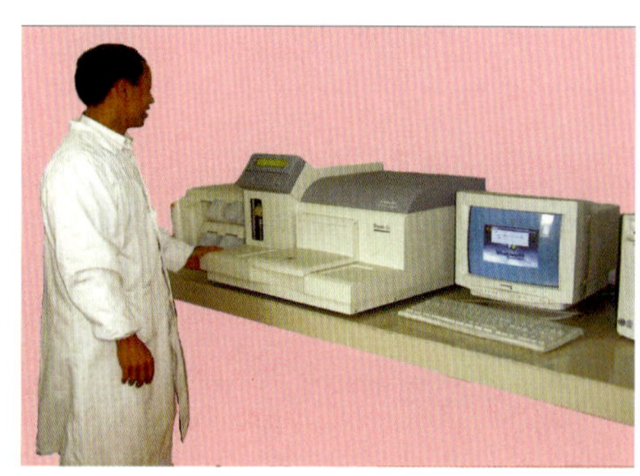
BDNA定量检测仪

医院为病友们提供优质的医疗服务

该专科拥有一支技术力量雄厚、以中青年骨干为主的艾滋病临床与科研队伍，拥有一批国内知名的从事艾滋病临床与研究工作的高级专门人才，现有主任医师4名，其中2人为卫生部艾滋病临床专家组成员。近年来共获得国家、省市科委等重大课题6项，总资助金额超过300万元。广州市第八人民医院艾滋病专科正朝着建设成为华南地区乃至全国一流的艾滋病临床治疗与科研中心的目标而努力。

地　址：广州市东风东路627号广州市第八人民医院　邮编：510060
电话：020-83816453　传真：020-83828442

肇庆市第一人民医院

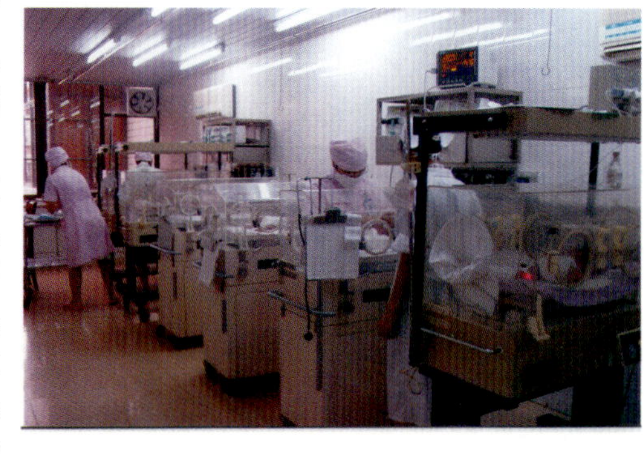

广东省肇庆市第一人民医院新生儿科是广东省卫生厅审批通过的医学重点专科及特色专科。在各级领导重视下，通过人才培养、技术设备引进和更新、房屋改造等近10年的基础建设，现有主任医师4人、副主任医师6人、主治医师3人、住院医师1人。目前已具备了新生儿专业的临床诊断治疗技术、仪器监护技术、各种穿刺技术、气管插管技术，呼吸机机械通气技术、肺泡表面活性物质替代疗法、成分输血、同步快速全换血疗法、保温技术、全肠道外营养技术及新生儿中心静脉插管技术等。具有解决新生儿疑难、复杂、急危重疾病的能力，并达到或超过了省内先进水平。同步快速全换血疗法、机械通气技术、肺泡表面活性物质替代疗法、分子生物学诊断技术已经达到了国内先进水平，解决了新生儿高胆红素血症、新生儿G-6PD缺陷致溶血性黄疸、各种原因所致呼吸衰竭、休克、缺氧缺血性脑病、慢性肺部疾病和眼损伤、早产儿和超低出生体重儿伴多种并发症等影响儿童身心健康的关键诊治问题。在重点专科及特色专科建设中，强调“科技是第一生产力”，科研与临床相结合的方针，重点专科学术带头人、中华医学会肇庆市儿科学会主任委员、中华医学会广东省儿科学会、围产医学会常务委员、蔡定邦主任医师带领全科医护人员积极开展基础与临床科研工作，2001年、2003年申请科研立项省级1项、市级39项、院内3项；完成科研成果市级一等奖1项、二等奖8项、三等奖10项。本院新生儿科全体医护人员本着全心全意为人民服务的宗旨，运用科学的管理体制、完善的规章制度、先进的高科技医学技术、优良的仪器设备，实现了降低新生儿病死率和致残率及提高救治水平的目标，受到了社会和广大病人家属的欢迎和好评。

地址：肇庆市城中路124号
邮编：526021

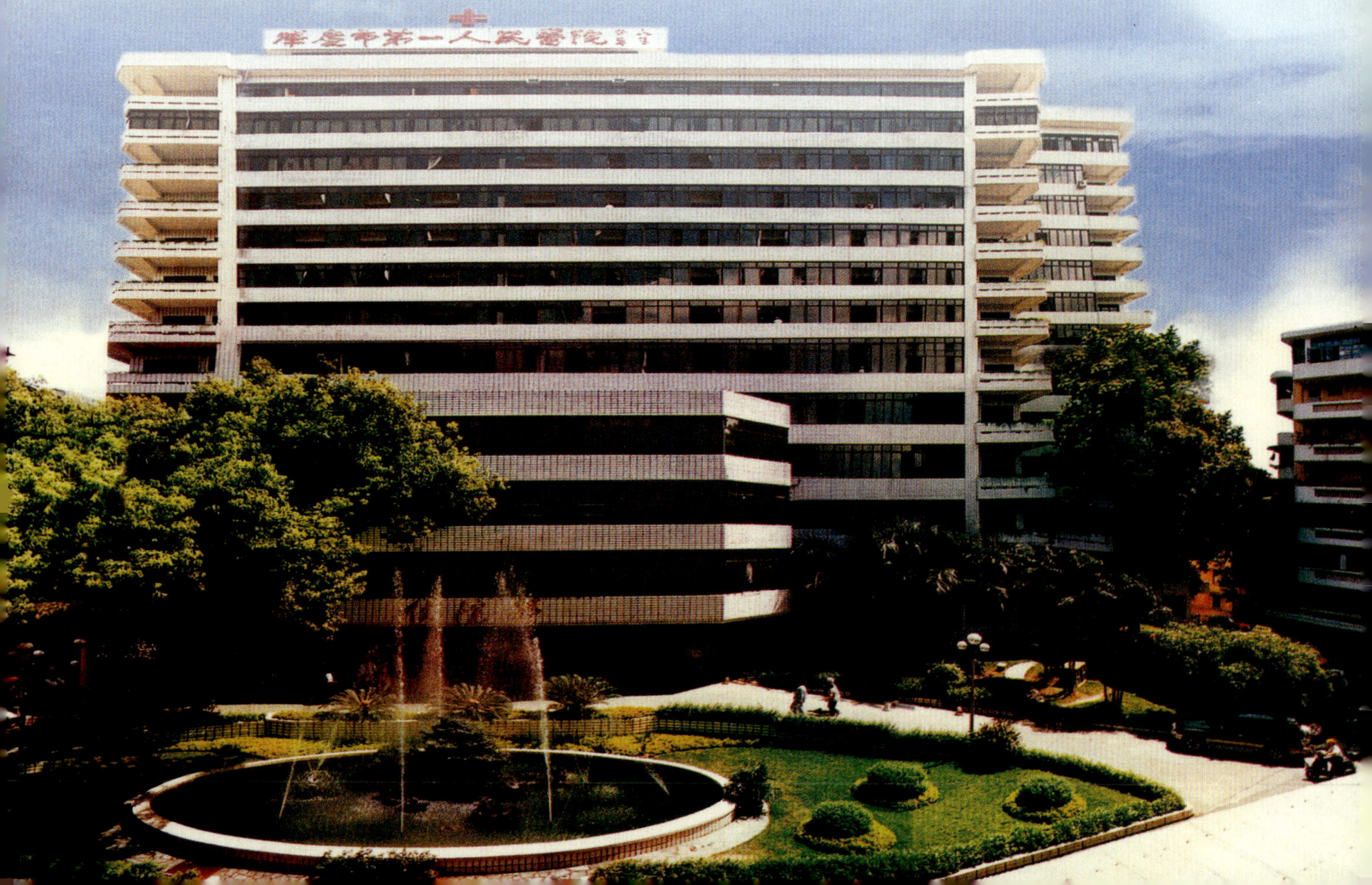

广州市建银物业管理有限公司

GUANGZHOU JIAN YIN PROPERTY MANAGEMENT COMPANY LTD

广州市建银物业管理有限公司成立于1997年，总部设在东风中路509号建银大厦六楼。注册资本金220万元，管理面积120多万平方米，业务覆盖物业管理、会议商务服务、膳食餐饮服务、清洁保养、工程维修、保安服务、工程技术咨询等多个领域。

公司以“专业管理，注重效率”为企业的质量方针；以“团结进取，文明服务”为企业精神，大力推行专业化物业管理。

几年来，公司业务发展快速稳健，目前主要管辖的物业有位于广州市中心地段的“建银大厦”建设银行属下的“东山支行”、“芳村支行”、“白云支行”等营业网点和职工住宅以珠海、佛山等中国建设银行广东省分行属下其他物业，并为厦门等地物业管理企业提供物业管理顾问服务，是广东省物业管理协会的常务理事单位和广州市物业管理协会的理事单位。总经理当选为广东省物业管理协会副会长及应邀成为广州市物业管理协会常务理事。公司管理制度严格、规范，已通过ISO9001国际质量体系认证；建银大厦2000年获得“全国城市物业管理示范大厦”称号。

广州市城市物业管理
示范大厦
广州市国土局房地产管理局
二〇〇〇年十二月二十一日

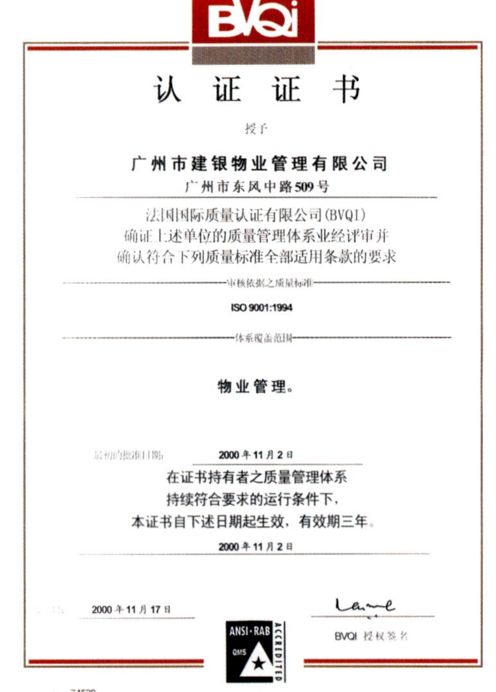
BVQi

认证证书

授予

广州市建银物业管理有限公司

广州市东风中路509号

法国国际质量认证有限公司(BVQI)
确证上述单位的质量管理体系业经评审并
确认符合下列质量标准全部适用条款的要求

审核依据之质量标准

ISO 9001:1994

体系覆盖范围

物业管理。

2000年11月2日

在证书持有者之质量管理体系
持续符合要求的运行条件下，
本证书自下述日期起生效，有效期三年。

2000年11月2日

2000年11月17日

BVQI 授权签名

ANSI-RAB QMS ACCREDITED

74529

建银大厦是广州市标志性建筑之一。建筑面积96000平方米。楼高200.8米，地上46层，地下4层。楼内拥有先进和齐全的硬件设备，实现了楼宇高度现代化、智能化管理，是一座智能型高档写字楼。

地址：广州市东风中路509号
电话：（020）83606590
传真：（020）83606590

广州新荔枝湾酒店管理有限公司

新荔枝湾于1994年3月在广州沙面创立。经过多年的艰苦奋创业，新荔枝湾现已发展为广州地区具有很高知名度的餐饮企业。总经营面积约２.３万平方米（另有１.５万平方米开业筹建中），现有员工约1500名，旗下企业近20家，包括广州沙面行丰酒楼、广州麓湖路美心皇宫酒家、广州市长大厦新荔枝湾、广州国际电子大厦新荔枝湾、广州二沙岛岭南会新荔枝湾酒楼、北京建国公寓岭南新荔枝湾等酒楼（店）、新荔枝湾发展有限公司、新荔枝湾装饰公司、新荔枝湾学院、新荔枝湾出品研制中心、新荔枝湾广告公司、新荔枝湾中国餐饮文化开发研制中心和广州市显声贸易有限公司等多家企业，是一个以餐饮业为核心、涉及管理咨询、经济贸易、投资策划等多个领域的跨行业发展的综合性企业。其经营范围从南到北，从广州发展到深圳、江门、内蒙古，并进军到了首府北京。

新荔枝湾本着“以诚为本、顾客至上”的服务宗旨，以“鲍、参、翅、肚、燕”等一系列精美佳肴为代表推介来达到“出品引客”，其中“阿森鲍鱼”、“谢家红烧大裙翅”、“阿琼官燕”先后获广州国际美食节名牌美食奖，“岭南鳗鱼酥”获2002年中国烹饪世界大赛点心特金奖；服务力求尽善尽美，在配有“诗、琴、棋、书、画、歌、舞”的优雅环境中提供个性化服务，以做到“服务留客”。现在已形成具有自己鲜明特色的经营风格。

我们的发展目标是把企业建设成为国内领先、国际著名的饮食服务暨管理机构，在追求经济效益、保持企业可持续发展的同时，努力实现良好的社会效益。我们的管理方针遵循严格监察、科学评估；竞争上岗、授信经营；集体领导、专线管理。

我们以宏扬中餐文化、特别是岭南饮食文化为己任，通过深入挖掘中餐饮食文化的精髓，广泛吸收世界饮食文化的养分，打造国际化的饮食文化交流平台，使企业成长为中国饮食文化的集大成者。

SWOE SOE
SKWE KSM GHJKG
新荔枝湾文化

深圳万厦居业有限公司

总经理周宏泉

深圳市万厦居业有限公司系深圳市鹏基集团全资机构，是深圳市首批荣获物业管理甲级资质、全国首批荣获国家一级物业管理资质的中国著名的大型物业管理企业。

本公司走专业化经营、品牌化发展之路，在激烈的市场竞争中，创立了中国物业管理行业的名牌企业，形成了优秀的品牌文化，独创的“社区文化”、“智能环保”、“生态园林”、“素质人居”等物业管理模式广为传播。

本公司管理着深圳市最大的公务员住宅区莲花北村、梅林一村等6个政府公务员住宅区，以及众多的商品房住宅区、工业区、商厦、写字楼等，业务遍及北京、重庆、武汉、昆明、郑州、济南、大庆、苏州、烟台、江阴、珠海等全国20多个大中城市，管理面积超过1500万平方米，并形成以物业管理为龙头、专业工程为配套的经营发展格局。属下企业有万厦电梯中心、万厦机电中心、万厦绿化中心、万厦消杀中心、万厦铝合金厂、万厦建筑工程处等。

本公司尊重、理解、关心、善待每一位顾客，在工作中，客户想到的万厦要想到，客户没想到的万厦也要想到，客户想到的和没想到的，只要万厦能做到的都要去尽最大努力，尽心为客户着想，尽力让客户满意。公司优秀的服务文化首先体现在对社区住户服务项目的开放性设置上。万厦社区管理处在小区内设置“老人活动中心”、“四点半学校”、“青少年活动中心”、“科技图书馆”、各类体育场馆等服务设施，提供会所服务、礼仪服务、家政服务、商务服务，从代请保姆、清洁房屋、维修装修工程、送菜送饭送花送生日蛋糕、代客购物、聘请家教、代订车船票、租车、打字、各类培训等等一应俱全，使住户真正享受到“足不出户，万事俱成”的全方位优质服务。

本公司秉持“人本·服务·卓越”的企业精神，弘扬“诚实做人，诚信做事”的企业道德，围绕“有利于提高顾客满意指数，有利于塑造企业品牌，有利于企业可持续发展”，品质意识深入人心。

万厦梅村

莲花北村

本公司已获得国家、省部及市级荣誉数百项。由万厦公司管理的深圳市莲花北村的多层小区以总分第一名的成绩，荣登“全国城市物业管理优秀示范住宅小区”榜首，莲花北村10栋高层住宅在入住不到一年的时间里,又以总分第一的绝对优势摘取“全国城市物业管理优秀示范大厦”桂冠。莲花北村还荣获全国物业管理行业唯一的“文明服务示范窗口”、国家级“青年文明号”、“全国群众体育先进单位”等荣誉。梅林一村先后被命名为“全国物业管理优秀示范小区”、“建设部物业管理教育基地”、“国家青年文明社区”、广东省“绿色社区”、省级“青年文明号”、“广东省优秀体育示范社区”等光荣称号。万厦公司管理的大庆建设大厦以东三省总分第一名的成绩荣获“国家级物业管理示范大厦”称号。万厦公司先后被评为“中国国优物业管理典范单位”、“广东省模范集体”、广东省“建设系统职业道德建设先进单位”、广东省“宣传思想工作先进单位”等荣誉。多次受到国家建设部、广东省及深圳市领导的肯定和鼓励。多年以来的辛勤付出使得万厦居业声名远播，实至名归。

前景好作为深圳市最具代表性的大型物业管理企业，万厦公司不断创新，锐意进取，企业前景十分广阔。

地址：深圳市福田区莲花北村吉莲大厦三栋三楼
邮编：518036
电话：0755-83065437
传真：0755-83089575

广东省物业管理
示范住宅小区
广东省建设厅
二00一年

番禺金业别墅花园

2000年获评番禺区“安全文明小区”称号
2001年获评广州市“物业管理示范小区”
2001年获评广东省“物业管理示范小区”
2002年获评全国“物业管理示范小区”

番禺奥林匹克花园

2000年获评“广州市十大明星楼盘”
2001年度“广州市最佳名牌住区”、
“经典别墅奖”、
“全国优秀教育主题社区”
2003年获评“十大最佳精品小区”

广州奥林匹克花园

1999年、2000年获评“广州市十大明星楼盘”
2002年获评广东省“物业管理示范小区”
2003年获评广州市“花园式居住小区”

南奥奥林匹克花园

2001年获评“中国名盘第一名”
2002年获评广东省“物业管理示范小区”
2003的获评“广东省小区体育示范单位”
“中国健康住宅”、“全国住户满意小区”、
“十大最佳品牌社区”等荣誉；
2003年获评全国“物业管理示范小区”

广东奥园物业管理有限公司

广东奥园物业管理有限公司原名为广东金业物业管理有限公司，于2003年2月正式更名为广东奥园物业管理有限公司，本公司组建成于1998年，是一家具有独立法人资格注资2.51亿元的专业物业管理公司,具有国家二级资质,并通过了IS090001及IS014000环境管理体系,目前是广东省物业管理协会、广州市物业管理协会会员单位，中国物业管理协会常务理事单位。

经过几年的发展，公司已组建了健全的管理机构，制订了一系列完整的规章制度，拥有整套企业CIS、CI、CS、VI等经营、管理、培训、运行管理模式。企业拥有一支高素质、高技能的专业服务与管理队伍，现拥有员工400余人，大专以上学历占60%，其中工程技术人员占40%，80%以上人员取得物业管理企业经理、管理员岗位证书，以实现“服务至上、诚信保障”的服务宗旨。

遵循国家相关政策法规，目前已接管物业面积150多万平方米，其中包括金业别墅花园、番禺奥林匹克花园、广州奥林匹克花园、南国奥林匹克花园、广州天鹿湖别墅山庄、番禺南沙奥园新城等知名品牌项目。其中金业别墅花园获得了广州市、广东省、全国“物业管理示范小区”的荣誉称号；南国奥林匹克花园分别获得了广东省、全国“物业管理示范小区”和连续三年获评“中国区盘第一名的荣誉称号”；广州奥林匹克花园获得了广东省“物业管理示范小区”及“花园式居住小区”荣誉称号。

广东奥园物业管理有限公司是广东奥园置业集团有限公司下属企业，秉成集团“新生活的领跑者”之理念，本公司致力于营造作舒适、健康、文明、和谐的新居住文明，倡导“运动就在家门口，生活就像高尔夫”的生活理念。

法人代表：刘 建先生
电话/传真：020-34772649
邮　　编：511495
地　　址：广州市番禺区汉溪大道南国奥林匹克花园内

广州英华企业集团有限公司

晓港湾

广州英华企业集团前身是广州英华房地产实业有限公司（成立于1994年），属股份有限责任公司，于1999年组建成集团公司，下属直辖东虹（香港国际有限公司）、广州华虹房地产实业有限公司、广州宏立房地产开发实业有限公司、广州国立实业有限公司、广州国和商贸发展有限公司、广州名汇商贸有限公司、广州英置房地产实业有限公司、广州港湾物业经营管理有限公司、广州天德物业管理有限公司、全建建筑设计策划有限公司等13个子公司，公司投资资金超过51亿元，经营行业以房地产开发为主，兼管物业管理、商贸、中介、建筑设计等七个行业，经营市场以广州市为核心，遍及广东全省及香港、澳门地区。目前逐步向国际化，多元化的经营方向发展。

目前英华企业集团已开发了四个较大型楼盘（新世界大厦、晓港湾住区、中旅侨苑、名汇商业大厦）建筑面积达80万平方米。英华企业集团是第一个进入广州海珠区南部地区开发的，他们坚持微利经营，率先高扬平价的旗帜，从而带动了广州市海珠区南部地区的地产开名老城区，这旧城改造是人们都知道是难度大、利润低的项目，但英华企业集团考虑的不仅是经济利益，毅然投资开发“新世界大厦”、“名汇商业大厦”两个旧城改造项目，并且还把它建成了该地区的标志性的建筑物。

广州英华企业集团坚持以房地产开发为龙头主业，从而带动其它产业的兴起和发展。虽然在广州市仅立足8年，但英华企业集团凭着英华人超凡的才智和坚毅不拔的精神，树立自己的品牌，给业主提供信心，有利于实现开发商的服务承诺，坚持以诚信为本，服务为根的宗旨。在这八年中创造了辉煌的业绩，在广州市地产界悄然崛起，风流尽显，并成为广州地产界明星企业。英华企业集团为了保证工程质量，减少扯皮和误时的中间环节，从设计到建筑都使用自己的队伍，并且还有自己的建材生产工厂，大部分建材实行自给自足。目前英华企业集团已开发完成了80多万平方米的工程，经政府质监部门检测大部分都有是优质工程，从未出现过不合格工程，这也是英华集团能赢得市场和客户信赖的重要条件之一。

英华企业集团下属的英华房地产实业有限公司和华虹房地产实业有限公司分别在广州市房地产开发企业的综合实力评比中连续六届荣获30强企业称号。

1998年12月经广州市委、市政府评比晓港湾被评为广州市“十大明星楼盘”；

1999年9月经广州市政府评比晓港湾评为全市“优秀配套设施住宅小区”；

1999年10月经广州市政府组织广大市民投票民意测评，晓港湾获得“梦想家园翡翠奖”；

1999年12月华虹房地产公司开发的名汇商业大厦评为“广州市十大明星楼盘”称号；

名汇商业大厦

东风东项目——写字楼

1999年9月为庆祝世界“人居日”，经人民日报社、中国房地产报社、羊城晚报等媒体与广州市房协、房管局等单位推荐，广州英华房地产实业有限公司被选为创名牌经验推介单位；

2000年7月广州英华房地产实业有限公司在广州市商品房竣工面积评比中排全市第13名，在商品房销售面积评比中获全市第9名。华虹房地产实业有限公司在全市商品房销售收入评比中获全市第8名，英华房地产实业有限公司获全市商品房销售面积第9名，获商品房销售收入第13名，获商品房竣工面积第13名。

英华企业集团从1997年开始连续五年被广州市的白云区、海珠区、荔湾区分别评为先进或纳税大户称号。

1999年在广州市房地产企业完成税利评比中获全市完成税利第11名；

2002年8月英华企业集团被广州市评为全市先进民营企业单位。

2003年被评为中国房地产卓越贡献奖100人成员企业。

2003年被评为广东省房地产企业竞争力第18强企业。

英华企业集团旗下管理的晓港湾小区，于1988年6月评为“广州市优秀小区”称号，1988年8月又被评为“广东省优秀小区”称号，1988年10月晓港湾小区又获“全国优秀小区”称号。

1999年9月经广州市委、市政府主持在全市的市民中进行民意测评，晓港湾小区获“梦幻家园翡翠奖”。

英华企业集团旗下的“中旅侨苑”和名汇物业管理处，于2002年被广州市评为“安全文明”小区。其它的物业管理公司的管理水平和服务质量都普遍得到广大业主和市民的好评。

地址：广州市海珠区南华西路89号新世界大厦6楼
邮编：510235
电话：020-34370316

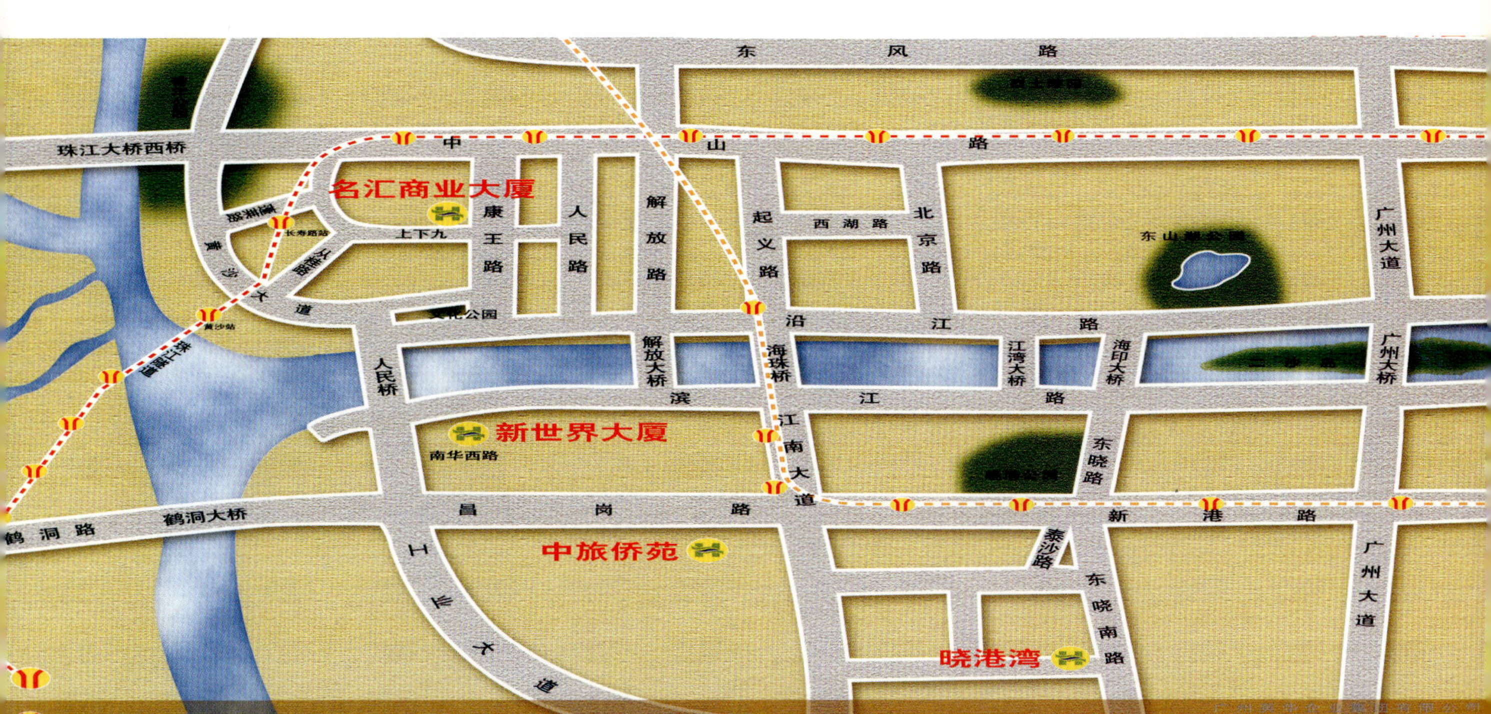

广州市城建开发宏城连锁超级市场有限公司

广州市城建开发宏城连锁超级市场有限公司是广州市城市建设开发集团有限公司旗下的全资控股企业，创立于1994年底，目前拥有40多家门店。公司以经营食品、日用品为主，在发展中秉持“服务社区、完善配套”的宗旨，得到了社会各届的支持与肯定，获得了较好的口碑，几年来保持着稳健发展，逐步成长为广州市著名的连锁超市品牌。

公司多年来先后被授予“广东省青年文明号”、“广州市精神文明建设先进单位”和“重合同、守信用单位”等荣誉称号，2000年入选中国连锁业百强，2001年入选中国连锁超市百强，2002年被列为“争创全国绿色零售市场示范单位”，2002年底被认定为广东省流通龙头企业，树立了良好的市场形象，在零售业界奠定了一定的行业地位。在2003年抗非典中，宏城超市公司被评为全国抗非典工作先进单位。

回首过去,我们硕果累累；着眼现在，我们踏实进取；展望未来，我们更有信心、有决心沿着规范化、规模化、专业化的道路，紧扣时代脉搏，蓄势新的突破。

公司地址：广州市天河体育东路体育东横街19号
业务服务热线：（020）87548749
客户服务热线：（020）87573288
传真：（020）87517714
邮政编码：510620
电子邮箱：2000wcd@21cn.com

广东省汇丰冻品市场

广东省汇丰冻品市场隶属广东广弘食品冷冻实业有限公司，位于繁华的广州市环市西水厂路5号，占地17500平方米，主营肉类冻品，包括猪、牛、羊、免、禽类、水产品类等，兼营其它非肉类食品，经营批发的品种达250种以上，是广东省菜篮子工程的重要基地之一和省内最大的肉类冻品集散地。冻品市场依托2.6万吨冷库、铁路专线、专用码头和交通便利等优势，经几年培育发展，已初步建成了200多个商业铺位，商品辐射范围涵盖华南和港澳地区的冻品专业市场，成为广东省22家重点农副产品批发市场之一，连年荣获广东省工商局“守合同、重信用”企业称号。

为规范管理，冻品市场下设业务室、检测室、信息室、商客投诉调解室等机构，并相应制定和实施相关的管理制度。同时与卫生检验和工商行政等部门合作，建立了较为完善的商品交易监控和质量卫生安全监管体系。为商户提供仓储、运输、信息、交易、卫生、食宿、治安消防等全方位、综合性的优质服务，促进了市场有序健康发展。2003年肉类批发销售量达5万吨以上，成交额达3.9亿元，创下本市场开业6年来最好水平。

黄华华省长视察汇丰冻品市场

省政协领导考察汇丰冻品市场

地址：广州市环市西水厂路5号
邮编：510060
经理：赵有洪
电话：020-81058686
传真：020-81058583

深圳市海王星辰医药有限公司

深圳市海王星辰医药有限公司于1995年6月28日成立，是一家大型医药、健康产品的专业营销公司。在中国医药零售行业，海王星辰率先引进国外先进的医药连锁经营管理技术，积极研究与开拓医药零售市场，创立了适合中国国情、具有全新模式的现代零售药店“海王星辰健康药房”。多年来，海王星辰凭借自身丰富的市场营销经验、企业战略管理和人才优势，不断探索前行，致力于中国现代医药零售事业的发展。

2000年，公司以“海王星辰”品牌开始在全国拓展连锁网络。迄今，已分别在深圳、广州、昆明、成都、上海、杭州、苏州、常州、无锡、宁波、大连等城市设立了分支机构，现有门店480家。2000年，海王星辰与百年老字号金字招牌“同仁堂”合作，开设了深圳北京同仁堂星辰药店；2002年，与全球排名第一的医药连锁特许经营品牌Medicine shoppe美信医药国际连锁结盟，致力于发展中国医药连锁特许经营事业。2003年，海王星辰与北京同仁堂(集团)有限责任公司、北京首创科技投资有限公司共同出资5000万元组建的北京同仁堂商业投资发展有限责任公司。

2002年海王星辰销售额在国内医药行业排名第5位
2002年海王星辰获“中国连锁百强企业”的称号
2002年荣获“广东省流通龙头企业”称号

地址：深圳市南山区南油大道海王大厦A座15楼

电话：0755-26073876

广州科卡西生物科技有限公司

广州科卡西生物科技有限公司是集科研、开发、基地示范、生产、销售、宣传、教育为一体的全方位、多功能的生物农业民营科技企业。其宗旨是“造福于世，还利于民”。公司拥有国内知名专家、教授、博导十多人，专业涵盖生命科学、微生物学、土壤肥料、动物营养、环境净化、经营管理等学科。公司始终站在生物农业的前沿，在广泛吸收发达国家生物农业技术精华的基础上，不断予以改进和完善，将生物技术民族化、自动化，经过七年的发展壮大，已成为我国绿色食品行业的一支生力军，是省内获得国家绿色食品质量认证的企业之一。

公司的主要产品包括：科卡西有效微生物原菌液、微生物原菌料、生物有机肥、生物有机饲料、生物除虫剂等。针对生物有机农业主导产品的需求，以微生物有机肥和生物除虫剂代替化肥、有毒农药，以有效微生物饮料代替含有激素、抗生素的饮料。

公司核心技术微生物高效原菌液，经过农业部近七年的跟踪检测，各项性能指标均达到合格标准，效果良好。农业部已批准生物有机肥登记生产，并颁发了绿色生产资料证。用科卡西生物肥和饮料种养出来的产品达到国家部颁绿色食品标准，其中，生物米、生物茶、生物菜、生物水果、生物猪、生物鸡、生物蛋等已经获得农业部颁发的绿色食品证书。

关注生态，关爱健康，是科卡西人不灭的灵魂！一切为了民族生物农业，是科卡西公司永远的追求！

绿色食品
GreenFood

证书

经中国绿色食品发展中心审核，该产品符合绿色食品A级标准，被认定为绿色食品A级产品，许可使用绿色食品标志，特颁此证。

产品名称：科卡西（COCASHI）牌 大米
标志编号：LB-03-0312191471A
生产商：广州科卡西生物科技有限公司
核准产量：10000 吨
许可期限：2003年12月至2006年12月

颁证日期：2003年12月23日

中国绿色食品发展中心

绿色食品
GreenFood

China Green Food Development Center

This is to certify that

Rice COCASHI Brand

produced by

Guangzhou COCASHI Biotechnology Co.,Ltd

has passed the review and verification
at
Grade A Level of Green Food Standards
and
is authorized to use Green Food Label

Label serial No: LB-03-0312191471A
Certified volume: 10000 Metric Tons
Valid period: From December 23, 2003 To December 23, 2006

Director General
Date of Issue Dec.23, 2003

中国绿色食品发展中心

布吉镇

布吉镇位于深圳市中部，龙岗区西部，距市中心4公里，距香港新界8公里，距盐田港20公里，距深圳宝安机场35公里。广深（京九）铁路、深惠公路以及梅观高速、机荷高速、水官（龙岗第二通道）高速公路穿镇而过，交通便捷。全镇现辖15个村、39个村民小组和15个社区居委会，面积86.6平方公里，人口88.1万，其中户籍人口7.5万，实际人口超过120万人。另有海外华侨、台港澳同胞、归侨1.2万余人。2002年初布吉镇被广东省统计局评为“广东省农村经济综合实力200强镇”第一名。2000年2月22日，江泽民同志视察布吉镇南岭村，发出了“致富思源，富而思进”的号召。2003年4月12日，胡锦涛总书记再次视察南岭村，提出“不自满、不松懈、不停步”的要求，给全镇人民极大的鼓舞和鞭策。

改革开放以来，布吉镇经济发展以邓小平南巡讲话为标志，分为前后两个时期。1992年前的10多年是布吉经济的起步时期，布吉工业从无到有，逐步壮大，初具规模；1992年后布吉镇经济进入快速发展时期。这一时期大致可以分为三个阶段：1992年至1994年为第一阶段，以“量”为特征，大力兴办以玩具、五金、服装等传统产品为主的工业企业。1995年至1998年为第二阶段，以“质”为特征，注重引进人才、技术和高科技企业，奠定了通讯、电脑、电子、电器等科技含量较高的工业基础，至今仍保持旺盛的增长势头。1999年至今为第三阶段，以全面“提升”为特征，注重调整经济结构，大力发展第三产业和民营企业，注重市政配套，为下一步基本实现现代化打下基础，全镇经济呈现快速持续发展态势。

这三个阶段使布吉镇迈上了三个新台阶：1994年，全镇工农业总产值突破10亿元大关，达到13.3亿元；税收过亿元大关，达到1.6亿元，成为深圳市第一个过亿元税收的镇。1998年工农业总产值首次突破30亿大关，达到35.3亿元；税收接近5亿元关口，达到4.85亿元。2002年，全镇工农业总产值突破80亿大关，达到84.71亿元；税收突破20亿，达到23.2亿元；预算内地方财政收入突破10亿元（全额上缴），达到14.0亿元。这些主要经济指标增长幅度均保持在两位数以上。2003年布吉镇国民经济呈现持续快速发展态势，工农业总产值（在地口径）达474.9亿元(不变价)，按可比口径增长23.9%；GDP172亿元，同比增长

23.5%；税收完成29.36亿元，增长25%；预算内地方财政收入12.23亿元，增长20.43%。

工业是布吉经济发展的支柱。全镇现有工业企业近2000家。其中外商投资企业1100余家，民营企业近900家，历年累计引进外资超过100亿港元。

布吉镇现有各类专业技术人才近8000人，并涌现出一批科技企业和高新科技项目，“科技兴镇”已初见成效。目前，全镇有幼儿园63所、小学42所、中学2所（另有东升、金鹏等4所学校的中学部），幼儿学位1.5万多个，中小学学位4万多个，有4所省一级学校，4所市一级学校，8所区一级学校，另有2所市一级幼儿园， 2002年，布吉镇被评为“广东省教育强镇”。全镇共有5间医院及1间卫生监督所（预防保健所），其中，布吉人民医院为二级甲等医院，具有较先进的系列医疗设备，拥有50余人高级职称的医疗技术骨干。全镇医务人员1100人，病床405张，共建立社区服务中心14间。初步形成镇三级医疗保健架构网络。2002年，布吉镇被评为“国家卫生镇”。文化事业蓬勃发展，南岭村、坂田村两个“全国文明村”远近闻名，2004年初南岭村被评为“广东省文明示范村”。

布吉镇将“依法治镇”作为立镇之本，大力强化人大的监督作用，不断完善和落实各项规章制度，在政务、企务、村务“三公开”上创新做法，与时俱进地推进基层民主进程，2004年初，布吉镇被省人大评为“广东省依法治省先进单位”。

跨入农村城市化过渡时期的布吉镇，将以“三个代表”重要思想为指导，认真贯彻落实科学发展观，以人为本，以打造“经济布吉”、“文化布吉”、“生态布吉”、“法治布吉”为目标，以可持续发展的方式，“稳中求进、有效增长、协调发展”，大力引进高科技企业，发展民营经济，促进第三产业的发展，优化投资环境，努力提高人民群众的物质和文化生活水平，促进布吉镇经济社会发展再上一个新的台阶。岭南名镇布吉，展望未来，商机无限，充满希望！

广东西樵轻纺城

西樵镇位于广东省佛山市南海区，是中国纺织工业协会授予的“中国面料名镇”和全国首个纺织产业升级示范区，从广州经广佛高速45分钟即可到达。广东西樵轻纺城位于西樵镇新城区，是中国第三大纺织品综合批发市场、广东省大型高级批发市场、广东省文明市场，有“家纺名城”之称。市场占地66万平方米，建筑面积43万平方米，拥有别墅式商铺3600多家，其中，原料展示厅占25.2%，服装面料展示厅占31.8%，牛仔面料展示厅占8.2%，装饰布艺展示厅占34.8%，为客商提供良好的经营软硬环境。

广东西樵轻纺城聚集了全国26个省市的1000多家布料生产厂家和经销商在内经营，常年保持新品种上万个，市场年销售量10亿多米。由于西樵面料开发领先，拥有一批“中国流行面料”品牌、入围、纺织开发基地企业以及纺织科研开发机构，因此，产品远销日本、加拿大、俄罗斯、马来西亚、缅甸、泰国、菲律宾、印尼等。2003年市场交易额达163亿元，预计2004年市交易额达170亿元以上。中国500强企业如杉杉、雅戈尔等一批国内知名品牌服装企业都是西樵合作伙伴。

西樵将以全国首个纺织产业升级示范区为契机，争取通过3年的结构调整和技术改造，使广东西樵轻纺城上升到国内中高端市场，以高质量、高品位、多品种多名牌提高附加值，树立新时间的信誉，打造纺织集群区域品牌，并在行业中起到一定的示范作用。

广东省省长黄华华视察西樵轻纺城

中国纺织工业协会全国首个产业升级示范区在西樵隆重启动

广东西樵轻纺城欢迎您

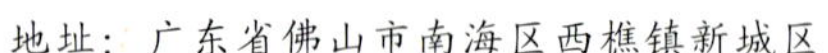
地址：广东省佛山市南海区西樵镇新城区
邮编：528211
电话：0757-86892232　86891132
传真：0757-86891132
网址：www.gd-texitile.com